KB192542

스펄전설교전집
잠언
전도서·아가

스펄전설교전집
잠언
역자 + 박문재
전도서·아가

국립중앙도서관 출판시도서목록(CIP)

잠언 · 전도서 · 아가 / [저자]: 찰스 스펄전 ; 역자:
박문재. -- 고양 : 크리스챤다이제스트, 2014
    p. ;   cm. -- (스펄전 설교전집 ; 11)

원표제: Treasury of the Bible
원저자명: Charles Haddon Spurgeon
영어 원작을 한국어로 번역
ISBN 978-89-447-2211-0 94230 : ₩30000
ISBN 978-89-447-2200-4 (세트) 94230

잠언(구약성서)[箴言]
전도서[傳道書]
아가(성서)[雅歌]
설교집[說敎集]

233.3-KDC5
223.3-DDC21   CIP2014011906

차례

■ 아　가

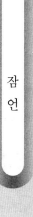

잠
언

제
1
장
—

굳게 잡음

—

"훈계를 굳게 잡아 놓치지 말고 지키라
이것이 네 생명이니라." ― 잠 4:13

믿음이라는 것은 하나님의 "훈계"를 굳게 붙잡는 것이라고 할 수 있습니다. 하나님께서는 우리를 가르치시기 위하여 스스로를 낮추시고 우리의 눈높이에 맞추셨습니다. 그러므로 이제 하나님께서 자신을 낮추시고서 우리에게 하시는 말씀을 주의해서 귀 기울여 듣고 받아들이는 것은 우리의 몫입니다. 우리 영혼을 구원하는 믿음은 들음에서 납니다(롬 10:17). "굳게 잡으라"는 것은 우리가 믿는 믿음이 지닌 힘과 진실함과 신실함은 많고 견고할수록 좋다는 권면입니다. 하나님의 말씀을 "잡는" 것이 좋은 것이라면, "굳게 잡는" 것은 더욱 좋습니다. 그리스도의 옷자락을 만지기만 해도 치유의 역사가 일어나지만, 우리가 그리스도 안에 감춰져 있는 모든 보화를 풍성하게 누리고자 한다면, 단지 만지는 것만으로는 되지 않고, 반드시 "잡아야" 합니다. 그리스도의 충만한 은혜를 매일같이 차고 넘치게 알고자 한다면, 우리는 그 은혜를 "굳게 잡아," 우리 영혼이 늘 영원한 생명 샘 곁에 있지 않으면 안 됩니다. 사람이 바다에 빠졌을 때에 살기 위해서 널빤지를 굳게 붙잡듯이, 그렇게 꼭 붙잡아야 합니다.

우리는 "훈계"를 굳게 잡는 것이 마땅한데, 최고의 "훈계"는 하나님으로부터 오는 훈계입니다. 가장 참된 지혜는 예수 그리스도 안에서 주어진 하나님의 계시입니다. 우리는 그것을 굳게 잡아야 합니다. 최고의 명철은 하나님의 뜻에 순종하고, 하나님이 자신의 말씀이신 그리스도 안에서 우리에게 계시하신 저 구원의 진리들을 부지런히 배우는 것입니다. 그러므로 오늘의 본문은 "지혜와 지식의 모든 보화가 감추어져 있는"(골 2:3) 성육신 하신 지혜이신 우리 주 예수 그리스도를 잡으라고 우리에게 권면하고 있는 것입니다. 우리는 그리스도를 "굳게 잡아 놓치지 말고 지켜야" 합니다. 왜냐하면, 그리스도는 우리의 생명이시기 때문입니다. 요한은 자신이 쓴 복음서에서 "말씀"은 우리의 빛, 즉 교훈이라고 말하는 동시에, 우리의 "생명"이라고도 말하지 않습니까? "그 안에 생명이 있었으니 이 생명은 사람들의 빛이라"(요 1:4). 우리가 주 예수 안에 거할수록, 그것은 그를 더욱더 "굳게 잡는" 것이 되고, 우리에게 무수한 유익들을 가져다줄 것입니다. 오늘 나는 성령께서 내게 힘주시는 대로 이 "굳게 잡음"에 대하여 말씀을 전하고자 합니다. 이 주제는 교회사 속에서 특별한 위기의 때라고 할 수 있는 오늘날 우리가 특히 관심을 가져야 할 아주 중요한 주제들 중 하나입니다. 우리 주위에는 그리스도를 믿는 사람들은 많지만, 그들은 대체로 흔들흔들하는 믿음을 지니고 있습니다. 그들의 믿음의 토대는 견고하지 못합니다. 우리에게는 자기가 믿는다고 고백한 것을 진심으로 믿고서 굳게 붙잡는 사람들이 필요합니다. 우리에게는 진리 되시는 그리스도의 생생한 능력을 알고 확신함으로써 결코 흔들릴 수 없는 견고한 믿음을 지닌 사람들이 필요합니다. 우리는 흔들거리고 요동하는 허다한 무리들 가운데서, 우리 하나님의 집의 기둥들인 사람들, 즉 하나님의 진리를 어린 아이나 소년이 아니라 힘센 성인으로서 굳게 붙잡고서 요동하지 않는 사람들을 보았으면 좋겠습니다.

우리는 먼저 우리가 어떻게 해야 굳게 붙잡을 수 있는지 그 방법에 대하여 살펴보고, 다음으로는 우리가 그렇게 할 때에 직면하게 될 어려움들에 대해서 알아보며, 세 번째로는 그렇게 굳게 붙잡았을 때에 우리에게 주어지는 유익들이 무엇인지를 살펴보고, 마지막으로는 오늘의 본문 속에서 우리가 굳게 붙잡아야 할 이유들로 언급된 것들로는 어떤 것들이 있는지를 검토해 보고자 합니다.

1. 첫째로, 복음의 참된 신앙, 곧 그리스도를 굳게 잡는 방법에 대하여 살펴봅니다.

나의 형제자매들이여, 내가 가장 먼저 말하고자 하는 것은 이것은 사람이 자신의 영혼 속에서 영원한 일을 붙잡고자 하는 단호한 결심에 의해서 많이 좌우

된다는 것입니다. 어떤 사람이 그리스도를 하찮은 존재로 여기고자 한다면, 그
는 그리스도를 하찮은 존재로 여기게 될 것입니다. 하지만 어떤 사람이 하나님
의 은혜로 말미암아 그리스도를 굳게 붙잡고자 한다면, 그는 그렇게 할 것입니
다. 이것은 대체로 사람의 개성과 인격에 많이 달려 있습니다. 어떤 사람들은 이
세상의 일이든 내세의 일이든 자기가 직면한 모든 일에 대하여 본성적으로 철저
히 온 마음을 다해 행합니다. 그런 사람들이 마귀를 섬기고 있다면, 그들은 마귀
를 가장 가까이서 지키는 근위대에서 일하면서, 온갖 종류의 죄악들을 가장 앞
장서서 물불 가리지 않고 행하게 됩니다. 그들은 죄인들 중에서 수괴들이 됩니
다. 왜냐하면, 그들에게는 두려움도 없고 주저함도 없어서, 그들은 하나님과 사
람을 비웃으며 두 손으로 탐욕스럽게 범죄하는 마귀의 화신들이기 때문입니다.
그런 사람들이 회심한 경우에는 흔히 뛰어난 성인(聖人)들이 되어서, 악을 따랐
을 때와 마찬가지로 하나님을 따를 때에도 온 마음을 다해 결연한 각오로 행합
니다. 그들은 그리스도의 거룩한 복음을 변증하는 데 단호하고, 그리스도의 사
랑을 아는 지식을 널리 전하는 데 온 마음과 몸을 바쳐 헌신합니다. 나는 그런 사
람들이 이 시대에 많이 나타나서 그리스도의 교회를 온 마음으로 껴안고서 새로
운 활력을 불어넣어 주기를 고대하고 있다고 고백하지 않을 수 없습니다. 오늘
날 우리의 교회들 속에 있는 많은 신자들은 "흙이 깊지 아니하므로" 하나님의 말
씀을 기쁨으로 받아서 "곧 싹이 나오나 해가 돋은 후에" 열기로 인해 "말라" 버리
고 맙니다(막 4:5). 어떤 사람들은 참된 믿음을 지니고 있고, 아마도 계속해서 그
믿음을 견지하게 될 것이지만, 열심이 있지는 않습니다. 그런 사람들은 사실 그
어떤 일에도 열정적으로 임하지 않고, 미적지근하고 약하고 확고하지 못합니다.
그들은 죽 속에 들어 있으면서, 시지도 않고 달지도 않으며, 그 자체로는 향이 없
고, 주변의 향을 띠는 건더기들 같습니다. 그들은 스스로 삶을 헤쳐 나가는 조타
수들이 아니라, 환경에 의해서 만들어지는 자들이어서, 자기가 붙잡은 어떤 흐
름에 그대로 휩쓸려서 살아갑니다. 그들에게는 어른스러운 것이 없고, 그들은
단지 어린아이들일 뿐입니다. 그들은 폭풍에도 끄떡하지 않는 상수리나무들이
아니라, 바람 부는 대로 휘어지고 굽어지는 어린 묘목들을 닮았습니다. 또한, 다
른 일들에서는 결연한 의지도 있고 강한 마음도 있지만, 하나님의 일들에 대해
서는 미지근하고 가벼우며 피상적이고 별 마음을 두지 않는 사람들이 있습니다.
그들은 부(富)를 좇는 데에는 열을 내지만, 경건을 추구하는 데에는 그 어떤 열

심도 보이지 않습니다. 그들은 정치적인 토론이나 거래를 하거나 사회적인 모임을 주도할 때에는 강력한 힘을 발휘하지만, 하나님의 일에서는 그런 힘을 결코 보여주지 않습니다. 어떤 청년은 자원봉사를 할 때에나 동호회 회원으로 활동할 때나 사업장에서 일할 때에는 누구보다도 앞장서서 일하지만, 그 청년이 주일학교나 기도회나 전도모임에서 열심히 일하는 모습을 본 사람은 아무도 없습니다. 그런 사람들이 하나님의 일에서 조금이라도 진보를 보인다면, 그것은 전적으로 그들을 있는 힘을 다해서 돌보아준 다른 형제들 덕분입니다. 그들 스스로는 교회에 아주 조금이라도 영적인 능력을 보태기 위한 일을 추호도 하지 않습니다. 이 모든 것은 말 그대로 재앙이고 잘못된 것입니다.

나의 사랑하는 친구들이여, 우리 모두는 그리스도를 믿는 신앙이 참된 것이라면, 그 신앙은 우리의 모든 것을 바칠 가치가 있다고 고백하여야 할 것이고, 만일 그 신앙이 거짓이라면, 뿌리째 박멸하는 것이 마땅한 일일 것입니다. 그 신앙이 참이라면, 우리는 그 신앙에 대하여 중립적이거나 미적지근할 수 없습니다. 왜냐하면, 그 신앙은 우리의 영혼과 생명을 비롯해서 우리의 모든 것을 요구하고, 우리는 그 요구를 거부할 수 없기 때문입니다. 성령께서 우리 영혼에 역사하셔서, 우리의 온 마음을 다해 주의 일에 힘쓰겠다고 하는 결단이 우리의 심령 속에서 이루어져야 합니다. 그렇지 않다면, 우리는 별 가치 없는 자들이 되고 말 것입니다.

다음으로, 좀 더 실제적으로 얘기하고자 할 때, 우리가 하나님의 것들을 굳게 붙잡느냐 그렇지 않느냐는 우리의 회심이 얼마나 철저했느냐에 달려 있습니다. 우리 교회에서는 교인들을 받을 때에 마음이 변화되었음을 보여주는 분명한 증거가 있는 사람들만을 교인으로 받아들이려고 할 수 있는 한 애쓰고 있습니다. 그러나 그러한 증거는 아주 능숙하게 만들어 낼 수 있는 것이기 때문에, 아무리 주의깊게 살피고 진지하게 분별한다고 해도, 사람들이 스스로 속아서 신앙을 고백하는 것을 막을 도리는 없습니다. 이렇게 우리는 참 신자와 거짓 신자를 모두 다 가려낼 수는 없지만, 의도적으로 속이는 자들에게는 화가 있을 것입니다! 많은 사람들이 그들 자신의 정원에서 자라지 않은 꽃들과 열매들을 나타내 보입니다. 그들의 체험은 성령께서 그들의 영혼 속에서 역사하심으로써 성령이라는 근원적인 뿌리로부터 생겨난 것들이 아니라, 다른 곳에서 빌려온 것들입니다. 이것은 정말 슬픈 일입니다. 하나님 앞에서 우리의 상태는 개인적인 일이기 때문

에, 다른 형제들의 판단에 의해서 정해질 수 있는 것이 아닙니다. 우리의 마음속
에서 일어나는 일들을 본인 이외에 남들이 어떻게 알 수 있겠습니까? 각 사람이
스스로 판단하고 살펴야 합니다. 교회가 순수함을 지키기 위하여 모든 열심과
노력을 다 기울인다고 해도, 각 사람의 진실성에 대해서는 교회가 어떻게 할 수
없기 때문입니다. 우리는 교회가 각각의 신자에게 구원 받았음을 확인해 주는
증명서를 발부할 수 있는 것처럼 말하고 있는 것이 아닙니다. 만일 우리가 실제
로 그렇게 한다면, 그 증명서들은 다 쓸데없는 것들이 될 것입니다. 여러분 자신
이 주를 알고 진심으로 회심하여야 합니다. 그렇지 않으면, 여러분의 신앙 고백
은 거짓이고, 여러분은 사기꾼이 되고 맙니다. 어떤 사람이 내세에서 하나님의
것들을 굳게 붙잡게 되려면, 이 땅에서 먼저 제대로 회심하여야 합니다. 내세에
서의 그 사람의 삶의 아주 많은 부분은 그 사람의 시작이 얼마나 철저했느냐에
달려 있습니다. 아주 처음부터 죄에 대한 깊은 자각, 죄의식, 악에 대한 거룩한
혐오가 있어야 합니다. 그렇지 않으면, 그 사람은 그리스도인이 된다는 것이 얼
마나 소중한지를 결코 알지 못할 것입니다. 나는 참된 회심을 위해서는 이전의
어떤 사람들처럼 의심들이나 시험들이나 사탄의 유혹들과 맞서 싸우고 씨름하
는 것이 꼭 필요하다고 말하는 것이 아닙니다. 하지만 나는 새롭게 깨어난 자들
속에서 상당한 싸움과 씨름의 흔적을 발견할 때마다 기쁨을 감출 수 없다는 것
을 솔직하게 고백하지 않을 수 없습니다. 그런 싸움과 씨름은 당사자들에게 즐
겁고 유쾌한 것은 결코 아니지만, 결국 큰 유익이 될 것입니다. 어떤 사람들의 영
혼에 쟁기질을 거듭 해서 심령 밭을 갈고 또 가는 것을 반복한 후에 씨를 뿌리면,
그 심령 밭에서는 극상품의 곡식이 열립니다. 존 번연(John Bunyan)이 쓴 「넘치
는 은혜」라는 책은 그의 「천로역정」을 설명해 줍니다. 만일 존 번연이 자신의 영
혼이 극심한 고통을 겪는 체험들을 하지 않았다면, 그는 12년 동안 감옥살이를
하면서, 어떻게 해야 자신의 신앙을 굳게 붙잡을 수 있는지를 결코 알지 못했을
것이고, 자기 주변이 온통 사망의 그림자의 골짜기 같은 상황 속에서 하늘의 도
성에 관한 환상들을 볼 수 없었을 것입니다. 나는 하나님을 찾는 영혼들이 사탄
에 의해서 고통당하는 것을 보고 싶은 것이 아닙니다. 단지 내가 말하고자 하는
것은 자기 자신을 의지하는 것이 끝나게 되고, 자기의(自己義)가 완전히 멸해지
며, 행위에 토대를 둔 모든 육신적인 소망들이 완전히 포기되어지는 때가 아니
면, 회심은 단지 쇼에 불과한 것이 되고, 회심의 주체인 사람은 "에브라임"처럼

"지혜가 없는 어리석은 비둘기" 같이 되고 만다는 것입니다(호 7:11). 여러분 속에서 죄에 대한 회개가 진정으로 일어나지 않는다면, 여러분은 하나님의 진리를 결코 굳게 붙잡지 못하게 될 것입니다.

사랑하는 친구들이여, 여러분은 정말 진실한 마음으로 그리스도 예수를 붙잡아야 합니다. 여러분에게 속죄 교리에 대한 의심이 조금이라도 있다면, 틀림없이 여러분의 신앙은 머지않아 휴지조각이 되어 버릴 것입니다. 여러분은 그리스도께서 행하신 대속의 희생제사를 의심 없이 받아들여야 합니다. 여러분의 영혼은 그리스도의 보혈이 자신의 유일한 소망임을 느껴야 하고, 오직 그 보혈만이 자신을 살아 계신 하나님 앞에서 깨끗하게 해줄 수 있다는 것을 알아야 합니다. 여러분은 절망 가운데서 그리스도께 피하여서, 그리스도를 여러분의 유일한 구원이자 여러분이 바라는 모든 것으로 여기고 꼭 붙들어야 합니다. 거기에는 그 어떤 망설임도 있을 수 없습니다. 그리스도인으로서의 삶을 시작할 때, 여러분을 파멸에 빠뜨렸던 죄와 거기에서 여러분을 구원하신 그리스도가 여러분 속에서 아주 극명하게 구별되어 있어야 합니다. 처음에 이 둘을 뒤죽박죽 섞어 놓게 되면, 여러분의 삶은 뒤엉키게 될 것입니다. 자신이 하는 사업을 절반도 이해하지 못하고 서투르다면, 그런 사람들이 하는 사업은 잘 될 리가 없습니다. 그런 사람들을 자세히 살펴보면, 그들은 자신의 사업에 대한 기본을 철저히 닦지 않은 사람들이라는 것을 여러분은 발견하게 될 것입니다. 그들은 그 사업을 배울 때에 제대로 배우지 않았거나, 게으르고 나태해서 그 사업을 숙달하지 못했을 것입니다. 이렇게 잘못된 시작은 그들을 일평생 괴롭히게 됩니다. 학문도 마찬가지입니다. 어떤 사람이 고전어들을 오랫동안 공부했다고 할지라도, 가장 기본적인 문법의 토대를 제대로 닦지 않았다면, 그는 제대로 실력을 갖춘 학자가 금방 찾아낼 수 있는 그런 실수들을 계속해서 저지르게 될 것입니다. 학생들을 잘 가르쳐서 성과가 있게 하려면, 선생은 기초를 잘 가르치는 데 힘을 쏟아야 합니다. 여러분이 고전어들에서 아무리 심오한 경지에 들어가 있다고 하더라도, 저 작은 소년에게는 기초 문법을 가르쳐서, 기본기를 제대로 갖출 수 있게 하십시오. 그렇게 하지 않으면, 그 소년은 기본을 닦지 못해서 평생을 고생하게 될 것입니다. 다른 예를 하나 더 들어 보겠습니다. 사람들이 강을 가로지르는 다리를 하나 놓았는데, 그 다리는 몇 년 동안은 잘 버티다가, 거센 물살로 인해서 점차 붕괴의 조짐들을 보이기 시작했답니다. 그래서 그 다리를 세밀하게 조사해 보니,

다리를 건축한 사람들이 터파기를 충분히 깊이 하지 않았다는 사실이 곧 드러났습니다. 이런 재앙은 다리만이 아니라 수많은 일들에서 일어납니다! 우리는 토대를 깊이 제대로 닦아야 합니다. 그렇게 하지 않으면, 그런 토대 위에 건물을 높이 세우면 세울수록, 그 건물은 더 빨리 무너지게 될 것입니다. 우리 주변의 길들에 있는 저 많은 흉물스러운 집들을 보십시오. 그런 집들은 이 도시의 수치입니다. 그 집들은 지반이 가라앉고 여기저기 균열이 나 있는데, 그 모든 것들은 토대를 잘 닦지 않고 좋지 않은 재료들을 썼기 때문입니다. 이것은 그리스도를 믿는다고 고백한 많은 사람들에게도 그대로 적용됩니다. 여러분이 신앙생활을 제대로 시작하지 않으면, 날이 갈수록 무수한 결함들과 균열들이 드러나고, 마침내 신앙 자체가 무너져 버리고 말 것입니다! 하지만 그렇게 되는 것은 결코 이상한 일이 아닙니다. 사실, 그런 신자들은 길거리에 다닥다닥 붙어 있는 저 흉물스러운 집들처럼 서로를 의지해서 겨우 버티고 있는 것일 뿐입니다. 많은 신앙인들은 한데 모여서 서로를 의지하고 있어서 겨우 신앙을 유지하고 있습니다. 나는 저 오래된 저택들 같이 홀로 당당하게 서 있을 수 있는 그리스도인들을 더 많이 보고 싶습니다. 그 저택들은 각각 자신의 정원을 가지고 있고, 아주 견고하게 잘 지어져 있어서, 우리가 그 저택들을 해체해 보면, 각각의 벽돌들은 화강암처럼 견고하고, 회반죽은 바위처럼 딱딱합니다. 그런 저택들과 그런 사람들이 하루하루 점점 더 희귀해져 갑니다. 우리는 옛 방식으로 돌아가야 하고, 빨리 돌아갈수록 더 좋습니다! 여러분 가운데서 이제 신앙생활을 막 시작하신 분들은 이 점을 유념하여야 합니다. 여러분의 신앙이 올바르고 건강하며 철저한지를 살피시고, 여러분이 그리스도를 처음으로 믿기 시작한 이 첫 사랑의 시절에 하나님의 진리를 굳게 붙잡으십시오. 그렇게 하지 않으면, 여러분의 신앙생활은 점점 병들어 가게 될 것입니다.

　우리가 그리스도를 굳게 잡기 위해서 다음으로 필요한 것은 온 마음을 다해서 제자의 삶을 살아가는 것입니다. 형제들이여, 여러분은 회심하는 순간 예수의 제자가 됩니다. 여러분이 그리스도를 굳게 붙잡는 그리스도인이 되고자 한다면, 모든 일에서 그리스도를 여러분의 주인이자 선생이자 주로 인정하고 고백하여야 하고, 그리스도의 학교에서 모범적인 학생이 되기로 결심하여야 합니다. 그리스도를 자신의 주인으로 모시고 충심으로 그를 따르는 사람은 최고의 그리스도인이 될 것입니다. 어떤 이들은 교회의 제자들이고, 어떤 이들은 목사님의 제자들이며, 어떤 이들은 그들 자신의 생각의 제자들입니다. 하지만 예수의 가르침을 따르고 그의 모범을 본받고자 결심하고서, 그의 발 앞에 앉아 그에게서 배우는 사람이야말로 지혜로운 사람입니다. 예수에게서 배우고자 하여서, 우리 주님의 입에서 나오는 모든 말씀들을 귀담아 듣고, 주님께서 무엇이라 가르치시든 다 믿으며, 주님이 명령하신 것들은 무엇이든 다 행하는 사람은 견고한 그리스도인입니다. 나의 형제들이여, 교회를 따르지 말고 예수를 따르십시오. 왜냐하면, 우리 주님께서는 "너는 네 형제들을 따르라"고 하신 것이 아니라 "너는 나를 따르라"(마 8:22)고 하셨고, "특정 교단의 신앙 고백 안에 거하라"고 하신 것이 아니라, "내 안에 거하라"(요 15:6)고 하셨기 때문입니다. 우리 영혼과 우리 주님 사이에 그 어떤 것도 끼어들어서는 안 됩니다. 예수를 꼭 붙들고 충실하게 따르다 보니, 종종 우리의 형제들과 다르게 되는 일이 생깁니까? 하지만 우리가 우리 주님과 다르지 않다면, 무엇이 문제가 되겠습니까? 남들을 찌르는 말을 하거나 핑계를 둘러대며 어물쩍 넘어가고자 하는 것은 악한 일들이지만, 예민한 양심을 지닌 것은 더할 나위 없이 귀한 일입니다. 그리스도의 참된 제자가 되어서, 그리스도께서 하시는 말씀을 보배로 여겨서 단 한 마디도 놓치지 않으려 하십시오. "너희가 나를 사랑하면 나의 계명을 지키리라"(요 14:15)고 하신 말씀을 기억하십시오. 그리스도께서는 "누구든지 이 계명 중의 지극히 작은 것 하나라도 버리고 또 그같이 사람을 가르치는 자는 천국에서 지극히 작다 일컬음을 받을 것이요"(마 5:19)라고 말씀하셨습니다. 진리를 훼손시키거나 타협하는 모든 것들을 피하십시오. 여러분의 구주의 말씀들을 철저하게 단호하게 꼭 붙드십시오. "어린 양이 어디로 인도하든지 따라가는 자"(계 14:4)가 되십시오. 하나님의 은혜로 말미암아 여러분이 그렇게 결단하고 결심할 수 있다면, 여러분은 "훈계를 굳게 잡아 놓치지" 않는 자가 될 것입니다.

다음으로, 여러분이 하나님의 말씀을 꾸준히 살피고, 여러분이 받은 진리를 많이 묵상하는 것이 그리스도를 굳게 붙잡는 데 도움이 될 것입니다. 오늘날에는 성경을 공부하는 사람이 거의 없는 것 같습니다. 사람들은 성경은 한쪽 구석에 처박아 두고서 책이나 잡지, 신문 등을 읽지만, 온전히 성숙한 하나님의 사람이 되고자 하는 자들은 무엇보다도 하나님의 말씀을 먹어야 합니다. 그들은 베뢰아 사람들처럼 고귀한 심령을 지니고 있어서 날마다 "성경을 상고"합니다(행 17:11). 그런 사람들은 "나는 다른 사람들로부터 간접적으로 들은 말씀을 통해서가 아니

라, 순전한 복음의 맑은 샘인 하나님의 말씀 자체로부터 직접 나의 신앙 고백을
길어 올리고자 한다"고 말합니다. 이것은 아주 중요합니다. 나는 최근에 사람들
이 잘못된 말을 사용하는 것을 자주 들어왔는데, 그것은 "나는 스스로 생각한다"
는 말입니다. 우리는 그 말을 이렇게 고쳐서 사용해야 합니다: "나는 스스로 하
나님의 말씀을 상고한다." 우리는 어떤 이들의 생각과는 달리 새로운 복음을 고
안해 내도록 부르심을 받은 것이 아니라, 옛 복음을 깊이 상고해서 그 기본적인
가르침들과 의미들을 알고 이해하여 복음을 믿는 믿음 안에 견고히 서도록 부르
심을 받은 것임을 명심하여야 합니다. 우리는 하나님의 말씀을 묵상하고 또 묵
상해서 우리 몸과 마음에 체득할 필요가 있습니다. 어떤 곤충들의 피부색은 그
곤충들이 먹는 잎사귀의 색을 띤다고 합니다. 마찬가지로, 그리스도인의 삶은
그의 영혼이 먹는 양식의 색을 늘 띠게 될 것입니다. 하나님의 말씀을 먹고 사시
고, 하나님의 심오한 진리들을 먹고 사십시오. 그럴 때, 우리의 믿음은 견고하게
뿌리를 내리게 될 것이고, 우리는 영원한 지혜를 군게 붙잡게 될 것입니다.

　견고한 믿음을 지닌 그리스도인은 가르침들을 알 뿐만 아니라, 그 권세도
알고 있어서, 그 가르침을 마음속 깊이 간직하고서 늘 묵상하는 사람입니다. 그
런 사람은 깊은 묵상을 통해서 하나님의 진리를 배우기 때문에, 자기 "속에 있는
소망에 관한 이유를" "온유와 두려움으로" 말할 수 있게 됩니다(벧전 3:15). 그는
단지 문자만을 알고 있는 사람이 아니라, 성령의 능력 안에서 말씀을 배우기 때
문에, 말씀의 실체를 깨달은 사람입니다. 그는 하나님의 성령께 자기로 하여금
하나님의 진리를 알게 해주시라고 구하는 가운데 말씀을 묵상하기 때문에, 단지
말씀을 읽을 뿐만 아니라, 말씀과 교통하고, 말씀을 먹고 마시고 살며, 말씀을 자
신의 영혼의 깊은 곳들로 받아들여, 거기에 살아 있고 "썩지 아니할 씨"(벧전
1:23)로 간직합니다. 여러 해 동안 이렇게 행하는 사람은 하나님의 은혜로 말미
암아 "훈계를 군게 잡게" 될 것이고, 하나님을 신실하게 증거하는 자가 될 것입
니다.

　여기에 여러분이 그리스도를 군게 잡기 위한 먼 길을 가기 위해서 필요
한 가지를 덧붙이자면, 그것은 **진실하고 진지한 성품**이 있어야 한다는 것입니다.
이것은 우리가 즐거움이나 기쁨을 멀리 해야 한다는 의미가 아닙니다. 하나님께
서는 우리가 즐거워하고 기뻐하기를 바라십니다. **왜냐하면**, 즐거움과 기쁨은 바
퀴들이 굴러가는 데 꼭 필요한 윤활유일 뿐만 아니라, 불신자들을 신앙으로 이

끌기 위한 아주 좋은 유인책이기도 하기 때문입니다. 신앙인들 중에는 자신들이 근엄하고 슬픔에 잠겨 살아가지 않으면, 하나님의 은혜를 제대로 드러내지 못할 것이라고 생각하여 지나치게 우울하고 어둡게 신앙생활을 하는 사람들이 있습니다. 하지만 신앙을 가볍게 생각하여 경박하게 행하는 것도 그리스도의 뜻과는 거리가 멀고 옳지 않은 일입니다. 그리스도인으로서 살아가는 것은 결코 어린아이의 장난이 아닙니다. 다른 사람들은 몰라도, 적어도 우리는 사람들로부터 조롱받는 삶이 아니라 고귀하고 고상한 삶을 살아가는 것이 마땅합니다. 우리는 아무 일도 하지 않고 그저 빈둥거리며 시간을 보내기 위하여 이 세상으로 부르심을 받은 것이 아닙니다. 이 세상에서의 삶은 내세의 영원한 삶과 연결되어 있습니다. 왜냐하면, 우리가 영원히 비참한 삶을 사느냐, 아니면 영원한 기쁨의 삶을 사느냐 하는 것은 이 세상에서 어떠한 삶을 사느냐에 달려 있기 때문입니다. 그러므로 우리가 영원히 죽지 않는 영혼을 지니고 있다는 것과 하나님 앞에서 책임을 져야 한다는 것은 결코 작은 문제가 아닙니다. 죄 문제도 사소한 것이 아니고, 죄 사함 받는 것도 사소한 일이 아니며, 정죄 받는 것도 사소한 일이 아닙니다. 영생은 다른 그 어떤 것보다도 소중한 반면에, 하나님의 진노 아래 있는 것은 무엇이라고 표현할 수 없을 정도로 무시무시하고 두려운 일입니다. 나는 특히 젊은 그리스도인들이 하나님의 말씀 앞에서 두려워 떨며, 자신들이 하나님의 일들을 아주 진지하게 받아들여서, 그리스도인이 된다는 것을 무겁게 느끼고, 기독교 신앙을 추호도 의심하지 않으며, 신앙을 장난처럼 여기지 않는 그런 모습을 보는 것을 좋아합니다.

내가 앞에서 말한 이 모든 것들이 여러분 속에 풍성히 있을 때, 그런 것들 주변에서 하나님의 일들이 참되고 옳다는 증거들이 여러분의 삶 속에서 점차적으로 체험될 것입니다. 즉, 여러분은 단지 성경 속에서 하나님의 사랑에 대하여 읽는 것에서 그치지 않고, 매일매일 그 사랑을 느끼고 확신하게 될 것이라는 말입니다. 지금도 여러분은 성경에서 죄의 권세에 대하여 읽고, 여러분이 읽은 것을 믿습니다. 그러나 그때에는 여러분이 자신의 지체들 속에서 죄의 권세가 역사하는 것을 느끼고서, 성경 말씀이 사실임을 확증받게 될 것이고, 여러분은 그 말씀을 의심할 수 없게 될 것입니다. 지금도 여러분은 예수의 보혈의 능력에 대해서 읽고 믿습니다. 그러나 그때에는 여러분은 그 보혈이 여러분의 마음을 깨끗하게 하는 능력을 느끼고, 여러분의 양심을 위로하는 힘을 느끼고서, 하나님의 저 복된 진리 안에서 견고하게 될 것입니다. 어떤 말씀이 우리 안에서 이루어져서 우리가 그 말씀대로 살 수 있게 될 때까지, 사실 우리는 그 말씀을 아는 것이 아닙니다. 하나님의 진리의 말씀이 체험이라는 인두를 통해서 여러분의 마음에 각인되지 않으면, 여러분은 그 말씀을 잊어버리게 될 것입니다. 많은 경우에 하나님의 자녀들이 믿음 안에서 견고히 서기 위해서는 고통과 슬픔과 환난이 절대적으로 필요했습니다. 나는 우는 자들이 자신의 슬픔 속에서 유익을 얻었듯이, 기뻐하는 자들은 자신의 즐거움 속에서 유익을 얻을 수 있기를 바랄 뿐입니다. 그렇게 될 수 있고, 그렇게 되는 것이 마땅하지만, 사실 실제로 그렇게 되는 경우는 별로 없는 것 같습니다. 우리의 인생 전체는 복음을 날마다 시험해서, 복음의 영원한 진리가 옳다는 것을 끊임없이 증거하는 것이 되어야 합니다. 우리의 삶은 이 생명책과 일치하여야 합니다. 계시의 책을 쓴 저 저자에 의해서 씌어진 자연의 책이 동일한 손길과 양식을 보여주듯이, 성경을 쓴 저 성령이 우리 안에 쓴 새 창조의 책도 동일한 손길과 양식을 드러내서 보여주어야 합니다. 그렇게 했을 때, 우리는 하나님이 우리에게 계시해 주신 일들을 점점 더 확신하게 될 것입니다. 사랑하는 친구들이여, 계속해서 전진해 나아가십시오. 여러분이 겪고 있는 것이 쓴 것이든 단 것이든, 하나님께서 여러분이 한 해 한 해 겪는 체험을 통해서 하나님의 말씀이 여러분 속에서 더욱 견고해지고, 여러분이 하나님의 말씀을 더욱 견고히 붙잡을 수 있게 해주시기를 빕니다.

　　나는 여기서 첫 번째 대지와 관련해서 한 가지만 더 말씀드리고자 합니다. 나는 복음을 굳게 붙잡기 위해서는 실천적인 기독교 신앙이 큰 힘을 발휘한다고 믿습니다. 실천적인 신앙이라는 것은 특히 실천적인 유용성을 지니는 것을 의미합니다. 어떤 신자들은 교회에 와서는 손가락 하나 까딱 하려 하지 않습니다. 그런 사람들은 예배당의 장의자에 가만히 앉아 있고, 우리는 그들의 그런 모습만을 볼 수 있을 뿐입니다. 그들은 예배 시간을 꼬박꼬박 정확히 지키기 때문에, 우리가 그들을 책망할 수도 없습니다. 하지만 그들의 손과 발은 마비되어 있습니다. 어떤 청년이 교회에 나오기 시작하면서, "내가 하나님의 성령의 가르침으로 복음을 더 잘 알게 될 때까지 시간을 들여서 성경을 공부하리라"고 말하고서는 실제로 한동안 그렇게 하다가, "내가 책상머리에서 앉아서는 복음을 제대로 배울 수가 없었으니, 이제 하나님의 교회와 관련해서 내가 해야 할 일이 무엇인지를 찾아서 그 일을 하리라"고 말한 후에, 주일학교에서 학생들을 가르치거나, 가

가호호 찾아다니며 전도하거나, 여러 사람들에게 그들의 심령에 대하여 개인적으로 말해 주는 일을 하고 있다면, 그 청년은 제대로 하고 있는 것입니다. 그가 올바른 마음으로 그렇게 하고 있기만 하다면, 그가 하는 일들은 복음을 굳게 붙잡는 데 큰 도움이 될 것입니다. 그가 얼마나 복음을 고수하고 있으며, 하나님의 아주 오래된 진리를 얼마나 굳게 붙잡고 있는지를 보십시오. 그는 새로운 이론이나 현대적인 의혹들을 쫓아다니는 사람이 아닙니다. 왜냐하면, 그는 자신의 실천적인 활동을 통해서 영적인 질병들과 그 치유책을 제대로 알아가고 있기 때문입니다. 런던의 뒷골목들에 있는 빈민가를 가서 살펴보십시오. 그러고도, 여러분이 인간의 타락에 관한 교리를 의심할 수 있는지를 한 번 보십시오. 절대로 그럴 수 없을 것입니다. 그 교리를 의심하는 사람들은 라벤더 장갑을 끼고 있는 신사들과 숙녀분들입니다. 창기를 그녀의 죄로부터 건져내고자 해보십시오. 여러분이 그녀를 예수께로 인도할 수 있다면, 여러분은 사람의 심령을 깨끗하게 하는 예수의 보혈의 능력을 의심할 수 없습니다. 악과 싸우는 사람들이 아니라 악을 행하는 사람들이 속죄 교리에 대하여 트집을 잡고 시비를 거는 자들입니다. 불타고 있는 나무 막대기들을 불에서 꺼내느라 바쁜 사람들은 복음 안에 견고히 거하여 그 일을 행하기 때문에, 사변적인 생각에 빠질 틈이 없습니다. "진보된 생각"을 하는 신사들은 거의 예외 없이 영혼을 구원하기 위한 실천적인 일에 참여하지 않습니다. 그들은 말은 정말 거창하게 잘 하지만, 일을 하는 데에는 아주 서툽니다. "현대적인 사상"을 얘기하는 교수치고 실천적으로 유용한 사람은 없다고 내가 말한다고 해도, 그것은 지나치게 비판적인 것이 아닙니다. 그런 교수는 사물들을 갈기갈기 찢어서 분석하는 데에는 능력이 있지만, 그가 긍정적이고 유익한 일을 한 것이 있습니까? 그는 지체 높은 사람일 수도 있고 고상한 학자일 수도 있겠지만, 사람들의 마음이나 양심과 실제로 씨름하며, 시험 당하고 있는 심령들의 어둡고 괴로운 체험 속으로 들어가 본 적이 없고, 늘 평온한 바다에만 있기 때문에, 그러한 씨름과 체험에 대해서는 아무것도 알지 못합니다. 만일 그가 죄악된 사람들과 괴로워하는 양심들 가운데서 힘들고 고된 사역을 해보았더라면, 그는 다른 식으로 말하고 얘기했을 것입니다. 내가 그런 분들에게 분명히 말해두고 싶은 것은 괴로워하는 양심을 지닌 사람들에게 복음을 전하며 그리스도 안에 있는 평안으로 인도하고자 애쓰는 일을 하기 시작한다면, 복음이 참되다는 것을 알게 될 것이라는 것입니다. 죽어 가는 사람 옆에 서서, 일자무식인 하나님의 자녀들의 거룩한 승리를 지켜보거나, 회개하지 않고 죽어가는 죄인이 아무런 소망도 없이 마지막 임종의 서글픈 시간을 보내는 것을 지켜본다면, 여러분은 어떤 사람들에게는 끔찍한 일이지만 어떤 사람들에게는 기쁜 일이 될 내세가 존재한다는 것을 알게 될 것이고, 죄가 큰 악이며, 그리스도의 대속이 엄연한 사실임을 알게 될 것입니다. 이제 막 신앙생활을 시작한 분들이여, 여러분이 복음을 굳게 붙잡는 자가 되고자 한다면, 복음을 연구만 하지 말고, 동시에 실천에 나서기를 바랍니다. 여러분이 그렇게 실천을 시작할 때, 성령께서는 그 놀라운 능력으로 하나님의 택하신 자들인 여러분의 믿음을 견고히 해주실 것입니다. 이상으로 나는 어떻게 해야 우리가 복음을 굳게 붙잡는 자가 될 수 있는지, 그 방법에 대해서 말씀드렸는데, 이것이 여러분에게 유익이 되었기를 바랍니다.

2. 둘째로, 우리가 훈계를 굳게 붙잡고자 할 때에 직면하게 되는 어려움들을 살펴보겠습니다.

내가 지금부터 말하고자 하는 모든 어려움들은 왜 우리가 복음을 굳게 붙잡아야 하는지 그 이유를 한층 더 분명하게 보여줄 것입니다.

첫 번째 어려움은 우리 시대는 모든 것에 대하여 의문을 제기하는 시대라는 것입니다. 모든 사람들이 너나 할 것 없이 의문을 제기합니다. 저 바다 너머 독일에 있는 우리의 친구들은 이렇게 의문을 제기하는 것을 극단까지 밀어붙여서, 결국에는 존경할 만한 군주를 살해하려는 냉혹한 시도를 하는 지경에까지 이르렀습니다. 독일에서 복음 사역자들은 사람들에게 모든 것을 의심하라고 가르쳤습니다. 그 결과, 사회의 근본적인 토대 자체가 흔들리게 되었고, 법과 질서는 훼손되었습니다. 그들이 달리 무엇을 기대할 수 있었겠습니까? 하나님을 두려워하지 않는 자들은 자신들의 왕도 공경하려 하지 않습니다. 성경을 내팽개친 사람들이라면, 인간의 법도 존중하지 않으려 할 것입니다. 우리 영국 땅에서도 동일한 악이 범람하고 있습니다. 일부 목회자들과 신학자들이 가증스럽게도 아주 끈질기게 그런 이론을 퍼뜨리고 있습니다. 아직 수염도 나지 않은 젊은 신사들이 확실하다고 할 수 있는 것은 아무것도 없다는 독단적인 주장을 내세워서, 모든 교리들을 다 부정합니다. 우리는 그런 사람들을 매일같이 만납니다. 우리는 무지한 사람일수록 더욱 대담하게 모든 거룩한 것들을 조소하고 비웃는 것을 봅니다. 그들은 진실한 사람은 아무도 없고, 그 어떤 것도 거룩하지 않다고 주장합니다.

이 위대한 인물들은 은연중에 자신들이 하나님보다 훨씬 더 잘 안다고 생각하기 때문에, 자신들의 주장이 잘못된 것은 아닌지에 대해서 들으려고 하지를 않습니다. 그들은 자신들의 주장들을 모두 다 무오하다고 여기기 때문에, 그들 앞에서는 사도들과 선지자들도 아무것도 아닙니다. 그들에게는 성령의 영감보다도 그들 자신의 "생각"이 더 소중합니다. 이렇게 교만이 하늘을 찌르는 회의론자들은 도처에 널려 있고, 그들의 회의론도 널리 퍼져 있어서, 매일같이 여러분은 그런 회의론을 만나지 않을 수 없습니다. 그러므로 우리는 더욱더 단호하게 참된 믿음을 굳게 붙잡지 않으면 안 됩니다.

앞에서 말한 것보다 더 좋지 않은 것은 이 시대가 세속성에 물들은 시대라는 것입니다. 오늘날에는 모든 사람이 부자가 되고자 하고, 자신의 조상들처럼 자족하는 삶을 살고자 하지 않습니다. 이전 시대에는 교회의 존경 받는 집사들과 신자들은 아주 적은 수입으로 검소한 삶을 사는 것으로 만족하였습니다. 그들은 근검절약하는 삶에 만족하고 행복해하였기 때문에, 만일 오늘날 만연되어 있는 사치스럽고 방탕한 삶을 보았다면, 몹시 근심하고 우려하였을 것입니다. 그들은 자신의 생업에만 매달린 것이 아니라, 시간을 내어서 주일학교를 섬기는 것을 자랑스러워하였고, 기도회에 참석하는 것을 즐거워하였습니다. 그러나 지금은 사람들이 기도회든 강연이든 설교든 주일학교든, 이 모든 것들을 다 멸시하고, 돈 한 푼이라도 벌 수 있는 곳으로 서슴지 않고 가버립니다. 사람들은 부자가 되어야 하고, 남들보다 더 많은 돈을 쓰며 남들이 부러워하는 부유한 삶을 살아야 합니다. 사람들은 그렇게 살기 위해서 교회의 일들을 찬밥 취급합니다. 지금은 하나님과 하나님의 일을 가장 귀한 것으로 여기며, 교회에 헌신하고자 하는 일편단심의 진실한 그리스도인들이 절실히 필요합니다. 세속의 물결이 너무나 범람하고 있기 때문에, 영원한 것들을 굳게 붙잡는 것은 훨씬 더 어려운 일이 되어가고 있습니다. 우리는 "너희는 먼저 그의 나라와 그의 의를 구하라 그리하면 이 모든 것을 너희에게 더하시리라"(마 6:33)고 하신 하나님의 말씀에 귀 기울일 필요가 있습니다. 우리가 이 말씀에 귀를 기울이지 않는다면, 시험에 들어서 세상을 꽉 붙잡게 될 것이고, 영원에 속한 것들은 우리에게서 빠져나가 버리게 될 것입니다.

게다가, 새롭고 신기한 것을 추구하고자 하는 강렬한 욕망은 늘 있어 왔고, 당연히 지금도 존재합니다. 우리는 모두 그런 욕망의 노예들이고, 새로운 것을 좋아합니다. 그러나 변덕이라는 질병을 앓고 있는 사람들이 있습니다. 그런 사람들은 오늘은 하나님에 대하여 열심을 내는 자들이었다가, 어느 순간 갑자기 돌변해서 정반대의 가르침에 깊이 심취해 있습니다. 그들은 아주 놀랍고 신기한 것을 찾아낸 것입니다. 어떤 백치가 무지개를 보고서, 그 끝에는 황금 단지가 있을 것이라고 믿고, 반짝이는 사파이어를 붙잡기 위해 몇 마일을 달렸다가, 유리병 조각을 손에 넣었다는 이야기가 있는데, 사람들은 늘 그런 식으로 새로운 것을 추구하지만 결코 얻지는 못합니다. 대부분의 교회들에도 그런 신사들이 꼭 몇 사람씩 있지만, 그런 분들은 한 곳에 그리 오래 있지 못합니다. 어떤 사람이 새로운 신앙체계를 새롭게 만들어 내면, 그들은 그 사람을 따라가 버립니다. 그들은 늘 새로운 선지자가 등장할 때마다 최초의 제자들이 되고자 합니다. 하나님께서 우리를 늘 새로운 것에 굶주려 하는 아테네 사람들의 영으로부터 건져 주시기를 빕니다.

앞에서 말한 것들보다 더 안 좋은 어려움은 우리 마음의 부패함입니다. 오늘의 본문은 "훈계를 굳게 잡으라"고 말합니다. 한 형제가 이렇게 말합니다: "목사님, 나는 훈계를 굳게 붙잡고자 내가 할 수 있는 모든 것을 다 하지만, 과연 내가 회심하였는지조차 의심이 듭니다. 나는 너무나 절망스러워서, 하나님의 진리가 나를 붙들지 않는다면, 내가 결코 하나님의 진리를 붙들지 못할 것이라는 생각까지 듭니다." 나는 당신의 그런 상황이 당신이 더욱더 굳게 훈계를 붙드는 데 도움이 되기를 바랍니다. 당신은 지금 구원이 처음부터 끝까지 전적으로 은혜로 말미암아야 한다는 것을 알고 있습니다. 당신의 그러한 체험을 통해서 당신은 은혜의 교리를 한층 더 확고하게 붙들지 않을 수 없게 되었습니다. 왜냐하면, 당신은 그리스도의 모든 진리 안에 견고히 흔들림 없이 거하기는커녕, 복음이 진리라는 것을 믿는 것조차도 스스로 할 수 없다는 것을 철저하게 깨닫게 되었기 때문입니다.

또 한 가지 우리가 알아야 할 어려움은 바로 **사탄**의 존재입니다. 사탄은 믿음의 기본적인 진리들을 훼손하기 위하여 아주 바쁘게 움직이고 있습니다. 사탄이 여러분에게 온갖 의심을 불어넣어 준 것을 여러분은 아십니까? 어느 날 어떤 사람이 내 앞에서 하나님의 어떤 진리를 비난하며 하나님을 모독하는 말을 하길래, 내가 그 사람에게 이렇게 말했습니다: "당신은 그런 말로 나를 흔들어 놓을 수 있을 것이라고 생각하십니까? 당신이 내게 그 어떤 신성모독적인 말을 한다

고 해도, 나는 이미 그런 말보다 더한 의심들을 무수히 통과해 왔습니다." 마귀
가 하나님의 백성들의 마음속에 슬그머니 넣어주는 의심들은 종종 볼테르
(Voltaire)나 톰 페인(Tom Paine)이 만들어 낼 수 있었을 말만큼이나 아주 끔찍합
니다. 하지만 우리는 하나님의 은혜로 말미암아 복음을 버리지 않았고, 앞으로
도 천지가 없어진다고 해도 버리지 않게 될 것입니다. 우리는 그리스도와 하나
가 되어 있기 때문에, 그리스도의 진리 안에서 살게 될 것입니다. 왜냐하면, 그리
스도께서는 우리를 세상 끝날까지 지켜주실 것이기 때문입니다.

3. 셋째로, 복음을 굳게 붙잡았을 때의 유익들에 대해서 살펴보겠습니다.

이 유익에 대하여 자세하게 살펴보려면, 아마도 한 시간은 족히 필요할 것
이지만, 한 마디로 말하자면, 복음을 굳게 붙잡을 때, 그리스도인으로서의 인격이
견고해지게 된다는 것입니다. 복음을 굳게 붙잡은 사람들은 교회를 떠받치는 중
추입니다. 스코틀랜드에서 신앙적으로 타협적인 입장을 취한 사람들이 다스리
던 저 암흑기 동안에 하나님의 진리를 고수하며 증언했던 사람들은 누구였습니
까? 그들은 믿음을 굳게 붙잡고서 믿음의 힘으로 하나님과 동행하였던 저 견고
한 그리스도인들이었습니다. 이 사람들은 기도와 묵상에 착념하였던 사람들이
었습니다. 그들은 교회의 모든 강단에서 올바른 가르침이 사라져 버린 시대를
살았기 때문에, 그들의 영혼은 언덕 위에서 하나님과 은밀한 교제를 나누는 것
으로 인해서 지탱될 수 있었습니다. 하나님의 순전한 진리가 스코틀랜드에서 다
시 살아나는 때가 왔을 때, 이 사람들은 전면에 등장하였고, 그 땅에 진리의 불꽃
이 계속해서 살아 있게 한 사람들로서 존경을 받게 되었습니다. 조금 더 세월을
거슬러 올라가서, 우리나라가 로마의 말발굽 아래 완전히 짓밟히게 될 찰나에,
이 나라를 건진 것은 무엇이었습니까? 고위 성직자들이 그리스도를 버리고, 성
모 마리아의 축일에 수많은 설교자들이 개신교에서 가톨릭으로 개종했을 때에
도, 참된 신앙은 자신들이 믿는 것이 참이라고 믿었기 때문에 하나님의 진리를
부인할 수 없었던 직공들과 구두 수선공 등과 같은 가난한 사람들의 마음속에
살아 있었습니다. 가톨릭 사람들이 그들을 겁주거나 달래도 그들은 꿈쩍도 하지
않았기 때문에, 교구의 모든 사람들은 그들을 "완고한 이단자들"이라고 불렀습
니다. 하지만 그들은 확실히 알고 있었기 때문에 담대할 수 있었고, 자신의 확신
을 굽히지 않고 말할 수 있었습니다. 그들에게는 자신들이 소수라는 것이 중요

하지 않았습니다. 왜냐하면, 그들은 단 한 사람이라고 할지라도 하나님 편에 서 있는 자야말로 진정한 주류라는 것을 알았기 때문입니다. 모든 사람이 아리우스의 주장에 동조해서 그리스도의 신성을 믿지 않았을 때, 저 위대한 옛 고백자는 "나 아타나시우스는 세상을 거스릅니다"라고 말하였습니다. 옛적에 한 믿음의 선조는 "땅과 그 모든 주민이 소멸될지라도 나는 그 기둥들을 떠받치리라"(cf. 시 75:3)고 말하였습니다. 그러한 직임을 맡은 자는 복이 있는 자입니다.

여러분이 복음을 굳게 붙잡게 되면, 섬길 힘을 얻게 될 것입니다. 한 번 "요새를 점령할" 수 있는 사람은 또 다른 요새도 점령할 수 있는 사람입니다. 잘 서 있을 수 있는 사람은 걷기도 잘 할 수 있습니다. 교회의 손들은 교회의 중추들을 이루고 있는 것과 동일한 재료로 이루어져 있습니다. 신앙 고백을 하는 것을 망설이고 주저하는 자들을 거룩한 수고를 필요로 하는 곳에 보내어 일하게 해 보아야 아무 소용이 없습니다. 자기가 믿는 것을 제대로 알지 못한다면, 그런 사람이 어떻게 다른 사람들을 가르칠 수 있겠습니까? 그러나 하나님의 진리가 여러분의 심령 위에 기록되어 있고, 금강석 철필로 여러분의 마음 위에 새겨져 있다면, 여러분은 확신을 가지고서 말씀을 전하게 될 것이고, 여러분이 전하는 말씀에는 힘이 있어서, 그 누구도 감히 그 말씀을 대항하거나 부인할 수 없을 것입니다. 그러므로 여러분이 영적으로 힘을 얻기 위해서라도, 나는 본문의 말씀처럼 "훈계를 굳게 잡으라"고 강력하게 권면하고자 합니다.

또한, 복음을 굳게 붙잡게 되면, 그것은 여러분에게 기쁨을 가져다줄 것입니다. 우리의 예루살렘의 변두리는 황량합니다. 왜냐하면, 예루살렘의 영광은 그 안에 있기 때문입니다. 가장 밝은 빛은 어디에 있습니까? 가장 내밀한 곳에 자리 잡은 지성소에 있습니다. 신앙의 껍데기들은 하찮은 것들이지만, 신앙의 엑기스이자 생명력 속에는 달콤함이 있습니다. 여러분은 "살았다 하는 이름"으로 만족해서는 안 됩니다. 그것은 여러분에게 결코 힘이 되지 못하고, 괴로움만 더해줄 것입니다. 그리스도의 생명이 여러분 속에서 힘 있게 움직여서, 여러분의 마음속에 기쁨을 만들어 내게 하여야 합니다. 수많은 그리스도인들이 기독교 신앙으로부터 거의 유익을 얻지 못하고 살아갑니다. 어떻게 그런 일이 일어날 수 있습니까? 그들은 부유한 농장주들이 자신의 농장을 관리인에게 맡겨두고 신경을 쓰지 않는 것처럼 그런 식으로 신앙을 취급합니다. 농장을 돌보는 일을 소홀히 한다면, 거기에서 수확하지 못하는 것은 당연합니다. 농장을 하는 사람은 그 농장에서 나는 것으로 먹고 살아야 할 때에만 거기에 자신의 모든 시간과 온 힘을 기울이게 됩니다. 하나님의 일들에서도 마찬가지입니다. 여러분이 목회자를 신앙에 있어서 여러분의 관리자로 여긴다면, 그런 신앙에서 여러분이 얻을 수 있는 것은 아무것도 없습니다. 여러분은 신앙 속에서 살아야 하고 신앙에 모든 것을 걸고 살아야 합니다. 그럴 때에만, 여러분은 형통하게 될 것입니다. 나는 여러분이 이렇게 말하게 되기를 바랍니다: "나는 신앙과 경건에 유익한 것이라면 무엇이든 다 알고 행할 것이다. 기도가 능력이 있다면, 나는 기도하겠다. 하나님과의 교제 같은 것이 있다면, 나는 그런 교제를 누리고 말겠다. 그리스도를 닮는 것이 좋은 일이라면, 나는 반드시 그리스도를 닮는 자가 될 것이다. 경건은 나의 삶에서 부수적인 것이 되지 않고, 나의 삶 자체가 되게 할 것이다." 형제들이여, 여러분이 그렇게 한다면, 여러분의 얼굴에서는 빛이 나게 될 것이고, 여러분의 눈도 반짝반짝 빛나게 될 것입니다. 하나님의 말씀을 깊이 들이마실수록, 그 말씀은 여러분에게 더욱더 달고 감미롭게 될 것입니다.

끝으로, 이런 유익들을 얻어 누리며 살아가는 사람들은 교회의 영광이 됩니다. 그들 속에서는 참된 신앙이 가장 밝은 빛을 뿜어냅니다. 그들은 허름한 초가집에 사는 사람들일 수도 있고 큰 교회에서 그 이름이 거의 알려져 있지 않은 미미한 신자 취급을 받는 사람들일 수도 있습니다. 그러나 그들과 함께 사는 사람들이나 그들을 잘 아는 사람들은 그들에 대하여 이렇게 말합니다: "이 사람들은 교회의 자산들이고, 기독교 신앙을 존귀하게 해주는 보배들입니다." 실속 없이 말만 번지르르하게 하는 사람들이나 깨어지기 쉬운 약한 신앙을 지닌 자들이 아니라, 성령으로부터 깊은 가르침을 받은 사람들이 교회의 보석이자 그리스도의 영광인 사람들입니다. 나는 하나님께서 그런 사람들을 우리에게 더 많이 보내주시기를 바랍니다. 주변을 둘러보면, 나는 내가 기대한 것만큼 이 땅에 복음이 흥왕하지 않은 것을 보게 됩니다. 하지만 어느 교회에 가면 거기에는 진실되게 사역하는 시골 설교자가 계시고, 또 어느 교회를 가면 거기에는 거룩한 열심으로 수고하는 집사님이 계시고, 또 어떤 교회를 가면 거기에는 은혜가 충만해서 모든 선한 일에 열심을 내는 여자 성도가 계셔서, 나는 힘을 얻고 위로를 받습니다. 옛 교회에 아직도 여전히 생명이 있게 하는 것에 대하여 하나님께 감사합니다. 이렇게 그리스도를 굳게 붙들고 있는 신자들이 있어서, 교회는 여전히 소망이 있습니다. 교회들에 대한 통계를 보면, 나는 이렇게 말할 수밖에 없습니다:

"이 수치들이 도대체 무엇이란 말인가? 200명의 교인이 있는 교회는 실제로는 참된 교인이 20명인 교회라고 해야 하지 않을까." 나 같으면, 신앙이 있는 체하며 예배당에 앉아 있는 12,000명의 교인이 있는 교회가 아니라, 참된 신앙을 지닌 12명의 교인이 있는 교회의 강단에 서는 쪽을 주저없이 택하겠습니다. 어떤 사람이 믿음을 굳게 붙잡아서 참된 경건을 얻게 되었을 때, 그 사람은 교회에서 참된 힘을 갖는 사람이 됩니다.

4. 넷째로, 본문에서 우리가 복음을 굳게 붙잡아야 하는 이유로 들고 있는 세 가지를 살펴보겠습니다.

나는 설교하는 내내 여러 가지 이유들을 들며 논증을 해 왔기 때문에, 여기서는 간략하게만 말하고 마칠까 합니다.

참된 신앙을 굳게 붙잡아야 하는 첫 번째 이유는 참된 신앙은 여러분의 최고의 친구이기 때문입니다. 본문을 읽겠습니다: "훈계를 굳게 잡아 놓치지 말고." 여러분은 이 안내자가 없이는 천국으로 가는 길을 찾을 수 없습니다. 따라서 이 안내자를 놓쳐서는 안 됩니다. 모세가 했던 것 같이, 여러분도 하십시오. 모세는 자신의 장인이 호밥이 자기를 떠나려고 하자, "우리를 떠나지 마소서 당신은 우리가 광야에서 어떻게 진 칠지를 아나니 우리의 눈이 되리이다"(민 10:31)라고 말했습니다. 모세가 호밥을 놓치지 않고 잡아두었던 것처럼, 여러분도 믿음을 놓치지 말고 잡아두어야 합니다. 왜냐하면, 참된 복음을 참된 마음으로 붙잡을 때에만, 여러분은 여러분이 가야 할 길을 발견할 수 있기 때문입니다. 이렇게 복음은 얼마나 좋은 벗인지 모릅니다! 복음은 여러분을 자주 즐겁게 해주었습니다. 복음이 여러분 곁에 있는 동안, 천국 가는 길은 쉽고 힘들지 않았습니다. 예수께서 엠마오로 가던 두 제자에게 얘기하셨을 때, 그 두 제자가 했던 것처럼 하십시오. 그들은 주님이 떠나려고 하자 한사코 만류하며 "강권하여" "우리와 함께 유하사이다"라고 말하고서는 주님을 꼭 붙들었습니다(눅 24:29). 절대로 주님을 떠나보내지 마십시오. 만약 여러분이 주님을 떠나보낸다면, 여러분은 외로운 순례자가 될 것입니다. 천사가 여러분을 인도해 줄 수 있더라도, 하나님의 임재를 놓치지 마십시오. 모세처럼, 그러한 나쁜 일이 일어나지 않게 해 달라고 하나님께 부르짖으며, "주께서 친히 가지 아니하시려거든 우리를 이 곳에서 올려 보내지 마옵소서"(출 33:15)라고 간청하십시오.

두 번째 이유는 참된 경건은 여러분의 보화이기 때문에 굳게 붙잡아야 한다는 것입니다. 오늘의 본문은 훈계를 "지키라"고 말합니다. 그것은 현재에 있어서 여러분의 최고의 기업일 뿐만 아니라, 장래에도 여러분의 영원한 기업이 될 것입니다. 그러므로 그것을 지키십시오. 다른 모든 것을 다 떠나가게 하십시오. 그러나 하나님의 진리만은 티끌만큼도 떠나보내지 마십시오. 티끌만한 하나님의 진리라도 그 가치는 다이아몬드보다 더합니다. 그러므로 온 힘을 다해서 견고하게 그것을 꼭 붙잡으십시오. 여러분은 하나님의 진리를 더 많이 알게 될수록 더 부요하게 되고, 잃어버린 만큼 가난하게 될 것입니다. 그러므로 그것을 꼭 붙잡아서 여러분의 마음속에 간직하십시오. 희귀한 다이아몬드를 갖고 있던 한 왕이 매우 충직한 종을 시켜서 외국의 왕궁으로 보냈습니다. 하지만 이 종은 길에서 강도들의 공격을 받게 되었고, 강도들은 그 종에게서 다이아몬드를 발견할 수 없었기 때문에, 그 종을 칼로 죽였습니다. 그 종은 길에서 죽은 채로 발견되었지만, 왕은 "내가 확신하건대, 그는 내 다이아몬드를 잃어버리지 않았어"라고 소리쳤습니다. 그의 판단은 옳았습니다. 왜냐하면, 그 충직한 종은 다이아몬드를 삼켜서, 자신의 목숨을 걸고서 그것을 지켜냈기 때문입니다. 우리도 하나님의 진리를 우리의 내면 깊숙한 곳에 간직해야 합니다. 그랬을 때, 우리는 결코 그 진리를 잃어버리지 않게 될 것입니다. 한 사제가 한 아일랜드 소년에게서 성경책을 빼앗았습니다. 그러자 그 소년은 "하지만 당신은 내가 암기한 마태복음의 여섯 개의 장은 빼앗지 못할 거예요"라고 소리쳤답니다. 그들은 우리의 성경책을 빼앗을 수는 있겠지만, 우리가 성경책을 양식으로 삼아서 먹고 우리 자신의 것으로 만든 것들을 빼앗아갈 수는 없습니다. "그리스도의 살은 우리의 먹을 것이고, 그리스도의 피는 우리의 마실 것입니다." 왜냐하면, 우리가 그리스도를 먹고 마실 때, 우리 주 예수께서는 우리 속에서 영원히 영광의 소망이 되어 주실 것이기 때문입니다. 예수를 믿는 자들이여, 진리를 굳게 붙잡으십시오. 왜냐하면, 진리는 여러분의 보화이기 때문입니다.

끝으로, 하나님의 진리는 여러분의 "생명"이기 때문입니다. 아놋(Arnot) 목사님은 잠언에 대하여 쓴 그의 아름다운 책에서 이 본문에 관한 예화로 다음과 같은 이야기를 들려줍니다. 남부 연안에서 한 미국 배가 상처 입은 고래의 공격을 받았답니다. 이 거대한 괴물은 배에서 1마일 떨어진 곳으로부터 돌진해 와서 이 배를 들이받았고, 돌진해 온 속력으로 인해 생겨난 엄청난 힘이 배에 그대로 전달되어서, 배는 사방이 갈라져서 물이 들어오는 바람에 침몰하기 시작하였습니다. 선원들은 모든 구명선들을 다 내려서, 재빨리 꼭 필요한 물건들을 싣고, 그 배에서 멀어지기 시작하였습니다. 그때 두 건장한 남자들이 널빤지에 의지하여 배가 있는 쪽으로 헤엄쳐 가서, 물속으로 뛰어들어 한동안 사라졌다가, 손에 무엇인가를 쥐고서 다시 물 위로 떠올랐습니다. 그들이 배가 가라앉으면서 생긴 소용돌이 속으로 뛰어들었을 때, 그들은 헤엄을 쳐서 거기에서 빠져나오기 위해서 애쓰고 있었던 것이 아니라, 무엇인가를 찾는 것처럼 보였고, 마침내 그들이 찾던 것을 손에 쥐고서 구명선으로 돌아왔습니다. 그들이 찾았던 이 보화는 무엇이었을까요? 그것이 도대체 무엇이었기에, 그들은 그것을 물속에서 건지기 위해 목숨을 걸었던 것일까요? 그것은 그 배에 두고 왔던 나침반이었습니다. 이 나침반이 없다면, 그들은 이 망망한 대해에서 배들이 많이 다니는 해로를 발견할 수 없을 것이었습니다. 이 나침반은 그들에게 생명이나 마찬가지였고, 살아 계신 하나님의 복음도 우리에게 바로 그러한 "생명"입니다. 여러분과 나는 복음에 우리의 모든 것을 걸어야 합니다. 우리는 죽기를 각오하고서 이 하나님의 무오한 말씀을 지켜야 합니다. 사람들은 우리에게 자기들이 생각한 것들을 말할 것이지만, 우리는 우리를 구원한 이 영원한 진리의 말씀을 지켜내기 위하여 우리의 모든 것을 기꺼이 걸 것입니다. 하나님께서 우리 모두에게 그의 한량없으신 은혜를 부어 주셔서, 우리로 하여금 하나님의 훈계를 굳게 붙잡을 수 있게 해주시기를 빕니다. 아멘.

제
2
장
—

죄의 줄에 매인 죄인들

—

"악인은 자기의 악에 걸리며 그 죄의 줄에 매이나니"
— 잠 5:22

우리는 오늘의 본문의 상반절을 덫으로 새나 짐승을 잡는 것과 연관된 묘사로 볼 수 있습니다. 불경건한 자들에게는 무엇보다도 죄가 미끼가 됩니다. 죄는 겉보기에 좋아 보이고 즐거워 보이기 때문에, 불경건한 자들은 거기에 홀려서 죄에 빠지게 됩니다. 그때에 그들은 죄의 그물에 사로잡혀서 빠져나올 수 없게 됩니다. 처음에 죄인에게 매력적이었던 것이 나중에는 그를 옭아매는 것이 되는 것입니다. 이내 악한 습관들이 형성되고, 영혼은 악에 물들게 됩니다. 그렇게 되면, 그 사람이 선한 일들을 생각하고 자신의 행실을 고치려고 결심을 해도, 그런 생각과 결심은 약하기 그지없어서, 그의 죄악들이 그를 새 사냥꾼의 덫에 걸린 새처럼 포로로 잡고서 놓아주지 않는 것에서 빠져나올 수 없습니다. 여러분은 어리석은 파리가 자기를 죽이기 위해 놓아둔 꿀에 내려앉아서 한 입 두 입 빨아먹다가, 결국에는 아주 대담해져서 아예 꿀 속에 파묻힌 채로 게걸스럽게 꿀로 잔치를 벌이는 것을 본 적이 있을 것입니다. 파리는 꿀을 배불리 먹은 후에 날아오르고자 하지만, 이미 그의 발과 날개는 꿀에 붙어서 움직이지를 않습니다. 파리는 희생제물이 된 것입니다. 꿀 속에서 빠져나오기 위해 몸부림을 칠수록, 파리는 더욱더 꿀 속으로 빨려 들어갑니다. 불경건한 자들이 저지르는 죄악들도 마찬가지입니다. 죄들은 처음에는 달콤한 미끼지만, 나중에는 덫이 됩니다. 불경건한 자들이 범죄하였을 때, 그들은 죄에 홀려서 빠져나올 수 없습니다. 이것에 대하여 성경이 다음과 같이 말하는 것은 결코 과장이 아닙니다: "구스인이 그의 피부를, 표범이 그의 반점을 변하게 할 수 있느냐 할 수 있을진대 악에 익숙한 너희도 선을 행할 수 있으리라"(렘 13:23).

또한, 우리는 오늘의 본문의 상반절을 법을 집행하는 관리가 범죄자를 체포하는 것과 연관된 묘사로 볼 수도 있습니다. 범죄자는 자신의 죄에 의해 붙잡히고 사로잡히게 됩니다. 죄들은 범죄자를 체포할 수 있는 영장을 지니고 있습니다. 죄들은 범죄자를 심판하고, 심지어 처형하기까지 합니다. 죄는 처음에는 사람에게 그럴 듯한 즐거움을 선사하는 것처럼 보이지만, 그 즐거움은 머지않아 비통함과 회한과 두려움으로 바뀝니다. 죄는 용과 같아서, 그 눈들은 별처럼 빛나지만, 꼬리에는 치명적인 독을 지니고 있습니다. 죄의 잔은 무지개 같은 거품으로 덮여 있지만, 그 거품이 걷히고 나면, 거기에는 검고 깊은 저주의 찌꺼기들만이 남게 됩니다. 사람들이여, 이것을 깊이 생각하고서, 죄들의 그럴 듯한 겉모습에 미혹되어 속아 넘어가지 마시기 바랍니다. 죄인들에게 고통을 가져다주기 위해서, 하나님께서는 말 그대로 내세에서 도벳에 장작들을 쌓아 올려놓고 불을 피워 연기가 치솟아 오르게 할 필요도 없고, 불경건한 자들을 생매장하기 위하여 구덩이를 팔 필요도 없습니다. 왜냐하면, 가만히 놓아두어도, 죄가 그들 속에서 사망을 낳을 것이기 때문입니다. 어떤 사람이 죄를 지을 때에 내버려 두면, 곧 음부가 그를 둘러싸게 될 것입니다. 죄인으로 하여금 자기가 하고 싶은 대로 하도록 내버려 두고, 자신의 욕심들을 마음껏 다 이루도록 내버려 두십시오. 그렇게만 한다면, 여러분은 그에게 한없는 비참한 고통을 확실하게 보장해 준 것입니다. 단지 그의 부패함들이 펄펄 끓고 있는 가마솥이 계속해서 끓어오르도록 내버려 두십시오. 그렇게만 한다면, 그 죄인은 반드시 슬픔과 괴로움으로 가득 찬 그릇이 될 것입니다. 형제들이여, 죄는 비통함을 가져다주는 뿌리라는 것을 명심하십시오. 여러분이 죄악에 그 어떤 아름다운 것으로 도금을 한다고 해도, 죄악은 사망입니다. 죄악은 한 입 먹으면, 입 속에서는 달콤하겠지만, 심령 속에서는 쓰디쓴 쑥이 될 것입니다. 이런 사실을 마음으로 믿으십시오. 그렇게 하면, 여러분은 쉽사리 죄악에 이끌려 어그러진 길로 가지 않게 될 것입니다. 성경은 "새가 보는 데서 그물을 치면 헛일이겠거늘"(잠 1:17)이라고 말씀하고 있는데, 여러분은 공중의 새보다도 더 어리석은 자들이 되고자 하는 것은 아니겠지요?

여러분은 뻔히 알면서도 의도적으로 자신을 멸망으로 이끄시겠습니까? 여러분은 자신의 영혼이 잘못되는 것을 그냥 보고만 있으시겠습니까? 이렇게, 죄는 첫째로는 관습과 습관의 힘을 통해서 죄인을 옭아매는 덫이고, 둘째로는 죄인을 체포해서 채찍질하는 사법관리입니다.

오늘의 본문의 하반절은 죄인이 줄에 묶이는 것에 대하여 말씀하고 있습니다. 우리는 이 말씀으로부터 한 가지 비유를 쉽게 만들어 낼 수 있습니다. 즉, 불경건한 자가 일평생 하는 일은 죄의 밧줄을 꼬는 것입니다. 그가 저지르는 모든 죄들은 밧줄을 꼬는 데 필요한 수많은 끈들과 줄들인 셈입니다. 그의 생각들과 상상들은 원재료들이기 때문에, 그가 악한 일을 생각하고, 범죄를 궁리하며, 더러운 것에 대한 욕망을 품고, 악한 계략을 생각해 내며, 머리와 손과 마음으로 열심히 남들을 해칠 궁리를 할 때, 그것은 결국에는 자기 자신을 묶는 죄의 줄을 계속해서 꼬고 있는 것입니다. 여기서 묶는다는 것은 범죄자를 처형을 위해 결박하는 것을 의미합니다. 죄악은 사람을 결박해서, 그가 죄의 권세로부터 벗어날 수 없게 만듭니다. 죄는 그의 심령을 사슬로 묶고, 그의 영혼을 결박하는데, 이것은 육신을 사슬로 묶는 것보다 훨씬 더 안 좋은 것입니다. 죄는 거룩하고자 하는 모든 소원을 무력화시키고, 선하고자 하는 모든 열망을 다 꺼버리며, 죄인의 손과 발을 묶어서 사형집행인에게 넘기는데, 이 사형집행인은 하나님의 진노입니다. 이 모든 결과들은 죄로부터 저절로 자연스럽게 흘러나옵니다. 삼손은 튼튼한 밧줄로 묶어놓아도 그것을 끊을 수 있었지만, 그가 죄를 사랑하여 들릴라에게 묶였을 때에는, 자신의 두 눈을 다 잃는 값비싼 대가를 치렀을지라도, 들릴라에게 묶인 끈을 끊을 수는 없었습니다. 어떤 사람의 의지를 사로잡아 포로로 만드십시오. 그렇게 하면, 그는 진정으로 포로가 되고 맙니다. 사람이 독립적이고 결연한 의지를 가졌을 때, 그는 폭군의 감옥에서도 자유롭게 활보할 수 있고, 폭군의 수많은 군대도 두려워하지 않습니다. 하지만 죄의 노예가 된 심령은 스스로 지하감옥을 짓고, 스스로 차꼬를 만들어 내며, 스스로 발목에 사슬을 묶고 거기에 대못을 칩니다. 영혼이 사슬에 묶일 때, 그 사람은 진정으로 노예가 됩니다. 어떤 사람이 스스로 비천한 혈기와 정욕의 노예가 되고자 한다면, 그 사람을 비웃지 않을 사람이 누가 있겠습니까? 하지만 수많은 사람들이 그렇게 하고 있습니다. 그들의 죄의 줄이 그들을 묶습니다.

이상으로 이 절이 가르치고 있는 하나님의 진리, 즉 사람들을 사로잡아 노

예로 만드는 죄의 권세에 대하여 말씀을 드렸는데, 이제 우리가 첫 번째로 생각
해 볼 것은 이것이 하나의 큰 신비를 해결해 주는 열쇠라는 것이고, 그런 후에 두 번
째로 그것 자체가 더 큰 신비라는 것에 대해서 살펴보겠습니다. 이렇게 이 두 가지
를 살펴보고 나서, 우리는 거기로부터 따라 나오는 실천적인 결론을 제시하고자
합니다.

1. 첫째로, 본문은 하나의 큰 신비를 푸는 열쇠를 제공해 줍니다.

오늘의 본문은 죄악이 덫이 되어서 악인들을 사로잡고, 줄이 되어 그들을
묶는다고 가르치는데, 이것은 하나의 큰 신비를 푸는 열쇠가 됩니다. 여러분과
내가 처음에 사람들에게 복음을 전하러 나갔을 때, 우리는 사람들이 이 복된 구
원의 길에 대하여 들으면 즐거이 복음을 받아들여서, 수많은 사람들이 구원을
얻게 될 것이라고 생각하였습니다. 하지만 우리는 이미 오래 전에 우리의 그러
한 생각이 즐거운 환상이었다는 것을 깨달았습니다. 우리는 우리의 처지가 귀머
거리 독사를 홀리고자 하는 뱀 부리는 사람과 같다는 것을 발견합니다. 우리가
아무리 지혜롭게 말하고 설득해도, 사람들은 진리를 듣고 영접하려고 하지 않습
니다. 우리는 저 열렬한 개혁자처럼 젊은 멜란히톤(Melanchthon)이 상대하기에
는 옛 아담이 너무나 강하다는 것을 깨닫습니다. 우리는 이제 죄인이 복음을 받
아들이려면, 그 죄인의 마음을 바꾸고 그의 본성을 새롭게 하는 하나님의 은혜
의 역사가 필요하다는 것을 압니다. 그럼에도 불구하고, 사람들이 복음을 받아
들이려고 하지 않는 것은 여전히 하나의 큰 신비입니다. 사람들로 하여금 죄를
사랑하게 만들고, 자신들이 멸망 받게 될 운명에 놓여 있는데도 거기에 온전히
만족하여 거기에서 빠져나올 생각을 조금도 하지 않게 만드는 것은 이 세상 신
이 부리는 놀라운 재주들 중의 하나입니다. 사람들이 그리스도를 배척하고 의도
적으로 불신앙에 머물고자 할 정도로 사악하다는 것은 어안이 벙벙할 정도로 놀
라운 일입니다. 지금까지 많은 사람들이 이 신비를 밝히는 설명을 듣고서 진심
으로 예수 그리스도를 위하여 일하는 자가 되었는데, 나는 여기서 바로 그런 방
식으로 이 신비를 설명하고 밝히려고 애쓰고자 합니다.

사람들이 급박한 위험에 처해 있는데도 거기에 만족하며 아무렇지도 않은 듯
이 그냥 있다면, 그것은 정말 기이한 신비가 아니겠습니까? 모든 믿지 않는 자는
이미 정죄 아래 있습니다. 우리 주님은 "그를 … 믿지 아니하는 자는 하나님의

독생자의 이름을 믿지 아니하므로 벌써 심판을 받은 것이니라"(요 3:18)고 말씀하셨습니다. 모든 거듭나지 않은 사람들은 장차 하나님의 진노를 받게 될 뿐만 아니라, 현재에 있어서도 하나님의 진노가 그들 위에 머물러 있습니다. 하나님의 진노는 지금도 그들 위에 있고, 늘 그들 위에 머물러 있을 것입니다. 그들이 변화되지 않는 한, 하나님의 진노는 그들 위에 거합니다. 그런데 사람들이 그런 상태에 있는데도 놀라거나 겁을 먹지 않으며, 심지어 걱정조차 하지 않습니다. 주일마다 강단에서는 그들에게 그들의 비참한 상태를 일깨워 줍니다. 그들이 그런 상태에 있다는 것을 생각하면, 우리는 마음이 우울해지지만, 정작 그들은 이상하게도 편안합니다. 보복의 칼날이 실 한 오라기에 묶인 채로 그들의 머리 위에 매달려 있지만, 그들은 마치 하나님이 계시지 않고, 장차 임할 하나님의 진노 따위도 없으며, 장래에 그리스도의 심판대 앞에 설 일도 없다는 듯이, 잔치 자리에 앉아 웃고 떠들며 신나게 놉니다. 기차가 고장이 나서 철로에 멈춰 서 있고, 그 기차에는 많은 사람들이 타고 있습니다. 기관사는 기내 방송을 통해서, 또 다른 기차가 다가오고 있기 때문에, 이 기차와 충돌해서 승객들이 다 죽을 수도 있다고 살짝 운만 떼 보십시오. 승객들은 기차의 열린 문들을 통해서 쏟아져 나오고, 다른 사람들은 아랑곳하지 않고 자신만 살겠다고 먼저 나오려고 아우성칠 것입니다. 여기에 수많은 사람들이 타고 있는 기차가 달리고 있고, 그 뒤로 하나님의 원수 갚으심(Divine Vengeance)이라는 아주 빨리 달리는 기차가 바짝 뒤쫓아 오고 있어서, 언제 충돌할지 모릅니다. 그런데 사람들에게는 뒤쫓아 오는 기차의 덜커덕거리는 바퀴들의 굉음이 들리고, 그들은 그 기차가 그들을 덮쳐서 엄청난 참사가 발생할 급박한 위험에 처해 있는데도, 너무나 태연하게 앉아 있습니다. 이 광경은 너무나 기이하고 이상하고 놀랍습니다. 이 기이한 광경은 이 어리석은 사람들이 자신들의 죄에 사로잡혀서 죄악의 줄에 의해 묶여 있다는 사실에 비추어 볼 때에만 이해될 수 있는 신비입니다.

회심하지 않은 사람들은 그리 오래 되지 않아서 말로는 다 표현할 수 없을 정도로 비참한 상태에 있게 될 것임을 기억하십시오. 오늘 이 아침에 이 자리에 앉아 있는 분들 중에서도 그런 분들이 꽤 있을 것입니다. 24시간이 채 지나가기도 전에 그들의 영혼이 하나님의 법정으로 소환될지도 모릅니다. 미래의 휘장을 조금 걷어서 보여주고 있는 이 책에 따르면, 회심하지 않은 영혼은 지극히 작은 벌을 받고도 "슬피 울며 이를 갈게"(마 24:51) 될 것이라고 합니다. "슬피 울며 이를 갈게"

될 것이라고 쓰어 있는 자들은 단지 "바깥 어두운 데로 내쫓긴"(마 25:30) 것이었
을 뿐, 그 이상의 벌을 받은 것이 아닙니다. 채찍을 맞은 것도 아니었고, 지옥의
감옥에 갇히게 된 것도 아니었습니다. 단지 그들 앞에서 천국 문이 닫혔고, 영광
의 빛이 가려진 것일 뿐입니다. 그런데도 그 즉시 그들은 땅을 치고 슬피 통곡하
며 이를 갈게 될 것이라고 성경은 말씀합니다. 그렇다면, 멸망 받을 자들이 본격
적인 벌을 받게 될 때, 그들은 어떻게 할 것 같습니까? 복음을 듣고서도 의도적
으로 거부한 자들이 받게 될 벌이 어떤 것일지에 대하여, 우리는 주님의 말씀으
로부터 조금은 추측해 볼 수 있습니다: "심판 날에 소돔과 고모라 땅이 그 성보
다 견디기 쉬우리라"(마 10:15). 우리는 "살아 계신 하나님의 손에 빠져 들어가는
것이 무서운"(히 10:31) 일이라는 것을 압니다. 왜냐하면, "하나님 여호와는 소멸
하는 불"(신 4:24)이시기 때문입니다. 이러한 근거 위에서 "우리가 이같이 큰 구
원을 등한히 여기면 어찌 그 보응을 피하리요"(히 2:3)라는 말씀이 울려 퍼집니
다. 그런데 이 모든 것에도 불구하고, 사람들은 하나님이 마련해 놓으신 비상구
를 본 체 만 체하고, 자신들을 "한 점의 빛도 없는 영원한 어둠"에서 건져낼 수 있
는 유일한 구원을 외면한 채로, 현세를 거쳐 내세로 아무렇지도 않다는 듯이 걸
어갑니다. 이성은 어디로 간 것입니까? 죄인들은 다 짐승이 되어 버린 것입니까?
우리가 사형수를 만나서, 그가 사면 받을 길이 있다고 말해 준다면, 과연 그 사형
수가 우리의 말을 들은 체도 하지 않은 채, 생명과 자유를 얻을 수 있는 기회를
박차 버리고서, 자신의 독방으로 들어가 버릴까요? 그런데 죄인에게는 그런 사
형수보다 더한 끔찍한 선고와 소름끼치는 파멸이 기다리고 있습니다. 우리는 하
늘에 계신 하나님으로부터 확실한 죄 사함을 널리 알리라는 명을 받고 보내심을
받은 자들입니다. 하지만 무수한 사람들이 우리가 전하는 말을 진심으로 귀 기
울여 듣고자 하지 않고, 도리어 우리의 말을 피하여서 자신의 죄악 가운데서 멸
망해 가고 있습니다. "어찌하면 내 머리는 물이 되고 내 눈은 눈물 근원이" 되어
서(렘 9:1), 내가 속한 이 인류의 우매함으로 인하여 통곡하고, 내 동포에게 작정
된 멸망을 인하여 애곡할까!

복음은 아주 알기 쉽고 분명하고 명료하다는 것을 생각하면, 우리는 사람들이
예수 그리스도의 복음을 받아들이지 않는 것을 볼 때에 이상하고 기이하다는 생
각을 자주 하게 됩니다. 만일 복음이 도무지 알기 어려운 신비라면, 무식한 사람
들이 복음에 관심을 갖지 않는 것이 이해가 될 것입니다. 만일 구원의 계획이 여

러 권의 책을 주의 깊게 정독해야만 알 수 있는 것이고, 고전어에 대한 이해와 철저한 교육이 있어야만 깨달을 수 있는 것이라면, 먹고 살기에 바빠서 교육을 받을 틈이 없었던 수많은 가난하고 궁핍한 자들이 복음에 관심을 갖지 않는 것이 이해가 될 것입니다. 그러나 하늘 아래에서 "주 예수를 믿는 자에게는 영생이 있고"(요 3:36)라는 말씀이나 "믿고 세례를 받는 사람은 구원을 얻을 것이요"(막 16:16)라는 말씀보다 더 쉽고 분명한 것은 없습니다. 얼마나 쉽고 분명한 말씀입니까! 이것은 화살처럼 직선으로 뻗어 있는 길이기 때문에, 이 길보다 더 쉬운 길은 없습니다. "믿으면 살리라"는 이 영혼을 살리는 말씀은 번갯불 아래에서도 읽을 수 있고, 달리면서도 읽을 수 있습니다. "그리스도를 믿으십시오. 그리하면 여러분의 죄가 사함을 받고, 여러분이 구원을 받을 것입니다." 이것은 너무나 쉽고 분명한 말씀이어서, 나는 그 말씀을 유아들도 알아들을 수 있는 말씀이라고 부르고 싶습니다. 그런데도 사람들은 이렇게 쉽고 분명한 복음을 받아들이지 않습니다. 그러므로 그들이 말씀에 순종하기를 거부하는 이유가 자신들의 죄의 줄에 묶여 있기 때문이 아니면 무엇 때문이겠습니까?

형제들이여, 아울러 복음 속에는 놀랍고 경이로운 매력이 있습니다. 만일 복음이 무시무시한 것들을 잔뜩 계시하고 있는 것이거나, 복음 속에 이성에 전적으로 맞지 않는 것이 있다거나, 우리의 영혼의 모든 지각에 충격을 줄 어떤 것이 들어 있다면, 사람들이 복음을 믿지 않는다고 해도, 그것은 충분히 이해할 수 있는 일이 될 것입니다. 그러나 복음은 사람이 죄를 짓고 길을 잃어 멸망 받을 수밖에 없는 처지에 있게 되었기 때문에, 하나님께서 사람을 구원하시기 위하여 친히 사람이 되셨다는 것입니다: "인자가 온 것은 잃어버린 자를 찾아 구원하려 함이니라"(눅 19:10). 하나님의 아들이 자기와 원수 된 자들을 향한 무한하신 사랑으로 인하여, 마땅히 그들이 감당해야 할 벌을 그들 대신에 감당하시기 위하여, 스스로 사람의 육신을 입으시고 이 땅에 오셨습니다. 대속의 교리는 하나님의 공의를 만족시키는 동시에 하나님의 은혜를 놀라울 정도로 극명하게 드러내 주는 까닭에, 여러분은 대속의 교리 속에 나타나 있는 예수 그리스도의 사심 없고 헌신적인 사랑에 놀라는 것이 마땅합니다. 영광의 왕이시여, 주께서는 나를 위해 피 흘리신 것입니까? 생명의 왕이시여, 주께서는 나를 위해 무덤 속으로 들어가신 것입니까? 하나님께서 나를 위해 자기를 낮춰 이 땅에 오셔서 죄인들의 입술로부터 침 뱉음을 당하신 것입니까? 하나님께서 나를 구원하시기 위하여 하늘의 빛나는 영광을 버리시고 "사람들로부터 멸시와 천대를 받으시며 배척을 받으신" 것입니까? 이런 말씀을 듣는데도 거기에 귀 기울이지 않는다면, 그것이 사람입니까! 이런 말씀을 듣는데도 그 말씀이 마음속을 헤집고 들어와서 박히지 않는다면, 그것이 사람입니까! 여러분은 이와 같은 사랑을 들어본 적이 있습니까? 옛 적부터 지금까지 시인들이 지은 아름다운 시들을 펼쳐들고서, 그들이 과연 하나님의 아들 예수 그리스도께서 멸망 당할 인간을 위해서 베푸신 사랑보다 더 고귀한 사랑 이야기를 생각해 낼 수 있었는지를 한 번 살펴보십시오. 철학자들에게로 가서, 그들이 과연 그리스도의 삶보다 더 고귀한 철학을 생각해 낼 수 있었는지를 살펴보시고, 그들이 인간의 도리를 논할 때, 그리스도께서 자신의 삶으로 보여주신 저 영웅적인 사랑보다 더 큰 미덕을 생각해 낼 수 있었는지를 살펴보십시오. 우리는 여러분의 마음을 아프게 할 피로 물든 깃발을 여러분 앞에 드는 것도 아니고, 폭군의 지배 하에서 쇠사슬에 묶여 끌려가는 사람들의 모습을 여러분 앞에 제시하는 것이 아닙니다. 우리는 단지 십자가에 못 박히신 그리스도를 높이 듭니다. 우리 군대의 맨 앞에서 펄럭이는 깃발에는 "사랑"이라는 글자가 씌어 있습니다. 우리는 여러분에게 폭정을 일삼는 폭군에게 무릎을 꿇으라고 하는 것이 아니라, 온유한 사랑의 손짓을 받아들이시라고 권하는 것입니다. 슬프게도, 사람들은 죄를 향한 저 저주 받은 사랑에 의해서 단단히 묶여 있고 결박 당해 있음에 틀림없습니다. 만일 그렇지 않았다면, 십자가에 못 박히신 구주의 저 놀라운 사랑이 그들의 마음을 사로잡았을 것입니다.

사람들의 영혼을 사랑하는 나의 친구들이여, 한 번 생각해 보십시오. 복음이 요구하는 것이 부담스러운 것이 아닌데도, 사람들이 복음을 받아들이지 않는 것이 너무나 이상하지 않습니까? 만일 사람이 순교의 길을 통해서가 아니면 천국에 들어갈 수 없다고 성경에 기록되어 있다면, 우리는 누구나 화형을 당하든지 고문을 받아 사지가 찢겨나가는 길을 택해서 어떻게든 천국에 들어가는 것이 지혜로운 일일 것입니다. 만일 바돌로매처럼 산 채로 껍질이 벗겨져 죽어야만 하나님의 진노를 피할 수 있고, 다른 길이 없다고 하더라도, 그런 것은 하나님의 진노를 피하고 천국에 들어가는 대가로는 너무나 값싼 것이 될 것입니다. 그러나 하나님의 말씀 속에는 그렇게 육체적으로 큰 고통을 당해야만 구원을 받을 수 있다고 적혀 있지 않습니다. 구원의 길은 혹독하고 가혹한 길이라는 암시가 전혀 없습니다. 율법을 철저히 지켰던 바리새인들은 "이레에 두 번씩 금식하였다"(눅

18:12)고 하는데, 복음은 그런 율법보다 더 가벼워서, 단지 "주 예수 그리스도를 믿으라 그리하면 네가 구원을 받으리라"(행 16:31)고 말씀하고, 그리스도인들의 삶에 대해서는 "네 마음을 다하여 주 너의 하나님을 사랑하고 또한 네 이웃을 네 자신 같이 사랑하라"(눅 10:27)고 명합니다. 사랑의 계명은 얼마나 즐거운 의무입니까? 이것보다 더 달콤한 의무가 어디 있겠습니까? 우리의 영혼으로 하여금 사랑의 강물 위에서 둥둥 떠다니게 하는 것보다 더 즐거운 일이 어디 있겠습니까? 참된 신앙의 길은 괴롭고 지겨운 것이 아니라, 즐거움과 평안의 길입니다. 믿기만 하면 천국이 주어지고, 두드리기만 하면 천국 문이 열리며, 구하기만 하면 값으로 따질 수 없이 귀한 온갖 은사들이 거저 값없이 주어집니다. 그런데도 사람들은 구하지도 않고 두드리지도 않습니다. 나의 하나님, 도대체 인간이라는 것은 어떻게 되어 먹은 존재입니까? 죄가 인간을 괴물로 만들어 버렸기 때문에, 사람들은 자기에게 진정으로 유익이 되는 것들을 잊어버리고, 자신의 영혼에 해를 가하며 살아갑니다.

대부분의 사람들이 죄로 인한 쾌락은 결코 크지 않다고 고백하는 것을 보면, 사람들이 자신의 죄들에 의해서 단단히 묶여 있다는 것이 더욱 분명해집니다. 사람들은 어떤 죄에 빠져서 즐기다보면 얼마 지나지 않아 싫증이 나고 질리게 된다고 말합니다. "재앙이 뉘게 있느뇨 근심이 뉘게 있느뇨 분쟁이 뉘게 있느뇨 원망이 뉘게 있느뇨 까닭 없는 상처가 뉘게 있느뇨 붉은 눈이 뉘게 있느뇨 술에 잠긴 자에게 있고 혼합한 술을 구하러 다니는 자에게 있느니라"(잠 23:29-30)는 말씀은 참됩니다. 사람에게 만족을 가져다준 죄는 이제까지 존재하지 않았습니다. 자기가 하고 싶은 대로 마음껏 다 행하고 즐긴 사람이 있다고 합시다. 여러분은 그 사람이 나중에 사람들 가운데서 가장 만족하며 살아가는 사람들이 아니라 가장 비참한 사람들 속에 끼어 있는 것을 발견하게 될 것입니다. 사정이 이런데도, 사람들은 그런 하찮은 쾌락들을 위해서 기꺼이 자신의 영혼을 망치고 영원한 화를 감수하고자 합니다. 우리가 기억해야 할 것은 경건 속에서도 즐거움들이 발견된다는 것입니다. 사람들이 자기가 보고 들은 것을 말하고 거짓말을 하지 않는다면, 그들은 이러한 사실을 부인할 수 없습니다. 적어도 다른 사람들만큼은 정직한 우리는 우리의 마음을 그리스도께 드릴 때까지는 참된 행복이 무엇인지를 몰랐다고 증언할 수 있습니다. 하지만, 그리스도를 영접한 이후로 우리 마음속에는 평강이 강 같이 흘러넘쳤습니다. 물론, 우리는 환난을 겪어야 했고, 육

신적인 큰 고통을 겪었으며, 정신적으로 눌리는 것을 경험하였고, 무거운 짐을
짊어진 자처럼 되었으며, 많은 시련들을 감당해야 했습니다. 그러나 우리는 이
렇게 말할 수 있습니다:

> "세상이 온갖 좋은 것과 대단한 것들을 다 준다고 해도,
> 우리는 하나님이 우리에게 주신 것과 맞바꾸지 않을 것입니다."

"여호와를 자신의 하나님으로 섬기는 자들은 복이 있습니다." 우리는 우리
의 경험에 비추어서 이 모든 것들이 참되다는 것을 보증할 수 있습니다. 나의 형
제들이여, 여러분의 가난한 영혼들이 그들을 우롱하는 쾌락들이 아니라, 그들에
게 유일하게 만족을 줄 수 있는 그런 즐거움들을 택하게 하십시오. 우리가 개처
럼 죽어야 한다고 해도, 그리스도인으로서 죽는다면, 그것은 가치 있는 일이 될
것입니다. 만일 내세가 없고, 우리가 오직 생각해야 할 것이 현세에서 어떻게 가
장 즐기고 누리며 살 것인가 하는 것이라고 하더라도, 하나님의 종이 되고 그리
스도의 군사가 되어 살아가는 것이 가장 지혜로운 일이 될 것입니다. 나는 우리
가 그렇게 살아갈 때에 반드시 부자가 될 것이라고 말하고 있는 것이 아닙니다.
우리가 반드시 사람들로부터 존경을 받게 될 것이라고 말하는 것도 아닙니다.
우리가 별 환난을 겪지 않고 순탄한 삶을 살아가게 될 것이라고 말하는 것도 아
닙니다. 그러나 나는 "모든 것을 달콤하게 만들어 주는 저 비밀한 어떤 것"과 참
된 신앙이 가져다주는 저 깊은 평안함으로 말미암아 그리스도인의 삶은 다른 그
어떤 삶보다 더 나은 삶이 될 것이고, 그리스도인의 삶에 견줄 만한 것은 결코 있
을 수 없다고 말하고자 합니다. 불경건한 자의 삶이 어떤 삶인지를 잠시 생각해
보십시오. 나는 그 삶을 옛적에 종교재판을 주관하던 자들이 고안해 내었던 저
유명한 마귀적인 장치에 비유할 수 있다고 생각합니다. 그들은 이단자들을 처형
하기 위해서, 자신들이 "동정녀의 입맞춤"이라고 부른 장치를 만들었습니다. 긴
복도에 동정녀의 성상이 서 있었고, 그녀는 자신의 이단아를 받아들이기 위해서
팔을 뻗고 있었습니다. 그녀는 아름다웠고, 그녀의 옷은 금과 금박으로 장식되
어 있었지만, 가련한 이단아가 그녀의 팔에 안기는 순간, 그 성상 속에 설치된 기
계장치가 작동하기 시작해서, 그녀의 두 팔이 그를 점점 더 꽉 껴안아서 자신의
품 속에 밀착시켰는데, 그녀의 품에는 칼들과 단도들과 창들과 면도날들을 비롯

해서 그를 온통 찌르고 찢을 수 있는 온갖 것들이 박혀 있어서, 그는 그녀의 품 속에서 완전히 으깨지고 갈기갈기 찢겨져 죽도록 되어 있었습니다. 이것이 불경 건한 자의 삶의 모습입니다. 그의 죄악된 삶은 아름다운 처녀의 모습을 하고서, 사람을 홀리는 미소를 띠고, "내 품은 이 세상에서 가장 따뜻하고 포근하며 지극히 행복한 곳이니, 어서 내 품으로 오라"고 말하는 것 같습니다. 그러나 죄인이 그 품에 안기자마자, 그 죄악된 삶은 그로 하여금 끝없이 반복해서 죄를 짓게 만들고, 그를 만신창이로 만들어 버립니다. 그가 어떤 죄에 빠지면, 그 죄는 그의 영혼을 찌르고, 그의 죄악된 생각들은 칼과 검이 되어서 그를 사정없이 베며 괴롭히고, 그는 자신의 죄악들의 무게 아래에서 콩가루가 되어 버리고 맙니다. 사람들은 이것을 알고 있고, 감히 부정하지 못합니다. 그런데도 사람들은 여전히 이 처녀의 품 속으로 뛰어들고, 죄악들이 가져다주는 저 끔찍한 저주를 열매로 거둡니다. 나의 하나님, 이 노릇을 어쩌면 좋습니까!

이제 다시 한 번 여러분에게 말씀드립니다. 사람들이 자신의 죄들에 의해 묶여 있다는 것을 알 때에만 풀릴 수 있는 이 무시무시한 신비와 관련해서, 지금 이 자리에 계신 여러분에게 내가 말하고자 하는 것은 여러분이 믿기만 하면 그 실체의 상당 부분을 느끼게 된다는 것입니다. 만일 내가 자신에게 영혼이 있다는 것과 장차 임할 심판과 죄에 대한 형벌과 의에 대한 상급을 믿지 않는 사람들과 말하고 있는 것이라면, 나는 왜 그들이 이 큰 구원을 배척하는지 그 이유를 알아야 합니다. 그러나 이 기도하는 집에 참석해 계신 여러분 중에서 대다수 — 아니, 모두라고 해야 할까요 — 는 그러한 것들에 대하여 거의 의심을 갖고 있지 않습니다. 만일 어떤 사람이 여러분은 성경이 하나님의 말씀이라는 것을 믿지 않는다는 뉘앙스의 말을 하기만 해도, 여러분은 몹시 기겁을 하며 절대 그렇지 않다고 손을 절래절래 흔들 것입니다. 여러분의 심령 속에는 어느 정도 바리새인적인 기질이 있어서, 여러분은 자기는 하나님을 조롱하는 자들과 다르고, 믿지 않는 자들과 다르다고 생각합니다. 나는 여러분이 그런 사람들과 다르다는 것을 인정하기는 하지만, 실제로 여러분은 그런 사람들보다 더 표리부동하다고 말하지 않을 수 없습니다. 나의 이 말이 사실이 아니라면, 지금 여러분의 삶은 아무런 문제가 없겠지만, 나의 이 말이 사실이라면, 내가 여러분을 위해서 하나님께 무엇이라고 기도할까요? 내가 여러분을 위해서 하나님 앞에서 어떤 변호를 할 수 있을까요? 여러분이 내가 앞에서 말한 것들, 즉 영혼의 존재와 장차 임할 심판과 죄에 대한 형벌과 의에 대한 상급 같은 것들을 믿는다고 고백한다면, 여러분은 여러분이 정말 믿는다는 것을 행동으로 보여주지 않으면 안 됩니다. 그런데 실제로 행동으로는 그런 것들을 부인하면서도, 왜 여러분은 마치 자신이 그러한 것들을 진리로 믿는다는 듯이 고백하는 것입니까? 여러분은 그러한 것들이 진리라는 것을 믿을 뿐만 아니라, 그 실체들을 경험한 적도 있기 때문에, 상황은 더욱 나쁩니다. 여러분은 예배가 끝나면 이 성전을 나가 집으로 돌아가서 자신의 방에서 무릎을 꿇고 기도하곤 하지만, 여러분의 신앙과 경건은 아침 구름과 새벽이슬처럼 기도할 때에 잠깐 반짝 있다고 사라져 버리고 맙니다. 나는 여러분 중에는 양심에 거리낌이 있고 가책이 되어 마음이 편안하지 않아서 몇몇 죄들을 끊어 버려야 했던 사람들도 있다는 것을 압니다. 그런데도 여러분은 여전히 불신자들입니다. 여러분은 여전히 결단이 되어 있지 않고, 여전히 구원 받지 못했습니다. 이 순간에 하나님께서 여러분의 영혼을 데려가신다면, 그 영혼 앞에는 불 같은 진노하심과 무시무시한 심판만이 기다리고 있을 뿐입니다. 이 말씀을 듣고 있는 여러분 중에서 양심이 종종 깨어난 적이 있고, 큰 왕의 화살들이 심령 속을 꿰뚫고 들어와서 지금도 여전히 박혀 있는 분들이 계신다면, 제발 하나님의 찌르시는 손길에 굴복하시고, 여러분의 통회하는 심령을 여러분의 구주의 손에 맡기십시오. 그러나 여러분이 그렇게 하지 않는다면, 내가 여러분에게 할 말이 무엇이 있겠습니까? 여러분은 하나님의 나라를 자기 손으로 밀쳐낸 것입니다. 이것만을 확실히 기억해 두십시오. 하나님의 나라는 여러분에게 다가와서, 내세에는 여러분이 반드시 책임져야 할 것들을 알게 해주었기 때문에, 여러분은 핑계할 수 없다는 것입니다.

　여기 수수께끼가 있는데, 그것은 사람은 하나님과 그리스도를 적대하기 때문에, 성령께서 초자연적인 역사를 통해서 그 사람의 뜻을 이기고 그의 성정의 흐름을 거꾸로 되돌려놓지 않는 한, 영원한 구원을 결코 받아들이지 않으려 한다는 것입니다. 그러면, 그 이유는 무엇일까요? 대답은 본문에 있습니다. 즉, 악인은 자기의 죄악들에 붙잡혀 있고, 자신의 죄의 줄에 묶여 있기 때문입니다. 그렇기 때문에, 그는 생명을 얻기 위해서 그리스도께로 나아오려고 하지 않습니다. 그렇기 때문에, 그리스도를 보내신 아버지 하나님께서 그를 이끌지 않는 한, 그는 그리스도께로 나아올 수가 없습니다.

2. 둘째로, 죄악이 죄인들을 사로잡고 묶는다는 것은 그 자체가 더 큰 신비입니다.

내가 두 번째로 살펴보고자 하는 것은 죄악이 사람들을 결박하고 있다는 것은 하나의 신비를 푸는 열쇠일 뿐만 아니라, 그 자체가 더 큰 신비라는 것입니다. 사람이 겉보기에 그렇게 대단해 보이지도 않는 죄악의 줄에 의해 묶여서 꼼짝도 할 수 없을 정도로 어리석기 짝이 없는 존재이자 정신 나간 존재라는 것은 엄청 난 신비입니다. 이성에 의해서 묶이는 것은 훌륭한 일이고, 저항할 수 없는 강제에 의해서 묶이는 것은 적어도 비난 받을 일은 아닙니다. 그러나 다른 것도 아니고 죄에 의해 묶여 있는 것은 인간이라는 이름에 수치를 안겨 주는 속박입니다. 인간이 자신의 악한 정욕들과 욕망들의 족쇄 이외의 다른 족쇄에 의해서는 묶이기를 원하지 않는다는 사실을 생각하면, 그것은 인간이라고 하기에도 수치스러운 일입니다. 단지 한두 가지의 죄악의 줄을 생각해 보기만 해도, 여러분은 이것을 확인할 수 있게 될 것입니다.

사람들이 그리스도를 영접해서 구원 받으려 하지 않는 한 가지 이유는 하나님을 잊어버리는 죄에 의해서 족쇄가 채워져 있기 때문입니다. 잠깐 이것을 생각해 보십시오. 사람들은 하나님을 완전히 잊어버렸습니다. 어린 아기가 있음으로 해서, 수많은 범죄가 예방되어 왔습니다. 통상적으로 사람들은 다른 사람들이 있을 때에는 어느 정도의 제약을 느끼게 됩니다. 하지만 결코 잠들지 않는 저 눈, 즉 영원하신 하나님의 눈은 대부분의 사람들에게는 자신들의 행동을 제약하는 요인이 되지 못합니다. 어느 방에 어린 아이가 있다면, 여러분은 그 아이를 의식하고 존중해서 행동을 조심할 것입니다. 그러나 하나님이 계신다는 것을 알아도, 여러분은 거리낌 없이 범죄할 수 있습니다. 여러분의 어머니나 아버지가 계신다면, 그곳에서 여러분은 감히 범죄하지 않을 것입니다. 하지만 여러분을 지으셨고 여러분을 죽이실 수도 있으신 하나님, 여러분의 합법적인 주권자이신 하나님이 계시는데도, 여러분은 하나님을 개만큼도 의식하지도 않고 존중하지도 않습니다. 이것은 결코 지나친 말이 아닙니다. 그런데 사람들이 이렇게 행동하는 것은 이상한 일입니다. 하지만 많은 사람들에 있어서, 그것은 하나님을 생각하는 데 어려움이 있기 때문이 아닙니다. 예를 들어, 공부를 한 사람들은 하나님이 지으신 만물을 곰곰이 생각해 본다면 하나님을 생각하지 않을 수 없게 됩니다. 무신론자였던 갤런(Galen)은 사람의 몸을 해부하는 과정에서 회심하게 되었습니다. 그는 신경들과 힘줄들을 비롯해서 사람의 몸을 구성하고 있는 온갖 경이로운 것들 속에서 하나님의 손길을 발견하지 않을 수 없었습니다. 현미경으로 개미 등과 같은 미세 동물들을 관찰할 때, 사람들은 "죽을 수밖에 없는 자여, 너와 나를 지으신 하나님을 생각하라"는 분명한 음성을 들을 수밖에 없습니다. 어떤 사람들은 여러 지역들을 매일같이 돌아다니다가 창조주 하나님을 만납니다. 어떤 사람들은 배를 타고 바다로 나가서 큰 물 위에서 일을 하다가 하나님을 만납니다. 반면에, 어떤 사람들은 모든 것이 하나님의 영광을 말해 주고 있는 성전에서 지존자의 거룩하신 위엄을 대놓고 모독하는 자들이 되기도 합니다. 여러분은 자기는 그렇게 한 적이 없다고 내게 말할 것입니다. 나도 그것을 압니다. 여러분 중에는 정신적인 활동을 거의 필요로 하지 않는 직업들에 종사하면서 자신의 손으로 매일 수고하여야 일용할 양식을 얻을 수 있는 분들이 많습니다. 따라서 여러분이 다른 일들에 대하여 진지하게 생각할 필요가 별로 없을 때에 하나님에 대해서도 생각하지 않기가 쉽기 때문에, 여러분은 더욱더 죄악에 빠질 위험이 있게 됩니다. 노동자들은 흔히 자신의 여가시간을 정치가 어떻게 돌아가고 있는지를 생각하는 데에 보내고, 일하는 시간에도 자기가 사는 마을을 어떻게 꾸려가는 것이 좋을지 어느 정도 합리적인 계획을 생각해 보며 즐거워합니다. 그러므로 그들은 자신들에게는 하나님을 생각할 시간이 없다고 감히 말하지 못할 것입니다. 나의 형제들이여, 여러분의 마음속에는 하나님을 피하고자 하는 것이 있습니다. 그렇지 않다면, 월요일 아침부터 토요일 밤까지 여러분이 하나님을 까마득히 잊어버리고 살 리가 없습니다. 여러분은 지금 이 자리에 앉아 계시면서도, 하나님을 떠올리는 것이 여러분에게 결코 기분 좋은 일이 아닐 것입니다. 하지만 내가 여러분으로 하여금 아마도 지금 하늘에 계실 여러분의 어머니를 떠올리게 한다면, 이 주제가 여러분에게 꼭 즐겁지 않은 주제가 되지는 않을 것입니다. 여러분은 자신이 하나님께 빚진 것과 여러분의 어머니께 빚진 것 중에서 어느 쪽이 더 크다고 생각하십니까? 내가 여러분에게 여러분이 어려웠을 때에 도와주었던 친구 얘기를 한다면, 여러분은 아마도 그 얘기를 들으며 기뻐할 것입니다. 그런데도 여러분은 내가 여러분에게 하나님에 대해서 얘기하며, 왜 하나님을 잊어버리고 사느냐고 묻는 것을 못마땅하게 생각하실 것입니까? 여러분은 다른 모든 친구에 대해서 얘기할 때는 좋아하면서, 왜 가장 좋은 친구에 대해서 얘기하는 것은 좋아하지 않는 것입니까? 여러분은 모든 친구들에게 감사하는 마음을 지니고 있으면서, 왜 사람이 가질 수 있는 친구들 중에서 가장 좋은 친구에게는 그런 마음을 지니지 않습니까? 나의 하나님이여, 나의 하나님이여, 도대체 왜 사람들이 당신을 이렇게 대우하는 것입니까? 하나님은 사람들에게 가장 선하시고 인자하시며 공평하시며 지혜로우신 최고의 친구로서 그들을 돌보고 계시는데도, 사람들은 이 최고의 친구를 까맣게 잊고 살아갑니다.

사람들이 하나님을 떠나서 사는 것이 가능한가 하는 주제는 우리가 헤아리기 힘든 난해한 주제이기는 하지만, 우리는 이것에 대해서 이런 말을 할 수 있을 것입니다. 물고기가 물을 싫어한다고 해도, 물 속에서 살아갈 수밖에 없습니다. 사람이 공기를 의식하지 못해도, 공기 없이는 살아가지 못합니다. 마찬가지로, 성경은 "우리가 그를 힘입어 살며 기동하며 존재하느니라 … 우리가 그의 소생이라"(행 17:28)고 말씀합니다. 하나님은 서리를 주시고, 얼마 안 있어 봄을 주실 것입니다. 하나님은 파종할 때와 수확할 때를 주시고, 풍성하게 주어지는 모든 비도 하나님으로부터 오며, 시원하게 불어오는 모든 바람도 하나님의 입에서 나옵니다. 모든 것이 여러분에게 하나님을 일깨워 주는데도, 왜 여러분은 하나님을 잊고 사시는 것입니까? 바로 그것이 죄입니다. 그것이 정말 끔찍하고 저주 받을 죄입니다. 그것이 사람들을 꽁꽁 묶고 결박해서, 생명을 얻기 위해 그리스도께로 나아오지 못하게 하는 바로 그 죄입니다. 사람들이 참으로 어리석게도 그런 죄에 묶여서 그리스도께로 나아오지 못하는 것은 정말 이상하고 놀라운 일입니다.

또 하나의 죄가 모든 거듭나지 않은 심령들을 묶고 있는데, 그것은 하나님의 그리스도를 사랑하지 않는 죄입니다. 나는 여기에 계시는 사람들을 간음죄나 절도죄나 신성모독죄로 고소하고자 하지 않습니다. 그러나 나는 다른 어떤 죄보다도 더 크고 엄청난 죄는 하나님의 그리스도를 사랑하지 않는 죄라고 감히 말하고자 합니다. 오직 사람들을 긍휼히 여기시는 마음에서 순전한 사랑으로 인하여 이 세상에 오신 분이 계십니다. 이 세상에 오신 것이 그 분에게 이익이 된 것은 아무 것도 없었습니다. 그분은 부요하신 분이었는데, 우리를 위해서 가난하게 되셨습니다. 그런데도, 왜 그분이 사람들로부터 사랑을 받지 못하고 있습니까? 일전에 자신의 나라를 해방시킨 진정한 영웅이자 용감하고 담대한 인물이 이 거리를 차를 타고 지나갔는데, 나는 여러분이 거리로 몰려들어서 환호성을 지르며 이탈리아를 해방시킨 영웅의 사자 같은 얼굴을 보려고 애쓰는 모습을 보았습니다. 나는 여러분이 잘못했다고 하는 것이 아닙니다. 나도 여러분과 같이 하고 싶었습니다. 그 영웅은 여러분의 환호와 박수갈채를 받을 만한 사람이었으니까요. 그러나 그 영웅이 한 일은 인류를 죄의 속박에서 건져내시기 위하여 기꺼이 자기 목숨을 내주시고, 사람들로 하여금 그를 의지해서 구원 받도록 하시기 위하여 십자가의 저 저주받은 죽음을 기꺼이 담당하신 하나님의 그리스도에 비하면 정말 아무것도 아니지 않습니까? 그런데도 왜 여러분은 이 훨씬 더 위대한 영웅에게는 환호와 박수갈채를 보내지 않는 것입니까? 왜 그의 발 앞에 월계관들을 던지지 않는 것입니까? 예수께서 여러분을 위해 죽으신 것이 여러분에게는 아무것도 아닙니까? 이루 말할 수 없이 큰 사랑을 보여주신 분을 여러분은 왜 멸시하고 천대하십니까? 이루 말할 수 없이 귀한 구원을 가져다주신 분을 여러분은 왜 배척하는 것입니까? 오, 죄악의 신비여! 죄의 깊이는 하나님의 깊이만큼 깊어서 헤아리기가 힘들고, 하나님의 사랑이 무한한 것과 마찬가지로, 악인들이 저지르는 범죄의 흉악함도 무한합니다.

또한, 사람들이 성령에 대해서 경외하는 마음을 갖거나 심지어 생각조차 하지 않고 살다가 죽는다는 점에서, 사람들은 성령에 대해서도 무수히 죄악들을 저지르지만, 나는 여기서 한 가지 죄만을 언급하고자 하는데, 그것은 사람들이 자신의 영혼을 소홀히 하는 죄에 묶여서 살아가는 신비입니다. 어떤 사람이 자신의 몸을 소홀히 해서, 병이 있는데도 치료할 생각도 하지 않는다면, 여러분은 틀림없이 그 사람을 바보라고 부를 것입니다. 자기 몸이 죽을병에 걸렸는데도 치료할 생각조차 하지 않는 사람이 있다면, 여러분은 그런 사람은 정신병원으로 보내는 것이 맞다고 생각할 것입니다. 그러나 자신의 영혼을 소홀히 하는 사람은 부지기수로 많기 때문에, 우리는 그런 사람을 미친 사람이라고 생각하지 않습니다. 여러분의 육신은 곧 죽어 없어집니다. 육신은 단지 닳아 없어질 옷일 뿐입니다. 사람이 옷보다 더 귀하듯이, 여러분 자신이 여러분의 육신보다 더 귀합니다. 그런데도 왜 여러분은 오직 현세에서 어떻게 먹고 살지에만 골몰하고 내세에는 관심조차 갖지 않는 것입니까?

철가면을 쓴 인물이 누구였는지는 오랫동안 하나의 신비였습니다. 그런데 몇 년 전에 이 신비가 풀렸는데, 그는 프랑스의 왕이었던 루이 14세의 쌍둥이 동생이었다는 것입니다. 이 왕은 자기와 너무나도 똑같은 자신의 쌍둥이 동생이 자신의 왕위에 위협이 될 것을 우려해서, 동생에게 철가면을 씌우고서 평생을 바스티유 감옥에 가둬두었던 것입니다. 여러분의 육신과 영혼은 쌍둥이 형제입니다. 여러분의 육신은 영혼을 시기해서, 영혼의 진면목이 드러나고 영혼의 신성한 혈통이 드러나지 않도록 하기 위하여, 영적인 무지라는 철가면을 씌워서, 죄의 바스티유 감옥에 가두어둠으로써, 영혼이 자유를 얻고 자신이 지닌 왕의 혈통을 깨닫고서 여러분의 저급한 구성요소인 육신을 지배하지 못하게 만듭니다. 그러나 자신의 동생에게 그런 짓을 한 루이 14세는 정말 철면피일 뿐만 아니라, 짐승보다 더 잔인하고 사악한 자였습니다. 그렇다면, 오직 자신의 육신만을 만족시키고, 땅에 속한 본성의 욕심만을 이루기 위해서, 자신의 영혼에게 그런 짓을 하고 있는 여러분은 도대체 어떤 사람입니까? 여러분 자신에게 그렇게 잔인하고 무자비하게 행하지 마십시오. 그것은 입을 위해 살아가고 눈을 위해 살아가는 죄이고, 무엇을 먹을까, 무엇을 마실까, 무엇을 입을까 하는 것만을 생각하며 살아가는 죄이며, 시계추가 재깍재깍 소리 내며 가는 시간의 좁은 한계 속에서 그런 시계를 의지하며 살아가는 죄이고, 마치 이 땅이 모든 것이고 그 외에는 아무것도 없다는 듯이 살아가는 죄입니다. 이 죄가 이 런던 시를 묶고 있는 죄이고, 온 세상을 묶고 있는 죄입니다. 이 죄는 온 세상을 마치 화형에 처할 순교자처럼 나무기둥에 묶고 있기 때문에, 거기에서 벗어나지 않으면, 오직 죽음만 있을 뿐입니다.

하지만 일반적으로 대부분의 사람들이 회개하지 않는 이유는 사람마다 그 밑바닥에 아주 구체적이고 실제적인 죄가 있기 때문입니다. 나는 여러분이 그리스도께 나아오지 못하도록 가로막는 죄가 구체적으로 어떤 죄인지를 추측하고자 하는 것이 아닙니다. 그러나 나는 그러한 죄들이 일반적으로 어떤 것들인지를 어렵지 않게 말할 수 있습니다. 어떤 사람들은 구원 받고자 하지만, 십자가를 지는 것이 싫고, 그리스도인이라는 이유로 사람들로부터 멸시받는 것이 싫습니다. 어떤 사람들은 그리스도를 따르고자 하지만, 자기가 의롭다는 교만을 버리고 싶어 하지 않습니다. 그들은 구원의 영광의 일부만을 갖고 싶어 합니다. 어떤 사람들은 자신의 어떤 성질을 꺾고자 하지 않습니다. 어떤 사람들은 너무나 달콤해서 버리지 못하는 은밀한 죄를 가지고 있습니다. 그 죄는 그들에게 자신의 오른팔과 같아서, 도저히 잘라낼 수 없습니다. 어떤 사람들은 자기가 너무나 좋아하는 패거리가 있고, 그 패거리는 그에게 파괴적인 것이지만, 거기에서 빠져나올 수가 없습니다. 끈끈이에 들러붙은 새들이 새 사냥꾼이 와서 죽일 때까지 꼼짝못하는 것처럼, 사람들은 이런저런 죄들에 꽁꽁 묶여서 꼼짝을 하지 못합니다. 나는 사람들이 지혜로워지기를 바랍니다. 그렇게만 된다면, 그들은 제정신을 차리고서 이 말도 안 되는 상황에서 빠져 나올 수 있을 것입니다. 그러나 그러한 터무니없는 치명적인 죄들이 사람들을 줄로 굳게 묶고, 그물에 걸린 황소처럼 사람들을 꼼짝못하게 옭아매는 것은 여전히 신비 중의 신비입니다.

3. 결론

이 모든 것의 결론은 이것이고, 이것은 죄인들만이 아니라 믿는 자들에게도 해당되는 메시지입니다. 먼저, 죄인들에게 주는 메시지는 여러분은 자신의 죄들에 의해서 굳게 묶여 있다는 것입니다. 나는 여러분이 그렇게 묶여 있다가 영원히 멸망하게 되는 않을지 우려합니다. 이것은 당신에 대한 얘기가 아닙니까? 나는 어젯밤에 내 마음에 무거운 짐이 있어서 몇 시간 동안 나의 침상에서 깬 채로 누워 있었는데, 내게 유일하게 무거운 짐은 여러분의 영혼에 대한 것임을 말씀드립니다. 나는 여러분이 "불과 유황 못"(계 20:10)에 던져질 것을 생각하면 도저히 참을 수가 없습니다. 나는 여러분과 마찬가지로 이 성경책을 믿습니다. 나는 성경을 믿기 때문에, 장차 회심하지 않은 자들을 기다리고 있는 것을 생각할 때에 경악을 금치 못하게 됩니다. 나는 내세라는 주제를 더 깊이 살펴볼수록, 장차 하나님이 악인들에게 행하실 심판을 희석시키고자 하는 모든 자들은 하나님을 대적하여 전쟁을 벌이고 있는 것이라는 느낌을 더 강렬하게 받습니다. 그런 자들은 사람들의 최고의 이해관계가 달려 있는 것을 애써 은폐해 버리고자 애쓰는 자들입니다. "살아 계신 하나님의 손에 빠져 들어가는 것이 무서울진저"(히 10:31). 나의 친구들이여, 제발 그렇게 하지 마시기 바랍니다! 영원토록 비참한 운명을 걸머지고자 하는 것이 아니라면, 그런 모험을 하지 마십시오. 제발 부탁이니, 그렇게 하지 마십시오! 여러분이 "그렇다면, 나더러 어쩌란 말인가요?"라고 말한다면, 나는 어떤 옛 사람이 한 말을 그대로 인용해서 대답하고자 합니다: "의로써 너희 죄들을 부수라. 지금은 여호와를 찾을 때니라." 여러분이 "죄들은 튼튼한 밧줄들과도 같은데, 내가 어떻게 죄들을 부술 수 있습니까?"라고 응수한다면, 나는 여러분이 자기 자신을 파괴시킨 것이 여러분의 비참함의 또 다른 부분이라고 대답할 것입니다. 여러분은 스스로 자신을 구원할 수 없습니다. 여러분은 죄의 그물을 아주 튼튼하게 짤 수는 있었지만, 그 그물을 찢어 버릴 수는 없습니다. 그러나 그 그물을 찢어 주실 분이 계십니다. 하나님의 영이 그분에게 임하여, 그는 갇힌 자들을 풀어 줄 수 있게 되었습니다. 하늘에서 여러분을 긍휼히 여기시는 마음을 품으신 분이 계시고, 구원하기에 능하신 그분은 여러분을 구하실 수 있습니다. "포로 된 영혼들을 해방시켜 주시는 이여, 나를 자유롭게 하소서"라고 기도하십시오. 지금 그 기도를 드리시고, 그가 여러분을 구하실 수 있으시다는 것을 믿으십시오. 여러분이 포로 된 자들이라고 할지라도 즉시 자유롭게 될 것입니다. 그의 보혈이 여러분의 속전이 될 것입니다. 멸망의 구덩이로 내려가고 있던 여러분을 구속하신 그를 사랑하고 찬양하는 것이 여러분의 속량 받은 삶의 특권이 될 것입니다.

나는 이 모든 것의 결론은 하나님의 자녀와도 상관이 있다고 앞에서 말했습니다. 그리스도 안에서 사랑하는 형제들이여, 여러분이 아직 회심하지 않은 죄인들을 사랑한다면, 그들의 죄를 더욱 강화시키는 데 일조하지 마십시오. 여러분이 언행이 일치하지 않거나 표리부동한 행동을 하게 된다면, 여러분은 죄인들의 죄를 더욱 강화시키는 것입니다. 여러분의 그런 모습을 보면, 그들은 "구원받았다고 말하는 사람의 삶이 왜 저 모양이야!"라고 말할 것입니다. 그럴 때, 여러분은 죄인들에게 변명할 말이 있겠습니까? 옛적의 선지자는 유다에 대하여, 유다가 소돔과 고모라의 위로가 되었다고 말하였습니다. 절대로 그렇게 되어서는 안 됩니다. 절대로 불경건한 자들이 다음과 같이 말하게 해서는 안 됩니다: "구원 받았다는 사람이라고 해서 별 다른 것이 없네. 완전히 사기야. 단지 겉만 번드르르할 뿐이군. 그리스도인이라는 사람들이 행동하는 꼴을 보니, 우리는 차라리 죄 가운데서 그냥 사는 게 낫겠어." 형제들이여, 여러분이 그들의 죄를 더 단단하게 하지 않을지라도, 그들을 묶고 있는 죄의 줄은 충분히 견고하다는 것을 기억하십시오.

다음으로, 죄인들에게 경고하는 것을 결코 그치지 마십시오. 그들에게 경고장을 들어보이지도 않은 채, 그저 그들 곁에 서서, 그들이 죽어가는 것을 보고만 있지 마십시오. 아침에 출근하다가 어떤 집에 불이 난 것을 보았다면, 당연히 여러분은 "불이야!"라고 소리치지 않겠습니까? 어떤 사람이 죽어가고 있다면, 당연히 여러분은 그 사람을 보고 눈물 흘리지 않겠습니까? 나는 리처드 크닐(Richard Knill) 목사님의 초상 밑에 다음과 같은 글귀가 써 있는 것을 보았습니다: "형제들이여, 이교도들이 죽어가고 있는데, 여러분은 그들이 죽어가는 것을 내버려

두실 것입니까?' 나는 여러분이 각자의 양심에 대고, "죄인들이 죽어가고 있는
데, 너는 그들에게 최소한 죄의 결과가 무엇일지에 대하여 경고조차 하지 않고,
그들이 그냥 죽어가도록 내버려 두어도 좋겠는가?'라고 물어보시기를 바랍니다.
나의 형제들이여, 나는 복음을 아는 여러분에게 그 복음을 다른 사람들에게도
전하라고 간절히 부탁드립니다. 전도는 사람들의 영혼을 묶고 있는 줄을 끊고자
하실 때에 하나님이 사용하시는 방법입니다. "때를 얻든지 못 얻든지"(딤후 4:2)
포로 된 자들을 구속하셔서 자유를 주시는 그리스도의 복음을 전하십시오.

끝으로, 여러분과 나는 포로 된 자들을 자유롭게 할 수 없기 때문에, 그들을
자유롭게 해주실 수 있으신 분을 바라보아야 합니다. 죄인들을 위하여 눈물을
흘리며 기도하십시오. 죄인들의 고통이 나의 고통이 되게 하십시오. 왜냐하면,
우리가 죄인들이 느끼는 것과 같은 고통을 느끼지 않고 기도한다면, 하나님으로
부터 회심의 선한 응답을 기대하기가 어려울 것이기 때문입니다. 죄인들의 구원
을 간절히 바라는 마음으로 인하여 우리의 심령이 부서질 것 같은 고통을 느낄
때까지 기도하십시오. 라헬이 "내게 자식을 낳게 하라 그렇지 아니하면 내가 죽
겠노라"(창 30:1)고 부르짖었던 것처럼, 여러분이 그렇게 부르짖는다면, 여러분
은 영적으로 열매를 맺지 못하는 자가 결코 되지 않을 것입니다. 여러분이 기도
하는 사람들이 회심하여 돌아오든지, 아니면 여러분의 심장이 터지든지, 둘 중
의 하나라는 각오로 기도한다면, 하나님께서는 여러분의 기도를 반드시 응답해
주실 것입니다. 하나님께서 여러분에게 복주시기를 빕니다. 하나님께서 여러분
중에 그 누구도 죄의 줄에 묶이지 않게 하시고, 도리어 여러분을 사랑하셔서 여
러분을 위하여 기꺼이 자신을 희생제물로 드리신 분의 제단 뿔에 여러분이 줄로
꽁꽁 묶이도록 해주시기를 빕니다. 하나님께서 예수님을 인하여 여러분에게 복
주시기를 빕니다.

제
3
장
—

말하는 책

—

**"그것이 네가 다닐 때에 너를 인도하며 네가 잘 때에
너를 보호하며 네가 깰 때에 너와 더불어 말하리니"**
— 잠 6:22

우리 아버지의 명령과 우리 어머니의 법이 곧 그대로 하나님의 명령이자 법인 환경에서 살아간다는 것은 지극한 행복입니다. 인류의 끈과 은혜의 줄, 이렇게 두 개의 힘에 의해서 올바른 길로 이끌려가는 사람들은 행복한 사람들입니다. 그런 그들이 범죄한다면, 그것은 이 땅에 있는 아버지와 하늘에 계신 크신 아버지, 이렇게 두 분에 대하여 범죄하는 것이고, 자녀로서의 본분 및 양심과 하나님의 요구, 이렇게 두 가지를 거슬러 흉악한 죄성을 드러내는 것입니다. 솔로몬은 오늘의 본문 앞에 나오는 구절에서 부모의 법이 곧 하나님의 법과 동일한 그런 환경에 있는 자들에 대하여 얘기하면서, 그런 자들에게 하나님의 법을 그들의 마음에 새기고 그들의 목에 매라고 권면합니다. 여기서 "마음에 새기고 목에 매라"는 것은 마음으로 받아들여 잘 간직할 뿐만 아니라 밖으로도 공개적으로 고백하고 선언하라는 것입니다. 하나님의 법은 우리에게 너무나 소중하기 때문에, 우리는 그 법을 우리 존재의 가장 중요한 기관인 우리의 마음에 재봉틀로 박듯 그렇게 새겨 두어야 한다는 것입니다. 어떤 것을 손에 들고 있으면, 잊어버리거나 잃어버리기 쉽고, 옷을 입듯이 몸에 걸치고 있으면, 벗겨내거나 찢어 버릴 수 있습니다. 그러나 사람의 마음에 새긴 것은 그의 목숨이 붙어 있는 한 그에게

서 없어지지 않습니다. 우리는 온 마음과 뜻과 목숨과 힘을 다하여 하나님의 말
씀을 사랑하여야 하고, 우리 존재의 모든 힘을 동원해서 하나님의 말씀을 껴안
아야 합니다. 하나님의 말씀에 우리가 할 수 있는 모든 힘을 다해서 지극정성을
쏟아야 합니다. 또한, 솔로몬이 우리에게 하나님의 말씀을 "목에 매라"고 말한
것은 우리가 결코 하나님의 말씀을 부끄러워해서는 안 된다는 것을 의미합니다.
우리가 그리스도인이라고 불릴 때, 우리의 뺨이 붉어져서는 안 됩니다. 우리는
그 어떤 무리들 앞에서도 하나님의 일들에 관하여 숨죽여서 말해서는 안 됩니
다. 우리는 그리스도의 십자가를 담대하게 짊어져야 합니다. 우리가 하나님의
말씀들을 공경하는 무리에 속해 있다는 사실을 당당하게 밝혀야 합니다. 우리는
참된 신앙을 우리의 최고의 영예로 여겨야 합니다. 통치자들이 자신의 몸에 금
사슬을 두르고서, 그것이 그들의 존귀함을 드러내 준다고 생각하는 것과 마찬가
지로, 우리는 우리의 목에 우리 주 하나님의 명령과 복음을 매고서, 그것이 우리
의 존귀함을 드러내 준다고 여겨야 합니다.

　　우리로 하여금 그렇게 하도록 설득하기 위해서, 솔로몬은 우리에게 세 가지
설득력 있는 이유들을 제시합니다. 먼저, 그는 하나님의 법, 즉 성경 전체, 특히
예수 그리스도의 복음이 우리의 인도자가 되어 줄 것이라고 말합니다: "그것이
네가 다닐 때에 너를 인도하며." 다음으로, 하나님의 법이 우리의 보호자가 되어
줄 것이라고 말합니다: "네가 잘 때에," 즉 네가 무방비 상태로 있어서 네 자신을
스스로 지킬 수 없을 때에 그것이 "너를 보호하며." 끝으로, 하나님의 법은 우리
의 다정한 동반자가 되어 줄 것이라는 것입니다: "네가 깰 때에 너와 더불어 말
하리니." 사실, 이 세 가지 이유들 중에서 어느 한 가지만으로도, 우리로 하여금
거룩한 말씀을 좀 더 잘 알고 싶어 하는 마음을 가지도록 하는 데에 충분할 것입
니다. 우리 모두에게는 인도자가 필요합니다. 왜냐하면, "인생의 길이 자기에게
있지 아니하니 걸음을 지도함이 걷는 자에게 있지 아니하기"(렘 10:23) 때문입니
다. 하나님께서 우리를 홀로 내버려 두시면, 우리는 그 즉시 이루 말할 수 없는
우매함에 빠져서 어리석기 짝이 없는 짓들만을 하게 되어 있습니다. 인생을 살
다 보면, 궁지에 몰리는 때가 생기게 되고, 그때에는 인도자가 금덩이보다 더 귀
하고 소중하게 됩니다. 우리는 인생을 한 치의 오차도 없이 올바르게 인도해 줄
하나님의 말씀을 구하여야 합니다. 그러면, 하나님의 말씀은 우리를 안전한 대
로로 인도하고 이끌어 줄 것입니다.

솔로몬이 두 번째 이유로 제시한 것, 즉 하나님의 말씀이 우리 평생의 보호자가 되어 줄 것이라는 것도 마찬가지로 아주 강력한 이유가 됩니다. 하나님의 말씀에 귀 기울이는 자는 누구든지 안전하게 거하게 될 것이고, 해악에 대한 두려움에서 벗어나 평안하리라는 것입니다. 우리가 보호 받을 수 없는 순간들이 있고, 우리는 불완전한 존재들이기 때문에, 다른 어떤 힘이 우리를 보호해 주지 않는다면, 우리가 원수의 수중에 떨어지게 될 때들이 있을 수밖에 없습니다. 하나님의 법이 그 마음에 새겨져 있고, 그 목에 매어져 있어서, 마치 모든 것을 막아주는 전신갑주를 입은 것처럼, 믿음으로 말미암아 하나님의 능력에 의해서 늘 건짐을 받고, 어느 때든지 결코 해악을 당하지 않는 사람은 복 있는 사람입니다.

그러나 이 아침에 내가 주목하고자 하는 것은 우리가 하나님의 말씀을 사랑해야 할 세 번째 이유로 제시된 것, 즉 하나님의 말씀은 우리의 다정한 동반자가 되어 준다는 것입니다. 다윗이 시편 119편에서 "여호와의 증거들, 계명들, 법도들, 율례들"이라고 부른 하나님의 영감 된 법은 의인들의 친구입니다. 하나님의 법의 핵심이자 골수는 율법을 성취하신 분이신 예수의 복음이고, 이것은 믿는 자들에게 특별한 위로가 됩니다. "네가 깰 때에 너와 더불어 말하리니"라는 말씀은 성경 전체에 해당됩니다. 나는 이 말씀으로부터 너댓 가지의 교훈을 이끌어내서, 거기에 대하여 말씀을 전하고자 합니다.

1. 첫째로, 말씀은 살아 있습니다.

"너와 더불어 말하리니"라는 말을 들을 때에 우리에게 가장 먼저 떠오르는 것은 "하나님의 말씀은 살아 있다는 뜻이로구나"라는 생각일 것입니다. 죽은 책은 말할 수 없고, 말 못 하는 벙어리 같은 책도 말할 수 없습니다. 하지만 성경은 말하는 책이기 때문에, 살아 있는 책임에 틀림없습니다. 그것은 "살아 있고 항상 있는 하나님의 말씀"(벧전 1:23)입니다. 우리 중에서 얼마나 많은 사람들이 이것이 지극히 옳다는 것을 발견해 왔습니까! 사람이 지은 책들은 거의 대부분이 오래 전에 애굽의 미라처럼 고사되었습니다. 불과 몇 년만 지나도 그 책들은 무가치한 것들이 되어 버리고, 그 가르침들은 잘못 되었음이 드러나서, 우리에게 생명 없는 책들이 되어 버립니다. 여러분이 원한다면, 그 책들을 여러분의 서가에 모셔두십시오. 그러나 그 날 이후로 그 책들은 사람의 따뜻한 온기를 잃어버리고 맥도 뛰지 않을 것입니다. 그러나 이 세 배로 복된 하나님의 책은 우리 가운데 존재하게 된 지가 천 년이 넘었는데도, 여전히 생명력을 잃지 않고, 그 힘이 시들지 않은 채, 그 젊음의 이슬을 그대로 간직하고 있습니다. 그 책이 말하는 것들은 지금도 여전히 하늘로부터 내리는 신선한 단비와 같고, 그 책이 들려주는 진리들은 늘 새로운 위로와 힘을 주는 흘러 넘치는 샘물과 같습니다. 이 책과 같이 말하는 책은 결코 없었습니다. 이 책의 음성은 하나님의 음성 같아서 위엄과 권능으로 가득합니다.

하나님의 말씀은 왜 살아 있는 것일까요? 그것은 무엇보다도 먼저 순전한 진리이기 때문이 아니겠습니까? 오류는 죽음이고, 진리는 생명입니다. 오류가 철학이나 무력이나 시대적인 사조에 의해서 아무리 견고한 세력을 얻는다고 할지라도, 결국에는 화로에서 불살라질 때가 오게 되어 있습니다. 모든 비진리는 불속에 던져질 지푸라기와 같습니다. 시간의 이빨은 모든 거짓들을 다 집어삼켜 버립니다. 거짓들은 이내 베어지고, 푸른 풀처럼 시듭니다. 오직 하나님의 진리만이 영원히 죽지 않습니다. 하나님의 말씀은 영원히 죽지 않으시는 분에게서 나왔습니다. 그 말씀의 불길은 빛의 근원이신 분에 의해서 점화된 것이기 때문에 결코 꺼질 수가 없습니다. 그 불길은 박해에 의해서 잠시 꺼진 것처럼 보여도, 이내 새롭게 다시 타올라서, 그 대적들을 태워 버립니다. 한때 사람들로부터 숭상되었던 무수한 오류의 체계들은 이미 오래 전에 죽어서 잊혀진 것들의 무덤 가운데서 지금 썩고 있습니다. 그러나 예수 안에 있는 진리는 무덤을 알지도 못하고 장례식도 알지 못합니다. 영원하신 이가 자신의 보좌에 앉아 계시는 한, 그 진리는 계속해서 살아 있고 영원히 살아 있을 수밖에 없습니다.

하나님의 말씀이 살아 있는 것은 영원히 변할 수 없으시고 스스로 존재하시는 하나님이 하신 말씀이기 때문입니다. 하나님은 어제 말씀하시지 않고자 하셨던 것을 오늘 말씀하시는 그런 분이 아닙니다. 또한, 하나님은 오늘 말씀하신 것을 내일 취소하시는 분도 아닙니다. 하나님이 3천 년 전에 하신 약속을 우리가 읽을 때, 그 약속은 마치 오늘 영원하신 이의 입술로부터 나온 말씀처럼 우리에게 새롭게 들립니다. 사실, 하나님의 약속들은 시간과는 아무 상관이 없습니다. 그 약속들은 사사로운 해석의 대상도 될 수 없고, 어느 세대의 전유물도 될 수 없습니다. 다시 한 번 말해 두지만, 하나님께서 모세 또는 엘리야에게 말씀하셨을 때나, 엘리사나 예레미야를 통해 말씀하셨을 때, 영원한 말씀은 전능자의 입술에서 바로 오늘 새롭게 들려오는 말씀입니다. 하나님의 말씀은 늘 확실하고 변함이 없으며 능력으로 가득합니다. 하나님의 말씀이 진부하게 되는 일은 없습니다. 성경은 선한 것들로 항상 들끓어 오릅니다. 성경은 물이 계속해서 솟아나오는 영원한 샘이고, 은혜가 늘 차고 넘치게 쏟아지는 영적인 나이아가라 폭포입니다. 성경은 고여서 썩는 법이 없고, 오염되거나 더러워지지 않으며, 늘 깨끗하고 맑고 신선하며, 항상 살아 있습니다.

또한, 하나님의 말씀이 살아 있는 것은 그리스도의 살아 있는 심장을 품고 있기 때문입니다. 그리스도의 심장은 존재하는 모든 것들 중에서 가장 펄펄 살아 있는 것입니다. 그 심장은 한때 창으로 찔림을 당하였지만, 구속주께서 육신으로 이 땅에 계실 때와 마찬가지로 지금도 여전히 살아 있어서, 죄인들을 불쌍히 여기시며 죄인들에 대하여 한없이 간절한 마음을 품고 있습니다. 죄인의 친구이신 예수께서는 옛적에 팔레스타인의 평지와 언덕을 다니셨던 것과 마찬가지로 지금도 성경의 모든 길들을 다니고 계시기 때문에, 여러분은 눈이 열려 있기만 하다면, 옛적의 예언들 속에서 예수를 볼 수 있고, 복음서 기자들의 글 속에서는 그를 더욱 분명하게 볼 수 있습니다. 그리스도께서는 신약의 서신들 속에서 자신의 가장 깊은 속을 여러분에게 열어 보여주시고, 여러분으로 하여금 요한계시록의 상징들 속에서 자신이 이 땅에 두 번째로 다시 오시는 발걸음 소리를 들을 수 있게 해주십니다. 살아 계신 그리스도께서 성경 속에 계십니다. 성경의 모든 면면들 속에서 여러분은 그의 얼굴을 봅니다. 그렇기 때문에, 성경은 말할 수 있는 책이 된 것입니다. 산상수훈을 들려주시던 그리스도께서는 지금도 성경 속에서 그 동일한 산상수훈을 우리에게 말씀하십니다. "빛이 있으라"고 하셨던 하나님께서는 지금도 성경 속에서 그 동일한 능력의 말씀을 우리에게 발하고 계십니다. 성경이 처음 기록될 때에 그 모든 면면을 가득 채웠던 하나님의 썩지 않는 진리는 지금도 여전히 성경 속에 그대로 보존되어 있습니다. "풀은 마르고 꽃은 떨어지되 오직 주의 말씀은 세세토록 있도다"(벧전 1:24).

이 모든 것 외에도, 하나님의 말씀은 성령과 특별한 관계에 있습니다. 나는 성령께서 말씀을 전하라고 세우신 모든 종들의 사역 속에서 역사하신다는 것을 알고 있습니다. 그러나 지금까지 내가 보아 온 바에 의하면, 대체로 하나님의 성령은 사역자들이 성경 본문을 설명하는 말들이 아니라 그들이 인용하는 성경 본문들을 통해서 사람들의 마음에 역사합니다. 영적으로 깊은 한 저술가는 "영혼들을 구원하는 것은 하나님의 말씀 자체이지, 그 말씀에 대한 사람들의 설명이 아니다"라고 말합니다. 물론, 하나님께서는 성경 본문들을 우리가 설명하는 것을 통해서 영혼들을 구원하시지만, 대다수의 회심은 성경 본문 자체를 통해서 이루어져 왔다는 것은 여전히 사실입니다. "하나님의 말씀은 살았고 운동력이 있어 좌우에 날선 어떤 검보다도 예리합니다"(히 4:12). 하나님의 말씀 속에 생명이 있기 때문에, 말씀은 사람들을 거듭나게 할 수 있습니다. 믿는 자들의 경우에는, 그들이 말씀을 연구하고 상고할 때, 성령은 말씀이 그들 속에서 불 같이 타오르게 합니다. 성경의 본문들은 우리 앞에 있는 단순한 글자들에 불과하지만, 성령이 거기에 임했을 때에 우리에게 말하기 시작합니다. 성경의 글자들은 호렙 산에서의 가시덤불처럼 하찮은 것들일 뿐이지만, 성령이 거기에 임하시면, 하늘의 불길로 밝은 빛을 내며 타오릅니다. 하나님께서 말씀 가운데 나타나시고, 옛적에 모세가 자신이 서 있는 곳이 거룩한 땅이어서 신을 벗으라는 명령을 받은 것처럼, 우리도 그런 명령을 받는 듯이 느끼게 됩니다. 하지만 대다수의 독자들은 이것을 이해하지 못하고, 성경을 평범한 책으로 여기겠지만, 비록 이해가 잘 되지 않는다고 하여도, 엘리야가 "세미한 소리"(왕상 19:12) 속에서 여호와께서 말씀하시는 것을 들었듯이, 우리도 성경의 면면들 속에서 하나님의 임재를 무수히 분명하게 느껴 왔다는 우리의 단언이 참되다는 것을 그대로 믿어 주시기를 바랍니다. 성경은 흔히 우리에게 하나님이 계신 성전으로 나타납니다. 하나님이 소리를 발하시면, 성전 문들의 기둥들이 흔들리고, 하나님의 옷자락이 성전을 가득 채웁니다. 우리는 스랍 천사들처럼 "거룩하다 거룩하다 거룩하다 만군의 여호와여"(사 6:3)라고 외치며 경배하지 않을 수 없게 됩니다. 유대인들이 강대상에 놓고 사용하는 성경의 표지에는 이런 문구가 씌어져 있습니다: "정녕 하나님이 이곳에 계시니, 실로 이것은 하나님의 집이요 천국의 문이로다." 옳은 말입니다. 성경은 영적인 성전, 즉 보석들로 장식되어 있고 그 안팎이 정금으로 칠해진 지극히 거룩한 집입니다. 성경의 주된 영광은 여호와의 임재이고, 그 영광이 너무나 밝게 계시되기 때문에, 흔히 여호와의 제사장들은 그 집을 가득 채운 여호와의 영광으로 인하여 거기에서 섬기기 위하여 서 있을 수조차 없습니다. 성령 하나님께서는 자신의 임재를 통해서 성경의 문자들에 생명을 불어넣고, 그럴 때에 성경은 우리에게 살아 있는 말씀이 됩니다.

　사랑하는 형제들이여, 이러한 것들이 사실이고, 우리의 체험이 그것들이 사실임을 보증하기 때문에, 우리는 이렇게 생명으로 가득한 성경을 하찮게 여기지 않도록 조심하여야 합니다. 내가 오늘 여러분에게, 여러분이 성경을 늘 연구하고 공부하는 사람들인지를 묻는다면, 그것은 실례가 되는 질문이 될까요? 나는 여러분이 늘 성경을 읽는 사람들이라고 믿습니다. 그러나 과연 여러분은 성경을 연구하는 사람들이기도 합니까? 왜냐하면, 하나님의 약속은 성경을 단지 읽는 사람들이 아니라, "여호와의 율법을 즐거워하여 그의 율법을 주야로 묵상하는" (시 1:2) 사람들에게 주어지기 때문입니다. 여러분은 하나님의 말씀을 교과서로 삼아 그 책을 펴들고 예수의 발 앞에 앉아 있습니까? 그렇지 않다면, 여러분은 구원을 받을 수 있을지는 몰라도, 하나님이 약속하신 수많은 복들을 누릴 수는 없을 것임을 기억하십시오. 여러분이 다시 죄에 빠져 타락해 있습니까? 하나님의 율례들을 묵상함으로써 여러분의 영혼을 새롭게 하십시오. 그러면, 여러분은 다윗처럼 "주의 말씀이 나를 소성시키셨나이다"라고 고백하게 될 것입니다. 여러분은 기진맥진하여 지쳐 있습니까? 이 살아 있는 책에게로 가서 대화하십시오. 이 책은 여러분의 기력을 다시 회복시켜 줄 것이고, 여러분은 독수리가 날개를 치며 날아오르듯 다시 날아오르게 될 것입니다. 그러나 여러분은 아직 전혀 회심하지 않은 상태에 있습니까? 그렇다면, 나는 여러분에게 성경을 읽는 것이 구원의 길이라거나, 마치 성경을 읽는 것이 공로가 되는 것처럼 말할 수 없습니다. 그럼에도 불구하고, 나는 회심하지 않은 여러분이 성경에 대하여 지극히 공경하는 마음을 지니고서, 그 내용을 익숙하게 알고자 하고, 그 본문들을 자주 접하시기를 바랍니다. 왜냐하면, 사람들이 생명의 말씀을 연구하다가 생명을 얻게 된 일이 지금까지 무수하게 일어났기 때문입니다. "주의 말씀을 열면 빛이 비치어 우둔한 사람들을 깨닫게 하나이다"(시 119:130). 엘리야와 죽은 아이처럼, 말씀이 그들에게 임하였을 때, 그 죽은 영혼이 살아났습니다. 그리스도를 만날 확률이 가장 높은 곳들 중의 하나가 성경이라는 동산입니다. 왜냐하면, 그리스도께서는 그곳을 거니시는 것을 기뻐하시기 때문입니다. 옛적에 맹인들이 길가에 앉아서 구걸하고 있다가, 예수께서 지나가시는 것을 보고서 그를 향해 소리를 질렀듯이, 나는 여러분이 성경의 길가에 앉아서 약속의 말씀들을 들으시고 은혜의 말씀들에 귀 기울이시기를 바랍니다. 성경은 구주의 발걸음들입니다. 여러분은 성경에서 구주의 발자국 소리를 듣고서, "다윗의 자손 예수여 나를 불쌍히 여기소서"(눅 18:38)라고 외칠 수 있습니다. 하나님의 말씀을 그대로 많이 인용해서 전하는 예배들에 자주 참석하십시오. 멋진 표현들로 가득 차 있거나 덕을 세

우기보다는 화려한 수사로 여러분을 홀리는 그런 예배들을 피하십시오. 하나님
의 말씀을 그대로 인용하고, 하나님의 말씀 그 자체를 듣고 배울 수 있는 예배에
참석하십시오. 말씀의 의미를 알고자 하는 마음으로 성경을 읽으십시오. 그렇게
만 한다면, 지금 하나님에게서 멀리 있는 여러분 중에서 많은 분들이 하나님을
만나게 될 것이고, 예수를 믿는 구원의 믿음에 이르게 될 것입니다. 왜냐하면,
"여호와의 율법은 완전하여 영혼을 소성시키고"(시 19:7), "믿음은 들음에서 나
며 들음은 그리스도의 말씀으로 말미암기"(롬 10:17) 때문입니다.

2. 둘째로, 하나님의 말씀은 인격적입니다.

본문이 "네가 깰 때에 너와 더불어 말하리니"라고 말씀하고 있는 것으로 보
아서, 하나님의 말씀이 인격적이라는 것은 분명합니다. 본문은 "그것이 공중에
말할 것이고, 너는 그 음성을 듣게 되리라"로 되어 있는 것이 아니라, "그것이 너
와 더불어 말하리라"로 되어 있습니다. 여러분은 이 표현이 정확히 무엇을 의미
하는지를 압니다. 정확히 말해서, 이 아침에 나는 여러분 중의 어떤 분과 더불어
말하고 있는 것이 아닙니다. 여러분은 아주 많고, 나는 혼자이기 때문입니다. 그
러나 여러분이 집으로 돌아갈 때에는, 각 사람이 다른 한 사람과 말할 것입니다.
그렇게 사람들이 서로 일대일로 말할 때, 그것이 진정으로 말하는 것입니다. 마
찬가지로, 하나님의 말씀도 사람들에게 임하여 말할 때에 일대일로 인격적으로
말합니다. 그런 점에서 하나님의 말씀은 여러분 각자에게 지극히 소중하기 때문
에, 나는 여러분에게 하나님의 말씀을 사랑하라고 권합니다.

하나님의 말씀은 사람들에 대하여, 그리고 오늘날의 사람들에 대하여 말합니다. 그
말씀은 마치 지난 주에 하신 말씀처럼 우리에 대하여 말하고, 우리 시대에 대하
여 말합니다. 어떤 사람들은 지나간 옛 시대들에 관한 역사적인 정보를 얻으려
는 생각으로 하나님의 말씀을 펼쳐들고, 앞으로도 그럴 것이지만, 그런 것은 하
나님의 말씀이 들려주는 대상이 아닙니다. 어떤 사람들은 지질학과 관련된 사실
들을 찾아보려고 성경을 펼칩니다. 성경과 지질학을 연결시켜 보려는 광범위한
시도들이 있어 왔습니다. 우리는 하나님의 진리는 결코 사실과 모순되지 않는다
는 것을 늘 확신하지만, 지질학적 사실에 대하여 제대로 아는 사람은 아무도 없
고, 그 이론은 한낱 상상이자 꿈에 불과하기 때문에, 학자들이 자신들의 문제를
해결하고서, 사실들을 제대로 알아내어, 그것이 하나님이 계시하신 것과 정확히

부합하는 것을 알게 될 때까지 기다리고자 합니다. 어쨌든 이 문제는 우리가 상관할 것이 아니니, 그대로 놓아두기로 합시다. 성경의 주된 가르침들은 사람들, 타락하기 이전에 인간이 살던 낙원, 첫 조상들의 타락, 인류의 타락, 구속의 통로에 관한 것입니다. 성경은 희생제사들과 제물들, 제사장들과 결례들에 대하여 말하는 가운데, 인간을 타락에서 건져내어 자신과 화목하게 하고자 하시는 하나님의 계획을 우리에게 보여줍니다. 성경 전체를 읽어 보십시오. 여러분은 성경의 주제가 인류이고, 인류의 문제가 성경의 가장 중요한 관심사이며, 유대인이나 이방인이 아니라 인간이 성경의 주제라는 것을 발견하게 될 것입니다. 성경의 주제는 야만인이나 스구디아인이나 헬라인이나 종이나 자유인 같은 인류의 한 부분이 아니라, 인류 자체입니다. 하나님의 말씀 속에서 자기 자신 및 자신의 동료들과 밀접한 연관이 있는 것을 듣지 못한다면, 그 사람은 성경을 제대로 읽고 있는 것이 아닙니다. 성경이 우리에게 인격적으로 말하는 책인 것은 달이나 목성이나 오래 전에 지나간 먼 옛날을 다루고 있지도 않고, 장래의 시대에 대해서도 그리 많이 말하고 있지 않으며, 우리와 오늘날의 문제를 다루기 때문입니다. 성경은 오늘 우리가 어떻게 해야 죄 사함을 받을 수 있고, 우리의 영혼이 지금 즉시 그리스도와 연합될 수 있는지를 우리에게 말해 줍니다.

또한, 성경이 인격적인 것은 하나님 앞에서 온갖 상태와 처지 속에 있는 사람들에게 말하기 때문입니다. 성경이 죄인들에게 말하는 것을 보십시오. 성경은 죄인들에게 다음과 같은 식으로 말하기 때문에, 우리는 성경이 인격적으로 말한다고 얘기합니다: "오라 우리가 서로 변론하자 너희의 죄가 주홍 같을지라도 눈과 같이 희어질 것이요 진홍 같이 붉을지라도 양털 같이 희게 되리라"(사 1:18). 성경에는 죄인들에게 아주 자상하고 자애롭게 권면하는 내용들이 많이 나옵니다. 성경은 자신을 낮추어서, 각 사람들의 처지와 형편에 맞춰 말합니다. 사람들이 자신을 낮춰 하나님께로 나아오고자 하지 않으면, 영원히 긍휼히 여기시는 분이 자기를 낮추어 사람들을 찾아와 말씀합니다. 성경은 골수가 꽉 찬 살진 것들로 벌이는 잔치들에 대하여 말하면서, 굶주린 자들에게 와서 배불리 먹으라고 말합니다. 성경은 무한한 지혜와 사랑의 베틀로 짠 옷들에 대하여 말하면서, 벌거벗은 자들에게 하나님이 주시는 의의 옷을 입으라고 말합니다. 어떤 형편에 있는 죄인이라도, 하나님의 말씀 속에는 자신에게 꼭 맞는 것이 반드시 있습니다. 당신이 그리스도인들을 박해하는 사람이었다면, 사울의 이야기가 당신에게 뭔가를 말해 줄 것입니다. 당신의 손에 무죄한 자들의 피를 너무 많이 묻혔다면, 므낫세가 당신에게 뭔가를 말해 줄 것입니다. 당신이 창기였거나 도둑이었다면, 하나님의 말씀 속에는 그런 당신에게 꼭 맞는 구절들이 있습니다. 온갖 형편과 처지에 있는 각각의 죄인에게 꼭 맞는 말씀이 있습니다.

우리가 하나님의 자녀가 되고, 성경이 우리와 더불어 말할 때, 그것은 정말 경이로운 체험입니다. 성경은 천국의 자녀들의 책입니다. 우리가 아버지 하나님을 알게 되자마자, 우리에게 성경은 저 먼 나라에서 보내온 사랑의 편지, 우리 아버지 하나님의 사랑이 가득 담기고 우리 아버지 하나님이 친필로 서명하신 사랑의 편지가 됩니다. 우리가 은혜 안에서 자라든지, 아니면 우리가 미끄러져 실족하든지, 어느 경우이든 성경은 여전히 우리와 더불어 말합니다. 영원하신 하나님 앞에서 우리의 처지가 어떠하든지 간에, 성경은 우리의 바로 그 처지에 맞춰서 의도적으로 씌어진 것처럼 보이게 됩니다. 성경은 여러분이 지금 있는 그대로의 모습과 처지 속에서 여러분에게 말하고, 여러분에게 마땅히 되어야 할 모습을 강요하거나 딴 사람 취급하여 말하지 않습니다. 또한, 성경은 여러분의 현재의 상태와 처지에 대하여 여러분과 더불어 인격적으로 말합니다.

여러분은 자신이 슬프든지 기쁘든지, 여러분의 온갖 마음 상태에 따라서 성경이 여러분에게 인격적으로 말을 걸어오는 것을 체험해 오고 계십니까? 우리가 많이 눌려 있고 너무나 우울한 상태에 있을 때는, 욥기가 서글픈 어조로 우리와 더불어 함께 울어 줍니다. 나는 예레미야 애가를 펼쳐 읽다 보면, 나라도 예레미야가 썼던 것 같이 썼을 것이라는 생각이 들곤 합니다. 우리가 울 때, 성경은 우리와 함께 울어 줍니다. 반면에, 우리의 영혼이 지극히 높이 날아올라 아마나 산과 레바논 산꼭대기까지 이르러서, 영광의 환상들을 보며, 우리의 사랑하는 이의 얼굴을 맞대고 볼 때에는, 성경도 시편의 즐거운 언어들이나 아가의 한층 더 감미로운 표현들로 우리와 더불어 기뻐해 줍니다. 이렇게 성경은 우리의 마음이 어떤 상태에 있든지 간에 우리와 더불어 말합니다. 성경은 깊은 곳들에도 있어 보았고, 높은 곳들에도 있어 보았으며, 지독한 환난들도 겪어서 알고, 승리의 환희로 기뻐해 보기도 한 살아 있는 존재가 되어, 우리에게 말합니다. 하나님의 말씀은 내게 내 자신의 책입니다. 나는 거기에 대하여 한 점의 의심도 없습니다. 형제들이여, 이것은 여러분에게 마찬가지입니다. 성경은 마치 오직 나를 염두에 두고 씌어진 책처럼 보일 정도로 나를 너무나 잘 알고 내 처지에 너무나 잘 맞습니다. 사랑하는 자매여, 당신은 종종 성경에 나오는 한 약속을 손가락으로 짚으며, 속으로 이렇게 말한 적이 있지 않습니까? "아, 이것은 나를 위한 약속이야. 이 약속을 읽고서, '이것은 나를 두고 하신 약속이야'라고 말하며, 눈물로 그 페이지를 적실 수 있는 사람은 비참한 환난 가운데 있는 나 외에는 아무도 없어!" 그렇습니다. 성경은 지극히 인격적입니다. 왜냐하면, 우리의 상태나 처지가 어떠하든지, 성경은 우리의 구체적인 상태를 놓고서 속속들이 우리에게 말하고 우리와 더불어 말하기 때문입니다.

성경은 늘 지극히 신실합니다. 하나님의 말씀은 여러분에게 유익이 되는 것이라면 단 하나라도 말해 주지 않는 것이 없습니다. 성경은 나단 선지자처럼 "당신이 그 사람이라"(삼하 12:7)고 소리칩니다. 성경은 우리의 죄들에 대하여 책망함이 없이 그냥 넘어가는 법이 결코 없고, 우리의 실족함이 명백한 죄로 자라갈 때까지 그냥 두는 법이 없습니다. 성경은 제때에 우리에게 경고해 줍니다. 우리가 곁길로 가기 시작하자마자, 성경은 우리에게 이렇게 소리칩니다: "잠자는 자여 깨어서 … 일어나라"(엡 5:14). "깨어 기도하라"(마 26:41). "모든 지킬 만한 것 중에 더욱 네 마음을 지키라 생명의 근원이 이에서 남이니라"(잠 4:23). 이렇게 성경은 무수한 경고의 말씀을 우리 각자에게 인격적으로 말해 줍니다.

나는 이 대지를 끝내기 전에, 우리가 말씀을 읽을 때에는 그 말씀을 자기 자신을 적용해서 살펴보는 것이 영적 건강을 유지하는 데 유익하다는 것을 말씀드리고자 합니다. 우리는 "하나님의 이 말씀은 내 영혼에 대하여 그렇게 말씀하시는 것인가?"라고 물어야 합니다. 그러므로 말씀을 자기 자신에게 적용해야만 보배로운 교훈을 깨달을 수 있는데, 말씀을 일반화함으로써 그 교훈을 놓친다면, 그것은 정말 어리석은 짓입니다. 여러분은 어떻습니까? 여러분은 성경을 읽을 때에 말씀을 자기 자신에게 적용하십니까? 여러분은 성경이 여러분 자신에게 말하도록 허용하고 있습니까? 성경이 여러분을 단죄하는 말씀을 하는 것을 듣고서, 여러분은 하나님의 말씀 앞에서 두려워 떠신 적이 있습니까? 여러분은 성경이 여러분에게 그리스도를 손가락으로 가리키는 것을 보고서, 성육신 하신 구주이신 예수께로 달려가신 적이 있습니까? 성경은 지금 성령의 증언과 더불어서 여러분 자신의 영의 증언을 받아서, 여러분이 하나님으로부터 난 자들이라는 것에 대하여 인을 쳐 주고 있습니까? 여러분은 자신의 영적 상태를 알기 위해서, 여러분의 얼굴을 있는 그대로 거울에 비쳐보기 위해서 성경으로 발걸음을 옮기는 것이 습관화되어 있습니까? 성경은 여러분의 가정의 상비약입니까? 성경은 여러분에게 자신의 영적 상태를 알게 해주는 시금석이자 계측기입니까? 성경을 오직 그런 식으로만 대하시고, 여러분의 친밀한 친구로 여기십시오. 그러면, 여러분은 행복할 것입니다. 왜냐하면, 하나님께서는 자신의 말씀 앞에서 두려워 떠는 자와 함께 하실 것이기 때문입니다. 그러나 여러분이 성경을 여러분 자신의 책이 아니라 모든 사람의 책으로 여긴다면, 여러분은 하나님의 율례들을 멸시하는 악인들에 속할 가능성이 많으니 조심하십시오.

3. 셋째로, 성경은 지극히 친밀합니다.

오늘의 본문으로부터 우리는 성경은 지극히 친밀하다는 것을 알게 됩니다. "네가 깰 때에 너와 더불어 말하리니." "더불어 말한다"는 것은 교제와 사귐과 친밀함을 보여줍니다. 본문은 "네게 선포하리라"고 말하고 있지 않습니다. 많은 사람들이 성경에 대해서 공경하는 마음을 지니고 있지만, 성경은 저 높은 곳에서 말하고, 그들은 저 아래에 서서 공손히 듣기만 해야 하는 것으로 생각합니다. 나는 성경에 대한 사람들의 그러한 공경심을 나쁘다고 하는 것이 전혀 아닙니다. 하지만 사람들이 하나님의 말씀이 얼마나 친밀하고 친근한지를 안다면, 그것이 훨씬 더 좋을 것입니다. 성경은 우리에게 말씀을 선포한다기보다는 우리에게 말합니다. 본문은 "네가 깰 때에 네게 강의하리라"거나 "너를 꾸짖으리라"고 하지 않고, "너와 더불어 말하리니"라고 합니다. 우리는 하나님의 말씀의 발 아래에, 아니 말씀 가운데서 예수의 발 앞에 앉아 있고, 말씀은 우리에게 가까이 다가와서, 마치 친구끼리 말하듯이, 우리와 더불어 친밀하게 말합니다.

나는 성경은 사람들의 언어로 말한다는 점에서도, 성경의 기분 좋은 친밀함이 드러난다는 것을 여러분에게 상기시켜드리고자 합니다. 만일 하나님께서 자신의 언어로 성경을 써서 우리에게 주셨다면, 우리는 성경을 이해할 수 없었을 것이고, 도저히 알아들을 수 없는 것을 알고서 기겁을 해서 제발 더 이상 우리에게 그런 식으로 말씀하시지 말아 주시라고 애걸하였을 것입니다. 그러나 하나님은 자신의 말씀 속에서 하나님 자신만이 아는 언어가 아니라, 사람들이 이해할 수 있는 언어를 사용하셔서, 한 치의 오류도 없이 참된 것들을 말하십니다. 이것은 하나님의 말씀은 비유와 유비들을 사용하여 사람들이 알아들을 수 있게 말하고, 하나님만이 아시는 절대적인 방식으로 진리를 말하지 않는다는 뜻입니다. 사람들이 아기들과 대화할 때에는 아기들이 사용하는 문법에 맞지도 않는 말들을 사용하는 것과 마찬가지로, 하나님의 말씀도 우리의 눈높이에 맞춰서 그렇게 한다는 것입니다. 성경은 천상의 언어가 아니라, 비천한 인간의 눈높이에 맞춰서 이 비천한 땅의 방언으로 기록되어 있습니다. 성경은 하늘의 양식을 우리가 먹을 수 있도록 잘게 잘라서 우리에게 먹여 줍니다. 성경은 하나님의 팔과 손, 손가락, 날개, 심지어 그의 깃털에 대해서까지 말해 줍니다. 이 모든 것은 우리의 어린아이 같은 수준에 꼭 맞는 친숙한 묘사입니다. 우리는 마치 그러한 비유들이 문자 그대로 사실인 양, 무한하신 분을 그런 식으로 이해해서는 안 됩니다. 하나님께서 그런 식으로 자신을 표현하셔서, 우리로 하여금 고귀한 진리들을 깨달을 수 있게 하시는 것은 하나님의 사랑이 어떠한지를 보여주는 놀라운 예입니다. 이런 식으로 우리에게 말씀하시는 하나님께 감사합시다.

또한, 정말 자상하게도, 성경은 단순하고 쉽게 말합니다. 성경 전체가 모두 에스겔서 같이 되어 있다고 가정해 보십시오. 그렇다면, 모든 사람들이 누구나 다 쉽게 성경을 이해하기는 어려웠을 것입니다. 성경 전체가 요한계시록 같이 신비한 내용으로 기록되어 있다고 상상해 보십시오. 그렇다면, 사람들은 누구나 머리를 싸매고 성경을 열심히 연구했어야 했을 것이고, 그래도 잘 이해가 되지 않아서 그 의미를 파악하지 못하였을 것입니다. 하지만 실제로는 사복음서는 얼마나 단순하고 쉽습니까! "믿고 세례를 받는 사람은 구원을 얻을 것이요"(막 16:16)라는 말씀은 얼마나 분명하고 평이합니까! 잃어버린 돈이나 잃어버린 양, 탕자에 관한 비유들은 얼마나 알기 쉽고 명료합니까! 말씀이 결정적인 부분들을 다룰 때마다, 성경은 햇빛처럼 밝게 빛납니다. 성경에는 신비들이 있고 심오한 가르침들이 있어서, 그 깊이는 리워야단이 헤엄쳐도 될 정도입니다. 그러나 성경이 우리의 영원한 운명을 직접적으로 다루는 부분들은 너무나 평이해서, 은혜의 초보자라도 그 시원한 물줄기를 쉽게 헤쳐 나갈 수 있을 정도입니다. 복음서에 나오는 이야기들을 따라 가는 사람은 아무리 미련한 자라고 해도 길을 잃을 염려가 없습니다. 성경은 친숙하게 말합니다. 하나님은 성경 속에서 우리의 세세한 것들까지도 다 다루어 가면서, 우리를 높은 곳까지 들어올리십니다.

또한, 성경은 우리와 관련된 모든 것들을 말해 준다는 점에서도 지극히 친밀하고 친근합니다. 이것은 나의 체험을 통해서 내가 느낀 바를 지금 말하는 것입니다. 성경은 오직 나를 아는 자만이 말할 수 있는 것들, 즉 나의 육신과 부패한 것

들과 죄들에 대해서 말해 줍니다. 성경은 나의 시련들에 대해서 가장 지혜로운
방식으로 말해 줍니다. 성경은 모든 것을 알고 있습니다. 성경은 나의 어려움들
에 대하여 말합니다. 사람들은 나의 어려움들을 비웃고 조롱할지 모르지만, 성
경은 나의 어려움들에 공감해 주고, 나의 두렵고 떨림과 두려움과 의심을 알고,
나라는 존재의 작은 세계 속에서 휘몰아치는 온갖 폭풍을 다 압니다. 성경은 나
의 모든 체험을 나와 함께 해 왔습니다. 성경은 내가 겪은 모든 것들을 다 알고
있어서, 마치 나와 같이 순례길을 함께 한 것처럼 나와 더불어 말합니다. 성경은
불가능한 방식으로 내게 말하지 않고, 엄격한 완전함이라는 잣대를 들이대며 저
높은 곳에서 나를 내려다보며 꾸짖고 멸시하는 법이 없습니다. 성경은 마치 천
사와 같은 위치에서 타락한 인간에게 공감할 수 없다는 듯이 말하는 것이 아니
라, 나와 같이 모든 점에서 시험을 받으시고 체휼하셔서 나의 모든 연약한 것들
을 이해하시고 공감하시는 주님처럼 우리에게 말합니다. 여러분은 종종 하나님
의 말씀이 지닌 인간적인 면모를 보고서 놀란 적이 있지 않습니까? 성경은 하나
님처럼 우레 같은 음성으로 말하지만, 사람처럼 흐느끼며 울기도 합니다. 하나
님의 말씀은 아무리 작은 것도 지나치지 않고, 아무리 쓰디쓰거나 죄악된 것이
라고 할지라도 그냥 간과하는 법이 없습니다. 성경은 인간의 모든 면을 빠짐없
이 다 건드립니다. 모든 점에서 성경은 인격적이고 친밀해서, "내가 하려는 것을
아브라함에게 숨기겠느냐"(창 18:17)라고 말합니다.

　　성경은 우리가 묻는 것들에 다 대답해 줍니다. 나는 내가 어려움에 처했을 때마
다 하나님의 말씀이 얼마나 분명한지를 알고서는 깜짝깜짝 놀라곤 합니다. 여러
분은 친구들에게 물었지만, 신통한 조언을 들을 수 없었을 것입니다. 하지만 여
러분이 하나님 앞에 나아가서 무릎을 꿇었을 때에는, 하나님께서 여러분에게 분
명하게 말씀해 주셨습니다. 여러분에게 의문이 생겼고, 뭐가 뭔지 몰라서 당혹
스러워서, 아무리 골똘히 생각해도 문제가 풀리지 않았는데, 아침 기도할 때에
여러분이 펼친 성경 본문 속에 그 대답이 주어져 있는 것을 발견하셨을 것입니
다. 우리는 어떤 성경 본문이 그 날개를 퍼덕이며 성경으로부터 스랍 천사처럼
날아와서, 우리의 입술을 제단의 핀 숯으로 대는 것을 체험하시지 않으셨습니
까? 그럴 때, 성경 본문은 거룩한 말씀의 향기로운 침상에서 졸고 있다가 하나님
으로부터 지시를 받자마자 우리의 마음에 위로와 교훈을 가져다준 천사와 같이
느껴집니다.

그러므로 하나님의 말씀이 우리와 더불어 말한다는 것은 우리와 친밀하다는 의미입니다. 우리는 이제 이 표현을 이해하게 되지 않았습니까? 나는 적용에 해당하는 것에 대해서 잠깐 말한 후에 이 대지를 마치고자 합니다. 하나님의 말씀이 이렇게 사랑스럽고 친밀한 친구라는 것을 아는 사람이 하나님의 말씀을 배척하거나 소홀히 하겠습니까? 여러분 중에 하나님의 말씀을 멸시해 온 분들이 계신다면, 내가 그런 분들에게 무슨 말을 할 수 있겠습니까? 만일 성경이 온통 안팎으로 저주들과 애가들로 가득 채워져 있고 복수를 선포하는 무시무시한 구절들로 번쩍이는 스산하고 암울한 책이라면, 여러분이 성경을 읽지 않으려 한다고 해도, 나는 할 말이 없을 것입니다. 그러나 성경은 값으로 따질 수 없을 정도로 귀한 동반자이자 친구입니다. 나의 모든 슬픔을 위로해 주고, 내가 병들어 침상에 누워 있을 때에 어둠 속의 나의 빛이 되어 주고 내 영혼의 기쁨이 되어 준 사랑하는 친구를 어떻게 내가 잊을 수 있으며, 어떻게 버릴 수 있겠습니까? 나는 사람들이 자신이 갖고 있는 성경을 오랫동안 펼쳐 보지 않아서 먼지가 두텁게 쌓여 있다면, 눈에는 보이지 않지만, 거기에는 "저주"라는 글자가 씌어져 있는 것이라고 어떤 사람이 말하는 것을 들은 적이 있습니다. 나는 여러분이 그런 경우가 되지 않을까 염려됩니다. 데드햄(Dedham)의 로저스 목사님이 한 번은 성경의 소중함에 대하여 설교한 후에, 성경을 강대상에서 집어서 자기 뒤로 내려놓고서는, 하나님께서 "너희가 성경을 읽지도 않고 신경 쓰지도 않으므로, 내가 다시 회수하노니, 너희는 더 이상 성경을 읽는 수고를 할 필요가 없다"고 말씀하신다고 하였습니다. 그런 후에, 목사님은 지혜로운 자들이 저 복된 계시가 사람들에게서 사라진 것을 보고서 가슴을 치며 슬퍼하며, 은혜의 보좌를 둘러싸고서 밤낮으로 성경을 돌려 주시라고 간청하였다고 말하였습니다. 나는 이 목사님이 진실을 얘기했다고 확신합니다. 우리도 성경을 너무나 소홀히 하고 있지만, 우리는 그 어떤 것보다도 성경을 소중히 여겨야 합니다. 왜냐하면, 우리에게서 성경이 사라지면, 우리는 어려울 때에 가장 힘이 되어 줄 위로자를 잃어버린 것이기 때문입니다. 하나님께서 우리로 하여금 더욱더 성경을 사랑하게 해주시기를 빕니다.

4. 넷째로, 하나님의 말씀은 쌍방향의 대화입니다.

오늘의 본문은 이것을 분명하게 보여줍니다. 왜냐하면, 본문은 "네가 깰 때에 너와 더불어 말하리니"로 되어 있고, "네게 말하리니"로 되어 있지 않기 때문입니다. 어떤 사람들과 말할 때, 그것은 결코 일방적인 것이 아닙니다. 어떤 사람과 말한다는 것은 그 사람으로부터의 반응을 전제합니다. 여러분이 서로 말할 때, 여러분에게는 각자 할 말이 있는 것입니다. 그것은 각자가 상대방의 말을 듣고 자기가 할 말을 하는 대화입니다. 마찬가지로, 놀라운 것은 성경은 대화의 책이라는 것입니다. 성경은 말하고, 사람들로 하여금 말하게 만듭니다. 성경은 우리에게 응답할 준비가 늘 되어 있습니다. 여러분이 자신의 어떤 영적인 상태 속에서 성경을 펼쳐든다면, 여러분은 반드시 자신의 영적 상태에 응답해 주는 말씀을 만나게 됩니다. 여러분이 암울하고 우울하다면, 성경도 여러분과 마찬가지로 우울한 모습으로 나타나서, 여러분에게 공감하며 여러분과 함께 슬퍼해 줄 것입니다. 여러분이 거름더미에 앉아 있다면, 성경도 그 머리에 먼지와 재를 뒤집어쓰고 거기에서 여러분 곁에 앉아 함께 울어주고, 욥의 형편없는 위로자들처럼 여러분을 꾸짖지 않을 것입니다. 그러나 여러분이 기쁨으로 반짝거리는 눈으로 성경을 펼친다면, 여러분은 성경이 웃고 있는 소리를 듣게 될 것입니다. 성경은 비파와 수금을 타며 여러분에게 노래해 줄 것이고, 높은 소리 나는 제금을 울려 줄 것입니다. 성경 속의 복되고 행복한 땅에 들어가십시오. 여러분은 기쁨으로 나아가서, 평안함으로 나오게 될 것입니다. 성경 속의 산들과 언덕들이 여러분 앞에서 찬송을 발할 것이고, 들의 모든 나무들이 박수를 치며 즐거워할 것입니다. 물 속에 우리의 얼굴이 그대로 비치듯이, 계시된 진리의 살아 있는 물 속에서 우리는 자신의 모습을 보게 됩니다.

여러분이 은혜 안에서 성장한 상태에서 더 깊은 은혜로 들어가고자 하는 열망으로 성경을 펼치면, 성경은 여러분과 더불어 성장해서, 여러분을 조금 더 성장한 모습으로 이끌어 줄 것입니다. 성경은 늘 여러분보다 더 성장한 모습으로 나타나서, "조금 더 높이!"라고 즐거운 목소리로 외칠 것입니다. 내 서재에 있는 많은 책들은 지금은 나보다 못하고 내 뒤에 처져 있습니다. 나는 몇 년 전에는 그 책들 속에서 상당한 즐거움을 얻을 수 있었습니다. 하지만 지금 그 책들을 읽으면, 내게 돌아오는 것은 실망뿐입니다. 그 책들은 내게 전혀 유익이 되지 않기 때문에, 나는 그 책들을 다시는 읽지 않을 것입니다. 그 책들은 한때 내게 유익을 주었지만, 지금은 내가 열 살 때에 입었던 옷들처럼 되어 버려서, 입을 수가 없습니다. 나는 이 책들이 알고 있는 것들보다 더 많은 것들을 알고 있고, 그들이 잘못 알고 있는 것들을 나는 제대로 알고 있습니다. 하지만 성경을 능가할 수 있는 사람은 아무도 없습니다. 우리가 성장해 갈수록, 성경은 점점 더 넓어지고 깊어집니다. 사실, 성경은 완전하기 때문에, 성장하는 것도 아니고, 성장할 수도 없습니다. 단지 우리에게 성경이 성장하는 것처럼 인식되고 느껴질 뿐일 따름입니다. 성경을 더 깊이 파고 들어갈수록, 여러분은 성경은 그 깊이를 알 수 없는 진리의 심연이라는 것을 깨닫게 됩니다. 초신자는 정통적인 교리들 중에서 너댓 가지를 배우고서는, "내가 복음을 깨달았고, 성경 전체를 이해했다"고 말합니다. 하지만 잠깐 기다리십시오. 그의 영혼이 성장해서 그리스도를 더 많이 알게 되면, 그는 "주의 계명은 지극히 넓어서, 나는 단지 그 초입에만 들어갈 수 있을 뿐입니다"라고 고백하게 될 것입니다.

하나님의 말씀이 쌍방향이어서 우리에게 응답한다는 사실을 보여주는 또 하나의 증거는 여러분이 성경에 대하여 마음을 열 때에 성경도 여러분에게 마음을 연다는 것입니다. 여러분이 말씀을 읽을 때에 이렇게 기도하십시오: "복된 진리여, 내 마음속으로 더 깊이 들어와서 나로 깨닫게 하소서. 나의 선입견들을 버리고, 내가 밀랍처럼 되어 나를 주께 맡기오니, 주의 인장으로 인쳐 주소서." 여러분이 그렇게 기도하고서 성경에 대하여 마음을 열면, 성경도 여러분에게 마음을 열 것입니다. 왜냐하면, 성경은 평범하게 읽는 자들에게는 말해 주지 않는 비밀들을 가지고 있기 때문입니다. 성경은 어떻게 해야 비밀한 곳들을 파서 열 수 있고 영원한 부의 큰 광맥을 캘 수 있는지를 아는 채굴자들만이 발견할 수 있는 보배로운 것들을 자신의 영원한 산들 속에 지니고 있습니다. 여러분 자신을 성경에 완전히 내주십시오. 그러면, 성경도 여러분에게 자신을 온전히 내줄 것입니다. 성경에 대하여 솔직하고, 여러분의 심령에 대하여 정직하십시오. 그러면, 성경은 자신이 갖고 있는 황금 열쇠로 보배들이 들어 있는 곳간의 문들을 차례차례 열어서, 여러분이 헤아릴 수 없을 정도로 무궁무진한 금은보화들을 여러분에게 보여줄 것이고, 여러분은 기절초풍을 하게 될 것입니다. 성경과 더불어 말하며, 자신의 마음을 숨김없이 다 얘기하고, 하나님을 경외하는 자들에게만 주어지는 하나님의 비밀들을 배우는 사람은 행복한 사람입니다.

또한, 여러분이 성경을 사랑해서 사랑을 고백한다면, 성경도 여러분을 사랑할 것입니다. 그리스도께서는 "나를 사랑하는 자는 … 나도 그를 사랑하여 그에게 나를 나타내리라"(요 14:21)고 말씀하십니다. 하나님의 말씀을 껴안으십시오.

그러면 하나님의 말씀도 여러분을 그 즉시 껴안을 것입니다. 여러분이 성경의 글자 하나하나를 다 소중히 여기면, 그 글자들도 여러분에게 환하게 웃어주며, 따뜻하게 반겨주고, 여러분을 존귀한 손님으로 맞아줄 것입니다. 내가 성경과 사이가 좋지 않을 때에는 나는 너무나 속이 상합니다. 왜냐하면, 그럴 때에는 나는 틀림없이 하나님과도 사이가 좋지 않은 것이기 때문입니다. 나의 신념이 하나님의 말씀과 부합하지 않을 때마다, 나는 나의 신념을 다른 형태로 바꿀 때라고 생각합니다. 우리는 하나님의 말씀에 망치질이나 도끼질을 해서는 안 됩니다. 어떤 주석들은 하나님의 성경을 정통 교리와 조직 신학에 맞추기 위해서 대패로 밀고 칼로 자르고 망치로 두들기지만, 성경은 그대로 놓아두는 것이 훨씬 더 좋습니다. 우리의 생각과 하나님의 말씀이 서로 부합하지 않는다면, 하나님의 말씀이 맞고, 우리 생각이 틀린 것입니다. 하나님의 말씀이 주는 가르침들은 무오하여 틀림이 없기 때문에, 우리는 하나님의 말씀을 그 자체로 공경하여야 합니다. 여러분이 말씀을 너무나 사랑하여 단 한 줄도 바꾸려 하지 않고, 말씀을 너무나 소중히 여겨서 그 진리들 중 하나를 지키기 위하여 죽을 각오까지 되어 있을 정도로, 하나님의 말씀이 여러분에게 소중하고 귀하다면, 말씀도 여러분을 소중하고 귀하게 여겨서, 세상에게는 보여주지 않았던 것들을 여러분에게는 열어 보여줄 것입니다.

　　사랑하는 형제들이여, 이제 네 번째 대지를 마치면서, 나는 여러분에게 이렇게 묻고자 합니다: 여러분은 하나님께 말하고, 하나님께서는 여러분에게 말씀하십니까? 여러분의 마음은 하늘로 올라가고, 하나님의 말씀은 하늘로부터 여러분의 심령으로 새롭게 임합니까? 그렇지 않다면, 여러분은 하나님의 참된 자녀들이 하는 체험을 알지 못하는 것이기 때문에, 나는 여러분이 그렇게 되기를 간절히 기도합니다. 오늘 여러분이 말씀 속에서 그리스도 예수를 만나고, 말씀 속에서 십자가에 못 박히신 구주를 만나서, 그를 믿고 의지하게 되시기를 빕니다. 그러면, 바로 오늘부터 하나님의 말씀이 여러분의 심령에 말할 것이고, 여러분의 감정에 화답할 것입니다.

5. 다섯째로, 성경은 감화를 줍니다.

　　솔로몬이 "네가 깰 때에 너와 더불어 말하리니"라고 말했다는 사실로부터, 나는 성경이 사람들에게 감화를 준다는 결론을 얻습니다. 아니, 성경은 사람들에게 감화를 주는 데서 그치는 것이 아니라, 솔로몬이 이후의 절들에서 언급하고 있는 "음녀"를 비롯해서 여러 죄들로부터 사람들을 지켜 줍니다. 하나님의 말씀이 우리와 더불어 말할 때에 우리에게 감화를 줍니다. 모든 말은 많든 적든 감화를 끼칩니다. 나는 이 세상에서 선한 일이든 악한 일이든 일방적인 설교가 아니라 인격적이고 개인적인 대화를 통해서 더 많은 일들이 이루어지고 있다고 믿습니다. 사실, 설교자는 대화를 하듯이 설교할 때에 가장 잘 설교하는 것입니다. 이 세상에서 그 어떤 웅변도 소박하게 말하는 것을 따라오지 못합니다. 인격적으로 말하는 것은 웅변의 모범입니다. 웅변가들의 현란한 수사와 꾸며낸 몸짓은 대체로 쓰레기 같은 것들입니다. 가장 효과적으로 설교하는 방법은 단순하고 소박하게 말하는 것, 즉 자신의 마음에 있는 것을 그대로 입술로 옮겨서 다른 사람들의 마음에 전하는 것입니다. 성경은 우리와 더불어 말하는 책이기 때문에 우리에게 다양한 방식으로 감화를 줍니다.

성경은 우리의 슬픔을 달래 주고, 우리를 격려하며 힘을 북돋워 줍니다. 많은 전사들에게 하나님의 전투를 피하고자 하는 마음이 들 때마다, 하나님의 말씀은 그들의 어깨에 손을 얹고서, "두려워하지 말라 내가 너와 함께 함이라 놀라지 말라 나는 네 하나님이 됨이라 내가 너를 굳세게 하리라 참으로 너를 도와 주리라 참으로 나의 의로운 오른손으로 너를 붙들리라"(사 41:10)고 말해 주었습니다. 우리는 믿음의 용사들에 대해서 읽으면서도, 그들이 얼마나 자주 완전한 겁쟁이가 되곤 하였는지, 그리고 오직 선하신 말씀이 임하여 그들에게 힘을 더하여 주고 서야, 다시 사자보다 더 강하게 되고 독수리보다 더 민첩하게 되었는지에 대해서는 잘 알지 못합니다.

성경은 이렇게 사람들을 위로하고 힘을 더하여 주는 놀라운 힘을 지니고 있습니다. 여러분은 성경이 여러분에게 새 생명의 피를 넣어 주는 것을 느낀 적이 있습니까? 여러분이 "내가 지금 이 상태로는 도저히 더 이상 살 수가 없는데, 어디에서 힘을 얻어야 하나?"라고 생각할 때, 성경 속에서 주님이 겪으신 고난과 고뇌에 대하여 말해 주는 부분을 읽으면, 여러분은 이런 마음이 들게 될 것입니다: "나는 주님을 사랑하기 때문에, 전에 내게 이익이 되었던 것들을 이제는 나의 손해로 여길 것이고, 전에 나의 자부심이었던 것들을 나의 수치라 부르며, 나의 자랑을 그리스도의 십자가에 못 박으리라." 성경이 보여주는 천국의 영광들을 읽을 때, 지극히 밝은 면류관이 여러분의 눈 앞에서 어른거리기 때문에, 여러분은 이 믿음의 경주를 온 힘을 다해 질주할 수 있을 것 같은 마음이 들 것입니다. 우리의 영혼이 하나님의 진리의 영으로 충만하게 될 때, 우리는 육신적인 이득을 챙기거나 사람들로부터의 박수갈채를 받고자 하는 욕망으로부터 벗어날 수 있습니다. 성경은 우리에게 힘을 줄 뿐만 아니라, 우리를 하늘 높이 들어올려 줍니다.

또한, 성경은 우리에게 경고를 해주고 우리를 억제합니다. 만일 하나님의 법이 "네 눈은 바로 보며 네 눈꺼풀은 네 앞을 곧게 살펴"(잠 4:25)라고 말해 주지 않았다면, 나는 좌로나 우로나 치우치고 말았을 것입니다.

성경이 우리와 더불어 거룩한 말을 할 때, 우리의 심령은 거룩해져서 그리스도의 형상으로 변화되어 갑니다. 성경을 읽지 않는다면, 은혜 안에서 자라갈 것이라는 기대를 할 수 없습니다. 하나님의 말씀과 친밀하지 않다면, 그리스도를 닮아갈 수 있을 것이라는 기대를 할 수 없습니다. 성경은 토기장이의 녹로입니다. 토기장이이신 하나님께서는 성경이라는 녹로 위에 우리를 놓으시고서, 우리를 그가 원하시는 형상으로 빚어 가십니다. 하나님의 거룩하신 말씀을 많이 접하십시오. 여러분은 거룩해질 것입니다. 여러분이 오늘날의 실없는 소설들과 어리석고 시시한 이야기들을 많이 접하면, 이 시대의 김 빠지고 생명력 없는 물처럼 될 것입니다. 그러나 하나님의 말씀의 확실하고 참된 가르침을 많이 접하면, 여러분은 참되고 실속 있는 사람들이 될 것입니다. 말씀을 마시고, 말씀을 먹으십시오. 말씀이 여러분을 그리스도의 형상으로 바꾸어놓게 될 것이고, 세상 사람들은 그것을 보고서 놀라게 될 것입니다.

마지막으로, 성경으로 하여금 여러분과 더불어 말하게 하십시오. 그러면 성경은 여러분을 견고하게 세워줄 것입니다. 우리는 복음으로부터 떠나서 배교한 자들에 대해서 심심치 않게 듣습니다. 그런 자들은 예수 안에 있는 진리로 제대로 가르침을 받지 못한 자들임에 틀림없습니다. 모든 사람들이 로마 가톨릭으로 넘어가고 있다고 여기저기서 아우성입니다. 나는 얼마 전에 어떤 유명한 신앙인이 영국 전체가 교황에게로 넘어가고 있다고 한탄하며 엄중하게 경고하는 말을 들었습니다. 그때에 나는 "당신이 도대체 어떤 하나님을 섬기고 있는지를 나는 알지 못하지만, 나의 하나님은 사탄과는 비교할 수 없을 정도로 크신 하나님이십니다"라고 그에게 말했습니다. 나의 하나님은 마귀가 자신의 뜻을 이루도록 내버려 두지 않으실 것이기 때문에, 나는 국내에 있는 교황주의자들이나 로마에 있는 교황에 대하여 크게 걱정하지 않습니다. 하지만 물론 사람들이 이렇게 걱정하고 우려하는 데에는 그럴 만한 이유가 있습니다. 기독교회가 성경을 더 정직하고 부지런하게 널리 읽지 않는다면, 기독교회 내에 이런저런 오류가 계속해서 생기게 될 것은 당연합니다. 그런데 내가 교회 신자들인 여러분 중에서 대부분이 성경을 읽지 않는다고 말한다면, 그것은 여러분을 비방하는 말이 될까요? 여러분은 주일 예배 때에 봉독하는 성경 본문을 듣고, 가정예배 때에 성경 한 구절을 읽는 것을 제외한다면, 스스로 성경을 읽는 사람은 극소수입니다. 사람들은 월간 신앙잡지나 목회자들의 입술에 의지해서 자신의 신앙을 만들어 가고자 합니다. 하지만 나는 여러분이 베뢰아 사람들처럼 자신이 들은 말씀들이 과연 그러한지를 알아보기 위해서 부지런히 성경을 상고하는 사람들이 되기를 바랍니다. 좋은 책이든 나쁜 책이든, 글로 쓰여진 모든 책들, 심지어 기도책들과 설교집들과 찬송시들을 비롯한 모든 책들이 여러분으로 하여금 성경을 읽는 것을 방해한다면, 나는 그런 책들이 다 마당으로 꺼내져서 산더미처럼 쌓인 채로 옛적의 소돔처럼 불에 타는 모습을 보고 싶습니다. 사람들이 쓴 산더미 같은 책들은 단 한 권의 성경만큼의 가치도 없습니다. 단 한 방울의 하나님의 말씀이, 성경을 주석하고 해설하고 설교해 놓은 책들의 바다보다 더 낫습니다. 우리가 진리 위에 굳게 서서 모든 오류를 다 막아내고자 한다면, 단순하고 순전하며 무오한 하나님의 말씀 위에서 살아가지 않으면 안 됩니다. 형제들이여, 여러분이 믿음 안에 뿌리를 내리고 견고히 세워지기를 빕니다. 그러나 나는 여러분이 성경을 부지런히 상고하지 않으면 그렇게 될 수 없다는 것을 압니다.

우리 모두가 죽어서 잠들 때가 가까워지고 있습니다. 우리가 잠들었을 때, 전에 우리가 깨어 있을 때에 하나님의 말씀이 우리와 더불어 계속해서 말했었고, 성경과 우리가 오랜 친구로 지냈음을 알게 되고 그 날들을 회상할 수 있다면, 그것은 얼마나 복된 일이겠습니까! 그때에 우리가 전에 사랑했던 약속이 이루어질 것입니다. 그때에 성경이 복된 미래에 대해 전에 우리에게 들려주었던 저 아름다운 말들이 현실이 될 것입니다. 전에는 우리가 거울을 통해서 희미하게 보았던 그리스도의 얼굴을 그때에는 온전히 보게 될 것이고, 그리스도께서는 우리 위에 정오의 해처럼 온전히 빛을 비쳐 주실 것입니다. 하나님께서 우리로 하여금 하나님의 말씀을 사랑하여 그 말씀을 먹고 살아가게 하심으로써, 오직 하나님만이 영원토록 영광을 받으시기를 빕니다. 아멘, 아멘.

제

4

장

—

사람을 얻는 자

—

**"의인의 열매는 생명 나무라 지혜로운 자는
사람을 얻느니라."** ― 잠 11:30

나는 어젯밤에 너무나 기뻤습니다. 왜 그랬는지는 여러분 중에서 많은 분들
이 아시겠지만, 모르시는 분들도 있습니다. 우리는 일 년에 한 번 교회의 모든 신
자들이 모이는 총회를 어제 가졌는데, 아주 많은 형제자매들이 한 덩어리가 되
어서 서로를 진심으로 사랑하며 함께 공감하며 교회 일들을 논의하면서, "주도
한 분이시요 믿음도 하나요 세례도 하나요"(엡 4:5)라는 말씀을 굳게 붙잡고서
그대로 실천하는 모습을 보였습니다. 4,900명의 교인이 있는 교회를 생각해 보
십시오. 그렇게 많은 사람들이 모이는 교회는 이 시대에서만이 아니라 그 어느
시대에서도 유례가 없었습니다. "주께서 이 나라를 창성하게 하시며 그 즐거움
을 더하게 하셨으므로 추수하는 즐거움과 탈취물을 나눌 때의 즐거움 같이 그들
이 주 앞에서 즐거워하오니"(사 9:3). 수많은 사람들이 자기가 그리스도의 몸의
지체라고 밝히는 모습을 볼 때, 우리는 감격의 눈물을 흘리지 않을 수 없습니다.
수많은 사람들이 불 속에서 타다가 건져진 장작들처럼 다가올 진노에서 건짐을
받았다는 사실 자체만으로도, 그것은 너무나 큰 위로가 되는 일입니다. 나는 그
리스도 예수 안에서 나의 형제자매들과 교제하는 동안에 그런 기쁨을 느꼈습니
다. 그런데 나중에 이 일을 곰곰이 생각해 보니, 나는 수많은 사람들이 구원을 받
았다는 사실을 보고서 기뻐한 것이기도 하지만, 믿는 자들이 한 몸이 된 것을 보

고서 더 크게 기뻐했던 것 같습니다. 이 세상에서 한 사람이 구원 받은 것보다 더 큰 기쁨이 어디 있겠습니까. 그것은 천사들이 수금을 타며 기뻐하는 것이 마땅한 그런 기쁨입니다. 구주께서 자신의 속량 받은 자들 한 사람 한 사람을 대속하시기 위하여 어떤 고초를 겪으셨는지를 생각해 보십시오. 성령께서 한 사람의 심령을 새롭게 하기 위하여 어떤 역사를 베푸셨을지를 생각해 보십시오. 거듭난 한 사람 한 사람을 향하신 아버지 하나님의 사랑을 생각해 보십시오. 우리가 한 사람을 구원하시기 위하여 하나님께서 행하신 일들과 그들에게 약속하시고 이루신 일들을 생각한다면, 하나님이 수많은 사람들이 믿음으로 구원 받은 것을 보셨을 때의 그 기쁨은 내가 한 달 내내 비유를 들어 설명해도 다 표현할 수 없을 것입니다. 그러나 나의 마음은 하루 종일 좀 더 큰 그림에 가 있었는데, 그것은 많은 사람들이 믿고 거듭나서 큰 무리를 이루었을 때에 다른 사람들을 보듬어 안고 복되게 하는 섬김의 크기도 함께 커진다는 사실입니다. 우리는 우리가 이미 이룬 것을 기뻐하느라고, 하나님께서 우리를 통해서 다른 사람들에게 이루고자 하시는 것을 잊어버려서는 안 됩니다. 여기에 숯불이 있지만, 이 숯불이 어마어마하게 큰 불도 일으킬 수 있을 것이라고 생각하는 사람이 누가 있을까요?

우리는 기독교회를 각각의 그리스도인들이 와서 편안하게 지내기 위한 고급 호텔이 아니라, 군사들이 한데 모여서 전쟁을 위해 훈련하고 연습하는 병영으로 여겨야 합니다. 우리는 기독교회를 그리스도인들이 서로 존중하고 위로하며 교제하는 곳이 아니라, 그리스도를 위하여 승리를 쟁취하려고 그리스도의 군기를 들고 출정하는 군대, 적의 요새들을 차례차례 함락시켜서 구주의 나라에 편입시키기 위하여 싸움터로 진군하는 군대로 여겨야 합니다. 우리는 교회에 모인 회심한 사람들을 곳간에 들인 곡식들로 볼 수 있습니다. 우리는 하나님께서 지금까지 씨 뿌리는 자가 한 수고를 갚아 주셔서 곳간에 그런 곡식들을 많이 채워 주신 것을 감사합니다. 그러나 우리가 믿는 자들 한 사람 한 사람을 예수의 나라를 확장하기 위한 종자로 보는 것이 우리의 심령을 훨씬 더 고무시키고 뛰게 만듭니다. 그렇게 보았을 때, 우리는 믿는 자들 각 사람이 머지않아 30배, 40배, 50배, 100배로 수확할 것을 기대하면서, 이 땅의 비옥한 골짜기들에 씨를 뿌리고 있는 것을 보게 됩니다. 생명력은 엄청나서, 한 개의 종자는 놀라울 정도로 짧은 기간 동안에 천 개의 알곡을 만들어 냅니다. 몇 개의 종자가 온 세상에 다 뿌려질 정도로 수많은 종자가 되는 것은 시간문제이고, 모든 민족들을 회심시키는 데에는 몇 명의 참된 신자만으로도 충분합니다. 단지 하나의 이삭에서 나오는 알곡들을 수확해서 잘 보관하였다가 그것들을 종자로 삼아 뿌리고, 다음 해에 알곡들을 수확해서 보관했다가 다시 종자로 삼아 뿌리기만 하면, 수확되는 알곡들은 계산하는 것이 불가능할 정도로 엄청나게 늘어납니다. 모든 그리스도인이 이렇게 해마다 주님의 종자가 된다면, 얼마나 좋겠습니까! 세상에 있는 모든 알곡이 단 한 개만 빼고 다 없어진다고 해도, 그 한 개의 알곡이 온 땅을 가득 채우고 그 모든 밭과 평지에 뿌려지게 될 때까지는 많은 시간이 걸리지 않습니다. 오늘날 바울이나 베드로 같은 한 사람이 있다면, 성령의 능력을 힘입어서 모든 나라들을 복음화하는 데에는 시간이 훨씬 더 짧게 걸릴 것입니다. 여러분은 자기 자신을 온 세상에 뿌려져서 알곡들을 거두게 되어 있는 주님의 종자로 보시기 바랍니다. 기독교의 운명이 자기에게 달려 있다는 듯이, 자기가 만날 수 있는 모든 사람들에게 그리스도의 헤아릴 수 없는 부요하심을 알게 하겠다고 결심하고서 열심으로 복음을 전하는 사람은 정말 대단한 삶을 살아가고 있는 것입니다.

그리스도께서 자신의 종자로 사용하시고자 하시는 우리 모두가 제대로 여러 곳에 흩뿌려져서 싹을 틔우고 알곡들을 맺기만 한다면, 그리스도께서는 얼마나 많은 알곡들을 수확하실 수 있으시겠습니까! 또한, 곡식이 자라기에 아주 나쁜 환경인 "산 꼭대기의 땅에도 곡식이 풍성하고 그것의 열매가 레바논 같이 흔들리며 성에 있는 자가 땅의 풀 같이 왕성하리로다"(시 72:16)라는 말씀도 성취될 것입니다. 하나님께서 오늘 밤에 우리가 함께 얘기하는 동안에 성령께서 강하게 역사하셔서, 우리로 하여금 하나님이 우리를 위해 행하신 일에 대해서가 아니라, 하나님께서 우리를 통해서 무슨 일을 행하고자 하시는지, 그리고 우리가 하나님이 사용하시기에 어느 정도나 준비되어 있는지에 대해서 깨닫게 해주시기를 빕니다.

두 개의 문장으로 된 오늘의 본문이 아주 분명하게 얘기해 주고 있는 것이 두 가지가 있습니다. 첫 번째는 믿는 자에게는 생명이 충만하여 그 영혼을 복되게 한다는 것이고, 또한 그렇게 되는 것이 마땅하다는 것입니다: "의인의 열매는 생명나무라." 두 번째는 믿는 자가 늘 추구해야 하는 것은 영혼을 얻는 것이 되어야 한다는 것입니다. 이 두 가지는 사실 거의 동일한 것이기는 하지만, 첫 번째는 의인들에게 저절로 맺어지는 것에 대해서 말해 준다면, 두 번째는 의인들이 그리스도를 위하여 영혼을 얻는 일에 힘써야 한다는 것을 말해 줍니다.

1. 첫째로, 믿는 자에게는 생명이 충만하여
그 영혼을 복되게 한다는 것입니다.

우리가 위에서 말한 첫 번째를 먼저 살펴보아야 하는 것은 이 첫 번째의 것이 없이는 두 번째의 것이 이루어질 수 없기 때문입니다. 자기 자신 속에 충만한 생명이 없다면, 다른 사람들에게 생명이 흘러넘쳐 가게 하는 것은 불가능합니다. 여러분이 자신의 삶 속에서 열매를 맺고 있지 않다면, 영혼을 얻는 자가 되려고 애써 보아야 아무 소용이 없습니다. 여러분이 자신의 삶으로 주님을 섬기지 않는데, 어떻게 입술로 주님을 섬길 수 있겠습니까? 여러분이 자신의 손과 발과 심장으로는 마귀의 복음을 전하고, 자신의 거룩하지 못한 행실을 통해서 적그리스도를 지지하며 살아가는데, 어떻게 혀로는 주님의 복음을 전할 수 있겠습니까? 먼저 우리 속에 생명이 있고, 우리가 삶 속에서 열매를 맺어 하나님께 영광을 돌려야만, 다른 사람들이 우리의 모범을 보고 회심하는 일이 일어나게 될 것입니다. 우리는 우리의 머리 되시는 그리스도께로 가서, 그리스도 안에 있는 생명이 그가 다른 사람들에게 유익이 되는 데 필수적임을 깨달아야 합니다. 믿는 자의 삶은 그 영혼이 복으로 충만한 삶입니다. 우리는 본문을 토대로 해서 이러한 사실에 대하여 몇 가지를 고찰해 보고자 합니다.

우리가 가장 먼저 알아야 할 것은 믿는 자에게서 외적으로 드러나는 생명은 하나의 열매라는 것입니다. 이것은 중요합니다. "의인의 열매," 즉 그의 생명은 그에게 원래부터 붙어 있던 것이 아니라, 그에게서 자라난 것입니다. 그것은 그가 벗고 입고 하는 옷이 아니라, 자기 자신과 분리될 수 없는 것입니다. 진실한 사람의 신앙은 자기를 은폐하고 감추기 위한 옷이 아니라, 그 사람 자체입니다. 참된 경건은 새로워진 본성으로부터 자연스럽게 자라난 것이고, 경건의 온실에서 억지로 키워낸 것이 아닙니다. 포도나무가 포도송이들을 맺는 것은 자연스러운 일이 아닙니까? 야자수에서 대추야자가 나는 것은 자연스러운 일이 아닙니까? 마찬가지로, 소돔의 나무들에서 소돔의 악들이 열리고, 독초에서 독이 있는 딸기들이 나는 것은 자연스러운 일입니다. 하나님께서 자기 백성에게 새로운 본성을 주실 때, 그 새로운 본성에서 백합화가 저절로 나오게 됩니다. 자기 자신에게서 저절로 생겨난 것이 조금도 없는 신앙을 지닌 사람은 점점 그 신앙이 그에게 무익할 뿐만 아니라 해롭다는 것을 발견하게 될 것입니다. 축제 때에 쓰는 가면처럼 자신의 경건을 가장하고 있어서 성전을 나와 집으로 돌아가면 성도에서 야만인으

로 돌변하고 천사에서 마귀로 탈바꿈하며 요한에서 유다로 변하고 자비로운 자
에서 악당으로 바뀌는 사람은 겉모습만 그럴 듯하게 갖추는 위선이 자기에게 어
떤 해악을 미치는지를 아주 잘 알고 있습니다. 그런 사람에게서는 참된 신앙은
흔적조차 찾아볼 수 없습니다. 무화과나무가 어떤 때는 무화과를 맺다가 어떤
때는 엉겅퀴를 맺는 그런 일은 없습니다. 무화과나무는 늘 자신의 본성에 충실
합니다. 신앙을 옷과 같은 것이라고 생각해서 그때그때마다 푸른 색 옷과 주홍
빛 옷과 세마포 등을 수시로 바꿔 입을 수 있다고 여기는 사람들은 자기가 거룩
하게 보여야 할 때라고 여겨질 때에만 신앙을 지닌 체하는 것은 당연합니다. 그
러나 기독교 신앙이 무엇인지를 발견한 사람은 신앙은 행위나 형식이나 신앙 고
백이라기보다는 생명이라는 것을 압니다. 나는 기독교의 신조를 사랑하지만, 참
된 기독교 신앙은 신조라기보다는 생명이라고 주저 없이 말합니다. 기독교 신앙
에는 신조가 있고 예식들이 있지만, 주된 것은 생명입니다. 신앙은 천국의 불길
이 사람들의 품속으로 들어와서 그 안에서 타오르는 거룩한 불꽃입니다. 이 불
꽃은 영혼 속에 감춰져 있던 많은 것들을 태워 버리고서, 마침내 주위 사람들이
볼 수 있고 느낄 수 있는 하늘의 생명으로 표출됩니다. 중생한 사람은 내주하시
는 성령의 능력 아래에서 온통 신성으로 활활 타올랐던 호렙 산의 저 가시덤불
처럼 됩니다. 그 사람 안에 계시는 하나님은 그 사람으로 하여금 밝은 빛을 발하
게 하시기 때문에, 그 사람의 주위는 거룩한 땅이 되고, 그 사람을 보는 자들은
거룩한 생명의 능력을 느끼게 됩니다. 사랑하는 형제들이여, 우리는 우리 자신
의 신앙이 점점 더 우리의 영혼에서 자라난 것이 되도록 하여야 합니다. 많은 신
앙인들이 "이것을 해서는 안 되고, 저것도 해서는 안 된다"는 생각으로 둘러싸여
있고, "이것을 해야 하고, 저것을 해야 해"라는 생각에 의해 계속해서 내몰립니
다. 그러나 기독교의 교리는 너무나 자주 왜곡됩니다. 물론, 그럴지라도, 그 교리
는 하나님의 복된 진리이고, 여러분의 심령 속에 자리 잡고 있어야 합니다. 여러
분은 "율법 아래 있지 않고 은혜 아래" 있습니다. 그러므로 여러분이 여러분 자
신의 행위를 통해서 천국에 들어가고자 하거나, 하나님의 진노를 피할 수 있을
것으로 생각해서, 하나님의 뜻에 순종하고자 해서는 안 됩니다. 오직 여러분 속
에 생명이 있어서, 그 생명이 거룩하고 순전하고 바르고 참된 것을 추구하고, 악
한 것을 견딜 수 없어 하여야 합니다. 여러분은 율법에 의한 어떤 상을 바라거나,
율법에 규정된 벌이 두려워서 선한 일들을 하려고 해서는 안 됩니다. 오직 여러

분 속에 하나님으로부터 온 거룩한 것이 있어서, 그 거룩함이 자신의 본성을 따라서 하나님이 기뻐하시는 것들을 행하고자 하여야 합니다. 이 점을 더욱더 유의하고 유념한다면, 여러분의 신앙은 인위적이고 강제적이며 피상적인 것에서 벗어나, 참되고 자연스러우며 생명과 실체가 있는 것이 되어갈 것입니다. 우리 모두에게는 광야에서도 살아갈 수 있고 무리들 속에서도 살아갈 수 있는 신앙이 필요합니다. 우리에게는 삶의 모든 부분에서와 우리가 만나는 모든 사람들 가운데서 저절로 우러나오는 신앙이 필요합니다. 화목한 가정 속에서 보여지는 그런 경건을 내게 보여주십시오. 왜냐하면, 가정에서 드러나는 경건보다 더 아름다운 것은 없기 때문입니다. 그리스도인들 가운데서만이 아니라, 하나님을 조롱하고 비방하는 자들과 함께 일하면서 씨름할 때에도 드러나는 그런 경건을 내게 보여주십시오. 세상의 모든 사람들이 적개심을 품은 사나운 눈으로 못마땅해하며 노려보는 것을 아무렇지도 않게 여기고, 여러분에게 공감해 주거나 너그럽게 보아줄 사람이 아무도 없는 곳에서도 두려움 없이 담대히 행하는 그런 믿음을 내게 보여주십시오. 하나님께서 여러분을 성령의 생명으로 충만하게 하셔서, 여러분의 행실이나 언행 전체가 내주하시는 성령으로부터 자연스럽게 우러나온 복된 것이 되게 해주시기를 빕니다.

다음으로, 우리가 주목할 것은 그리스도인에게서 맺어지는 열매는 그리스도인의 성품에 합당한 열매라는 것입니다: "의인의 열매는 생명 나무라." 나무마다 열매를 맺고, 그 나무가 어떤 나무인지는 열매를 보면 알 수가 있습니다. 의인은 의로운 열매를 맺습니다. 형제들이여, 우리는 이 점에 대해서 스스로 속지 말아야 하고, 잘못 생각하지 말아야 합니다: "의를 행하는 자는 그의 의로우심과 같이 의롭고"(요일 3:7). "무릇 의를 행하지 아니하는 자나 또는 그 형제를 사랑하지 아니하는 자는 하나님께 속하지 아니하니라"(요일 3:10). 우리는 믿음으로 말미암아 의롭다 하심을 받는다는 교리를 위해 목숨을 걸고, 모든 대적들 앞에서 구원은 행위로 말미암지 않는다고 단호하게 선언할 각오가 되어 있습니다. 그러나 거기에 우리는 행위가 뒤따르는 믿음으로 말미암아 의롭다 하심을 받는다는 고백을 덧붙입니다. 어떤 사람이 선한 행위가 뒤따르지 않는 믿음을 가지고 있다면, 그것은 마귀들이 지니고 있는 믿음일 뿐입니다! 구원하는 믿음은 오직 주 예수께서 이루신 일을 자신의 것으로 받아들이는 믿음입니다. 왜냐하면, 우리는 행위로 말미암지 않고 오로지 믿음으로 의롭다 하심을 얻기 때문입니다. 그러나 행위가 수반되지 않는 믿음은 그 누구에게도 구원을 가져다줄 수 없습니다. 우리는 행위로 말미암지 않고 믿음으로 말미암아 구원을 얻지만, 행위가 수반되지 않는 믿음으로 구원받는 것은 아닙니다. 왜냐하면, 영혼을 구원하는 참된 믿음은 사랑을 통해서 역사하여 그 사람의 성품을 정결하게 하기 때문입니다. 여러분이 가게에서 계산원에게 사기를 칠 수 있다면, 천국에 대한 여러분의 소망도 사기가 될 것입니다. 여러분이 어느 누구 못지않게 기도를 잘 할 수 있고, 그 어떤 외식하는 자 못지않게 외적인 경건의 행위들을 잘 행할 수 있다고 해서, 자신이 신앙생활을 잘하고 있다고 믿는다면, 여러분은 스스로 속고 있는 것입니다. 여러분이 고용된 자로서 일하면서 게으르고 거짓말하며 빈둥거리거나, 고용주로서 일꾼들에게 횡포를 부리고 가혹하며 도무지 그리스도인 같지 않은 행동을 한다면, 여러분의 열매는 여러분이 사탄의 과수원에 심겨져 있는 나무이고, 사탄이 보기에 먹음직스러운 열매를 맺고 있다는 것을 보여주는 것입니다. 많은 사람들이 매일같이 자신의 이웃들이나 물건들에 대하여 거짓말을 일삼고 있는데, 여러분이 장사를 하면서 속임수를 쓰거나 거짓말을 한다면, 여러분은 자신이 믿음으로 의롭다 하심을 받았다고 말할 수는 있겠지만, 모든 거짓말쟁이들이 들어가게 되어 있는 저 불과 유황으로 타는 연못이 장차 여러분의 분깃이 될 것입니다. 여러분은 최고의 거짓말쟁이들이 들어가는 곳으로 들어가게 될 것입니다. 왜냐하면, 여러분은 그리스도인이 아닌데도, 마치 자기가 그리스도인인 양 거짓말하는 죄를 저지르고 있기 때문입니다. 거짓된 신앙 고백은 그리스도와 그의 백성을 지독하게 욕보이는 것이기 때문에, 최악의 거짓말들 중의 하나입니다. 의인들의 열매는 의로움입니다. 무화과나무에서 엉겅퀴가 나지 않고, 가시나무에서 포도를 수확할 수 없습니다. 이렇게 열매를 보아 어떤 나무인지를 알 수 있지만, 우리는 사람들의 마음을 살펴볼 수 없고, 그렇게 하려고 해서도 안 됩니다. 하지만 우리는 사람들의 삶을 살펴볼 수는 있습니다. 우리는 우리 자신의 삶을 살펴보고서, 의로운 열매를 맺고 있는지를 확인해야 합니다. 왜냐하면, 우리가 의로운 열매를 맺고 있지 않다면, 우리는 의로운 것이 아니기 때문입니다. 하지만 우리는 의인들의 열매는 그들의 거듭난 본성이 순종의 단 열매를 맺음으로써 자연스럽게 맺어지는 것이지만, 언제나 하나님의 선물인 은혜의 결과라는 것을 결코 잊어서는 안 됩니다. 우리가 하나님의 진리 중에서 "네가 나로 말미암아 열매를 얻으리라"(호 14:8)는 말씀보다 더 기억해야 할 것은 없습니다. 우리는 그리스도 안에 거하지 않으면 그 어떤 열매도 맺을 수 없습니다. 의인들은 포도나무이신 그리스도의 가지로 있을 때에만 풍성한 열매를 맺게 될 것입니다. 가지가 어떻게 혼자 열매를 맺겠습니까? 가지가 줄기에 연결되어 있어서, 거기로부터 수액을 공급받을 때에만 열매를 맺을 수 있습니다. 의인의 의로운 행위들은 그의 행위들이기는 하지만, 언제나 하나님이 그에게 나누어 주시는 은혜로 말미암아 맺어지는 것이기 때문에, 그 공로를 절대로 자기 자신에게 돌릴 수 없습니다. 의인은 "우리가 아니라 주의 이름에 찬송을 드리나이다"라고 노래합니다. 의인은 열매를 맺지 못하면 자기 탓으로 돌리고, 열매를 맺으면 하나님께 영광을 돌립니다. 의인의 모범을 본받으십시오. 모든 잘못과 연약함은 여러분 자신에게 돌리십시오. 여러분이 어떤 것에서 부족함을 보였다면(분명히 여러분은 그럴 것입니다), 그 모든 것을 여러분 자신에게 돌리고 변명하지 마십시오. 하지만 어떤 미덕이나 칭찬할 만한 것이나 참된 소원이나 기도 등과 같이 그 어떤 선한 것이 있거든, 그런 것들은 모두 다 하나님의 성령께 돌리십시오. 하나님께서 의인을 의롭게 해주시지 않았다면, 의인은 결코 의롭지 못할 것임을 기억하십시오. 의인 속에 하나님의 수액이 있어서 하나님이 받으실 만한 열매를 맺게 하지 않았다면, 의인에게서 의의 열매는 결코 나올 수 없었을 것입니다. 그러므로 모든 존귀와 영광은 오직 하나님께 돌아가는 것이 마땅합니다.

이 구절의 주된 교훈은 그리스도인에게서 흘러나오는 이 생명, 그리스도 안에 있는 생명으로부터 나온 이것, 그리스도인의 영혼의 이 열매는 다른 사람들에게 복이 된다는 것입니다. 그 열매는 나무와 같아서, 주변에 있는 모든 것들에게 그늘과 양분을 공급해 줍니다. 그리스도인의 영혼의 열매는 "생명 나무"입니다. 이 "생명 나무"라는 표현 속에는 광범위한 교훈이 압축되어 있기 때문에, 오늘 밤에 나는 이 표현에 대해서는 충분히 설명드릴 수 없습니다. 믿는 자 자신에게는 열매인 것이 다른 사람들에게는 "나무"가 됩니다. 이것은 특이한 비유이지만, 결코 서투른 비유인 것은 아닙니다. 상수리나무에서 도토리들이 떨어지듯이, 하나님의 자녀에게서는 거룩한 삶이라는 열매가 맺어집니다. 도토리가 자라서 상수리나무가 되어 공중의 새들에게 그늘을 공급해 주듯이, 이 거룩한 삶은 다른 사람들에게 감화를 주어서 최상의 결과들을 맺습니다. 그리스도인의 거룩함은 "생명 나무"가 됩니다. 나는 이 비유가 다른 사람들에게 생명과 자양분을 공급해 주는 나무를 의미하는 것이라고 생각합니다. 열매가 나무, 곧 "생명 나무"가 됩니다.

이것은 놀랍고 경이로운 결과입니다. 그리스도께서 그리스도인 안에서 "생명 나무"가 되는 성품을 만들어 내십니다. 외적인 성품은 내적인 생명의 열매입니다. 이 외적인 생명 자체도 열매에서 나무로 자라서, 나무로서 다른 사람들 속에서 하나님을 찬송하게 하고 영광을 돌리게 하는 열매를 맺습니다. 사랑하는 형제들이여, 나는 하나님의 성도들 중에서 하나님과 아주 가까이서 동행하며 살아가는 분들을 알고 있습니다. 그분들이 "생명 나무"라는 것은 의심의 여지가 없습니다. 왜냐하면, 그들이 만들어 낸 그늘이 많은 지친 영혼들을 위로하고 시원하게 해 주며 새 힘을 주고 있기 때문입니다. 나는 새신자들이나 지치고 힘든 사람들이나 의기소침하고 낙심한 자들이 그들을 찾아가서, 그들의 그늘 아래 앉아, 자신의 고민들을 털어놓는다는 것을 알고 있습니다. 그런 사람들은 그들이 자신에게 공감해 주면서, 주님의 신실하심에 대하여 얘기해 주며, 지혜의 길로 인도해 주는 것을 큰 축복으로 느낍니다. 이 세상에는 다른 사람들에게 큰 축복이 되는 사람이 얼마 되지 않지만, 그런 사람들은 복음 진리의 도서관으로서, 많은 경건서적들보다 더 낫습니다. 왜냐하면, 하나님의 진리가 그들의 삶 자체에 기록되어 있기 때문입니다. 그들의 성품은 참되고 살아 있는 나무입니다. 그 나무는 하나님의 가르침이 새겨져 있기는 하지만, 동시에 스스로 썩어가는 죽은 나무 기둥이 아니라, 생명을 지니고서 계속해서 열매를 맺는 나무, 주님이 그 오른손으로 친히 심으신 나무입니다.

어떤 성도들은 다른 사람들에게 위로를 줄 뿐만 아니라, 영적인 자양분도 공급해 줍니다. 잘 연단된 그리스도인들은 다른 사람들을 돌보는 부모가 되어서, 연약한 자들에게 힘을 주고, 비탄에 빠진 자들의 상처를 싸매 줍니다. 또한, 넓은 마음을 지닌 그리스도인들의 강하고 담대하며 너그러운 행위들은 동료 그리스도인들에게 큰 힘이 되어서, 그들을 더 높은 곳으로 들어올려 줍니다. 그런 그리스도인들은 고난 가운데서 인내하며, 위험 가운데서 담대하며, 하나님을 믿는 거룩한 믿음을 보이며, 시련 가운데서도 밝고 행복한 얼굴을 하고 있기 때문에, 여러분은 그들을 보기만 해도 새 힘을 얻고, 여러분 자신에게 닥친 어려운 일들을 헤쳐 나갈 수 있는 용기를 얻습니다. 거룩해진 신자의 모범은 이런저런 모양으로 형제들을 치유해 주고 위로해 주며, 그들을 높은 곳으로 들어올려서 걱정과 불신앙을 벗어나도록 도와 줍니다. 생명 나무는 그 잎사귀조차도 사람들을 치유하는 힘이 있는 것과 마찬가지로, 성도들의 언행은 수많은 질병들을 고쳐

주는 치료약입니다.

또한, 신자들이 맺는 열매는 경건한 자들의 입맛에 달콤합니다. 우리는 하나님을 믿고 의지하듯이 사람을 믿고 의지할 수는 결코 없지만, 하나님께서는 우리의 머리 되시는 이가 기꺼이 사람들에게 복이 되어 주시듯이, 그 지체들로 하여금 각자의 분량을 따라 사람들에게 복이 될 수 있게 하십니다. 오직 예수만이 "생명 나무"이지만, 자신의 일부 종들을 작은 "생명 나무"로 삼으셔서, 그들을 통해서 자신이 맺으시는 것과 동일한 열매를 우리에게 주십니다. 왜냐하면, 그리스도께서는 자신의 생명을 그들에게 두시고, 그들 속에서 역사하셔서, 영혼들을 기쁘게 해줄 황금 열매들을 맺게 하시기 때문입니다. 우리 각 사람이 우리 주님처럼 되어서, 주님의 열매가 우리의 가지들 위에서 발견될 수 있게 되기를 빕니다.

우리는 지난 해 동안에 많은 잠든 성도들을 무덤으로 모셨습니다. 내가 구체적으로 이름을 들지는 않겠지만, 그분들을 회고해 볼 때, 그분들 중에는 그 삶이 내게 여전히 "생명 나무"인 분들이 계십니다. 나는 내가 그분들처럼 되게 해주시기를 하나님께 기도합니다. 여러분 가운데서도 많은 사람들이 그분들을 압니다. 여러분이 그들의 거룩하고 경건한 삶을 회상해 보기만 해도, 그들이 남긴 감화는 여전히 여러분에게 생명 나무일 것입니다. 그들은 죽었지만 여전히 말하고 있습니다. 그들의 진심 어린 권면들이 여러분의 귀에 들리십니까? 그들이 지폈던 불들은 재 속에서도 여전히 여러분의 영혼을 따뜻하게 해줍니다. 그들의 고귀한 모범은 교회의 귀한 자산이어서, 교회의 자녀들은 그들의 믿음의 행실과 사랑의 수고를 기억함으로써 고귀하고 부요해지게 될 것입니다. 사랑하는 자들이여, 우리 각 사람이 우리가 심겨져 있는 이 동산에서 교회들에 참된 축복이 되기를 빕니다. "나는 너무 연약하고 별 볼일 없다고 느껴지기 때문에, 나무 같은 것은 되지 못할 것 같아요"라고 말하는 사람이 있습니다. 여러분에게 겨자씨 한 알 만한 믿음이 있다면, 여러분은 공중의 새들이 깃들일 수 있는 나무가 되기 시작할 수 있습니다. 작은 씨앗을 먹어 버릴 수도 있었던 바로 그 새들이 이제 그 씨앗에서 자라난 나무에 와서 깃들이게 됩니다. 하나님께서 여러분에게 복주시면, 지금 여러분을 새파란 초신자라고 멸시하고 조롱하던 사람들이 언젠가는 여러분에게 와서 여러분의 모범과 체험으로부터 힘과 위로를 얻자고 할 때가 올 것입니다.

여기서 우리는 한 가지만 더 말해 두고자 하는데, 그것은 이 거룩한 생명은 천국에 가서야 완전해지고 온전히 드러나게 될 것임을 기억하여야 한다는 것입니다. 성경에서 "또 그가 수정 같이 맑은 생명수의 강을 내게 보이니 하나님과 및 어린 양의 보좌로부터 나와서 길 가운데로 흐르더라 강 좌우에 생명나무가 있어 열두 가지 열매를 맺되 달마다 그 열매를 맺고 그 나무 잎사귀들은 만국을 치료하기 위하여 있더라"(계 22:1-2)고 기록하고 있는 도성이 있습니다. "생명 나무"는 하늘에 속한 나무이기 때문에, 그리스도인이 맺는 열매는 하늘의 열매입니다. 그리스도인은 영광의 땅에 옮겨 심겨져 있지는 않지만, 그 열매는 최종적인 거처에 적합한 열매입니다. 거룩함은 이 땅 위에서의 천국이 아니고 무엇이겠습니까? 하나님에 대하여 살아 있는 것이 천국의 본질이 아니고 무엇이겠습니까? 올바르고 흠 없는 것이 그리스도를 닮은 것이 아니고 무엇이겠습니까? 천국은 수금들과 종려나무들과 황금 거리들이 아니라, 내가 위에서 말한 바로 그런 것들이 아니겠습니까? 거룩하고 순전하며 사랑이 가득한 성품이 한 사람의 심령 속에 천국을 만듭니다. 천국이라 불리는 곳이 없다고 할지라도, 그런 심령은 죄에서 자유하게 되고 주 예수 그리스도를 닮아서, 천국의 행복을 지니게 됩니다. 그러므로 사랑하는 형제들이여, 우리가 하나님 앞에서 의로운 것이 얼마나 중요한 것인지를 보십시오. 우리가 의로워질 때, 그 의로움에서 나온 열매는 다른 사람들에게 생명 나무가 되고, 저 하늘에 있는 무궁한 세계에서 생명 나무가 될 것입니다. 찬송 받으실 성령이여, 우리를 그렇게 만들어 주십시오. 그러면 우리가 당신을 일생토록 찬송하리이다.

2. 둘째로, 믿는 자가 추구해야 할 것은 영혼을 얻는 일입니다.

우리가 앞에서 살펴본 첫 번째 대지는 우리를 두 번째 대지로 안내해 줍니다. 믿는 자가 추구해야 할 일이 영혼을 얻는 일인 이유는 "영혼을 얻는 자가 지혜로운 자이기"(한글개역개정에는 "지혜로운 자는 사람을 얻느니라") 때문입니다. 오늘의 본문 속에는 두 가지가 서로 결합되어 있는데, 첫 번째는 생명이고, 두 번째는 수고입니다. 하나님이 결합시켜 놓으신 것을 사람이 갈라놓아서는 안 됩니다.

오늘의 본문 속에는 믿는 자들이 얻어야 할 영혼들이 있다는 의미가 내포되어 있습니다. 모든 사람들의 영혼은 본성적으로 멸망 받게 되어 있습니다. 여러분은 런던의 거리들을 걷다가 저 붐비는 보도 위에서 만나는 수많은 사람들을 보면서, 탄식하고 눈물을 흘리며, "망하게 되었도다, 망하게 되었도다, 망하게 되었도다"라고 말할지도 모르겠습니다. 그리스도를 믿지 않고, 성령이 사람들 속에서 새 마음을 만들어 내지 않으며, 영혼이 아버지 하나님께로 나아가지 않은 곳마다, 거기에는 멸망 받게 되어 있는 영혼이 있습니다. 그러나 그러한 멸망 받을 영혼들을 얻을 수 있는 길이 열려 있다는 것은 하나님의 은혜입니다. 그들은 아무런 소망도 없이 멸망 받을 수밖에 없는 것이 아닙니다. 아직은 하나님께서 그들이 지금의 모습 그대로 영원히 살도록 정하신 것이 아닙니다. 하나님께서는 아직 "더러운 자는 그대로 더럽게 하라"(계 22:11)고 말씀하시지 않습니다. 그들은 은혜를 입을 수 있는 소망의 땅에 있습니다. 왜냐하면, 하나님은 그들을 얻을 수 있다고 말씀하고 계시기 때문입니다. 그들은 아직 건짐을 받을 수 있지만, 본문은 그렇게 되기 위해서는 우리가 온 힘을 들여 수고해야 할 것이라고 암시합니다.

"영혼을 얻는 자"라는 어구에서 "얻는다"는 것이 도대체 무엇을 의미하는 것입니까? 우리는 "얻는다"는 단어를 사랑하는 사람에게 청혼할 때에 사용합니다. 우리는 신랑이 신부를 얻는다고 말합니다. 그런데 신랑이 자기가 소중히 여기는 신부의 마음을 얻기 위해서는, 엄청난 사랑을 쏟아붓고, 수없이 간청하며, 무수히 구애하여야 합니다. 나는 "얻는다"는 단어를 이런 식으로 설명하는 것이 현재의 문맥과 아주 잘 부합한다고 생각합니다. 왜냐하면, 우리가 그리스도를 위하여 영혼들을 얻고자 하는 것은 그들을 그리스도와 혼인시키기 위한 것이기 때문입니다. 우리는 그리스도를 위하여 죄인에게 구애하여야 합니다. 이것이 그리스도를 위하여 사람들의 마음을 얻는 방법입니다. 아브라함의 종이 이삭의 신붓감을 구하기 위해 대신 나서서 구애자가 되었던 것처럼, 예수는 신랑이시고, 우리는 그를 위하여 사람들에게 그의 아름다움에 대하여 얘기하며, 그의 신부가 되어 달라고 구애하는 자가 되어야 합니다. 여러분은 아브라함의 종이 어떻게 하였는지 그 이야기를 읽어 보셨습니까? 여러분이 집에 돌아가서서 성경을 펼쳐 그 대목을 읽어 보시면, 그 종이 자신의 주인인 아브라함과 그가 가진 재산에 대하여, 그리고 이삭이 그 주인의 모든 것을 상속할 자라는 것 등등에 대하여 말하고 있는 것을 보게 될 것입니다. 그 종은 그런 말을 다 마친 후에, 리브가에게 자기와 함께 가자고 권유하였고, 리브가는 "네가 이 사람과 함께 가려느냐"(창 24:58)는 질문을 받았습니다. 이렇게 사역자가 할 일은 자신의 주인과 그 주인의 부요함을 영혼들에게 얘기한 후에, "너는 그리스도와 혼인하려느냐?"고 말하는 것입니다. 이 아주 어렵고 까다로운 일을 성사시킬 수 있는 사람이 바로 "지혜로운 사람"입니다.

또한, "얻는다"라는 단어는 군대와 관련해서 사용됩니다. 우리는 한 도시나 성채, 또는 하나의 전투를 "얻는다"고 말합니다. 잠자는 사람들은 승리를 얻을 수 없습니다. 잠이 덜 깬 사람들이 성채를 함락시킬 수 없습니다. 전투에서 승리하기 위해서는 최고의 전투력과 강인한 인내심과 강력한 담대함이 요구됩니다. 거의 난공불락이라고 여겨지는 요새들을 함락시키기 위해서는 밤새도록 어떻게 공격할지를 연구해야 하고, 공격 시점이 되었을 때에는 한 사람도 낙오 없이 포병과 보병을 비롯해서 전 병력이 공격 지점에 집결하고, 온갖 병기들이 다 동원되어야 합니다. 은혜의 힘을 주력군으로 사용하여야 사람의 마음을 얻을 수 있습니다. 놋 성벽과 철문들을 부수고서 사람의 마음을 사로잡기 위해서는, 오직 그리스도만이 주실 수 있는 기술이 필요합니다. 거대한 공성퇴로 쳐서, 죄인의 양심 속에 있는 온갖 단단한 돌들을 흔들어 놓아서, 그의 마음이 다가올 진노에 대한 두려움으로 인해 요동하게 만들기 위해서는, 즉 복음의 모든 병기를 동원해서 한 영혼을 공략하기 위해서는, 자신의 사역에 대하여 깨어 있는 "지혜로운 사람"이 필요합니다. 항복하라고 권유하여도 들은 체 만 체한다면, 공성퇴로 쳐서 성문을 부순 후에, 성령의 검을 손에 쥐고서, 성을 점령하여, 죄의 검은 깃발을 꺾고 그리스도의 군기를 꽂기 위해서는, 최고의 설교자가 구사할 수 있는 모든 힘과 그 이상의 것이 필요합니다. 북극 지역처럼 차가운 영혼을 지닌 자들과 아무런 신앙의 활력도 없는 자들은 "임마누엘 왕"을 위하여 "사람의 영혼"이라는 성을 함락시킬 수 없습니다. 영혼들을 얻고자 한다면, 전사가 목숨을 걸고 전투에 임하듯이, 여러분은 그 일에 자신의 목숨을 걸어야 합니다. 그렇지 않으면, 승리는 여러분의 것이 될 수 없습니다.

또한, 우리는 돈을 버는 것과 관련해서 "얻는다"는 단어를 사용합니다. 백만장자가 되려면, 아침 일찍 일어나서 밤늦게까지 일하며 매사에 주의를 기울여야 한다는 것을 우리 모두가 알고 있습니다. 많은 재산을 모으려면, 엄청난 수고와 근검절약을 하여야 하고, 그 외에도 신경을 써야 할 것들이 많다는 것을 우리는 압니다. 지금은 고인이 된 뉴욕의 애스터(Astor)가 막대한 재산을 모으기 위해 했던 것처럼, 우리가 영혼들을 얻기 위해서는, 동일한 열심으로 우리의 모든 힘을 결집하지 않으면 안 됩니다. 그것은 일종의 경주와 같습니다. 여러분도 아시다시피, 경주할 때에는 몸의 모든 근육과 힘줄을 다 동원해서 달리지 않으면, 이길 수 없습니다. "운동장에서 달음질하는 자들이 다 달릴지라도 오직 상을 받는 사람은 한 사람인 줄을 너희가 알지 못하느냐 너희도 상을 받도록 이와 같이 달음질하라"(고전 9:24). 일반적으로, 다른 사람들보다 더 많은 힘을 가진 사람이 승자가 됩니다. 분명한 것은 힘이 많든 적든, 승자는 자신의 온 힘을 쏟아 부었다는 것입니다. 우리도 이렇게 승자처럼 하지 않으면 영혼들을 얻을 수 없습니다.

본문에서 솔로몬은 "영혼을 얻는 자가 지혜로운 자"라고 선언합니다. 이러한 선언은 지극히 지혜로운 사람에게서 나온 것이어서 더욱더 귀중합니다. 나는 여러분에게 영혼을 얻는 자가 왜 지혜로운 자인지를 보여드리고자 합니다. 첫째, 그는 영혼들을 얻고자 하기 전에, 하나님으로부터 가르침을 받은 자임에 틀림없습니다. 자기가 전에는 눈멀었다가 지금은 보게 된 것을 알지 못하는 사람은 자신의 친구들을 올바른 길로 이끌려고 하기 전에 먼저 자신이 눈멀어 있다는 사실을 생각하는 것이 좋습니다. 여러분 자신이 구원 받지 않았다면, 여러분은 다른 사람들을 구원하는 통로나 수단이 될 수 없습니다. 영혼들을 얻는 자는 무엇보다도 먼저 자기가 구원 받았다는 점에서 지혜로운 자임에 틀림없습니다. 이것이 기정사실이라고 할 때, 그는 그러한 길을 선택했다는 점에서 지혜로운 자입니다. 젊은 이들이여, 여러분은 자신의 삶의 위대한 목표가 될 가치가 있는 것을 선택해서 그 길로 가고 있습니까? 나는 여러분이 지혜롭게 판단해서 고귀한 야망을 선택하게 되기를 바랍니다. 하나님께서 여러분에게 귀한 은사들을 주셨다면, 나는 여러분이 그 은사들을 그 어떤 비천하고 더럽고 이기적인 목적에 허비하지 않게 되기를 바랍니다. 지금 내가 전하는 말씀을 듣고 있는 분이 큰 달란트들을 갖고 있고, 의회로 진출해서 좋은 법령들이 제정되는 것에 일조하고 싶다거나, 사업에 뛰어들어서 재계에서 중요한 인물이 되고 싶다는 것과 같이, 자기가 하고 싶은 것을 할 수 있는 기회가 생겼다고 해봅시다. 나는 그분이 그런 일에 뛰어들기 전에, 다른 어떤 것들보다도 예수와 영원히 죽지 않을 영혼들이 무엇을 요구하는지를 먼저 깊이 숙고해 보시기를 권합니다. 공부에 전념해 볼까? 사업에 모든 것을 바쳐볼까? 여행을 할까? 즐기며 놀아볼까? 이 나라에서 제일가는 여우 사냥꾼이 되어 볼까? 사회와 정치를 개혁하는 데 헌신해 볼까? 이 모든 것들을 깊이 생각해 보십시오. 그러나 나의 사랑하는 친구들이여, 여러분이 그리스도인이라면, 즐거움과 유익성과 영예와 지속적인 보상에 있어서 여러분 자신을 영혼을 얻는 일에 바치는 것보다 더 나은 것은 아무것도 없습니다. 그 일은 이 세상에 있는 모든 여우를 사냥하는 대단히 흥미진진하고 유쾌한 일이라고 나는 여러분에게 말할 수 있습니다. 내가 가엾은 죄인을 찾아서 외쳐 부르며 산울타리와 구덩이를 헤집고 돌아다니고, 하나님의 은혜로 말미암아 그 죄인을 사로잡기 위해서, 그가 어디로 도망쳐서 숨든지 거기로 찾아가고, 결국에는 죽기 직전의 그가 주님에 의해서 사로잡히는 것을 보고서 지극히 기뻐하곤 하지 않던가요? 우리 주 예수께서는 자신의 일꾼들과 어부들을 부르십니다. 세상에서 우리처럼 그렇게 생생한 수고와 슬픔과 기쁨을 겪으며 살아가는 어부가 어디 있겠습니까? 그러나 여러분이 예수를 위하여 영혼들을 얻을 수 있고, 자신의 세속적인 직업들을 가지고 있는 가운데서 그런 일을 할 수 있다는 것은 정말 행복한 일이 아니겠습니까? 여러분 중에는 이 강단에서 영혼들을 얻을 수 없는 분들이 있습니다. 그런 분들은 강단에서 영혼을 얻고자 시도한다고 해도 실망만 하게 될 것입니다. 그러나 그들은 공장에서, 세탁소에서, 간호실에서, 응급실에서 영혼들을 얻을 수 있습니다. 모든 곳이 우리의 사냥터입니다. 그곳이 길가이든, 벽난로 옆이든, 길 모퉁이이든, 무리들 속이든 상관이 없습니다. 사람들이 있는 곳이라면, 거기에서 우리의 주제는 예수이고, 위대한 인물들이 있는 곳에서도, 여전히 우리의 주제는 예수입니다. 나의 형제들이여, 여러분의 단 하나의 간절한 소원이 불경건한 자들을 그들의 잘못된 길에서 돌이키는 것이라면, 여러분은 진정으로 지혜로운 자일 것입니다. 여러분에게는 예수께서 다시 나타나시는 그 날에 예수의 발 앞에 던질 수 있는 수많은 별들로 반짝이는 면류관이 있게 될 것입니다.

또한, 영혼들을 얻는 것을 여러분의 인생 목표로 삼는 것은 지혜로운 일이지만, 여러분이 그 일에 성공하려면, 매우 지혜로워야 합니다. 왜냐하면, 여러분이 얻어야 할 영혼들은 기질과 감정과 상태가 다 달라서, 여러분은 거기에 일일이 다 여러분 자신을 맞춰야 하기 때문입니다. 북미의 덫 사냥꾼들은 자기가 잡고자 하는 짐승들의 습성을 알아야 합니다. 마찬가지로, 여러분도 각각의 죄인들을 어떻게 다루어야 하는지를 알아야 합니다. 어떤 죄인들은 몹시 눌려 있는데, 그들에게는 여러분이 위로로 다가가야 합니다. 하지만 지나치게 위로만 하면, 그들은 믿음으로 나아오려고 하지 않습니다. 그러므로 가끔씩은 위로 대신에, 그들이 빠져 있는 심술을 치유하기 위하여 날카롭게 찌르는 말을 해줄 필요가 있습니다. 어떤 사람은 경박합니다. 그런 사람은 여러분이 진지한 얼굴을 하고 다가다면, 겁을 집어먹고 놀라서 달아나 버리기 때문에, 즐겁고 쾌활한 모습으로 다가가서, 그냥 하는 말인 척하며 훈계의 말을 툭 던져야 합니다. 어떤 사람들은 여러분이 하는 말을 듣는 것이 아니라, 여러분에게 말하고자 할 것입니다. 그런 사람을 상대하기 위해서는, 기회를 보아서 정곡을 찌르는 말을 던지는 기술이 여러분에게 있어야 합니다. 여러분은 지극히 지혜로워야 하고, 모든 사람에게 모든 모양이 될 수 있어야 합니다. 그러나 영혼을 얻는 데 성공하여야만, 여러분은 지혜로운 것입니다. 영혼들을 어떻게 다루어야 하는지에 대하여 얘기해 주는 이론들은 지극히 지혜로워 보이기는 하지만, 실전에 들어가서 사용해 보면, 쓸모없다는 것이 드러나는 경우가 비일비재합니다. 이론 같은 것은 전혀 알지 못한다고 할지라도, 하나님의 은혜로 말미암아 영혼들을 얻는 데 성공하는 사람이 정말 지혜로운 사람입니다. 이 일은 여러분의 모든 재능을 다 필요로 하지만, 그런 것보다도 훨씬 더한 것을 필요로 합니다. 여러분은 진정으로 영혼들을 얻으실 수 있으신 위에 계신 이에게 성령을 보내 주시라고 부르짖어야 합니다.

영혼들을 얻는 사람이 지혜로운 사람인 이유는 그는 일을 하면 할수록 사람들을 점점 더 지혜롭게 해주는 그런 일에 참여하기 때문입니다. 여러분은 십중팔구 처음에는 죄인들을 그리스도께로 이끌려고 하다가 도리어 그리스도로부터 멀리 쫓아 버리는 실수를 저지르게 될 것입니다. 처음에 나는 성경의 어떤 구절을 가지고 몇몇 영혼들을 얻기 위하여 온 힘을 다했지만, 그들은 그 구절이 의미하는 것과는 정반대로 그 구절을 받아들여서 잘못된 방향으로 끌고가 버리는 일을 겪었습니다. 무엇이 무엇인지 몰라서 헷갈려하는 사람들을 어떻게 다루어야 하는지를 아는 것은 지극히 어려운 일입니다. 사람들을 앞으로 나아가게 만들기 위해서, 그들을 뒤로 끌어야 할 때도 있고, 사람들을 오른쪽으로 가게 하기 위하여, 그들에게 왼쪽으로 가야 한다고 우겨야 할 때도 있지만, 하나님의 은혜로 말미암아, 그들은 올바른 길로 가게 됩니다. 여러분은 인간의 병든 본성의 이러한 우매함들을 다루기 위한 대비가 되어 있어야 합니다. 내가 알고 있는 어느 가엾은 나이 드신 그리스도인 여성은 50년 동안 하나님의 자녀로 살아 왔지만, 우울증에 걸려 있었고, 그 누구도 그녀를 거기에서 벗어나게 할 수 없었습니다. 나는 여러 차례 그녀를 방문해서, 즐겁게 해주려고 애를 썼지만, 내가 그 집을 나오면, 그녀의 상태는 이전보다 더욱 악화되곤 하였습니다. 그래서 나는 한 번은 그녀를 방문해서는 그리스도나 신앙에 관한 말을 그녀에게 한 마디도 하지 않았습니다. 그녀는 곧 스스로 그런 주제들에 대하여 말을 꺼냈고, 나는 그런 거룩한 것들에 대하여 그녀에게 말하는 것이 소용이 없음을 알게 되었습니다. 왜냐하면, 그녀는 그런 거룩한 주제들을 들어도 알아들을 수 있는 사람이 아니었기 때문입니다. 나는 그녀에게 그녀가 그리스도를 믿는 사람이 아니면서, 오랜 세월 동안 마치 믿는 자처럼 살아온 것이라고 말해 주었습니다. 그녀는 심하게 반발하면서, 나보다도 그녀를 더 잘 알고 계시는 위에 계신 하나님이 자기가 주 예수 그리스도를 사랑한다는 것을 증언해 주실 증인이라고 단언하며 스스로를 변호하였습니다. 결국, 그녀는 내가 해준 말을 인정하지 못하였고, 너무나 큰 절망에 빠져서 더 이상 내게 말할 수조차 없었습니다. 사람들의 영혼을 진정으로 사랑하는 자들은 그 영혼들을 다루는 법을 알고, 성령께서는 그들을 예수를 위하여 사람들의 영혼을 수술하는 전문가로 만드십니다. 그런 사람들이 전문가가 되는 것은 그들이 더 많은 능력을 지니고 있거나, 더 많은 은혜를 받았기 때문이 아니라, 하나님께서 그들로 하여금 사람들의 영혼을 열렬히 사랑하도록 만드셨기 때문입니다. 영혼들에 대한 이러한 열렬한 사랑이 영혼들을 얻을 수 있는 비밀한 기술들을 습득하게 해줍니다. 왜냐하면, 그리스도를 위하여 죄인들을 얻는 길은 그리스도를 인하여 그들을 사랑하는 것이기 때문입니다.

　사랑하는 형제들이여, 다시 한 번 말해 두지만, 어떤 식으로 영혼들을 얻든, 실제로 예수를 위하여 영혼들을 얻는 사람이 지혜로운 사람입니다. 여러분 중에서는 이 말을 받아들이고 싶지 않은 분들이 있을 것입니다. 그들은 이렇게 말합니다: "모씨는 영혼들을 얻는 데 아주 능한 사람임에 틀림없지만, 그는 아주 거칩니다." 그가 영혼들을 얻는다면, 그가 거친 것이 무슨 문제가 됩니까? 어떤 사람은 "나는 그 사람 밑에서 신앙을 배우고 싶지는 않아"라고 말합니다. 당신이 신앙의 진보를 이룰 수 있다면, 왜 그 사람에게 가서 배우려 하지 않는 것입니까? 하나님께서 사람들의 잘못된 것들을 허물어뜨리기 위하여 그 사람을 보내셨다면, 그 사람은 허물어뜨리는 사역을 하여야 합니다. 여러분이 신앙의 진보를 이루기 위하여 다른 데로 가는 것은 자유이지만, 다른 방식으로는 사역을 할 수 없어서 그런 식으로 사역을 하는 그 사람에 대하여 불평하거나 비난하지는 마십시오. 우리는 목회자들을 서로 비교하면서, 그렇기 때문에 우리 교회 목사님의 설교를 들어야 한다고 말하곤 합니다. 사람들이 그 교회 목사님의 설교를 들어야 한다는 말이 맞을 수도 있겠지만, 여러분은 자신의 신앙을 세워 주는 목회자의 설교를 들고, 다른 사람들은 그들의 신앙을 세워 주는 교회로 각자 가는 것이 더 낫습니다. "영혼들을 얻는 사람이 지혜로운 사람입니다." 나는 여러분이 어떤 식으로 영혼들을 얻었는지를 묻지 않습니다. 어떤 사람이 늘 복음을 노래하며 다녔고, 당신은 그런 그를 별로 좋아하지 않았지만, 그 사람이 영혼들을 얻었다면, 그 사람은 지혜로운 사람입니다. 영혼들을 얻는 사람들은 자기 나름대로의 방법을 가지고 있고, 그들이 영혼들을 얻기만 한다면, 그들은 지혜로운 사람들입니다. 나는 여러분에게 무엇이 지혜롭지 않은 것인지, 결국 지혜로운 자로 여김을 받지 못하게 될 사람이 누구인지, 즉 교회를 부지런히 다니면서도 스스로는 아무것도 하지 않고, 하나님의 모든 쓸모 있고 유용한 종들을 비방하는 사람들이 지혜롭지 않은 자들이라는 것을 분명히 말해 두고자 합니다.

여기 한 사랑하는 형제가 침상에 누워서 죽어가고 있습니다. 그 형제는 하나님께서 자기로 하여금 많은 영혼들을 예수께로 인도할 수 있게 해주셨기 때문에, 자기가 천국 문 앞에 당도하면, 많은 영들이 그를 마중 나와 있을 것이라는 감미로운 기대감을 가지고 있습니다. 그들은 자신들을 예수께로 인도한 그 형제를 영접해서, 그를 에워싸고서 새 예루살렘으로 함께 들어갈 것입니다. 그들은 그 형제의 수고를 영원히 증거해 줄 기념비들입니다. 그 형제는 지혜로운 사람입니다. 여기 예언들을 연구하는 데 일생을 바쳐서, 이제는 신문에 나오는 모든 일들을 다니엘서나 요한계시록에 비추어 해석할 수 있게 된 또 한 형제가 있습니다. 어떤 사람들은 이 형제가 지혜로운 사람이라고 말할지 모르겠지만, 나는 영혼들을 얻는 일에 나의 일생을 바치기로 작정하였고, 실제로 그렇게 하였습니다. 나는 하나님의 말씀의 모든 신비들을 푸는 일을 하는 것보다는 한 명의 죄인을 예수 그리스도께로 인도하는 일을 하겠습니다. 왜냐하면, 구원을 위하여 살아가는 것이 우리의 본분이기 때문입니다. 나는 하나님께서 내게 모든 신비들을 깨닫게 해주시기를 바랍니다. 하지만 무엇보다도 내가 하고 싶은 것은 믿음으로 말미암아 어린 양의 피로 영혼이 구원받는 신비를 전하는 일입니다. 목회자가 평생토록 정통 교리를 충실하게 떠받들며, 자신의 교회의 울타리를 지키는 데 온 힘을 쏟는 것은 상대적으로 작은 일입니다. 영혼을 얻는 일이 목회자가 주력해야 할 일입니다. 목회자가 성도들에게 전한 믿음을 위해서 끝까지 싸우는 것은 참으로 선한 일이지만, 나는 나중에 주님 앞에 가서, "주님, 나는 가톨릭교도들과 국교회와 싸우고 온갖 잘못된 분파들을 분쇄하는 일에 평생을 바쳤지만, 단 한 사람의 죄인도 십자가 앞으로 인도하지 못했습니다"라고 말하고 싶지는 않습니다. 아니, 우리는 믿음의 선한 싸움을 싸울 것이지만, 영혼들을 얻는 일이 더 중요한 일이고, 그 일에 힘쓰는 사람이 지혜로운 사람입니다. 또 다른 형제는 하나님의 진리를 전하였지만, 그의 설교는 너무나 화려한 수사로 가득 차 있어서, 복음이 가려져 있었습니다. 그는 자신의 설교문을 작성하면서, 그 모든 문장이 키케로(BC 1세기 고대 로마 문인 · 철학자 · 변론가)나 퀸틸리아누스(고대 로마 1세기 웅변가 · 수사학자)의 글 같은 명문들이 되지 않으면, 사람들에게 전하기에 적합하지 않은 것이라고 생각해서, 몇 번이나 고쳐 써서 그럴 듯한 설교문을 만들어, 대단한 웅변으로 사람들 앞에서 복음을 전하였습니다. 그것이 지혜로운 일입니까? 철저한 웅변가가 되려면, 지혜로운 사람이어야 합니다. 그러나 훌륭한 언변으로 인해서 여러분이 전하는 복음이 가려진다면, 웅변가가 되지 않는 것이 더 낫습니다. 웅변으로 영혼들을 망하게 하니, 차라리 웅변을 개들에게 던져 버리십시오. 우리에게 필요한 것은 영혼들을 얻는 것이고, 화려한 수사로 가득한 웅변으로는 영혼들을 얻을 수 없습니다. 영혼들을 얻으려면, 그들을 구원하고자 하는 뜨거운 열심과 진심이 있어야 합니다. 그럴 때에 비평가들이 우리가 전한 말이 형편없었다고 공격해도, 우리는 하나님께서 지혜로운 자들이라고 부르시는 자들 중에 있게 될 것입니다.

그리스도인들이여, 나는 여러분이 이 일을 곧바로 실천해서, 바로 오늘 밤에 영혼을 얻겠다고 결심하시기를 바랍니다. 여러분이 전도해야 할 사람이 마땅히 떠오르지 않는다면, 바로 지금 여러분 곁에 앉아 있는 사람에게 전도하십시오. 집으로 가는 길에 만나는 사람에게 복음을 전하십시오. 여러분의 자녀들을 전도하십시오. 내가 여러분에게 6개월 전 어느 주일에 일어난 일을 얘기하지 않았던가요? 나의 설교에서 나는 이렇게 말했습니다: "여기에 계신 어머니들이여, 여러분은 여러분의 자녀들 하나하나를 놓고서 기도하며, 그들에게 그리스도를 영접하도록 강권해 오셨습니까? 사랑하는 제인이 지금 잠들어 있고, 여러분은 영원한 것들에 대하여 단 한 번도 제인에게 진지하게 얘기해 본 적이 없었다면, 여러분은 오늘 밤에 집으로 돌아가서, 제인을 깨워, '제인, 미안하게도 내가 지금까지 네게 구주에 대하여 개인적으로 말해 주고서 너와 함께 기도한 적이 없었지만, 지금 그렇게 하고자 한다'고 말하십시오. 제인을 깨워서 그녀를 껴안고,

그녀와 함께 하나님에 대한 여러분의 마음을 쏟아놓으십시오." 제인이라는 이름의 딸을 둔 한 선한 자매가 여기에 있었습니다. 여러분은 어떤 생각이 드십니까? 그녀는 월요일에 자신의 딸인 제인을 데리고 나를 보러 왔습니다. 왜냐하면, 그녀가 제인을 깨워서, "내가 네게 예수님에 대하여 말해 준 적이 없었구나"라고 말하기 시작하였을 때, 제인은 "엄마, 나는 이미 여섯 달 전에 구주를 영접하였고, 왜 엄마가 내게 예수님에 대해 그동안 얘기해 주지 않았는지 의아해하고 있었어요"라고 말했기 때문입니다. 모녀는 서로 부둥켜안고 입 맞추며 기뻐하였습니다. 집에 있는 여러분의 자녀도 그럴지 모르고, 그렇지 않다고 해도, 이것은 여러분이 즉시 자신의 자녀들에게 전도하기 시작해야 한다는 것을 보여주는 충분한 이유가 될 것입니다. 여러분은 예수를 위하여 한 영혼도 얻은 적이 없습니까? 그렇다면, 여러분은 하늘에서 면류관을 얻기는 하겠지만, 거기에 보석은 하나도 없을 것입니다. 여러분이 천국에 가도, 거기에는 여러분의 자녀가 단 한 명도 없을 것입니다. 여러분은 옛적에 자녀가 없다는 것이 무엇을 의미하는 것이었는지, 그리고 여인들이 자기에게 자녀가 없을까봐 얼마나 두려워하였는지를 압니다. 그리스도인들의 경우에도 마찬가지입니다. 그리스도인들은 자신에게 영적인 자녀가 한 명도 없으면 어쩌나 하고 두려워하여야 합니다. 우리는 하나님께서 자기를 위하여 우리로 하여금 낳게 하시기 위하여 우리에게 주신 자들의 부르짖음을 들어야 합니다. 그 부르짖음이 들리지 않는다면, 우리는 "내게 영적인 자녀들을 주시지 않으시려면, 차라리 나를 죽여 주십시오"라고 부르짖어야 합니다.

젊은이들과 나이 드신 분들과 모든 연령대의 자매들이여, 여러분이 주님을 사랑한다면, 영혼들을 얻는 일에 열심을 보이십시오. 여러분은 그들의 비참한 모습이 보이지 않습니까? 그들은 무수히 떼를 지어서 지옥으로 내려가고 있습니다. 시계 바늘이 한 바퀴를 다 돌 때마다, 지옥은 무수한 영혼들을 집어삼키고 있습니다. 그들 중에는 그리스도를 모르는 자들도 있고, 의도적으로 배척한 자들도 있습니다. 세상은 어둠 속에 놓여 있고, 이 큰 도시는 여전히 빛을 갈망합니다. 이번 주가 지나기 전에, 여러분의 친구들과 친척들이 죽을지도 모릅니다. 기독교 신앙은 차치하고라도, 여러분에게 일말의 인정이라도 있다면, 중병에 걸린 자들에게 여러분이 발견한 치료책을 말해 주십시오. 죽어가는 자들에게 여러분이 발견한 생명을 전하십시오. 마귀에게 사로잡힌 자들에게 여러분이 발견한 자유를 알리십시오. 다른 사람들에게 여러분이 만난 그리스도를 전하십시오. 대학에 있는 나의 형제들이여, 이것은 여러분이 공부하는 동안에 할 수 있는 최고의 일이 되어야 하고, 이 전에서 나갔을 때에 여러분이 사는 유일한 목적이 되어야 합니다. 교회에 나와 예배를 드리는 것으로 만족하지 마시고, 영혼들을 얻기 위하여 애쓰십시오. 여러분이 그렇게 할 때, 하나님께서 여러분에게 복을 주실 것입니다. 우리는 남은 생애 동안 영혼을 얻는 자이신 주님을 따르며, 우리를 영혼을 얻는 자들로 만드실 그분의 손에 우리 자신을 맡김으로써, 장차 우리의 일생이 우매한 자의 삶이 아니라, 지혜로운 자의 삶이었음이 드러날 수 있게 되기를 소망합니다.

아직 예수에 의해서 얻어지지 않은 영혼들이여, 그리스도를 믿는 믿음만이 여러분을 구원할 수 있다는 것을 기억하시고, 그리스도를 믿고 의지하십시오. 하나님께서 여러분으로 하여금 그리스도의 이름을 위하여 그리스도를 믿고 의지하게 해주시기를 빕니다. 아멘.

제
5
장
—

자기가 행한 것이 그대로
자기에게 되돌아오는 법칙

—

"마음이 굽은 자는 자기 행위로 보응이 가득하겠고
선한 사람도 자기의 행위로 그러하리라." — 잠 14:14

오늘의 본문은 서로 상반되는 두 부류의 인물에게 똑같이 적용되는 공통적인 원리를 하나 제시하고 있는데, 그것은 사람들은 선한 길이든 악한 길이든 자신이 추구한 길에 의해서 영향을 받는다는 것입니다. 즉, 자기가 행한 것이 그대로 자기에게 되돌아온다는 것입니다. "타락한 자"(한글개역개정에는 "마음이 굽은 자")와 "선한 사람"은 판이하게 다르지만, 그들이 자신들의 삶의 결과에 의해서 채워질 것이라는 동일한 법칙이 그들 모두에게 적용됩니다. "타락한 자"는 자신의 삶 속에서 드러난 자기 자신 속에 있는 것으로 채워지게 되고, "선한 사람"도 하나님의 은혜가 그의 영혼 속에 심으신 것에 의해서 채워집니다. "타락한 자" 속에 있는 악한 누룩은 그의 존재 전체로 퍼져서 그의 삶을 시게 만들고, 거룩함을 입은 신자 속에 있는 은혜의 샘은 그의 존재 전체를 촉촉히 적셔주며 그의 삶 전체에 세례를 베풀어 줍니다. 타락한 자든 믿는 자든, 그 사람 속에 있는 것이 그를 가득 채우고, 그의 본성 속에 있는 것이 그의 성품으로 나타납니다. 타락한 자의 모든 비참함은 자신이 행한 길로부터 오고, 선한 사람의 충만한 만족은 그의 마음을 촉촉히 적시고 있는 하나님의 사랑으로부터 옵니다.

이 구절의 의미를 더 잘 이해하기 위해서 예화를 하나 들어 보겠습니다. 여기 두 개의 스펀지가 있고, 우리는 이 스펀지들을 채우고자 합니다. 여러분이 그 중 하나를 더러운 물 웅덩이 속에 갖다놓으면, 그 스펀지는 그것이 놓여 있는 곳에 있는 것으로 채워질 것입니다. 여러분이 다른 하나를 수정처럼 맑은 물 속에 담근다면, 그 스펀지도 그것이 놓인 곳에 있는 것으로 가득 채워질 것입니다. "타락한 자"는 자신의 행실이라는 죽은 바닷물 속에 잠겨 있기 때문에 바닷물로 채워집니다. "선한 사람"은 하나님의 말씀으로 가득한 "천천히 흐르는 실로아 물"(사 8:6)에 잠겨 있어서, 생명수 강물이 그를 아구까지 채웁니다. 어그러진 길로 헤매는 심령은 슬픔과 괴로움으로 가득 채워지지만, 여호와를 의뢰하는 심령은 기쁨과 평안으로 충만하여 만족하게 됩니다. 두 개의 농장을 예화로 들어 보겠습니다. 한 농부는 자기 밭에 가라지들을 뿌리고, 얼마 후에 그의 곳간은 가라지들로 채워집니다. 또 다른 농부는 알곡을 뿌리고, 그의 곳간은 얼마 후에 귀한 알곡들로 채워집니다. 아니면, 우리 주님이 하신 비유를 들어 보겠습니다. 한 건축자는 모래 위에 집을 지었기 때문에, 폭풍이 불자, 당연히 그 집과 함께 휩쓸려 날아가 버렸습니다. 또 다른 건축자는 집 지을 터를 깊이 파고서 반석 위에 집을 지었기 때문에, 똑같은 폭풍이 불었지만, 견고하게 지어진 집안에 앉아서 미소를 지으며 그 폭풍을 보고 있습니다. 어떤 사람이 죄악으로 살아가느냐, 아니면 은혜로 살아가느냐 하는 것이 그의 비참한 삶이나 만족스러운 삶의 원인이 됩니다.

1. 첫째로, '타락한 자'에 대해서 살펴보겠습니다.

본문에 나오는 두 부류의 사람에 대한 서론적인 얘기는 이 정도에서 그치고, 우리는 먼저 "타락한 자"에 대해서 잠시 얘기해 보고자 합니다. 이것은 매우 엄숙한 주제이지만, 우리 모두에게는 그런 면이 어느 정도 있기 때문에, 우리가 반드시 살펴보아야 할 주제입니다. 나는 이 자리에는 본문에 나오는 가장 나쁜 의미에서의 "타락한 자"가 별로 없을 것이라고 믿지만, 우리 중에서 회심한 이래로 종종 어느 정도 타락한 적이 없는 사람은 거의 없을 것입니다. 주님을 진심으로 사랑하는 사람들조차도 어그러진 길로 가서 헤매는 일이 종종 있기 때문에, 우리 모두는 우리 속에 살아 계신 하나님을 떠나고자 하는 악한 마음이 생겨나지 않도록 조심할 필요가 있습니다.

정도 차이는 있지만, "타락한 자들"로 분류되는 것이 합당한 몇 종류의 사람들이 있고, 그들은 그 정도에 따라서 자신의 행위들로 채워지게 됩니다.

먼저, 배교자들이 있습니다. 그들은 한동안 그리스도의 교회에 들어와서, 진정으로 마음이 변화된 자들처럼 행동합니다. 이런 사람들은 흔히 한동안 아주 큰 열심을 보이고, 하나님의 교회에서 탁월하지는 않더라도 두드러진 인물들이 되기도 합니다. 사도가 말했던 자들처럼, 그들은 "달음질을 잘 하다가"(갈 5:7), 어떤 문제에 걸려서 주춤하여 발걸음이 느려지고, 헤매고 방황하다가, 면류관을 받을 수 있는 길을 버리고 어그러진 길로 발을 들여놓으면서, 점점 그의 마음은 애굽으로 기울게 되고, 결국에는 자신의 신앙 고백으로 인한 모든 제약들을 다 끊어 버리고서, 공개적으로 하나님을 버리고, 애굽으로 되돌아가 버리고 맙니다. 그런 사람들의 마지막은 처음보다 더 나쁩니다. "타락한 자들" 중에서도 가장 두드러진 이런 자들을 대표하는 인물은 가룟 유다입니다. 유다는 예수를 믿는다고 고백한 사람이었고, 주님을 따른 자였으며, 복음의 일꾼이었고, 그리스도의 사도였으며, 사도들의 금고를 맡은 자였지만, 결국 주님을 은 삼십에 판 "멸망의 자식"(요 17:12)이 되었습니다. 그는 오래지 않아 자신의 행위들로 가득 채워져서 보응을 받았습니다. 즉, 그는 스스로 자책하고 괴로워하며, 주님을 팔아서 번 핏값을 내던지고서 목을 매어, 자기가 갈 곳으로 갔습니다. 유다의 이야기는 다른 배교자들의 삶 속에서 거듭거듭 그대로 재현되었습니다. 우리는 유다가 된 집사나 장로에 관한 이야기를 들어 왔고, 유다가 된 감독이나 선교사에 대하여 들어 왔습니다. 유다들은 종종 여러 해 동안 자신의 신앙 고백을 지속하지만, 머지않아 그들의 진면목이 드러납니다. 그들의 죄는 자신의 머리로 돌아가고, 그들은 스스로 자살하지 않으면, 이 땅에서 살아 있는 것보다 차라리 목을 매어 죽는 편이 더 낫겠다는 생각이 들 정도로 끔찍하고 비참한 자책과 회한 속에서 살아갈 수밖에 없습니다. 그는 고모라의 포도들을 거두어들였기 때문에, 그 포도주를 마시지 않을 수 없습니다. 그는 독이 있는 나무를 심었기 때문에, 독이 있는 열매를 먹을 수밖에 없습니다. 여러분 중에는 주님을 배반하는 사람이 아무도 없기를 바랍니다. 하나님께서 나도 결코 주님을 배반하지 않게 해주시기를 빕니다. "배교자! 배교자!" 이 단어가 여러분의 이마에 새겨질 것이라고 생각하면, 얼마나 끔찍하겠습니까. 여러분은 저 찬송 받으실 삼위일체 하나님의 이름으로 세례를 받았고, 구주의 살과 피를 먹었습니다. 여러분은 시온의 노래들을 불러 왔고, 하나님의 백성이 모인 자리에서 앞으로 나와 기도하곤 하였습니다. 그런 여러분이 여러분의 주님을 배신하는 저 비열한 짓을 저지르겠습니까? 여러분은 "너는 배교자이니, 네가 원래 있던 곳으로 돌아가라"는 말을 들어도 좋겠습니까? 나는 병사가 자기 나라의 군대에서 쫓겨나는 것보다 더 수치스러운 일을 생각할 수 없습니다. 그런데 하물며 여러분이 하나님의 군대에서 쫓겨난다면, 어떻겠습니까? 여러분이 주님을 다시 십자가에 못 박고 공개적으로 욕보였다는 죄명으로 영원한 수치와 멸시의 대상이 된다면, 어떻겠습니까? 그리스도와 그의 도, 진리와 거룩함에 등을 돌리고 떠난 배교자라는 낙인이 찍힌다면, 그것은 얼마나 수치스러운 일이겠습니까? 우리의 신앙 고백이 결국에는 철저한 거짓이자 속임수로 드러나서, "참된 속담에 이르기를 개가 그 토하였던 것에 돌아가고 돼지가 씻었다가 더러운 구덩이에 도로 누웠다 하는 말이 그들에게 응하였도다"(벧후 2:22)는 말을 들으니, 차라리 아예 처음부터 신앙 고백을 하지 않은 편이 더 낫지 않겠습니까? 그런 자들에 대하여 요한은 이렇게 말하였습니다: "그들이 우리에게서 나갔으나 우리에게 속하지 아니하였나니 만일 우리에게 속하였더라면 우리와 함께 거하였으려니와 그들이 나간 것은 다 우리에게 속하지 아니함을 나타내려 함이니라"(요일 2:19).

이러한 "타락한 자"라는 명칭은 앞에서 말한 배교자처럼 절망적이지는 않지만 그래도 여전히 지극히 유감스러운 또 한 부류에게도 해당되는데, 이 부류의 대표자는 유다가 아니라 다윗입니다. 이 타락한 자들은 죄가 분명한 것을 알면서도 대놓고 죄를 저지르는 자들입니다. 이런 자들은 순전한 삶을 살다가 아무렇게나 사는 삶으로 내려가고, 아무렇게나 살다가 작은 일들에서 육신의 욕심을 채우는 방종한 삶을 살아가고, 더 나아가 죄인 것을 뻔히 알면서도 죄악들을 계속해서 지어서, 결국에는 더럽고 추악한 삶에 빠져 버린 자들입니다. 그들은 거듭난 자들이기 때문에, 그들 속에서 거의 꺼져가는 생명이 언젠가는 그들로 하여금 두려워 떨게 하여 다시 회개에 이르게 할 것이고, 그들은 만신창이가 된 심신을 이끌고, 낮아진 마음으로 통회하며 울며 돌아와서 회복될 것이지만, 다시는 결코 이전의 모습이 되지는 못할 것입니다. 왜냐하면, 그들의 목소리는 범죄한 후의 다윗처럼 걸걸해져서 쉰 목소리가 되어, 이전처럼 그렇게 기쁘고 즐겁게 노래하지 못하게 될 것이기 때문입니다. 그들의 삶 속에서는 두려워 떠는 것과 시련들이 더 많아질 것이고, 영혼의 활력과 기쁨은 현저하게 떨어질 것입니다. 뼈들이 부러진 상태에서는 길을 가기가 어렵고, 그 뼈들을 다시 붙인다고 하여도, 날씨가 나쁠 때에는 쑤시는 고통을 느낄 수밖에 없습니다. 이 아침에 내가 전하는 말씀을 듣고 계시는 분들 중에도 그런 분들이 계실 것인데, 나는 그분들에게 정말 진실한 사랑으로 이렇게 말하고자 합니다. 사랑하는 형제들이여, 여러분이 지금 예수를 멀찍이서 따라오고 있다면, 여러분은 머지않아 베드로처럼 주님을 부인하게 될 것입니다. 여러분이 주님의 긍휼하심을 얻을지라도, 오늘의 본문 말씀은 여러분에게서 그대로 이루어져서, 여러분은 "자기 행위로 보응이 가득하게" 될 것입니다. 모세가 금송아지를 가루로 만들어서 물에 섞어, 범죄한 이스라엘 백성에게 마시게 하여, 그들 모두가 자신들의 입 속에서 그 가루를 맛보아야 했던 것처럼, 여러분이 진정으로 하나님의 자녀라면, 하나님께서는 여러분에게 그렇게 하실 것입니다. 즉, 하나님께서는 여러분의 우상인 죄를 가루로 만들어서 물에 섞어 여러분에게 마시게 할 것이고, 여러분의 삶은 여러 해 동안 쓰디쓴 삶이 될 것입니다. 우리가 지독하게 쓴 인생의 잔을 마실 때에야, "내가 저지른 수치스럽고 어리석은 짓으로 말미암아 이런 일을 자초했구나"라고 느낀다면, 그것은 서글픈 일이 될 것입니다. 하나님이여, 우리를 굳게 붙잡아 주셔서, 우리로 하여금 조금씩 올바른 길에서 벗어나다가 결국에는 명백한 죄에 빠지고 한동안 그런 죄를 지속하는 어리석음을 범하지 않도록 지켜 주소서. 왜냐하면, 그런 죄악으로부터 오는 고뇌는 죽음만큼 끔찍할 것이 틀림없기 때문입니다. 만일 다윗이 무덤에서 다시 살아 나와서, 슬픔이 깊이 패인 얼굴과 많은 근심으로 주름진 이마를 한 채로 우리 앞에 나타난다면, 그는 분명히 우리에게 이렇게 말할 것입니다: "여러분이 스스로 화를 자초하지 않도록, 정말 부지런히 온 힘을 다해 여러분의 마음을 지키십시오. 여러분 속에서 죄들이 소리치고 난리를 피워서 여러분의 뼈가 쇠하여지고, 여러분의 윤택하던 골수가 여름 가뭄처럼 변하지 않도록, 깨어 기도하고, 죄의 싹들을 잘라 버리십시오." 여러분의 심령이 어그러진 길을 배회하지 않도록 조심하십시오. 왜냐하면, 여러분의 삶이 여러분이 다시 저지르게 된 죄악들로 가득 채워지는 것은 정말 끔찍한 일이 될 것이기 때문입니다.

또한, 세 번째 부류의 "타락한 자들"이 있습니다. 우리 중에서 너무나 많은 이들이 종종 이 부류의 타락한 자들이 됩니다. 즉, 자기가 도달한 지점으로부터 조금이라도, 그리고 잠시라도 퇴보하는 자들도 어떤 의미에서 타락한 자들이라는 것입니다. 아마도 이런 사람들은 "타락"이 그들의 지배적인 특성이 아니기 때문에,

"타락한 자들"로 불릴 수 없는 것처럼 보일지 모릅니다. 하지만 그들은 분명히 뒤로 물러나서 다시 죄에 빠져 들어가는 움직임을 보여주는 자들입니다. 어떤 신자가 이전처럼 확고하게 믿지 않고, 열렬히 사랑하지 않으며, 열심으로 섬기지 않는다면, 그는 일정 정도 타락한 자입니다. 뒤로 물러나 타락하는 것은 그 정도와는 상관없이 죄악이고, 그 타락한 정도에 비례해서 우리를 우리 자신의 행위들로 채우게 될 것입니다. 여러분이 엉겅퀴 씨앗을 단지 두세 개만 뿌린다면, 자루 하나에 든 엉겅퀴 씨앗을 다 뿌릴 때만큼 그렇게 많은 잡초들이 여러분의 밭을 뒤덮지는 않을 것이지만, 여전히 그 밭에는 아주 충분히 많은 잡초들이 있게 될 것입니다. 사람들은 "경미한 타락"이라고 부르지만, 그 경미한 타락 하나하나가 다 엄청난 재앙입니다. 말이나 행위로 표출되지는 않았다고 하더라도, 단지 **마음으로만** 하나님으로부터 경미하게 뒤로 물러나는 것 하나하나가 우리에게 일정 정도의 슬픔과 괴로움을 가져다주게 됩니다. 만일 죄가 우리에게 깨끗하게 제거된다면, 슬픔과 괴로움도 제거될 것이고, 우리는 사실상 천국에 사는 것처럼 느끼게 될 것입니다. 왜냐하면, 온전한 거룩함의 상태는 온전히 복된 상태를 가져다주기 때문입니다. 죄는 아주 조금만 있어도 자신의 열매를 맺게 될 것이고, 그 열매는 반드시 우리의 이를 시리게 만들 것입니다. 그러므로 아주 조금이라도 타락한 자가 되는 것은 악입니다.

"타락한 자들"에는 어떤 부류들이 있는지는 이 정도만 살펴보기로 하고, 지금부터는 배교자를 제외한 나머지 두 부류의 타락한 자에 대해서 계속해서 살펴보겠습니다. 우리는 먼저 그의 이름을 살펴보고, 다음으로 그에 관한 이야기를 살펴보아야 합니다. 이 두 가지는 오늘의 본문에 다 나와 있습니다.

그의 이름의 첫 부분은 "**타락한 자**"(한글개역개정에는 "마음이 굽은 자")입니다. 그는 뒤로 달리는 자도 아니고 뒤에서 거두는 자도 아닙니다. 그는 뒤로 슬그머니 **빠져나간 자**(backslider)입니다. 즉, 그는 별 노력 없이 손쉬운 움직임을 통해서, 자기 자신이나 다른 사람들이 눈치 채지 못하게, 은근슬쩍 슬그머니 뒤쪽으로 **빠져나오는** 자라는 것입니다. 그리스도인의 삶은 빙벽을 오르는 것과 아주 흡사합니다. 빙벽은 어물쩍하게 오를 수 있는 것이 아닙니다. 여러분은 있는 힘을 다해서 빙벽을 도끼로 찍어서 한 걸음 한 걸음 올라가지 않으면 안 됩니다. 오직 계속해서 손을 놀려 빙벽을 힘 있게 찍어야만 위로 올라갈 수 있습니다. 또한, 여러분을 도와줄 안내자가 필요하고, 여러분은 안내자를 충실하게 따라가지 않으면,

발을 헛딛거나 미끄러져서 빙벽의 깊이 갈라진 틈 사이로 떨어질 수도 있기 때문에, 여러분의 안전은 보장되지 않습니다. 어물쩡하게 위로 올라간다는 것은 있을 수 없습니다. 그렇기 때문에, 조심하고 주의를 기울이지 않으면, 미끄러져 내려가거나 뒤로 밀리게 될 뿐입니다. 달리 말하면, 힘 들이지 않을 때에는 위로 오르는 것은 불가능하고, 오직 뒤로 미끄러지는 것(backslide)만이 가능하다는 것입니다. 뒤로 물러나거나 미끄러지는 것은 아주 쉽습니다. 어떻게 해야 뒤로 미끄러질 수 있느냐고 묻는다면, 그 대답은 앞으로 나아가는 것을 포기하게 되면, 뒤로 미끄러지게 된다는 것입니다. 위로 올라가는 것을 중단하거나 포기해 보십시오. 여러분은 반드시 뒤로 물러나게 될 것입니다. 왜냐하면, 그 자리에 서 있는다는 것은 결코 있을 수 없는 일이기 때문입니다. 우리로 하여금 뒤로 물러나거나 미끄러지도록 하기 위하여, 사탄은 산꼭대기에 길을 놓는 기술자들처럼 우리에게 행합니다. 높은 산꼭대기로부터 그 아래에 있는 깊은 골짜기로 이어지는 길을 놓고자 할 때, 그들은 절대로 가파른 절벽이나 바위 위로 지나가는 직선으로 된 길을 놓지 않습니다. 왜냐하면, 그런 길을 이용할 사람은 아무도 없다는 것을 그들이 알고 있기 때문입니다. 그래서 그들은 산꼭대기에서 산허리를 타고 꾸불꾸불 조금씩 내려가서 마지막에 가서 결국 골짜기에 이르게 되는 그런 길을 놓습니다. 그 길은 지그재그로 되어 있고, 오른쪽과 왼쪽으로 번갈아 방향을 틀 때마다 아주 완만하게 약간씩 내려가게 되어 있어서, 여러분은 그 길이 아래로 내려가는 길인지조차도 거의 알지 못하지만, 그 꾸불꾸불한 길을 걷다 보면, 어느새 저 아래의 깊은 골짜기에 내려와 있게 됩니다. 마찬가지로, 영혼들을 사냥하는 저 교활한 원수도 그런 식으로 성도들을 저 높은 곳에서 저 낮은 곳으로 끌어내립니다. 사탄은 믿는 자들을 끌어내릴 때에 통상적으로 아주 조금씩 아래로 끌어내립니다. 물론, 이따금씩 갑작스러운 계기와 강력한 시험에 의해서, 그리스도인이 성전 꼭대기에서 절망의 지하감옥으로 한순간에 곧장 뛰어내리는 경우가 있기는 하지만, 그런 경우는 그리 흔치 않습니다. 아주 조금씩 서서히 끌어내리는 것이 마귀가 좋아하는 공법이고, 마귀는 그런 기술에 놀라울 정도로 능숙합니다. 영혼은 자기가 내려가고 있는 것을 거의 알지 못하고, 평평한 길을 계속해서 걷고 있는 것이라고 느끼지만, 머지않아 평안과 거룩함의 기준선 훨씬 아래에 있는 자기 자신을 발견하게 됩니다. 우리의 사랑하는 형제인 자유 교회의 아놋(Arnot) 박사님은 저울에 관한 예화를 사용해서 이 점을 아주 기가 막히게 잘 보여줍니다. 이 저울의 한 쪽 접시에는 씨앗들이 놓여져 있고, 다른 쪽 접시는 텅 빈 채로 공중으로 높이 솟아 있습니다. 어느 날 아침에 여러분은 씨앗들이 놓여 있던 무거운 쪽이 공중 높이 들려 있고, 텅 비어 있던 쪽이 아래로 내려가 있는 것을 보고 깜짝 놀라게 됩니다. 하지만 여러분이 가까이 다가가서, 작은 벌레들이 그 씨앗들을 하나씩 조용히 다른 쪽 접시로 가져가 버려서, 그런 일이 벌어지게 되었음을 알고, 이 상황을 이해할 수 있습니다. 그 저울은 처음에는 아무런 변화도 없는 것처럼 보였지만, 사실은 조금씩 움직임이 있다가, 한 알의 작은 씨앗이 그 저울의 다른 접시로 옮겨졌을 때, 그 저울은 한순간에 처음과는 완전히 반대되는 모습을 보이게 된 것입니다. 마찬가지로, 사람의 영혼이라는 저울도 아주 작은 죄에 의해서 영향을 받고, 그 아주 작은 죄들이 축적되면, 치명적인 반전이 이루어져서, 그 사람은 대놓고 죄를 범하는 자가 되고 맙니다. 아주 작은 죄들이 우리의 힘을 아주 조금씩 올바른 곳에서 잘못된 곳으로 옮겨가서, 마침내 우리의 실제적인 삶 속에서 그러한 변화가 일어나고, 우리는 더 이상 하나님의 성도라고 하기에 합당치 않은 자가 되고 맙니다.

본문에 나오는 이 사람의 이름을 다시 한 번 생각해 보십시오. 그의 이름은 "타락한 자," 곧 뒤로 미끄러진 자입니다. 그렇다면, 그는 도대체 무엇으로부터 뒤로 미끄러진 것입니까? 그는 하나님의 달콤한 것들을 알지만, 그것들을 먹고 살아가는 것을 그만두고 떠난 자입니다. 그는 하나님의 식탁에서 먹을 수 있는 은총을 입은 자였지만, 그 존귀한 자리를 떠나, 자기가 그동안 알았고 느꼈고 만졌고 기뻐하였던 것들, 하나님의 저 이루 말할 수 없이 귀한 은사들을 버리고, 뒤로 물러난 자입니다. 그는 이 땅에서 천국을 누리다가 뒤로 물러난 자입니다. 그는 자기를 피로 산 이의 사랑을 버리고 뒤로 물러난 자입니다. 그는 그리스도의 상처들, 영원한 성령의 역사들, 자신의 머리 위에 걸려 있던 면류관, 천사들마저 부러워하는 하나님과의 친밀한 사귐을 버리고 뒤로 물러났습니다. 만일 그가 그토록 지극한 은총을 입지 않았더라면, 그토록 지독하게 사악한 자가 될 수는 없었을 것입니다. 부요함에서 가난함으로, 건강함에서 질병으로, 자유에서 속박으로, 빛에서 어둠으로, 하나님의 사랑과 그리스도 안에 거하는 것과 성령의 교제에서 냉랭함과 세상적인 것과 죄로 물러나는 것은 얼마나 어리석고 우둔한 일입니까!

본문은 이 사람의 이름을 좀 더 길게 보여주고 있습니다: "마음이 타락한 자"

(한글개역개정에는 "마음이 굽은 자"). 마음은 악의 근원입니다. 오늘의 본문을 자기 속에서 성취하고자 한다면, 굳이 행위에서 타락한 자가 될 필요가 없고, 단지 마음에서 뒤로 물러나 타락한 자가 되기만 하면 됩니다. 모든 타락은 안에서 시작됩니다. 마음이 점차 미적지근해지고 냉랭해지며, 심령 속에서 그리스도의 사랑이 점점 더 힘을 발휘하지 못하게 될 때, 타락은 이미 시작된 것입니다. 여러분은 아마도 뒤로 물러나는 것이 마음에서만 국한되어 있는 한, 그것은 별 문제가 아니라고 생각할지 모릅니다. 그러나 일 분만 깊이 숙고해 보시면, 여러분은 그러한 생각이 잘못임을 고백하게 될 것입니다. 여러분이 의사에게 가서 "의사 선생님, 내 몸에 고통이 심합니다"라고 말했는데, 의사가 "몸에는 아무 이상이 없는 것을 보니, 당신의 고통은 전적으로 마음의 병입니다"라고 대답한다면, 여러분의 고통이 없어지고 편안해질까요? 여러분은 이전보다 훨씬 더 놀라지 않겠습니까? 어떤 병이 마음과 관련되어 있을 때, 그것은 더욱 심각한 병입니다. 마음은 살피기도 어렵고 이해하기도 어려울 뿐만 아니라, 사람의 몸 전체에 강력한 영향을 미치고, 몸의 모든 부분에 해를 끼치는 힘을 지니고 있기 때문에, 마음이 병들어 있는 것은 생명을 주관하는 장기가 손상된 것이고 생명의 샘이 오염된 것입니다. 그것은 단순한 마음의 병에서 그치는 것이 아니라, 몸의 여기저기에 온갖 병을 초래합니다. 그러므로 여러분의 마음을 잘 살펴서, "주여, 우리 영혼의 은밀한 부분들을 깨끗하게 하사, 우리를 주의 영원한 나라와 영광에 이르도록 지켜 주소서"라고 기도하여야 합니다.

우리는 이 사람의 이름에 대해서는 이 정도로 하고, 이제 이 사람에 관한 이야기를 살펴보겠습니다: "그는 자신의 행위들로 채워지리라"(한글개역개정에는 "자기 행위로 보응이 가득하겠고"). 이것으로부터 분명한 것은 그는 자신의 행위들로 빠져들어간다는 것입니다. 그가 올바른 상태에 있었을 때에는, 하나님의 길을 따르며, 하나님의 법을 기뻐하였고, 하나님께서는 그에게 마음의 소원을 주셨습니다. 그러나 이제 그는 하나님의 길들보다 자신의 길들을 더 좋아합니다. 그가 이렇게 타락한 결과가 무엇일까요? 그가 형통할까요? 아닙니다. 그는 머지않아 자신의 행위들로 가득 채워지게 됩니다. 우리는 그것이 무엇을 의미하는지를 보게 될 것입니다.

그가 자기 행위들로 가득 채워진다는 것은 무엇보다도 먼저 육신적인 것들을 추구하는 데에 몰두한다는 것입니다. 그는 자신이 몰두해야 할 것들이 있기 때문에, 신앙을 생각하는 데에 쓸 시간이 없습니다. 여러분이 그에게 하나님의 심오한 일들에 대하여 얘기하면, 그는 여러분의 말을 지겨워하고, 심지어 예배 시간 외에는 경건에 필요한 최소한의 것들조차도 신경 쓰려고 하지 않습니다. 그에게는 해야 할 일이 있거나, 파티에 가야 하거나, 몇몇 친구들과 만나서 저녁을 함께 보낼 스케줄이 잡혀 있습니다. 어쨌든, 여러분에게 돌아오는 대답은 "나를 좀 봐 죠"라는 말입니다. 이렇게 세상의 덧없는 일들에 사로잡혀서 거기에 몰두해 사는 삶은 언제나 재앙입니다. 왜냐하면, 영혼이 겨들로만 가득 채워져 있게 되면, 알곡이 들어갈 공간이 없어지기 때문입니다. 여러분의 마음이 온통 덧없는 일들에 사로잡혀 있을 때, 영원과 관련된 저 중요한 일들이 거기에 들어갈 수가 없습니다. 신앙 고백을 한 많은 그리스도인들이 오락을 비롯한 즐기는 일들에 너무나 많은 시간을 허비하는데, 이렇게 즐기는 것을 그들은 다시 힘을 재충전하기 위한 "레크레이션"이라고 부르지만, 사실 그것은 힘을 재충전하는 것(recreation)이 아니라 파괴하는 것(redestruction)입니다. 사람들이 그런 것들에 일단 발을 들여놓게 되면, 세상이 즐거워하고 신경 쓰고 추구하고 이루고자 하는 것들이 그들의 마음을 점점 더 크게 점령하게 되고, 결국에는 마음을 완전히 채워 버립니다. 참새의 둥지 속에 있는 뻐꾸기 새끼처럼, 세상적인 것들은 점점 더 자라나서, 사람들의 마음의 진정한 주인을 몰아내 버립니다. 여러분의 영혼이 무엇으로 채워져 있든, 그리스도로 채워져 있는 것이 아니라면, 그것은 악한 것입니다.

뒤로 물러나서 타락한 자들이 자신들의 행위로 가득 채워지게 되었을 때, 일반적으로 자신의 모습에 대하여 자부심을 갖기 시작하고, 자신의 수치인 것들을 도리어 자랑하기 시작하는 단계로 나아갑니다. 사실, 그들의 마음은 진정으로 만족을 얻고 있는 것이 아니고, 정반대로 자기가 뭔가 잘못되었다는 것을 느끼기 때문에, 겉으로 당당한 체해서, 자기 자신과 남들을 속이고자 하는 것입니다. 그럴 때에 그들의 잘못들을 말해 주는 것은 상당히 위험합니다. 왜냐하면, 그들은 여러분의 책망을 받아들이려고 하지 않을 것이기 때문입니다. 그들은 자신을 방어할 뿐만 아니라, 심지어 이렇게 말하며 여러분을 공격할 것입니다: "아, 네가 엄격한 신앙을 고수한다는 청교도구나. 하지만 착각하지 마. 네가 하는 짓들은 선이 아니라 재앙일 뿐이야." 그들은 여러분이 자녀들을 키우는 것처럼 그런 식으로 자녀들을 키우고자 하지 않습니다. 그들이 스스로 그렇게 말을 합니다. 그들은 마음이 텅 비어 있어서 공허하기 때문에 말이 많고, 그들 속에서 양심이 그들을 휘저어 놓기 때문에 자기를 방어하려고 큰 소리로 말합니다. 그들은 죄악된 쾌락을 기분을 조금 푸는 것이라고 말하고, 탐욕스럽게 행하는 것을 지혜롭게 행한다고 말하며, 인색한 것을 경제적이라고 말하고, 정직하지 못한 것을 영리하다고 말합니다. 진실을 뻔히 알고 있으면서도 이런 식으로 자기를 변명하려고 하는 것을 보면, 끔찍하다는 생각이 듭니다. 일반적으로 어떤 죄악된 일을 가장 열렬히 옹호하는 자는 그 일에 대하여 가장 큰 양심의 가책을 느끼는 자입니다. 그 사람은 자기가 제대로 살고 있지 않다는 것을 스스로 알고 있지만, 거기에 승복할 의향이 없고, 어쩔 수 없이 승복할 수밖에 없는 상황이 되지 않는 한, 절대로 승복하려고 하지 않습니다. 왜냐하면, 그는 자기 행위들로 가득 채워져서, 기고만장하며 자만해 있기 때문입니다.

이렇게 자신의 행위들로 가득 채워졌을 때, 그것은 머지않아 또 다른 단계로 나아가게 됩니다. 즉, 뒤로 물러나 타락한 자가 조금이라도 은혜를 맛본 사람이라면, 자신이 자초한 회초리로 징계를 당하게 되어 있다는 것입니다. 여러분이 스스로 씨앗을 뿌려서 수확한 곡식으로 만든 빵을 먹기 위해서는, 상당한 시간이 흘러야 합니다. 여러분은 먼저 밭을 준비해서 쟁기질을 하고 씨를 뿌려야 합니다. 그런 후에, 곡식이 익어야 하고, 익은 곡식을 수확하여, 타작해서 방앗간에서 가루로 만들어야 합니다. 그런 후에는, 그 가루로 반죽을 해서, 오븐에 구워야 합니다. 그렇게 했을 때에야, 여러분은 자신이 수고해서 얻은 빵을 식탁으로 가져와서, 드디어 먹을 수 있습니다. 그럴지라도, 타락한 자는 자신의 행위의 열매를 먹어야 합니다. "스스로 속이지 말라 하나님은 업신여김을 받지 아니하시나니 사람이 무엇으로 심든지 그대로 거두리라"(갈 6:7). 이제 타락한 자가 자신의 행위의 열매를 먹는 것을 보십시오. 그는 기도를 소홀히 하였기 때문에, 이제는 기도하려고 해도 기도할 수 없습니다. 그에게는 기도하고자 하는 소원이나 감정도 없고, 믿음도 없으며, 간구하고자 하는 심정도 생겨나지 않습니다. 그는 오랫동안 무릎을 꿇고 앉아 있지만, 기도할 수 없습니다. 그는 자기를 위하여 탄식하며 기도해 주실 "성령을 근심하게" 했기 때문에(엡 4:30), 성령은 더 이상 그의 "연약함을 돕지" 않습니다(롬 8:26). 그는 성경을 집어들고 한 장을 읽기 시작하지만, 너무나 오랫동안 하나님의 말씀을 도외시하였기 때문에, 전에는 꿀맛 같았던 성경 말씀이 지금은 살아 있는 음성이 아니라 죽은 문자로 느껴집니다. 목회자에 대해서도 마찬가지입니다. 타락한 자는 목사님이 전에는 힘 있는 설교를 해서 자기가 기쁨으로 들었는데, 이제는 목사님이 이전에 갖고 있던 영적인 힘을 잃어버려서 설교 말씀이 자기 귀에 들어오지 않는다고 생각합니다. 물론, 다른 사람들은 그렇게 생각하지 않습니다. 여전히 교회는 많은 사람들이 모여들고, 많은 성도들이 덕 세움을 입으며, 죄인들도 이전처럼 구원을 받습니다. 그러나 타락한 자는 하나님에게서 마음이 멀어져 있기 때문에, 목사님을 비판하기 시작하고, 그것이 습관이 되고 몸에 배어서, 모든 것을 비판하며, 하나님의 진리를 그 어떤 것도 결코 먹으려 하지 않습니다. 그는 미친 사람처럼 식탁에서 밥과 국을 한 술 떠서 먹어 보고는, 이런저런 트집을 잡으며 화를 내고, 숟가락을 바닥에 던져 버립니다. 그는 전에는 성도들과 함께 있을 때에 기뻐하며 즐거워하였지만, 지금은 그에게서 그런 모습을 전혀 찾아볼 수 없습니다. 성도들은 그에게 정말 재미없는 사람들로 느껴지기 때문에, 그는 그들을 피해 다니게 됩니다. 그는 자신의 영적인 삶과 관련된 모든 것들에 대하여 싫증을 내고 지겨워합니다. 그는 전에는 그런 것들을 좋아했지만, 지금은 그런 것들이 즐겁지가 않습니다. 그가 찬송하는 것을 들어보십시오. 그것은 찬송이 아니라 한숨이라고 해야 합니다:

> "주의 성도들은 위로를 받고,
> 그들은 만민이 기도하는 집을 사랑합니다.
> 나도 그들처럼 종종 거기에 가보지만,
> 거기에서 위로를 얻을 수 없습니다."

어떻게 그렇게 되지 않을 수 있겠습니까? 그는 몇 년 전에 자신의 물웅덩이에 모아 두었던 물을 떠서 마시고 있고, 몇 년 전에 스스로 씨를 뿌려서 수확한 자신의 빵을 먹고 있는 것입니다. 그가 행한 것들이 그에게로 다시 되돌아온 것입니다.

또한, 그의 행위로 인한 징계는 다른 방식들로도 옵니다. 그는 아주 세상적으로 살았고, 육신의 욕심을 따라 방탕하게 살았습니다. 이제 그의 딸들이 다 커서 온갖 말썽을 부리며 그의 속을 썩입니다. 아버지인 그가 제 마음대로 죄를 지으며 살아 왔는데, 이제 그의 아들들이 자기보다 더 죄악된 삶을 산다고 해도, 그가 무슨 말을 할 수 있겠으며, 놀랄 것이 무엇이 있겠습니까? 다윗을 보십시오.

다윗이 엄청난 죄를 저지르고 나자, 얼마 되지 않아서, 그의 아들인 암논이 그의 죄와 맞먹는 죄를 저지릅니다. 다윗이 헷 사람 우리아를 죽이자, 그가 총애하던 아들인 압살롬이 자신의 형제인 암논을 죽입니다. 다윗이 하나님을 거역하여 반기를 들자, 압살롬은 자기 아버지인 다윗을 거역하여 반기를 들었습니다. 다윗은 한 사람의 가정을 무참히 파괴하였기 때문에, 다윗의 가정도 산산조각이 났고, 다시는 정상적인 가정으로 회복되지 못하였습니다. 그래서 다윗은 임종 때에 "내 집이 하나님 앞에 이같지 아니하냐"(삼하 23:5)고 말하지 않을 수 없었습니다. 다윗은 자신의 행위로 가득 채워졌고, 그것은 언제나 그럴 것입니다. 자기가 저지른 죄를 잊어버린다고 해도, 소용없습니다. 여러분이 자신의 영혼의 방주에서 비둘기를 보냈거나 까마귀를 보냈다면, 여러분이 보낸 것이 다시 여러분에게로 되돌아올 것입니다. 우리의 순탄한 인생이 재앙들로 가득한 격류로 변하지 않도록, 하나님께서 우리가 뒤로 물러나 타락한 자가 되지 않게 지켜 주시기를 빕니다.

타락한 자들 중에서 조금이라도 은혜를 맛본 적이 있는 사람들은 마침내 네 번째 단계에 도달하는데, 이 단계에 도달하는 것 자체가 하나님의 지극한 자비입니다. 이 단계는 그들이 자신의 행위들로 가득 채워지다 보니, 이제 질리고 물러서 만족스럽지 않게 된 상태이고, 자기 자신에 대하여 비참함과 불만족을 느끼는 단계입니다. 그들은 세상을 추구하였고 즐길 대로 다 즐겼지만, 이제 세상은 그들에게 모든 매력을 다 상실하였습니다. 그들은 다른 정부(情夫)들을 좇아다녔지만, 그 정부들은 그들을 거짓되게 대한 속이는 자들이었습니다. 그들은 자신의 머리를 쥐어짜며, "나의 첫 번째 남편에게 다시 돌아갈 수 있다면, 나의 형편이 지금보다 더 나을 텐데"라고 괴로워합니다. 많은 사람들이 예수 그리스도를 멀리 떠나 살아 왔지만, 이제는 그러한 삶을 더 이상 견딜 수 없습니다. 그들은 다시 돌아올 때까지는 행복할 수 없습니다. 그들이 시편 51편의 언어로 부르짖는 것을 들어 보십시오: "주의 구원의 즐거움을 내게 회복시켜 주시고 주의 거저 주시는 성령으로 나를 붙들어 주소서"(한글개역개정에는 "자원하는 심령을 주사 나를 붙드소서"). 그러나 내가 단호하게 말하지만, 그들은 그렇게 쉽게 돌아올 수 없습니다. 뒤로 물러나 타락한 정도가 그리 큰 것이 아니라고 할지라도, 타락했다가 다시 거슬러 되돌아오는 것은 어렵고, 멀리멀리 떠났다가 다시 돌아오는 것은 정말 어렵습니다. 그 길은 처음으로 예수 그리스도께로 돌아오던 길보다 훨씬 더 어렵습니다.

타락한 자들이 다시 돌아올 때에 겪는 정신적인 고통을 있는 그대로 다 써서 발표한다면, 여러분은 경악하게 될 것이고, 그들의 이야기는 종교재판에서 자행된 온갖 고문들에 관한 이야기보다 더 끔찍할 것입니다. 하나님과의 언약을 제멋대로 짓밟은 자들이 받는 고통이 어떠하겠습니까! 그리스도와 그의 복음을 우롱하고 거짓되게 행해온 영혼들 속에 어떤 불이 타오르고 있었겠습니까! "왕의 대로"를 버리고 "샛길의 목장"으로 빠져서 살아온 하나님의 성도들이 얼마나 암울하고 어두운 지하감옥에 놓여 있었겠습니까! 그들이 탄식하고 부르짖게 된 것은 사실 감사한 일이기는 하지만, 그들의 그런 소리를 듣는 것은 정말 참담하고 끔찍한 일입니다. 이것은 우리에게 죄를 범하는 자는 반드시 징계를 받을 수밖에 없다는 것, 특히 그가 하나님의 자녀라면 더더욱 그러하다는 것을 가르쳐 줍니다. 왜냐하면, 하나님께서는 자기 백성에 대하여, "내가 땅의 모든 족속 가운데 너희만을 알았나니 그러므로 내가 너희 모든 죄악을 너희에게 보응하리라"(암 3:2)고 말씀하셨기 때문입니다. 죄를 지었는데도 징계를 받지 않는 자가 있다면, 그는 하나님의 자녀가 아닙니다. 악인들은 무수한 악을 저질러도, 하나님께서는 그들의 죄악을 내세에서 벌하실 것이기 때문에, 현세에서는 벌하지 않고 내버려 두십니다. 그러나 하나님의 자녀들이 범죄한다면, 하나님은 반드시 회초리를 드십니다.

　사랑하는 친구들이여, 우리가 뒤로 물러나 타락하는 자가 되지 않으려면, 즉시 십자가로 곧장 가야 합니다:

　　　"오라, 우리가 주 우리 하나님께로 가자.
　　　통회하는 마음으로 돌아가자.
　　　우리 하나님은 은혜가 풍성하시니,
　　　참회하는 자가 울도록 내버려 두지 않으시리라."

　우리는 어떤 형태로든 조금이라도 뒤로 물러난 것이나, 마음속에서 곁길로 간 것이나, 형제들에게 사랑을 베푸는 것을 조금이라도 거부한 것이나, 믿음이 흔들린 것이나, 열심이 식은 것이나, 소원이 둔해진 것이나, 하나님을 의뢰하지 못한 것이 있다면, 그 즉시 십자가 앞에 나아가 회개하고 고백하여야 합니다. 보십시오. 하나님께서 우리에게 "돌아오라!"고 말씀하십니다. 그러므로 우리는 돌

아가야 합니다. 우리가 뒤로 물러나 타락한 자가 아니라고 할지라도, 참회하는 자로 십자가 앞에 나아가는 것은 우리에게 아무런 해가 없습니다. 아니, 사실 영원히 십자가 앞에 거하는 것이 좋습니다. 살아 계신 하나님의 성령이여, 우리로 하여금 일생 동안 믿음의 회개를 지속할 수 있게 해주옵소서!

2. 둘째로, "선한 사람"에 대해서 살펴보겠습니다.

오늘의 본문에서 두 번째 구절을 다룰 시간이 별로 없어서, 내가 그것을 아주 깊게 다루지 못한다고 해도 양해해 주시기 바랍니다. 타락한 자가 결국에는 자기 속에 있는 것, 곧 자신의 악으로 가득 채워지게 된다는 것은 사실이지만, 이 원리는 그리스도인에게도 그대로 해당되기 때문에, 의와 믿음의 길을 따라 살아온 사람은 의로움으로 가득 채워지게 됩니다. 따라서 은혜로 인해서 그의 내면에 생겨난 것들이 때가 되면 그를 채우게 됩니다. 여기에도 "선한 사람"의 이름과 그에 관한 이야기가 나옵니다.

먼저, 그의 이름을 보십시오. 여러분이 뒤로 물러나 "타락한 자"를 그런 이름으로 부른다면, 그는 당연히 자기가 그렇게 불려야 할 사람이라는 것을 부정하고, 거기에 대답하려 하지 않을 것이라는 사실은 대단히 주목할 만한 일입니다. 마찬가지로, "선한 사람"도 누가 자기를 그렇게 부르는 것을 인정하려고 하지 않을 것입니다. 선한 사람은 어디에 있습니까? 이런 질문을 받으면, 여기에 계신 분들 중에서 하나님 앞에서 올바르게 살아가는 모든 사람들은 "하나님 한 분 외에는 선한 이가 없습니다"(막 10:18; 눅 18:19)라고 대답할 것입니다. 또한, 선한 사람은 오늘의 본문에 대해서도 의문을 제기하면서, "나는 내 자신에 대하여 만족을 느낄 수 없습니다"라고 말할 것입니다. 사랑하는 형제여, 물론입니다. 그러나 본문을 다시 한 번 정확히 읽어 보십시오. 본문은 "자기 자신에게 만족하리라"고 말하고 있지 않습니다. 진정으로 "선한 사람"은 자기 자신에 대하여 만족할 수 없습니다. 자기는 자신에 대하여 만족한다고 말하는 사람이 있다면, 그 사람이 과연 뭘 잘 알고서 그렇게 말하는 것인지를 의심해 보아야 합니다. 내가 지금까지 만난 모든 선한 사람들은 늘 자기가 더 나아지기를 바랐습니다. 그들은 자기가 아직 도달하지 못한 더 높은 것을 갈망하였습니다. 그들은 만족한다고 말하지 않았고, 결코 자기 자신에 대하여 만족하지 않았습니다. 본문은 선한 사람들이 자기 자신에 대하여 만족한다고 말하고 있는 것처럼 보일 수 있지만, 결코 그렇게 말하는 것이 아니기 때문에, 주의 깊게 볼 필요가 있습니다. 이 아침에 내가 선한 사람이 자신의 내면을 보고, 거기에서 발견되는 것에 흡족해하고 만족한다는 식으로 말한 것처럼 보였다면, 내가 말하고자 한 것은 그런 것이 아니라는 것을 다시 한 번 분명하게 말해 둡니다. 나는 본문이 말하고자 하는 것을 정확히 말하고 싶지만, 내 말을 잘못 받아들일 위험이 크기 때문에, 여러분이 그렇게 하지 않음으로써 나를 도와주실 때에만, 내가 그럭저럭 제대로 설명할 수 있게 될 것입니다. 여기에 "선한 사람"에 관한 이야기가 나오는데, 그는 "자기 자신으로부터 만족하게 되리라"(한글개역개정에는 "선한 사람도 자기의 행위로 그러하리라")는 것입니다. 하지만 나는 먼저 그의 이름에 대해서 다시 말하지 않으면 안 됩니다. 그는 자기가 선한 사람이라는 것 자체를 받아들이려 하지 않으면서, 자기에게는 "선한 것이 아무것도 없다"고 말할 것이지만, 사실은 하나님께서 그를 사용하실 때에 그는 상당 부분 선합니다. 그가 선한 것은 하나님께서 성령으로 그를 거듭거듭 빚어 오셨기 때문이라는 것을 기억하십시오. 하나님께서 빚으셨다면, 그것은 당연히 선하지 않겠습니까? 하나님께서는 처음에 자연을 창조하셨을 때에 모든 것들에 대하여 "지극히 선하다"고 말씀하셨습니다. 하나님께서 그것들을 만드셨는데, 그것들이 어떻게 지극히 선하지 않을 수 있겠습니까? 따라서 새 피조물이 된 사람 속에 있는 새 마음과 바른 영은 하나님으로부터 온 것이기 때문에, 선할 수밖에 없습니다. 사람의 마음속에 은혜가 있을 때, 그 은혜는 선하고, 그 마음을 선하게 만듭니다. 어떤 사람에게 예수의 의가 있고 그 사람 속에 성령이 내주하고 계실 때, 그 사람은 하나님이 보시기에 선합니다.

선한 사람은 선한 편에 섭니다. "누가 선한 편에 섭니까?"라고 내가 묻는다면, 우리는 그 질문에 이의를 제기하지 않고, 즉시 앞으로 나서서, 이렇게 말할 것입니다: "나는 전혀 선하지는 않지만, 선하기를 원하고, 정의와 진리와 거룩의 편에 섭니다. 나는 선을 위하여 살아가고자 하고, 만일 내가 악에 힘을 보태는 자가 된다면, 차라리 죽을 것입니다." 선한 것을 사랑하는 사람은 어떤 존재입니까? 그 사람은 악합니까? 나는 그렇게 생각하지 않습니다. 선한 것을 진정으로 사랑하는 사람은 그 자신도 일정 정도 선한 자임에 틀림없습니다. 선하고자 애쓰고, 자신이 선하지 못한 일들을 할 때에 탄식하고 괴로워하며, 자신의 매일매일의 삶을 하나님의 법으로 규율하고자 하는 사람은 누구입니까? 그는 세상에서 가장 선한 사람들 중의 한 사람이 아닙니까? 나는 자기의가 아니라 하나님의 은혜가 우리 중 어떤 사람들을 그런 의미에서 선한 자로 만들었다고 믿습니다. 왜냐하면, 하나님의 성령이 만들어 낸 것은 선한 까닭에, 그리스도 예수 안에서 우리가 새 피조물들이라면, 우리가 감히 우리 자신을 선하다고 할 수는 없을지라도, 성경과 솔로몬이 우리를 선하다고 하는 것을 우리가 그렇지 않다고 반박할 수는 없기 때문입니다.

이제 본문이 "선한 사람"에 대하여 하는 이야기를 들어봅시다. 본문은 "그는 자기 자신으로부터 만족하리라"고 말합니다.

먼저, 이것은 그에게는 외적인 환경이나 상황이 아무 상관이 없다는 것을 의미합니다. 그는 자신의 출신이나 명예나 재산 때문에 만족하는 것이 아닙니다. 그를 만족으로 채워 주는 것은 자기 자신 안에 있습니다. 다음과 같은 찬송가가 이것을 아주 잘 보여줍니다:

> "내가 기쁨을 얻기 위해 밖에 나갈 필요가 없는 것은
> 내 안에 잔치가 있기 때문이라네.
> 나의 한숨은 노래로 변하였고,
> 나의 마음은 방황을 멈추었다네.
>
> 저 복된 비둘기가
> 하늘로부터 내 마음에 임하여,
> 주의 영원하신 사랑을 증거해 주고
> 내 영혼에 안식을 주었기 때문이라네."

다른 사람들은 밖에서 울려 퍼지는 음악을 들어야 하지만, 은혜 가운데 사는 사람의 가슴속에는 그에게 감미로운 노래를 들려주는 작은 새가 살고 있습니다. 그의 동산에는 저잣거리에서 팔거나 왕궁에 있는 그 어떤 꽃보다도 더 아름답고 향기로운 꽃이 피어 있습니다. 그는 이 땅에서 가난하게 살아갈지도 모르지만, 천국에 있는 자신의 기업을 온 세상의 부귀영화와도 바꾸지 않을 것입니다. 그의 기쁨과 평안은 그의 몸의 건강과도 아무 상관이 없습니다. 그의 육신이 아파도, 그의 영혼은 건강합니다. 그는 자주 몹시 고통스러운데도, 온전히 만족합니다. 그는 자신의 수명을 단축해서 결국에는 자신을 죽게 만들 불치병을 안

고 살아갈지라도, 그 보잘것없는 목숨에서 자신의 만족을 구하지 않습니다. 그는 영원한 기쁨을 만들어 내는 것을 자기 속에 지니고 살아갑니다. 즉, 성령이 그의 영혼에 부어준 하나님의 사랑이 낙원의 꽃들보다 더 달콤한 향기를 만들어 냅니다. 특히 선한 사람에게는 자신의 환경이 아무 상관이 없다는 사실이 그 사람 속에서 오늘의 본문이 성취되어 있다는 것을 보여줍니다.

　　또한, 그에게는 다른 사람들의 칭찬이 아무 상관이 없습니다. 타락한 자는 목회자가 그를 좋게 생각하고 그리스도인 친구들이 그를 좋게 생각해 주어야만 마음이 편안합니다. 그러나 하나님을 가까이 모시고 살아가는 참된 그리스도인은 사람들의 평가를 하찮은 것으로 여깁니다. 다른 사람들이 자기를 어떻게 생각하느냐 하는 것은 그의 주된 관심사가 아닙니다. 그는 자기가 하나님의 자녀라는 것을 확실히 압니다. 그는 자기가 하나님을 "아빠 아버지"(롬 8:15; 갈 4:6)라고 부를 수 있다는 것을 압니다. 그는 "내게 사는 것이 그리스도니 죽는 것도 유익함이라"(빌 1:21)고 말합니다. 그러므로 그에게는 굳이 다른 사람들의 인정을 받아서 그의 자신감을 북돋울 필요가 없습니다. 그는 하나님을 의지해서 홀로 달릴 수 있기 때문에, 나약한 어린아이처럼 다른 사람들의 품을 의지할 필요가 없습니다. 그는 자기가 믿는 이를 알고, 그의 마음은 예수 안에서 안식합니다. 이렇게 그는 다른 사람들이나 다른 사람들의 평가로부터가 아니라, "자기 자신으로부터" 만족합니다.

　　또한, 그리스도인은 하나님께서 자기 속에 두신 끊임없이 솟아나는 생명수 샘으로 만족합니다. 나의 형제들이여, 영원한 산 위에 오르면, 거기에는 모든 것을 충족시켜 주는 하나님의 은혜의 수원지가 있고, 여기 우리의 가슴속에는 영생하도록 솟아나는 샘이 있습니다. 그 샘은 우리 가운데 어떤 사람들 속에서 지난 25년 동안 끊임없이 솟아났습니다. 왜 그렇습니까? 그 비밀은 새로워진 심령 속에 있는 작은 샘과 저 헤아릴 수 없이 광대한 하나님의 샘은 서로 연결되어 있다는 사실에 있습니다. 그렇기 때문에, 우리 속에 있는 샘은 결코 마르는 법이 없고, 여름에도 계속해서 흘러넘칩니다. 여러분이 내게 모든 것을 충족시켜 주시는 하나님과 연결되어 있는 내 영혼 안의 샘에 대해서 만족하지 못하느냐고 묻는다면, 나는 그렇지 않다고 대답할 것입니다. 만일 여러분이 내 영혼과 나의 하나님을 이어주는 끈을 끊어 버릴 수 있어서, 그 끈을 끊어 버린다면, 나는 완전히 절망하게 될 것입니다. 그러나 그 누구도 "우리 주 그리스도 예수 안에 있는 하나님의 사랑에서"(롬 8:39) 나를 끊어낼 수 없기 때문에, 나는 만족하고 안식합니다. 우리는 납달리처럼 "여호와의 풍성하신 은혜와 복에 만족합니다"(신 33:23, 한글개역개정에는 "은혜가 풍성하고 여호와의 복이 가득한 납달리여").

선한 사람의 심령 속에는 믿음이 있고, 그는 믿음이 자기에게 가져다주는 것에 만족합니다. 왜냐하면, 믿음은 그에게 온전한 죄 사함을 가져다주기 때문입니다. 믿음은 그로 하여금 그리스도께로 더 가까이 갈 수 있게 해줍니다. 믿음은 그로 하여금 하나님의 양자가 되어 그 권속에 속하게 해줍니다. 믿음은 그로 하여금 시험을 이기게 해줍니다. 믿음은 그로 하여금 자기에게 요구되는 모든 것들을 얻게 해줍니다. 그는 자기가 믿음으로 말미암아 하나님의 언약에 약속된 모든 복들을 날마다 누릴 수 있게 된 것을 발견합니다. 그가 이렇게 풍성한 은혜에 만족하는 것은 당연합니다. 의인은 믿음으로 말미암아 살게 될 것입니다.

믿음 외에도, 소망이라 불리는 은혜가 그를 채우고 있습니다. 소망은 그에게 내세를 보여주고, 그가 장차 잠들게 될 때에 예수 안에서 잠자게 될 것이라는 확신을 주며, 그가 장차 다시 깰 때에 예수를 닮은 모습으로 다시 깨어나게 될 것이라는 확신을 줍니다. 소망은 그의 몸이 다시 부활해서, 그가 육체 가운데서 하나님을 뵙게 될 것이라는 약속으로 그를 즐겁게 해줍니다. 이 소망은 천국의 진주 문들을 그 앞에서 활짝 열어서 황금 거리들을 보여주며, 그로 하여금 천사들이 천상의 수금들을 타며 부르는 노랫소리를 듣게 해줍니다. 믿는 자가 이것에 만족하는 것은 당연합니다.

또한, 경건한 심령은 사랑이 그에게 가져다주는 것에 만족합니다. 왜냐하면, 사랑은 연약한 소녀처럼 보이지만, 사실은 거인처럼 힘세고, 어떤 점들에서는 하나님의 모든 은혜들 중에서 가장 강력하기 때문입니다. 사랑은 먼저 햇빛을 받은 꽃들처럼 자기 자신을 활짝 열어서 하나님의 사랑을 듬뿍 흡수한 후에, 하나님을 기뻐하며 노래하기 시작합니다:

> "예수께서 나를 사랑하시니,
>   나는 너무나 기쁘다네."

이 "사랑"은 예수를 향한 사랑입니다. 경건한 자의 영혼은 그리스도를 사랑하고, 그리스도는 그 영혼을 사랑하기 때문에, 한량없는 기쁨이 서로 교환되는

데, 천국도 이러한 기쁨보다 더 달콤할 수는 없을 것입니다. 이 신비하고 깊은 사랑을 아는 사람은 단지 그 사랑으로 채워질 뿐만 아니라, 그 사랑이 만들어 내는 지극한 복을 담기 위하여 그의 심령은 지극히 커지게 될 것입니다. 그는 예수의 사랑을 알지만, 그 사랑은 그의 지식을 뛰어넘습니다. 그 사랑은 그의 전 존재를 가득 채우기 때문에, 그의 심령 속에는 피조물을 사랑하는 우상 숭배가 들어설 여지가 없게 됩니다. 그는 자기 자신으로부터 만족하고, 다른 기쁨을 구하지 않습니다.

사랑하는 자들이여, 선한 사람이 하나님의 은혜로 말미암아 하나님께 순종하는 삶을 살 수 있게 되었을 때, 그 필연적인 결과로 마음의 평안을 누리게 됩니다. 그의 소망은 오로지 예수를 향하여 고정되어 있고, 그가 구원 받은 자임을 증명해 주는 생명은 그의 잔에 수많은 향기로운 것들을 더해 줍니다. "그리스도의 멍에를 메고 그에게 배우는"(마 11:29) 사람의 영혼은 안식을 얻게 됩니다. 우리가 그리스도께서 명하신 것들을 지킬 때, 그의 뜻을 거슬러 행할 때에는 누릴 수 없었던 그의 사랑을 누리게 됩니다. 여러분이 순전한 동기로부터 행하였다는 것을 알고, 여러분이 올바른 일을 행하였다는 아는 것이 여러분에게 온전한 만족을 가져다 줍니다. 여러분 안에서 선한 양심이 여러분의 옳음을 끊임없이 증언해 준다면, 원수들이 여러분에게 눈쌀을 찌푸리거나 친구들이 여러분을 못마땅해 하는 눈으로 바라본다고 해도, 그것은 여러분에게 아무 일도 아니게 될 것입니다. 우리는 우리 자신의 행위를 의지하지 않습니다. 그럴 마음도 없고, 그럴 필요도 없습니다. 왜냐하면, 우리 주 예수께서 우리를 영원무궁토록 구원하셨기 때문입니다. "우리가 세상에서 특별히 너희에 대하여 하나님의 거룩함과 진실함으로 행하되 육체의 지혜로 하지 아니하고 하나님의 은혜로 행함은 우리 양심이 증언하는 바니 이것이 우리의 자랑이라"(고후 1:12).

그리스도인은 그리스도의 군사로서 선하고자 한다면, 자신의 주이신 예수와의 끊임없는 사귐이 유지되어야 합니다. 예수와의 사귐이 끊어지면, 그의 만족도 끝이 납니다. 예수께서 우리 안에 계시면, 우리는 밖의 상황과는 아무런 상관 없이 오로지 안에서부터 만족하게 됩니다. 우리와 예수의 사귐이 유지된다면(이 사귐은 끊을 자가 없기 때문에, 날마다, 달마다, 해마다 계속될 수 있습니다), 우리의 만족도 지속될 것이고, 우리의 영혼 속에는 오직 하나님께서 주실 수 있는 지극한 복락이 아구까지 가득 차게 될 것입니다. 우리가 성령으로 말미암아 많은 수고를 하고 고난 속에서 인내한다면, 한 마디로 말해서, 우리 자신을 온전히 하나님께 맡겨드린다면, 우리는 하나님의 충만한 은혜가 우리 자신 안에 차고 넘치게 되는 것을 발견하게 될 것입니다. 어떤 원수가 우리 중 어떤 사람들을 금이 간 그릇에 비유하였습니다. 우리는 그 말을 겸허히 받아들일 수 있습니다. 우리는 선한 것들을 유지하는 것이 어렵다는 것을 발견합니다. 선한 것들은 우리의 새는 항아리들에서 쉽게 빠져나가 버립니다. 그러나 나는 금이 간 항아리에 계속해서 물이 가득 채워져 있게 할 수 있는 방법을 말씀드리고자 합니다. 새는 항아리를 흐르는 강의 바닥에 놓아두십시오. 그러면 그 항아리는 늘 물로 가득 채워져 있게 될 것입니다. 마찬가지로, 우리가 금이 가고 깨져서 물이 새는 항아리들이라고 할지라도, 그리스도의 사랑 안에 거하기만 한다면, 우리는 그리스도의 충만함으로 가득 채워지게 될 것이고, 그런 체험을 하는 것은 얼마든지 가능합니다.

> "하나님의 지극히 깊은 바다 속으로 뛰어들어,
>   그 무한함 속에 우리 자신을 담그세."

그럴 때, 시편 기자가 "내 잔이 넘치나이다"(시 23:5)라고 노래하였듯이, 우리는 차고 넘치게 될 것입니다. 하나님의 길로 행하고, 그리스도를 온전히 의지하여 순종하며, 그리스도께서 저 영원한 깊음으로부터 공급해 주시는 것들을 바라는 사람은 자기가 바라던 바로 그러한 것들로 가득 채움 받게 될 것입니다. 그는 자기가 날마다 기뻐하고 소원하던 것들로 채움 받게 될 것입니다. 신실한 신자가 가득 채움 받게 되는 것은 당연합니다. 왜냐하면, 그에게는 그를 가득 채워 줄 영원한 것이 있기 때문입니다. 하나님께서는 영원한 사랑으로 그를 사랑해 오셨기 때문에, 그에게는 이미 영원한 것이 주어져 있습니다. "산들이 떠나며 언덕들은 옮겨질지라도 나의 자비는 네게서 떠나지 아니하며 나의 화평의 언약은 흔들리지 아니하리라"(사 54:10). 따라서 이 영원함은 장래에도 그에게 있을 것입니다. 그에게는 무한한 것, 곧 무한하신 분이 계십니다. 왜냐하면, 성부 하나님이 그의 아버지이시고, 성자 하나님이 그의 구주이며, 성령 하나님이 그에게 내주해 계시면서, 이 삼위일체 하나님이 그의 심령을 가득 채우고 계시기 때문입니다. 믿는 자에게는 그를 가득 채워 줄 전능함이 있습니다. 왜냐하면, 하나님께서는 모든 권세를 그리스도에게 주셨고, 그리스도께서는 우리가 필요할 때마다 그 권세를 우리에게 주실 것이기 때문입니다. 사랑하는 자들이여, 우리가 날마다 그리스도 안에서 살며 그리스도를 의지할 때, "모든 지각에 뛰어난 하나님의 평강이 그리스도 예수 안에서" 우리의 "마음과 생각을 지키실"(빌 4:7) 것입니다. 하나님께서 우리로 하여금 이 평강을 누리게 하시고 영원토록 주의 이름을 찬송하게 하시기를 빕니다. 아멘.

제
6
장
—

가시 울타리와 대로

"게으른 자의 길은 가시 울타리 같으나
정직한 자의 길은 대로니라." — 잠 15:19

여러분은 경건한 사람들이 사용하던 성경들을 보면 특정 대목들이 거의 닳아 있는 것을 자주 보아 왔을 것입니다. 시편과 요한복음, 그리고 서신들 중의 여러 대목들이 특히 경건한 사람들이 좋아하던 부분들이었기 때문에, 그런 대목들은 수많은 옛 신자들의 성경들 속에서 닳고 닳은 부분들입니다. 성경이라는 산록에는 이 거룩한 땅의 나머지 부분들보다 양들이 훨씬 더 많이 밟고 다닌 몇몇 길들이 있습니다. 나는 이것은 늘 그래 왔다고 생각하고, 성도들이 본능적으로 그렇게 해온 것에 대하여 시비를 걸거나 트집을 잡을 생각은 없습니다.

하지만 나는 성경의 어떤 부분이라도 소홀히 되는 것을 유감스럽게 생각합니다. 성경을 읽는 신자들 중에는 성경의 역사적인 부분들을 가까이 하지 않고, 잠언을 기피하는 분들이 있습니다. 아니, 그들은 잠언과 전도서가 어떻게 하나님의 말씀의 일부가 되었는지를 의아해하기까지 합니다. 그들에게는 영감으로 된 성경의 중심이자 절정인 저 거룩한 사랑의 노래인 아가, 내가 하나님의 사랑이 안치되어 있는 아주 내밀한 성소인 "지성소"라고 부르는 것을 주저하지 않는 바로 그 아가와 아주 가까이에 잠언이 놓여 있는 것이 정말 이상해 보일 것임에 틀림없습니다. 우리는 깊은 신비와 넘치는 기쁨을 담고 있는 아가에 대해서는 그 어떤 칭송을 하여도 그 경이로움을 표현하기에 부족할 것입니다. 음악의 신이 살았던 파르나소스(Parnassus) 산에서 솟아나는 샘이 아니라, 영원한 사랑의 산에 있는 만복의 근원인 샘으로부터 솟아난 영감을 따라 하나님에 의해서 친히 노래하는 자가 된 자만이 부를 수 있는 노래가 바로 아가입니다. 그러한 깊은 영감이 넘치는 책 바로 가까이에 주로 현세의 삶을 위한 교훈들로 이루어진 잠언이 놓여 있다는 것은 분명히 주목할 만합니다. 성경의 이러한 배치에는 의심할 여지 없이 어떤 의미가 있는데, 하나님께서는 지극히 높은 영성과 일반 상식이 서로 분리되어서는 안 된다는 것을 이러한 배치를 통해서 보여주고자 하신 것입니다. 하나님은 우리를 육신과 영혼으로 만드셨고, 우리가 그 둘 모두로 그를 섬기기를 원하십니다. 우리에게는 물질적인 부분이 있고 영적인 부분이 있고, 이 두 부분은 각각 성령이 영감으로 씌어진 책을 통해서 우리에게 공급해 주시는 인도하심을 필요로 합니다. 주 예수 그리스도께서는 우리의 영혼만이 아니라 우리의 육신도 구속하셨고, 우리가 이 사실을 깨닫기를 원하십니다.

우리는 이 세상에 있는 동안에 우리 자신을 마치 이 땅과는 아무 상관이 없는 순수한 영들인 것처럼 여겨서는 안 되고, 우리의 열등한 부분과 이 땅의 주변 환경들을 살펴서, 그 모든 것들이 하나님의 뜻을 따라 자리를 잡게 하지 않으면 안 됩니다. 우리의 심령을 깨끗하게 하는 것만으로는 충분하지 않고, 우리의 육신도 순전한 물로 씻어야 합니다. 우리는 이 세상에 있기 때문에, 다른 사람들처럼 먹고 마시고 직업을 가지고 일하여야 합니다. 그리고 이 모든 것들이 우리의 더 우월한 부분과 그 행위들처럼 지혜의 통치 아래 들어와 있어야 합니다. 그리스도인의 믿음은 단지 거룩한 기쁨과 천상의 감정들을 만들어 내기 위한 것만이 아니라, 일상의 일들을 돕기 위한 것이기도 합니다.

은혜는 삶과 관계된 모든 것들을 거룩하게 하기 위하여 주어지는 것입니다. 구원에 대하여 지혜로운 사람이 다른 면들에서는 어리석은 자가 되어야 할 필요는 없습니다. 도리어, 정반대가 되어야 합니다. 거룩함은 현명함을 낳고, 순전함은 사려 깊음의 어머니가 되는 것이 마땅합니다. 우리는 이 세상의 평범한 것들을 하나님께 드려진 거룩한 것들이 되게 하여서, 제단에서 섬기던 성별된 제사장의 흉패처럼 말방울들도 그 위에 "여호와께 성결"(출 39:30)이라는 글귀가 새겨진 성물이 되게 하여야 합니다.

나는 나의 친구들이 매일의 평범한 일들을 행하고, 물건들을 정직하게 파는 일조차도 꺼리게 될 정도로 영적인 자들이 되지 않기를 기도합니다. 내가 아는 어떤 사람들은 아주 더럽고 지저분한 일들을 행하고 있으면서도, 자신들이 온전한 거룩함에 이르렀다고 공언하는데, 그것은 역겨운 모습입니다. 또한, 나는 이 세상일에는 전혀 관심이 없고, 오직 묵상하고 기도하는 일만 하다가 다른 많은 사람들의 돈을 날려 버린 사람을 알고 있었기 때문에, 최고의 영성이라는 것에 대해서 의구심을 지녀 왔습니다. 여러분은 가족의 사소한 잘못들에도 참을 수 없어 하는 반응을 보일 정도로 하늘의 사람이 되지도 마십시오. 왜냐하면, 그런 사람들은 하늘에 올라갔다 오고 나면, 이 아랫 세상에서 살아가는 것이 너무나 견딜 수 없이 싫어져서, 그런 증상이 더욱 심해진다는 말을 들어 왔기 때문입니다.

주 예수 그리스도를 믿는 신앙은 내세를 위한 것임과 동시에 현세를 위한 것이기도 하기 때문에, 성경 속에 시편과 아울러서 잠언도 들어 있는 것이 합당합니다. 나는 스코틀랜드 사람들이 실제적인 삶 속에서 영리하게 된 주된 이유가 성경에 있는 잠언만을 따로 작은 책자로 간행해서, 모든 어린아이들이 초등학교에 들어갔을 때에 맨 처음에 읽게 하는 책들 중의 하나가 되게 하였기 때문이라는 말을 들은 적이 있습니다. 나는 그 말이 얼마나 사실인지는 모르겠습니다. 하지만 내가 말할 수 있는 것은 그 말이 사실이라면, 그런 조치를 취한 사람들은 정말 지혜로운 사람들이었음에 틀림없고, 실제로 그런 조치가 지금도 여전히 취해지고 있다면, 그것은 자라나는 세대에게 큰 유익을 가져다줄 것임은 의심의 여지가 없다는 것입니다. 올바른 가르침과 더불어 실천적인 가르침을 베풀고, 심오한 영성에 일반적인 상식을 더하는 것은 옳은 일입니다. 복음서들과 시편, 예언서들과 서신들을 여러분의 양식으로 삼으시고, 잠언을 여러분의 소금으로 삼으십시오. 그 어느 쪽도 소홀히 하지 마십시오.

나는 지금 우리 앞에 놓여 있는 솔로몬의 입을 통해 주어진 말씀을 토대로 설교하고 있습니다. 나는 그 말씀이 지닌 일상적인 의미를 여러분에게 제시할 것이지만, 그 말씀이 비쳐주는 좀 더 깊은 뜻도 살펴보고자 합니다. 왜냐하면, 나는 잠언에 나오는 도덕적인 진리 속에는 영적인 측면도 아울러 들어 있다고 믿기 때문입니다. 나는 먼저 오늘의 본문이 실생활과 관련하여 주는 교훈을 여러분에게 설명하고 나서, 다음으로 이 본문이 지닌 좀 더 깊은 영적인 가르침들을 제시하고자 합니다.

1. 첫째로, 실제적인 삶 속에서 본문이 주는 교훈을 살펴보겠습니다.

본문은 이렇게 되어 있습니다: "게으른 자의 길은 가시 울타리 같으나 의인 (한글개역개정에는 "정직한 자")의 길은 대로니라."

그러므로 우리는 무엇보다도 먼저 주목할 것은 "게으른 자"는 "의인"의 반대라 는 것입니다. 본문에서 이 둘은 서로 대비되어 있습니다. "게으른 자의 길"은 부 지런한 사람의 길이 아니라 "의인의 길"과 대비되고 있습니다. 이것은 마치 게으 른 자가 의인이 되는 것의 반대라고 말하고 있는 것처럼 보입니다. 게으른 자는 의인이 아니고, 의인이 될 수도 없습니다. 그는 의로움의 주된 부분을 놓치고 살 아갑니다. 게으른 자가 정직한 경우는 극히 드뭅니다. 적어도, 그는 세상으로부 터 자기가 받는 것에 비하여 적은 수고를 하기 때문에, 마땅히 해야 할 일들을 하 지 않는 죄를 범하고 있는 것입니다. 그는 인류의 타락 이래로 인류에게 부과된 법들 중의 하나에 순종하지 않고 살아가는 자입니다: "네가 흙으로 돌아갈 때까 지 얼굴에 땀을 흘려야 먹을 것을 먹으리니"(창 3:19). 그런데 그는 어떻게 해서 든지 자기 얼굴에 땀을 흘리지 않고 자신의 빵을 먹고자 합니다. 그는 할 수만 있 다면 공짜로 빵을 먹고자 하거나, 다른 사람들이 흘린 땀의 대가로 생긴 빵을 먹 고자 하는데, 이것은 탐심과 도둑질에 근접한 것이어서, 일반적으로 그러한 죄 들로 이어지게 됩니다. 게으른 자는 사회의 통상적인 법칙을 어기며 살아가는 것일 뿐만 아니라, 우리의 사도가 교회에 공표한 원칙, 즉 "누구든지 일하기 싫 어하거든 먹지도 말게 하라"(살후 3:10)는 원칙도 어기며 살아가는 것입니다. 게 으른 자가 의로울 수 없는 것은 하나님이 그에게 주신 힘을 따라 하나님을 합당 하게 섬기지도 않고, 자기에게 맡겨진 일을 하여 사람들을 합당하게 섬기지도 않기 때문입니다. 게으른 자는 다른 사람들은 목숨을 걸고 전투를 벌이고 있는 동안에, 배급 물품을 실은 마차 아래에서 잠을 자다가, 배급 시간이 되면 일어나 서 자기 몫을 받아먹는 병사와 같습니다. 그는 자기는 농장에서 빈둥거리고 있 다가, 다른 사람들이 포도나무를 가지치기 해주면서 포도들을 따면, 그 포도들 을 먹어치우는 농부와 같습니다. 그는 가능하다면 침대에 누운 채로 있다가 그 대로 천국으로 옮겨가게 되기를 바랍니다. 그는 편안한 것을 너무나 좋아해서, 거칠고 힘든 순례길을 나설 수가 없습니다. 천국이 사람들로부터 "침노를 당한 다"고 할지라도(마 11:12), 게으른 자로부터 침노를 당하는 일은 결코 없을 것입 니다. 그는 너무나 게을러서 끈질길 수 없고, 너무나 나태해서 열심을 낼 수 없습니다.

또한, 그가 의인이 될 수 없는 것은 게으름은 수많은 본분들을 소홀히 하는 것으로 이어지고, 머지않아 자신의 본분들을 행하지 않은 것을 숨기기 위해 거짓말을 하는 것으로 이어지는데, 거짓말하는 자는 천국에서 분깃을 얻을 수 없기 때문입니다. 게으름은 이기적인 것이기 때문에, 이웃을 사랑하여야 하는 우리의 본분과도 맞지 않고, 그 어떤 미덕과도 맞지 않습니다. 게으름이라는 가뭄 속에서는 모든 선한 것이 다 씨가 마르게 됩니다. 사실, 온갖 종류의 악들은 게으름이라는 이 한 가지 악 속에 포괄됩니다. 여러분이 내게 어떤 사람이 게으른 자라고 말한다면, 여러분은 내 앞에서 그 사람의 인품에 대하여 가장 치욕적인 욕을 한 것입니다. 그의 얄팍한 밭은 악한 씨가 자라기에 아주 적합하기 때문에, 의심할 여지 없이 그 사람의 삶의 구석구석에는 사탄이 뿌려놓은 잡초들이 아주 잘 자라고 있을 것입니다. 만일 사람들이 모두 아무 일도 하지 않는 신사들이었다면, 이 세상이 어떻게 되었을지를 생각하는 것은 정말 끔찍한 일입니다. 재앙을 막기 위해서는 사람들이 땀 흘리고 수고해서 수많은 일들을 하지 않으면 안 되는 상황에서도, 우리의 이 큰 도시에는 범죄들이 충분히 만연되어 있는데, 만일 사람들에게 날마다 해야 할 일들이 있어서, 그들이 과도한 음주 같은 여러 가지 악들에 지나치게 빠지는 것을 막아 주지 않았다면, 이 도시가 어떻게 되었겠습니까? 사람들에게 할 일이 없었다면, 24시간 내내 선술집에 틀어박혀서 술을 마시느라고, 선술집은 항상 만원이었을 것이고, 사람들은 매일같이 축제를 벌이며, 온갖 방탕한 짓을 다 행하였을 것입니다. 도덕 세계를 건강하고 청결하게 유지하는 데에는 사람들로 하여금 일하게 하는 것보다 더 좋은 것은 없습니다. 일하지 않는 사람은 의인이 아닙니다. 왜냐하면, 그는 의가 요구하는 것과 어긋나 있는 사람이기 때문입니다. 우리는 누구나 하늘에서 명한 대로, 머리를 쓰든지 손을 쓰든지, 일하든지 견디든지, 이런저런 형태로 인간으로서 해야 할 일들을 행합니다. 우리가 그렇게 하고 있지 않다면, 우리는 의인이 아닙니다. 나는 여러분에게 구주께서 하신 저 주목할 만한 말씀을 상기시켜드리고자 합니다: "악하고 게으른 종아"(마 25:26). 거기에 나오는 두 개의 형용사, 즉 "악하다"와 "게으르다"는 거의 동의어로 사용되고 있기 때문에, 우리 주님께서 단지 "게으른 종아"라고 말씀하셔도 되지 않았을까요? 물론, 그렇습니다. 그러나 주님은 게으름 속에 얼마나 큰 악이 내재되어 있는지를 아셨기 때문에, "악하다"라는 단죄하는 표현을 일부러 못 박아 사용하신 것입니다.

　　두 번째로 살펴볼 것은 우리가 게으름을 버렸다고 해서, 그것으로 충분한 것이 아니라, 아울러 의로워져야 한다는 것입니다. 만일 게으름을 떨쳐 버리고 근면성실 하게 되는 것으로 충분하였다면, 본문은 이렇게 되어 있었을 것입니다: "게으른 자의 길은 가시 울타리 같으나 부지런한 자의 길은 대로니라." 사랑하는 친구들이여, 어떤 사람이 아주 성실하고 열심히 일하지만, 잘못된 방향으로 그렇게 하고 있는 것이라면, 차라리 게으른 편이 덜 재앙이 될 것입니다. 아주 열심히 일해서 더 많은 재앙들을 불러오는 것은 결코 권장할 만한 일이 아닙니다. 여러분의 주장이 틀린 것이고 잘못된 것인데도, 여러분이 자신의 주장을 사람들에게 전파하기 위하여 열심히 움직인다면, 그것은 큰 해악이 될 것입니다. 단지 이기적인 목적으로 새벽같이 일어나서 밤늦게까지 일한다면, 그것은 결코 복된 것이 아닙니다. 탐욕이나 야심에서 나오는 부지런함이 있는데, 그런 부지런함은 그 원인인 이기심만큼이나 악한 것입니다. 많은 사람들이 "양식 아닌 것을 위하여" 뼈 빠지게 일하고, "배부르게 하지 못할 것을 위하여 수고합니다"(사 55:2). 게으름의 노예로 살던 것에서 벗어났다면, 우리는 의의 종이 되어야 합니다. "부지런하여 게으르지" 않는 것은 아주 좋은 일이지만, 그러한 변화가 온전한 것이 되려면, 그 부지런함이 유익한 것이 되도록, "열심을 품고 주를 섬겨야" 합니다(롬 12:11). 우리는 올바르고 인자하고 거룩한 것을 행하여서, 우리에게 모든 것을 주시는 주께 존귀와 영광을 드리는 삶을 살아야 합니다.

　　인생의 출발점에 선 청년들이여, 여러분은 당연히 부지런해져야 합니다. 그러나 여러분이 의롭게 된다면, 그것은 더할 나위 없이 좋은 일입니다. 세상 사람들은 여러분에게 근면성실 하라고 말할 것이지만, 성도들은 여러분에게 의롭게 되라고 말할 것입니다. 예수 그리스도를 믿음으로 말미암아 여러분의 신분은 의롭다 하심을 얻을 수 있고, 성령이 여러분의 심령을 새롭게 해주실 때, 여러분의 성품은 의로워질 수 있습니다. 이것을 명심하십시오.

　　오늘의 본문 속에서 우리가 세 번째로 살펴볼 것은 거기에 나와 있는 그대로 게으른 자의 길은 가시 울타리 같다는 것입니다. 여기에서 우리는 그 말씀을 풀어 설명하고자 합니다. 게으른 자의 길은 바람직한 길이 아닙니다. 지각 없는 사람들은 게으른 자는 행복한 삶을 살고 있고 쉬운 길을 가고 있다고 생각합니다. 하지만 사실은 그렇지 않습니다. 많은 사람들은 "아무 일도 하지 않는 것이 달콤한 삶"이라고 믿지만, 그것은 완전한 착각입니다. 겉으로 보이는 것이 진실이 아닙니다. 게으름은 쉬는 것이요 안식인 것처럼 보이지만, 결코 그렇지 않습니다. 게으름은 편안함을 약속하지만, 그것은 게으름을 신봉하는 자들을 속이는 것입니다. 편안하지 않은 상태 중에서 가장 힘든 상태는 아무런 할 일도 없는 것입니다. 완전한 게으름보다는 뼈 빠지게 땀 흘리며 일하는 편이 훨씬 더 견딜 만합니다. 나는 사업하던 사람들이 은퇴해서 살다가 아무런 일도 하지 않고 사는 것이 너무나 지겹고 힘들어서 다시 상점 계산원으로 들어간다는 말을 들었습니다. 편안하게 사는 것보다 의롭게 사는 것이 훨씬 더 바람직합니다. 거룩한 수고는 아무런 목적 없이 한가하게 지내는 것보다 만 배는 더 즐거운 일입니다.

또한, 게으른 자의 길은 **힘든** 길입니다. 게으른 자는 자기가 힘든 길을 걷고 있다고, 즉 가시밭길을 헤쳐 나가고 있다고 느낍니다. 모든 아주 사소한 일이 그에게는 산더미만한 큰 일처럼 느껴집니다. 모든 지푸라기가 그에게는 도저히 넘을 수 없는 장벽이 됩니다. "게으른 자는 길에 사자가 있다 거리에 사자가 있다"(잠 26:13)고 말합니다. 길거리에 나가면, 죽을 것 같습니다. 길에 아주 작은 강아지 한 마리가 있어도, 게으른 자는 그것이 포효하는 사자라고 확신하고서, 집에 틀어박혀 나가려 하지 않고 자신의 침상으로 달려가 꼼짝도 하지 않으려 합니다. 그는 밖이 춥다는 이유로 밭을 갈려고 하지 않습니다. 땅이 얼어붙어 쇠처럼 단단해져서, 밭을 갈려고 했다가는, 도리어 쟁기가 망가질 것이라고 생각합니다. 여러분이 창 밖을 내다보고서, 이웃 사람들이 밭을 갈려고 가고 있다고 말해 주어도, 게으른 자는 여러분이 하는 말을 반박할 또 다른 핑계를 가지고 있습니다. 게으른 자가 생각하는 어려움들은 그의 본성적인 게으름에서 자연스럽게 생겨납니다. 그는 핑곗거리들을 만들어 내는 데 천부적인 재능을 지니고 있어서, 자기가 힘을 쓰지 않아야 할 이유를 늘 스무 개 정도 생각해 놓고 있습니다. 그런 사람들이 아침에 일어나서 창문을 열며 가장 먼저 하는 일은 어떤 어려움이 있을지를 생각해 내는 것입니다. 그들에게 어떤 일을 시킬 때마다, 그 즉시 그들은 그 일을 하려면 얼마나 힘들 것인지, 어떤 위험이 뒤따를 것인지를 먼저 생각하기 시작하기 때문에, 그 일을 하지 않고 내버려 두는 편이 훨씬 더 유익이라고 결론을 내리게 됩니다. 게으른 자에게 그의 길이라는 것이 있다면, 그의 길은 언제나 "가시 울타리"처럼 헤쳐 나가기 힘든 길처럼 느껴집니다. 그러다가 그가 계속해서 게으름을 부리면, 그 길은 실제로 가시 울타리가 되어 버립니다. 머리로 상상했던 어려움들이 실제로 현실이 되어 다가옵니다. 오늘 해야 할 일을 하지 않으면 언젠가는 그 일을 해야 하기 때문에, 그렇게 미룬 일들이 쌓이면, 그것은 심각한 빚이 됩니다. 게으른 자는 자기의 빚이 얼마가 쌓여가고 있는지를 전혀 생각하지 않은 채로 "외상으로 달아두세요"라고 소리치면 그만이라고 생각하는 자와 같습니다. 계속해서 외상이 늘어가는데도, 그는 "달아두세요"라는 말만 되풀이합니다. 그는 이전의 외상장부를 지우고 새로운 외상장부를 만들면, 자기가 빚을 다 청산했다고 착각합니다. 그러나 빚은 계속해서 쌓여서, 그의 뒤를 좇아옵니다. 해묵은 빚들이 그를 끈질기게 따라옵니다. 늑대들이 달아나는 여행자를 사냥하기 위해서 러시아의 눈 덮인 평원을 가로질러 따라붙듯이, 게으른 자가 소홀히 했던 것들과 갚아야 하는 것들이 그를 맹추격해 오고, 그가 거기에서 피할 길은 없습니다. 현재와 미래를 더 어렵게 만드는 것은 과거입니다. 게으른 자가 가야 하는 길은 단순히 가시나무가 듬성듬성 나 있는 길이 아니라, 일부러 울타리를 삼기 위해서 가시나무들을 촘촘히 심어 놓은 그런 길입니다. 사랑하는 친구들이여, 오늘 할 수 있는 일들을 내일까지 미루지 마십시오. 여러분의 길에서 미루어 놓았던 것들을 다 깨끗이 치우십시오. 그 날에 해야 할 일은 그 날에 하십시오. 나는 어떤 그리스도인들은 주변머리 없이 일상적으로 해야 할 일들을 미루는 경향이 있다는 것을 압니다. 여러분에게 주어진 일들을 잘해내고, 여러분의 집을 올바르게 간수하며, 여러분의 생업을 제대로 해나가고, 매일매일의 일을 잘하는 것 속에 경건이 있다는 나의 말을 믿으십시오. 참된 경건은 삶의 모든 일들에서 하나님께 영광을 돌리는 것인데, 여러분이 게을러서 해야 할 일들을 미룬다면, 그것은 불가능합니다. 게으른 자는 성도가 될 수 없고, 게으른 자는 하나님을 영화롭게 할 수 없습니다. 쉽게 살아가고자 하는 사람들의 삶은 점점 더 힘들어지고 감당하기 어렵게 됩니다. 목수이든, 벽돌공이든, 사무원이든, 목회자이든, 주교이든, 자기가 해야 할 일들을 소홀히 하는 사람의 길은 점점 더 힘들어져서, 결국에는 거의 막다른 궁지에 내몰리게 됩니다.

　게으른 자의 길은 머지않아 아주 고통스러운 길이 됩니다. 왜냐하면, 가시밭길을 헤쳐 나가다 보면, 옷이 찢어지고 몸에 상처를 입게 되기 때문입니다. 여러분이 평소에 해야 하는 일들을 소홀히 한다면, 여러분은 점점 더 고통스러워지게 될 것입니다. 성품이 나빠지고, 지위를 잃고, 궁핍하게 되는 것이 모두 다 게으름에서 옵니다.

계속해서 게으름의 길로 가보십시오. 여러분은 자신의 길이 사방으로 다 막히는 것을 발견하게 될 것이고, 그때에 게으른 자의 길이 "가시 울타리"라는 것을 더욱더 뼈저리게 느끼게 될 것입니다. 여러분은 앞으로 한 발자국도 나아갈 수 없게 될 것입니다. 여러분은 전에는 그 일을 아무렇지도 않게 생각했었습니다. 그러나 지금은 어떻습니까? 여러분은 자신이 해야 할 일을 하지 않았고, 그 날에 해야 할 일을 그 날에 하지 않고 미루는 쪽을 선택했더니, 결국 여러분은 자신이 저지른 죄들 속에 빠져 버렸습니다. 이제 아무도 여러분을 도와줄 수 없고, 여러분은 여러분 자신에게도 짐이 되어 버렸습니다. 이제 여러분은 자신의 길에 "가시 울타리"가 둘러쳐져 있는 것을 발견합니다. 이것은 너무나 분명한 사실이고, 우리 중 대다수가 실제의 삶 속에서 그런 일들이 일어나는 것을 보아 왔습니다.

오늘의 본문이 말해 주는 또 다른 진리, 즉 의인의 길이 평탄하다는 것도 마찬가지로 분명합니다: "의인의 길은 대로니라." 어떤 사람이 성령의 은혜로 감화를 입어서 철저하게 진실하고 정직하게 되어서 온전히 흠 없이 행하고 있다면, 그의 길은 머지않아 이런저런 방식으로 활짝 열리게 되어 있고, 우리가 그것을 보는 것은 정말 기쁜 일입니다. 우리는 선한 사람들이 극심한 궁지와 곤경에 처해 있는 것을 보아 왔습니다. 그들은 양심을 따라 살다가 궁지에 내몰리게 된 것입니다. 물론, 어떤 일을 할 때에 불의한 자에게나 의인에게나 애로가 있는 것은 마찬가지입니다. 그러나 어떤 사람이 흠 없는 삶과 믿음으로 계속해서 올바르게 행한다면, 결국에는 하나님께서 그 앞에서 어둠을 빛으로 바꾸어 주시고 굽은 것들을 곧게 펴주시는 것을 여러분이 보게 될 것입니다. 오랜 세월 동안 은혜와 진리로 충만한 삶을 살아온 나이 드신 하나님의 사람에게 물어보십시오. 그는 자기가 비천하게 낮아졌지만 하나님께서 자기를 도우셨다고 여러분에게 말할 것입니다. 그는 자신의 젊은 날들에 있었던 싸움들을 얘기해 주면서, 자기가 어린 자녀들을 거느린 대가족의 가장으로서 의심스러운 행동을 하고자 하는 유혹도 받았지만, 온전히 믿음을 붙들고 올바르게 살아감으로써 어떻게 결국에는 성공할 수 있었는지를 들려줄 것이고, 여러분은 그의 그런 간증 속에서 유익을 얻게 될 것입니다. 우리의 소년 시절에 벽난로 옆에서 아버지가 해주셨거나, 할아버지께서 소천하시기 전에 우리에게 해주신 이러한 이야기들은 우리가 선한 믿음으로 살아가야 할 이유와 하나님의 신실하심에 대한 증거를 보여주는 아주 소중한 유산입니다. 우리는 흠 없이 올바르고 정직하게 살아가는 것이 최선의 길이라는 것을 압니다. 우리가 아무리 궁지에 몰리고 곤경에 처해도 죄악에 손을 대지 않는다면, 우리는 결국 빛을 발하게 될 것입니다. 그러나 여러분이 어렵다고 해서 간접적인 방법으로 죄악에 손을 댄다면, 여러분은 지금보다 열 배는 더 큰 어려움에 휘말리게 될 것입니다. 정직하지 않게 사느니, 차라리 가난하게 사는 것이 훨씬 더 낫습니다. 우리의 신앙 고백을 욕되게 하느니, 차라리 죽는 편이 더 낫습니다. 우리에게 필요한 것들을 공급해 주시는 것은 하나님의 일이고, 하나님께서는 그렇게 하실 것입니다. 우리는 우리에게 필요한 것들을 성급하게 우리의 손으로 마련해 보려고 해서는 안 됩니다. 우리는 하나님께서 자신의 권한에 속하는 일을 행하실 때까지 기다리지 않고, 먼저 나서서 돌들에게 떡덩이가 되라고 명해서는 안 됩니다. 시험하는 자가 와서 그럴 듯한 말로 유혹했을 때, 우리 주님께서 하신 대답을 기억하십시오: "사람이 떡으로만 살 것이 아니요 하나님의 입으로부터 나오는 모든 말씀으로 살 것이라"(마 4:4). 하나님께서는 우리를 이 땅에 거하게 하실 것이고, 먹여 살리실 것입니다. 하지만 그 일을 어떻게 이루실 것인지는 우리의 몫이 아니라 하나님의 몫입니다. "의인의 길은 평탄하게 되리라." 오직 깨어서 기다리십시오. 여러분은 하나님의 구원을 보게 될 것입니다.

이상으로 나는 오늘의 본문이 보여주는 도덕적인 의미 또는 현세와 관련된 의미를 여러분 앞에 설명하면서, 모든 사람들, 특히 사업을 하시는 분들에게 자신이 해야 할 일들 중에서 그 어느 것도 소홀함이 없도록 주의해야 한다고 신신당부를 하였습니다. 왜냐하면, 그리스도인이 하는 사업은 그 어떤 세상 사람들보다 더 잘되는 것이 마땅하기 때문입니다.

또한, 나는 여러분이 하는 그 어떤 일에서도 의에서 벗어나는 것이 있지 않도록 조심할 것을 말씀드렸습니다. 왜냐하면, 진실함의 길과 의의 길이야말로 가장 안전하고 확실한 길이기 때문입니다. 여러분이 죽을 각오로 그 어떤 상황에서도 하나님을 가까이 모시고 자신의 인도자로 삼고 살아간다면, 하나님께서 여러분의 길을 평탄하게 해주실 것이기 때문에, 여러분은 자신이 가는 길에 대해서 걱정할 필요가 없습니다.

2. 둘째로, 본문이 주는 영적인 가르침을 살펴보겠습니다.

이제 우리는 본문 속에 나와 있는 영적인 교훈을 살펴볼 텐데, 하나님께서 우리의 눈에 성령으로 기름을 부으셔서, 우리로 하여금 볼 수 있게 해주시기를 빕니다.

본문의 첫 번째 부분, 즉 영적으로 게으른 자를 먼저 살펴보겠습니다. 영적으로 게으른 자에 대해서 본문은 무엇이라고 말씀합니까? 그의 길은 "가시 울타리" 같다는 것입니다. 본문에서는 영적으로 게으른 자의 길의 반대는 의인의 길이라고 말하고 있기 때문에, 우리는 영적으로 게으른 자의 길은 불신앙의 길이고, 의인의 길은 믿음의 길이라고 말할 수 있습니다. 왜냐하면, 의인은 믿음으로 행하고 살아가는 사람이기 때문입니다.

나는 영적으로 게으른 자에 대해서 설명해 보고자 합니다. 그에게도 "길"이 있습니다. 왜냐하면, 그는 신앙적인 문제들에 있어서 완전히 죽은 자는 아니기 때문입니다. 그는 설교를 듣고 예배에 참석합니다. 그는 종종 성경을 읽기도 하고, 흔히 복음이 무엇인지도 정확히 알고 있습니다. 그러나 그에게는 믿음이 없습니다. 그는 자기가 믿는다고 고백하는 것들이 참되다는 것을 진심으로 믿는 믿음이 없기 때문에, 그 진리들이 그의 일상적인 삶에 영향을 미치지 못합니다. 만일 그가 자기가 믿는다고 고백한 것들이 참되다는 것을 진정으로 믿었다면, 그의 삶은 결코 게으르지 않게 되었을 것입니다. 어떤 사람이 지옥이 있다는 것을 믿는다면, 그는 지옥을 피하기 위해서 애쓸 것입니다. 어떤 사람이 천국이 있다는 것을 진심으로 믿고, 정신이 똑바로 박혀 있는 사람이라면, 어떻게든 천국의 영광에 참여하고자 하는 소원을 갖게 될 것입니다. 어떤 사람이 자기가 의로우신 하나님을 거슬러 범죄하며 살아왔다는 사실을 진정으로 받아들이고, 죄가 악한 것임을 진심으로 믿는다면, 어떻게든 죄로부터 깨끗하게 되기 위하여 몸부림을 칠 것입니다. 그가 그리스도의 보혈 속에 자기를 깨끗하게 해줄 수 있는 능력이 있다는 것을 진심으로 믿는다면, 하나님 앞에서 정결하게 되기 위하여, 그 보혈로 깨끗이 씻음을 받게 되기를 바랄 것입니다. 영적으로 게으른 자는 그런 식으로 믿지 않습니다. 그는 "복음은 참되다"고 말하지만, 마치 복음이 거짓되다고 생각하는 것처럼 행동합니다. 그는 너무나 게을러서 불신자가 되지도 못합니다. 그는 너무나 게을러서, 자기를 정죄하는 하나님의 진리에 대항하여 항변하는 것이 귀찮아서, 하품을 하며 졸면서 복음이 옳다고 끄덕끄덕해 줍니다. 차라리 그가 뭔가를 반박하고 항변하기 시작한다면, 우리는 그에게 더 많은 소망을 걸 수 있을 것입니다. 그가 하나님의 진리에 대하여 충분히 생각해 보고서는, 자기가 그 진리를 믿지 않는 것을 정당화하는 논리를 펼친다면, 우리는 적어도 그의 한 쪽 눈이 열릴 가능성이 있다는 소망을 가져볼 수 있을 것입니다. 그러나 그가 계속해서 "그래, 맞아요"라는 말만 되풀이하고, 지당한 말들만을 되풀이하면서, 정작 그 어떤 것에 대해서도 결단하지 않고 열심을 보이지 않는다면, 그에게는 거의 소망이 없습니다. 그는 종종 기도하지만, 그것은 꿈속에서 하는 기도입니다. 그에게는 하늘의 응답을 받을 때까지 계속해서 기도할 만한 믿음이 없습니다. 그는 복음을 듣기는 하지만, 게으른 자이기 때문에, 아무것도 붙잡거나 느끼거나 마음에 담아두지 않고, 한 쪽 귀로 듣고 한 쪽 귀로 흘려 버립니다. 그는 자주 선한 일을 해보려고 하지만, 결국에는 흐지부지되고 맙니다. 그는 장래의 운명을 생각해서, 온 힘을 다해 하나님을 찾겠다고 아주 진지하게 결심하지만, 그의 결심은 비눗방울처럼 허망합니다. 여러분이 그가 칠 년 전이나 지금이나 똑같이 우둔하고 무디며 죄악된 삶을 살고 있다고 그에게 말해 주면, 그는 화를 내며 그렇지 않다고 하겠지만, 그 말은 그대로 사실입니다. 그런 말을 들으면, 그는 잠시 머뭇거리다가, 아주 진지한 얼굴로 절대 그렇지 않다고 말할 것입니다. 내 기억이 정확하다면, 그는 20년 전에도 지금과 똑같았습니다. 나는 죽음이 그에게 드리워서, 그의 꿈꾸는 것이 끝장이 날 때까지도, 그가 계속해서 그런 마음과 생각으로 살게 될까봐 걱정입니다. 그가 "음부에서 고통 중에 눈을 들게" 될 때까지, 그의 눈이 열리게 되지 않을까봐 걱정입니다.

　　나는 이 게으른 사람이 전에 한 가지 시도를 하였던 것을 기억합니다. 그는 자신의 악들 중의 하나를 버렸습니다. 아니, 정확히 말해서 거의 버릴 뻔하다가, 다시 되돌아갔습니다. 그는 술에 취해 사는 사람이었지만, 술을 조금만 마시기로 하고, 한동안 그 결심을 지켜 나갔습니다. 술을 전혀 입에 대지 않는 것이 그에게 좋은 일이었을 것이지만, 그는 그렇게까지는 할 수가 없었습니다. 그런데 그는 술을 조금만 마심으로써 자기부인을 하는 것을 보충하기 위해서, 또 다른 것에 빠져서 살았습니다. 배는 어느 쪽에 구멍을 내도, 가라앉는 것은 마찬가지입니다. 어떤 사람들은 이런 죄 때문에 지옥으로 내려가고, 어떤 사람들은 저런 죄 때문에 자신을 멸망에 빠뜨립니다. 이 게으른 사람은 하나의 구멍을 메꾸는 데 온 힘을 사용했기 때문에, 또 다른 구멍을 메꿀 힘이 남아 있지 않았습니다. 그는 온 종일 잠에 빠져 살았고, 꿈속에서 "잘했어, 나는 대단한 놈이야"라고 중얼거렸습니다. 친구가 와서 흔들어 깨워도, 그는 하품을 하며 돌아누워서 다시 잠을 잤습니다. 그는 저절로 잠이 깨도, 좀 더 편한 때가 될 때까지는 잠에 빠져 사는 쪽을 선택했습니다. 그는 어느 날 "네게 부족한 한 가지"라는 제목의 설교를 들었을 때, "그게 나야!"라고 소리치고는 다시 잠에 빠졌습니다. 그는 다가올 심판에 대한 말을 들었을 때, 죽음과 심판을 반드시 대비해야 한다는 것을 즉시 인정하였습니다. 그러나 그는 대비하지 않았습니다. 십중팔구 그는 자신의 죄악들 가운데서 죽게 될 것입니다. 그 사람에게는 결단력도 없고, 행동을 할 마음도 없으며, 선한 것에 대한 열망도 없습니다. 그는 자기 자신을 잠에 내주었습니다. 그는 언제나 제발 잠 좀 더 자게 해 달라고 간청합니다. 그는 자기가 깨어서 일어날 것이라고 단단히 약속하지만, 결코 일어나지 않습니다. 하나님의 은혜로 말미암아 이 꿈속에서 헤매는 사람이 깨어날 수 있게 되기를 빕니다. 그의 길은 불신앙의 길이고, 그는 목숨을 걸고 그 불신앙을 꼭 붙잡고 있기 때문에, 죽을 때가 되어서도 놓지 않을 것입니다.

영적으로 게으른 자의 길은 가시들로 가득해서, 매우 **힘든** 길입니다. 나는 여러분에게 그 길이 정말 그렇다는 것을 잠깐 보여드리고자 합니다. 이런 상태에 있는 사람들은 신앙을 버리지도 못하지만, 결코 제대로 붙잡지도 못합니다. 그런 사람들에게는 모든 것이 너무나 어렵고 힘들다는 것을 여러분은 아십니까? 먼저, 그들에게는 목회자들이 늘 정말 끔찍할 정도로 길게 설교를 하는 것처럼 느껴집니다. 그 설교는 하나님의 말씀을 먹고 살아가는 여러분에게는 그리 길게 느껴지지 않지만, 식탁에서 잠자는 자들에게는 참을 수 없을 정도로 지루합니다. 예배 전체가 신자들에게는 즐겁고 행복한 시간이지만, 그들에게는 황량하고 메마른 시간입니다. 그리고 주일은 어떻습니까! 주일은 내게 한 주간의 진주 같은 날이지만, 신앙적으로 게으른 자들에게는 암울한 날입니다. 그들은 "영국의 황량한 일요일들"이라고 말합니다. 그들은 일요일에 상점들과 극장들과 박물관들이 문을 닫는 것을 애석하게 여기고, 그렇게 하면 사람이 어떻게 살 수 있겠느냐고 반문합니다. 교회에 가는 것이요? 가장 선한 것들에 대한 말씀을 듣는 것이요? 그런 것들은 신앙적으로 게으른 자들에게는 너무나 힘든 고역들입니다. 가엾은 사랑하는 영혼들이여! 그들은 기도회에 참석할 생각은 아예 하지도 않습니다. 그것은 정말 끔찍한 일이니까요! 어떻게 해서 우연히 기도회에 참석한다고 해도, 사람들이 기도하는 내용이 그들의 마음에 영 맞지 않습니다. 그들에게 집에서 성경을 읽느냐고 물어 보십시오. 그들은 어쩌다가 성경을 집어들고 읽어보고자 하지만, 이런저런 진지한 생각을 요구하기 때문에, 성경은 그들의 구미에 맞지 않습니다. 그들은 마음을 모으고서 성경을 읽을 수 없습니다. 우리에게 성경은 하나님의 지극히 거룩한 진리들로 빛나는 책입니다. 그것은 하나님의 책이고, 책들 중의 책이며, 세상에는 성경 같은 책은 없습니다. 그러나 그들에게 성경을 읽는 것은 고역 중의 고역입니다. 또한, 그들에게 기도하는 것은 노예살이 하는 것과 같고, 회개는 불가능합니다.

　그들은 복음 전도자들이 말하는 것의 의미를 좀 더 제대로 알지도 못하면서, "믿으면 살리라"는 말씀을 아무런 회개도 없이 받아들여서, 상담실에 가서 5분만에 "회심을 하고," 일생동안 그것이 신앙인 줄로 알고 살아갑니다. 얼마 후에, 그들은 믿는 자는 거룩하게 된 자라는 말씀을 듣고서, 앞서 회심했을 때와 동일한 방식으로, 자기가 온전해졌다고 믿고서, 자기에게서는 죄가 죽은 것이기 때문에, 이제는 죄를 조심하거나 죄를 피하려고 애쓸 필요가 없다고 생각해 버립니다. 우리가 그들에게 회개와 믿음이 진정으로 무엇인지를 말하고, 그러한 것들은 일생 동안 날마다 계속되어야 하는 것이기 때문에 신자들은 매일매일 깨어서 안팎으로 시험에 들지 않기 위해 애써야 한다고 말해 주면, 그들은 우리 중에서 사라져 버리고 맙니다. 왜냐하면, 그들은 그렇게 큰 수고를 하며 스스로를 괴롭히면서까지 신앙생활을 하고 싶어 하지는 않기 때문입니다. 만일 안락한 의자에 앉은 채로, 또는 편한 신발을 신은 채로 천국에 갈 수 있다면, 그들은 천국에 가고자 할 것입니다. 그러나 일생 동안 순례길을 행하며 높은 언덕을 올랐다가 깊은 골짜기로 내려갔다가 하는 일을 지속해야 한다면, 그것은 그들에게 또 다른 문제가 됩니다. 가시 울타리가 가시들로 가득하듯이, 그들의 길은 어려움들로 가득합니다.

　또한, 영적으로 게으른 자들의 길은 헷갈리고 의심스러운 일들로 가득합니다. 여러분은 이런 영적으로 게으른 자들을 만나보셨습니까? 나는 그런 사람들을 종종 만납니다. 그들은 가끔씩 나를 찾아오는데, 그들이 와서 하는 말은 정해져 있습니다. 그들은 "목사님, 나는 주 예수 그리스도를 믿는 것에 대하여 지금까지 들어왔는데, 목사님께서 그것이 무엇을 의미하는지를 내게 말씀해 주실 수 있으십니까?"라고 말합니다. 그러면, 나는 믿음이라는 것은 하나님의 증언을 그대로 받아들여서 주 예수 그리스도를 믿고 의지하는 것이라고 설명해 주고 나서, "아시겠습니까?"라고 물으면, 그들은 "예"라고 말합니다. 그런 후에, 그들은 자신이 생각하는 어려움을 토로하고, 나는 거기에 대해서도 설명해 주고 나서, "아시겠습니까?"라고 묻습니다. 그들은 "예, 목사님, 그건 잘 알겠는데요, 하지만"이라고 말하고는, 또 다른 의구심을 제기합니다. 내가 그 의구심도 해결해 주고 나면, 그들은 또 다른 염려를 말합니다. 그들은 끊임없이 "예, 하지만"을 반복합니다. 이런 식으로 우리의 대화는 한 시간이 꼬박 지나도, 계속해서 헛돌 뿐입니다. 그들의 생각은 밑 빠진 독이고, 그들의 기억력은 구멍이 송송 난 자루입니다. 그것들을 채우려고 애쓰는 것은 정말 무익한 일이고, 여우를 잡으려고 애쓰는 것입니다. 내가 구멍 하나를 메꾸면, 또 다른 구멍이 나타납니다. 50군데도 넘는 구멍을 메꾸어도, 여우는 어느 샛가 저쪽으로 도망치고 있습니다. 여우는 이전보다 더 멀리 달아나 버립니다. 내가 그 여우를 사로잡거나 굴을 파헤쳐서 꺼낼 수 있다고 여기는 것은 정말 어리석은 생각이었습니다. 이 사람들은 의심하는 것들이 너무나 많은데, 모든 어려움은 사실 그들의 불신앙에 있습니다. 그들은 주 예수 그리스도를 믿으려 하지 않는 것입니다. 어떤 사람에게 믿고자 하는 마음이 없을 때, 의심해야 할 이유들이 파리 떼처럼 그에게로 몰려듭니다. 게다가, 여러분이 아시듯이, 오늘날 의심하는 것은 대유행입니다. 여러분은 교양이 있다고 하는 모든 사람들은 의심들을 제기하는 데에 일가견이 있는 반면에, 하나님이 참되시다고 믿고 그의 말씀을 의심하지 않는 사람들은 많이 배우지 못한 평범한 사람들이라는 것을 압니다. 여러분은 웃으시지만, 이것은 졸려서 하품 하는 이 친구들에게는 아주 의미심장한 말입니다. 영적으로 게으른 자를 잠들게 하는 데에는 대단한 논리가 필요하지 않습니다. 의심하는 것은 유행이고, 유행에서 벗어나 있는 여러분은 죽어서 매장된 것이나 마찬가지입니다. 이 영적으로 게으른 자들은 증거들을 선별하는 수고를 하려고 하지 않습니다. 그들은 자신의 죄들로부터 돌이켜서 구주를 찾고 하나님과 화목하게 되는 쪽으로 자신들이 내몰리는 것을 원하지 않습니다. 그렇게 하려면, 너무나 많은 힘이 들고, 너무나 많은 자기부인과 자기 자신의 마음을 끊임없이 살펴야 하기 때문입니다. 그들은 "새로운 산 길"(히 10:20)보다는 끊임없이 생겨나는 의구심들로 가득한 길을 더 좋아합니다. 그들은 왕의 의의 대로보다는 "가시 울타리"를 선택합니다.

이것이 전부가 아닙니다. 그들의 길은 의구심들로 가득할 뿐만 아니라, 비참한 것들로 가득합니다. 신자들을 기쁘게 하고 그들의 마음을 즐겁게 해주는 설교를 들으면, 게으른 자들은 우울해집니다. 우리에게 기쁨이 되는 기도가 그들에게는 근심의 원인이 됩니다(그들이 기도를 하기라도 한다면 말입니다). 양식을 보았을 때에 굶주린 사람은 크게 기뻐하지만, 그가 그 양식을 뻔히 보면서도 먹을 수는 없다고 한다면, 어떻겠습니까? 그럴 때, 그 양식은 탄탈루스(Tantalus)가 사용하기에 딱 좋을 것 같은 고문 도구가 됩니다. 나는 여행자가 사막에서 저 만치 앞쪽에 햇빛에 반짝이는 맑은 물이 넘실거리며 흘러가는 것을 보았지만, 막상 거기에 가보니 물 한 방울도 보이지 않고, 단지 신기루를 본 것일 뿐임을 알게 되었을 때보다 그로 하여금 갈증을 더 심하게 느끼게 만드는 것은 없을 것이라고 생각합니다. 그의 망상이 그의 갈증을 더하여 그를 괴롭힙니다. 마찬가지로, 여러분이 사랑의 잔치가 벌어지고 있는 소리를 듣고, 거기에서 하나님의 자녀들이 기뻐하는 모습을 보는데도, 정작 자기는 거기에 아무런 분깃도 없어서 참석할 수 없다고 한다면, 그것은 얼마나 끔찍할 일이겠습니까? 여러분이 설교자가 얘기한 저 약속의 가치를 알고서 귀가 번쩍 뜨였는데, 믿음으로 그 약속을 자신의 것으로 만들지 못해서, 그 약속에 참여할 수 없게 되었다면, 여러분은 자신의 처지가 얼마나 답답하고 고통스럽겠습니까? 여러분은 선을 누리지도 못하고 악을 누리지도 못하는 어정쩡하고 애매한 상태에 놓여 있습니다. 만일 여러분이 세상 속으로 바로 뛰어들어서 세상이 주는 쾌락들을 누리고 살아간다면, 여러분은 적어도 삶의 한 쪽 면은 알게 될 것입니다. 그러나 여러분은 감히 그렇게 하지 못합니다. 여러분은 양심이 펄펄 살아 있고 신앙 교육을 많이 받아서, 세상으로 뛰어들어서 사람들과 더불어 방탕하게 살아갈 용기가 없기 때문에, 세상의 쾌락들을 알지 못하고, 은혜의 즐거움들을 알지도 못합니다. 여러분은 양쪽으로부터의 제약들을 느끼지만, 어느 한 쪽의 자유도 알지 못합니다. 여러분은 둘 사이에 끼어서 옴짝달싹할 수가 없습니다. 천국이나 지옥 중 어느 쪽도 여러분의 편이 아닙니다. 성도들이든 죄인들이든 양쪽에서 여러분을 못마땅해하기 때문에, 여러분의 길은 가시 울타리 같습니다. 어떤 사람에게 양심이 있어서 자기가 멸망당하게 되어 있는 자라는 것을 알지만, 구원을 얻을 수 있을 정도로 충분한 은혜를 지니고 있지 않다면, 그것은 끔찍한 일입니다. 죄 가운데 있으면 편안하지 않을 정도의 신앙은 있지만, 그리스도 안에서 행복을 누리기에 충분한 신앙이 없다면, 그것은 끔찍한 일입니다. 내가 아는 어떤 사람들은 계속해서 죄 가운데 있지만, 밤에는 무서운 악몽을 꾸다가 두려워서 식은땀을 흘리며 깨곤 합니다. 그런데도 그들은 자신의 행실을 고치려 하지는 않고, 계속해서 죄를 저지르며, 멸망을 향하여 나아가고 있습니다. 그들은 너무나 게을러서 깨어나지 못하고 점점 더 어둠 속으로 빠져 들어갑니다. 하나님이여, 주의 강력한 은혜로 이 게으른 자들을 깨워 주소서. 그렇지 않으면, 그들은 계속해서 잠을 자다가 영원한 멸망 속으로 빠져들게 될 것입니다.

"게으른 자의 길은 가시 울타리 같다." 언제가 그의 길이 끝났을 때, 그는 가시 울타리가 그를 막아서 천국으로 가지 못하게 만들었고, 하나님께로 나아가지 못하게 하였다는 것을 알게 될 것입니다. 그가 죽을 때쯤, 그의 죄들은 빽빽한 울타리가 되어 그의 앞을 막아서서 모든 소망을 단절시켜 버릴 것이고, 절망에 빠진 그의 영혼은 "오, 내가 지금이라도 긍휼을 발견하고 건지심을 발견할 수 있다면, 얼마나 좋을까!"라고 부르짖게 될 것입니다. 자기에게 주어진 기회들을 박차버리고, 복음을 배척하며, 안식일들을 멸시한 것 등등에 대한 기억이 그의 앞을 가시 울타리처럼 막아서서, 그의 벌거벗은 영혼이 소망과 평안으로 나아갈 수 없게 할 것입니다. 하나님께서 우리의 길이 결국에 가서 이러한 게으른 자들의 길이었음이 드러나는 일이 없게 해주시기를 빕니다.

우리는 이제 오늘의 본문에서 게으른 자의 길과 반대되는 것으로 제시한 것을 아주 간단하게 살펴보고자 하는데, 그것은 의인의 길은 평탄하리라는 것입니다. 이것은 특히 지금 여러분 중에서 어둠 속에서 걷고 있는 분들을 기쁘게 해주는 약속의 말씀입니다. "의인의 길은 평탄하다." 하나님께서 그것을 보증해 주십니다. 의인의 길은 믿음의 길입니다. 그들은 눈에 보이지 않는 하나님을 보며 믿고 의지합니다. 그들은 예수 그리스도의 보혈을 의지해서 자신의 죄 사함을 받고자 합니다. 사실, 그들은 모든 것 속에서 그리스도 예수 안에서 하나님을 바라봅니다. 그들의 길 속에는 장애물들이 있고, 굽은 것들이 있으며, 산들이 있고, 깊음들이 있지만, "의인의 길은 평탄하리라"는 약속의 말씀을 바라봅니다. 어려움들이 제거될 것이고, 골짜기들이 높아질 것이며, 높은 산들과 작은 산들이 낮아질 것입니다. 굽은 것들이 곧게 펴질 것이고, 거친 곳들이 평탄해질 것입니다. 그들은 어린아이 같이 하나님을 신뢰하고서 마치 포장도로를 달리듯이 앞으로 나아가고, 그럴 때마다 언제나 대로를 발견하게 됩니다. 믿음은 눈에 보이지 않는 길을 따라 존귀와 영광을 향하여 나아가고, 그 어떤 것도 믿음의 길을 다른 데로 돌리지 못합니다. 믿음의 길은 당장에는 평탄하지 않을 수도 있지만, 결국에는 그렇게 될 것입니다. 하나님께서는 그를 의지하는 자들과 함께 계시고, 하나님이 우리와 함께 하실 때, 우리가 두려워할 것이 무엇이 있겠습니까? 때가 되면, 하나님께서 자신의 도움의 손길을 나타내실 것입니다. 바로 그때가 하나님의 능력이 나타나는 때가 될 것입니다. 이스라엘 백성이 홍해를 건너기 일 초 전에도, 아직 홍해는 갈라지지 않았습니다. 여호와의 제사장들이 요단 강에 실제로 발을 내디디었을 때에야 비로소 강물이 갈라졌습니다. 내일의 어려움들이 현실이 되었을 때, 내일의 은혜도 현실이 될 것입니다. 내일이 왔을 때, 하나님의 도우심은 그 날의 어려움에 대하여 족할 것입니다. 여러분이 무덤 속으로 들어갔을 때에야, 돌이 그 입구에서 굴려져 있는 것을 발견하게 될 것입니다. 의인의 길은 때가 되면 평탄해질 것이고, 이것이 의인이 바라거나 기대해야 할 모든 것입니다.

종종 의인의 길은 신비하고 잘 알기가 어렵습니다. 나는 아주 신앙이 좋은 사람들이 이렇게 말한 것을 알고 있습니다: "나는 옳은 것을 행하기를 원하고, 하나님의 은혜로 말미암아 악한 것은 쳐다보지도 않게 되기를 원합니다. 그러나 지금 내 앞에 있는 두 길 중에서 어느 쪽이 옳은 길입니까? 두 길이 모두 좋은 점도 있고 나쁜 점도 있는 것처럼 보입니다. 나는 어느 길로 가야 합니까?" 이것은 정말 옳은 길로 행하고자 하는 사람에게 큰 걱정을 불러일으키는 문제입니다. 하나님께서 나타나셔서 어느 길로 가라고 분명하게 가르쳐 주시면 얼마나 좋겠습니까! 의인은 미신을 좇는 자나 광신자처럼 하늘로부터 오는 목소리나 꿈을 구하지 않지만, 그의 길은 평탄하게 될 것입니다. 형제들이여, 여러분이 어느 길로 가야 할지를 모르겠거든, 여러분의 인도자이신 분에게 물으십시오. 그분 앞에 나아가서 조용히 기도하십시오. 지도 위에서 길을 찾을 수 없다면, 기도하는 가운데, 여러분의 길을 인도자이신 하나님께 맡기십시오. 무릎을 꿇고 하나님께 부르짖어 기도하십시오. 자신의 갈 길을 놓고 기도하고서, 하나님이 주신 분별력을 사용했는데도, 잘못된 길을 가게 되는 경우는 거의 없습니다. 이 마지막을 빼먹어서는 안 됩니다. 왜냐하면, 내가 아는 사람들 중에는 약간의 지각과 분별력만 있어도 누구나 아주 분명하게 알 수 있는 문제를 놓고서 기도하는 사람들이 있기 때문입니다. 그들은 자기가 해야 할 일임이 분명한데도, 그 일을 하기 싫어서, 도피하고자 하는 마음으로 그 일을 놓고 기도하는 것입니다. 하나님의 분명한 명령이 주어져 있고, 하나님의 손가락이 그 길을 아주 분명하게 가리키고 있는데도, 주저하고 망설이는 것은 반역입니다! 게으른 자들은 자기가 아무것도 하지 않고자 하는 핑곗거리로 사용하기 위해서 기도합니다. 한편, 어떤 사람들은 이미 자신의 마음을 정해 놓고서 기도를 합니다. 그런 기도는 철저한 위선입니다!

하나님으로부터 자기가 하고자 하는 잘못된 것을 허락받기 위해서, 또는 자기가 행하고자 하는 잘못된 일을 하나님의 이름으로 옳은 일로 위장하기 위해서하는 기도는 하나님을 모욕하는 것이고, 하나님께서는 그런 기도를 절대로 듣지 않으십니다. 그러나 의인의 길은 평탄하게 될 것입니다. 믿음의 길은 결국 평안으로 끝나게 될 것입니다. 거룩함의 길은 행복으로 이어질 것입니다. 여러분의 길이 너무나 어두워서 한 치 앞도 볼 수 없다고 할지라도, 하나님께서는 머지않아 여러분의 길을 정오처럼 밝게 해주실 것입니다. 이 순간에는 세상에 있는 모든 지혜로운 사람들이 다 힘을 합쳐도 여러분의 길을 예측할 수 없을 것이지만, 하나님께서는 여러분의 길을 지도해 주실 것입니다. 오직 "여호와를 의뢰하고 선을 행하십시오"(시 37:3). 하나님께서는 여러분의 촛불을 밝히실 것입니다. 하나님께서는 자신의 해로 여러분을 비추게 하실 것입니다. 하나님을 기다리는 것 자체가 복입니다. 여러분의 길이 평탄하게 되는 기쁨이 거기로부터 올 것입니다.

어떤 번역본은 오늘의 본문을 "의인의 길은 대로니라"로 번역하고 있는데, 이것은 아주 탁월한 번역입니다. 의인은 술수가 판치는 어두운 골목길과 뒷길로 가지 않습니다. "의인의 길은 대로니라." 의인의 길은 그 길로 가는 자를 그 누구도 건드릴 수 없는 "대로"입니다. 그 길은 왕의 대로인데, 하나님께서는 의인들이 그 길로 다닐 자격이 있다고 하십니다. 여러분이 현재의 위치에 있을 자격이 있고, 범죄하거나 울타리를 부수고서 그 자리에 온 것이 아니며, 그 자리에 있는 것이 살아 계신 하나님 앞에서 부끄러울 것이 없고, 그 누구도 여러분을 비판할 수 없다고 느끼는 것은 정말 굉장한 일입니다. 왕의 대로에 있는 사람은 왕의 보호 아래 있기 때문에, 그의 길을 가로막는 자는 하나님의 엄중한 법의 심판을 받게 될 것입니다. 우리의 왕께서는 "거기에는 사자가 없고 사나운 짐승이 그리로 올라가지 아니하므로 그것을 만나지 못하겠고 오직 구속함을 받은 자만 그리로 행할 것이며"(사 35:9)라고 말씀하셨습니다.

왕의 대로로 행하는 사람은 끝이 좋을 것입니다. 왜냐하면, 왕이 친히 만드신 길인 까닭에, 그 길은 결코 중도에서 끊어지는 법이 없이, 하나님이 지으신 도성으로 쭉 이어지기 때문입니다. 우리의 매일매일의 삶 속에서와 각각의 행위 속에서 하나님 앞에서 올바르게 살아가십시오! 우리가 그렇게 살아간다면, 하나님께서는 우리의 길을 자신의 대로라고 인정하시며, 그의 사랑의 빛으로 환히 비추셔서, 우리의 길은 점점 더 밝아져 대낮 같이 될 것입니다.

궁휼에 풍성하신 하나님, 우리로 하여금 늘 주를 경외하는 삶을 살게 하시고, 주의 은혜로 우리를 이끄셔서, 독생자 예수를 본받아 거룩함 속에 거하게 하옵소서. 주의 이름이 영원토록 찬송 받으시기를 바라나이다. 아멘.

제
7
장

—

둘도 없는 친구

—

**"친구는 사랑이 끊어지지 아니하고
형제는 위급한 때를 위하여 났느니라."** — 잠 17:17

모든 사람들이 인생을 살 때에 유익하다고 한결같이 말하는 것이 하나 있는데, 그것은 우정입니다. 그러나 대부분의 사람들은 세상에서는 떨어지는 낙엽처럼 가짜 우정이 판을 치고 있다는 것도 이내 알게 됩니다. 자신의 친구가 보여주는 가장 고귀하고 참된 우정을 경험하는 사람은 극히 드뭅니다. 이 세상에서의 우정은 허망하고 공허해서, 꿈처럼 실체가 없고, 비눗방울처럼 금방 사라지며, 엉겅퀴의 관모처럼 가볍습니다. 친구들은 공기 같이 가벼운 칭찬들과 공허한 찬사들을 늘어놓지만, 그것들은 다 입에 발린 소리들일 뿐이고, 진심에서 우러나오는 것은 거의 없습니다. 자기를 칭찬해 주는 친구들의 말 속에 듣기 좋으라고 한 소리나 그저 예의상 한 말 이상의 것이 들어 있다고 믿는 사람은 바보임에 틀림없습니다. 사랑의 잔이라고 해서 거기에 사랑이 들어 있는 것이 아니고, 건배를 하며 즐겁게 큰 소리로 떠들며 웃는다고 해서 거기에 진정한 사귐이 있는 것이 아닙니다. 대부분의 사람들에게 우정은 별 것 아니어서, 호레이스 월폴 (Horace Walpole, 1717-1797, 영국의 작가, 고딕 로맨스를 유행시킨 중세의 공포 이야기 「오트란토의 성」으로 유명함)이 자신의 한 서신에서 쓴 것과 거의 같습니다. 그는 모든 것을 아주 쉽게 받아들인다고 말하면서, "우정이 죽으면, 성 제임스 다방으로 마차를 몰고 가서, 또 다른 우정을 집으로 데려와서" 이전 친구와 마찬가지로 새 친구와 따뜻한 우정을 나누면 된다고 썼습니다. 이 세상에서 친구는 나무에 꽃이 활짝 피어서 자신의 꿀을 만들어 내는 데 필요한 달콤한 즙이 흐를 때에 떼 지어 몰려드는 벌들과 같습니다. 그러나 12월이 오고 된서리가 내려서, 꽃이 다 떨어지고 나면, 벌들, 즉 친구들은 떠나갑니다. 우정은 철새와 같아서 우리가 여름일 때에만 우리 곁에 머물다가, 우리가 겨울이 되면, 여름이 온 다른 곳을 찾아 떠나갑니다. 이것은 옛적부터 늘 그래 왔고, 지금도 마찬가지입니다. 아히도벨은 다윗을 배신하였고, 유다는 주님을 팔았습니다. 아무리 위대한 왕들도 권력을 잃으면, 전에는 그렇게 자기에게 잘 보이고자 하였던 신하들에 의해서 개 취급을 받았다는 것을 역사가 말해 줍니다. 우리는 다음과 같은 격정적인 시를 쓴 시인처럼 말할 수 있습니다:

> "위대하고 훌륭하였던 다리우스 왕이
> 　가장 절실하게 도움이 필요할 때에 버려졌도다,
> 　전에 자기 식탁에서 배불리 먹던 자들에 의해서.
> 　그가 차가운 땅바닥에 누워 있지만,
> 　그의 눈을 감겨줄 친구가 한 사람도 없도다."

올바른 신앙의 토대 위에 세워지지 않은 모든 우정에 대해서 우리는 다니엘과 같이 "왕을 저울에 달아 보니 부족함이 보였다"(단 5:27)고 말할 수 있을 것입니다. 그러나 그런 우정들보다 훨씬 더 고귀한 우정이 있는데, 그런 우정은 신앙의 사람들인 그리스도인들, 신앙 고백은 없지만 진정한 의미에서의 덕을 갖추고 있는 사람들 가운데 존재합니다. 다몬과 피티아스(Damon and Pythias, 주전 4세기경에 시칠리아에 살았던 두 친구로서, 이후로 참된 우정의 표상이 되었다) 같은 사람들이 우리 가운데 여전히 있습니다. 요나단과 다윗 같은 우정을 보여주는 사람도 없지 않습니다. 모든 사람이 다 속이는 마음을 지니고 있는 것은 아닙니다. 충직함이 사람들 가운데 여전히 존재합니다. 경건이 자신의 집을 짓는 곳에, 참된 우정이 깃들어 있는 것입니다. 솔로몬은 이 세상의 가짜 친구들에 대해서가 아니라 진정한 친구들에 대해서, "친구는 사랑이 끊어지지 아니하고"라고 말합니다. 그런 친구는 자신이 택한 벗에게 한 번 마음을 주면, 온갖 우여곡절이 있고 상황이 어떻게 변해도 결코 그 벗에 대한 그의 우정은 변하지 않습니다. 자신의 벗이 가

난하게 되든, 세상에서 명성을 잃게 되든, 그런 것들과는 상관없이, 그는 자신의
벗을 변함없이 사랑합니다. 그의 우정은 등불과 같아서, 주변이 어두워질수록,
더 밝게 빛을 발합니다. 참된 우정은 곳간에 있는 양식이나 포도주 통을 먹고 사
는 것이 아닙니다. 참된 우정은 햇빛이 날 때에만 존재하는 무지개 같은 것도 아
닙니다. 참된 우정은 반석처럼 확고하고, 화강암처럼 단단해서, 아무리 폭풍우
가 몰아쳐도 변함없이 웃습니다. 형제들이여, 우리에게 우정이 있다면, 그 우정
이 내가 앞에서 말한 것과 같은 우정이 되게 하십시오. 우리는 오늘의 본문에 나
오는 지혜자의 시험을 치러야 하고, 그랬을 때에 우리의 우정에 부족함이 보이
지 않게 하여야 합니다. "친구는 사랑이 끊어지지 아니하고."

그러나 나는 사람들 가운데 존재하는 우정에 대해서 얘기하려고 하는 것이
아닙니다. 나는 오늘의 본문을 좀 더 높은 곳으로 들어올리고자 합니다. 우리에
게는 "사랑이 끊어지지 아니하는" 한 "친구," 그 이름이 영원히 찬송받기에 합당
하신 분이 있습니다. 진정한 의미에서 "위급한 때를 위하여 난" 한 "형제"가 있습
니다. 그 친구는 죄인들의 친구인 예수이십니다. 인간의 친구! 그는 우리를 곤경
에서 구하기 위해서 이 세상에 태어난 우리 영혼의 형제입니다. 그러므로 나는
오늘의 본문이 주 예수 그리스도를 가리키는 것으로 보고서 말씀을 전하고자 합
니다. 그런 후에, 시간이 된다면, 나는 주 예수 그리스도께서 우리에게 그렇게 하
셨듯이, 우리도 모든 곤경 속에서 언제나 그를 사랑하는 것이 마땅하다는 것을
말하고자 합니다.

1. 첫째로, 주 예수 그리스도는 참된 친구이자 형제입니다.

본문의 전반절은 "친구는 사랑이 끊어지지 아니하고"로 되어 있는데, 이 말씀을
읽으면, 우리는 먼저 예수 그리스도의 사랑의 인내를 생각하게 됩니다.

나의 사랑하는 형제들이여, 우리가 "친구는 모든 시간에 사랑하고"(KJV)라
는 구절을 그리스도와 연결시켜서 해석하면, 이 구절은 그 자체로 온전하기는
하지만, 우리가 의도하는 것에 못 미치는 부분이 있습니다. 왜냐하면, 우리 주 예
수는 "시간"이라는 것이 존재하기 이전부터 우리를 사랑한 친구이기 때문입니
다. 시간이 시작되기 이전에, 이미 주 예수 그리스도께서는 한 백성을 속량하여
자기에게로 이끌어서, 아버지 하나님의 찬송이 되게 하겠다는 언약을 맺으셨습
니다. 시간이 시작되기 이전에, 이미 그는 모든 것을 미리 아는 자신의 눈을 통해

서 인류를 미리 보시고서, 장차 자신의 피로 속량하기로 작정하셨습니다. 그리스도께서는 택하심을 통해서 그들을 자기 백성으로 삼으셨고, 아버지 하나님께서는 그들을 그에게 주셨습니다. 그리스도께서는 미래의 창을 통해서 그들을 보시고서, 그들에게 자신의 마음을 두셨습니다. 날들이 계수되고, 달들이 차고 기울기 시작하며, 해들이 뜨고 지기 오래 전에, 여호와 예수께서는 자기가 장가 갈 한 백성을 구별하셔서, 그들이 자기와 영원토록 하나가 되도록 하시기 위하여, 자신의 심장과 손에 그 이름을 새겨 두셨습니다. 최초의 아침 햇살이 비치기 전부터, 그리고 산들이 생겨나기 전부터, 또한 땅과 세상을 만드시기 전부터 그가 우리에 대하여 품고 계셨던 저 사랑을 묵상해 보십시오. 나의 형제들이여, 여러분은 영원하신 사랑에 관한 가르침을 믿습니다. 그러므로 그 영원하신 사랑을 깊이 묵상하여, 여러분의 마음속에 그 사랑으로 인한 감격이 물밀듯이 밀려오게 하십시오:

> "나의 하나님이여, 주의 손이 해를 만들어
> 　낮을 다스리게 하시기 전,
> 　땅의 토대를 놓으시기 전,
> 　아담의 진흙을 빚으시기 전,
> 　그 어떤 지극한 평화와 긍휼에 대한 생각이
> 　주의 사랑의 품에 흘러들었는지요!"

　그리스도께서는 시간이 시작되기 전, 그리고 대홍수가 있기 전, 저 머나먼 옛적에 여러분을 사랑하셔서, 여러분을 포함한 모든 믿는 자들에 대한 사랑의 약속들을 이미 주셨습니다. 그리스도께서 이 땅에 오시기 전에 하나의 전주곡처럼 행하셨던 모든 사랑의 행위들은 여러분을 포함한 그의 백성 한 사람 한 사람을 향한 것이었습니다. 아주 오래된 이 세상에서 이 친구가 여러분을 사랑하지 않은 때는 단 한순간도 없었습니다. 모든 시간 시간들이 다 사랑의 시간이었습니다. 사랑은 하나의 은실처럼 모든 시간을 관통해 있습니다. 그리스도께서 지금부터 1,800여년 전에 이 땅에 너무나 오고 싶으셔서 한 걸음에 내달리셔서 구유에 몸을 누이시고, 아기가 되어 동정녀의 젖을 무셨을 때, 그의 사랑의 전모가 상당 부분 드러났습니다. 그가 하늘의 영광을 버리시고서, 목수의 아들로 태어나, 30년 동안을 궁벽한 촌에서 아무런 이름도 없이 사심으로써, 여러분을 위하여 온전한 의를 이루신 후에, 힘들고 고된 3년의 공생애 기간을 보내시고, 마침내 이루 말할 수 없는 고통을 겪으시며 죽으셨을 때, 우리의 지각으로는 도저히 헤아릴 수 없을 정도로 그가 우리를 사랑하신다는 것이 증명되었습니다. 여러분은 그때에 이 세상에 존재하지 않았지만, 그는 여러분을 사랑하셨고, 여러분을 위하여 자기 자신을 주셨습니다. 겟세마네 동산에서 땀방울이 핏방울이 되도록 기도하신 것도 여러분을 위한 것이었고, 가시 면류관을 쓰시고 채찍에 맞으신 것도 여러분을 위한 것이었으며, 손발에 못 박히시고 옆구리에 창을 찔리시며 쓸개 즙을 마신 것도 여러분을 위한 것이었고, "죽기까지" 극심한 고통 속에서 부르짖으신 것도 여러분을 위한 것이었습니다. 여러분의 죄가 그에게 전가되어 그를 짓눌러서, 그의 영혼이 가장 낮은 지옥까지 갔던 지독하게 캄캄한 비탄의 시간에도 여러분을 사랑한 친구가 바로 예수 그리스도입니다.

사랑하는 자들이여, 여러분에게 시간이 시작되었을 때, 그리스도께서는 여러분을 사랑하셔서, 이런 식으로 여러분을 속량하셨습니다. 여러분이 태어나자마자, 그의 자애로우신 눈은 여러분에게 고정됩니다. "에브라임은 나의 사랑하는 아들 기뻐하는 자식이 아니냐"(렘 31:20). 그는 여러분에 대한 지극하신 사랑을 따라서 여러분의 부모님의 고향과 여러분의 출생 시기를 정하셨습니다. 여러분은 우연히 어쩌다 보니 이 세상에 오게 된 것도 아니고, 타조 새끼처럼 부모로부터 버림을 받게 된 것도 아닙니다. 주께서는 여러분을 보호하시는 자요 지키시는 자이셨습니다. 주 예수 그리스도께서는 요람 속에 있는 여러분을 보셨고, 자신의 천사들에게 여러분을 둘러싸고 지키라고 명하셨습니다. 무서운 질병들이 여러분을 호시탐탐 노리며 어떻게 해서든지 빨리 지옥으로 데려가려고 할지라도, 그리스도께서는 여러분이 회심하지 않은 채로 죽도록 내버려 두지 않으실 것입니다. 여러분이 성인으로 자라나서, 젊을 때에 어리석게 행하였던 것들에서 이제는 성년이 되어 본격적으로 범죄하게 되었을 때에라도, 그리스도께서는 여전히 여러분을 사랑하셨습니다. 여러분은 자신이 그리스도를 욕하고 모독하는 짓들을 저지른 동안에도, 여전히 그는 여러분을 사랑하셨다는 것을 기억하고서, 여러분의 마음을 낮추시기를 바랍니다. 여러분이 안식일을 범하여 그의 날을 멸시했을 때에도, 그는 여러분을 사랑하셨습니다. 여러분이 성경을 소홀히 할 때에도, 그의 마음은 여러분에게서 멀어질 수 없었습니다. 여러분이 골방에서 기도하는 것을 소홀히 할 때에도, 여러분에 대한 그의 사랑은 그칠 수 없었습니다. 그의 백성 중에서 어떤 사람들은 정말 얼마나 심하게 패악을 저지르며 살아가고 있는지 모릅니다. 그러나 그 모든 것에도 불구하고, 그는 그들을 사랑하셨습니다. 그들이 아무리 그를 화나게 하는 상황들 속에서도, 그는 그들을 끝까지 사랑한 친구였습니다:

> "죄로 더럽혀진 한 몹쓸 사람이
>   온갖 추잡한 욕심의 노예가 되고
>   오직 반역하기 위해서 살아가는 자가 되어
>   지옥과 손을 잡고 하늘과 싸움을 벌일 때에도
>   주께서는 그를 사랑하셨다네."

우리가 "허물과 죄로 죽어" 있을 때조차도, 그가 "우리를 사랑하신 그 큰 사랑"을 잘 생각해 보십시오(엡 2:1-5).

나는 이것은 내가 많은 사람들이 있는 자리에서 여러분에게 잠깐 한 번 소개하고 말 그런 일이 아니라, 여러분이 골방에 들어앉아서 시간을 두고 곰곰이 생각해 보아야 할 일이라고 느낍니다. 하지만 내가 이 최고의 친구가 보여주고 있는 끊임없는 사랑을 여러분에게 상기시킬 때, 성령께서 이 하늘의 사랑이 여러분의 마음을 촉촉히 적시게 하셔서, 여러분으로 하여금 그 사랑을 느끼고 감사하는 마음을 갖게 해주시기를 빕니다. 여러분은 자신의 마음이 죄에 대하여 싫증을 느끼고, 죄 사함 받지 않았을 때에 반드시 임하게 될 파멸에 대하여 두려움을 느끼고서, 그리스도를 찾지 않을 수 없게 된 때가 언제인지를 기억하십니까? 여러분의 마음속에 죄와 파멸에 대한 두려움을 느끼게 하고 그를 찾고자 하는 마음을 불러일으키는 첫 번째 씨앗을 뿌린 것은 그의 사랑이었습니다. 만일 그가 먼저 여러분을 찾아오셔서 여러분 속에 그런 씨앗을 뿌리지 않으셨다면, 여러분은 결코 그를 찾지 않았을 것입니다. 그리스도께서 먼저 사람의 마음속에 그리스도를 좋게 생각하고 찾고자 하는 마음을 두지 않으시면, 그 누구도 그리스도를 찾을 생각을 하지 않게 될 것입니다. 그가 여러분을 이끌었기 때문에, 여러분은 그를 따라가기 시작하게 된 것입니다. 그러나 만일 그가 여러분을 혼자 내버려 두셨다면, 여러분은 그에게서 늘 도망치기만 하고, 결코 그를 따라가고

자 하지 않았을 것입니다. 우리가 구주를 찾았던 때는 지독하고 힘들고 괴롭고 고통스러운 때였습니다. 그때에 우리는 밤낮으로 눈물을 흘리며 긍휼을 베풀어 주시라고 기도했습니다. 우리의 친구이신 예수께서는 그때에도 우리를 사랑하고 계셨기 때문에, 우리가 흘리는 저 참회의 눈물을 기뻐하시며, 그 눈물을 자신의 병에 담으시고, 천사들에게 우리가 기도하고 있다는 것을 알리시며, "죄인들이 저렇게 회개하니 수금을 타며 기뻐하라"고 명하셨습니다. 그는 우리가 캄캄한 어둠 속에서 비탄 속에서 하나님을 구하고 있다는 것을 아셨고, 우리를 만나주셨습니다. 탕자가 더러운 누더기를 걸치고서, "내가 일어나 아버지께 가리라"(눅 15:18)고 말할 때, 그는 탕자 곁에 계셨습니다. 예수께서는 우리를 아버지 하나님의 품으로 데려다주셨고, 아버지 하나님은 죽은 자가 살아 돌아왔고 잃은 자를 찾았다고 기뻐하시며, 탕자인 우리에게 입 맞추시며, 우리에게 고운 옷을 입혀서 잔치 자리에 앉게 하셨습니다.

나의 형제들이여, 그 행복한 날 이래로 이 친구는 우리를 내내 사랑해 왔습니다. 나는 우리가 처음으로 그의 발 앞으로 나아와서 그로 말미암아 구원 받았던 저 거룩한 시간 이래로, 늘 우리가 받은 특권에 합당하게 행해 왔다고 말할 수 있게 되기를 바라지만, 사실은 그렇게 말할 수 없는 경우가 너무나 많았습니다. 우리가 그에게 영광을 돌린 때들도 있었고, 그의 은혜가 풍성하게 나타난 때들도 있었으며, 우리의 거룩함이 분명하게 드러난 때들도 있었습니다. 그러나 우리가 다시 죄악에 빠지고, 우리의 마음이 냉랭해진 때들도 있었습니다. 우리는 마음이 돌처럼 굳어진 나발과 같이 되는 길에 있었습니다. 우리는 우리 주 하나님을 꼭 붙든 "룻"이 아니라, 우상들의 땅으로 되돌아간 "오르바"처럼 될 뻔한 때가 한두 번이 아니었습니다. 우리의 마음은 그리스도의 사랑을 멀리하고 딴 마음을 품으며, 약속의 땅의 보화들보다도 애굽의 "생선과 오이와 참외와 부추와 파와 마늘들"(민 11:5)을 그리워하였습니다. 그렇게 우리의 신앙이 바닥이었을 때조차도, 여전히 그는 우리를 사랑하셨습니다. 우리의 신앙이 줄어들었을 때조차도, 우리에 대한 그리스도의 사랑은 조금도 줄어들지 않았습니다. 그는 자신의 시계를 우리의 시계에 맞추지 않으시고, 우리의 작은 분량에 맞춰서 오직 그만큼만 사랑을 부어 주시는 것이 아닙니다. 우리는 종종 우리 안에서 단지 은혜가 줄어드는 정도에서 그친 것이 아니라 그 이상으로 나아갔습니다. 하나님의 백성이 실제로 명백한 죄에 빠진 때들도 있어 왔습니다. 그들은 심각한 죄를 범하여 그리스도의 이름을 욕되게 하기도 했습니다. 그러나 긍휼하심은 여전히 작용합니다. 실제로 우리가 저주 받을 죄들을 저질렀어도, 우리는 우리에게 주어진 약속에서 떨어져 나가지 않았고, 우리에 대한 그리스도의 마음도 우리에게서 떨어져 나가지 않았습니다. 우리가 범죄하면, 하늘에는 큰 슬픔이 있게 됩니다. 이것은 우리로 하여금 하늘의 그러한 지극한 사랑과 긍휼에도 불구하고 우리가 범죄하였다는 것을 영원히 후회하도록 하기 위한 것입니다. 그러나 이 모든 것에도 불구하고, 우리의 주이자 구주이신 그리스도께서는 우리를 버리지 않으십니다. 무슨 일이 있어도, 그는 결코 우리를 모른다고 하지 않으실 것입니다.

　　나의 사랑하는 친구들이여, 여러분이 회심한 이래로 지나온 온갖 다사다난했던 세월들을 생각해 보십시오. 여러분은 재산이 많이 늘어나서 부자가 되었고, 그렇게 되자, 주님을 잊어버릴 뻔한 시험에 빠지기도 하였지만, 그는 그 모든 일에도 불구하고 늘 여러분을 사랑한 친구였습니다. 그는 여러분이 형통함으로써 스스로 멸망을 자초하지 않게 하셨고, 여러분의 영혼에 사랑의 광선을 비추셔서 그 영혼을 고치셨습니다. 또한, 여러분은 아주 가난해지기도 하였습니다. 찬장이 비어 있어서, 여러분은 "어디에서 돈을 벌어서 입에 풀칠이라도 하나?"라고 말했습니다. 그러나 그리스도께서는 여러분의 양복이 다 해지거나, 여러분의 살림이 누추하다고 해서, 여러분을 떠나 버리시는 그런 분이 아니었습니다. 아니, 그는 이전보다 더 가까이 여러분 곁에 계셨습니다. 그는 여러분이 형통할 때보다도 곤경에 처해 있을 때에 훨씬 더 자기 자신을 여러분에게 드러냈습니다. 다른 모든 사람이 신실하지 못할 때에 그는 늘 신실한 친구였고, 다른 사람들이 모두 거짓말쟁이였을 때에 그는 늘 참된 친구였다는 것을 여러분은 경험해 왔습니다. 여러분은 종종 심하게 앓았지만, 여러분의 환난의 파고를 잦아들게 하시고 고난의 침상을 부드럽게 해주신 분은 언제나 그였습니다. 여러분은 사람들로부터 비방을 받고, 여러분을 사랑했던 자들로부터 무시를 당한 적이 있을지도 모릅니다. 여러분이 사실도 아닌 일 때문에 욕을 먹고, 많은 사람들로부터 따돌림을 당했을 때, 주님도 여러분과 함께 그 수치와 욕을 감당하셨습니다. 왜냐하면, 그가 여러분이 사람들로부터 존경을 받고 있어서 여러분을 사랑한 적은 단 한순간도 없었기 때문입니다. 한순간도 빠짐없이 늘 여러분을 사랑하는 이 친구는 내내 신실하였고 내내 진실했습니다. 여러분 자신을 너무나 형편없고 지옥에나 가야 마땅한 자라고 생각하여 허무감에 빠져서 기꺼이 자기 자신을 내버렸던 때가 여러분에게 있었을 것입니다. 그때에 여러분은 자신이 사는 것보다 죽는 것이 더 마땅하다고 느꼈습니다. 여러분은 자신에게서 과연 선한 것이 나올 수 있을지에 대하여 절망하며 소망을 품을 수 없었습니다. 그러나 여러분이 자기 자신을 거의 존중할 수 없을 때조차도, 그리스도께서 여러분을 존중하고 소중히 여기시는 것은 이전과 조금도 다름이 없었습니다. 여러분이 구덩이에 몸을 던져 죽고자 하는 마음이 간절했을 때, 그는 여러분을 거기에서 들어올려 보좌에 앉힐 준비를 하고 계셨습니다. 여러분이 자기 자신을 아무 짝에도 쓸모 없는 자라고 느끼면 느낄수록, 사실 여러분은 그의 품속으로 더욱더 달려 들어가고 있었고, 그의 특별한 사랑의 대상이 되어 가고 있었습니다.

여러분이 이 세상을 떠날 때가 신속하게, 아주 신속하게 다가올 것입니다. 여러분은 사망의 그늘 골짜기를 통과하게 될 것입니다. 그러나 두려워할 필요가 없습니다. 왜냐하면, 여러분을 내내 사랑하는 여러분의 친구가 여러분과 함께 할 것이기 때문입니다. 하나님의 뛰어난 종이었던 조나단 에드워즈(Jonathan Edwards)는 임종 때에 이렇게 말했다고 합니다: "나의 오래된 신실한 친구, 나사렛 예수는 어디에 계십니까? 내가 그의 도움을 필요로 하는 지금, 그가 내 곁에 있을 줄을 나는 압니다." 실제로 그리스도께서는 그의 곁에 계셨습니다. 왜냐하면, 이 신실한 종은 승리 가운데 죽었기 때문입니다. 여러분은 저 마지막 날에 나사렛 예수를 찾게 될 것이고, "내가 여기 있노라"는 그의 음성을 듣게 될 것입니다. 여러분은 저 사망의 그늘 골짜기가 아주 환한 광채로 밝아지는 것을 보게 될 것입니다. 죽음은 여러분에게는 사망이 되지 않고, 영원한 생명으로 나아가는 통로가 될 것입니다. 왜냐하면, "부활이요 생명"(요 11:25)이신 그가 여러분을 돕는 자가 되어 주실 것이기 때문입니다.

이상으로 나는 우리가 이 세상에 태어나서 죽을 때까지, 그리스도의 사랑이 우리의 삶을 계속해서 관통하는 것을 대략적으로 살펴보았지만, 사실 그리스도의 사랑은 시작도 없고 끝도 없이 영원 전부터 영원 후까지 이어집니다. 어쨌든 우리는 그리스도는 우리의 삶 속에서 한순간도 빠짐없이 내내 우리를 사랑하는 친구라는 것을 알게 됩니다.

형제들이여, 이제 나는 동일한 주제를 말하는 것이기는 하지만, 약간 변주를 해서 여러분에게 들려드리고자 하는데, 그것은 그리스도께서 우리를 내내 사랑하신다는 것은 실체이자 현실이라는 것입니다. 본문은 "친구는 사랑이 끊어지지 아니하고"라고 말합니다. 즉, 친구는 사랑한다고 공언하거나 말하는 것이 아니라, 실제로 사랑한다는 것입니다. 그리스도의 경우에, 이 사랑은 완전히 실천적인 것이었습니다. 그의 사랑은 결코 말뿐인 사랑이거나 사랑하는 척하는 것이 아니었습니다. 그의 사랑은 능력 있는 행위들과 표적들과 기이한 일들을 통해서 그대로 행해졌고, 이것은 하늘이 황금 수금들로 아무리 칭송해도 충분할 수 없는 하나님께 합당한 사랑이었습니다.

형제들이여, 우리는 그리스도께서 내내 실제 행동으로 우리를 사랑하셨다는 것을 알아야 합니다. 얼마 전만 해도, 여러분과 나는 죄의 종들이었습니다. 우리는 족쇄를 차고 있었고, 우리의 발목에 채워진 족쇄는 우리의 힘으로 부술 수 없는 것이었습니다. 우리는 악한 혈기와 세상적인 습성들에 단단히 묶여 있었고, 우리에게는 거기에서 해방될 수 있을 것이라는 소망이 없어 보였습니다. 예수께서는 내내 우리를 사랑하셨고, 그 사랑은 우리가 계속해서 갇힌 자로 살아가도록 내버려 두지 않았습니다. 그는 오셔서, 우리를 위하여 속전을 지불하셨습니다. 그는 자신의 핏방울들을 하나하나 세어서 우리를 속량시키는 속전으로 지불하셨고, 영원하신 성령을 통해서 우리를 묶고 있던 모든 족쇄를 부수셨습니다. 이제 그를 믿는 백성들은 그리스도께서 그들을 해방시키신 후에 그들에게 주신 자유를 누리며 즐거워하고 있습니다. 그의 사랑이 얼마나 실천적이고 실제적이었는지를 보십시오. 그는 그들이 쇠사슬에 묶인 채로 포로가 되어 종으로 살도록 내버려 두신 것이 아니라, 우리를 사랑하셨기 때문에, 우리를 감옥에서 건지셔서 우리에게 거룩한 자유를 주셨습니다. 우리 주님께서는 우리가 곤경에 처해 있는 것을 보셨습니다. 우리는 죄수로서 법정에 서 있었고, 우리에게는 변명할 여지가 없었습니다. 고소하는 자가 일어서서 수많은 무거운 죄명들을 들며 우리를 고소하였지만, 우리는 그것들 중에서 단 한 가지에 대해서도 변명할 수 없었습니다. 우리의 대제사장이 거기에 서 있었고, 우리가 법정에서 죄수로 서서 고소당하는 것을 보셨습니다. 그는 우리를 사랑하셨습니다. 이 사실 하나로 충분하였습니다. 그는 우리를 변호하는 자가 되어 주셨을 뿐만 아니라, 그 이상을 해주셨습니다. 즉, 그는 우리 대신에 피고가 되셔서 피고의 자리에 서셨습니다. 그는 우리가 당해야 마땅한 것을 대신 당하셨고, 그의 온전한 의로 우리를 덮어 주셨습니다. 그는 지엄한 공의의 보좌 앞에서 이렇게 말씀하셨습니다: "누가 능히 하나님께서 택하신 자들을 고발하리요 의롭다 하신 이는 하나님이시니 누가 정죄하리요 죽으실 뿐 아니라 다시 살아나신 이는 그리스도 예수시니"(롬 8:33-34). 그의 사랑은 죄인인 우리가 법정에서 정죄를 받지 않게 하는 것에서 그친 것이 아니라, 이 날까지 우리로 하여금 무죄방면 된 자로 살아가게 하였습니다. "그러므로 이제 그리스도 예수 안에 있는 자들에게는 결코 정죄함이 없습니다"(롬 8:1). 믿는 자들이여, 여러분의 마음을 들어올려서, 여러분을 위해 이 모든 일을 행하신 이의 이름을 송축하십시오.

우리 주님께서는 긍휼하심 가운데서 우리에게 오셨을 때, 우리가 자기의 (self-righteousness)라는 누더기를 입고 있는 것과 더럽고 헐벗은 본성을 따라 지내고 있는 것을 보셨습니다. 우리는 집도 없고 아버지도 없는 자들이었습니다. 우리에게는 영의 양식도 없었습니다. 우리는 병들었고 곪아 터졌으며, 비천하기 짝이 없었는데, 이 모든 것은 우리의 죄 때문이었습니다. 그는 우리를 사랑한다고 말씀하시면서도, 우리를 그런 상태로 그냥 내버려 두신 것이 아니었습니다. 여러분은 그가 그의 혈관에서 흘러나온 샘에서 우리를 깨끗하게 씻으시고, 희고 깨끗한 세마포로 우리를 감싸서, 그것이 그의 성도들의 의가 되게 하신 것을 알고 계십니까? 여러분은 그가 우리에게 세상이 알지 못하는 양식을 주셔서 먹게 하시고, 우리에게 필요한 모든 것을 다 공급해 주신 것을 알고 계십니까? 여러분은 우리가 그의 이름을 믿고 기도하며 구하기만 하면 무엇이든지 다 받게 되리라고 그가 약속하신 것을 알고 계십니까? 우리는 외인들이었지만, 그의 사랑이 우리를 시민들로 만들었습니다. 우리는 멀리 떨어져 있었지만, 그의 사랑이 우리를 가까이 오게 하였습니다. 우리는 멸망해 가고 있었지만, 그의 사랑이 우리를 부요하게 해주었습니다. 우리는 노예들이었지만, 그의 사랑이 우리를 아들들이 되게 해주었습니다. 우리는 정죄 받은 범죄자들이었지만, 그의 사랑이 우리를 "하나님의 상속자요 그리스도와 함께 한 상속자"(롬 8:17)로 만들었습니다.

나는 여기서 모든 신자의 경험을 자세하게 설명하는 대신에, 몇 가지만 물어서 확인하고자 합니다. 여러분이 곤경에 처하였을 때, 그리스도께서는 늘 여러분을 돕지 않으셨던가요? 여러분이 어느 길로 가야 할지를 잘 몰라서, 그리스도께 여러분의 길을 인도해 주시라고 구하였을 때, 그리스도께서는 여러분이 잘못된 길로 가도록 내버려 두시던가요? 여러분의 마음이 근심에 싸여서 너무나 무거운데도, 얘기할 친구가 없었던 경우에, 그리스도께로 나아가서 그 앞에 여

러분의 마음을 쏟아놓았을 때, 여러분은 늘 위로를 받지 않았던가요? 그리스도
께서 언제 한 번이라도 여러분을 실망시키시던가요? 그리스도의 팔이 짧다거나
그의 귀가 둔하다고 느끼신 적이 여러분에게 한 번이라도 있었던가요? 지금 이
순간까지 그리스도께서 한 번이라도 말로만 사랑한다고 하신 적이 있으시던가
요? 그런 적이 결코 없었을 것입니다. 여러분은 그리스도의 사랑이 지극히 참되
고 실제적인 사랑이었다는 것을 압니다. 이제 그 사랑을 뒤돌아보면서, 나는 여
러분이 그에게 참되고 진정한 찬송을 드리시기를 부탁드립니다. 나는 여러분이
머리나 입술로 드리는 찬송이 아니라, 여러분의 영과 혼과 몸 전체로 드리는 찬
송을 가지고 그 앞에 나아가서, 여러분 자신을 또다시 그에게 성별해 드리시기
를 부탁드립니다. 형제들이여, 이제 여러분은 그리스도의 사랑이 한순간도 빠짐
없이 계속 이어지는 사랑이라는 것을 아셨고, 그 사랑은 늘 실천적인 사랑이었
다는 것도 아셨습니다.

　　나는 다음으로 그리스도의 사랑의 본질에 대해서 말씀드리고자 하는데, 여러
분이 잘 참고 들어 주시면 고맙겠습니다. 그리스도의 사랑의 본질은 그 사랑이
이렇게 한시도 빠짐없이 계속해서 이어지는 사랑이고 실제 행동으로 드러나는
실천적인 사랑일 수밖에 없는지 그 이유를 설명해 줍니다. 우리에 대한 우리의
이 선한 친구의 사랑은 지극히 선한 동기에서 나온 사랑입니다. 그가 우리를 사
랑해서 얻을 수 있는 것은 아무것도 없습니다. 정도 차이는 있지만, 사람들의 우
정은 결국에는 자기에게 이익이 되기 때문에 지속될 수 있고, 이렇게 이해관계
에 의해서 물들은 정도만큼, 그 우정은 변질된 것이기 때문에, 우정으로서의 가
치를 잃게 됩니다. 그러나 우리에 대한 우정이나 사랑을 통해서 예수 그리스도
께서 얻는 것은 아무것도 없고, 오로지 잃는 것만 있을 뿐입니다. "우리 주 예수
그리스도의 은혜를 너희가 알거니와 부요하신 이로서 너희를 위하여 가난하게
되심은 그의 가난함으로 말미암아 너희를 부요하게 하려 하심이라"(고후 8:9).
그가 자기 백성에 대하여 품고 계신 사랑은 그들 속에 있는 어떤 것 때문에 생겨
난 사랑이 아닙니다. 물론, 그가 그들을 사랑하시는 데에는 이유가 있다는 것은
의심의 여지가 없습니다. 왜냐하면, 그리스도께서는 결코 이유도 없이 행하시는
분이 아니기 때문입니다. 그러나 그 이유는 우리 속에 있지 않습니다. 사람들 간
의 사랑은 우리가 좋아하는 상대방의 어떤 매력이나 훌륭한 성품, 또는 우리에
게 주어진 어떤 의무에서 생겨나지만, 우리에 대한 그리스도의 사랑은 그런 것

과는 아무 상관이 없습니다. 그가 택하신 자들 중에서 그 어떤 개인적인 매력을 지니고 있거나, 그리스도에게서 칭찬을 받을 만큼 훌륭한 성품을 지닌 사람은 아무도 없습니다. 반대로, 그들에게는 그가 역겨워할 만한 것들이 무수히 많습니다. 또한, 그가 우리에 대하여 어떤 의무를 지고 계시지 않는다는 것도 확실합니다. 왜냐하면, 그는 우리가 아직 생겨나기도 전에 우리에게 마음을 주셨기 때문입니다. 사람들 간의 사랑은 사랑의 대상에게 있는 그 무엇으로 인해서 유지되지만, 우리에 대한 그리스도의 사랑의 깊은 원천은 그리스도 자신 속에 있습니다. 그리스도의 궁정이 피조물들로부터 그 어떤 것을 상납 받지 않고도 그의 보좌의 위엄을 유지하는 것과 마찬가지로, 그의 사랑도 우리에게서 그 어떤 동기나 이유를 발견할 수 없어도 유지됩니다. 그러므로 형제들이여, 여러분은 이 사랑이 왜 내내 한결같이 동일할 수밖에 없는지 그 이유를 이제는 알 수 있을 것입니다. 만일 그 사랑이 우리의 존재 자체와 행위들과 공로에 따라 달라진다면, 그 사랑은 이미 진작 다 끊어지고 말았을 것입니다. 하지만 그 사랑은 하나님의 저 크고 깊은 마음에서 나오는 것이기 때문에, 결코 변할 수 없고, 앞으로도 결코 변하지 않을 것입니다.

또한, 우리가 기억해야 할 것은 사람들 간의 사랑은 흔히 맹목적인 반면에, 그리스도의 사랑은 늘 지혜로운 사랑이라는 것입니다. 그는 자기가 사랑하는 우리가 어떤 존재인지를 정확히 아시고서 우리를 사랑하셨습니다. 사람을 구성하고 있는 것들 중에서 예수 그리스도께서 알지 못하시는 것은 아무것도 없습니다. 여러분 개인의 온갖 특성과 성질들 중에서 그리스도께서 미리 아시지 않은 것은 하나도 없습니다. 그리스도께서는 자기 백성들이 범죄하기 시작하기 전에 사랑하셨지만, 그들에 대하여 아무것도 알지 못하신 채로 맹목적으로 사랑하신 것이 아니라는 것을 기억하십시오. 그는 그들이 무엇을 생각하고 행하며 어떤 존재로 살아갈지에 대하여 모든 것을 정확히 알고 계셨습니다. 그가 그 모든 것들을 사랑하기로 작정하신 것이기 때문에, 여러분은 그의 사랑이 결코 변하지 않을 것임을 확신할 수 있습니다. 왜냐하면, 그가 아셔야 할 일이 새롭게 생겨날 일은 절대로 없을 것이기 때문입니다. 만일 그가 우리를 사랑하기 시작하셨는데, 우리가 그를 속이고 실망시켜드린 것이라면, 우리는 문 밖으로 쫓겨났을 것입니다. 그러나 그는 우리가 반역하고, 다시 죄악 가운데 빠지며, 그에게 질투를 불러일으킬 짓을 하게 될 것을 이미 너무나 잘 알고 계셨습니다. 그는 이 모든 것을 다 아시고서도 우리를 사랑하신 것입니다. 그러므로 그의 사랑이 영원토록 변함없이 이어지리라는 것은 두말할 필요가 없습니다.

　형제들이여, 그리스도의 사랑은 무한히 참으시고 불쌍히 여기시는 것과 늘 연결되어 있습니다. 우리 주님은 우리가 단지 티끌일 뿐임을 알고 계시기 때문에, 육신의 아버지가 자신의 자녀들을 불쌍히 여기듯이, 우리를 불쌍히 여기십니다. 우리는 변덕스럽지만, 우리 주님은 오래 참으십니다. 그는 우리가 범죄하는 것을 보시면, 속으로 이렇게 말씀하십니다: "저런, 불쌍한 영혼들이여, 스스로를 해치는 일을 저렇게 또 하다니, 이 얼마나 우매한 짓이란 말인가!" 그는 우리의 냉정한 말들을 불쾌해하시며 불 같이 화를 내시는 것이 아니라, "가엾은 애야, 또 그런 짓을 해서 자기 자신에게 많은 해악과 손해를 입히는구나!"라고 말씀하십니다. 그는 범죄하는 우리를 측은히 여기시며 자비로우신 눈길을 보내시기까지 합니다. 왜냐하면, 그는 우리의 모든 죄가 자신의 피로 말미암아 다 제거되었다는 것을 아시는 까닭에, 그 죄의 악 자체보다는, 그 죄로 인해서 가엾은 영혼이 입게 될 해악을 보시기 때문입니다. 예수께서는 무한하신 겸비와 인내 가운데서 우리를 보시기 때문에, 우리가 그를 도발하고 화나게 해서, 그가 자신의 은혜를 우리에게서 거두시는 일은 있을 수 없습니다. 그는 늘 우리의 죄를 용서해 주실 준비를 하고 계시고, 우리의 죄를 용서해 주시는 일에 결코 더디시지 않습니다. 사람들은 무수히 도발하여 그를 화나게 합니다. 그러나 그리스도의 인내는 우리의 무수한 도발보다 더 크기 때문에, 그 모든 것들을 집어삼켜 버립니다.

　나는 그리스도의 사랑이 왜 이토록 변함이 없으시고, 그리스도께서 우리에 대하여 이렇게 참으시는지 그 이유를 한 가지 말씀드리고자 하는데, 그것은 그는 우리가 장차 되어질 모습 속에서 우리를 보시기 때문이라는 것입니다. 그는 단지 아담의 타락으로 인하여 멸망 받게 되어 있는 우리의 현재의 모습을 따라서가 아니라, 내재하는 죄로부터 부분적으로 건짐을 받은 우리의 모습을 따라서 우리를 봅니다. 그는 우리가 영원히 자신의 품에 안겨야 할 자들이고, 정확히 자기와 같이 될 자들이며, 자신의 영광에 참여하게 되어 있는 자들이라는 것을 기억하십니다. 그는 우리를 장차 온전한 의인들의 세계에서 자신의 형제들이 될 자들로 보시고서, 우리의 잘못과 죄악들을 간과하시고, 참된 친구로서 우리를 내내 사랑하십니다.

　나는 이 사랑을 아는 사람들을 지루하게 하지 않을 것입니다. 그들에게는 현란한 문장들이나 웅변들을 사용해서 그 사랑을 설명할 필요가 없습니다. 그 사랑의 달콤함은 그 사랑을 받은 자들만이 압니다. 그럴 때, 여러분은 하나님이 주시는 그 어떤 잔 속에서도 그런 사랑이 담겨 있는 달콤한 포도주를 마실 수 있게 됩니다. 하나님의 이 진수성찬의 달콤한 향기를 아는 사람은 이렇게 해 달라거나 저렇게 해 달라거나 요구하지 않고, 그 사랑이 계속해서 주어지는 것만으로 기뻐하고 즐거워합니다. 왜냐하면, 그 사랑을 묵상하는 것 자체가 달콤한 것이기 때문입니다. "친구는 사랑이 끊어지지 아니하고."

본문의 하반절은 "형제는 위급한 때를 위하여 났느니라"로 되어 있습니다. 참된 형제는 가족이 어렵고 힘들 때에 형제애를 나타내 보인다는 것입니다. 이제 여기에 계시는 예수를 믿는 모든 신자들이여, 이 말씀이 그리스도에게 적용될 때, 그 의미가 무엇인지를 생각해 보십시오. 예수 그리스도께서는 여러분을 위해 나셨습니다. "한 아기가 우리에게 났고 한 아들을 우리에게 주신 바 되었는데"(사 9:6). 그런데 그리스도께서 특히 여러분의 형제로 태어나신 분이라는 것이 드러나게 되는 때는 여러분이 곤경에 처해 있을 때입니다. 형제는 곤경의 때를 위해 태어납니다.

먼저, 그리스도께서 우리의 곤경의 때를 위해서 나셨다는 것을 살펴보겠습니다. 그리스도는 우리를 타락이라는 저 큰 곤경으로부터 건지시기 위하여 나셨습니다. 우리 첫 조상들의 죄가 에덴을 날려 버리고 우리의 모든 소망을 다 파괴해 버려서, 우리의 기쁨이라는 여름이 우리의 불만이라는 겨울로 변하였을 때, 인류를 들어올리셔서 소망을 갖게 하시고, 자신이 택하신 자들을 들어올리셔서 구원을 얻게 하시기 위하여, 그리스도께서 베들레헴의 구유에서 나셨습니다. 그는 자기가 망쳐 놓지 않은 것을 회복시키셨고, 자기가 부수지 않은 것을 다시 세우셨습니다. 만일 우리가 타락하여 멸망 받을 처지가 되지 않았더라면, 그는 결코 우리의 구주가 되시기 위하여 이 땅에 오시지 않았을 것입니다. 우리의 곤경이 너무나 컸기 때문에, 그토록 어마어마한 구주께서 이 땅에 오시지 않으면 안 되었습니다.

우리 주님이 곤경의 때를 위하여 나신 이유는 곤경에 처한 모든 이들에게 공감하여 그들과 함께 아파할 수밖에 없는 특별한 성품을 지니고 계시기 때문입니다. 오직 그만이 온갖 크고 작은 슬픔과 괴로움을 다 두루 겪어 보셨다고 말할 수 있습니다. 오직 예수 그리스도만이 그런 주장을 하실 수 있습니다. 사람의 마음을 찢어

놓는 모든 고통 중에서 그가 겪지 않으신 것은 단 하나도 없었습니다. 어떤 사람들이 아무리 극심한 고통과 괴로움 속에 놓여 있다고 할지라도, 그리스도께서 겪으신 고통을 능가할 수 있는 사람은 아무도 없습니다. 그리스도는 고초를 겪은 자들 중에서 왕으로서, 최고의 고초를 겪으신 분입니다. 그는 온갖 재앙과 화를 겪은 자들 중에서 황제로서, 최고의 재앙과 화를 겪으신 분입니다. 그러므로 그는 우리의 모든 연약한 것들을 다 겪으신 분이기 때문에, 시험 받고 연단 받는 모든 사람들에게 공감하시고, 그들을 도우실 수 있습니다. 나무에 달리셔서 고통당하신 그를 보십시오. 수치와 고통으로 가득한 그의 삶 전체를 통하여 그를 보십시오. 그러면 여러분은 그가 곤경의 때를 위하여 났다는 것을 알게 될 것입니다. 그는 곤경의 때를 위하여 난 것이기 때문에, 우리의 모든 환난에 공감하기 위하여 났고, 구원의 대장이 되시기 위하여, 자기가 영광으로 이끄는 많은 아들들과 온전히 공감하는 법을 몸으로 배우셔야 했습니다.

　형제들이여, 하지만 본문은 그런 의미를 뛰어넘습니다. 예수 그리스도가 곤경의 때를 위하여 난 형제인 것은 그가 환난 가운데 있는 성도들에게 늘 최고의 임재를 허락하시기 때문입니다. 나는 그리스도의 임재가 병자들이나 눌린 자들과 함께한다는 것을 많은 사람들이 망상으로 치부할 것임을 압니다. 하지만 사람들이 망상이라고 치부하는 바로 그것이 병자들이나 눌린 자들로 하여금 고통 가운데서 웃게 하고 깊은 괴로움 속에서 즐거워하며 자신의 재물을 잃어도 기뻐하게 만듭니다. 이 정도가 되면, 이것이 망상이라는 것이 사실이라고 해도, 그것은 참으로 복된 망상입니다. 내가 진심으로 증언하고 단언하는 것은 영적인 지각에 실제적인 것이 존재한다면, 그리스도의 임재가 바로 그런 실재라는 것입니다. 우리는 그가 우리 위에 몸을 굽히시는 모습을 볼 수 없고, 전에 울며 통곡하느라 붉어진 적이 있는 사랑이 가득한 그 눈빛을 볼 수 없으며, 못 박히신 저 손을 만지지 못하고, 십자가에 묶이신 저 발의 부드러운 발걸음 소리를 들을 수 없지만, 전에 그가 갈릴리 호수 위에서 광풍이 불어 요동하던 배에 서서, 바람과 물결을 꾸짖어 "잠잠하라 고요하라"(막 4:39)고 하셨을 때에 제자들이 그의 임재를 분명하게 느꼈듯이, 우리의 내면에서는 우리 위에 드리워지는 그리스도의 그림자를 분명히 알게 됩니다. 그를 불러오는 것은 믿음이지만, 그의 임재를 알게 되고, 거기로부터 흘러나오는 지극한 복을 기뻐하는 것은 일종의 영적 지각입니다. 우리는 우리가 아는 것을 말하고, 우리가 본 것을 증언하는데, 그것은 그가 곤경의 때를 위하여 난 형제로서, 세상에 대해서는 그렇게 하지 않으시지만, 곤경에 처한 자기 백성에게는 자기 자신을 지극히 인자하신 모습으로 나타내신다는 것입니다.

나는 그가 곤경의 때를 위하여 났다는 것은 여러분이 곤경 속에서가 아니면 그를 알기 힘들다는 의미라고 생각합니다. 여러분은 믿음의 한 행위를 통해서 그리스도를 알고 구원을 받을 수 있지만, 그의 아름다우심을 온전히 알기 위해서는 용광로를 통과하지 않으면 안 된다는 것입니다. 늘 잘 다듬어진 풀밭 같은 순탄한 길을 걷는 하나님의 자녀들은 상대적으로 그리스도와의 교제가 적고, 그를 아는 것이 별로 없게 됩니다. 그러나 큰 물에서 일하는 사람들은 주의 깊은 역사들과 기이한 일들을 보면서, 우리의 "지식에 넘치는 그리스도의 사랑"(엡 3:18)을 알게 됩니다. 많은 사람들이 "고난 당한 것이 내게 유익이라"(시 119:71)고 말할 수 있는 것은 고난 속에 회복의 능력이 들어 있기 때문만이 아니라, 고난 당한 사람들은 그 고난이 창(窓)이 되어서, 그리스도의 마음을 들여다보고, 그의 긍휼하심을 읽으며, 다른 식으로는 결코 알 수 없는 그의 본성을 이해하게 되기 때문입니다. 용광로 불빛은 그를 그 어떤 빛보다도 놀라울 정도로 밝히 보여줍니다. 예수가 곤경의 때를 위해 난 형제인 것은 세상에 어둠이 깊어 빛이 사라지고 모든 등불도 다 꺼졌을 때, 곤경의 때에 그의 영광이 주변을 한밤중의 어둠을 대낮으로 바꾸어 놓기 때문입니다.

마지막으로, 그가 곤경의 때를 위해 난 형제인 것은 곤경의 때에 그의 백성의 인내를 통해서 그가 영광을 받으시기 때문입니다. 여러분이 가장 감미로운 찬송을 이 낮은 땅에서 영원한 보좌로 올려드릴 수 있는 때는 병들어 침상에 누워 있을 때라는 것을 나는 보장합니다. "그들이 불 속에서 주를 지극히 높이며 찬송하게 되리이다." 하나님의 자녀들이 자신의 입 속에 이 세상의 흙을 많이 담고 있으면 입을 다물게 됩니다. 하지만 하나님께서 그들에게 위로가 되는 것들과 소유물들을 가져가 버리시면, 그들은 새장의 새들처럼 온 마음을 다해 노래하기 시작합니다. 여러분 중에서 고난당하는 분들이여, 하나님을 찬송하십시오. 여러분의 찬송은 결국 여러분을 고난에서 건지신 그에게 감사하는 찬송이 될 것입니다. 애곡하는 자들이여, 하나님을 찬양하십시오. 믿음으로 여러분의 슬픔을 소망으로 바꾸어서, 여러분의 찬송을 받으시기에 합당하신 하나님의 이름을 송축하십시오.

2. 둘째로, 그리스도인들은 늘 주님을 사랑해야 합니다.

나는 첫 번째 대지를 마치고, 본문이 그리스도인들에게 주는 실제적인 교훈을 잠깐 살펴보고자 합니다. 나는 오늘의 본문이 말하고 있는 것이 여러분 대다수의 경험을 그대로 써놓은 것이 되었기를 소망합니다. 여러분은 예수 그리스도께서 참된 형제이자 복된 친구시라는 것을 발견해 왔는데, 이제 여러분도 예수 그리스도에 대하여 그렇게 되는 것이 마땅합니다. 친구들을 얻고자 하는 사람은 자기가 먼저 사람들에게 참된 친구가 되어 주어야 합니다. 그리스도께서 우리에게 그러한 친구라면, 우리는 그에게 어떤 사람이 되는 것이 마땅합니까? 사랑하는 자들이여, 그러므로 우리는 그리스도를 한순간도 빠짐 없이 내내 사랑하는 그리스도의 친구들이 되게 해 달라고 기도하고 그렇게 되도록 애써야 합니다. 그런데 슬프게도, 신앙인들 중에는 그를 한시도 사랑하지 않는 분들이 있는 것 같습니다. 그런 사람들은 입으로는 그리스도께 충성을 맹세하지만, 그리스도를 위하여 자신의 달란트들을 사용하거나 자신의 물질을 드리는 것을 거부합니다. 그들은 아무런 실체도 없는 공허한 말들로만 그를 사랑합니다. 그들은 그리스도를 위하여 "돈으로 향품을 사지 아니하며 희생의 기름으로" 그를 "흡족하게 하지도" 않습니다(사 43:24). 그런 사람들은 말로만 사랑하는 자들이기 때문에, 자신의 사랑을 증명해 줄 그 어떤 실질적인 것도 행하지 않습니다. 우리는 그래서는 안 됩니다. 그리스도에 대한 우리의 사랑은 지극히 참되어서 그를 위하여 우리 자신을 희생하지 않고는 배길 수 없는 심정이 되어야 합니다. 우리는 우리 자신을 부인하고 그의 진리를 널리 전파하는 일을 하며, 우리의 사랑의 증거가 되는 그런 일들을 행하지 않고서는 결코 만족하지 못하는 자들이 되어야 합니다.

우리는 내내 그를 사랑하여야 하지만, 자신의 일이 너무 잘 되어서 거물(巨物)이 되어, 자신의 구주를 사랑하지 못하게 되는 사람들이 있습니다. 그들은 머리를 너무 높이 쳐들고 다니느라, 성도들과 어울리지 못합니다. 큰 부자가 되기 전에 그렇게 잘 살지 못했을 때에는, 그들도 하나님의 백성들과 함께 하였고, 함께 예배드리는 것을 기뻐하였었습니다. 그러나 사업이 잘 되어서 큰 재산을 모으게 되자, 이제 그들은 한때 그렇게 기뻐하였던 예배 처소에 참석하는 것을 부끄러워하게 되었습니다. 그들은 자신들이 사회에서 뒤처지지 않기 위해서, 세상의 종교를 추구하고, 세상 방식을 따라 예배하여야 할 것처럼 느낍니다. 하나님의 백성들은 그리스도께서 보시기에는 왕들이자 고관들이지만, 세상에서 크게 출세한 그들의 눈에는 너무나 하찮은 자들의 모임으로 보입니다. 애석하게도, 예수를 사랑한다고 고백한 그들은 너무나 높이 올라가 버려서, 그리스도와 더불어 진실하고 신실하게 걸을 수 없게 되었습니다. 사실, 그것은 올라간 것이 아니라, 비참하게 떨어진 것입니다. 우리는 슬프고 괴로운 밤이든 기쁨의 낮이든 늘 그를 사랑하고 그에게 붙어 있어서, 이 세상에는 우리가 가장 사랑하는 이 외에는 우리의 마음을 뺏을 수 있는 것이 그 어떤 것도 없다는 것을 모든 사람들에게 증명하여야 합니다.

교회가 둔해지고 죽어 있는 것처럼 보일 때에도, 우리는 예수 그리스도를 사랑해야 합니다. 여러분 중에는 지금 교회가 거의 힘을 잃어버린 지역에서 살아가고 있는 분들이 계실 것입니다. 여러분의 성소에는 등불이 아주 희미하게만 타고 있고, 하나님을 예배하는 교인들은 거의 없으며, 열심은 완전히 죽어 있습니다. 그럴지라도, 여러분은 교회를 버리지 마십시오. 교회가 여러분을 필요로 할 때, 거기에서 도망치지 마십시오. 무슨 일이 있어도, 여러분의 자리를 지키십시오. 교회가 침몰할 수밖에 없다면, 여러분은 그 침몰하는 배에 남아 있는 마지막 사람이 되십시오. 그리스도의 친구로서 한순간도 빠짐없이 내내 그를 사랑하기로 결심하십시오. 여러분은 교회를 위하여 태어난 형제로서, 다른 모든 때들에는 말할 것도 없고, 교회가 어렵고 힘든 때에 교회에 꼭 붙어 있어야 합니다.

이 자리에 계신 분들 중에는 내일은 생업을 위해서 일터에 있는데, 거기에서 어떤 하나님의 사랑하는 자녀가 비웃음과 조롱을 당하는 것을 보게 될 수도 있을 것입니다. 여러분이 주일에 함께 마음을 합해 즐겁게 예배드렸고 한 목소리로 기도했던 형제가 비열한 자들 가운데서 곤경에 처해 있는데, 여러분은 그리스도를 위하여 그 형제 옆에 있어 주어야 하지 않겠습니까? 그들은 잔인한 말들로 그 형제를 희롱하고 있고, 은혜 가운데 있는 그의 영혼을 괴롭히고 있습니다. 여러분은 겁을 먹고 두려워서 슬그머니 그 자리를 피해 버릴 수도 있습니다. 그러나 여러분이 "친구는 사랑이 끊어지지 아니한다"는 말씀을 기억한다면, 그 형제의 싸움을 그리스도의 싸움으로 여기고서, 그리스도의 몸의 한 지체로서 그 형제가 당하는 모욕을 함께 당하고자 하여, 이렇게 말하게 될 것입니다: "당신들이 그를 조롱하려거든, 나도 조롱하시오. 나도 당신들이 조롱하는 나사렛 예수를 믿는 사람이오." 우리는 그리스도께서 우리에게 보여주신 사랑을 기억하고서, 행여나 창피를 당할까봐 하나님의 진리를 말하지 못하고 침묵을 지키는 일이 있어서는 결코 안 됩니다. 우리는 별 일 없이 편안하고 순탄하게 살기 위해서 하나님의 말씀을 혼잡하게 하고 희석시키는 비겁한 짓을 저질러서는 결코 안 됩니다. 하나님의 진리를 단 한 획이라도 억누르는 때가 있어서는 안 됩니다. 나의 형제들이여, 하나님의 성령과 하나님의 말씀이 여러분에게 무엇을 말하라고 지시하시든, 그리스도를 위하여 그것을 남김없이 말하고, 그렇게 했을 때에 여러분에게 어떤 고난이 주어진다면, 그것을 기꺼이 받으십시오. 여러분의 구주께서는 여러분을 위해서 그것보다 훨씬 더한 것들을 다 감내하신 것을 기억하고서, 그리스도를 위하여 받는 고난을 기쁘게 여기십시오. 곤경의 때를 위하여 난 형제가 되십시오. 여러분은 자신이 침상에 편안히 누워서 빈둥거리다가 천국에 가게 될 것을 기대하십니까? 여러분은 아무런 싸움도 없이 영원한 면류관을 얻게 될 것이라고 기대하십니까? 여러분은 전쟁터의 흙먼지와 화약 냄새를 감당함이 없이 저 펄럭이는 승리의 깃발 아래 있고자 하는 것입니까? 결코 그럴 수 없습니다. 결연한 의지와 담대함으로 주님의 발자취를 따르십시오. 그를 한순간도 놓치지 말고 내내 사랑하십시오. 그를 위해 모든 것을 포기하십시오. 그러면 여러분은 머지않아 그의 영광을 그와 더불어 영원무궁토록 누리게 될 것입니다. 하나님께서 예수님을 위하여 여러분에게 복주시기를 빕니다. 아멘.

제
8
장
—

신실한 친구

—

"어떤 친구는 형제보다 친밀하니라." — 잠 18:24

키케로(Cicero)는 "이 세상에서 모든 사람이 다 유익한 것이라는 데 동의한 유일한 것은 우정이다"라고 말했고, 이것은 옳습니다. 우정은 불이나 물, 심지어 공기처럼 사람이 이 세상에서 편안하게 살아가는 데 꼭 필요한 요소인 것으로 보입니다. 물론, 사람이 홀로 독불장군처럼 살아갈 수도 있겠지만, 그런 삶은 너무나 비참하고 불행해서 거의 삶이라고 할 수도 없습니다. 그런 삶은 소망의 잎사귀들과 기쁨의 열매들이 다 떨어져 버린 나무 같아서, 삶이라기보다는 그저 생존하는 것이라고 해야 합니다. 사람이 행복하기 위해서는 친구들이 있어야 합니다. 그리고 사람이 내세에서 행복하고자 한다면, 다른 그 무엇보다도 내세에서 천국 백성의 아버지이신 하나님이 자신의 친구가 되어 주셔야 합니다.

하지만 우정은 지극히 기쁘고 복된 것이기는 하지만, 그 우정이 신실하지 못하고 무가치한 것으로 밝혀졌을 때에는, 사람들에게 가장 큰 불행과 비참함의 원인이 되어 오기도 하였습니다. 왜냐하면, 좋은 친구가 달콤한 만큼, 거짓된 친구는 쓰디쓸 수밖에 없기 때문입니다. "신의가 없는 친구는 독사의 이빨보다 더 날카롭다." 어떤 사람에게 기대는 것은 달콤하지만, 여러분이 믿고 의지했던 것이 무너져서 나락으로 떨어지게 된다면, 그 쓸쓸함은 어쩌하겠습니까! 참된 친구가 되려면, 신의가 절대적으로 필요합니다. 어떤 사람이 우리에게 신의를 지키지 않을 때, 우리는 그 사람을 기뻐할 수 없습니다. 솔로몬은 "어떤 친구는 형제보다 친밀하니라"고 말합니다. 나는 그가 세상의 부귀영화와 헛된 것들 속에서는 결코 그런 친구를 발견할 수 없었을 것이라고 생각합니다. 그는 세상의 모든 것들을 다 시험해 보았지만, 그 모든 것들이 다 헛되고 공허하다는 것을 발견하였습니다. 그는 세상이 주는 온갖 기쁨들을 다 경험해 보았지만, 그것들이 다 "헛되고 헛되다"는 것을 알았습니다. 가엾은 새비지(Savage)는 자신의 서글픈 경험을 토대로 이렇게 말했습니다:

> "당신들은 세상의 우정이라는 것이 쇼라는 것을 알게 될 것입니다.
> 단지 겉보기에만 그럴 듯해 보이는 쇼에 불과하지요!
> 우정은 창기의 눈물과 같고,
> 정치가의 약속과 같으며,
> 거짓 애국자의 열심과 같아서
> 겉은 그럴 듯해 보이는 것들로 온통 포장되어 있지만,
> 결국은 모든 것이 환상일 뿐이지요."

　우정이라는 것이 대체로 그렇습니다. 세상의 우정은 늘 깨지기 쉽고 덧없습니다. 우정을 믿는 것은 강도(強盜)를 믿는 것과 같습니다. 우정을 의지하는 것은 가시를 의지하는 것과 같습니다. 아니, 여러분이 우정을 믿고 의지했다가는, 그 우정이 창(槍)이 되어서 여러분의 영혼을 찔러 여러분에게 큰 고통을 안겨줄 것입니다. 하지만 솔로몬은 "형제보다 친밀한 한 친구"를 찾아냈습니다. 물론, 그는 자신의 고삐 풀린 방탕한 삶 속에서 세상의 쾌락들을 추구하는 과정에서나 끝없이 이리저리 헤매며 탐구하는 과정에서 그 친구를 찾아낸 것이 아닙니다. 그는 지존자의 장막, 하나님의 은밀한 거처 속에서, 하나님의 아들이시자 죄인들의 친구이신 예수에게서 그 친구를 찾아낸 것이었습니다.
　"어떤 친구는 형제보다 친밀하니라"는 말은 사실 대단한 말입니다. 왜냐하면, 지금까지 형제애는 사람들에게 대단히 용맹스러운 행동들을 할 수 있는 힘을 주어 왔기 때문입니다. 우리는 형제애가 사람들을 움직여서 어떤 일들을 하게 할 수 있었는지에 관한 이야기들을 읽어 왔고, 형제애가 할 수 있었던 일들은 우정이 해낼 수 있었던 그 어떤 일들보다도 더 대단한 것들이었습니다. 헬라의 정치가 티몰레온(Timoleon, BC 411-337)은 자신의 죽은 형제의 시신이 적들로부

터 모욕당하는 것을 막기 위해서 자신의 방패로 그 시신을 지켰고, 그가 자신의
형제의 시신을 지키기 위해서 적군의 창을 두려워하지 않고 나선 행위는 위대한
형제애를 보여주는 모범으로 추앙되었습니다. 고대와 현대의 전쟁에서 끈끈한
형제애를 보여주는 이와 같은 예들은 많이 있어 왔습니다. 산악지대를 행군하다
가 길을 잃은 두 형제에 관한 이야기도 유명합니다. 그들이 속한 군대는 갑자기
몰아닥친 거센 폭풍우를 만난데다가, 휘몰아치는 눈으로 인해 앞을 잘 분간할
수 없어서, 결국 산중에서 길을 잃게 되었습니다. 그들은 거의 얼어 죽을 뻔했지
만, 어떻게 가까스로 행군을 계속할 수 있었습니다. 한 사람씩 눈 속으로 굴러 떨
어져 흔적도 없이 사라졌습니다. 다른 사람들은 이렇게 한 사람씩 낙오되어 죽
어가도 본 체 만 체하였지만, 포사이스(Forsythe)라는 성을 지닌 두 형제는 달랐
습니다. 형제들은 둘 다 자신의 사지를 끌고서 눈 덮인 흰 산을 걷기도 힘든 상황
이었지만, 한 형제가 기진맥진해서 땅에 쓰러져 일어나지 못하자, 다른 형제가
그를 등에 업고서 행군을 계속하였습니다. 이 충직하고 용감한 형제는 자기가
사랑하는 이를 등에 업고 걷다가, 결국 피로를 이기지 못하고 땅에 쓰러져 죽었
습니다. 하지만 그가 등에 업었던 그의 형제는 그의 몸에서 나온 온기를 받아서,
무사히 이 여정을 마치고 살 수 있었습니다. 여기서 우리는 형제가 형제를 위하
여 자기 목숨을 희생한 예를 봅니다. 나는 이 자리에 계신 형제들 중에서도 이 두
형제와 똑같은 어려운 일이 생겼을 때에 그들처럼 할 각오가 되어 있는 분들이
있을 것이라고 생각합니다.

우리는 이렇게 형제애가 어떤 힘을 발휘하는지를 알기 때문에, "어떤 친구
는 형제보다 친밀하니라"고 말하는 것이 얼마나 대단한 것인지를 압니다. 그런
말은 친구를 사람이 사랑하는 자들의 목록에서 두 번째 순번에 두는 것을 의미
합니다. 왜냐하면, 이 세상에서 자식에 대한 어머니의 사랑을 제외하면, 한 아버
지에게서 태어나서 한 어머니의 슬하에서 자라난 형제간의 사랑보다 더 친밀한
사랑은 없고, 또한 그렇게 되는 것이 마땅하기 때문입니다. "바로 옆에서 함께
자라나면서 한 집안에서 늘 함께 웃고 울었던" 사람들이 서로를 사랑하는 것은
마땅한 일입니다. 그래서 형제애를 보여주는 수많은 미담들과 강력한 증거들이
지금까지 있어 왔습니다. 하지만 솔로몬은 "어떤 친구는 형제보다 친밀하니라"
고 말합니다.

다시 한 번 말해두지만, 우리는 이 친구가 저 찬송 받으실 구속주이신 예수

그리스도이시라는 것을 믿습니다. 이 아침에 내가 하고자 하는 것은 먼저, 그리스도가 형제보다 더 친밀하다는 사실을 증명하는 것입니다. 그런 후에, 나는 할 수 있는 한 짧게, 왜 그가 형제보다 더 친밀한지를 여러분에게 보여드리고자 합니다. 그리고 마지막으로, 나는 예수 그리스도가 신실한 친구라는 가르침이 우리에게 주는 교훈들을 살펴보고 나서, 말씀을 끝맺고자 합니다.

1. 첫째로, 그리스도는 "형제보다 친밀한 친구"입니다.

우리는 여러 사실들로부터 이것을 증명하기 위해서, 여러분 중에서 이미 그리스도를 친구로 삼고 있는 분들에게 이렇게 묻고자 합니다. 여러분은 지금 즉시 이 말씀이 조금도 과장되지 않은 하나님의 진리라는 평결을 내리고자 하지 않으십니까? 그리스도께서는 모든 세계들이 있기 이전부터 이미 여러분을 사랑하셨습니다. 계명성이 어둠을 가르고 자신의 빛을 뿌리기 훨씬 전에, 아무것도 날아다니지 않는 창공에 천사들의 날개가 파닥거리기도 전에, 피조물이 아무것도 없는 무의 태로부터 탄생하기 위해 애를 쓰기도 전에, 이미 하나님, 곧 우리의 하나님께서는 자신의 모든 자녀들에게 마음을 두셨습니다. 그때 이후로 하나님이 단 한 번이라도 변하시거나, 다른 생각을 하신 적이 있었습니까? 그런 일은 결코 없었습니다. 하나님의 사랑을 맛보고 그 은혜를 아는 여러분은 하나님께서는 불확실한 환경들 속에서 늘 자신의 확실한 친구가 되어 주셨다고 내게 증언할 것입니다:

> "주는 늘 당신 곁에 서 계셨으니,
>   그의 사랑은 참으로 선하도다!"

여러분은 아담 안에서 타락하였습니다. 그랬다고 해서, 하나님이 여러분을 사랑하시는 것을 중단하셨습니까? 그렇지 않았습니다. 도리어, 그는 여러분을 구속하시기 위하여 "마지막 아담"(고전 15:45)이 되셨습니다. 여러분은 자신의 삶 속에서 실제로 범죄하였고, 여러분의 머리에 하나님의 정죄를 초래하였기 때문에, 하나님의 진노를 받아 멸망당하는 것이 마땅하였습니다. 그렇지만 하나님께서 여러분을 버리셨습니까? 결코 그렇지 않았습니다:

> "하나님은 여러분이 타락해서 멸망 받게 되어 있는 것을 보셨지만,
> 그 모든 것에도 불구하고, 여러분을 사랑하셨습니다."

하나님께서는 자신의 일꾼을 여러분에게 보내셨지만, 여러분은 그를 멸시하였습니다. 그는 여러분의 귀에 복음을 들려주었지만, 여러분은 그를 비웃었습니다. 여러분은 하나님의 안식일을 범하였고, 하나님의 말씀을 멸시하였습니다. 그래서 하나님이 여러분을 버리셨습니까? 그렇지 않았습니다:

> "여러분이 사탄의 눈먼 노예가 되어,
> 죽음을 가지고 희롱하고 있는 동안에,
> 하나님은 여러분을 구원하기로 작정하시고서,
> 여러분이 가는 길을 주시하고 지켜보고 계셨습니다."

마침내, 하나님은 자신의 은혜로 여러분을 사로잡으셔서 낮추시며 회개하게 하시고 자기 발 앞에 엎드리게 하셔서, 여러분의 모든 죄를 사하여 주셨습니다. 그런 후에, 하나님이 여러분을 떠나셨습니까? 여러분은 자주 그를 떠나곤 하였지만, 하나님이 여러분을 떠나신 적이 있습니까? 여러분은 수많은 환난을 겪었지만, 하나님이 여러분을 단 한 번이라도 버리신 적이 있습니까? 하나님께서 여러분을 향한 마음을 거두어들이시거나, 여러분을 불쌍히 여기시는 마음을 닫아버리신 적이 단 한 번이라도 있었습니까? 결코 그런 일은 없었습니다. 하나님의 자녀들이여, 이러한 질문들에 대하여 "그런 적이 없습니다"라고 말함으로써, 하나님의 신실하심을 증언하는 것이 여러분에게 주어진 엄중한 의무입니다. 여러분은 여러 번 극심한 환난들과 위험한 상황들에 처했지만, 그럴 때에 여러분의 친구가 여러분을 버렸습니까? 다른 친구들은 여러분에게 신의를 지키지 않고, 여러분과 함께 빵을 먹던 사람도 여러분의 곤경을 모른 체하고 달아나 버렸습니다. 그러나 그리스도께서 여러분을 단 한 번이라도 버리고 가버리신 적이 있었습니까? 여러분이 그리스도께로 가서, "주님, 당신은 나를 배신했습니다"라고 말할 수 있었던 때가 단 한 번이라도 있었습니까? 여러분이 극도로 암울한 처지에 있으면서 그의 신의에 의문을 제기할 수 있었던 때가 한 번이라도 있었습니까? 여러분이 그에게 "주여, 당신은 왜 약속만 해놓고 지키지는 않으신 것입니

까"라고 따질 수 있었던 때가 있었습니까? 여러분은 지금 "너희의 하나님 여호와
께서 너희에게 대하여 말씀하신 모든 선한 말씀이 하나도 틀리지 아니하고 다
너희에게 응하여 그 중에 하나도 어김이 없음을 너희 모든 사람은 마음과 뜻으
로 아는 바라"(수 23:14)고 증언하고 싶지 않으십니까? 여러분은 하나님이 장차
여러분을 버리실까봐 걱정이 되십니까? 그렇다면, 보좌 앞에 있는 빛나는 이들
에게 이렇게 물어보십시오: "영화롭게 된 영들이여! 그리스도께서 여러분을 버
리던가요? 여러분이 요단 강을 건널 때, 거기에 그가 여러분을 버리던가요? 여러
분이 사망의 검은 물로 세례를 받았을 때, 그가 여러분을 버리던가요? 여러분이
하나님의 보좌 앞에 섰을 때, 그가 여러분을 부인하던가요?" 그들은 이렇게 대답
할 것입니다: "그렇지 않았습니다. 우리 인생의 모든 환난 가운데서와 저 쓰디쓴
사망 속에서와 우리의 숨이 끊어지는 저 고통스러운 순간 속에서와 하나님의 심
판에 대한 모든 두려움 속에서, 그리스도께서는 늘 우리와 함께 하신, '형제보다
친밀한 친구'이셨습니다." 하나님에 의해서 구속 받은 무수히 많은 모든 사람들
중에서 하나님으로부터 버림받은 사람은 한 사람도 없습니다. 아무리 그들이 가
난하고 미천하며 괴로움 가운데 있더라도, 하나님은 결코 그들의 기도를 멸시하
지 않으셨고, 그들의 기도에 응답하는 것을 그만두신 적이 없으셨습니다. 하나
님은 언제나 그들과 함께 하셨습니다:

> "그의 긍휼하심은 신실하고 확실하여,
>   영원까지 이르리로다."

그러나 나는 이 점에 대해서는 이 정도로 마쳐야 할 것 같습니다. 왜냐하면,
나는 이것을 불경건한 자들에게는 증명할 수가 없고, 경건한 자들은 이미 자신
의 체험을 통해서 이것을 알고 있기 때문입니다. 그러므로 나는 그리스도께서는
우리가 곤경에 처하거나 괴로울 때마다 친구가 되어 주시는 신실하신 친구시라
는 사실을 확실히 해두는 것 이상의 것을 할 필요가 없습니다.

2. 둘째로, 그리스도가 형제보다 친밀한 친구인 이유는 그가 신실하신 친구이기 때문입니다.

그리스도께서 자기 백성에게 친밀하시리라는 것이 확실한 이유는 그리스도

자신 속에 있습니다.

1) 참된 우정은 고귀한 영혼을 지닌 참된 사람들 사이에서만 가능합니다. 악한 자들 간에는 지속적인 우정이 존재할 수 없습니다. 악한 자들은 서로를 사랑하는 체 할 수는 있지만, 그들의 우정은 언제라도 끊어질 수 있는 모래로 된 밧줄입니다. 그러나 어떤 사람이 진실한 마음을 지니고 있고 그 영혼이 참되고 고귀하다면, 우리는 그를 신뢰할 수 있습니다. 스펜서(Spenser, 1552-1599, 영국의 시인)는 저 오래된 아름다운 시에서 이렇게 노래했습니다:

> "아무리 유쾌하고 좋아 보이는 우정이라도,
> 나쁘거나 악한 동기에 의해서 생겨난 우정은 결코 오래갈 수 없다네.
> 사람들의 마음을 가장 튼튼하게 묶어 주는 끈은
> 미덕이기 때문이라네."

그러나 누가 예수의 인품 속에서 흠을 발견할 수 있으며, 그의 존귀함을 책잡을 수 있겠습니까? 그의 문장(紋章)이 그려진 방패에 오점이 있은 적이 있었습니까? 그의 깃발이 티끌 가운데서 짓밟힌 적이 있었습니까? 그는 신실하고 의로우신 분으로서 천국에서 참된 증인으로 서 계시는 것이 아닙니까? 성경은 그가 거짓말을 하실 수 없으신 하나님이시라고 선언하고 있지 않습니까? 우리도 지금 이 순간까지 그를 그런 분으로 체험해 오지 않았습니까? 우리는 그가 "거룩하고 거룩하며 거룩하신 주"라는 것을 알고 있고, 그가 우리에게 형제보다 더 친밀하다는 것을 알고 있는데, 어떻게 우리가 그를 믿고 의지하지 않을 수 있겠습니까? 그의 선하심은 그의 신실하심을 보증해 줍니다. 왜냐하면, 선하신 그가 우리를 실망시키실 수는 없기 때문입니다.

2) 우리가 잘못을 해도 어떤 친구가 우리에게 신의를 지키는 것이야말로 그가 신실한 친구임을 보여주는 확실한 증표가 됩니다. 여러분의 잘못들을 인자하고 사려 깊은 방식으로 여러분에게 말해 주는 사람은 믿을 만한 친구입니다. 속에는 음흉한 생각을 품고 있으면서도 듣기 좋은 말들만을 해주는 위선자들은 우정의 참된 의미를 다 망쳐놓는 자들입니다. 그들은 우정이라는 고귀한 나무에 붙어 사는 기생충들일 뿐입니다. 그러나 참된 친구들은 여러분을 믿기 때문에 여러분의 잘못들을 공개적으로 얘기해 줍니다. 나 같으면, 내 면전에서 나에 대하여 정

직하게 얘기해줄 사람을 친구로 삼겠습니다. 나는 이웃 사람들에게 내 얘기를 퍼뜨리고 다니는 것이 아니라, 가장 먼저 내 집으로 찾아와서, "목사님 속에 이러저러한 것이 있다고 느껴져서, 나의 형제로서 이런 얘기를 꺼내지 않을 수 없어 찾아왔다"고 말하는 사람이 내 친구였으면 좋겠습니다. 그런 친구는 참된 친구입니다. 그는 자기가 참된 친구라는 것을 증명했습니다. 왜냐하면, 어떤 사람에게 그의 잘못을 얘기해 주면, 고맙다는 인사를 받게 되는 것이 아니라, 도리어 욕을 먹고 미움을 사게 되기 때문입니다. 가끔씩 자신의 잘못을 지적해 준 것에 대해서 고맙다고 말하는 사람도 있긴 하지만, 그렇다고 해서 잘못을 지적해 준 그 사람을 더 좋아하게 되지는 않습니다. 칭찬은 사람들이라면 누구나 다 좋아하는 것입니다. 나는 전에 자기는 아부하는 말을 들어도 아무렇지도 않다고 말하는 사람을 만난 적이 있습니다. 그때에 나는 그와 함께 걷다가, 그를 향해 다소 날카로운 목소리로 이렇게 말했습니다: "어쨌든 선생님은 자기 자신에게 아부하는 데 천부적인 재능을 가지고 계신 것 같습니다. 왜냐하면, 선생님이 아부하는 말을 들어도 아무렇지도 않다고 말씀하신 것 자체가 그러한 사실을 보여주고 있는 것이니까요." 하지만 그는 "당신이 내게 아부해 보아야 아무 소용이 없을 것입니다"라고 말했고, 나는 "내가 한 말이 사실이라는 것을 해가 지기 전에 증명해 드릴 수 있습니다"라고 대답했습니다. 나는 직접적으로 대놓고 그에게 아부해 보아야 통하지 않는다는 것을 알고서, 그의 아들이 얼마나 훌륭한 아이인지에 대해서 말하기 시작했습니다. 그러자 그는 마치 너무나 목이 말랐다는 듯이 그 아부를 아주 맛있게 들이켰습니다. 그러고 나서, 내가 그의 이런저런 면을 칭찬했을 때, 나는 그가 얼마나 쉽게 아부를 받아들이는지를 볼 수 있었습니다. 그에게 직접적인 아부는 통하지 않았지만, 간접적으로 아부했을 때, 그는 아주 쉽게 그 아부를 받아들였습니다. 우리 모두에게는 아부가 아주 잘 통합니다. 우리는 사람들이 우리를 따뜻하게 위로해 주는 것을 좋아합니다. 하지만 누가 보아도 그것이 아부라는 것을 알 정도로 드러내 놓고 아부한다면, 사람들은 그런 아부를 받아들이려고 하지 않을 수도 있습니다. 왜냐하면, 우리는 아부가 신앙적으로 좋지 않다는 것을 알고 있기 때문입니다. 하지만 사람들이 아부라고 느끼지 않는 방식으로, 그들에게 아부해 보십시오. 그들은 황소가 물을 마시듯 그 아부를 벌컥벌컥 들이킬 것입니다. 하나님의 자녀들이여, 그리스도께서 여러분에게 한 번이라도 아부하신 적이 있었습니까? 그는 여러분에게 여러분의 잘못들을 곧이곧대로 말씀해 주지 않으셨습니까? 그는 여러분이 숨기고 싶었던 것들, 곧 여러분의 은밀한 죄들을 들추어 내시며 여러분의 양심을 찌르지 않으셨습니까? 그는 여러분이 잘못했을 때에 여러분의 양심을 부추겨서 여러분의 귀에 우렛소리 같이 말하게 하여서 여러분 속에 두려움을 불러일으키도록 하지 않으셨습니까? 그러므로 여러분은 그를 믿을 수 있습니다. 왜냐하면, 그는 그러한 신실하심을 보여주심으로써 자기가 믿을 만하다는 것을 나타내고 계시기 때문입니다. 이상으로 나는 우리가 그리스도를 믿고 신뢰할 수 있는 이유가 그리스도 자신 속에 있다는 것을 여러분에게 보여드렸습니다.

　　3) 그리스도의 우정 속에는 우리가 그를 신뢰하여도 속는 것이 아님을 확신하게 해주는 어떤 것들이 있습니다. 참된 우정은 서서히 형성되어야 합니다. 옛적에 기인이었던 풀러 선생(Master Fuller)은 이렇게 말했습니다: "우정은 조금씩 기어올라서 정상까지 다다르게 하라. 단숨에 정상까지 올라가 버리면, 우정은 숨이 차서 이내 죽게 될 수 있다." 그 말은 사실입니다. 조안나 베일리(Joanna Baillie, 1762-1851, 스코틀랜드의 시인)가 다음과 같이 노래한 것도 나는 동일한 의미라고 생각합니다:

> "우정은 성급하게 자라나는 식물이 아니라네.
> 　서로를 존경하는 마음이 깊이 뿌리를 내리고,
> 　마음을 나누는 오랜 교제로 서서히 숙성될 때,
> 　우정은 온전히 자라게 된다네."

요나여, 당신의 머리 위에 있는 박넝쿨을 믿고 의지해 보아야, 그것은 헛일입니다. 그런 것은 여러분에게 별 소용이 없을 것입니다. 그것은 하룻밤 사이에 생겼으니, 하룻밤 사이에 시들어 버리고 말 것입니다. 우정은 오랜 세월을 거쳐 아주 강하고 단단하게 자란 상수리나무 같아야, 거센 폭풍우에도 살아남을 것이고, 그 날개를 펴서 여러분을 해(sun)로부터 보호하여 상하지 않게 해줄 것이며, 나중에는 아주 크게 자라나서 그 가지들이 광풍에 흔들릴 때에도 그 중심은 아주 평온하여, 여러분은 거기에 안심하고 피할 수 있게 될 것입니다. 그리스도의 우정은 이제 막 시작되었을 때에도 참되지만, 우리가 그리스도는 우리에게 형제보다 친밀하다고 말할 수 있게 되려면, 그 우정은 오랫동안 지속되어 왔어야 합니다. 그리스도께서 여러분을 사랑하신 지가 얼마나 되었을까요? 너무나 오래되어서, 여러분은 언제부터 그리스도께서 여러분을 사랑해 오셨는지를 알 수가 없을 정도입니다. 시간이 아직 생겨나기 전에, 이미 그는 여러분을 사랑하셨습니다. 저 오래된 피라미드들이 건축되기도 전에, 그의 마음은 여러분에게 있었습니다. 그리고 여러분이 태어난 이후로, 여러분을 향한 그의 강력한 사랑은 늘 있어 왔습니다. 그는 요람에 누워 있는 여러분을 지켜보셨고, 그때에도 여러분을 사랑하셨습니다. 그는 여러분이 한 뼘밖에 안 되는 아기였을 때에 이미 여러분과 정혼하셔서, 그 이후로 계속해서 여러분을 사랑해 오셨습니다. 여러분 중에는 이제 머리가 희어진 분들도 계시고, 세월이 흘러 머리가 다 벗겨진 분들도 계시지만, 그리스도께서는 이 날까지 여러분을 사랑해 오셨는데, 그런 그가 이제 와서 여러분을 버리시겠습니까? 그의 우정은 아주 오래되었고, 앞으로도 계속될 것입니다. 그 우정은 무수한 폭풍우 속에서 단단해져 왔고, 수많은 환난의 비바람을 견디며 더 뿌리를 깊게 내리게 되었기 때문에, 앞으로도 끄떡없이 모든 것들을 견디며 살아남아 있을 것입니다. 우정이라는 산의 화강암으로 된 정상은 쌓인지 얼마 되지 않는 눈과는 달리 오랜 세월 동안 거센 비바람과 타는 듯한 해의 열기를 다 견뎌 왔기 때문에 앞으로도 결코 녹아내리지 않을 것입니다. 그 우정은 자연으로부터 온갖 풍파를 온 몸으로 다 겪고도 아무런 손상도 입지 않은 채로 여전히 끄떡도 없이 우뚝 서 있습니다. 이렇게 우정은 오랜 세월을 버텨 왔기 때문에, 앞으로도 아무 문제 없이 버텨나갈 것입니다. 그러나 산들이 장차 뜨거운 불 속에서 다 녹아내려 없어진다고 해도, 그리스도의 우정은 그때에도 여전히 그대로 존재할 것입니다. 왜냐하면, 그 우정은 산들보다도 더 오래된 것이기 때문입니다. 그리스도는 "형제보다 친밀한 친구"입니다. 그의 우정은 정말 오래된 우정입니다. 성경은 그가 얼마나 오래되신 분인가를 말해주기 위하여 그의 머리에 대하여 "그의 머리와 털의 희기가 흰 양털 같고 눈 같으며"(계 1:14)라고 말하고 있는데, 그의 우정도 그 정도로 오래된 것입니다.

4) 이렇게 영원토록 이어질 우정은 환락의 방에서 생겨나는 것도 아니고, 환락을 먹고 자라거나 살찌는 것도 아니라는 것을 우리는 명심하여야 합니다. 젊은 처자여, 당신은 어젯밤 무도회에서 만난 사람을 자신의 사랑하는 친구라고 말합니다. 하지만 내가 당신에게 정중하게 부탁하건대, 친구라는 말을 그런 식으로 남용하지 마십시오. 그 사람을 무도회에서 만난 것이라면, 그는 당신의 친구가 아닙니다.

친구라는 것은 즐거움의 온실에서 자라나는 그런 것이 아니고, 우정도 즐거움의 온실에서 자라나는 그런 것이 아닙니다. 당신에게 친구가 있고, 그 친구에게는 말 두 필과 상당한 재산이 있습니까? 당신이 그의 친구라는 것을 증명할 수 있는 최상의 방법은 그가 모든 것을 다 잃고 초가집에 살게 되었을 때에 당신이 여전히 그의 친구로 남아 있는지를 살펴보는 것입니다. 그가 살 집도 없고 입을 옷도 없어서, 구걸해서 먹고 살아야 할 때, 당신이 그의 곁에 있다면, 당신은 그의 친구라는 것이 증명되는 것입니다. 내 인생이 겨울을 맞이하고 내 요람이 폭풍우 속에서 흔들릴 때, 내 곁에 있어 주는 사람이 나의 친구입니다. 그런 친구는 끝까지 나의 친구로 있어 줄 것입니다. 우리 인생이 청명할 때에 우리의 친구가 된 사람들은 우리 인생이 흐려지면 우리 곁을 떠나게 되어 있습니다. 나는 제비가 아니라 울새를 친구로 삼고 싶습니다. 왜냐하면, 제비는 오직 여름에만 우리 곁에 있어 주지만, 울새는 겨울에 우리에게 와주기 때문입니다. 우리가 정말 어렵고 힘들 때에 우리 곁에 아주 가까이 와주는 사람들은 참된 친구들이지만, 우리에게 좋지 않은 시절이 오자마자 신속하게 우리 곁을 떠나가 버리는 사람들은 친구가 아닙니다. 신자들이여, 여러분은 그리스도께서 여러분을 떠나실까봐 걱정할 이유가 없습니다. 그는 여러분이 슬프고 괴로울 때에 여러분 곁에 있어 주지 않으셨습니까? 여러분은 사람들이 진주를 발견하는 곳인 저 "깊고 어두운 동굴에" 있을 때에 거기에서 친구를 발견하였습니다. 여러분은 환난의 때에 예수를 발견하였습니다. 여러분이 그의 이름의 가치를 처음으로 알게 된 때는 병상에 누워 있을 때였습니다. 여러분이 그의 옷자락을 처음으로 만졌을 때는 정신적으로 괴로워하던 때였습니다. 그때 이후로 여러분이 힘들 때마다, 그는 가장 친밀한 우정을 여러분에게 보여주셨습니다. 그러므로 여러분이 괴롭고 힘들 때에 만나서 늘 여러분 곁에 있어 주었던 그런 친구, 여러분을 위해서 자신의 심장의 피를 주고, 여러분을 위하여 자기 목숨을 내주어 큰 강을 이루기까지 피 흘리신 그런 친구가 여러분을 버리는 일은 절대로 있을 수 없습니다. 그는 여러분에게 형제보다 친밀한 친구입니다.

5) 어리석은 짓을 하는 과정에서 얻게 된 친구는 결코 오래가지 못합니다. 어리석은 짓을 하는 과정에서, 어떤 사람과 친구가 되었다면, 그것은 악을 행하는 데 서로 의기투합한 것이기 때문에, 그런 친구의 우정은 무가치하다는 것이 머지않아 드러납니다. 여러분이 나쁜 짓을 하다가 친구를 얻었다면, 그런 친구는 차라리 없

는 편이 더 낫습니다. 감상주의의 열매로서 얼마나 많은 어처구니없는 우정이 생겨나는지 모릅니다. 우리 구주께서 "흙이 얇은 돌밭에 떨어지매 흙이 깊지 아니하므로 곧 싹이 나오나"(막 4:5)라고 말씀하신 것처럼, 그런 우정은 결코 뿌리를 내릴 수 없습니다. 예수 그리스도의 우정은 그런 것과는 전혀 다릅니다. 거기에는 어리석고 우매한 요소가 전혀 없습니다. 그는 사려 깊게 우리를 사랑하시기 때문에, 우리의 어리석은 것들을 묵인하시는 것이 아니라, 우리에게 그의 지혜를 부어 주십니다. 그의 사랑은 지혜롭습니다. 그는 자신의 지혜의 모략을 따라 우리를 택하셨습니다. 아무렇게나 맹목적으로 우리를 택하신 것이 아니라, 모든 판단력과 분별력을 다 사용하셔서 우리를 택하신 것입니다.

여기서 내가 또 한 가지 말씀드리고자 하는 것은 서로를 알지 못하면서 친구가 되는 것은 썩 바람직하지 않은 일이라는 것입니다. 나는 나를 제대로 알지도 못하는 사람을 나의 친구라고 부르고 싶지 않습니다. 나의 친구는 나를 아는 만큼 나를 사랑하게 된 사람입니다. 그가 나를 잘 알지도 못하면서 나를 사랑한다면, 나를 더 잘 알게 되었을 때에는 나를 버릴지도 모릅니다. 사람들은 "저 사람은 정말 사랑스러운 사람인 것 같아"라고 말하기도 하고, 어떤 사람의 외모를 한 번 보고서는, "나는 내가 저 사람을 사랑할 수 있을 것이라고 확신해"라고 말하기도 합니다. 좋습니다. 하지만 아직은 "친구"라는 말은 사용하지 마십시오. 여러분이 그 사람에 대해서 더 잘 알게 될 때까지 아주 조금만 기다려 주십시오. 그 사람을 잘 살펴보고, 시험해 보십시오. 그때까지는 그 사람을 "친구"라는 신성한 명단에 올리지 마십시오. 모든 사람들을 친절히 대하십시오. 그러나 어떤 사람이 당신을 알고, 당신이 그 사람을 알게 될 때까지는, 그 사람을 당신의 친구라고 하지 마십시오. 서로를 잘 모르는 밤 속에서 탄생한 우정이 서로를 더 잘 알게 된 낮이 되자 갑자기 깨진 경우가 많습니다. 여러분은 어떤 사람을 이런저런 사람일 것이라고 제멋대로 상상해서 친구가 되었다가, 그 사람의 진면목을 알게 되었을 때, 그 사람을 버립니다. 나는 전에 어떤 사람이 내게 "나는 목사님을 정말 사랑합니다"라고 말하고서는, 그 이유를 대는 것을 듣고, 이렇게 대답했습니다: "선생님, 당신이 댄 이유는 절대적으로 가당치 않습니다. 당신이 나를 사랑하는 이유로 댄 것은 전혀 내가 아니고, 나는 앞으로도 내가 그렇게 되는 것을 바라지 않습니다. 그러므로 나에 대한 당신의 우정은 내가 말씀드린 대로 잘못된 오해 위에 세워진 것이기 때문에, 나는 그 우정을 받아들일 수 없습니다." 그러나 우리

주 예수께서는 자기가 한 번 사랑하신 자들을 결코 버리실 수 없습니다. 왜냐하면, 그는 우리의 잘못된 것들이나 나쁜 것들을 미리 다 속속들이 다 알고 계시고, 우리는 그가 알고 계시는 우리의 모습에서 더 나빠질 수 없기 때문입니다. 그는 우리가 나병에 걸린 것을 아셨지만, 우리를 사랑하셨습니다. 그는 우리의 속임과 불신앙을 아셨지만, 우리를 자신의 품에 끌어안으셨습니다. 그는 우리가 얼마나 가련한 바보인지를 아셨지만, 우리를 결코 떠나거나 버리지 않을 것이라고 말씀하셨습니다. 그는 우리가 그를 거역하여 반기를 들 것이고, 그의 뜻을 자주 멸시하고 저버릴 것을 아셨습니다. 그는 우리가 그를 사랑할 때조차도, 우리의 사랑이 얼마나 냉랭하고 무기력한 것일지를 아셨습니다. 그러나 그가 우리를 사랑하시는 것은 우리에게 사랑할 만한 것이 있어서가 아니라, 오로지 그의 긍휼하심 때문입니다. 그러므로 분명히 그는 언제까지나 우리에게 형제보다 친밀한 친구로 우리 곁에 계셔줄 것입니다.

6) 우정과 사랑은 말이 아니라 행동으로 보여질 때에 참된 것이 됩니다. 이 시대는 속임의 시대이기 때문에, 단지 말로만 서로를 칭찬해 주고 치켜세워 주는 우정이 유행입니다. 이 세상은 가짜가 판을 치는 큰 집입니다. 런던에서 여러분의 발길이 닿는 대로 한 번 가보십시오. 어디에서나 가짜가 여러분을 정면으로 노려보고 있습니다. 진짜는 거의 찾아볼 수 없습니다. 나는 단지 속임수를 써서 장사하는 것이나, 불량식품을 만들어 파는 것 같은 그런 것들을 말하고 있는 것이 아닙니다. 속임은 장사하는 사람의 가게에만 국한되어 있는 것이 아니라, 이 사회 전체에 만연되어 있습니다. 거룩한 성전이라고 해서 예외는 아닙니다. 설교자는 변조된 목소리를 사용합니다. 설교자들 중에서 집에서 말하듯이 강단에서 말하는 사람은 거의 없습니다. 나는 종종 나의 형제들과 함께 차를 마시거나 식사를 같이 하면서, 그들이 아주 편안한 목소리로 말하는 것을 듣습니다. 그러나 그들이 강단에 올라가면, 갑자기 목소리가 바뀌어서, 자신의 입을 한껏 부풀려서 크게 공명이 되는 거룩한 어조로 말하기 시작하거나, 정말 듣기에도 애처로운 우는 소리로 말하기 시작합니다. 그들은 그런 식으로 해야 사람들로 하여금 강단을 존귀하게 대하게 할 수 있다고 생각하지만, 사실은 하나님께서 사람들에게 결코 주시지 않은 거룩한 목소리를 흉내 내어 말씀을 전하는 것은 강단을 욕되게 하는 것일 뿐입니다. 이렇게 이 세상은 가짜가 판치는 큰 집입니다. 이런 작은 일들이 바람이 어느 쪽으로 불고 있는지를 보여줍니다. 당신은 한 친구의 집에

당신의 신용카드를 놓고 옵니다. 그것이 우정 어린 행위라고 합니다. 그런데 왜 신용카드를 놓고 오는 것입니까? 나는 그 친구가 현금이 없어서 어려움을 겪고 있다면, 당신이 그 집에 현금을 놓고 오는 것이 좋을 텐데, 왜 그렇게 하지 않고 신용카드를 놓고 온 것인지가 의아합니다. 또한, 여러분은 "나의 친애하는 선생님"이라거나 "당신의 지극히 신실한 사람으로부터"라는 말을 쓰지만, 그 말들은 마음에도 없는 말들이기 때문에 다 가짜입니다. "친애하는"이라는 말은 신성한 말입니다. 그 말은 여러분이 진심으로 사랑하고 존중하는 사람들에게만 사용하는 것이 마땅합니다. 그러나 우리는 마치 그런 말들이 진실인 양 그 거짓말들을 용인합니다. 우리는 그렇게 말하는 것을 예의라고 부릅니다. 그것들은 예의일 수도 있지만, 많은 경우에 거짓말입니다. 그리스도의 사랑은 말이 아니라 행위에 있습니다. 그리스도께서는 "나의 친애하는 자들"이라고 말씀하지 않지만, 자신의 마음을 열어보여 주시기 때문에, 우리는 그의 마음이 어떠한지를 볼 수 있습니다. 그는 우리에게 와서 그저 "사랑하는 자들아"라고 말만 하신 것이 아닙니다. 그는 친히 십자가에 달리셨고, 우리는 거기에서 "사랑하는 자들아"가 붉은 글씨로 적혀 있는 것을 봅니다. 그는 먼저 달콤한 입맞춤으로 우리에게 오시는 것이 아닙니다. 그는 자신의 두 손으로 우리에게 복들을 베풀어 주시고, 우리를 위해서 자기 자신을 주시며, 그런 후에는 우리에게 자기 자신을 주십니다. 여러분에게 입으로만 좋은 말을 하는 친구를 믿지 마십시오. 여러분을 진심으로 사랑하고 있다는 증표가 되는 행동들을 보여주는 그런 친구를 믿으십시오. 예수 그리스도가 바로 그런 친구이고, 그런 친구가 "형제보다 친밀한" 친구입니다.

7) 여러분을 지루하게 할 생각은 없지만, 내가 한 가지 더 말하고자 하는 것은 매수한 친구는 결코 오래가지 못한다는 것입니다. 어떤 사람의 요구를 열아홉 번 들어주다가 스무 번째에 거절해 보십시오. 그 사람은 당신을 미워하게 될 것입니다. 왜냐하면, 그는 당신이 그의 요구를 들어주었던 까닭에 당신을 사랑한 것이기 때문입니다. 금으로 살 수 있는 사랑은 한 푼의 가치도 없고, 진주로 살 수 있는 우정은 돌멩이만도 못합니다. 그런 것들은 아무런 가치가 없기 때문에, 빨리 버리면 버릴수록 더 좋습니다. 그러나 그리스도의 사랑은 돈으로 살 수 없는 사랑입니다. 여러분은 그에게 그 어떤 것도 바치지 않았습니다. 야곱은 자기 아들들이 애굽으로 떠날 때, 그들에게 "너희는 이 땅의 아름다운 소산을 그릇에 담아가지고 내려가서 그 사람에게 예물로 드릴지니 곧 유향 조금과 꿀 조금과 향

품과 몰약과 유향나무 열매와 감복숭아이니라"(창 43:11)라고 말했지만, 여러분은 그리스도께 그 어떤 예물도 드리지 않았습니다. 여러분은 그에게 나아가서 이렇게 말했을 뿐입니다:

> "내 손에 아무것도 없이 빈손으로 나아가서,
> 나는 오직 주의 십자가만을 붙듭니다."

여러분은 심지어 여러분이 그를 사랑하겠다고 약속하지도 않았습니다. 아니, 여러분은 너무나 신실하지 못한 마음을 지니고 있었기 때문에, 감히 그렇게 말할 수 없었습니다. 여러분은 그에게 여러분으로 하여금 그를 사랑할 수 있게 만들어 주시라고 요청하였습니다. 이것이 여러분이 할 수 있는 최대한의 것이었습니다. 그는 여러분에게 무엇을 바라고 여러분을 사랑하신 것이 아니었고, 단지 여러분을 사랑하고자 했기 때문에 여러분을 사랑한 것뿐이었습니다. 상대방에게 아무것도 요구하지 않고 오직 자기 자신 속에 내재된 그러한 사랑은 여러분이 그에게 드리는 것이 없다고 하여도 결코 끊어지지 않습니다. 우리 같이 바위 같은 마음을 지닌 자들을 사랑하는 그러한 사랑은 우리에게 흙이 부족하다고 해서 중단될 수 없습니다. 황무지 같은 여러분의 심령을 사랑하는 그러한 사랑은 여러분에게 습지가 부족하다고 해서 없어지는 것이 아닙니다. 그런 사랑은 결코 끝날 수 없고, 영원히 살아 있을 수밖에 없습니다. 예수는 "형제보다 친밀한 친구"이십니다.

8) 내가 아직도 더 많은 이유들을 계속해서 대야 하나요? 이제 한 가지만 더 말씀드리고자 하는데, 그것은 그리스도로 하여금 우리를 지금보다 덜 사랑하게 만들 수 있는 것은 절대로 있을 수 없다는 것입니다. 여러분은 "왜 그렇습니까?"라고 물을 것입니다. 어떤 사람이 자기 친구를 사랑하지만, 어느 날 갑자기 거부가 되고 나서, "나는 이전과 다른 거물이 되었으니, 내가 전에 알던 사람들은 다 잊어버리려고 해"라고 말할 수 있습니다. 그러나 그리스도께서는 지금보다 더 부요해지실 수 없습니다. 그는 지금 무한히 부요하신 분이시기 때문에, 더 부요해지실 수가 없는 것입니다. 그가 지금은 여러분을 사랑하지만, 그의 영광이 지금보다 더 커져서 여러분을 버리게 되는 일도 절대로 일어날 수 없습니다. 왜냐하면, 지금 그의 머리에는 앞으로 더 커질 수 없는 영원한 영광이 관 씌워져 있기 때문입니

다. 그는 결코 지금보다 더 영광스러워지시거나 위대해지실 수 없기 때문에, 여러분을 지금처럼 영원토록 사랑하실 것입니다. 반대로, 어떤 친구가 가난해져서, 다른 사람이 그를 버리는 일이 종종 일어납니다. 그러나 여러분이 지금보다 더 가난해지는 것은 절대로 불가능합니다. 왜냐하면, 여러분은 "아무것도 가지지 않은 가난한 죄인"이고, 거기에서 더 가난해지는 것은 불가능하기 때문입니다. 여러분에게는 여러분 자신의 것이 아무것도 없습니다. 여러분이 지금 가지고 있는 모든 것은 빌려온 것이고, 그리스도께서 여러분에게 주신 것입니다. 그러므로 여러분이 지금보다 더 가난해져서, 그가 여러분을 덜 사랑하게 되는 일은 생길 수 없습니다. 왜냐하면, 가난이라는 것은 어떤 것들이 부족하거나 없는 것인데, 여러분은 지금 아무것도 가진 것이 없어서, 더 가난해질 수 없기 때문입니다. 그러므로 그리스도께서는 여러분이 아무것도 가진 것이 없는 알거지인데도 여러분을 사랑하고 계시는 것입니다.

여러분은 "하지만 내가 더 죄악된 자로 판명될 수도 있지 않겠습니까"라고 말할 것입니다. 그리스도께서는 여러분의 모든 죄들을 다 미리 아신 상태에서 여러분을 사랑하셨고, 여러분은 결코 그가 미리 아신 여러분의 죄악된 것보다 더 죄악될 수 없습니다. 그러므로 여러분이 자기가 더 큰 죄인이 되었다고 느낄 때에도, 사실 그것은 그에게 예기치 않은 뜻밖의 일이 될 수 없습니다. 그는 그 모든 것을 이미 미리 다 알고 계셨기 때문에, 그의 사랑은 흔들릴 수 없습니다. 자기 백성에 대한 구주의 사랑이나 구주에 대한 성도들의 사랑을 끊을 수 있는 상황은 생길 수 없습니다. 그는 "형제보다 친밀한 친구"이십니다.

3. 셋째로, 우리가 본문에서 어떤 것을 도출해 낼 수 있는지를 살펴보겠습니다.

라바터(Lavater, 1741-1801, 스위스의 시인)는 이렇게 말했습니다: "당신의 친구들이 어떤 사람들이냐가 곧 당신의 원수들이 어떤 사람들일지를 보여주는 척도가 된다. 당신의 친구들이 냉랭하다면, 당신의 원수들도 냉랭할 것이고, 당신의 친구들이 절반의 친구들이라면, 당신의 원수들도 절반의 원수들이 될 것이며, 당신의 친구들이 열렬하다면, 당신의 원수들도 열렬할 것이다." 나는 이 말이 사실이라는 것을 알고 있기 때문에, 나의 원수들이 나에 대하여 대놓고 욕하는 것을 들을 때마다 내 자신에게 축하를 보내곤 합니다. 나는 이렇게 생각했습니다:

'내 친구들이 나를 확고하게 사랑하니, 원수들이 저렇게 과격할 수 있는 거야. 원수들의 그런 모습은 단지 나에 대한 내 친구들의 사랑이 그만큼 열렬하고 확고하다는 것을 보여주는 것일 뿐이야.' 이러한 사실로부터 우리는 그리스도께서 우리에게 형제보다 친밀한 친구라면, 우리의 원수들도 악착같이 우리에게 들러붙어서, 우리가 죽을 때까지 우리에게서 결코 떨어지려고 하지 않을 것이라는 결론을 얻게 됩니다. 그리스도인들이여, 그리스도께서 여러분에게 친밀하시기 때문에, 마귀도 여러분에게 꼭 붙어서 떨어지려고 하지 않을 것이라는 말입니다. 여러분이 요단 저편에 이를 때까지, 지옥의 개는 여러분을 보고 짖는 것을 결코 그치지 않을 것입니다. 이 세상에는 저 큰 원수가 쏘는 화살을 피할 수 있는 곳은 없습니다. 여러분이 요단 강을 건너서 저편에 이를 때까지는, 마귀가 쏘는 화살들이 여러분에게 쏟아질 것입니다. 그리스도께서 여러분을 위해 자기 자신을 주셨기 때문에, 마귀는 여러분을 멸망시키기 위해서, 자기가 할 수 있는 모든 것을 할 것입니다. 그리스도께서 여러분을 위해 오랫동안 고생해 오셨다면, 사탄은 그리스도께서 여러분을 잊어버리도록 하기 위하여 끈질기게 애를 쓸 것입니다. 여러분이 천국에 무사히 안착하는 것을 볼 때까지, 사탄은 여러분을 멸망시키려 애를 쓸 것입니다. 그러나 실망하지 마십시오. 사탄이 더 큰 소리를 질러댈수록, 그것은 여러분에게 그리스도의 사랑이 있음을 보여주는 더 뚜렷한 증거입니다. 러더퍼드(Rutherford: 17세기 스코틀랜드 목사)는 이렇게 말했습니다: "내게 잠자는 마귀가 아니라 포효하는 마귀를 주십시오. 잠자는 마귀들은 나로 하여금 잠들게 하지만, 포효하는 마귀들은 나로 하여금 내 주님께 달려가게 만드니까요." 그러므로 세상이 여러분을 향하여 고함을 치고, 대적들이 여러분을 맹렬히 공격해 온다면, 기뻐하십시오. 왜냐하면, 그것은 그들이 여러분을 미워하는 정도만큼, 그리스도께서 여러분을 사랑하고 계신다는 것을 보여주는 증거이기 때문입니다.

"은혜를 너의 방패로 삼고, 그리스도를 너의 노래로 삼아서,
확고히 서서 담대히 행하라."

이제 나는 여러분에게 한 가지 묻고자 합니다. 이 질문은 내가 이곳에 계신 모든 분들만이 아니라 이 세상에 있는 하나님의 모든 자녀들에게 묻고 싶은 질

문입니다: "예수 그리스도는 당신의 친구입니까?" 당신에게는 하늘의 궁정에 친구가 있습니까? 산 자와 죽은 자를 심판하실 이가 당신의 친구입니까? 당신이 그를 사랑하고, 그가 당신을 사랑하여 자기 자신을 당신에게 나타내신 적이 있다고, 당신은 말할 수 있습니까? 사랑하는 자여, 옆 사람을 의식하지 말고, 오로지 자기 자신을 살펴서, 이 질문에 대답하십시오. 귀족이든 농부이든, 부자이든 가난한 자이든, 배운 자이든 배우지 못한 자이든, 여러분은 각자 이 질문에 대답해야 합니다. 다시 한 번 여러분 자신에게 "그리스도는 나의 친구입니까?"라고 물어보십시오. 여러분은 이 질문을 생각해 보신 적이 있습니까? 여러분은 자기 자신에게 그렇게 질문해 보신 적이 있습니까? "그리스도는 나의 친구입니다"라고 대답할 수 있다면, 그것은 세상에서 가장 즐겁고 달콤한 말들 중의 하나가 될 것입니다. 많은 죄악 가운데 살아 왔던 어떤 사람이 어느 날 우연히 예배당에 들어갔습니다. 설교가 시작되기 전에, 사람들은 다음과 같은 찬송을 불렀습니다:

       "내 영혼이 사랑하는 이, 예수여"

　다음 날, 한 지인이 그 사람을 만나서, 설교가 어땠느냐고 묻자, 그 사람은 이렇게 말했습니다: "나를 사로잡은 두세 마디의 말이 있어서, 내가 어떻게 할지를 모르겠습니다. 목사님이 '내 영혼이 사랑하는 이, 예수여'라는 찬송을 읽었는데, 내가 그렇게 말할 수 있으려면, 내가 가진 모든 것을 다 포기할 것이라는 생각이 들었습니다. 그런데 나 같은 사람이 예수를 사랑하는 것이 가당키나 하겠습니까? 과연 내가 '내 영혼이 사랑하는 이, 예수여'라고 말할 수 있을까요?" 그 사람은 신앙인이 아니었지만, 그렇게 말하였습니다. 그런 후에, 그는 손으로 머리를 감싸 쥐고 울었습니다. 그는 이전으로 되돌아가서 죄악된 삶을 살고 있을 가능성이 높지만, 여러분이 아셔야 할 것은 그에게는 그리스도를 자신의 사랑이자 친구로 삼는다는 것이 얼마나 가치 있는 일인지를 알기에 충분할 정도의 양심이 있었다는 것입니다.

　부자들이여, 여러분에게는 친구가 많습니다. 하지만 지금 이 자리에 계신 분들 중에는 친구들이 얼마나 믿을 게 못 되는지를 경험을 통해서 이미 배운 분들이 있을 것입니다. 또한, 지금 이 자리에는 이 나라를 위해 땀 흘리며 헌신한 삶을 살았기 때문에, 이 나라로부터 존귀한 대접을 받을 자격이 있지만, 한순간의 실수로 전에는 그토록 열렬하게 자신을 추종하던 수많은 사람들로부터 무시당하는 삶을 살고 있는 분들이 있을 것입니다. 지위가 높고 부자들인 분들은 지금 여러분에게 간이라도 빼줄 것 같이 하는 친구들을 믿지 마십시오. 다윗은 실상을 알고서 깜짝 "놀라서 모든 사람이 거짓말쟁이라"고 말하였습니다(시 116:11). 여러분도 언젠가는 그렇게 말할 때가 올지도 모릅니다. 재물이 많은 부자는 아니지만 사랑이 많아 부요한 인자하고 사랑 많은 심령들이야말로 세상에서 가장 부요한 사람들입니다. 여러분의 은화들 속에 이 금화를 두십시오. 그러면 그 금화가 여러분의 은화 전부를 거룩하게 해줄 것입니다. 그리스도의 사랑이 여러분의 심령을 축축이 적시게 하십시오. 그러면 여러분의 어머니의 사랑과 딸의 사랑과 남편의 사랑과 아내의 사랑이 이전보다 더 달콤해질 것입니다. 그리스도의 사랑은 혈육들의 사랑을 밀어내는 것이 아니라, 그들에 대한 우리의 사랑을 거룩하게 해주고 훨씬 더 달콤하게 만들어 줍니다.

사랑하는 자들이여, 사람들의 사랑도 매우 달콤하지만, 그것들은 다 지나가는 것들입니다. 여러분이 죽을 날이 가까워오는데도, 여러분에게 결국 사라질 부요함 외에는 그 어떤 부요함도 없고, 결국 사라질 사랑 외에는 그 어떤 사랑도 없다면, 여러분은 어떻게 되겠습니까? 그리스도의 사랑을 가지시기를 권해 드립니다. 그 사랑은 여러분이 죽음의 강 너머로 가져갈 수 있습니다. 여러분은 그 사랑을 여러분의 손목에 팔찌로 끼거나, 여러분의 손에 인을 찍어서 천국에 가져갈 수 있습니다. 왜냐하면, 그리스도의 사랑은 죽음보다 강하고 무덤보다 더 힘 있기 때문입니다.

베버리지(Beveridge, 1637-1708, 영국의 주교)는 임종 때가 되어서 자신의 가장 좋은 친구들을 알아볼 수 없었습니다. 한 친구가 "베버리지 주교님, 나를 알아보시겠어요?"라고 말하자, 그는 "당신은 누구시죠?"라고 대답했고, 그 친구가 이름을 대자, "몰라요"라고 말했답니다. 그의 아내가 "주교님, 당신의 아내도 몰라보시겠어요?"라고 말했을 때에는, "그녀의 이름이 무엇이죠?"라고 묻고서는 "내가 당신의 아내예요"라는 대답을 듣자, "나는 그런 사람을 모릅니다"라고 말하더랍니다. 그 주교는 거의 모든 기능이 다 상실된 가엾은 노인이었습니다. 마지막으로, 어떤 사람이 몸을 굽히고서, "주 예수 그리스도를 아세요?"라고 속삭였습니다. 그러자 그는 남은 힘을 다해서 이렇게 말하였습니다: "알고말고요. 나는 그를 지난 40년 동안 알고 지내왔으니, 내가 그를 잊을 턱이 없죠." 다른 사람들에 대한 기억은 하나도 남아 있지 않던 이 주교에게 오직 예수 그리스도에 대한 기억만은 남아 있었다는 것은 정말 놀랍고 기이한 일이었습니다. 마찬가지로, 놀랍고 기이한 일이 또 한 가지 있는데, 그것은 이것입니다:

> "이 땅의 모든 물줄기가 다 말라 버려도,
> 그리스도의 충만하심은 늘 동일하다네."

사랑하는 자들이여, 여러분이 그리스도를 여러분의 친구로 삼고자 한다면, 이것을 생각하십시오. 여러분이 자기의를 세우고자 한다면, 그는 결코 여러분의 친구가 되어주지 않을 것입니다. 여러분이 계속해서 죄 가운데 살아간다면, 그는 결코 여러분의 친구가 되어주지 않을 것입니다. 그러나 여러분은 여러분 자신이 죄악되다는 것을 믿습니까? 여러분은 죄에서 떠나기를 바라십니까? 여러분은 구원 받기를 원하십니까? 여러분은 새롭게 되고자 하십니까? 그렇다면, 나는 여러분에게 내 주께서 여러분을 사랑하신다고 말씀드릴 수 있습니다. 가련하고 약하며 스스로 아무런 힘도 없는 벌레들이여, 내 주의 마음이 여러분을 향한 사랑으로 가득 차 있습니다. 지금 이 순간 그는 여러분을 불쌍히 여기시는 눈으로 내려다보고 계십니다. "예루살렘아 예루살렘아"(마 23:37). 그는 지금 여러분 중에서 자기가 죄인이라고 느끼고 고백하는 모든 사람들을 위하여 그가 죽었노라고 여러분에게 말하라고 내게 명하고 계십니다. 그는 여러분에게 "주 예수 그리스도를 믿으라 그리하면 네가 구원을 얻으리라"(행 16:31)고 말하라고 내게 명하고 계십니다. 그는 여러분에게 아무것도 요구하지 않고 완전히 거저 주시는 구원을 선포하라고 내게 말씀하십니다.

> "너희 목마른 자들아, 오라, 어서 오라.
> 와서, 하나님이 거저 주시는 저 풍성한 은혜를 기뻐하라.
> 참된 믿음과 참된 회개만으로
> 우리에게 예비된 온갖 은혜를 얻을 수 있으니,
> 예수 그리스도께로 나아와서,
> 돈 없이 거저 사라."

나는 죄인들에게 복음을 전할 때만큼 내가 너무나 부족하다고 느끼는 때가 없습니다. 내가 말로 전하는 대신에, 나의 마음을 열어서 여러분에게 그대로 보여주는 것으로 대신할 수 있다면, 얼마나 좋겠습니까!

> "사랑하는 구주여, 주저하는 심령들을 이끄셔서,
> 죄인들로 주께 피하게 하시고,
> 주의 사랑이 나누어 주는 저 지극한 복을 취하여,
> 받아 마셔서 다시는 죽지 않게 하소서."

마지막으로, 작별 인사를 고합니다. 왜냐하면, 지금 여기에 모인 우리가 한 사람도 빠짐없이 다시 여기에 함께 모이는 일은 없을 것이기 때문입니다. 이것은 정말 엄중한 말입니다. 여러분 모두가 다음 번 주일 아침에 여기에 오고자 하여도, 여러분 모두가 그때까지 다 살아 있을 것이라는 보장이 없고, 여러분 중에서 몇 분은 자연의 순리를 따라 이 세상을 떠날 것입니다. 다음 주일이 돌아오기 전에, 이 회중 가운데서 적어도 한 분은 반드시 모든 육체가 가게 되어 있는 길을 가게 될 것입니다. 이 주간에 세상을 떠나게 되어 있는 분에게 작별 인사를 고합니다. 나는 누가 그렇게 될지를 알지 못합니다. 저기 있는 건장한 사람일 수도 있고, 폐결핵으로 인한 열이 얼굴에 홍조로 나타난 저 연약한 처자일지도 모릅니다. 나는 누가 죽게 되어 있는지를 모릅니다.

그러나 나는 지금 이 주간에 죽게 되어 있는 그분에게 정말 엄숙하고 정중하게 나의 작별 인사를 전합니다. 가엾은 영혼이여, 안녕히 가십시오. 이것이 영원한 작별이 될까요? 우리가 복된 자들의 본향인 저 내세의 땅에서 다시 만나게 될까요, 아니면 이것이 영원한 작별 인사가 되고 말까요? 당신이 그리스도 없이 살다가 죽는 것이라면, 나는 여러분에게 엄숙하고 정중하게 영원한 작별 인사를 고합니다. 그러나 나는 그런 끔찍한 생각은 정말 하기 싫습니다. 그러므로 나는 이렇게 말하고자 합니다. 가엾은 죄인이여, 잠시 멈추고 한 번 생각해 보십시오. 여러분이 지나온 길과 앞으로 여러분이 가게 될 길을 생각해 보십시오. "돌이키고 돌이키라 어찌 죽고자 하느냐"(겔 33:11). "네가 어찌 죽고자 하느냐." "네가 어찌 죽고자 하느냐." "네가 어찌 죽고자 하느냐." 당신은 이 질문에 대답할 수 없습니다. 하나님께서 당신을 도우셔서, 다음과 같이 말함으로써 더 좋은 방식으로

대답하게 해주시기를 빕니다:

> "주여, 내가 할 말은 단 한 마디도 없사오나,
> 주께서 나를 위해 피 흘리셨사오니,
> 하나님의 아들이시여, 그 피를 의지해서 내가 주께 나아가,
> 내 영혼을 주의 인자하신 손에 맡기나이다."

하나님께서 그리스도를 인하여 여러분 모두에게 복주시기를 빕니다. 아멘.

제
9
장
—

사자 한 마리, 사자 두 마리, 어디에도 없는 사자

—

"게으른 자가 말하기를 사자가 밖에 있은즉
내가 나가면 거리에서 찢기겠다 하니라." — 잠 22:13

"게으른 자는 길에 사자가 있다
거리에 사자가 있다 하느니라." — 잠 26:13

이 게으른 자는 자기가 사자를 두려워한다는 것을 자신이 써먹을 수 있는 최고의 핑계로 여기고 소중히 하면서, 다른 핑계를 만들어 내는 것을 너무 괴로운 일이라고 여기는 사람으로 보입니다. 아마도 그는 이 핑계가 자기가 직접 자신의 상상력을 발휘하여 만들어 낸 것이기 때문에, 이 핑계를 자신의 목숨처럼 소중히 끌어안고 있는 것 같습니다. 어머니들은 자녀들 중에서도 가장 약한 자녀를 사랑한다는 말이 있기 때문에, 그는 수많은 핑계들 중에서도 이 말도 안 되는 바보천치 같은 핑계를 가장 좋아합니다. 어쨌든 이 핑계는 자신의 게으름을 정당화시키는 데 큰 도움이 되고, 그것이 그가 원하는 것입니다. 여러분이 짐승들의 왕을 빙자해서 자신의 게으름을 정당화할 수 있다면, 여러분이 부리는 술수는 꽤 그럴 듯한 모습을 갖추게 됩니다. 그는 자신의 게으름을 덮어줄 방패에 날뛰는 사자를 그려 넣는다면, 그 게으름이 덜 수치스럽게 보일 것이라는 희망을 갖고 있습니다.

　사람이 자신의 일을 성실하게 행하지 않는다면, 그것은 자기 자신과 다른 사람들에게 큰 잘못을 하는 것이기는 하지만, 나는 여기서 일반적인 게으른 자들 전체를 두고서 말하고자 하는 것이 아닙니다. 주인을 섬기는 종인 어떤 사람이 게으르다면, 그는 주인에게 불의를 행하는 것이고, 자기 사업을 하는 사람이 게으르다면, 그것은 자신의 아내와 가족에게 잘못하는 것입니다. 내가 아는 어떤 사람은 정직하게 일하는 것을 오래 전에 포기했기 때문에, 자기가 부양해야 할 사람들을 곤궁하고 궁핍하게 만들고 있습니다. 그 사람은 할 수만 있다면 1인치도 움직이려고 하지 않고, 자신의 일생을 잠을 자며 보낼 수만 있다면, 아예 눈조차 뜨고 싶어 하지 않을 것입니다. 어떤 사람이 게으름이라는 마름병에 의해서 철저하게 잠식당해 있을 때, 그의 범죄는 정말 핑계할 수 없는 것인데도 불구하고, 일반적으로 어떤 핑곗거리를 찾아냅니다. "길에 사자가 있다"는 것이 그 한 예입니다. 그 사람은 "길에 사자가 있기" 때문에, 자기가 침상에서 꼼짝도 하지 않고 있거나, 실내에 머물면서 여유롭게 시간을 보내면서 귀찮고 힘든 일을 하지도 않고 그 어떤 모험도 하지 않는 것은 지극히 정당한 것이라고 생각합니다. 그러나 이 모든 것은 자신의 역겨운 악을 은폐하기 위한 단순한 회칠일 뿐입니다. 그리스도인이라면, 자신의 일상적인 일에서 게으르지 않아야 합니다. 사도는 그 일이 어떤 종류의 일이든 믿는 자는 "부지런하여 게으르지 말아야" 한다고 말합니다(롬 12:11). 여러분이 그 일을 할 수 있는 권리가 있고, 그 일을 계속할 수 있는 권리가 있다면, 여러분은 그 일에서 게으를 권리가 없습니다. 그리스도인의 생각과 게으른 자의 생각은 천지 차이가 납니다. "무슨 일을 하든지 마음을 다하여 주께 하듯 하고 사람에게 하듯 하지 말라"(골 3:23). 게으름은 자기 자신에게 수치이고, 그가 신앙을 고백한 자라면, 그 신앙 고백을 욕되게 하는 일입니다. 바울은 그런 게으른 자를 보면 굶길 것입니다. 왜냐하면, 그는 "누구든지 일하기 싫어하거든 먹지도 말게 하라"(살후 3:10)고 말하였고, 이것은 굶기라는 말과 거의 같기 때문입니다. 가톨릭 신앙은 아무 일도 안 하고 구걸해서 먹고 사는 것을 장려하는 측면이 있지만, 참된 신앙은 모든 사람에게 자기가 일해서 먹고 살라고 명합니다. 나는 세상에서 게으른 자들을 도덕주의자의 판단에 맡깁니다. 본성 자체가 우리에게 부지런히 일하라고 가르치지 않습니까? 사람은 빈둥거리며 게으르게 살도록 지음 받은 것이 아닙니다. 일하는 것이 사람의 제대로 된 상태라는 것은 분명합니다. 사람이 온전하였을 때조차도, 하나님께서는 사람을 동산에 두시고서, 그 꽃들을 감상하게 하신 것이 아니라, 그 동산을 지키고 돌보게 하셨습니다. 사람이 온전하였을 때조차도 일할 필요가 있었다면, 타락한 이후에 일하는 것을 통해서 훈련을 받는 것은 더욱더 필요합니다. 사자가 있든 없든, 사람은 일하여야 합니다. 그렇지 않으면, 병에 걸려서 꼼짝없이 죽게 됩니다.

하지만 여기서 내가 말하고자 하는 것은 영적으로 게으른 자들이고, 그런 자들은 아주 많습니다. 그들은 회의론자들도 아니고, 그렇다고 해서 확고한 불신자들도 아니기 때문에, 복음을 반대하는 자들도 아닙니다. 이것은 아마도 그들의 게으른 본성으로 말미암아 선한 것에 대하여 적극적으로 반대하기도 귀찮아하는 것일 것입니다. 그들은 자기가 복음을 싫어하거나 반대하는 것이 아니라, 도리어 복음에 호의적이라고 주장하면서, 머지않아 복음의 큰 명령들에 순종하고 그리스도의 종이 되고자 하지만, 아직은 때가 아니라고 주장합니다. 그들은 아주 편안한 게으름의 침상에 누워 빈둥거리면서, 빨리 몸을 일으켜서 힘을 쓰고자 하지는 않습니다. 그들은 이 문제를 아주 천천히 느긋하게 생각해 보고, 힘들게 자기를 부인하는 것이 없이 아주 편안한 상태에서 그리스도께로 돌아가고자 합니다. 그들은 끊임없이 "좀더 자자, 좀더 졸자, 손을 모으고 좀더 누워 있자"(잠 6:10)라고 속으로 외칩니다. 하나님의 파수꾼들이 그들을 흔들어 깨우며, 일어나라고 큰 소리로 외쳐도, 그들은 너무나 깊이 잠에 취해 있어서 침상에서 몸을 잠시 뒤척이다가 이내 다시 잠 속으로 빠져듭니다. 오늘 밤 나는 그런 사람들 중 몇 명이라도 깨워 일으킬 수만 있다면, 그들이 자는 방의 창문 아래에서 일어나라고 크게 소리지르고 싶은 심정입니다. 잠자는 자여, 당신은 도대체 어떻게 하려고 그러는 것입니까? 당신은 잠으로 당신의 영혼을 망치려 하는 것입니까? 당신은 힘을 써서 떨쳐 일어나느니, 차라리 천국을 포기하겠다는 심산인 것입니까? 지옥의 괴로운 것들이 당신의 안팎을 둘러싸서, 당신이 꼼짝없이 괴로움을 당할 수밖에 없게 될 때까지, 결코 눈을 뜨고자 하지 않는 것입니까?

"게으른 자"에 대하여 말하고 있는 오늘의 본문 속에서 여러분이 가장 먼저 알 수 있는 것은 게으른 자라고 해도 그의 혀는 결코 게으르지 않다는 것입니다: "게으른 자가 말하기를." 게으른 자는 다른 모든 것에 대해서는 다 게으르지만, 혀만은 아주 바쁘게 움직입니다. "게으른 자가 말하기를 사자가 밖에 있은즉." 오늘의 두 본문에서 게으른 자는 할 말이 많은 사람으로 묘사됩니다. 나는 자기가 해야 할 일들을 하지 않는 사람들만큼 할 말이 많은 사람은 없다고 생각합니다. 아무것도 하지 않았으니, 말을 많이 해야 합니다. 그들의 선함은 단지 '립 서비스' (lip service)로 시작해서 '립 서비스'로 끝납니다. 그들은 회개에 대하여 말하지만, 회개하지는 않습니다. 그들은 신앙에 대해서 듣고자 하고, 심지어 신앙에 대하여 말하고자 하지만, 믿지는 않습니다. 그들은 신앙의 열심과 열정을 칭송하지만, 그러한 은혜들을 보는 것으로 만족하고, 자기가 직접 그렇게 되려고 하지는 않습니다. 그들은 신앙에 대해서 밤새워서 얘기하고 싶어 하지만, 아침이 되면, 밤새워서 열정적으로 얘기했던 그 모든 것들은 연기처럼 온 데 간 데 없이 사라지고 맙니다. 여러분이 그들을 붙잡고서, 그리스도께 마음을 드리지 않는 이유를 물어보면, 그들은 온갖 이유들과 변명들과 핑계들을 줄줄이 다 갖다 댑니다. 사실, 사람이 절망적일 정도로 심하게 압박을 받아야만, 그의 입에서 핑계하는 말이 나오지 않게 됩니다. 우리의 첫 조상들이 무화과 나뭇잎으로 옷을 만들어 입었기 때문에, 그들의 후손들도 이런저런 것들을 이용해서 자기 자신을 감추고 은폐하고도 아무런 거리낌이 없습니다. 그래서 게으른 자는 자신의 그 잘난 혀로 "길에 사자가 있어서 자기가 길거리에 나가면 물려죽을 것이기 때문에 나가지 않는 것"이라고 천연덕스럽게 말합니다. 게으른 자의 입은 결코 게으르지 않습니다. 그의 손은 짧지만, 혀는 깁니다.

또한, 게으른 자의 상상력도 게으르지 않습니다. 길거리에 사자들은 없었습니다. 그런 일이 있을 것이라고 생각하는 것은 쉽지 않습니다. 사자들은 광야에 있을 수도 있고, 밀림에 있을 수도 있으며, 삼림에 있을 수도 있지만, 예루살렘 거리나 런던 거리에 사자들이 있을 것이라고 생각하는 사람이 누가 있겠습니까? 게으름은 없는 사자를 만들어 냅니다. 일을 안 하는 자는 상상하는 것이 많습니다. 그의 상상력은 사자만이 아니라, 온갖 야수들이 등장하는 동물 쇼도 만들어 낼 수 있습니다. 만일 어떤 유능한 사냥꾼이 게으른 자가 상상 속에서 만들어낸 모든 사자들을 다 거꾸러뜨린다면, 그 게으른 자는 사자 못지않은 사나운 야수들인 늑대와 곰과 호랑이 등등을 그 즉시 만들어 내어 풀어 놓을 것입니다. 그에게 일할 마음이 없는 한, 그가 상상 속에서 만들어 내지 못할 것은 아무것도 없습니다. 사실, 사람들이 수긍할 만한 핑계가 될 수만 있다면, 게으른 자는 길거리에 나무 막대기 하나로 쫓아낼 수 있는 개 한 마리가 있다고 말하는 것도 괜찮다고 생각할 것입니다. 왜냐하면, 이 게으른 자의 초점은 사자가 아니라 길거리 자체에 있기 때문입니다. 그가 길거리에 사자를 갖다놓은 것은 단지 자기가 길거리에 나가기 싫어하는 것에 대하여 핑곗거리로 사용하기 위한 것일 뿐입니다. 그는 일터로 가서 일하기가 싫기 때문에, 자기를 집 밖으로 나가지 못하게 막아 줄 사자가 길거리에 있어야 합니다. 그에게는 사자는 친구이자 우군입니다. 그는 자신의 상상 속에서 의도적으로 사자를 만들어 내어서 자신의 게으름을 도와줄 우군으로 삼은 것입니다. 이렇게 게으른 자들의 마음은 게으르고 그들의 손도 게을러서 먼지로 뒤덮여 있지만, 그들의 혀와 상상력은 바쁩니다.

게으른 자는 자신의 상상력과 혀를 정말 열심히 이용하기 때문에, 우리는 게으른 자는 괴로움에서 벗어나기 위하여 큰 괴로움을 감수하는 자라고 생각하게 됩니다. 그는 자신의 그러한 창작능력을 자신의 본분과 의무에서 어떻게든 벗어나기 위한 목적으로 사용합니다. 게으른 자들은 일반적으로 가장 고민이 많은 사람들이라는 옛 속담이 있는데, 정말 그렇습니다. 사람들이 그리스도께로 나아오기 싫어서, 어떻게든 그리스도에게서 벗어나기 위하여 온갖 수고를 아끼지 않고 애쓰는 것을 보면, 정말 놀랍다는 생각밖에 안 듭니다. 그들이 어떤 핑계들을 늘어놓는지를 들어보십시오. 그 좁은 길을 요리조리 빠져 나가기 위하여 그들이 발휘하는 놀라운 상상력과 독창력을 보십시오. 만일 그들이 자기가 왜 구원 받아서는 안 되는지가 아니라 자기가 왜 구원 받아야 하는지에 대해서 그러한 상상력과 독창력을 발휘한다면, 그들의 논리는 그들에게 엄청난 유익을 가져다줄 것입니다. 우리가 그들과 얘기를 나누어 보면, 우리는 그들이 온갖 종류의 어려움들과 의심들과 이의들과 딜레마들을 만들어 내는 것을 봅니다. 그들은 복음의 가르침들과 본문들을 이해하지 않기로 작정한 사람들처럼 보입니다. 그들은 왜 자기가 멸망당해야 하는지 그 이유들을 찾아내기 위해서, 하늘과 땅과 지옥을 샅샅이 뒤진 사람들처럼 보입니다. 하지만 그들이 그렇게 하는 유일한 이유는 자신들의 죄를 버리고자 하지 않기 때문입니다. 그들은 자기의(self-righteousness)를 버리고 싶어 하지 않습니다. 그들은 예수께로 나아가서, 그의 피로 씻음을 받고, 모든 것이 구속주로 말미암은 하나님의 사랑 덕분이라는 것을 인정하고 싶어 하지 않습니다. 그들은 회개라는 괴로움을 겪고 싶지 않기 때문에, 그 끔찍한 일(그들은 회개를 이렇게 부릅니다!)을 멀리하고자 합니다. 그들은 두렵고 떨림으로 자신의 구원을 이루어 내는 일을 하고 싶지 않기 때문에,

자신의 상상 속에서 사자들을 만들어 냅니다. 그들은 신앙에 관심이 없고, 그리스도를 기뻐하지도 않기 때문에, 상상 속에서 어려움들을 만들어 냅니다. 즉, 현실의 괴로움을 피하기 위하여, 상상 속에서 어려움이 있는 세계를 만들어내는 것입니다. 그들은 지금 여기에서와 저 마지막 큰 날에 그리스도 안에서 발견되는 복으로부터 멀리 도망치기 위해서, 자신의 상상 속에서 온갖 어려운 것들을 만들어 내어 쌓아 올립니다.

　게으름과 그 헛된 핑계를 다룸에 있어서, 오늘 밤 나는 아이들도 이 설교의 대략을 기억할 수 있을 정도로 단순하게 대지들을 나누고자 합니다. 첫 번째 대지의 제목은 사자 한 마리가 될 것이고, 두 번째 대지의 제목은 사자 두 마리가 될 것이며, 세 번째 대지의 제목은 어디에도 없는 사자가 될 것입니다. 이 세 가지 대지는 누구나 다 기억할 수 있을 것이고, 오늘의 두 본문으로부터 이끌어 낼 수 있는 것들입니다.

1. 첫째로, 여기에 사자 한 마리가 있습니다.

"게으른 자는 말하기를 사자가 밖에 있은즉 내가 나가면 거리에서 찢기겠다 하느니라." 즉, 이 게으른 자가 포도원에 일하러 갈 시간이 되었는데도, 그는 침상에서 일어나는 것이 싫어서, 문 밖에 나가면 사자가 있기 때문에, 자기가 침상에 그냥 누워 있는 것이 최선이라고 말한다는 것입니다. 그가 그렇게 말하는데, 여러분이 그를 문 밖으로 떠밀어서, 다른 사람들에게는 몰라도 어쨌든 그에게는 너무나 소중한 그의 목숨을 그로 하여금 버리게 하지는 못할 것이 아니겠습니까? 이렇게 말하고서, 그는 다시 침상에서 잠들어 버립니다. 왜냐하면, 그것이 길거리에 나갔다가 사자를 만나 그 날카로운 이빨에 찢겨 죽는 것보다 훨씬 더 편안하기 때문입니다.

　게으른 자의 말의 요지는 아주 큰 어려움, 즉 자신의 힘으로는 도저히 극복할 수 없는 엄청난 어려움이 있다는 것입니다. 그는 사자를 길들이거나 사냥하는 자들에 관한 얘기를 들어오긴 했지만, 자기는 그런 사람이 아니라는 것입니다. 그에게는 이 무시무시한 원수를 공격해서 이길 힘도 없고 담력도 없다는 것입니다. 심지어 그는 그런 일을 시도할 용기조차도 없다고 고백합니다. 그가 예상하는 어려움은 그로서는 직면할 수도 없는 엄청난 어려움이라는 것입니다. 문 밖에 나서면 길거리에 "사자"가 있는데, 자기는 삼손도 아니고 다윗도 아니고 다니엘도 아니기 때문에, 그 괴물을 아예 처음부터 맞닥뜨리지 않는 편이 낫다는 것입니다. 이 자리에 계신 분들 중에는 이 게으른 자가 말한 것 같이 말하는 분들이 별로 많지 않겠지요? 게으른 자들은 목회자에게 이렇게 말합니다: "목사님은 우리의 사정도 잘 모르시고, 우리가 얼마나 힘들고 어려운 상황 속에서 어렵게 살아가는지도 모르십니다! 우리도 구원 받았으면 좋겠지만, 우리는 가난해서 먹고 사는 것만으로도 정신이 없고, 또 배우지도 못해서, 신앙 같은 것에 신경 쓸 여력이 없고, 그리스도인이 되어서 살아갈 수 없습니다. 이런저런 어려움들을 하나하나 다 생각하면, 우리가 신앙을 갖는 것은 불가능합니다. '길에 사자가 있습니다.'"

나는 바로 그 말이 여러분의 조상이 아주 오래 전에 했던 말이라는 것을 압니다. 여러분의 가문이 존재하는 한, 여러분에게는 늘 사자들이 있을 것입니다. 내가 솔직하게 말씀드리면, 여러분은 오늘의 본문에 나오는 "게으른 자"의 직계 자손이기 때문에, 여러분의 먼 조상이 솔로몬 시대에 그랬던 것처럼, 여러분의 집 창문 밖에서 바로 그 사자가 포효하는 소리를 듣습니다. 여러분의 아들과 딸들도 여러분과 동일한 마음, 즉 그리스도께로 나아오기 싫어하는 마음을 지니고 있다면, 그들도 문 밖에서 사자들이 포효하는 소리를 듣게 될 것이라고 나는 확신합니다. 저 기가 막힌 어려움들이 여러분의 길에 있듯이, 그들의 길에도 있을 것입니다. 유구한 전통을 자랑하는 저 "무위도식"(Do-nomores) 수도회와 많은 자손들을 둔 "안일한 자들" 가문은 저 마지막 나팔소리가 울려 퍼질 때까지 자신들의 침상을 지키고 자기 집의 대들보를 껴안고 살아갈 것입니다. "네가 사자와 독사를 밟으며 젊은 사자와 뱀을 발로 누르리라"(시 91:13)는 약속이 주어져 있음에도 불구하고, 그들은 싸울 마음이 없기 때문에, 결코 승리를 얻을 수 없습니다.

그러나 이 게으른 자의 경우에, 그것은 아주 사나운 사자였습니다. 오늘의 두 번째 본문을 히브리어 원문으로 보면, 우리는 길거리에 있는 것은 "젊은 사자," 즉 힘 있는 사자였다는 것을 알 수 있습니다. 게으른 자는 상상력을 발휘해서, 평범한 경우를 훨씬 뛰어넘는 아주 특별하고 예외적인 괴물을 만들어 내었습니다. 나의 사랑하는 친구들이여, 여러분도 마찬가지로 적어도 여러분의 생각 속에서는 자기가 다른 어떤 사람들의 경우보다도 훨씬 더 큰 어려움에 직면해 있다고 여깁니다. 사실, 순교자들은 면류관을 얻기 위해서 피의 바다를 헤엄쳐야 했고, 수많은 신자들이 그리스도께 충성하기 위하여 화형장에서 잿더미가 되었지만, 여러분은 자신이 만난 사자는 엄청나게 거대하고 이루 말할 수 없이 사나워서, 그들이 만난 사자들도 자기가 만난 사자에 비하면 아무것도 아니라고 생각합니다. 과연 그런 사자가 있을까요? 아마도 내가 조금만 찬찬히 살펴본다면, 여러분이 말도 못하는 겁쟁이이고, 여러분이 사자라고 했던 것은 실제로는 신경 쓸 가치조차 없는 똥개에 불과하다는 것이 밝혀질 것입니다. 여러분의 사자는 실제로 쥐일 뿐입니다. 그렇게 하찮은 시련에 직면해서 두려워 떨다니, 여러분의 기개는 어디로 가버렸습니까? 여러분이 그리스도인이 된다면, 여러분이 알고 지내던 사람들 중에는 여러분에게서 떨어져 나갈 사람이 있을지도 모릅니다. 그것이 여러분의 사자입니까? 그런 사자는 아주 어린 사자일 뿐입니다. 또는, 여러분은 좋지 않은 장사나 일을 하고 있고, 여러분이 그리스도인이 된다면, 그 일를 그만두어야 한다는 것을 걱정하는 것입니까? 그것이 전부입니까? 또, 주일에 가게 문을 닫아야 한다는 것이 여러분의 은밀한 걱정거리입니까? 여러분은 지금 속이는 일들을 하면서 짭짤한 수입을 올리고 있는데, 그리스도인이 되면, 그런 일들을 할 수 없다는 것을 알고, 그것이 여러분의 사자일 수 있습니다. 여러분은 다른 사람들로 하여금 그 사자가 정말 무시무시하다는 것을 믿게 하고자 애쓰고 있기는 하지만, 여러분 스스로는 과연 그것이 사실인지를 알 수 없고, 단지 그런 핑계를 대면, 자기가 지금 하고 있는 일을 계속할 수 있다는 것이 좋을 뿐이고, 그러면 된 것이라고 생각하는 것입니다. 그렇게 하고 있는 여러분은 복음의 빛이 여러분의 얼굴에 정면으로 밝게 빛나고 있고, 하나님께서 여러분에게 무엇을 요구하시는지를 여러분 자신이 뻔히 알면서도, 하나님과 그리스도 앞으로 나아오기를 거부하고, 침상에 누워 졸기도 하고 자기도 하는 자들입니다. 엘리야가 오늘 밤 이 자리에 있어서, 옛적에 갈멜 산에서 그랬던 것처럼, "너희가 어느 때까지 둘 사이에서 머뭇머뭇하려느냐 여호와가 만일 하나님이면 그를 따르고 바알이 만일 하나님이면 그를 따를지니라"(왕상 18:21)고 외칠 수 있었으면 좋겠습니다.

> "잠자는 자들이여, 잠에서 깨어나라! 도대체 어쩔 심산이냐?
>   죄가 너희를 둘러싸고 있으니,
>   너희 안에서 원수들을 샅샅이 찾아내어,
>   그 반역자들을 죽이거나 내쫓으라."

여러분은 자신의 사자가 이 세상에서 가장 무시무시한 사자라고 생각해서 여전히 주저하고 머뭇거리고 있습니다. 여러분은 이 세상에 있던 그 어떤 밀림이나 삼림에도 그렇게 무섭게 포효하는 사자가 없었다고 말합니다. 자기는 아주 말짱한 정신으로 그렇게 말하고 있는 것이라고 여러분은 말합니다. 나는 여러분이 거짓말을 스스로 믿게 하고자 애쓰고 있는 것이라고 여러분에게 말해 주고 싶습니다. 왜냐하면, 여러분이 직면한 어려움들은 우리 중 많은 분들이 하나님의 은혜를 힘입어서 극복하였던 어려움들보다 결코 크지 않기 때문입니다. 여러분이 직면한 어려움들은, 바울을 비롯해서 기독교의 초창기에 매일같이 예수 그리스도를 위하여 죽음에 넘겨져야 했지만, 그 모든 위험들을 무릅쓰고서 용감하게 주님의 뜻을 따랐던 사람들이 직면했던 어려움들의 절반만큼도 되지 않습니다.

또한, 이 게으른 자가 "사자가 밖에 있은즉 내가 나가면 거리에서 찢기겠다"고 말한 것에 주목하십시오. 도시의 거리에서 사람들이 사자들에게 물려 죽었다면, 그것은 정말 신기한 일이 될 것입니다. 내 기억에는 그런 일은 일어난 적이 없었고, 나는 앞으로도 그런 일은 일어나지 않을 것이라고 생각합니다. 하지만 이 게으른 자는 자기가 거리에 나가면 사자에게 물려 죽게 될 것이라는 주장을 굽히지 않습니다. 오늘날과 같은 자유의 시대에 그는 박해당해서 죽게 될 것이 무서워서 그리스도인이 되기를 두려워합니다. 사랑하는 자여! 솔직하게 말해서, 오늘날과 같은 시대에는 정직하고 올바르게 살아가는 것이 내세만이 아니라 현세에서도 최고의 방책입니다. 그런데도 사람들은 여전히 그리스도인이 되면 손해라고 말합니다. 그들의 장사가 안 되어서 망하게 될 것이라고 말합니다. 그들이 생계를 유지할 수 없게 될 것이라고 말합니다. 그들이 거리에서 사자에게 물려 죽게 될 것이라고 말합니다. 만일 여러분이 세월을 거슬러 지금부터 수 년 전에 마다가스카르(Madagascar)에서 살고 있었다면, 나는 여러분이 그렇게 말해도 핑계라고 말하지 않을 것입니다. 왜냐하면, 그때에 거기에서는 그리스도인들을 절벽에서 떨어뜨리거나 창으로 찔러 죽였기 때문입니다. 그러나 이 나라에서 그리스도인들이 감수해야 하는 박해들이 괴로운 것일 수 있고, 그들이 겪는 손해가 많을 수 있지만, 그런 것들은 초대 교회 때에 그리스도인들이 겪었던 고난들에 비하면 언급할 가치조차 없는 것들입니다. 오늘날 그리스도인들이 겪는 고난들은 지난 세월에 그리스도인들이 겪었던 것들과 비교할 가치조차 없을 뿐만 아니라, 하물며 우리가 덧입게 될 영광과는 더더욱 비교할 가치조차 없습니다. 그러므로 여러분이 그렇게 말하는 것은 변명이 될 수 없습니다. 그런 말은 게으른 자들이나 하는 말입니다. 여러분은 "내가 나가면 거리에서 찢기겠다"고 우는 소리를 하지만, 사실은 스스로도 그 말이 사실인지를 알지 못합니다. 여러분에게 조금만 용기가 있다면, 여러분은 결코 길거리를 무서워하지 않거나, 길거리에서 사나운 짐승이 여러분을 덮치는 일은 있을 수 없다고 생각할 것입니다.

다음으로, 이 게으른 자의 결론을 잘 보십시오: "사자가 밖에 있은즉 내가 나가면 찢기겠다." 이것은 마치 사자가 다른 사람들은 상관하지 않고 오직 그만을 표적으로 삼고 있다는 듯이 말하는 것이고, 실제로 그런 위험이 있다고 했을 때, 길거리에서 그는 동일하게 위험에 처한 많은 사람들 중의 하나가 아니라 유일한 사람인 듯이 말하는 것입니다. 그가 밖에 나가면, 사자가 반드시 그를 죽일 것이라는 것입니다. 그는 그것을 조금도 의심 없이 확신합니다. "내가 나가면 찢기겠다." 이것이 게으른 자들이 말하는 방식입니다. 즉, 그들은 그리스도를 위하여 살기로 작정한 사람들에게 지금까지 임한 모든 고통과 시련이 자신들에게 닥칠 것처럼 말합니다. 하나님의 다니엘들 중 다수가 사자굴 속에서 살았지만, 그런 환경 속에서도 결코 신앙을 잃지 않았던 반면에, 게으른 자들은 다니엘의 하나님을 바라볼 수도 없고, 다니엘처럼 사자굴에서 건짐 받는 것을 기대하지도 않습니다. 길거리에는 사자가 단지 한 마리가 있을 뿐이고, 가까이에 피신할 곳들이 많이 있는데도, 그들은 자기가 사자에게 물려 갈기갈기 찢겨 죽게 될 것이 확실한 것처럼 말합니다. 만일 사람들이 내게 사자를 만난다면 어디에서 만나고 싶냐고 묻는다면, 나는 주저 없이 길거리에서 포효하는 사자를 만나고 싶다고 말할 것입니다. 왜냐하면, 길거리에는 나를 도와줄 사람들이 많이 있을 것이기 때문입니다. 이런 것들을 생각해 보면, 게으른 자가 한 말이 얼마나 어처구니없는 말인지가 확연히 드러납니다. 즉, 자기보다 더 용감한 다른 사람들이 길거리에 있어서, 그가 위험에 처한 것을 보면, 그를 구하러 달려올 것인데도, 그는 "내가 나가면 거리에서 찢기겠다"고 말하고 있는 것입니다. 자기가 그리스도인이 되는 것을 가로막는 어려운 일들이 많이 있다고 말하는 분들이여, 보십시오. 여러분 외에는 그리스도인이 한 명도 없습니까? 믿는 자가 오직 여러분뿐입니까? 여러분이 하나님께로 회심했을 때, 하나님을 믿는 사람이 오직 여러분밖에 없습니까? 여러분을 도와줄 사람이 아무도 없고, 우리 가운데 그리스도인들의 형제애가 하나도 남아 있지 않습니까? 초신자인 여러분이 신앙의 길을 가면서 만나는 여러 가지 의심들과 시험들에 맞서 싸울 때, 여러분을 도와줄 성숙한 신앙인들이 없는 것입니까? 여러분은 하나님의 예루살렘 거리에 오직 여러분만이 있는 것이 아님을 너무나 잘 알고 있습니다. 여러분이 일단 하나님의 도성인 교회 속으로 들어오면, 거기에서 여러분은 안전할 것입니다. 왜냐하면, "거기에는 사자가 없고 사나운 짐승이 그리로 올라가지 아니하므로 그것을 만나지 못하겠고 오직 구속함을 받은 자만 그리로 행할 것"(사 35:9)이고, 거기에서 여러분은 저 복된 무리와 함께 하게 될 것이기 때문입니다. 여러분이 일단 우리 하나님의 도성의 거리에 발을 딛게 되면, 안전한 곳에 있게 된 것입니다. 그런데도 게으른 자들은 다음과 같은 식으로 말합니다. 먼저, 그들은 위험들을 상상합니다. 그런 후에, 그들은 그들을 두렵게 할 것들이 없는 곳에서 두려움에 사로잡혀서, 자기가 만들어 낸 허상들을 생각하고 깜짝깜짝 놀라고 고통스러워합니다.

진짜 사자는 결국 하나님의 것들이 싫어서 피하고자 하는 게으름 자체입니다. 우리는 성전에서 그리스도를 믿는 믿음을 고백하려다가 하지 않는 많은 사람들을 봅니다. 그들은 10년 전, 12년 전, 20년 전에도 그랬습니다. 진짜 어려움은 그들의 마음이 하나님을 향하여 올바르지 않다는 데 있습니다. 그들은 아직 자신들에게 예수가 필요하다는 사실을 겸손하게 인정하지 않았습니다. 자신의 죄를 고백하는 것도 그들에게는 너무나 괴로운 일입니다. 그들은 하나님이 인간의 죄를 위한 화목제물로 내주신 주 예수를 받아들이지 않았습니다. 만일 그들이 이런 것들에 대하여 진지하고, 그들의 마음이 진정으로 그리스도를 발견하고자 하기만 한다면, 거리에서 사자를 보지도 않을 것이고, 거리에 사자가 있다고 말하지도 않을 것입니다. 그 괴물은 그들에게서 이내 사라질 것입니다

사랑하는 친구들이여, 많은 사람들이 보는 가장 흔한 종류의 사자들 중의 하나는 구원의 길을 이해할 수 없다는 하소연입니다. 정말 구원의 길을 이해할 수 없다는 말이 사실입니까? 그렇다면, 지난 주일 아침에 우리가 보았던 본문을 기억해 보십시오: "만일 우리의 복음이 가리었으면 망하는 자들에게 가리어진 것이라 그 중에 이 세상의 신이 믿지 아니하는 자들의 마음을 혼미하게 하여 그리스도의 영광의 복음의 광채가 비치지 못하게 함이니"(고후 4:3-4). 그러므로 "나는 복음을 이해할 수 없습니다"라고 말하는 것은 끔찍한 일입니다. 왜냐하면, 그것은 여러분이 마귀의 권세 아래 놓여 있다는 것을 증명해 주는 것이기 때문

입니다. 또 어떤 사람은 "나는 복음을 믿을 수 없습니다"라고 말하는데, 그렇게 말하는 것도 마찬가지로 끔찍한 일입니다. 여러분은 복음을 믿을 수 없는 것입니까? 아닙니다. 여러분이 믿을 수 없는 것은 하나님입니다. 여러분은 왜 하나님을 믿을 수 없습니까? 하나님이 거짓말쟁이입니까? 모든 심령들 중에서 가장 사랑스러운 자였던 요한의 말을 한 번 들어보십시오: "하나님을 믿지 아니하는 자는 하나님을 거짓말하는 자로 만드나니 이는 하나님께서 그 아들에 대하여 증언하신 증거를 믿지 아니하였음이라"(요일 5:10). 거짓말을 하실 수 없으신 하나님께서 하신 말씀조차도 "나는 믿을 수 없습니다"라고 말하는 것은 정말 끔찍한 일입니다. 여러분이 어떤 사람에게 그런 식으로 말한다면, 여러분은 그 사람을 모욕하는 것입니다. 그런데 여러분이 하나님에 대하여 그런 식으로 말한다면, 여러분은 하나님을 도대체 얼마나 모욕하고 욕보이는 것이겠습니까! 거기에는 그 어떤 변명도 통하지 않을 것입니다. 예수께서 진리를 말씀하시는 것이라면, 여러분은 왜 그를 믿지 않는 것입니까? 하나님의 진리를 알고자 하는 사람들에게는 복음은 이해하기가 쉽고, 그 자체 속에 증거를 지니고 있어서, 그런 사람들은 그 어떤 말도 필요 없이 즉시 복음을 받아들일 수밖에 없습니다. 그런데도 여러분은 이것을 부인하시겠습니까? 그렇다면, 여러분의 사자는 어디에 있습니까?

어떤 사람은 "내가 그리스도께 간다고 해도, 얼마 안 있어서 떨어져 나올 것이 분명합니다"라고 말합니다. 그렇게 단정적으로 말하지 마십시오. 그리스도께서는 여러분이 그에게 자신의 마음을 드린다면, 그가 여러분을 지켜 주실 것이라고 분명히 약속하지 않으셨습니까? 성경에는 "내가 그들에게 영생을 주노니 영원히 멸망하지 아니할 것이요 또 그들을 내 손에서 빼앗을 자가 없느니라"(요 10:28)고 기록되어 있지 않습니까? 여러분은 자기가 신앙에서 떨어져 나가지 않도록 자신을 스스로의 힘으로 지켜야 한다고 생각하시는 것입니까? 그렇다면, 다음과 같은 송영을 읽고, 그렇게 찬양하려고 해보십시오:

"여러분이 넘어지지 않도록 지켜 주실 수 있으신 분,
여러분으로 하여금 지극한 기쁨 가운데서
하나님의 임재 앞에 흠 없이 설 수 있게 해주실 수 있으신 분께,
지금부터 영원까지 영광이 있으시기를 원하나이다."

또 어떤 사람은 "나는 아주 많은 그리스도인들이 위선자들이라는 것을 압니다"라고 말합니다. 그것이 여러분의 사자입니까, 그렇습니까? 좋습니다. 그리스도인들 가운데서 위선자들이 너무나 많다면, 정직한 사람이 한 사람이라도 있어야 할 때입니다. 그런데 왜 여러분은 자기가 바로 그 정직한 사람이 되고자 하지 않는 것입니까? 또한, 여러분은 왜 하나님의 백성을 위선자들이라고 부르는 것입니까? 여러분은 그들이 그렇지 않다는 것을 압니다. 여러분은 "그들은 잘못들이 아주 많고, 그들 모두는 거짓되기 때문입니다"라고 말합니다. 여러분은 정말 그렇게 말할 수 있습니까? 만일 그리스도인들이 모두 다 거짓된 자들이라면, 아무도 자기가 그리스도인인 것을 나타내고자 하지 않을 것이고, 악한 왕이 자신을 그리스도인이라고 자처하는 일도 없을 것입니다. 아주 많은 선한 그리스도인들이 있고, 선한 왕들이 그리스도인이라 자처하는 것을 자랑스럽게 생각하기 때문에, 그리스도인을 가장한 위선자가 생겨나는 것입니다. 왜냐하면, 참된 그리스도인들이 아주 많다는 것이 알려져 있는 까닭에, 그 위선자도 참된 그리스도인이 좋은 것을 알아서 그렇게 보이고자 하는 것이기 때문입니다. 따라서 그리스도인이 되는 것은 좋은 일입니다. 이제 여러분은 다른 사람들을 판단하는 대신에, 조용히 앉아서 자기 자신을 판단하고 살필 때입니다. 그렇게 하면, 여러분의 사자는 곧 죽어 없어지게 될 것입니다.

어떤 사람은 "예, 하지만 나도 많이 애쓰고 노력했지만 안 됩니다"라고 말합니다. 그것이 여러분의 사자입니까? 그렇다면, 여러분은 어떤 식으로 애쓰고 노력하셨습니까? 여러분은 자신의 힘으로 어떻게 해보려고 애쓰고 노력해 왔을 것입니다. 우리는 여러분에게 더 이상 그런 식으로 하지 않기를 권합니다. 왜냐하면, 여러분의 힘은 철저히 연약하고 무력하기 때문입니다. 만일 여러분이 여러분 자신을 그리스도께 맡겼다면, 여러분은 다른 얘기를 하게 되었을 것이고 다른 노래를 부르게 되었을 것입니다. 왜냐하면, 그리스도는 신실하셔서, 그를 의탁하는 자들을 지켜 주시기 때문입니다. 혼자 힘으로 뭔가를 해 보려고 한 것이 여러분의 사자라면, 하나님께서 여러분으로 하여금 다시는 그 사자가 포효하는 소리를 듣지 않게 해주시기를 빕니다. 하나님께서는 여러분에게 자기 힘으로 자신을 구원하라고 하시거나, 자신을 지키라고 하시는 것이 아니라, 여러분 자신을 하나님의 은혜에 의탁하라고 하시는 것입니다. 그렇게 한다면, 그 은혜가 여러분을 끝까지 지켜 줄 수 있을 것입니다.

나는 한 가지만 더 여러분에게 말씀드리고, 두 번째 대지로 넘어가고자 합니다. "밖에" 사자가 있다면, 안에는 사자가 없습니까? 즉, 여러분이 그리스도께로 나아가다가 죽는다면, 그리스도께로 나아가지 않는다고 하여도, 여러분은 틀림없이 죽게 될 것이라는 말입니다. 여러분이 지금처럼 살아간다면, 여러분은 장차 어떻게 되겠습니까? 여러분이 지금과 같은 모습으로 죽는다면, 여러분의 운명은 어떻게 되겠습니까? 여러분을 죄에서 씻어 주실 구주도 없고, 하나님 앞에서 여러분을 변호해 주실 중보자가 없이, 여러분이 지금처럼 살다가 죽는다면, 무엇이 여러분의 영원한 분깃이 되겠습니까? 그냥 집에 있다가 죄 가운데서 죽는 것보다는, 밖에 많은 사자들이 있다고 하여도, 거기를 뚫고 그리스도께로 나아가는 편이 더 낫지 않겠습니까? 여러분의 경우에는 집 안에 있는 사자가 분명히 여러분을 죽일 것입니다. 그러니 일어나서 나가십시오. 새가 사냥꾼의 올무에서 빠져 나가듯이, 그렇게 집 안에서 빠져 나가십시오. 새 사냥꾼은 사탄이고, 그의 덫은 속이는 죄입니다.

밖에 사자가 있다면, 뭐 어떻습니까? 여러분은 그 사자와 싸울 수 있지 않습니까? 여러분이 하나님께 함께 동행해 주시기를 구한다면, 여러분은 옛적에 다윗이 그랬던 것처럼 사자와 싸워 이길 수 있지 않겠습니까? 옛적의 성도들은 그런 식으로 어린 양의 피를 힘입어 사자들을 이겼습니다. 천국에 있는 성도들 중에는 편안한 침상에 누운 채로 하늘로 들려온 사람은 한 명도 없습니다:

> "지금의 우리처럼, 그들도 힘든 싸움을 싸웠다네,
> 죄들과 의심들과 두려움들에 맞서서."

여러분은 황금 가마를 타고 천국에 갈 것을 기대하고 있습니까? 그것은 큰 착각입니다. 예수께서는 십자가 위에서 죽으셨는데, 여러분은 꽃가마를 타고 천국에 가기를 원하시는 것입니까?

> "다른 이들은 상을 얻기 위하여 싸웠고, 피바다를 항해해 왔는데,
> 내가 꽃가마를 타고 천국에 간다는 것이 가당키나 한 일인가?"

나의 친구들이여, 영광으로 이어지는 우아하고 화려한 길은 없습니다. 여러

분이 어려움과 자기부인을 두려워한다면, 여러분은 자기가 하나님의 나라에 합당하지 않은 자임을 알아야 합니다. 정죄 받은 자들이 탄 마차를 선두에 서서 모는 자들은 두려워서 믿지 않는 자들이라는 것을 기억하십시오. 사자가 있다면, 침상에서 일어나 나와서 그 사자를 죽이십시오. 여러분은 머지않아 그 사자의 시체 속에서 꿀을 얻고서 기뻐하게 될 것입니다.

여러분이 사자와 싸울 수 없다고 느낀다고 하여도, 도와 달라고 부르짖을 수는 있지 않습니까? 사실, 여러분은 하나님의 도움 없이 스스로의 힘으로는 사자와 싸워 이길 수 없습니다. 하지만 여러분이 도와 달라고 부르짖으면, 우리 하나님은 그 기도를 들으시고 응답하십니다. 여러분은 왜 자기를 구해 달라고 "강한 자"에게 부르짖지 않는 것입니까? 여러분의 사자가 길에 있습니다. 그렇다면, 친구 되시는 주님께 와서 도와 달라고 부르짖으십시오. 그러면, 사자를 사냥하는 일에 능하신 분이 여러분의 부르짖음을 들으시고 그 자리에 나타나실 것입니다. 그분은 다윗의 자손 예수이십니다. 그는 이 땅에 계실 때에 "마귀의 일을 멸하지"(요일 3:8) 않으셨습니까? 그는 지금도 여전히 자기를 의지하는 모든 자들을 지키시는 일에 자신의 힘을 보여주십니다. "나의 예수여, 나를 사자에게서 건져 주소서"라고 그에게 부르짖으십시오. 그는 여러분에게 오셔서, 턱수염으로 사자를 낚아채 죽이실 것입니다. 그러므로 게으른 자들이여, 여러분의 핑계는 통하지 않을 것입니다. 그 핑계들은 물을 담을 수 없는 깨진 그릇들입니다. 하나님께서 여러분을 도우셔서, 여러분이 그러한 핑계들을 대는 데 지치고 질려서 더 이상 핑계를 댈 수 없게 해주시기를 빕니다.

2. 둘째로, 여기에 사자 두 마리가 있습니다.

우리는 잠언 22장에 나오는 게으른 자를 잠시 떠나서, 거기에서 서너 쪽을 더 내려가서, 잠언 26장 13절을 보겠습니다. 거기에서 우리는 또다시 이 신사분을 만납니다. 그 게으른 자는 여전히 말하고 있는데, 그가 하는 말을 들어 보면, "길에 사자가 있다 거리에 사자가 있다"는 것입니다. 우리가 앞서 본 본문과 이 본문 간에 어떤 차이가 있습니까? 나는 첫 번째 본문에는 사자 한 마리가 등장하는데, 여기에는 사자 두 마리가 등장한다는 차이점이 있다고 생각합니다.

그는 앞에 나온 그 사자 한 마리 때문에 집에 머물러 있었습니다. 그런데 이제 그는 밖에 사자가 두 마리가 있다고 상상합니다. 그가 문 밖에 나가지 않고 안에 머물러 있는 시간이 길어진 것이 도리어 상황을 악화시킨 것입니다. 그는 좀 더 적당한 때가 있을 것이라고 말했지만, 과연 그렇게 되었습니까? 사자가 한 마리 있을 때에도, 그는 때가 좋지 않다고 말했었습니다. 이제 때가 더 좋아졌습니까? 전혀 그렇지 않습니다. 왜냐하면, 이제 사자가 두 마리로 늘어났으니까요. "길에 사자가 있다 거리에 사자가 있다." 이것이 늘 기다림의 결과입니다. 어떤 일을 미룰 때, 그것이 유익이 되는 일은 결코 없습니다. 어려움들이 가중되고, 위험들이 더 커집니다.

강을 건너야 했던 한 촌사람이 물이 모두 흘러가 버릴 때까지 기다리기로 했습니다. 왜냐하면, 그는 물이 흘러가는 속도를 보고서, 그 강물이 완전히 마를 때가 올 것이라고 조금도 의심 없이 확신하였기 때문이었습니다. 하지만 한참을 기다린 끝에, 그는 윗지역에서 많은 물이 흘러 내려와서, 그 강물이 이전보다 훨씬 더 깊어진 것을 발견하고 깜짝 놀랐습니다. 강은 마르기는커녕, 도리어 불어났습니다. 젊을 때에 자기가 어른이 되면 구주를 만나기가 훨씬 더 쉬워질 것이라고 생각하는 사람들은 단단히 속고 있는 것입니다. 자기 자녀들이 다 자라면, 또는 자기가 일에서 은퇴하게 되면, 교회에 나오기가 훨씬 더 쉬워질 것이라고 생각해서 그때까지 기다렸다가 믿을 것이라고 생각하는 사람들은 그 세월이 흐르는 동안 자신의 마음이 딱딱하게 굳어지고 완악해져서 믿으려고 해도 믿을 수 없게 된 것을 발견하게 될 것입니다. 인생은 저녁나절과 같아서, 기다릴수록 더 캄캄해지고 어두워집니다. 시간을 지체하고 미루면, 위험은 점점 더 커지고 많아지며, 그렇게 해서 거둘 수 있는 최상의 열매는 후회입니다. 오랫동안 망설이고 머뭇거리다가 마침내 예수께로 나아온 사람들은 한결같이 자신들이 너무나 소중한 세월들을 허비해 버린 것을 알고서, 다시 그때로 돌아갈 수 있었으면 좋겠다고 말하며, 후회합니다. 그들은 "내가 전에 너희에게 보낸 큰 군대 곧 메뚜기와 느치와 황충과 팥중이가 먹은 햇수대로 너희에게 갚아 주리니"(욜 2:25)라는 약속을 얼마나 진심으로 반가워하는지 모릅니다!

나는 지난 주일 저녁에 우리 구주께서는 어떤 영혼이 자기에게 돌아올 "가장 좋은 때"를 아신다고 말했습니다. 그렇다면, 성령께서 "가장 좋은 때"라고 말씀하시는 것은 언제를 가리키는 것입니까? 성령께서는 "오늘 너희가 그의 음성을 듣거든 … 너희 마음을 완고하게 하지 말라"(히 3:15)고 말씀하시고, "여호와께서 말씀하시되 오라 우리가 서로 변론하자"(사 1:18)고 말씀하십니다. 성령은 바로 지금 우리를 초대하십니다. 왜냐하면, 지금이야말로 우리에게 "가장 좋은 때"이기 때문입니다.

여러분은 오늘의 두 번째 본문 속에 사자 두 마리가 등장하는 것을 봅니다. 두 번째로 등장한 사자도 첫 번째로 등장한 "젊은 사자" 못지않은 사나운 사자입니다. 왜냐하면, 히브리어 본문의 뉘앙스를 살려서 번역하면, 첫 번째 구절은 "길에 젊은 사자가 있다"가 되고, 두 번째 구절은 "거리에 크고 힘센 사자가 있다"가 되기 때문입니다. 따라서 이제 아주 강력한 원수가 둘이 된 것입니다. 극복해 낼 수 없는 어려움이 하나에서 둘로 불어났습니다. 이것을 두고서, 옛적의 한 청교도는 게으른 자가 처음에 거리를 내려다보았을 때에는 사자 한 마리가 왼쪽에 웅크리고 있었기 때문에, 그는 오른쪽으로 지나갈 수 있었지만, 또다시 길을 내다보았을 때에는 오른쪽에도 사자가 웅크리고 있어서, 사자를 피해서 갈 수 있는 길은 완전히 막혀 버린 것이라고 말했습니다. 앞문과 뒷문에 각각 사자가 한 마리씩 지키고 있어서, 도망칠 길이 막혀 버린 것이 바로 주저하고 머뭇거린 비참한 결과였습니다.

여러분 중에서 몇 년 전에 여러 가지 어려움 때문에 그리스도인이 되기를 주저하였던 분들은 이제 와서 보니 어려움이 줄어들기는커녕 더 늘어난 것을 발견하지 않습니까? 여러분이 21살이었을 때에는, 여러분에게 말씀의 깊은 감화가 있었고, 양심이 살아 있었습니다. 그러나 그때에 여러분은 이렇게 말했습니다: "지금은 때가 아니야. 믿는 것이 더 쉬워질 때가 곧 올거야." 그때에 여러분은 몇 가지 죄들의 끈에 묶여 있었습니다. 그러나 지금 여러분을 묶고 있는 죄들의 끈은 40가지로 늘어났습니다. 이것이 어떻게 된 것입니까? 죄의 끈들이 더 약해졌습니까? 여러분을 지금 묶고 있는 끈은 노끈에서 튼튼한 동아줄이 되었을 것이라고 나는 믿습니다. 전에는 죄가 여러분을 채찍으로 때렸지만, 지금은 전갈로 징계하고 있습니다. 복음이 여러분의 심령을 녹이는 힘은 아주 약해졌고, 여러분의 마음은 완악해져서 멸망으로 치닫고 있습니다. 지금은 설교를 들어도, 양심의 찔림을 받지 않습니다. 지난 세월에 설교를 들었을 때에는 눈물이 하염없이 흘러내려서, 여러분은 다시는 성전에 발을 디뎌놓지 않겠다고 생각하고 이 성전을 나가곤 했습니다. 왜냐하면, 설교가 여러분의 가슴을 갈기갈기 찢어놓고 베어놓았기 때문입니다. 설교자는 여전히 그때와 동일한 말씀을 전하고 있지만, 그가 전하는 말씀은 여러분에게 예전과 같은 감동과 감화를 주지 못합니다. 여러분은 복음에 대하여 완악해진 것이고, 이것은 완악함 중에서도 최악의 종류에 속합니다. 여러분은 복음을 아주 오랫동안 들어 왔지만, 복음 속에서 새로운 것을 발견할 수 없습니다. 왜냐하면, 여러분은 마귀의 백전노장이 되어 복음과 싸우는 데 이골이 나서, 복음의 공격을 요리조리 피하는 방법들을 너무나 잘 알고 있기 때문입니다. 여러분은 복음을 어떤 식으로 빠져 나가야 하는지를 잘 알고 있습니다. 백년 묵은 여우처럼, 여러분은 온갖 덫들을 알고 있기 때문에, 그 덫들에 사로잡히지 않습니다. 여러분은 사자를 등장시키는 해묵은 속임수를 여전히 써먹고 있지만, 이제 거기에는 사자가 한 마리가 아니라 두 마리가 등장합니다. 여러분의 빠져 나가는 수법이 갑절로 노련해졌다는 것입니다. 이런 상황에서 내가 어떻게 여러분이 평일 밤 예배에 자주 나오기를 기대할 수 있겠습니까?

　여러분은 서너 개의 가게를 운영하고 있습니다. 그런 여러분이 어떻게 주일 저녁 예배에 나올 수 있겠습니까? 여러분에게는 대여섯 명의 자녀가 있습니다. 그런 여러분이 어떻게 기도할 시간을 많이 낼 수 있겠습니까? 여러분은 여기저기 도처에서 세상일을 하느라 분주합니다. 여러분은 이렇게 말합니다: "우리에게 믿으라고 말하지 마십시오. 몇 년 전이었다면, 우리가 그리스도인이 되는 것이 가능했을지도 모르겠지만, 지금은 어떻게 그렇게 할 수 있겠습니까?" 그러므로 나는 젊은이들에게 이렇게 말합니다: "복 받는 일에 주저하지 말고 서두르십시오. 제발 지체하지 마십시오." 한 노인이 어린아이를 팔에 안고, 그의 숱이 많은 고운 머리를 쓰다듬으며, "얘야, 네 엄마가 네게 예수님 이야기를 들려주실 때, 예수님을 받아들이고 믿으라"고 말하였습니다. 그러자 그 작은 소년이 "할아버지는 예수님을 안 믿으세요?"라고 말했고, 노인은 이렇게 대답했습니다: "얘야, 나는 예수님을 믿을 수 없단다. 몇 년 전만 해도 믿을 수 있었을 텐데, 지금은 내 마음이 너무나 굳어져서, 복음을 들어도 더 이상 아무런 느낌도 없단다." 이렇게 말하면서, 노인은 눈물을 흘리며, 이런 말을 덧붙였습니다. "지금 내가 너처럼 그렇게 고운 머리를 갖고 있고, 너처럼 삶을 시작하는 나이에 있다면 얼마나 좋을까."

　노인이여, 당신은 오늘 밤 이 자리에 계십니까? 내가 당신에게 비밀 한 가지를 말씀드리는데, 그것은 당신이 다시 소년이 될 수 있다는 것입니다! 나는 당신이 그렇게 될 수 있다고 확신합니다. 왜냐하면, 당신은 거듭날 수 있으니까요. 거듭난 사람은 아기이고, 새롭게 주어진 힘으로 새 삶을 시작합니다. 그런 사람은 자연이 사람에게 주는 것보다 더 부드러운 성정을 갖게 됩니다. 그는 오직 은혜만이 만들어 낼 수 있는 성정을 갖게 됩니다. 그의 육신이 다시 젊어질 수는 없겠지만, 영적인 의미에서 그의 육신은 어린아이의 육신과 같게 됩니다. 성령은 그런 사람을 그리스도 예수 안에서 새 피조물이 되게 할 수 있습니다. 그러나 지체하지 마십시오. 지체하지 말고, 아직 젊을 때에 거듭나십시오. 나는 와츠(Watts)가 다음과 같이 노래한 것은 정말 옳다고 확신합니다:

"조금이라도 더 젊었을 때에 시작하면,
  주를 섬기는 일은 훨씬 더 쉬운 일이 됩니다."

분명히 그렇습니다. 은혜는 나이와 상관없이 누구에게나 주어질 수 있지만, 나이가 젊을 때에 찾는 자들은 하나님을 더 쉽게 만날 수 있습니다. 그가 누구인지는 중요하지 않습니다. 하나님께서는 예수께로 나아오는 사람은 누구든지 받아주실 것입니다. 그러나 복음을 여러 해에 걸쳐 반복해서 듣고도 거기에 순복하지 않는 자들에게는 없는 영적 민감함이 젊은이들에게는 있습니다.

나는 사자 두 마리가 있다고 말하는 여러분이 그 사자들에게 놀라고 겁을 먹어서 오늘 밤 하나님께 부르짖음으로써, 하나님의 도우심으로 여러분이 문 밖으로 나가서 그 사자들을 죽이게 되기를 바랍니다.

여러분은 "나는 너무 늙었어요"라고 말합니다. 바로 여러분의 사자들 중 하나입니다. 그러나 하나님의 은혜는 백 살 된 죄인을 그리스도 안에서 갓난아기로 만들 수 있습니다. "하지만 나는 너무나 나쁜 습성들에 절어 있어요." 예, 분명히 그 나쁜 습성들은 끔찍한 사자들입니다. 그러나 그러한 습성들도 하나님의 권능으로 제거될 수 있습니다. "하지만 내 마음이 너무 완악해져 있어요." 여러분의 마음을 보혈의 샘에 푹 담그십시오. 그러면 보혈이 여러분의 마음을 부드럽게 만들어 줄 것입니다.

"하나님의 성령은 도저히 깨질 것 같지 않은
  부싯돌 같은 마음조차도 깨실 수 있으시고,
  하나님의 저 부요한 은혜들을 통해서
  부드러운 마음을 주신다네."

성령은 여러분의 돌 같이 단단한 마음을 제거하시고, 살 같이 부드러운 마음을 주실 수 있습니다. 하나님께서 우리를 도우실 것이기 때문에, 사자가 두 마리이든 이백 마리이든, 우리는 사자들을 해치울 수 있습니다. 오늘 밤 여러분 가운데서 사자 사냥이 이루어지게 되기를 빕니다. 이 사자도 몰아내시고, 저 사자도 몰아내십시오. 하지만 게으른 자들이 여전히 게으른 자로 있는 동안에는, 그런 일은 이루어질 수 없습니다. 하나님께서 그들을 깨우셔서, 그들이 정신이 들어 정말 진지해질 때에만, 그런 일은 가능합니다.

3. 셋째로, 사자는 어디에도 없습니다.

이제 우리는 마지막 대지에 도달했는데, 여기서는 "어디에도 없는 사자"가 다루어질 것입니다. 이 자리에 그리스도를 영접하고자 하는 사람이 계신다면, 그가 그리스도를 영접하고자 나아오는 길에 그를 방해할 사자는 없습니다.

어떤 사람은 "그 길에는 무수한 어려움들이 있습니다"라고 말합니다. 여러분이 진정으로 그리스도를 원한다면, 그리스도께로 나아오는 여러분을 정말 가로막을 수 있는 실제적인 어려움은 있을 수 없습니다. 여러분은 솔로몬이 "길에 사자가 있다"고 말한 것이 아님을 주목하여야 합니다. 그는 단지 게으른 자가 그렇게 말한다고 우리에게 전해주는 것일 뿐입니다. 여러분은 게으른 자의 말을 믿을 필요가 없습니다. 게으른 자가 두 번이나 반복해서 말했다고 해서, 그의 말이 사실이 되는 것은 아닙니다. 사람들은 누구나 다 그가 정말 불쌍한 바보라는 것과 사자는 그의 상상 속에만 있다는 것을 압니다. 그러므로 여러분의 게으른 자아도 믿지 마시고, 다른 사람들 속에 있는 게으른 자아가 하는 말도 믿지 마십시오. 사자는 오직 여러분 자신의 상상 속에만 존재합니다.

존 번연(John Bunyan)은 "해설자"의 집 문 앞에 있는 사자들을 묘사합니다. 몇몇 주석자들에 의하면, 이것은 존 번연이 교회에 들어오고자 하는 사람들이 누구인지를 밖에서 살피고 있는 교회의 집사들과 장로들을 묘사한 것이라고 합니다. 나는 그러한 무시무시한 사자들 중 하나입니다. 그러나 다행스러운 것은 그 사자들이 쇠사슬에 묶여 있다는 것입니다. 여러분이 교회에 들어오고자 하고, 궁정 문 앞에 있는 저 무시무시한 사자들인 우리에게로 나아와서 대면할 용기만 있다면, 여러분은 우리가 쇠사슬에 묶여 있다는 것을 발견하게 될 것입니다. 또한, 우리가 쇠사슬에 묶여 있지 않다고 하더라도, 우리는 여러분을 해치지 않을 것입니다. 우리는 우리 주님의 자녀들이 아닌 자들을 보면 포효할 것이고, 도둑과 강도로 오는 모든 자들을 내쫓을 것입니다. 왜냐하면, 그렇게 하는 것이 우리에게 맡겨진 소임이기 때문입니다. 그러나 여러분이 참된 마음으로 하나님의 백성과 운명을 함께하고자 한다면, 여러분은 우리가 여러분에게 전혀 두려움이 되지 않는다는 것을 발견하게 될 것입니다. 우리는 여러분을 기뻐하며 이렇게 말할 것입니다: "하나님으로부터 복 받은 자여, 어서 들어오시오. 왜 밖에 서 있는 것입니까?" 믿는 자의 본분은 기독교회에 들어와서 함께 하는 것입니다. 그러므로 사람들의 얼굴을 두려워하지 마십시오.

어떤 사람들은 진짜 사자가 나타나서 그들을 공격할 때에야 비로소 그리스도께로 나아옵니다. 그때에야 그들은 사자가 있니 없니 따지고 말하는 것을 그만두고, 예수께로 달려와서 피하게 될 것입니다. 그들의 죄라는 사자들이 깨어나서 그들에게 포효하면, 그들은 너무나 무서워서, 길에 사자가 있니 없니 말할 사이도 없이 그저 예수께로 달려 나오게 될 것이라는 말입니다. 나의 경우에도 내 죄가 세상에서 그 어떤 것보다도 더 무섭고 두렵게 느껴지게 될 때까지는, 그리스도께로 나아오는 것을 몹시 두려워하였습니다. 존 번연은 자신의 한 책에서 자기 마음속에서 자기가 접근하지 못하도록 칼을 빼들고 서 계시는 그리스도가 바로 사자였다고 말하면서, 이런 말을 덧붙입니다. "하지만 내가 죄의식으로 인해서 거의 죽을 지경이 되자, 주 예수께서 정말 손에 칼을 들고 서 계신다고 해도, 나는 그 칼 위로 내 자신을 던지지 않을 수 없게 되었다. 왜냐하면, 내가 그에게로 나아가지 않으면, 나는 정말 죽을 것이라고 느꼈기 때문이다." 여러분도 그렇게 절실한 심정이 되어서 그리스도의 발 앞에 나아가지 않고는 견딜 수 없게 되어서, 이렇게 말해야 합니다:

"주께 가지 않으면, 난 죽을 수밖에 없어서,
이제 주께 나아가기로 결심합니다.
내가 주께로부터 이렇게 계속해서 멀리 있다가는,
반드시 영원히 죽게 되리라는 것을 아니까요."

그리스도가 손에 쥐고 계시는 그 칼끝에 여러분을 던지십시오. 왜냐하면,

여러분에게 칼로 보이는 그것은 실제로는 칼도 아니고 뾰족한 송곳도 아니기 때문입니다. 예수께서 눈살을 찌푸리고 계시는 듯이 보일지라도, 그에게로 속히 가십시오. 왜냐하면, 구주께서 찌푸리고 계셔도, 거기에는 온 세상에 있는 것보다 더 큰 사랑이 있기 때문입니다. 그는 진정으로 여러분에게 찌푸리고 계시는 것이 아닙니다. 죄인이 그에게 나아올 때, 그는 그 누구보다도 그를 반갑고 기쁘게 맞아주실 것입니다. 예수의 눈에 가장 아름답고 매력적으로 보이는 자는 고통 중에 가난한 마음으로 그에게 나아오는 자입니다. 그렇게 그에게 나아오는 자를 그는 절대로 내치지 않습니다. 여러분이 들판을 거닐고 있는데, 한 가엾은 새가 매의 공격을 피하기 위해서 여러분의 품 속으로 날아왔다면, 여러분은 그 새를 여러분의 품에서 떼어내어 공중으로 던져 버려서 매의 밥이 되게 하실 것입니까? 나는 여러분이 그렇게 하지 않으리라는 것을 압니다. 여러분은 그 새를 쓰다듬으며 이렇게 말해줄 것입니다: "두려워 떠는 가엾은 것아, 너는 이제 충분히 안전해, 너를 해칠 자는 아무도 없어. 너는 인정 있는 사람에게 자신을 의탁했으니, 그가 너를 돌보아 줄 거야." 마찬가지로, 여러분이 예수 그리스도의 품 속으로 날아든다면, 그는 여러분을 원수에게 내주지 않고, 도리어 영접해서 영원히 그의 소유로 살게 하실 것입니다.

어떤 왕을 위해 세운 장막에 새 한 쌍이 날아들어서 거기에 둥지를 틀었답니다. 그 왕은 마음이 온유하고 진정한 왕의 품격을 지니고 있어서, 자신의 시종에게 "이 새들이 새끼를 부화할 때까지는, 절대로 장막을 걷지 말아서, 이 새들이 왕의 장막에 피한 것을 후회하지 않게 하라"고 명하였습니다. 여러분이 제비나 참새처럼 그리스도의 처마, 곧 하나님의 성전 아래에 둥지를 튼다면, 여러분의 둥지를 망쳐 놓을 자는 결코 아무도 없을 것입니다. 여러분이 거기에 자녀들을 낳는다면, 그 자녀들도 안전할 것입니다. 여러분의 자녀들에게 그리스도의 품의 절반만큼 안전한 곳도 존재하지 않습니다. 그리스도께서는 자기 안에 있는 모든 사람들을 안전하게 지켜 주실 것이고, 소중히 여기시며 복주실 것입니다.

사자들을 두려워하는 여러분, 주께로 나아오십시오. 사자는 없습니다. 그 길은 안전하고 다닐 수 있습니다. 왜냐하면, 예수께서 "내가 곧 길이요"(요 14:6)라고 말씀하시며, "내게 오는 자는 내가 결코 내쫓지 아니하리라"(요 6:37)고 말씀하시기 때문입니다. 왜 여러분은 아직까지도 때가 되면 나아오겠다고 말하고 있는 것입니까? 그런 식으로 장난치지 마십시오. 내 귀에는 여러분이 "나는 절대로 나아오지 않겠다"고 소리치는 것처럼 들립니다. 차라리 그런 식으로 솔직히 말하십시오. 그렇게 말하는 것이 곧 나오겠다고 거짓으로 약속하고서 시간을 질 질 끄는 것보다 결국에는 결과가 더 좋을 것입니다. 하지만 나는 하나님께서 여 러분에게 그런 것보다 더 나은 마음을 주셔서 이렇게 말하게 되기를 기도합니 다: "하나님께서 기뻐하신다면, 나는 바로 이 밤에 구원 받고자 합니다. 해는 졌 지만, 아직 희미한 빛은 남아 있으니, 사방이 온통 어둠으로 뒤덮이기 전에, 내가 나아가겠습니다. 지금 나는 이렇게 무릎을 꿇고 기도하며, 내 구주께 나아가 그 를 구하고 의지하고자 합니다." 하나님의 성령께서 그 온유하심으로 여러분을 이끄셔서, 여러분으로 그렇게 하도록 도와주소서. 그리하시면, 우리의 마음이 정말 기쁠 것입니다. 하나님께서 자신의 아름다우신 이름을 위하여 그렇게 해주 시기를 빕니다. 아멘.

제
10
장
—

진리를 사라

—

"진리를 사되 팔지는 말며" ― 잠 23:23

존 번연(John Bunyan)은 순례자들이 한번은 "허영의 시장"(Vanity Fair)을 지나가게 되고, "허영의 시장"에는 현세의 삶과 육신의 정욕을 즐겁게 해줄 온갖 부귀영화와 헛된 것들 같은 물건들이 가득한 것으로 묘사합니다(『천로역정』). 그 시장에서 좌판을 벌려놓고 장사하는 모든 사람들은 이 신기한 순례자들이 시장으로 들어서면, "이것을 사세요, 저것을 사세요"라고 소리치기 시작합니다. 거기에는 이탈리아 사제들이 작은 십자가들과 염주를 파는 좌판도 있고, 독일인들이 철학과 형이상학들을 벌려놓고 파는 좌판도 있으며, 프랑스인들이 멋진 이상들과 액세서리들을 파는 좌판도 있습니다. 그러나 순례자들이 이 모든 상인들에게 하는 대답은 오직 한 가지입니다. 그들은 시장을 둘러보며, "우리는 진리를 삽니다, 우리는 진리를 삽니다"라고 말합니다. 만일 시장 사람들이 그들을 뒤따라와서 철창에 가두지 않았더라면, 그들은 자신의 길을 계속 갔을 것입니다. 결국, 나중에 한 사람은 불 병거를 타고 하늘로 올라가고, 또 한 사람은 홀로 순례 길을 계속해서 가게 됩니다. 존 번연의 이러한 묘사는 모든 시대에서 참된 그리스도인에게 그대로 해당됩니다. 그는 아름답게 만들어져서 정말 진품처럼 보이는 온갖 종류의 물건들을 파는 상인들에 의해 둘러싸여 있습니다. 그가 "허영의 시장"을 무사히 통과할 수 있는 유일한 길은 자기는 진리만을 산다고 말하고, 거기에 오늘의 본문에 나오는 두 번째 권면대로 진리를 사기는 하지만 절대로 팔지는 않는다고 말하고, 그 말을 끝까지 지키는 것입니다. 그러면, 그는 하나님의 인도하심 아래에서 하늘로 가는 올바른 길을 발견하게 될 것입니다. "진리를 사되 팔지는 말며."

우리가 앞에서 방금 읽은 존 번연이 쓴 비유는 오늘의 본문을 자세히 설명해 주는 일종의 해설판이 아닙니까? 어떤 상인이 아무 흠도 없는 가장 좋은 진주를 찾기 위해서 온 세상을 돌아다니다가, 마침내 왕관에 어울리는 아주 멋진 진주를 발견하고서, 세상에 둘도 없는 이 보석을 갖는 것이 자기에게 가장 큰 기쁨이자 부요함이라고 느끼고, 자신의 전 재산을 팔아 그 진주를 샀습니다. 오늘의 본문은 하늘 아래에서 가질 만한 가치가 있는 단 하나의 진주는 "진리"라고 우리에게 말해 주는 것으로 보입니다. 우리가 다른 것은 하나도 하지 않는다고 하여도, "진리"만은 꼭 사야 합니다. 우리는 다른 것은 다 팔아도, 진리만은 결코 팔아서는 안 됩니다. 금이 질이 나빠지고, 은이 녹슬며, 좀이 모든 좋은 옷들을 다 갉아먹고, 사람들의 모든 부가 심판의 날의 열기에 아침 햇살 아래의 이슬처럼 흔적도 없이 사라져 버리거나 녹아 버릴지라도, 진주는 그런 가운데서도 영원히 변하지 않을 보화이기 때문에, 우리는 진리를 소중히 간직하여야 하고, 결코 팔아서는 안 됩니다. 진리를 사십시오. 여기에 유일하게 값진 보화가 있으니, 어떤 비용을 치르고서라도, 그 보화를 사십시오. 여기에 여러분이 반드시 사야 하지만, 결코 팔아서는 안 되는 물건이 있습니다. 여러분은 모든 것을 다 주고도 그것을 사야 하지만, 그 어떤 것을 준다고 해도 그것을 팔아서는 안 됩니다. 왜냐하면, 그것만큼 귀한 것은 없기 때문입니다.

서론은 이 정도로 하고, 이제 우리는 직접 본문을 살펴보겠습니다.

1. 첫째로, 본문이 어떤 물건에 대해서 말하고 있습니까?

"진리를 사되." 오늘 밤 나는 정치나 역사, 과학이나 일상생활과 관련된 평범한 진리에 대해서 말하고자 하는 것이 아닙니다. 내가 말하고자 하는 모든 것은 "진리를 사라"는 것입니다. 진리를 두려워하지 마십시오. 여러분 속에 있는 진리에 대한 어떤 선입견 때문에, 진리를 두려워하지 마십시오. 그 어떤 일이 생길지라도, 즉 진리가 여러분이 바보라는 것을 증명해 줄 것이라고 해도, 진리를 받아들이겠다고 늘 결심하십시오. 아무리 비싼 대가를 치르게 될지라도, 여전히 진리를 추구하십시오. 왜냐하면, 단지 사변들과 망상들과 오류들로 건축하는 사람들은 당시에는 그럴 듯한 건축물들을 짓는 것처럼 보일지라도, 그것들은 "나무나 풀이나 짚"이라는 것이 드러나서, 다 타버리게 될 것이지만, 자기가 아는 것들, 엄연한 사실인 것들, 진리로 짓는 사람은 "금이나 은이나 보석"으로 짓는 것이어서, 장차 불로 시험하여도 결코 타지 않을 것이기 때문입니다(고전 3:12). 어떤 이론들이 한동안은 온 인류의 사상을 지배한다고 할지라도, 나는 그런 이론들을 수많이 만들어 내는 사람이 되기보다는 하나의 확실한 사실이나 진리를 꼭 붙들고 있겠습니다.

　그러나 나는 지금 신앙적인 진리에 대하여 말하고 있습니다. 그러한 진리를 사십시오. 다른 어떤 진리보다도 신앙적인 진리를 사십시오. 신앙적인 진리는 세 가지로 나누어집니다. 첫째, 참된 가르침 속에 들어 있는 진리를 사십시오. 성경은 하나님의 진리의 기준입니다. 법이나 증언이 이 하나님의 말씀을 따라 말하지 않는다면, 그 법이나 증언에 진리가 없기 때문입니다. "주의 말씀은 진리"입니다(시 119:160). "여호와의 말씀은 순결함이여 흙 도가니에 일곱 번 단련한 은 같도다"(시 12:6). 사람들은 무오함에 대하여 말합니다. 무오함은 로마(교황)에 있는 것이 아니라, 여기 이 책에 있습니다. 여기에 하나님의 진리에 대한 무오한 증언이 있고, 성령의 가르침을 받는 사람은 하나님의 진리를 깨닫게 됩니다. 사랑하는 형제들이여, 교리나 가르침과 관련해서 올바른 진리, 진짜 진리를 얻고자 하십시오. 건강한 믿음을 갖는 것을 하찮은 일로 여기지 마십시오. 오류를 해롭지 않은 것이라고 생각하지 마십시오. 왜냐하면, 하나님의 진리는 매우 귀한 까닭에, 우리가 오류인 줄을 알지 못한다고 하여도, 오류는 아주 심각한 재앙의 결과를 가져올 수 있습니다. 이 세상에는 그리스도 없는 구원이 널려 있습니다. 이것은 자기가 세례를 받았거나, 입교 의식을 치렀거나, 자기가 속한 교회의 예식들에 쭉 참석해 왔기 때문에 자기는 구원을 받은 것이라고 믿는 사람들이 많다는 의미입니다. 그들은 그리스도의 보혈을 바라본 적이 없습니다. 그들은 오직 구속주께서 이루신 대속을 의지하는 것이 아닙니다. 그들이 믿고 의지하는 것은 그리스도가 아닌 다른 것입니다. 이제 그렇게 하기를 그치고, 성경에 기록되어 있는 진리를 사십시오: "주 예수 그리스도를 믿으라 그리하면 네가 구원을 받으리라"(행 16:31). 오늘날 우리는 믿음 없는 중생에 대해서도 아주 많이 듣습니다. 아무런 자의식도 없는 아기들이 중생한 것으로 여겨지기도 하고, 세례의 의미도 알지 못하는 사람들이 단지 물로 세례를 받았다는 이유로 거듭난 자들로 여김을 받습니다. 그리스도를 믿음이 없이는 중생함도 없다는 것을 믿으시기를 간곡히 부탁드립니다. 회개와 믿음이 수반되지 않는 중생은 전혀 중생이 아닙니다. 이 문제와 관련해서도 진리를 사십시오. 이성과 지성이 있는 존재들로 하여금 죄를 미워하고 영생을 붙들게 하는 것은 성령의 역사라는 것을 믿으십시오. 슬프게도, 우리는 많은 종파들 속에서 행위가 수반되지도 않는 믿음이 횡행하고 있는 것을 봅니다. 설교자들은 행위 없는 믿음을 전하고, 사람들은 그런 믿음을 받아들입니다. 사람들은 자기가 믿는다고 말하지만, 자신의 삶을 통해서 그 믿음을 증명하지 않습니다. 그들은 여전히 죄 가운데 있으면서도, 자신들이 하나님이 택하신 자들이라는 헛된 믿음으로 그들 자신을 포장합니다. 그렇게 하는 것으로부터 떠나서, 행위가 없는 믿음은 죽은 것이고, 오직 성품을 변화시켜서 그 사람의 삶을 거룩하게 만들어 하나님께로 인도하는 믿음만이 영혼을 구원하는 믿음이라는 것을 기억하십시오. 우리의 모든 판단을 성경의 가르침에 종속시켜야 하고, 하나님의 모든 계시, 특히 우리 주 예수 그리스도의 가르침에 우리 자신을 맞추려고 하여야 한다는 것을 유념하십시오. 하나님께서 우리로 하여금 이런저런 오류 속으로 빠져 들어가는 일이 없게 해주시기를 빕니다. 여기에 스킬라(Scylla, 바다에 솟은 험한 바위)가 있고, 저기에 카리브디스(Charybdis, 바다의 거대한 소용돌이)가 있어서, 배를 조종해서 그 둘 사이를 무사히 빠져나올 수 있는 조타수는 정말 복된 사람입니다. 여러분이 하나님의 진리를 꼭 붙잡지 않는다면, 이런저런 "주의"(ism)에 빠져들게 될 것입니다. 여러분이 진리를 자신의 판단과 부합하게 만들 수 있는지 없는지에 마음을 쓰지 마시고, 그것이 하나님의 진리라면, 그대로 믿으십시오. 한 진리가 다른 진리와 서로 충돌하는 것처럼 보인다고 할지라도, 하나님의 말씀 속에 있는 모든 진리를 굳게 붙잡으시고, 하나님의 더 밝은 빛이 여러분에게 비쳐서, 그 모든 진리들이 여러분이 처음에는 알 수 없었던 경이로운 조화와 일관성 가운데 함께 서 있다는 것을 드러내 주실 때까지 기다리십시오. 이렇게 교리나 가르침과 관련해서 반드시 진리를 사십시오.

둘째, 경험적인 진리를 사십시오. 나는 이렇게밖에는 표현할 말이 없습니다. 경험적인 진리는 내 안에 있는 진리, 내게 경험된 진리를 의미합니다. 이것은 진리의 실체를 경험하는 것입니다. 우리가 아직 회심을 하지 않았는데도, 우리의 목사님과 그리스도인 친구들의 인정을 받고 있기 때문에, 우리는 하나님의 백성임에 틀림없다고 여기고, 거기에 속아서, 자기가 회심하였다고 생각하기가 얼마나 쉬운지 모릅니다. 하나의 참된 거듭남이 있다면, 가짜는 50가지나 됩니다. 따라서 이것과 관련해서도 우리는 진리를 사야 합니다. 나는 여러분에게 회개가 수반되지 않은 믿음으로 인한 경험을 주의하라고 말씀드리고자 합니다. 나는 여러분에게 있는 믿음이 눈물 없는 믿음이 아니기를 바랍니다. 나는 그 눈에 눈물이 가득한 믿음이야말로 하나님이 택하신 자들의 믿음이라고 생각합니다. 여러분이 자신을 죄인이라고 느낀 적도 없고, 하나님의 율법 아래에서 두려워 떤 적도 없으며, 자신이 지옥에 떨어져야 마땅한 자라고 느낀 적도 없다면, 여러분의 믿음은 그리스도를 바라보는 참된 믿음이 아니라, 단지 모조품에 불과한 것일 가능성이 큽니다. 단지 생각과 말 속에만 있고 느껴지지는 않는 그런 신앙 체험을 조심하십시오. 존 번연의 「천로역정」에 나오는 "수다쟁이"(Mr. Talkative)는 신앙에 대한 이야기를 그 어떤 사람보다도 더 오랜 시간 쉬지 않고 말할 수 있는 사람입니다. 그런 사람은 신학자들의 모임에서 의장 자리를 차지하는 데는 제격이겠지만, 그가 하는 말들은 마음이 아니라 머리에서 나오는 피상적인 말들일 뿐입니다. 나의 형제들이여, 깊이 기경하십시오. 여러분이 믿는 것들이 여러분 속에 느껴지게 하십시오. 여러분이 믿는 것들이 일시적인 감정이나 머릿속의 지식이나 이론이 아니라, 성령 하나님의 역사로 여러분 속에서 일어나고 여러분의 영혼이 느끼는 것들이 되게 하십시오. 하나님의 진리가 성령의 역사하심으로 말미암아 여러분의 영혼 속에서 활활 타오를 수 있게 해주시기를 빕니다. 이 점에 있어서도 여러분은 진리를 사십시오. 슬프게도, 오늘날 우리는 많은 신앙인들이 싸움이 없는 삶을 살아가고 있는 것을 봅니다. 내가 배운 바에 의하면, 싸움이 수반되지 않는 모든 영적인 삶은 잘못된 것입니다. 왜냐하면, "약속의 자녀"인 이삭은 "육신의 자녀"인 이스마엘에 의해서 조롱당하는 삶을 살 수밖에 없기 때문입니다(롬 9:8). "여자의 후손"이 이 세상에 나오자마자, "뱀의 후손"은 어떻게든 여자의 후손을 죽이고자 하게 됩니다. 여러분이 믿는 자라면, 여러분은 자신의 내면에서 싸움이 진행되고 있는 것을 발견할 수밖에 없습니다. 죄는 은혜와 싸울 것이고, 은혜는 죄악되고 부패한 성품들을 지배하고자 할 것입니다. 여러분의 삶이 지나치게 편안하다면, 조심하십시오. "모압은 젊은 시절부터 평안하고 포로도 되지 아니하였으므로 마치 술이 그 찌끼 위에 있고 이 그릇에서 저 그릇으로 옮기지 않음 같아서 그 맛이 남아 있고 냄새가 변하지 아니하였도다"(렘 48:11). 우리의 내면에서 싸움이 있는 것이 마땅합니다. 그렇지 않다면, 우리는 자신의 신앙을 돌아보고 무엇이 잘못되어 있는지를 살펴야 합니다. 나는 사람들이 자기 자신을 살펴보지 않는 믿음이 점차 만연되어 가고 있음을 보아 왔습니다. 나는 여러분이 하나님의 말씀을 더욱더 굳게 믿기를 바라지만, 여러분의 상태가 어떠한지는 살펴보지도 않고 아무렇게나 내버려 두지 않기를 바랍니다. 여러분이 신앙생활을 10년 동안 해왔기 때문에, 자기가 그리스도인이라는 것은 의심의 여지가 없다고 결론을 내리지 마시고, 매일같이 여러분 자신을 시금석에 비추어서 살펴보십시오. 그러한 시험(examination)을 통과하지 못하는 사람은 반드시 정죄(condemnation)를 당하게 될 것입니다. 자기 자신을 스스로 살펴보고자 하지 않는 사람은 하나님이 그 사람을 살펴보실 것입니다. 자기 자신을 정면으로 바라보기를 두려워하는 사람은 장차 백보좌가 놓이고 온 세상이 심판대 앞으로 소환될 때에 심판주를 정면으로 바라보기를 두려워하게 될 것입니다. 자기 자신을 철저히 살펴보는 사람일수록, 확신도 더 견고해질 것입니다. 나는 이 일에 있어서도 여러분이 진리를 사서서, 시험에 견딜 수 있는 신앙, 참된 믿음, 살아 있는 믿음, 여러분의 영혼을 움직이는 믿음, 깊이 뿌리를 내린 믿음, 성령의 초자연적인 역사로 만들어진 믿음을 갖고자 하시기를 기도합니다. 왜냐하면, 장차 하나님께서 심판하실 때, 그런 믿음에 못 미치는 그 어떤 믿음도 여러분을 멸망에서 건져줄 수 없을 것이기 때문입니다.

나는 세 종류의 하나님의 진리 중에서 가르침과 관련된 진리와 경험적인 진리에 대해서는 이미 말하였고, 이제 실천적인 진리에 대하여 말할 차례입니다. 실천적인 진리라는 것은 우리의 행위들이 진리에 부합해서, 우리가 믿는 진리에 올바르고 정직한 삶이 수반되는 것을 의미합니다. 이 일에 있어서도 하나님의 진리를 사십시오. 여러분은 자신이 그리스도인이라고 고백합니다. 여러분은 자기가 그리스도를 따르는 자라고 말합니다. 그렇다면, 그리스도를 따르는 삶을 사십시오. 여러분은 흠 없고 정직하며 올바른 사람이 되는 것이 옳다는 것을 압니다. 그렇다면, 그런 사람이 되십시오. 사람들을 속여서 더러운 이득을 얻는 것이나, 비열하고 천한 짓이나, 오늘날 장사를 타락시키고 있는 별로 해로움이 없는 거짓말이라고 하는 것들이 여러분의 길에 들어오는 것을 허용하지 마시고, 도리어 혐오하며 책망하십시오. 똑바로 앞으로 걸어가십시오. 편법을 배우지 마시고, 교활한 술수를 깨우치려고 하지 마십시오. 진리를 사십시오. 그것이 세상을 부끄럽게 할 것입니다. 자신의 마음속에 있는 것을 곧이곧대로 말하는 사람은 자기가 말하고자 하는 것을 말하는 것이고, 그가 하는 말은 액면 그대로 그의 마음입니다. 그런 사람은 의롭고 올바른 것을 행하고, 사람을 두려워하지 않으며, 이런저런 편법이나 술수를 쓰면, 부자가 되고 출세할 수 있다고 속삭이는 모든 사람 앞에서 자신의 얼굴을 똑바로 들고 살아갈 수 있습니다. 이런 사람이 실천적으로 진리를 사는 사람입니다. 여러분은 장사할 때나 거실에서나 부엌에서 어떻게 그렇게 할 수 있는지를 압니다. 구두닦이가 거리에서 구두를 닦는 데에도 진실하게 행할 수도 있고 거짓을 행할 수도 있습니다. 아주 평범한 행위들을 행할 때에도 진실하게 행할 수도 있고 거짓되게 행할 수도 있습니다. 그러므로 이 점에 있어서도 여러분은 그리스도인으로서 합당하게 정직하고 올바르게 행하며, 깨끗하고 투명한 도덕적 성품을 지님으로써, 진리를 사십시오. 절대로 거짓으로 행하지 마십시오. 여러분이 어쩔 수 없어서 잠시 거짓으로 행하였다면, 재빨리 뉘우치고 할 수 있는 한 빨리 거기에서 벗어나십시오. 부끄러운 짓은 절대로 하지 마십시오. 누가 보든지 안 보든지, 그런 것은 상관이 없습니다. 언제나 하나님이 보고 계시고, 하나님이 증인이시라는 것을 생각하십시오. 여러분에게는 여러분이 어떻게 행하는지를 보는 이가 늘 있는 것입니다. 모든 사람의 시선이 여러분에게 고정되어 있고, 여러분의 흠을 잡고자 혈안이 되어 있는 아주 악랄한 자들도 여러분을 지켜보고 있다고 했을 때, 여러분이 어떻게 행하였을지를 생각하고서, 오직 그렇게 행하십시오. 절대로 양심을 질식시키지 마십시오. 양심이 여러분에게 깨우쳐 주는 죄들에서 빨리 벗어나십시오. 하늘이 무너진다고 해도, 똑바로 서 있으십시오. 하나님의 성령이 여러분에게 말씀해 주는 것들을 행하십시오. 여러분이 성경에서 발견하는 것들을 실천에 옮기십시오. 여러분이 그렇게 함으로써 다른 사람들이 피해를 보았다면, 그것은 그들의 몫입니다. 내가 제대로 달려가다가, 어떤 사람과 부딪쳤다면, 그 길에서 벗어나 있지 않은 그가 잘못한 것입니다. 나는 할 수만 있다면 그와 부딪치지 않으려고 하지만, 그와 부딪치지 않으려고 올바른 길에서 벗어날 수는 없습니다. 여러분의 길이 올바르다면, 그 길을 그냥 가십시오. 다른 사람들이 악의적인 눈으로 쳐다보거나 시기한다고 해도, 여러분은 놀라거나 겁먹거나 근심이 되어서, 하나님의 진리를 행하는 것에서 벗어나서는 안 됩니다. 이 점에 있어서도 본문의 말씀대로 행하여, "진리를 사십시오." 이상으로 나는 우리가 사야 할 "진리"가 무엇인지를 살펴보았는데, 그것은 교리 또는 가르침과 관련된 진리, 경험적인 진리, 실천적인 진리입니다. "진리를 사되." 이제 우리는 오늘의 본문의 첫 번째 부분을 특히 생각해 볼 것입니다.

2. 둘째로, 진리라는 이 물건은 어떻게 얻어지는 것입니까?

"진리를 사되"라는 말씀 속에서 우리는 한 가지 오류를 바로잡아야 합니다. 왜냐하면, 이 말씀을 들었을 때, 어떤 사람들은 하나님의 진리 속에 포함되어 있는 그리스도와 복음과 구원은 살 수 있는 것이라고 생각할 것이기 때문입니다. 그것들은 어떤 의미에서는 살 수 있는 것들이지만, 어떤 의미에서는 살 수 없는 것들이기도 합니다. 그것들은 본문이 말하고자 하는 의미에서는 살 수 있지만, 그 밖의 다른 의미들에서는 살 수 없습니다. 여러분은 구원을 구매할 수 없습니다. 여러분의 공로로 구원을 얻을 수 없습니다. 그리스도의 값은 "돈"이나 "값"으로 따질 수 없습니다. 이사야 선지자가 그렇게 말하지 않았습니까? "너희는 와서 사 먹되 돈 없이, 값 없이 와서 포도주와 젖을 사라"(사 55:1). 구원은 은혜에 의해서 값 없이 거저 주어지고, 본질상 은혜로 말미암습니다. 여러분은 그 어떤 공로로도 구원을 살 수 없고, 돈을 벌듯이 구원을 벌 수도 없습니다. 구원은 "혈통으로나 육정으로나 사람의 뜻으로" 되는 것이 아니라, 하나님께서는 "긍휼히 여길 자를 긍휼히 여기시고 불쌍히 여길 자를 불쌍히 여기실" 것입니다(롬 9:15).

그렇다면, 본문은 무엇을 의미하는 것입니까? 나는 그 말씀을 설명하고자 애쓸 것입니다. 먼저, 그것은 여러분이 값 없이 거저 구원 받기 위해서는 버려야 할 모든 것들을 버려야 한다는 것을 의미합니다. 여러분은 모든 죄를 버려야 합니다. 어떤 사람이 어느 한 죄를 좋아하여 그 죄 가운데서 살아가고 있는 동안에는, 그 사람은 천국에 갈 수 없습니다. 사람이 죄를 짓고도 구원 받을 수 있지만, 죄를 사랑하는 사람이 구원 받을 수는 없습니다. 그러므로 여러분이 술 취하는 죄에 빠져 있다면, 그 죄를 버리십시오. 여러분이 성적으로 타락한 삶을 사는 죄를 범하고 있다면, 그 죄를 버리십시오. 화를 잘 내는 성질과 탐욕스러운 마음을 이기십시오. 여러분으로 하여금 그리스도께로 가까이 나아가지 못하게 만드는 것들은 무엇이든지 다 버리십시오. 진리를 사시고, 그러한 것들을 버리십시오. 여러분은 자신의 공로로 구원을 살 수 없습니다. 만약 자신의 공로가 방해가 된다면, 그것을 버리십시오. 여러분은 죄와 그리스도를 동시에 가질 수 없기 때문에, 죄와 헤어지고, 거룩함과 구주를 받아들이십시오. 또한, 여러분은 모든 자기의를 버려야 합니다. 어떤 사람들은 자신의 기도를 의지합니다. 어떤 사람들은 자신의 눈물과 회개와 감정, 자기가 교회에 빠짐없이 출석하는 것을 의지합니다. 사람들이 의지하는 것은 이루 말할 수 없이 많습니다. 그 모든 것들을 다 버리십시오. 그것들은 다 거짓 것들입니다. 그런 것들 중에서 여러분이 진정으로 믿고 의지할 만한 것은 아무것도 없습니다. 그리스도께서 행하신 일들을 믿고 의지하십시오. 여러분이 "그리스도를 얻고 그 안에서 발견되기"(빌 3:8-9) 위해서는 여러분 자신의 의를 버리는 것이 필수적이기 때문에, 자기의를 버리십시오. 이런 의미에서 여러분이 그리스도를 사기 위해서는, 여러분이 가진 모든 것과 결별해야 합니다. 여러분이 참된 구원을 사고자 한다면, 여러분의 죄악된 자아와 의로운 자아, 이 둘 모두와 기꺼이 결별하여야 합니다.

또한, 본문은 여러분이 구원 받기 위해서 자신을 철저히 살피는 피 말리는 고통을 그 대가로 치러야 한다고 할지라도, 그런 것을 개의치 않아야 한다는 것을 의미합니다. 이렇게 여러분의 심장을 철저히 살피는 것을 하기 싫어하다가 마지막 날에 뒤통수를 얻어맞는 것보다는 그런 고통을 감내하고서 하나님의 진리에 이르는 편이 더 낫습니다. 여러분이 자신을 살피는 것이 큰 고통을 가져다준다고 해도, 그런 대가를 치르고서라도 진리를 사십시오. 여러분이 나을 수만 있다면, 의사의 수술용 칼에 의해 여러분의 살이 찢기는 고통을 기꺼이 감수하십시오. 여러분이 영생에 들어갈 수만 있다면, 여러분의 오른쪽 눈이나 손을 잃는 것을 기꺼이 감수하십시오.

또한, 하나님의 진리를 사라는 것은 진리를 굳게 붙들기 위해서라면 온갖 위험을 다 감수하라는 것을 의미합니다. 순교자들이 진리를 사기 위해서 화형 당하는 것을 두려워하지 않고 자신의 육신을 불길에 내주었던 것처럼, 그렇게 진리를 사십시오. 많은 사람들이 진리를 사기 위해서 기꺼이 감옥에 갔던 것처럼, 그렇게 진리를 사십시오. 여러분의 일자리를 잃는 대가를 치러야 한다고 하여도, 진리를 사십시오. 거짓말을 하느니, 차라리 여러분의 일자리를 잃는 쪽을 택하십시오. 다니엘을 비롯한 저 거룩한 세 친구들처럼, 느부갓네살이 세운 우상에 절하느니, 차라리 풀무불 속으로 기꺼이 들어가십시오. 가난해지는 위험을 무릅쓰십시오. 온 세상은 여러분이 반드시 살아야 한다고 말하지만, 여러분은 그 말을 믿지 마십시오. 여러분이 꼭 살아야 할 이유는 없습니다. 어떤 경우에는 죽는 편이 더 좋을 때도 있습니다. 우리가 반드시 해야 하는 것은 따로 있습니다. "우리는 반드시 정직해야 합니다. 우리는 반드시 옳은 일을 행하여야 합니다. 우리는 반드시 하나님을 섬겨야 합니다." 이런 것들이 우리가 반드시 해야 할 일들이고, 우리의 목숨을 부지하여 살아 있는 것은 우리가 반드시 해야 할 일에 속하지 않습니다. 여러분이 참된 사람, 경건한 사람, 거룩한 사람, 그리스도인다운 사람이 되는 것 외에는 모든 것을 쓰레기처럼 여기십시오. 그런 의미에서 모든 것을 다 희생해서, "진리를 사십시오."

나는 이상이 본문의 말씀이 의미하는 것이라고 생각합니다. 즉, 나는 다른 모든 것을 버리고 희생해서라도, 그리스도를 떠나지 말고, 여러분의 심령 속에서 일어나는 은혜의 생생한 역사와 결별하지 말며, 여러분의 흠 없는 행실에서 벗어나지 말라는 것이 본문이 말하고자 하는 것이라고 설명하였습니다.

3. 셋째로, 본문을 자유롭게 의역해 보겠습니다.

본문은 "진리를 사라"고 말합니다. 그러므로 나는 오직 하나님의 진리만을 사라고 말하겠습니다. 거짓말을 하기 위해서, 여러분의 생명, 여러분의 능력들, 여러분의 열심, 여러분의 진실성을 내던져 버리지 마십시오. 어떤 사람들은 그렇게 하고 있습니다. 사람들에게 재앙을 가져다줄 건축물을 짓기 위해서 모든 것이 쏟아 부어지고 있습니다. 거짓된 것들을 널리 선전하기 위하여 수많은 설교들이 아주 열정적으로 행해지고 있고, 사람들은 "교인 한 사람을 얻어서" 자기보다 열 배나 더 "지옥 자식"이 되게 하기 위하여 "바다와 육지를 두루 다니고" 있습니다(마 23:15). 오직 진리만을 사십시오. 진리라고 불리는 겉만 번지르르한 것들은 사지 마십시오. 상표는 신경 쓰지 마시고, 그것이 과연 하나님의 진리인지만을 잘 살피십시오. 하나님의 진리로 제시되는 모든 것들을 시험해 보십시오. 그것이 하나님의 말씀의 불을 통과하지 못한다면, 그것을 사지 마십시오. 누가 그것을 공짜로 준다고 해도, 받지 마십시오. 그것을 집에 두지 마십시오. 그것으로부터 멀리 달아나십시오. 그것은 암처럼 사람의 영혼을 좀먹을 것이기 때문에, 절대로 가까이 하지 마십시오. 오직 하나님의 진리만을 사십시오.

어떤 값을 주고라도 "진리를 사되," 어떤 값을 받더라도 팔지 마십시오. 아무리 비싼 값을 치러야 한다고 할지라도, 진리라면 반드시 사십시오. 그 진리를 사기 위해서는 여러분의 육신을 잃는다고 할지라도, 여러분의 영혼을 보전할 수 있다면, 여러분은 거래를 아주 잘 한 것입니다. 여러분이 진리를 사기 위해서 여러분의 전 재산을 잃었지만, 그 보상으로 천국이 여러분에게 주어졌다면, 그러한 거래는 정말 복된 거래입니다. 진리를 사기 위해서 여러분의 마음의 평안을 잃지는 않았지만, 다른 모든 것들을 잃었다면, 여러분은 거래를 잘한 것입니다. 그리스도와 협상하지 마시고, 그 거래에 여러분의 모든 것을 거십시오. 여러분이 가진 모든 것을 잃는다고 하여도, 여러분은 가르침에 있어서의 진리, 심령 속에 있는 진리, 삶 속에서의 진리, 진리 자체이신 그리스도가 여러분의 영원한 보화가 되게 하십시오.

모든 진리를 사십시오. 여러분은 성경을 놓고서, 어떤 말씀들은 취하고 어떤 말씀들은 버리는 취사선택을 하지 마십시오. 성경의 절반은 믿고, 나머지 절반은 버리는 그런 짓을 하지 마십시오. 여러분의 취향에 맞는 부분을 사는 것이 아니라, 진리 전체를 통째로 사십시오. 왜 여러분은 진주를 부수어서 가루로 만들고자 하십니까? 모든 참된 것을 사십시오. 하나님의 말씀 속에 있는 모든 진리는 서로 결합될 때에 온전한 진리를 이룹니다. 오로지 칼빈주의자인 사람은 하나님의 진리 중에서 단지 절반만을 알 뿐이지만, 나머지 절반의 진리도 기꺼이 받아들여서, 하나님의 말씀에서 발견되는 모든 진리를 믿는 사람은 진주 전체를 얻을 것입니다.

지금 진리를 사십시오. 오늘 밤에 진리를 사십시오. 내일이 되면, 여러분은 진리를 살 수 없게 될지도 모릅니다. 오늘 밤이 지나면, 하나님께서는 멸망 받아 마땅한 영혼들을 영원토록 가두어 두셔서 하나님의 진리에 접근할 수 없는 그런 곳에 여러분을 두심으로써, 여러분은 하나님의 진리가 여러분에게 닫혀서, 아무리 문을 두드려도, "너무 늦어서 너는 지금 들어갈 수 없노라"는 절망적인 목소리만이 들려오는 것을 보고서, 차갑고 으스스한 진리의 그림자만이 드리워져 있는 바깥 어둠 속에서 이를 갈며 울게 될지도 모르기 때문입니다.

이상으로 나는 본문을 자유롭게 풀어 설명해 보았는데, 그것은 오직 진리만을 사고, 모든 진리를 사며, 어떤 값을 치르고서라도 진리를 사고, 지금 진리를 사라는 것입니다.

4. 넷째로, 우리가 진리를 사야 할 이유들을 살펴보겠습니다.

여러분이 진리를 사야 하는 이유는 마지막 날에 여러분이 오른손에 진리를 들고 가지 않으면, 하나님께서 여러분을 받아주시지 않으실 것이기 때문입니다.

오직 참된 자들만이 진주 문들을 통과할 수 있습니다. 또한, 지금 여기에서도 여러분에게는 진리가 필요합니다. 여러분에게 예수 안에 있는 하나님의 진리와 아무 상관이 없다면, 여러분은 죽고 나서만이 아니라 이 땅에 살면서도 제대로 살 수가 없습니다. 그리스도를 영접하여서 진정으로 여러분의 소유로 삼으십시오. 그리스도께서 여러분을 참된 자로 변화시키신다면, 여러분은 그리스도를 진정으로 여러분의 소유로 삼은 것입니다. 여러분은 진리 없이는 여러분에게 주어진 인생을 어떻게 싸워 나가야 할지를 전혀 알 수 없습니다. 여러분이 진리를 사지 않는다면, 여러분의 인생은 비틀거리게 될 것이고, 그 마지막은 재앙으로 끝나게 될 것입니다. 하나님께서 여러분으로 하여금 지금 진리를 살 수 있게 해주시기를 빕니다. 여러분에게는 진리가 필요합니다. 여러분에게 진리는 지금 여기에서 필요하고, 영원히 필요합니다. 나는 여러분이 우리가 부른 다음과 같은 찬송을 단지 입으로만 부르는 것이 아니라, 마음으로 느끼며 부르게 되기를 바랍니다:

> "죄인이여, 서둘러서 지혜로워져라.
> 내일의 해가 뜰 때까지 기다리지 말아라."

"내일"이라는 말은 정말 무시무시한 말입니다. 수많은 사람들이 "내일"이라는 절벽에서 떨어져 영원히 파멸해 왔습니다. "내일"이라고 하지 마십시오. 여러분은 진리를 사는 일을 내일로 미루어도 괜찮다고 생각할지 모르지만, 하나님께서는 여러분에게 내일 여러분을 긍휼히 여기시겠다고 약속하신 적이 없습니다. 선지자는 "오늘 너희가 그의 음성을 듣거든 너희 마음을 완고하게 하지 말라"(히 4:7)고 하나님의 말씀을 전하였습니다. "오늘"보다 더 좋은 날은 결코 오지 않습니다. 여러분은 바로 지금 진리를 받아들이기를 바랍니다.

> "당신이 더 좋은 때를 기다리며 미루고 지체하면,
> 당신에게 그 날은 영원히 오지 않으리."

더 좋은 때를 기다린다면, 여러분은 영원히 기다리고 있어야 합니다. 하나님께서 여러분으로 하여금 지금 진리를 살 수 있게 해주시기를 빕니다. 왜냐하면, 진리는 여러분에게 바로 지금 필요한 까닭에, 오늘의 본문은 현재 시제로 되어 있기 때문입니다.

5. 다섯째로, 여러분은 어느 시장에서 진리를 살 수 있습니까?

"내가 너를 권하노니 내게서 … 사라"(계 3:18)는 말씀은 예수 그리스도께서 자신의 종 요한에게 나타나서서 하신 말씀입니다. 예수 그리스도 안에서가 아니면, 참된 능력과 생명을 지닌 진리를 살 수 있는 곳은 없습니다. 진리는 그의 피 속에 있어서, 그 피가 여러분 속에 있는 거짓된 것들을 다 씻어줄 것입니다. 진리는 그의 영 속에 있어서, 그 영이 여러분 속에 있는 어둡고 사악한 것들을 다 박멸해 줄 것입니다. 그의 사랑은 여러분으로 하여금 그를 닮게 하여 여러분을 참되게 만들어 줄 것입니다. 그리스도께로 오십시오. 여러분은 아무것도 가져오지 마십시오. 여러분의 지금의 모습 그대로, 돈 한 푼 없는 가난한 상태로, 빈손 들고서 오십시오. 젖이 흐르는 강들과 포도주가 흘러넘치는 샘들은 모두 그에게 있습니다. 그는 연회를 베푸시는 자이심과 동시에 연회 자체이기도 하십니다. 그를 믿고 의지하는 것이 사는 것입니다. 구원을 얻기 위하여 오직 그만을 바라볼 때에 구원을 발견할 수 있습니다. 다시 한 번 본문의 말씀을 반복하겠습니다: "진리를 사라."

본문을 잘못 읽지 마십시오. 본문은 진리에 대하여 들으라고 말하지 않습니다. 물론, 진리에 대해서 듣는 것도 좋은 일이기는 하지만, 단순히 듣는 것은 대가를 지불하고 사는 것과는 다릅니다. 여러분은 사람들에게 어디로 가야 살 수 있는지를 말해 줄 때, 그들이 단지 듣는 것으로 그치는 것을 원하지도 않고 만족하지도 않습니다. 여러분은 그들이 실제로 사기를 바랍니다. 여러분은 진리를 실제로 사는 자들이 되시기를 바랍니다. 나는 이 자리에 서서, 여러분 중에서 여기저기 앉아 계신 분들을 보면서, 그분들을 공경하는 가운데, 그분들이 진리를 사게 되도록 기도합니다. 나는 그분들이 오래 전에 진리를 산 줄로 생각하였습니다. 하지만 그분들이 진리를 사지 않은 것으로 밝혀질 때마다, 나는 충격을 받습니다. 여러분은 하나님을 위하여 결단하시기를 바랍니다. 내가 전하는 말씀이 여러분 중에서 어떤 분들을 더 완악해지게 할까봐 걱정입니다. 복음이 여러분에게 구원의 말씀이 되지 않는다면, 복음은 여러분에게 저주의 말씀이 될 것입니다. 그래서 나는 여러분 중에서 어떤 분들에게 복음이 저주가 될까봐 걱정하는 것입니다. 한 번 생각해 보십시오. 복음을 전하는 나의 의도는 전적으로 선하고 인자한 것인데도, 왜 여러분과 내가 서로를 해치는 불상사가 일어나야 하나요? 내 주님께 순복하십시오. 세상의 빛이신 그가 오늘 밤 그의 손으로 여러분의 마음 문을 부드럽게 두드리고 계십니다. 못 박히신 손이 여러분의 마음 문을 두드리는 소리가 들리지 않습니까? 그를 받아들이십시오. 그는 진노가 아니라 긍휼을 가지고 오십니다. 그를 받아들이십시오. 그는 오랜 세월 동안 문 밖에서 여러분을 기다려 주셨지만, 얼굴 한 번 찡그리지 않으셨습니다. 이제 일어나서, 여러분의 마음 문을 열고, 그를 영접하십시오. 부끄러워하지 마십시오. 비록 부끄러워할지라도 두려워하지는 마십시오. 여러분의 얼굴에 눈물을 흘리며 부끄러워하는 기색을 띠고서, "내 주여, 벌레 같이 무가치한 내가 주를 믿고 의지하나이다"라고 그에게 말하십시오. 바로 지금 여러분이 그렇게 하시게 되기를 바랍니다. 하나님께서 여러분으로 하여금 그렇게 할 수 있도록 은혜를 주시기를 빕니다. 진리에 대해서 듣지만 마시고, 진리를 사십시오.

"설교가 너무나 은혜롭고 좋았습니다"라고 말함으로써, 단지 진리를 상찬하는 것에서 그치지 마십시오. 여러분이 진리를 사지 않는다면, 설교자는 여러분이 자신의 설교를 칭찬하는 말을 듣고 싶어 하지 않을 것입니다. 고객이 "이 물건은 아주 좋고 값도 싸서, 딱 내가 찾던 물건입니다"라고 말하고는, 가게 밖으로 나가버린다면, 장사하는 사람은 얼마나 화가 나겠습니까! 그렇게 하지 마시고, 일단 진리를 사고 나서, 나중에 진리를 상찬하십시오. 그럴 때, 진리에 대한 여러분의 상찬은 아주 듣기 좋은 말이 될 것입니다.

또한, 여러분은 단지 진리에 대하여 아는 것으로 만족하지 마십시오. 여러분 중의 어떤 분들은 진리에 대해서 아주 많은 것들을 알고 있어서, 어쩌면 하나님의 백성들보다 더 많이 알고 있을지도 모릅니다. 여러분은 내가 잘못 알고 있는 것들을 바로잡아 줄 수도 있을 것입니다. 그러나 진리를 사서 실제로 소유하고 있는 것이 아니라면, 알고 있는 것만으로는 아무 소용이 없습니다. 떡에 대해서 알고 있다고 해서, 나의 허기가 채워지는 것이 아닙니다. 은행에 돈이 많이 보관되어 있다는 것을 안다고 해서, 나의 주머니가 두둑해지는 것이 아닙니다. 진리를 아는 데서 그치지 말고, 진리를 사서, 여러분 자신의 것으로 만드십시오.

또한, 진리를 사고자 하는 의향이 있는 것에서 그치지 마십시오. 사람들은 자기가 진리를 사고자 한다는 말만을 반복합니다. 잘 알려져 있는 속담과는 달리, 천국으로 가는 길이 아니라 지옥으로 가는 길이 "선한 의도"라는 돌들로 포장되어 있습니다. 진리를 사는 것을 지체하며 꾸물거리는 자들이여, 여러분이 서 있는 길에 포장되어 있는 "선한 의도"라는 돌들을 다 뽑아내서 마귀의 머리에 던져 버리십시오. 마귀가 여러분을 파멸시키고 있습니다. 마귀가 여러분을 멸망으로 유인하고 있습니다. 여러분의 "선한 의도들"을 행동으로 옮겨서, 더 이상 진리를 사고자 한다고 말하지 말고, 실제로 진리를 사십시오.

또한, 오늘 밤에 여러분은 진리가 여러분 자신의 것이 되기를 원한다고 하지 마시고, 실제로 진리를 사십시오. 여러분은 치러야 할 대가가 너무 크다고 말합니다. 너무 크다고요? 진리를 사는 데에는 아무런 대가도 지불할 필요가 없습니다. 진리는 "돈 없이, 값 없이" 사는 것입니다. 여러분은 진리를 사기 위해서 여러분의 죄를 버리는 것이 너무 큰 대가라고 말하고 있는 것입니까? 여러분은 자신의 욕심을 버리지 않아서, 지옥에서 영원토록 불에 타는 가운데 살아가고 싶으십니까? 여러분은 자신을 중독시키는 저 죄악의 잔을 버리느니, 차라리 지옥 불에서 영원토록 고통을 당하며 사는 쪽이 낫겠다고 생각하는 것입니까? 여러분은 제멋대로 어리석게 행하고 방탕하게 쾌락을 따라 살거나, 어쨌든 죄와 더불어 살아야 하겠습니까? 여러분은 천국에 가는 것보다는 그렇게 죄악 가운데서 자기 마음대로 살아야 하겠습니까? 그렇다면, 여러분은 계속해서 경고를 받아 왔기 때문에, 여러분의 피가 여러분 자신의 머리로 돌아갈 것입니다. 나는 여러분이 아직은 미쳐 있는 것이 아니라 제정신이기를 바랍니다. 그러나 여러분이 지금 미쳐 있다면, 여러분은 여러분이 즐기던 그 어떤 쾌락도 하나님의 진노 아래에서 영원토록 살아야 하는 것을 감수해도 좋을 만한 것이 될 수 없다는 것을 나중에야 깨닫게 될 것입니다. 진리를 사십시오. 단지 진리에 대해서 말하거나, 자기는 진리를 사고자 한다고 하지 마시고, 실제로 진리를 사십시오.

6. 여섯째로, 진리를 샀다면 결코 잃어서는 안 된다는 경고입니다.

진리를 "팔지 말라." 내게 주어진 시간이 얼마 남아 있지 않고, 나는 시간을 초과하고 싶지 않기 때문에, 이 마지막 대지는 간략하게 다루고자 합니다. 여러분이 일단 진리를 샀다면, 나는 여러분이 진리를 팔지 않을 것임을 압니다. 여러분은 아무리 많은 돈을 준다고 해도 진리를 팔지 않을 것이라고 나는 확신합니다. 그럼에도 불구하고, "진리를 팔지 말라"는 권면은 지극히 합당한 권면입니다. 자신의 사회적 체면을 지키기 위하여 진리를 판 사람들이 있어 왔습니다. 그들은 꽤 오랫동안 복음을 들어왔지만, 이제 세상에서 출세를 하고 고급 마차를 소유한 사람들이 되고 보니, 아주 많은 가난한 사람들이 모이는 예배당에 가면, 자신의 위신이 떨어질까 봐, 복음이 아닌 다른 것을 들을 수 있는 곳이나 아무것도 듣지 않아도 되는 곳으로 멀리 갑니다. 나는 사람들이 사회적 체면과 위신을 세우기 위하여 신사다움과 우아함을 사랑하여 자신의 그리스도인 친구들을 버릴 정도로 비열하고 천해지는 것을 극도로 경멸합니다. 그런 사람들은 가게 내버려 두십시오. 그런 사람들은 차라리 가는 편이 낫습니다. 그런 겨들이 알곡들과 함께 있는 것은 좋지 않고, 그런 비열하고 천한 동기에 의해 움직이는 사람들은 붙잡을 가치조차 없습니다.

어떤 사람들은 먹고 살기 위해서 진리를 팝니다. 그런 사람들은 정말 가련한 사람들입니다. 그들은 이렇게 말합니다: "내게는 일터가 있기 때문에, 나는 거기에서 하라고 하는 대로 해야 합니다. 가족을 먹여 살리려면, 하나님의 이런저런 법을 깨뜨릴 수밖에 없습니다." 가련한 영혼들이여, 나는 여러분이 좋지 않은 형편에 있게 된 것에 대하여 동정하지만, 그럼에도 불구하고 여러분이 지금이라도 은혜를 받아서 용기를 내어, 먹고 살기 위해서 하나님의 진리를 파는 일을 그만두기를 바랍니다.

어떤 사람들은 세상의 쾌락들을 위해서 진리를 팝니다. 그들은 자기는 즐겨야 한다고 말하고서는, 신앙을 버리고, 악을 행하는 무리들과 함께 어울립니다.

어떤 사람들은 아무런 이유도 없이 진리를 팝니다. 그들은 단지 신앙이 재미 없어지고 시들해져서 그리스도를 떠나갑니다. 그들은 신앙이 지겨워졌기 때문에 신앙을 버리고 멀리 가버리는 것입니다. 나는 여러분 모두에게 괴로운 질문을 하나 하고자 합니다. 여러분도 떠나실 것입니까? 여러분도 사회적인 위신을 생각해서, 또는 먹고 살기 위해서, 또는 죄의 쾌락을 누리기 위해서, 또는 그저 신앙이 지겨워져서 떠나고자 하십니까?

"그런 질문을 받고서 고민이 된다고 해도,
나는 계속해서 갈 것입니다.
주여, 주의 말씀을 의지해서,
나는 겸손히 '아니요'라고 대답할 것입니다.

진리를 팔지 마십시오. 절대로 팔지 마십시오. 그리스도는 정말 소중하고 귀한 분이시기 때문에, 결코 팔지 마십시오. 여러분이 진리를 샀을 때, 여러분은 거래를 아주 잘 한 것입니다. 그러니 팔지 마십시오. 절대로 팔지 마십시오. 진리는 여러분을 실망시키지 않아 왔고, 여러분을 거룩하게 만들어 주었으며, 여러분을 복된 자들이 되게 해주었습니다. 그러니 팔지 마십시오. 여러분에게는 진리가 필요합니다. 여러분은 진리를 필요로 하기 때문에, 진리를 팔지 마십시오. 여러분이 죽을 때가 가까워 오고 있고, 심판의 날이 다가오고 있습니다. 그러니 진리를 팔지 마십시오. 여러분은 진리만한 것을 다시는 살 수 없고, 진리보다 더 나은 것을 결코 발견할 수 없습니다. 진리를 팔지 마십시오. 여러분이 진리와 헤어지는 순간, 여러분은 멸망당할 수밖에 없는 자가 되고 맙니다. 팥죽 한 그릇에 자신의 장자권을 팔아 버린 에서를 기억하십시오. 그는 다시 살 수만 있었다면, 자신의 장자권을 반드시 다시 샀을 것입니다. 데마를 기억하시고, "멸망의 자식"(요 17:12)인 유다를 생각하십시오. 여러분이 가진 모든 것을 팔아서 진리를 사십시오. 그리고 날씨가 맑든 흐리든, 폭풍이 오든 잔잔하든, 병이 들든 건강하든, 가난하든 부하든, 가장 참혹한 죽음을 당하든, 그 어떤 것도 여러분을 주 예수 그리스도 안에 있는 하나님의 사랑으로부터 떼어놓지 못하게 하고, 그 어떤 것도 여러분이 하나님의 말씀 속에서 배우고 받은 진리들, 성령의 역사로 말미암아 깨달은 진리들, 여러분이 자신의 삶 전체를 지배하게 되기를 바라는 저 진리들로부터 여러분을 떼어놓지 못하게 하십시오.

사랑하는 친구들이여, 하나님께서 여러분에게 복을 주셔서 여러분을 지켜 주시고, 목자장께서 나타나실 때, 하나님의 진리의 표가 여러분에게 있어서, 영광 중에 그와 함께 나타나게 해주시기를 빕니다.

제
11
장
—

마음 – 하나님을 위한 선물

—

"내 아들아 네 마음을 내게 주며" — 잠 23:26

이것은 솔로몬이 "지혜"의 이름으로 말한 말씀이고, "지혜"는 하나님으로부터 나와서 우리에게 지혜가 되신 주 예수 그리스도를 가리키는 또 다른 이름입니다. 여러분이 "이 땅에서 최고의 지혜는 무엇이냐"고 묻는다면, 그것은 하나님이 보내신 예수 그리스도를 믿고, 그의 제자가 되어 그를 따르며, 그를 신뢰하고 본받는 것입니다. 오늘 우리 각자에게 "내 아들아 네 마음을 주라"고 말씀하시는 분은 성자 하나님이십니다. 우리는 "주여, 내가 주께 내 마음을 드렸나이다"라고 대답할 수 있습니까? 그렇다면, 우리는 하나님의 아들들입니다. 그러므로 우리는 "아빠 아버지"(롬 8:15; 갈 4:6)라고 부르짖으며, 그의 자녀가 되는 귀한 특권을 주신 것에 대하여 하나님 아버지를 송축하여야 합니다. "보라 아버지께서 어떠한 사랑을 우리에게 베푸사 하나님의 자녀라 일컬음을 받게 하셨는가"(요일 3:1).

1. 첫째로, 지혜의 이러한 요청은 사랑으로 말미암은 것입니다.

우리가 "내 아들아 네 마음을 내게 주라"는 교훈을 들었을 때에 가장 먼저 알게 되는 것은 사랑이 지혜로 하여금 이런 요구를 하게 만들고 있다는 것입니다. 오직 사랑만이 사랑을 구합니다. 내가 다른 사람의 사랑을 원한다면, 그것이 내 자신이 그 사람에 대하여 사랑을 지니고 있기 때문입니다. 우리는 우리가 사랑하지 않는 사람들로부터 사랑 받으려고 하지도 않습니다. 우리가 사랑하지도 않는 사람들로부터 사랑을 받는다면, 그것은 우리에게 기쁨이 아니라 부담이 될 것입니다. 하나님께서 사람에게 사랑을 요구하시는 것은 하나님이 사랑이시기 때문입니다. 불꽃들이 불의 중심인 해를 향하여 올라가듯이, 우리의 사랑은 모든 순전하고 거룩한 사랑의 근원이신 하나님을 향하여 올라가는 것이 마땅합니다. 하나님께서 "내 아들아 네 마음을 내게 주라"고 말씀하시는 것 자체가 하나님이 자기 자신을 무한히 낮추고 계심을 보여주는 한 예입니다. 이 말씀과 관련해서 우리가 알 수 있는 것은 하나님과 사람의 위치가 이상하게 서로 뒤바뀌어 있다는 것입니다. 피조물이 하나님께 "내게 주십시오"라고 말하는 것이 정상인데, 여기서는 창조주께서 연약하기 짝이 없는 사람에게 "내게 주라"고 요청하십니다. 모든 것을 베푸시는 크신 분이 요청하시는 이가 되어서, 자기가 지으신 피조물들의 문 앞에 서서, 제물이나 찬송이 아니라 그들의 마음을 달라고 요청하십니다. 하나님께서 자기 자신을 철저히 낮추셔서 이런 위치에 서신 것은 전적으로 하나님의 크신 사랑 때문임에 틀림없습니다. 우리가 올바른 마음을 지니고 있다면, 우리는 그 자리에서 이렇게 대답할 것입니다: "주께서 내 마음을 원하시는 것이 나이까? 내 주여, 내 마음을 받으소서." 그러나 슬프게도 그렇게 대답하는 사람은 거의 없습니다. 다윗과 같이 하나님의 마음에 합한 사람들을 제외하고는, 그렇게 대답하는 사람은 아무도 없습니다. 하나님께서 "너희는 내 얼굴을 구하라"고 말씀하시면, 그들은 즉시 "주여, 우리가 주의 얼굴을 구하리이다"라고 대답합니다. 그러나 이러한 대답은 하나님의 은혜로 말미암습니다. 오직 사랑만이 사랑을 요구할 수 있습니다.

또한, 오직 최고의 사랑만이 지혜로 하여금 우리 같은 보잘것없는 존재들의 마음을 요구하게 할 수 있습니다. 최고의 성도들도 보잘것없는 존재들인데, 최고의 성도도 아닌 우리는 얼마나 보잘것없는 존재들이겠습니까! 우리는 너무나 어리석고 배우는 데 정말 서투른 자들인데, 지혜가 우리를 자신의 문도로 삼고자 하는 것이라면, 지혜는 자기 자신을 얼마나 낮추어야 하겠습니까. 또한, 우리는 너무나 죄악된 자들입니다. 지혜가 우리를 자신의 문하로 받아들인다면, 우리는 지혜의 집을 영예롭게 하는 것이 아니라 욕되게 할 것입니다. 그런데도 지혜는 우리 각자에게 "네 마음을 내게 주고, 와서 내게 배우라"고 말합니다. 오직 사랑만이 우리 같은 자들을 문도로 받아줄 수 있습니다. 우리는 하나님을 영화롭게 하는 일도 잘하지 못할 것이고, 우리의 힘은 미약하며, 우리의 지위는 보잘것없어 잘 눈에 띄지도 않습니다. 이렇게 우리는 아주 평범한 자들에 불과한데도, 하나님께서는 우리 각자에게 "내 아들아 네 마음을 내게 주라"고 말씀하십니다. 오직 무한한 사랑만이 우리가 지니고 있는 것 같은 형편없는 마음을 달라고 할 수 있습니다.

그렇다면, 하나님께서 우리의 마음을 갖게 되셨을 때, 하나님께 이득이 되는 것이 도대체 무엇입니까? 형제들이여, 우리가 우리의 온 마음을 다 하나님께 드린다고 해서, 하나님이 지금보다 더 위대해지시는 면이 조금이라도 있을까요? 우리가 우리에게 있는 모든 것을 다 드린다고 해서, 하나님이 지금보다 더 부요해지실까요? 하나님은 "삼림의 짐승들과 뭇 산의 가축이 다 내 것이며 … 들의 짐승도 내 것임이로다 내가 가령 주려도 네게 이르지 아니할 것은 세계와 거기에 충만한 것이 내 것임이로다"(시 50:10-12)라고 말씀하십니다. 하나님은 우리가 더 위대하게 만들어드릴 수 없을 정도로 지극히 위대하시고, 우리가 더 선하게 만들어드릴 수 없을 정도로 지극히 선하시며, 우리가 더 영광스럽게 만들어드릴 수 없을 정도로 지극히 영광스러우십니다. 따라서 하나님께서 우리에게 오셔서, "네 마음을 내게 주라"고 구애하시는 것은 하나님 자신의 유익을 위해서가 아니라 우리의 유익을 위한 것임에 틀림없습니다. 하나님이 우리의 마음을 받으시는 것보다 우리가 우리의 마음을 드리는 것이 더 복되다는 것은 두말할 필요가 없습니다. 하나님이 우리의 마음을 받으셔서 이득이 되는 것은 아무것도 없고, 우리는 우리의 마음을 드림으로써 모든 좋은 것을 다 얻을 수 있습니다. 하지만 하나님께서는 자녀를 얻으시게 되고, 이것은 하나님께 지극히 큰 기쁨이 됩니다. 하나님께 자신의 마음을 드리는 자마다 하나님의 자녀가 되고, 아버지는 자신의 자녀들을 보배로 여깁니다. 나는 하나님께서 자기 손으로 지으신 모든 것들을 합한 것보다도 더 큰 가치를 자신의 자녀들에게 두신다고 생각합니다. 우리는 복음서에 나오는 탕자의 비유 속에서 아버지 하나님의 모습을 봅니다. 거기에 나오는 아버지는 자신의 돌아온 아들을 자기가 가진 모든 재산보다 더 귀하게 생각하였기 때문에, "이 네 동생은 죽었다가 살아났으며 내가 잃었다가 얻었기로 우리가 즐거워하고 기뻐하는 것이 마땅하다 하니라"(눅 15:32). 하나님을 알지 못하는 분들에게 내가 말하고 싶은 것은 여러분이 자신의 마음을 하나님께 드리는 것은 하나님을 기쁘시게 해드리는 일이라는 것입니다. 영원하신 아버지께서는 자신의 잃어버린 아들이 돌아온 것이 기뻐서, 아버지에 대한 사랑으로 따뜻한 마음을 자신의 품에 품어 주십니다. 이렇게 아버지에 대한 사랑으로 따뜻해진 탕자의 마음은 전에는 냉랭하였고 돌처럼 딱딱했었습니다. 하나님은 마치 자신의 자녀들이 자기를 잊어버리고 사는 것을 견딜 수 없어서 우리의 사랑을 갈망하신다는 듯이, "내 아들아 네 마음을 내게 주라"고 말씀하십니다. 하나님께서 그렇게 말씀하시는 것이 여러분의 귀에는 들리지 않습니까? 하나님의 성령이여, 주께서 "내 아들아 네 마음을 내게 주라"고 말씀하시는 것을 우리 각 사람으로 듣게 하여 주옵소서.

이미 하나님의 자녀인 분들은 오늘의 본문을 여러분의 마음을 새롭게 하나님께 드리라는 부르심으로 받으시면 됩니다. 왜냐하면, 나는 어떻게 해서 이 지경이 되었는지를 알지 못하지만, 오늘날 "마음"이라는 것을 지니고 살아가는 사람들이 놀라울 정도로 드물고 희귀하기 때문입니다. 만일 설교자들이 더 큰 마음을 지니고 있다면, 더 많은 사람들을 움직여서 그들이 전하는 말씀을 듣게 할 수 있을 것입니다. 설교자가 사랑 없이 전하는 말씀은 밋밋하고 죽은 것입니다. 우리는 뛰어난 언변과 놀라운 가르침들이 담긴 설교들을 들어 왔지만, 그런 설교들은 러시아의 여왕이 빙하로 이루어진 네바(Neva) 강 위에 지은 궁전과 같습니다. 그 궁전은 놀라울 정도로 웅장하고 화려하며 매혹적이지만, 너무너무 춥습니다. 마찬가지로, 그 궁전 같이 아름답고 장엄한 설교들은 영혼에 내리는 서리와 같습니다. 하나님께서는 설교자 한 사람 한 사람에게 "내 아들아 네 마음을 내게 주라"고 말씀하십니다. 설교자들이여, 여러분이 물 흐르듯이 유창한 언변으로 설교할 수 없다고 할지라도, 적어도 여러분의 마음이 여러분의 입술을 통해 뜨거운 용암처럼 흘러나오게 하고, 여러분의 마음이 뜨거운 온천과 같아서, 여러분에게 다가오는 모든 사람이 그 뜨거움에 가만히 있을 수 없게 하십시오. 여러분이 학교에서 학생들을 가르치는 일을 하든, 어떤 식으로 하나님을 위하여 일하든, 그 일을 철저하게 잘하십시오. 하나님께서는 "내 아들아 네 마음을 내게 주라"고 말씀하십니다. 제대로 된 하나님의 일꾼이 될 수 있는 가장 중요한 자격들 중의 하나는 자기에게 맡겨진 하나님의 일에 마음을 두는 것입니다. 나는 여주인들이 하인들에게 식탁을 광내는 데에는 이마에 맺힌 기름이 최고라고 말하는 것을 들었습니다. 옳은 말입니다. 열심히 일하는 것은 정말 멋진 일입니다. 열심히 일하기만 한다면, 강 아래로 길을 낼 수도 있고, 알프스 산맥을 관통하는 길도 낼 수 있습니다. 열심히 일하기만 하면, 거의 모든 일이 가능합니다. 그러나 하나님을 섬길 때에는 단순히 열심히 일해서는 안 되고, 뜨거운 마음으로 일해야 합니다. 일하는 사람의 마음에 불이 붙어 있어야 합니다. 일하는 사람의 마음에 목적의식이 분명하여야 합니다. 어린아이가 어떻게 우는지를 보십시오. 나는 어린아이들이 우는 소리를 듣는 것을 좋아하지 않지만, 어떤 어린아이들은 온 몸으로 울어댑니다. 그들은 어떤 것을 원할 때, 발끝부터 머리끝까지 온 몸으로 웁니다. 설교도 그렇게 해야 하고, 기도도 그렇게 해야 하고, 삶을 사는 것도 그렇게 해야 합니다. 거룩한 일을 하는 데에 우리의 전 존재를 온 마음을 다해 드려야 합니다. "내 아들아 네 마음을 내게 주라"는 지혜의 요청은 사랑으로 말미암은 것입니다. 하나님은 우리가 그를 섬길 때에 우리의 온 마음을 드리지 않으면 불행해진다는 것을 아십니다. 우리에게 설교가 무거운 짐으로 느껴지고, 6일 간의 노동 후에 주일학교에서 가르치는 것이 다람쥐 쳇바퀴 돌듯이 지루하고 지겨운 일로 느껴진다면, 우리는 그 어떤 것도 잘할 수 없게 될 것입니다. 여러분이 섬기는 모든 일에 마음을 쏟으십시오. 그러면 모든 일이 즐겁고 기쁜 일이 될 것입니다. 다른 길은 없습니다.

2. 둘째로, 지혜는 사랑으로 말미암은 이 요청을 받아들이라고 우리를 설득합니다.

이제 나는 오늘의 본문을 다른 관점에서 살펴보고자 합니다. 우리의 마음을 취하여 하나님께 드리는 것은 우리가 할 수 있는 일들 중에서 가장 지혜로운 일입니다. 우리가 이전에 그렇게 했다면, 그것을 반복해서 행하는 것이 좋습니다. 다시 한 번 여러분의 마음을 하나님께 맡기십시오. 이렇게 우리가 우리의 마음을 하나님의 보호하심에 맡기면, 하나님께서는 반드시 우리의 마음을 지켜 주실 것입니다. "내 아들아 네 마음을 내게 주라."

지혜가 우리에게 즉시 그렇게 하라고 촉구하는 첫 번째 이유는, 다른 많은 것들이 우리의 마음을 몹시 얻고자 하기 때문입니다. 우리의 마음은 반드시 이런저런 쪽으로 흘러가게 되어 있기 때문에, 우리는 자신의 마음이 멸망을 향하여 흘러가지 않도록 조심하여야 합니다. 나는 오늘의 본문 바로 뒤에 나오는 절을 여러분에게 읽어드리지는 않을 것이지만, 많은 사람들이 육신의 정욕을 따라가다가, 그 마음과 영혼이 영원한 멸망에 이르렀습니다. 그들은 "강도 같이 매복하며 사람들 중에 사악한 자가 많아지게 하는" "음녀"로 말미암아 멸망당했습니다. 그 마음이 악으로 더럽혀지지 않은 젊은이는 복 있는 사람입니다. 거룩하신 하나님 께 마음을 드림이 없이 자신의 마음을 더러움으로부터 지킬 방법은 없습니다. 런던 같은 도시에서는 지극히 순수한 마음을 지닌 자들은 무수한 시험들에 둘러 싸여 있습니다. 그들은 시험이라는 것을 인식하지도 못한 채로 미끄러지는 일이 비일비재하고, 생각할 시간도 없이 시험이 와서 그들을 땅바닥에 메어꽂습니다. 지혜는 말합니다: "그러므로 내 아들아 네 마음을 내게 주라. 모든 사람이 네 마 음을 훔치려고 애를 쓰고 있으니, 네 마음을 내게 맡겨라. 그러면 너는 '이방 여 인'의 유혹을 걱정할 필요가 없다. 왜냐하면, 네 마음을 내게 맡기면, 나는 내가 이 땅에 다시 올 그 날까지 네 마음을 안전하게 지킬 것이기 때문이다." 유혹하 는 자들이 우리의 마음을 빼앗고자 하기 때문에, 우리의 마음을 예수 그리스도 께 드리는 것이 가장 지혜로운 일입니다.

　영혼들을 멸망시키는 것이 한 가지 더 있습니다. 나는 그것에 대해서 많은 말을 하지 않고, 단지 성경이 그것에 대하여 무엇이라고 말씀하는지만을 여러분 에게 읽어드리고자 합니다: "재앙이 뉘게 있느뇨 근심이 뉘게 있느뇨 분쟁이 뉘 게 있느뇨 원망이 뉘게 있느뇨 까닭 없는 상처가 뉘게 있느뇨 붉은 눈이 뉘게 있 느뇨 술에 잠긴 자에게 있고 혼합한 술을 구하러 다니는 자에게 있느니라 포도 주는 붉고 잔에서 번쩍이며 순하게 내려가나니 너는 그것을 보지도 말지어다 그 것이 마침내 뱀 같이 물 것이요 독사 같이 쏠 것이며 또 네 눈에는 괴이한 것이 보일 것이요 네 마음은 구부러진 말을 할 것이며"(잠 23:29-33). 잠언 23장의 나 머지 부분을 주의 깊게 읽어 보시고, "내 아들아, 술 취하는 것과 음식을 탐하는 것과 제멋대로 행하는 것과 잠자기를 즐겨하는 것을 비롯해서 너의 마음을 끄는 모든 것들로부터 네 마음을 지키고자 한다면, 네 마음을 내게 주라"는 지혜의 음 성을 들으십시오.

　지혜가 제공해 줄 수 있는 온갖 장치를 다 동원해서 여러분의 마음을 지키 는 것이 좋습니다. 여러분에게 덫이 되는 것들을 피하는 것은 정말 좋은 일이기 는 하지만, 어떤 일들을 삼가고 피함으로써 여러분의 마음을 지킬 수 있을 것이 라고 생각하지 말고, 여러분의 마음을 예수께 드리십시오. 왜냐하면, 오직 참된 경건만이 여러분을 죄에서 지켜 주어서, 여러분으로 하여금 지극히 큰 기쁨 가 운데 주님의 임재 앞에 흠 없이 설 수 있게 해줄 것이기 때문입니다. 여러분의 성품을 흠 없이 보전하여 끝까지 존귀한 자로 발견되고자 한다면, 여러분의 마음을 그리스도께 드리십시오.

그리스도께서 여러분의 마음을 즉시 얻으시고 차지하시는 것이 좋기 때문에, 지혜는 여러분에게 지금 즉시 결단하라고 촉구합니다. 마귀는 비어 있는 마음에 들어갑니다. 여러분은 소년들이 늘 빈 집들을 골라서 그 창문들을 깨뜨린다는 것을 알고 있습니다. 마찬가지로, 마귀도 그 마음이 비어 있는 사람들에게 돌을 던집니다. 여러분이 시험을 당할 때, "나는 내 마음을 그리스도께 드려서, 결코 끊어질 수 없는 사랑의 끈으로 구주와 정혼하였으니, 네가 그 어떤 듣기 좋은 말로 유혹한다고 해도, 이미 때가 늦었다"라고 마귀에게 말할 수 있다면, 여러분은 정말 복된 안전판을 갖고 있는 것입니다. 나는 이 위험한 시절에 젊은이들을 안전하게 보호해 줄 수 있는 것들 중에서 다음과 같이 노래할 수 있는 마음보다 더 좋은 것을 알지 못합니다: "하나님이여, 내 마음이 정해졌고, 내 마음이 확정되어 있나이다. 다른 사람들은 자신들에게 좋을 법한 것들을 찾아 이리저리 헤맬지라도, 내 마음은 주께 영원히 정해졌나이다. 나는 주의 달콤한 은혜로부터 결코 떠날 수 없나이다." 본문이 "내 아들아 네 마음을 내게 주라"고 요청하는 것은 그리스도께서 여러분의 마음에 거하셔야만, 사탄이 왔을 때, 강한 자 사탄보다 더 강한 자이신 그리스도께서 자신의 집을 지키시고 원수를 내쫓으실 수 있기 때문입니다.

사랑하는 친구들이여, 여러분의 마음을 예수께 드리십시오. 왜냐하면, 지혜가 여러분에게 즉시 그렇게 하라고 명하시는 것은 그것이 하나님을 기쁘시게 해드리는 일인 까닭이기 때문입니다. 여러분이 어떤 친구에게 선물을 하고자 할 때, 나는 여러분이 어떻게 하는지를 압니다. 여러분은 그 친구가 좋아하고 기뻐할 만한 것이 무엇인지를 알아내고자 할 것입니다. 왜냐하면, 여러분은 그 친구를 기쁘게 해줄 수 있는 것을 그에게 선물로 주고자 할 것이기 때문입니다. 여러분은 하나님을 반드시 기쁘시게 해드릴 수 있는 것을 하나님께 드리고자 하십니까? 여러분은 어마어마하게 큰 교회를 지어 바칠 필요가 없습니다. 나는 하나님께서 돌들과 나무들에 많은 신경을 쓰신다는 얘기를 듣지 못했습니다. 여러분은 빈민 구호소들을 많이 지어서 하나님을 기쁘시게 해드리려고 많은 돈을 모을 때까지 기다릴 필요도 없습니다. 가난한 자들을 돌보는 것은 좋은 일이지만, 예수께서는 자기가 가진 두 렙돈을 전부 연보궤에 넣은 "과부"가 자신의 많은 재물

중에서 꽤 큰 금액을 헌금한 모든 부자들보다 더 많이 헌금한 것이라고 말씀하셨습니다. 하나님 아버지께서는 내가 무엇을 드려야 기뻐하실까요? 하나님은 "내 아들아 네 마음을 내게 주라"고 말씀하십니다. 하나님은 그것을 기뻐하실 것입니다. 왜냐하면, 그것은 하나님이 정말 받고자 하시는 선물이기 때문입니다.

　이 자리에 계신 분들 중에서 오늘이 생일이나 결혼기념일이나 그 밖의 다른 축하할 만한 날인 분들이 계신다면, 그분들은 하나님께 자신의 마음을 드리시기를 바랍니다. 하나님께서 "내 아들아 네 마음을 내게 주라"고 표현하시는 것은 정말 놀랍고 기이한 일입니다. 만일 하나님께서 그렇게 말씀하지 않으셨다면, 나는 감히 그런 말을 할 수 없었을 것입니다. 그러나 하나님께서는 친히 그렇게 표현하시고 말씀하셨습니다. 여러분의 마음을 드리는 것은, 뿔과 굽이 있는 황소를 바치는 것이나, 은 향로에 분향하는 것이나, 여러분이 힘들여 정교하게 어떤 것들을 만들거나 여러분의 재물로 어떤 것들을 사서 드리는 것이나, 하나님께 속한 것들을 아름답게 치장하고자 애쓰는 것보다 더 하나님을 기쁘시게 해드리는 일입니다. "내 아들아 네 마음을 내게 주라."

　여러분의 마음을 하나님께 드리지 않는다면, 여러분은 하나님을 결코 기쁘시게 해드릴 수 없다는 것을 다시 한 번 명심하십시오. 여러분이 기뻐하는 것을 하나님께 드린다고 해도, 여러분의 마음을 드리지 않는다면, 그것은 단지 하나님께 가증스러운 것이 되고 맙니다. 여러분의 마음을 드림이 없이 기도하는 것은 하나님을 희롱하고 우롱하는 것입니다. 여러분의 마음을 드림이 없이 찬송하는 것은 공허한 소리를 내는 것에 불과할 뿐입니다. 여러분의 마음을 드림이 없이 어떤 것들을 바치고 가르치고 일하는 것은 모두 다 지존자를 모욕하는 것입니다. 여러분의 마음을 드릴 때까지는, 여러분이 하나님을 섬기는 것은 불가능합니다. 여러분은 마음을 드리는 것으로부터 시작하여야 합니다. 그런 후에야, 하나님께서는 여러분의 손과 지갑이 드리는 것을 받으실 것이고, 여러분의 혀와 머리가 드리는 것을 받으실 것입니다. 먼저 여러분의 마음, 여러분의 마음 중심, 여러분의 사랑, 여러분의 진심을 드리십시오. 여러분이 여러분의 마음을 하나님께 드리지 않는다면, 여러분은 아무것도 드리지 않은 것입니다.

　하나님은 여러분의 마음을 받으실 자격이 없으신 분인가요? 여러분이 어떤 사람에게 어떤 것을 바치라고 한다면, 결국 그것은 선물이 아니라 세금으로 받게 되는 것이기 때문에, 나는 그런 논리를 사용해서 설명하고자 하지는 않을 것입니다. 우리가 하나님께 우리의 마음을 드릴 때, 그것이 철저하게 자원해서 드려져야 한다는 것은 의문의 여지가 없습니다. 신앙은 자발적인 것이고, 그렇지 않은 신앙은 거짓된 것입니다. 여러분의 마음은 당연히 하나님의 것임을 내가 증명한다면, 여러분은 자신의 마음을 자원해서 드리는 것이 아니라, 마치 부채를 갚는 심정으로 여러분의 마음을 드리게 될 것입니다. 그래서 나는 음악을 만들어 내기 위해서 억지로 줄을 잡아 뜯지 않고, 아주 부드럽게 그 줄을 튕기고자 합니다. 나는 그런 식으로 심금을 울려서, 여러분이 진정으로 마음에서 우러나와서 자신의 마음을 드리게 하고자 합니다. 사람의 본성을 입고 사람의 마음을 지니고 이 땅에 오신 분이 계셨고, 인성을 입으신 그의 마음은 괴로움과 고통으로 가득 차서, 성경의 기록에 의하면 "통곡"을 하셨다고 합니다(히 5:7). 그 고통이 점점 더 심해졌을 때, 성경은 "예수께서 힘쓰고 애써 더욱 간절히 기도하시니 땀이 땅에 떨어지는 핏방울 같이 되더라"(눅 22:44)고 기록하였습니다. 그러고도, 그 고통은 줄어들지 않고, 더욱 커졌기 때문에, 마침내 그는 "비방이 나의 마음을 상하게 하여 근심이 충만하니"(시 69:20)라고 말씀하였습니다. 마지막으로, 성경은 "그 중 한 군인이 창으로 옆구리를 찌르니 곧 피와 물이 나오더라"(요 19:34)고 기록합니다. 그는 여러분을 위해 온 마음을 주셨는데, 여러분은 자신의 마음을 그에게 드리려고 하지 않습니까? 나는 더 이상 말하지 않겠습니다.

나는 내 주님을 지금 여기 이 강대상 앞으로 모셔 와서 여러분에게 보였으면 하는 심정이라고 말하고 싶습니다. 그러나 나는 믿음은 보는 것을 통해서가 아니라 "들음에서 난다"는 것을 압니다(롬 10:17). 그렇지만 여러분을 위해서 나는 십자가에 못 박히신 그를 모셔 와서 여러분 앞에서 보여드렸으면 합니다. 그러므로 여러분의 마음만이 아니라 여러분 자신을 그에게 드리십시오. 지금 여러분의 심령 속에서 "네 마음을 바치라"고 말씀하시는 부드러운 음성이 들리지 않습니까? 그 미세한 음성을 귀 기울여 들으십시오. 그러면 내가 더 이상 그 어떤 말도 할 필요가 없게 될 것입니다.

사랑하는 친구들이여, 여러분의 마음을 지혜에게 드림이 없이는 그 어떤 지혜도 얻을 수 없다는 나의 말을 믿으십시오. 여러분의 마음을 그리스도께 드리지 않는다면, 모든 지식 가운데서 가장 뛰어난 지식인 십자가에 못 박히신 그리스도를 아는 지식을 결코 깨달을 수 없습니다. 여러분 중에는 신앙을 갖기 위해 애를 써 오신 분들이 있습니다. 여러분은 구원 받고자 애써 왔습니다. 그러나 여러분은 별 준비 없이 즉흥적으로 그렇게 해 왔습니다. "내 아들아 네 마음을 내게 주라." 지혜는 여러분에게 여러분의 마음을 자기에게 주어야 한다고 말합니다. 왜냐하면, 여러분의 온 마음을 지혜에 쏟지 않으면, 여러분은 결코 지혜를 얻을 수 없을 것이기 때문입니다. 어떤 사람들은 자기가 하는 일에 별 신경을 쓰지 않습니다. 그런 사람들은 자기가 하는 일을 좋아하지 않기 때문에, 성공할 수 없습니다. 신앙도 마찬가지입니다. 신앙을 좋아하지 않기 때문에, 신앙에 온 마음을 쏟지 않는 사람은 신앙과 관련해서 형통할 수 없습니다. 어떤 사람들은 어중간한 신앙을 가짐으로써 그들 자신을 불행하게 만들기도 합니다. 만일 그들에게 신앙이 없었더라면, 그들은 세상을 즐길 수 있었을 것인데, 그래도 신앙이라는 것이 있어서 세상을 즐길 수도 없고, 내세의 즐거움을 누릴 정도의 신앙을 갖고 있지도 못합니다. 중간에 끼어서 이것도 아니고 저것도 아닌 가련한 자들이여, 마호메트의 관처럼 땅과 하늘 사이에 걸려 있는 여러분, 박쥐 같이 새도 아니고 짐승도 아닌 여러분, 공중에서도 살고 싶어 하고 물에서도 살고 싶어 하지만, 양쪽에 원수들을 둔 하늘을 나는 물고기 같은 여러분, 하나님의 나라에서 외인이면서도 마귀와 어울려서 마냥 즐겁게 놀지도 못하는 여러분은 정말 불쌍한 자들입니다. 내가 경계선 상에 있는 여러분을 이쪽으로 끌어당길 수만 있다면 얼마나 좋겠습니까! 내 주님께서는 나로 하여금 여러분을 강권해서 이쪽으로 오게 하라고 명하시지만, 본문의 메시지를 반복해서 전하는 것 외에 내가 무엇을 할 수 있겠습니까? "내 아들아 네 마음을 내게 주라." 더 이상 우유부단하게 망설이며 갈팡질팡하지 마십시오. 여러분의 마음을 이쪽이든 저쪽이든 어느 한쪽으로 정하십시오. 마귀가 사랑할 만한 가치가 있다고 생각이 든다면, 여러분의 마음을 마귀에게 주고 그를 섬기십시오. 그러나 그리스도가 사랑할 만한 가치가 있다고 생각이 든다면, 여러분의 마음을 망설임 없이 그에게 드리십시오. 단번에 예수께로 돌이키십시오. 하나님의 성령께서 여러분을 돌이키셔서, 여러분이 돌이키게 되고, 하나님의 이름이 찬송을 받게 되시기를 빕니다.

3. 셋째로, 우리는 즉시 충분히 지혜로워져서, 지혜의 이러한 권면을 경청하여야 합니다.

우리는 지금 우리의 마음을 하나님께 드려야 합니다. "내 아들아 네 마음을 내게 주라." 언제 드려야 합니까? 바로 지금 즉시! 본문 속에는 하나님께서 우리로 하여금 시간을 두고 생각해 보라고 하신다는 암시가 전혀 없습니다. 나는 조금 기다려 달라고 말하는 사람들은 그 기한을 분명하게 정해 놓기를 바랍니다. 그들은 늘 내일 그렇게 하겠다고 말합니다. 내일이라는 것은 언제를 말하는 것입니까? 성도들의 달력을 찾아보면, 거기에는 내일이 없습니다. 하지만 나는 우매한 자들의 달력 같은 것이 있다는 말을 들었는데, 거기에는 내일이 있습니다. 하지만 여러분은 우매한 자들이 아니기 때문에, 그런 달력을 사용하지 마십시오. 우매한 자들의 달력에는 오로지 내일밖에 없습니다. 한 주간 전체가 "내일, 내일, 내일, 내일, 내일, 내일, 내일"로 되어 있고, 이것은 까마귀가 불길하게 우는 소리 같습니다. "오늘, 오늘, 오늘, 오늘, 오늘" ─ 이것은 구원의 은나팔 소리이고, 이 나팔 소리를 듣는 자는 살아날 것입니다. 하나님께서 우리로 하여금 영원히 "내일"이라고 소리치지 않게 하시고, 지금 즉시 우리의 마음을 하나님께 드리게 해주시기를 빕니다.

어떻게 드려야 합니까? 우리가 이 훈계를 경청한다면, 우리는 하나님께서 우리에게 자원해서 우리의 마음을 드리라고 말씀하고 있음을 알게 됩니다. "내 아들아 네 마음을 내게 주라." 여러분은 족쇄에 채워진 채로 끌려가서 억지로 여러분의 마음을 드릴 필요는 없습니다. 내가 이미 말했듯이, 여러분이 자신의 마음을 하나님께 드리는 것이 마땅하다는 강박관념에 사로잡히게 되면, 마음을 드리는 것이 자원해서 드리는 선물이 되지 못하게 됩니다. 물론, 여러분이 자신의 마음을 하나님께 드리는 것은 당연한 도리이기는 하지만, 하나님께서는 자원해서 그렇게 하라고 말씀하십니다. 하나님은 이렇게 말씀하십니다: "내 아들아 네 마음을 내게 주라. 네가 가진 모든 것은 내가 값없는 은혜로 네게 준 것이지만, 이제 너는 자원해서 네 마음을 내게 돌려주라." 우리가 은혜의 힘에 대해서 말할 때, 그것은 물리적인 힘이 아니라, 단지 자유의지를 가진 책임 있는 존재들로 하여금 자원해서 행하게 만드는 그런 힘을 의미한다는 것을 기억하십시오. 하나님께서는 여러분을 짓눌러 으깨어서 회개하게 하시거나, 여러분에게 채찍질을 하고 박차를 가해서 거룩한 삶을 살게 하고자 하시는 것이 아닙니다. 대신에, 하나님은 "내 아들아 네 마음을 내게 주라"고 부탁하십니다. 나는 포도에 즙이 아주 풍부할 때에는 아주 조금만 눌러도 흘러나온다는 말을 들었습니다. 여러분, 순전히 자원하는 마음에서 우러나온 사랑을 하나님께 드리십시오. 여러분은 자원해서 나온 한 사람이 등 떠밀려서 억지로 나온 두 사람보다 낫다는 옛 속담을 아실 것입니다. 우리는 모두 어떤 의미에서는 등 떠밀려서 억지로 나온 사람들일 수밖에 없지만, 성경은 "주의 권능의 날에 주의 백성이 거룩한 옷을 입고 즐거이 헌신하니 새벽 이슬 같은 주의 청년들이 주께 나오는도다"(시 110:3)라고 말합니다. 여러분이 지금 즉시 자원하는 심령이 되시기를 빕니다.

"내 아들아 네 마음을 내게 주라." 어떤 사람이 오랜 세월 동안 죄 가운데서 살고 나서야, 죄악된 삶이 무익하다는 것을 알게 된다면, 그것은 가련한 일입니다. 사람이 자신의 모든 뼈가 부러진 후에야 하나님께로 나아오거나, 자신의 젊은 날들을 모두 다 마귀를 섬기는 데 바치느라 온 힘을 다 소진하고 나서야 하나님의 군대로 들어온다면, 그것은 서글픈 일입니다. 사람이 언제 나아오든, 그리스도께서는 그 사람을 받으실 것이지만, 여러분이 젊은 날에 "주여, 주의 귀한 사랑에 못 이겨서, 내 인생의 초기에 내가 주께 굴복하여, 내 마음을 주께 드리나이다"라고 고백한다면, 얼마나 좋겠습니까!

이렇게 여러분의 마음을 하나님께 지금 즉시, 그리고 자원해서 드리라는 것이 본문이 말하고자 하는 것입니다.

여러분의 마음을 철저하게 드리십시오. "내 아들아 네 마음을 내게 주라." 여러분은 자신의 마음의 일부만을 그리스도께 드려서는 안 됩니다. 왜냐하면, 쪼개진 마음은 이미 죽은 것이기 때문입니다. 심지어 한 조각이 떨어져 나간 마음조차도 죽은 마음입니다. 마귀는 여러분의 마음을 절반만 갖는다고 하여도 만족합니다. 왜냐하면, 여러분은 마귀의 자식이 아닌 까닭에, 여러분의 마음이 절반으로 쪼개져 죽어도 상관하지 않기 때문입니다. 하지만 진짜 어머니는 "그 아이를 살려주세요, 절대 쪼개치 마세요"라고 애원합니다. 마찬가지로, 사람들의 심령을 진정으로 사랑하시는 그리스도께서도 그들의 마음이 나뉘는 것을 보지 못하십니다. 그래서 사람들의 마음이 나뉘는 것보다는 차라리 한 쪽 길을 택해서 잘못된 길로 가는 것을 허용하십니다. 하지만 사람들의 마음이 옳은 길을 택해서 가고자 한다면, 그는 기꺼이 그 마음을 받으셔서 깨끗하게 하시고 온전하게 하십니다. 따라서 우리의 마음이 하나가 되어야 하고, 나뉘어서는 안 됩니다. "네 마음을 내게 주라."

어떤 사람들은 "내가 내 마음을 하나님께 드리고자 합니다"라고 말합니다. 아주 좋습니다. 그렇다면, 실제로 여러분의 마음을 우리에게 보여주십시오. 여러분의 마음은 지금 어디에 있습니까? 여러분의 마음이 어디에 있는지를 찾아내야만,

여러분은 자신의 마음을 하나님께 드릴 수 있습니다. 나는 자신의 마음을 잃어버린 사람을 압니다. 그 사람의 아내가 그 마음을 갖고 있는 것도 아니었고, 그의 자녀들이 그 마음을 갖고 있는 것도 아니었으며, 심지어 그 사람 자신도 자신의 마음을 갖고 있지 않는 것처럼 보였습니다. 여러분은 "그것 참 이상하군요"라고 말할 것입니다. 그는 굶기를 밥 먹듯이 하였고, 먹을 것이 충분하지 못하였습니다. 그의 옷은 낡았고, 그는 여기저기 기운 옷을 입고 다녔습니다. 그는 자신의 주변에 있는 모든 사람을 굶겼습니다. 그에게는 마음이 없는 듯이 보였습니다. 한 가난한 여인이 그에게 내야 할 집세를 조금 밀렸다가, 거리에 나앉게 되었습니다. 그는 마음을 가지고 있지 않았습니다. 어떤 사람이 그에게 빌린 돈을 조금 못 갚았습니다. 그 사람의 어린 자녀들이 배가 고파서 울고 있었습니다. 하지만 그는 누가 배고파서 울든, 어린아이들이 어떻게 되든 신경 쓰지 않았습니다. 그는 자신의 돈을 챙기는 데에만 신경 썼습니다. 그는 자신의 마음을 잃어버렸습니다. 나는 어느 날 그의 집에 가서, 거기에 큰 금고가 있는 것을 발견하고서야, 그의 마음이 어디에 있는지를 알 수 있었습니다. 그것은 철제 금고였는데, 내실 문 뒤에 있었습니다. 그가 무거운 열쇠로 그 금고 문을 열자, 자물쇠가 풀리고, 속이 들여다보였는데, 거기에는 칠 년 된 도토리 열매껍질처럼 바싹 마르고 죽어 있는 곰팡이 핀 기묘한 것이 있었습니다. 바로 그의 마음이었습니다! 여러분도 자신의 마음을 철제 금고에 넣고 잠가 두었다면, 할 수 있는 한 빨리 그 마음을 꺼내십시오. 5파운드짜리 지폐 뭉치나 은화나 금화 덩어리들 가운데 마음도 같이 넣어 두는 것은 끔찍한 일입니다. 금고 속에 들어 있는 마음은 결코 건강할 수 없습니다. 여러분의 마음이 그 은화와 금화에 묶여 있으면, 그 은화와 금화는 못 쓰게 되어 버립니다.

내가 알던 한 젊은 숙녀의 경우에는, 그녀의 마음이 내게 보이지 않았습니다. 나는 지금은 그런 부류의 숙녀들을 여럿 알고 있습니다. 나는 그녀의 마음이 온통 옷에 가 있는 것을 발견하고 나서야, 왜 그녀가 그렇게 변덕스럽고 산만하고 붕 떠 있는지를 알 수 있었습니다. 옷은 그녀의 영원히 죽지 않을 영혼이 갇혀 있는 감옥이었습니다. 그 감옥 속에서 자기가 좋아하는 옷들과 함께 자신의 마음에 좀이 슬기 전에 얼른 그 마음을 꺼내오는 것이 그녀에게 좋을 것이었습니다. 옷이 우리 마음의 우상이 될 때, 우리에게는 마음이라는 것이 없게 되는 너무나 어처구니없는 일이 벌어집니다. 여러분의 마음이 이렇게 어리석은 마음들이

되어 있다면, 얼른 옷장에서 여러분의 마음을 꺼내서 그리스도께로 가져가는 것
이 좋습니다.

여러분의 마음은 어디에 있습니까? 어떤 사람들은 자신의 마음을 술집에 놓
아두고 살고, 어떤 사람들은 차마 입에 올리기도 부끄러운 곳들에 자신의 마음
을 놓아 두고 살아갑니다. 그러나 여러분의 마음이 그리스도와 함께 있지 않는
다면, 여러분의 마음을 어디에 두었든, 그 곳은 잘못된 곳입니다. 여러분, 여러분
의 마음을 가서 가져오십시오. 여기로 가져오셔서, 여러분의 마음을 자신의 피
로 사신 분의 손에 드리십시오.

여러분의 마음은 어떤 상태에 있습니까? "그렇습니다. 그것이 문제입니다." 왜
냐하면, 내가 앞에서 말한 대로, 구두쇠의 마음이 곰팡이가 피고 케케묵은 냄새
가 나는 것과 마찬가지로, 사람들의 마음은 그 마음이 있는 곳의 냄새를 풍기기
때문입니다. 어떤 여자들은 자신의 마음을 옷장에 넣어 두었기 때문에 곰팡이가
피고 너덜너덜해집니다. 어떤 남자들은 자신의 마음을 금괴 가운데 두었기 때문
에 녹이 슬어 버렸습니다. 어떤 사람들은 자신의 마음을 악에 담가 두었기 때문
에 다 썩어 버렸습니다. 술주정뱅이의 마음은 어디에 있습니까? 그 마음은 어떤
상태일까요? 그의 마음은 더럽고 악취가 납니다. 하나님께서는 "네 마음을 내게
주라"고 말씀하십니다. 무엇 때문에? 그런 마음을 어디에 쓰시려고? 나는 하나님
께서 여러분의 마음을 달라고 하시는 것은 전적으로 여러분을 사랑하시기 때문
이지, 결코 여러분으로부터 뭔가를 얻어내기 위한 것이 아니라고 이미 여러분에
게 말하지 않았습니까? 나의 친구들이여, 옷장이나 술집에 두어서 곰팡이 나고
썩어 버린 여러분의 마음이 무엇이 아까워서, 하나님께 드리지 못하는 것입니
까? 여러분의 썩어 버린 마음을 하나님께 드리십시오. 하나님께서 그런 마음을
가지고 무엇을 하려고 그러시는 것이냐고요? 하나님께서는 여러분의 그런 마음
을 가지고 놀라운 일을 하고자 하십니다. 여러분은 흔하게 널려 있는 천한 금속
을 가져다가 금으로 변화시키는 연금술사들의 얘기를 들어 본 적이 있습니까?
하나님께서는 연금술사들보다 더한 일을 하시려고 하십니다. "네 마음을 내게
주라." 더럽고 추하고 오염되고 부패해 버린 형편없는 여러분의 마음을 하나님
께 드리십시오! 그 마음은 지금 돌처럼 굳어 있고 썩어 있습니다. 하나님께서는
그 마음을 그리스도의 저 거룩한 손에 두실 것이고, 여러분은 거기에서 그 마음
이 부드럽고 순전하고 깨끗한 천상의 마음으로 변화되는 것을 보면서, "나의 완

악한 마음이 이렇게 될 줄은 상상도 못 했습니다"라고 소리치게 될 것입니다. 지금 여러분의 마음을 그리스도께 드리십시오. 그러면 그는 그 마음을 변화시키실 것입니다. 그의 무한하신 은혜의 능력에 여러분의 마음을 온전히 내어드리십시오. 그는 여러분의 영을 새롭게 해주실 것입니다. 하나님께서 여러분으로 하여금 지금 즉시 여러분의 마음을 예수께 드릴 수 있게 해주시기를 빕니다.

병원들을 후원하기 위하여 모금을 하고자 합니다. 이 모금에 동참하고자 하는 여러분, 내가 마지막으로 하는 말이 끝날 때까지 잠시 기다려주십시오. 여러분은 무엇을 드리고자 하는 것입니까? 나는 여러분에게 모금함과 아울러서 눈에 보이지 않는 헌금함도 돌리고자 합니다. 그러므로 여러분은 모금함들에 돈을 넣으시면서, 아울러 눈에 보이지 않는 헌금함에도 우리 주님께 드릴 것을 넣으시기를 바랍니다. 그리고 여러분은 모금함에 돈을 넣으실 때, 자기 자신에게 이렇게 말하십시오: "나는 이 눈에 보이지 않는 헌금함에 내 마음을 넣어 예수께 드리고자 합니다. 내가 할 수 있는 것은 그것이 전부입니다." 자, 이제 헌금위원들께서는 모금함들을 돌리십시오. 하나님의 성령이여, 눈에 보이지 않는 헌금함을 돌리셔서, 이 자리에 있는 모든 사람을 받으셔서 우리 주 예수께 드려 주옵소서. 아멘.

제
12
장
—

게으른 자의 농장

—

"내가 게으른 자의 밭과 지혜 없는 자의 포도원을 지나며 본
즉 가시덤불이 그 전부에 퍼졌으며 그 지면이 거친 풀로 덮
였고 돌담이 무너져 있기로 내가 보고 생각이 깊었고 내가
보고 훈계를 받았노라." — 잠 24:30-32

    솔로몬은 종종 왕의 옷을 벗고 평범한 옷으로 갈아입고서, 궁정을 빠져나와
이곳저곳을 시찰하였으리라는 것은 의심의 여지가 없습니다. 어느 날 이렇게 미
복 차림으로 암행하고 있을 때, 그는 어떤 사람의 작은 농장의 허물어진 담을 보
았습니다. 그 작은 농장은 밭과 포도원으로 이루어져 있었습니다. 그는 게으른
자가 그 농장을 소유하고 있어서 제대로 농장을 돌보지 않고 있다는 것을 한눈
에 알아차렸습니다. 왜냐하면, 잡초가 무성하게 자라나서, 농장 전체를 뒤덮고
있었기 때문이었습니다. 솔로몬은 이런 모습을 한 농장을 보면서 교훈을 얻었습
니다. 일반적으로 지혜를 가지고 있는 사람들이 지혜를 얻는 법입니다. 예술가
가 어떤 풍경 속에서 아름다움을 볼 수 있는 것은 그의 마음속에 아름다움이 있
기 때문입니다. "있는 자는 받아 넉넉하게 되되"(마 13:12). 왜냐하면, 그런 사람
은 가시와 엉겅퀴로 뒤덮여 있는 밭에서조차도 수확할 것이기 때문입니다. 사람
에 따라서 마음의 눈을 사용하는 것이 천차만별입니다. 내게는「잔잔한 눈의 수
확」(*The Harvest of a Quiet Eye*)이라는 제목의 좋은 책이 있는데, 거기에서는 잔
잔한 눈은 잘 가꾼 농장에서만이 아니라 게으른 자의 밭에서도 수확할 수 있다

고 말합니다. 우리가 소년이었을 때에 배운 시들 중에 "눈이 있어도 보지 못하네"(Eyes and no Eyes)라는 제목의 짧은 시가 있습니다. 그 시에는 상당한 정도의 진리가 담겨 있습니다. 왜냐하면, 눈이 있어도 마치 눈이 없는 것처럼 보지 못하는 사람들이 있는 반면에, 어떤 사람들은 예리한 눈을 가지고 있어서, 교훈이 없는 것 같은 곳들에서조차도 교훈들을 찾아내기 때문입니다. 어떤 사람들은 단지 겉만을 볼 뿐이지만, 어떤 사람들은 겉의 껍질만이 아니라, 겉에 있는 모든 것들 속에 숨겨져 있는 살아 있는 진리의 알맹이를 봅니다.

우리는 어디에서나 교훈을 얻을 수 있습니다. 신령한 마음을 지닌 자에게는 엉겅퀴도 쓸 데가 있고, 잡초에게서도 가르침을 얻습니다. 가시와 엉겅퀴는 원래 죄악된 사람들을 가르치기 위하여 생겨난 것이 아닙니까? 하나님께서는 우리가 죄를 행하고 하나님을 거슬러 반역의 씨를 뿌릴 때에 어떤 열매가 맺어지는지를 보여주실 목적으로, 가시와 엉겅퀴가 땅에서 나게 하신 것이 아닙니까? 솔로몬은 "내가 게으른 자의 밭과 지혜 없는 자의 포도원을 지나며 본즉 … 내가 보고 생각이 깊었고 내가 보고 훈계를 받았노라"고 말합니다. 여러분이 무엇을 보든지, 자신이 본 것을 곰곰이 잘 생각해 본다면, 여러분이 본 것은 결코 헛된 일이 되지 않을 것입니다. 그렇게 할 때, 육지와 바다, 땅과 하늘 등 모든 곳에서 여러분은 좋은 책들과 설교들을 발견하게 될 것이고, 모든 살아 있는 짐승과 새와 물고기와 곤충으로부터, 그리고 땅에서 자라는 온갖 유익하거나 무익한 식물들로부터 배우게 될 것입니다.

또한, 우리는 우리가 좋아하지 않는 것들로부터도 희귀한 교훈들을 얻을 수 있습니다. 솔로몬은 포도원의 지면을 뒤덮은 가시덤불을 보고서 끔찍한 생각이 들었을 것임에 틀림없습니다. 그럼에도 불구하고, 그는 거기에서 교훈을 발견하였습니다. 가시덤불을 보고서 끔찍해하는 사람들은 많지만, 거기에서 가르침을 받는 사람은 극히 드뭅니다. 어떤 사람들은 가시나무들에 의해서 다치지만, 여기에 그 가시나무들로 인해서 유익을 얻는 사람이 있습니다. 지혜는 가시나무들로부터 포도를 거두고, 가시덤불로부터 무화과 열매를 거두는 방법을 알고 있습니다. 지혜는 해로운 독초로부터 좋은 것을 얻어냅니다. 그러므로 가시들을 보고서 겁을 먹지 말고, 거기에서 좋은 것을 얻어내십시오. 가시덤불들에 의해서 찔리지 마시고, 그것들을 굳게 붙잡아서 여러분의 영혼을 잘되게 하는 데 사용하십시오. 시련들과 괴로움들, 걱정들과 소란한 일들, 조금 겁이 나고 실망 되는 일들도 여러분이 하기에 따라서 여러분에게 유익이 될 수 있습니다. 솔로몬처럼 그것들을 보고서 곰곰이 잘 생각해 보십시오. 그것들을 보면서, 교훈을 얻으십시오.

이제 우리는 먼저 솔로몬이 게으른 자를 어떻게 묘사하고 있는지를 볼 것입니다: 그는 "지각 없는 자"(한글개역개정에는 "지혜 없는 자")입니다. 두 번째로는, 솔로몬이 게으른 자의 밭을 어떻게 묘사하고 있는지를 볼 것입니다: "가시덤불이 그 전부에 퍼졌으며 그 지면이 거친 풀로 덮였고." 이 두 가지를 살펴본 후에, 마지막으로 우리는 이 버려진 밭과 포도원이 우리에게 주는 교훈을 생각해 보고자 합니다.

1. 첫째로, 게으른 자에 대한 솔로몬의 묘사입니다.

솔로몬은 우리 중 그 누구도 그의 말을 반박하고자 할 수 없는 그런 인물이었습니다. 왜냐하면, 그는 우리 모두가 아는 것을 다 합한 것보다 더 많은 것을 알고 있었기 때문입니다. 게다가, 그는 하나님의 감동을 따라서 잠언서를 썼습니다. 솔로몬은 게으른 자는 "지각 없는 자"라고 말합니다. 물론, 게으른 자는 자기가 지각이 없다고 생각하지 않습니다. 그는 자신의 손을 호주머니에 넣고서 당당하게 서 있고, 그의 그러한 당당한 태도를 보면, 여러분은 그가 영국의 모든 은행을 자기 마음대로 쥐락펴락 하는 인물일 것이라고 착각할 정도입니다. 또한, 여러분은 그가 자기 자신을 대단히 지혜로운 사람으로 생각하고 있다는 것을 알 수 있습니다. 왜냐하면, 그는 자신이 아주 탁월한 능력들을 가지고 있다는 듯한 인상을 주는 그런 태도를 여러분에게 보이기 때문입니다. 그가 자신의 지혜를 어떻게 얻게 되었는지를 그에게 물어보면, 그는 대답을 못할 것입니다. 왜냐하면, 그는 지금까지 한 번도 깊이 생각하는 수고를 해 본 적이 없는 사람이기 때문입니다. 하지만 나는 그가 중간과정을 생략하고 자신의 결론들로 건너뛴 것이라고 말하고 싶지도 않습니다. 왜냐하면, 그는 "뛰는" 것 같은 그런 일은 결코 하지 않는 사람이기 때문입니다. 그는 누워서 뒹굴거리다가 그런 결론에 도달한 것입니다. 그에게는 생각한다는 것은 너무나 힘들고 어려운 일이며, 배운다는 것은 정말 견딜 수 없는 일이지만, 그는 자기가 모든 것을 알고 있고, 모든 문제들을 다 해결할 수 있는 능력이 있다고 생각합니다. 그는 자기가 그렇게 태어날 때부터 본성적으로 영리하다는 것을 흐뭇하게 여깁니다. 그는 자기가 알고 있는 것 이상으로 더 알고자 하지 않습니다. 왜냐하면, 그는 자기가 이미 충분히 알고 있다고 생각하기 때문입니다. 그렇지만 그는 아무것도 모르는 자입니다. 잠언은 그에게 찬사를 보내지 않습니다. 솔로몬이 그를 "지각 없는 자"라고 부른 것은 지극히 옳다고 나는 확신합니다. 오늘날의 우아한 예법에 따르면, 솔로몬이 이런 식으로 말한 것은 다소 무례한 것이었습니다. 왜냐하면, 저 "가난한 리처드"(Poor Richard, 미국의 프랭클린이 1732년부터 1758년까지 지혜와 명언들을 모아 달력 형식으로 발간한 책의 가상의 주인공)가 "내게 말과 소가 있다면, 모든 사람이 내게 인사합니다"라고 말했듯이, 이 게으른 신사에게는 밭과 포도원이 있기 때문입니다. 밭과 포도원을 소유한 사람이 어떻게 "지각 없는 자"일 수 있습니까? 여러분은 일반적으로 어떤 사람의 "지각"을 그 사람이 보유한 현금의 양으로 판단하여야 한다고 생각하고 있지 않습니까? 어쨌든, 여러분이 부를 축적하였다면, 사람들은 여러분이 이룬 일을 보고서 여러분을 깎듯이 대하게 될 것입니다. 그것이 세상의 방식입니다. 그러나 그것은 성경의 방식은 아닙니다. 솔로몬은 그가 밭과 포도원을 소유하고 있든 없든, 게으른 자라면, 그는 어리석은 자이고, 좀 더 분명하게 표현하자면, "지각 없는 자"라고 말합니다. 그는 단지 어떤 것을 깨닫지 못할 뿐만 아니라, 그에게는 사물들을 깨달을 수 있는 "지각" 자체가 없다는 것입니다. 게으른 자는 머리가 텅 빈 사람입니다. 그는 신사로 불릴 수도 있고, 땅을 소유한 자산가일 수도 있으며, 포도원과 밭을 소유하고 있을 수도 있습니다. 그러나 그가 그런 것들을 소유하고 있다고 해서, 더 나아질 것은 아무것도 없습니다. 아니, 그런 것들을 소유하고 있는 것이 그에게는 좋지 않은 일입니다. 왜냐하면, 그는 "지각 없는 자"여서, 자신의 자산을 관리할 수 없는 자이기 때문입니다.

나는 솔로몬이 게으른 자는 "지각 없는 자"라고 아주 분명하게 말해준 것이 기쁩니다. 왜냐하면, 그것은 유익한 정보이기 때문입니다. 나는 자기가 은혜의 교리를 완벽하게 이해하였고, 성도들의 택정하심과 하나님의 예정, 하나님의 작정하심의 확고함, 성령의 역사의 필수불가결성을 비롯해서 우리 신앙의 뼈대를 이루는 은혜에 관한 모든 영광스러운 교리들을 정확하게 설명할 수 있다고 자신만만해하는 사람들을 만난 적이 있습니다. 그러나 그 신사분들은 그러한 교리들로부터 자신들은 아무것도 하지 않아야 한다는 결론을 내리고서, 게으른 자들이 되어 버렸습니다. 그들의 신조는 "아무것도 하지 말자"주의(do-nothing-ism)입니다. 그들은 심지어 "구원은 전적으로 은혜로 말미암는 것이기 때문에, 하나님께서 모든 일을 알아서 하실 것이다"라고 말하면서, 사람들에게 하나님을 위하여 수고하라는 말조차도 해서는 안 된다고 주장합니다. 이러한 게으른 자들은 사람은 아무것도 하지 않고 기다려야 한다고 말합니다. 사람은 하늘의 도움을 바라고서 풀이 자신의 발목까지 자라기를 가만히 앉아 있어야 한다는 것입니다. 가만히 앉아서 기다리지 않고 일어나서 무엇인가를 하려고 한다면, 그것은 하나님의 영원하신 뜻을 거스르고 방해하는 것이기 때문에, 도저히 용서 받을 수 없는 일이라는 것입니다. 그들은 영혼들을 얻고자 열심히 애쓰고 있는 사람들을 보고서는 못마땅해하는 표정으로 자신의 희끗한 머리를 흔들며 험한 말을 합니다. 그들은 불 같이 화를 내며 그런 젊은이들에게 달려들어서, 그 젊은이들을 "무식하고 못된 놈들"이라고 욕하며, 깔아뭉개 버립니다. 우리는 이 교조적이며 독선적인 사람의 비방을 어떻게 보아야 할까요? 우리는 신앙에 열심을 보이는 사람들을 어떻게든 트집을 잡아 괴롭히는 이 게으른 자들을 어떻게 대처해야 할까요?

솔로몬은 우리에게 얼른 달려와서, 그런 사람들은 "지각 없는" 자들이라는 것을 알려줌으로써, 그들을 보고 당혹해할 필요가 없다고 말해 줍니다. 그들은 자신들을 정통적인 교리의 잣대라고 생각하고, 모든 사람을 판단합니다. 하지만 솔로몬은 그들에게 다른 잣대를 들이대어서, 그들은 "지각 없는 자들"이라고 말합니다. 그들은 기독교 교리들을 알고 있을지는 몰라도, 제대로 깨닫고 있는 것은 아닙니다. 만일 그들이 그 교리들을 깨닫고 있었다면, 그들은 은혜의 교리들은 우리로 하여금 그 교리들을 깨달을 수 있도록 하나님의 은혜를 구하도록 이끈다는 것을 알았을 것입니다. 또한, 그들은 하나님께서 우리 안에서 역사하시면, 우리로 하여금 가서 잠을 자게 하시는 것이 아니라, 하나님의 선하시고 기뻐하시는 뜻을 행하고자 하는 소원을 주시고 실제로 그렇게 행하게 하신다는 것을 알았을 것입니다. 아울러, 그들은 하나님의 예정이라는 것은 하나님이 사람들로 하여금 선한 일들을 하여 하나님을 찬송하도록 정하신 것이라는 것도 알았을 것입니다. 그러므로 아무리 교리들이 참되다고 할지라도, 여러분이나 내가 그 교리들이 우리에게 하나님의 일들에 대하여 무관심하고 게을러도 좋다고 말하고 있다는 식의 결론을 이끌어 낸다면, 우리는 "지각 없는" 자들입니다. 우리는 어리석은 자들처럼 행동하고 있는 것이고, 복음을 오용하고 있는 것입니다. 우리는 양식이 되어야 할 것들을 독약으로 변질시키고 있는 것입니다. 게으른 자가 자신의 일에 대하여 게으르든, 자신의 영혼에 대하여 게으르든, 그는 "지각 없는 자"입니다.

우리는 어떤 사람이 유익한 행위들을 하는지의 여부에 따라서 그가 지각 있는 사람인지를 알 수 있습니다. 이것이 오늘의 본문에서 지혜자가 우리에게 아주 분명하게 말해 주는 것입니다. 어떤 사람들은 그들 자신을 "교양 있는 사람들"(cultured)로 자처하지만, 아무것도 경작하지는 않습니다. 나는 현대 사상이 실제로 어떤 열매들을 맺는지를 눈여겨 보아온 결과, 현대 사상은 연기가 든 병과 같아서, 그 어떤 참된 열매도 내지 못합니다. 사람들은 열심히 구별하고 나누고 논쟁하고 논의하며, 정교하게 다듬고 반박하지만, 그들의 밭고랑에서는 독초들이 자라고, 쟁기는 녹슬고 있습니다. 친구여, 당신의 지식, 그리고 당신의 교양, 그리고 당신이 받은 교육이 여러분으로 하여금 여러분의 날들과 세대 속에서 실제적으로 하나님을 섬기게 해주지 못한다면, 여러분은 솔로몬이 지혜라고 부르는 것을 배운 것도 아니고, "두루 다니시며 선한 일을 행하신"(행 10:38) 저 성육신 하신 지혜이자 찬송 받으실 이를 닮은 것도 아닙니다. 게으른 자는 "내 아버지께서 이제까지 일하시니 나도 일한다"(요 5:17)고 말씀하신 우리 구주를 닮은 것이 아닙니다. 참된 지혜는 실천적인 것이고, 실천 없이 교양을 자랑하는 것은 헛된 일입니다. 지혜는 자신의 밭을 갈고, 지혜는 자신의 포도원을 괭이로 일구며, 지혜는 수확을 기대하고, 모든 것에서 최선의 결과를 얻어내고자 애씁니다. 그렇게 하지 않은 사람은 자신의 이런저런 지식을 자랑한다고 할지라도 "지각 없는 자"일 뿐입니다.

왜 그가 "지각 없는 자"입니까? 그것은 기회들이 주어져 있는데도 활용하지 않기 때문이 아니겠습니까? 그의 날이 왔거나 오고 있는데도, 그는 그 시간들을 허송세월해 버립니다. 나로 하여금 여러분을 너무 가혹하게 압박하지 않게 하시려면, 여러분이 스스로 자기 자신에게 "나는 쏜살같이 흘러가는 시간들을 선용하고 있는 것인가?"라고 자문하면서, 여러분 자신을 가혹하게 압박하시기를 부탁드립니다. 본문에 나오는 이 사람에게는 포도원이 있었지만, 그는 그 포도원을 돌보지 않았습니다. 그에게는 밭이 있었지만, 그 밭을 경작하지 않았습니다. 형제들이여, 여러분은 자신에게 주어진 모든 기회들을 선용하고 계십니까? 나는 우리 각 사람에게는 하나님을 섬기기 위한 기회가 주어져 있다는 것을 압니다. 우리는 그 기회들을 선용하고 있습니까? 우리가 하나님의 자녀들이라면, 하나님께서는 우리가 아무짝에도 쓸모없는 그런 곳에 우리를 두지 않으십니다. 하나님이 우리에게 주신 빛이 단지 희미한 촛불일지라도, 우리가 그 빛을 비출 수 있는 곳에 하나님은 우리를 두십니다. 우리는 지금 우리가 있는 곳에서 빛을 비추고 있습니까? 우리는 모든 물가에 씨를 뿌리고 있습니까? 우리는 새벽에 일어나서 저녁까지 우리의 손을 놀려 씨를 뿌리고 있습니까? 만약 우리가 그렇게 하고 있지 않다면, 우리는 솔로몬으로부터 호된 꾸중을 듣고 있는 것입니다. 그는 게으른 자는 "지각 없는 자"라고 말합니다. 그는 기회들이 주어졌는데도 선용하지 않았고, 어떤 의무들을 행해야 했는데도 행하지 않았습니다. 하나님께서 모든 이스라엘 사람으로 하여금 한 사람도 빠짐없이 다 땅을 소유할 수 있게 해준 저 기가 막힌 제도 아래에서 그들 각 사람으로 하여금 자신의 땅을 갖도록 정하신 것은 자신의 땅을 그냥 방치하고 놀리게 하시기 위한 것이 아니라 경작하게 하시기 위한 것이었습니다. 하나님이 아담을 에덴 동산에 두셨을 때, 그것은 그로 하여금 숲속을 거닐며, 타락하지 않은 땅의 아름답고 풍성한 모습을 감상하게 하시기 위한 것이 아니라, 그곳을 경작하고 가꾸며 지키게 하시기 위한 것이었습니다. 하나님이 이스라엘 백성에 속한 각 사람에게 땅을 할당해 주신 것도 동일한 목적 때문이었습니다. 하나님은 그 거룩한 땅을 소유한 사람들의 수고를 통해서 그 땅이 가장 비옥한 상태에 도달할 수 있게 하고자 하신 것이었습니다. 이렇게 밭과 포도원을 소유하는 것에는 책임도 따랐는데, 이 게으른 자는 그 책임을 준행하지 않았던 까닭에 "지각 없는 자"였습니다. 사랑하는 친구들이여, 여러분의 사회적 지위는 무엇입니까? 아버지? 주인? 종? 목회자? 선생? 사람마다 자신의 농장이 있고, 그 농장 속에 포도원이 있습니다. 여러분이 자신의 지위에 합당하고 올바르게 행하지 않는다면, 여러분은 자신의 존재의 목적을 소홀히 하였기 때문에, "지각 없는 자"가 될 것입니다. 왜냐하면, 여러분은 조물주께서 여러분 앞에 두신 고귀한 소명을 소홀히 한 자들이기 때문입니다.

게으른 농부는 이 두 가지 외에도, 또 다른 면에서도 지혜롭지 못한 자였습니다. 왜냐하면, 그는 자신에게 주어진 역량을 활용하지 않았기 때문입니다. 그는 마음만 먹으면 얼마든지 밭을 갈 수 있었고 포도원을 돌볼 수 있었습니다. 그는 병이 들어서가 아니라, 스스로 일하기 싫고 게을러서, 침상을 떠나지 않았습니다.

여러분은 하나님을 섬기기 위하여 자신의 능력을 완전히 벗어나 있는 일을 하라고 요구받는 것이 아닙니다. 우리에게 있지도 않은 것이 아니라, 단지 우리에게 있는 것을 따라 하나님을 섬기라고 하는 것입니다. 하나님께서는 두 달란트를 가진 사람에게 다섯 달란트의 이문을 남겨오라고 하지 않으시고, 단지 두 달란트의 이문을 남겨오기를 기대하실 뿐입니다. 솔로몬이 본 그 게으른 자는 너무나 게을러서, 자신의 능력 범위 안에 있어서 자기가 얼마든지 할 수 있는 일들을 하려고 시도조차 하지 않았습니다. 자기에게 어떤 능력들이 있는지를 제대로 알지 못하고 그 능력들을 썩히는 사람들이 많고, 자신의 능력들을 그들 자신을 위해서는 열심히 사용하면서도 그들을 창조하신 이를 위해서는 사용하지 않는 사람들은 더 많습니다. 사랑하는 친구들이여, 하나님께서 우리에게 선을 행할 수 있는 어떤 능력을 주셨다면, 그 능력을 사용하십시오. 이 세상은 악하고 힘겨운 세상이기 때문에, 우리에게 단지 반딧불 같은 희미한 불빛만이 있다고 할지라도, 우리는 이 너무나 어두운 세상 속에 그런 불빛이라도 묻어 두어서는 안 됩니다. 우리에게 실낱 같은 하나님의 진리밖에 없다고 할지라도, 우리는 거짓과 오류로 가득한 세상 속에 그런 진리라도 묻어 두어서는 안 됩니다. 우리의 목소리가 아무리 가녀리더라도, 하나님의 진리와 의를 위하여 우리의 목소리를 높여야 합니다. 우리에게 기회들이 주어졌는데도 선용하지 않거나, 우리는 자신이 해야 할 의무들이 있는데도 준행하지 않거나, 우리에게 능력이 주어져 있는데도 사용하지 않음으로써, "지각 없는 자"가 되어서는 안 됩니다.

게으른 자는 영혼의 문제에 있어서도 정말 "지각 없는 자"입니다. 왜냐하면, 그는 자기가 가장 열심히 주의를 기울여야 마땅한 문제들을 하찮게 여기는 자이기 때문입니다. 여러분은 지금까지 자신의 마음을 경작해 본 적이 있습니까? 여러분은 여러분의 영혼에 쟁기질을 해서 거기에 있는 딱딱한 흙덩어리들을 곱게 갈아엎은 적이 있습니까? 여러분 속에 말씀의 씨앗이 뿌려진 적이 있습니까? 말씀의 씨앗이 뿌리를 내린 적이 있습니까? 여러분은 소원의 어린 식물들에 물을 주어 보신 적이 있습니까? 여러분은 자신의 마음속에서 자라는 죄의 잡초들을 뽑고자 하신 적이 있습니까? 여러분의 마음은 아직까지 태어난 후로 한 번도 갈아엎거나 경작한 적이 없이 그냥 맨땅으로 있는 것입니까? 가련한 영혼들이여! 여러분은 자신의 몸은 잘 가꾸고자 하고, 거울 앞에서 많은 시간을 보냅니다. 그런데 여러분의 영혼에 대해서는 전혀 신경을 쓰지 않으시는 것입니까? 여러분은 하나님이 여러분의 숨을 거두어 가시면 얼마 되지 않아서 벌레의 먹잇감이 될 것에 불과한 여러분의 보잘것없는 육신을 치장하는 데에는 많은 시간을 들입니다. 그러면서도, 정작 가꾸어야 할 여러분의 영혼에 대해서는 빗질 한 번 안 하고, 씻지도 않으며, 헐벗은 채로 그냥 둡니다. 여러분의 영혼은 여러분에게 천대받는 정말 불쌍한 존재입니다! 그래서는 안 됩니다. 여러분은 자신에게 속한 하찮은 것에는 신경을 많이 써서 돌보면서도, 자신에게 속한 좋은 것은 그대로 방치하여 죽어가게 만들고 있습니다. 내가 꼭 게을러야 한다면, 나는 나의 밭이나 정원에 대해서는 게으를망정, 나의 영혼에 대해서는 결코 게으르지 않을 것입니다.

　　여러분은 그리스도인입니까? 여러분은 정말 구원을 받은 자인데도, 하나님의 일을 소홀히 하는 것입니까? 만약 그렇다면, 여러분이 어떤 사람이든, 나는 여러분에게 지각이 없다고 말할 수밖에 없습니다. 왜냐하면, 어떤 사람이 구원을 받았고, 다른 사람들의 영혼이 위험에 처해 있는 것을 뻔히 알고 있다면, 그가 불타고 있는 나무막대들을 불길에서 꺼내려고 온 힘을 기울이는 것이 마땅할 것이기 때문입니다. 게으른 그리스도인! 과연 그런 그리스도인이 있을 수 있는 것입니까? 절반만 그리스도인인 사람? 자기 주님을 위해서 일하지 않는 그리스도인? 그런 사람들에 대해서 내가 무엇이라고 말할 수 있겠습니까? 시간은 기다려 주지 않고, 죽음도 기다려 주지 않으며, 지옥도 기다려 주지 않습니다. 사탄은 결코 게으르지 않고, 모든 어둠의 세력도 아주 바쁘게 움직입니다. 그런데 주님께서 자신의 포도원에 들이신 여러분과 내가 어떻게 게으를 수 있습니까? 우리가 하나님의 무한하신 사랑으로 말미암아 구원을 얻은 후에, 하나님을 섬기는 일에 힘을 쓰지 않는다면, 우리는 "지각 없는 자"임에 틀림없습니다. 구원 받은 사람은 부지런한 사람일 수밖에 없는 것이 영원한 진리입니다.

　　주님을 섬기는 일에 게으른 그리스도인은 자기가 무엇을 잃고 있는지를 알지 못 합니다. 왜냐하면, 신앙의 정수는 하나님을 향한 거룩한 성별 속에 있기 때문입니다. 어떤 사람들의 경우에는 그들은 신앙이 있다고 말하지만, 과연 그들에게 신앙이 있는 것인지 없는 것인지를 모를 정도의 신앙을 가지고 있습니다. 그들은 자신의 불경건에 대해서 불편하게 느낄 정도의 경건을 지니고 있고, 자신의 얼굴의 나머지 부분에 있는 더러운 것을 알 정도로는 자신의 얼굴의 일부를 씻었습니다. 한 종이 이런 말을 했습니다: "나는 내 주인 마님이 성례전에 참여하는 것을 보고서 기뻤습니다. 왜냐하면, 나는 다른 때에는 마님에게 신앙이 있는지를 전혀 몰랐거든요." 이 얘기를 들으시고, 여러분은 웃으시는데, 웃으시는 것이 당연합니다. 어떤 사람이 자신의 가게에서 팔 물건이 하나도 없는데도, 모든 신문에다 자신의 가게에 대한 광고를 낸다면, 그것은 정말 어처구니없는 일일 것입니다. "경건의 모양"(딤후 3:5)은 있지만, 하나님의 성령이 없는 사람도 마찬가지입니다. 나는 어떤 신앙인들이 다음과 같이 말함으로써, 그리스도를 올바르게 대우해 드렸으면 합니다: "나는 그리스도의 제자들 중 한 사람이 아닙니다. 나를 그의 제자들 중의 하나라고 생각해서, 그에 대해서 나쁘게 말하지 말아 주십시오." 우리는 그리스도를 그대로 드러내는 자들이 되어야 마땅하지만, 많은 그리스도인들이 도리어 그리스도를 욕되게 하는 자들이 되고 있지는 않은지 걱정이 됩니다. 우리는 어느 주인 밑에 있는 많은 종들이 게으른 것을 보면, 그런 종들을 용납하는 주인도 분명히 아주 게으른 사람일 것임에 틀림없다고 생각하게 됩니다. 게으른 자들을 고용해서 그들의 달팽이 같이 느린 행보를 보고도 아무렇지도 않은 주인이 아주 활동적이고 부지런한 사람일 수는 없을 것이니까요. 세상 사람들이 우리를 보고서, 그리스도는 사람들이 처한 비참한 상황에 대하여 무관심하고 열심도 없고 활력도 잃어버렸다고 생각하게 해서는 안 됩니다. 그리스도의 포도원에서 일하는 일꾼들이라고 고백하는 사람들이 게으른 자들보다 나을 것이 없음을 볼 때, 세상 사람들은 분명히 그렇게 말하고 그렇게 생각할 것입니다. 게으른 자는 "지각 없는 자"입니다. 왜냐하면, 그는 주님을 섬기면서 자신이 얻게 될 존귀와 즐거움을 잃어버리고 있기 때문입니다. 그는 자기가 귀하게 여긴다고 고백한 신앙을 욕되게 하는 자이고, 자기가 죽었을 때에 베개로 삼기 위해서 가시덤불을 쌓아가고 있는 자입니다. 나태한 자는, 그가 목회자이든 집사이든 평신도이든, "지각 없는 자"라는 것을 명심하십시오.

2. 둘째로, 게으른 자의 땅을 보십시오.

본문은 "내가 게으른 자의 밭과 지혜 없는 자의 포도원을 지나며 본즉 가시덤불이 그 전부에 퍼졌으며 그 지면이 거친 풀로 덮였고"라고 말합니다. 우리가 먼저 주목할 것은 땅은 어떤 것이든 생산해 낸다는 것입니다. 밭이나 포도원이 되기에 충분할 정도로 비옥한 땅은 이런저런 열매를 생산해 낼 것입니다. 마찬가지로, 여러분과 나도 우리의 마음과, 하나님이 우리에게 차지하라고 주신 영역에서 어떤 것이 되었든 반드시 생산해 내게 되어 있습니다. 우리는 이 세상에서 완전히 공백 상태로 살아갈 수는 없습니다. 우리는 살아 있는 한 선을 행하게 되거나 악을 행하게 되어 있습니다. 여러분이 그리스도의 일에서 게으르다면, 마귀의 일을 열심히 하고 있는 것입니다. 게으른 자가 잠자는 것은 다른 어떤 일을 하는 것보다도 더 가시덤불이 자라는 데 큰 공헌을 하는 것입니다. 동산에 꽃이 피거나 잡초가 나고, 열매가 나거나 가시덤불이 덮이는 것과 마찬가지로, 우리의 가정이나 일터나 회중에서는 선한 것이 나오거나 악한 것이 나옵니다. 우리가 그리스도를 위하여 수고함으로써 선한 것을 거두어들이지 않는다면, 가라지들이 무성하게 자라나서, 결국에는 마지막 날에 저 무시무시한 불에 던져지게 될 것입니다.

또한, 우리가 주목해야 할 것은 사람들의 영혼이 경작되어서 하나님을 위한 열매를 맺지 않는다면, 그 영혼은 본성의 열매를 맺게 될 수밖에 없다는 것입니다. 땅을 그대로 내버려 두면, 거기에서 자연스럽게 맺어지는 것은 무엇입니까? "가시덤불"을 비롯해서 아무 짝에도 쓸모없는 잡초들이 아닙니까? 여러분과 나의 마음을 그대로 내버려 두면, 그 마음의 본성에서 맺어지는 것은 무엇입니까? 죄와 비참한 것들이 아니겠습니까? 여러분이 자녀들을 하나님을 위하여 제대로 훈련시키지 않고 내버려 둔다면, 여러분의 자녀들이 본성적으로 맺는 것은 무엇입니까? 거룩하지 않은 것들과 악들이 아니겠습니까? 우리가 이 큰 도시의 거리들과 골목들에 복음을 전하지 않고 내버려 둔다면, 거기에서는 자연스럽게 맺어지는 것이 무엇이겠습니까? 범죄와 추악하고 더러운 짓들이 아니겠습니까? 땅을 그대로 놓아두면, 거기에서 수확되는 것들은 죄와 사망과 부패뿐입니다.

우리가 게으르다면, 우리의 마음과, 우리에게 주어진 영역에서 자연스럽게 맺어지는 것들은 우리 자신에게 무척이나 불편하고 불쾌한 것들이 될 것입니다. 그 누구도 가시덤불 위에서 잘 수 없고, 가시나무를 베개로 삼을 수는 없습니다. 게으름은 악들을 내버려 두고, 하나님의 성령으로 악을 뿌리 뽑고자 하지 않기 때문에, 게으름으로부터는 그 어떤 안식도 올 수 없습니다. 여러분이 잠자고 있는 동안에, 사탄은 씨를 뿌리고 있을 것입니다. 여러분이 선의 씨앗을 뿌리지 않는다면, 사탄은 악의 씨앗을 있는 대로 다 뿌려서, 때가 되면, 그 악으로부터 괴로움과 회한이 찾아올 것이고, 그 괴로움과 회한은 영원까지 이어지게 될 것입니다. 여러분에게 맡겨진 땅을 여러분이 잠을 자느라고 돌보지 않는다면, 때가 되면, 온갖 귀찮고 성가시며 고통스럽고 괴로운 것들이 거기에서 생겨나 여러분을 괴롭히게 될 것입니다. "땅이 네게 가시덤불과 엉겅퀴를 낼 것이라"(창 3:18).

많은 경우에 이미 개간된 밭과 포도원에서는 악한 것들이 아주 무성할 것입니다. 왜냐하면, 이미 밭과 포도원이 된 땅에서는 아직 개간되지 않은 땅에서보다도 더 많은 가시덤불과 거친 풀들이 나게 될 것이기 때문입니다. 그 땅이 농사를 짓기에 충분할 정도로 비옥한 데도, 주인이 그 땅을 돌보지 않는다면, 잡초들이 더욱 무성하게 자라나게 될 것입니다. 좋은 포도를 생산해 내기에 적합한 비옥한 땅에서는 게으른 자가 깜짝 놀라서 자신의 눈을 비비게 될 정도로 아주 무성하게 잡초들이 우거지게 될 것입니다. 그 마음이 새로워지기만 한다면 하나님을 위해 많은 일을 할 수 있는 사람을 변화되지 않은 채로 그냥 내버려 두면, 그 사람은 사탄을 위해 아주 열심히 일하여 많은 열매를 맺어줄 것입니다. 하나님의 은혜로 말미암아 그 주민들이 회심하였더라면, 하나님께 아주 큰 영광을 돌릴 수 있었을 그런 지역을 내버려 두는 경우에는 복음의 최대의 적들이 생겨나는 지역이 될 것입니다. 우리가 소홀히 한 것이 가장 좋은 것일수록, 그것은 가장 악한 것이 되고 맙니다. 악을 낳는 데 필요한 모든 것은 오직 "등한히" 하는 것입니다. 여러분이 구원의 길을 알고자 한다면, 나는 여러분에게 힘써서 무엇인가를 말해 주지 않으면 안 됩니다. 그러나 여러분이 멸망하는 길을 알고자 한다면, 나의 대답은 아주 쉽고 간단합니다. 왜냐하면, 소홀히 하고 "등한히" 하면 되기 때문입니다. "우리가 이같이 큰 구원을 등한히 여기면 어찌 그 보응을 피하리요"(히 2:3). 여러분이 하나님이 받으실 만한 것들을 수확을 하고자 한다면, 나는 여러분에게 어떻게 밭을 갈고 씨를 뿌리고 물을 주어야 하는지에 대하여 여러 가지 것들을 가르쳐야 합니다. 그러나 여러분이 자신의 마음을 사탄의 독초로 뒤덮게 하고 싶다면, 단지 여러분의 본성의 밭이랑들을 손대지 않고 그대로 놓아 두기만 하면 됩니다. 게으른 자가 "좀더 자자, 좀더 졸자, 손을 모으고 좀더 누워 있자"고 말하는 동안에, 가시덤불과 엉겅퀴는 셀 수 없이 많이 늘어나서, 그 게으른 자를 위해 무수한 독침을 준비합니다.

우리는 게으른 자의 포도원을 보면서, 영적으로 게을러서 불경건한 자의 마음이 어떠할지도 들여다보아야 합니다. 그런 사람은 회개나 믿음에 대해서 신경을 쓰지 않습니다. 자신의 영혼에 대하여 생각하고 영원에 대하여 진지하게 고민하는 것은 그런 사람에게는 너무나 힘들고 버거운 일입니다. 그는 모든 일들을 대충 쉽게 해치우고, "손을 모으고 좀더 누워" 잘 궁리만 합니다. 그런 사람의 마음과 성품 속에 무엇이 자라고 있겠습니까? 여러분은 이러한 영적으로 게으른 자들 속에서 술 취함과 더러움과 탐욕과 분노와 교만 같은 온갖 엉겅퀴와 잡초들을 볼 수 있습니다. 또는, 이러한 잡초들이 경건한 자들의 억제에 의해서 나타나지 않는 곳에서는, 다른 종류의 죄가 나타납니다. 사람의 마음은 완전히 텅 비어 있는 채로 있을 수 없습니다. 그 마음의 주인은 그리스도, 또는 마귀 둘 중의 하나일 수밖에 없습니다. 나의 사랑하는 친구들이여, 여러분이 하나님과 마귀, 어느 쪽도 섬기지 않겠다고 작정하여도, 중립적으로 살아가는 것은 불가능합니다. 이 전쟁에서 각 사람은 하나님 편이든지, 하나님의 원수의 편이든, 둘 중의 하나일 수밖에 없습니다. 여러분은 계속해서 아무것도 씌어지지 않은 백지로 남아 있을 수 없습니다. 사탄이 쓴 것들이 여러분의 심령 속에 있는데도, 여러분은 그것들이 보이지 않습니까? 여러분의 심령 속에 그리스도의 아름다운 이름이 씌어져 있지 않다면, 거기에는 사탄의 자필서명이 보일 것입니다. 여러분은 "나는 명백한 죄를 짓지 않았고, 도덕적으로 살고 있다"고 말할지 모릅니다. 하지만 여러분의 심령을 찬찬히 들여다보면, 여러분은 하나님과 하나님의 길들에 대한 적대감, 순전한 삶을 싫어하는 마음이 거기에 있다는 것을 알게 될 것입니다. 여러분은 하나님의 법을 사랑하지 않고, 하나님의 아들도 사랑하지 않으며, 그 아들의 복음도 사랑하지 않습니다. 여러분의 심령은 하나님으로부터 떠나 있고, 거기에는 온갖 악한 욕망들과 헛된 생각들이 있고, 여러분이 영적으로 게으른 자여서, 여러분의 심령을 개간하지 않고 내버려 두는 한, 그런 것들은 더욱더 무성하게 자라나게 될 것입니다. 하나님의 성령께서 여러분을 깨우시고 일으켜 세워주셔서, 진지하고 정직하게 자기 자신을 살펴보게 하시기를 빕니다. 그러면 여러분은 자신 속에 무성하게 자라고 있는 그러한 잡초들을 뿌리째 뽑아내지 않으면 안 된다는 것을 알게 될 것입니다. 그때에 여러분은 자신의 심령이 죄의 자각이라는 쟁기로 갈아엎어지고, 거기에 복음의 선한 씨앗이 뿌려져서, 참된 농부이신 그리스도께서 거기에서 열매를 수확하시게 하여야 한다는 것을 알게 될 것입니다.

또한, 친구들이여, 여러분이 그리스도를 믿는다면, 나는 여러분의 심령에 쳐놓은 울타리 너머를 살펴보고서, 자기가 혹시 게으른 그리스도인은 아닌지를 확인해 보시기를 권합니다. 왜냐하면, 나는 거기에 여러분을 위험에 빠뜨릴 수 있는 가시덤불과 잡초들이 있을 것이라고 생각하기 때문입니다. 나는 여러분이 얼마 전에 이렇게 찬송하는 것을 듣지 않았습니까?

"그것이 내가 정말 알고 싶은 것이라네."

여러분에게 이런 질문이 자주 올라올 것입니다. 왜냐하면, 게으른 자의 마음속에서는 의심이 자라날 수밖에 없기 때문입니다. 나는 웨슬리(Wesley) 목사님의 일기 속에서 자신이 구원받은 사실에 대하여 의심하거나 의문을 제기하는 글을 읽어 본 기억이 없습니다. 그는 주님이 명하신 수확을 하느라 아주 바빴기 때문에, 하나님을 불신하는 마음이 그에게 일어나지 않았습니다. 어떤 그리스도인들은 자기가 받은 겨자씨를 뿌리지 않았을 때에 어떤 결과가 생기는지를 잘 알지 못합니다. 여러분이 자신에게 주어진 믿음을 사용하는 방식으로 믿음을 뿌리지 않는다면, 여러분의 믿음이 어떻게 자라날 수 있겠습니까? 어떤 사람이 그리스도 예수를 믿는 믿음으로 살아가면서, 자신의 주를 섬기는 일에서 적극적으로 믿음을 사용할 때, 그 믿음은 뿌리를 내려 자라나고 튼튼해져서, 온갖 의심들을 잠재워 버립니다. 하지만 어떤 사람들은 믿음과 관련해서 좋지 않은 징후들을 보입니다. 그들은 불만을 품고 초조해하며 이기적이고 불평을 늘어놓는데, 이 모든 것들은 그들이 게으르기 때문입니다. 그러한 것들은 게으른 자의 밭에서 자라나는 잡초들입니다. 게으른 자들은 아주 까다로워서, 그 어떤 것도 그들을 기쁘게 해주지 못한다는 것을 나는 잘 압니다. 아무리 진실한 그리스도인도 그런 사람들에게는 올바르게 행하는 것으로 보이지 않고, 아무리 사랑이 많은 그리스도인도 그런 사람들에게는 사랑이 없는 것처럼 보이며, 아무리 열심으로 일하는 교회도 그런 사람들이 보기에는 게으른 것처럼 보입니다. 어떤 사람에 대하여 하나님께서 성령의 열매를 많이 맺은 사람이라고 칭찬하셔도, 그런 사람들은 그 사람에게서 온갖 잘못된 것들을 다 찾아냅니다. 이렇게 끊임없이 남의 잘못들을 찾아내어 비난하고 트집 잡으며 불평을 늘어놓는 것은 죄악된 안일함 속에서 "손을 모으고 좀더 누워 있는" 게으른 자들의 밭에서 반드시 자라날 수밖에 없는 잡초들 중 하나입니다. 여러분의 마음이 하나님에 대하여 열매를 내지 않으면, 여러분에게 해악과 고통을 가져다주고 여러분의 이웃들을 해치는 것들을 내게 될 수밖에 없습니다. 가시덤불은 흔히 선한 씨앗을 질식시킵니다. 그러나 선한 씨앗이 아주 튼튼하게 자라나서 가시덤불들을 질식시킨다면, 그것은 정말 복된 일입니다. 하나님께서는 어떤 그리스도인들에게는 그리스도 안에서 풍성한 열매를 맺게 하셔서, 그들 속에서 은혜의 역사들이 아주 강력하게 하심으로써, 사탄이 가라지들을 뿌려도, 그 가라지들이 자랄 수 있는 공간이 없어서 결국 죽게 하십니다. 성령께서는 자신의 능력으로 그런 사람들의 심령 속에서 악이 약화되게 하여서, 더 이상 그 심령을 장악할 수 없게 만듭니다. 친구들이여, 여러분이 게으른 자라면, 여러분의 마음 밭을 잘 살펴보고서, 그 처참한 모습을 보고 우십시오.

다음으로, 나는 여러분의 집과 가정을 들여다보시기를 부탁드립니다. 사람이 자신의 가정이라는 밭을 경작하지 않는 것은 끔찍한 일입니다. 내가 초기에 여러 마을들을 돌며 말씀을 전하던 때에, 나와 늘 동행했던 어떤 사람을 나는 기억합니다. 나는 어떤 사실을 알게 되기 전까지는 그와 동행하는 것을 기뻐하였지만, 그 사실을 알고 난 후에는 그와 함께 다니지 않았습니다. 왜냐하면, 나는 그가 한 주일 내내 저녁마다 집 밖으로 나돌아 다니지 않으면 직성이 풀리지 않아서, 가정은 팽개치고서 끊임없이 밖으로만 나돈다는 사실을 알았기 때문입니다. 그에게는 많은 자녀들이 있었고, 그 자녀들은 커서 악한 청년들이 되었는데, 그 이유는 아버지가 매일같이 이런저런 집회에 다니면서도, 정작 자기 자녀들을 구주께로 인도하려고 하지는 않았기 때문이었습니다. 가정을 등한히 하고 돌보지 않는다면, 밖에서 열심을 낸다고 해도, 그것이 무슨 소용이 있겠습니까? "내가 정작 나의 포도원을 돌보지는 않았구나"라고 나중에 가서 눈물을 흘리며 후회해 보아야 무슨 소용이 있겠습니까? 여러분은 어떤 사람이 자기 자녀들이 아직 나이가 어릴 때에 어느 쪽으로 기울게 하는 것은 아주 잘못된 일이라고 여겨서, 그들이 커서 스스로 신앙을 선택하도록 내버려 두자고 생각하고서는, 자녀들에게 하나님의 도를 가르치지 않았다는 얘기를 들어보신 적이 있습니까? 그 사람의 아들들 중 하나가 자신의 팔을 부러뜨렸는데, 의사가 그 부러진 팔을 고치고 있는 동안에, 그 아들은 계속해서 욕을 해냈습니다. 그러자 신앙인이었던 그 의사가 그 아버지에게 이렇게 말했답니다: "내가 당신에게 일이 어떻게 된 것인지 그 영문을 얘기해 드리죠. 당신은 당신의 아들이 올바른 쪽으로 기울게 될까봐 걱정했지만, 마귀는 그런 걱정을 전혀 하지 않고, 당신의 아들을 나쁜 쪽으로 아주 강하게 기울게 만든 것입니다." 우리의 밭을 알곡으로 뒤덮이는 쪽으로 기울게 하는 것이 우리의 의무입니다. 우리가 그렇게 하지 않는다면, 우리의 밭은 머지 않아 엉겅퀴와 잡초들로 뒤덮이게 될 것입니다. 자녀의 심령을 경작하여 선한 열매를 맺게 하십시오. 그렇지 않고 그 심령을 그대로 놓아두면, 거기에서는 악한 열매가 맺히게 될 것입니다. 왜냐하면, 그 심령은 이미 본성적으로 타락해 있고 악하게 왜곡되어 있기 때문입니다. 우리가 이런 사실을 잘 생각해서 충분히 지혜롭게 행하여, 우리의 어린 자녀들이 멸망시키는 자의 먹잇감이 되도록 내버려 두지 않게 되기를 빕니다.

또한, 우리가 부지런히 경작해야 할 것은 가정만이 아니고, 학교도 마찬가지입니다. 얼마 전부터 이 교회에 나오게 된 어떤 신사분은 여러 해 동안 무신론자였습니다. 나는 그 신사분과 대화를 하는 가운데, 그가 이 도시에 있는 유명한 공립학교들 중의 하나에서 교육을 받았고, 그가 무신론자가 된 데에는 거기에서의 경험이 큰 역할을 하였다는 것을 발견하게 되었습니다. 그는 주일이 되면 선생님들이 소년들을 교내 채플의 저 맨끝에 높이 솟아 있는 자리들에 다 몰아넣었는데, 소년들은 그 구석에 갇혀서, 목사님이 무슨 말씀을 하시는지를 거의 알아들을 수 없는 가운데, 여름에는 너무나 뜨겁고 더워서 땀을 뻘뻘 흘리고, 겨울에는 아주 추워서 덜덜 떨면서 예배를 드려야 했다고 말했습니다. 주일마다 소년들은 온통 기도하고 또 기도하고, 반복해서 기도하는 시간들을 가져야 했지만, 마음에 닿는 것은 하나도 없었기 때문에, 그는 기도하는 것이 너무나 지겨워서, 학교를 졸업하기만 하면, 기독교 신앙은 아예 쳐다보지도 않겠다고 마음을 먹었다고 합니다. 이것은 서글픈 현실이지만, 흔히 벌어지고 있는 일입니다. 주일학교 교사들이 아이들을 지겹게 하면, 아이들은 주일을 싫어하게 될 것입니다. 선생님들이 학교에서 학생들을 그리스도께로 인도하지는 않고 적당히 시간만 때우는 식으로 수업을 한다면, 그것은 학생들에게 유익을 끼치는 것이 아니라 해악을 끼치는 것입니다. 그리스도인 아버지들이 사랑 없이 엄격하게 가족을 대함으로써, 가정이라는 밭에 사랑이라는 선한 씨앗을 뿌려서 선한 열매를 거둔 것이 아니라, 그 밭이 신앙에 대한 증오심이라는 가시덤불과 엉겅퀴로 뒤덮이게 한 경우들을 나는 알고 있습니다. 우리는 우리의 자녀들로 하여금 우리를 사랑할 뿐만 아니라 하늘에 계신 아버지도 사랑하게 되도록 만드는 그런 삶을 살아야 합니다. 아버지들과 어머니들은 즐겁고 유쾌한 신앙과 경건의 모범을 보임으로써, 아들과 딸들이 이렇게 말할 수 있게 하여야 합니다: "우리 아버지는 행복하고 거룩한 사람이셨으니, 우리도 아버지의 발자취를 따르자. 우리 어머니는 자애로우심 그 자체이셨으니, 우리도 어머니의 길을 따르자." 경건이 여러분의 가정을 다스리고 있지 않다면, 우리는 여러분의 집 옆을 지날 때에 무질서와 불순종과 교만과 어리석음과 온갖 악의 단초들을 보게 될 것입니다. 여러분의 가정을 게으른 자의 밭이 되게 하지 마십시오. 만약 여러분이 그렇게 한다면, 머지않아 땅을 치며 후회하게 될 것입니다.

모든 집사와 선생과 목회자는 자기가 경작해야 할 밭의 상태를 부지런히 살펴야 합니다. 형제자매들이여, 여러분과 내가 우리 각자에게 맡겨 주신 일을 부지런히 하지 않으면, 우리는 과수원에 심긴 열매 맺지 못하는 나무들 같이 될 것임을 알아야 합니다. 만약 우리가 그런 나무들이라면, 과수원 주인에게 열매를 맺어 드릴 다른 나무들이 있어야 할 자리를 우리가 차지하고 있으면서 열매도 맺지 못하고 있는 것이기 때문에, 우리는 이중으로 손해를 끼치고 있는 것입니다. 이렇게 우리가 하나님을 실질적으로 섬기지 못한다면, 우리는 땅을 차지해서 다른 나무들이 열매 맺는 것을 방해하고 우리 주님께 손해를 끼치게 될 것입니다. 여러분은 이것을 어떻게 생각하십니까? 여러분이 아무런 열매도 맺지 못해서 그리스도의 장부에 "영"으로 기록된다고 해도, 그것은 정말 서글픈 일이 될 것입니다. 하지만 여러분은 "영"으로 기록되는 것이 아니라 적자로 기록될 것입니다. 왜냐하면, 여러분이 흑자를 내지 못하면, 적자를 낼 수밖에 없기 때문입니다. 우리가 하나님의 은혜로 말미암아 우리 주님을 위하여 흑자를 내는 자들이 될 수 있기를 바랍니다. 우리 가운데 우리 주님의 생애를 눈물과 고통 없이 볼 수 있는 사람이 있겠습니까? 우리가 제대로 올바르게 한 일이 과연 있기라도 한다면, 우리는 그것을 모두 하나님의 은혜로 돌립니다. 그러나 우리가 행한 일들 중에는 땅을 치며 눈물을 흘릴 일들과 뜯어 고치고 싶은 일들이 거의 전부이지 않습니까? 우리는 쓸데없이 후회하며 허송세월할 것이 아니라, 하나님의 성령께서 이후에는 우리에게 지각을 주셔서, 하나님이 주시는 힘으로 우리가 마땅히 해야 할 일들을 할 수 있게 해주시라고 기도하여야 합니다. 그러므로 하나님께서 우리에게 은혜를 베푸셔서, 우리로 하여금 우리 자신을 그렇게 행하는 데에 전적으로 다 바칠 수 있게 해주시라고 기도하십시오.

나는 여러분에게 세상이라는 큰 밭을 바라보기를 다시 한 번 부탁드립니다. 세상이 "가시덤불"과 "거친 풀"로 뒤덮여 있는 것이 보이십니까? 천사들이 온 인류를 다 둘러볼 수 있다면, 그들은 하염없이 눈물을 흘리게 될 것입니다. 왜냐하면, 온 땅은 무성하게 자란 잡초들로 뒤덮여 있기 때문입니다. 저쪽에 있는 밭은 가톨릭교도들(popery)이라는 양귀비들(poppy)로 붉게 물들어 있고, 그 울타리는 이슬람교도들이라는 야생겨자들로 샛노랗습니다. 거대한 지역들이 불신앙과 우상 숭배라는 엉겅퀴들로 뒤덮여 있습니다. 세상은 잔인함과 압제, 술 취함과 반역, 부정함과 비참함으로 가득 차 있습니다. 달이 무엇을 보고 있습니까! 하나님이 지으신 해가 무엇을 보고 있습니까! 이 얼마나 끔찍하고 무시무시한 광경들입니까! 이 모든 것이 어느 정도나 게으른 교회, 자신의 본분을 등한히 한 교회의 탓일까요? 거의 1900년의 세월이 흘렀지만, 게으른 자의 포도원은 거의 나아진 것이 없습니다. 교회는 영국을 어떻게 개간해 보려고 삽질을 해오기는 했지만, 완전히 잡초가 제거되거나 기경되었다고 말할 수는 없습니다. 대양 너머에는 동일하게 은혜를 받은 또 하나의 밭이 있지만, 거기에는 잡초가 무성합니다. 여기저기에서 선한 일들이 조금씩 행해져 왔지만, 세상의 거의 대부분은 거의한 번도 개간되지 않은 황량한 황무지로 남아 있습니다. 교회는 이 모든 세월 동안에 무엇을 해 왔습니까? 교회는 초대 교회 이래로 수 세기 후에 선교하는 교회가 되는 것을 그쳤고, 그때로부터 살아 있는 교회가 되는 것도 거의 그쳤습니다. 교회가 황무지를 개간하고자 수고하려고 하지 않는 순간, 교회 자체가 황무지가 되어 버립니다. 여러분은 교회사 속에서 그 어떤 그리스도인 공동체가 바깥세상을 등한히 하고서 오랫동안 번성한 예를 찾아볼 수 없을 것입니다. 나는 주님이 우리를 자신의 포도원에 들여보내신 후에, 우리가 거기에서 잡초들을 제거하는 일을 하지 않는다면, 포도나무도 제대로 자라지 못할 것이고, 열매도 제대로 맺히지 못할 것이라고 믿습니다. 이제 우리는 교회가 지난 1900년 동안 무엇을 해 왔는가라고 묻는 대신에, 우리는 지금 무엇을 하고 있는가라고 우리 자신에게 물어야 합니다. 대영제국의 교회들의 선교는 늘 지금처럼 그렇게 보잘것없고 무력한 것이 될 수밖에 없는 것입니까? 우리의 그리스도인 청년들 중에서 최고의 용사들은 늘 국내에만 머물러 있을 것입니까? 우리는 국내라는 밭을 무수히 기경해 오고 있으면서도, 해외에 있는 거대한 밭에는 "가시덤불"과 "거친 풀"이 무성하게 자라도록 내버려 두고 있습니다. 우리는 언제까지 그렇게 할 것입니까? 하나님께서 우리에게 더 큰 영적인 생명력을 보내 주셔서, 우리로 하여금 이 게으름에서 깨어나게 하시기를 빕니다. 그렇지 않으면, 거룩한 파수꾼이신 그리스도께서 우리 교회를 둘러보시고 이렇게 쓰시게 될 것입니다: "내가 게으른 교회의 밭 옆을 지나갔는데, 그 밭은 온통 가시덤불과 거친 풀로 뒤덮여 있고, 돌담은 허물어져 있어서, 어디가 교회이고 어디가 세상인지를 아무도 알아볼 수 없는 지경이 되어 있었는데도, 여전히 교회는 깊이 잠들어 있어서, 그 어떤 것도 교회를 깨울 수 없었노라."

3. 셋째로, 이 모든 것이 우리에게 주는 교훈은 무엇입니까?

　　나는 내 자신이 가르치는 자가 되어서, 이 교훈을 여러분에게 가르칠 수 없습니다. 나는 내 자신이 이 교훈을 배우기를 원합니다. 그래서 나는 마치 내 자신에게 말하는 것처럼 그렇게 이 교훈을 전하고자 합니다.

　　첫 번째 교훈은 우리의 본성을 그대로 두면 거기에서는 언제나 "가시덤불"과 "거친 풀" 외에는 아무것도 나오지 않는다는 것입니다. 내 영혼이 하나님의 은혜를 받지 못한다면, 그 영혼에서 만들어질 수 있는 모든 것은 바로 그런 것들뿐입니다. 사랑하는 자들이여, 여러분은 그런 것들 외에 다른 어떤 것을 만들어 내고 있습니까? 그렇다면, 여러분 속에서 그 다른 어떤 것을 만들어 내고 있는 것은 여러분의 본성이 아니라 하나님의 은혜입니다. 지금 여러분의 입술은 지극히 아름다운 목소리로 하나님을 찬송하고 있지만, 만일 하나님의 은혜가 그 입술을 거룩하게 하지 않았다면, 그 입술은 세상의 헛된 발라드를 노래하며 즐거워하고 있을 것입니다. 지금 여러분의 마음은 그리스도를 꼭 붙들고 있지만, 만일 하나님의 은혜가 아니었다면, 그 마음은 여전히 계속해서 우상들을 붙들고 있을 것입니다. 여러분은 그 우상들이 무엇인지를 압니다. 그런데 하나님께서는 "왜" 여러분과 내게 은혜를 주신 것입니까? "왜"라는 단어가 우리의 귀에 쟁쟁합니다. 우리는 이 질문에 대해서 무슨 대답을 할 수 있습니까? "옳소이다 이렇게 된 것이 아버지의 뜻이니이다"(눅 10:21). 하나님의 은혜가 우리에게 행하신 것을 기억할 때, 우리는 거기에 감동을 받아서, 그 은혜의 열매를 우리의 삶 속에서 드러내야 하겠다고 결심하는 것이 마땅합니다. 형제들이여, 우리가 전에 우리의 본성이라는 땅에서 무수한 가시덤불과 엉겅퀴를 만들어 내었듯이(우리가 그런 것들을 얼마나 많이 만들어 내었는지는 오직 하나님만이 아십니다), 이제 우리는 우리의 삶이 위대한 농부이신 그리스도를 위하여 그 정도로 많은 선한 알곡을 만들어 낼 수 있게 해주시라고 기도하여야 합니다. 여러분이 이전에 자신의 정욕을 섬긴 것만큼도 그리스도를 섬기려 하지 않는 것은 아니겠지요? 여러분이 이전에 자신의 죄들을 위하여 희생했던 것보다도 더 적게 그리스도를 위하여 희생하려고 하는 것은 아니겠지요? 여러분 중에는 전에 악한 자 사탄을 섬겼을 때에 자신의 온 마음을 다해 섬긴 분들이 꽤 있습니다. 그런 여러분이 하나님에 대해서는 절반의 마음으로만 섬기려고 하는 것은 아니겠지요? 여러분이 악한 자의 영 아래에서 맺었던 열매보다 성령의 열매가 더 적게 맺히게 하고자 하는 것은 아니겠지요?

하나님께서 우리로 하여금 우리의 본성을 내버려 두면 어떤 열매가 맺히는 지를 두고 보는 자들이 되지 않게 해주시기를 빕니다.

다음으로, 우리는 여기에서 본성을 따른 선한 의도는 거의 아무런 가치도 지니고 있지 않다는 것을 보게 됩니다. 자신의 밭과 포도원을 이 지경이 되게 한 이 사람은 언젠가는 좋은 때가 오면 나가서 열심히 일하려는 마음을 늘 지니고 있었습니다. 그를 제대로 평가하려면, 우리는 그가 언제까지나 잠을 자고자 한 것은 아님을 인정하여야 합니다. 왜냐하면, 그는 단지 "좀더 자자, 좀더 졸자, 손을 모으고 좀더 누워 있자"고 한 것일 뿐이기 때문입니다. 그는 조금만 더 졸고 나서, 소매를 걷어붙이고 열심히 일하고자 한 것이었습니다. 아마도 세상에서 최악인 자들은 최선의 의도들을 지니고 있으면서도 결코 실천하지는 않는 자들일 것입니다. 사탄은 그런 식으로 많은 사람들을 유혹하여 잠을 자게 만듭니다. 그들은 설교를 진지하게 듣지만, 일어나서 아버지 하나님께로 가지는 않습니다. 그들은 다음과 같은 말만 되풀이할 뿐입니다: "예, 그럼요, 이 먼 나라는 내가 있을 곳이 아닙니다. 나는 여기에 오래 머물러 있지는 않을 거예요. 나는 때가 되면 반드시 본향으로 돌아갈 겁니다." 그들은 40년 전에도 그렇게 말하였고, 지금도 그렇게 말하고 있습니다. 달라진 것은 아무것도 없습니다. 그들은 젊을 때에 큰 감화를 받아서 거의 그리스도인이 될 뻔하였지만, 아직까지도 여전히 그리스도인이 아닙니다. 그들은 40년 동안 잠을 잔 것이니까, 정말 엄청나게 긴 시간 동안 잠을 잔 것입니다! 그들은 그렇게 오랫동안 잠을 자려고 했던 것은 결코 아니었고, 지금도 "좀더" 누워 있고자 하는 것일 뿐이고, 영원히 자고자 하는 것은 아닙니다. 그들은 지금 즉시 그리스도께로 돌아오고자 하지는 않고, 언젠가는 그렇게 하겠다고 결심만 합니다. 친구들이여, 여러분은 언제 돌아올 것입니까? "죽기 전에요." 여러분은 그리스도께로 돌아오는 일을 죽기 한두 시간 전까지 미루려고 하시는 것입니까? 그렇다면, 사람들이 죽음의 고통을 덜어주기 위해서 여러분을 마취해서 의식이 없는 상태로 만들었을 때에야, 여러분은 자신의 영혼에 대하여 생각하는 것을 시작하려고 하시는 것입니까? 그것이 지혜로운 일일까요? 분명히 여러분은 "지각 없는 자"입니다. 아마도 여러분은 한 시간 안에 죽게 될 것입니다. 여러분은 얼마 전에 자신의 마차에서 죽은 시의원에 관한 얘기를 듣지 못하셨습니까? 그는 자기가 그렇게 죽을 것이라고는 꿈에도 생각하지 못했습니다.

여러분에게도 만일 편안하게 마차를 타고 가다가 죽는 일이 일어난다면, 어떻게 하시겠습니까? 여러분은 직장에서 일하다가 갑자기 죽은 사람들에 대한 얘기를 듣지 못하셨습니까? 여러분이 손에 삽을 들고 일하다가 죽을지 누가 알겠습니까? 나는 주일 날 성전에서 본 분이 죽었다는 소식을 주중에 접하고서는 깜짝 놀랄 때가 많습니다. 그런 분들은 자신의 일터에서 일하다가 갑자기 하나님의 심판대 앞으로 불려간 것입니다. 얼마 전에는 성전을 나가다가 현관에서 죽은 분도 있었습니다. 이렇게 하나님의 집에서도 예기치 않은 죽음들이 닥칠 수 있습니다. 회심하지 않고 죽겠다는 생각을 꿈에도 해보지 않았고, 어릴 적부터 꼭 신앙을 가져야 하겠다고 늘 다짐해 왔지만, "좀더 자자"고 말해 왔던 분들이 종종 예기치 않게 아무런 준비도 되지 않은 채로 갑자기 죽음을 맞습니다. 여러분, 조금 미루는 것과 잠깐 멈추는 것을 조심하십시오. 여러분은 이미 충분히 많은 시간을 허비해 왔습니다. 그러니 새로운 일분일초가 되기를 기다리지 마시고, 지금 즉시 그 결심을 실천에 옮기십시오. 성령 하나님께서 여러분으로 하여금 즉시 그렇게 행하도록 해주시기를 빕니다.

게으른 자는 "당신은 분명히 내가 좀더 자는 것을 반대하는 것은 아니죠?"라고 말합니다. "당신은 나를 너무 빨리 깨웠어요. 부탁입니다, 조금만 더 잘게요." "이보세요, 날이 샌 지 한참 되었어요." 그는 "예, 조금 늦었다는 것은 알지만, 내가 조금만 더 잔다고 해도, 아주 많이 늦지는 않을 거예요." 여러분은 그를 다시 깨우면서, 지금이 정오라고 말해 줍니다. 그러면, 그는 "지금은 가장 뜨겁고 더운 시간이어서, 내가 일어난다고 해도, 햇빛이 뜨거워서 밖에 나가지는 못하고, 틀림없이 소파로 가서 더 졸게 될 거예요"라고 말합니다. 거의 저녁이 되어서 여러분이 그의 방을 두드리면, 그는 "날이 이미 저물었는데, 이제 일어나 봐야 아무 소용없잖아요"라고 소리칩니다. 여러분이 그에게 그의 밭과 포도원이 잡초들로 뒤덮여 있다는 것을 상기시켜 주면, 그는 "예, 내가 일어나야 한다는 것을 나도 알아요"라고 대답합니다. 그는 몸을 뒤척이며, "내가 일 분 더 잔다고 해서, 그것이 큰 문제가 될 것이라고 나는 생각하지 않아요"라고 말합니다. 그는 자신의 침상에 딱 들러붙어서, 살아 있지만 죽었고, 자신의 게으름 속에 매장되어 있습니다. 그는 자기가 영원히 잠잘 수 있다면, 그렇게 하고자 할 것이지만, 실제로는 그렇게 되지 않습니다. 왜냐하면, 심판의 날이 그를 불러 세우게 될 것이기 때문입니다. 성경은 "그가 음부에서 고통중에 눈을 들어"(눅 16:23)라고 말합니다.

하나님께서 영적으로 게으른 자들이 그렇게 되기 전에 깨어날 수 있게 해주시기를 빕니다. 그러나 여러분이 지금 스스로 게으름을 떨쳐 버리기 위해서 몸부림치지 않는다면, 그런 일은 일어나지 않을 것입니다. 왜냐하면, "지금은 은혜 받을 만한 때"(고후 6:2)이지만, 이때가 지나면, 그런 기회는 영원히 다시 오지 않을 것이기 때문입니다. "내일"은 오직 어리석은 자들의 달력에만 있습니다. "오늘"이야말로 지혜로운 자의 시간이고, 우리의 은혜로우신 하나님께서 택하신 시간입니다. 성령께서 여러분을 이끄셔서, 지금 이 시간에 즉시 그리스도 예수를 믿는 믿음으로 여러분 자신을 하나님께 드릴 수 있게 해주시기를 빕니다:

> "하나님의 포도원에서 빨리 뽑아 버려라.
> 건강한 식물들에게 돌아가야 할 땅의 자양분들을
> 무익하게 빨아먹는 저 해로운 잡초들을."

제
13
장
—

좋은 기별

—

**"먼 땅에서 오는 좋은 기별은
목마른 사람에게 냉수와 같으니라."** ─ 잠 25:25

이것은 겨울 저녁이 아니라 여름날을 위한 본문입니다. 우리는 오직 가장 뜨거운 여름날에만, 여기에서 사용된 예화를 온전히 이해할 수 있습니다. 갈증이 심해서 우리의 목이 바싹 타들어갈 때에만, 그 갈증을 해소시켜 줄 수 있는 "냉수"의 가치를 느낄 수 있습니다. 아울러, 우리는 그렇게 큰 상상의 나래를 펼침이 없이도, "냉수"를 마시고서 마치 죽었다가 살아난 사람처럼 느끼는 사람의 입장이 되어 볼 수 있을 것이라고 나는 생각합니다. 하갈이 광야에서 자기 아들이 죽는 것을 보고 싶지 않아서, 그 아들을 숲속으로 던져 버린 것을 보십시오. 가져온 물병에 들어 있던 물이 바닥이 나자, 하갈은 자신의 어린 아들의 목숨을 구해 줄 물을 애타게 구합니다. 그때에 하나님께서 그녀의 눈을 열어 주셔서, 그녀는 그 광야에서 샘을 발견하고서, 그 물로 자신의 물병을 가득 채웠고, 목마른 사람에게 "냉수"가 어떤 것인지를 깨달았습니다. 또한, 광야에서 먹을 물이 없게 되자, 이스라엘 백성이 고통 중에서 부르짖은 일을 생각해 보십시오. 그때에 그들은 하나님과 모세를 원망하기 시작하였습니다. 그러나 모세가 지팡이로 바위를 쳐서, 그 바위에서 시원한 물줄기가 뿜어져 나오자, 그들은 어린아이같이 기뻐하면서, 거기로 달려가 마음껏 물을 마셨습니다. 여러분이 목마른 영혼에 "냉수"가 어떤 축복인지를 보여주는 또 하나의 개인적인 사례를 보고자 한다면, 삼손을 생각해 보십시오. 그는 나귀의 턱뼈를 가지고서, 천 명의 블레셋 사람들을 죽였고, 그 시체가 산처럼 쌓였습니다. 그러나 싸우는 과정에서 일어난 먼지와 열기 때문에, 그리고 기력이 다 소진되어서, 아주 심한 갈증이 삼손에게 찾아왔고, 그는 거의 죽기 일보 직전에 놓여 있었습니다. 그때에 그는 목소리를 높여 하나님께 부르짖었고, 그의 손에 쥐어진 당나귀의 턱뼈를 블레셋 사람들을 물리치는 아주 강력한 무기가 되게 해주셨던 하나님께서는 삼손이 그 나귀의 턱뼈를 내던진 바로 그곳에 그를 위해 샘을 열어 주셨습니다. 그래서 그는 그 물을 마시고 힘을 차린 후에 하나님의 이름을 찬송했습니다(삿 15:15-19). 이제까지 여러분이 보셨듯이, "냉수"가 목마른 사람들에게 이루 말할 수 없이 귀한 때들이 있습니다. 그리고 "냉수"의 그러한 가치를 알고 있었던 것으로 보이는 솔로몬은 "먼 땅에서 오는 좋은 기별"도 마찬가지로 사람들의 영혼을 즐겁게 하고 되살리며 새 힘을 준다고 말합니다.

이 잠언은 문자 그대로 해석해도 참됩니다. 우리가 먼 곳으로 가서 사랑하는 사람들과 떨어져 있을 때, 그 사람들의 안부 편지를 받는 것보다 더 큰 즐거움은 없습니다. 우리가 고향에 있을 때에는 거의 신경조차 쓰지 않았을 집안의 아주 사소한 일들까지도 우리에게는 지극히 소중하고 귀한 소식이 됩니다. 고향을 떠나온 시간이 길어질수록, 어쩔 수 없이 있게 된 먼 땅에서 듣는 고향의 모든 소식은 더욱 귀한 것이 됩니다. 상인들은 자기가 지금 있는 곳이 곧 고향이나 마찬가지인 사람들이지만, 나는 그런 상인들조차도 먼 지방에서 장사를 하고 있을 때에 저 멀리 있는 고향으로부터 오는 좋은 기별을 간절히 기다릴 것이라고 생각합니다. 솔로몬은 여러 이방 나라들로 자신의 배들을 보냈습니다. 인도나 "땅 끝"에 갔던 배들이 온갖 귀한 물건들을 싣고 돌아오는 것이 보인다는 기별이 욥바 항구로부터 왔을 때, 이 장사에 능했던 왕은 몹시 기뻐하며, "먼 땅에서 오는 좋은 기별은 목마른 사람에게 냉수와 같다"는 것을 느꼈습니다. 이렇게 문자 그대로도 참된 이 잠언은 하나님의 영적인 진리를 보여주는 예화가 될 수 있습니다. 나는 성령 하나님께서 인도하시는 대로 그 영적인 진리를 지금부터 설명하고자 합니다.

첫째, 죄인들을 위하여 하나님으로부터 오는 좋은 기별은 목마른 사람에게 냉수와 같습니다. 둘째, 성도들을 위하여 하늘로부터 오는 좋은 기별은 목마른 사람에게 냉수와 같습니다. 셋째, 땅으로부터 하늘에 올라가는 좋은 기별, 시시때때로 이 땅에서 저 먼 땅(천국)에 당도하는 좋은 기별은 천사들과 영광을 입은 성도들에게 목마른 사람에게 주어진 냉수와 같습니다.

1. 첫째로, 죄인들을 위하여 하나님으로부터 오는 좋은 기별은 목마른 사람에게 냉수와 같습니다.

나는 하나님께서 특히 이 첫 번째 대지를 정말 크게 축복해 주시기를 빕니다. 죄는 죄인을 "먼 땅"으로 이끌어갑니다. 자신의 몫을 다 챙겨서 먼 땅으로 간 탕자에 관한 설명은 온 인류의 상태에 대한 적절한 묘사입니다. 인간은 타락 이전에는 하나님 가까이에 있으면서 함께 교제하였습니다. 그러나 아담과 하와가 하나님의 말씀에 불순종한 후에는 "그 날 바람이 불 때 동산에 거니시는 여호와 하나님의 소리를 듣고" "여호와 하나님의 낯을 피하여 동산 나무 사이에 숨었습니다"(창 3:8). 이것은 실제적으로 아담이 자신의 죄로 인해서 본향을 떠나 긴 여정에 오른 것입니다. 머지않아 그는 그 길을 따라 아주 멀리 와 버려서, 하나님께서 전에 그와 만나 교제하셨던 바로 그곳에 오셨을 때, "아담아, 네가 어디 있느냐"고 큰 소리로 그를 부르셔야 했습니다. 마찬가지로, 우리는 악한 행위들을 통해서 하나님으로부터 점점 멀어집니다. 먼저, 우리의 성품이 하나님의 성품으로부터 점점 멀어집니다. 왜냐하면, 하나님은 빛이시고, 우리는 어둠이며, 하나님은 진리이시고, 우리는 거짓이기 때문입니다. 하나님은 사랑이시고, 우리는 그 정반대입니다. 또한, 우리의 목적과 관련해서도 우리는 하나님으로부터 멀어집니다. 왜냐하면, 우리는 다른 사람들의 유익이나 하나님의 영광을 구하지 않고, 이 땅에 속한 것들을 추구하기 때문입니다. 우리는 본성적으로도 하나님으로부터 멀어집니다. 우리의 삶의 모든 흐름과 경향은 더 이상 최초의 인간에게 주어졌던 하나님의 생명을 따라 움직이지 않고, 거기에 역행해서, 사탄의 방식을 따라 흘러갑니다. 그래서 우리는 "불순종의 아들들 가운데서 역사하는" 저 더러운 "영"(엡 2:2)의 사악한 감화에 우리 자신을 맡겨 버립니다.

죄인이 성령으로 말미암아 깨어날 때, 그는 이러한 거리를 깨닫게 되고, 지옥에 있는 멸망 받을 영들처럼 자신과 하나님 사이에는 "큰 구렁텅이"(눅 16:26)가 놓여 있다는 것을 어느 정도는 느끼게 됩니다. 죄를 자각한 죄인은 처음에는 이 구렁텅이를 결코 건널 수 없다고 생각하게 되고, 이 아주 깊은 구렁텅이를 들여다보면서, 건너편으로 갈 수 있는 길이 없을까 하고 뚫어져라고 바라볼수록,

자기가 하나님으로부터 너무 멀리 떨어져 있고, 자기와 조물주 사이에는 엄청나게 거대한 간격이 존재한다는 것을 더욱더 느끼게 됩니다. 사랑하는 친구들이여, 여러분이 이렇게 자기가 하나님으로부터 멀리 떨어져 있다고 느낀다면, 나는 하나님의 사자로서 여러분에게 먼 땅에서 오는 좋은 기별 같은 하나님의 긍휼과 은혜의 말씀을 전하기 위해 이 자리에 서 있습니다.

내가 여러분에게 가장 먼저 전하는 좋은 기별은 하나님께서는 여러분을 잊지 않으셨다는 것입니다. 여러분은 길 잃은 양들이고, 여러분의 목자를 거의 잊어버렸습니다. 아니, 여러분은 그를 완전히 잊어버렸을 것입니다. 그러나 여러분의 목자는 자신의 양들의 수를 세어보시다가, 한 마리가 없어진 것을 아십니다. 왜냐하면, 양 백 마리가 있어야 하는데, 99마리밖에 없고, 여러분의 목자의 관심은 길을 잃어버린 한 마리의 양에 온통 다 가 있기 때문입니다.

하나님께서는 당신이 있다는 것을 기억하실 뿐만 아니라, 불쌍히 여기는 마음을 지니시고서 당신을 기억하고 계십니다. 하나님이 어떻게 말씀하시는지를 잘 살펴보면, 참으로 놀랍고 경이롭습니다. 하나님께서는 종종 이렇게 부르짖으십니다: "에브라임이여 내가 어찌 너를 놓겠느냐 이스라엘이여 내가 어찌 너를 버리겠느냐 내가 어찌 너를 아드마 같이 놓겠느냐 어찌 너를 스보임 같이 두겠느냐"(호 11:8). 아버지가 자신의 자녀들을 불쌍히 여기는 것 같이, 우리 하나님도 그렇게 하십니다. 하나님은 그를 떠나 방황하는 자들을 불쌍히 여기십니다. "주 여호와의 말씀이니라 나의 삶을 두고 맹세하노니 나는 악인이 죽는 것을 기뻐하지 아니하고 악인이 그의 길에서 돌이켜 떠나 사는 것을 기뻐하노라 이스라엘 족속아 돌이키고 돌이키라 너희 악한 길에서 떠나라 어찌 죽고자 하느냐"(겔 33:11). 하나님은 여러분이 죄 짓는 것을 기뻐하지 않으시고, 여러분이 죄에서 돌이키지 않아서 수치와 괴로움을 겪는 것을 기뻐하지 않습니다. 반대로, 하나님은 여러분이 자기에게로 돌아오는 것을 기뻐하시기 때문에, 여전히 여러분에게 "이제 너희는 각각 그 악한 길에서 돌아오라"고 소리치십니다. 하나님께서는 여전히 불쌍히 여기시고 동정하시는 마음으로 여러분을 기억하고 계십니다. 여러분은 의도적으로 하나님을 거슬러 반역하고 떠나서 하나님을 잊어버렸을지라도, 하나님은 여러분을 기억하십니다. 왜냐하면, 하나님은 사랑이신 까닭에, 그의 마음속에는 "허물과 죄로 죽은"(엡 2:1) 죄인들을 향해서조차도 사랑이 있기 때문입니다. 이것은 분명히 여러분에게 "좋은 기별"입니다. 하나님께서 이렇게 불쌍히 여기시는 마음으로 여러분을 생각하고 계신다면, 여러분은 진심으로 회개하고 통회하는 마음으로 하나님을 생각하는 것이 마땅하지 않겠습니까?

그러나 이것보다 여러분에게 한층 더 좋은 하나님으로부터 온 기별이 있는데, 그것은 하나님께서는 여러분이 그에게로 돌아갈 수 있는 길을 준비해 놓으셨다는 것입니다. 여러분은 이렇게 반문할 수 있을 것입니다: "우리와 하나님 사이에는 장벽이 놓여 있는데, 어떻게 그런 일이 가능할 수 있겠습니까? 내가 무슨 수로 하나님께 갈 수 있겠습니까? 나의 죄로 말미암아 하나님의 공의가 우리와 하나님 사이를 막아 결코 건널 수 없게 하는 장벽이 되어 있을 것이 분명합니다. 그 공의는 내가 혹시라도 하나님께 돌아가려고 시도하지 못하도록 하기 위해서 화염검을 들고 생명나무로 향하는 모든 길을 지키고 있는 그룹 천사들처럼 그렇게 서 있을 것입니다." 그 말은 지극히 옳습니다. 하지만 죄 범한 가련한 죄인들이여, 내 말을 한 번 잘 들어보십시오. 하나님께서는 의로우셔야 하고, 그래야 한다는 것은 분명합니다. 그리고 하나님이 의로우시려면, 여러분의 죄를 벌하셔야 한다는 것도 엄연한 현실입니다. 그러나 여러분은 하나님께서 죄인들 대신에 자신의 독생자를 내주셔서, 죄인들이 마땅히 받아야 할 벌을 대신 받게 하셨다는 소식을 들어보지 않으셨습니까? 저 그룹 천사들이 들고 있던 화염검은 예수의 보혈 속에 잠겨 꺼져 버렸습니다. 우리와 하나님 사이를 갈라놓았던 저 장벽도 그리스도께서 허물어 버리셨고, 심지어 "성소 휘장"조차도 "위로부터 아래까지"(마 27:51) 둘로 찢어져 버렸습니다. 이 찢어짐은 엄청난 일이었습니다! 성소의 휘장이 아래로 부분적으로 조금 찢어진 것이 아니라, "위로부터 아래까지" 완전히 갈라져서 두 조각이 되어 버렸다는 것입니다. 이렇게 예수 그리스도께서는 의로우셔서 진노하시는 하나님과 죄를 지었지만 회개하는 죄인 사이에 놓여 있던 장벽을 허물어 버리셨기 때문에, 이제는 아무리 악한 자라도 지존자의 보좌 앞까지 곧바로 나아갈 수 있는 길이 열리게 되었습니다. "죄 사함을 얻게 하려고 많은 사람을 위하여" 단번에 흘리신 예수의 피를 힘입기만 한다면(마 26:28), 아무리 큰 죄를 범한 사람도 그 보좌 앞으로 나아갈 수 있습니다. 그렇습니다. 예수의 피가 뿌려진 길을 따라가기만 한다면, 아무리 큰 죄인이라도 쫓겨날 염려 없이 그 보좌 앞으로 나아갈 수 있습니다. 여러분과 하나님 간에 놓여 있던 "구렁텅이"가 메워졌고, 그 간격을 이어주는 다리가 놓여져서, 여러분이 예수 그리스도를 진심으로 믿기만 한다면, 여러분은 그의 이름으로 하늘에 계신 아버지께

돌아갈 수 있습니다. 여러분의 마음이 "내가 일어나 아버지께 가리라"(눅 15:18)
고 지혜로운 결단을 하기만 하면, 그 결단의 효력은 즉시 나타나게 됩니다. 왜냐
하면, 아버지 하나님께서는 여러분이 자기에게 돌아올 수 있는 길을 이미 준비
해 놓으셨고, 자신의 사랑하는 아들의 피를 그 길에 뿌려놓으심으로써, 하나님
이 죄인들에게 보여주실 수 있는 가장 확실한 사랑의 증표를 통해서 여러분에게
돌아올 수 있는 용기를 더해 주셨기 때문입니다. 그러므로 이것은 "먼 땅에서 온
좋은 기별"이 틀림없습니다. 가엾은 탕자들이여, 여러분의 아버지께서는 여러분
을 잊지 않으시고 늘 생각하고 계시기 때문에, 여러분이 언제라도 아버지의 집
과 품속으로 돌아올 수 있는 길을 이미 다 닦아놓으셨습니다.

　여러분을 위한 좋은 기별이 또 있을까요? 내가 여러분에게 말해 줄 수 있는
것보다 훨씬 더 좋은 기별이 있습니다. 그 기별은 하나님께서 여러분에게 자신의 말
씀과 종들을 보내서 자기에게 돌아오도록 초대하셨다는 것입니다. 하나님께서 죄
인들이 돌아올 길을 준비해 놓으신 것만도 너무나 큰 은혜인데, 하나님이 말씀
과 종들을 보내서 여러분을 그 길로 초대하시는 것은 더욱더 큰 은혜입니다.
사람이 궁지에 몰렸을 때에 자신의 사정을 다른 사람에게 알려서 그 사람의 도
움을 구할 수밖에 없을 그런 때가 종종 있습니다. 폭풍우가 치는 어두운 밤에 길
을 잃고 방황하는 사람은 자기 눈에 가장 먼저 보이는 집의 문을 두드려서 잠시
폭풍우를 피해 가게 해 달라고 부탁합니다. 그러나 여러분은 그런 경우에 해당
하지 않습니다. 여러분도 길을 잃고 방황하는 자여서 묵을 곳이 필요한 것은 맞
지만, 하나님의 긍휼의 문은 활짝 열려 있고, 하나님께서는 이미 자신의 사자들
을 보내서 여러분에게 들어오라고 초대하셨습니다. 만일 문이 닫혀 있다면,
여러분이 문을 두드려서 들어가게 해 달라고 부탁하거나, 천국을 강제로 침노해
서 복을 얻어내는 것이 지혜로운 행동일 것입니다. 그러나 여러분은 군이 그럴
필요가 없습니다. 그러므로 하나님께서 죄인들에게 그에게 오라고 초대하시고
간청하시며 간곡히 권하시고 설득하시는 것은 그의 선하심이 어떠한지를 잘 보
여줍니다. 심지어 하나님은 "사람을 강권하여 데려다가 내 집을 채우라"(눅
14:23)고 말씀하시는데, 내 생각에 이것은 정말 복된 본문입니다. 큰 왕께서는
자신의 종들에게 명하여, 사랑의 강력한 힘으로 그들을 붙들어서, 그들이 말을
들을 때까지 계속해서 반복하여 눈물로 설득하고 간청하여, 그들을 데려오라고
말씀하십니다. "사람을 강권하여 데려다가 내 집을 채우라"는 말씀은 정말 "좋은

기별"입니다. 다음과 같은 은혜롭고 자비로운 초대들은 한층 더 좋은 기별을 이룹니다: "여호와께서 말씀하시되 오라 우리가 서로 변론하자 너희의 죄가 주홍 같을지라도 눈과 같이 희어질 것이요 진홍 같이 붉을지라도 양털 같이 희게 되리라"(사 1:18). "내가 네 허물을 빽빽한 구름 같이, 네 죄를 안개 같이 없이하였으니 너는 내게로 돌아오라 내가 너를 구속하였음이니라"(사 44:22). "악인은 그의 길을, 불의한 자는 그의 생각을 버리고 여호와께로 돌아오라 그리하면 그가 긍휼히 여기시리라 우리 하나님께로 돌아오라 그가 너그럽게 용서하시리라"(사 55:7). "누구든지 주의 이름을 부르는 자는 구원을 받으리라"(롬 10:13). "사람에 대한 모든 죄와 모독은 사하심을 얻되"(마 12:31). "인자가 온 것은 잃어버린 자를 찾아 구원하려 함이니라"(눅 19:10). "미쁘다 모든 사람이 받을 만한 이 말이여 그리스도 예수께서 죄인을 구원하시려고 세상에 임하셨다 하였도다"(딤전 1:15). 이러한 말씀들은 가련한 죄인들을 위한 "좋은 기별"이 아닙니까? 찬송 받으실 나의 주님, 주의 은혜와 긍휼의 말씀들을 듣거나 읽는 모든 사람에게 복 주셔서, 이 말씀들이 목마른 영혼에게 "냉수" 같게 하옵소서.

   이 모든 것들보다 한층 더 좋은 기별이 있는데, 나는 이제 여러분에게 그 기별에 대해 조금 말씀드리고자 합니다. 그 좋은 기별은 많은 사람들이 이미 그들의 아버지께로 돌아왔고 환영을 받았다는 것입니다. 그 사람들 중에는 여러분의 친구들도 있고, 여러분의 형제와 자매, 아버지와 어머니 같은 혈육들도 있습니다. 이 좋은 기별은 실험해 보아야 할 그런 것이 아닙니다. 하나님께서 과연 회개하는 죄인들을 받으실 것인지 아닌지를 증명하고자 하는 복된 실험이 지금까지 아주 빈번하게 행해져 왔지만, 이제 그것은 실험해 보아야 할 문제가 아니라, 이미 확실한 사실이 되어 있습니다. 온갖 어리석은 짓과 죄를 저지르던 여러분의 친구가 구주를 찾았고 만났다는 것을 여러분은 이미 알고 있습니다. 그 친구가 일전에 여러분에게 그런 얘기를 하지 않던가요? 여러분보다 훨씬 악해 보였던 사람, 적어도 겉으로 명백히 드러난 죄에 있어서 여러분보다 훨씬 더 많고 큰 죄를 지었던 사람이 주님을 찾았더니, 주님이 그 사람을 만나 주신 것도 여러분은 알고 있습니다. 많은 사람들이 그리스도께로 왔는데, 그가 그들 중 한 사람도 결코 쫓아내지 않으셨다는 것을 내가 보았을 때, 나는 그 사실로부터 어떤 결론을 내려야 마땅하겠습니까? 나의 결론은 내가 그리스도께로 가도, 그가 나를 쫓아내지 않으시리라는 것입니다. 수많은 죄인들이 주님이 계신 곳에서 발길을 돌려 슬픈 표정으로 머리를 흔들며 돌아내려오면서, "우리는 죄가 너무 많다고 들어갈 수 없다고 거절당했습니다"라거나, "우리는 거기에 들어갈 수 있는 자격이 안 된대요"라거나, "우리가 뭘 모르고 있다는 겁니다"라고 말하는 것을 내가 보았다면, 나도 감히 거기로 가고자 하는 엄두를 낼 수 없을 것입니다. 그러나 무수한 죄인들이 그리스도를 향하여 달려갔는데, 회개하며 거기로 간 죄인들 중에서 다시 되돌아온 사람이 한 사람도 없고, 그리스도께서 "내가 땅에서 들리면 모든 사람을 내게로 이끌겠노라"(요 12:32)고 하신 말씀대로 사람들을 자기에게로 이끄시는 것을 내가 보며, 그 죄가 아무리 검거나 주홍빛 같을지라도, 그리스도께서 단 한 명의 죄인도 퇴짜 놓거나 거부하시는 것을 내가 볼 수 없다면, 내가 "죄 지은 가련한 영혼이여, 그리스도께서 당신을 받아주시지 않을 이유가 전혀 없으니, 그에게로 가십시오"라고 말하는 것은 당연한 일입니다.

"나는 은혜로우신 왕께로 나아가리라.
그의 홀을 만지면, 죄 사함을 얻으리니,
내가 간구할 때,
그가 나로 그 홀을 만지고 살아나게 하시리라.

내가 그에게로 나아가면 반드시 살리니,
어떻게든 나는 그에게로 나아가리라.
내가 이대로 여기에 있으면,
나는 영원히 죽을 수밖에 없음이로다.

내가 긍휼을 구하고,
왕을 만나려고 나아가다 죽으면,
그것은 결코 죄인의 죽음이 되지 않으리니,
그것은 즐거운 일이로다."

왜냐하면, 지금까지 죄인이 믿음으로 예수 그리스도를 찾다가 헛되이 죽는 일은 결코 없었기 때문입니다. 이것은 분명히 "먼 땅에서 온 좋은 기별"임에 틀림없습니다.

　　또한, 하나님께서는 길을 잃고 방황하는 자신의 가엾은 자녀들이 자기에게로 돌아올 수 있는 길을 준비해 놓으셨을 뿐만 아니라, 그들을 돌아오게 하는 데 필요한 모든 수단들도 다 준비해 놓으셨다는 것도 우리에게 "좋은 기별"입니다. 여러분이 아시듯이, 요셉이 자기 아버지 야곱에게 사람을 보내서 애굽으로 들어오시라고 청하였을 때, 야곱은 요셉이 아직 살아 있다는 것을 믿을 수가 없었습니다. 요셉이 애굽 왕 바로 아래에서 온 애굽을 다스리는 총리가 되어 있다는 "기별"은 너무나 꿈만 같은 것이어서, 야곱은 꿈인지 생시인지 믿을 수가 없었던 것입니다. 그러나 요셉이 보낸 마차들을 보았을 때, 야곱은 그것이 꿈이 아니라는 것을 알고서, 다시 생기를 되찾았습니다. 나는 영어로 표현하려고 "마차"라고 했지만, 요셉은 나이 든 야곱과 그의 온 가족을 애굽으로 모시기 위해서, 애굽에서 생산해 낸 최고의 병거들 중 몇 대를 보냈을 것입니다. 야곱이 그러한 마차들 또는 병거들을 보고 나서야 생기가 돌았다는 것은 전혀 이상한 일이 아닙니다. 왜냐하면, 가련한 죄인들 중에는 이렇게 말하는 사람들이 많기 때문입니다: "나는 구원의 길이 있다는 것을 알기는 하지만, 나는 발을 저는 절름발이인데, 어떻게 그 길을 따라 달려갈 수 있겠습니까? 나는 성경 속에 사람들을 구원할 수 있는 하나님의 진리가 있다는 것을 알고, 거기에 대해 하나님을 찬송하지만, 내가 어떻게 그 진리를 배우겠습니까? 나는 그리스도 자신이 진리시라는 것을 알지만, 그 진리가 어떻게 나의 것이 될 수 있겠습니까? 나는 영생이 있고, 그리스도가 길이요 진리이시고, 생명이시라는 것을 알지만, 나는 영적으로 죽어 있는데, 어떻게 그 생명을 얻을 수 있겠습니까?" 아니요, 여러분은 영생을 얻을 수 있습니다. 왜냐하면, 우리 주 예수 그리스도는 단지 길이실 뿐만 아니라, 우리로 하여금 그 길로 달려가게 하실 수 있으신 능력도 되시기 때문입니다. 그리스도는 진리이실 뿐만 아니라, 우리에게 빛을 비쳐 주셔서 우리를 진리로 인도해 주시는 성령을 주시는 분이시기도 합니다. 그리스도는 생명이실 뿐만 아니라, 그 생명을 우리 속에 두시고 유지시키시며 온전하게 하시는 분이시기도 합니다. 죄인들이여, 여러분은 오직 여러분을 인도하시고 안내하시며 지도하시고 도우시며 깨우시는 하나님의 성령께 여러분 자신을 맡기기만 하면 되고, 다른 것은 일체 할 필요가 없습니다. 그렇게 하기 위해서, 여러분에게 믿음이 있어야 한다는 것은 사실이지만, 그 믿음도 하나님께서 여러분에게 은혜로 주실 것입니다. 또한, 여러분이 회개하여야 한다는 것도 사실이지만, 하나님께서 여러분 속에서 역사하셔서 회개하게 하신다는 것도 마찬가지로 사실입니다. 참된 회심을 한 모든 사람들에게는 삶의 변화가 있어야 하고, 또한 있게 될 것이지만, 여러분을 회심시키셔서 완전히 변화시키시는 분은 성령이십니다. 진정으로 믿는 자들 속에서는 성화가 이루어져야 하지만, 여러분을 거룩하게 하시는 이도 성령이십니다. 복음 자체가 여러분에게 주는 것들 외에 복음이 여러분에게 요구하는 것은 아무것도 없습니다. 성경의 어느 부분에서 명령으로 되어 있는 것들은 성경의 다른 부분에서는 약속으로 주어져 있습니다. 하나님께서는 죄인들에게 어떤 것들을 행하라고 명하실 때에는, 반드시 그것들을 행할 수 있는 능력도 주십니다. 그래서 예수께서는 중풍병자에게 "네 자리를 들고 걸어가라"(요 5:8)고 말씀하셨습니다. 즉, 예수께서는 그 사람에게 이러한 명령을 하실 때에, 이미 그 사람이 그 명령을 행할 수 있는 능력도 아울러 주신 것입니다. 또한, 예수께서 한 쪽 손이 말라 버려서 그 손을 내밀 수 없는 병자에게 "네 손을 내밀라"(눅 6:10)고 말씀하셨을 때, 그의 입에서는 그 명령과 함께 그 병자의 신경과 근육을 회복시키는 능력도 나간 것입니다. 마찬가지로, 여러분도 하나님께서 여러분에게 복음을 붙잡을 수 있는 힘을 주실 것을 믿으십시오. 놋뱀을 쳐다볼 수 있는 바로 그 눈은 하나님의 선물입니다. 그것은 하나님께서 자기에게 와서 구하는 모든 사람에게 주시려고 준비해 놓으신 선물입니다. 그러니 이것도 "먼 땅에서 온 좋은 기별"이 아니겠습니까?

여러분이 지금 즉시 그리스도께 나아올 수 있다는 것도 "좋은 기별"입니다. 지금 이 순간에 여러분이 주 예수 그리스도를 믿는다면, 그리스도는 그 즉시 여러분의 주가 되어 주십니다. 내가 여러분에게 전해줄 "좋은 기별"은 탕자가 집으로 돌아오는 길은 아주 멀어 보이지만, 사실 여러분은 눈 깜짝할 사이에 집으로 돌아올 수 있다는 것입니다. 즉, 여러분이 하나님으로부터 아주 멀리 떨어져 있더라도, 예수를 믿기만 한다면, 바로 그 순간 여러분은 하나님 앞에 와 있게 됩니다. 성령께서 여러분으로 하여금 예수를 믿을 수 있게 해주시는 순간, 여러분은 하나님 곁에 있게 됩니다. 우리 구주와 함께 십자가에 달린 한 강도가 "예수여 당신의 나라에 임하실 때에 나를 기억하소서"라고 말했을 때, 예수께서는 그에게 무엇이라고 말씀하셨습니까? "내가 진실로 네게 이르노니 오늘 네가 나와 함께 낙원에 있으리라"(눅 23:42-43). 물론, 여러분은 지금 당장 위에 있는 낙원에 들어가지는 않고 아마도 여기에서 좀 더 살게 되겠지만, 어쨌든 여러분이 예수를 믿는 바로 그 순간, 하나님의 아들의 죽으심으로 인하여 하나님과 화목을 이루게 되고, 즉각적으로 죄 사함을 받게 될 것입니다. 여러분의 죄 사함은 즉각적인 것임과 동시에 영원한 것이고 온전한 것이 될 것입니다. 이것은 복음으로부터 여러분에게 온 "좋은 기별"입니다.

　여러분이 그렇게 되기 위해서 해야 할 것은 아버지 하나님의 말씀을 믿고, 그리스도께서 죄인들을 위하여 행하신 것들에 여러분 자신을 전적으로 의탁하는 것입니다. 하나님의 성령께서 여러분으로 하여금 온갖 다른 구원의 길들로부터 떠나서 오직 그렇게 할 수 있게 해주시고, 여러분의 기도나 눈물, 여러분의 행위나 고난, 여러분의 준비나 회개를 비롯해서 다른 어떤 것을 의지하는 것을 혐오하고 오직 그렇게 할 수 있게 해주시기를 빕니다. 왜냐하면, 죄인을 하나님께로 데려다주실 수 있는 분은 오직 예수뿐이기 때문입니다. 여러분은 자신이 지금 의지하고 매달리고 있는 모든 것들로부터 벗어나야 합니다. 여러분이 쌓고 있는 모든 것이 다 무너져야 합니다. 여러분이 하나님께로 가져가고자 하는 모든 것을 다 내려놓아야 합니다. 여러분은 자신의 것을 그 어떤 것도 손에 들지 않고 빈손으로 하나님께 나아가서, 하나님이 준비해 놓으신 것, 즉 만유 안에서 모든 것이 되시는 주 예수와 그가 이루신 일만을 의지해야 합니다.

　지금 여러분이 영적으로 목마르다면, 이 "좋은 기별"은 여러분에게 냉수를 마시는 것과 같을 것입니다. 그러나 여러분이 목마르지 않다면, 이것을 마시려고 하지 않을 것입니다. 세상의 독주들을 잔뜩 마셔 이미 취해 있는 사람이나 전혀 목마르지 않아서 물을 마실 필요를 느끼지 못하는 사람에게 "냉수"에 대한 찬사를 늘어놓아 보아야 아무 소용이 없습니다. 이 자리에 계신 분들 중에서 자기가 죄인이라는 것을 느끼지 못하거나, 큰 죄를 지은 적이 없다고 생각하거나, 자신의 죄로 인하여 마음에 진정한 괴로움이 없는 사람이 있다면, 나는 그런 사람에게 말씀을 전하느니, 차라리 성 바울 대성당으로 걸어가서 거기에 있는 동상들에게 말하거나, 웨스트민스터 사원으로 가서 내 발 밑에 있는 먼지에게 말씀을 전하는 것이 더 나을 것입니다. "냉수"는 목마른 자를 위한 것이고, 은혜와 구원을 알려주는 "좋은 기별"은 죄인들을 위한 것입니다. 성령께서 여러분으로 하여금 이 좋은 기별이 여러분에게 절실히 필요하다는 것을 느끼고서, 영적으로 아주 심한 목마름과 갈증을 느낄 수 있게 해주시기를 빕니다. 왜냐하면, 그럴 때에야 예수 그리스도와 "먼 땅에서 온 좋은 기별"이 여러분에게 소중하게 느껴질 것이기 때문입니다.

2. 둘째로, 성도들을 위해 하늘에서 온 좋은 기별에 관한 것입니다.

이것이 내가 오늘의 주제 가운데서 두 번째로 다루고자 하는 내용인데, 이것도 목마른 영혼에게 냉수와 같은 것입니다. 어떤 사람은 "하늘로부터 온 기별 같은 것이 정말 있기는 있는 것인가요?"라고 물을 것입니다. 예, 있습니다. 그리고 내가 이 두 번째 대지에서 가장 먼저 말하고자 하는 것은 그 "기별"이 지금도 여전히 하늘로부터 오고 있다는 것입니다. 우리와 영광의 땅 사이에서는 눈에 보이지 않는 통신이 이루어지고 있습니다. 우리는 영광의 땅에 있는 존재들과의 연락이 완전히 두절되어 있는 것이 아닙니다. 야곱은 꿈 속에서 사닥다리가 하늘에 닿아 있는 것을 보았지만, 그것은 단지 꿈이 아니었습니다. 사실, 밤의 환상보다 더 현실적인 것은 없습니다. 왜냐하면, 그것은 이 멀리 떨어져 있는 땅과 강 너머에 있는 저 선한 땅 간의 통신을 위한 복된 수단이기 때문입니다. 우리의 기도와 탄식과 눈물, 우리의 찬송과 감사는 즉시 영광의 땅에 다다르고, 중간에서 없어지지 않습니다. 그것들은 하나님의 크신 마음에 다다르고, 그것들에 대한 회신이 하나님으로부터 우리에게 내려옵니다. 그 회신들은 어떻게 올까요? 그것들은 성령께서 하나님의 말씀에 나오는 약속들을 우리 영혼에 인쳐 주시는 방식으로 옵니다. 여러분은 내가 무엇을 말하고자 하는지를 이미 경험적으로 알고 있습니까? 하나님으로부터 회신이 올 때마다, 여러분이 읽는 성경의 어떤 부분이 불붙은 것처럼 보이고, 종종 조명을 위해서 불을 켠 등불처럼 여러분의 눈 앞에서 활활 타오르기도 합니다. 어떤 거대한 조명장치가 있을 때, 거기에 불이 켜지기 전에는 여러 부품들을 모아 놓은 차가운 장치에 불과하지만, 거기에 불이 켜졌을 때에는 완전히 다른 모습으로 변모합니다. 마찬가지로, 성경의 수많은 본문도 그런 조명장치와 같습니다. 거기에 불이 켜져 있지 않을 때에도, 여러분은 그 본문들이 무엇을 의미하는지를 어느 정도 알 수 있지만, 거기에 불이 켜져 있을 때에 그 본문들을 보아야 합니다. 그때에 그 본문들은 완전히 다르게 보입니다. 여러분은 종종 하나님의 말씀에 나오는 약속이 여러분의 귀에 속삭이는 것을 경험하기도 합니다. 그럴 때에 그 말씀은 1,800년 또는 3천 년이나 4천 년 전에 기록되어 지금까지 전해져온 말씀이 아니라, 여러분에게 바로 지금 새롭게 하시는 말씀으로 느껴집니다. 그 말씀은 영원한 붓이 오늘 기록하였고, 오직 당신을 위해서 기록한 것처럼 새롭게 다가옵니다. 우리 중에는 하나님의 성령께서 그리스도에 관한 일들을 어떻게 우리에게 계시하셔서, 우리를 은혜의 언약 안에 들어 있는 저 보배로운 복들의 정수로 인도하시는지를 아는 분들이 있습니다. 나는 우리 중에 그런 분들이 많이 있기를 소망합니다. 이것은 "먼 땅에서 온 좋은 기별" 같고, "목마른 사람에게 냉수" 같습니다.

또한, 흔히 주 예수 그리스도께서는 우리로 하여금 자기와 더불어 누리게 하고자 하시는 교제에 관한 기별을 우리에게 보내오십니다. 경건한 사람들은 지금도 여전히 옛적의 에녹처럼 하나님과 동행합니다. 하나님께서는 멀리 가버리셨기 때문에, 우리는 더 이상 사람이 자기 친구와 대화하듯이 하나님과 대화할 수 없다고 생각하지 마십시오. 결코 그렇지 않습니다. 왜냐하면, "우리의 사귐은 아버지와 그의 아들 예수 그리스도와 더불어"(요일 1:3) 누리는 사귐이기 때문입니다. 지금도 여전히 예수께서는 그가 사랑하시는 자들에게 자신의 마음을 다 열어 보여주십니다. 여전히 우리는 "내게 입맞추기를 원하니 네 사랑이 포도주보다 나음이로구나"(아 1:2)라고 우리가 사랑하는 이에게 말할 수 있고, 그는 우리의 소원을 들어주십니다. 그리스도와 그의 택함 받은 자들 사이에는 지금도 여전히 세상이 알지 못하는 복되고 달콤한 사랑의 사귐이 있습니다: "여호와의 친밀하심이 그를 경외하는 자들에게 있음이여 그의 언약을 그들에게 보이시리로다"(시 25:14). 이렇게 하나님의 성도들을 위하여 "먼 땅에서 온 좋은 기별"이 있습니다.

사랑하는 친구들이여, 우리와 하늘 간의 교통이 끊어지지 않게 하는 것이 우리가 늘 힘써야 하는 일이 되어야 합니다. 왜냐하면, 그것이야말로 해 아래에서 가장 큰 새 힘을 얻는 길이기 때문입니다. 이 세상은 우리가 그리스도와의 교통을 유지할 때 외에는 물을 얻을 수 없는 불모의 사막 같은 곳입니다. 그리스도가 나의 주라고 말할 수 있는 동안에는, 이 아랫세상에 있는 모든 것은 내게 별로 중요하지 않은 하찮은 것들이 됩니다. 그러나 내가 이것에 대하여 의심을 품게 되어서, 하나님과 동행하는 것이 중단될 때, 여기 이 아랫세상에 나의 영원히 죽지 않을 영혼을 만족시켜 줄 수 있는 것이 있습니까? 그리스도가 없을 때, 우리에게 이 세상은 장미꽃 없는 가시들이 되고, 삶의 달콤한 것들이 없는 고해와 같은 삶이 되고 맙니다. 반면에, 하나님의 성도들이 지하감옥에 누워 있을지라도, 거기에 하나님의 임재로 인한 즐거움이 있다면, 이 땅은 그들에게 천국이 됩니다. 하지만 그들이 하나님으로부터 복 받은 저 무리들을 떠나서 왕궁에 가서 살게 되었다면, 그 왕궁은 그들에게 감옥보다 더 괴로운 곳이 될 것입니다. 여러분이 세상 사람들과 섞여서 살아갈 수밖에 없다면, 여러분이 그리스도와의 교통을 유지하는 것이 무엇보다도 중요합니다. 왜냐하면, 그것만이 여러분이 세상의 부패한 것들로부터 여러분 자신을 지킬 수 있는 유일한 길이기 때문입니다. 여러분이 교회에서 해야 할 일들이 많다면, 그리스도와의 교통을 늘 유지하여야 합니다. 왜냐하면, 그것만이 여러분이 하나님을 섬겨 일하는 모든 것들을 타성적이고 기계적으로 하는 것을 막아줄 유일한 길이기 때문입니다. 또한, 여러분이 감당하거나 누려야 할 것이 많을 때에도, 이 거룩한 교통을 늘 유지하십시오. 그렇지 않으면, 여러분의 영혼은 곧 물 없는 메마른 땅 같이 되어 버릴 것입니다.

지금 이 자리에 계신 분들 중에는 최근에 하늘의 먼 땅으로부터 기별을 별로 받지 않은 분들이 있을 것입니다. 여러분은 언젠가는 그 땅에 가게 될 것입니다.

> "거기에는 여러분의 절친한 친구들과 혈육들이 살고 있고,
> 거기에는 여러분의 구주이신 하나님이 다스리고 계십니다."

그런데도 여러분은 최근에 거기로부터 아무런 "기별"을 받지 못했습니까? 그렇다면, 나는 여러분이 우리 중 몇 사람이 얼마 전에 남부 프랑스에 가 있었을 때에 느낀 것을 똑같이 느끼셨으면 좋겠습니다. 우리는 편지함을 열어 보고서, 본국에서 편지가 올 때가 됐는데도, 편지 한 통 오지 않은 것을 확인하고, "왜 편지가 한 통도 오지 않았지?"라고 서로 말했습니다. 이튿날이 되어서도, 역시 편지함에는 한 통의 편지가 없었기 때문에, 우리는 이웃 주민들에게 어떻게 된 일이냐고 물었습니다. 그러자 사람들은 "철길에 눈이 많이 쌓여, 기차가 다닐 수 없어서, 우편물이 배달이 안 되는 것이랍니다"라고 말했습니다. 또 하루가 지났지만, 눈이 치워지지 않았기 때문에, 우리는 편지를 받지 못했습니다. 마침내 편지를 받게 되었을 때, 우리는 그 편지를 기다렸기 때문에, 그 편지는 우리에게 너무나 반가운 것들이었습니다. 그리고 우리는 평소보다 더 많은 편지를 받게 되었습니다. 왜냐하면, 그동안 두세 차례에 걸쳐서 배달되어야 할 것들이 배달되지 않아서 밀린 편지들이 한꺼번에 우리에게 도착했기 때문이었습니다. 나는 여러분도 그렇게 되어서, 여러분이 하늘로부터 온 "좋은 기별"을 한꺼번에 많이 받게 되시기를 빕니다. 여러분의 영혼과 그리스도 간에 그동안 눈이 쌓여서 불통이 되고 있었고(그런 일은 이 추운 세상에서 종종 일어납니다), 여러분과 구주 사이에 불신앙이라는 매서운 공기와 얼어붙은 덩어리가 있어서, 기차가 왕래할

수 없었다면, 그 눈들을 녹이셔서 막혔던 길을 뚫어 주시라고 주님께 큰 소리로
부르짖으십시오. 여러분이 그렇게 해서, 여러분과 그리스도 간의 교통과 교제가
회복된다면, 그것은 여러분에게 이루 말할 수 없이 큰 기쁨이 될 것임을 나는 보
장합니다. 나는 여러분이 그러한 교통과 교제를 풍성히 누리게 되어서, 더 많은
교제를 구할 필요조차 없게 되었다고 느끼게 되시기를 바랍니다. 아가에 나오는
연인처럼 "그들을 지나치자마자 마음에 사랑하는 자를 만나서 그를 붙잡고 …
놓지 아니하였노라"(아 3:4)고 말하십시오. 나는 여러분과 그리스도 사이에 교제
가 단절되어서 보낸 지난 어두운 시기가 여러분이 더 간절하게 그 어둠에서 빠
져나오고자 몸부림치는 계기가 되고, 결국에 그 교제가 회복되었을 때, "내가 그
를 붙잡고 다시는 놓지 아니하리라"고 말할 수 있는 계기가 되기를 바랍니다. 여
러분은 처음으로 그리스도를 알았을 때처럼 그를 향한 첫 사랑으로 말미암아 꼭
붙잡고 놓지 않았듯이, 이제 다시 새롭게 여러분의 저 찬송 받으실 신랑을 만나
게 되었을 때에는 "내가 그를 붙잡고 다시는 보내지 아니하리라"고 말할 수 있어
야 합니다. 하나님께서 여러분에게 다시는 차지도 않고 덥지도 않고 미지근한
것이 없게 하시고, 여러분이 주님 없이 추운 시기를 보낸 덕분에, 이제 주님을 다
시 만나게 되었을 때에 그를 향한 마음이 이전보다 훨씬 더 뜨거워져 있게 해주
시기를 빕니다. 이제 여러분은 지금까지 가져본 적이 없는 그렇게 강렬하고 뜨
거운 사랑으로 그를 붙들게 되시기를 빕니다.

내가 지금까지 말해온 이 "좋은 기별"은 무엇입니까? 사랑하는 친구들이여, 나는
이 "좋은 기별"은 이렇게 요약될 수 있다고 생각합니다. 즉, 하나님께서는 섭리
가운데서 역사하고 계시고, 여러분이 그의 자녀가 되기만 한다면, 모든 것을 합
력하여 여러분에게 좋은 것이 되고 유익이 되게 하고 계신다는 것입니다. 지금
당장은 여러분의 마음은 무겁고, 여러분의 수금은 버드나무에 걸려 있습니다.
하지만 여러분의 유익을 위해서 그런 일이 일어나게 허락하시고 계시는 것입니
다. 하나님이 여러분을 위해 준비하신 쓴 약들은 여러분이 정말 먹기 싫은 것들
이겠지만, 다른 것들과 합력하여 여러분에게 유익을 가져다줄 것입니다. 그러므
로 기뻐하고 즐거워하십시오.

또 다른 "좋은 기별"은 예수께서 여러분을 위해 간구하신다는 것입니다. 예수께
서 베드로에게 하신 말씀을 기억해 보십시오: "시몬아, 시몬아, 보라 사탄이 너
희를 밀 까부르듯 하려고 요구하였으나 그러나 내가 너를 위하여 네 믿음이 떨

어지지 않기를 기도하였노니"(눅 22:31-32). 예수의 흉패에는 여러분의 이름이 적혀 있고, 예수께서는 "내가 너를 내 손바닥에 새겼고"(사 49:16)라고 말씀하십니다. 여러분은 그에게 잊혀진 존재가 아닙니다! 이것은 "좋은 기별"이 아닙니까? 어떤 사람이 이국땅에 와 있는 여러분에게 다가와서, 다음과 같이 말한다면, 여러분은 정말 좋아할 것입니다: "내가 당신의 고향에 있을 때, 사람들은 모두 당신 얘기를 하며, 당신에게 사랑한다는 말을 전해 달라고 했습니다. 나는 어떤 사람이 자신의 목에 당신의 사진이 들어 있는 목걸이를 걸고 다니는 것도 보았습니다. 나는 그들에게 당신이 결코 잊혀진 사람이 아니라는 것을 알 수 있었습니다." 여러분은 그런 말을 들으면 분명히 기뻐할 것입니다. 예수께서는 여러분의 이름을 자신의 손바닥에 새겨 놓고서, 은혜의 자리(Mercy Seat) 앞에서 여러분을 위해 간구하고 계십니다. 여러분은 거기에서 잊혀진 자가 아닙니다.

또 하나의 "좋은 기별"은 그리스도께서 다시 오시리라는 것입니다. 그는 자기 백성을 그들의 영원한 본향으로 데려가시기 위하여, 여러분과 자신의 구속 받은 권속들을 위해 이 땅에 다시 오실 것입니다. 그가 보내신 전갈은 "내가 진실로 속히 오리라"(계 22:20)입니다. 이 전갈에 대한 여러분의 대답은 무엇입니까? 나는 여러분이 "아멘 주 예수여 오시옵소서"라고 대답할 것이라고 생각합니다. 여러분이 그리스도와 함께 있게 되고, 그리스도께서 여러분과 함께 있게 되실 날이 그리 멀지 않았습니다. 여러분이 이 땅에서의 순례길을 마칠 때가 멀지 않았습니다. 여러분이 본향에서 추방되어 유배의 삶을 살고 있는 날들도 끝나게 될 것입니다. 조금만 더 기다리시고, 조금만 더 눈물을 흘리십시오.

"그때가 되면, 여러분은 예수의 팔에 안겨 안전하겠고,
그의 포근한 품에 안겨 안전할 것입니다."

이것은 정말 "좋은 기별"이 아닙니까?

여러분이 이전부터 자주 들어 왔던 "좋은 기별"이 또 한 가지 있는데, 그것은 수많은 성도들이 이미 본향에 당도하였다는 것입니다. "아름다운 항구"로부터 온 "좋은 기별"이 있습니다. 수많은 사람들이 거기에 들어갔습니다. 그들은 여러분처럼 폭풍우치는 바다를 건너야 했지만, 그들이 탄 배의 선장께서 그들을 "그들이 바라는 항구로 인도하셨습니다"(시 107:30). 우리가 이 땅에서 사랑했던 많은

사람들이 이미 본향에 가서 "영원히 주와 함께" 있게 되었습니다. 그들은 모두 잘 있고, 그들에게는 모든 일이 잘 되어 갑니다. 지금 양들이 자신의 양 우리를 향하여 가고 있고, 아이들이 위에 있는 자신의 아버지의 집으로 가고 있습니다.

사랑하는 형제들이여, 내게는 또 하나의 "좋은 기별"이 있는데, 그것은 거기에는 당신을 위한 집도 있다는 것입니다. 우리 주 예수 그리스도께서는 바로 당신을 위해서 그 집을 마련해 놓고 계십니다. 거기에는 오직 당신의 머리 외에는 그 누구에게도 맞지 않는 면류관도 있고, 당신 외에는 그 누구도 앉을 수 없는 자리도 있습니다. 거기에는 당신의 손가락으로만 탈 수 있는 수금도 있고, 오직 당신을 위해 만들어져서, 다른 사람들은 입을 수 없는 옷도 있습니다. 또한, 내가 당신에게 말해 줄 수 있는 것은 거기에 있는 성도들은 당신이 거기로 올라오기만을 학수고대하고 있다는 것입니다. 당신은 "그들은 너무나 행복하고 온전해서, 분명히 나를 필요로 하지 않을 것입니다"라고 말하겠지만, 그들은 당신을 무척 기다리고 있습니다. 바울은 히브리서에서 무엇이라고 말하고 있습니까? "우리가 아니면 그들로 온전함을 이루지 못하게 하려 하심이라"(히 11:40). 그들은 당신 없이는 온전하게 될 수 없습니다. 왜냐하면, 모든 지체가 거기에 다 모일 때에야, 그들은 온전히 한 몸을 이룰 수 있기 때문입니다. 모든 성도들이 다 모이지 않으면, 천국은 온전해질 수 없습니다. 예수 그리스도의 면류관에는 아직 모든 보석이 다 채워져 있지 않지만, 당신이 거기에 합류할 때, 그 면류관은 온전해질 것입니다. 그래서 그들은 당신을 눈이 빠지게 학수고대하며 기다리고 있고, 당신이 오나 안 오나 지켜보고 있습니다. 당신을 영접할 모든 준비가 완벽하게 되어 있습니다. 당신은 머지않아 본향으로 가게 될 것입니다. 그러므로 그런 소망을 품고서, 세상으로부터 점점 더 빠져 나와서, 자기 자신을 정결하게 하십시오. "우리의 시민권은 하늘에 있는지라 거기로부터 구원하는 자 곧 주 예수 그리스도를 기다리노니 그는 만물을 자기에게 복종하게 하실 수 있는 자의 역사로 우리의 낮은 몸을 자기 영광의 몸의 형체와 같이 변하게 하시리라"(빌 3:20-21). 이것은 여러분에게 "좋은 기별"이고, "목마른 사람에게 냉수"와 같은 것이 아니겠습니까?

3. 셋째로, 천국에서도 가끔 땅으로부터 "좋은 기별"을 받습니다.

이제 나는 마지막 대지를 아주 간략하게 다루고자 합니다. 오늘의 본문은 천사들과 "온전하게 된 의인의 영들"(히 12:23)에게 적용될 수도 있습니다: "먼 땅에서 오는 좋은 기별은 목마른 사람에게 냉수와 같으니라." 우리는 그들이 우리에 대한 "기별"을 어떻게 받는지를 알지 못하고, 그런 문제를 가지고 씨름해 보아야 아무 소용도 없지만, 우리가 한 가지는 확실히 아는데, 그것은 이 땅에서 한 죄인이 회개할 때, 천국에서도 그것을 안다는 것입니다. 왜냐하면, 우리 주 예수 그리스도께서 "죄인 한 사람이 회개하면 하나님의 사자들 앞에 기쁨이 되느니라"(눅 15:10)고 말씀하셨기 때문입니다. 즉, 한 사람의 죄인이 회개한 것은 그들에게 "먼 땅에서 온 좋은 기별"이라는 것입니다. 천사들은 모두 예수께서 죽으신 일을 알고 있습니다. 그들은 한 사람의 죄인이 회개하여 속죄의 피로 씻음을 받는 것을 볼 때마다, 예수께서 "자기 영혼의 수고한 것을 보고 만족하게 여길 것"(사 53:11)을 생각하며, 기뻐하는 것입니다.

형제들이여, 여러분이 그리스도인의 경주를 잘하고 있다는 것도 그들에게 "먼 땅에서 온 좋은 기별"이 된다고 나는 믿습니다. 왜냐하면, 바울이 히브리서 12장에서 그렇게 말하고 있기 때문입니다. 그는 우리가 "허다한 증인들"에 의해서 "구름 같이" 둘러싸여 있다고 우리에게 말하고 있지 않습니까(히 12:1)? 이 "증인들"은 누구입니까? 그들은 바울이 믿음의 힘으로 용맹스러운 일들을 행함으로써 히브리서 11장의 개선문의 기둥에 그 이름들이 새겨지게 된 저 담대한 믿음의 사람들이 아니고 누구이겠습니까? 그들은 저 높은 곳에 앉아서, 우리가 어떻게 우리에게 주어진 경주를 하고 있는지를 지켜보고 있습니다. 옛 로마의 달리기 경주장에서 관람자들이 그랬던 것처럼, 그들은 우리에게서 은혜의 능력이 나타날 때마다 박수를 치며 즐거워합니다. 하나님께서 이 땅에서 고군분투하며 고난받는 자기 백성을 위하여 역사하시는 것들을 볼 때, 그것은 그들에게 "냉수"와 같습니다.

먼 땅에서 올라오는 또 하나의 "좋은 기별"이 있습니다. 그것은 하나님의 교회가 지어져 가고 있고, 복음이 이 땅에서 널리 퍼져가고 있다는 기별입니다. 하나님께서 이 세상을 창조하셨을 때, 새벽 별들은 함께 찬송하며 기뻐 소리치지 않았습니까? 그러므로 위에 있는 영들이 이 새로운 영적 세계가 못 박힌 손들에 의해서 만들어져 가고 있는 이 경이로운 과정을 내려다보며 지켜보고 있을 것이라고 여러분은 생각하지 않습니까? 나는 그들이 그렇게 하고 있을 것이라고 확신합니다. 하나님께서는 장차 시온 성을 다 지으셨을 때, 영광 중에 나타나실 것이고,

여기 이 땅에서 그와 함께 일하며 지켜본 자들만이 아니라, 이 땅에서의 그의 은혜의 역사를 함께 기뻐한 위에 있는 자들에게도 나타나실 것입니다.

또한, 나는 성도들이 한 사람씩 자신의 경주를 끝마칠 때, 그것이 "먼 땅에서 온 좋은 기별"이 된다고 믿습니다. 하늘에 있는 영들은 한 성도가 죽음의 요단 강을 건널 때에 그 "좋은 기별"을 접하게 됩니다. "그의 경건한 자들의 죽음은 여호와께서 보시기에 귀중한 것"(시 116:15)일 뿐만 아니라, 천사들과 구속 받은 사람들에게도 귀중한 것이 될 것임에 틀림없습니다. 존 번연(John Bunyan)은 빛나는 자들이 그 강의 언덕 위로 내려오는 것으로 묘사하는데, 나는 그것이 사실이라는 쉽게 알 수 있습니다. 그 하늘의 영들이, 비천한 육신을 벗어 버리고서 죽음의 강을 지나 하늘 도성의 진주 문을 향하는 영혼을 기쁘게 영접하는 모습이 내 눈에 선합니다. 그러므로 그것은 "먼 땅에서 온 좋은 기별"입니다. 나는 종종 임종 직전에 있는 성도의 손을 꽉 잡고서 그를 통해서 나의 본향에 전갈을 보내는 것을 좋아합니다. 로울랜드 힐(Rowland Hill, 1744-1833, 영국의 복음주의 설교자)은 나이가 많이 들었을 때에 임종 직전의 한 연로한 그리스도인에게 "그들이 나에게 안부 전하는 것을 잊지 않았기를 바랍니다"라고 말한 후에, "사도 요한, 존 번연, 존 뉴턴, 이렇게 영광스러운 세 분의 '존'에게 내 안부를 전해 주시오"라는 말을 덧붙였답니다. 나도 종종 그렇게 말하고 싶은 심정이 되곤 합니다. 하늘에 있는 영들은 이 땅에서 좋았던 모든 일들을 하나도 잊지 않을 것이고, 망각의 강을 건너서 내세로 가는 것도 아닐 것입니다. 이것은 우리가 그리스도의 경우를 생각해 보고, 그의 영광을 바라보기만 해도 충분히 짐작할 수 있는 일입니다. 왜냐하면, 그리스도께서는 이 땅에서의 일을 다 잊어버리신 것이 아니라, 모든 것을 기억하고 계시고, 거기에 다른 것들도 추가하여 알고 계실 것이기 때문입니다. 물론, 나는 이것에 대해 확실히 알고 있는 것은 아닙니다. 그러나 나는 구주께서 자신의 피로 사신 자들이 죽을 때마다, 하늘에 있는 영들 사이에서 기쁨이 있으리라는 것은 확실히 압니다. 그들은 죄인들이 회개할 때에 기뻐하는 것과 마찬가지로, 성도들이 어린 양의 보혈로 말미암아 죄로부터 건짐 받고 씻음을 받아서 흠이나 주름진 것이 없이 올라와서 온전하게 되는 것을 볼 때에도 기뻐합니다. 그것은 그들에게 "먼 땅에서 온 좋은 기별"입니다.

지금 이 자리에는 내가 지금까지 설명해 온 그 어떤 "좋은 기별"도 알지 못하는 분들이 있을 것입니다. 이제 나는 그런 분들의 유익을 위해서 내가 영국의 한 수로 안내인에 관하여 들었던 이야기를 할까 합니다. 어떤 배가 선원들이 생각할 때에 아주 순조롭게 켄트(Kent) 해안을 출발해서, "그들이 바라던 항구"를 향해 항해를 시작했습니다. 그 배를 지켜보고 있던 수로 안내인은 그 배가 절체절명의 위기에 처해 있는 것을 보고서, 그 위험을 경고하기 위해서 전속력으로 달려가서, 그 배의 선장에게 "앞에 굿윈즈 모래 언덕(the Goodwins)이 있어요!'라고 소리쳤습니다. 그 배는 아주 위험한 모래 언덕에 거의 다 접근했는데도, 선원들은 그 사실을 알지 못하고 있었던 것입니다. 선장은 온 힘을 다해 배를 돌렸고, 그 배는 간발의 차이로 난파를 면했습니다. 마찬가지로, 나는 아무 생각 없이 안일하게 살아가는 분들에게, 지금 이렇게 외치고자 합니다: "지옥이 여러분의 코앞에 있습니다. 여러분은 하나님의 임재와 그 능력의 임재를 떠나 영원한 멸망을 당하게 될 것입니다. 어떻게든 방향을 거꾸로 바꾸십시오. 그리하여, 하나님께서 자신의 영원한 영을 보내셔서, 이미 여러분을 영원한 멸망으로 이끌기 위하여 전속력으로 달려오고 있는 자들에게서 여러분을 건지게 되시기를 빕니다." 전능하시고 긍휼에 풍성하신 하나님이여, 주의 은혜로 그들을 구원하소서. 주의 이름을 위하여 예수의 보혈로 그들을 구원하소서. 아멘, 아멘.

제
14
장
—

내일

—

"너는 내일 일을 자랑하지 말라 하루 동안에
무슨 일이 일어날는지 네가 알 수 없음이니라." — 잠 27:1

하나님의 지극히 거룩하신 말씀이 기록된 주된 목적은 우리에게 천국 가는 길을 알려주고, 이 세상을 거쳐서 영원한 생명과 하나님의 빛의 세계로 가는 우리의 길을 안내하기 위한 것이었습니다. 그러나 하나님께서는 우리가 이 땅에서 행하는 것들에 대하여 자신이 전혀 신경을 쓰시지 않는 것이 아니고, 우리의 차비로우신 아버지께서 현세에서의 우리의 행복에 대해서도 신경을 쓰고 계신다는 것을 우리에게 가르쳐 주기라도 하시려는 듯이, 우리가 실천으로 옮길 수 있는 아주 탁월하고 지혜로운 공리들을 우리에게 주셨습니다. 이 격언들은 영적인 문제들에서만이 아니라, 현세적인 일들에 있어서도 아주 탁월하고 지혜로운 것들입니다. 나는 잠언서를 단지 최고의 영적 지혜만을 우리에게 가르치는 책이 아니라, 특히 우리가 살고 있는 "지금"에 대하여 말하면서, 우리를 이 세상에서 지혜롭게 만들어 주고, 이 땅에서 사람들과 함께 살아갈 때에 우리에게 닥치는 일들을 어떻게 해결해야 하는지를 가르쳐 주는 공리들을 기록해 놓은 책으로 여기고서, 늘 기쁜 마음으로 읽어 왔습니다. 우리에게는 영적인 조명과 아울러서 현세적인 지혜도 어느 정도 필요합니다. 천국의 자녀들이 어둠의 자녀들보다 늘 더 어리석을 필요는 없습니다. 우리는 장차 죽어서 가게 될 집을 잘 준비하는 것과 아울러서, 우리의 일상생활들을 규모 있게 처리하는 데에도 지혜로워야 하기

때문에, 우리는 성경 속에서 이 두 가지를 위한 공리들과 가르침들을 발견하게
됩니다. 하나님께서는 이렇게 우리의 삶의 부차적인 일들과 관련해서도 우리에
게 교훈을 주고자 하시기 때문에, 내가 오늘의 본문을 토대로 해서, 어느 정도는
현세의 삶 속에 일어나는 일들에 대하여 나의 친구들에게 권면을 주고자 할지라
도, 그것은 잘못된 일이 아닐 것입니다. 그런 후에, 나는 오늘의 본문을 좀 더 영
적인 측면에서 집중적으로 살펴보고자 합니다. 나는 먼저 본문이 금하고 있듯
이, 내일을 악용하는 것이 무엇인지를 살펴보고, 다음으로는 내일을 올바르게 사용하
는 것에 대해서 알아보고자 합니다.

1. 첫째로, "내일"은 악용되고 있습니다.

오늘의 본문은 내일이 어떻게 악용되고 있는지를 말해줍니다. 우리는 먼저
이것을 현세적인 지혜의 관점에서 살펴보겠습니다. 본문은 "너는 내일 일을 자
랑하지 말라"고 말합니다. 나의 형제들이여, 여러분이 누구이든, 그리고 그리스
도인이든 아니든, 이 구절은 여러분을 위한 깊은 지혜를 담고 있습니다. "내일
일을 자랑하지 말아야" 하는 아주 많은 이유들이 있습니다.

무엇보다도 먼저, 그 이유는 자랑한다는 것 자체가 지극히 어리석은 일이기 때문
입니다. 어떤 사람이 자랑한다고 해서, 다른 사람들이 그 사람을 더 훌륭하게 보
고 더 많이 존경하게 되는 것도 아니고, 그 사람의 육신이나 영혼의 실제적인 상
태가 더 나아지는 것도 아닙니다. 어떤 사람이 마음껏 자랑한다면, 그 사람의 사
정은 그 자랑으로 인해서 더 좋아지는 것이 아니라 더 악화됩니다. 왜냐하면, 사
람들은 틀림없이 그 사람을 더 나쁘게 생각할 것이기 때문입니다. 어떤 사람이
자기가 가진 어떤 것에 대해서 실컷 자랑한다고 합시다. 그렇다고 해서, 그 사람
의 자랑으로 인하여 그가 가진 그것의 가치가 더 높아지지는 않을 것입니다. 그
가 자신의 부를 자랑한다고 해서, 그의 재물이 더 늘어나지도 않을 것이고, 자신
의 즐거움들을 자랑한다고 해서, 그 즐거움들이 더 커지지도 않을 것입니다. 물
론, 그러한 즐거움들 속에서 만족하고 흐뭇함을 느끼면, 기분은 아주 좋고 날아
갈 것 같기는 하겠지만, 그것은 자기가 아직 소유하고 있지도 않은 보화를 생각
하고 즐거워하며 자랑하는 것이기 때문에 정말 어리석은 일입니다. 내가 여기에
서 인용하고 싶지 않은 병아리와 관련된 아주 오래된 속담이 있습니다. 아마 여
러분도 기억하고 계실 것입니다. 그 속담은 오늘의 본문과 아주 잘 들어맞습니

다. 왜냐하면, 내일은 우리가 아직 소유하지 않은 것이고 영원히 소유하지 못할 수도 있는 까닭에, 내일을 자랑하는 것은 어리석은 일일 뿐만 아니라, 지극히 어리석은 일이기 때문입니다. 여러분은 씨를 뿌리면서 이듬해에 거두게 될 수확을 자랑하는 것은 괜찮습니다. 그러나 내일을 자랑하지는 마십시오. 왜냐하면, 여러분이 내일의 씨앗을 뿌릴 수는 없기 때문입니다. "내일"은 하나님으로부터 오는 것이기 때문에, 여러분에게는 내일을 자랑할 권리가 없습니다. 새 사냥꾼이여, 여러분이 자랑하고 싶다면, 새들이 전에 당신의 덫으로 날아든 것을 자랑하십시오. 새들은 또다시 당신의 덫으로 날아들지도 모르니까요. 그러나 너무 일찍부터 자랑하지는 마십시오. 왜냐하면, 새들은 당신의 것보다 더 맛이 좋은 다른 미끼를 발견해서 거기로 날아가거나, 당신의 덫으로부터 아주 멀리 날아가 버릴지도 모르기 때문입니다. 지금까지 많은 날들이 당신에게 왔지만, 또 한 날이 당신에게 반드시 올 것이라고 생각하지는 마십시오. 날들은 서로 연결되어 있는 쇠사슬과 같은 것이 아니어서, 오늘 한 날이 왔다고 해서 내일도 한 날이 올 것이라는 보장은 없습니다. 우리는 지금 한 날이 와서 이 날을 보내고 있지만, 내일은 영원히 볼 수 없을지도 모릅니다. 오늘이 여러분에게 마지막 날이 될 수 있습니다. 날들은 개별적으로 태어나서 우리에게 옵니다. 날들이 쌍둥이로 태어나는 경우는 없습니다. "오늘"에게는 형제가 없고, 홀로 존재합니다. 내일도, 그 다음 날도, 그리고 앞으로 올 모든 날들이 다 이 세상에 형제 없이 홀로 태어납니다. 우리는 두 날을 한 번에 볼 수도 없고, 여러 날이 한 묶음으로 오는 것을 기대해서도 안 됩니다.

우리가 내일을 자랑하지 않아야 하는 이유는 "내일"은 모든 피조물 중에서 가장 허약한 것들 중의 하나이기 때문입니다. 그러므로 내일은 조금도 자랑할 것이 못 됩니다. 차라리 밀려오는 파도의 물거품들을 자랑하시고, 바다의 포말을 자랑하며, 창공을 빠르게 흘러가는 뜬구름을 자랑하십시오. 여러분이 자랑하고 싶은 것들을 다 자랑하되, 내일은 자랑하지 마십시오. 왜냐하면, "내일"은 실체가 전혀 없기 때문입니다. 내일은 덧없는 것입니다. 여러분은 내일을 본 적도 없습니다. 그런데 왜 여러분은 내일을 자랑하십니까? 내일은 백치가 무지개 너머에 있다고 꿈꾸는 황금 단지와 같습니다. 그것은 거기에 있지 않고, 백치는 거기에서 그것을 발견할 수도 없었습니다. 내일은 많은 사람들의 입에 오르내려 왔지만 아무도 본 적이 없는 공중에 떠다니는 "로몬드 호수"(Loch Lomond)와 같습니다. 내일은 배들을 멸망의 암초로 유혹하여 좌초시켜서 약탈하는 자들이 보내는 신호와 같습니다. 내일을 자랑하지 마십시오. 내일은 여러분이 상상할 수 있는 것들 중에서 가장 허약하고 부서지기 쉬운 것입니다. 여러분의 내일의 기쁨들과 소망들에 비하면, 유리잔이 두 배는 더 튼튼합니다. 강한 바람이 아니라, 한 줄기 미풍만 불어도 내일 일들은 다 부서지고 날라가 버리고 맙니다. 농부는 "곡식이 다 익어서 이제 수확만 하면 되겠구나"라고 생각하지만, 다음 날 새벽에 아주 된 서리가 내려서, 곡식들이 다 죽고 맙니다. 여러분은 내일을 가지고 있는 것이 아니니, 내일을 자랑하지 마십시오. 여러분은 내일을 결코 가질 수 없을지도 모르니, 내일을 자랑하지 마십시오. 여러분이 내일을 가졌다고 해도, 내일이 여러분을 속일 수 있으니, 내일을 자랑하지 마십시오. 내일은 여러분에게 너무나 두렵고 끔찍한 것이 될 수도 있으니, 내일을 자랑하지 마십시오.

우리가 내일을 자랑하지 말아야 하는 이유는 그렇게 하는 것이 지극히 어리석은 일이기 때문만이 아니라, 지극히 해로운 일이기 때문이기도 합니다. 내일을 자랑하는 것은 모든 면에서 우리에게 해롭습니다. 그것은 지금 우리에게 해롭습니다. 나는 자기가 장래에 큰 일들을 하게 될 것을 늘 꿈꾸면서 현재의 일들을 열심히 하는 사람을 보지 못했습니다. 나는 언젠가는 큰 돈을 벌게 될 것이라고 생각하면서 지금 일 주일마다 6펜스를 저축하는 사람을 보지 못했습니다. 나는 자기가 알지도 못하는 친척이 죽어서 막대한 유산이 자기에게 상속될지도 모른다는 부푼 기대를 안고 살아가는 사람이 지금 열심히 일해서 잘 사는 것을 본 적이 없습니다. 나는 자기가 언젠가는 부자가 될 것이라고 자랑하는 사람이 지금 잘 살아가는 것을 본 적이 없습니다. 그런 사람들은 허공에 성을 쌓는 데 많은 시간을 허비하기 때문에, 그들에게는 땅에 초가집을 지을 만한 재료도 가지고 있지 않습니다. 그들은 내일이 되면 막대한 수확을 할 수 있을 것이라고 기대하고서, 내일을 꿈꾸는데 모든 에너지를 허비하기 때문에, 지금 밭에서 곡식을 거둘 시간이 없습니다. 오늘이라는 배들이 시간의 바다로부터 많은 물고기를 건져 올려서 가득 싣고 오지만, 그들은 그 배들을 보면서 이렇게 말합니다: "오늘이라는 배들에 실려 있는 물고기는 아무것도 아니다. 내일은 아주 큰 상선이 어마어마하게 많은 물고기들을 잡아서 돌아올 것이다. 작은 배들아, 꺼져라. 내일이 되면, 큰 상선들로 이루어진 선단이 들어와서, 나는 거부가 될 것이다." 이렇게 그들은 내일의 더 큰 부를 기대하고서, 오늘의 부를 마다합니다. 그러므로 내일을 자랑하는 것은 현재에 있어서도 해롭습니다.

그것보다 더 안 좋은 것은 어떤 사람들은 장래에 대한 기대에 근거해서 지나치게 낭비하고 사치한 삶을 살게 된다는 것입니다. 그들은 자기가 장차 갖게 될 것들, 또는 장차 결코 갖게 되지 않을 것들을 오늘 써버립니다. 내일에 대한 막연한 기대 때문에 망한 사람들이 많습니다. 이것이 내일을 자랑하는 것이 아니고 무엇이겠습니까? 그들은 이렇게 말합니다: "물론, 지금 당장은 내가 이 물건을 살 만한 돈이 없지. 그러나 내일이 되면, 나는 돈방석에 앉게 되고, 세상에서 가장 큰 부자가 될 거야. 이번 일만 잘되면, 나는 이 모래톱에서 벗어나게 될 거야." 그래서 그들은 계속해서 돈을 물 쓰듯이 쓰면서, 정작 그 모래톱에서 벗어나기 위하여 땀 흘리는 것을 거절할 뿐만 아니라, 더 나쁜 것은 장차 큰 돈을 벌게 될 것이라는 막연한 기대에 기대서, 자기에게 지금 있는 것들을 다 써버리고, 있는 돈 없는 돈을 다 끌어대서 방탕하게 살아간다는 것입니다. 많은 사람들이 자기가 내일은 더 훌륭하고 잘 나가는 사람이 될 것이라는 기대 때문에 오늘에 있어서 다리를 절고 눈이 멀고 귀가 먹은 자가 되어 버렸습니다. "목사님, 쉬어 가시면서 슬슬 일하세요. 일하셔야 할 날들이 많이 남아 있잖아요. 내일도 일하셔야 하니, 쉬시면서 힘을 축적하셔야죠." 어떤 사람들이 내게 그렇게 말하면, 나는 늘 웃습니다. 나는 그런 말을 하는 사람들에게 그것은 성경의 가르침이 아니라고 말해 줍니다. 왜냐하면, "네 손이 일을 얻는 대로 힘을 다하여 할지어다"(전 9:10)라는 것이 성경의 가르침이기 때문입니다. 만일 내가 "내일들"을 기대하고서 내게 주어진 "오늘들"을 내팽개치고서 오늘 편안한 소파에서 기분 좋게 쉬고 있다면, 나는 그런 내 자신을 미련한 자보다 더 악한 자라고 여기게 될 것입니다. 왜냐하면, 만일 내가 그렇게 하고 있다면, 그것은 내일의 병거가 오늘의 나의 게으름을 보충해 줄 것이라고 생각한 것이기 때문입니다. 사랑하는 자들이여, 우리가 하나님을 사랑한다면, 우리에게는 모든 내일들이 있고, 우리에게 주어진 오늘들도 제대로 선용할 것이기 때문에, 우리가 해야 할 많은 일들을 발견하게 될 것입니다. 우리가 하나님이 우리를 위하여 행하신 것을 생각하고서, 우리 하나님을 합당하게 섬긴다면, 우리가 아무리 손을 놀려 일한다고 하여도, 우리에게 주어진 일들을 다하지 못할 것입니다. 우리가 므두셀라처럼 아무리 오래 산다고 할지라도, 우리는 우리의 삶의 일분일초도 아까워하며 아끼는 것이 마땅합니다. 하지만 장래에 해야 할 일들을 생각해서, 오늘에 있어서 우리의 힘을 아끼거나,

우리의 결심을 느슨하게 하거나, 우리의 부지런함이 흐트러져서는 결코 안 됩니다. 우리는 내일을 자랑함으로써 현재에 있어서 해를 입지 않도록 조심해야 합니다.

또한, 여러분은 내일을 자랑하는 것은 오늘 여러분에게 해로울 뿐만 아니라 내일도 여러분에게 해로울 것임을 기억하여야 합니다. 여러분은 그 이유를 아십니까? 그 이유는 내일이 오기 전에 여러분이 내일을 자랑한다면, 내일이 왔을 때에는, 여러분이 살아 있는 것만큼이나 확실하게 실망하게 될 것이기 때문입니다. 만일 여러분이 내일에 대하여 그렇게 장밋빛 꿈을 꾸지 않는다면, 내일은 여러분에게 아주 좋은 날이 될 것입니다. 나는 목회자에게 가장 안 좋은 것들 중의 하나가 다른 사람들로부터 칭찬 받는 것이라고 믿습니다. 사람들은 이렇게 말합니다: "여기에 진정한 목회자가 있습니다. 그가 얼마나 설교를 잘하는지 한 번 보십시오." 그 가엾은 목회자는 사람들의 그런 기대에 부응할 수 없고, 사람들은 그 목회자에 대하여 실망합니다. 이것은 "내일"과 관련해서도 마찬가지입니다. 여러분은 "내일"이라는 존재에 대하여 최고의 찬사를 보냅니다: "내일은 모든 것이 완벽합니다." 여러분은 "오늘들"은 마루나 닦는 하찮은 존재들로 여기고, "내일들"에 대해서는 아무런 흠도 잡을 수 없는 완벽한 존재라고 생각합니다. 우리는 "오늘들"은 유용한 광석들을 다 캐고 난 뒤에 남겨진 폐광이기 때문에, 거기에서 얻을 것은 거의 없다고 여기고, "내일들"은 금광석이 가득 매장된 광산이기 때문에, 거기에 가기만 하면 금세 떼 부자가 될 것이라고 생각합니다. 우리는 내일들은 하나님의 복들로 가득하고 은혜로 풍성해서, 우리가 원하는 모든 것들을 다 가지고 있다고 생각합니다. 그러나 정작 내일이 왔을 때에는, 그 내일은 사실 놀라울 정도로 풍성한 날임에도 불구하고, 우리가 기대했던 것과는 다르다는 이유만으로, 우리는 그 내일에 실망하고 맙니다. 우리는 내일이 빛과 햇살로 가득한 날일 것이라고 기대하지만, 종종 내일은 폭풍우들과 구름들과 어둠을 몰고 옵니다. 그럴 때, 그 내일이 우리가 기대했던 것과는 너무나 다르다는 이 한 가지 이유 때문에, 우리는 그 내일을 끔찍하게 느낍니다. "아무것도 기대하지 않는 사람은 복이 있나니, 그가 결코 실망하게 되지 않을 것임이요"라는 말은 정말 좋은 축복문입니다.

우리가 그것을 실천해서 아무것도 기대하지 않는다면, 우리는 실망하게 되지 않을 것입니다. 이것은 확실합니다. 우리가 덜 기대하게 되면, 우리가 기대하고 있는 것들에 대하여 덜 자랑하게 될 것이고, 우리의 미래는 더 행복해질 것입니다. 왜냐하면, 우리가 실망할 가능성은 훨씬 줄어들 것이기 때문입니다. 그러므로 우리가 미래를 죽이고자 하고, 내일들을 멸망시키고자 하며, 내일에 대한 기대를 없애 버리고자 하고, 내일의 꿈을 제거하고자 한다면, 우리는 내일을 자랑하던 우리의 손으로 내일을 짓눌러서 질식시켜 죽여야 합니다. 그렇게만 한다면, 우리는 내일을 자랑하는 것에서 벗어날 수 있습니다. "너는 내일 일을 자랑하지 말라." 왜냐하면, 여러분이 내일을 자랑하게 되면, 여러분은 내일을 망치게 되기 때문입니다.

또한, 우리는 내일이 지난 후에, 내일을 자랑하던 사람들에게 현세에서 어떤 끔찍한 재앙 같은 상황들이 벌어져 왔는지를 기억하여야 합니다. 오직 하나에 자신의 모든 소망을 다 걸었다가, 자기가 기대한 것과 다른 암울하고 어두운 내일이 왔을 때, 자신의 모든 소망이 다 산산조각이 나버린 사람들이 많습니다. 그랬을 때에 그들의 참담함이 어떠하였을지는 불을 보듯 뻔한 노릇입니다. 그들은 자신의 둥지 안에 들어앉아서, "평안하다, 평안하다, 평안하다"라고 말하고 있었는데, 그들이 그렇게 누리고 있던 행복과 기쁨에 갑작스러운 멸망이 임한 것입니다. 그들은 아주 태평하게 자신의 내일을 자랑하던 사람들이었습니다. 그러나 지금의 그들의 모습을 보십시오. 그들은 내일에 모든 소망을 걸었다가, 지금 풍비박산이 되어, 모든 것을 다 잃고, 그들의 기쁨도 끝이 났습니다. 나의 친구들이여, 내일을 너무 자랑하지 마시기 바랍니다. 여러분이 내일에 많은 기대를 걸고 크게 자랑한다면, 여러분의 기대가 다 무너지고, 여러분의 기쁨이 다 날아갔을 때, 그 실망감과 상실감은 엄청나게 클 것이기 때문입니다. 저기 계시는 저 분을 보십시오. 전에 그는 자기 집에 금괴들이 쌓여 있던 부자였지만, 더 많은 것을 가지려고, 내일을 기대하고서, 목숨을 걸고 모험을 했다가 모든 것을 잃었습니다. 이제 그에게는 아무것도 없습니다. 그가 이렇게 된 이유가 무엇입니까? 그것은 그가 내일의 부를 꿈꾸며 자랑했기 때문입니다. 여러분은 저기 계시는 분이 보이십니까? 그의 야심은 자신의 집을 일으키고 자신의 이름을 후세에 남기는 것이었습니다. 하지만 그의 기쁨이자 생명이자 행복이었던 그의 아들이 보이십니까? 눈물 흘리는 그에게 남겨진 것은 한 줌의 재와 그의 아들이 들어 있는 관뿐입니다. 만일 그가 자기 아들이 꼭 살게 될 것이라고 확신하며 자랑하지 않았더라면, 내일이 와서 그의 기대와 자랑이 아침 이슬처럼 다 사라졌을 때, 그는 이렇게 비통하게 울지는 않았을 것입니다. 또, 저기 저 분을 보십시오. 그는 유명하고 훌륭한 사람이었지만, 내일이 되었을 때, 비방이 그에게 쏟아져서, 그의 명성은 사라졌고, 그의 이름은 욕된 이름이 되어 버렸습니다. 만일 그가 자신의 명성에 그토록 집착하지 않았더라면, 사람들이 그를 향해서 "십자가에 못 박아라"고 소리치든 "할렐루야"라고 소리치든, 그런 것들을 어느 쪽이든 개의치 않고 무시해 버렸을 것입니다. 그러나 명성이라는 것이 모래 위에 세워져 있는 것인데도, 그는 명성이 견고한 것이라고 믿고서 내일을 기대했습니다. 하지만 내일이 그에게 가져다준 것은 실망과 괴로움뿐이었기 때문에, 이 땅에서의 그의 삶은 참담한 것이 되고 말았습니다. "너는 내일 일을 자랑하지 말라."

나는 여러분이 한 가지 사실만 더 기억하셨으면 하는데, 이것은 아주 중요한 것으로서, 내일을 자랑하며 지나치게 자신만만하게 살아가는 사람들은 자신만이 아니라 다른 사람들에게도 큰 고통을 안겨 준다는 것입니다. 나는 설교할 때에 나의 친구들에게 그들의 가족을 생각해서라도 그렇게 해야 한다고 간곡하게 부탁하는 말을 자주 합니다. 여러분이 자신의 가족을 생각해서라도 그렇게 해야 한다는 것을 보여주는 엄중한 사례들이 많습니다. 어느 날 밤에 한 목회자가 설교하는 가운데, 자기는 각 사람이 자신의 집을 규모 있게 경영하는 것은 그리스도인의 의무이기 때문에, 할 수만 있다면, 자기가 죽고 난 후에 자기 집의 모든 것이 제대로 잘되어 가고 있는지를 알고 싶다는 말을 했습니다. 그러자 거기에 있던 한 신자가 속으로 이렇게 말했습니다: '목사님이 하신 말씀이 옳아. 나는 나의 아이들과 아내에게 아무것도 남기지 않고 죽고 싶지는 않아.' 그래서 그는 집으로 돌아가자마자, 그 밤에 유언장을 작성해서, 자신의 재산을 잘 정리해 두었습니다. 그리고 그는 그날 밤에 죽었습니다. 미망인이 남편을 잃은 슬픔 가운데서도, 남편이 가족을 사랑해서 유산을 비롯한 모든 것을 잘 정리해서 물려준 것을 발견하였을 때, 그것이 그녀에게 큰 위로가 되었을 것이 틀림없습니다. 횟필드(Whitefield)는 자기 집안의 그 어떤 것도 무질서하게 흩트려 놓은 채로 자기가 죽고 싶지는 않았기 때문에, 심지어 자신의 장갑조차 제자리에 있는 것을 확인하지 않고는, 편안한 마음으로 밤에 잠자리에 들 수 없었다고 말하였습니다. 나는 모든 그리스도인들이 그런 식으로 하루하루를 아주 주의 깊게 살아서, 지금 당장 죽는다고 하여도, 자기 자신만이 아니라 자신의 이름을 물려받고 자신에게 사랑스러운 사람들을 위해서도 자신의 최선을 다하였다고 느낄 수 있게 되기를 바랍니다. 아마도 여러분은 이것을 단지 세상을 살아가는 법을 가르쳐 준 것이라고 생각할 것이고, 그렇게 생각하는 것도 아주 좋습니다. 하지만, 여러분이 "너는 내일 일을 자랑하지 말라"는 교훈을 그대로 행해 보면, 이 교훈이 요즘 같은 어두운 시절에 하늘의 가르침과 흡사하다는 것을 발견하게 될 것입니다.

2. 둘째로, 본문을 영적인 측면에서 살펴보겠습니다.

"너는 내일 일을 자랑하지 말라." 이제 나는 오늘의 본문이 주는 영적인 교훈을 잠깐 살펴보고자 합니다. 나의 사랑하는 친구들이여, 여러분의 영혼의 구원과 관련해서 결코 내일을 자랑하지 마십시오.

먼저, 오늘이 아니라 내일 회개하는 것이 더 좋겠다고 생각하는 사람은 자신의 영혼의 구원과 관련해서 내일을 자랑하는 사람입니다. 벨릭스 총독은 앞으로 더 좋은 때가 있을 것이니, 그때에 바울에게 사람을 보내어, 그가 하는 말을 진지하게 듣겠다고 말하였습니다. 그리고 많은 죄인들은 지금은 자기가 회개하고 하나님을 믿기가 쉽지 않지만, 언젠가는 그렇게 할 것이라고 생각합니다. 하지만 그것은 거짓말이 아닌가요? 먼저, 죄인이 하나님께로 돌아오는 것이 쉬울 때라는 것이 과연 있을까요? 그런 일은 언제든 하나님의 능력으로 말미암아 되는 것이 아니던가요? 또한, 지금 그것이 그에게 쉽지 않다면, 나중에 어떻게 그것이 그에게 더 쉬워질 수 있을까요? 시간이 지날수록, 새로운 죄악의 사슬들이 그의 영혼을 묶어서, 그가 그 쇠사슬들로부터 빠져 나오는 것은 더욱더 힘들어지고 심지어 불가능해지지 않겠습니까? 그가 지금 죄로 죽어 있고, 내일이 오기 전에 이미 부패되어 있지 않습니까? 그런데 그가 죄로 인하여 죽어 있는 것에서 다시 살아나기에 더 쉬운 때가 될 것이라고 기대하는 내일이 왔을 때, 그의 영혼은 더욱 부패해서, 다시 살아날 가능성은 한층 더 적어지는 것이 아니겠습니까? 여러분은 내일은 회개하기가 더 쉬울 것이라고 말합니다. 그렇다면, 왜 오늘은 회개하기가 쉽지 않은 것입니까? 여러분이 진지하게 그 이유를 찾아내고자 하기만 한다면, 여러분은 왜 오늘 자신이 회개하기가 어려운지를 발견하게 될 것입니다. 즉, 여러분은 영혼의 구원이라는 문제와 관련해서 여러분 자신이 전적으로 무력해서 아무것도 할 수 없다는 것을 발견하게 될 것이라는 말입니다. 여러분은 아마도 장차 언젠가는 회개가 여러분에게 좀 더 쉽고 편안하게 느껴질 날이 올 것이라고 생각합니다. 그러나 어째서 여러분은 시간이 조금 지난다고 해서 회개가 더 쉬워질 것이라고 생각하는 것입니까? 회개가 지금 여러분에게 담즙처럼 쓰다면, 장래에도 그럴 것입니다. 여러분이 지금 자신의 죄들을 사랑한다면, 시간이 지나갈수록, 죄 가운데 살아가는 여러분의 습관이 더 굳어져서, 장래에는 죄들을 더 많이 사랑하게 될 것입니다. 여러분은 자신이 살아가는 매 순간마다 여러분의 영원한 운명을 결정짓는 대못들을 치고 있는 것입니다. 우리가 알 수 있는 한, 죄인이 자기가 범하는 각각의 죄의 쇠사슬들을 끊게 될 가능성은 점점 더 희박해집니다(사람들이 말하는 식으로 말하자면). 왜냐하면, 죄의 습관이 몸에 배어서 더욱더 죄를 지을 수밖에 없게 되고, 죄악이 그를 점점 더 견고하게 사로잡게 되기 때문입니다. 그러므로 우리는 마치 내일이 되면 회개하기가 한층 더 수월해질 것처럼 내일을 자랑하지 않도록 조심해야 합니다. 내일이 되면 회개하기가 더 쉬워질 것이라는 말은 사탄의 거짓말들 중의 하나입니다. 왜냐하면, 그 반대가 진실이기 때문입니다.

또한, 내일이 되면 자기가 회개하고 하나님께로 돌아가기 위한 더 많은 시간이 생기게 될 것이라고 생각하는 사람도 내일을 자랑하는 사람입니다. "내가 죽을 때가 되면, 침상에서 임종을 맞이하면서, '주여, 나는 죄인이오니 내게 긍휼을 베푸소서'라고 기도할 것이다"라고 말하는 사람들이 많습니다. 내가 아는 한 나이 드신 목사님께서 내게 이런 얘기를 해주신 것이 기억이 납니다. 그 목사님이 어떤 사람에게 늘 하나님을 믿으라고 권면했는데, 그럴 때마다 그 사람은 늘 "목사님, 내가 죽을 때에 '주여, 나를 불쌍히 여기소서'라고 말하면, 나는 다른 사람들과 똑같이 천국에 가게 될 겁니다"라고 말하곤 했습니다. 어느 날 밤에 그 사람은 술로 자신을 "더럽힌" 후에 마차를 몰고 집으로 돌아오다가 다리 난간을 들이받고 강 속으로 떨어졌고, 그가 마지막으로 한 말은 입에 올리기도 끔찍한 욕설이었다고 합니다. 결국 그는 강의 하류에서 죽은 채로 발견되었습니다. 이런 일이 여러분에게도 일어날 수 있습니다. 여러분은 죽기 전에 자기에게 회개할 시간이 있을 것이라고 생각하지만, 갑작스러운 죽음이 여러분을 덮칠 수도 있습니다. 심지어 여러분이 이 성전의 장의자에 앉아 있는데, 여러분의 삶의 마지막 순간이 찾아올 수도 있습니다. 각 사람에게는 모래시계가 있고, 그 모래가 언제 다 떨어질지는 아무도 모릅니다. 보십시오! 지금 그 모래가 아래로 떨어지고 있습니다. 나는 그 모래가 한 알 한 알 떨어지는 것을 봅니다. 그 모래는 소리 없이 떨어지지만, 나는 내가 그 떨어지는 소리를 듣고 있다고 생각합니다. 시계가 한 번 재깍 하며 가는 소리는 여러분의 모래시계에서 한 알의 모래가 아래로 떨어지는 소리입니다. 여러분 모두에게 있어서 삶은 매순간마다 조금씩 짧아져갑니다. 그리고 어떤 사람들의 경우에는 모래가 거의 다 떨어져서, 한 줌도 남아 있지 않고, 단지 몇 알, 아니 두세 알만이 남아 있습니다. "한 알도 남아 있지 않습니다"라는 말이 곧 들릴 것입니다. 죄인들이여, 여러분에게 시간이 남아 있다고 절대로 생각하지 마십시오. 여러분에게는 시간이 남아 있지 않습니다. 하나님께서는 소돔으로부터 도망치던 사람들에게 "속히 도망하라"(창 19:22)고 말씀하셨고, 롯은 속히 서둘러서 도망쳐야 했습니다. 성령께서 어떤 사람의 마음에 "하나님은 언제나 네게 속히 도망하라고 명하신다"고 말씀하시면, 그 말씀을 믿으십시오. 꾸물거리고 지체하기 쉬운 것이 사람들의 본성입니다. 그러나 하나님의 성령은 사람의 마음에 말씀하실 때에 언제나 "오늘"이라고 말씀합니다. 나는 하나님께로 돌아오기를 정말 간절하게 바라는 영혼이 그 일을 내일로 미루고자 한다는 것을 들어본 적이 없습니다. 성령 하나님께서 사람들에게 행하시는 역사는 언제나 즉각적인 역사입니다. 죄인들은 구원을 얻는 일을 잠시라도 기다리지 못합니다. 그들은 지금 즉시 죄 사함을 받아야 하고 지금 즉시 은혜를 입어야 합니다. 그렇지 않으면, 그들은 자기가 너무 늦게 와서 은혜를 받지 못하는 것이 아닌가 하고 염려합니다. 그러므로 나는 여러분 각 사람에게 지금 내가 드리는 말씀을 가볍게 듣지 마시기를 간곡히 부탁드리고, 성령 하나님께서 여러분이 나의 간곡한 부탁을 깊이 마음에 새기게 해주시기를 비는데, 그것은 여러분에게는 지체할 시간이 없다는 것입니다. 그런데도 여러분에게 시간이 좀 있지 않겠나 하는 생각이 든다면, 그것은 사탄의 속삭임입니다. 성령께서는 사람들에게 권면하실 때에 즉각적으로 그 권면을 실천할 것을 요구하십니다. "오늘 너희가 그의 음성을 듣거든 광야에서 시험하던 날에 거역하던 것 같이 너희 마음을 완고하게 하지 말라"(히 3:7-8).

　　죄인들이여, 나는 여러분이 또 다른 편법을 사용해서, "너는 내일 일을 자랑하지 말라"는 말씀을 거역하고 있다는 것을 의심하지 않습니다. 즉, 여러분은 좀 더 잘하겠다는 결심의 형태로 내일 일을 자랑해서는 안 됩니다. 나는 지금 결심들을 다 버렸다고 생각합니다. 나의 그런 결심들의 잔해들과 쓰레기들을 돌들로 변하게 할 수만 있다면, 나는 대성당 하나쯤은 거뜬하게 지을 수 있을 것입니다. 우리 모두에게는 결심들과 맹세들의 잔해들이 있습니다! 우리는 결심들로 그 엄청난 규모와 장엄함에서 바벨론을 능가하고도 남을 거대한 성들을 쌓아 왔습니다. 어떤 사람은 이렇게 말합니다: "나는 내가 내일이면 더 나아질 것임을 압니다. 나는 이런저런 악을 버리게 될 것이고, 이러한 욕심도 버릴 것이며, 내가 좋아하던 저 죄도 포기할 것입니다. 물론, 나는 지금 당장은 그렇게 할 수 없고, '좀 더 자고 좀더 졸아야' 하겠지만, 내일이 되면 그렇게 될 것임을 압니다." 어리석은 자여! 당신은 자기가 내일을 보게 될 것인지를 알지 못합니다. 지독하게 어리석은 자여! 당신이 오늘 하고 싶지 않은 일은 내일도 하고 싶어 하지 않으리라는 것을 당신은 알아야 합니다. "이렇게 해야 하겠다"거나 "저렇게 해야 하겠다"고 늘 좋은 의도들을 생각하고 말만 하다가 실천은 하지 못하고 멸망한 많은 영혼들이 있습니다. 사람들은 어떤 선한 결심들이 생겨났을 때에 그 결심들을 죽이는 것은 영적인 유아살해의 죄를 범하는 것이라고 생각하기 때문에, 그 결심들이 그들의 입에만 들러붙어 있습니다. 그렇게 해서, 자신의 입술과 혀에 경건하고 선한 결심들을 머금은 채로 지옥으로 내려간 사람들이 많습니다. 만일 그가 하루를 더 살았더라면, 그는 자기가 훨씬 더 좋아졌을 것이라고 말했을 것입니다. 만일 그가 한 주를 더 살았더라면, 그는 자기가 기도하기 시작할 것이라고 생각하였다고 말했을 것입니다. 가련한 영혼이여! 만일 그에게 한 주간의 삶이 더 주어졌더라면, 그는 단지 죄 가운데로 더 깊이 빠져 들어갔을 것입니다. 그러나 그는 그렇게 생각하지 않았고, 자기는 언젠가는 반드시 더 좋아질 것이고 더 나아질 것이라는 생각을 하면서, 달콤한 사탕을 자신의 입 안에서 굴리면서 지옥으로 내려갔습니다. 내가 감히 말하건대, 이 자리에 계신 여러분 중에도 선한 결심들을 하고 있는 분들이 많을 것입니다. 여러분이 도제라면, 여러분은 기능인이 되기 전에는 그 결심을 실천하지 않을 것입니다. 여러분이 기능인이라면, 여러분은 장인이 될 때까지는 그 결심을 실천하지 않을 것입니다. 여러분은 안식일을 범하며 살아 오고 있지만, 다른 직업을 얻으면 반드시 안식일을 지킬 것이라고 결심합니다. 여러분은 지금 욕하는 것이 습관이 되어 있는데, "내가 이 회사에서 나가면 성질을 고치고 더 이상 욕하지 않을 거야"라고 말합니다. 여러분은 지금 이런저런 작은 물건들을 훔치곤 하는데, 내일이 되어서 그런 물건들을 살 수 있을 정도로 돈을 모으게 되면, 그렇게 하지 않을 것이라고 말합니다. 그러나 이 세상에는 속이는 것들이 많이 있는데, 모든 속이는 것들 중에서도 가장 나쁜 것은 내일은 어떻게 하겠다는 결심입니다. 나는 그런 결심들을 하나도 믿지 않습니다. 그런 결심들 속에는 믿을 만한 것이 하나도 없습니다. 여러분이 나뭇잎 하나를 타고서 대서양을 건너 미국으로 건너갈 수 있다면, 나는 여러분이 선한 결심을 의지해서 천국에 올라갈 수 있다는 것을 믿겠습니다.

내일은 세상에서 가장 허약한 것이기 때문에, 아주 작은 것에 의해서도 심하게 흔들려서, 거기에 실린 온갖 귀한 것들과 더불어서 좌초되어, 거기에 자신의 목숨을 건 사람을 절망하게 만들고, 영원히 좌초되고 마는 그런 것입니다. 나의 사랑하는 여러분, 여러분 중에서는 내일을 기대하고 의지하는 사람이 단 한 사람도 없도록 조심하시기를 바랍니다. 나는 조나단 에드워즈(Jonathan Edwards)가 했던 저 강력하고 엄숙한 말을 기억합니다: "죄인들이여, 여러분은 이 순간에 지옥의 구덩이 위에 단 하나의 널빤지를 깔고 그 위에 서 있고, 그 널빤지는 썩어 있다는 것을 기억하십시오. 여러분은 지옥의 구덩이 위에 한 줄의 밧줄로 매달려 있습니다. 그런데, 보십시오. 그 밧줄이 지금 끊어지려고 끽끽 소리를 내고 있습니다. 그런데도 여러분의 입에서 '내일'이라는 말이 나옵니까?' 지금 여러분이 아파 죽겠는데, 여러분은 내일이 되면 사람을 보내 의사를 부르라고 하시겠습니까? 여러분의 집이 지금 불에 타고 있는데, 여러분은 내일이 되어서야 "불이야"라고 소리치겠습니까? 여러분이 집으로 돌아오는 길에서 강도를 당했는데, 내일이 되어서야 "강도야!"라고 소리치겠습니까? 분명히, 여러분은 그렇게 하지 않을 것입니다. 여러분은 세상일에 대해서는 좀 더 지혜롭지만, 자신의 영혼에 관한 일들에서는 지극히 어리석습니다. 만일 무한하신 사랑 자체이신 분이 인간에게 자신의 날수를 세는 법을 가르치셔서, 참된 지혜에 마음을 쓰게 하지 않으셨다면, 인간은 내일 자신의 영혼이 멸망당할 때까지 계속해서 내일을 자랑하고 있을 것입니다.

하나님의 자녀들에게 한 가지만 말씀드리겠습니다. 나의 사랑하는 형제들이여, 제발 여러분은 내일을 자랑하지 마십시오. 다윗도 한때는 "여호와여 주의 은혜로 나를 산 같이 굳게 세우셨더니 … 내가 형통할 때에 말하기를 영원히 흔들리지 아니하리라 하였도다"(시 30:6-7)라고 말하며, 내일을 자랑하였습니다. 여러분의 내일을 자랑하지 마십시오. 여러분이 지금 자신의 둥지를 잘 지었다고 할지라도, 해가 지기 전에 거기에 가시나무가 있어서, 여러분은 그 둥지를 떠나야 할지도 모릅니다. 여러분은 지금 아주 행복하고 즐거울지라도, 늘 지금과 같을 것이라는 믿음을 갖고 있다고 말하지 마시고, 여러분이 늘 복될 것이라고 생각하지도 마십시오. 이내 하늘에 먹장구름이 몰려와서 여러분의 기쁨들 중 상당 부분을 다 휘몰아가 버릴지도 모르는 일입니다. 여러분은 지금까지 자기가 죄를 피하여 왔기 때문에, 내일도 그렇게 될 것이라고 확신한다고 말하지 마십시오. "내일들"을 조심하고 경계하십시오. 많은 그리스도인들이 별 생각 없이 계속해서 넘어지다가, 어느 날 갑자기 넘어져서 일어나지 못하고, 그들의 신앙이 엉망진창이 되고 맙니다. 그들이 내일들을 조심하고 경계해서, 별들을 바라보며 내일들을 자랑하지 않고, 자신이 지금 가고 있는 길들을 유심히 살펴보기만 했더라면, 그들은 훨씬 더 안전했을 것입니다. 물론, 하나님의 자녀들은 자신의 영혼의 영원한 안전과 관련해서는 내일을 생각할 필요가 없습니다. 왜냐하면, 그것은 그리스도의 손 안에 있어서 영원히 안전하기 때문입니다. 그러나 그들의 신앙 고백과 위로와 행복에 관한 한, 자신의 발을 매일매일 조심하여 내딛는 것이 합당합니다. 자랑을 피하십시오. 여러분이 내일을 자랑하게 된다면, 하나님은 우리가 자랑하는 것을 썩게 하십니다. 따라서 여러분이 내일을 자랑한다면, 여러분이 자랑하는 내일은 머지않아 좀이 슬게 될 것입니다. 우리가 가진 재물을 자랑하면, 그 재물은 못쓰게 되거나, 날개가 생겨서 멀리 날아가 버립니다. 우리가 내일을 자랑하면, 벌레가 우리의 내일을 갉아먹어서, 요나의 박넝쿨처럼 우리가 그 아래에서 잘 쉬고 있던 "내일"의 잎사귀들이 말라 버려서, "내일"은 우리에게 오직 실망만 안겨 주게 될 것입니다. 그리스도인 형제들이여, 우리는 내일에 대한 기대나 소망 때문에 오늘의 시간을 허비하지 않도록 조심하고, 우리가 생각할 때에 내일이면 반드시 이루어질 것 같은 것들을 자랑하느라고 교만해져서 내일을 경계하는 것을 소홀히 하지 않도록 조심하여야 합니다.

3. 셋째로, 내일을 어떻게 선용할 것인가?

우리가 내일들을 자랑하지 않아야 한다면, 내일들은 도무지 아무 짝에도 소용이 없는 것일까요? 그렇지 않습니다. 하나님께 감사하게도, 우리가 내일들에 대하여 할 수 있는 것들이 아주 많이 있습니다. 우리는 내일들을 자랑해서는 안 되지만, 우리가 하나님의 자녀들이라면, 내일들에 대하여 어떤 것들을 할 수 있는지를 여러분에게 말씀드리고자 합니다. 우리는 언제나 내일들이 합력하여 우리의 유익을 이룰 것임을 믿고서, 인내와 확신 가운데서 내일들을 바라보아야 합니다. 우리는 내일들에 대하여 "나는 내일들을 자랑하지 않지만 두려워하거나 겁내지 않고, 내일들을 자랑하고자 하지 않지만, 내일들을 생각하며 두려워 떨지는 않을 것이다"라고 말할 수 있습니다.

> "나의 장래의 운명이 무엇일지를,
>   나는 염려하지 않습니다.
>   내 하나님이 정해 주시는 것은 내게 최고의 것일 것이기 때문에,
>   나의 마음은 늘 평안합니다."

우리는 내일에 대해서 아주 편안할 수 있습니다. 우리는 우리의 모든 시간이 하나님의 손 안에 있고, 모든 일들이 하나님의 명령에 따라 이루어진다는 것을 기억합니다. 우리는 하나님의 섭리로 이루어지는 우리의 길의 모든 세세한 것들을 다 알지 못하지만, 하나님께서는 그 모든 것들을 아십니다. 그것들은 모두 하나님의 책에 기록되어 있고, 우리의 시간들은 모두 하나님의 지혜에 의해 정해져 있습니다.

> "그 시간들이 시련과 괴로움의 시간들이든
>   승리와 안도의 시간들이든
>   시험하는 자의 권능을 증명하는 시간들이든
>   구주의 사랑을 맛보는 시간들이든,
>   그 모든 시간들은 하늘에 계신 나의 친구의 기뻐하는 뜻을 따라
>   와서 머물다가 가는 것이라네."

그러므로 우리는 내일들을 매일매일의 지출을 위하여 곧 주조될 금덩어리들로 볼 수 있습니다. 즉, 우리는 모든 내일들에 대하여 이렇게 말할 수 있습니다: "모든 내일들은 왕이신 하나님의 인이 찍힌 금덩어리들이다. 그러므로 내일들이여, 오라. 내일들은 나를 더 나쁘게 만들지 못하고, 오직 합력하여 나의 유익이 될 것이기 때문이다."

또한, 그리스도인들은 자신의 내일들을 단지 담담하게 바라보는 것이 아니라, 기쁨을 가지고 바라보는 것이 합당합니다. 그리스도인들에게 내일은 영광을 향하여 한 걸음 더 가까이 나아가는 것이기 때문에 복된 것입니다. 믿는 자들에

게 내일은 천국을 향하여 한 발자국 더 가까이 내딛는 것입니다. 그리스도인들에게 내일은 인생의 험한 바다에서 한 고비를 더 넘어서, 영원한 항구인 저 지극히 복된 천국을 향하여 그 만큼 더 가까이 갔다는 것을 의미합니다. 내일들은 하나님께서 자신의 궁창에 두신 성취된 약속들을 담은 새로운 등불들이고, 그 등불들은 장차 그리스도인들의 길을 인도해 줄 지표들이 되거나, 적어도 그들의 길을 유쾌하게 해줄 것이기 때문에, 그들은 내일들을 환영할 수 있습니다. 그리스도인들은 내일을 기뻐할 수 있습니다. 그들은 오늘에 대해서 이렇게 말합니다: "날이여, 오늘 너는 암울했지만, 나는 네게 작별인사를 고할 수 있어. 보라, 내일이 오고 있지 않은가! 내일이 오면, 나는 오늘의 괴로움들을 멀리 뒤로 하고, 내일의 날개를 타고 날아오르게 될 거야."

또한, 그리스도인들은 단순한 소망과 기쁨 그 이상의 감정을 가지고서 내일을 기다릴 수 있습니다. 그들은 일정 정도 황홀한 기쁨을 가지고서 내일을 바라볼 수 있습니다. 왜냐하면, 그들의 주님이 내일 오실지도 모르기 때문입니다. 내일이면, 그리스도께서 이 땅에 계실지도 모릅니다. "생각하지 않은 때에 인자가 오리라"(마 24:44). 내일이면, 천년 왕국의 모든 영광이 나타날지도 모릅니다. 내일이면, 심판의 보좌가 세워지고, 만왕의 왕께서 모든 사람들을 심판대 앞으로 소환하실지도 모릅니다. 내일이면, 우리는 천국에 있게 될지도 모릅니다. 내일이면, 우리는 그리스도의 품 안에 있을지도 모릅니다. 내일이면, 아니 그 전에라도, 이 머리에 면류관이 씌워지고, 이 손으로 종려나무 가지를 흔들며, 이 입술로 찬송을 부르고, 이 발이 황금 길을 걸으며, 이 마음이 지극히 복되고 영원히 썩지 않으며 영원까지 이어질 것들로 가득할지도 모르는 일입니다. 그리스도인들이여, 기뻐하고 즐거워하십시오. 여러분에게는 내일은 결코 암울할 수 없습니다. 왜냐하면, 모든 내일들이 다 합력하여 여러분에게 선을 이루게 될 것이기 때문입니다. 내일 속에는 귀한 보석이 들어 있을지도 모릅니다. 내일은 흙으로 만들어진 항아리이고, 그 속에는 검은 물이 담겨 있을 수 있지만, 그 물이 지닌 쓴 맛은 십자가에 의해서 제거됩니다. 또한, 거기에는 영원이라는 귀한 보석이 들어 있을지도 모릅니다. 왜냐하면, 영원의 모든 영광들은 "내일"이라는 포장지에 의해 포장되어 있을 수 있기 때문입니다. 다가오는 하루하루를 바라보고서, 여러분의 머리에 기쁨의 새로운 기름으로 부으십시오. 내일을 자랑하지는 말되, 내일로부터 위로를 얻으십시오. 여러분에게는 그럴 권리가 있습니다. 내일은 여러분에게 결코 나쁜 내일일 수 없습니다. 내일은 여러분의 생애 중에서 최고의 날이 될 수도 있습니다. 왜냐하면, 내일이 여러분의 생애 중에서 마지막 날이 될 수도 있으니까요.

내가 한 가지 더 말씀드리고자 하는 것은 그리스도인들은 내일을 하나님의 섭리 속에서 바라보아야 한다는 것입니다. 우리는 내일을 자랑해서는 안 되지만, 내일을 대비할 수 있습니다. 한 번은 내가 공제조합을 변호하는 설교를 한 적이 있었는데, 더 마땅한 본문을 찾지 못해서, "내일 일을 위하여 염려하지 말라 내일 일은 내일이 염려할 것이요 한 날의 괴로움은 그 날로 족하니라"(마 6:34)는 본문을 골랐습니다. 내가 그 본문을 읽었을 때, 내 설교를 듣고 있던 분들 중에서 몇몇 분들이 그 말씀에 의하면 보험 같은 것도 들어서는 안 되고, 장래를 대비하는 것도 안 되는 것이 아니냐고 걱정했습니다. 그러나 나는 그들에게 내가 본 그 본문은 그런 뜻이 아니라는 것을 보여주었습니다. 그 본문은 우리에게 내일에 대하여 염려하지 말라고 적극적으로 명령합니다. 그런데 내가 어떻게 그렇게 할 수 있습니까? 내가 어떻게 해야, 내일에 대해서 염려하지 말라는 이 명령을 실천할 수 있습니까? 만일 내가 열심히 일해서 살아가는 사람이고, 나중에 내 아내와 가족을 위해서 보험을 들어둘 힘이 내게 있는데도, 그렇게 하지 않았다면, 여러분은 내게 영원토록 내일 일을 염려하지 않은 사람이라고 말할지 모르겠습니다. 그러나 나는 그런 식으로 내가 사랑하는 내 주변의 사람들이 장래에 대한 대책 없이 살아가는 것을 도저히 볼 수가 없습니다. 설령 그것이 정말 하나님의 말씀이라고 할지라도, 나는 그것을 실천할 수 없을 것입니다. 나는 살아가면서 또다시 계속해서 반복적으로 내일을 염려하게 될 것입니다. 그러나 내가 세상에 존재하는 수많은 뛰어난 제도들 중의 하나인 보험회사에 찾아가서, 모든 것이 보장되도록 대책을 마련해 놓는다면, 나는 집에 와서 이렇게 말할 수 있습니다: "이제 나는 내일 일을 염려하지 말라는 그리스도의 명령을 어떻게 실천해야 하는지를 알았다. 내가 일 년에 한 번 보험료를 지불하면, 내일 일을 염려하지 않아도 된다. 왜냐하면, 나는 그리스도의 명령을 영적으로나 문자적으로 다 순종하여서, 이제는 그 명령을 마음에 둘 필요도 없기 때문이다." 우리 주님께서는 우리의 염려를 없애 주고자 하신 것이고, 우리는 보험을 드는 단 한 번의 행위를 통해서 염려 없이 살 수 있게 된 것입니다.

우리로 하여금 그리스도의 명령들을 실천할 수 있게 해주는 어떤 것이 있다면, 바로 그것을 행하는 것이야말로 그 명령들을 행할 수 있는 요체가 아니겠습니까? 하나님께서 지혜로운 자들로 하여금 하나님의 섭리로 인하여 일어난 고통들과 피해들을 덜어줄 수 있는 방법을 고안해 내도록 하신 것이라면, 하나님께서 사람들에게 지혜를 주셔서, 우리로 하여금 "내일 일을 염려하지 말라"는 말씀을 온전히 실천할 수 있게 하신 그 방법을 우리가 활용하는 것은 우리의 의무가 아니겠습니까? 어떤 사람이 "나는 내일 일을 염려하지 않기 위하여, 내가 갖고 있는 모든 것을 지금 다 써버리고, 내일을 위해 그 어떤 것을 할 생각도 하지 않고 내일 일에 대한 생각도 전혀 하지 않을 것입니다"라고 말한다면, 그 사람은 어떻게 자신의 집세를 낼 수 있겠습니까? 그런 사람들의 생각처럼, 이 본문이 그런 의미라면, 이 본문을 실천하는 것은 불가능합니다. 이 본문은 우리가 그런 식으로 아무런 생각 없이 살아가야 한다는 것을 의미할 수 없습니다. 만일 그런 의미라면, 우리는 월요일에 우리에게 있는 모든 돈을 다 써버리고, 나머지 한 주간에 쓸 돈을 한 푼도 남겨놓지 않아야 하는데, 그것은 정말 미련한 짓이 될 것입니다. 이 본문은 내일에 대해서 염려하거나 걱정하는 것이 없어야 한다는 것을 의미합니다. 나는 공제조합들에 대해서 말하고 있지만, 그런 조합들 중 상당수는 별로 좋지 않고, 그 조합들의 정신도 별로 믿을 것이 못됩니다. 그리고 나는 술집들 간의 공제조합은 도리어 많은 해악을 끼치고 있다고 믿습니다. 그러나 우리는 그리스도인들이 모여서 만든 공제조합들은 잘되게 하려고 애를 써야 합니다. 왜냐하면, 나는 기독교 공제조합의 정신을 "내일 일을 위하여 염려하지 말라 내일 일은 내일이 염려할 것이요"라는 그리스도의 명령을 실천할 수 있는 최고의 수단이라고 보기 때문입니다. 나는 어떻게든 제대로 살아보고자 하는 사람들이 곤경에 처했을 때에 의지할 수 있는 이 도피성에 여러분이 적극적으로 참여해 주시기를 부탁드립니다. 이 도피성은 공제조합들의 죽은 회원들을 위한 고요한 안식처입니다. 그런데 유감스럽게도, 그 방들 중 다수가 비어 있는데, 그것은 후보자들이 없어서가 아니라 기금이 부족해서입니다. 이렇게 많은 공공 자산이 사용되지 않고 방치되고 있는 것은 애석한 일입니다. 그러므로 그 집들을 사용할 수 있도록 이 위원회를 도와주십시오.

이제 마지막으로, 나는 그리스도인들에게 그들이 하지 않아야 할 것 한 가지를 상기시켜 드리고자 하는데, 그것은 그리스도인들은 오늘 주어진 구원이나 하나님의 은혜나 힘이나 약속들로 내일을 대비하려고 해서는 안 된다는 것입니다. 사랑하는 자들이여, 그런데도 우리는 자주 그렇게 하려고 합니다. 즉, 우리는 "어떻게 해야 내가 장차 내게 닥칠 이런저런 시련을 견뎌낼 수 있을까?"라고 말합니다. "한 날의 괴로움은 그 날로 족하니라." 여러분은 마치 오늘의 은혜가 내일을 위해서도 충분할 것처럼 자랑해서는 안 되지만, 염려할 필요도 없습니다. 내일의 어려움들에 대해서는 내일의 도우심이 있을 것입니다. 내일의 대적들과 싸우기 위한 우리의 친구들은 내일이 되면 우리에게 주어질 것입니다. 내일의 위험들에 대하여 내일의 보호하심이 있을 것입니다. 그러므로 우리는 영적인 일들과 관련해서는 내일을 미리 대비하지 않아야 합니다. 왜냐하면, 속죄는 완료되었고, 언약은 재가된 까닭에, 내일만이 아니라 앞으로 올 수많은 내일들에 대하여 모든 약속은 성취될 것이고, 우리에게 오직 "예"와 "아멘"(고후 1:20)이 될 것이기 때문입니다.

자, 이제 오늘의 본문 말씀을 다시 한 번 지극히 엄숙하고 진지하게 읽어 봅시다. 한창 힘 있고 빛이 나는 젊은이들이여! 눈부시게 아름다운 처녀들이여! 머지않아 여러분의 뺨에 주름이 생길 것을 생각하고서, "내일 일을 자랑하지 마십시오." 뼛속까지 골수가 꽉 차 있는 힘센 사람들이여! 신경이 놋쇠와 같고 힘줄이 강철과 같은 용사들이여! "내일 일을 자랑하지 마십시오." "너 잣나무여 곡할지어다 백향목이 넘어졌고 아름다운 나무들이 쓰러졌음이로다"(슥 11:2). 여러분은 자기가 대단하다고 생각할지라도, 하나님께서는 여러분을 쓰러뜨리실 수 있으십니다. 그리고 무엇보다도, 머리가 희어진 나이 드신 분들이여, 여러분은 자기가 한 쪽 발은 영원이라는 저 헤아릴 수 없이 깊은 심연 위에서 허우적거리고 있고, 다른 쪽 발은 시간의 모서리 위에서 비틀거리고 있음을 생각하고서, "내일 일을 자랑하지 마십시오." 나는 여러분에게 내일을 자랑하지 마시기를 간곡히 부탁드립니다. 사실, 이 점에 있어서는 나이가 들어 머리 희어진 사람이라고 해도 어리석기는 마찬가지여서, 어린아이보다 결코 더 지혜롭지 않습니다. 나는 이런 이야기를 읽은 적이 있습니다. 어떤 사람이 이웃 집 농장을 사고 싶어서, 이웃 사람에게 가서 그 농장을 팔라고 했더니, 그 이웃은 팔지 않겠다고 했답니다. 그러자 그 사람은 다시 집으로 돌아와서 이렇게 말했답니다: "저 친구는 이미 노인이어서 죽을 날이 멀지 않았으니, 죽고 나면 사지, 뭐가 걱정이야." 그런데 그 사람은 칠십 세였고, 이웃 사람은 육십팔 세였습니다. 그 사람은 자기가 이웃 사람보다 틀림없이 더 오래 살 것이라고 생각한 것입니다. 이것이 일반적인 사람들의 모습입니다. 사람들은 자기가 무덤에 들어가서 이미 아무것도 느끼지도 못하게 될 때에야 실천할 수 있는 계획들을 세웁니다. 하지만 바람이 곧 그들의 무덤을 덮은 푸른 잔디 위로 불 것이고, 그들은 그 바람소리조차 듣지 못하게 될 것입니다. "오늘들"에 집중하십시오. 미래의 거울을 통해서 보지 마시고, 오늘 지금 있는 것들을 보십시오. "너는 내일 일을 자랑하지 말라 하루 동안에 무슨 일이 일어날는지 네가 알 수 없음이니라."

제
15
장
—

복음이라는 강장제

—

"독주는 죽게 된 자에게, 포도주는 마음에 근심하는 자에게
줄지어다 그는 마시고 자기의 빈궁한 것을 잊어버리겠고 다
시 자기의 고통을 기억하지 아니하리라." — 잠 31:6-7

　이 다소 특이한 구절은 르무엘의 어머니가 자기 아들에게 해준 잠언인데,
아마도 이 아들은 솔로몬이었을 가능성이 높습니다. 그녀는 앞에서 이미 자기
아들에게 "르무엘아 포도주를 마시는 것이 왕들에게 마땅하지 아니하고 왕들에
게 마땅하지 아니하며 독주를 찾는 것이 주권자들에게 마땅하지 않도다 술을 마
시다가 법을 잊어버리고 모든 곤고한 자들의 송사를 굽게 할까 두려우니라"(4-5
절)고 말한 바 있습니다. 하지만 솔로몬 같은 왕에게는 온갖 종류의 포도주들을
차고 넘치게 저장해 놓은 큰 창고가 있었기 때문에, 그의 어머니는 자기 아들에
게 포도주는 왕이 아니라 병든 자들과 근심 있는 자들과 빈궁한 자들에게 더 필
요한 것이라고 말해 주고는, 그들에게 그 많은 포도주들을 주라고 강력히 권고
한 것입니다. 유대인들은 처형당하기 직전의 사형수들의 고통을 덜어주기 위해
서 통상적으로 어느 정도의 마취 성분이 들어 있는 독주를 한 잔 주는 것이 관례
였습니다. 아마도 이것이 "독주는 죽게 된 자에게 줄지어다"라는 말씀의 의미인
것으로 보입니다. 또한, 우리는 아주 약하고 병든 자들이 죽기 직전에 스스로 돈
주고 포도주를 살 수 없을 때, 사람들이 포도주를 그런 자들에게 주어 마시게 해
서 고통을 덜어주곤 하였다는 것도 알고 있습니다. 나는 이것이 이 본문의 문자

적인 의미라고 믿습니다. 그런데도 어떤 사람이 이 본문을 보고서, 술을 마시면 근심과 고통을 잊어버릴 수 있을 것이라고 생각해서, 실제로 그렇게 한다면, 그는 곧 자기가 완전히 착각하였다는 것을 발견하게 될 것입니다. 왜냐하면, 그 사람이 이전에 한 개의 고통이 있었다면, 술을 마신 후에는 그 고통은 열 개로 늘어나게 될 것이기 때문입니다. 또한, 그가 이전에 빈궁했다면, 술을 마신 후에는 그 빈궁함이 한층 더 심해질 것입니다. 고통을 잊어버리려고 술을 마시면 천국에 가게 될 것이라고 생각해서 술병을 찾는 사람들은 곧바로 지옥으로 떨어지게 되고, 자신의 빈궁함을 잊어버리려고 술에 취한 사람들은 더욱더 깊은 수렁으로 빠져들게 될 뿐입니다.

나는 오늘의 본문을 영적으로 사용하고자 합니다. 왜냐하면, 나는 오늘의 본문이 표면에 나와 있는 것보다 훨씬 더 깊은 의미를 지니고 있다고 믿기 때문입니다. 많은 사람들이 의심하고 절망하며 살아가는데, 그런 사람들은 영적으로 "죽게 된" 자들입니다. 그리고 포도주가 육신적으로 죽게 된 자들의 고통을 덜어준다고 하지만, 하나님의 말씀 속에는 사람들의 영혼을 이루 말할 수 없이 기쁘게 해주고 힘을 주는 진리들이 차고 넘치게 들어 있습니다. 우리는 이 복음이라는 강장제를 마음이 무겁고 근심하는 사람들에게 주어서, 그들로 하여금 그 강장제를 마시고, 자신들의 비참함을 잊고, 더 이상 의심하거나 절망하지 않도록 해주어야 합니다.

나는 본문의 명령에 순종하기 위하여, 세 개의 대지로 나누어 말씀을 전하고자 합니다. 첫째는, 복음 속에는 아주 강력한 강장제가 들어 있다는 것이고, 둘째는, 이 강장제를 필요로 하는 모든 사람에게 나누어 주는 것은 우리의 의무이자 특권이라는 것이며, 셋째는, 이 강장제가 그런 사람들에게 주어질 때, 그것을 마시고서 자신의 영적인 빈궁함과 비참함을 잊는 것은 그들의 의무이자 특권이라는 것입니다.

1. 첫째로, 복음은 아주 강력한 강장제입니다.

와츠 박사님이 지은 찬송 중에 이것을 제대로 노래한 다음과 같은 대목이 있습니다:

"구원이여! 오, 기쁜 소리여!
우리 귀에 즐거움이고,

모든 상처를 치유하는 최고의 연고이며,
우리의 두려움들을 없애 주는 강장제라네."

　먼저, 나는 예수를 진심으로 믿는 자가 염려들과 손해들과 십자가들로 심한 연단을
받게 되는 경우를 말씀드리고자 합니다. 여러분이 내일 여러분에게 일어날지도
모르는 어떤 일이 두려워서 오늘 밤 이 자리에 오신 것이라고 가정해 봅시다. 나
의 형제여, 아마도 당신은 하던 사업이 망해서 궁지에 몰리게 될까봐 걱정하고
고민하고 있을지도 모릅니다. 나의 자매여, 당신은 자신의 집 이층 조용한 방에
둔 관 속에 누워 있는 사랑하는 아이를 생각하며 속으로 울고 있을지도 모릅니
다. 또는, 나의 친구여, 당신에게는 병든 아내가 있고, 그녀는 하루가 다르게 죽
음의 징후들을 보이고 있어서, 당신은 그녀를 잃을까봐 전전긍긍하며 괴로워하
고 있을 수도 있습니다. 나는 이 큰 회중에 속한 믿음 있는 지체들이 슬퍼하는 모
든 이유들을 다 열거할 수는 없지만, 내 주님께서는 이 자리에 계신 모든 성도들
의 갖가지 슬픔을 다 위로하고도 남을 저 복된 강장제를 내 손에 들리셔서 나를
이 자리에 보내셨습니다.

　사랑하는 자들이여, 여러분에게 일어나는 모든 일이 하나님의 섭리 가운데
있다는 것을 기억하십시오. 하늘에 계신 여러분의 사랑 많으신 아버지께서는 그
모든 것들을 미리 보셨고 미리 아셨을 뿐만 아니라, 단언컨대 미리 예정하셨습
니다! 여러분이 마셔야 할 약은 아주 쓰지만, 절대로 실수가 없으신 저 크신 의사
선생님은 모든 성분들을 일일이 다 달아서, 여러분에게 최고의 효력을 발휘해서
최고의 유익을 가져다줄 수 있도록 배합하셨습니다. 이 세상에서 우연히 일어나
는 일은 있을 수 없습니다. 저 크신 하나님께서는 하늘들을 운행하시는 자리에
앉아 계시고, 그가 만드신 만물은 그에게 단지 저울 위의 작은 먼지에 불과합니
다. 하나님은 구름들을 자신의 병거로 삼으시고, 바람 날개를 타고 움직이십니
다. 그런 하나님이 여러분의 머리카락의 갯수까지 다 아시고, 여러분의 눈물을
자신의 병에 담으실 정도로, 여러분을 각별히 돌보고 계십니다. 그러므로 여러
분은 지금 여러분에게 큰 고통과 슬픔을 안겨 주고 있는 그런 일들까지도 전적
으로 하나님의 영원하신 계획과 작정하심을 따라 일어나고 있다는 것을 확신할
수 있습니다. 하나님께서 준비하신 이 강장제는 여러분으로 하여금 자신의 빈궁
함을 잊게 해주고 자신의 비참함을 더 이상 기억하지 않아도 되게 해주지 않습

니까?

또한, 믿는 자들에게 일어나는 모든 일은 현재는 물론이고 영원에 이르기까지 그들의 유익을 위한 것임을 기억하십시오. "우리가 알거니와 하나님을 사랑하는 자 곧 그의 뜻대로 부르심을 입은 자들에게는 모든 것이 합력하여 선을 이루느니라"(롬 8:28). 만일 여러분이 자신의 삶의 환경과 조건을 스스로 선택할 수 있었다면, 여러분은 하나님이 여러분을 위해 선택해 주신 것만큼 그렇게 지혜로운 선택을 할 수 없었을 것입니다. 정원사는 자신의 식물들이 동산의 어느 곳에 있어야 가장 잘 자랄지를 알고 있습니다. 양치류 같은 식물들은 스스로는 양지바른 곳에 있기를 바랄지라도, 그늘진 곳에 있어야 잘 자랄 수 있기 때문에, 정원사는 그 식물들을 그늘에 둘 것입니다. 또, 어떤 식물들은 이끼 끼고 습한 곳을 선호할지 모르지만, 정원사는 그 식물들이 모래땅에서 잘 자랄 수 있다는 것을 알기 때문에 그 식물들의 타고난 본성이 요구하는 것에 가장 적합한 모래땅에 그 식물들을 둘 것입니다. 육신의 아버지는 하늘에 계신 아버지만큼 자신의 자녀들에게 필요한 것들을 제대로 알고 해결해 줄 수 없습니다. 여러분은 자기 아들에게 가장 좋을 것이라고 생각한 직업을 선택해 주었지만, 나중에 보면, 그것이 도리어 자기 아들을 파멸로 이끌게 된 선택이었음이 드러날 수 있습니다. 하지만 하나님께서 여러분의 미래를 계획하실 때에는, 여러분이 자기 아들에게 했던 그런 실수를 결코 하지 않으십니다. 왜냐하면, 여러분은 자기 아들에게 어떤 직업을 선택해 주었을 때에 그 결말이 어떻게 될지를 알지 못하지만, 하나님께서는 처음부터 그 결말을 아시는 가운데 무한하고 틀림이 없는 지혜로 여러분을 위해 선택해 주시는 것이기 때문입니다. 그리스도 안에서 사랑하는 형제들이여, 하나님이 선택해 주신 것들에 대해서 다른 마음을 품지 마십시오. 여러분에게 주어진 것들로 만족할 뿐만 아니라, 다윗처럼 "여호와는 나의 산업과 나의 잔의 소득이시니 나의 분깃을 지키시나이다 내게 줄로 재어 준 구역은 아름다운 곳에 있음이여 나의 기업이 실로 아름답도다"(시 16:5-6)라고 말하십시오. 하나님께서 주시는 이 강장제를 마시고, 여러분의 빈궁함을 잊으시고, 여러분의 비참함을 더 이상 기억하지 마십시오.

사랑하는 친구들이여, 게다가 여러분은 주 예수 그리스도께서 여러분의 모든 빈궁함과 비참함 가운데서 여러분과 함께 하신다는 것을 알고 있지 않습니까? 사드락과 메삭과 아벳느고는 느부갓네살의 불타는 풀무불 속으로 산 채로 던져지기 전에는 하나님의 아들이 그들과 함께 하신다는 이 너무나 복된 사실을 결코 깨닫지 못했었습니다. 그러나 풀무불 속으로 던져졌을 때, 하나님의 아들이 그들과 함께 하신다는 사실은 너무나 명백하게 드러났기 때문에, 저 이방의 왕조차도 "내가 보니 결박되지 아니한 네 사람이 불 가운데로 다니는데 상하지도 아니하였고 그 넷째의 모양은 신들의 아들과 같도다"(단 3:25)라고 소리칠 수밖에 없었습니다. 자녀가 잘 지낼 때에는 자녀에 대한 어머니의 특별한 애정은 잘 드러나지 않지만, 그렇게 잘 지내던 자녀가 병들면, 그 순간 어머니의 모든 사랑은 가족의 다른 구성원들을 제쳐두고 그 자녀에게로 집중되는 것처럼 보입니다. "어머니가 자식을 위로함 같이 내가 너희를 위로할 것인즉 너희가 … 위로를 받으리니"(사 66:13)라고 말씀하시는 하나님의 유쾌한 메시지가 진정으로 필요한 사람은 바로 그렇게 병든 사람입니다. 하나님께서는 옛적의 자기 백성에게 자신의 은혜에 풍성하신 약속을 주셨는데, 성경은 그들에 대하여 이렇게 말하고 있습니다: "그들의 모든 환난에 동참하사 자기 앞의 사자로 하여금 그들을 구원하시며 그의 사랑과 그의 자비로 그들을 구원하시고 옛적 모든 날에 그들을 드시며 안으셨다"(사 63:9). 하나님께서는 지금도 여전히 환난 가운데서 고통 받는 자기 백성을 그런 자비와 사랑으로 대하십니다. 그러므로 그들은 하나님께서 그들을 그러한 자비와 사랑으로 돌보고 계신다는 사실을 강장제로 삼아서 자신들의 빈궁함과 비참함을 잊는 것이 마땅합니다.

　나는 고통 받는 성도들을 밤새도록 이렇게 위로하고 싶지만, 하나님의 강장제를 한 모금 더 여러분에게 전해드리는 것으로 만족할 수밖에 없습니다. 이제 내가 전해드리고자 하는 한 모금의 강장제는 그 모든 환난과 고통은 금세 지나가리라는 것입니다. 지치고 곤한 순례자들이여, 힘을 내십시오. 이제 조금만 더 가면, 여러분이 영원히 쉬게 될 저 하늘의 집이 보일 것입니다. 그 집은 이제 여러분에게서 아주 가까이 있기 때문에, 여러분은 이렇게 노래하는 것이 합당합니다:

　　"저 높은 곳에 있는 내 아버지의 집,
　　　내 영혼의 본향이 가까우니,
　　　아버지 계신 저 천국의 진주 문들이
　　　종종 내 믿음의 눈에 아른거리며 보인다네."

세월은 쏜살같이 날아가고, 우리가 겪는 환난과 고통들도 마찬가지로 쏜살같이 날아갑니다. 사랑하는 자들이여, 바울이 "우리가 잠시 받는 환난의 경한 것"(고후 4:17)이라고 표현한 것은 옳습니다. 왜냐하면, 우리가 지금 겪는 환난들은 잠깐 꾸는 악몽일 뿐이고, 우리는 현세에서 잠깐 악몽을 꾼 후에는, 내세에서 영원히 자지 않고 깨어 살아가게 될 것이기 때문입니다. 이 세상은 믿는 자들에게 많은 사람들이 끊임없이 왕래하면서 이런저런 소음을 내며 소란을 일으키는 길가의 시골 여인숙과 같습니다. 그러므로 걱정하지 마십시오. 여러분은 단지 하룻밤 잠시 거기에 묵어가는 것일 뿐이고, 그런 후에는 여러분의 영원한 본향으로 들어가서 영원히 쉬게 될 것입니다. 하나님께서 주시는 이 강장제를 마시니, 여러분은 자신의 빈궁함을 잊고 자신의 비참함과 고통을 더 이상 기억하지 않게 되지 않았습니까?

내가 두 번째로 다루고자 하는 것은 예수를 진정으로 믿는 자가 자신의 영혼이 버림받은 것을 느끼고 괴로워하는 경우에 대한 것입니다. 나의 친구들이여, 여러분이 그런 경우에 있다면, 여러분은 에스라인 헤만처럼 "여호와 내 구원의 하나님이여 내가 주야로 주 앞에서 부르짖었사오니 … 주께서 나를 깊은 웅덩이와 어둡고 음침한 곳에 두셨사오며 … 여호와여 어찌하여 나의 영혼을 버리시며 어찌하여 주의 얼굴을 내게서 숨기시나이까"(시 88:1, 6, 14)라고 부르짖고 싶은 심정일 것입니다. 심지어, 여러분은 그리스도께서 십자가 위에서 "나의 하나님, 나의 하나님, 어찌하여 나를 버리셨나이까"(마 27:46)라고 부르짖으신 심정을 이제는 이해할 수 있을 것 같은 생각도 들 것입니다. 하나님께서는 여러분의 탄원과 간구에 완전히 귀를 막아 버리신 것처럼 보입니다. 기도 자체가 여러분에게 무거운 짐이고, 여러분은 구주의 얼굴을 뵈옵고 위로를 받을 수도 없으며, 주님과 누리던 저 거룩한 교제는 지금은 한낱 여러분의 기억 속에서 행복했던 시절로만 기억되고 회한만을 가져다줄 뿐입니다. 하나님의 말씀을 펴보아도, 여러분의 눈에는 오직 경고의 말씀들만 보이고, 수없이 많이 보아 왔던 "그 보배롭고 지극히 큰 약속"(벧후 1:4)은 여러분의 눈에 들어오지 않습니다. 여러분의 영혼은 절망 가운데서 "죽게 된" 영혼이 되어 있습니다. 나의 가련한 형제들이여, 언약을 반드시 지키시는 하나님의 신실하심이라는 맛있는 포도주와 예수 그리스도의 영원하신 사랑이라는 영양가 많은 달콤한 꿀이 여러분에게 필요한 때가 있다면, 바로 지금이 그 때입니다. 나는 아르미니우스주의자들(Arminians, 인간에게는 자력으로 구원에 이를 수 있는 능력이 있다고 주장하는 자들 — 역주)이 이렇게 영혼이 버림받는 비참한 영적 상태에 사로잡혀서 머리부터 발끝까지 두려움과 공포로 떨리게 되었을 때에 과연 어떻게 할지가 궁금합니다. 나는 아주 심하게 그런 공격을 받는 일이 종종 있는데, 그럴 때마다 주로 하나님의 값없이 거저 주시는 주권적인 은혜에 대하여 말하는 본문들을 펼쳐서, 거기로부터 나의 굶주린 영혼에 필요한 골수와 기름진 것들을 얻습니다. 영적으로 "큰 물에서 일을 하는"(시 107:23) 사람들은 하나님의 영원하신 작정하심들, 하나님의 변함없는 목적들, 하나님의 결코 변치 않는 신실하심, 하나님의 놀라우신 은혜만이 그들에게 힘이 된다는 것을 발견하게 됩니다. 적어도 나의 경험은 그렇습니다. 절망 중에 있는 형제들이여, 나는 여러분이 하나님께서 주시는 바로 그런 강장제를 벌컥벌컥 들이마심으로써, 여러분의 영적인 빈궁함을 잊어버리고 여러분의 비참함을 더 이상 기억하지 않게 되기를 간절히 바랍니다. 여러분은 복음의 고귀한 가르침들을 쓸모없는 것으로 만들지 마시고, 여러분의 영혼으로 하여금 하나님의 연회가 열리는 집에서 진수성찬을 먹고 배부르게 하십시오. 하나님의 은혜로우신 초대를 받아들이십시오: "친구들이여, 배불리 먹으라. 사랑하는 자들이여, 마음껏 마시라."

영혼이 버림받는 고통을 겪고 있는 형제들에게 내가 특히 해주고 싶은 위로의 말은 이것입니다. 형제들이여, 여러분이 한 번이라도 하나님의 자녀였다면, 여러분은 지금도 여전히 하나님의 자녀라는 것을 기억하십시오. 여러분은 많은 변화를 겪고 지금까지 왔지만, 여러분의 구주는 언제나 변함없이 동일하신 분입니다: "예수 그리스도는 어제나 오늘이나 영원토록 동일하시니라"(히 13:8). 여러분에게는 부침이 있어서, 달이 차고 기우는 것처럼 여러분의 인생도 마찬가지입니다. 그러나 저 크신 "빛들의 아버지"는 "변함도 없으시고 회전하는 그림자도 없습니다"(약 1:17). 따라서 우리가 이렇게 노래하는 것은 합당합니다:

> "나의 상태가 어떻게 되든,
> 하나님의 뜻은 변함이 없으시다네.
> 사랑에 풍성하신 주의 마음은
> 영원토록 변함없이 동일하시다네.
> 내 영혼은 수많은 변화들을 겪을지라도,

주의 사랑은 변하는 것을 모르신다네."

하나님께서 어떤 사람 속에서 은혜의 역사를 시작하셨다가 다 끝마치지도 않으시고 중도에 그만두시는 일은 결코 있을 수 없습니다. 하나님께서 어떤 사람을 양자로 삼아 자신의 권속으로 받아들이셨다가 내쳐서 죽게 하시는 일은 결코 있을 수 없습니다. 주 예수 그리스도께서 어떤 영혼과 결혼하셨다가 이혼하시는 일은 결코 있을 수 없습니다. 왜냐하면, 그는 누구를 버리는 것을 혐오하시기 때문입니다. 그는 자신의 신비의 몸에 속한 그 어떤 지체와도 결코 결별하실 수 없습니다. 만일 그가 그런 충격적인 만행을 저지르실 수 있으시다면, 그는 완전하신 분이 아닐 것입니다. 그러므로 절망 중에 있는 형제들이여, 여러분의 영혼이 한 번이라도 하나님의 빛과 사랑을 경험한 적이 있다면, 여러분은 여전히 구원 받은 사람일 뿐만 아니라, 그것이 사실이라는 것을 여러분이 알게 될 때가 반드시 오게 될 것입니다. 여러분은 요나처럼 깊은 바다에서 나오게 될 것이고, 요나처럼 여러분의 구원의 모든 영광을 하나님께 돌리게 될 것입니다.

또한, 나는 예수를 진정으로 믿는 사람들이면서도 자기가 주의 백성이 아닐지도 모른다고 염려하는 사람들을 위로하고자 합니다. 존 번연(John Bunyan)은 자신의 책에서 영원불멸의 알레고리를 담고 있는 이름들 중에 그런 사람들의 이름을 언급하고 있는데, 우리 가운데는 여전히 그가 붙인 이름들, 즉 "두려움" 씨(Mr. Fearing), "여린 마음" 씨(Mr. Feeble-Mind), "의기소침" 씨(Mr. Despondency)와 그의 딸인 "많은 걱정" 양(Miss Much-Afraid), "작심삼일" 씨(Mr. Ready-to-Halt), "작은 믿음" 씨(Mr. Little-Faith)에 속하는 사람들은 많고, "담대" 씨(Mr. Great-Heart)나 "굳게 서 있음" 씨(Mr. Stand-Fast)나 "진리의 용사" 씨(Mr. Valiant-for-Truth)는 단지 여기저기 드문드문 있습니다. 사랑하는 친구들이여, 그런 분들이 오늘 밤 이 자리에 있다면, 나는 여러분은 하나님의 권속 가운데서는 작은 자들이라고 할지라도, 하나님이 보시기에 작은 자들인 것은 아님을 여러분에게 상기시켜 드리고자 합니다. 하나님께서는 역사상 가장 훌륭한 성도를 사랑하신 것과 동일한 사랑으로 여러분을 사랑하고 계십니다. 하나님은 이스라엘 자손에 속한 모든 영혼을 위한 속전에 대한 명령을 모세에게 하셨을 때, 다음과 같이 분명하게 말씀하셨습니다: "너희의 생명을 대속하기 위하여 여호와께 드릴 때에 부자라고 반 세겔에서 더 내지 말고 가난한 자라고 덜 내지 말지며"(출 30:15). 주 예수 그리스도께서 자신의 몸으로 속죄 제사를 드리셨을 때에도 마찬가지였습니다. 그는 자기 백성 중에서 가장 큰 자나 가장 작은 자를 위하여 동일한 속전을 지불하셨고, 또한 동일하게 사랑하십니다. 그는 자기 백성들 중 어떤 사람들을 다른 사람들보다 더 크게 사용하실 수는 있어도, 그들을 존중하고 사랑하시는 것은 모든 사람들에게 동일하십니다. 만약 그가 자기 백성들을 대하실 때에 어떤 차이를 두신다고 한다면, 그는 도리어 약한 자들을 더 생각하고 배려하십니다. 그는 힘센 양들은 자기 뒤를 따라오게 하시는 반면에, 어린 양들은 자신의 품에 안고 가십니다.

　그러므로 그리스도께 속한 연약한 자들이여, 작은 성도들도 큰 성도들만큼이나 안전하다는 것을 기억하셔서, 안심하고 힘을 내십시오. 우리는 그리스도와 함께 교회라는 한 배에 타고 있는 것이기 때문에, 그 배에 타고 있는 모든 사람이 다 똑같이 안전합니다. 우리는 결코 물에 빠져 죽게 되지 않을 것임을 확신하셔도 좋습니다. 왜냐하면, 만일 우리가 물에 빠져 죽게 되는 일이 생긴다면, 그리스도께서도 죽게 되실 것인데, 그런 일은 결코 있을 수 없는 일이기 때문입니다. 사도적인 열심으로, 또는 그리스도 같은 자기희생을 통해 하나님을 섬기는 가장 위대한 성도도 자신의 구원을 위해서는 예수 그리스도의 피와 의를 의지하지 않으면 안 되고, 가장 연약한 성도도 마찬가지입니다. 가장 위대한 성도나 가장 연약한 성도나 둘 다 똑같은 방식으로 구원을 받고 똑같은 정도로 안전합니다. 그러므로 "두려움" 씨와 "많은 걱정" 양이여, 하나님이 주시는 이 강장제를 마시고, 더 이상 의심하거나 걱정하거나 두려워하지 마십시오.

　또한, 나는 오늘의 본문이 마음에 큰 근심이 있거나 의기소침한 죄인에게도 특별한 메시지를 전해 주고 있다고 생각하기 때문에, 그런 분들에게도 복음의 강장제를 선사하고자 합니다. 나의 친구들이여, "그리스도 예수께서 죄인을 구원하시려고 세상에 임하셨다"(딤전 1:15)는 것을 기억하십시오. "죄인" 속에는 여러분도 포함됩니다. 여러분이 내게 "내가 구원 받으려면 어떻게 해야 합니까?"라고 묻는다면, 나는 그런 질문을 받았을 때에 바울이 했던 대답을 그대로 여러분에게 해드리고자 합니다: "주 예수를 믿으라 그리하면 네가 구원을 받으리라"(행 16:31). 그러므로 여러분이 그리스도께서 여러분을 구원하실 줄로 믿고 그를 의지하며 그에게 의탁하라는 명령을 받았을 때, 여러분이 그렇게 하는 것은 결코 주제넘은 짓이 아닙니다. 예수 그리스도는 "구원하는 능력을 가진 이"(사 63:1)

이십니다. 그는 그를 힘입어서 하나님께로 나아오는 모든 사람을 끝까지 구원하실 수 있으십니다. 이 자리에 내가 도저히 입에 담을 수 없을 정도로 흉악한 죄인이 있다고 할지라도, 그리스도께서 구원하실 수 없을 정도로 흉악한 죄인은 없습니다. 자신의 영혼이 "죽게 된" 자들이여, 하나님께서 여러분 같은 그런 죄인들을 위하여 자신의 사랑하시는 아들을 내주셔서 죽게 하신 것을 알면서도, 왜 절망하시는 것입니까? 여러분의 죄가 크다는 것을 나도 알고, 그 죄들이 여러분을 벌하라고 아우성치는 것도 내가 압니다. 그러나 여러분이 그 죄들을 회개하고, 여러분을 그 모든 죄에서 깨끗하게 해줄 예수의 피를 믿고 의지하는 순간, 여러분은 완벽히 온전하게 될 것입니다. 여러분의 죄들은 완전히 제거될 것이기 때문에, 하나님께서는 너희가 너희의 죄들이 어디에 있는지를 샅샅이 찾아보아도 찾을 수 없게 될 것이라고 말씀하실 정도입니다. 그 죄들은 마치 여러분이 결코 그 죄들을 범한 적이 없었다는 듯이 완벽하게 제거될 것입니다. 이것보다 더 여러분에게 힘이 되고 위로가 될 강장제가 어디 있겠습니까? 그러므로 이 강장제를 마시고, 여러분의 빈궁함을 잊어버리시고, 여러분의 비참함을 다시는 기억하지 않게 되시기를 바랍니다.

2. 둘째로, 이 강장제를 필요로 하는 모든 사람에게 주는 것은 우리의 의무이자 특권입니다.

두 번째 대지에 대해서는 아주 짧게 얘기해야 하겠습니다. 그리스도 안에서 형제들이여, 나는 여러분 모두가 이 복음이라는 강장제를 "마음에 근심하는 자"와 "죽게 된 자"에게 주라는 본문의 명령에 순종하는 자들이 되시기를 바랍니다. 여러분 중에서 어떤 분들은 자신의 경험을 다른 사람들에게 말해 주는 방식으로 이 강장제를 사람들에게 줄 수 있습니다. 여러분이 의심하고 낙심한 영혼들을 만났을·때, 주께서 저 "의심의 성"에 있는 "절망"이라는 거인이 지키는 무시무시한 지하감옥으로부터 여러분을 어떻게 건지셨는지를 그들에게 말해 주십시오. 하나님의 약속이라 불리는 열쇠를 사용하면, 그들이 쇠사슬에 묶여서 누워 있는 그 감옥의 문을 열 수 있다는 것을 그들에게 상기시켜 주십시오. 오리게네스(Origen, 주후 185-254년, 초기 알렉산드리아 교회의 교부)는 자신의 힘이 허락하는 한, 그리스도인들이 데키아누스 황제의 박해를 받는 동안 갇혀 있던 감옥들을 방문하곤 했고, 나중에는 화형장까지 따라가서, 자신의 영혼에 힘이 되어 주었던 성경 구절들로 그들을 위로하였다고 합니다. 지금은 그리스도인들이 박해를 받아 죽는 시대는 아니지만, 여러분도 오리게네스를 본받으십시오.

또한, 여러분은 병든 자들과 가난한 자들을 방문하는 방식으로 복음이라는 강장제를 사람들에게 줄 수 있습니다. 우리 교회 같이 이렇게 큰 교회에서는 목회자나 장로님들이 큰 회중을 구성하고 있는 모든 지체들을 다 심방하는 것은 불가능합니다. 그러므로 나는 여러분이 힘이 닿는 데까지 그런 분들을 심방해 주시기를 간곡히 부탁드립니다. 특히, 나는 하나님의 일들에서 아주 깊은 체험을 한 분들이 여러분의 이웃들 속에서 죄와 고통을 발견해 내서, 여러분 자신이 하나님으로부터 받았던 바로 그러한 위로로 그들을 위로해 주셨으면 합니다.

또한, 여러분은 기회가 있을 때마다 복음을 전하는 방식으로 복음이라는 강장제를 사람들에게 줄 수 있습니다. 지금은 소수만이 그렇게 하고 있지만, 여러분 중에서 더 많은 이들이 그렇게 하실 수 있습니다. 런던 같은 도시에서는 모든 길거리의 모퉁이들이 다 회중이 모이는 곳이 될 수 있고, 강단이 될 수 있습니다. 한 달란트를 가지신 분도 그것을 그리스도를 위하여 사용하지 않는다면, 자기에게 달란트가 별로 없다는 것이 변명이 될 수 없습니다. 나의 형제들이여, 여러분이 전해야 할 좋은 소식은 아주 달콤하기 때문에, 모든 곳에 이 소식이 두루 퍼져서, 온 땅의 사람들이 유익을 얻게 될 때까지 계속해서 쉬지 않고 전하는 것이 마땅합니다. 또한, 나는 하나님께서 우리 가운데서 수많은 형제자매들을 일으키셔서, 십자가의 선교사들이 되어 "먼 지역들"로 나가게 하시고, 복음을 전하지 못하는 사람들은 대학에서 훈련받는 형제들이나, 예수를 알지 못하는 먼 나라들에 말씀을 전하고 가르치는 일에 부르심을 받은 형제들을 물질로 후원하는 일에 헌신하게 하시기를 기도합니다. 이런 식으로 여러분도 "마음에 근심하는 자"와 "죽게 된 자"에게 복음이라는 강장제를 주는 일을 도울 수 있습니다.

3. 셋째로, 복음이라는 강장제가 필요한 사람들이 그것을 받아 마시는 것은 의무이자 특권입니다.

이제 내가 마지막으로 간략하게 말씀드리고자 하는 것은 강장제가 주어질 때에 그것이 필요한 사람들이 그것을 받아 마심으로써 자신의 영적인 빈궁함을 잊고 자신의 비참함을 더 이상 기억하지 않는 것은 의무이고 특권이라는 것입니다. 우리는 말을 물가로 데려다줄 수는 있지만, 물을 마시게 할 수는 없습니다.

마찬가지로, 우리는 복음이라는 강장제를 죄인들에게 가져다줄 수는 있지만, 오직 성령께서 그들을 감화시키셔야만, 그들은 그 강장제를 벌컥벌컥 깊이 들이마시게 될 것입니다. 나는 하나님께서 처음으로 내 입을 열어 하나님을 위해 말씀을 전하게 하신 이래로 해왔던 대로, 오늘 밤에도 이 강장제를 필요로 하는 사람들에게 드리고자 애쓰고 있습니다. 그렇다면, 내가 전하는 말씀을 듣는 여러분이 하셔야 할 일은 무엇이겠습니까? 복음을 전하는 것은 나의 의무이자 특권이지만, 마찬가지로 복음을 들었을 때에 그것을 믿는 것은 여러분의 의무이자 특권입니다. "믿음은 들음에서 나지만," 말씀을 듣는 사람들 중에는 사도가 "들은 바 그 말씀이 그들에게 유익하지 못한 것은 듣는 자가 믿음과 결부시키지 아니함이라"(히 4:2)고 한 그런 사람들에 속한 분들이 있다는 것은 애석한 일입니다. 치료약을 여러분의 손에 가지고 있으면서도 그 약을 마시지 않는 것은 영적인 자살입니다. 죄인들이여, 나는 여러분이 지금까지 저지른 모든 죄악들에 이러한 영적인 자살이라는 큰 죄까지 더하지 마시기를 간곡히 부탁드립니다. 나는 여러분에게 주어진 복을 바로 이 시간에 즉시 받아들이시기를 기도합니다. 생수는 여러분 앞에 놓여 있으니, 마시고 살아나십시오! 생명의 떡이 여러분 앞에 차려져 있는데도, 왜 여러분은 자신의 영원히 죽지 않을 영혼을 굶주려 죽게 하고자 하는 것입니까?

여러분은 자기가 너무나 흉악한 죄인이라 구원 받을 수 없을까봐 두려운 것입니까? "땅에 작고도 가장 지혜로운 것 넷"(잠 30:24) 중의 하나에 대하여 아굴이 한 말을 떠올려 보십시오. 그는 "자신의 손으로 왕궁을 꽉 잡고 있는 거미니라"(잠 30:28 KJV, 한글개역개정에는 "손에 잡힐 만하여도 왕궁에 있는 도마뱀이니라")고 말하였습니다. 아마도 아굴은 솔로몬 왕궁에서 크고 검은 거미를 발견하고서는 한참을 응시하며 바라보다가, 속으로 이렇게 말했을 것입니다: "겉보기에 흉하게 생긴 이 미물이 참으로 지혜롭기도 하구나. 폭풍우가 거세게 몰아치면, 자기가 평소 살던 집이 안전하지 않을 것을 알고서, 피난처를 구하다가, 이렇게 왕궁의 열린 창문을 통해 들어와서, 여기에 자리를 잡았구나. 아무도 거미를 초대하지 않았고, 거미에게는 왕궁에 들어올 권리도 없었지만, 여기에 거미가 있도다." 가련한 죄인들이여, 여러분은 죄로 가득하지만, 거미는 독으로 가득하지 않습니다. 저 거미가 두려워했던 것보다 더 거센 폭풍우가 여러분에게 몰아칠 것이고, 하나님의 은혜의 문은 솔로몬 왕궁의 창문처럼 활짝 열려 있습니다. 거미는 왕

궁으로 초대 받지 못했지만, 여러분은 들어오도록 초대를 받았습니다. 죄인들이
여, 여러분은 적어도 거미만큼은 지혜롭게 되어서, 여러분을 구원해 줄 하나님
의 왕궁으로 들어와야 하지 않겠습니까? 여러분이 일단 안으로 들어오면, 여러
분을 거기에서 쫓아낼 자는 아무도 없습니다.

　여러분은 아직도 예수께로 오는 것이 두렵습니까? 그렇다면, 나는 여러분에
게 주님께로 다가와서 그의 옷자락을 만졌다가 자신이 오랫동안 앓던 혈루증에
서 즉시 나음을 입은 저 가련한 여인을 상기시켜드리고자 합니다. 여러분이 아
시다시피, 그녀는 율법을 따라 부정한 여인이었기 때문에, 무리 속에 있어서는
안 되는 사람이었습니다. 그러나 그녀는 고침 받고자 하는 열망이 아주 강했기
때문에, 무리를 뚫고 예수께로 아주 가까이 다가와서, 그의 옷자락을 만졌습니
다. 왜냐하면, 그녀는 "내가 그의 옷에만 손을 대어도 구원을 받으리라"(막 5:28)
고 생각하였기 때문입니다. 그녀는 그렇게 하였고, 그리스도께서는 즉시 그녀의
믿음을 인정하시고, 그녀가 자신이 몰래 고침을 얻은 것에 대하여 불안해할 수
도 있을 것이었기 때문에, 그녀에게 은혜를 베푸셔서 "평안히 가라"고 말씀하시
며 평안을 주셨습니다.

　죄인들이여, 여러분은 저 가련한 여인만큼도 지혜롭고자 하지 않으십니까?
여러분은 복을 몰래 받을 생각을 할 필요도 없습니다. 왜냐하면, 여러분은 당당
히 와서 그 복을 얻도록 초대받았기 때문입니다. 지금도 여전히 예수께서는 "수
고하고 무거운 짐 진 자들아 다 내게로 오라 내가 너희를 쉬게 하리라"(마 11:28)
고 말씀하시며, 여러분을 초대하고 계십니다. 여러분에게 필요한 것은 "쉼"입니
다. 정신의 "쉼," 마음의 "쉼," 양심의 "쉼" — 여러분은 이러한 안식을 오직 믿음
으로 얻을 수 있습니다. 왜냐하면, 성경은 "이미 믿는 우리들은 저 안식에 들어
가는도다"(히 4:3)라고 말하고 있기 때문입니다. 빈궁함에 찌들은 비참한 죄인들
이여, 예수를 믿으십시오! 그의 멍에를 메고 그에게서 배우십시오(마 11:29). 여
러분의 영혼이 "쉼"을 얻게 될 것입니다. 또한, 여러분은 또 다른 안식, 좀 더 온
전하고 복된 안식이 "남아 있다"는 것도 깨닫게 될 것입니다. 장차 모든 "하나님
의 백성"은 자신들의 지극히 복된 분깃인 그 안식에 들어가서, 영원히 "안식일을
지키게" 될 것입니다. 하나님께서는 우리에게 그가 준비하신 강장제를 여러분에
게 나눠 주라고 명하십니다. 그 강장제를 마시고, 여러분의 빈궁함을 잊어버리
고, 여러분의 비참함을 더 이상 기억하지 마십시오. 하나님께서 예수님을 인하

여 여러분에게 복주시기를 빕니다. 아멘.

전
도
서

제
1
장
—

신자에게는 죽는 날이
출생하는 날보다 낫다

—

"좋은 이름이 좋은 기름보다 낫고
죽는 날이 출생하는 날보다 나으며" — 전 7:1

지구상의 이쪽 지역에서 살아가는 우리는 동방 사람들이 향품을 얼마나 귀하게 생각했는지를 잘 이해하지 못하지만, 솔로몬이 "좋은 기름"이라고 말했을 때, 그것은 그의 말을 듣고 있는 사람들이 최고의 사치품이라고 생각하는 것을 가리키는 말이었습니다. 동방 사람들은 향유를 몸에 바르거나 머리에 붓는 것을 좋아했습니다. 우리는 그런 것을 좋아하지 않고, 적어도 그들처럼 향유를 많이 바르거나 붓는 것을 좋아하지는 않습니다. 그러나 동방 사람들의 사치스러운 삶 중의 하나는 향기로운 냄새로 그들의 코를 즐겁게 하는 것이었습니다. 솔로몬이 여기에서 사용한 비유는 선한 이름을 얻는 것이 얼마나 소중하고 귀한 것인지를 보여주기 위한 것이기 때문에 이해하기가 쉽습니다. 자신의 몸에 향유를 바르고 머리에 "좋은 기름"을 부으면, 그 향기는 그 사람 자신에게 전해져서, 그 사람에게 기쁨과 즐거움을 줍니다. 마찬가지로, "좋은 이름"도 그런 선한 이름을 얻게 된 사람에게 즐거움을 선사합니다. 게다가, 향기를 풍기는 사람은 다른 사람들을 즐겁게 해줍니다. 그 사람 주위에 있는 사람들은 그 사람이 풍기는 향기로 인해 정신이 맑아지고 새 힘을 얻습니다. 마찬가지로, "좋은 이름"을 지닌 고귀한 인물도 자기 주변의 모든 사람들에게 즐거움을 줍니다. 어떤 경우들에서는 거룩한 기름을 사용하거나 바르는 것은 그 사람이 하나님께서 받으실 만한 자라는 것을 나타내는 것이기도 했습니다. 제사장들은 성소로 들어갈 때에는 어떤 정해진 향유를 발랐습니다. 이렇게 해서, "좋은 기름"은 하나님의 성령의 기름 부음과 주 하나님께 향기가 되시는 예수 그리스도로 말미암아 사람들이 하나님께 받아들여졌음을 나타내는 모형이 되었습니다. 따라서 유대인들이 "좋은 기름" 또는 향유를 매우 귀하게 여기게 된 이유는 첫째로는 향유가 그들에게 즐거움을 줌과 동시에 그들을 건강하게 만들어 준다고 여겼기 때문이고, 둘째로는 향유를 바르게 되면 다른 사람들에게 즐거움을 주기 때문이며, 셋째로는 종교적으로 하나님 앞에 나아가기 위하여 필수적으로 해야 할 것으로 여겼기 때문입니다. 이제 여러분은 동방 사람들이 "좋은 기름"을 왜 그토록 소중히 여기게 되었는지 그 이유를 알게 되었을 것입니다. 그러나 솔로몬은 "좋은 이름"이 "좋은 기름"보다 더 낫다고 말합니다. 나는 솔로몬이 말하는 "좋은 이름"이 단지 좋은 평판을 의미하는 것이라고 보지 않습니다. 물론, 그가 자신의 이웃들에게 존경받는 사람을 염두에 두고 이렇게 말했다고 해도, 그것이 틀린 것은 아닐 것입니다. 왜냐하면, 어떤 사람이 사람들 가운데서 존경을 받는 것은 좋은 일이고, 사람은 하나님 앞에서 올바르게 서 있고자 한다는 이유 외에는 그 어떤 이유로도 이웃들로부터 좋은 평판을 잃어서는 안 되기 때문입니다. 예수를 신실하게 따르는 사람은 그리스도를 순종한다는 이유로 비방을 받아 좋은 평판이나 명성을 잃는 것을 개의치 않아야 합니다. 그런 경우에, 그는 도리어 "기뻐하고 즐거워하는" 것이 마땅합니다. 왜냐하면, 사람들은 그리스도의 이름으로 인하여 "거짓으로" 그를 "거슬러 모든 악한 말을" 하는 것이기 때문입니다(마 5:11-12). 하지만 그런 때조차도, 그가 그리스도를 위하여 욕을 먹는 것을 기뻐하는 것이 마땅하다고 할지라도, 사람들 가운데서 자신의 "좋은 이름"을 잃은 것은 정말 애석해해야 할 일입니다. 모든 선한 사람은 모든 사람들로부터 좋은 말을 들을 수 있다면 기뻐할 것입니다. 왜냐하면, 만일 죄로 인하여 사회의 평화가 무너져서, 모든 사람이 여러분을 칭찬하는 것이 여러분에게 "화"가 되는 경우가 아니라면, 모든 사람들로부터 칭찬을 듣는 것은 사회의 평화의 토대이고, 그 자체로 선하고 즐거운 일이기 때문입니다.

나는 오늘의 본문이 그런 것보다 더 깊은 의미를 지니고 있다고 믿습니다.

왜냐하면, 어떤 사람이 그리스도를 인하여 욕을 먹고 비방을 당한다고 할지라도, 사람들로부터 존경 받을 만한 자격을 갖춘 사람이라면, 그 사람은 진정으로 "좋은 이름"을 갖고 있는 것이기 때문입니다. 사람들이 그 사람에 대하여 무엇이라고 얘기할지라도, 그의 이름은 "좋은 이름"입니다. 사실, 그는 하나님의 진리로 인해서 비방을 받고 욕을 먹고 있는 것이기 때문에, 그의 이름은 하나님이 보시기에 한층 더 "좋은 이름"입니다. 그의 이름은 세상 사람들로부터 멸시를 당하고 욕을 먹는 이름이었을지라도, 그리스도께서 오실 때에 하늘의 별들처럼 빛나게 될 것입니다. 결국, 우리에 대한 평판은 하나님으로부터 오는 것이기 때문에, 사람들의 평판은 작은 일입니다. 좋은 인품을 지닌 사람은 이 땅에서도 인정받을 수 있고, 그것은 분명히 왕들이 지닌 가장 희귀한 물건보다 더 좋은 일입니다.

이것을 영적으로 생각해 봅시다. 사랑하는 형제들이여, "좋은 이름"이 무엇입니까? "좋은 이름"은 어린 양의 생명책에 기록된 이름이고, 그런 이름은 가장 좋은 극상품의 향유보다 더 낫습니다. 나는 나의 이름이 하나님의 은혜로 말미암아 구원 받은 죄인들을 기록해 놓은 종이의 한 쪽 귀퉁이에 적혀 있기를 간절히 바랍니다. 내 이름이 생명책에 기록되어 있다고 생각하면, 그것은 내게 이 땅에서 가장 좋은 향유도 도저히 따라올 수 없는 향기를 지니고 있습니다. 하나님의 택함 받은 자들, 그리스도 예수의 구속받은 자들, 창세 전부터 아버지 하나님으로부터 사랑 받은 자들 중에 속하는 것은 얼마나 복된 일입니까! "좋은 이름"은 저 크신 대제사장의 흉패에 적혀 있는 이름임에 틀림없습니다. 만일 여러분이 옛적의 대제사장을 가까이 가서 볼 수 있었다면, 여러분은 그의 흉패에 "르우벤," "시므온," "유다," "단," "갓" 등등의 이름이 거기에 적혀 있는 것을 읽을 수 있었을 것입니다. 이 이름들은 모두 옛적에 거기에 새겨져 있던 "좋은 이름들"이었습니다. 그러나 여러분의 이름은 사람의 흉패에 달린 보석 위가 아니라, 거기보다 훨씬 더 복된 곳, 즉 여러분의 주이신 예수 그리스도의 심장 위에 새겨져 있습니다. 만일 여러분의 이름이 그리스도의 손바닥에 새겨져 있는 것을 볼 수 있다면, 여러분은 이렇게 말하게 될 것입니다: "거기에 새겨져 있는 것은 좋은 이름이 아닌가요. 전에는 그 이름이 하찮은 것이었는데, 지금은 내게 그 이름을 주신 하나님을 찬송합니다. 그 이름이 전에는 조롱당하고, 세상에서 축구 공처럼 이렇게 차이고 저렇게 차였지만, 지금은 예수의 손바닥에 새겨진 복된 이름이 되었기 때문입니다." 우리가 하나님의 백성이 되어 믿음으로 살아가고 있다면, 우리의 이름은 그렇게 "좋은 이름"이 됩니다. 예수께서는 "내가 너를 내 손바닥에 새겼고"라고 말씀하십니다. 어린 양의 생명책에 기록되어 있고 구주의 흉패에 새겨져 있는 이름은 "좋은 이름"입니다. 여러분은 그렇게 생각하지 않으십니까?

이것과 연관해서, 시온에 사는 자들 중에 기록되어 있는 이름은 "좋은 이름"이라고 할 수 있습니다. 그렇게 좋은 이름은 결코 없습니다. 어떤 사람들은 이런저런 사교클럽이나 상류층의 은밀한 모임의 명부에 자기 이름이 등재되거나, 귀족 계급에 자기 이름이 올라가 있기를 몹시 바랍니다. 정말 고귀한 사람이 되는 것이 귀족이 되는 것보다 훨씬 더 좋은 일인데도, 사람들은 귀족이 되는 것을 놀라운 일로 여깁니다. 하지만 이 땅에서 최고의 명부는 하나님의 백성의 이름들이 적혀 있는 명부입니다. 정복자 윌리엄(William) 왕이 붙여준 이름을 지니고, 그 왕과 함께 헤이스팅스 전투에 나가 혁혁한 전공을 세운 용사들의 명부에 그 이름이 올라가 있는 것보다, 헛간에서 만나 예배를 드리는 한 비천한 무리에 속한 세례 받은 신자들의 교회 명부에 올라가 있는 것이 더 명예로운 일입니다. 천사들의 성도의 족보에 올라가 있는 사람들이 참으로 존귀한 자들이라는 것을 인정하지만, 그 밖의 다른 명부에 올라가 있는 이름들에 대해서는 하찮게 여깁니다. 당신은 하나님을 믿는 백성 중의 한 사람입니까? 여러분은 자신의 십자가를 지고서 예수를 따르기로 작정하셨습니까? 여러분은 종이자 군사로서 여러분의 주이자 대장이신 그분의 이름을 지니고 있습니까? 그렇다면, 여러분은 "좋은 이름"을 지니고 있는 것이고, 그 이름에서는 "좋은 기름"에서 나는 것보다 더 좋은 향기가 납니다.

사랑하는 형제들이여, 여러분의 이름이 하나님의 교회에 새겨진 후에, 여러분이 계속해서 하나님의 은혜로 말미암아 하나님의 백성 중에서 사랑 받는 이름을 얻기 위하여 나아간다면, 그 이름은 "좋은 기름"보다 더 나은 이름이 될 것입니다. 겸손한 경건이나 거룩한 담대함으로 말미암아 존경받는 이름을 갖는 것은 막대한 돈을 들여 온갖 사치스러운 물건들을 사는 것보다 더 나은 일이 될 것입니다. 예컨대, 우리 주님에게 향유를 부은 저 여인 같이 되는 것은 얼마나 좋은 일입니까! 주님께서는 "온 천하에 어디서든지 이 복음이 전파되는 곳에서는 이 여자가 행한 일도 말하여 그를 기억하리라"(마 26:13)고 말씀하심으로써, 복음서에 그녀의 행적과 "좋은 이름"이 기록되어 세상 끝날까지 전해지게 하시는 상을 그녀에게 주셨습니다. "도르가"(행 9:36) 같은 비천한 여인도 가난한 자들에게 옷을 만들어 줌으로써, 그의 이름이 "좋은 기름"보다 더 나은 이름이 될 수 있었습니다. "루디아"는 옷감을 파는 상인에 불과한 여자였지만, 하나님의 종들을 자기 집으로 모셔 와서 대접함으로써, 그녀의 이름은 "좋은 기름"보다 더 나은 이름이 될 수 있었습니다. 비천한 사람일지라도 얼마든지 이런저런 것을 구주의 발 앞에 갖다놓음으로써, 자신의 구주 하나님의 복음을 영화롭게 해드릴 수 있고, 그랬을 때에 그의 이름은 왕들이 누리는 영화보다 더 영화로운 이름을 얻게 될 것입니다. "좋은 이름"은 겸손함으로 얻어진 이름이고, 사랑으로 얻어진 이름이며, 후히 베푸는 것으로 얻어진 이름이고, 하나님에 대한 열심으로 얻어진 이름이며, 따뜻한 마음으로 얻어진 이름이고, 열심히 기도해서 얻어진 이름이며, 하나님의 백성 중에서 온 마음을 다 드려서 하나님을 섬기는 진실한 사람으로 얻어진 이름이고, 곤경에 처한 성도들을 기꺼이 돕고자 한 자로서 얻어진 이름이며, "위로의 아들 바나바"(행 4:36) 같은 이름입니다.

우리는 이런 "좋은 이름"을 얻기를 간절히 원하는 것이 마땅합니다. 우리가 수많은 고귀한 미덕들을 나타내 보임으로써 얻은 "좋은 이름"은 아주 희귀한 향료들로부터 만들어진 기가 막히게 향기로운 "기름"보다 더 낫습니다. 여러분은 교회에 있으면서도, 그 지체로서 "좋은 이름"을 지니고 있지 않을 수 있습니다. 나는 그리스도인으로서의 여러분 자신의 성품에 대해서 말하고 있는 것입니다. 신앙인이라 자처하지만 그 이름에 걸맞지 않은 일부 사람들이 향유 단지 속에 있습니다. 그런 사람들은 파리들이고 모든 것을 망치기 때문에, 나는 우리가 그런 자들을 집어내어 버릴 수 있기를 바랍니다. 우리 교회에도 그런 사람들이 있는데, 그런 사람들은 이곳이 아니라 다른 곳에 있어야 마땅한 자들입니다. 즉, 그런 사람들은 세상의 꿀단지 같은 곳으로 날아들었어야 마땅한 사람들이라는 말입니다. 그런 사람들이 교회의 향유 단지 속으로 날아든 것은 참으로 유감스러운 일입니다. 하나님께서 교회라는 향유 단지 속에 죽은 파리들이 꼬이지 않게 해주시기를 빕니다. 어떤 사람들은 교회 속에서 남들과 다투고, 남들의 결점을 찾아내어 트집 잡고 시비를 거는 것으로 이름을 얻습니다. 사람들은 "설교 속에서 구멍을 찾아낼 수 있는 사람이 누구인지를 나는 잘 알고 있지"라고 말합니다. 이와 같은 신랄한 비판자와 몇 마디만 나누어도, 여러분은 예배 시간 동안에 받았던 은혜를 다 잃어버리게 됩니다. 유감스럽게도, 많은 여자 신도들은 험담과 잡담에 몰두하는 까닭에 "좋은 이름"을 얻지 못합니다. 여러분은 지혜로운 자들이니, 이 문제에 대해서 이렇게 한 마디만 해도 충분히 다 알아들으셨을 줄로·믿습니다. 여러분의 잘못들이 무엇이 되었든, 나는 이 자리에서 그 잘못에 대해 깊이 파고들려고 하는 것이 아니라, 다음과 같은 진리를 말씀드리는 것으로 모든 것이 해결되었으면 좋겠다는 생각인데, 그것은 그리스도인 형제들 가운데서 선한 평판을 얻는 것이 값비싸고 귀한 향유보다 더 낫다는 것입니다.

오늘의 본문의 하반절에 나오는 말씀은 우리가 위에서 살펴본 대로 자신의 삶에서 향기를 풍기며 선한 성품으로 살아감으로써 좋은 이름을 얻은 사람들에게 해당되는 말씀입니다: "죽는 날이 출생하는 날보다 나으며."

여러분은 "좋은 이름"을 지녀야 하고, 시온의 주민으로 등록되어 있으며, 그리스도의 심장에 새겨져 있고, 어린 양의 생명책에 기록되어 있어야 합니다. 그렇지 않으면, 오늘의 본문의 하반절은 여러분에게 해당될 수 없습니다. 만약 여러분이 "좋은 이름"을 지니고 있지 않다면, 여러분이 태어난 날도 나쁜 날이었지만, 여러분이 죽는 날은 태어난 날보다 수천 배는 더 나쁜 날이 될 것입니다. 이 말씀을 듣고 계시는 여러분, 여러분이 "좋은 이름"을 지니고 있지 않다면, 죽을 때에 무슨 일이 일어나게 되는지를 똑똑히 기억해 두시기를 바랍니다. 여러분은 하나님의 임재와 그의 능력의 영광으로부터 쫓겨나서, 하나님의 원수 갚으심으로 인한 공포를 느끼기 시작하게 될 것입니다. 그런 후에, 최후의 심판의 날이 오면, 하나님께서 자신이 여러분을 지옥에 보내서서 여러분의 몸과 영혼을 둘 다 멸하실 수 있으신 분임을 증명하실 것입니다. 왜냐하면, 여러분은 거기에서 마귀와 그의 졸개들을 위해 예비된 영원한 형벌을 받을 수밖에 없게 될 것이고, 여러분이 죽는 날은 빛이 아니라 어둠의 날이 될 것인 까닭에, 여러분은 결코 태어나지 않는 편이 더 좋았을 것이기 때문입니다.

그러나 여러분이 하나님을 믿는 백성이라면, 여러분에게는 죽는 날이 출생한 날보다 더 나을 것임을 기대하셔도 좋습니다. 주 예수께서 갑자기 재림하실 수도 있으시기 때문에, 여러분은 결코 죽지 않고 천국으로 들려올라갈 수도 있습니다. 그러나 그런 일이 우리의 날에 일어나지 않는다면, 우리는 이 땅에서 하나님을 섬기는 일을 마치고, 때가 되면 잠들게 될 것입니다. 모래시계 속에 들어 있는 모래가 다 밑으로 떨어지기 전인 바로 이 시간에, 우리가 오랫동안 기다려 왔던 주님이 갑자기 영광 중에 나타나실지도 모릅니다. 그러므로 우리는 허리를 동이고 등불을 준비한 채로 주님을 기다리는 것이 마땅합니다. 그러나 주님이 앞으로 수백 년 동안 오시지 않는다면(주님은 우리에게 재림의 "때"를 알도록 허락하지 않으셨기 때문에, 얼마든지 그럴 수 있습니다), 우리는 죽게 될 것입니다. 그런 경우에, "죽는 날이 출생하는 날보다 낫다"는 말씀이 우리에게 큰 위로가 됩니다.

1. 첫째로, 우리에게는 죽는 날이 태어난 날보다 더 낫습니다.

그 이유들 중 하나는 "일의 끝이 시작보다 낫기"(전 7:8) 때문입니다. 우리가 태어나면서부터 삶을 시작하지만, 그 삶은 어떤 삶이 될까요? 친구들은 "어서 와, 꼬마 신참"이라고 말합니다. 그러나 이 신참이 더 이상 신참이 아닐 때, 그는 어떤 대접을 받게 될까요? 그는 이 세상에 온 지 얼마 되지 않아서, 자기 부모님들의 빈궁함과 거룩하지 않은 가정의 참담한 모습을 느끼기 시작할 가능성이 높습니다. 유아들을 노리는 수많은 질병들이 그의 주변을 맴돌고, 새롭게 켜진 작은 촛불은 꺼져 버릴 큰 위험에 처하게 됩니다. 유아 시절은 험하고 거친 바다를 작은 배로 헤쳐 나가야 하는 아주 위험한 시기입니다. 세상에 태어나서 처음 몇 년은 암초들과 유사들로 가득해서, 삶을 시작하자마자 끝내야 하는 경우도 많습니다. 새로 태어나서 긴 인생길을 통과해 가야 하는 위치에 있는 것은 전사가 곧 있을 전투를 위해 갑옷을 입는 것과 같습니다. 그렇다면, 그 전투에서 승리해서 이제 갑옷을 벗어 버려도 되는 위치에 있는 것이 더 낫지 않겠습니까? 전투에서 첫 번째 총알을 발사하는 순간과 "승리했으니 전투를 중지하라"고 알리는 나팔 소리가 들리는 순간 중에서 어느 쪽이 더 좋으냐고 병사들에게 물어보십시오. 병사들은 단 한순간도 생각하지 않고 즉시 대답할 것입니다. 어떤 대답을 할 것인지는 의문의 여지가 없습니다. 믿는 자가 죽는 날은 승리의 날이기 때문에, 그 날은 첫 번째 총알을 발사하는 날, 즉 그가 태어난 날보다 더 낫습니다. 우리가 태어나면 우리의 긴 여정이 시작되지만, 우리가 죽으면 하늘에 있는 아버지의 집에서 우리의 곤하고 지친 행군을 마치게 됩니다. 힘들고 고단한 순례길을 시작하는 때보다 마치게 되는 때가 더 나을 것임은 두말할 필요도 없습니다. 우리는 긴 여정의 출발선에 선 자들에게 손수건을 흔들며 작별 인사를 고합니다. 순례길을 시작한 사람들도 할 수만 있다면 즐거워하는 것이 마땅합니다. 그러나 그들이 마침내 모든 위험을 다 극복하고서 자신들이 바라던 항구에 도착한 날이 더 나은 날이라는 것은 분명합니다. 그러므로 우리가 진정으로 하나님의 백성이라면, 삶을 시작하는 것보다 죽는 것이 더 낫습니다.

우리가 태어난 날보다 죽는 날이 더 나은 이유는 태어난 날에는 모든 것이 불확실하기 때문입니다. 선한 여자들이여, 여러분이 오늘 저녁에 자신의 품에 안고 있는 저 작은 아기가 장차 어떻게 될지를 여러분은 알지 못합니다. 하나님께서 그 아기에게 복 주셔서, 여러분에게 위로가 되게 하시고, 하나님의 교회에 영광이 되게 해주시기를 빕니다! 그러나 이것은 아직 순전히 우리의 바람이고 소망일 뿐입니다. 사람들은 아이들이 복이 될 것인지는 불확실하고 걱정거리가 되리라는 것은 확실하다고 말합니다. 나는 그런 말을 좋아하지 않습니다. 어쨌든 아이들은 복이니까요. 그러나 한 가지 확실한 것은 그들이 장차 자라서 악의 영향을 받게 될 때에 어떤 사람이 될 것인지는 아무도 알 수 없다는 것입니다. 여러분은 자라나는 청소년을 바라보면서, 이렇게 느낍니다: "저 아이가 무엇이 될지는 정말 모르겠다. 저 아이는 유혹에 빠져서 악한 길로 갈 수도 있겠고, 하나님의 은혜로 말미암아 정도(正道)를 걸어갈 수도 있겠다. 장차 저 아이는 유익하고 존경할 만한 사람이 될 수도 있을 것이고, 타락해서 방탕한 삶을 살 수도 있을 것이다." 아이가 태어났을 때에는 그 아이에 관한 모든 것이 불확실하지만, 성도가 죽는 날에는 그에 관한 모든 것이 확실합니다. 오늘 아침에 나는 한 사랑하는 친구가 잠들었다는 소식을 듣고서, 그의 부인에게 이렇게 썼습니다: "그에 관해서 우리는 확실하게 말할 수 있으니, 당신은 소망 없는 자들처럼 슬퍼하지 마십시오. 그가 하나님과 더불어 오랜 세월을 동행하는 삶을 살았다는 것은 그가 하나님의 백성 중의 한 사람이었다는 것을 증명해 줍니다. 우리는 이제 그에게는 시험도 없고 슬픔도 없는 곳에서 영원토록 기쁨을 누리는 일만이 남아 있음을 압니다." 이렇게 확실한 것은 불확실한 것보다 더 낫기 때문에, 성도가 죽는 날은 출생한 날보다 더 낫습니다.

또한, 확실한 것들을 서로 비교해 보아도, 성도가 죽는 날은 생을 처음으로 시작한 날보다 더 낫습니다. 왜냐하면, 우리는 어떤 아이가 태어났을 때에 그는 슬픔과 괴로움을 겪기 위해 태어난 것임을 알기 때문입니다. 그 아이의 다른 모든 것이 불확실하다고 할지라도, 우리는 앞으로 그 작은 눈에 눈물이 마를 날이 없을 것이고, 그의 손과 발은 피곤하고 지칠 것이며, 그의 작은 심장은 조만간에 수많은 괴로움들로 인해 조여들리라는 것은 확실히 압니다. 우리가 이것을 아는 것은 성경이 "사람은 고생을 위하여 났으니 불꽃이 위로 날아 가는 것 같으니라"

(욥 5:7)고 말씀하기 때문입니다. 이 죽을 인생을 완벽하게 순탄한 길로 걸어간 사람은 아무도 없었습니다. 사람은 누구나 환난과 괴로운 일들을 겪을 수밖에 없습니다. 오늘 갓 태어난 저 작은 아기는 그의 아버지와 어머니로부터 슬픔과 괴로움을 물려받기 위하여 태어난 것입니다. 그의 부모는 자신들이 험난한 인생 길을 걸어오면서 겪은 고통들을 통해서 이미 온 몸으로 그들의 아이도 그럴 것임을 예언하였습니다. 그러나 임종 가운데 있는 성도를 보십시오. 그가 슬픔이나 괴로움이나 고통과 작별하고 있다는 것은 너무나 확실합니다. 우리는 그가 두 번 다시 죽지 않으리라는 것을 압니다. "그들이 다시는 주리지도 아니하며 목마르지도 아니하고 해나 아무 뜨거운 기운에 상하지도 아니하리니 이는 보좌 가운데에 계신 어린 양이 그들의 목자가 되사 생명수 샘으로 인도하시고 하나님께서 그들의 눈에서 모든 눈물을 씻어 주실 것임이라"(계 7:16-17). 슬픔이 지나갔음을 우리가 확실히 아는 그 날이 이제 막 슬픔의 길로 들어섰음을 우리가 확실히 아는 그 날보다 더 낫다는 것은 두말할 필요가 없습니다. 이런 이유로, 우리는 출생한 날을 기록한 기초석 위에 묘비를 세웁니다.

    이것은 출생한 날을 기념하는 이후의 생일들에도 그대로 해당됩니다. 생일을 기념하는 것은 사려 깊고 즐겁고 지혜로운 일입니다. 생일은 하나님께서 우리로 하여금 인생의 여정 속에서 이 지점까지 오게 하신 것에 대하여 감사하는 날이기 때문에, 모든 그리스도인에게 거룩한 날입니다. 인생의 이정표 앞에 앉아서, 이렇게 말하는 것은 정말 복된 일입니다: "내가 나의 여정 중에서 20마일, 또는 30마일, 40마일, 또는 50, 60, 70마일을 왔구나. 지나온 길들은 내가 다시는 밟지 못하겠지. 너무나 많은 환난들이 지나갔고, 두 번 다시 내게 오지 않을 수많은 파도들이 일어났었지. 또한, 내가 다시는 겪지 않을 무수한 부침도 통과해 왔어." 사람은 병에서 회복된 후에는 이렇게 기도하는 것이 좋습니다: "이 병을 이기고 통과하게 하신 것을 하나님께 감사합니다. 나는 그런 병을 또다시 반복해서 앓지는 못할 것입니다. 나는 그러한 고통을 또다시 반복해서 느끼지는 못할 것입니다. 이번과 똑같은 힘든 밤들을 보내며 신음하는 일이 내게는 또다시 오지 않을 것입니다." 여러분의 뼈마디를 아프게 했던 모든 고통에 대하여, 여러분은 "어쨌든 내 뼈가 다시는 그런 고통을 겪지 않을 것이다"라고 말하여야 합니다. 여러분이 그 병을 통과해서 여러분 앞에 놓여 있는 여정 속에서 한참을 지나온 것을 기뻐하십시오. 이 여정에서 여러분이 겪어야 할 다른 일들이 여러분을 기다리고 있고, 기나긴 순례길이 저 너머로 이어져 있습니다. 여전히 싸워야 할 싸움들이 있고, 올라야 할 산들이 있으며, 빛을 바라며 탄식해야 할 어두운 밤들이 남아 있습니다. 여러분 앞에는 여전히 시험과 유혹이 있고, 죄가 있습니다. 그러나 우리가 죽는 날에 이르렀을 때에는, 이 모든 여정이 우리 뒤에 있습니다. 그때에는 모든 여정이 끝난 것입니다. 여러분이 죽는 날에는 죽는 것 외에는 여러분이 해야 할 일이 아무것도 남아 있지 않습니다. 다른 모든 일들은 이미 다 마쳤습니다. 여러분은 무수한 싸움들을 싸웠고, 영원한 승리를 쟁취하였습니다. 이 날은 우리가 보냈던 최고의 생일(물론 생일들도 좋긴 하였지만)보다도 더 낫고, 누구나 다 감사해야 할 날이 아니겠습니까?

그러므로 나는 이 점에 대해서 더 길게 얘기할 필요가 없다고 생각합니다. "죽는 날이 출생하는 날보다 나으며."

2. 둘째로, 신자에게는 죽는 날이 그가 행복했던 모든 날들보다 더 낫습니다.

이것은 내가 앞에서 말했던 것을 형태만 조금 바꾸어서 표현해 본 것입니다. 신자들이 행복했던 날들은 언제였습니까? 나는 한 사람이 살아가는 동안에 흔히 행복한 날들이라고 생각하는 그런 날들을 선별해서 얘기해 보고자 합니다. 한 사람이 성인이 되는 날은 행복한 날입니다. 그 날에 그는 자기가 비로소 사람 대접을 받는다고 느낍니다. 특히, 그에게 영지나 땅이 주어져 있다면, 그런 느낌은 더욱더 실감이 날 것입니다. 한 사람이 성인이 되는 날은 큰 축제의 날입니다. 여러분은 "옛적의 성년식"을 그린 그림들을 본 적이 있을 것입니다. 그런 그림들을 보면, 성인이 된 젊은 대지주의 기쁨은 모든 소작농들과 농장의 모든 일꾼들에게도 그대로 전해져서, 농장에 속한 모든 사람들이 다 기뻐하고 즐거워합니다. 이 날은 정말 아주 기쁘고 즐거운 날임에 틀림없지만, 신자들이 죽을 때에는, 훨씬 더 고귀한 의미에서 그들은 성인이 되고, 하늘에 있는 그들의 영지를 상속받게 됩니다. 여러분이 아시다시피, 여기 이 현세에서 우리는 많은 상전들과 선생들 아래에 있는 아이들과 흡사하고, 종들과 별로 다르지 않습니다. 우리는 여전히 징계를 당해야 하고, 치리 아래 있어야 하며, 우리의 것인데도 많은 것들을 누릴 수 없습니다. 우리는 아직 좋은 것들을 제대로 누릴 수 있는 힘이 없기 때문에, 우리에게는 많은 좋은 것들이 주어지지 않습니다. 바울은 "지금은 내가 부분적으로 아나"(고전 13:12)라고 말합니다. 여기에서 우리는 우리가 소유하게 된 것 중 단지 작은 부분만을 갖고 있고, 우리의 유업 중에서 단지 일부만을 누리고 있을 뿐입니다.

> "그때에는 내가 이 아랫세상에서 바라고 원하였던 모든 것을
> 보고 듣고 알게 되고,
> 저 영원한 기쁨의 세계에서는
> 내게 주어진 모든 능력이 다 발휘되리라."

　그때에 나는 에스골 골짜기에 가득했다고 하는 저 포도나무들로부터 포도들을 따게 될 것이고, 그때에는 편히 누워서, 풍부한 물이 넘실대는 하나님의 강에서 마음껏 마시게 될 것이며, 그때에는 심지어 내가 알고 있던 것들도 거울을 통해서 희미하게 보는 것이 아니라 얼굴에 얼굴을 맞대어 보고 분명하게 알게 될 것입니다. 상속자들이 자신들의 영지를 실제로 유업으로 받는 날 — 신자들이 죽는 날은 바로 그런 날이 될 것입니다. 그러니 그 날은 얼마나 기쁜 날이 되겠습니까! 우리가 진짜 제정신이라면, 죽음을 두려워한다는 것은 정말 어처구니없는 일입니다. 젊은이들 중에 스물한 살이 되는 것을 두려워하는 사람은 아무도 없습니다. 아니, 도리어 그들은 이렇게 말합니다: "낮들과 밤들이여, 어서 빨리 날아서 흘러가서, 나로 하여금 미성년자에서 벗어나고 나의 유년 시절에서 벗어나 성년에 이르러, 모든 것을 소유할 수 있게 해주렴." 마찬가지로, 우리도 이렇게 말해야 합니다: "세월아, 어서 빨리 흘러가거라. 흰 머리여, 어서 오너라. 세월아, 빨리 흘러서, 나로 하여금 하나님께서 그를 사랑하는 자들을 위하여 준비해 두신 것들, 내 눈으로 한 번도 보지 못했고 내 귀로 한 번도 듣지 못했던 그 것들을 실제로 소유할 수 있게 해주렴."
　또한, 한 사람에게 아주 기쁜 날들 중의 하나는 **결혼하는** 날입니다. 자기가 결혼하는 날에 기뻐하지 않을 사람이 누가 있겠습니까? 아무리 차가운 심장을 지닌 사람이라고 할지라도, 적어도 결혼하는 날에는 그 심장이 기뻐 뛸 것입니다. 그런데 우리가 죽는 날은 바로 우리와 우리 주님이 결혼으로 하나가 되는 날이기 때문에, 이 세상에서 결혼하는 날보다 그 기쁨이 훨씬 더할 것입니다. 그때에 우리는 연회가 열리는 큰 방에 들어가서, 어린 양의 혼인 잔치를 알리는 나팔 소리가 울려 퍼지며 신랑이 온다는 소리가 들리는 가운데, 신랑 되신 주님이 그

방에 들어오셔서 우리와 함께 하실 것입니다. 그리고 그 혼인 잔치에서 우리는 신부의 들러리나 하객이 아니라, 우리 자신이 신랑 되신 그리스도께서 온 마음으로 흡족해하시는 저 복된 어린 양의 신부가 될 것입니다. 우리가 이 세상을 떠나는 날을 고대하는 이유는 그 날은 성도가 그리스도와 혼인하는 날이어서, 현세에서 신랑과 신부가 결혼하는 날보다 훨씬 더 나은 날이기 때문입니다. 그러므로 믿음이 충만한 신자들은 주님과 혼인하여 영원히 함께 있게 될 그 날을 고대할 수밖에 없습니다.

장사나 사업을 하는 사람들에게는 이익을 많이 남긴 날이 행복한 날일 것입니다. 갑자기 횡재를 하거나, 장사나 사업이 잘되거나, 여러 달 동안 모든 것이 잘 풀리고, 하나님께서 그들의 마음이 원하는 것들을 다 이루어 주실 때, 그들은 행복해합니다. 그러나 사랑하는 자들이여, 우리가 세상을 떠나서 아버지께로 가는 것보다 더 이익이 남는 장사는 없습니다. 모든 이익 중에서 가장 큰 이익은 고통의 세상을 벗어나서 승리의 땅으로 들어갔을 때에 우리가 알게 될 이익입니다. 바울은 "죽는 것도 유익함이라"(빌 1:21)고 말합니다. 형통하고 잘되는 것에 대해서 말하자면, 어떻게 이 세상에서 형통하고 잘되는 것을 저 천국에서 영원토록 지극한 복을 누리며 사는 것과 비교할 수 있겠습니까? 죽는 것은 평화와 안식, 기쁨과 만족의 날들로 들어가는 것입니다. 그러므로 우리가 죽는 날은 이 세상에서 우리가 가장 행복한 날들보다 더 낫습니다.

형제들이여, 사람들에게는 직장에서 승진을 한다거나, 동료들로부터 찬사를 받은 날 같이 존귀함을 받는 날들이 있고, 그런 날들은 행복한 날들입니다. 그러나 하나님께서 천사들로 하여금 여러분과 나를 호위해서 아브라함의 품에 안기게 하시는 날만큼, 우리가 존귀하게 되는 날이 어디 있겠습니까! 하나님께서 천사들에게 우리를 호위하게 하시는 것은 하나님이 우리를 얼마나 존귀하게 여기시는지를 잘 보여줍니다. 성도들이 영광 중에서 그리스도의 형제들, 하나님의 상속자들, 구속주와 함께 상속 받을 자들로 여기심을 받게 될 때에 그들에게 주어질 존귀함을 우리가 어떻게 다 말로 표현할 수 있겠습니까!

또한, 건강한 날들도 행복한 날들입니다. 그러나 우리가 아무리 건강하다고 할지라도, 어떻게 그것을 선하신 의사께서 최고의 솜씨로 우리의 영혼을 완벽하고 온전하게 하시는 것에 비할 수 있겠습니까? 병에서 회복된 날들은 행복한 날들이지만, 그것은 우리의 영혼이 완전히 회복되어서, 그 주민에게서 "내가 병들었다"는 말을 들을 수 없는 곳으로 가는 것에 비하면 아무것도 아닙니다. 치유하시는 여호와께서 우리의 영혼 전체를 온전히 회복시키실 때, 새로운 기쁨이 우리를 사로잡게 될 것입니다.

    사람들과 따뜻한 마음으로 화기애애하게 우의를 나누는 날들도 우리에게는 정말 행복한 날들입니다. 우리는 친구나 가족과 함께 앉아서 그런 시간들을 가질 수 있습니다. 하지만 사람들과의 행복한 교제를 나누는 날도 죽는 날의 행복에 비하면 아무것도 아닙니다. 그 날에 우리는, 오래 전에 본향에 갔지만 우리가 결코 잊지 않았던 저 복된 많은 사람들을 반갑게 만나게 될 것입니다. 저 위에 있는 우리의 소중한 친구들과의 지극히 복된 재회는 우리를 행복하고 기쁘게 해줄 것입니다. 여러분 중에서 나이 드신 분들은 이 땅보다도 저 천국에 더 많은 친구들을 가지고 있습니다. 여러분은 저 위에서 다시 그 친구들과 재회하게 될 기쁨 때문에, 이 땅에 남겨두고 떠나야 할 사람들을 생각할 때에 오는 모든 슬픔을 잊어버릴 수 있습니다. 거기에서 가족들의 재회가 이루어질 것입니다! 우리의 아버지와 어머니도 거기로 가셨고, 삼촌들과 숙모들도 거기에 있으며, 형제들과 자매들도 모두 우리보다 앞서 거기로 갔습니다. 그들은 모두 여러분을 기다리고 있고, 우리는 머지않아 그들과 재회하여 회포를 풀게 될 것입니다. 무엇보다도, 우리가 사랑하고, 우리에게 형제와 자매, 어머니보다 더 소중하신 그리스도께서 거기로 먼저 가 계십니다. 우리가 부활하신 주님과 만난다는 것은 얼마나 지극히 큰 복이고, 우리의 혈육들을 주 안에서 만나는 기쁨은 얼마나 크겠습니까! 성도들은 모두 하나님의 보좌 주위를 둘러싸고 모여서, 한 온전한 권속을 이루게 될 것이고, 하나님의 자녀들 중에서 거기에 있지 않은 사람은 단 한 명도 없을 것입니다. 우리의 형제나 자매 중에서 거기에 있지 않은 사람은 단 한 명도 없을 것입니다. 여러분은 "나의 형제와 자매 중에는 아직도 회심하지 않은 사람들이 있어서, 그들이 거기에 없을까봐 걱정입니다"라고 말할지 모릅니다. 그렇다면, 그들은 여러분의 형제나 자매가 아닐 것입니다. 거기에서는 단순히 혈통에 의해서 맺어진 형제자매 관계는 끝나게 될 것이고, 오직 영적으로 맺어진 관계만이 살아남아 지속될 것입니다. 우리가 애곡해야 할 사람은 아무도 없게 될 것입니다. 우리의 진정한 혈육들은 모두 다 영광 중에 있게 될 것입니다. 영원한 생명의 끈으로 우리와 연결된 사람들은 모두 거기에 있을 것입니다. 따라서 우리가 천국에서 아브라함과 이삭과 야곱과 함께 앉고, 하나님의 백성과 영원히 함께 있게 될 그 기쁨의 날이 속히 오기를 바라는 것은 당연합니다.

3. 셋째로, 신자에게 죽는 날은 그가 이 땅에서 가진 거룩한 날들보다 더 낫습니다.

나는 내가 지금까지 가졌던 가장 거룩한 날은 내가 회심하던 날이었다고 생각합니다. 그 날은 오랫동안 눈이 멀었다가 처음으로 보게 된 날처럼 모든 것이 새롭고 신선하게 보인 날이었습니다. 내가 회심한 날을 어떻게 잊을 수 있겠습니까? 그 날은 내 심장이 영적인 생명으로 뛰기 시작하고, 내 영혼의 폐가 기도로 호흡하기 시작한 날이었습니다. 그 날은 내 영혼이 손을 내밀어 내 주님을 붙잡고, 내 영혼의 눈이 주님의 아름다우심을 보기 시작한 날이었습니다. 내 영혼이 그렇게 볼 수 있는 것은 너무나 복된 일이었습니다. 그렇다면, 내가 내 주님을 얼굴을 맞대고 본다면 어떻겠습니까? 천국에서의 첫 5분은 과연 어떻겠습니까? 거룩한 존재들이 자신들이 즐거웠던 일들을 회상하며 서로 얘기를 나눌 때, 그들은 분명히 천국에서의 첫 5분을 영원히 잊지 못하고 서로 말하게 될 것입니다. 나는 천국을 갔다온 사람이 우리에게 천국에서의 첫 5분이 그에게 어떠하였는지를 얘기해 주었으면 좋겠습니다. 하지만 나는 그런 얘기는 듣지 않는 편이 좋을 것이라고 생각합니다. 왜냐하면, 우리는 그 사람의 말을 듣고서 너무나 놀라게 될 것이고, 그 사람은 우리가 이해할 수 없는 언어로 말할 것이기 때문입니다. 그는 사람이 말해서는 안 되는 것들을 말하게 될 것입니다. 영광의 땅에서 온 형제여, 우리는 더 좋은 땅에 대한 당신의 얘기를 듣지 않는 편이 더 좋을 것이기 때문에, 당신은 다시 그곳으로 그냥 돌아가는 것이 좋겠습니다. 우리는 이 땅에서 그곳을 생각하고 기대하기 시작합니다. 그러므로 우리가 이 아랫세상에서 주님을 처음으로 보았을 때보다도, 우리가 죽어서 주님을 뵈옵는 것이 더 나으리라는 것은 분명합니다.

우리가 주님을 처음으로 본 이래로, 우리에게 많은 복된 날들이 있어 왔는데, 그 중의 하나가 바로 안식일들입니다. 우리는 결코 주일을 포기할 수 없습니다. 저 사랑의 달콤한 안식들을 누릴 수 있는 그 날들은 내 영혼에 소중합니다. 그 날들은 하나님께서 울타리를 치셔서 자신의 것으로 성별하시고 우리에게 주신 날들입니다. 한 청년이 어제 교회에 와서 내게 "나는 종종 일주일 전체가 주일이면 좋겠다는 생각을 합니다"라고 말했고, 나도 그 말에 전적으로 동감했습니다. 내가 일주일 내내 설교할 수는 없기 때문에, 가끔은 회중 가운데 앉아서 말씀을 듣고 싶습니다. 여기에서 전할 때나 거기에 앉아서 들을 때나, 하나님의 말씀을 가지고 얘기하는 것은 늘 귀한 일입니다. 오, 우리의 복된 안식일들이여! 그런데 우리는 죽는 날에 영원한 안식일로 들어가게 될 것입니다.

> "우리는 회중들이 늘 모여 있고,
>   안식일들이 끝이 없는 그런 곳에 가리라."

천국에서 누리는 안식일들은 아무런 방해도 받지 않고 일심으로 지키는 진정한 안식일들이 될 것입니다. 그 안식일들은 죄인들로부터 차단되고, 안식일에 조차도 흔히 우리를 괴롭히는 저 더러운 행실로부터 차단된 복된 안식일들이 될 것입니다. "안식할 때가 하나님의 백성에게 남아 있도다"(히 4:9).

> "우리의 수고하는 영혼이
>   고통스러울 정도로 간절한 열망으로
>   그 안식할 때를 기다린다네."

성찬의 날들도 우리에게는 지극히 거룩한 날들이었습니다. 주의 식탁에 앉아서 떡을 떼고 포도주를 마시며 예수님과 교제를 나누는 날들은 정말 행복하고 기쁜 날들이었습니다. 그러나 저 위에 있는 낙원에서 주님과 함께 떡을 떼며 교제를 나누는 날들은 훨씬 더 행복하고 기쁜 날들이 될 것입니다. 그리고 우리가 죽는 날에 바로 그 날들이 시작될 것입니다. 나는 우리가 이 땅에서 갖는 모든 거룩한 날들을 차례차례 다 계속해서 열거할 수 있지만, 여러분이 이 땅에서 가장 거룩한 날로 어느 날을 꼽든지, 나는 이렇게 말할 수 있습니다: "좋습니다. 그러나 우리가 죽는 날은 더 높고 거룩한 상태로 들어가는 날이기 때문에 여러분이 꼽는 그 어떤 거룩한 날보다도 더 낫습니다." 나는 그 거룩한 날들이 정말 행복하고 기쁜 날이었다는 여러분의 말을 부정하고자 하는 것이 아니라, 도리어 그 모든 거룩한 날들을 주신 하나님을 찬송합니다. 우리가 두 번째의 것이 "더 낫다"고 말할 때에는, 첫 번째의 것이 어느 정도 좋다는 의미가 거기에 내포되어 있습니다. 우리가 이 땅에서 가진 거룩한 날들은 요단 강 너머 저편에서 우리가 기뻐하게 될 것에 대한 예행연습으로서 정말 행복하고 기쁜 날들입니다. 여러분과 내가 천국에 들어가는 것은 나쁜 것에서 좋은 것으로 가는 것이 아니라, 좋은 것에서 더 좋은 것으로 가는 것입니다. 그 변화는 두드러진 것이 될 것이지만, 생각 없는 사람들이 상상하는 것과 같이 그렇게 엄청난 변화는 아닐 것입니다.

첫째, 우리의 본성에 변화가 없을 것입니다. 우리가 중생하였을 때에 하나님께서 우리에게 주신 본성, 즉 신령한 본성은 우리가 천국에 들어갔을 때에 누리게 될 본성과 동일합니다. 우리는 우리의 부패한 본성을 가져가지 않을 것입니다. 나는 우리가 그 부패한 본성을 가져가고 싶어 하지 않을 것이라고 확신합니다. 존 번연의 「천로역정」에서 "작심삼일" 씨(Mr. Ready-to-Halt)는 목발을 짚고 순례길을 갔지만, 죽었을 때에는 그 목발을 집어던져 버렸습니다. 저 완전한 땅에서는 목발이 필요하지 않았기 때문입니다. 우리는 그 어떤 죄악된 연약함들, 아니 실제로는 그 어떤 연약함들도 낙원으로 가지고 들어가지 않게 될 것입니다. "심약" 씨(Mr. Feeblemind)는 자신의 두려워 떠는 마음을 천국으로 가지고 들어가고 싶지 않았고, 자신의 심약한 마음을 거름더미에 묻어 버리라는 명령을 받습니다. 그러나 우리에게 있는 모든 선한 것들, 그리스도 예수 안에서 거듭난 진정한 우리 자신에 속한 모든 것들은 우리가 하나도 잃지 않고 다 천국으로 가져가게 될 것입니다. 지금 여기에 있는 나의 모습은 장차 천국에서의 나의 모습과 동일할 것입니다. 그렇기 때문에, 나는 여러분이 나를 알아보게 되리라는 것을 추호도 의심하지 않습니다. 여러분이 천국에서 나를 알아보지 못한다면, 여러분은 이 세상에 있을 때보다도 더 어리석은 자들일 것입니다. 나는 어떤 사람이 "이 땅에서 우리는 오직 당신의 겉모습을 보고서 당신을 알아보는 것이기 때문에, 당신이 천국에 가서 육신을 벗어버린 상태로 있게 되면, 우리는 당신을 알아보지 못하게 될 것입니다"라고 말하는 것을 들었습니다. 나의 대답은 여러분은 육신을 따라서가 아니라 그것과는 다른 방식으로 나를 알아보게 되리라는 것입니다. 즉, 여러분은 나의 외모를 통해서가 아니라, 내 영을 보고서 나인 줄을 알게 되리라는 것입니다. 나는 육신을 벗어버려서 목소리를 사용할 수도 없지만, 내 영과 여러분의 영이 서로 소통하여, 여러분은 내 영을 알아보게 될 것입니다. 여러분은 내가 어떤 영에 속한 자인지를 알게 될 것입니다. 내가 누구라는 것을 굳이 설명하지 않아도, 여러분은 나를 알게 될 것입니다. 모든 사람들 중에서 나와 똑같은 성품을 지닌 사람은 아무도 없습니다. 각 사람의 성품은 서로 다 다릅니다. 사랑하는 친구여, 당신과 똑같은 사람은 아무도 없고, 당신만이 지닌 독특한 점들이 있어서, 사람들은 서로 구별될 수 있습니다. 우리는 분명히 서로를 알아볼 것입니다. 천국에서 우리는 여기에서와 동일한 인격일 것이고, 우리가 몸으로 부활할 때, 그 몸도 동일한 몸일 것입니다. "하나님이 그 뜻대로 그에게 형체를 주시되 각 종자에게 그 형체를 주시느니라"(고전 15:38). 우리의 부활한 몸은 변화되고 온전히 되긴 하겠지만, 여전히 그 동일성을 보존하고 있을 것입니다. 우리는 이 땅에서 성령이 우리에게 주신 선한 본성으로 말미암아 선한 날들을 보냈는데, 천국에서도 바로 그 동일한 본성을 지니게 될 것입니다. 다만, 그 본성은 더 온전히 성장하고, 온전함을 방해하는 모든 것들로부터 깨끗하게 된 상태가 되어 있을 뿐입니다.

우리는 여기에서 했던 것과 동일한 일들을 천국에서도 행하게 될 것입니다. 어떤 사람은 이렇게 말합니다: "그런 말씀 하지 마십시오! 나는 여기에서 뼈 빠지게 일해야 했는데, 천국에서는 절대로 그렇게 하고 싶지 않습니다." 내 말은 그런 의미가 아닙니다. 내가 말하고자 하는 것은 우리의 영들이 이 세상에서 행해 왔던 것과 비슷한 일들을 거기에서도 행하게 되리라는 것입니다. 여기에서 우리의 영혼이 무슨 일을 하고 있습니까? 우리 영혼이 하는 가장 즐겁고 행복한 일들 중의 하나는 하나님을 찬송하는 일입니다. 우리는 영영토록 지존자를 경배하고 찬양하며 살게 될 것입니다. 하나님께로 가까이 나아가서 친교를 나누는 것은 우리의 가장 복된 일들 중의 하나가 될 것입니다. 우리는 거기에서 그렇게 할 것이고, 늘 그렇게 할 것입니다. 이것이 전부가 아닙니다. 왜냐하면, 우리는 영광 중에 하나님을 섬기게 될 것이기 때문입니다. 나는 하나님께서 우리로 하여금 천국에서 무엇을 하기를 원하실지를 알지 못하고, 거기에 가서 본 적도 없지만, 하나님이 우리를 사용하실 것이라고 확신합니다. 성경은 "그의 종들이 그를 섬기며 그의 얼굴을 볼 터이요"(계 22:3-4)라고 말씀합니다. 천국에는 나와 여러분이 하나님을 위하여 할 일들이 있습니다. 활발하게 움직이고자 하는 영을 지닌 여러분은 여기에서 여러분의 영이 하던 것과 똑같은 일들을 하면서 큰 기쁨을 누리게 될 것입니다. 즉, 여러분은 어디에 있든지 여러분을 구원하신 예수의 이름을 경배하고 찬양하고 널리 선포하는 일을 하며 큰 기쁨을 느끼게 될 것입니다.

우리 성도들이 이 땅에서 그리스도 및 성도들 서로와 교제하면서 큰 기쁨을 누렸듯이, 천국에서도 동일한 교제를 통해서 큰 기쁨을 누리게 될 것입니다. 거기에서도 우리는 여기에서 했던 것처럼 그리스도를 힘입어 살아가고, 하나님을 즐거워하게 될 것입니다. 내가 생각만 해도 좋은 것이 하나 있는데, 그것은 우리가 이 땅에서 함께 하였던 바로 그 동일한 무리와 함께 하게 되리라는 것입니다. 나는 임종 직전의 한 가난한 할머니를 심방한 적이 있었는데, 그녀는 내게 이렇게 말했습니다: "나는 한 가지 생각만 하면, 내 마음이 참 편해짐을 느낍니다. 나는 지난 60년 동안 하나님의 백성 외에는 그 어떤 무리와도 어울린 적이 없는데, 이제 내가 바로 그 동일한 무리에게로 간다는 생각을 하면, 이렇게 마음이 편합니다. 어떤 외인이 여기에 들어와서, 세상일들에 대해서 육신적인 방식으로 말하기 시작하면, 나는 그가 가주기를 바라면서, 속으로 이렇게 말했습니다. '하나님께서 나를 내 백성으로부터 떨어뜨려 놓지 않으실 것입니다. 하나님은 반드시 나를 내 백성이 가는 곳으로 데려다주실 것이고, 내가 늘 사랑하던 그 백성이 있는 곳으로 간다면, 나는 내가 행복하리라는 것을 압니다.'" 임종을 앞둔 믿는 자들이여, 여러분이 속하여 함께 할 무리는 바뀌지 않을 것입니다. 단지 여러분이 온전하게 되는 것과 마찬가지로, 그 무리도 여기에서보다도 더 온전해질 것입니다. 그 무리는 여러분이 이 땅에서 함께 했던 무리와 동일한 무리일 것이기 때문에, 여러분은 마치 고향에 온 것 같은 느낌을 받게 될 것입니다. 우리가 죽는 날은 우리로 하여금 두려움을 느끼게 할 정도로 아주 이상하고 기이한 것이 없습니다. 여러분과 나는 우리 집 문을 두드리는 소리가 날 때에 깜짝 놀라서 발작을 일으키는 사람들처럼 살아서는 안 됩니다. 그런 사람들이 문 두드리는 소리나 초인종 소리에 몹시 놀라고 기겁하는 이유는 집세를 내지 않았거나 빚쟁이들이 돈 받으러 온 것은 아닌가 생각하기 때문입니다. 여러분과 나는 우리가 진 빚을 다 갚았습니다. 아니, 주 예수 그리스도께서 우리의 모든 빚을 대신 갚아 주시고, 우리를 자유롭게 해주셨습니다. 그러므로 죽음이 우리 집 앞에 와서 문을 두드릴 때, 우리가 해야 할 것은 즉시 대담하고 일어나서 "하나님의 사자"와 함께 나가는 것입니다. 우리의 친구들은 "그가 죽었다"고 말할 것입니다. 우리가 살아서 "좋은 이름"을 얻었다면, 그것은 "좋은 기름"보다 더 낫습니다. 우리의 친구들은 우리가 죽은 것을 알 것이지만, 우리가 죽었다고 해서 그들이 애곡한다면, 그들은 정말 어리석은 자들입니다. 왜냐하면, 그들은 도리어 "우리의 친구가 자신의 기쁨과 안식에 들어가게 하신 것을 하나님께 감사합니다"라고 말해야 하기 때문입니다. 믿음 좋은 사랑하는 어머니가 있었는데, 그녀는 자기 딸을 무척 사랑했지만, 주님을 더 사랑했습니다. 그녀의 사랑하는 딸이 죽어갈 때, 그녀는 딸에게 입맞춤하며, 이렇게 말했습니다: "내 사랑하는 아이야, 이제 넌 몇 시간 후가 되면 천국에 있겠구나. 축하한다. 네가 기뻐할 것을 생각하면, 나도 절로 기뻐져서, 울 수가 없구나. 다시 한 번 축하한다. 나도 너와 함께 가고 싶구나." 우리는 이렇게 거룩한 사고방식을 따라 죽음을 생각하여야 합니다.

4. 넷째로, 신자에게 죽는 날은
그가 산 모든 날을 다 합한 것보다 더 낫습니다.

설교를 끝마칠 때가 거의 다 되어서, 마지막 대지를 전할 수는 있겠지만, 내가 원하는 만큼 자세하게 전할 수는 없을 것 같습니다. 네 번째로 내가 말하고자 하는 것은 성도가 이 세상에서 살아온 날들은 죽음을 향해 가는 날들이기 때문에, 그가 죽는 날은 그가 지금까지 살아온 날들을 다 합친 것보다 더 낫다는 것입니다. 우리는 살기를 시작하는 순간부터 죽기를 시작합니다.

> "맥박이 뛸 때마다
> 우리가 머물 날은 점점 줄어든다네."

죽음은 죽어가는 과정의 끝입니다. 신자가 죽는 날은 죽어가는 것과 영원히 결별하는 날입니다. 왜냐하면, 하나님과 함께 있는 성도들은 다시는 결코 죽지 않을 것이기 때문입니다. 삶은 씨름하고 싸움하며 고군분투하는 것이지만, 죽음은 모든 싸움을 끝낸 후에 승리의 안식을 누리는 것입니다. 삶은 죄 짓는 것으로 가득하지만, 하나님께 감사하게도 죽음으로 죄 짓는 것이 끝납니다. 그 어떤 죄도 우리를 따라서 천국에 들어올 수 없습니다. 삶은 갈망하고 탄식하며 부르짖고 사모하며 열망하는 것이지만, 천국은 하나님 안에서 참된 자아를 누리고 소유하며 즐거워하는 것입니다. 현세의 삶은 실패와 실망과 후회입니다. 죽는 날이 왔을 때, 그러한 감정들은 다 끝이 납니다. 왜냐하면, 우리에게 영광이 임하기 시작하고, 우리는 온전히 만족하게 되기 때문입니다.

우리가 죽는 날은 치유를 받는 날입니다. 우리가 지닌 병들 중에는 참된 의사이신 그리스도께서 오셔서 치유해 주실 때까지는 결코 제거되지 않는 병들이 있습니다. 하지만 그리스도께서 그 손으로 우리를 한 번 만져 주시면, 우리는 영원토록 치유를 받게 될 것입니다. 우리의 모든 질병들과 함께 모든 연약한 것들도 우리의 마지막 시간들에 다 사라지게 될 것입니다. 앞 못 보는 자매여, 당신은 그 날에 눈이 회복되어 보게 될 것입니다. 청각을 잃어버린 당신은 천사들의 찬송을 듣게 될 것이고, 천사들이 부르는 노래가 지닌 최고의 화음에 빠져들게 될 것입니다. 다리를 절며 살아야 했던 당신은 무덤에서 멀쩡한 두 다리로 춤추게 될 것입니다. 여러분에게는 더 이상 연약한 것들이 없게 될 것입니다. 또한, 죽음은 노쇠함도 치유해 줄 것입니다. 그 어떤 의사도 여러분을 노쇠함에서 건져 줄 수 없었지만, 영혼의 의사이신 그리스도께서는 여러분의 노쇠함을 끝내 주실 것입니다. 여러분은 독수리 같은 젊음을 되찾게 될 것입니다. 여러분의 몸이 무덤에서 다시 부활할 때, 여러분은 능력을 두르게 될 것이고, 그때까지는 여러분의 영혼이 젊음의 온갖 신선함과 환희를 누리게 될 것입니다. 여러분은 영광 중에서 여러분의 한창 때를 회복하게 될 것입니다.

우리가 죽는 날은 모든 손실들이 사라지는 날이 될 것입니다. 삶은 온갖 손실들로 가득하지만, 죽음은 그 손실들을 끝내 줍니다. 삶은 십자가들로 가득하지만, 죽음은 그 십자가들을 끝장내는 십자가입니다. 죽음은 최후의 원수로서 모든 원수에게 죽음을 가져다줍니다.

사랑하는 친구들이여, 여러분이 이 세상에서 산 모든 날들을 다 합해도, 그 날들은 이제 또 다른 새로운 날들의 시작이 될 저 최후의 날보다 못합니다. 우리가 죽는 날은 우리의 최고의 날들이 시작되는 날입니다. 심지어 신자가 죽음 직전에 이 땅에서 보낸 몇 시간이 그가 지금까지 살아왔던 모든 날들 중에서 최고의 날인 경우도 있습니다. 나는 신자들의 임종을 지켜보아 왔는데, 사람들에게 기독교 신앙의 실체와 성경의 참됨과 성령의 능력에 대한 확신을 줄 수 있는 것이 있다면, 그것은 바로 성도들의 죽음입니다! 나는 많은 신자들이 질병으로 죽어가면서도 기뻐 어쩔 줄 모르며 죽어가는 것을 보아 왔습니다. 그들은 정말 행복해하였습니다. 그들의 눈, 그들의 얼굴, 그들의 모습 전체는 천국의 좋은 것들이 그들에게 다가와서 그들의 연약함을 삼켜 버릴 때에 그들이 느끼는 놀라운 기쁨으로 인해서 지독한 고통을 잊어버린 사람들의 모습이었습니다. 나는 천사들이 이제 곧 죽게 될 신자를 영접하기 위해서 무리를 지어 문 밖에 왔을 때, 그 죽어가는 신자가 이 초자연적인 광경을 보고서, 그렇게 기뻐하는 것이라고 믿습니다. 나는 허황된 이야기를 하고 있는 것이 아닙니다! 나는 죽어가는 신자들이 실제로 사람의 눈에 보이지 않던 것들을 보고, 햇빛이나 달빛이 아닌 천상의 빛이 그들을 비추는 것을 본다고 믿습니다. 죽어가는 아이들이 결코 그들이 배운 적이 없는 말들을 하곤 하는데, 그 아이들이 하는 말들은 아무도 이전에 들어본 적이 없는 말들입니다. 또 다른 죽어가는 신자들은 이루 말할 수 없는 큰 기쁨에 휩싸여 황홀경 중에 말들을 하는 경우도 있습니다. 그리스도께서 그들에게 왔고, 그들은 요단 강을 건너서 가나안 땅으로 들어가기도 전에 접경지역에서 만왕의 왕의 지극히 아름다우신 모습을 보았기 때문입니다. 어떤 사람이 이렇게 말했습니다: "죽는다는 것이 그런 것인가요? 그렇다면, 죽는 순간의 지극한 기쁨을 맛보기 위해서라도 살 만한 가치가 있는 것이로군요." 죽어가는 신자들에게 어떤 경우에는 거룩한 평화가 임하고, 어떤 경우에는 황홀한 기쁨이 임한다는 것은 그들이 죽는 날이 그들이 출생한 날이나 이 땅에서 산 모든 날들보다 더 낫다는 것을 증명해 줍니다.

　신자들은 죽고 나서 그 날의 일부를 천사들 가운데서 보냅니다. 그들은 이 땅에서 아침식사를 그리스도와 함께 하고 나서는, 저녁식사는 천국에서 그리스도와 함께 하게 됩니다. 참으로 복된 그 날의 저녁시간이여! 또한, 그것이 영원히 계속되리라는 것을 생각해 보십시오. 그들은 영원히 행복할 것이고, 영원히 승리의 기쁨을 누릴 것이며, 모든 좋은 것들이 그들에게 영원히 계속될 것입니다. 왜냐하면, "영광에서 영광으로" 이른다는 성경 말씀은 우리가 천국에서도 점점 더 진보해간다는 것을 보여주기 때문입니다. 우리는 점점 더 그리스도를 잘 보게 될 것이고, 그리스도에게서 점점 더 많은 아름다움들을 발견해가게 될 것입니다. 우리는 한 단계의 완전함에서 또 다른 단계의 완전함으로 나아가게 될 것이고, 우리의 역량도 점점 더 커져서, 그때마다 그 역량에 맞게 충만해질 것입니다. 우리는 "영광에서 영광으로," 즉 햇빛에서 거룩한 빛으로, 거룩한 빛에서 하나님의 빛으로 나아가며, 점점 더 하나님의 온전한 빛을 누리게 될 것입니다.

　여기까지입니다. 시간이 없어서, 우리는 여기서 마쳐야 합니다. 동이 터서 그림자가 도망가기 전에, 여러분과 나는 채 십 분도 안 되어서 모든 감독들이 우리에게 일 년 동안 설교한 것보다 더 많은 것을 알 수 있게 될 수도 있습니다. 여러분은 내가 여러분을 이곳에 붙들어 두고 밤새도록 설교하는 것보다 더 많은 것을 1초도 안 되어서 알게 될 수 있습니다. 오직 한 가지만 주의하십시오. 여러분 중의 단 한 사람도 길을 잃지 마십시오. 길을 잃지 않도록 주의하십시오. 십자가를 의지해서 올바른 길로 똑바로 계속해서 가십시오. 하나님께서 자신의 성령으로 여러분을 인도해 주시기를 빕니다. 아멘.

제
2
장
—

초상집과 잔칫집

—

"초상집에 가는 것이 잔칫집에 가는 것보다 나으니"
— 전 7:2

　　행복은 두 극단 사이에 놓여 있다는 이 금언은 사람들의 사려분별에서 나온 것으로서 하나님의 말씀으로서의 지위를 지니고 있습니다. 옛 사람들은 늘 이것이 인생에서 가장 행복한 상태라고 말했습니다. 황홀한 기쁨과 암울함이라는 두 극단 사이의 어느 지점에 우리가 "행복"이라고 부르는 것이 놓여 있다는 것입니다. 옛 시인들도 중용의 길에 대해서 노래하곤 하였습니다. 우리는 하나님의 감동을 따라 잠언을 쓴 아굴이 "나를 가난하게도 마옵시고 부하게도 마옵시고"(잠 30:8) 오직 중용의 길을 걷는 삶을 살게 해주시라고 하나님께 기도하였다는 것을 압니다. 우리가 재물과 관련해서 중용의 길을 따라야 하는 것과 마찬가지로, 행복과 관련해서도 중용의 길을 택해야 한다고 나는 믿습니다. 행복은 대체로 두 높은 산 사이에 있는 푸른 평지에서 삽니다. 기쁨으로 말미암아 늘 마음이 떠있지도 않고, 슬픔과 괴로움으로 말미암아 늘 심령이 눌려 있지도 않으며, 이 세상에서 소란함과 요란함이 없는 고요하고 조용한 분위기 속에서 자족하는 거룩한 마음을 지니고서 평강 가운데서 한결같은 삶을 살아가는 사람이 행복한 사람입니다. 독수리처럼 날아오름도 없고 바다 깊은 곳으로 곤두박질치는 것도 없이 죽을 때까지 순탄하게 자신에게 주어진 길을 묵묵히 걸어가는 사람이야말로 행복한 사람이라고 불릴 자격이 있습니다.

그러나 나의 친구들이여, 우리 중에서 그렇게 살 수 있는 사람은 극소수일 것이라고 나는 생각합니다. 나는 늘 두 극단 사이를 걷는 삶은 나의 몫이 아니라는 것을 압니다. 나는 존 번연의 책에 나오는 목동처럼 늘 골짜기에 머물면서 노래하며 살아갈 수 없습니다. 나는 그렇게 살기를 바라지만, 그럴 수가 없습니다. 골짜기의 이쪽에도 높은 산이 있고, 저쪽에도 높은 산이 있습니다. 나는 그 두 산의 가파른 경사면들을 오르지 않으면 안 됩니다. 그 경사면의 언덕 꼭대기에는 우리가 상상력의 도움을 받아서 우리의 꿈속에서 지은 동화 속에나 나올 법한 환상적인 건물이 서 있습니다. 그 건물은 "잔칫집"이라 불립니다. 평범함이라는 골짜기의 다른 쪽 경사면의 언덕 꼭대기에는 잡초들과 이끼들로 뒤덮인 음침한 성채가 서 있습니다. 그 성채는 사람들이 미신적인 생각에서 만들어 낸 동화에서 옛 거인이 살았던 황량한 곳들 중의 하나 같아 보이는데, 그곳은 "초상집"이라 불립니다. 우리 중 대부분은 이 두 집을 번갈아 갈 수밖에 없습니다. 우리는 때로 "잔칫집"에서 흥겨워하며 놀기도 하고, 때로는 초상집에 가서 머리를 풀어헤치고서는 "슬프고 애통하다!"라고 소리치며 웁니다.

오늘 아침에 나는 이렇게 평지의 한복판에 서서, 이 두 곳, 즉 저기에 있는 저 환상적인 집과 여기에 있는 저 음침한 성채에 대해서 여러분에게 말씀드리고자 합니다. 나는 잔칫집에 있는 사람들의 밝은 눈과 환한 웃음을 보고서, "잔칫집에 가는 것이 초상집에 가는 것보다 낫다"고 말하고 싶어지지만, 내 앞에 놓여 있는 하나님의 감동을 받은 말씀처럼, 나는 "초상집에 가는 것이 잔칫집에 가는 것보다 나으니"라고 한 "전도자"의 말이 하나님의 진리임을 여러분에게 보여줄 수 있을 것이라고 믿습니다.

나는 이 하나님의 진리를 될 수 있는 한 분명하게 드러내기 위해서, 먼저 여러분을 "잔칫집"으로 데려간 후에, 다음으로 "초상집"으로 모시려고 합니다. 그런 후에, 우리는 이 본문 뒤에 나오는 두세 절을 살펴보는 가운데, 지혜자가 "잔칫집"보다 "초상집"을 선호한 이유들을 찾아보고자 합니다.

1. 첫째로, "잔칫집" 으로 가보겠습니다.

내가 여러분을 잔칫집으로 초대하면, 여러분 중에서 아주 많은 사람들이 거기로 가고자 할 것이라고 나는 확신합니다. 여러분이 잔칫집에 갈 때에는 외롭게 혼자 갈 필요가 없습니다. 왜냐하면, 그저 나팔을 불어서 잔칫집에 갈 사람은 다 나오라고 신호하거나, 사람들에게 여러분이 "잔칫집"에 가는 중이라고 말하기만 하면, 많은 사람들이 앞다투어서 여러분과 함께 가고자 할 것이기 때문입니다. 모든 사람의 가슴속에는 기쁨에 대하여 불꽃 반응을 일으키는 것이 있어서, 사람들의 심령 속에서 그 불꽃이 점화되기만 하면, 그들은 "사람들이 잔치를 벌이러 간다면, 당연히 나도 가야 하고, 사람들에게 기쁨을 주는 어떤 잔이 있다면, 당연히 나도 그 잔을 마셔야 해"라고 말하게 됩니다. 나는 "잔칫집"에 가고자 하는데, 여러분을 세 단계에 걸쳐서 거기로 모셔갈 것입니다. 우리는 먼저 죄악된 잔치를 벌이는 집으로 가볼 것이고, 다음으로는 죄 없는 잔치를 벌이는 집에 가볼 것이며, 그런 후에는 영적인 잔치를 벌이는 집으로 가볼 것입니다. 나는 우리가 이 세 종류의 잔칫집들 속에서 유익한 것을 발견하겠지만, "초상집"에서 얻을 수 있는 것과 같은 유익을 얻을 수는 없다는 것을 발견하게 될 것이라고 믿습니다.

먼저, 우리는 죄악된 잔치를 벌이는 집으로 가보겠습니다. 아니, 우리는 그 안으로 들어가지는 않고, 바깥에서 그 집을 보며, 그 집에 관한 이야기를 조금 들어볼 것입니다. 나는 여러분 중에서 그 집의 문지방을 넘는 사람이 아무도 없기를 바랍니다. 그러나 우리는 그 "잔칫집"에 가려고, 무리를 지어서 그 언덕을 오릅니다. 내 주변에도 그런 사람들이 많기 때문에, 종종 내 자신까지도 조금은 부끄러워지곤 합니다. 저기에 늘 술에 취해 사는 사람이 있고, 아주 방탕한 사람도 저기 옵니다. 그들은 동일한 집으로 가고 있습니다. "술주정뱅이여, 어디로 가고 있는 것입니까?"라고 내가 물으면, 그는 "나는 잔칫집에 갑니다"라고 대답합니다. "배불뚝이 양반, 당신은 어디로 가십니까?" "나도 잔칫집에 가는 길이오." 나는 내가 그들과 함께 있는 것이 부끄러워지기 시작합니다. 그 잔칫집이 어떤 잔칫집이든, 거기로 가는 사람들은 그리 좋은 영혼들이 아니기 때문에, 나는 그들과 함께 거기로 가고 싶지 않습니다. 나는 이 두 집에 자주 드나드는 사람들이 어떤 사람들인지를 생각했을 때, 슬픔이 가득한 "초상집"이 "잔칫집"보다 더 낫다고 생각하기 시작합니다. 나는 즉시 돌아가야 하는 것이 아닌가 하는 생각이 듭니다. 나는 선한 무리들과 어울리는 것을 좋아하기 때문에, 잔칫집에 들어갈 수 없습니다. 나는 하나님의 자녀들과 함께 "초상집"에 갔으면 좋겠습니다. 나는 따뜻한 햇살 아래에서 악인들과 함께 영원히 사느니, 차라리 그리스도인들과 함께 지하감옥에서 쇠사슬에 묶여 지내는 편을 택할 것입니다. 나는 잔칫집에서 만난 사람들을 생각할 때, "초상집"이 "잔칫집"보다 더 낫다는 것이 사실이 아닐까 하는 생각을 하게 됩니다.

　이제 나는 이 궁전 같은 집의 문 앞에 당도했습니다. 나는 언덕을 올라서 그 집 문 앞에 서서, 들어가기 전에, 거기로 들어간 사람들의 면면을 조금 알고자 합니다. 내가 과연 그 집에서 다시 나와 돌아갈 가망성이 있는 것인지를 알 때까지는, 나는 그 집으로 들어가지 않을 것입니다. 그 집의 외관은 아름답고 훌륭하지만, 나는 그것은 단지 겉으로 보이는 모습일 뿐인지 아닌지를 알고자 합니다. 나는 그 집에 있다고 하는 행복이 과연 거기에 있는지를 알고자 합니다. 그래서 나는 그 집에 관한 기록들을 보여 달라고 요청해서, 거기로 어떤 사람들이 들어갔는지를 기록해 놓은 두루마리를 건네받습니다. 나는 그 두루마리를 펼쳐 읽어보고 나서는, 그 집에 결코 들어가지 않겠다고 결심합니다. 왜냐하면, 거기에 들어간 자들의 명단은 저주 받은 자들의 명부였기 때문입니다.

　나는 이제 이 잔칫집에 들어간 자들 중에서 한두 사람에 대하여 여러분에게 얘기해 드리고자 합니다. 아니, 나는 이 세상에서 일어났던 적이 있는 가장 끔찍한 재앙들이 이 "잔칫집"에 들어갔던 사람들에게 일어났다는 것을 여러분에게 상기시켜 드리는 방식으로 얘기를 풀어나가고자 합니다. 내가 순식간에 증명하고자 하는 사실은 인간 또는 세상에 지금까지 일어난 재앙들 중에서 가장 끔찍한 재앙이 잔칫집에서 일어났다는 것입니다. 노아가 방주에 들어갔을 때, 세상은 어디에 있었습니까? 하나님께서 구름들을 찢으시고 하늘의 창문들을 여셔서 궁창들로부터 빗줄기들을 내려 보내셨을 때, 세상은 어디에 있었습니까? 성경은 "노아가 방주에 들어가던 날까지 사람들이 먹고 마시고 장가 들고 시집 가더니"(눅 17:27)라고 기록하고 있지 않습니까? 역병이 임하여 이스라엘 백성들을 쳐서, 그들의 시체가 광야에 널려 있게 되었을 때, 그들은 무엇을 하고 있었습니까? 성경은 "고기가 아직 이 사이에 있어 씹히기 전에 여호와께서 백성에게 대하여 진노하사 심히 큰 재앙으로 치셨으므로"(민 11:33)라고 기록하고 있지 않습니까? 광야로부터 광풍이 불어와서 욥의 아들들과 딸들이 있던 집의 기둥들을 쳤을 때, 그들은 어디에 있었습니까? 그들이 "맏아들의 집에서 음식을 먹으며 포도주를 마실 때에"(욥 1:13), 그런 일이 일어났습니다. 삼손이 자신의 힘을 잃었을 때, 그는 어디에 있었습니까? 그는 죄악된 쾌락의 집에서 들릴라의 무릎을 베고 잠들어 있었습니다. 나발이 "낙담하여 몸이 돌과 같이 되었을" 때, 그는 무엇을 한 후였습니까? 성경은 그가 잔치를 벌이고 왔다고 말씀합니다: "그가 왕의 잔치와 같은 잔치를 그의 집에 배설하고 크게 취하여 마음에 기뻐하므로"(삼상 25:36). 암논이 누구에게 죽었습니까? 압살롬의 종들이 잔치를 벌이고 있던 그를 죽인 것이 아닙니까? 성경에 기록된 처참한 재앙들을 보십시오. 여러분은 거의 모든 재앙이 잔치를 벌이는 중에 일어났음을 발견하게 될 것입니다.

나는 열방의 모든 역사 속에서 잔치를 벌이다가 끔찍한 재앙을 당해서 잔치 가 곧바로 장례식이 된 경우들을 하나하나 다 여러분에게 열거할 수 있습니다. 하지만 내가 지금까지 간략하게 얘기한 사례들보다 좀 더 자세하게 설명하고 지 나가야 할 사례가 하나 있습니다. 내가 생각하기에 이전에도 볼 수 없었고 앞으 로도 볼 수 없을 그런 잔치가 과거에 한 번 있었습니다. 만 개의 등불이 거대한 왕궁을 비추고 있었습니다. 왕은 자신의 높은 보좌에 앉아 있었고, 그의 주위에 는 왕후와 처첩들, 그가 다스리는 지역의 군주들이 자리잡고 있었습니다. 그들 은 먹고 마셨습니다. 술잔들을 가득 채워서 비우기를 반복하였습니다. 시간 가 는 줄 모르고, 무희들이 춤을 추었고, 바쿠스 축제에서처럼 사람들은 즐거워하 며 왁자지껄하게 떠들고 음탕한 노래를 큰 소리로 불러댔습니다. 그들은 점점 더 술에 빠져들었고, 야곱의 하나님을 욕하였습니다. 왕은 시종들을 시켜서 예 루살렘 성전에서 약탈해온 금은 그릇들을 가져오게 하여, 거기에 부정한 술을 부어서, 마시고 또 마셨습니다. 흥이 나서 떠드는 소리가 왕궁 전체에 울려 퍼져 습니다. 비파와 수금이 거기에 있었고, 온갖 음악이 계속해서 크게 연주되었습 니다. 그러나 잘 들으십시오! 정말 잘 들으십시오! 귀 기울여서 경청하십시오! 이 것은 바벨론이 본 최후의 잔치였습니다. 지금 바벨론의 적들이 성문에 있습니 다. 적들이 옵니다! 적들이 쳐들어옵니다! 벨사살이여, 사람의 손가락들이 나타 나서 왕궁의 벽에 쓴 글자들을 읽어 보시오: "당신을 저울에 달아 보니 부족함이 보였으니, 당신의 나라가 나뉘어서 메대와 바사 사람에게 준 바 되었다"(cf. 단 5:27-28). 벨사살이여, 잔치를 그치시오. 하나님이 쏘신 화살을 보시오. 그 죽음 의 화살이 소리를 내며 허공을 가르고 당신에게 오고 있습니다. 그 화살은 그의 심장을 꿰뚫었고, 그는 쓰러져 죽었으며, 그와 함께 위대한 바벨론도 쓰러졌습 니다. 그 잔치는 죽음의 잔치였습니다. 이런 "잔치"를 벌이는 집에 가느니, 초상 집에 가는 것이 더 낫습니다. 그 잔치는 사람들에게 이제까지 일어났던 가장 끔 찍한 재앙들 중 대부분은 "잔칫집"에서 일어났다는 나의 말이 진실임을 보여주 는 암울한 증거입니다.

또 다른 잔칫집이 있습니다. 이 잔칫집의 여주인이여, 나는 당신에 관한 기록을 읽어 보았습니다. 여자여, 내가 당신에 대하여 읽어 본 것만으로 충분하니, 나는 당신의 집 문턱을 넘어갈 필요가 없습니다. 나는 당신의 웅장한 전당을 보고 싶지 않습니다. 나는 당신의 휘황찬란한 홀들에 앉아 있고 싶지 않습니다. 그렇게 하느니, 차라리 나는 밤에 수의를 입고 자고, 내 관에 앉아 있겠습니다. 내가 그 "잔칫집"에 들어가느니, 차라리 내 서재의 벽에 묘비를 세우고 영원히 그 속에서 살겠습니다. 하나님이여, 죄악된 환락으로부터 나를 지켜 주시고, 죄악된 잔치가 벌어지고 있는 집으로부터 나를 지켜 주소서. 내가 유혹에 빠져서 저 문턱을 넘어서지 않게 해주소서. 그 잔칫집에서 들려오는 흥겨운 음악소리와 사람들이 즐거워하며 떠드는 소리에 마음이 끌리고 있는 젊은이들이여, 그 집에서 멀리 물러나십시오. 왜냐하면, 그 집의 마루의 널빤지들은 다 썩었고, 거기에 있는 모든 돌들은 지옥의 채석장에서 캐내온 것들이기 때문입니다. 여러분이 그 여자의 화려한 전당으로 들어간다면, 여러분은 그녀의 집이 지옥으로 가는 길이고, 죽음의 방들로 내려가는 통로라는 것을 발견하게 될 것입니다. "초상집에 가는 것이 잔칫집," 곧 죄악된 잔치가 벌어지는 집에 가는 것보다 낫습니다.

나의 친구들이여, 그러나 모든 그리스도인들이 갈 수 있는 "잔칫집"이 있습니다. 여러분은 방금 나로 하여금 죄악된 잔치가 벌어지는 집의 문턱을 결코 넘지 않게 해주시라는 나의 기도를 들으셨습니다. 하지만 내가 모든 그리스도인들을 초대하고 싶은 "잔칫집"이 있습니다. 기독교 신앙은 사람들을 결코 우울하게 살게 하고자 하는 것이 아닙니다. 도리어, 정반대로 기독교 신앙은 사람들을 행복하게 해줍니다. 그리스도인들이 참여해도 되는 잔치들이 있습니다. 그리스도인들이 먹고 마시며, 자신의 영혼으로 하여금 속에서 즐거워하게 할 수 있는 그런 잔치들이 있습니다. 그리스도인들이여, 여러분이 모든 잔치와 연회들로부터 차단되어 있지 않다는 것을 기뻐하십시오. 저쪽의 문에는 전염병 지대라고 표시되어 있지만, 여러분이 갈 수 있는 또 다른 문이 있습니다. 그 문 앞에서 뒷걸음질치지 마십시오. 왜냐하면, 그리스도께서도 친히 그 문으로 가셨기 때문입니다. 예수께서 처음으로 들어가신 집들 중의 하나는 "잔칫집"이었습니다. 그는 "갈릴리 가나"에서 있었던 "혼례"에 참석하셨습니다(요 2:1). 거기에서 그는 물을 포도주로 바꾸셨습니다. 따라서 그리스도인들이 갈 수 있는 잔치들이 있습니다. 그들이 마시는 데 사용할 수 있는 그릇들이 있고, 그들이 먹을 수 있는 양식들이 있으며,

그들이 즐거워할 수 있는 장소들이 있습니다. 그리스도인들은 죄악된 쾌락들은 피해야 하지만, 죄악이 아닌 즐거움들을 포기할 필요는 없습니다. 그들이 누릴 수 있는 즐거움들이 있고, 그들이 참여할 수 있는 잔치들이 있습니다. 그 잔치에는 술주정뱅이들의 더러운 잔이 놓여 있지 않고, 음탕한 노래가 들리지 않으며, 사람들은 음담패설을 결코 하지 않습니다. 나는 하나님께서 친히 인정하시는 그런 잔치들, 모든 사람들의 마음이 사랑으로 충만하고 모든 심령이 기쁨으로 충만한 그런 잔치들을 보아 왔습니다. 우리는 환희에 찼고 행복했지만, 마음으로나 입술로나 범죄하지 않았습니다.

나는 죄악된 것이 아니어서 우리가 참여할 수 있는 잔치를 한두 개 들고자 합니다. 그런 잔치들로는 먼저 가족 잔치가 있습니다. 아버지가 사업차 멀리 나가 있는 아들들을 일 년에 한 번 집으로 불러서 가족 모임을 갖는 날은 즐겁고 기쁜 날입니다. 가족의 구성원이 많든 적든, 여기 행복한 가족이 있습니다. 그들은 아버지를 중심으로 둘러앉고, 나이든 아버지는 자기가 살아서 또다시 자신의 자녀들을 보게 해주신 것에 대하여 하나님께 감사를 드립니다. 온 가족이 함께 모여서 서로의 얼굴을 볼 수 있을 때, 그것은 얼마나 거룩한 기쁨입니까! 아마도 그 자리에 손자들과 손녀들도 있다면, 그들의 기쁨은 한층 더 커질 것입니다. 나는 그런 잔치들을 보아 왔습니다. 우리에게 모든 가족이 함께 모일 수 있는 집이 있어서, 멀리 흩어져 있던 형제자매들이 종종 아버지와 어머니의 집으로 모여 와서, 함께 앉아 서로의 모습을 볼 수 있을 때, 그런 잔치는 그리스도인들에게 허락된 행복한 잔치입니다.

또한, 형제들 간의 우애를 다지는 잔치가 있습니다. 요셉이 애굽에서 자신의 형제들을 위해 베풀었던 잔치가 바로 그런 잔치입니다. 나는 어떤 가족들 가운데 형제간의 우애가 좀 더 많아졌으면 좋겠습니다. 형제가 형제를 미워하거나, 가족이 서로 찢어져 있을 때, 그것은 정말 곤혹스러운 일입니다. 한 어머니에게서 태어난 형제들이 어떻게 서로 다투고 싸울 수 있습니까? 한 아버지의 가르침을 받고, 한 요람에서 함께 자라났으며, 한 지붕 아래에서 살았고, 한 뜰에서 뛰놀았던 형제들이 어떻게 서로 미워할 수 있습니까? 요셉이 베풀었던 잔치 같이 형제간의 사랑을 나누는 잔치가 있어서, 형제들이 한데 모여서 서로의 마음을 허심탄회하게 다 털어 놓고 예수님에 대하여 얘기할 수 있었으면 좋겠습니다.

또한, 손님들을 대접하는 잔치가 있습니다. 이런 잔치는 그리스도인들에게 허용될 뿐만 아니라 권장되는 잔치입니다. 아브라함이 자신의 장막 문에 서 있던 세 사람을 보고서 그들을 위해 베푼 잔치가 그런 것입니다. 아브라함은 송아지한 마리를 잡아서 잔치를 베풀어 그들로 하여금 먹게 함으로써(창 18장) "부지중에 천사들을 대접하게"(히 13:2) 되었습니다. 예수께서 베다니에 있는 나사로의 집에 가셨을 때에도, 나사로와 그의 두 누이 마르다와 마리아가 주님을 위해 그런 잔치를 베풀었습니다. 이렇게 손님들을 환대하여 잔치를 베푸는 것은 정말선한 일입니다. 그런 잔치를 너무 자주 해서는 안 되고, 악용해서도 안 되지만, 하나님의 자녀들을 대접하는 것은 좋은 일이고, 길가는 나그네를 대접하는 것도 좋은 일입니다. 그리스도인들은 지금 하고 있는 것보다 더 많이 손님 대접을 해야 합니다: "손님 대접하기를 잊지 말라 이로써 부지중에 천사들을 대접한 이들이 있었느니라"(히 13:2).

또한, **구제를 위한 잔치**가 있습니다. 마태가 자기 집에서 예수님을 만나기 위하여 많은 세리들과 죄인들을 초대해서 베푼 잔치가 바로 그것입니다. 나는 나의 주님께서 가신 곳에 내가 가는 것을 부끄러워할 필요가 전혀 없다고 확신합니다. 나는 런던으로 오기 전에, 어떤 사람들의 집에 갔는데, 만일 그들이 안식일에 나를 초대하지 않았다면, 그들의 집에 들어가는 것을 망설이고 부끄러워하였을 것입니다. 나는 그들에게 신앙적인 권면을 해줄 목적으로 그들의 집에 들어갔습니다. 어떤 사람들은 "그렇게 집에 들어가서 뭐 하시게요?"라고 말했습니다. "건강한 자에게는 의사가 쓸 데 없고 병든 자에게라야 쓸 데 있느니라"(막 2:17). 나는 "이스라엘 집의 잃어버린 양"(마 10:6)을 찾아서 여러 사람들의 집을 방문했고, 내가 그들의 집에 갔기 때문에, 그들의 마음을 얻을 수 있었습니다. 나는 그들에게 그들의 죄들에 대해서 말해 주었습니다. 그러나 만일 내가 그들의 집으로 들어가지 않았다면, 사람들은 내게서 이런 분위기를 느꼈을 것입니다: "잠깐, 나는 당신들보다 더 거룩하고, 당신들은 늘 죄를 짓고 살아가는 자들이기 때문에, 당신들의 집에 들어갈 수 없소." 그러나 내가 그들의 집에 들어가 그들과 한 지붕 아래 앉아서, 그들과 함께 얘기를 나누고, 그들의 어깨에 내 손을 얹고 여러 가지 질문들을 했을 때, 그들은 자신의 마음을 주저 없이 다 털어 놓았습니다. 그리고 내가 그 집에서 나오고 나서, 그들은 "저 사람은 목회자인데도, 사람들과 격의 없이 얘기 나누는 것을 부끄러워하지 않네"라고 말했습니다. 종종 구제를 위한 잔치를 베푸셔서, 가난한 자들을 그 잔치에 초대하십시오. 나는 여러분이 베풀 수 있는 최고의 만찬 파티가 어떤 것인지를 말씀드리고자 합니다. 여러분이 "가난한 자들과 몸 불편한 자들과 맹인들과 저는 자들"(눅 14:21)을 여러분의 식탁에 빙 둘러 앉힌다면, 그것은 그 자리에 한 무리의 지체 높은 귀인들을 모신 것보다 여러분의 식탁을 더 존귀하게 하는 것입니다.

그러나 사랑하는 자들이여, "잔칫집"에 가는 것보다는 "초상집"에 가는 것이 좋고, 그 그늘 아래 있는 것이 좋기는 하지만, 솔로몬은 "초상집"이 "잔칫집"보다 도덕적으로 더 낫다거나, 기뻐하고 즐거워하는 것보다 우는 것이 더 큰 미덕이라고 말하지 않았다는 것을 주목하십시오. 그는 "초상집에 가는 것이 잔칫집에 가는 것보다 낫다"고 말합니다. 행복이 넘치는 연회장으로 가서 즐거워하는 자들과 함께 즐거워하는 것보다 과부 옆에 앉아 있는 것이 더 낫고, 고아를 여러분의 무릎에 앉히는 것이 더 나으며, 우는 자들과 함께 앉아서 우는 것이 더 낫다는 것입니다. 우리 같은 마음 상태를 지닌 사람들에게는 그렇게 하는 쪽이 더 낫습니다. 만일 우리가 온전하다면, "잔칫집"에 가나 "초상집"에 가나 마찬가지로 좋을 것입니다. 그러나 우리는 악에 끌리는 성향을 지니고 있기 때문에, "초상집에 가는 것"이 더 낫습니다. 하나님께서는 인간을 똑바로 행하게 만드셨지만, 죄의 손이 우리를 눌러서, 우리는 똑바로 서 있지 못하고, 피사의 사탑처럼 기울어져서, 땅에 이끌리며 무너질 위험에 처해 있습니다. 이렇게 우리는 죄를 향하여 기울어져 있기 때문에, 우리 자신을 의도적으로 슬픔을 향하여 기울이는 것이 옳습니다.

사랑하는 자들이여, 우리는 이제 서둘러서 세 번째의 "잔칫집"을 방문해야 하겠습니다. 이 잔칫집은 앞의 두 잔칫집보다 낫습니다. 이 잔칫집은 죄악되지 않는다는 점에서 첫 번째 잔칫집보다 낫고, 더 영적이고 신령하다는 점에서 두 번째 잔칫집보다 낫습니다. 나는 자주 신령한 "잔칫집"에 가서, 영원한 사랑의 진수성찬으로 잔치를 벌입니다. 나는 독수리의 날개를 타고 날아오르는 것처럼 구름 너머로, 그리고 별들이 반짝이는 저 빛나는 창공 너머로, 그리고 해가 자신의 옷을 벗고서 거인처럼 달리기를 시작하는 그 집 너머로 날아오릅니다. 나는 이 죽을 인생의 온갖 괴로움들과 시련들 너머로 날아올라서, 황홀한 기쁨 중에 천국을 들여다보고, 하나님의 보좌 가까이 나아갑니다. 사랑하는 자들이여, 여러분의 경우도 마찬가지입니다. 종종 하나님께서 여러분에게 즐거움의 영을 주셨을 때, 여러분은 "말할 수 없는 영광스러운 즐거움으로 기뻐"하곤 합니다(벧전

1:8). 아가서를 보면, 신부는 자신의 사랑하는 자에 대하여 이렇게 말합니다: "그가 나를 인도하여 잔칫집에 들어갔으니 그 사랑은 내 위에 깃발이로구나"(아 2:4). 여러분도 그런 "잔칫집"에 가보신 적이 있지 않습니까? 여러분도 하나님께서 손수 마련하신 온갖 진수성찬을 맛보신 적이 있지 않습니까? 여러분도 하나님의 성도들을 위하여 예비된 가장 좋은 것들을 먹어보고, "오래 저장하였던 맑은 포도주"(사 25:6)를 맛보신 적이 있지 않습니까? 여러분도 틀림없이 그런 경험들이 있을 것입니다. 여러분은 베드로처럼 "주여 우리가 여기 있는 것이 좋사오니"(눅 9:33)라고 말했을 것입니다. 그 성경 구절을 보십시오. 베드로의 이 말 직후에는 "자기가 하는 말을 자기도 알지 못하더라"는 말씀이 덧붙여져 있습니다. 여러분과 나는 이렇게 말했습니다: "하나님, 여기 있는 것이 좋습니다. 이 더할 나위 없이 즐거운 산 위에 머무는 것이 좋습니다. 이렇게 안전한 곳에 앉아 있는 것은 복된 일입니다!" 또한, 우리는 이렇게 말했습니다: "주여, 이 기쁨이 단지 일 주일이 아니라 일 년 동안 지속되게 해주십시오. 나로 하여금 주의 얼굴에서 비쳐 나오는 밝은 빛을 여러 해 동안, 아니 영원토록 누리게 해주십시오." 하지만 여러분은 베드로와 마찬가지로 자기가 하는 말을 알지 못합니다.

하지만 사랑하는 자들이여, 내가 "초상집에 가는 것이 잔칫집에 가는 것보다 낫다"고 말하는 것이 사실 좀 이상해 보입니다. 왜냐하면, 나는 "초상집"에 가는 것을 "잔칫집"에 가는 것보다 절반도 좋아하지 않기 때문입니다. 나는 예수의 이름을 묵상하면서, 그 지극히 달콤한 샘에서 떨어지는 꿀 같은 물방울들을 마시고 싶습니다. 나는 영원히 골고다의 정상에 머물거나, 다볼 산 꼭대기에 앉거나, 비스가 산 위에 서서, "넘실거리는 큰 물 너머의 아름다운 들녘들"을 바라보고 싶습니다. 나는 영원히 황홀한 기쁨 가운데서 살면서, 요단 강이 저기에서 흘러가는 것을 보고, 거기보다 훨씬 더 먼 곳에 있는 영원한 도성과 진주 문들과 빛나는 황금 거리들을 보고 싶습니다. 그러나 사랑하는 자들이여, 그렇게 해서는 안 됩니다. 우리는 그렇게 하고 싶지만, "잔칫집"에서 영원히 살거나, "잔칫집에 가는 것"보다 "초상집에 가는 것"이 우리에게 더 낫습니다.

2. 둘째로, "초상집"으로 가보겠습니다.

이제 우리는 "잔칫집"을 떠나서, "초상집"으로 가보려고 합니다. "초상집"은 이끼가 잔뜩 낀 가파른 암벽 위 음침한 곳에 있습니다. 우리는 거기로 가야 합니다. 위대한 어부인 "운명"이 거기에 서서, 우리 각 사람을 낚싯바늘로 꿰어서, 자기가 원하는 곳으로 끌어갑니다. 우리는 영원한 운명이라는 쇠사슬에 꽁꽁 묶인 채로, 그 쇠사슬이 우리를 이끌어가는 대로 끌려갈 수밖에 없습니다. 우리는 저항할 수 없고, "초상집"으로 가야 합니다. 그러므로 환희의 자녀여, 당신의 즐거움을 옆으로 제쳐두고, 나와 함께 눈물의 골짜기로 가서, "초상집"에서 잠시 기다리십시오.

　나의 사랑하는 친구들이여, 여러분 중에는 이번 주간에 "초상집"에 다녀온 분들이 있을 것입니다. 나도 그분들과 함께 거기에 오라는 전갈을 받았습니다. 여러분은 여러분의 친구를 잃었기 때문에 거기에 개인적으로 다녀왔습니다. 여러분은 "초상집"이라는 깊은 동굴에 다녀왔습니다. 애곡하는 자들이 길거리를 자주 지나가고, 우리는 이 붐비는 거리를 엄숙한 장례 행렬이 지나가는 것을 자주 보아 왔습니다. 나는 그런 광경을 아주 자주 보아 왔기 때문에, 그것은 내게 이제 일상적인 일이 되기 시작하였습니다. 지난 달에 나는 그런 일을 너무나 자주 보았기 때문에, 그런 일은 이제 거의 익숙한 일이 되었습니다. 장례 행렬을 보고 있노라면, 마치 땅이 다 꺼지고 무너지며, 모든 사회적인 관계들이 다 해체된 것 같은 느낌을 받습니다. 여러분 중에는 친구를 먼저 보내고서, "나 같은 고통을 당한 사람은 아무도 없을 거야"라고 말하는 분들이 계시겠지만, 그렇게 말하지 마십시오. 여러분과 마찬가지로 아주 고통스러운 사별을 겪은 분들이 적지 않습니다. 슬픔과 괴로움의 길은 아주 잘 닦여져 있는 길입니다. 왕들도 그 길을 갔고, 귀인들도 그 길로 갔으며, 백작들과 공작들도 한 명의 자녀와 한 명의 미망인 외에는 잃을 것이 아무것도 없었던 저 가난한 자와 마찬가지로 무리들 틈에 끼어서 밀치락달치락 하며 그 길로 갔습니다. 죽음은 공정하게도 농부의 초가집에도 찾아가고, 왕의 궁전에도 찾아갑니다. 그러므로 하나님께서 여러분을 가혹하게 대하셨다고 말하지 마십시오. 여러분이 모래와 쑥을 씹고 있을 수 있지만, 다른 사람들도 여러분처럼 그렇게 모래를 씹고 쓴 물을 마셔야 했습니다. 여러분 혼자만이 그런 것은 아닙니다. 절대로 그렇지 않습니다!

　우리 중 많은 사람들은 단지 다른 사람들을 위로하기 위한 조문객으로 "초상집"에 다녀왔습니다. 내가 내 영혼의 가장 깊은 곳으로부터 진심으로 말씀드릴 수 있는 것은 나는 이번 주간에 마치 내가 상을 당한 사람이 된 것처럼 큰 슬픔을 느꼈다는 것입니다. 나는 전에도 죽어가는 사람들과 함께 있을 때에 종종 그런 슬품을 느낀 적이 있었습니다. 지난 금요일에 괘종시계가 자정을 알리기 직전에, 나는 초가집에서 한 죽어가는 여자의 침상 머리를 지키고 있었습니다. 내가 한 사람의 임종을 지켜보고 나서, 즉시 또 다른 사람의 임종을 지켜보기 위해 가는 것은 내게 흔한 일입니다. 그것은 유쾌한 일은 아니지만, 나의 의무이고, 나는 그 일 속에서 하나님이 내게 주시는 상을 발견합니다. 내가 말할 수 있는 것은 조문객으로 "초상집에 가는 것"을 두려워하지 말고 거기에 가서서, 슬픔과 괴로움 가운데 있는 사람들을 위로하시라는 것입니다. 우리가 두려워 떨 이유가 어디 있습니까? 여러분 모두가 가십시오! 병자들을 심방하는 것은 이 교회의 모든 지체에게 주어진 절대적인 의무입니다. 우리는 마땅히 해야 할 그 일을 지금 제대로 하고 있지 않습니다. 여러분은 모두 이 일에 있어서 나를 도우셔야 합니다. 내가 바로 어제 길거리에서 만난 한 사람은 내가 그의 아내를 보러 오지 않았다고 불평하면서, 아울러 나 혼자서 모든 병자를 다 심방할 수 없다는 것을 알고 있기 때문에 나를 이해한다고 말했습니다. 여러분은 우는 자들에게 가서, 여러분이 할 수 있는 모든 방법으로 그들을 돕고 위로해 주어야 합니다.

이제 우리는 이 아침에 잠깐 "초상집"에 가보고자 합니다. 먼저, 우리는 초상집에 들어가기 전에, 앞에서 "잔칫집"의 경우에도 그랬듯이, 초상집에 관하여 기록한 두루마리를 요청해서, 그 집이 잔칫집보다 정말 더 나은지를 살펴보겠습니다. 그 두루마리는 어디에 있습니까? 검은 상복을 입고 우는 눈과 슬픈 기색을 하고 있는 처자여, 그 두루마리를 좀 갖다 주시오. 거기에 명단이 있습니다. 거기에는 역경을 통해서 별로 유익을 얻지 못했던 사람들의 몇몇 이름이 있습니다. 아하스의 이름이 보이고, 거기에 이렇게 적혀 있습니다: "이 아하스 왕이 곤고할 때에 더욱 여호와께 범죄하여"(대하 28:22). 또 한 사람의 이름이 거기에 보이는데, 자기에게 그늘을 만들어 주어서 자기를 따가운 햇볕에서 보호해 주었던 박넝쿨이 시들어 버리자, 여호와를 향하여 "내가 성내어 죽기까지 할지라도 옳으니이다"(욘 4:9)라고 말했던 "요나"의 이름입니다. "이스라엘"이라는 이름도 보이는데, 하나님께서는 그에게 "너희가 어찌하여 매를 더 맞으려고 패역을 거듭하느냐"(사 1:5)고 말씀하셨습니다. 하나님께서 "에브라임이 우상과 연합하였으니 버려 두라"(호 4:17)고 말씀하신 바로 그 "에브라임"이라는 이름도 보입니다. 그 명단에는 사별에 의해서 유익을 얻지 못한 사람들의 이름도 기록되어 있습니다. 오늘 아침 이 자리에 계신 분들 중 몇몇 분들의 이름도 보입니다. 불경건한 사람들이여, 하나님께서는 한 번도 아니고 여러 번 말씀하셨지만, 여러분은 듣지 않았습니다. 그래서 이제 하나님은 회초리를 드셨고, 여러분을 상하게 하셨습니다. 그런데도 여러분은 여러분을 치신 그 손에 입 맞추지 않았습니다. 다음 번에 하나님께서는 이렇게 말씀하실 것입니다: "공의의 사자여, 너는 저 구제불능의 형편없는 자에게 나의 회초리를 사용하였지만, 그가 말을 듣지 않으니, 이제 칼을 빼어 저 패역한 자를 베어 버리라! 나의 회초리를 거부하는 자는 나의 칼을 맛보는 것이 당연하다." 여러분은 자신이 어떻게 해왔다고 생각하십니까? 여러분은 하나님의 회초리를 비웃으셨습니까? 여러분은 환난을 당하기 이전처럼 지금도 여전히 완악한 마음을 지니고 계십니까? 여러분은 여전히 자신의 악한 길을 고집하며, 계속해서 범죄하기로 작정하고 계십니까? 그렇다면, 분명히 하나님께서는 칼을 "날카롭게 가시고 광을 내고 계실"(cf. 겔 21:9) 것이고, 여러분이 회개하지 않는다면, 그 칼은 머지않아 여러분의 영혼과 몸을 관통하게 될 것입니다.

반면에, 내가 정말 기쁜 것은 이 "초상집"에서 유익을 얻은 사람들이 있다는 것입니다. 거기에는 "고난 당하기 전에는 내가 그릇 행하였더니 이제는 주의 말씀을 지키나이다"(시 119:67)라고 고백한 다윗의 이름이 기록되어 있습니다. 명단에서 아래로 좀 내려가다 보면, 므낫세라는 이름이 보이는데, 성경은 그에 대해서 "그가 환난을 당하여 그의 하나님 여호와께 간구하고 그의 조상들의 하나님 앞에 크게 겸손하여"(대하 33:12)라고 기록하고 있습니다. 그밖에도 "초상집"에 가서 유익을 얻은 많은 사람들의 이름이 그 명단에 있습니다. 욥의 이름도 보이는데, 하나님께서는 고난을 통과한 욥에게 이전보다 갑절로 복을 주셨습니다. 이것은 선한 명단입니다. 나는 그 명단을 보면서, "잔칫집"에 가는 것보다 이 집에 가는 것이 낫다고 생각하게 됩니다.

내가 이 대지를 마치기 전에 간단하게 한 마디 할 말이 있습니다. 그것은 내가 여러분에게 매일 가시도록 권하고 싶은 "초상집"이 있다는 것입니다. 그곳은 정말 비통한 곳입니다. 그곳은 정말 고뇌 어린 곳입니다. 그곳은 정말 고난의 장소입니다. 그 장소는 "겟세마네"라 불립니다. 그곳이 바로 내가 여러분에게 자주 가시라고 권하고자 하는 곳입니다. 하나님의 아들이신 능력 많으신 예수께서 크게 번민하시며 무릎을 꿇으시고 아버지 하나님과 씨름하셨던 곳이 바로 겟세마네 동산입니다. 주님은 제자들에게 "내 마음이 심히 고민하여 죽게 되었으니"(막 14:34)라고 말씀하셨고, 성경은 "예수께서 힘쓰고 애써 더욱 간절히 기도하시니 땀이 땅에 떨어지는 핏방울 같이 되더라"(눅 22:44)고 기록하고 있습니다.

> "감람유를 짜는 곳 겟세마네여!
> 왜 그곳이 그렇게 불리게 되었는지를
> 그리스도인들은 넉넉히 짐작할 수 있으리."

겟세마네는 감람나무 그늘이 짙게 드리우고, 검은 시내가 흐르는 곳이었는데, 만왕의 왕께서는 친히 바로 그 기드론 시내를 건너 가셨습니다. 오, 겟세마네여, 너의 쓴 풀들이 내게는 어찌 그리 달콤한지! 내가 너의 우울함 속에 영원히 거할 수 있었으면 얼마나 좋을까! "어둡고 고적한 겟세마네여, 너는 내게 이 땅에서의 천국이다." 나는 거기에 다녀왔고, 지금도 여전히 그 거룩한 곳을 방문하는 것을 좋아합니다. 나는 저 "초상집"에 앉아서, 내 구주께서 나의 죄 때문에 씨름하시는 모습을 그려볼 때에 지극한 거룩함과 진정한 행복을 느낍니다. 세상에 있는 그 어느 잔칫집에 가는 것보다 겟세마네라는 "초상집"에 가는 것이 더 낫습니다.

3. 셋째로, 지혜자가 이렇게 말한 근거들을 살펴보겠습니다.

사랑하는 친구들이여, 이제 내게는 이 세 번째 대지를 간략하게 전할 시간만이 남아 있습니다. 이 대지는 아주 큰 주제여서, 이 주제를 다루는 데에는 훨씬 더 많은 시간이 필요하지만, 나는 통상적으로 정해진 시간을 넘겨서까지 여러분을 붙잡아 두고 싶지는 않습니다. 솔로몬이 어떻게 말하고 있는지 한 번 보겠습니다: "초상집에 가는 것이 잔칫집에 가는 것보다 나으니." 첫째는 "모든 사람의 끝이 이와 같이" 되기 때문이고, 둘째는 "산 자는 이것을 그의 마음에 둘" 것이기 때문이며, 셋째는 "얼굴에 근심하는 것이 마음에 유익하기 때문"이고, 넷째는 "지혜자의 마음은 초상집에 있기" 때문이라는 것입니다.

그러므로 무엇보다도 먼저, "초상집에 가는 것이 나은" 이유는 그것이 우리가 결국에는 다다르게 될 끝이기 때문입니다. 우리는 언젠가는 죽을 수밖에 없습니다. 이것을 면제받는 일은 있을 수 없습니다. 이것은 하나님이 정하신 것이고, "메대와 바사의 규례"(단 6:15)처럼 변개될 수 없습니다. 누구나 다 초상집에 가야 하고, 죽을 수밖에 없습니다. 우리가 우리의 마지막 몇 시간과 대화하는 것은 지극히 지혜로운 일입니다. 어떤 사람은 자기 침상에 해골을 놓아둔 채로 살아갔다고 합니다. 그가 그 해골을 지혜롭게 선용하였다면, 그는 지혜로운 사람이었을 것입니다. 우리는 애굽 사람들이 매 절기마다 식탁 끝에 해골을 놓아 두었다는 것을 압니다. 그들이 그 해골을 보면서 제대로 된 생각을 했다면, 그들은 지혜로운 사람들이었을 것입니다. 죽음을 우리의 일상적인 반려자로 삼는 것은 참으로 지혜로운 일입니다. 전쟁에서 사용되는 말들은 처음에는 총소리와 화약 연기를 몹시 두려워한다고 합니다. 그런데 말들을 연병장으로 끌고 가서, 말들 앞에서 총을 쏘고 화약을 터트리는 것을 반복하다 보면, 말들이 마침내 거기에 익숙해져서 두려움 없이 총소리와 화약 연기가 자욱한 전장으로 돌진해 들어간다고 합니다. 마찬가지로, 우리도 우리의 심령이 죽음이라는 생각에 익숙해지게 해서, 죽음을 친근한 것으로 만들고, 매일 죽음과 대화하는 것이 좋습니다. 그렇게 하기에 가장 좋은 방법은 우리의 친구들이 죽어서 누워 있는 "초상집"에 가는 것입니다.

> "우리의 죽은 친구들이 구름처럼 우리 위로 와서
> 우리의 분별없는 열심들을 잠재우고
> 지혜자들을 눈멀게 하는 저 삶의 눈부신 광채를 약화시켜 준다네.
> 먼저 죽음의 길을 간 우리의 죽은 친구들은
> 죽음으로 가는 우리의 험한 길을 평탄하게 해주고,
> 그 길을 가면서 우리의 본성이 느끼게 될
> 공포와 혐오의 빗장들을 끊어 주어서,
> 우리로 하여금 죽음을 온갖 폭풍우로부터 안전한
> 항구처럼 느끼게 해주는 선구자들이라네."

이렇게 노래한 사람은 영(Young)인데, 그의 말은 옳습니다. 우리가 잃은 친구들을 생각하며, "초상집에 가는 것"은 좋은 일입니다.

또한, 지혜자는 "초상집에 가는 것이 잔칫집에 가는 것보다 나으니 모든 사람의 끝이 이와 같이 됨이라 산 자는 이것을 그의 마음에 둘 것이기 때문이라"(한글개역개정에는 "산 자는 이것을 그의 마음에 둘지어다"로 되어 있음)고 말합니다. 여러분이 "잔칫집"에 간다면, 거기에는 여러분의 마음에 담아둘 만한 것이 없습니다. 잔칫집은 온통 거품으로 가득하고, 허영보다 더 가벼워서, 건드리기만 하면 다 사라져 버립니다. 그러나 "초상집"에는 아무리 건드려도 여전히 남아 있는 어떤 엄숙하고 진지한 것이 있습니다. 그 어둠 속에는 햇빛 아래에서보다도 더 견고한 어떤 것이 존재하는 것 같습니다. 나는 "초상집"에 갔을 때에 무엇인가를 내 마음에 간직하고서 돌아온다는 느낌을 받습니다. 하지만 "잔칫집"에 갔을 때에는 내 마음에 그런 느낌이 전혀 없습니다. 나는 잔치에 어울리는 옷을 입고, 잔치에 어울리는 것들을 하다가 돌아오면, 그것이 전부이고, 내 마음에 남거나 내가 배운 것은 하나도 없습니다.

또한, 지혜자는 "얼굴에 근심하는 것이 마음에 유익하기 때문"이라고 말합니다. 우리가 슬퍼하는 것은 상당히 좋은 일입니다. 우리의 마음을 땅에 묶고 있는 사슬이 끊어지면, 우리는 날아오를 수 있습니다. 우리는 쇠사슬로 땅에 묶여 있지만, 우리의 눈에는 물이 있어서, 그 눈물은 마치 산성비처럼 쇠사슬을 부식시켜서 끊어 버리고, 우리를 자유롭게 해줄 수 있습니다. 우리의 마음이 슬픔에 의해서 더 좋아지는 것은 그 마음이 땅에서 더 많이 해방되어 자유롭게 되기 때문입니다. 또한, 우리의 마음이 슬픔에 의해서 더 좋아지는 것은 그 마음이 하나님의 말씀의 교훈들에 대하여 더 민감해지고 더 감화를 잘 받게 되기 때문입니다. 우리는 기쁠 때에는 하나님의 음성에 귀를 막아버릴 수 있지만, "초상집"에서는 속삭이는 소리까지 다 들을 수 있습니다. "초상집"에 가는 것이 더 나은 이유는 하나님의 음성을 더 잘 들을 수 있기 때문입니다. 흥겨워서 떠들며 노래할 때에는 그 노랫소리에 하나님의 세미한 음성이 묻혀 버리지만, "초상집"에서는 발자국 소리 하나까지 또렷이 들리고, 우리는 "지금 하라, 바로 지금 하라!"고 외치는 시계 소리와 시간의 음성까지 분명하게 들을 수 있습니다.

끝으로, 솔로몬은 "지혜자의 마음은 초상집에 있다"고 말합니다. 많은 사람들이 예배당에 가는 것과 마찬가지로, 우리가 꼭 가야 하는 몇몇 곳들이 있습니다. 사람들은 자신의 마음은 가게에 두고 예배당에 갑니다. 나의 친구들이여, 여러분이 오늘 아침에 그렇게 하셨다면, 집으로 돌아가시기 전에 여러분의 마음을 가게에서 가져오시는 것이 좋습니다. 그러나 우리가 우리의 마음은 놓아두고 몸만 가야 하는 몇몇 곳들이 있습니다. 우리는 "잔칫집"에 갈 때마다 그렇게 해야 합니다. 우리의 마음을 잔칫집에 가지고 갔다가 거기에 두고 온다면, 우리의 마음은 틀림없이 더럽혀질 것이기 때문에, 우리의 마음을 잔칫집에 가지고 가지 않는 것이 좋습니다. 그러나 우리가 "초상집"에 갈 때에는 반드시 우리의 마음도 같이 가야 합니다. 왜냐하면, 우리가 초상집에서 돌아올 때에는, 반드시 우리의 마음도 다시 가지고 올 것이 분명하기 때문입니다. 우리는 "잔칫집"에 가면, "이곳은 즐거운 곳이니, 내 마음아, 여기에 머물자"고 말할 것이지만, "초상집"에 갔을 때에는 "나의 마음을 이 음침한 곳에는 절대 둘 수가 없어"라고 말하게 될 것입니다. 나는 "초상집"에 갔을 때에는 마음 놓고 얘기하지만, "잔칫집"에 간 경우에는 나의 혀에 재갈을 물립니다. 나는 "초상집"에 가서는 고인을 사별한 형제나 자매와 자유롭게 얘기할 수 있습니다. 거기에서는 나의 마음을 다 털어놓고 허심탄회하게 얘기할 수 있고, 내 입에 재갈을 물릴 필요가 없습니다. 나는 내 주님의 이름을 말할 수 있고, 주님의 은혜로 말미암은 기이한 일들을 얘기할 수 있으며, 주님이 얼마나 놀랍고 보배로운 존재인지도 말할 수 있습니다.

마지막으로, 하나님의 이 진리를 마음에 새겨 두십시오. 여러분은 그 어떤 잔칫집에 가는 것보다 "초상집에 가는 것"이 더 낫습니다. 잔치가 벌어진 곳에 가서 춤추고, 비록 합법적인 즐거움들이라고 할지라도, 이 세상의 즐거움들을 누리는 것보다는 비통함과 슬픔의 상복을 입고, 베옷을 걸쳐 입고, 머리에 재를 뿌리고 앉아 있는 것이 더 낫습니다. 하나님께서 "초상집에 가는 것이 나으니"라고 말씀하셨기 때문에, 여러분은 하나님이 분명하게 선언하신 것을 불신앙으로 말미암아 부인하지 않기를 바랍니다. 여러분 중에 누가 조만간 초상집의 주인공이 될지는 아무도 알 수 없는 일이기 때문에, 나는 주의 이름으로 여러분에게 "초상집에 가라"고 권합니다. 죽음이 최근에 자주 우리 가운데 왔듯이, 또다시 조만간 우리 가운데 올 것입니다. 아니, 바로 지금 죽음이 자신의 검은 날개를 퍼덕이며 이곳으로 날아와서, 여러분이 앉아 있는 곳을 돌아다니면서, 다음 차례가 누구인지를 살펴보고 있는지도 모릅니다. 그는 성전에 놓여 있는 장의자들을 이리저리 날아다니며, "내가 찾고 있는 사람이 어디에 있나?"라고 말하고 있을 수도 있습니다. 하나님께서 죽음에게 그 사람을 지목해 주시면, 그 사람은 반드시 죽게 되어 있습니다. 어쨌든 여러분은 이런저런 방식으로 조만간에 "초상집"에 가게 될 것인데, 거기에 가서 스스로에게 이렇게 말하십시오: "초상집에 가는 것이 잔칫집에 가는 것보다 나으니." 여러분이 결혼식과 장례식에 동시에 초대를 받았다면, 장례식에 우선순위를 두십시오. 하나님의 자녀들이여, 장례식에 가는 것을 소홀히 하지 마십시오. 왜냐하면, 성령께서 애곡하는 자 옆에 계시는 예수님을 계시해 주심으로써, 그곳이 여러분에게 벧엘이 될지도 모르는 일이기 때문입니다. 여러분이 아직 회개하지 않은 불경건한 죄인들이라면, 여러분은 "초상집"에 가나 "잔칫집"에 가나 아무런 유익을 얻을 수 없습니다. 여러분에게 영원한 생명을 주실 수 있는 것은 오직 성령의 능력뿐이고, 여러분을 죄 사함 받은 죄인으로 만들어 주실 수 있으신 분은 오직 예수님뿐입니다.

오늘의 나의 설교가 여러분의 영혼에게 복이 되고 삼위일체 하나님께 영광이 되기를 빕니다. 아멘.

제
3
장
—

전도자의 관찰

—

"일의 끝이 시작보다 낫고" ― 전 7:8

일부 번역자들은 이 구절을 "말의 끝이 시작보다 낫고"로 옮깁니다. 나의 설교를 듣는 사람들 중에서 많은 분들이 그러한 번역에 아주 공감하리라는 것을 나는 의심하지 않습니다. 우리가 설교를 시작할 때에 여러분은 인내하고 들으려고 애쓰다가도, 우리가 "마지막으로"라고 말하는 순간, 여러분은 설교를 듣는 고된 일이 곧 끝날 것이라고 생각하기 때문에, 여러분의 눈은 반짝거리기 시작합니다. 이것은 설교를 듣는 사람들만이 아니라, 설교를 하는 사람들에게 종종 해당되는 말입니다. 설교하는 사람은 종종 시작하는 것이 어렵다고 느끼고, 계속해서 덕 세우는 말씀을 전해 나가는 것은 더 어렵다고 느끼지만, 설교를 끝내는 것은 어렵지 않고 흔히 아주 기쁜 일이 됩니다. 많은 젊은 설교자들은 틀림없이 자기가 처음으로 설교했던 때를 기억해 보면, 설교를 시작하는 것보다 끝낼 때가 훨씬 좋다고 느꼈었다는 것을 기억할 수 있을 것입니다. 젊은 곡예사는 두렵고 떨리는 마음으로 높은 줄 위를 한 걸음 한 걸음 조심스럽게 걸어가다가, 마침내 이 위험한 일이 끝났을 때에, 긴장이 풀려 주저앉고 맙니다. 설교나 말을 시작할 때보다 끝났을 때가 훨씬 더 좋다는 것은 두말할 필요도 없습니다.

나는 "말의 끝이 시작보다 낫고"라는 번역이 올바르고 합당한 번역이라고 생각하지 않지만, 이 번역은 상당한 진리를 내포하고 있습니다. 왜냐하면, 어떤 사람이 해로운 말을 하고 있다면, 그가 그 말을 끝낸 것은 좋은 일이기 때문입니다. 그가 쓸데없고 위험한 말을 계속하는 것보다 그 말을 끝내는 것이 더 낫습니다. 어떤 사람이 선한 말을 전하는 대사이고, 그가 전해야 할 좋은 소식이 있다면, 그가 그 소식을 다 전해서 자신의 사명을 완수하는 것이 더 낫습니다. 그렇게 했을 때, 이제 여러분은 한 단계 더 진보하였고, 여러분의 영혼의 양식이 될 진리를 받게 된 것입니다. 그 진리를 받지 않은 것보다 받은 것이 더 낫습니다. 그러므로 "끝"이 "시작"보다 낫습니다.

나는 우리가 현재의 본문에 소금을 조금 쳐야 한다고 생각합니다. 이 본문은 절대적인 진리라기보다는 상대적인 진리입니다. "일의 끝이 시작보다 낫다"는 것은 진리입니다. 만일 그렇지 않다면, 이 말씀은 성경에 들어 있지 않았을 것입니다. 하지만 이 진리는 보편적으로 적용되는 것이 아니라, 적용할 대상이 한정되어 있습니다. 일의 끝이 시작보다 나쁜 경우들이 있습니다. 하지만 이 진리는 하나님의 질서를 따라 이루어지는 모든 일들, 즉 하나님이 시작하시고 끝내시는 일들, 하나님의 지시하심에 의해서 시작되어서 하나님에 대한 경외심으로 실행되다가 하나님의 임재 가운데서 끝나는 일들에 그대로 적용됩니다. 그런 경우들에 있어서 나는 "일의 끝이 시작보다 낫다"고 말할 수 있습니다. 그러나 우리는 이 본문을 모든 경우에 무차별적으로 적용되는 절대적인 진리로 받아들여서는 안 됩니다. 하지만 나는 거기에 소금을 조금 쳐서 해석하면, 이 본문은 솔로몬에게 합당한 금언이라고 생각합니다.

자연 속에서의 몇몇 예들은 "일의 끝이 시작보다 낫다"는 것을 예시해 줄 것입니다. 우리는 "시작"과 "끝"을 비교합니다. 씨 뿌리는 자는 정말 아깝고 귀한 씨를 가지고 이슬이 맺혀 있는 촉촉한 아침에 들녘으로 나와서, 얼굴에 찬바람을 맞고, 서리가 뺨을 때리는 가운데 씨를 뿌립니다. 말 그대로, 그는 "눈물로 씨를 뿌립니다." 그러므로 시작은 결코 즐겁지 않습니다. 하지만 추수 때가 오면, 미소 띤 젊은 처자들과 기뻐하는 시골 젊은이들이 노래하고 춤추는 가운데 들판에서 곡식을 거두어서 안전하게 곳간에 들이게 되는데, 이것이 "일의 끝"입니다. 나는 추수 때가 파종할 때보다 더 낫다는 것은 삼척동자도 아는 일이라고 생각합니다. 한 가지 예를 더 들어 보겠습니다. 어떤 사람이 먼 여행길을 떠납니다. 그의 손에는 지팡이가 들려 있고, 가파른 암벽 사이를 오를 준비가 되어 있습니다. 폭풍우를 만나더라도, 그는 계속해서 앞으로 가야 합니다. 비가 많이 와서 시냇물들이 많이 불어 있더라도, 그는 그 위험한 개천들을 통과하지 않으면 안 됩니다. 그는 용기를 내어서 모든 장애물을 뛰어넘었습니다. 이렇게 해서 그는 얼굴에 홍조를 띤 채로 집에 들어옵니다. 그는 높은 암벽들을 올랐고, 물이 불은 시내들을 통과했으며, 폭풍우를 뚫고 강행군을 한 끝에, 이제 활활 타는 벽난로 옆에 앉아 휴식을 취하고 있습니다. 왜냐하면, 먼 여행길이 다 끝났기 때문입니다. 여행자는 이렇게 말합니다: "일의 끝이 시작보다 낫습니다. 일을 시작하고 나서 여태까지 땀을 흘려 왔지만, 그 일을 끝내고 쉬면서 뒤돌아보니, 그 땀조차도 지금은 달콤합니다." 한 가지 예를 더 들어 보겠습니다. 갑문이 열리고, 항구에 정박 중이던 큰 배가 강으로 빠져나갑니다. 깃발들이 펄럭이고, 사람들은 인도를 향한 위험한 여정을 막 시작한 사람들을 배웅합니다. 하지만 그 배가 귀한 물건들을 가득 싣고서 항구로 돌아왔을 때, 여러분이 선장에게 한 번 물어보십시오. 선장은 희망봉을 통과할 때에 겪었던 험한 날씨와 대륙을 벗어났을 때에 겪은 폭풍우를 기억하고서, 이 강을 따라 올라올 때가 내려갈 때보다 훨씬 더 좋았다고 여러분에게 말할 것입니다. 선장은 성공적인 항해 후에 귀한 물건들을 가득 싣고 고국으로 돌아오면서 이 강에 접어들었을 때, 하나님께 감사를 드리며, "일의 끝이 시작보다 낫습니다"라고 고백했다고 할 것입니다. 한 가지 예를 더 들어 보겠습니다. 한 무리의 병사들이 전쟁터로 나아갑니다. 여러분은 그들을 즐거운 마음으로 바라보실 수 있겠습니까? 나는 그들이 거리를 행진해 갈 때에 여러분이 앞다투어 그 거리들로 나가서 박수를 치고 환호한다는 것을 압니다. 사실, 젊고 건장한 용사들이 조국을 지키기 위하여 전쟁터로 나가는 모습을 보는 것은 감격적인 일입니다. 그러나 그 용사들 중에서 많은 수가 전쟁터에서 쓰러져 죽고, 소수만이 다시 돌아올 것이라는 것을 생각한다면, 나는 여러분이 그것을 즐거운 광경이라고 말하지 못할 것이라고 확신합니다. 그러나 그 용사들이 전쟁터의 포화와 육박전에서 살아남아 다시 조국으로 돌아와서 길거리를 행진하게 되었을 때에는, 거리에서 그들을 환영하는 인파는 어떻게 느낄지 모르겠지만, 적어도 그들은 전쟁의 끝이 시작보다 낫다고 느낄 것입니다. 어떤 사람이 전에 자기는 전쟁치고 좋은 것이 없고 평화치고 나쁜 것이 없다는 말을 했습니다. 나는 그의 말이 지당하다고 믿습니다. 평화는 그 자체로 헤아릴 수 없는 복이고, 의로운 전쟁이든 불의한 전쟁이든, 전쟁은 그 자체가 너무나 끔찍한 천벌입니다. 따라서 여러분이 밭에서 씨 뿌리는 사람을 보든지, 먼 여행길을 떠나는 여행자를 보든지, 망망한 바다로 나아가는 항해자를 보든지, 전쟁터로 행진해 가는 용사들을 보든지, 여러분은 "일의 끝이 시작보다 낫다"고 생각하게 될 것입니다. 내가 이렇게 네 가지 예를 든 것은 이제부터는 자연 속에서의 이 네 가지 예를 토대로 해서, 좀 더 영적인 것들을 살펴보려고 하기 때문입니다.

1. 첫째로, 이 말씀은 여러분의 후회하는 마음을 달래줍니다.

오늘 밤 먼저 나는 "일의 끝이 시작보다 낫다"는 이 진리를 여러분의 후회하는 마음을 달래주는 데 사용하고자 합니다. 올해도 거의 다 지나갔기 때문에, 얼마 안 있어서 1864년은 지난 세월이 될 것입니다. 아마도 여러분 중에는 이렇게 말하는 분들이 있을 것입니다: "하나님께서 내게 올 한 해를 다시 한 번 살 수 있게 해주시면 좋겠습니다. 나는 선을 행할 많은 기회들을 놓쳤고, 내 하나님을 내가 원하는 만큼 섬길 기회가 주어졌는데도 그 기회들을 제대로 살리지 못했습니다. 내가 교회와 사람들과 내 하나님을 섬길 수 있는 해가 한 해 줄어들었습니다. 나는 내게 주어진 달란트들 중에서 한 달란트를 사용했는데, 내 하나님과 주님을 위해 별 이문을 남기지 못했습니다."

사랑하는 친구들이여, 올해가 다 지나갔다고 후회하거나 아쉬워하지 마십시오. 여러분이 그리스도를 믿는 사람이라면, 한 해가 지나간 것은 여러분에게 축하해야 할 일입니다. 여러분은 올 한 해를 조용히 묵상할 때, 정말 올 한 해를 다시 한 번 살고 싶으십니까? 올해에 여러분에게는 적지 않은 슬픔과 괴로움들이 있었습니다. 여러분은 내가 방금 전에 말한 선원과 같습니다. 여러분은 여러 번 폭풍우들을 통과해 왔습니다. 험한 기후에 힘들었던 선원들이여, 여러분은 올해의 폭풍우들을 정말 다시 한 번 겪고 싶으십니까? 여러분은 자신이 탄 배가 심한 폭풍우 때문에 무섭게 요동쳤던 저 끔찍한 밤과 암초에 걸렸던 때를 기억하면서도, 또다시 그런 일들을 반복해서 겪고 싶으십니까? 나는 여러분이 머리를 저으며 "아니요, 하나님께서 우리로 하여금 그런 폭풍우를 만나 무사히 통과하게 하신 것을 감사하지만, 다시는 그런 경험을 하고 싶지는 않습니다"라고 말할 것이라고 믿습니다. 그리스도인들이여, 여러분이 올해에 겪었던 손실들과 십자가들과 고난들과 사별들을 생각할 때에도, 여전히 올해가 다 가버린 것이 후회가 되고 아쉽다고 생각할 수 있겠습니까? 아마도 여러분은 "폭풍우를 헤치고 항해해야 하는 일이 끝나서, 이제 내가 통과해야 할 폭풍우들이 없게 된 것을 하나님께 감사합니다"라고 고백하게 되지 않을까요?

여러분이 올 한 해를 뒤돌아보면, 얼마나 많은 덫과 올무에 걸릴 뻔하다가 겨우 무사히 빠져나왔습니까? 여러분의 발이 미끄러져서 거의 넘어질 뻔한 적도 여러 번 있지 않았습니까? 여러분이 거의 죄에 걸려 넘어질 뻔하였고, 세상의 덫에 빠질 뻔하였으며, 마귀가 여러분에게 거의 치명상을 입힐 뻔했던 적도 여러 번 있지 않았습니까? 여러분은 자신의 배가 암초에 걸리거나 유사에 휩쓸려 들어갈 위기를 여러 번 넘기고 무사히 항구로 돌아온 선원들과 같습니다. 그런데도 여러분은 그러한 위험천만한 순간들을 또다시 겪고 싶으십니까? 선원들이여, 여러분은 또다시 여러분의 배가 모래톱에 걸려서 옴짝달싹 못하게 되거나, 암초에 부딪쳐서 산산이 깨져 버릴 뻔한 아찔한 일들을 또다시 반복하고 싶으십니까? 여러분은 분명히 이렇게 말할 것입니다: "아니요, 나는 그런 위험들이 무사히 지나간 것을 감사하고, 그런 일들을 다시는 겪고 싶지 않습니다." 그리스도인들이여, 여러분은 시험과 유혹으로 가득했던 한 해가 영원히 지나갔고, 사탄이 올해에 여러분을 향해 쏘았던 그 화살들이 다 빗나가서 다시는 쓸 수 없게 된 것을 감사해야 하지 않겠습니까? 올해에 우리를 죽이고자 위협했던 저 칼날들은 이제 다 지나갔으니, 우리는 그러한 것들을 또다시 반복해서 두려워할 필요가 없습니다! 내가 그러한 것들이 다 지나갔다고 말하는 것은 우리에게 해악을 끼칠 수 있는 그것들의 힘이 영원히 지나갔다는 것을 의미합니다.

또한, 올해가 다 지나간 것을 후회하지 않아야 할 또 다른 이유가 있습니다. 여러분이 올 한 해 동안에 얼마나 많은 은혜를 체험하고 누려 왔는지를 생각해 보십시오! 하나님께서 우리를 얼마나 선하게 대하셨습니까!

> "오, 나의 하나님, 주의 모든 은혜를
> 내 영혼이 일어나 둘러보니,
> 보는 것만으로도 황홀하여,
> 경이로움과 사랑과 찬양이 내 영혼에 밀려온다네."

스위스 같은 천하절경이 있는 곳을 여행한 사람들은 자기가 그곳을 여행한 것을 후회하지 않습니다. 아니, 정반대로, 우리는 우리의 눈이 그러한 천하절경들을 감상하는 호사를 누리게 된 것에 대하여 감사하게 됩니다. 마찬가지로, 그리스도인들은 한 해 동안 하나님의 은혜들을 경험한 것을 결코 후회하지 않고,

도리어 그러한 은혜들을 누리는 특권을 우리에게 주신 하나님께 감사하게 됩니다. 이것이 여러분이 한 해가 다 지나간 것을 후회하지 않아야 할 또 하나의 이유입니다. 나는 나이가 들어 머리가 희어져가는 분들에게 말씀드립니다. 나는 너무나 많은 세월이 흘러가 버린 것에 대하여 여러분 속에 후회하고 안타까워하는 마음이 있다는 것을 압니다. 그러나 주 안에서 사랑하는 나의 형제들이여, 만약 여러분이 그런 식으로 후회한다면, 여러분은 오랜 세월 잘 믿어 온 사람답지 않은 어리석음의 죄를 짓고 있는 것이라고 나는 생각합니다. 존 번연이 "그리스도인"의 순례길을 어떻게 묘사하고 있는지를 생각해 보십시오. 그는 "그리스도인"이 자기를 짓누르는 무거운 짐을 등에 진 채로 "하늘의 도성"을 향한 순례길을 출발해서, "멸망의 도성"에서 멸망당하지는 않을까 두려워서 손에 힘을 주고 달려가는 것으로 묘사합니다. "그리스도인"은 하룻길도 채 가지 못해서, "낙심의 수렁"에 빠져서 목까지 차오르는 진창 속에서 허우적거립니다. 이것이 순례길의 시작이었습니다. 그러나 순례길의 끝을 보십시오. "그리스도인"은 강에 당도해서 강물에 발을 내딛어서 건너기 시작합니다. 비록 강물은 차가웠지만, 그는 그런 것을 아랑곳하지 않습니다. 그가 강 중간쯤에 왔을 때, 존 번연은 그의 모습을 어떻게 묘사합니까? 천사들이 강 저편에서 그에게 어서 오라고 손짓합니다. 그 천사들은 그가 "뿔라" 숲에서 방황하다가 향기로운 풀들 사이에 앉아 있었을 때에 강물 너머에서 맑고 아름다운 목소리로 말하였던 바로 그 천사들입니다. 이제 그는 강 저편에 다다라서, 자신의 죄와 의심과 연약한 것들과 죽을 것을 벗어버립니다. 육신을 벗은 그의 영혼은 천상으로 올라가고, 천사들이 그를 황금 길들이 놓여진 하늘 도성의 진주 문들 앞으로 인도합니다. 영적인 삶의 끝은 시작보다 무한히 낫습니다! "낙심의 수렁"과 "하늘의 도성"을 비교해 보십시오. 생각이 있는 사람이라면, "끝이 시작보다" 천 배 만 배, 아니 무한히 낫다는 것을 금방 알 수 있을 것입니다.

이것을 보여주는 또 하나의 예화를 들어 보겠습니다. 모세는 애굽 사람을 죽여서 모래에 묻는 것으로 자신의 영적인 삶을 시작합니다. 이것은 이제 막 그리스도인이 된 사람이 열심은 충만하지만 사려분별은 거의 없는 모습과 똑같습니다. 이것이 모세의 공적인 사역의 시작이었습니다. 하지만 그의 공적인 사역의 끝을 보십시오. 120세가 된 노인이 천사 같이 모든 것을 꿰뚫어보는 형안으로, 자기가 40년 동안 험한 광야 길에서 자신의 팔에 안고 마지막 지점까지 데려온 이스라엘 백성을 바라보며, 산처럼 우뚝 서서, 마지막 고별사를 하고 있습니다. 그는 고별사를 마친 후에, 자신의 충직한 종이었던 여호수아를 비롯해서 온 이스라엘 백성을 뒤로 한 채 비스가 산 꼭대기를 향하여 오르기 시작합니다. 그는 그 산의 가장 높은 봉우리에 올라서, 약속의 땅 전체를 내려다보기 시작합니다. 예루살렘과 시온의 종려나무들이 보이고, 베들레헴도 그의 눈 앞에 아른거립니다. 저 멀리 푸른 바다와 레바논의 아름다운 땅도 그의 시야에 들어옵니다. 그렇게 보고 있을 때, 마침내 그의 시야가 흐려지고, 그는 하나님의 얼굴을 뵙습니다. 하나님께서 친히 강림하신 것입니다. 하나님은 그에게 입 맞추시고, 그의 영혼을 데려가십니다. 그의 육신은 아무도 모르는 곳에 묻히고, 그의 영혼은 영원히 하나님과 함께 있게 되었습니다. 우리는 모세의 경우를 통해서 "끝이 시작보다 더 낫다"는 것이 진리임을 확인하게 됩니다. 마찬가지로, 모세 같이 일편단심의 믿음으로 하나님을 의뢰하여 살아가는 사람들의 영적인 삶의 끝도 그렇게 될 것입니다.

나는 올해가 지나가는 것을 보며 후회하는 여러분의 마음을 달래는 데에는 이 정도로 충분하다고 생각합니다. 올해가 다 지나간 것을 아쉬워하거나 후회하지 마시고, 도리어 하나님께 감사하고 기뻐하십시오.

2. 둘째로, 이 말씀은 여러분의 불길한 예감을 없애 줍니다.

나는 이제 이 진리를 사용해서, 여러분이 느끼는 불길한 예감들을 중단시키려고 합니다. 여러분 중에는 어둠 가운데 있는, 아니 어둠 가운데 있다고 느끼는 분들이 많을 것입니다. 여러분은 하나님이 사랑의 하나님이시고 여러분을 돌보시는 이시라는 진리를 받아들이기가 너무나 어렵다고 느낍니다. 하지만 여러분은 단지 섭리의 길들의 시작 지점에 서 있습니다. 여러분이 겪는 환난들로 인해서 여러분의 연약한 믿음은 비틀거리고, 불신앙은 여러분의 영혼을 온갖 의심들과 걱정들로 채웁니다. 그러나 이 모든 것의 끝은 처음보다 더 낫게 될 것입니다. 많은 그리스도인들이 영적인 삶의 초기에 나중에 겪는 것보다 더 많은 시련과 환난을 겪습니다. "사람은 젊었을 때에 멍에를 메는 것이 좋으니"(애 3:27). 여러분은 지금 구름이 해를 가리고 있다고 해서, 언제까지나 그럴 것이라고 생각해서는 안 됩니다. 한 어린아이가 일식을 보고서, "아빠, 해가 꺼져 버렸어요"라고 말했답니다. 오직 어린아이만이 그렇게 말하고, 성인은 그렇게 말하지 않습니다. 여러분은 신앙이 어렸을 때에 불신앙으로 잘못 말했던 것들을 이제는 성숙한 신앙 경험에 비추어 바로잡아야 합니다. 하나님이 얼굴을 감추시는 것은 장차 더 분명하게 나타내시기 위한 것입니다. 끝은 시작보다 더 나을 것입니다. 여러분은 하루의 날씨가 어떻게 변하는지를 자주 보아 오셨을 것입니다. 이른 아침에는 안개가 짙게 끼고 비가 내립니다. 우리는 날씨가 맑아지기를 끈기있게 기다리지만, 빗방울은 쉬지 않고 떨어집니다. 비바람이 그치기를 바라는 마음은 점점 걱정이 되어 가지만, 빗방울은 쉬지 않고 떨어지고, 멈출 기미를 보이지 않습니다. 하지만 정오가 되기도 전에, 언제 그랬냐는 듯이 햇빛이 쨍 하고 비치고, 우리는 새들이 더욱 즐겁게 노래하는 소리를 듣게 됩니다. 비 온 후에 갠 청명한 날이 되었습니다. 이렇게 오전에 비바람 치던 날씨가 정오가 되기도 전에 청명한 날로 바뀐 것은 환난 가운데서 의심하는 여러분의 연약한 영혼이 장차 어떻게 될 것인지를 보여주는 예언과도 같습니다. 여러분은 자신의 영적인 삶의 끝이 시작보다 더 낫다는 것을 알게 될 것입니다.

한 가지 예화만 더 들고, 이 대지를 마치겠습니다. 가엾은 요셉은 자신의 여주인에 의해서 모함을 받았습니다. 그는 배은망덕하고 후안무치한 자로 지목되어, 보디발에 의해 감옥에 갇히게 됩니다. 그는 죄수가 되어 살아가야 했습니다. 하지만, 나는 요셉이 만일 감옥에서 지내지 않았다면 결코 애굽의 총리가 될 수 없었을 것이라고 생각합니다. 여러분은 "이기기 위해서는 굽혀야" 합니다. 여러분은 황금처럼 뜨거운 용광로 속에 넣어져서 연단되어야 합니다. 하지만 여러분은 머지않아 정금이 되어 용광로에서 나오게 될 것입니다. 그렇게 정금처럼 눈부신 빛을 발하게 되었을 때, 여러분은 "일의 끝이 시작보다 낫다"는 것을 알게 될 것입니다.

3. 셋째로, 이 말씀은 우리의 믿음을 격려해 줍니다.

이제 우리는 오늘의 본문에 나오는 이 단순한 말씀을 사용해서, 우리의 믿음에 힘을 더하고자 합니다. 육신의 길은 모든 것을 지금 얻는 것이고, 믿음의 길은 모든 것을 하나님이 정하신 때에 얻는 것입니다. 세상 사람들은 현재에 의지해서 살아가지만, 그리스도인들은 장래를 바라보고 살아갑니다. 우리가 하나님의 말씀을 따라 현재의 현상들이 아니라, 우리가 영적인 삶을 시작할 때에 겪는 온갖 수고와 실망들이 결국에는 선한 열매들로 맺힐 끝날을 바라본다면, 우리의 믿음은 늘 큰 힘을 얻게 될 것입니다. 하나님께서는 여러분을 천국에 참여할 자로 부르셨기 때문에, 여러분은 이 현재의 세상이 주는 즐거움들을 버려야 합니다. 여러분의 주님을 보십시오. 그의 시작을 보십시오. "그는 멸시를 받아 사람들에게 버림 받았으며 간고를 많이 겪었으며 질고를 아는 자라"(사 53:3). 겟세마네에서의 피와 땀, 빌라도 총독의 "돌을 깐 뜰"에서의 끔찍한 채찍질, 운명의 골고다 언덕을 기억해 보십시오. 그것이 그의 시작이었습니다. 여러분은 그의 끝을 보고 싶으십니까?

> "전에 가시 면류관을 쓰셨던 머리 위에
> 지금은 영광의 면류관이 씌워져 있네."

그는 결국 승리하셔서, 사망과 지옥을 자신의 병거 바퀴에 매달아 끌고서, 개선하셨습니다! 그는 아버지 하나님의 우편에 있는 보좌에 오르셔서, 사람들과 천사들의 환호 가운데 영원히 앉아 계시고, 마침내 그의 모든 원수들은 그의 발등상이 될 것입니다. 영광스러운 끝이 슬프고 괴로운 시작보다 훨씬 더 낫다는 것은 두말할 필요가 없습니다. "주께서 그러하심과 같이 우리도 이 세상에서 그러하니라"(요일 4:17). 여러분이 구유에 있지 않으면, 결코 보좌를 얻지 못할 것입니다. 여러분이 십자가를 지지 않는다면, 결코 영광의 면류관을 얻지 못할 것입니다. 여러분이 멸시받고 천대받지 않는다면, 결코 영광과 존귀를 얻지 못할 것입니다. 여러분이 진창길을 통과하지 않는다면, 결코 황금 길을 걷게 될 수 없을 것입니다. 그러므로 그리스도인들이여, 힘을 내십시오. 하나님의 이 진리를 바로 지금 여러분의 심령에 새겨 두십시오: "일의 끝이 시작보다 나으니."

나는 두 가지 예화를 들고 나서, 이 대지를 마칠까 합니다. 여러분은 애벌레가 땅에서 기어가는 모습을 보면 징그럽고 보기 싫어서 빨리 없애 버리고 싶은 마음이 들 것인데, 바로 그것이 "일의 시작"입니다. 그러나 그 애벌레가 자라면 멋진 날개를 지닌 곤충이 되어서 햇빛을 받으며 날아다니고, 행복감과 생명력으로 충만한 채 꽃잎에 앉아 꿀을 먹게 되는데, 이것이 "일의 끝"입니다. 여러분의 지금의 모습은 바로 이 애벌레와 같습니다. 여러분이 죽음이라는 껍데기에 싸여 있을 때에는 애벌레 같은 모습으로 만족할 수밖에 없습니다. 그러나 여러분이 죽은 후의 모습이 어떻게 될지는 여러분은 알 수가 없습니다. 다만, 우리는 "그가 나타나시면" "그의 참모습 그대로 볼 것이기 때문"에 "우리가 그와 같을 줄을" 알 뿐입니다(요일 3:2). 처음에 애벌레 같던 우리가 나중에는 그리스도와 같은 모습으로 변하게 되리라는 것을 아는 것으로 만족하십시오.

또한, 여기 다이아몬드 원석을 보십시오. 그 원석이 보석 세공인의 손에 들려 있습니다. 그는 심혈을 기울여서 그 원석을 여기저기 아주 세밀하게 깎고 다듬습니다. 그 과정에서 아주 귀중해 보였던 많은 것들이 깎여 나갑니다. 이제 여러분은 그 다이아몬드를 어디에서 봅니까? 나팔소리가 울려 퍼지고, 왕이 면류관을 쓰고 등장하는데, 그 면류관의 한복판에 그 다이아몬드가 자리 잡고 있습니다. 그 다이아몬드에서는 찬란한 빛이 퍼져나오는데, 그 다이아몬드는 얼마 전에 보석 세공인의 손에서 많은 부분이 깎여 나가는 아픔을 겪었던 바로 그 다이아몬드입니다. 그리스도인들인 여러분은 바로 그런 다이아몬드라고 할 수 있습니다. 왜냐하면, 여러분은 하나님의 보석들이기 때문입니다. 지금은 여러분이 깎여 나가고 잘려나가는 과정 중에 있는 때입니다. 여러분은 이 시기를 참고 견뎌내야 합니다. 힘을 내시고, 불평하지 마십시오. 끝까지 믿음을 지키고 인내하십시오. "영원하신 왕 곧 썩지 아니하고 보이지 아니하고 홀로 하나이신 하나님"(딤전 1:17)의 머리에 면류관이 씌워지는 날에, 영광의 한 줄기 빛은 당신으로부터 나가게 될 것입니다. 왜냐하면, 당신은 이 왕의 영광이 될 것이기 때문입니다. 하나님께서는 "내가 나의 보석들을 정하는 날에 너희는 나의 보석들이 될 것이요"(말 3:17 KJV, 한글개역개정에는 "내가 정한 날에 그들을 나의 특별한 소유로 삼을 것이요")라고 말씀하십니다.

4. 넷째로, 이 말씀은 우리에게 어떻게 행해야 하는지를 가르쳐 줍니다.

다음으로, 나는 오늘의 본문을 근거로 해서, 우리가 어떻게 행해야 하는지를 말씀드리고자 하니, 조금만 참아 주시기 바랍니다. 우리의 끝이 아무리 밝을지라도, 우리가 시작하지 않는다면, 그 끝을 경험할 수는 없습니다. 그러므로 본문은 우리 각자에게 스스로 이렇게 자문하게 만듭니다: "나는 시작하였는가? 하나님께서는 내게 시작을 하셨는가?" 시작은 어둡고 암울할 수 있지만, 그런 시작 없이는 밝은 끝이 있을 수 없습니다. 시작할 때에는 많은 즐거움들이 희생되고 친구들을 잃게 될 것임을 나는 압니다. 여러분은 이른바 "즐거움"이라 불리는 것들과 "친구"라 불리는 사람들을 잃게 될 것입니다. 그러나 이 땅에서 하나님의 권속에 속한 가난하고 환난 당하는 사람들과 "시작"을 함께 하지 않는다면, 여러분은 천국에서 하나님의 성도들과 그 "끝"을 함께 할 수 없습니다. 나는 하나님께서 바로 지금 이 자리에 계신 어떤 분들과 함께 그 시작을 함께 하실 것이라는 생각이 듭니다. 하나님께서 여러분과 함께 시작을 하신다면, 그것은 복된 일입니다. 그러나 하나님께서 여러분을 목적지까지 인도하셔서 그 일을 끝내실 때, 그것은 여러분에게 훨씬 더 복된 일이 될 것입니다.

오늘 밤 여러분이 성령의 인도하심을 따라 여러분의 믿음의 눈을 들어 그리스도를 바라보게 됨으로써, 하나님의 전 앞에서 천사들이 여러분의 회심으로 말미암아 더 즐거운 크리스마스를 보내게 된다면, 그것은 너무나 복된 일이 될 것입니다. 내가 틀린 말을 했나요? 우리 주 예수 그리스도께서는 잃어버린 양을 찾은 목자에 대해서 "집에 와서 그 벗과 이웃을 불러 모으고 말하되 나와 함께 즐기자 나의 잃은 양을 찾아내었노라 하리라 내가 너희에게 이르노니 이와 같이 죄인 한 사람이 회개하면 하늘에서는 회개할 것 없는 의인 아흔아홉으로 말미암아 기뻐하는 것보다 더하리라"(눅 15:6-7)고 말씀하셨고, 여기서 천국에 있는 그리스도의 "벗과 이웃"은 천사들이 아니면 누구겠습니까? 죄인들이 자신의 잘못된 길에서 돌이킬 때, 천국에 있는 천사들이 더 즐겁게 노래하고 찬송합니다. 나는 여러분 중에서 오늘 밤이 바로 그러한 "시작"의 때가 될 분들이 있을 것이라고 믿습니다. 하나님의 성령께서 지금 여러분에게 여러분이 죄인임을 가르쳐 주고 계시거나, 여러분이 멸망 받아 마땅한 자라고 느낀다면, 나는 여러분에게 골고다의 십자가 위에 구주께서 피 흘리시며 달리셨다는 것을 상기시켜 드리고자 합니다.

"십자가에 못 박히신 이를 보기만 한다면, 거기에 생명이 있다네."

여러분이 믿음으로 그분을 보는 순간, 그것이 여러분의 복된 시작이 될 것입니다. 그러나 그렇게 하지 않는다면, 여러분의 구속 받은 영혼이 천사들의 호위를 받으며 여러분의 주이시자 구주이신 예수 그리스도께로 가서 그 임재 앞에서 영원한 생명과 지극한 복락에 충만한 삶을 살게 되는 "끝"을 여러분의 머릿속에 그려보아야, 그것은 다 헛일이 되고 말 것입니다.

5. 다섯째로, 이 말씀은 우리에게 아주 엄숙한 질문을 던집니다.

본문이 우리 각자에게 던지는 질문은 이런 것입니다: "만일 내 삶이 오늘 끝나게 된다면, 과연 나의 끝은 나의 시작보다 더 나을 것인가?" 나는 서두에서 오늘의 본문에는 약간의 소금을 쳐야 한다고 말씀드린 바 있는데, 그 소금을 사용해야 할 때가 바로 지금입니다. 즉, 시작이 가장 좋고 끝이 가장 나쁜 일들이 있다는 것입니다. 죄인들이 벌이는 잔치가 그런 것입니다. 맛있는 음식들이 줄지어 나오고, 술잔들에는 거품이 이는 포도주가 가득 부어지고, 사람들은 마음껏 마시며 아주 즐겁게 노래합니다. 비파와 수금이 연주되고, 잔치에 참석한 사람들은 일어나서 흥에 겨워 소리치고 노래합니다. 그러나 그 후에 나는 무엇을 봅니까? 밤이 지나고, 아침 햇살이 창문을 통해 쏟아져 들어올 때, "재앙이 뉘게 있느뇨 … 붉은 눈이 뉘게 있느뇨"(잠 23:29)? 당연히, 그러한 잔치의 끝은 시작보다 더 나쁩니다. 아름다운 옷을 입은 사람들과 진수성찬들을 비롯해서 지극히 아름다워 보였던 것들이 남긴 고약하고 더러운 쓰레기들이 널려 있는 곳을 보면서, 우리는 어떤 경우에는 끝이 시작보다 안 좋은 것이 있다는 교훈을 얻습니다. "이방 여인의 집"으로 가는 분들은 그 끝이 시작보다 무한히 나쁘다는 것을 알고 조심하여야 합니다. 여러분이 도살장으로 끌려가는 황소처럼 되거나 차꼬에 묶인 어리석은 자가 되고 싶지 않다면, 거기로 들어가고자 하는 여러분의 발걸음을 멈추십시오. 거기에 발을 디뎌놓는 마지막 한 걸음은 그 시작보다 "끝"이 훨씬 더 끔찍할 정도로 나쁠 것입니다. 마찬가지로, 모든 죄악이 그렇습니다. 돈을 악착같이 긁어모으는 탐욕스러운 사람들을 보십시오. 처음에 그들은 이자놀이를 하고 채권을 사서 재산을 불리고, 사람들에게 돈을 꾸어주고 담보를 잡아서, 거리에 있는 집들과 땅들을 자신의 소유로 만들어갑니다. 이제 그 끝을 보십시오. 그렇게 탐욕스럽게 산 사람들은 추하게 늙어갑니다. 그들은 셀 수 없는 많은 재산을 가지고 있지만, 자기가 구빈원에서 죽게 될까봐 겁을 냅니다. 그들은 종종 제정신으로 돌아와서 자신의 처지를 깨닫게 되면, 늘 다음과 같은 생각에 몸서리를 칩니다: "나는 나의 보화들인 너희와 헤어져야 해. 나는 너희 모두와 헤어져서, 벌거벗은 채로 왔듯이, 벌거벗은 채로 내 어머니인 흙으로 돌아가야 해." 이렇게 일의 끝이 시작보다 훨씬 좋지 않은 경우들이 있습니다.

의심할 여지 없이, 이렇게 말하는 사람들이 있을 것입니다: "나는 그런 사람들과 같지 않습니다. 나는 방탕하지도 않고 탐욕스럽지도 않습니다." 좋습니다.

나는 여러분을 가장 좋게 보아드릴 것입니다. 여기에 여러분의 시작이 있습니다. 여러분은 예배에 잘 참석합니다. 하지만 여러분이 예배에 참석하는 것은 여러분의 마음이 하나님과 올바른 관계 속에 있기 때문이 아니라, 남들이 가기 때문입니다. 이것이 여러분의 시작입니다. 내 생각에는, 여러분이 앞으로도 20년이나 30년 동안 지금처럼 그렇게 할 것입니다. 여러분은 하나님께는 마음을 두지 않으면서도, 예배에 참석하는 것이 곧 여러분의 신앙 고백이라고 생각할 것입니다. 그렇다면, 내가 여러분의 끝이 어떠할지를 보여드릴까요? 발자국 소리를 내지 마시고 조용히 나를 따라오십시오. 내가 여러분에게 여러분 같은 사람의 임종을 보여드릴 테니까요. 그 사람을 방해하지 말고, 다만 그 사람이 어떻게 하는지를 조용히 바라보기만 합시다. 그 사람은 이마에 식은땀을 흘리며 깨어나서, "하나님이여, 죽는 것이 무섭고 힘듭니다"라고 소리칩니다. 그 사람은 자신의 친구들에게 "빨리 목사님 좀 불러주게"라고 말합니다. 친구들은 "목사님이 오고 계신다네"라고 대답합니다. 목사님이 오자, 그 가련한 사람은 "목사님, 나는 죽는 것이 두렵습니다"라고 말합니다. "당신에게는 소망이 있지 않습니까?" "내게 어떤 소망이 있다고 말할 수 없습니다. 나는 내 하나님 앞에 서지 않으면 안 됩니다. 나를 위해 기도해 주세요." 목사님이 하나님께 그 사람을 구원해 주시라고 간절하게 기도를 드립니다. 구원의 길은 그 사람 앞에 1초도 안 되는 시간 동안 열려 있습니다. 그러나 그 사람이 그 밧줄을 붙잡기도 전에, 나는 그가 운명하는 것을 봅니다.

이 광경을 더 묘사할까요? 나는 내 손으로 그 사람의 눈을 감겨드립니다. 그 눈들은 이제 다시는 아무것도 볼 수 없을 것이니까요. 그러나 그 사람은 어디에 있고, 그 사람의 진짜 눈은 어디에 있습니까? 그리스도께서는 부자에 대해서 "그가 음부에서 고통 중에 눈을 들었다"(눅 16:23)고 말씀하셨는데, 이 사람의 경우도 마찬가지입니다. 그러나 왜 이 사람은 그 전에 자신의 눈을 들 수 없었을까요? 왜냐하면, 그 사람은 복음을 수없이 들었는데도 불구하고, 그의 영혼은 늘 복음 아래에서 잠들어 있었기 때문입니다. 그는 이제 "고통 중에" 있기 때문에 잠을 잘 수가 없습니다. 지옥에는 잠자는 것은 있을 수 없습니다. 만일 저주 받은 자들이 사는 곳에 잠자는 것이 존재한다면, 그것은 엄청난 복이 될 것입니다. 여러분이 거기에서 여러분의 눈을 떴을 때, 여러분의 눈은 어떤 광경을 보게 될까요? 여기 성전에서 여러분이 잠이 들었다가 깨면, 은혜의 말씀을 귀 기울여 듣는 성도들의 얼굴이 여러분의 눈에 보이겠지만, 거기에서는 여러분이 처음으로 눈을 들었을 때에 여러분의 눈에 보이는 것은 여러분이 지금까지 본 적이 없는 끔찍한 고통으로 사람들이 괴로워하는 광경일 것입니다. 여러분이 그들에게 그토록 지독하게 괴로워하고, 그들의 뺨에는 시뻘겋게 불에 단 쟁기로 쟁기질한 듯이 아주 깊은 주름이 패여 있는 이유가 무엇이냐고 묻는다면, 그들은 여러분도 머지않아 저절로 그 이유를 알게 될 것이기 때문에 자신들에게 물을 필요가 없다고 대답할 것입니다. 나는 그 광경을 어떻게 묘사해야 할지를 알지 못하지만, 구주께서 하신 말씀이 여러분에게 그 끔찍한 진상을 어느 정도 말해 줄 것입니다: "아버지 아브라함이여 나를 긍휼히 여기사 나사로를 보내어 그 손가락 끝에 물을 찍어 내 혀를 서늘하게 하소서 내가 이 불꽃 가운데서 괴로워하나이다"(눅 16:24). 이 말씀 속에는 대경실색할 의미가 들어 있습니다. 여러분은 결코 여호와의 진노의 붉은 빛으로 말미암은 이러한 고통을 당하지 않게 되시기를 빕니다.

> "너희 죄인들아, 주의 은혜를 구하라.
> 주의 진노는 너희가 감당할 수 없는 것이라.
> 주의 십자가라는 피난처로 피하여,
> 거기에서 구원을 찾으라."

올해의 이 마지막 안식일이 다 지나가기 전에, 나는 하나님께서 은혜 가운데 임하셔서, 아직 그리스도를 영접하지 않은 분들에게 찾아가심으로써, 그들로 하여금 진심으로 "일의 끝이 시작보다 낫다"고 말할 수 있게 해주시기를 기도합니다. 하나님께서 예수님을 인하여 그런 은혜를 베풀어 주시기를 기원합니다. 아멘.

제
4
장

—

왕의 말

—

"왕의 말은 권능이 있나니" — 전 8:4

솔로몬의 시대에 왕들에게는 막강한 권력이 주어져 있어서, 왕들의 말은 절대적이었습니다. 왕들은 자신들의 뜻대로 행하였고, 왕들을 저지할 수 있는 사람은 아무도 없었습니다. 그래서 솔로몬은 "왕의 진노는 사자의 부르짖음 같으니 그를 노하게 하는 것은 자기의 생명을 해하는 것이니라"(잠 20:2)고 말했습니다. 이렇게 막강한 권력을 쥔 왕이 지혜롭고 선한 경우에는, 그것은 백성들에게 큰 복이었습니다. 왜냐하면, "심판 자리에 앉은 왕은 그의 눈으로 모든 악을 흩어지게 하기"(잠 20:8) 때문입니다. 그러나 그 왕이 포악한 폭군인 경우에는, 그의 신민들은 노예 신세가 되어서, 쇠 멍에 아래에서 신음할 수밖에 없었습니다. 우리는 입헌군주제가 얼마나 복된 체제인지에 대해서 제대로 감사하지 못하고 있지만, 만일 우리가 한동안 지독한 독재 권력 아래 놓이게 된다면, 우리에게 지금과 같은 자유를 가져다준 청교도 선조들에게 더욱 고마워하게 될 것입니다. 은혜들은 빼앗겨보아야 비로소 그 진가를 알게 됩니다. 우리는 자유 체제 아래에서 배은망덕한 자들이 되지 않기를 바랍니다. 왜냐하면, 우리가 그런 자들이 된다면, 우리는 그 누구보다도 더 야만적이고 짐승 같은 자들이 되고 말 것이기 때문입니다.

하지만 하나님께 감사하게도, 우리가 왕의 권력을 아주 조금이라도 제한하고 싶지 않은 그런 왕이 한 분 계십니다. 하나님께서는 천군천사들과 이 아래 세상의 거민들 가운데서 자신의 뜻대로 행하십니다. 아무도 하나님의 손을 제지할 수 없고, 하나님을 향하여 "도대체 뭐 하시는 겁니까?"라고 말할 수 없습니다. 우리는 이러한 사실을 몹시 기뻐합니다! 만일 어떤 개인이 온전히 선하고 무한히 지혜로우며 막강한 권력을 지니고 있다면, 그 한 개인에 의한 통치는 최고의 통치 형태가 될 것입니다. 전제 군주가 폭군이나 독재자로 변하는 이유는 온전히 선하고 지혜로우며 전혀 이기적이지 않은 사람이 아무도 없기 때문입니다. 하나님께는 결점이나 실패라는 것이 없으시기 때문에, 하나님이 자신의 뜻대로 행하시는 것은 지극히 좋고 기쁜 일입니다. 하나님은 엄밀하게 의로운 일 외에는 그 어떤 것도 행하고자 하지 않으시고, 절대주권을 행사하실 때에 불의하거나 무자비한 것이 전혀 없습니다. 또한, 하나님은 잘못하실 수 있는 가능성이 전혀 없으시기 때문에, 우리가 다음과 같이 노래할 수 있다는 것은 정말 크게 기뻐해야 할 일입니다: "여호와께서 다스리시니 그가 위엄으로 옷입으셨도다 여호와께서는 큰 물에 앉아 계시고 영원무궁토록 왕으로 앉아 계시는도다 이스라엘이여 즐거워하고 시온의 자녀들이여 그들의 왕을 기뻐할지어다"; "모든 나라 가운데서 이르기를 여호와께서 다스리시니 세계가 굳게 서고 흔들리지 않으리라 그가 만민을 공평하게 심판하시리라 할지로다 하늘은 기뻐하고 땅은 즐거워하며 바다와 거기에 충만한 것이 외치고 밭과 그 가운데에 있는 모든 것은 즐거워할지로다" (시 96:10-12).

하나님은 절대 군주이시기 때문에, 그의 말씀에는 권능이 있는데, 오늘 나는 이 권능의 말씀에 대해서 말씀을 전하고자 합니다. 성령께서 우리를 도우셔서, 하나님의 말씀의 권능이 지닌 네 가지 목적에 대해서 제대로 생각할 수 있게 해주시기를 빕니다. 첫 번째 목적은 우리의 경외감을 불러일으키기 위한 것이고, 두 번째는 우리의 순종을 확실하게 확보하시기 위한 것이며, 세 번째는 우리의 신뢰를 얻으시기 위한 것이고, 네 번째는 우리의 수고가 열매를 맺도록 하시기 위한 것입니다.

1. 첫째로, 하나님의 말씀의 권능은 우리의 경외감을 불러일으키기 위한 것입니다.

하루에 지음 받은 힘없는 피조물인 우리는 도대체 어떤 존재입니까? 하나님께서 보시기에 우리 안에 있는 것이 도대체 무엇일까요? 우리는 들판의 꽃처럼 피었다가 지는 존재가 아닙니까? 또한, 우리의 말은 도대체 무엇입니까? 우리는 종종 마치 우리가 어떤 일이라도 할 수 있는 것처럼 미래시제를 사용해서 "내가 … 할 것이다"라고 아주 교만하게 말하지만, 결국 우리의 말은 단지 한순간의 숨일 뿐이고, 허공으로 사라지는 소리일 뿐이며, 금방 사라지는 수증기에 불과합니다. 사람이 어떤 일을 하고자 하지만, 하나님은 그 일을 무효화시켜 버리십니다. 사람은 어떤 일을 결심하지만, 하나님은 그 결심이 헛되게 만들어 버리십니다. 사람은 자기가 어떤 일을 이룰 것이라고 기대하지만, 하나님께서는 그 기대를 무너뜨려 버리십니다. 왜냐하면, 하나님의 말씀은 영영히 서지만, 사람은 잠시 존재하다가 사라져 버리는 존재이기 때문입니다. 모든 날들 이전의 날, 즉 옛적부터 계신 이의 날 외에는 그 어떤 날도 존재하지 않았고, 오직 하나님만이 홀로 존재하셨던 날을 생각해 보십시오. 그때에 하나님께서는 한 세계를 창조하셔야 하겠다고 생각하셨습니다. "그가 말씀하시매 이루어졌으며 명령하시매 견고히 섰도다"(시 33:9). "여호와의 말씀으로 하늘이 지음이 되었으며 그 만상을 그의 입 기운으로 이루었도다"(시 33:6). 하나님의 말씀은 만물을 창조한 말씀입니다! 그리고 이 동일한 말씀이 만물을 다 멸할 수 있다는 것도 기억하십시오. 왜냐하면, "이제 하늘과 땅은 그 동일한 말씀으로 불사르기 위하여 보호하신 바 되어 경건하지 아니한 사람들의 심판과 멸망의 날까지 보존하여 두신 것이"(벧후 3:7) 때문입니다. 하나님께서 말씀하시기만 하신다면, 지금 존재하는 만물은 파도의 물거품이 일어났다가 한순간 영원히 사라지는 것과 마찬가지로 다 녹아 없어져 버리게 될 것입니다. "주께서 사람을 티끌로 돌아가게 하시고 말씀하시기를 너희 인생들은 돌아가라 하셨사오니"(시 90:3). 하나님의 저 거역할 수 없는 말씀 한 마디에, 사람의 영혼은 다시 하나님께 돌아가고, 그의 육신은 분해되어 티끌로 돌아갑니다.

하나님께서는 그룹이나 스랍 천사들의 손을 빌려 만물을 창조하신 것이 아닙니다. 놀라울 정도로 간단한 창세기의 기록에서 우리가 반복적으로 읽을 수 있는 것은 "하나님이 이르시되 … 있으라 하시니 … 있었고"라는 말씀입니다. 하나님의 말씀은 모두 다 이루어졌습니다. 하나님께서 한 사람 또는 백만 사람을 멸하고자 하신다면, 그의 말씀은 그의 뜻을 그대로 이룰 수 있습니다. 하나님의 말씀은 하룻밤 사이에 산헤립의 대군을 전멸시키고 애굽 온 땅의 장자들을 다 죽일 수 있는 권능을 지니고 있었습니다. 하나님의 말씀이 큰물에게 명하자, 큰물은 죄악된 세상을 삼켜 버렸습니다. 그 동일한 말씀은 하늘로부터 유황불이 소돔과 고모라에 비처럼 내리게 하였습니다. 마찬가지로, 마지막 날에 말씀이 하나님으로부터 나갈 때, 땅만이 아니라 하늘도 진동하고, 그의 말씀의 권능 앞에서 하늘과 땅이 꽁무니를 빼고 달아나게 될 것입니다. 크신 하나님, 우리가 그 하나님을 경배합니다. 왜냐하면, 하나님은 자신의 말씀으로 창조하기도 하시고 멸하기도 하시는 분이시기 때문입니다.

하나님의 말씀은 살리기도 하시고 죽이기도 하신다는 것을 생각하십시오. 하나님께서는 아브라함에게 땅의 모든 족속에게 복의 근원이 될 자손을 주시겠다고 약속하셨습니다. 아브라함의 몸은 이미 죽은 바와 방불하였고, 사라도 이미 늙어서 경수가 끊어진 상태였기 때문에, 아브라함에게서 한 인류의 창시자가 될 아들이 태어나는 것은 불가능한 일처럼 보였습니다. 그러나 때가 되자, 하나님께서는 그들의 집에 이삭이 태어나게 하심으로써 그들로 하여금 웃게 하셨습니다. 하나님은 자식이 없던 자를 많은 무리의 어머니가 되게 하셨습니다. "임신하지 못하던 여자를 집에 살게 하사 자녀들을 즐겁게 하는 어머니가 되게 하시는도다"(시 113:9). 살리시는 이도 하나님이시고, 죽이시는 이도 하나님이십니다. 하나님께서 원하시기만 하신다면, 전염병이 돌아서 죽은 시체가 산더미처럼 쌓이고, 풀 베는 자들이 낫으로 풀을 베고 난 후에 초지에 널브러져 있는 풀들처럼 사람들은 쓰러져 죽고 맙니다. 하나님께서 전염병이나 전쟁을 부르시기만 하시면, 무수한 사람들이 엎드러집니다. 하나님이 기근으로 사람들을 징계하고자 하실 때에는 모든 것을 먹어치우는 곤충들을 부르셔서 땅을 공격하게 하십니다. 요엘 선지자는 이런 일들이 모두 여호와의 말씀에 의한 것임을 보여줍니다: "여호와께서 그의 군대 앞에서 소리를 지르시고 그의 진영은 심히 크고 그의 명령을 행하는 자는 강하니 여호와의 날이 크고 심히 두렵도다 당할 자가 누구이랴"(욜 2:11). 그 말씀 한 마디에 우리의 생사가 달려 있는 두려우신 지존자이신 하나님이여, 우리가 그런 하나님을 어떻게 섬기고 예배해야 합니까!

나는 이 대지의 나머지 부분에서 여러분에게 하나님의 약속의 말씀과 경고의 말씀 둘 다에 수반되는 "권능"을 상기시켜 드리고자 합니다. 하나님께서는 자신이 약속하신 것들을 때가 되면 일점일획도 틀림없이 다 이루십니다. 하나님께서 말씀하셨는데, 어떻게 그 말씀하신 것을 이루지 않으시겠습니까? 하나님께서 명령하셨는데, 어떻게 그 명하신 일이 이루어지지 않을 수 있겠습니까? "하나님의 은사와 부르심에는 후회하심이 없느니라"(롬 11:29). 하나님께서는 자신의 언약을 통해서 약속하신 것들을 반드시 이루시고, 자기가 하신 말씀들을 반드시 행하십니다. 또한, 하나님을 거역한 자들은 하나님의 경고의 말씀들이 다 참되다는 것을 직접 몸으로 겪곤 하였습니다. 애굽 왕 바로에게 자신의 경험을 한 번 말해보라고 하면, 그는 하나님의 경고의 말씀을 따라 열 가지 재앙들이 차례로 임하는 것을 보고서, 자신의 튼튼했던 심장조차 자기 속에서 녹아내리는 것을 경험하였다고 말할 것입니다. 사람들은 한동안 하나님을 계속해서 거역하며, 교만 가운데서 하나님을 비웃지만, 얼마 안 있어서 하나님이 진노 가운데서 그들에게 말씀하시면, 그들은 초죽음이 되곤 하였습니다. 말씀 한 마디로 용사들을 내던지시고 교만한 자들을 자기 발 앞에 무릎을 꿇리시는 이 두려우신 하나님을 거슬러 대적하고도 제대로 서 있을 자가 누가 있겠습니까?

하나님의 말씀 속에는 예언의 권능이 있습니다. 그렇기 때문에, 하나님께서 장래에 어떤 일이 있을 것이라고 말씀하시면, 우리는 그 일이 장차 일어나게 될 것임을 압니다. "너희는 여호와의 책에서 찾아 읽어보라 이것들 가운데서 빠진 것이 하나도 없고 제 짝이 없는 것이 없으리니 이는 여호와의 입이 이를 명령하셨고 그의 영이 이것들을 모으셨음이라"(사 34:16). 하나님께서는 "내가 말하였은즉 반드시 이룰 것이요 계획하였은즉 반드시 시행하리라"(사 46:11)고 말씀하십니다. 또한, 하나님의 말씀 속에는 예언의 권능만이 아니라 예정의 권능도 있기 때문에, 하나님께서 작정하시고 말씀하신 것은 그대로 확정됩니다. "사람의 마음에는 많은 계획이 있어도 오직 여호와의 뜻만이 완전히 서리라"(잠 19:21). 하나님께서는 "나의 뜻이 설 것이니 내가 나의 모든 기뻐하는 것을 이루리라"(사 46:10)고 말씀하셨습니다. 오늘 여러분은, 하나님께서 후일에 될 일들과 장차 나타날 영광에 대하여 약속하신 모든 것들은 하나님의 입이 말씀하신 것이기 때문에 반드시 이루어질 것이라는 사실을 기뻐하는 것이 마땅합니다. 이교도들이 하나님의 소유가 되거나, 땅 끝이 그리스도의 소유가 되는 것이 불가능한 일로 보이겠지만, 왕께서 그렇게 말씀하셨고, "왕의 말은 권능이 있기" 때문에, 그 일은 반드시 이루어질 것입니다. 우리는 평화가 온 세상을 지배하게 되어서, 사람들이 자신의 투구를 집에 걸어 두고 더 이상 전쟁을 생각하지 않을 그런 날은 결코 도래하지 않을 것이라고 염려합니다. 하지만 믿음으로 바라보는 것들은 결국 현실이 될 것입니다. 왜냐하면, "왕의 말은 권능이 있기" 때문입니다. 하나님께서는 옛적에 에돔과 모압, 블레셋과 암몬, 니느웨와 바벨론, 헬라와 로마에 대해서 말씀하셨고, 그가 말씀하신 것들은 무엇이든지 다 이루어졌습니다. 다니엘과 에스겔의 예언들 중에서 이루어지지 않은 것은 하나도 없었습니다. 따라서 우리는 밧모 섬의 선견자가 본 영광스러운 환상들 중에서 그저 한낱 꿈으로 남아 있게 될 환상은 하나도 없을 것임을 확신할 수 있습니다. 우리는 모든 것을 작정하시고 은혜를 베푸시며 다스리시는 크신 하나님, 그 모든 말씀이 권능이 있는 왕의 말씀인 그런 하나님을 마땅히 섬기고 경배하여야 합니다.

> "말씀으로 궁창을 지으신 이,
> 그의 말씀은 강력하다네.
> 말씀으로 별들을 운행하시는 이,
> 그의 음성이 모든 약속들을 말씀하신 것이라네."

2. 둘째로, 하나님의 말씀의 권능은 우리의 순종을 확보하기 위한 것입니다.

하나님께서 명령하실 때마다, 그 명령의 말씀은 권세를 옷 입은 채로 우리에게 임하기 때문에, 그 말씀의 권능은 우리의 마음에 즉각적으로 의문의 여지 없이 느껴지게 됩니다. 나는 여러분이 이곳에 세워질 영적인 집의 터를 놓으실 때에 하나님의 율례가 기록되어 있는 책의 지시들을 따라 행하기 위하여 세심한 주의를 기울여 주시기를 바랍니다. 이 터는 우리의 주, 곧 그리스도이시기 때문에, 우리는 우리 자신의 뜻이 아니라 우리 주님의 뜻을 따라야 합니다. 어떤 그리스도인들은 하나님의 말씀의 권위를 절대적이라고 보지 않기 때문에, 인간 지도자들이나 그들 자신의 뜻을 따릅니다. 그런 것은 사람의 말을 따르는 것이어서, 모래 위에 놓인 허약한 터가 될 수밖에 없습니다. 나는 여러분에게 그렇게 하지 마시라고 간곡히 부탁드리는 바입니다. 그리스도인들에게 하나님의 말씀은 믿음과 실천의 유일한 규범입니다. 우리의 교훈이 권위가 있는 것은 그것이 하나님의 말씀이기 때문이고, 다른 이유 때문이 아닙니다. 우리의 규례들이 유효한 것은 하나님의 말씀에 의해서 제정된 것이기 때문입니다. 하나님의 말씀에 의해서 명령된 것들이 아닌 규례들은 쓸데없는 예식들일 뿐입니다. 사람들이 만든 모든 예식들과 규범들과 규율들은 다 쓸데없는 것들입니다. 사람들이 정해 놓은 것들을 기록한 책은 그리스도의 교회에서는 아무런 쓸모가 없습니다. 여러분은 그 책의 표지에 "누구의 권위에 의해서 출간되었다"는 글귀를 써넣는다고 해도,

그 책은 그리스도의 교회에서는 아무런 권위도 갖지 못합니다. 여러분은 어떤 신조를 어느 특정한 교회의 표준으로 받아들일 수 있지만, 그렇다고 해서, 그 신조가 양심을 구속하는 권위를 갖게 되는 것은 결코 아닙니다. 그 신조가 왕들과 감독들과 성인(聖人)들에 의해서 권위를 인정받았다고 할지라도, 그 신조 가운데서 하나님의 말씀과 다른 부분들은 하나님의 자녀에게는 그저 지나가는 바람일 뿐입니다. 교회에서 유일한 권위는 그리스도 한 분뿐입니다. 그리스도는 자신의 교회의 머리이시고, 그의 말씀은 우리를 다스리시고 규율할 수 있는 유일한 권위입니다. 왜냐하면, 왕의 말이 있는 곳에 권능이 있는 법인데, 오직 예수만이 주인이신 교회에서 주인 행세를 하는 모든 자들은 다 진짜 왕이 아니라 단지 왕을 참칭하는 자들이기 때문입니다. 그리스도인들은 자신들의 일상생활에 영향을 미치는 모든 일들과 관련해서 하나님의 뜻이 무엇인지를 알아내기 위해서, 더욱 부지런히 하나님의 말씀을 살펴보아야 합니다. 큰 왕의 충성스러운 신하는 왕이 자기에게 무엇을 행하기를 원하는지를 알고자 하는 법입니다. 그리고 그것을 알아냈을 때에는, 거기에 의문이나 이의를 제기하는 것이 아니라 무조건 순종합니다. 형제들이여, 우리는 모든 일에서 만왕의 왕의 말씀에 순종하여야 하고, 만왕의 왕의 거룩한 말씀에 합당한 존귀와 영광을 돌려야 합니다. 왜냐하면, 왕의 말이 있는 곳에 권능이 있기 때문입니다. 하나님께서 어떤 명령을 하실 때에는 우리에게 그 명령을 지키라고 명령하시는 것이지, 우리로 하여금 거기에 의문을 제기하게 하시기 위한 것이 아닙니다. 하나님께서 명령하시는 것은 우리로 하여금 순종하도록 하시기 위한 것입니다.

　나는 오늘의 본문이 나오는 장의 2절에서 솔로몬이 무엇이라고 말하고 있는지를 여러분에게 소개하고자 합니다: "내가 권하노라 왕의 명령을 지키라." 이것은 모든 그리스도인들을 위한 기가 막히게 훌륭한 권면입니다. 사람이 명령한 것이라면, 그 사람이 비록 세상에서 제일가는 지혜자라고 할지라도, 우리는 그 명령을 지키지 않아도 되고, 어떤 때에는 안 지키는 것이 도리어 옳은 일인 경우도 생길 수 있습니다. 그러나 명령을 하는 분이 시온의 왕이신 주 예수 그리스도이신 경우에는, 전도자의 조언은 정말 지혜롭고 훌륭한 조언이 됩니다: "내가 권하노라 왕의 명령을 지키라." 이 오후에 아마도 여러분 중에는 이렇게 질문하는 분들도 계실 것입니다: "내가 어려운 문제들에 봉착했을 때에 무엇을 따르는 것이 최선의 방책입니까?" "내가 권하노라 왕의 명령을 지키라." "그러나 나는 이제 막 사회생활을 시작한 젊은 사람인데, 옳은 일을 곧이곧대로 고집하다가 어려운 일을 당하게 되지는 않을까요?" "내가 권하노라 왕의 명령을 지키라." "그러나 지금 내가 왕의 모든 규례들을 다 지키다가는 내 일자리를 잃게 될지도 모릅니다. 그러니, 왕의 명령들 중에서 하나쯤은 그냥 좀 넘어가는 것이 내게 좋지 않겠습니까?" "내가 권하노라 왕의 명령을 지키라." 명령하신 이가 왕이신데, 여러분이 그의 명령을 조금이라도 어기는 부분이 있다면, 여러분은 큰 위험에 처하게 될 것입니다. 한 가지만 왕의 명령을 거역하여도, 그것은 반역죄가 되고, 물이 새는 작은 구멍 하나가 배 전체를 침몰시키며, 파리 한 마리 때문에 귀한 향유 한 상자 전체가 못쓰게 된다는 사실을 기억하십시오. 자신의 피로 우리를 사신 이는 모든 일에서 우리의 마음과 뜻과 혼과 힘을 다한 순종을 받으실 만한 자격이 있으신 분입니다. 우리에게 있는 왕은 우리에게서 그가 왜 그렇게 명하셨는지 그 이유를 말해 달라는 요구를 결코 받지 않으셔야 하는 그런 왕이십니다. 우리는 결코 그렇게 해서는 안 되고, 발라클라바(Balaclava)의 용감한 사람들과 같아야 합니다. 시인은 그 사람들에 대하여 이렇게 노래하였습니다:

"이유를 묻는 것은 그들이 한 일이 아니었고,
　　대답을 하는 것도 그들이 한 일이 아니었으며,
　　오직 그들이 한 일은 용감하게 나가서 죽는 것뿐이었다네."

솔로몬은 계속해서 이렇게 말합니다: "왕 앞에서 물러가기를 급하게 하지 말며." 하나님의 말씀에는 권능이 있기 때문에, 나는 여러분이 하나님의 명령에 순종하여 그의 임재 앞에 머물러 있기를 구하라고 권합니다. 하나님의 백성들 중에는 그들의 주이신 하나님 가까이 있는 것이 아니라 그 앞에서 물러나는 것을 구하는 사람들이 있습니다. 그런 사람들은 하나님과 함께 있어서 서로 교제하는 것을 별로 기뻐하지 않기 때문에, "내가 주의 영을 떠나 어디로 가며 주의 앞에서 어디로 피하리이까"(시 139:7)라고 속으로 말하며, 어디론가 멀리 떠나 버리고 싶은 마음을 지닌 자들입니다. 하나님께서 니느웨로 가라고 명하셨는데도 불구하고, 자기는 다시스로 가는 것이 좋겠다고 생각하여 거기로 발걸음을 돌린 요나에게 일어난 일이 여러분에게는 한 번도 일어난 적이 없었습니까? 요나는 니느웨 같은 큰 성으로 가서 하나님의 말씀을 전해 보아야 고생만 실컷 할 뿐이고

별 좋은 일도 없을 것이라고 생각해서, 작은 마을이나 해변으로 가고자 했고, 때마침 다시스로 가는 배가 있었기 때문에, 잠시 동안은 하나님의 섭리도 자기편이라고 믿었습니다. 죄 짓는 것을 수월하게 만들어 주고 하나님께 순종하는 것을 어렵게 만드는 마귀의 섭리들이 많이 있습니다. 섭리가 아니라 하나님의 명령이 우리가 해야 할 일들의 기준이 됩니다! 섭리가 유다에게 자신의 주인을 팔 기회를 주었다고 해서, 그것이 그 "멸망의 자식"(요 17:12)에게 면죄부가 되는 것은 결코 아닙니다. "여호와의 얼굴을 피하여 그들과 함께 다시스로 가려고 배삯을 주고 배에 올랐더라"(욘 1:3). 슬프도다, 가련한 요나여! "왕의 말"을 거슬러 그토록 열심히 역주행하려 들다니! 내가 처음에 런던에 왔을 때, 나를 둘러싼 저 벽돌들로 된 끔찍한 광야를 견딜 수 없었습니다. 나는 푸른 들판과 신선한 공기를 그리워하며 한숨지었고, 내 고향 땅으로 되돌아가기를 갈망했습니다. 그러나 그런 식으로 제멋대로 하는 것은 용납되지 않습니다. "왕의 말이 있는 곳에 권능이 있기" 때문에, 왕이 여러분을 어디로 보내시든, 여러분은 거기에 의문을 제기하지 말고 군소리 없이 무조건 가야 합니다. 하나님께서 여러분을 지옥의 문 앞에서 말씀을 전하라고 보내시면, 거기로 가서 말씀을 전하십시오. "왕 앞에서 물러가기를 급하게 하지 말며." 왜냐하면, 여러분이 왕의 복된 임재 앞에 더 이상 있지 않고, 왕 앞에서 물러난다면, 틀림없이 여러분은 환난과 폭풍우를 만나 두려워 떨다가 침몰하게 될 것이기 때문입니다. 여러분을 삼켰다가 다시 뭍으로 토해내 줄 큰 물고기가 없을 수도 있습니다. 그런 큰 물고기는 요나의 때와는 달리 지금은 그렇게 많지 않기 때문에, 여러분은 요나처럼 그렇게 쉽게 건짐을 받지 못할지도 모릅니다. 하나님의 임재 앞에 머무르고, 하나님의 은총 아래 머무르십시오. 그렇게 하기 위해서라면, 하나님이 명령하시는 곳이 어디든지, 기꺼이 거기로 가십시오. 그리스도와의 교제 가운데서 행하고, 그가 여러분에게 지시하시는 길로 가십시오. 그 길이 아무리 험해도, 그런 것에는 전혀 신경 쓰지 마십시오. 그 길이 아주 험해서 잘못된 길이 틀림없다고 생각하지 마십시오. 도리어, 그 길이 험하기 때문에 옳은 길임에 틀림없다고 생각하십시오. 왜냐하면, 순탄한 길이 옳은 길일 가능성은 거의 없기 때문입니다. 말씀이신 그리스도 안에 거하시고, 그의 말씀이 여러분 안에 거하게 하십시오.

솔로몬은 계속해서 이렇게 말합니다: "악한 것을 일삼지 말라." 하나님의 말씀에는 권능이 있어서, 하나님은 여러분을 쉽게 멸하실 수 있으시고, 심하게 징계하실 수 있으십니다. 그러므로 여러분에게서 잘못된 것들을 빨리 고치고, "악한 것을 일삼지 마십시오." 지금 당장 회개하고 순종하며 자신을 굽혀 시인하고 용서를 구하십시오. 왕의 궁정에 있는 조신들은 자신의 주군에게 어떤 잘못이나 불미스러운 일을 저지른 경우에는 다시는 그렇게 하지 않겠다고 사죄하고 용서를 빕니다. 마찬가지로, 하나님의 자녀들도 은혜로우신 절대 주권자를 거슬러 잘못해서 노여움을 산 경우에는 스스로 낮아져서 용서를 빌어야 합니다. 왜냐하면, 하나님의 징계의 손길은 혹독하기 때문입니다. "너희는 무지한 말이나 노새같이 되지 말지어다 그것들은 재갈과 굴레로 단속하지 아니하면 너희에게 가까이 가지 아니하리로다"(시 32:9). 고분고분하고 순순히 말 잘 듣는 마음을 지녀서, 하나님께서 눈빛만으로도 여러분을 인도하실 수 있게 하고, 말씀 한 마디로 충분하게 하십시오. 나는 우리 모두가 정말 부드러운 양심을 지니게 되기를 바랍니다. 우리는 하나님의 말씀 앞에서 두려워 떨며, 하나님 앞에서 티끌을 뒤집어쓰고 우리 자신을 낮추는 가운데, 하나님의 은혜로 말미암아 우리가 깨끗해지기를 기도하여야 합니다. 어떤 사람이 악한 짓을 하고자 한다고 해도, 여왕의 알현실에서, 특히 여왕의 눈이 그를 주시하고 있는데도, 그 악한 짓을 하지는 못할 것입니다. 마찬가지로, 그 말에 권능이 있는 왕의 임재 앞에서 살아가는 신자는 죄 짓는 것이 불가능합니다. 여러분은 하나님의 면전에서 하나님을 거역하고, 하나님의 궁정에서 하나님을 멸시할 수 있습니까? 절대로 그렇게 할 수 없을 것입니다. 하나님의 은혜에 여러분 자신을 맡기고서 거룩한 삶을 살아감으로써, 하나님의 말씀의 권능이 여러분의 마음과 양심을 다스리고 있다는 것을 증명해 보이십시오.

3. 셋째로, 하나님의 말씀의 권능은 우리로 하여금 하나님을 더욱 신뢰하도록 하기 위한 것입니다.

우리는 왕의 말이 있는 곳에 권능이 있다는 것을 확신하게 될 때, 하나님을 더욱더 믿고 신뢰할 수 있게 됩니다. 이 자리에 하나님의 은혜를 구하고 있는 심령이 있고, 여러분이 "악인은 그의 길을, 불의한 자는 그의 생각을 버리고 여호와께로 돌아오라 그리하면 그가 긍휼히 여기시리라 우리 하나님께로 돌아오라 그가 너그럽게 용서하시리라"(사 55:7)는 약속의 말씀을 붙잡고서 하나님 앞에 나아갈 수 있다면, 하나님의 그러한 말씀은 여러분에게 단순한 소리가 아니게 됩

니다. 즉, 그 말씀 속에는 하나님의 진리가 지닌 권능이 존재하게 됩니다. 하나님
께서 그 말씀 속에서 여러분에게 행하라고 명하시는 것을 여러분이 행하기만 한
다면, 여러분은 하나님이 차고 넘치게 용서하실 수 있으시다는 것을 알게 될 뿐
만 아니라, 실제로 그렇게 용서하시는 것을 경험하게 될 것입니다. 여러분이 입
에 올리기에도 끔찍한 죄들을 정말 헤아릴 수 없이 많이 지었다고 할지라도, 하
나님의 말씀이신 예수 그리스도 앞에 나아와 여러분 자신을 그에게 맡기기만 하
면, 여러분은 구원을 받게 될 것입니다. 그리스도를 믿는 자는 정죄를 받지 않고
(cf. 요 3:18), "아들을 믿는 자에게는 영생이 있습니다"(요 3:36). 자기가 죄인이
라고 느끼는 분들은 이 말씀들을 붙들고서 그리스도 앞으로 나오십시오. 그러
면, 여러분은 이 말씀들이 "구원을 주시는 하나님의 능력"(롬 1:16)이라는 것을
여러분 자신의 기쁜 체험을 통해서 증명하게 될 것입니다. 아무리 흉악한 죄들
을 범한 사람들이라도 이 약속의 말씀들을 붙잡고서 그리스도 앞으로 나아오십
시오. 그러면, 그들은 즉시 온전한 죄 사함을 얻게 될 것이고, 그들의 심령은 죄
사함 받은 것으로부터 생겨난 감미로운 평안으로 말미암아 자기가 죄 사함을 받
았다는 사실을 알게 될 것입니다.

　　여러분은 "나는 내 자신의 악한 혈기들과 부패한 욕망들을 이길 수 없다"고 내게
말하고자 하십니까? 여기 하나님의 약속의 말씀이 있습니다: "너희 모든 더러운
것에서와 모든 우상 숭배에서 너희를 정결하게 할 것이며 또 새 영을 너희 속에
두고 새 마음을 너희에게 주되"(겔 36:25-26). 자, 이제 이 보배로운 약속의 말씀
들을 붙잡고서 그리스도 앞으로 나아오십시오. 이 말씀 속에는 권능이 있습니
다. 그것들은 왕의 말씀들입니다. 여러분이 이 말씀들을 붙잡고서 은혜의 자리
로 나아간다면, 여러분은 그리스도 예수 안에서 새로운 피조물이 될 것이고, 옛
것들은 지나가게 될 것입니다. 모든 것들이 새롭게 될 것입니다. 여러분이 하나
님으로부터 어떤 약속을 받는다면, 그 약속의 말씀을 의심할 여지 없는 진리로
여기고서, 여러분이 아버지나 친구의 약속을 믿듯이 그렇게 그 말씀을 믿으십시
오. 여러분 주위에는 그들이 하는 약속들을 결코 믿을 수 없는 그런 사람들이 있
습니다. 그들이 여러분에게 어느 날짜에 얼마를 지불하겠다고 약속할지라도, 여
러분은 그 돈이 그 날짜에 여러분의 계좌에 들어올 것이라고 믿지 않습니다. 왜
냐하면, 여러분은 그들에게서 받았다가 은행에 제시해서 "잔액 부족"이라고 배
서된 채 다시 돌려받은 한 다발의 후불수표들과 약속어음들을 가지고 있기 때문

입니다. 그러나 하나님의 말씀은 거짓되고 변덕스러운 인간들의 말과 다릅니다. 진리의 하나님이 발행하신 수표들은 위조된 것일 수도 없고 부도가 날 수도 없습니다. 하나님께서는 자신의 말씀을 단 한 번도 어기신 적이 없으셨고, 앞으로도 절대로 어기지 않으실 것입니다. 그러므로 사랑하는 영혼들이여, 여러분에게 죄 사함과 마음을 새롭게 하는 것이 필요하다면, 하나님께서 그렇게 해주시겠다고 약속하신 말씀을 여러분의 온 마음을 다해 믿음으로 붙드십시오. 그것은 왕의 말이기 때문에, 반드시 여러분은 십자가에 못 박히셔서 창에 찔리신 그리스도의 허리에서 흘러나온 피와 물로 씻음을 받게 될 것입니다.

지금 이 시간에 그리스도인인 여러분 중에서 여러분이 이길 수 없는 남은 부패함과 힘겨운 싸움을 벌이고 계시는 분들이 있습니까? 여러분에게 그 부패함을 이길 수 있는 힘을 주시겠다고 약속하신 하나님의 말씀을 붙들고서, 은혜의 자리로 나아오십시오. 여러분이 자신의 경우에 들어맞는 어떤 약속을 하나님으로부터 받았다면, 그것을 빨리 사용하십시오. 왜냐하면, 하나님의 말씀에는 권능이 있기 때문입니다. 그것은 "왕의 말"입니다. 솔로몬의 아가서와 요한계시록에 관한 아주 오래되고 귀한 주석들을 쓴 더럼(Durham) 목사님은 마음에 조금 괴로운 것이 있어서, 침상 옆에 서 있던 한 친구에게 이렇게 말했답니다: "모든 성경 구절들 중에서 내게 위로를 주는 본문은 딱 하나인데, 그 본문은 내가 멸망 길에 있는 죄인들에게 흔히 얘기해 주었던 바로 그 본문일세. 이제 와서 내 자신이 그 본문에 이렇게 매달릴 줄은 생각하지도 못했다네. '내게 오는 자는 내가 결코 내쫓지 아니하리라'(요 6:37). 형제여, 자네는 이 본문이 지금 나를 지탱해 줄 정도로 튼튼하다고 생각하나?' 그 친구는 이렇게 대답했답니다: "물론일세. 자네 같은 사람 천만 명이 매달려도 끄떡없을 정도로, 그 말씀은 튼튼하니 염려 말게." 이 친구가 그 본문에 대해서 말한 것은 하나님의 모든 말씀에 그대로 다 해당됩니다. 하나님의 약속의 말씀은 죄와 공의, 생명과 사망, 심판과 지옥의 모든 무게를 다 감당할 수 있습니다. 여러분의 모든 무거운 것을 다 하나님의 말씀에 맡기시고 기대십시오. 여러분은 하나님의 말씀이 결코 요동할 수 없고 영원히 거할 시온 산과 같다는 것을 발견하게 될 것입니다. 나의 경우에도, 나는 오직 하나님의 말씀에만 소망을 둡니다. 하나님의 성령께서는 의무들, 감정들, 체험들 같은 것들을 의지하던 나를 거기에서 건져 주셨습니다. 하나님의 말씀은 내 영혼의 생명입니다. 왕이신 예수의 말씀 속에는 여러분을 구원하고, 여러분을 새롭게 하며, 여러분의 죄를 사해 주고, 여러분을 끝까지 붙들어 주며, 여러분을 거룩하게 하고, 여러분을 온전하게 해줄 권능이 있습니다. 여러분이 이 약속의 말씀들을 붙잡기만 한다면, 그 말씀들은 여러분을 현세에서는 물론이고 영원에 이르기까지 여러분을 붙들어 줄 것입니다.

또한, 여러분 중에 큰 환난 가운데 있는 분들이 있습니까? 나는 여러분 각자의 사정을 알지 못하지만, 여러분에게 그 누구에게도 말할 수 없는 괴로움이 있거나, 남들에게 말해도 도움을 얻을 수 없는 고민이 있다면, 하나님 앞으로 가져가서 내놓아 보십시오. "의인은 고난이 많으나 여호와께서 그의 모든 고난에서 건지시는도다"(시 34:19)라는 말씀을 기억하십시오. 하나님 앞에 나아가서, 하나님의 말씀이 선하듯이, 하나님도 선하시다는 것을 믿고, 하나님께서 친히 이렇게 말씀하시지 않으셨느냐고, 즉 여러분을 모든 환난에서 건지시겠다고 약속하시지 않으셨느냐고 아뢰십시오.

여러분은 자기가 곧 죽을 것 같다는 생각이 드십니까? 여러분은 질병이 머지않아 여러분을 다 삼켜버릴까 봐 염려가 되고 괴롭습니까? 두려워하지 마십시오. 왜냐하면, 하나님의 성령께서는 여러분에게 "내가 사망의 음침한 골짜기로 다닐지라도 해를 두려워하지 않을 것은 주께서 나와 함께 하심이라 주의 지팡이와 막대기가 나를 안위하시나이다"(시 23:4)라고 노래하라고 가르치고 있기 때문입니다. 이 말씀을 붙들고서 하나님 앞에 나아가십시오. 그러면, 여러분은 다음과 같이 노래하며, 두려움 없이 죽음을 향하여 나아가게 될 것입니다:

> "하나님께서 나를 아신다는
> 그 말씀이 내게 얼마나 사랑스러운지요.
> 내가 그 보좌 앞에서 자주 반복하는 말은
> '주와 함께 영원히'라는 말이라네.
> 저 부활의 말씀,
> 저 승리의 외침,
> 나는 또다시 '주와 함께 영원히'라고 외친다네.
> 아멘 — 그렇게 되어지이다!'

형제들이여, 우리의 죽은 몸을 다시 무덤에서 불러내실 왕의 음성이 장차 있을 것임을 우리가 기억할 때, 우리는 죽음의 두려움을 이길 수 있는 또 하나의 힘을 얻을 수 있습니다. "왕의 말은 권능이 있나니." 여러분은 공동묘지를 둘러볼 때에 "이 마른 뼈들이 다시 살아날 수 있을까"라는 말을 속으로 근심스럽게 되뇌곤 하십니까? 우리는 그 질문에 대하여 주저 없이 믿음의 확신으로 이렇게 대답할 수 있습니다. 즉, 죽은 자들로부터 다시 살아나신 우리 주 예수, 양들의 목자장이신 그가 반드시 자신의 모든 양들도 그들의 무덤에서 불러내실 것이라고 말입니다. "예수를 죽은 자 가운데서 살리신 이의 영이 너희 안에 거하시면 그리스도 예수를 죽은 자 가운데서 살리신 이가 너희 안에 거하시는 그의 영으로 말미암아 너희 죽을 몸도 살리시리라"(롬 8:11). 우리는 천사장의 나팔소리와 함께 하나님의 음성이 들리게 될 때에 그렇게 되리라는 것을 믿어 의심치 않습니다:

> "찬란한 아침에 전능자의 말씀이 그의 보좌로부터 울려나올 때,
>   땅이여, 절대 주권자의 말씀에 귀를 기울이라.
>   그날에 성도들이 영광스러운 모습으로 변하여,
>   자신들의 주님을 만나러 올라가게 되리라."

4. 넷째로, 하나님의 말씀의 권능은 여러분의 수고가 열매를 맺도록 하시기 위한 것입니다.

이제 우리는 마지막 대지에 도달했는데, 나는 여러분이 나에게 조금의 시간을 할애해 주시기를 부탁드리고자 합니다. 여기에서 나는 보편 교회에 속하여 하나님을 섬기기 위하여 수고하는 모든 하나님의 백성들 및 앞으로 거기에 속하게 될 이 자리에 계신 분들을 향하여 말씀을 드리고자 합니다. 여러분에게는 "권능"이 필요합니다. 돈의 힘이나 정신력이나 영향력이나 수의 힘이 아니라, "위로부터 오는 능력"이 필요합니다. 다른 모든 능력은 있으면 좋은 것들이지만, 이 권능은 꼭 필요한 필수불가결한 것입니다. 영적인 사역은 오직 영적인 능력에 의해서만 행해질 수 있습니다. 나는 여러분이 하는 모든 일에서 영적인 능력을 얻으려면 왕의 명령들을 지키라고 권면합니다. 왜냐하면, "왕의 말은 권능이 있기" 때문입니다. 여러분의 영적인 교회의 돌 하나도 왕의 감독 없이는 놓지 마십시오. 모든 것을 왕이 정해 놓으신 대로 행하십시오. 왕을 지혜로운 건축자로 여

기시고, 여러분 모두는 그의 말씀의 명령 아래에서 행하십시오. 신자들이 지은 것들 중에서 많은 것이 파괴될 날이 옵니다. 왜냐하면, 각 사람이 무엇으로 지었는지를 불로 시험하는 때가 올 것이기 때문입니다. "나무나 풀이나 짚으로"(고전 3:12) 교회를 쌓아 올리는 것은 아주 쉬운 일이지만, 장차 불로 시험하는 때가 오면, 그렇게 지어진 교회는 다 무너질 것입니다. "금이나 은이나 보석"으로 교회를 건축하는 것은 매우 어려운 일입니다. 왜냐하면, 그러한 것들은 희귀한 재료들이어서, 부지런히 찾아서 공들여 준비하고 세심하게 보호하여야 하기 때문입니다. 시험과 환난과 죽음 등등의 불에 견딜 수 있는 재료들은 오직 하나님의 말씀 속에서만 구할 수 있고, 오직 그러한 재료들로만 교회를 건축할 수 있습니다. 나는 하나님의 말씀이나 왕에게는 아무런 관심이 없는 명목상의 그리스도인들이 수천 명 모이는 교회보다는 모든 일에서 하나님의 말씀에 순종하는 진정으로 영적인 채 10명도 되지 않는 그리스도인들이 모이는 교회와 함께 하고 싶습니다. 여러분에게 권능이 필요하다면, 왕의 명령들을 지키십시오. 모든 일에서 그 명령들을 세심하게 지키고, 그 명령들을 여러분의 집의 법과 여러분의 깃발에 적힌 문구가 되게 하십시오. 여러분이 하나님의 말씀을 넘어서서 행한다면, 권능을 넘어서서 행하게 될 것이고, 여러분이 하나님의 말씀에 부족하게 행한다면, 권능도 여러분에게 부족하게 될 것입니다. 왕의 말씀 속에는 권능이 있기 때문에, 여러분이 그 말씀을 지키는 한 권능도 얻게 될 것입니다. 진정한 권능은 왕의 말씀 외에 다른 곳에서는 그 어디에서도 발견될 수 없습니다. 우리는 권능을 다른 곳에서 찾지 않도록 주의하여야 합니다. 왜냐하면, 그것은 "생수의 근원"을 버리고 "물을 가두지 못할 터진 웅덩이들"을 "스스로" 파는 것이기 때문입니다 (렘 2:13). 나는 일부 그리스도인들이 오직 왕의 말씀 속에서만 발견될 수 있는 "권능"을 여기저기 다른 곳에서 찾고 있는 것은 아닌지 우려가 됩니다. 한때 사람들은 목회자가 많이 배워야 거기에 권능이 있다고 생각해서, 이런 말들을 했습니다: "우리에게는 헬라어와 라틴어를 아는 목회자가 있어야 해. 이교도들의 고전을 잘 알지 못하는 목회자들은 영혼들을 구원할 수 없어." 이러한 잘못된 미신은 오직 영어밖에 할 줄 모르는 목회자들이 목회에서 두드러진 성공을 거둠으로써 상당한 타격을 입었습니다. 그러자 사람들은 이렇게 외쳤습니다: "그래, 사실, 우리에게는 많은 배운 목회자들은 필요 없고, 수많은 좋은 일화들과 이야기들을 우리에게 잘 전달해 줄 수 있는 언변 좋은 목회자들이 필요해. 그런 목회자들이야말로 능력 있는 종들이야." 나는 우리가 그러한 망상에서도 벗어나게 되기를 바랍니다. 하나님께서는 목회자들이 "권능"의 원천인 왕의 말씀을 지키기만 한다면, 그들이 앞에서 말한 두 부류에 속한 자들이든, 어느 한 쪽에도 속하지 않은 자들이든, 그 밖의 다른 부류에 속한 자들이든, 그런 것과는 상관없이, 그들을 통해서 역사하십니다. 전혀 교육을 받지 않은 사람이 복음을 전해도, 복음에는 권능이 있습니다. 그래서 배우지 못한 사람들도 지금까지 하나님의 말씀의 권능을 힘입어서 큰 일들을 해왔고, 많이 공부한 신학박사도 하나님의 말씀을 지킨 경우에는 마찬가지로 하나님의 쓰임을 받았습니다. 그러나 어느 부류의 목회자이든, 그리스도의 말씀을 자신의 모든 것으로 삼는 것을 망각한 경우에는, 배우지 못한 자나 많이 배운 자나 그들의 설교는 똑같이 권능이 없었습니다.

어떤 사람들은 교회가 대중들을 사로잡는 권능이 있으려면 훌륭한 음악이 있는 것이 필수적이라고 생각하였습니다. 그래서 오늘날 오르간이 하나님의 권능으로 여겨지고, 성가대가 성령을 대체하고 있습니다. 미국에서 이런 시도를 해왔는데, 그들은 극장에서 일하는 남녀 배우들을 데려다가 교회의 성가대를 구성했고, 어떤 교회들은 설교보다 성가대에 더 많은 관심을 쏟아 왔습니다. 나는 그런 것을 믿지 않습니다. 만일 하나님께서 그런 식으로 해서 사람들을 회심시키고자 하셨다면, 사람들에게 음악회나 오페라에 가라고 하셨을 것입니다. 거기에 가면, 사람들은 교회에서보다도 훨씬 더 훌륭한 음악을 접하게 될 것이니까요. 음악 속에 사람들의 영혼을 변화시켜서 죄에서 벗어나 거룩함으로 나아가게 하는 힘이 존재하고, 복음을 전해서는 사람들을 그렇게 변화시킬 수 없는 것이라면, 우리는 베드로와 바울, 찰머스(Chalmers)와 크리소스토무스(Chrysostom) 같은 인물들과는 관계를 단절하고, 모차르트와 헨델 같은 인물들을 지금 그들이 차지하고 있는 자리에 앉히고 높여야 할 것입니다. 그리고 이 시대의 가장 훌륭한 성악가들이 하나님의 종들의 자리를 차지하여야 합니다. 사실, 그렇게 한다고 할지라도, 음악에 대한 이 시대의 광적인 욕구를 만족시켜 주지는 못할 것입니다. 왜냐하면, 사람들은 교회에 음악을 도입해서, 극장의 경박함을 즐기고 싶어 하는 것이기 때문입니다. 철학에 웅변과 코번트 가든(Covent Garden, 영국의 유명한 오페라 극장)의 감미로운 꽃들을 결합시키고, 거기에 로마의 겉만 번지르르한 것들을 더해 보십시오. 그러면, 여러분은 옛적의 우상 숭배자들처럼 "오, 이스라엘이여, 이것들이 너희의 신들이니라"고 환호하며 외칠 것입니다. 사람들은 지금 장난감들 속에서 전능함을 구하고 있습니다. 그러나 우리는 그것을 믿지 않습니다. 우리는 "왕의 말은 권능이 있나니"라는 말씀으로 되돌아옵니다. 우리가 이 말씀을 전적으로 인정하기만 한다면, 우리와 관련된 모든 일이 영적인 능력의 통로가 될 수 있고, 우리는 하나님이 오직 자신의 말씀을 통해서 영적인 능력을 베푸신다는 것을 한층 더 확신하게 될 것입니다. 따라서 우리가 하나님의 일을 할 때에 이러한 영적인 능력을 원한다면, 왕의 말씀을 지켜야 합니다.

여러분이 성경 속에서 하나님의 명령을 발견하거든, 그 명령이 여러분을 육신으로 감당하기 어려운 길로 이끈다고 할지라도(이것은 세상에 영합하지 않는 전적으로 영적인 길을 의미합니다), 그 명령을 따르십시오. 많은 사람들이 아니라 소수의 사람들이 하나님의 진리에 거할 수도 있다는 것을 기억하십시오. 그리스도의 능력은 오순절에 마가 다락방에 모여 있던 사람들 같이 소수의 사람들에게만 임할 수도 있습니다. 당시에 고위 제사장들과 서기관들이 종교 문제를 좌지우지하고 있었지만, 하나님의 권능은 그런 종교 지도자들이 아니라 마가 다락방에 모여 있던 하찮은 제자들에게 임하였습니다.

우리가 그리스도를 위하여 영혼들을 얻고자 한다면, 하나님의 말씀을 사용하여야 합니다. 다른 형태의 선한 일들은 복음과 결합되어 있지 않은 경우에는 시들해지게 됩니다. 사람들의 삶을 개혁하고 문명화시키고 교양을 높이는 데 심혈을 기울인다고 해도, 여러분이 그들을 복음화하지 않는다면, 그런 일들은 여러분의 시간을 낭비하는 일들이 될 뿐입니다. 온갖 절제 운동은 좋은 일이고, 나는 모든 사람이 거기에 동참하기를 원하지만, 복음이 그 운동에 동기와 추진력을 제공해 주지 않는 경우에는, 그런 운동들은 별 효과가 없습니다. 그런 운동들이 복음 아래에서 한층 더 높은 목적에 도달하는 하나의 수단으로서 행해질 때에만, 소기의 목적을 이룰 수 있습니다. 모세가 막대기를 들었을 때에만, 막대기는 이적을 일으키고, 예수께서 도덕적인 가르침을 통해서 역사하실 때에만, 그 가르침은 큰 힘을 갖게 됩니다. 복음의 능력을 의심하고 다른 형태의 선해 보이는 것들에 그러한 능력을 기대하는 사람들은 진정한 힘을 버리고 연약한 것을 택하는 것이고, 전능함을 버리고 결핍되고 부족한 것을 붙드는 것입니다. 왕의 말씀이 있는 곳에 권능이 있고, 다른 모든 것은 거기에 왕의 말씀으로 인한 권능이 더해지지 않는 한 연약함 그 자체일 뿐이라는 것을 나는 점점 더 확신하게 됩니다. 모든 사람은 자기 자신의 경험을 따를 수밖에 없지만, 나의 경험은 복음을 곧이곧대로 전하는 것이야말로 가장 확실하게 열매를 맺을 수 있는 길이라는 것을 내게 증명해 주고 있습니다. 그렇게 하는 것이 도덕적인 주제들을 다루는 모든 강연들보다 하나님께 더 큰 영광을 돌리고 사람들에게 더 큰 유익을 가져다줍니다. 만일 내가 농부라면, 나는 언제나 내가 파종해서 가장 큰 수확을 할 수 있었던 그런 씨앗을 뿌리고자 할 것입니다. 복음을 전하는 것은 이 세상에서 가장 크고 확실한 수확을 할 수 있는 일입니다. 그 일은 가장 고상한 의미에서 정말 수지맞는 장사입니다. 나는 목회자들이 아주 오래된 형태의 복음을 고수하고, 십자가에 못 박히신 예수 그리스도 외에는 아무것도 전하지 않았으면 좋겠습니다. 사람들이 그런 복음을 듣고자 하지 않는다면, 그대로 내버려 두십시오. 다른 복음을 전하는 것보다는 아무것도 듣지 않는 편이 더 낫습니다. 나는 바울이 말했던 것과 똑같이 말할 수밖에 없습니다: "내가 너희 중에서 예수 그리스도와 그가 십자가에 못 박히신 것 외에는 아무 것도 알지 아니하기로 작정하였음이라"(고전 2:2).

또한, 여러분에게 권능이 필요하다면, 여러분은 이 말씀을 간구하는 데 사용하여야 합니다. 교회에서 여러분이 하는 일들이 성공을 거두려면, 많은 기도가 있어야 합니다. 하나님의 집에서 모든 일은 기도로 이루어져야 합니다. 기도하는 사람들은 권능 있는 사람들입니다. 왕의 말씀은 우리의 기도에 권능을 주는 말씀입니다. 얼마 전에 어느 곳에서 내게 설교를 해 달라는 요청이 왔을 때, 나는 갈 수 없다고 거절하였습니다. 그런데 얼마 후에 나는 2년 전에 내가 거기에 가서 설교를 하기로 약속했다는 것을 내게 상기시켜 주는 편지 한 통을 받았습니다. 사정이 달라졌고, 내게는 선택의 여지가 없게 되었습니다. 내 자신의 입으로 약속한 일이기 때문에, 나는 갈 수 있든 없든, 거기에 가야 했습니다. 마찬가지로, 여러분이 약속의 말씀을 붙들고서 하나님 앞으로 나아가, "하나님이여, 주께서는 이렇게 말씀하셨사오니 그렇게 행해 주셔야 합니다"라고 기도한다면, 하나님은 자신이 약속하신 말씀대로 여러분에게 행하실 수밖에 없습니다. 왜냐하면, 왕의 말씀에는 권능이 있기 때문입니다.

왕의 말씀은 여러분이 받아들여서 여러분의 것이 되었을 때에 권능이 있습니다. 여러분은 왕의 말씀을 자신의 영적인 존재 속으로 받아들여서 자신의 영적인 본성으로 흡수할 때까지는 하나님의 진리를 결코 지키지 못할 것입니다. 따라서 여러분은 하나님의 말씀을 자신의 일용할 양식으로 삼아서 먹고 마심으로써 그 말씀에 의지해서 살아가야 합니다.

　또한, 왕의 말씀을 행할 때에 권능이 있습니다. 왕의 말씀을 힙입어 살 때, 그 삶은 능력 있는 삶이 될 것입니다. 죄인의 삶은 허약한 삶이지만, 순종하는 삶, 진정으로 그리스도인다운 삶은 능력 있는 삶입니다. 그런 삶을 미워하고 혐오하는 사람들조차도 그런 삶 속에 자신들이 설명할 수 없는 이상한 힘이 있다는 것을 느끼지 않을 수 없기 때문에, 그런 삶을 존중할 수밖에 없습니다.

　여러분은 이곳에서 그런 삶의 능력을 보게 될 것입니다. 나는 여러분이 그 능력을 보게 될 것임을 압니다. 왜냐하면, 여러분은 하나님의 권능 가운데서 그렇게 살기로 결심하였기 때문입니다. 여러분은 그런 삶의 능력이 이 곳을 가득 채우는 것을 보게 될 것입니다. 그리스도의 복음만큼 매력적인 것은 없습니다. 여러분이 어떤 사람에게 뉴잉턴(Newington)의 교회를 빌려 주면서, "거기에서 당신이 지질학이나 천문학 등등에 관한 강연을 일요일에 두 차례, 그리고 평일 밤마다 했을 때, 그곳이 사람들로 계속해서 꽉 차는지를 보십시오"라고 말한다면, 그 사람은 이 교회를 매번 꽉꽉 채우지 못할 것입니다. 사람들은 그 사람의 강연을 들으러 한두 번은 올지 모르지만, 계속해서 오려고 하지는 않을 것입니다. 하지만 우리는 그 어떤 대단한 웅변을 동원하는 것도 아닌데, 매번 복음을 전할 때마다, 사람들이 와서 듣습니다. 사람들은 복음을 듣지 않을 수 없습니다. 사람들은 새로운 것을 듣는 것도 아닙니다. 늘 동일한 내용이 반복되지만, 결코 지루하지 않습니다. 왜냐하면, 복음에는 늘 영광스러운 신선함이 존재하기 때문입니다. 복음이라는 이 하나의 종 속에는 이 세상의 모든 첨탑에 있는 모든 종들로부터 울려 퍼지는 선율보다 더 많은 선율이 존재합니다. 예수라는 저 한 이름 속에는 사람들의 모든 음악은 말할 것도 없고 천사들의 모든 수금과 비파 소리보다 더한 감미로움이 있습니다. 어느 예배당에서 예수 그리스도의 신성이 부인될 때, 그 곳은 황량한 황무지로 변하고 맙니다. 하나님의 아들 그리스도께서 사라지면, 모든 것이 사라집니다. 어떤 목사님이 결국에는 모든 사람이 다 구원을 얻게 될 것이라는 만인구원론을 설교하고 나자, 그 후로 그 예배당은 텅텅 비었습니다. 반면에, 이웃에 있던 예배당에서는 목사님이 믿지 않는 자들은 영원히 멸망당하게 될 것이라고 설교했기 때문에, 그 곳은 사람들로 꽉꽉 들어찼습니다. 어느 날 만인구원론자였던 그 목사님이 이웃 목사님을 만나서, "당신은 불신자들은 지옥에 가게 될 것이라고 설교하는데도, 사람들은 당신 교회로 가고, 나는 결국에는 모든 사람이 다 구원을 받게 될 것이라고 설교했는데도, 사람들이 내

교회로 오지 않는 이유가 도대체 무엇인가요"라고 물었습니다. 그러자 그 이웃 목사님은 "사람들은 내가 그들에게 말하는 것이 진실이고 당신이 그들에게 말하는 것이 거짓이라고 생각하는 것이지요"라고 대답했답니다. 만인구원론을 지지하는 신사분들이 설교하는 곳에서는, 사람들은 그 신사분들이 말하는 것이 거짓이기 때문에 그들의 설교를 듣지 않는 것이 현명한 일이라고 결론을 내릴 정도의 충분한 지각을 갖고 있습니다. 그들이 말하는 것이 참되지 않다면, 그들의 말을 들을 필요가 없습니다. 그런 신사분들은 그들 자신이 아무 필요도 없는 존재라는 것을 세상에 증명하고 있는 셈입니다. 왜냐하면, 만일 사람들이 결국에는 다 구원을 받아서, 멸망 받을 사람이 아무도 없다면, 사람들에게 어떻게 해야 구원을 받을 수 있는지를 말해 주는 설교자도 필요하지 않을 것이기 때문입니다. 파수꾼인 자들 중에 평안과 안전을 외치는 자들이 있다면, 차라리 그들은 자신의 입을 다무는 것이 좋습니다. 파수꾼이 한밤중에 곤히 자는 여러분을 깨워서, "모든 것이 잘 되어 가고 있고, 별들이 총총히 빛나는 아름다운 밤입니다"라고 소리친다면, 여러분은 이렇게 소리 지르고 싶은 마음이 들 것입니다: "아무 일도 없는데, 도대체 당신은 왜 쓸데없이 이리저리 돌아다니면서 사람들을 괴롭히고 있는 것이오? 집에 가서 잠이나 자시오." 이렇게 부드러운 말을 하는 신사분들은 자신들이 필요 없는 존재이고, 사람들은 그들에게 "집에 가서 잠이나 자고 거기에서 나오지 마시오"라고 말하고 싶어 한다는 것을 알아가고 있습니다. 반면에, 여러분이 예수 그리스도를 전하고, 그의 무시무시한 말씀들을 전한다면, 여러분의 교회는 사람들로 꽉꽉 차게 될 것입니다. 왜냐하면, 양심이 사람들에게 그런 말씀을 들으라고 명하기 때문입니다.

여러분이 복음을 전할 때, 영혼들은 구원을 얻게 될 것입니다. 그러한 목적을 이루기 위해서는, 여러분이 복음을 꼭 붙들어야 합니다. 왜냐하면, 복음은 죄인들의 회심을 위하여 하나님께서 정해 놓으신 단 하나의 통로이기 때문입니다. 일전에 한 복음전도자가 부흥회를 가졌는데, 그는 "예수께로 나아오십시오"라고 수없이 외치기만 했고, 정작 예수를 전하는 말씀은 전혀 없었습니다. 그러자 거기에 참석했던 한 여자가 이렇게 말했습니다: "나는 당신이 오늘 오후에 설교하는 것을 들었습니다. 당신이 전한 것들이 참되다면, 나는 멸망 받게 되어 있는 여자입니다. 나는 이미 10번도 더 회심하였는데도 말이죠." 이것은 정말 딱한 노릇이 아닙니까? 우리가 전하는 것이 영혼들을 구원하는 복된 열매를 맺으려면, 우리는 왕의 말씀을 가르치고 전해야 합니다. 우리는 먼저 율법으로 쟁기질을 해서, 사람들로 하여금 죄가 무엇이고 회개가 무엇인지를 알게 하여야 합니다. 그런 후에, 우리는 그들에게 복음의 씨앗을 뿌릴 수 있습니다. 얼마 전에 나는 회개는 필요하지 않고, 회개라는 것은 단지 마음을 바꾸는 것을 의미한다는 말을 들었습니다. 그러나 참된 회개는 그저 마음을 조금 바꾸는 것이 아니라, 마음의 근본적인 변화를 의미합니다! 회개를 가볍게 생각해서는 결코 안 됩니다.

또한, 하나님의 모든 진리를 전하는 것은 여러분을 하나 되게 하는 권능이 있기 때문에, 하나님의 진리를 전할 때, 하나님을 사랑하는 여러분이 진심으로 하나가 되는 역사가 일어납니다. 그리스도인들이 서로 다투는 것은 대체로 영적인 양식을 충분히 얻지 못하기 때문입니다. 먹을 뼈다귀가 없을 때에 개들이 싸우듯이, 교회의 지체들은 영적인 양식이 없을 때에 서로 갈라져서 다툽니다. 우리는 그들에게 복음이라는 양식을 충분히 공급해 주어야 합니다. 왜냐하면, 복음은 사람들의 성질을 부드럽게 해서 우리로 하여금 서로를 용납할 수 있게 하는 힘을 지니고 있기 때문입니다.

왕의 말씀은 영혼의 양식이기 때문에, 여러분이 왕의 말씀으로 살아갈 때, 여러분은 개인기도에서나 주일학교에서나 기도회에서나 여러분이 행하는 모든 일에서 능력을 공급받게 될 것입니다. 그러므로 왕의 말씀을 전하십시오. 예레미야 선지자는 "내가 주의 말씀을 얻어 먹었사오니 주의 말씀은 내게 기쁨과 내 마음의 즐거움"(렘 15:16)이었다고 고백합니다. 여러분도 이 양식을 얻어 먹는다면, 이 양식이 여러분에게 자양분이 된다는 것을 발견하게 될 것입니다. 하나님께서 여러분에게 복 주셔서, 그렇게 되게 해주시기를 빕니다. 아멘.

제
5
장
—

악인의 삶과 장례와 묘비명

—

"그런 후에 내가 본즉 악인들은 장사지낸 바 되어 거룩한 곳
을 떠나 그들이 그렇게 행한 성읍 안에서 잊어버린 바 되었
으니 이것도 헛되도다." — 전 8:10

우리가 오늘날 죽은 사람들을 도시 밖에 매장하는 방식은 무수한 유익들을
지니고 있다는 것은 아주 확실합니다. 죽은 자들이 산 자들로부터 분리되어서,
우리가 시체들 속에서 예배하지 않아도 되고, 안식일에 주의 전에 앉아서 시체
썩는 고약한 냄새를 맡지 않아도 되는 것은 정말 좋은 일입니다. 그러나 이렇게
말을 했지만, 우리는 죽은 자들을 산 자들로부터 격리시킴으로써, 특히 오늘날
화장이 거의 일반화되어 감으로써 잃어버린 몇몇 유익들도 있다는 것을 기억하
여야 합니다. 우리는 사람들이 붐비는 도시들 가운데서 장례 행렬을 별로 보지
못하고, 다만 검은 색의 영구차가 죽은 사람의 유골을 마지막 장지까지 운반하
는 모습을 종종 볼 뿐입니다. 오늘날 장례예식은 대체로 우리의 발길이 잘 닿지
않는 도시 외곽에 우리의 사랑하는 사람들이 달콤한 잠을 잘 곳에서 간단하게
치러집니다. 하지만 나는 장례식을 보는 것이 우리의 영혼에 아주 좋은 일이라
고 믿습니다. 죽은 자들의 뼈가 안치된 지하 무덤을 걷는 일이 우리의 몸에 어떤
해악이 있는지는 모르겠지만, 우리의 영혼은 거기에서 여러 가지를 아주 진지하
게 생각하는 시간을 가질 수 있습니다. 우리 중에서 시골의 큰 마을에서 살다 오
신 분들은 동네에서 종종 장례가 치러질 때마다 울려 퍼지는 조종이 온 마을 사

람들에게 교회에서 많은 날 들어 왔던 설교보다 더 훌륭한 설교가 되었던 것을 기억합니다. 어린아이였던 우리는 무덤에 옹기종기 모여서, 사람들이 많이 살지 않아서 볼 기회도 흔하지 않았던 장례식을 구경하곤 한 기억이 있습니다. 그리고 그때에 "흙은 흙으로, 재는 재로, 티끌은 티끌로 돌아갈지니라"는 말씀이 들릴 때, 우리의 어린 마음속에서도 뭔가 진지하고 엄숙한 생각이 일어나곤 한 기억이 납니다. 얼마간의 재를 관 뚜껑 위에 엄숙하게 뿌리는 것은 우리의 마음에 선한 씨앗을 뿌리는 것이었습니다. 나중에, 우리가 뗏장이 덮인 무덤들을 오르내리며 놀고, 이끼 낀 비석들 위에 앉아 쉴 때, 우리는 죽음의 어눌하고 차가운 혀를 통해서 많은 교훈을 얻었습니다. 죽음이 주는 교훈은 우리가 살아 있는 사람들의 입술로부터 들었던 그 어떤 교훈보다도 더 생생한 것이었기 때문에, 우리의 가슴속에 오래도록 남아 있었습니다. 그러나 오늘날 우리는 죽음을 거의 보지 못합니다. 우리는 아브라함의 소원을 그가 원했던 것 이상으로 성취했습니다. 즉, 아브라함은 "나로 나의 죽은 자를 내가 보지 못하는 곳에 장사하게"(cf. 창 23:8) 해 달라고 헷족에게 부탁했었는데, 우리는 그의 소원을 아주 시원하게 들어준 것입니다. 이제 우리는 죽은 자들의 장례 행렬을 거의 볼 수 없기 때문에, 이 도시에 온 낯선 이방인들은 길거리를 지나면서 이렇게 말할지도 모릅니다: "여기 사는 사람들은 죽지 않는가 보네. 수백만 명이 사는 이 도시에서 장례행렬을 볼 수가 없다니. 어찌된 영문인지, 죽음의 흔적을 찾아볼 수가 없어."

오늘 아침에 우리는 먼저 악인의 삶을 동행해서 취재하고자 합니다. 본문은 그 사람에 대해서 "거룩한 자들의 장소를 왕래하였다"고 말합니다. 다음으로, 우리는 그의 장례식에 참석하고자 합니다. 끝으로, 나는 여러분에게 그의 묘비명을 쓰는 것을 도와줄 것을 요청할 것입니다: "그들이 그렇게 행한 성읍 안에서 잊어버린 바 되었으니 이것도 헛되도다."

1. 첫째로, 여기 여러분의 선한 동무들인 것처럼 보이는 악인들이 있습니다.

그들은 여러분이 하나님의 집에 갈 때에 함께 동행하곤 했던 사람들입니다. 왜냐하면, 본문은 그들이 거룩한 자들의 장소를 왕래하였다고 말하고 있기 때문입니다. 나는 "거룩한 자들의 장소"를 의인들이 하나님을 예배하기 위하여 만나는 곳을 가리키는 것이라고 봅니다. 하나님의 집은 "거룩한 자들의 장소"라고 할 수 있습니다. 하지만 우리가 히브리어 본문과 그 문맥에 국한시켜서 이 어구를 이해한다면, "거룩한 자들의 장소"는 방백들이 재판을 하는 곳인 "심판 자리"를 가리키는 것으로 보입니다. 슬프게도, 악인들 중에는 자신들의 동료 죄인들을 심판하기 위하여 심판 자리까지 갔다가 오는 사람들이 있다는 것입니다. 또한, 세 번째로 이 어구는 "거룩한 자들의 장소"일 수 있는 강단을 가리키는 것일 가능성도 있습니다. 하나님께서는 악인들에게 자신의 율례들을 선포하라고 명하지 않으셨는데도, 우리는 악인들이 강단으로부터 왔다가 가는 것을 보아 왔습니다.

먼저, 우리는 이 어구가 하나님의 집을 가리키는 것으로 볼 것입니다. 큰 무리가 하나님의 성소로 올라가는 모습을 보는 것은 얼마나 아름다운 광경입니까! 많은 무리가 하나님의 집으로 올라가는 것을 볼 때, 틀림없이 우리는 마음속에서 특별한 기쁨의 전율을 느꼈을 것입니다. 그런 광경은 우리에게 옛적에 하나님의 지파들이 하나님의 성소에서 예배하기 위하여 시온의 성전으로 모여오는 모습을 상기시켜 줍니다. 만군의 하나님을 예배하고 그의 거룩하신 음성을 듣기 위하여 남녀노소가 큰 무리를 지어 앞서거니 뒷서거니 하며 예루살렘의 성전으로 올라가는 모습을 보는 것은 얼마나 기쁘고 즐거운 일입니까! 그러나 여러분이 잠시 서서 그 무리를 찬찬히 뜯어보면, 여러분의 기쁨이었던 그 무리 속에는 불순물들이 많이 섞여 있습니다. 그 경건한 무리를 해체하면, 무더기를 이루어 금처럼 빛을 발합니다. 하지만 여러분은 귀금속이 아닌 자들을 그 속에서 보게 될 것입니다. 왜냐하면, 우리는 "악인들이 거룩한 자들의 장소를 왕래하는 것을 보아 왔기" 때문입니다. 오늘 아침 이 자리에 모인 무리 중에도 자신이 있는 곳을 더럽히는 사람들이 있습니다. 지난 밤에 욕했던 것의 흔적이 그들의 얼굴에 아직도 남아 있습니다. 이 자리에 있는 어떤 사람들은 오늘이 지나가기 전에 사탄의 집에 가서 하나님을 욕할 것입니다. 이 자리에는 이번 주간에 장사하거나 사업을 하면서 거짓말하고 속이며 사기를 치며 시간을 보낸 사람들도 많이 앉아 있습니다. 또한, 이 자리에는 온갖 수단과 방법을 가리지 않고 남들을 이용해 먹은 사람들도 있습니다. 그들은 자신의 그런 행위들이 법망에 걸려들지만 않는다면, 그것들은 죄도 아니고 잘못도 아니라고 생각합니다. 또한, 지난 주간 동안에 입에 올리기조차 부끄러운 죄악들로 자기 자신을 더럽힌 사람들도 이 무리 속에 있다는 것을 나는 확신 있게 말할 수 있습니다. 내가 그 죄악들을 입에 올리지 않는 것은 그들이 은밀히 행하는 일들은 우리가 말하기도 부끄러운 일이기 때문입니다. 여기 이 강단에서 볼 때에는 무리 전체가 하나의 커다랗고 보기에 아름다운 꽃밭처럼 보이기 때문에, 우리는 해로운 독초들의 뿌리가 얼마나 많이 여기에서 자라고 있는지를 거의 알지 못합니다. 여러분은 모두 아름답고 선하게 보일지라도, "나는 악인들이 거룩한 자들의 장소를 왕래하는 것을 보았습니다."

자, 이제 악인의 손을 잡고 그와 함께 동행해서 하나님의 집으로 가볼까요? 그가 어려서부터 교회를 다니기 시작하였든지, 아니면 조금 커서 교회에 나오기 시작하였든지 간에, 여러분은 그가 하나님께 드리는 예배나 설교에 의해서 별 영향을 받지 않는다는 것을 알아차릴 것입니다. 그는 그저 심심풀이로, 또는 즐기기 위해서 예배당에 갑니다. 그는 자신의 안식일의 무료함을 달래기 위하여 시간 때우기 식으로 극장이나 그 밖의 다른 유흥장에 가듯이 교회에 갑니다. 그는 교회에 즐겁게 소풍을 다녀오지만, 나는 이 악인이 교회 밖에서의 모습과 교회 안에서의 모습이 너무나 다른 것을 발견합니다. 그는 교회를 나오는 순간 모습이 변하기 시작해서, 집으로 돌아오는 도중에 점점 더 흉한 모습으로 바뀌고, 집에 발을 디뎌놓았을 때에는 교회에서 보였던 그의 온순한 모습은 전혀 찾아볼 수 없게 됩니다. 왜냐하면, 그는 이렇게 생각하기 때문입니다: "분명히 주 하나님은 거기에 계셨기 때문에, 나는 거기에서 두려워 떨 수밖에 없었다. 나는 비웃어 주려고 교회를 갔지만, 교회를 나오면서는, 기독교 신앙에는 분명히 힘이 있었고, 하나님의 집에서의 예배는 결코 형식적인 것이 아니었다는 것을 시인할 수밖에 없다." 아마도 여러분은 이 사람이 잘되기를 바랐을 것입니다. 그러나 슬프게도 그는 자기가 교회에서 느꼈던 모든 것들을 다 잊어버렸고 내던져 버렸습니다. 그리고 그는 또다시 다음 주일이 되면 교회에 갔다가, 거기에서 또다시 그런 느낌을 받게 됩니다. 하나님의 화살이 또다시 그의 심장에 깊이 박힌 것처럼 보입니다. 그러나 슬프게도 그것은 파도가 밀려왔다가 또다시 물러가는 것과 같습니다. 그의 심장에는 잠시 화살이 박힌 흔적이 남아 있지만, 그 흔적은 얼마 있지 않아 언제 그랬냐는 듯이 사라지고, 그는 아무것도 느끼지 못합니다. 우리가 그에게 구원 받으라고 설득하려고 하면, 그는 마치 귀머거리 독사와 같아서, 우리가 그 어떤 주문을 걸어도, 그는 결코 우리의 말을 받아들이려 하지도 않고, 자신의 길에서 돌이키고자 하지도 않습니다. 나는 그가 세월이 흘러 백발이 되어서도 여전히 교회를 왕래하는 것을 봅니다. 그는 여전히 자신의 자리를 채우고 앉아 있고, 목회자는 여전히 설교합니다. 그러나 그에게 설교는 마이동풍과 같습니다. 주님은 아직도 그를 위하여 눈물을 흘리고 계십니다. 공의의 우렛소리도 여전히 그의 귓전에 울려 퍼집니다. 그러나 그의 모습은 예전이나 지금이나 똑같습니다. 그가 완악해지고 무감각해졌다는 것 외에는 그에게서 변한 것이라고는 전혀 없습니다. 여러분은 이제 그가 하나님의 말씀을 들을 때에 두려워 떤다고 말하는 것을 들을 수 없습니다. 이제 그는 말씀 앞에서 두려워 떨지 않으니까요. 그는 전쟁터에서 잔뼈가 굵은 말과 같아서, 북소리나 자욱한 연기도 두려워하지 않고, 대포 소리에도 신경 쓰지 않습니다. 그는 신실한 자로부터 경책을 들으면, "그런 말은 악인들에게나 하시오"라고 일축해 버리고, 구원을 받으라는 애정 어린 초대를 받으면, "때가 되면 부를 테니, 당신 일이나 잘하고 계시오"라고 넘겨 버립니다. 그는 이런 식으로 대꾸하며, 하나님의 집을 왕래하기를 그치지 않습니다. 문이 경첩을 따라 끝없이 돌듯이, 그는 오늘은 성소 안에서 돌고, 내일은 성소 밖에서 돕니다. "그는 거룩한 자들의 장소를 왕래합니다." 하지만 그는 한층 더 멀리 갈 수도 있습니다. 바울과 같은 설교자로부터 어떤 설교를 들었을 때, 그는 그 설교자의 발 앞에 나와 두려워 떨며, 자기가 그리스도인이 되어야 하겠다고 거의 마음을 먹습니다. 그는 자기가 진정으로 회개하였다고 생각합니다. 그는 신앙 고백을 통해서 자기가 기독교회의 일원이 되었다고 생각합니다. 그러나 슬프게도, 그의 마음이 변한 것은 아무것도 없습니다. 걸레는 아무리 빨아도 걸레일 뿐입니다. 개가 자신이 토한 것으로부터 나왔다고 할지라도, 개의 본성은 변하지 않고 똑같습니다. 에티오피아 사람이 흰 옷을 입는다고 해서, 그의 검은 피부색이 희게 바뀌는 것은 아닙니다. 표범이 자신의 몸에 온통 어떤 것을 덧칠했다고 해도, 그의 반점이 없어지는 것은 아닙니다. 그는 이전이나 지금이나 똑같습니다. 그는 검은 죄인으로 세례를 받지만, 세례를 받고나서도 여전히 검은 죄인입니다. 그는 사기꾼으로서 주의 식탁에 갑니다. 그는 떡을 먹고 포도주를 마시지만, 하나도 변하지 않고 똑같은 모습으로 되돌아옵니다. 그는 수많은 성례전들에 참여하고, 성찬의 떡을 수없이 받지만, 그는 왔던 그대로 다시 되돌아갑니다. 왜냐하면, 그는 진심으로 거기에 참여하는 것이 아니고, 살아 있는 경건에 대하여 외인이기 때문입니다. 그는 악인으로서 "거룩한 자들의 장소를 왕래합니다."

　　그러나 사람이 그렇게 할 수 있다는 것이 정말 기이하지 않습니까? 나는 종종 설교자가 구원의 문제를 사람들 앞에 아주 진지하게 제시하는 것을 듣고는,

"분명히 사람들이 자신들이 구원을 받아야 한다고 느낄 것임에 틀림없어"라고 생각했습니다. 나는 설교자가 마치 자신의 목숨을 위해 간구하듯이 그렇게 사람들의 영혼을 위해 간구하는 것을 듣고서는, '분명히 사람들도 설교자의 그러한 심정을 느낄 것임에 틀림없어'라고 생각했습니다. 나는 사람들이 설교를 들으면서 손수건으로 연신 눈물을 닦는 것을 보고서는, '좋은 결과가 있을 것임에 틀림없어'라고 생각했습니다. 여러분은 자신의 친구들을 데리고 와서 하나님의 말씀을 듣게 하고서는, 설교 시간 내내 하나님의 화살이 그 친구들의 심장에 제대로 깊이 박히기를 기도했고, '이 친구들에게 정말 딱 들어맞는 설교였어!'라고 생각했습니다. 여러분은 계속해서 기도하며, 좋은 결과가 있을 것을 기대하며, '이 설교가 이 친구들의 심장에 마침내 꽂히겠군'이라고 생각하며 기뻐하였습니다. 그러나 하나님이 이렇게 간절히 구애하시는데도, 사람들의 마음이 녹아지지 않는다는 것은 정말 이상한 일이 아닙니까? 시내 산에서 울려 퍼졌던 것과 같은 저 무시무시한 우렛소리를 듣고서도, 사람들이 두려워 떨지 않는 것은 또 어찌된 일입니까? 만일 그리스도께서 친히 육신으로 다시 오셔서 말씀을 전하신다고 하여도, 그들은 그 말씀을 아랑곳하지 않고, 옛적에 자신들의 부모들이 그랬듯이, 오늘날에도 똑같이 그를 성 밖으로 끌고 가서, 그 도성이 지어진 산꼭대기에서 그를 아래로 던져 버리려고 할 것입니다. 나는 악인들이 거룩한 자들의 장소에 왕래하면서, 그 양심이 뜨거운 인두로 지져져서 화인 맞는 것을 보아 왔습니다. 나는 악인들이 거룩한 자들의 장소에 왕래하면서, 연자 맷돌의 아래짝보다 더 완악해져서, "그들이 감각 없는 자가 되어 자신을 방탕에 방임하여 모든 더러운 것을 욕심으로 행하는"(엡 4:19) 것을 보아 왔습니다.

    이제 우리는 우리의 행로를 바꾸어서, 하나님의 집으로 가는 대신에, 다른 길로 가보겠습니다. 나는 악인들이 심판석이라는 거룩한 자들의 장소에 가는 것을 봅니다. 우리는 범죄들을 날짜별로 적어 놓은 기록 속에서 전에 심판석에 앉아 있던 사람들이 얼마 후에는 피고석에 서 있는 기가 막힌 경우들을 봅니다. 나는 자기가 범죄자임을 알면서도 재판관의 직무를 수행하는 사람은 어떤 특이한 감정을 지니고 있을까 의아합니다. 여러분은 탐욕스럽고 정욕이 가득하고 술에 절어 살아가는 악인들이 관리들 가운데 있다는 것을 압니다. 또한, 우리는 그들이 심판석에 앉아서 다른 술 취한 자들을 단죄한다는 것도 압니다. 만일 세상 사람들이 그 관리들이 전날 밤에 어떤 모습으로 잠자리에 들었는지를 알았다면,

그들을 향하여 "남을 … 판단하는 네가 같은 일을 행하고"(롬 2:1) 있다고 말했을 것입니다. 또한, 우리는 자신들은 은행의 금고를 도둑질하고, 막대한 돈을 횡령하여 착복하며, 모든 사람을 속이고 있으면서도, 심판석에 앉아서, 토끼 한 마리를 잡거나 몇 개의 꿩 알을 훔치거나 그런 종류의 엄청난 죄를 지은 가난하고 불쌍한 자를 단죄한 관리들을 알고 있습니다. 그들이 과연 자신의 이러한 모습을 보았을 때에 어떤 느낌을 받을지가 궁금합니다. 사람들은 자기 자신에게 집행하여야 마땅한 법이라는 것을 뻔히 알면서도 그 법을 다른 사람들에게 집행하는 관리들은 참으로 기묘한 감정을 느낄 것이라고 생각할 것입니다. 하지만 나는 악인들이 거룩한 곳을 왕래하면서, 어떤 생각을 하고 있는지를 보아 왔습니다. 그들은 자신들이 행한 일들을 죄가 아니라고 생각하고, 가난하고 불쌍한 자들이 저지른 죄악들에 대해서는 엄하게 처벌해야 한다고 생각하며, "천한 자들"은 철저하게 통제하여야 한다고 생각하지만, 자신도 똑같은 죄악을 저지르고 있으면서도 다른 사람들을 단죄하는 자들만큼 "천한 자들"은 없다는 것을 전혀 생각하지 않습니다. 그들은 다른 사람들에게는 재갈을 물리고 의로운 판단을 따라 철두철미하게 심판을 집행하여야 하지만, 그들 자신은 그 어떤 통제나 의로운 판단도 필요 없을 정도로 의롭다고 생각하지만, 다른 사람들에게 그들이 들이미는 잣대를 그들에게 적용하면, 그들은 정부의 관리라는 영예를 누리기는커녕 영락없이 감옥에 갇히는 신세가 되었을 것입니다. 이것은 "거룩한 자들의 장소를 왕래하는" 자들에 의해서 재판이 왜곡되고 법이 엉터리로 집행되는 것 속에서 우리가 볼 수 있는 모습이 아닙니까?

세 번째 경우는 한층 더 심각합니다. "나는 악인들이 거룩한 자들의 장소," 곧 강단에 "왕래하는 것을 보았다." 하늘 아래에서 가장 거룩한 장소가 있다면, 그곳은 복음이 선포되는 강단입니다. 강단은 기독교 세계의 전쟁터입니다. 거기에서 그리스도의 교회와 그 교회를 침략하고 공격하는 수많은 악인들의 세상 사이에 큰 전투가 벌어집니다. 강단은 우리에게 남아 있는 거룩한 것의 마지막 흔적입니다. 지금 우리에게는 제단이라는 것이 없습니다. 그리스도가 우리의 제단이기 때문입니다. 그러나 우리에게는 강단이 아직 남아 있습니다. 강단은 거룩한 곳이기 때문에, 거기에 들어오는 사람은 자신의 신을 벗어야 합니다. 강단은 구주의 임재에 의해서 성별되고, 사도의 명확하고 힘 있는 선포에 의해서 견고히 세워져서, 하늘의 별들처럼 자신들이 살아간 시대에 자신의 이름과 큰 족적을 남긴 일련의 신실하고 열심 있는 복음 전도자들에 의해서 유지되어, 오늘날 크고 거룩한 모든 것의 자취를 지닌 그 곳에 서 있는 우리에게 물려내려 왔습니다. 그렇지만 나는 악인들이 그 곳을 왕래하는 것을 봅니다. 양심이 굳어 버려서 어찌할 수 없는 죄인이 있다면, 그것은 버젓이 죄를 저지르면서도 강단을 차지하고 있는 자입니다. 우리는 가장 더러운 죄들을 저지르며 살면서도 강단을 차지하고 있다가, 결국에는 발각이 된 그런 자에 대하여 들어 왔습니다. 하지만 인간은 지독하게 추악한 존재이기 때문에, 그 자가 강단에 서서 사람들에게 다시 설교하기 시작하자, 사람들은 그가 무슨 말을 하는지를 듣기 위해서 그 짐승 주위로 모여들었습니다. 또한, 우리는 너무나 명백하게 죄악이 다 드러났는데도, 아무런 부끄러움도 없이 뻔뻔스럽게 계속해서 강단에 서서 복음을 전하는 사람들의 경우도 알고 있습니다. 그런 사람들은 모든 죄인들 중에서도 회개하기가 가장 어려운 죄인들일 것입니다. 그러나 옷을 한 번 더럽혔다면, 강단에 설 생각을 아예 하지 말아야 합니다. 제단을 섬기는 자는 깨끗해야 합니다. 성도라면 누구나 다 거룩해야 하지만, 하나님을 섬기는 종으로 부르심을 받은 자는 모든 성도 중에서도 가장 거룩하여야 합니다. 하지만 유감스럽게도, 하나님의 교회 속에는 늘 희고 밝은 해가 아니라 검은 해가 있어 왔고, 아름다운 보름달이 아니라 피 묻은 달이 있어 왔습니다. 하나님께서 거룩한 목회자들을 주신 교회는 정말 복된 교회이고, 악인들이 목회자가 되어 주관하는 교회는 불행한 교회입니다. 하지만 오늘날의 목회자들은 성경에 기록되어 있는 내용보다도 낚싯대에 대해서 더 잘 알고, 사람들의 영혼을 얻는 일보다 여우를 어떻게 사냥해야 하는지에 대해서 더 잘 압니다. 그들은 영혼들을 잡을 그물이나, 사람들로 하여금 장차 도래할 진노를 피하게 하기 위하여 어떻게 권면해야 하는지를 아는 것보다 덫이나 그물에 대해서 훨씬 더 잘 압니다. 지금도 목회자들 가운데는 농장의 만찬에 참석해서 와자지껄하게 떠들며 놀고, 아주 큰 소리로 술잔을 부딪치며 건배하고, 분별없고 방탕한 자들 중에서도 둘째가라면 서러워할 사람들이 꽤 있습니다. 그런 목회자들을 여전히 용납하고 있는 교회를 불쌍히 여겨 주옵소서. 그런 사람들이 모두 다 강단에서 쫓겨나는 날은 정말 복된 날입니다. 그 날에는 교회가 "아침 빛 같이 뚜렷하고 달 같이 아름답고 해 같이 맑고 깃발을 세운 군대 같이 당당한"(아 6:10) 모습이 될 것입니다. "나는 악인들이 거룩한 자들의 장소에 왕래하는 것을 보았노라."

2. 둘째로, 이제 우리는 이 악인의 장례식에 가보겠습니다.

나는 여러분이 이 장례식에 참석해 주셨으면 합니다. 그렇다고 해서, 여러분은 조문을 위한 정장을 차려 입고 예를 갖추어 모자를 쓸 필요는 없습니다. 우리가 매장하고자 하는 자는 우리에게서 그런 정중한 대우를 받을 자격이 없는 자입니다. 또한, 그는 자기가 살며 행하였던 성읍에서조차 잊혀질 자이기 때문에, 우리는 그를 위하여 슬퍼하거나 슬퍼하는 표시를 낼 필요도 없습니다. 우리는 먼저 그의 장례식에 가서, 그 장례식이 어떻게 치러지는지를 볼 것인데, 한두 가지 경우를 살펴보고자 합니다.

거룩한 자들의 장소를 왕래했던 사람이 있습니다. 그는 아주 독실하게 신앙생활을 해왔습니다. 그는 한 성읍을 다스리는 관리였습니다. 이제 이 사람의 죽은 시신을 가지고 한바탕 어떤 소동이 벌어지고 있는지가 여러분에게 보이십니까? 영구차는 깃털들로 덮여 있고, 그 뒤를 마차들이 줄지어 긴 행렬을 이루어 따르고 있습니다. 성읍 사람들은 한 마리 가련한 벌레가 묻힐 장소까지 마차들이 줄지어 따라가는 모습을 지켜보고 있습니다. 정말 화려하고 웅장한 장례행렬입니다! 입관예배를 드리는 곳에 사람들이 구름 떼처럼 몰려 있는 것이 보이십니까? 사람들이 이 관리의 죽음에 대하여 진정으로 애도하고 슬퍼하는 것처럼 보입니다. 여러분은 잠깐 한 번 생각해 보십시오. 사람들은 누구를 위해서 애곡하고 있는 것입니까? 바로 위선자입니다! 이 모든 화려하고 웅장한 장례식은 누구를 위한 것입니까? 바로 독실한 신앙인인 체하였던 한 사람의 악인, 마땅히 단죄 받아야 했던 사람은 바로 자기인데도 다른 사람들을 단죄하고 심판하였던 바로 그 사람을 위한 것입니다! 이 모든 화려하고 웅장한 장례식은 썩어 없어질 한 덩어리의 진토를 위한 것입니다. 이 장례식에 대하여 이것 이상으로 무엇인가 더 좋게 말할 어떤 것이 있습니까? 그런 사람이 죽었을 때, 그런 사람은 나귀를 매장하듯이 매장하는 것이 마땅하지 않습니까? 그런 사람의 시신은 성문 밖으로 끌어내어 던져 버려야 합니다. 화려하고 장엄하게 장사를 치르는 것이 그런 사람에게 가당키나 한 일입니까? 그 장례행렬의 선두에는 바알세불이 있어서 그 행렬을 이끌고 있습니다. 바알세불은 악의에 가득한 소름끼치는 웃음을 지어보이며 번득이는 눈으로 곁눈질하면서, "이것이 한 영혼을 지옥으로 데려가는 장엄한 행렬이야"라고 말합니다. 한 영혼이 아름다운 깃털들로 장식된 영구차 안에서 도벳에 있는 자신의 최종 주거지로 끌려가고 있는 것입니다. 살아서나 죽어서나 하나님의 저주를 받은 위선자에게 예를 표하기 위하여 마차들이 긴 행렬을 이루어 따라가고 있습니다. 조종이 울리고, 목회자는 마지막 예배를 집례하고, 그 위선자를 "확실한 소망 가운데" 매장합니다. 그 무덤보다 조금 아래쪽 어딘가에서 웃음소리가 울려나옵니다. "확실한 소망이라고! 하하하! 확실한 소망이라니 정말 한심하군. 차라리 비눗방울들이 별까지 날아가기를 소망하고, 바람이 너희를 천국까지 안전하게 데려다줄 것이라고 소망하는 편이 낫겠군. 저 위선자가 장차 영생으로 부활하기를 소망하다니, 너희는 정말 정신 나간 자들이군." 사탄은 그렇게 말하며 실소를 금하지 못합니다. 만일 사람들이 제대로 올바르게 판단했다면, 그런 위선자가 죽었을 때, 결코 그에게 예를 표하고자 하지 않았을 것입니다. 사람들이 그런 위선자의 표면적인 모습보다 더 깊은 곳을 보며 그 속마음을 읽을 수 있었다면, 이 지독하게 음흉한 거짓말쟁이를 호위하기 위하여, 자신들의 마차로 길거리를 가득 메우며 긴 행렬을 이루어 그의 뒤를 따르지 않았을 것입니다. 그리고 이렇게 말했을 것입니다: "그 자는 정말 아무짝에도 쓸모없는 자였어. 생명 없는 겉거죽뿐이었지. 그는 신앙도 없으면서 독실한 신앙인 행세를 했고, 사기꾼으로 경멸받을 만한 삶을 살았어. 그런 자는 여고냐처럼 매장하는 것이 마땅해. 그런 자에게 장례식은 사치일 뿐이야. 그런 자는 들판에 내던져서 까마귀밥이 되게 해야 해. 그런 자에게 합당한 장례식은 그런 것일 테니까." 경건한 사람이 죽었을 때에는, 여러분은 그를 위해 애곡하고, 극진한 예를 갖추어 무덤까지 모시는 것이 마땅합니다. 왜냐하면, 그의 뼈들에서는 하나님조차도 기뻐하시는 향기가 나기 때문입니다. "그의 경건한 자들의 죽음은 여호와께서 보시기에 귀중한 것이로다"(시 116:15). 그러나 도금한 위선자, 그럴듯하게 광을 낸 사기꾼, 양의 옷으로 말쑥하게 차려 입은 이리에게 극진한 예를 갖추어 장례를 치러 주는 것은 말도 되지 않는 일입니다. 도대체 왜 사람들이 그런 사기꾼을 위해서 애곡해야 합니까? 사람들은 그런 자의 죽음에 대하여 슬픔을 느끼지도 못하는데, 왜 겉으로 슬퍼하며 애곡하는 체해야 합니까?

그러나 악인에 대한 장례가 좀 더 조용하게 치러질 수도 있습니다. 사람들은 가능한 한 조용히 그의 시신을 무덤으로 옮겨서 예를 갖추어 매장합니다. 자, 이제 목회자가 장례 예배에서 하는 말에 귀 기울여 보십시오. 그 목회자가 하나님의 사람이라서, 그 악인에 대한 장례를 집례할 수밖에 없는 상황이라면, 여러분은 그 목회자가 그 죽은 자에 대하여 얘기하는 말을 한 마디도 들을 수 없을 것입니다. 여러분은 그 죽은 자에게 영생의 소망이 있다는 말을 전혀 듣지 못할 것입니다. 그는 자신의 무덤에 조용히 안치됩니다. 그 목회자는 그가 어떤 식으로 "거룩한 자들의 장소에 왕래하였는지"를 회상하며 말합니다. 그 목회자는 그가 예배당에 와서 자신의 설교를 경청하곤 했다는 사실을 얘기합니다. 그때에 흐느끼며 우는 사람이 있습니다. 목회자도 거기에 서서, 자신의 모든 수고가 다 허사가 되어 버린 것을 생각하고서 흐느낍니다. 그가 전한 말씀들을 들어 왔던 사람들 중 한 사람이 아무런 영생의 소망도 없이 죽은 것입니다. 그가 얼마나 조심스럽게 말하는지를 주목하십시오. 그는 가엾은 미망인에게 할 수 있는 한 소망을 주려고 하고, 아주 온유하게 말합니다. 하지만 그녀가 "나는 내 남편이 천국에 갔기를 소망합니다"라고 말하면, 그는 입을 다물고 침묵합니다. 그가 다른 사람의 아픔을 함께 하는 그런 사람이라면, 그렇게 침묵할 수밖에 없습니다. 돌아온 주일에 설교에서 그 죽은 자에 대하여 언급할 때, 그는 그 죽은 자를 신앙의 모범으로 드는 것이 아니라, 천국에 갔을지 못 갔을지 의심스러운 사례로 들면서, 사람들에게 주의를 환기시키는 예로 사용합니다. 그는 그 죽은 자의 예를 들면서, 각자에게 주어진 기회를 쓸데없이 허비하지 말고, 매주 돌아오는 황금 같은 안식일들을 무심히 넘겨 버리는 일이 없어야 할 것이라고 경고합니다. "나는 거룩한 자들의 장소를 왕래하던 악인들이 장사지낸 바 되는 것을 보았노라." 그런 악인들을 호화롭고 사치스럽게 장사지내는 것은 얼마나 우스꽝스러운 일입니까! 수치를 당해야 하고 욕을 먹어야 마땅한 자를 높여서 극진한 예를 갖추어 장사지내는 것을 본다면, 사람들은 웃지 않을 수 없을 것입니다. 그러나 그런 악인들을 조용히 진지하게 장사지낸다면, 그런 장례식은 우리에게 큰 슬픔을 가져다줄 것입니다. 형제들이여, 우리는 많은 부분 우리 자신을 우리의 장례식이라는 빛 속에서 판단하여야 합니다. 그것은 우리가 다른 것들을 판단하는 방식이기도 합니다. 내일 여러분의 밭을 보십시오. 거기에는 자신을 과시하는 양귀비가 있고, 울타리 근처에는 해를 향하여 자신의 머리를 들고 있는 많은 꽃들이 있습니다. 잎사귀를 보고 판단한다면, 여러분은 수수한 색깔을 띤 곡식보다도 그런 꽃들을 더 선호할 것입니다. 그러나 장례식 때까지 기다리십시오. 그때에는 양귀비와 잡초들은 여러분이 다 모아다가 다발로 묶어서 불에 태워 땅의 비료로 사용할 것입니다. 그러나 곡식의 장례식을 보십시오. 곡식의 장례식은 정말 훌륭하고 보기 좋습니다. 사람들은 "곡식 단을 집으로!"라고 소리치며, 곡식 단들을 집으로 가져가서 곳간에 넣습니다. 왜냐하면, 곡식은 귀한 것이기 때문입니다. 마찬가지로, 우리도 우리가 결국에는 죽어야 한다는 것을 늘 염두에 두고 살아가야합니다. 나는 내가 이 죽을 몸을 벗고 떠날 때에 사람들이 다음과 같이 말할 수있는 그런 삶을 살고 싶습니다: "세상을 더 좋게 만들고자 애썼던 한 사람이 떠났습니다. 그의 수고들이 어떤 열매를 맺었는지와는 상관없이, 그는 정직한 사람이었습니다. 하나님을 온 마음으로 섬기고자 했기 때문에, 사람의 얼굴을 두려워하지 않았던 사람이 여기에 누워 있습니다." 나는 모든 그리스도인들이 스데반 같은 그런 장례식으로 장사지낸 바 되었으면 좋겠습니다: "경건한 사람들이 스데반을 장사하고 위하여 크게 울더라"(행 8:2). 내가 참석했던 한 목사님에 대한 장례식이 기억납니다. 많은 복음 사역자들이 자신들의 형제를 기리기 위해서 그 관 뒤를 따라 걸었습니다. 그리고 그 뒤에는 그 교회의 신도들이 마치 아버지를 잃은 듯이 울며 긴 행렬을 이루며 뒤따랐습니다. 많은 사람들이 운집한 가운데 예배당에서 장례 예배가 있었고, 이 날에 이스라엘에서 큰 인물이 죽었기 때문에, 우리 모두가 울었습니다. 우리는 우리에게서 한 왕이 떠나간 것을 느꼈고, 우리 모두는 엘리야의 종처럼 "내 아버지여 내 아버지여 이스라엘의 병거와 그 마병이여"(왕하 2:12)라고 말했습니다. 그러나 나는 거룩한 자들의 장소를 왕래하던 악인들이 장사지낸 바 되는 것을 보았을 때에는, 그런 모습을 찾아볼 수 없었습니다. 나는 거기에서 거의 다 탄 심지가 꺼져가는 것처럼 약간의 슬퍼하는 기색을 볼 뿐이었고, 사람들이 죽은 자에게 조의를 표하는 것은 순전히 뒤에 남겨진 미망인과 가족 때문이었습니다. 만일 사람들이 그 죽은 자를 자신들의 마음대로 할 수 있었다면, 그들은 그가 살아 있을 때에 그를 처치하고서 이렇게 말했을 것입니다: "그를 객사한 사람처럼 매장해 버리자. 잡초가 무성하게 자란 교회 공동묘지의 저 음침하고 축축한 구석에 묻어 버리자. 개구리들로 하여금 그 무덤 위에서 개골개골 울게 하자. 올빼미가 그의 무덤을 자신의 안식처로 삼고서, 밤새도록 그에게 야유를 보내게 하자. 그는 그런 야유를 받아 마땅한 자이니까. 그의 무덤 위에서는 월계수나 디르사 나무가 자라지 못하게 하고, 그가 잠자는 곳 주변에 장미들이 피어 그늘을 만들지 못하게 하자. 골짜기의 앵초와 백합화가 그의 무덤에서 피어나지 못하게 하자. 그의 무덤에서 잔디가 자라나지 못하게 하여, 이 위선자가 잠자는 곳이 저주 받은 곳이 되게 하자. 이 자는 그런 곳에 있어야 마땅한 자이니까, 그렇게 누워 있게 하자." "나는 거룩한 자들의 장소를 왕래하던 악인들이 장사지낸 바 되는 것을 보았노라."

그러나 서글픈 일이 아직도 더 있습니다. 우리는 단지 장례식만을 볼 것이 아니라, 좀 더 깊은 곳을 보아야 합니다. 그러면, 우리는 어떤 사람들의 관 속에는 시신 외에도 다른 것들이 많이 들어 있는 것을 보게 될 것입니다. 몇 주 전에 로버트 플로커트(Robert Flockart, 1778-1857, 스코틀랜드의 길거리 전도자)의 장례식이 에딘버러에서 있었을 때, 나는 그가 목회자로서 합당한 예로 장사지낸 바 되었다고 생각합니다. 그가 오랫동안 사용했던 성경책과 찬송가가 그의 관 위에 놓여 있었습니다. 만일 그가 군인이었다면, 거기에는 그가 쓰던 칼이 놓여 있었을 것입니다. 그러나 그는 그리스도의 군사였기 때문에, 사람들은 그가 사용하던 성경책과 찬송가를 그의 트로피로 여겨서 그와 함께 매장하였던 것입니다. 사람들이 그의 관 위에 그런 트로피를 놓아둔 것은 잘한 일이었습니다. 그러나 내가 앞에서 말한 대로, 어떤 사람들의 관 속에는 굉장한 것이 들어 있습니다. 우리에게 눈에 보이지 않는 것들을 볼 수 있는 눈이 있고, 위선자의 관 뚜껑을 열어 볼 수 있다면, 우리는 거기에서 굉장한 것을 보게 될 것입니다. 거기에는 그의 모든 소망들이 놓여 있습니다. 악인들은 거룩한 자들의 장소를 왕래하였을지라도, 그들이 구원 받을 소망은 전혀 없습니다. 그들은 자기가 거룩한 자들의 장소에 꼬박꼬박 참석했기 때문에, 또 다른 세상에 가서도 안전할 것이라고 생각했을 것입니다. 그들의 관 속에는 그들의 소망들이 놓여 있고, 그 소망들은 그들과 함께 묻혔습니다. 사람들이 거기에서 볼 수 있는 것들 중에서 가장 끔찍한 것은 죽은 소망의 얼굴이 너무나 흉측하다는 것입니다. 죽은 아이는 어머니의 가슴에 큰 고통이고, 죽은 아내나 남편은 이 세상에 남아 있는 배우자에게 큰 슬픔일 것입니다. 그러나 죽은 소망들로 가득한 관은 너무나 흉측합니다. 여러분은 무덤에 들어간 것들 중에서 그처럼 흉측한 것은 본 적이 없을 것입니다. 그가 살았을 때에 위장했던 모든 것들이 거기에 죽은 채로 수의 속에 모습을 드러내고 있습니다. 그는 이 땅에 살았을 때에 존경 받을 만한 자로 위장해서 살았습니다. 그런데 사람들이 존경했던 것이 죽어서 실체를 드러내며 거기에 누워 있습니다. 그는 영원히 사람들에게 욕을 먹으며 웃음거리가 될 것입니다. 그는 이 땅에서 거룩한 체하며 살아왔지만, 이제는 그 가면이 벗겨지고, 그의 원래의 음흉하고 시커먼 모습이 그 관 속에 그대로 드러나 있습니다. 그는 하나님의 택함 받은 자인 체하며 살았지만, 지금은 택함 받은 자가 아니라 하나님으로부터 저주받고 버림

받은 자의 모습으로 그 관 속에 누워 있습니다. 그는 자기 자신이 구주의 의를 덧입은 자라고 생각했지만, 스스로 자신을 의롭다고 착각한 것일 뿐이었다는 것이 적나라하게 밝혀집니다. 그리스도께서는 그에게 자신의 의를 덧입혀 주신 적이 결코 없으셨습니다. 전에는 경건에 대하여 그토록 즐겁게 떠들던 그의 입도 지금은 말이 없습니다. 전에 위장된 기쁨의 불꽃으로 반짝였던 저 위선적인 그의 눈은 지금은 온통 어둠뿐입니다. 전에 사람들을 속이기 위하여 여러 가지를 궁리해 내었던 그의 뇌는 머지않아 벌레들의 밥이 되어 사라질 것입니다. 전에는 그의 위선을 감추기에 충분할 정도로 두텁지 못하였던 갈비뼈들 아래에서 두근거렸던 그의 심장은 이제 귀신들이 삼켜 버리게 될 것입니다. 저 썩어가는 해골 안에는 그가 살아서 위장했던 것들과 그가 품었던 소망들이 죽은 채로 널브러져 있습니다.

또한, 그와 함께 잠자고 있는 것들 가운데는 그가 그렇게도 염원하고 바랐던 한 가지가 더 있습니다. 그는 자기가 죽은 후에도 사람들에게 잊혀지지 않기를 염원하였습니다. 그는 자기가 이 세상을 떠난 후에도, 반드시 후손들이 대대로 자기를 기억해 줄 것이라고 생각했습니다. 하지만 본문을 보십시오: "그들이 그렇게 행한 성읍 안에서 잊어버린 바 되었으니." 그는 자기 이름이 기억되기를 소망하였습니다. 사람들은 누구나 다 자기가 죽은 후에도 사람들이 자기를 기억해 주기를 바라고, 영국인들은 특히 그렇습니다. 영국의 산들에 있는 모든 바위에는, 심지어 산양도 거의 오를 수 없는 그런 바위에도, 빠짐없이 사람들의 이름의 첫 글자가 새겨져 있고, 이것은 자기가 이 세상에서 유명해질 가능성이 없다고 생각한 사람들이 바위에라도 새겨서 자신의 이름을 남겨야 하겠다고 생각했기 때문입니다. 여러분이 어디를 가든, 사람들은 자기를 알리려고 애씁니다. 이것은 많은 사람들이 신문에 글을 쓰는 이유이기도 합니다. 그렇게 해서라도 사람들은 자신을 알리고자 합니다. 우리는 모두 우리가 죽은 후에도 우리의 이름이 남도록 하기 위하여 온갖 방법들을 다 동원합니다. 그러나 악인들은 자신의 이름을 남기기 위하여 무슨 짓을 하더라도, 다 소용이 없습니다. 그들은 잊혀지게 될 것입니다. 그들은 다른 사람이 자기를 기억하게 하기 위하여 아무것도 하지 않았다고 해도, 가난한 자들에게 "아무개 씨를 기억하십니까?"라고 물어보십시오. "지독한 사람이었죠. 그 사람은 늘 우리의 품삯을 단 한 푼이라도 더 깎으려고 했어요. 그 사람의 이름은 기억하기도 싫어요." 그들의 자녀들도 그의 이름을 듣고 싶어 하지 않을 것입니다. 그들은 그를 완전히 잊어버리기를 원합니다. 그가 생전에 다니던 교회의 성도들에게 "이 교회의 교인이었던 아무개 씨를 기억하십니까?"라고 물어 보십시오. "아, 그 사람이요. 그의 이름이 교적부에 올라가 있었지만, 그는 몸만 왔다 갔다 한 사람이었죠. 한 번도 그와 대화를 나눈 적이 없어요. 그에게는 신령한 것이라고는 전혀 없었죠. 그저 큰 소리를 내는 꽹과리일 뿐이었고, 진심이 없었어요. 그에게서는 참된 신앙을 발견할 수 없었죠. 지금은 아무도 그를 생각하지 않으니, 그 사람은 곧 잊혀질 거예요." 교회의 연륜이 더해가고 세월이 흐르면, 회중의 구성원들이 바뀌지만, 그들은 전에 그 교회를 다녔던 선하고 거룩한 사람들의 이름을 입에 올립니다. 그들은 병자들을 심방하며 많은 은혜를 끼치곤 했던 권사님에 대해서 얘기하고, 그 교회에서 배출해서 하나님의 일을 크게 했던 젊은이에 대해서 얘기합니다. 하지만 여러분은 그들이 그 교회를 다녔던 어떤 악인의 이름을 언급하는 것을 결코 듣지 못합니다. 그는 완전히 잊혀졌습니다. 그가 죽었을 때, 그의 이름은 지워졌습니다. 그는 죽은 자로 기록되었고, 그에 대한 모든 기억은 그와 함께 죽었습니다. 나는 악한 일들을 시작한 사람이 죽으면, 그 악한 일들도 순식간에 죽는 것을 자주 목격하였습니다. 볼테르(Voltaire)의 철학을 보십시오. 그가 살아 있을 때에는 그의 철학은 그 시대를 풍미했지만, 오늘날 그의 철학을 말하는 사람이 어디 있습니까? 지금은 그의 철학이 조금 어른거리고 있기는 하지만, 거의 죽은 것이나 마찬가지입니다. 톰 페인(Tom Paine, 1737-1809, 미국의 무신론자)은 악마의 서신들을 써서 자신의 이름을 날렸습니다. 사람들은 그가 계속해서 기억되었을 것이라고 생각할 것입니다.

그러나 오늘날 그의 이름을 기억하고 그에게 관심을 갖는 사람이 누가 있습니까? 여기저기 소수의 사람들을 제외하면, 그의 이름은 이미 잊혀진 이름이나 다름없습니다. 잘못된 사상이나 이단사설이나 분파주의를 외친 모든 이름들은 지금 흔적도 없이 사라지고 없습니다. 여러분은 오늘날 아우구스티누스의 이름은 들을 수 있지만, 그가 공격했던 이단들의 이름은 결코 듣지 못합니다. 모든 사람이 아타나시우스(Athanasius)를 알고, 그가 주 예수 그리스도의 신성을 옹호하는 일에 목숨을 걸었다는 사실도 압니다. 그러나 우리는 아리우스(Arius)의 삶에 대해서는 거의 잊어버렸고, 그의 어리석은 주장을 돕거나 옹호하였던 자들의 이름도 거의 잊혀졌습니다. 악인들은 신속하게 흔적도 없이 사라집니다. 왜냐하면, 세상은 그런 자들을 제거하는 것이 좋은 일이라는 것을 느끼기 때문입니다. 그런 자들은 기억할 가치가 없습니다. 그러나 진정으로 그리스도인으로 살아간 선한 사람의 죽음은 악인의 죽음과는 판이하게 다릅니다. 온 힘을 다해서 하나님을 섬긴 성도의 시신이나 그의 관을 보는 것은 즐겁고 기쁜 일이고, 세월이 흘러서 그의 무덤을 보는 것도 기분 좋은 일입니다. 번힐(Bunhill) 묘원에 가서, 존 번연의 묘지 옆에 서면, 여러분은 이렇게 말할 것입니다: "멸망의 성에서 더 나은 땅으로의 순례자의 여정에 대한 저 기막힌 생각을 해낸 두뇌를 담고 있던 머리가 저기에 누워 있구나. 마침내 빨라 땅에 이르러 강을 건너서 하늘의 도성에 들어간 사람에 관한 저 놀라운 이야기를 쓴 손이 저기에 있구나. '감옥에 갇혀서 내 눈꺼풀에 이끼가 끼기 전에는, 내가 말씀을 전하는 것을 결코 그치지 않을 것'이라고 말했던 그의 눈꺼풀이 저기에 있구나. 그 담대한 눈으로 심판관을 뚫어지게 바라보며, '당신들이 나를 오늘 감옥에서 풀어 준다면, 나는 하나님의 도우심을 힘입어 내일 다시 말씀을 전할 것이오'라고 말했던 그의 그 눈이 저기에 있구나. 주 예수 그리스도를 사랑했던 모든 사람들에게 늘 기꺼이 내밀고자 하였던 저 사랑의 손이 저기에 있구나. 나는 '그리스도인들의 친교에 아무런 장애가 되지 못하는 물세례'라는 책을 쓴 그의 손을 사랑한다. 나는 오직 그 이유만으로도 그를 사랑한다. 만일 그가 그 책 외에 다른 책들을 쓰지 않았다고 할지라도, 나는 '존 번연이여, 영원히 존귀함을 받으소서'라고 말할 것이다. 그 추운 날에 아버지와 아들을 화해시키기 위하여 자신의 목숨을 걸고 스노우 힐(Snow Hill)을 올랐던 그의 발이 저기에 있구나. 그의 유골에 평강이 있으라. 존 번연이여, 주님이 천사를 보내 나팔을 불게 하실 때까지 조금만 기다리시오."

　　나는 천사장이 나팔을 불 때, 모든 영국인들 중에서 가장 위대하고 정직했던 존 번연이 그 나팔 소리에 자신의 무덤에서 다시 일어나게 되리라는 것이 천사장의 기쁨이 될 것이라고 생각합니다. 여러분은 악인들에 대해서는 이렇게 말할 수 없습니다. 악인의 시신은 고약한 악취를 풍기는 썩은 물건 외에 무엇이겠습니까? 그런 것을 먹어 치울 벌레들이 있다는 것을 하나님께 감사하십시오. 시간이라 불리는 벌레가 있어서, 그러한 악인이 남긴 악한 영향력과 악몽 같은 기억을 먹어치운다는 사실을 하나님께 감사하십시오. "내가 이 모든 것들을 보고 … 마음에 두고 살폈노라"(전 8:9).

3. 셋째로, 우리는 이제 이 악인의 묘비명을 쓰고자 합니다.

그의 묘비명은 이렇게 아주 짧게 되어 있습니다: "이것도 헛되도다." 이제 나는 참된 신앙이 없는 가운데 하나님의 집을 왕래해 보아야 헛일이라는 것을 몇 마디로 보여드리고자 합니다. 내가 하나님을 미워하고 하나님을 거슬러 죄 지으며 결국에는 멸망을 당하기로 작정하였다면, 나는 철저하게 그렇게 할 것입니다. 내가 영원히 하나님 앞에서 쫓겨나는 쪽이 더 낫겠다고 생각해서 저주 받기로 작정하고서 여러 가지 것들을 계획하였다면, 나는 내가 하지 않아야 할 일이 한 가지 있다는 것을 알고, 그것이 하나님의 집에 가지 않는 것임을 알 것입니다. 내가 멸망당하기로 작정하였다면, 하나님의 집에 가서 눈물을 흘려보아야 좋을 것이 무엇이겠습니까? 설교자가 신실한 사람이라면, 그는 나의 양심을 찌를 것이고 나를 깨우고자 할 것입니다. 내가 멸망당하기로 단단히 각오하고 작정하였다면, 나는 할 수 있는 한 편안하게 지옥에 가야 합니다.

그런데 내가 하나님의 집에 가서 내 양심을 찌르는 설교를 듣고, 내가 지옥에 가는 것을 방해할 큰 돌을 내 앞에 굳이 놓아둘 필요가 어디 있겠습니까? 게다가, 나는 하나님의 집을 사랑하는 마음이 전혀 없으면서도, 그렇게 하는 것이 존경받을 일이라고 생각해서 꼬박꼬박 예배에 참석하는 것은 정말 끔찍한 고역이라고 생각합니다. 내가 하나님의 집을 사랑하지 않는다면, 나는 거기에 가지 않을 것입니다. 만일 하나님의 성소에 가서 하나님을 찬송하며 하나님의 말씀을 듣는 것이 내게 즐거움이 아니라면, 나는 그렇게 하지 않을 것입니다. 안식일에 두 번 예배당에 가서, 하나님의 백성이 일어서면 같이 일어서고, 하나님의 백성이 앉으면 같이 앉으며, 자신에게 느껴지지도 않는 찬송들을 부르고, 자신의 양심을 찌르는 설교를 들으며, 자신의 것도 아닌 약속들에 귀를 기울이고, 자신의 것도 아닌 천국에 대하여 들으며, 영원히 자신의 것이 될 지옥 이야기에 겁을 집어먹는데도, 자기와는 아무 상관도 없는 하나님의 집에 간다면, 그 사람은 타고난 바보입니다. 우리는 그 사람이 하나님의 집에 가는 것을 칭찬할지도 모릅니다. 하나님의 집에 가는 것은 아마도 존경 받을 만한 일일 것이고, 그렇게 보는 것이 마땅합니다. 그러나 여러분이 멸망당하기로 작정했는데도 늘 하나님의 집에 간다면, 그것은 참을 수 없는 고역일 것입니다. 그 사람이 죽고 나면, 그의 묘비명에는 이렇게 기록되어 있을 것이 틀림없습니다: "하나님을 섬기고자 하지 않으면서도, 하나님께 대놓고 대적할 만한 용기도 없었던 사람이 여기에 잠들어 있다. 그는 너무나 어리석어서 자기에게 신앙이 있는 체하였고, 너무나 악해서 모든 것을 위장한 위선자였다." 여러분이 악인들이 대놓고 악을 행할 때에 그 두려운 범죄를 보고서 통탄해하는 것이 마땅하지만, 그들은 자신의 악한 모습을 정직하게 그대로 드러내 놓았다는 점에서, 그래도 일말의 동정의 여지가 있습니다. 그러나 똑같은 악들을 저지르고 있으면서도, 자기는 의인인 체 위장하는 위선자의 경우에는 동정의 여지가 있을 수 없습니다. 그는 죽을 짓을 해놓고서도, 자기는 충분히 양심을 지켰고 존경 받을 만한 일들을 했기 때문에, 죽음에서 풀려날 충분한 자격이 있다고 생각하며, 끝까지 자신의 목숨을 건지고자 합니다. 그는 자기가 죽을 때에 어떻게든 천국에 들어갈 수 있을 것이라고 생각합니다.

아, 가련한 자여! 우리는 그의 묘비명에 "이것도 헛되도다"라고 쓰는 것이 마땅합니다. 그러나 여러분도 자기는 그렇게 위선을 떨거나 위장을 한 적이 없었다고 말한다면, 사람들은 여러분의 위선을 비웃을 것입니다. 여러분이 자기는 신앙이 있다고 고백하고 그 신앙을 실천하며 살고 있는 체 해왔다면, 여러분은 자신의 모습을 그대로 드러내놓고서, "여호와가 누구이기에 내가 그의 목소리를 듣고(출 5:2), 주가 누구이기에 내가 그를 두려워하랴"고 말했을 때보다도 더 비웃음을 당하게 될 것입니다. 이 자리에 계신 분들 중에서 영원한 진노를 선택할 만큼 악한 사람이 있습니까? 이 자리에 계신 분들 중에서 멸망을 선택할 만큼 정신 나간 사람이 있습니까? 예, 많습니다! 이 자리에 계신 분들 중에서 오늘 죄를 택하였거나, 자기의를 택하였거나, 교만이나 정욕이나 이 세상의 즐거움을 택한 사람들이 있다면, 여러분은 영원한 멸망을 택한 것임을 기억하십시오. 왜냐하면, 이 둘은 함께 가기 때문입니다. 죄는 금가루이고, 지옥은 그 밑에 있는 떡입니다. 여러분이 죄를 선택하였다면, 사실상 영원한 멸망을 선택한 것입니다. 내가 간곡히 부탁하건대, 이것을 생각하십시오.

> "오, 주여! 죄인을 돌이키소서.
> 지금 그를 무감각의 상태에서 일으키소서.
> 그로 하여금 주의 뜻을 걷어차 버리지 않게 하시고,
> 자신의 결정적으로 잘못된 선택을
> 너무 뒤늦게 알고서 후회하지 않게 하소서."

하나님께서 여러분을 "길이요 진리요 생명"(요 14:1)이신 예수 그리스도께로 인도해 주셔서, 여러분이 장사될 때에 의인들과 함께 장사되어서, 여러분의 마지막이 의인들의 마지막과 같게 해주시기를 빕니다.

제
6
장
—

박차

—

"네 손이 일을 얻는 대로 힘을 다하여 할지어다 네가 장차
들어갈 스올에는 일도 없고 계획도 없고 지식도 없고 지혜
도 없음이니라." — 전 9:10

　어떤 이들은 이 말씀과 그 이전에 나오는 말씀들을 이 세상이 전부이고 내
세 같은 것은 없다고 생각해서 이 세상을 즐기며 살자는 정신을 지닌 사람들을
비꼬는 냉소적인 말씀들이라고 본다는 것을 나는 알고 있습니다. 즉, 본문은 그
런 사람들에게 기름진 것을 먹고 달콤한 것을 마시며, 그들이 할 수 있는 한 삶을
즐기라고 하고 있다는 것입니다. 일단 무덤으로 들어가면, 거기에는 할 일도 없
고 계획도 없기 때문에, 하고 싶은 일이 있으면, 할 수 있는 한 신속하게 그 일을
하라는 것입니다. 이것이 본문의 의미라면, 우리는 본문이 그들의 관점을 대변
하고 있는 것으로 보아야 합니다. 그렇게 본다면, 오늘의 본문은 "내일이 되면
우리가 죽을 것이니 실컷 먹고 마시자"라는 그들이 좋아하는 모토와 똑같은 의
미를 지니고 있다는 말이 됩니다. 전도자가 오늘의 본문을 냉소적인 의미로 말
했을 가능성이 없다고 할 수는 없지만, 나는 전도자가 그런 의미로 이렇게 말한
것이라고 생각하지 않습니다. 나는 오늘의 본문을 우리 주님께서 "때가 아직 낮
이매 나를 보내신 이의 일을 우리가 하여야 하리라 밤이 오리니 그 때는 아무도
일할 수 없느니라"(요 9:4)고 하신 말씀과 동일한 맥락 속에서 이해하고자 하는
통상적인 해석이 옳다고 봅니다. 따라서 본문은 사람들에게 자신이 마땅히 해야

할 일들을 지체하지 말고 즉시 단호하고 열심히 행하라고 권면하는 말씀입니다. 사람들은 이 땅에서 오직 한 번 살 수 있는 기회가 주어진 것이기 때문에, 이 세상을 위해서 자기가 지음 받은 모든 올바른 목적들을 성취하는 데에 최선을 다해야 합니다. 한 번 죽으면 다시는 되돌아올 수 없고, 일단 무덤 속으로 들어가면 자신이 결심한 것들을 아무것도 행할 수 없게 되기 때문에, 사람들은 자기가 해야 할 일들을 신속하게 행하여야 합니다. 하나님께서 우리에게 은혜를 주셔서 이 권면을 올바르게 선용할 수 있게 해주시기를 빕니다.

첫째, 우리는 본문을 아직 회심하지 않은 자들을 향한 복음적인 음성으로 볼 것입니다. 둘째, 우리는 본문 속에서 하나님의 백성을 격려하고 촉구하는 음성을 들어볼 것입니다.

1. 첫째로, 본문은 회심하지 않은 자들을 향한 복음적인 음성입니다.

회심하지 않은 자들이 구원받기 위해서 그들의 손으로 해야 할 "일"이나 그들의 머리로 생각해 내야 할 "계획" 같은 것은 전혀 없습니다. 그러므로 우리는 그들에게 "당신이 구원받기 위해서는 당신의 손이 발견한 일을 행하시오"라고 말하지 않습니다. 그런 것은 잘못된 가르침이기 때문에, 구원을 간절히 구하는 자들을 잘못된 길로 오도할 수 있습니다. 복음은 회심하지 않은 사람들을 "허물과 죄로 죽은"(엡 2:10) 자들로 여기고, 무엇보다도 먼저 그들이 새 생명으로 살아나야 한다고, 즉 거듭나야 한다고 말합니다. 그렇지 않으면, 그들은 하나님께서 받으실 만한 행위들을 할 수가 없습니다. 또한, 설령 그들이 그런 행위들을 할 수 있다고 해도, 그것들을 행하는 것은 구원의 길이 되지 못합니다. 왜냐하면, 성경은 우리에게 우리의 구원이 행위로 말미암지 않는다고 분명하게 말하고 있기 때문입니다. 죄로부터의 구원과 하나님 앞에서 의롭다 하심을 얻는 것은 성령께서 우리 안에서 역사하셔서 우리로 하여금 예수를 믿는 믿음을 갖게 하실 때에 우리에게 주어집니다. 따라서 구원은 전적으로 그리고 철저히 하나님의 은혜로 말미암습니다. 하나님을 향한 회개와 우리 주 예수 그리스도에 대한 믿음은 구원하시는 은혜가 주어졌음을 보여주는 증거들로서, 하나님의 선물임과 동시에 새로워진 마음이 하는 일입니다. 우리가 지금 여기에서 믿음과 회개, 기도와 하나님을 찾는 것을 하나님의 은혜가 우리 속에서 역사하였을 때에 우리가 해야 할 일들이라고 본다면, 우리는 모든 회심하지 않은 사람들에게 이렇게 말할 수

있습니다: "지금이 여러분이 자신의 영혼에게 유익이 되는 일들을 생각하기 시작해야 할 때입니다. 왜냐하면, 여러분은 머지않아 구원의 지식과 하늘의 지혜가 있는 곳을 뒤로 하고서 망각의 스올로 건너가게 될 것이기 때문입니다."

회개는 여러분이 구원을 받기 위해서 해도 되고 안 해도 되는 그런 것이 아닙니다. 여러분은 반드시 자신의 죄들을 회개하여야 합니다. 그렇지 않으면, 여러분에게 죄 사함은 있을 수 없습니다. 예수 그리스도를 믿는 것은 선택사항이 아니기 때문에, 사람은 그리스도를 믿든 안 믿든 결국에는 잘 지내게 되는 것이 결코 아닙니다. "믿지 아니하는 자는 하나님의 독생자의 이름을 믿지 아니하므로 벌써 심판을 받은 것이니라"(요 3:18)는 말씀은 그리스도께서 친히 역설하신 것입니다. 그것은 제자들이 만들어 낸 말이 아니라, 우리 주님께서 친히 선언하신 것입니다. 여러분은 믿음을 가져야 합니다. 그렇지 않으면, 구원을 받을 수 없습니다. 여러분은 기도의 사람이 되어야 합니다. 왜냐하면, 기도 없이는 누구도 구원을 받지 못할 것이기 때문입니다. 죄인이 구원 받았음을 보여주는 첫 번째 증거는 "어라, 그가 기도하네"라는 말입니다. 기도가 없이는, 은혜도 없습니다. 이러한 것들은 필수불가결한 것입니다.

또한, 우리는 그러한 것들을 우리의 온 힘을 다해서 하는 것도 필수적이라는 것을 알아야 합니다. 본문은 이렇게 말씀합니다: "네 손이 일을 얻는 대로 힘을 다하여 할지어다." 마음을 절반만 드려서 회개한 사람은 진정으로 회개한 것이 아닙니다. 우리는 잠을 자면서 회개하고, 꿈을 꾸는 가운데서 천국에 갈 수 없습니다. 하나님께서는 아담을 잠들게 하신 후에 그의 갈비뼈를 취하여 하와를 지으셨지만, 우리의 죄는 그런 식으로는 제거되지 않습니다. 그 누구도 우리의 죄에 대하여 생각함이 없이는 예수를 믿을 수 없습니다. 믿음은 게으른 자의 정원에 나는 잡초들처럼 우리 자신의 동의 없이 저절로 생겨나는 것이 아닙니다. 믿음은 의식이 없는 상태에서는 생겨날 수 없고, 반드시 우리의 의식의 작용을 필요로 합니다. 믿음은 단순한 것이기는 하지만, 진지한 것이고 진실한 것입니다. 빌립은 에티오피아 내시에게 "당신이 온 마음으로 믿는다면, 세례를 받을 수 있습니다"고 말하였습니다. 사람은 마음으로 믿는 것이기 때문에, 마음의 작용이 없이 믿는 것은 결코 영혼을 구원할 수 없습니다. 마찬가지로, 마음에도 없이 냉랭하게 하는 기도는 하나님께 받아들여지는 기도가 될 수 없습니다. 그런 것은 거룩한 말들을 사용해서 하는 기도가 아니라, 옛적의 마술사들이 외우곤 하던 주문입니다. 기도는 그런 것이 결코 아닙니다. 기도는 우리의 영이 하나님을 갈망하는 것이고, 피조물이 자신의 창조주에게로 가서 화목하게 되기를 열렬히 사모하는 것입니다. "천국은 침노를 당하나니 침노하는 자는 빼앗느니라"(마 11:12). 거룩한 "침노" 없이는 우리는 은혜의 문으로 들어갈 수 없습니다. 기도는 어린아이의 장난이 아니라, 우리의 온 힘을 요구하는 일입니다. 영생을 얻기 위해서는 믿음이 있어야 하고, 회개가 있어야 하며, 기도가 있어야 합니다. 이러한 것들은 모두 진실하고 깊고 열렬하여야 합니다. 그렇지 않으면, 그것들은 하나님이 주시는 것들이 아니고, 구원 받았음을 보여주는 참된 증거들이 아닙니다.

또한, 본문은 죽음이 다가오고 있기 때문에 즉시 그렇게 행하기를 우리에게 촉구합니다. 지금 나는 이 자리에 모인 회중 속에 있는 회심하지 않은 사람들의 상당수가 지난날 회개하기로 단단히 결심하였던 사람들일 것임을 확신합니다. 만일 내가 지금 사탄의 사자로 보냄을 받아서, 여러분에게 자신이 결코 회개하지 않을 것이고, 결코 예수를 믿지 않을 것이며, 결코 기도하지 않을 것이라는 계약을 어둠의 권세와 맺으라고 요구한다면, 여러분은 그런 너무나 끔찍한 계약을 절대 맺지 않으려고 뒷걸음칠 것입니다. 여러분은 자신이 신성모독적인 계약을 제안 받고 있다고 느낄 것입니다. 여러분은 그런 제안을 하는 나를 메피스토펠레스(Mephistopheles) 또는 그런 부류의 희대의 사기꾼이 아닌가 의심할 것입니다. 하지만 여러분은 사실 여러분의 행위로는 이미 그런 계약에 서명을 한 것이나 다름없습니다. 왜냐하면, 여러분은 오랜 세월 동안 여러분의 영혼을 돌보지 않고 살아 왔기 때문입니다. "우리는 우리의 영혼을 돌보려고 하고, 그렇게 할 용의가 있습니다." 물론, 그럴 것입니다. 하지만 여러분은 20년 전에도 자신의 영혼을 위하여 회개하려고 했었지만, 실제로는 그렇게 하지 않았습니다. "지금은 정말 그렇게 하고자 합니다." 물론, 그럴 것입니다. 여러분은 주일학교에 다닐 때에도 그렇게 정색을 하고 진지하게 말했었습니다. 그때 이후로 여러분은 종종 정신을 차려서 결심하고 또 결심했지만, 결과는 언제나 똑같았습니다. 여러분은 앞으로도 늘 그렇지 않겠습니까? 그런데도 왜 여러분은 마귀가 제안하는 계약에 대해서는 손사래를 치며 뒤로 물러나는 것입니까? 여러분이 계속해서 불신자로 살아가는 것이 옳다고 생각한다면, 여러분에게는 오늘 옳다고 생각되는 것이 내일도 옳다고 생각될 것이고, 여러분에게 오늘 편안하게 느껴지는 것이 내일도 편안하게 느껴질 것이 뻔합니다. 여러분은 벨릭스 총독이 바울에게 말했던 것처럼 "지금은 가라 내가 틈이 있으면 너를 부르리라"(행 24:25)고 말한다면, 벨릭스 총독에게 일어났던 일이 여러분에게도 그대로 일어나게 될 것입니다. 즉, "틈"은 결코 오지 않을 것이고, 여러분은 영원히 구원 받지 못하게 되리라는 것입니다. 여러분은 매일매일 죽어가고 있습니다. 내가 여러분의 얼굴을 보면, 그 이마에는 "나는 죽을 인생이다"라고 씌어 있습니다. 우리가 살아 있을 때에 주께서 다시 오시지 않는 한, 이 자리에 계신 분들 중에서 차가운 무덤에 누워 티끌로 돌아가지 않을 육신은 아무도 없고, 육신을 벗고 있다가 나중에 부활하여 하나님의 심판대 앞에 서게 되지 않을 영혼은 없습니다. 그런데도 여러분은 자신의 최고의 이해관계가 달린 문제, 곧 여러분의 지갑이나 재산이 아니라 여러분의 영혼, 여러분의 참된 자아에 관한 문제를 가지고 계속해서 장난을 치고 있습니다. 여러분, 이것이 지혜로운 일일까요? 여러분은 다른 일들에서는 지혜가 있으면서도, 왜 정작 이 문제에서는 지혜롭게 행하지 않는 것입니까? 여러분이 위험한 장난을 하고 싶다면, 여러분의 영혼보다 덜 중요한 것을 가지고 그렇게 하십시오. 모험을 하고 싶으시다면, 여러분의 집이나 여러분의 건강을 가지고 모험을 하시고, 여러분의 영혼과 여러분의 영원한 운명을 가지고는 모험을 하지 마십시오. 지혜가 지금 여러분에게 "회개하여야 한다"고, "믿어야 한다"고, "기도하며 하나님을 찾아야 한다"고 외치고 있습니다. 그러므로 죽음이 여러분의 코 앞에 있으니, 그렇게 하십시오. 온 힘을 다해서 그렇게 하시고, 바로 지금 그렇게 하십시오. 왜냐하면, 머지않아 여러분은 결코 그렇게 할 수 없는 곳에 가 있게 될 것이기 때문입니다. 이 자리에 계신 모든 회심하지 않은 분들은 얼마 안 있어서 결코 안식일들을 지킬 수 없는 그런 땅에 가 있을 것입니다. 여러분은 지금 안식일들을 아무렇지도 않게 허비해 버릴 수 있고, 또 어떤 사람들에게는 안식일들이 무거운 짐일 수도 있습니다. 그러나 얼마 안 있어서 그 땅에 가면, 여러분에게 안식일을 지키라거나, 하나님의 집으로 올라가자고 하거나, 여러분의 영혼을 생각하라고 귀찮게 하는 것들이 하나도 없게 될 것입니다. 지금은 복음을 전하는 우리가 여러분에게 아주 성가시고 귀찮으며, 종종 여러분의 양심을 불편하게 만들기도 하겠지만, 우리가 여러분을 괴롭히지 못하게 될 날이 곧 오게 될 것입니다. 그때가 되면, 여러분에게 자기 자신을 불쌍히 여기라고 외치는 사람도 없게 될 것입니다. 여러분을 사랑해서 끈질기게 귀찮게 하는 사람도 없게 될 것입니다. 여러분에게 복음을 전하고 설명해 주며 초대함으로써 여러분을 성가시게 하고 부담을 주는 사람도 없게 될 것입니다. 여러분은 안식일도 없고 복음을 전하는 자도 없는 땅에 있게 될 것입니다. 거기에는 성경도 없을 것입니다. 여러분은 오늘 오후에 "성경은 정말 재미없고 따분해"라고 말했지만, 거기에서는 그런 말을 할 필요도 없게 될 것입니다. 여러분은 거기에서 하나님의 약속들을 들으며 피곤해 하지 않아도 될 것입니다. 저 절망의 땅에서는 하나님의 약속이나 복음이 여러분의 귀에 들리는 일은 절대로 없을 것입니다. 거기에는 은혜의 자리도 없을 것입니다. 지금은 하나님이 여러분의 기도를 들어주신다고 하여도, 여러분은 기도하지 않지만, 그때에는 이미 때가 늦어서 기도를 해도 아무 소용이 없게 될 것입니다. 하나님께서는 자신의 임재로부터 내쳐진 불경건한 자들의 기도를 듣지 않으십니다. 그들이 기도할지라도, 하나님께서는 이렇게 말씀하실 것입니다: "내가 응답하지 아니하리라. 그들이 나를 거절하였으니, 나도 그들이 당하는 재난을 비웃어 주고, 그들에게 두려움이 임할 때에 웃어 주리라." 거기에는 예수님도 없고, 주홍빛 같은 여러분의 죄악들을 씻어줄 피로 가득한 샘도 없을 것임을 여러분은 제발 기억하십시오. 거기에는 벌거벗은 영혼을 자신의 의로 덮어 주실 구속주도 없고, "안심하라 네 죄 사함을 받았느니라"(마 9:2)고 말씀해 주실 구주도 없을 것입니다. 거기에는 여러분의 양심에 호소할 성령도 없을 것이고, 여러분의 죄악들을 보여주고 여러분을 대신하여 대속제물이 되신 이를 보여줄 하나님의 은혜도 없을 것입니다. 우리가 여러분에게 전하는 말씀들을 조금만 참고 귀 기울여 주십시오. 왜냐하면, 우리에게 주어진 시간은 짧아서, 우리는 곧 여러분 앞에서 사라지게 될 것이기 때문입니다. 여러분을 구주께로 인도하고자 애쓰시는 여러분의 어머니를 조금만 참아 주십시오. 어머니는 머지않아 여러분에게서 멀리 떠나게 되실 것입니다. 지금 여러분에게 유익을 주기 위하여 여러분을 괴롭히고 있는 우리도 머지않아 여러분에게서 사라지게 될 것입니다. 가련한 영혼들이여! 여러분은 머지않아 하나님의 길 밖에 있게 될 것이고, 그리스도의 길 밖에 있게 될 것이며, 은혜의 길 밖에 있게 될 것입니다. 즉, 여러분 앞에서 구주의 임재가 사라지게 될 것입니다. 왜냐하면, 하나님의 나라가 여러분에게 가까이 다가왔는데도 여러분은 하나님의 책망들을 하나도 받아들이지 않고 다 물리쳐 버렸기 때문입니다. 여러분은 여러분을 향하신 하나님의 계획을 거절하고, 각자 자신의 길로 갔습니다. 사랑하는 여러분, 여러분 중에는 그러한 곤경에 처하게 될 사람이 아무도 없게 되기를 빕니다. 내가 숨 쉬는 동안에는 사람들이 그렇게 되지 않기를 기도하는데, 여러분을 위해서도 여러분이 그렇게 되지 않기를 내가 기도해도 되겠습니까? 내가 마치 여러분 한 사람 한 사람 곁에 가까이 서 있는 것처럼 여러분의 귀에 대고, 사랑스럽고 부드러운 음성으로, "지금 회개하고, 온 힘을 다해 예수를 믿으세요"라고 속삭여도 되겠습니까? 하나님께서 여러분을 도우셔서 그렇게 할 수 있게 해주시기를 빕니다. 왜냐하면, "여러분이 장차 들어갈 스올에는 일도 없고 계획도 없고 지식도 없고 지혜도 없기" 때문입니다.

2. 둘째로, 본문은 하나님의 백성을 격려하고 촉구하는 음성입니다.

사랑하는 형제들이여, 오늘의 본문은 여러분이 해야 할 일이 있다는 것을 여러분에게 상기시켜 줍니다. 여러분이 여러분 자신을 구원하기 위하여 해야 할 일은 없습니다. 그런 일은 우리의 구속주께서 이미 다 이루어 놓으셨습니다. 구주께서는 "다 이루었다"(요 19:30)고 말씀하셨고, 이것은 우리에게 큰 기쁨입니다. 그러나 구원 받은 여러분이 지금 해야 할 다른 일이 있습니다. 사람은 빈둥거리라고 지음 받은 것이 아니고, 빈둥거리라고 택함 받은 것도 아니며, 빈둥거리라고 구속받은 것도 아닙니다. 사람은 빈둥거리라고 새 생명으로 거듭난 것도 아니고, 빈둥거리라고 하나님의 은혜로 말미암아 거룩함을 입게 된 것도 아닙니다. 모든 그리스도인들은 의롭다 하심을 얻기 위해서는 전적으로 그리스도께서 이루신 일을 의지해야 하지만, 일단 의롭다 하심을 받은 후에는 하나님의 영광을 위하여 열매를 맺는 일을 하도록 되어 있는 일꾼들입니다. 예수의 피로 사신 바 된 우리가 어떻게 우리 구주의 포도원에서 빈둥거리는 자들이 될 수 있겠습니까? 우리를 향하신 예수의 사랑은 우리의 마음속에서 예수에 대한 사랑을 불러일으킬 것이고, 그 사랑은 그의 이름을 섬기는 행위로 나타날 수밖에 없을 것입니다. 나는 우리가 그렇게 느끼고 있을 것이라고 확신합니다. 형제들이여, 여러분은 기독교회의 지체들로서 각자가 해야 할 일이 있다고 느끼지 않습니까? 여러분은 교회를 사랑하기 때문에, 교회에서 빈둥거리는 자들이 되고 싶지 않을 것입니다. 여러분이 큰 군대의 병사라면 그 군대가 전쟁에서 승리하기를 간절히 바랄 것입니다. 마찬가지로, 그리스도의 몸의 지체들인 여러분은 여러분의 머리와 여러 지체들을 위하여 자신이 해야 할 일을 하고자 할 것입니다. 나는 여러분이 그럴 것임을 압니다. 그리스도께서 하시겠다고 하신 일들과 하나님의 교회가 해야 할 일들은 곧 여러분이 해야 할 일들이기도 합니다.

또한, 나는 나의 사랑하는 형제들이 복음의 진리를 사랑하고 있다는 것을 압니다. 여러분은 거짓된 가르침들을 듣거나, 여러분의 조상들이 혐오하였던 우상들, 곧 영국 전역의 하나님의 성전들에 다시 세워진 우상들을 볼 때에 하나님에 대한 열심으로 말미암아 울분을 느끼지 않습니까? 여러분은 하나님의 진리를 수호하는 일이 여러분에게 맡겨져 있다는 것을 느끼고, 그 진리를 증거해야 하겠다고 느끼게 됩니다. 그래서 여러분은 그런 일을 온 힘을 다해서 하고 싶어집니다. 또한, 여러분은 다른 사람들의 영혼을 구하여야 하겠다고 느낍니다. 여기 3백만 명이 넘는 큰 도시 속에서, 수많은 사람들이 지식이 없어 죽어가고 있습니다. 여러분이 하나님의 백성이라면, 틀림없이 여러분은 할 수만 있다면 그들을 불길에서 구해내고자 하고, 다가올 진노로부터 건져내고자 할 것입니다. 여러분은 각자의 처지를 따라 자신에게 맡겨진 일이 있다고 느끼지 않습니까? 나는 내게 맡겨진 일이 무엇인지를 압니다. 나는 교인이 이 삼백 명쯤 되는 시골의 작은 교회의 목회자가 되어서, 그들의 영혼을 끊임없이 살피고, 교인들의 사정을 속속들이 다 알고서, 개인적으로 권면하고 위로하는 그런 목회를 하고 싶다는 생각을 무수히 해 왔습니다. 지금 이 교회는 교인들이 너무너무 많아서, 수천 명이 됩니다. 내가 그렇게 많은 교인들을 어떻게 일일이 돌볼 수 있겠습니까? 내 영혼은 주님께서 내게 맡기신 이 무거운 일로 고단합니다. 그렇지만 나는 이 일이 나의 일이기 때문에, 내가 이 일을 해야 한다는 것을 알고 있습니다.

여러분 중에는 부모로 살아가는 분들이 많을 것입니다. 그런 분들은 여러분의 자녀들로 하여금 하나님을 경외하도록 양육하라는 부르심을 받고 있다고 느끼지 않습니까? 여러분은 그렇게 하고 계십니까? 오늘날 부모로서 자신의 자녀들에게 하나님에 대한 신앙을 가르쳐야 한다고 느끼는 그리스도인들은 별로 없습니다. 여러분이 주인이라면, 여러분은 자신의 종들을 잘 돌보고 계십니까? 여러분은 자신의 집이 규모있게 잘 되어가는 것을 보고 싶지 않으십니까? 나는 여러분이 자신의 권속들을 돌보지 않는 이방인과 세리 같은 자들이 아니라고 믿습니다. 여러분은 온갖 부류의 사람들과 한 동네에서 서로 접촉하며 이웃으로 살아가고 있습니다. 여러분은 하나님께서 여러분을 어둠 속의 등불로, 그리고 부패하고 썩은 곳에 한 줌의 소금으로 거기에 두신 것을 알고 계십니까? 여러분은 자신이 빚진 자라는 것을 느낀 적이 없습니까? 여러분은 오류에 맞서 싸우는 것이 여러분의 의무라고 느끼지 않습니까? 여러분이 오늘 하나님의 진리를 굳게 세우는 것이 다가올 세대들을 위한 여러분의 의무가 아니겠습니까? 그 진리가 오늘 무너진다면, 앞으로 여러 세기 동안 다시 일어날 수 없을지도 모릅니다. 여러분은 자신의 영향력이 확대될수록 여러분의 의무도 확대된다는 것을 느끼십니까? 여러분이 자신의 영향력으로 하나님을 섬기지 않는다면, 그 영향력으로 사람들에게 해악을 끼치고 있는 것임을 느끼고 있습니까? 여러분이 그리스도인이라면, 여러분은 기름을 사용한 등불과 같아서, 잘 타서 환한 빛을 발하지 않으면, 심지에서 연기가 올라와 고약한 냄새를 풍기게 될 수밖에 없습니다. 여러분이 선을 행하고 있지 않다면, 해악을 끼치고 있는 것입니다. 그리고 여러분은 하나님의 일에 대하여 나태하고 무관심한 자의 표본이 되어서, 죄인들은 여러분을 보고 이렇게 말할 것입니다: "신앙이 있다고 해봐야 아무것도 아니잖아. 신앙이 있다고 하는 사람들조차도 진실하게 살아가지 않고, 우리의 영혼이 멸망하든 구원받든 신경도 쓰지 않는데, 우리가 신앙을 가지려고 애쓸 필요가 어디 있겠어?" 이 자리에 계신 분들 중에서 회심한 사람들은 "내게는 하나님을 위해 할 일이 있어"라고 느껴야 합니다. 여러분이 어려서 회심하였다면, 만왕의 왕께 호산나 찬양을 드리십시오. 여러분이 황혼의 나이에 거듭나서 하나님을 섬기게 되었다면, 노년에 열매를 맺으십시오. 여러분이 죽을병에 걸려 병상에서 하나님을 만났다고 하더라도, 여러분에게는 천국에 들어가기 전에 해야 할 일이 있습니다. 본문의 음성을 들어 보십시오: "네 손이 일을 얻는 대로 힘을 다하여 할지어다." 이것은 아주 중요한 교훈이고, 그 누구도 여기에 의문을 제기할 수 없습니다. 모든 신자에게는 해야 할 일이 있습니다.

두 번째는 이것입니다. 오늘의 본문은 신자들이 따라야 할 가장 지혜로운 길을 보여주는데, 그것은 자기가 해야 할 일을 즉시 행하라는 것입니다. 즉, 그 일에 대하여 말만 하거나, 여러분이 과거에 그렇게 안 했다고 앉아서 후회하지만 말고, 즉시 그 일을 행하라는 것입니다. 여러분의 과거의 삶은 엎질러진 우유이고, 우유를 이미 엎질러놓고서 울어 보아야 아무 소용이 없습니다. 여러분이 자기가 해야 할 일을 하지 않았다면, 지금 즉시 여러분이 할 수 있는 일을 하십시오. "여러분의 손이 할 일을 발견하는 대로 바로 그 일을 행하십시오." 많은 사람들이 자기가 해야 할 일을 하지 않고, 남들이 하는 일을 보고서 흠을 잡는 것을 좋아합니다. 여러분이 이 교회를 둘러보면, 설교자나 집사들이나 장로들이나 신자들이나 다 흠투성이이고 너무나 부족한 것들이 많은 것을 보게 될 것입니다. 아마도 이 교회의 일꾼들 중에서 여러분의 뛰어난 지혜가 흡족해할 만큼 일을 하는 사람은 아무도 없을 것입니다. 이 자리에는 선한 일들을 아주 많이 행해 온 사람들이 있지만, 여러분 중에는 스스로는 아무 일도 하지 않으면서, 자기가 생각한 대로 그들이 행하였다면 그들이 훨씬 더 잘, 그리고 더 많이 선한 일을 행하였을 것이라고 생각하는 분들이 있을 것입니다. 나는 그런 분들에게 이렇게 말하고자 합니다: "선생님, 그건 됐습니다. 가서서 자신의 일이나 하시죠. 내 일은 내가 알아서 하겠습니다. 내가 당신의 일을 대신 한다면 당신보다 더 잘할 자신이 없으니, 당신이 내 대신 내 일을 한다고 해도, 나보다 더 잘할 것 같지는 않군요. 그러니 당신의 손에 들어온 바로 그 일을 하세요."

오늘의 본문은 우리에게 우리의 일을 지금 하라고 권면합니다. 내일 하겠다고 말하지 말고, 지금 즉시 하십시오. 죽음이 오늘 밤에 찾아올지도 모르니, 지금 당장 그 일을 하라는 것이 본문이 보여주는 뉘앙스입니다. 우리가 내일 하겠다고 한 일들을 실제로 행하였다면, 우리는 이미 놀라운 일들을 아주 많이 하였을 것입니다. 우리가 청년 때에 꿈꾸었던 일들이 다 이루어졌다면, 우리는 이미 아주 큰 업적들을 남기고도 남았을 것입니다. 우리는 장차 우리가 인간 세상에 참으로 유익한 자가 될 것이라고 자주 꿈꾸었습니다. 우리의 백일몽들은 너무나 생생하고 그럴 듯해서, 우리는 한낱 꿈이었을 뿐인 일들을 이미 다 이루어진 일들로 착각해서, 자기가 아주 중요한 인물이라도 된 듯이 느꼈습니다. 사람들은 이렇게 장래에 대한 꿈들을 꾸고, 때가 되면 그 꿈들이 다 이루어질 것이라고 착각합니다. 파산한 사업가들은 그들의 손에 쥐고 있는 것은 부도난 수표들이 전부인데도, 그 부도수표들이 액면 그대로 다 현금인 것처럼 착각하고서, 마치 자기가 여전히 부자인 것처럼 현상을 유지하며 살아가는데, 사람들이 살아가는 모습도 그들과 비슷합니다. 여러분, 내일 어떤 일을 하겠다고 약속하지 마십시오. 내일 어떻게 하겠다는 말은 집어치우고, 지금 당장 할 수 있는 일을 하십시오. 여러분이 내년에 무엇을 할지는 신경 쓰지 마십시오. 여러분은 지금 무엇을 할 수 있습니까? "여러분의 손이 일을 얻는 대로" 그 일을 하십시오. 지금 즉시 그 자리에서 그 일을 하십시오. 나의 청중들이 내 설교를 듣고서 다음 주나 다음 달에 아주 부지런히 일해야 하겠다고 결심했다면, 나는 나의 설교가 그들에게는 아무 소용이 없었다고 결론을 내릴 것입니다. 내 설교가 어떤 사람에게 역사하였다면, 그 사람은 마음에 불편함을 느끼고서, 자신의 손을 주머니에 넣고 곰곰이 생각한 후에, 이렇게 말할 것입니다: "내가 오늘 밤에 자기 전에 무엇을 할 수 있을까? 내가 빈둥거리며 아무 일도 하지 않는 것이 마음에 걸리네. 내가 찾아가 볼 가난한 사람이 어디 없을까? 잘못된 길로 가고 있어서, 내가 가서 올바른 길로 인도해야 할 가엾은 죄인이 어디 없을까?" 말씀의 감화를 받은 사람은 자기가 하나님을 위해서 뭔가를 행할 때까지는 가시방석에 앉아 있는 것 같은 느낌을 받습니다. 그러한 감화를 소멸시키지 마십시오. 어떤 선한 일이 떠오른다면, 그 일을 하십시오. 지금 즉시 그 일을 하십시오.

솔로몬은 "힘을 다하여 할지어다"라고 말합니다. 겉으로 보기에 똑같은 일을 했다고 할지라도, 모두가 똑같이 일한 것은 아닙니다. 한 사람은 어떤 일을 하고자 했고, 그 일을 해냈습니다. 또 한 사람은 동일한 일을 하긴 했지만, 실제로는 아무것도 하지 않았습니다. 마찬가지로, 설교를 한다고 해서, 모든 설교가 다 똑같은 것이 아닙니다. 어떤 설교자는 냉랭하게 말씀을 전해서 아무런 열매도 맺지 못하는 반면에, 어떤 설교자는 동일한 말씀을 전하지만, 열심으로 진실하게 전해서, 놀라운 열매를 얻어냅니다. 어떤 사람은 망치로 못들을 박을 때에 마치 못들을 너무 사랑해서 다치게 하기 싫다는 듯이 대충대충 망치질을 하지만, 어떤 사람은 있는 힘을 다해서 망치를 휘둘러서 못들을 단단히 박습니다. 회중의 지도자들은 가치 있는 일인 경우에는 "힘을 다해서" 하고, 가치 없는 일은 아예 손도 대지 말아야 한다는 것을 명심해야 합니다. 설교하는 사람들은 누구나 강단에 올라갈 때마다 최선의 설교를 하고자 하여야 합니다. 주일학교 교사는 누구나 최선을 다해서 아이들을 가르쳐야 합니다. 길거리에서 복음을 전하는 사람들은 거기에 모인 사람들이 적더라도 있는 힘을 다해서 복음을 전하여야 합니다. 예수 그리스도는 우리가 두 번째로 힘을 쏟는 대상이 되어서는 결코 안 됩니다. 우리가 최선을 다한다고 해도, 그것은 그리스도께 보잘것없는 것일 뿐입니다. 우리는 그리스도께 극상품이 아닌 것들을 드려서는 안 됩니다. 자기에게 주어진 일을 있는 "힘을 다하여" 하십시오.

또한, 우리는 우리에게 주어진 **모든** 일을 하여야 합니다. 왜냐하면, 본문은 "네 손이 일을 얻는 대로" 그 일들을 무엇이든지 다 하라고 말씀하기 때문입니다. 즉, 자기에게 주어진 일이 무엇이든지, 주어진 대로 그 일들을 다 하라는 것입니다. 우리는 우리에게 주어진 모든 일들 중에서 어떤 일을 선별해서 이렇게 말해서는 안 됩니다: "이 모든 일들은 내가 그리스도를 위하여 할 수 있는 일들이지만, 나는 그 일들 중에서 오직 한 부분만을 행할 것이다. 여기 내가 신사처럼 장갑을 낀 채로 할 수 있는 일이 있으니, 나는 별 수고나 어려움이나 비용을 들이지 않고도 그 일을 할 수 있고, 뿐만 아니라 그 일을 함으로써 상당한 정도의 명성도 얻을 수 있어. 그러니 이것이 바로 내가 해야 할 일이구나." 여러분은 하나님께서 우리의 그런 순종을 받으실 것이라고 생각하십니까? 여러분에게 주어진 일을 하려면, 여러분의 발끝부터 머리끝까지 다 오물투성이가 되어야 하고, 사람들이 모두 다 여러분을 비웃고 경멸하는 것을 감수하여야 한다고 할지라도, 여러분은 그 일을 하십시오. 하나님께서 여러분에게 무슨 일을 맡기시든지, 여러분은 그 일을 즉시 철저하게 행하십시오. 종들은 거지들과 마찬가지로 선택권이 없기 때문에, 주인이 시키는 일은 무엇이든지 해야 합니다. 우리가 섬기는 주인은 우리에게 부끄러운 일은 결코 시키시는 법이 없다는 것을 생각하면, 하나님이 우리에게 맡기신 일을 우리가 너무 힘들다고 생각하는 것은 정말 부끄러운 일입니다. "여러분의 손이 일을 얻는 대로" 그 일을 즉시 행하십시오.

본문의 핵심은 하반절에 있습니다. 즉, 죽음이 다가오고 있다는 확실한 사실이야말로 모든 그리스도인들이 열심을 내야 할 이유라는 것입니다: "네가 장차 들어갈 스올에는 일도 없고 계획도 없고 지식도 없고 지혜도 없음이니라." 주님께서 재림하시지 않는다면, 우리는 모두 죽게 되어 있고, 그것도 신속하게 죽게 되어 있습니다. 사람의 삶은 아주 오래 산다고 해도 아주 짧습니다. 그리스도인이 해야 할 일들이 많고, 사랑이 많은 심령이 하고 싶은 일도 많은 것을 생각하면, 우리에게 주어진 시간은 너무나 짧기 때문에, 우리는 시간을 아껴서 많은 일을 짧은 시간에 해내지 않으면 안 됩니다. 이런 것을 생각하면, 내 영혼은 눌리지만, 그럴수록 나는 많은 일을 짧은 시간에 압축해서 하여야 하겠다고 단단히 결심하게 됩니다. 어떤 이교도는 "일은 길고, 인생은 짧다"고 말했습니다. 그러나 나는 그 말을 조금 고쳐서 이렇게 말하고 싶습니다: "하나님을 섬기는 일은 길고, 인생은 짧다." 우리가 소원하는 일들을 다 행하기에는 우리의 인생은 너무나 짧습니다. 인생이 이렇게 짧기 때문에, 우리가 할 수 있는 말은 이것뿐입니다: "너의 온 힘을 다하여 하나님을 위해 일하라. 너에게는 아주 적은 시간만이 주어져 있으니, 일초도 허비하지 말아라. 너에게 아주 적은 시간이 주어져 있으니, 조금도 허비하지 말고, 자투리 시간까지 금과 은과 보석 같이 귀한 것들, 즉 예수 그리스도를 위하여 진심으로 행해진 거룩한 일들로 꽉꽉 채워 넣어라." 어떤 일하는 소녀가 작은 방에 앉아서, 손에 든 바늘을 부지런히 움직입니다. 양초가 많이 타서 얼마 남지 않았는데, 빛이 있는 동안에 자기에게 맡겨진 일을 다 끝내지 못할 것이 염려되었기 때문입니다. 마찬가지로, 우리도 예수를 위하여 우리가 해야 할 일을 우리에게 주어진 시간 내에 다 마치지 못할까봐 염려하는 것이 마땅하지 않겠습니까? 어쨌든, 우리는 단 한순간도 허비해서는 안 됩니다.

죽음은 갑자기 우리에게 임하기 때문에, 우리의 삶이 일초 후에 끝날 수도 있다는 것을 기억하십시오. 이 죽음이 오늘 아침에는 내 집에 찾아왔습니다. 내가 침상에 누워 아직 자고 있을 때, 나의 마부의 어린 딸이 갑자기 죽었다는 소식을 전해 들었습니다. 그 아이는 죽기 직전까지도 아주 건강해 보였다고 합니다. '종의 자녀가 아니라 주인이 죽었어야 하는 것 아닌가'라는 생각이 내 마음을 강하게 엄습했습니다. 나는 왜 내가 아니라 저 어린 아이가 죽어야 했는지 그 이유를 알지 못합니다. 이렇게 갑작스러운 죽음은 최근에 여러분에게 찾아왔을지도 모릅니다. 런던 같은 대도시에서 사람이 길거리에서 죽는 것을 보거나, 그 날의 일상적인 대화 속에서 그런 얘기를 듣는 것은 그리 드문 일이 아닙니다. 나의 친구들이여, 여러분은 바로 이 순간에 죽고 싶습니까? 그러면, 여러분은 "아니요, 내게는 끝내야 할 일들이 많습니다"라고 말합니다. 형제들이여, 그 일들을 지금 즉시 끝내십시오. 여러분의 집을 잘 정돈해 두십시오. 왜냐하면, 여러분은 언제 죽을지 모르기 때문입니다. "나는 이전보다 더 간절하게 내 자녀들과 함께 기도하고 싶다"는 마음이 드십니까? 그렇다면, 집에 가서 당장 그렇게 하십시오. 왜냐하면, 여러분은 두 번 다시 그런 기회를 갖게 되지 못할 수도 있기 때문입니다. "내가 죽기 전에 한 번 더 주일학교 교사로서 학생들을 가르칠 수 있다면, 오늘 오후에 가르쳤던 것보다 더 열심으로 학생들에게 구주에 대하여 가르쳐 주고 싶다"는 마음이 드십니까? 그렇다면, 사랑하는 형제자매들이여, 다음 번 주일학교 수업에서는, 마치 여러분이 두 번 다시는 그들을 가르칠 수 없다는 듯이, 있는 힘을 다해서 그들에게 구주를 가르쳐 주십시오. 여러분 스스로에게 이렇게 말해 보십시오: "내가 해야 할 일들 중에서 하지 않고 내버려 둔 일이 무엇이 있나? 나는 그 일을 즉시 행하리라. 내가 절반쯤 하다가 중도에 그만두어서, 끝마쳐야 할 일이 무엇이 있지? 내가 그 일을 당장 끝마치리라. 내가 정말 엉터리로 행하여서, 천국에 가서도 그 일을 다시 제대로 하기 위해서 이곳으로 돌아오고 싶어질 그런 일이 무엇이 있지? 내가 그 일을 지금 제대로 끝마치리라. 내가 손을 보아야 할 일이 무엇이 있지? 내가 지금 당장 그 일을 손보리라."

나는 책에서 찰머스(Chalmers, 1780-1847, 스코틀랜드 자유교회 지도자)가 겪은 일화를 읽은 적이 있습니다. 찰머스는 어느 날 저녁 한 신사의 집에서 한 무리의 친구들과 머물면서, 그렇게 해로운 것도 아니지만 그렇다고 해서 유익이 된다고할 수도 없는 여러 가지 화제들을 가지고 아주 즐겁게 담소를 나누며 시간을 보냈답니다. 거기에 있던 사람들 중에서 한 산지족의 족장이 찰머스의 눈길을 끌어서, 그는 그 족장과 얘기를 나누었지만, 하나님에 대해서는 말하지 않았습니다. 그런데 한밤중에 그 편안한 거처에서 비명소리가 들려서, 사람들이 달려가보니, 그 산지족의 족장이 죽어가고 있었습니다. 찰머스는 자기가 그 족장의 인생의 마지막 저녁 시간을 함께 보냈으면서도, 그에게 하나님을 전하지 않고 그시간을 보내 버린 것에 대하여 스스로 심한 자책을 하며 후회하였다고 기록해놓았습니다. 그는 사람들에게 전도하는 일에서 결코 책망을 받을 만한 그런 인물이 전혀 아니었는데도 말입니다. 그가 그렇게 자책한 것은 지극히 합당한 일이었지만, 아예 처음부터 그런 자책을 할 필요가 없도록 행하였다면, 더 좋았을것입니다. 그러한 자책과 후회는 우리에게도 얼마든지 일어날 수 있기 때문에, 우리는 그런 일이 우리에게 일어나지 않게 하여야 합니다. 여러분이 죽지 않는다고 해도, 여러분이 관심을 갖고 있는 바로 그 사람이 죽을 수도 있습니다. 그러므로 "여러분의 손이 일을 얻는 대로" 그 일을 하십시오. 왜냐하면, 죽음은 갑자기 찾아올 수 있기 때문입니다.

우리가 이 교회에서 설교를 하고 설교를 듣는 동안에도, 우리에게 할당된시간의 일부가 소비되고 있다는 것을 기억하십시오. 시계가 재깍재깍 갈 때마다, 우리의 시간도 점점 더 줄어듭니다. 나는 옛날식의 모래시계를 아주 좋아합니다. 왜냐하면, 모래시계는 일정하게 모래가 떨어지면서 시간이 가고 있다는것을 우리에게 아주 생생하게 보여주기 때문입니다. 나는 밀라노 성당(Milan Cathedral)에서 해가 성당 마루에 그려져 있는 황도를 따라 운행하는 것을 보면서, 시간이 쉴 새 없이 움직이고 있다는 것을 실감하였던 기억이 납니다. 일분일초가 흘러감에 따라, 우리의 수명이라는 양초도 더 짧아집니다. 맥박이 한 번 뛸때마다, 우리에게 주어져 있는 맥박의 수는 줄어듭니다. 그러므로 빨리 빨리 움직이고, 빨리 빨리 행하십시오. 죽음이 여러분의 뒤를 바짝 쫓아오고 있습니다. 죽음의 발소리가 여러분에게는 들리지 않습니까? 사냥개가 사냥감을 추격하듯이, 죽음이 여러분을 추격하고 있습니다. 빨리 움직이세요. 여러분이 해야 할 일들과 섬김들을 빨리 행하십시오. 왜냐하면, 머지않아 죽음의 앙상한 손이 여러분의 어깨를 붙잡게 되면, 여러분의 능숙했던 손은 마비되고, 여러분의 유창했던 혀는 영원히 침묵하게 될 것이기 때문입니다.

우리는 한 번 죽으면 우리의 수고를 필요로 하는 밭으로 다시는 돌아올 수 없다는 것을 기억하여야 합니다. 나는 남편이 자신의 아내에게 유산을 물려주고자 하였지만, 유효한 방식으로 미리 유언장을 작성해 놓지 않았기 때문에, 그가 죽고 나서, 유언이 무효가 되고, 그의 아내가 고생하며 이 세상을 살아갈 수밖에 없게 된 경우를 여럿 알고 있습니다. 이것은 아주 흔하게 일어나는 일이지만, 조금만 주의해서 미리 유효한 유언장을 작성해 두기만 한다면, 얼마든지 피할 수 있는 일입니다. 자기가 해야 할 일이 어떤 것이든지 간에, 그 일을 하지 않은 채로 내버려 두지 마십시오. 다른 사람들에게 유익이 될 수 있는 일은 어떤 것이라도 하지 않은 채로 내버려 두지 마십시오. 왜냐하면, 여러분이 죽으면, 다시 돌아와서 그 일을 할 수 없기 때문입니다. 여러분이 하나님의 영광을 위하여 해야 할 일이 있다면, 그 일을 지금 즉시 끝내십시오. 왜냐하면, 여러분이 죽으면, 다시 돌아와서 그 일을 할 수 없기 때문입니다. 나는 만일 오늘 밤 내가 죽었는데, 다시 이곳으로 돌아와서 여러분에게 다시 한 번 설교할 수 있게 되었다면, 내가 여러분에게 어떤 설교를 하게 될 것인지를 잠시 생각해 봅니다. 그때에는 여러분이 귀를 쫑긋 세우고 경청하게 될 것임을 나는 압니다. 그 설교는 아주 이상한 설교가 되기는 하겠지만, 여러분은 그 설교를 한 마디 한 마디 놓치지 않고 다 마음에 담아놓으려 할 것이라고 나는 확신합니다. 그때에 나는 내가 어떻게 설교할지를 압니다. 나는 이렇게 설교할 것입니다: "나로 하여금 다시 이 자리에 돌아와서 나의 회심하지 않은 청중들에게 마지막으로 한 번 전도할 수 있는 기회를 주신 하나님께 감사를 드립니다. 왜냐하면, 이번에는 그들이 예수께로 돌아올지도 모르는 일이니까요." 만일 내가 그런 기회를 갖게 된다고 할지라도, 그때에 나는 이미 회심한 여러분에게는 할 말이 없을 것이라고 생각합니다. 나는 아흔 아홉 마리의 양은 그대로 두고, 길을 잃고 헤매는 한 마리 양을 찾으러 갈 것입니다. 나는 한 마리 길 잃은 양을 올바른 길로 이끌기 위해서, 눈물을 흘리며 간청하고, 내 입술이 불타는 사랑으로 타오르게 할 것입니다. 하지만 우리는 늘 바로 그렇게 설교하여야 합니다.

이제 내가 아니라 여러분이 그런 입장이 되었다고 해 봅시다. 여러분이 죽었는데, 다시 돌아와서 여러분의 자녀들과 이웃들과 주일학교 학생들, 또는 여러분이 돌보던 어떤 사람들에게 마지막으로 한 번 더 말할 기회가 주어진다면, 여러분은 그들에게 무엇이라고 말하겠습니까? 바로 그러한 열심과 열정과 사랑으로 지금 그렇게 행하십시오. 여러분은 그렇게 할 수 없다고 말하겠습니까? 아마도 그럴 것입니다. 그러므로 하나님께 여러분을 도와 주시라고 기도하십시오. 하나님께서는 여러분을 도와주시기 위하여 지금도 기다리고 계십니다. 여러분이 죽었다가 다시 돌아왔을 때의 심정으로 지금 여러분에게 맡겨진 일들을 할 수 있기 위해서 여러분이 꼭 해야 하는 것은 하나님의 도우심을 구하는 것입니다. "후히 주시고 꾸짖지 아니하시는 하나님께 구하라 그리하면 주시리라"(약 1:5). 그런 식으로 해서, 우리 각자는 우리에게 맡겨진 일을 해내야 합니다. 우리가 지금 가고 있는 "스올에는 일도 없고 계획도 없기" 때문입니다.

오늘의 본문은 어떤 사람들에게는 특별한 의미를 지닙니다. 나는 그들에게 이 본문에 대하여 전할 수 있게 된 것이 정말 기쁩니다. 지금 이 자리에는 아마도 아주 무거운 짐을 지고 있는 사람들이 있을 것인데, 이 본문은 그런 사람들에게 말씀하고 있습니다. 나도 그런 부류 중의 한 사람입니다. 이 교회와 대학과 고아원을 전체적으로 책임지는 무거운 짐을 지고 있는 나는 그저 "네 손이 일을 얻는 대로 힘을 다하여 할지어다"라고 내게 말씀하시는 음성을 따라 그때그때 주어진 일들을 해나갈 뿐입니다. 내가 빈둥거리며 게으름을 부린다면, 그것은 합당하지 못한 일이 될 것입니다. 나는 다른 누구보다도 수고하지 않으면 안 됩니다. 여러분 중에는 재물을 가지고 있는 분들이 있습니다. 그런 분들도 본문의 말씀에 귀를 기울여 보십시오: "네 손이 일을 얻는 대로 힘을 다하여 할지어다." 여러분은 죽을 때에 돈을 싸들고 갈 수도 없고, 여러분이 죽고 나면 자신의 재물로 하나님을 섬길 수도 없게 됩니다. 왜냐하면, "여러분이 장차 들어갈 스올에는 일도 없고 계획도 없고 지식도 없고 지혜도 없기" 때문입니다. 여러분 중에서 많은 사람들을 고용해서 사업을 하는 분들은 큰 영향력을 지닌 사람들입니다. 나는 하나님께서 다른 사람들의 영혼을 인도하도록 특별한 위치에 두신 분들을 알고 있습니다. 그분들이 누구인지는 내가 여기서 구체적으로 밝힐 필요는 없지만, 나는 살아 계신 하나님의 이름으로 그분들에게 다른 한 사람의 영혼의 피값이 여러분에게 돌아가지 않도록 하시기를 부탁드립니다. 머지않아 여러분을 저울에 달아

보실 하나님 앞에서 거룩한 성실함으로 행하여, 그때에 하나님께서 여러분에게 "저울에 달아 보니 부족함이 보였다"(단 5:27)고 말씀하시는 일이 없게 하십시오. 내가 여러분을 자신의 피로 사신 분의 이름으로 간곡히 부탁드리는 것은 하나님께서 여러분에게 10달란트를 맡기셨다면, 그것으로 반드시 이문을 남겨서, 남들보다 열 배의 심판이 여러분에게 임하는 일이 없게 하시라는 것입니다. 나는 어떻게 해야 내가 해야 할 말을 제대로 표현할 수 있을지를 잘 모르겠지만, 내가 지금 하고 있는 거의 모든 말들은 다 내 자신에게 하고 있는 말들임을 느낍니다. 내 영혼아, 내가 네게 부탁하노니, 네게 맡겨진 일들을 신실하게 행해다오. 만일 내가 여기 계신 분들에게 무성의하게 아무렇게나 말씀을 전하거나, 내 주님의 진리 중에서 어느 한 부분이라도 전하지 않는다면, 그때에는 차라리 내가 아예 태어나지 않는 것이 더 나을 것입니다. 하나님의 말씀을 가지고 장난침으로써 사람들의 영혼을 멸망에 빠뜨리는 설교자는 차라리 마귀가 되는 편이 더 나을 것입니다. 내가 내 자신에게 말한 것은 다른 설교자들에게도 그대로 적용됩니다. 하나님으로부터 엄숙한 책임을 맡은 여러분은 하나님께서 여러분에게 행하라고 하신 일들을 온 힘을 다해 행하기 위하여 애쓰십시오.

다음으로, 나는 신앙생활을 오래 하신 분들에게 말씀드립니다. 여러분이 지금까지 그리스도를 위하여 많은 일을 해오셨다면, 그것은 정말 감사한 일입니다. 그러나 나의 사랑하는 형제들이여, 여러분이 그렇게 하지 않고 빈둥거리며 세월을 보내 오셨다면, 비록 내가 여러분보다 어리기는 하지만, 나는 나이 드신 여러분의 손을 잡고, 이렇게 말하고 싶습니다: "사랑하는 형제여, 자연의 질서를 따라 당신이 이 땅에서 하나님을 섬길 수 있는 날은 아주 짧습니다. 그러니 당신이 할 수 있는 일을 온 힘을 다해서 즉시 행하십시오. 비록 당신에게 지금은 젊은 날에 지녔던 힘은 없지만, 당신의 마지막 날들이 하나님의 영광을 더욱더 간절히 열망하는 날들이 되게 하십시오." 사람이 천국에 갈 날이 더 가까워오는데도, 천국을 사모하는 마음이 더 사라지고, 영광을 입을 준비가 더 되어 있지 않으며, 은혜 안에서 더 성숙하지 못하고 도리어 퇴보하고 있다면, 그것은 이상한 일일 것입니다. 여러분이 이 땅에 사는 동안에, 인생의 황혼기 동안에 선한 증거를 지니고서 살아가게 되시기를 빕니다.

나의 설교를 듣고 계시는 분들 중에 중년이 넘어서 최근에 회심하신 분들이 계십니까? 나의 사랑하는 형제들이여, 여러분은 더욱더 부지런히 살지 않으면 안 됩니다. 마르틴 루터(Martin Luther)는 중년에 회심하였지만, 죽기 전에 큰 일을 하였고, 수많은 하나님의 훌륭한 종들도 늦은 나이에 시작하였지만, 자신의 해가 지기 전에 하루 일을 훌륭하게 끝마쳤습니다. 여러분도 그렇게 되지 말라는 법이 없습니다. 여러분에게 남아 있는 시간이 짧다고 할지라도, 하나님은 여러분을 통해서 많은 일을 하실 수 있으십니다.

또한, 이 자리에서 나의 설교를 듣고 계시는 분들 중에는 병 중에 계시는 분들도 계실 것입니다. 여러분은 종종 자신의 몸에서 죽음을 예감하고서 두려움 가운데서 살아가고 계실지도 모릅니다. 그럴지라도 분별없이 여러분의 몸을 스스로 해치는 일은 절대 하지 마시기를 바랍니다. 왜냐하면, 하나님께서는 우리에게 자살하는 것을 허락하지 않으시기 때문입니다. 대신에, 여러분은 자신에게 남아 있는 힘으로 할 수 있는 일을 하십시오. 그래서 여러분이 나중에 죽을 때, 병으로 인한 고통과 아울러서, 여러분에게 힘이 남아 있었는데도 그 힘으로 하나님을 섬기지 못했었다는 후회를 안고서, 죽는 일이 없도록 하십시오.

또한, 나는 고귀한 소원들과 생각들을 지닌 분들에게 말씀드리고자 합니다. 이 세상에는 고귀한 영혼들이 있어서, 성령께서는 그들의 귀에 다른 사람들에게는 계시하시지 않는 큰 뜻들을 속삭이듯 말씀해 주십니다. 성령은 여기저기에서 그런 영혼을 찾아내셔서, 자기와 친밀하게 교제하게 하신 후에, 하나님을 영화롭게 해드릴 큰 소원들과 열망들과 계획들에 대한 감동을 주십니다. 형제들이여, 성령의 그러한 역사들을 소멸시키지 마십시오. 그러한 소원들과 계획들을 고사시키지 마시고, 죽음이 다가오고 있다는 것을 생각해서, 여러분 속에 있는 것들을 온 힘을 다해 행하십시오. 하나님께서 여러분을 통해서 무엇을 행하고자 하시는지는 아무도 알지 못합니다. 왜냐하면, 지극히 연약한 자가 지극히 큰 뜻을 품게 되는 경우가 역사상에서 종종 있었기 때문입니다. 빈민학교 운동으로 역사에 큰 이름을 남긴 존 파운즈(John Pounds, 1766-1839)는 어떤 사람이었습니까? 그는 가난한 구두수선공이었습니다. 주일학교 운동의 선구자였던 로버트 레이크스(Robert Raikes, 1736-1811)는 어떤 사람이었습니까? 그는 특별할 것이 없는 평범한 소시민이었지만, 그가 시작한 주일학교는 대단한 역사였습니다. 여러분의 영혼 속에도 고귀하고 고결한 뜻이 있을 수 있습니다. 하나님의 영광을 위하여 하늘로부터 주어진 그런 생각을 목졸라 죽이지 마십시오. 여러분이 그 뜻을 펼칠 수 있는 첫 번째 기회를 발견하였을 때, 지체없이 그 뜻을 실행에 옮기고,

거기에 자신의 온 힘을 쏟아 부으십시오. 이 자리에는 주님을 사랑하기 때문에 죽기 전에 주님을 위해 무엇인가를 하고자 하는 젊은 그리스도인들이 있을 것입니다. 형제여, 당신이 해야 할 일을 신속하게 행하십시오. 지금 이 자리에서 나의 설교를 듣고 계시는 젊은이들 가운데는 다음과 같이 생각하는 고결한 영혼들이 있을 것입니다: "나는 부자가 될 수도 있고, 나의 직업에서 성공해서 높은 자리에 오르고, 유명해져서 명예도 얻을 수 있지만, 이 시간부터는 그 모든 것을 십자가 앞에 내려놓고, 영혼들의 유익과 하나님의 영광을 위해서 헌신하고자 한다." 그런 생각을 하는 나의 형제들이여, 내게 여러분의 손을 주십시오. 왜냐하면, 여러분과 나는 그 점에서 한 마음이니까요. 그러나 나는 여러분에게 지금 당장 가서 그렇게 행하시기를 부탁드립니다. 꿈꾸지 마시고, 일하십시오! 여러분은 저 거친 바다를 헤치며 여러분에게 주어진 일을 해야 하는데도, 아름다운 노래로 여러분을 홀려서, 그렇게 하지 못하게 유혹하는 요부들의 꼬임에 넘어가지 마십시오. 여러분을 하늘의 바람에 내맡긴 채로, 하나님의 이름으로 힘차게 앞으로 나아가십시오. 그 바람이 여러분을 하나님께 전적으로 헌신할 수 있는 길로 곧장 데려다줄 것입니다. 여러분이 해야 할 일을 온 힘을 다해서 할 수 있도록, 하나님께서 여러분을 도우실 것입니다.

마지막으로, 오늘의 본문 속에는 살 날이 며칠 남지 않은 분들에게 들려주는 특별한 음성이 있습니다. 그것은 이 자리에 계신 분들 중에서 며칠 내로 죽게 될 분들에게 특별히 들려주는 음성입니다. 여러분이 "도대체 그 사람들이 누구입니까?"라고 물으시면, 나는 "나도 모릅니다"라고 대답할 수밖에 없습니다. 그 사람들은 이 자리에 서 있는 설교자가 될 수도 있고, 설교자가 지금 응시하고 있는 여러분일 수도 있습니다. 지금 이 하나님의 전에는 6,000명 정도가 앉아 있습니다. 사람의 평균 수명을 생각하면, 우리 중의 몇몇 사람들은 아주 짧은 기간 내에, 즉 일 년 이내에 다른 세계로 가게 될 것입니다. 우리 중의 누군가에게 오늘 밤에 천사가 찾아올지도 모릅니다. 바로 그 사람에게 본문은 아주 강력하게 이렇게 말씀합니다: "네 손이 일을 얻는 대로 힘을 다하여 할지어다." 여러분이 살날이 3일밖에 남아 있지 않을 수도 있고, 단지 일주일이나 3주가 남아 있을 수도 있으며, 오직 오늘 밤밖에 남아 있지 않을 수도 있습니다. 그러므로 여러분의 주님을 위해서 지금 여러분이 해야 할 일들을 끝내십시오. 여러분은 "만일 내게 살날이 3주가 남아 있는 것이 사실이라면, 나는 3주 동안 무척 바쁠 것이고 아주 간절하게 기도할 것입니다"라고 말할 것입니다. 정말 여러분이 그렇게 될 수도 있기 때문에, 가서 그렇게 행하십시오. 여러분의 신변을 잘 정리해 두시고, 하나님께 가까이 나아가서, 그의 이름을 영화롭게 해드리고 싶다고 기도하십시오. 여러분이 죽든지 살든지, 그런 것과는 상관없이, 그리스도의 품 속에서 살아가십시오. "이는 내게 사는 것이 그리스도니 죽는 것도 유익함이라"(빌 1:21). 그러면, 여러분은 죽든 살든 만족하게 될 것입니다. 형제들이여, 우리 중 대부분은 아직 그렇게 살기 시작하지 않았습니다. 나는 내가 이제 막 껍질을 깨고 부화해서 거대한 바깥세상을 보기 시작한 햇병아리 같다는 생각을 자주 합니다. 우리는 아직까지 하나님을 제대로 섬기기 시작하지 않았습니다. 우리 속에 있는 하나님이 주신 생명을 제대로 꽃피우지 못하고 죽인다면, 그것은 정말 서글픈 일이 아니겠습니까? 하나님께서 우리를 자유하게 하시고 일으키셔서, 최고의 성별된 삶을 살아가게 하시고, 우리로 그의 영원한 "찬송"(엡 1:12)이 되게 하시기를 빕니다. 아멘.

제
7
장
—

검은 구름들과 밝은 복들

—

"구름에 비가 가득하면 땅에 쏟아지며" — 전 11:3

오늘 오후에 내가 이 본문을 묵상하고 있던 4시경에 비가 아주 세차게 쏟아졌습니다. 내가 앉아 있는 곳에서는 천지를 진동시키는 우렛소리와 번쩍이는 번개가 쉴 새 없이 이어졌습니다. 그런데 내가 여기에 와서 보니, 여러분이 있는 이곳에는 비 한 방울 내리지 않았고, 여느 때처럼 무더운 날씨였습니다. 이것은 내게 하나님의 주권적인 섭리를 잘 보여주는 예였습니다. 한 곳에는 비가 내리지만, 다른 곳에는 비가 내리지 않는 것은 자연계에서만이 아니라 영적인 세계에서도 마찬가지입니다. 어떤 교회에는 하나님의 은혜가 쏟아져서 큰물을 이루는 반면에, 어떤 교회는 황무지처럼 메말라 있습니다. 동일한 교회 안에서도 어떤 영혼은 하나님으로부터 새 힘을 얻어서 물 댄 동산 같은 반면에, 어떤 영혼은 사막처럼 바싹 말라 있습니다. 비가 들어 있는 곳간의 열쇠는 하나님께서 가지고 계시기 때문에, 우리는 하나님께 성령의 이슬과 비를 내려 주시기를 구합니다. 하나님께서 옛적에 이스라엘이라는 포도원에 대하여 "내가 또 구름에게 명하여 그 위에 비를 내리지 못하게 하리라"(사 5:6)고 말씀하셨듯이, 지금 우리에게도 그렇게 말씀하시는 일이 일어나지 않도록 하기 위하여, 우리는 하나님 앞에서 겸손히 행하여야 합니다. 농부는 하늘에서 비가 내리지 않으면 아무것도 되지 않는다는 것을 잘 알고 있기 때문에, 자신의 밭에서 수확하는 것이 하나님께 달려 있다는 것을 알고서 하늘과 구름을 쳐다보듯이, 우리는 우리의 영적인 복들이 하나님께 달려 있음을 알기 때문에, 자리에서 일어나 지존자를 바라봅니다.

이제 본문으로 돌아가서, 나는 본문의 실제적인 용도를 세 가지로 나누어 생각해 보고자 합니다. 첫째, 본문은 소심하고 겁 많은 자들에게 위로를 줍니다. 둘째, 본문은 의심하는 자들에게 해답을 제시해 줍니다. 셋째, 본문은 그리스도인들에게 교훈을 제공해 줍니다.

1. 첫째로, 본문은 소심하고 겁많은 자들에게 위로를 줍니다.

검은 구름이 낮게 드리워서 햇빛을 차단해서, 온 땅이 어둡습니다. 그럴 때에 겁많은 사람들은 하늘을 올려다보며, "구름들이 새까맣게 겹겹이 끼어서 하늘이 온통 어두우니, 정말 암울한 날이로구나!"라고 말합니다. 무엇이 구름들을 검게 만든 것입니까? 그것은 구름들에 "비"가 가득해서, 빛이 구름들을 통과할 수 없기 때문입니다. 구름들에 비가 가득하면, 그 후에는 어떻게 됩니까? 비가 내릴 것이고, 뜨거운 대지를 시원하게 해주고 새 힘을 주게 될 것입니다. 모든 작은 식물과 그 잎사귀들과 뿌리들이 습기를 빨아들여서 생기를 얻고 기뻐 웃기 시작할 것입니다. 검은 하늘로부터 밝은 해가 얼굴을 내밀고, 하늘에 비를 머금은 구름들이 가득했을 때에 이미 검은 색은 다 썼기 때문에, 이제 동산은 검은 색을 제외한 수많은 색깔들로 채색됩니다.

그리스도인들이여, 여러분도 겁 많고 소심하며, 여러분의 환경은 자신이 바라던 대로 되지 않는 경우가 많습니다. 괴로운 일들이 꼬리를 물고 여러분에게 일어나고, 친구들은 하나씩 여러분 곁을 떠나가고, 끊임없이 병들이 연달아 여러분을 찾아옵니다. 이 모든 것들이 옛적의 야곱에게 그랬듯이 여러분을 대적하는 것처럼 보입니다. 여러분을 뒤덮은 구름들이 아주 검다면, 그것은 여러분 위에 있는 구름들과 마찬가지로 비를 가득 머금고 있기 때문이 아니겠습니까? 우리가 방금 노래했던 찬송처럼, 하나님의 모든 성도들에게 일어났던 일이 여러분에게도 일어날 수 있지 않겠습니까?

"두려워하는 성도들이여, 다시 담대해지십시오.
여러분이 그토록 두려워하는 구름들은
은혜를 가득 머금어 검은 것이니,
이제 그 비가 여러분의 머리 위에

복들을 쏟아 붓지 않겠습니까?"

만일 구름들이 검지 않다면, 여러분은 비를 기대할 수 없을 것입니다. 만일 여러분이 겪는 환난들이 심하고 무거운 것이 아니라면, 그 환난들은 여러분에게 유익을 가져다주지 못할 것입니다. 만일 여러분의 곤경들이 여러분을 진정으로 고통스럽게 하고 괴롭게 하지 않는다면, 그 곤경들은 여러분에게 복을 가져다주지 못할 것입니다. 어떤 사람들은 "만일 이 환난이 우리에게 이런저런 모습으로 왔다면, 우리는 그 환난 때문에 힘들어 하지 않았을 것입니다"라고 말합니다. 그러나 하나님께서는 여러분을 힘들어 하게 하시기 위하여 그 환난을 여러분에게 보내신 것입니다. 왜냐하면, 여러분이 힘들어 할 때에만, 그 환난은 여러분에게 복이 될 것이기 때문입니다. 솔로몬은 "상하게 때리는 것이 악을 없이하나니 매는 사람 속에 깊이 들어가느니라"(잠 20:30)고 말합니다. 매를 맞아서 몸에 푸르고 검은 멍이 들고, 심령이 심하게 상처를 입어야만, 복이 찾아옵니다. 성경은 단지 사람에게는 환난이 절대적으로 필요하다고만 말씀하는 것이 아닙니다. 그것은 하나님의 위대한 진리이지만, 성경은 환난을 통해서 우리의 심령이 낮아져야만 우리에게 유익이 있다는 말씀을 덧붙입니다. "너희가 이제 여러 가지 시험으로 말미암아 잠깐 근심하게 되지 않을 수 없으나"(벧전 1:6)라는 말씀에 귀 기울여 보십시오. 여러분은 "시험"을 받아야 할 뿐만 아니라, 그 시험으로 말미암아 "근심하게" 되지 않으면 안 됩니다. 단지 매를 맞아야만 되는 것이 아니라, 그 매가 여러분의 심령 속으로 파고 들어가야 한다는 것입니다. 어떤 아이가 매 맞는 것을 즐기고 좋아한다면, 그것은 징계가 될 수 없습니다. 어떤 그리스도인이 환난 가운데 있으면서도 그 환난을 즐기고 좋아하는 것처럼 보인다면, 그것은 그에게 유익한 환난이 될 수 없습니다. 왜냐하면, 환난이 가져다주는 뼈아픈 고통과 쓰디쓴 고초가 그에게 보약이 되어서 선한 결과를 낳는 것이기 때문입니다. 구름이 검다는 것은 거기에 비가 가득하다는 것을 보여주는 것이고, 비가 가득하게 되면, 소나기가 되어 땅 위에 내릴 수밖에 없게 됩니다.

나는 여러분이 이것을 경험적으로 알고 계실 것이라고 생각합니다. 우리 교회의 지난날을 뒤돌아보면, 하나님께서 우리에게 너무나 엄청난 은혜를 부어 주신 것을 알게 됩니다. 하나님께서는 여러 해 동안 주일마다 이 전을 사람들로 가득 채우셨습니다. 그것은 너무나 놀라운 일입니다. 주일마다 이 전이 발 디딜 틈이 없이 사람들로 가득 메워지는 것을 볼 때마다, 아마도 누구보다도 늘 놀라운 것은 여기서 있는 저일 것입니다. 그러나 하나님께서 우리 교회에 이렇게 놀라운 복을 부어 주신 것은 많은 부분 지금까지 그리스도인 목회자나 기독교회가 겪은 환난들 중에서 가장 지독한 환난을 우리 교회가 통과해 온 덕분이 아니겠습니까? 사랑하는 친구들이여, 여러분 중에는 이 교회에 일어났던 저 슬픈 사건을 여전히 기억하고 있고, 앞으로도 죽을 때까지 계속해서 기억하고 있을 사람들이 있지 않습니까? 우리의 엄숙한 회중 위로 죽음이 덮쳤고, 울부짖는 소리가 울려 퍼졌습니다. 설교자가 이렇게 알려져서, 훨씬 더 많은 영혼들에게 그리스도의 헤아릴 수 없는 부요하심에 대하여 증거할 기회를 얻게 되고, 훨씬 더 많은 영혼들이 그런 말씀에 귀를 기울일 수 있게 된 것은 상당 부분 그 환난 덕분이 아니겠습니까?

또한, 나는 여러분이 자신의 개인적인 경험 속에서도 본문의 말씀이 진리라는 것을 깨달았을 것이라고 생각합니다. 큰 파도가 여러분을 덮쳐서 해변의 안전한 바위로 데려다주었습니다. 여러분은 즐겁고 밝은 배를 떠나는 것을 안타까워하며 검은 구명보트에 올랐지만, 그 배는 물이 새어 곧 가라앉을 배였고, 여러분이 타기 싫어하였던 그 구명보트는 여러분을 여러분이 바라던 항구로 데려다주었습니다. 그 과정에서 여러분은 모든 것을 버리고 맨몸이 되었습니다. 여러분이 자신의 소유를 움켜쥐고 침몰하는 것보다 모든 것을 버리고 생명을 얻는 편이 훨씬 더 복된 일이었습니다. 결국, 여러분이 모든 것을 버린 것이 여러분에게 이득이 되었습니다. 여러분이 타고 있던 배의 항해를 방해하고 있던 쓸데없는 바닥짐들을 바다 속으로 던져 버렸을 때, 그 배는 신속하게 바다 위를 질주할 수 있게 되었습니다. 나는 여러분과 나의 영적인 괴로움들이 우리의 영혼을 지극히 부요하게 할 것임을 확신할 수 있습니다. 우리가 깊은 죄의식 아래에서 힘들어하고, 우리의 소망이 바람에 흔들리는 갈대와 같이 이리저리 흔들리며, 우리의 심령이 가라앉아 아주 낮아져 있을 때, 바로 그때에 우리는 하나님의 약속들을 바라보게 되고, 그 약속들의 가치와 참됨을 알게 되며, 언약을 지키시는 하나님의 은혜와 선하심을 그 어느 때보다도 더 잘 알고 이해하게 됩니다. "고난 당하기 전에는 내가 그릇 행하였더니 이제는 주의 말씀을 지키나이다"(시 119:67). 이 하나님의 진리를 다른 식으로 표현한 것이 바로 오늘의 본문입니다. 구름들이 비를 가득 머금고 있었을 때, 위로부터 임하는 은혜를 필요로 하는 사람에게 세찬 은혜의 단비가 부어졌습니다.

　형제들이여, 과거에 참되었던 것은 현재에도 참되다는 것을 믿으십시오. 나는 여러분이 구체적으로 어떤 환난을 겪고 있는지를 알지 못합니다. 내가 그것을 어떻게 알겠습니까? 하지만 나는 그 환난을 계획하시고 그 한계를 정하셔서 끝까지 여러분에게 밀어 부치실 하나님께서는 그 모든 것 속에서 은혜로우신 계획을 갖고 계신다는 것을 믿습니다. 하나님께서 자기 자녀들을 거칠게 대하시고 쓸데없는 고통을 주시는 것이라고 생각하지 마십시오. 여러분이 근심하면, 하나님께서도 근심하십니다. "주께서 인생으로 고생하게 하시며 근심하게 하심은 본심이 아니시로다"(애 3:33). 뒤로 행하는 믿음을 갖는 것은 쉽지만, 여러분에게 지금 필요한 것은 앞으로 행하는 믿음, 즉 현재와 장래를 바라보며 앞으로 나아가는 참된 믿음입니다. 과거에 여러분이 환난을 겪을 때마다, 하나님께서 도우셨는데, 지금 환난을 겪는 여러분을 하나님이 모른 체하시겠습니까? 하나님께서 여섯 번의 환난에서 여러분을 건져 주셨다면, 일곱 번째 환난에서도 여러분은 그 어떤 해악도 입지 않고 안전할 것입니다. 여러분이 지금 고군분투하며 헤쳐 지나가고 있는 그 "물"이나 "강"도 하나님께서 "네가 물 가운데로 지날 때에 내가 너와 함께 할 것이라 강을 건널 때에 물이 너를 침몰하지 못할 것이며"(사 43:2)라고 약속하신 말씀에 해당하는 바로 그 "물"과 "강"입니다. 우리가 실제로 구체적인 환난을 만났을 때에 종종 이 하나님의 약속을 그대로 믿고 행하기가 어려울 때가 있습니다. 왜냐하면, 우리 안에서 불신앙이 고개를 쳐들고서 우리의 믿음을 거세게 방해하기 때문입니다. 하지만 이 약속을 구체적인 경우에 적용하지 못한다면, 이 약속은 상처에 바르지 않은 연고와 같고, 환자가 의사에게서 받기는 받았지만 먹지 않은 약과 같게 될 것입니다. 환자가 받기는 했지만 먹지는 않은 약이 아주 강력한 것이라고 해도, 환자는 그 가치를 알지 못합니다. 마찬가지로, 하나님의 약속도 매우 소중하고 달콤한 것이지만, 여러분이 그 약속을 자신의 경우에 구체적으로 적용하지 않는다면, 여러분에게 위로나 힘이 될 수 없습니다. 그러므로 여러분이 아직 검게 보이는 구름 아래 있을 때, 그 구름이 품고 있는 복된 비가 머지않아 여러분에게 내릴 것임을 믿을 수 있는 은혜를 주시라고 하나님께 구하십시오.

　이것은 그리스도의 교회 전체에 대해서도 그대로 적용됩니다. 바로 지금도 수많은 구름들이 하나님의 교회를 둘러싸고 있습니다. 종교계의 현실을 보면, 우리에게 큰 슬픔과 괴로움을 가져다주는 것들이 도처에 아주 많이 널려 있다는 것을 나는 고백하지 않을 수 없습니다. 복음적인 견해를 지닌 친구들은 국교회나 로마 가톨릭을 신봉하는 자들에 비하여 극소수입니다. 따라서 힘의 주도권이 잘못된 쪽에 가 있는 듯이 보입니다. 마귀는 한바탕 거센 폭풍을 일으켜서, 사람들을 놀라게 하고 겁을 주었습니다. 그러나 우리는 그런 위협에 굴복해서는 안 됩니다. 하나님께서는 이스라엘 백성으로 하여금 여리고 성을 얻게 하셨지만, 아이 성에서는 패하게 하셨는데, 거기에는 그럴 만한 이유가 있었습니다. 나중에 그들은 하나님께서 금하신 물건을 아간이 몰래 빼돌렸고, 그것이 그들의 패배의 원인이었다는 사실을 알아내서, 아간을 돌로 쳐 죽였습니다. 하나님께서는 앞으로도 우리와 함께 하실 것이고, 비를 잔뜩 머금은 모든 구름이 땅에 단비를 뿌리는 것을 보게 될 날이 올 것입니다.

2. 둘째로, 본문은 의심하며 낙심하고 있는 자들에게 해답을 보여줍니다.

차면 기울고, 가득 채워진 것은 비워지게 되는 것이 자연의 법칙입니다. 구름에 수증기가 가득 차게 되면, 구름은 그 수증기라는 액체 물질을 그대로 품고 있을 힘이 더 이상 없기 때문에, 그 수증기는 비가 되어서 땅 위에 쏟아지게 됩니다. 강에 물이 불면, 무서운 기세로 바다를 향하여 쇄도해 가지 않습니까? 대양 자체도 궁창 위의 대양 속으로 끊임없이 자신을 비우고, 궁창 위 대양도 "비"라는 형태로 땅 위로 자신을 비워냅니다. 우리의 몸에도 그러한 순환이 있어서, 피는 심장 속으로 거세게 빨려 들어감과 동시에, 심장은 펌프질을 해서 피를 거세게 몸 속으로 내보냅니다. 마찬가지로, 이 큰 세계 속에서도 끊임없이 순환이 일어나고 있습니다. 만유는 끊임없이 돌고 돌면서 질서를 유지해 나갑니다. 만물은 정체되어 있거나 가두어 두는 것이 아니라, 서로 주고받는 가운데 존재합니다.

사랑하는 친구들이여, 여러분은 구름에 비가 가득하면, 비가 내릴 것이라고 추측할 수 있습니다. 나는 여러분이 이러한 사실로부터 하나의 해답을 이끌어 내시기를 바랍니다. 즉, 은혜에 풍성하신 우리 하나님은 우리에게 좋고 유익하고 선한 것들은 단 한 가지라도 쌓아 두시는 법이 없이, 우리에게 다 주고자 하신다는 것입니다. 우리의 은혜로우신 아버지이신 하나님에 대해서 잠시만 생각해 보십시오. 그는 사랑이십니다. 그의 이름은 "사랑"입니다. 그의 본성은 사랑입니다. "하나님은

사랑이시라"(요일 4:16). 그는 온통 선하심 그 자체이십니다. 그는 선하심으로 가
득 찬 바다, 밑도 없고 경계도 없는 바다이십니다. 그는 우리의 죄를 다 사해 주
시고자 하시는 선하심으로 가득하신 분입니다. 그는 가련한 탕자들을 자신의 품
으로 받아 주시고자 하시는 인자하심으로 가득하신 분입니다. 그는 자신의 사랑
하는 자녀들을 늘 신실하게 지켜 주고자 하시는 선하심으로 가득하신 분입니
다. 그는 자기 자녀들에게 그들에게 필요한 모든 것들을 아낌없이 차고 넘치게
주시고자 하시는 선하심으로 가득하신 분입니다. 아버지 하나님 안에 그토록 차
고 넘치는 선하심이 있다면, 그 선하심은 하나님 자신을 위한 것이 아니라, 어떤
대상이 있을 것임에 틀림없습니다. 그런 선하심이 하나님 안에 있는 이유가 무
엇입니까? 그 선하심은 그의 피조물들을 위해 거기에 있는 것임에 틀림없습니
다. 성경에는 하나님께서 긍휼을 베푸시는 것을 기뻐하신다고 기록되어 있지 않
습니까? 우리는 하나님께서 선한 자들에게나 악인들에게나 똑같이 햇빛을 비쳐
주신다는 사실을 알고 있습니다. 그러므로 비록 내가 악하다고 할지라도, 나는
영원하신 아버지의 마음속에 이렇게 가득하게 들어 있는 선하심 중에서 적어도
조금은 나 같은 가련하고 무가치한 자에게 부어 주시기 위한 것이기를 바랄 것
입니다. "구름에 비가 가득하면 땅에 쏟아지는" 것과 마찬가지로, 하나님께서 선
하심으로 가득하면, 그 선하심은 사람들에게 부어지게 되어 있습니다. 그러나
저 밝고 빛나는 빗방울들, 햇빛을 받으면 다이아몬드처럼 영롱한 빛을 발하는
빗방울들은 어디로부터 옵니까? 하늘로부터 탄생해서 한 점의 흠도 없이 온전히
순결한 상태로 밝은 빛을 발하며 내려오는 물방울들이여, 너희는 어디로부터 오
는 것이냐? "우리는 시꺼멓고 딱딱하며 먼지 많은 땅으로 내려옵니다. 우리는 사
막에도 떨어지고, 바다에도 떨어집니다. 우리는 우리를 원하지 않는 짐승 떼에
도 내립니다. 물기가 없어 쩍쩍 갈라져서 우리를 필요로 하지만 입이 없어 우리
를 구하지 못하고 마음이 없어 우리의 필요성을 느끼지도 못하는 땅에도, 우리
는 내립니다. 우리는 하늘로부터 내려서 사람들 가운데로 가서 그들을 유익하게
합니다." 우리의 찬송 받으실 아버지 하나님의 선하심도 마찬가지입니다. 선하
심이 하나님 안에 있는 것은 이 땅에서 그 선하심을 필요로 하는 사람들, 그 선하
심이 자신들에게 필요한 것도 느끼지 않는 자들이어서 그 선하심이 더욱더 절실
하게 필요한 그런 사람들을 위한 것입니다. 그런 사람들은 하나님의 선하심이
자신들에게 필요하다는 것을 느낄 수 없기 때문에, 가장 절실하게 하나님의 선

하심이 필요한 자들입니다. 하나님의 선하심은 사람들 중에서도 가장 무가치한 자들에게 부어지는 것을 기뻐하는 그런 복된 선하심입니다.

의심하며 괴로워하는 영혼들이여, 다시 한 번 생각해 보십시오. 나는 여러분에게 아버지 하나님의 아들이신 예수 그리스도에 대하여 잠깐 생각해 보실 것을 권합니다. 사랑하는 자들이여, "아버지께서는 모든 충만으로 예수 안에 거하게"(골 1:19) 하셨다는 것이 우리의 믿음의 일부입니다. 우리는 그의 속죄제사 속에는 하나님의 공의를 만족시킬 만한 "충만"이 있다는 것, 그의 보혈 속에는 우리의 모든 죄를 깨끗하게 할 수 있을 만한 능력의 "충만"이 있다는 것, 그의 거룩하신 삶 속에는 의의 "충만"이 있다는 것, 그의 부활 속에는 우리를 살리시는 능력의 "충만"이 있다는 것, 그의 중보기도 속에는 하나님을 움직이는 힘의 "충만"이 있다는 것, 그가 영원하신 보좌 앞에 서 계시는 것 속에는 우리를 대표해서 우리를 위해 천국의 거처를 마련해 주실 수 있는 권위의 "충만"이 있다는 것을 믿습니다. 이 자리에 계신 분들 중에는 그리스도를 물 없는 샘이나 비를 머금지 않은 구름으로 여기시는 분이 한 분도 없을 줄로 믿습니다. 사랑하는 영혼들이여, 여러분이 그리스도를 비가 가득한 구름으로 믿는다면, 그가 무슨 이유로 비를 가득 머금고 있겠습니까? 그것은 그 비를 땅에 내리기 위한 것이 아니고 무엇이겠습니까? 그가 울며 애통해하는 사람들과 아픔을 함께 하고자 하시지 않았다면, 그는 우리와 똑같은 육신을 입으시고 이 땅에 오셔서 우리의 모든 슬픔과 괴로움을 몸소 다 겪으실 필요가 없었습니다. 그가 여러분을 위해서 피 흘리신 것이 아니었다면, 그는 굳이 피 흘리실 필요가 없었습니다. 그가 사망의 권세를 이기신 그 힘으로 여러분을 사망에서 건져내고자 하시지 않았다면, 그는 친히 죽으실 필요가 없었습니다. 그가 자신의 순종함으로 많은 사람들로 하여금 의롭다 하심을 얻게 하시기 위한 것이 아니었다면, 그는 굳이 종이 되실 필요가 없었습니다. 그가 본질상 하나님으로서 충만하신 것은 자기 자신을 위한 것이라고 생각할 수 있겠지만, 그가 중보자로서 충만하신 것은 여러분을 위한 것이 아니라면 아무 짝에도 쓸데없는 것이 되고 말 것입니다. 우리는 영국의 탄광들을 볼 때마다, 자연스럽게 하나님께서 세상의 거민들에게 연료를 공급해 주실 목적으로 저 석탄을 만드셔서, 이 축복 받은 나라의 저 깊은 지하에 저장해 두셨다가, 이제 사람들로 하여금 그 석탄을 캐서 공장들을 돌리게 하셨다는 생각을 하게 됩니다. 마찬가지로, 나는 하나님의 신실하심과 예수 그리스도 안에 있는 속죄의 효력이 깊이 묻혀 있는 저 영원한 탄광들을 볼 때마다, 그것이 거기에 있는 이유는 그것을 필요로 하는 사람들이 있기 때문이라는 생각을 하게 됩니다. 그것이 거기에 있습니다. 그것을 의심하지 마십시오. 죄인들을 깨끗하게 해줄 수 있는 것이 거기에 있고, 병든 자들을 고쳐줄 수 있는 것이 거기에 있으며, 죽은 자들을 살릴 수 있는 생명이 거기에 있습니다. 예수께서는 구원의 능력으로 가득하시기 때문에, 그는 여러분을 구원하실 것입니다. 여러분이 그에게 부르짖기만 한다면, 그는 여러분에게 그 구원의 능력을 부어 주실 것입니다.

한 걸음 더 나아가서, 나는 의심하는 자들에게 성령 안에 저장되어 있는 저 무한한 능력의 충만을 생각해 보라고 권하고 싶습니다. 성령께서 부드럽게 하실 수 없을 정도로 딱딱하게 굳어 버린 완악한 마음은 없고, 성령께서 다시 살리실 수 없을 정도로 완전히 죽어 버린 그런 영혼도 없으며, 성령의 능력이 사람의 심령 속에서 역사할 때에 거기에 굴복할 수 없을 정도로 필사적으로 재앙을 자초하는 사람도 없다는 것이 우리의 확신 중의 일부입니다. 우리는 성령은 도덕적인 감화를 주는 단순한 영향력이나 부차적이고 열등한 능력이 아니라, 사람의 영혼에 거역할 수 없는 힘을 발휘하는 신적인 존재라고 믿습니다. 성령에게 이러한 힘이 있고, 성령이 위로자("보혜사")이시고 살리는 자이시라면, 성령의 그러한 힘은 발휘되라고 거기에 있는 것입니다. 여러분의 마음이 완악합니까? 사람의 마음을 부드럽게 하는 성령의 능력이 여러분의 마음 위에 임할 것입니다. 여러분의 마음이 죽어 있습니까? 여러분의 마음은 사람의 영혼을 살리는 성령의 능력이 역사하기에 딱 좋은 곳이 될 것입니다. 여러분이 어둡습니까? 그렇다면, 성령의 빛이 들어갈 여지가 있습니다. 여러분이 병들어 있습니까? 그렇다면, 성령의 치유하는 능력이 발휘될 발판이 마련되어 있는 것입니다. "구름에 비가 가득하면 땅에 쏟아지듯이," 살아 계신 하나님의 성령이 힘과 능력으로 가득하다면, 그것은 그 힘과 능력을 필요로 하는 가련하고 곤궁한 모든 영혼들에게 부어지기 위한 것입니다.

우리에게 주어진 이 성경책은 참으로 놀랍고 경이로운 책입니다. 여러분이 성경을 열 번 정도 읽었다면, 그것은 단지 표면을 걸어 다녀 본 것이고, 기껏해야 땅의 표면만을 살짝 기경한 것에 불과합니다. 여러분이 한 구절을 택해서, 거기에 숨겨져 있는 보화를 찾아내기 위해서 깊이 파본다면, 여러분은 거기에 묻혀 있는 보화가 무한하다는 것을 발견하게 될 것입니다. 성경책은 그 속에 비할 바 없는 충만함을 지니고 있습니다. 만일 여러분이 우주 공간을 다 잴 수 있거나, 여러분의 작은 손으로 무한을 움켜쥘 수 있다면, 그때에야 비로소 성경에 묻혀 있는 보화들도 다 캐낼 수 있을 것입니다. 성경은 너무나 높아서, 내가 거기에 도달할 수 없습니다. 성경은 너무나 넓어서, 내가 그 경계에 이를 수가 없습니다. 특히, 하나님의 약속의 말씀들 속에는 충만한 위로가 있습니다. 나는 다음과 같은 찬송가를 지은 사람이 그것을 아주 잘 표현하고 있다고 생각합니다.

> "예수를 피난처로 삼아
> 거기로 피한 당신에게
> 하나님께서 지금까지 말씀하신 것 외에
> 무엇을 더 말씀하실 수 있으시겠습니까?"

성경 속에는 왜 이러한 충만함이 있는 것입니까? "구름에 비가 가득하면 땅에 쏟아지는" 법입니다. 성경이 위로로 가득하다면, 그 위로는 여러분이 믿고 누리고 양식으로 삼으라고 거기에 있는 것입니다. 이 성경 속에 있는 것들은 우리가 아낌없이 먹고 마시고 누려야 하고, 아껴야 할 것이 아무것도 없습니다. 성경 속에 있는 모든 것은 모자라지도 않고 넘치지도 않습니다. 이스라엘 자손이 아침에 만나를 거두러 나가서, "그 거둔 것이 많기도 하고 적기도 하나 오멜로 되어 본즉 많이 거둔 자도 남음이 없고 적게 거둔 자도 부족함이 없이 각 사람은 먹을 만큼만 거두었습니다"(출 16:17-18).

내게는 이것이 무엇을 의미하는지를 좀 더 자세하게 설명하고 적용할 시간이 없지만, 나는 하나님께서 여러분에게 그런 것들을 깨닫게 해주시기를 빕니다. 여러분 중에는 하나님을 제대로 신뢰하지 않는 분들이 있습니다. 여러분은 하나님의 양식을 여러분 자신의 됫박으로 잽니다. 여러분은 여러분이 다른 사람들을 실망시킨다는 것을 알고 있기 때문에, 하나님도 여러분을 실망시키실 것이라고 생각합니다. 여러분은 여러분의 연약함과 부족함을 알기 때문에, 하나님도 별 수 없이 결국에는 지쳐서 나가떨어지실 것이라고 생각합니다. 또한, 여러분은 여러분에게 배은망덕하고 불친절했던 사람들에게 그리 너그러울 수 없다는 것을 알기 때문에, 하나님도 그러실 것이라고 생각합니다. "이는 내 생각이 너희의 생각과 다르며 내 길은 너희의 길과 다름이니라 여호와의 말씀이니라 이는 하늘이 땅보다 높음 같이 내 길은 너희의 길보다 높으며 내 생각은 너희의 생각보다 높으니라"(사 55:8-9)는 말씀을 기억하십시오. 여러분은 절약할 생각을 하지만, 하나님은 오직 주시는 것을 생각하십니다. 여러분은 무엇을 얻거나 받는 것을 기뻐하지만, 하나님께서는 주시는 것을 기뻐하십니다. 하나님께로 나아가십시오. 하나님 앞으로 가십시오. 어떤 사람이 여러분에게 선물을 주고자 한다면, 그 사람은 여러분에게 선물을 받아 달라고 사정할 필요가 없습니다. 마찬가지로, 하나님이 선물을 주기 위하여 많이 사정하고 애걸해야 할 것이라고 생각하지 마십시오. 왜냐하면, 하나님께서는 여러분에게 기꺼이 주고자 하시는 까닭에, 하나님이 주시는 것은 여러분이 받는 것만큼이나 쉬운 일이기 때문입니다. 받는 것이 우리의 본성에 잘 맞는 것 같이, 주는 것은 하나님의 본성에 아주 잘 맞습니다. 그러니 하나님께 나아가십시오. 그러면, 하나님께서는 여러분에게 은혜를 물 붓듯이 부어 주실 것입니다.

3. 셋째로, 본문은 그리스도인들에게 교훈을 줍니다.

우리는 솔로몬이 "구름에 비가 가득하면 땅에 쏟아진다"고 말한 의도가 무엇인지를 문맥으로부터 알 수 있는데, 그것은 우리에게 후하게 나누어 주는 것을 가르치기 위한 것이었습니다. 그는 바로 앞절에서 "일곱에게나 여덟에게 나눠 줄지어다 무슨 재앙이 땅에 임할는지 네가 알지 못함이니라"(2절)고 말한 후에, "구름에 비가 가득하면 땅에 쏟아지며"(3절)라고 말합니다. 이것을 통해서 그가 말하고자 한 것은 이런 것입니다: "너의 호주머니가 가득 찼으면, 그것을 가난하고 궁핍한 자들에게 나누어 주어서 네 호주머니를 비워라. 하나님께서 네게 이 세상의 물질을 많이 주셨다면, 그 물질이 필요한 곳이 어디인지를 찾아내서, 거기에 그 물질을 사용하라. 하나님께서 구름을 만드신 목적이 땅에 비를 내리기 위한 것임과 마찬가지로, 곤궁한 자들을 돕는 것이 너를 이 땅에 두신 하나님의 목적이라고 생각하라."

구름들이 땅에 비를 내림으로써 자신을 비우는 것이 손해를 보는 일입니까? 결코 그렇지 않습니다. 구름은 자신을 비우고 나서, 새롭게 되어, 계속해서 자신의 길을 갑니다. 구름의 경우에는 비를 내린 후에는 그 자신은 흩어져 없어질지 몰라도, 그리스도인들의 경우에는 결코 그렇지 않습니다. 어떤 사람이 삽으로 떠서 남들에게 베풀면, 하나님께서는 그 사람에게 마차로 한 짐을 실어서 보내

주십니다. 우리는 뒷문에서 남들에게 주었으면, 앞문에서 줄 필요는 없다고 생각하지만, 하나님께서는 뒷문만이 아니라 앞문과 창문에서도 차고 넘치게 우리에게 주고자 하신다는 것을 믿으십시오. 존 번연은 이렇게 말합니다: "사람들에게 너무 아낌없이 베풀어 주어서 남들로부터 미쳤다는 소리를 들은 한 사람이 있었는데, 그 사람은 더 많이 베풀수록, 그에게 들어오는 것은 더 많아졌습니다." 그런 사람들을 이 땅에 있게 하신 것에 대하여 하나님께 감사합니다. "과도히 아껴도 가난하게 될 뿐이니라"(잠 11:24). 반면에, "후히 베푸는 자는 더 부요해진다"는 말은 거의 잠언이나 예언의 성격을 지닐 정도로 그 참됨이 자주 입증됩니다.

나는 나의 회중을 잘 알기 때문에, 이것에 대해서 긴 말을 할 필요가 없습니다. 여러분 중에서 대다수는 하나님이 여러분을 도우시고 남들에게 베풀 수 있게 해주시는 정도만큼 후히 베풀고 계신다고 나는 믿습니다. 그러나 이 땅에는 하나님의 일에 헌금하는 것이 너무나 미미해서, 과연 그리스도의 사랑이 그들의 심령 속으로 깊이 들어가서 그들의 마음을 녹인 것인지가 의심스러운 그런 사람들이 아주 많습니다. 왜냐하면, 만일 그리스도의 사랑이 그들의 심령 속으로 들어갔다면, 그것은 그들의 호주머니로 들어가서 거기에 있는 금을 녹여서 후하게 밖으로 흘러나오게 만들었을 것이 틀림없기 때문입니다. 내가 얼마 전에 동료 목회자의 교회에 가서 설교를 하게 되었는데, 그 목사님이 내게 이런 말을 했습니다: "이 교회의 강단 바로 앞에 있는 장의자에 늘 세 분이 앉아서 예배를 드리는데, 그들은 다 백만장자들입니다. 우리 교회는 1,000파운드의 빚을 지고 있는데도, 그들은 백만장자들이지요. 그들에게 뭐라고 좀 말씀해 주십시오." 나는 이렇게 대답했습니다: "나는 단지 종종 여기에 와서 설교를 하는 사람이니, 내가 그런 말을 왜 해야 하는지를 모르겠습니다. 내 생각에는, 목사님께서 직접 그렇게 말씀하셔야 할 것 같습니다." 그러자 그 목사님은 내게 이렇게 말했습니다: "목사님은 아무도 하지 못하는 말씀을 할 수 있는 분이잖아요." 어쨌든, 그렇게 탐욕스러운 사람들이 기독교 신자라고 예배당에 앉아 있는 것은 정말 끔찍한 일입니다. 성경이 너무나 분명하게 금하고 있는데도, 그런 것을 아랑곳하지 않고 "맘몬"을 섬기는 우상 숭배를 스스럼없이 행하는 그런 사람들을 내가 그리스도인들이라고 불러야 할까요? 그런 사람들은 자신을 "청지기"라고 말하지만, 실제로는 주인 행세를 하고 있는 것입니다. 하나님의 일에 헌금하는 습관이 일단 붙기만 하면, 자신의 물질을 헌금하는 것은 하나님의 풍성하신 은혜를 간구하거나 하나님의 약속들을 얻어 누리는 것만큼이나 즐겁고 기쁜 일이 됩니다. 그리스도 인이라고 자처하면서, 여전히 그리스도를 위하여 아무것도 하지 않고 있는 채로 살아가고 있는데도, 아무렇지도 않다는 말입니까? 누가 내게 예수를 위하여 아 무것도 하지 말라고 하면, 그것은 이 땅에서 사람에게 주어질 수 있는 특권 중에 서 가장 소중하고 귀한 특권을 내게서 빼앗아 버리는 것이 아니겠습니까? 내가 기도할 때, 그것은 내 자신이나 다른 사람들을 위하여 어떤 것을 구하는 것입니 다. 내가 찬송할 때, 찬송을 통해서 드릴 수 있는 것이 별로 없습니다. 그러나 하 나님께서 친히 지으신 별 볼일 없는 피조물인 내가 하나님께 무엇인가를 드릴 수 있다고 생각해 보십시오. 그것은 피조물인 나에게 주어진 최고의 특권이 아 니겠습니까? 그것은 나를 천사들보다 더 높이 들어올려 주는 것이 아니겠습니 까? 자기를 사심 없이 희생하여 수고하는 그리스도인들은 위에 있는 온전하게 된 성도들과 천사들이 할 수 없는 일들을 그리스도를 위하여 할 수 있습니다. 부 자들은 자신의 재물을 이 땅에 쏟아 부으십시오. 그것은 그들을 충만하게 하는 길이 될 것입니다.

　사랑하는 형제들이여, 우리 중에서 많은 사람들은 재물이 그리 많지 않습니 다. 하지만 어떤 그리스도인들은 하나님을 섬길 수 있는 상당한 정도의 능력을 지니고 있습니다. 아마도 그런 분들 중에는 말로써 주님을 전할 수 있는 분들도 있을 것 입니다. 하나님의 말씀을 어느 정도 알고 있고, 말씀의 능력도 개인적으로 체험 하였으며, 말할 수 있는 능력도 조금 갖추고 있다면, 그런 분들은 단지 한 달란트 일지라도 그 달란트를 사용하여야 한다고 나는 생각합니다. 우리에게 열 달란트 가 있다면, 우리는 그 중 한 달란트라도 그대로 묻어 두어서는 안 됩니다. "구름 에 비가 가득하면 땅에 쏟아집니다." 어떤 사람에게 능력이 가득하면, 그는 더욱 그 능력을 다 사용하여야 합니다. 열심히 일할 수밖에 없는 목회자가 성공하는 목회자입니다. 늘 성공할 수밖에 없는 목회자는 하나님께서 도우셔서 능력 있는 설교를 하게 됩니다. 하나님께서 나로 하여금 비를 가득 머금은 구름이 되게 하 신다면, 나는 계속해서 땅에 비를 쏟아서 내 자신을 비울 수밖에 없습니다. 하나 님께서 내게 모든 것을 차고 넘치게 주신다면, 나는 그것들을 어떻게 흩뿌려야 할지를 고심하지 않을 수 없게 됩니다. 우리 각 사람은 자신의 능력을 따라 베풀 어야 합니다. 왜냐하면, 하나님께서는 사람이 가지고 있지 않은 것을 남들에게 주라고 하시는 것이 아니라, 사람이 가지고 있는 것을 베풀라고 하시는 것이기 때문입니다. 사랑하는 그리스도인 친구들이여, 여러분은 모두 예수를 사랑하는 마음에서 여러분이 예수를 위하여 할 수 있는 일들을 하고 계십니까? 여러분이 큰 구름이든 작은 구름이든, 여러분은 이 땅에 비를 내려서 자신을 비우고자 애쓰고 계십니까? 여러분은 자신과 가장 가까운 사람들, 즉 자신의 자녀들이나 친척들이나 이웃들에게 생명의 길을 보여주고자 애를 쓰고 계시고, 여러분이 발견한 사랑하는 구주를 기쁜 마음으로 죄인들에게 전하고 있습니까?

우리 중에 큰 능력을 지닌 사람은 상대적으로 소수이지만, 우리는 모두 누구나 어떤 능력을 조금씩 갖고 있습니다. 어떤 그리스도인들은 상당한 정도의 경험적인 지식을 갖고 있습니다. 그런 사람들은 말을 잘하지도 못하고, 배운 것도 별로 없지만, 지혜롭습니다. 지극히 겸손한 삶을 오랜 세월 살아오면서, 하나님께 속한 일들을 아는 경험적인 지식이 축적되어서, 그 지식이 신학박사들보다 훨씬 더 깊고 심오한 사람들이 우리 가운데 있다는 것은 큰 축복입니다. 그런 사람들은 강의실이나 신학교가 아니라, 거리와 골방에서 신학을 배운 사람들입니다. 그들은 하나님께 어떻게 기도해야 하는지를 무릎으로 배워 왔습니다. 그들은 자신의 잔이 비었을 때에 섭리의 하나님께 어떻게 부르짖어야 하는지를 배워 왔습니다. 그들은 병원에서, 그리고 아마도 일터에서 신앙의 실체를 검증해 왔습니다. 어떤 사람들은 큰 물에서 일하면서, 바다 위에서 하나님의 기이한 역사들을 보아 왔습니다. 오랜 신앙 체험을 지닌 그런 성도들을 만나 얘기하는 것은 정말 큰 기쁨입니다. 그들의 입술에서는 동화 속에 나오는 소녀의 입술처럼 보석 같은 말들이 쉴 새 없이 나옵니다. 그들의 말은 향유와 같아서, 좋은 향기가 납니다. 그들이 하는 말들은 이론이 아니라, 그들이 직접 한 경험이고, 문자가 아니라, 하나님의 진리의 혼이자 골수와 기름진 것입니다. 여러분은 그들이 육신의 팔을 의지하지도 않고, 인간의 존엄성에 대해서 말하지도 않으며, 인간의 정신력의 위대성에 대해서 말하지도 않는 것을 보게 됩니다. 그들은 인간이 연약하며 아무것도 아니라는 것 외에는 인간에 대해서 할 말이 없습니다. 그들은 오로지 하나님의 팔과 그 누구도 필적할 수 없는 성령의 능력만을 의지합니다. 오늘 저녁 이 자리에도 그런 분들이 계시지 않습니까? 여러분에게 어떤 경험이 있다면, 기회가 있을 때에 내게 들려주십시오. 여러분의 경험을 이 땅에 쏟아 부으십시오. 여러분이 하나님을 아는 어떤 지식을 얻었다면, 그것을 다른 사람들에게 전하십시오. 여러분이 하나님의 참되심에 관한 어떤 증거를 얻었다면, 하나님은 신실하신 분이라고 이 세대 앞에서 고백하십시오.

　　내가 너무나 낙심되고 의기소침해 있을 때, 눈이 먼 채로 20년 동안을 살며 목회를 해온 아주 나이 드신 목회자의 간증을 듣고서 놀라운 위로를 받았던 기억이 납니다. 그는 비록 노인의 힘 없는 목소리로 더듬거리며 말을 했지만, 그 말 속에는 진실이 담겨 있어서 힘이 있었습니다. 그가 그런 목소리로 자기가 겪어온 하나님의 신실하심에 대하여 간증했을 때, 나는 그의 간증을 듣게 하신 것에 대하여 하나님께 감사했습니다. 그의 간증 속에는 별로 특별한 내용이 없었습니다. 만일 내가 그의 간증을 책으로 읽었다면, 나는 별 감동을 받지 못했을 것입니다. 그러나 그것이 특별한 내용이 없는 간증이었을지라도, 그것을 직접 온 몸으로 겪어서 경험적으로 알고 있는 분의 입을 통해서 들었을 때, 그 간증은 내게 큰 힘으로 다가왔습니다. 신앙 경험이 많은 그리스도인들이여, 다른 사람들은 침묵할지라도, 여러분은 침묵해서는 안 됩니다. 여러분은 하나님께서 여러분을 위해 어떤 일들을 해 오셨는지를 젊은 사람들에게 얘기해 주어야 합니다. 그런데 여러분 모두는 아니지만, 여러분 중에는 하나님이 여러분에게 주신 기쁨들보다는 주로 여러분이 겪은 어렵고 힘들고 괴로운 일들을 젊은 사람들에게 얘기하고자 하는 분들이 있습니다. 그런 분들은「천로역정」에서 신앙이 연약한 그리스도인들에게 사자들과 거인들과 용들, 수렁들과 높은 언덕들 같은 것들을 얘기해 주는 그런 사람들과 같습니다. 물론, 그들이 그런 것들을 신앙이 약한 그리스도인들에게 얘기해 줄 수도 있었겠지만, 그럴 때에는 언제나 자신의 순례길에서 그들을 붙들어 주셨던 저 영원하신 팔에 대해서도 아울러 얘기해 주었어야 합니다. 어렵고 힘들었던 일들에 대해 얘기해 주는 것도 지혜로운 일이기는 하지만, 하나님의 능력으로 그 일들을 극복할 수 있었던 것에 대해서도 아울러 얘기해 준다면, 그것은 더욱 지혜로운 일일 것입니다. 여러분에게 경험이 있다면, 그것을 이 땅에 쏟아 부으십시오.

　　나는 하나님께서 여러분 각자에게 맡기신 보화가 어떤 것인지를 구체적으로 말할 수는 없지만, 천국 백성인 성도들 중에는 자기가 채워야 할 자리와 자신에게 특별히 맡겨진 일을 가지고 있지 않은 사람은 하나도 없다고 나는 생각합니다. 그러므로 각각의 성도에게는 자신만의 고유한 달란트가 맡겨져 있는 것입니다. 자신의 달란트를 땅 속에 묻어 두지 마십시오. 그 달란트를 파내어 부지런히 사용하셔서, 다른 사람들에게 유익을 끼치고 하나님께 영광을 돌림으로써 하늘에 속한 이문을 남기십시오. 너무나 많은 그리스도인들이 자신의 구원의 문제에만 골몰하고 그들 자신의 의심과 두려움에 사로잡혀서, 다른 사람들의 구원과 괴로움에는 거의 관심을 갖지 않는 어리석음을 범하고 있습니다. 그런 사람들은 자기가 가진 것들을 자기 주변의 세상에 쏟아 부으려 하지 않고, 자기가 사는 집 외에 더 큰 세상으로 나아가려고 하지 않습니다. 다른 사람들에 대하여 생각하고 관심을 갖고, 다른 사람들의 영혼을 소중히 여기기 시작할 때, 하나님에 대한 그들의 사고는 더 넓어지게 됩니다. 그렇게 할 때, 그들의 위로는 더 커지게 되고, 그의 영혼은 하나님을 더 닮아가게 됩니다. 이기적인 기독교 신앙이라는 말은 그 자체가 모순이고, 비기독교적인 기독교라는 말처럼 처음부터 성립될 수 없는 말입니다. 여러분은, 다른 사람들을 염려하며 살아가는 사람들은 오직 자기 자신만을 염려하며 살아가는 사람들만큼 그렇게 괴롭고 힘든 삶을 살아가지 않는다는 것을 발견할 것입니다.

횟필드(Whitefield) 목사님은 자신의 일기 속에서 자기가 눌리고 힘들었던 때들에 대하여 말하고 있기는 하지만, 그런 때는 상대적으로 드물었습니다. 그는 한 "강단 보좌"(그는 이렇게 부릅니다)에서 설교를 마치고 또 다른 "강단 보좌"로 가서 설교하고, 이런 식으로 온 종일 설교하면서, 죄인들이 흐느끼며 부르짖는 소리를 듣거나, 군중들의 야유소리를 듣거나, 때로는 뭇매를 맞기도 하였습니다. 이렇게 쉴 새 없이 설교를 강행한 후에는, 자리에 앉아서 편지들을 쓰거나, 시간을 내어 기도를 했습니다. 이렇게 살아간 그에게는 낙심하거나 의기소침할 시간이 없었습니다. 그는 자기가 정말 그리스도께 속한 자인지를 의심할 시간이나 여유가 없었습니다. 그는 주님을 섬기는 일에 전념하였고, 하나님의 많은 복이 그 일에 임하였기 때문에, 멈추거나 지체할 필요 없이 그냥 그대로 계속해서 나아가기만 하면 되었습니다. 그리스도인들이여, 여러분도 그런 기쁘고 복된 상태, 즉 그리스도를 뜨겁게 사랑하고, 그의 나라를 확장하고자 하는 뜨거운 열심을 지닌 상태로 들어갈 수 있게 되기를 빕니다. 그렇게만 된다면, 여러분은 더 이상 다음과 같은 질문을 할 필요가 없게 될 것입니다:

"내가 오랫동안 늘 고민하며
알고 싶어했던 한 가지는 이것이라네.

　　　내가 정말 주님을 사랑하나 안 하나?
　　　내가 주의 백성인가 아닌가?'

　　여러분은 다음과 같이 말함으로써 그 질문에 대하여 아주 실천적인 대답을 줄 수 있습니다:

　　"주의 모든 양 무리 중에서
　　내가 먹이기를 거부한 양은 한 마리도 없습니다.
　　내가 그 앞에서 주의 말씀을 전하기를 두려워한
　　그런 원수는 한 명도 없습니다."

"구름에 비가 가득하면 땅에 쏟아지며."

　　끝으로, 우리가 살펴볼 것은 구름이 언제 비를 땅에 쏟느냐 하는 것입니다. 본문은 "구름에 비가 가득하면"이라고 말합니다. 나는 이것은 그리스도인들에게 많은 것을 시사해 준다고 생각합니다. 그것은 그리스도인들에게 언제 일해야 하는지를 가르쳐 줍니다. 다윗은 하나님이 가르쳐 주신 특정한 신호에 따라 블레셋 군대를 공격해야 했습니다: "뽕나무 꼭대기에서 걸음 걷는 소리가 들리거든 곧 나가서 싸우라"(대상 14:15). 그러므로 여러분도 이것을 하나님의 신호로 여기십시오. 즉, 여러분이 충만하면, 그때가 여러분이 이 땅에 자기를 쏟아 부어서 선을 행할 때입니다. 제이(Jay) 목사님은 젊은 학생들에게 그들이 늘 설교할 수 있는 것은 아니고, 그들이 설교할 수 있는 때가 올 것이라고 말합니다: "나는 바람이 불 때에 돛을 올리고, 햇빛이 났을 때에 건초를 만듭니다. 나는 하나님께서 내게 영감을 주실 때에 설교문의 요지를 작성하지만, 순풍이 불지 않아서 내 마음이 날개를 타고 날아오를 수 없을 때에는 이런저런 준비를 하며 기다립니다."

　　기회가 있을 때마다 준비하고 비축해 두는 것이 좋습니다. 하지만 그리스도인들에게는 자기가 다른 때들보다도 더 충만해졌음을 느끼는 때들이 있습니다. 여러분은 지금 설교를 듣고 마음이 뜨거워졌을 수도 있고, 큰 기쁨을 느끼고 열심이 타오르는 것을 느낄 수 있습니다. 하지만 내일이 되면, 여러분의 마음은 아마도 식어 있을지도 모릅니다. 그러므로 여러분은 오늘 밤에 가서 무엇인가 선한 일을 하는 것이 좋습니다. "오늘만큼 좋은 날은 없다"는 속담이 있고, "수중에 있는 한 마리 새가 숲에 있는 두 마리 새보다 낫다"는 속담도 있습니다. 오늘 여러분이 한 가지 일을 행하는 것이 내일을 기다렸다가 두 가지 일을 하기로 마음 먹는 것보다 더 낫습니다. 여러분이 이 교회를 나가기 전에 누군가에게 그리스도를 전하는 말을 한 마디 하는 것이 여러분이 해야 할 일일 수도 있습니다. 그러나 여러분이 다음 기회가 올 때까지 기다린다면, 아무리 기다려도 기회가 결코 오지 않을 수 있습니다.

최근에 초대 감리교회의 한 형제가 한 모임에서, 다른 그리스도인들은 무슨 일이 일어나기를 기다리지만, 초대 감리교회 신자들은 스스로 그 일을 만들어 낸다는 것이 차이점이라고 말하였습니다. 이것은 이상한 말처럼 들릴 수도 있지만, 거기에는 큰 진리가 숨어 있습니다. 어떤 그리스도인들은 무슨 일이 일어나기를 늘 기다리고만 있습니다. 그들은 선을 행할 기회를 원하고, 그럴 기회가 생기면, 그렇게 하고자 합니다. 나의 형제들이여, 여러분이 하고자 하기만 한다면, 여러분에게는 늘 기회가 주어져 있습니다. 솔로몬이 무엇이라고 말하고 있습니까? 그는 먼저 "네 손이 일을 얻는 대로"라고 말한 후에, "힘을 다하여 할지어다"라고 말합니다. 여러분은 인구가 3백만 명이나 되는 런던 같은 도시에서 하나님을 위하여 일하고 싶으십니까? 이 도시의 거리들과 골목들과 수많은 집들에는 사람들이 넘쳐나고, 수천 곳의 야한 싸구려 술집들에서 술을 마시고 취한 채로 길거리에서 비틀거리는 사람들도 많은데, 그리스도인들이 자기는 주님을 섬기고 싶은데 무슨 일을 해야 할지를 모르겠다고 말한다면, 그것이 말이 되겠습니까? 이 더럽고 추한 대도시에 그리스도인이 해야 할 일이 아무것도 없다는 말입니까? 여러분은 게으르고 나태한 것입니다. 그렇지 않다면, 여러분이 자기가 할 일이 무엇이냐고 묻지 않을 것입니다.

"내가 무엇을 해야 하지?"라고 말하지 마시고, "내가 어디에서 일을 시작할까?"라고 말하십시오. 나는 여러분에게 가장 가까운 곳에서부터 일을 시작하시라고 말하고 싶습니다. 유대 백성들이 예루살렘 성벽을 재건할 때에도 그렇게 했습니다. 즉, 각 사람이 자기 집 맞은편의 성벽을 다시 쌓았습니다. 그렇게 할 때의 장점은 사람들이 먼 거리를 걸어서 일하러 갔다가 밤중에 돌아오지 않아도 된다는 것이었습니다. 그들은 자기 집의 맞은편에 있는 성벽을 다시 쌓는 일을 했기 때문에, 그런 모든 수고를 하지 않아도 되었습니다. 또한, 그들이 집에 와서 식사를 하며 쉬는 시간을 가졌을 때에도, 그들은 집에 앉아서 자기가 한 일을 바라보면서, 다음 번에는 어떻게 하는 것이 더 좋을지를 생각할 수 있었던 것도 또 하나의 장점이었습니다. 그리스도인들이 자기 집에서 가까운 곳에서 일하고, 자신이 아주 잘 아는 환경 속에서 자기 취향에 잘 맞는 일을 하는 것은 큰 장점을 지닙니다. "네 손이 일을 얻는 대로" 즉시 "힘을 다하여 할지어다." 그 일을 행하기 시작해서 꾸준히 계속해서 하십시오. 하나님의 일을 할 때에는 늘 꾸준하고 변함없고 흔들림 없이 하여야 합니다.

그러나 여러분이 특별히 그리스도를 위하여 일하고자 한다면, 여러분이 그리스도의 사랑으로 충만할 때에 일하십시오. 여러분이 최근에 큰 은혜를 받았다면, 지금이 특별히 여러분의 모든 것을 쏟아 부어 일할 때입니다. 여러분이 큰 위기를 맞았는데도 파산을 면하였다면, 여러분이 잃게 되었을지도 모를 그것을 하나님께 드리십시오. 여러분이 예수에 대한 사랑으로 충만해진 것을 느낀다면, 예수를 모르는 사람들에게 가서 전하십시오. 여러분이 열심으로 가득하다면, 그 열심을 나타내십시오. 여러분이 믿음으로 충만하다면, 그 믿음을 사용하십시오. 여러분이 소망으로 충만하다면, 지금 가서 다른 사람들을 그 동일한 소망으로 이끄십시오. 여러분이 기도가 아주 잘되거나, 주의 식탁에서 너무나 즐겁고 기쁜 교제의 시기를 보내고 있거나, 하나님의 말씀을 아주 잘 먹고 있다면, 다른 사람들을 위해 복을 빌어 주십시오. "구름에 비가 가득하면 땅에 쏟아집니다."

이 자리에 계신 분들 중에서 아직 안식을 찾지 못하고 하나님과 그리스도 없이 살고 계시는 분들이 자기가 텅 비어 있다는 것을 알고서 그들을 충만하게 해주실 수 있으신 하나님을 의지할 수 있게 하셔서, 하나님께서 그들을 자신의 풍성하신 은혜로 채우시기를 빕니다. 하나님께서 여러분 각자에게 복 주시기를 기도합니다. 아멘.

아
가

제
1
장
—

새 힘을 주는 아가

—

"네 사랑이 포도주보다 더 진함이라." — 아 1:4

여기에서 "사랑"으로 번역된 히브리어 단어는 복수형으로 되어 있습니다: "네 사랑들이 포도주보다 더 진함이라"(KJV에는 "우리가 당신의 사랑들을 포도주보다 더 기억하리이다"로 되어 있음). 하지만 이것은 예수의 사랑을 여러 개로 나눌 수 있다고 말하는 것이 아니라, 예수의 한 동일한 사랑이 여러 통로들을 통해서 나타났음을 보여주는 것입니다. 그리스도께서는 자신이 지닌 사랑을 교회에 부어 주시고, 그 사랑은 아주 다양하게 나타나기 때문에, "사랑"이 아니라 "사랑들"로 표현될 수 있습니다. 칠십인역에는 이 구절이 "우리는 당신의 가슴들을 기억하리이다"로 번역되어 있습니다. 보쉬에(Bossuet)를 비롯한 많은 가톨릭 주석자들은 이 최고의 노래에 많은 거룩한 생각과 마음의 뜨거운 열정을 가미해서, 불가타 역본에 나오는 "가슴들"이라는 단어를 아주 감미롭게 자세히 해설합니다. 나는 우리의 역본의 번역에 만족하는 편이지만, 한 글자만 수정을 해서, "우리는 당신의 사랑들을 포도주보다 더 기억하리이다"로 번역했으면 합니다. 그리고 우리는 여기서 "당신의 사랑들"이라는 표현이 처음부터 끝까지, 아니 저 끝없는 영원에 이르기까지 미치는 예수의 모든 사랑을 의미하는 것으로 이해해야 한다는 것은 두말할 필요도 없습니다. 우리는 우리의 귀로 들어 왔고, 우리의 조상들이 우리에게 얘기해 주었던 그러한 사랑의 행위들을 기억할 것입니다. 예수 그리스도께서 창세 전부터 우리를 사랑하셨다는 사실은 하나님의 감동을 받은 선지자들이 우리에게 들려준 것이고, 하나님께서는 그것을 성령을 통해서 자신의 말씀 속에서 우리에게 계시하셨습니다. 우리는 그 사랑이 오늘날의 감정적인 사랑도 아니고, 단순히 순간적으로 갖게 된 불쌍히 여기는 감정도 아니라는 것을 믿습니다. 그 사랑은 그리스도께서 창세 전에 아버지 하나님과 함께 지니고 계셨던 자신의 영광만큼이나 오래된 것이고, 영원한 것들 중의 하나입니다. 이 하나님의 사랑은 단지 며칠 동안만 솟아난 샘이 아니라, 솟아나오기를 그친 적이 없었던 영원한 샘입니다.

예수여, 우리는 당신이 영원의 회의실에서 우리를 위하여 중재인과 중보자가 되어, 장차 우리의 담보가 되심과 아울러서 우리를 당신의 정혼자로 삼으시기로 작정하시고, 아버지 하나님과 언약의 악수를 나누셨을 때에 보여주신 당신의 사랑을 기억할 것입니다.

우리는 당신 외에는 그 누구도 성취할 수 없었던 너무나 힘겹고 고된 일을 당신으로 하여금 담당하지 않으면 안 되게 강권하였던 바로 그 사랑을 기억할 것입니다. 우리는 당신으로 하여금 자신을 희생제물로 내놓지 않으면 안 되게 만들었던 바로 그 사랑을 기억할 것입니다. 그 사랑은 당신으로 하여금 때가 찰 때까지 바로 그 희생제사에 대해서 끊임없이 생각하게 하였고, 그 때가 오기를 간절히 고대하게 만들었기 때문에, 성경은 당신이 "시온의 딸아 노래하고 기뻐하라 이는 내가 와서 네 가운데에 머물 것임이라"(슥 2:10)고 말씀하신 것으로 기록하고 있습니다. 예수여, 우리는 베들레헴의 구유로부터 겟세마네 동산에 이르기까지 당신의 거룩한 삶 속에서 우리에게 보여주신 당신의 사랑을 기억할 것입니다. 우리는 당신의 요람부터 무덤까지 당신을 샅샅이 추적할 것입니다. 왜냐하면, 당신의 한 마디 말씀과 하나의 작은 행동조차도 온통 사랑이었기 때문입니다. 당신은 어디를 걸으시든 당신의 두 손으로 사랑과 인애를 흩뿌리시며 다니셨습니다. 성경이 아버지 하나님에 대하여 "하나님은 사랑이시라"(요일 4:16)고 말씀하고 있듯이, 예수여, 분명히 당신은 사랑이십니다. 당신 안에는 "신성의 모든 충만"(골 2:9)이 거하고 있습니다. 육신을 입으신 당신은 사랑의 정수, 사랑 그 자체 외에는 다른 아무것도 아니었습니다.

예수여, 우리는 특히 십자가 위에서 보여주신 우리를 향한 당신의 사랑을 기억할 것입니다. 우리는 땀방울이 핏방울이 되도록 고뇌하셨던 저 겟세마네 동산에서 내려오시는 당신의 모습과 빌라도의 법정에서 채찍을 맞으시며 피 흘리셨던 당신의 모습을 기억할 것입니다. 우리는 저주 받은 나무에 매달리셔서 못 박히신 당신의 손과 발을 응시할 것입니다. 우리는 당신이 원하시기만 하셨다면 얼마든지 자기 자신을 구원하실 수 있으셨는데도 불구하고, 우리를 들어올리셔서 천국에 이르게 하시기 위해서, 자신의 힘을 포기하시고, 기꺼이 무덤에 들어가신 것을 똑똑히 기억할 것입니다. 우리는 당신의 피 흘리는 손과 발과 옆구리를 통해서 보여주셨던 당신의 사랑을 기억할 것입니다. 우리는 우리를 살리셔서 우리로 하여금 "포도주보다 더" 기쁘게 하실 때까지 계속해서 보여주고 계시는 당신의 사랑을 기억할 것입니다. 우리는 당신이 죽음 이후에 보여주신 그 사랑에 대하여 들었습니다. 당신은 부활하신 후에도 계속해서 아버지 하나님의 보좌 앞에서 우리를 위하여 중보기도 해오셨을 뿐만 아니라, 저 불타는 등불 같은 사랑 때문에, 당신은 당신의 택함 받은 자들이 모두 다 천국에서 거처를 얻고, 시온이 영광을 받으며, 영적인 예루살렘이 천국에서 빛과 사랑의 영원한 터 위에 견고히 세워질 때까지는 결코 잠을 이루지 못하신다는 것을 우리는 들었습니다. 우리는 영원한 과거의 시작 때부터 장차 도래할 저 영원에 이르기까지 당신의 모든 사랑을 기억할 것입니다. 아니, 우리는 우리의 생각과 상상력을 최대한 발휘해서, 영원이 영원무궁토록 지속되는 동안에는, 당신의 사랑이 그 모든 영광 중에서 그 광채와 힘이 줄어들지 않고 존재하는 동안에는, 그 사랑을 기억할 것입니다. "우리는 당신의 사랑을 포도주보다 더 기억하리이다."

하지만 이것이 우리가 기억해야 할 사랑의 전부는 아닙니다. 우리는 우리가 들어 왔고 배워 온 것들을 기억해야 하지만, 나는 연인은 거기에서 그치지 않는다고 생각합니다. "우리는 당신의 사랑들을 기억할 것입니다." 우리는 우리가 들었던 것들만이 아니라, 우리가 직접 느꼈던 것들도 기억할 것입니다. 사랑하는 여러분, 여러분 각자가 그리스도의 사랑이 자신에게 어떻게 나타났는지를 한 번 말해 보십시오. 아니, 여러분이 어떻게 말할 것인지를 내가 대신해서 말해 볼 테니, 여러분이라면 과연 그렇게 말했을 것인지를 확인해 보십시오. 예수여, 나는 나를 향하신 당신의 사랑을 기억할 것입니다. 내가 하나님을 멀리 떠나 외인으로서 방황할 때, 당신이 내게 보여주신 사랑을 나는 기억할 것입니다. 나를 억제하셔서 치명적인 죄를 저지르지 못하게 하시고, 내 손으로 자멸을 택하지 못하도록 나를 붙잡아 주셨던 그 사랑을 나는 기억할 것입니다. 나는 늘 나를 따라다녔던 그 사랑을 기억할 것입니다. "나는 사탄의 눈먼 노예가 되어 있었을 때에 죽음과 희롱하며 살던 자였습니다." 나는 하나님의 공의가 나를 가리켜서 "찍어 버리라 어찌 땅만 버리게 하겠느냐"(눅 13:7)고 말했을 때, 그 도끼를 막아 주셨던 당신의 사랑을 기억할 것입니다. 나는 나를 광야로 데리고 나가셔서, 거기에서 나의 모든 자기의를 벗겨 버리시고, 나로 하여금 내 죄악의 심각성과 그 무게를 느끼게 하신 당신의 사랑을 기억할 것입니다. 특히, 나는 "내게로 오라 내가 너희를 쉬게 하리라"(마 11:28)고 내게 말씀하신 당신의 사랑을 기억할 것입니다. 나는 한 순간에 내 모든 죄를 다 씻어 주시고 더럽고 추한 내 영혼을 눈처럼 희게 만들어 주신 저 한량없으신 당신의 사랑을 잊을 수 없습니다. 나의 형제들이여, 여러분은 예수께서 처음으로 여러분에게 "나는 네 것이고 너는 내 것이라"고 속삭여 주셨던 저 가장 복된 날을 잊을 수 있습니까? 나는 예수께서 내게 그렇게 말씀해 주셨던 저 황홀한 날을 결코 잊을 수 없습니다. 마치 그 일이 오늘 오후에 일어난 것처럼, 그 날의 일은 내 기억에 너무나 생생합니다. 나는 지금이라도 설교를 멈추고 그 날의 일을 노래할 수 있습니다. 내 영혼을 사로잡으셔서, 예수의 보혈로 씻어 주신 후에, 그의 흠 없는 의의 옷을 입혀 주셨던 저 한량없는 사랑을 말입니다. 뻔뻔스럽게 반역하고 배신하며 살아온 벌레 같은 자를 천국의 상속자로 삼으신 그 하나님의 사랑은 그 어떤 사랑도 따라올 수 없습니다.

그러나 우리가 기억해야 할 사랑 중에는 그런 사랑보다 더 큰 사랑이 있습니다. 그것은 그리스도께서 우리를 처음으로 만나주신 그 날 이후로, 우리가 느껴 왔던 모든 사랑입니다. 나는 "눈물 골짜기"(시 84:6)와 "미살 산"(시 42:6)을 기억할 것입니다. 또한, 내 영혼은 당신이 내게 자신을 드러내 보여 주셨던 저 교제의 방들을 잊지 못할 것입니다. 모세가 바위 틈새에서 하나님의 뒷모습을 볼 수 있었다면, 우리도 우리의 바위 틈새를 통해서 그리스도 예수 안에서 나타난 하나님의 충만한 광채를 보아 왔습니다. 다윗은 사울에게 쫓겨 다녔던 저 "들염소 바위"(삼상 24:2)의 길들과 아둘람 동굴과 요단 땅과 헐몬 산을 기억했을 것입니다. 우리도 다윗에게 복되었던 그러한 곳들처럼 우리에게 소중한 장소들을 기억할 수 있습니다. "옛적에 여호와께서 나에게 나타나사 내가 영원한 사랑으로 너를 사랑하기에 인자함으로 너를 이끌었다 하였노라"(렘 31:3). 그리스도인들이여, 여러분은 자신의 근심과 걱정들을 주의 발 앞에 내려놓았을 때, 주께서 그 근심을 노래로 바꾸어 주셨던 저 복된 순간들을 기억할 수 있지 않습니까? 여러분은 주 앞에 빈손으로 갔다가 두 손에 가득 가지고 돌아왔던 저 행복했던 때들을 기억할 수 있지 않습니까? 지금 여러분이 마음이 무겁습니까? 하지만 여러분의 마음이 늘 그랬던 것은 아니었습니다. 다윗처럼 여러분도 하나님 앞에서 춤추고 싶었던 때들도 있었습니다. 미리암처럼 소고를 치면서, 사람들을 둘러보며, "너희는 여호와를 찬송하라 그는 높고 영화로우심이요 말과 그 탄 자를 바다에 던지셨음이로다"(출 15:21)라고 외칠 수 있었던 거룩한 기쁨의 때들이 있었습니다. 예수와 여러분이 서로에 대하여 외인이 아니었던 때들이 있었습니다. 그때에는 예수께서 여러분의 팔짱을 끼시고 여러분과 함께 다정하게 걸으셨었습니다. 여러분이 자신의 머리를 그의 품에 기대고, 여러분을 향하신 그의 따뜻한 사랑의 심장 박동 소리를 들을 수 있었던 때들이 있었습니다.

　이렇게 나는 그리스도의 사랑을 회고할 때에, 우리가 들었던 사랑만이 아니라, 우리가 느끼고 누려 왔던 사랑도 말하지 않을 수 없습니다. 사랑하는 형제들이여, 내가 이 거룩한 주제를 여러분에게 충분히 새롭게 상기시켜 드릴 수 있을 것이라고 생각하지 마십시오. 여러분으로 하여금 그렇게 할 수 있도록 도우시는 것은 성령의 역사입니다. 그러나 나는 오늘의 본문에 담겨 있는 결단이 여러분 각자의 마음속에서도 이루어질 것을 믿습니다: "우리는 당신의 사랑들을 포도주보다 더 기억하리이다." 또한, 나는 여러분이 그러한 결단을 실천에 옮길 수 있는 은혜도 받게 되실 것이라고 믿습니다.

1. 첫째로, 우리는 본문에서 적극적인 결단을 봅니다.

　오늘의 본문 속에는 적극적인 결단이 표현되어 있습니다: "우리는 당신의 사랑을 기억하리이다(will)." 이 연인은 왜 이렇게 적극적으로 말하고 있는 것일까요? 그녀는 성령에 감동되어 있기 때문입니다. 그녀가 이렇게 말한 것은 시몬 베드로가 "다 버릴지라도 나는 그리하지 않겠나이다"라고 말한 것과 다릅니다. 그녀는 하나님의 진리를 말하고 있습니다. 왜냐하면, 그녀는 그녀의 그리스도의 사랑을 잊지 않을 것이기 때문입니다. 왜 그런가요? 그 이유는 간단합니다. 그녀는 잊을 수가 없으니까요. 만일 교회가 그리스도의 사랑을 잊을 수 있다면, 그녀도 그리스도의 사랑을 잊을 수 있을 것입니다. 그녀는 모든 것을 아주 잘 잊어 먹는 아내이기 때문에, 그녀에 대한 남편의 모든 사랑을 잊어버릴 가능성도 있긴 하지만, 실제로 그런 일은 일어날 수 없습니다. 그리스도의 사랑 속에는 그 사랑을 받은 자들로 하여금 결코 그 사랑을 잊어버릴 수 없게 만드는 그 무엇이 있기 때문입니다. 우리는 그 사랑을 잊을 수 없습니다. 그리스도의 사랑은 포도주처럼 우리의 마음속으로 들어가고, 그렇게 되면, 포도주를 담은 통에 포도주의 향기가 남아 있듯이, 우리의 마음속에는 그리스도의 사랑의 향기가 계속해서 머물게 됩니다. 그 사랑은 우리의 영혼에 침투하고, 우리의 모든 부분에 스며듭니다. 그 사랑은 우리의 은밀한 생각들을 사로잡아서 그리스도께 복종하게 만듭니다. 그 사랑은 소망과 두려움, 열정과 소원의 모든 혈관을 타고 흐릅니다. 따라서 그리스도의 연인은 자신의 주께 "우리가 당신의 사랑을 기억하리이다"라고 진심으로 말할 수 있습니다. 이것은 그녀가 변덕스럽지 않고 늘 한결같아서가 아니라, 그리스도의 사랑이 끈질기기 때문입니다. 그러므로 그녀는 그 사랑을 기억할 수밖에 없습니다.

그리스도의 사랑 속에는 무엇이 있기에, 우리로 하여금 그 사랑을 기억하지 않을 수 없게 하는 것입니까? 우리가 가장 잘 기억하는 것들로는 몇 가지가 있습니다.

우리가 가장 잘 기억하는 것들 중의 하나는 장엄한 것들입니다. 눈 덮인 산 정상이 두터운 구름들을 뚫고 솟아 있는 아주 높은 산을 바라볼 수 있는 곳에서 처음으로 섰을 때, 여러분은 "이 광경은 내가 죽을 때까지 절대로 잊지 못할 거야"라고 말했을 것입니다. 유명한 여행가였던 훔볼트(Humboldt)는 자기가 북아메리카의 광활한 초원을 처음 보았던 그 순간의 감격을 절대로 잊을 수 없었다고 말하였습니다. 나는 리빙스턴(Livingstone) 박사가 자신이 발견한 웅장한 폭포들을 처음으로 보게 되었을 때, "내가 죽는 날까지, 저 엄청난 물줄기들이 떨어지며 내는 소리가 내 귀에서 떠나지 않을 거야"라고 말했을 것이라고 생각합니다. 나의 경우에는 번개가 한순간도 쉬지 않고 번쩍거리며, 마치 천 개의 태양이 하늘을 이리저리 내달리는 것처럼, 온 하늘에 가득한 가운데, 크고 무시무시한 우렛소리가 천지를 진동하던 때를 생생히 기억하고 있습니다. 나는 하늘에서 벼락이 떨어져서 순식간에 이웃집이 무시무시한 화염에 싸이는 것을 보고서, 사람들은 대경실색하는데도, 번개가 워낙 밝아서 불이 난 것조차 거의 알아볼 수 없었던 그 날을 기억합니다. 그 날의 그 무시무시했던 광경은 내 기억에서 결코 떠나지 않을 것입니다. 이렇게 우리가 종종 보아 온 웅장하고 장엄한 광경들은 우리로 하여금 그 광경을 기억하지 않을 수 없게 만듭니다. 그리스도의 사랑도 마찬가지입니다. 이루 말할 수 없는 사랑과 영광으로 가득한 광채들을 계속해서 번쩍이며 사람들의 영혼을 밝게 비추는 그리스도의 사랑은 천국까지 높이 닿아 있습니다. 그 사랑은 멈추는 것도 없고, 중간 중간 어둠이 끼어드는 것도 없으며, 순간순간 우리를 잊어버리는 틈새도 존재하지 않습니다. 그리스도의 사랑이 지닌 숭고함은 우리로 하여금 그 사랑이 나타난 때를 기억할 수밖에 없게 만듭니다.

또한, 우리가 잊어버리지 않고 잘 기억하는 것들로는 드물게 일어나는 것들이 있습니다. 누가 우리에게 해가 뜬 것을 기억하느냐고 묻는다면, 우리는 "그런 일은 굳이 기억할 필요가 없는 것이어서, 내가 본 기억은 잘 안 나지만, 아마도 해가 떴을 것입니다"라고 대답할 것입니다. 그러나 누가 우리에게 일식을 본 적이 있느냐고 묻는다면, 우리는 이렇게 대답할 것입니다: "아, 기억하고말고요. 나는 그 광경을 똑똑히 기억하고 있어요. 그런데 생각했던 것보다 세상이 그리 캄캄해지지 않아서, 내가 그때 무척 실망했던 기억이 납니다." 사람들은 매일 같이 뜨는 별들을 다 기억하고 있지는 않을 것입니다. 그러나 혜성을 보았다면, 어떻게 그 광경을 잊을 수 있겠습니까? 사람들이 자기가 혜성을 본 것을 기억하고 있는 것은 그것이 드물게 일어나는 자연 현상이기 때문입니다. 우리가 일상에서 벗어난 드물고 낯선 것을 보았을 때, 우리의 기억은 그것을 포착해서 단단히 붙들어 둡니다. 그리스도의 사랑도 마찬가지입니다. 그리스도의 사랑은 사람들이 자신의 삶 속에서 결코 겪은 적이 없었던 너무나 기이하고 이례적인 일입니다. 역사를 샅샅이 뒤져 보십시오. 여러분은 그런 사랑을 발견할 수 없습니다. 그리스도의 사랑을 닮은 사랑은 오직 한 가지만 존재하는데, 그것은 자신의 독생자를 향하신 아버지 하나님의 사랑입니다. 이 사랑 외에는, 자기 백성을 향하신 그리스도의 사랑에 비견될 수 있는 사랑은 없습니다. 그리스도께서 십자가에 달리신 광경은 영적인 하늘에서 볼 수 있는 가장 기이한 광경입니다. 그 기이한 광경을 한 번 본 눈은 그때의 경외감을 생생하게 기억할 수밖에 없습니다. 왜냐하면, 그 광경은 만유가 지금까지 보아 왔던 기이한 일들과 이적들 중에서 가장 기이한 일이고 이적이기 때문입니다.

또한, 그 자체로는 별로 중요하지 않은 일들도 종종 그 일들과 결부되어 있던 특정한 상황들 때문에, 우리의 뇌리에 박혀서 그 기억이 지워지지 않을 때가 있습니다. 여러분이 시골 사람들에게 이런저런 해를 기억하고 계시느냐고 물으면, 그들은 종종 "아, 그 해에는 서리가 아주 심했죠, 그렇지 않나요?"라고 말하기도 하고, "그 해에는 마름병이 돌아서, 감자 농사를 다 망치는 바람에, 그 겨울에 우리 온 가족이 굶어죽을 뻔했는데, 왜 그 해를 기억하지 못 하겠어요"라고 말하기도 할 것입니다. 이런 것들은 부수적인 상황들 때문에 우리의 기억에 고스란히 남는 경우들입니다. 우리의 생일이나 결혼식 등과 같이 개인적으로 기념할 만한 날에 어떤 특별한 정치적 사건이 일어난 경우에도, 우리는 "내가 결혼한 날, 또는 아무개의 장례식 날에 그 일이 일어났기 때문에, 내가 그 일을 기억하고 있어요"라고 말할 것입니다. 마찬가지로, 우리가 처음으로 그리스도의 사랑에 대하여 무엇인가를 알게 되었을 때의 상황이 너무나 특별했기 때문에, 우리는 그리스도의 사랑을 결코 잊을 수 없습니다. 그때에 우리는 죄에 빠져서 멸망 가운데 있었습니다. 그때에 우리는 죄의 큰 바다에서 표류하고 있었습니다. 그때에 우리에게는 아무런 소망도 없었습니다. 죄의 망망대해 한복판에서 우리는 물속으로 가라앉을 수밖에 없는 상황이었습니다. 그러나 예수께서 오셔서 우리를 구해내셨습니다. 우리는 그러한 상황들을 결코 잊을 수 없습니다. 우리 중에는 그때의 상황이 정말 말로 표현할 수 없을 정도로 끔찍하고 처절했던 그런 분들도 있습니다. 그러므로 우리는 예수의 사랑이 우리의 마음에 처음으로 다가왔던 때를 결코 잊을 수 없습니다.

나의 사랑하는 친구들이여, 나는 하나님의 자녀들이 자신을 향하신 그리스도의 사랑을 잊는 것이 불가능한 이유를 스무 가지는 더 나열할 수 있을 것이지만, 다른 그 어떤 이유보다도 가장 중요한 이유는 그리스도께서는 자기 백성으로 하여금 그의 사랑을 잊어버리도록 내버려 두지 않으신다는 것입니다. 언제라도 그들이 잊어버릴 만하면, 그리스도께서는 그들에게 찾아오셔서 그들의 기억을 새롭게 해주십니다. 그들이 지금까지 누려 왔던 모든 사랑을 잊어버린다면, 그는 그들에게 자신의 사랑을 또다시 새롭게 나타내 주십니다. 그는 이렇게 말씀하십니다: "너희가 나의 십자가를 잊었느냐? 그렇다면, 나는 나의 성찬 예식에서 지금까지와는 달리 이제는 너희에게 나를 나타내어서, 너희로 나의 십자가를 다시 새롭게 기억할 수 있게 해줄 것이다. 내가 영원의 회의실에서 너희를 위하여 한 일을 너희가 잊었느냐? 그렇다면, 나는 너희가 궁지에 몰려서 어떻게 할 줄을 모를 때, 너희에게 나의 지혜를 부어 주어서, 너희에게 모사인 내가 필요하다는 것을 일깨워줌으로써, 내가 영원 전부터 너희의 구원을 계획하였음을 다시 기억나게 해줄 것이다. 너희가 외인이었을 때, 내가 너희를 내게로 불렀다는 것을 너희가 잊었느냐? 그렇다면, 내가 또다시 너희를 방황으로부터 건져내어, 너희로 하여금 나를 다시 기억하게 할 것이다." 어머니들이 자신의 자녀가 자기를 잊는 것을 어떻게 내버려 두겠습니까? 할 수만 있다면, 그것을 막으려 하지 않겠습니까? 자기 아들이 호주로 갔는데, 편지를 하지 않는다면, 어머니는 그에게 "나의 존아, 엄마를 잊은 거니?"라고 편지하지 않겠습니까? 그러면, 그 아들로부터 자기는 어머니를 절대 잊은 것이 아니라는 달콤한 편지가 곧 어머니에게 도착합니다. 그리스도의 경우도 마찬가지입니다. 그는 그를 잊은 자녀에게 종종 이렇게 말씀합니다: "내가 너를 사랑하여, 너를 내버려 둔 채로는 천국에서 살 수 없어서, 너를 얻기 위해, 이 땅에서 와서 광야로 나갔고, 십자가에 달렸다가 무덤 속으로 들어갔는데, 너를 그토록 사랑한 나에 대하여 네 마음이 어떻게 그렇게 냉정할 수 있느냐?" 그는 결국 우리의 마음을 반드시 얻으십니다. 우리의 마음이 방황하기 쉽다는 것을 그도 알고, 우리 자신도 느끼지만, 그는 결국 우리의 마음을 얻으십니다. 그리스도께서 십자가의 못을 여러분의 마음에 단단히 박으셔서 영원히 거기에 박혀 있게 하시기를 빕니다. 그 과정이 고통스러울 수도 있습니다. 여러분의 살을 찢는 아픔이 있을 수 있습니다. 그렇지만, 그렇게 해서라도 여러분이 주님을 계속해서 가까이 할 수 있다면, 여러분은 그 고통과 아픔에 대해서조차 주님께 감사하고, 그것으로 인하여 주님을 더욱 사랑하게 될 것입니다.

2. 둘째로, 이 결단은 그 어떤 것에도 흔들릴 수 없는 최고의 결단입니다.

"우리는 당신의 사랑을 포도주보다 더 기억하리이다." 여기에 왜 "포도주"가 언급되고 있는 것일까요? 나는 "포도주"가 여기에서 하나의 비유로 사용되었다고 봅니다. 포도열매는 세상에서 누릴 수 있는 사치들 중에서 최고의 것을 나타냅니다. "나는 이 세상이 내게 줄 수 있는 가장 좋은 최고의 기쁨이나 낙보다 더 당신의 사랑을 기억할 것입니다." 포도주는 좋은 의미에서이든 나쁜 의미에서이든 여러 가지로 비교대상이 될 수 있습니다. 즉, 포도주는 사람들 즐겁게 해주고 편안하게 해주며 다시 활기를 찾게 해준다는 점에서 좋은 반면에, 중독성이 있어서 사람들로 하여금 그것을 의지하게 만들고, 취해서 비틀거리고 땅에 엎드러지게 만든다는 점에서 나쁘다고 할 수 있습니다. 우리는 세상의 좋은 것들을 한 동안 아주 잘 기억합니다. 피조물로 인한 즐거움들이 우리에게 차고 넘쳐서 행복하고 즐거운 나날들을 보내게 되었을 때, 우리는 그 날을 잘 기억합니다. 어둠의 밤들이 우리를 찾아 왔을 때, 우리는 밝은 날들을 기억하고 추억합니다. 남편을 사별한 과부의 경우도 마찬가지입니다. 그녀는 자신의 기쁨이었던 배우자와 함께 했던 저 행복한 날들을 기억합니다. 그녀는 남편의 애정 어린 말들과 달콤했던 사랑의 행위들을 기억합니다. 어린 자녀를 잃은 어머니는 그 아이가 자기에게 보여 주었던 사랑과 자신의 품 속에서 잠들은 그 아이를 보며 받았던 위로를 기억합니다. 여러분이 한때 잘 살다가 지금은 가난해지셨습니까? 그렇다면, 여러분이 기억하는 "포도주"는 여러분이 한때 지니고 있었던 부일 것입니다. 여러분은 힘들게 먼 거리를 걸어 다니거나 겨울의 추위에 떨 필요가 없었던 날들을 기억합니다. 여러분에게 지금 고통이 찾아왔다면, 여러분은 이전에 누렸던 기쁨을 기억할 것이고, 그 기억은 여러분의 현재의 고통을 한층 더 고통스럽게 만듭니다. 목회자의 "포도주"는 목회가 성공적으로 잘되던 때의 기쁨일 것입니다. 신자들이 떠나서 예배당이 절반 정도 비어 있게 되었을 때, 그는 지난날을 돌아보며, 자기가 한때 누렸던 기쁨을 추억하며 탄식할 것입니다. 아가서에 나오는 연인은 "우리가 당신의 사랑을 포도주보다 더 기억하리이다"라고 말합니다. 그녀는 그 사랑을 기억할 수밖에 없습니다. 만일 그녀가 그 사랑을 기억하지 않을 수도 있다면, 그녀는 천국보다는 세상을 기억하고자 할 것입니다. 그녀는 피조물들이 준 즐거움들을 기억하고, 하나님을 잊어버릴 것입니다.

사실, 그리스도의 사랑이 참된 신자에게 주는 감화는 세상의 그 어떤 것이 주는 감화보다 훨씬 더 크고 깊습니다. 피조물들이 주는 기쁨들은 모래 위에 씌어지기 때문에, 그 기억은 금방 지워지고 말지만, 그리스도의 사랑은 대리석에 깊이 새겨진 글자들과 같아서, 그 기억은 우리의 심령 깊은 곳에 새겨집니다. 피조물들이 주는 기쁨은 돌의 표면을 살짝 깎아서 그린 석판화여서 쉽게 지워지지만, 그리스도의 사랑은 강철에 깊이 새겨지기 때문에 지워질 수 없습니다. 세상의 즐거움들은 가벼워서 그 자취도 희미하게 남을 뿐이지만, 그리스도의 사랑은 한 발자국 한 발자국이 우리의 영혼 중심에 그 족적을 남기기 때문에, 우리가 세상의 그 어떤 즐거움보다도 그 사랑을 더 잘 기억한다는 것은 당연한 일입니다.

세상의 즐거움들은 "포도주"처럼 혼합된 흔적을 남깁니다. 즉, 기쁨의 잔 속에도 슬픔과 괴로움이 섞여 있습니다. 우리가 이 아래 세상에서 누리는 그 어떤 것도 그 속에 괴로움이 섞여 있지 않은 것은 하나도 없습니다. 솔로몬은 우리에게 아름다운 광채를 내는 포도주를 조심하라고 경고한 바 있습니다: "포도주는 붉고 잔에서 번쩍이며 순하게 내려가나니 너는 그것을 보지도 말지어다 그것이 마침내 뱀 같이 물 것이요 독사 같이 쏠 것이며"(잠 23:31-32). 그러나 그리스도의 사랑 속에는 여러분이 후회할 만한 것이 전혀 없습니다. 그리스도의 사랑은 여러분이 아무리 많이 누려도, 그 속에 쓴 것이 없습니다. 여러분이 주님과의 은밀한 교제의 방을 나왔을 때, 그 사랑이 얼마나 순전한 사랑이었는지를 깨닫게 됩니다. 그 사랑은 아무리 누려도 질리지 않습니다. 여러분이 친구들의 파티에 갔다가 왔다면, "나는 아주 행복했지만, 일주일에 6일 동안 내내 즐거울 수는 없었어"라고 말하였을 것입니다. 하지만 여러분이 그리스도와 함께 있을 때에는, 이대로 영원토록 있어도 즐겁겠다는 생각이 듭니다. 그런 교제는 아무리 많이 누려도 그 즐거움이 줄어들지 않습니다. 왜냐하면, 그 교제 속에는 여러분의 행복을 방해하거나 감소시킬 수 있는 것이 아무것도 없기 때문입니다. 물론, 여러분이 지은 죄들이 기억나겠지만, 그런 기억은 주님의 죄 사하심과 은혜로우심에 의해서 다 가려져서, 아주 달콤한 용서를 맛보게 되기 때문에, 여러분의 행복을 조금도 방해하거나 감소시킬 수 없습니다. 그러므로 그리스도의 사랑은 포도주보다 더 낫습니다. 왜냐하면, 그 사랑 속에는 포도주가 우리에게 줄 수 있는 모든 좋은 것들은 다 들어 있지만, 나쁜 것들이나 부작용들은 하나도 들어 있지 않기 때문입니다.

마찬가지로, "포도주"로 대표되는 세상의 즐거움들에 대한 기억은 일시적인 것일 수밖에 없습니다. 죄인이 이 땅에서 많은 날들을 살 수 있었고 많은 부를 누리며 살 수 있었다면, 그가 눈에 보이지 않는 세계로 들어갔을 때, 그것들을 기억할까요? 그는 그것들을 기억하겠지만, 처절하게 흐느끼고 한숨 쉬며 그것들을 기억할 것입니다. 여러분은 아브라함이 큰 갈라진 틈새를 사이에 두고서 지옥에 있던 부자에게 했던 말을 알고 있을 것입니다: "얘 너는 살았을 때에 좋은 것을 받았고 나사로는 고난을 받았으니 이것을 기억하라 이제 그는 여기서 위로를 받고 너는 괴로움을 받느니라"(눅 16:25). 그러나 그리스도의 사랑에 대해서는 우리가 그 사랑을 기억하는 것이 영원토록 즐거울 것이기 때문에, 그 사랑이 포도주보다 더 낫다고 말할 수 있습니다.

> "거기 꽃들이 만발한 푸른 풀밭에,
> 우리의 지친 영혼이 앉아서

황홀한 기쁨으로 얘기하리라."

우리는 무슨 얘기를 하게 될까요? 와츠(Watts) 박사는 "우리의 발이 수고한 일들"을 얘기하게 될 것이라고 말하지만, 나는 그렇게 생각하지 않습니다. 나는 우리가 우리를 위해 이 땅에 오셔서 사시다가 죽으신 그리스도의 수고들에 대하여 얘기하게 될 것이라고 믿습니다. 그것이 우리가 천국에서 하게 될 얘기입니다. 나는 그것이 낙원의 모든 음악과 노래의 주제일 것이라고 확신합니다.

> "그들의 수금은 주 예수를 연주하고,
> 그들은 '예수 나의 주'를 노래하네.
> 거기에서 들려오는 모든 감미로운 노래는
> 우리의 모든 기쁨이자 생명이신 예수를 노래하네."

이제 여러분은 왜 오늘의 본문에서 이런 비유를 사용하고 있는지를 알게 되지 않았습니까? 세상의 즐거움들은 단지 희미한 것이고, 괴로움이 섞여 있는 것이며, 금방 질리는 것이고, 단지 일시적인 것일 뿐이기 때문에, 우리는 세상의 가장 좋은 즐거움들보다도 그리스도의 사랑을 더 기억합니다. 그러므로 그리스도의 사랑은 포도주보다 더 나은 것으로 기억됩니다.

나는 시간 때문에 이러한 여러 가지 것들을 잠깐씩만 다룰 수밖에 없지만, 내가 이 주제에 대하여 말씀을 전하는 것을 기뻐하는 것과 마찬가지로, 여러분도 이 말씀을 듣는 것을 기뻐하신다면, 여러분은 내가 밤새도록 전한다고 해도, 여러분은 기쁘게 들으실 것이고, 나도 밤새도록 전하는 것을 개의치 않을 것입니다. 분명히, 이 주제는 우리의 혀로 끊임없이 얘기해도 늘 행복할 수밖에 없는 그런 주제입니다. 여러분이 자신의 심령 속에 부어진 그리스도의 사랑을 느낄 수만 있다면, "내 혀는 글솜씨가 뛰어난 서기관의 붓끝과 같도다"(시 45:1)라는 고백이 여러분의 입에서 저절로 나오게 될 것입니다.

3. 셋째로, 그리스도의 사랑을 기억했을 때의 실제적인 효과들은 무엇입니까?

우리가 우리를 향하신 그리스도의 사랑을 기억한다면, 그 첫 번째 실제적인 효과는 우리가 그리스도를 사랑하게 된다는 것입니다. 나의 사랑하는 주님, 내가 나를 향하신 당신의 사랑을 기억하고서도, 어떻게 당신을 사랑하지 않을 수 있겠습니까? 와츠(Watts) 박사가 이렇게 쓴 것은 분명히 옳습니다:

"하늘의 비둘기이신 성령이여, 오소서,
　당신의 살리시는 모든 능력으로!
　오소서, 구주의 사랑을 풍성히 부어 주소서.
　그리하면, 우리 영혼이 살리이다."

오, 예수여, 우리의 심령 속에는 당신의 사랑의 빛 외에는 그 어떤 사랑의 빛도 없다는 것이 옳습니다. 우리의 심령의 향단에 불을 붙일 수 있는 것은 당신의 제단으로부터 온 거룩한 불뿐입니다. 우리의 심령이라는 이 마른 샘으로부터는 우리가 길어 올릴 수 있는 생수가 없습니다. 오, 예수여, 당신의 마음속에서 힘 있게 솟아나는 그 샘에서 나오는 생수를 우리에게 주옵소서. 내 마음이 당신의 사랑을 알게 될 때, 내 마음도 당신을 사랑하게 될 것입니다.

그리스도의 사랑을 기억할 때의 또 하나의 실제적인 효과는 형제들을 사랑하게 된다는 것입니다. 우리가 그리스도의 사랑을 제대로 기억하고 있다면, 우리는 그리스도의 형제들을 만났을 때마다 그들에게 사랑을 느끼게 될 것입니다. 그리스도에게는 아주 가난한 형제들도 있고, 아주 못 생긴 형제들도 있습니다. 다윗은 요나단을 생각해서 사울 집의 남은 사람들에게 은혜를 베풀기 위하여, 사람을 보내서 누가 남아 있는지를 알아보게 하였습니다. 시바는 돌아와서, 요나단에게 아들 하나가 있는데, 이름은 므비보셋이고, 다리를 전다고 보고했습니다. 다윗은 이 말을 듣고서 어떻게 했을까요? 다윗이 "그렇게 다리를 저는 자가 나의 궁정에서 돌아다니다가 넘어지는 꼴을 보기 싫으니, 그런 자는 데려오지 말라"고 말했을까요? 아닙니다. 므비보셋은 비록 다리를 절었지만, 그는 요나단의 아들이었습니다. 그래서 다윗은 사람을 그에게 보내 이런 말을 전하게 하였습니다: "너는 항상 내 상에서 떡을 먹을지니라"(삼하 9:7). 여러분은 그리스도께서 사랑하시는 자들 중에서 다리를 저는 사람을 아십니까? 그리스도의 형제들은 모두 다 이런저런 식으로 조금씩 다리를 접니다. 우리가 아주 거룩한 성도들만을 사랑한다면, 그것은 그들이 사랑 받을 만해서 사랑하는 것이 될 뿐입니다. 그러나 우리가 그리스도의 형제들 중에서 기형적이고 불구인 사람들을 사랑한다면, 그것은 그리스도를 인하여 그들을 사랑하는 것이 됩니다. 자신이 하나님의 자녀들 중에서 얼마나 서투르고 엉성한 자였는지를 기억할 수 있다면, 여러분은 하나님의 그 어떤 자녀도 멸시하거나 깔보지 못할 것입니다. 목회자들은 자기 교회의 성도들 중에서 어떤 사람들에 대해서는 많은 인내심이 요구됩니다. 어떤 사람은 아주 치밀하고 깐깐하기 때문에, 그 사람 앞에서는 목회자들이 혹시 잘못 말하는 것이 있지 않을까 하고 늘 걱정합니다. 어떤 사람은 성격이 불 같아서, 목회자들은 혹시 그 사람과 시비가 붙을까봐 언행을 아주 조심합니다. 어떤 사람은 아주 세상적이어서, 비록 그의 심령 속에 하나님의 은혜가 있기는 하지만, 그 은혜는 축축한 볏짚단에 희미한 불씨로 불을 붙이려고 할 때처럼 역부족으로 보입니다. 그리스도에게는 아주 볼썽사나운 형제들이 많이 있습니다. 하지만 그들이 그리스도의 형제이고, 아주 조금은 그리스도를 닮은 부분이 있다는 것을 우리가 볼 수 있다면, 우리는 그리스도 때문에 그들을 사랑할 수 있고, 그리스도를 향한 사랑으로 그들을 위해 우리가 할 수 있는 일들을 기꺼이 하게 될 것입니다. 이렇게 우리를 향하신 그리스도의 사랑을 기억할 때, 우리 속에는 늘 그리스도의 모든 형제들에 대한 사랑이 불붙게 됩니다.

또 하나의 실제적인 효과는 거룩한 삶을 살게 된다는 것입니다. 우리가 우리를 향하신 그리스도의 사랑을 기억할 때, 우리는 죄를 미워하게 됩니다. 그리스도께서 자신의 보혈로 우리를 사셨다는 것을 생각할 때, 우리는 죄악이라는 말만 들어도 질색을 하게 됩니다. 사탄이 우리를 유혹할 때, 우리는 이렇게 말할 것입니다: "나는 너와 상대도 하지 않을 것이니 썩 물러가라. 나는 나를 향하신 그리스도의 사랑을 기억하고 있다." 여러분은 한 인디언 여자에 관한 이야기를 들어보신 적이 있습니까? 어떤 권세 있는 추장이 그녀를 유혹해서 잘못된 길로 이끌려고 하자, 그녀는 그 추장에게 다음과 같은 고상한 대답으로 자신의 의지를 밝혔답니다: "나는 이 세상에서 나의 남편만큼 아름답고 매력적인 남자를 알지 못합니다." 마찬가지로, 신자는 유혹을 받았을 때에 이렇게 말할 것입니다: "나는 그리스도 외에는 선한 그 어떤 것도 알지 못한다. 나는 그리스도만큼 아름다운 사람을 알지 못한다. 그러니 시꺼먼 사탄아, 썩 물러가라. 내 마음은 온전히 그리스도께서 드려졌으니, 나는 너와는 아무 상관이 없다."

그리스도의 사랑을 기억할 때의 또 하나의 실제적인 효과는 환난의 때에 마음의 평안을 얻게 된다는 것입니다. 우리가 잠시 하나님의 얼굴빛을 잃었거나, 사도처럼 바다에서 큰 폭풍을 만나 두 바다가 만나는 지점에서 우리의 배가 거센 파도에 의해서 이미 파선되었거나, 어둠이 우리의 두려움을 더 커지게 만들고 낮이 새로운 위험들을 우리에게 보여줄 때, 우리 하나님의 사랑을 기억하는 것은 특히 감미롭습니다. 그러한 때에 연단을 받은 신자는 이렇게 말할 수 있습니다: "하나님께서 일단 나를 사랑하셨으니, 그 사랑은 결코 변할 수 없다. 나는 지금 그의 얼굴빛을 볼 수 없지만, 그가 어제나 오늘이나 동일하신 분이라는 것을 안다. 나는 그가 자신의 사랑을 내게 보여주셨던 저 기쁨의 동산과 기름지고 좋은 것들로 나를 먹이셨던 저 잔치 자리를 기억한다. 나는 그가 자신의 가련한 연인을 잊으실 리가 없기 때문에, 또다시 그녀에게 오셔서 다시 한 번 그녀를 진창에서 건지셔서 반석 위에 서게 하시며, 그녀의 입에 새 노래를 넣어 주시고, 그녀의 발걸음을 견고히 하실 것임을 확신한다." 우리를 향하신 그리스도의 사랑을 끊임없이 기억하면, 우리는 늘 기쁘고 즐겁게 살아가면서 우리가 마땅히 해야 할 일들을 하고 거룩한 삶을 살아가게 될 것입니다. 사랑하는 주여, 우리에게 그러한 선물을 허락하옵소서. 주께서 우리로 하여금 당신의 사랑을 포도주보다 더 기억할 수 있게 해주시면, 그것은 우리에게 모든 좋은 것들을 한꺼번에 주시는 것입니다. 주의 성령께서 우리를 지켜 주셔서, 이 선한 결단을 늘 유지할 수 있게 해주십시오. 그러면, 우리는 당신을 높이고 즐거워하며, 늘 거룩하고 행복한 삶을 살아가게 될 것입니다.

4. 넷째로, 그리스도의 사랑에 대한 더 깊고 진실한 기억을 유지하기 위한 몇 가지 실천적인 제안들입니다.

　옛적의 청교도 목사님들은 흔히 신자들을 나일 강으로 달려와서 목을 축인 후에 달아나 버리는 애굽의 개에 비유하곤 하였습니다. 즉, 신자들은 예배당에 왔다가, 설교를 듣고 복음의 생수로 조금 목을 축인 후에, 뒤도 돌아보지 않고 가 버린다는 것입니다. 그리고 한 설교자는 자기는 신자들이 물고기 같았으면 좋겠다고 말했습니다. 왜냐하면, 물고기는 개와는 달리 복음의 강에 와서 목만 축이고 가버리는 것이 아니라, 그 강 속에 머물면서 헤엄치며 살아가기 때문입니다. 이 시대에도 그리스도의 사랑에 대하여 조금 듣는 것으로 만족하는 신자들이 너무나 많습니다. 그들은 복음의 강가에서 잠시 목을 축이면 되고, 그 강 속에서 살아갈 필요는 없다고 생각하는 것 같습니다. 그러나 여러분은 러더퍼드 (Rutherford) 목사가 소원한 것을 따르는 편이 훨씬 더 좋을 것입니다: "나는 내 영혼이 그리스도의 사랑의 바다에 푹 잠겼으면 좋겠습니다. 나는 끝없이 펼쳐진 그리스도의 사랑의 망망대해에서 아주 깊은 심해 속에 잠겨서, 내게 다른 것은 남겨진 것이 아무것도 없고, 오직 나를 향하신 그리스도의 사랑과 그리스도를 향한 나의 사랑 속에 잠겨 살았으면 좋겠습니다."

사랑하는 형제들이여, 나는 여러분이 그리스도의 사랑을 기억하고 싶지만, 그런 기억이 아예 없다고 하소연할 것이라고 생각합니다. 나는 여러분이 어떻게 느끼고 있는지를 아주 잘 압니다. 여러분은 설교를 들을 때에는 잠시 거룩한 묵상 속으로 빠져듭니다. 그러나 다음날 아침 일찍 여러분은 일터로 돌아가서, 토요일 밤 12시가 되어서 일에서 빠져 나옵니다. 여러분은 일주일 중에서 6일 동안은 세상을 위해 사용하고, 단 하루만을 천국을 위해 사용하는 셈입니다. 그러니 여러분이 설교를 기억하기가 너무나 어려운 것은 결코 이상한 일이 아닙니다. 나는 그런 여러분을 보면, 어두운 밤에 촛불을 들고 동산에 간 사람이 생각납니다. 바람이 불면, 그 사람은 촛불이 꺼지지 않게 하기 위해서, 자신의 두 손으로 아주 조심스럽게 촛불을 감쌉니다. 마찬가지로, 여러분은 주일날 교회에 와서 설교를 듣고 약한 불빛 하나를 얻어 들고 밖으로 나갑니다. 바깥에서는 여러분 주위로 무수히 바람들이 불어와서, 여러분이 들고 있는 촛불을 꺼버리고자 합니다. 여러분은 자신의 기억 속에서 그 빛이 일주일 내내 꺼지지 않고 희미하게나마 타오르게 하려면 정말 세심한 주의를 기울이지 않으면 안 됩니다. 나는 여러분이 어떻게 해야 예수 그리스도의 사랑에 대한 기억을 여러분의 마음속에 늘 간직할 수 있는지에 관한 꽤 실제적인 조언을 드리고자 합니다.

내가 여러분에게 가장 먼저 해야 할 일들 중의 하나로 권하는 것은 자주 묵상하라는 것입니다. 하루에 15분만이라도 조용히 앉아서, 여러분을 향하신 그리스도의 사랑을 반복해서 묵상해 보십시오. 우리의 영혼은 다른 어떤 일보다도 묵상을 통해서 더 많이 성장한다는 것을 기억하십시오. 우리가 말씀을 듣는 것은 가축들이 들에 나가서 풀을 뜯어먹는 것과 같습니다. 그러나 가축들은 그렇게 풀을 먹은 후에는, 조용히 한쪽 구석에 누워서 되새김질을 하는데, 이것은 우리가 들은 말씀을 묵상하는 것과 같습니다. 하루에 15분만이라도 내서, 하나님의 말씀을 잘게 곱씹어서 소화시키십시오. "15분이라고요! 나는 단 5분도 낼 수가 없습니다"라고 말하는 분들도 계실 것입니다. 사랑하는 형제들이여, 나는 여러분이 그렇게 말하는 것이 무리가 아님을 압니다. 그러나 나는 여러분이 그런 시간을 낼 수 있다고 생각합니다. 우리는 종종 하루의 양쪽 끝 중 어느 쪽을 늘릴 수가 있습니다. 여러분이 자는 시간을 늦출 수 없다면, 아침에 일어나는 시간을 조금 앞당길 수 있지 않겠습니까? 또한, 낮에도 약간의 시간을 낼 수 있는 여지가 있지 않습니까? 여러분은 일하는 시간을 줄이지 않고도, 묵상하고 기도할 시간을 조금 낼 수 있을 것입니다. 우리의 옛 속담 중에 "기도하는 시간과 먹는 시간은 여정에 아무런 방해도 되지 않는다"는 말이 있습니다. 나는 기도하고 묵상하는 시간이 어떤 사람의 일을 전혀 방해하지 않는다고 믿습니다. 어떻게든 여러분의 영혼에 대하여 생각할 약간의 시간을 내기 위해 애쓰십시오. 여러분은 이 죄악 많고 황량한 세상을 위해서는 그렇게 많은 시간을 할애하면서도, 천국과 관련된 일을 하는 데에는 하루에 15분도 내지 않으려고 하는 것입니까? 여러분은 자신이 먹고 마시고 입는 것을 위해서는 그렇게 많은 시간을 할애하면서도, 우리의 귀하신 구주와 그의 사랑에 대해서 생각하는 시간은 15분도 내지 않으려고 하는 것입니까? 사랑하는 여러분, 하루에 적은 시간이라도 내십시오. 그것이 여러분이 올바르게 살아가는 것을 도울 것입니다. 여러분이 주님의 사랑에 대해 묵상하는 시간을 좀 더 갖는다면, 지금처럼 그 사랑을 거의 잊고 살아가는 일은 없게 될 것입니다.

그리스도의 사랑을 기억하는 또 한 가지 방법은 여러분이 그리스도의 사랑에 대하여 어제 알았던 것으로 만족하지 않는 것입니다. 여러분은 그 사랑에 대하여 오늘 좀 더 알 필요가 있고, 내일은 오늘보다 더 많이 알아야 합니다. 어떤 그리스도인들은 주님과 자주 교제하지 않습니다. 나는 그들이 그런 식으로 주님과의 교제를 소홀히 하면서도 살아갈 수 있는지가 의아합니다. 그들은 한 달에 한 번 만나를 조금 거두어들여서는, 그 적은 양의 만나를 가지고 한 달을 살아갑니다. 그들은 성찬의 식탁에서 자신의 구주를 만나고 나서는(그것도 늘 만나는 것도 아니지만), 그 후로는 한 달 동안 주님과 아무런 교제도 없이 하루하루를 살아가고, 그런 삶에 만족합니다. 그리스도인이라면, 그런 식으로 살아가는 것에 만족해서는 안 됩니다. 적어도 하루에 한 번은 주 예수 그리스도와 끊임없이 교제를 가져야 합니다. 주님께서는 우리에게 "일용할 양식"을 구하라고 하셨는데, 그것은 우리가 "하늘의 떡"이신 그리스도를 날마다 먹기를 구하여야 한다는 것을 의미하는 것임에 틀림없습니다. 사람들이 바로 지금 그들이 예수와 교제하여 알게 된 것에 대해서는 말하지 않고, 5-6년 전에 자기가 예수와 교제하여 알게 된 것들만을 얘기한다면, 나는 그런 얘기는 듣고 싶지 않습니다. 어떤 아내가 "내 남편은 몇 년 전에 내게 참 다정했고, 나는 5년 전에 내 남편을 보았는데, 그 이후로는 본 적이 없어요"라고 말한다면, 여러분은 그 아내를 어떻게 생각하시겠습니까? 아마도 여러분은 이렇게 생각할 것입니다: "그녀가 남편을 정말 사랑한다면, 남편을 몇 년 동안 보지 못하고도 어떻게 잘 살아갈 수가 있는 것이지? 남편은 그녀와 같은 집에 살긴 하는데, 몇 년 동안 그녀에게 말 한 마디 하지 않은 것인가?" 주 예수께서는 늘 여러분 곁에 계시는데도, 여러분은 그렇게 가까이 계신 주님과 아무런 교제도 없이 살아갈 수 있다고 말하고자 하는 것입니까? 여러분은 그렇게 살아갈 수 있고, 여러분 중에는 실제로 그렇게 살아가는 분들도 꽤 있습니다. 그러나 나는 여러분에게 더 이상 그런 식으로 살아가지 마시기를 부탁드립니다. 왜냐하면, 그렇게 살아가는 것은 거지꼴을 하고서 비참한 모습으로 목숨만 부지한 채로 살아가는 것에 불과하기 때문입니다. 여러분은 신앙을 가지고 있으면서도, 충분히 비참하게 살아가고 있습니다. 여러분의 신앙은 여러분이 행복하게 살아가는 데에는 역부족입니다. 그러니 여러분의 신앙이 더 많이 성장할 수 있도록, 그리스도와의 교제를 통해서 하늘의 샘에서 생수를 깊이 들이마시십시오. 여러분이 매일매일 그리스도에 대하여 조금씩 더 알아간다면, 여러분은 자기가 그리스도에 대하여 이미 알고 있는 것들을 잊지 않게 될 것입니다.

또한, 여러분이 알고 있는 것을 자신의 마음속에 간직해 둘 수 있는 또 하나의 방법은 그리스도의 사랑을 알게 되었을 때, 그 지식을 자신의 심령 깊은 곳에 단단히 새겨지게 하는 것입니다. 어느 곳에 박힌 못이 매일 조금씩 느슨해져서 6일 후에는 완전히 거기에서 빠져 버리게 되어 있고, 내게 첫째 날에 그 못을 다시 두들겨 박을 기회가 주어졌다면, 나는 당연히 그 못을 두들겨서 흔들거리지 않게 단단히 고정시키고자 할 것입니다. 마찬가지로, 여러분에게 그리스도와 교제하고 사귐을 가질 시간이 많지 않다면, 즉 묵상할 시간이 조금밖에 없다면, 여러분은 그 짧은 시간 동안에 그리스도를 자신의 심령 속에 아주 단단히 박아 두고자 해야 합니다. 단지 그리스도를 생각하는 것만으로 만족하지 마십시오. 겟세마네 동산에서 땀방울이 핏방울이 되도록 괴로워하시며 기도하시는 그리스도를 여러분의 눈 앞에서 생생하게 보며 함께 괴로워하게 될 때까지 결코 만족하지 마십시오.

십자가에 달리신 그리스도를 보며, 여러분도 그와 함께 십자가에 못 박힌 것을 느낄 수 있을 때까지는 결코 만족하지 마십시오. 또한, 무덤에서 다시 살아나신 그리스도와 만나 교제하십시오. 이것은 여러분 속에 그리스도께서 단단히 새겨지게 하는 데 큰 도움이 될 것입니다.

내가 들은 이야기 중에 이런 이야기가 있습니다. 어떤 사람이 길을 가다가, 어느 집 안에서 가난한 백치 청년이 사포로 동판을 부지런히 문지르고 있는 것을 보았습니다. 길 가던 사람이 그 청년에게 무엇을 하고 있느냐고 묻자, 그 청년은 "이 동판에 새겨진 이름을 지워 버리려고요"라고 대답했습니다. 그러자 그 사람은 "자네가 문지르고 있다면 그렇게 해야 하겠지만, 아무리 그렇게 해도 거기에 새겨진 이름은 결코 지워지지 않을 걸세"라고 말했답니다. 마찬가지로, 나는 마귀가 여러분의 마음속에서 예수의 이름을 지워 버리려고 온갖 방법으로 부지런히 여러분을 문질러대고 있다고 생각합니다. 사탄아, 네가 그렇게 하고 싶다면 얼마든지 신자들의 마음을 문질러 보아라. 그러나 너는 그들의 마음에 새겨진 예수의 이름을 결코 지우지 못할 것이다. 왜냐하면, 그 이름은 그들의 마음속에 아주 깊이 새겨져 있기 때문이다. 그리스도의 이름이 여러분의 마음에 새겨져 있다면, 사탄이 그 이름을 여러분의 마음에서 지우려고 아무리 애를 써도, 결코 그렇게 할 수 없습니다. 그 이름은 절대로 지워지지 않을 것이고, 사탄이 지우려고 애를 쓸수록, 도리어 더욱더 밝게 빛을 발하게 될 것입니다.

이제 한 가지 방법만 더 말씀드리겠습니다. 여러분이 서로 만날 때, 그리스도를 여러분의 화제로 삼는 것은 정말 좋은 방법입니다. 신자들은 주일날조차도 얼마나 쓸데없는 잡담으로 시간을 보냅니까! 주일 오후에는 밖에 나가지 않는 신자들이 많기 때문에, 그들은 무엇인가에 대하여 서로 대화를 나누어야 하는데, 일 얘기는 너무 세속적이라고 생각해서, 일에 대해서는 대화를 나누지 않습니다. 또한, 그들은 아주 거룩한 일들에 대해서도 대화를 나누는 것은 위선적이라고 생각해서 그런 대화도 하지 않으려 합니다. 그래서 신자들은 "아무개 목사님의 설교를 들어 본 적이 있나요?"라는 말로 대화를 시작합니다. "에, 한 번 들어 보았습니다." "좋던가요?" 이런 식으로 여러 목사님들과 그들의 설교는 주일 오후에 신자들이 갖고 노는 뼈다귀가 됩니다. 이렇게 그들은 주일에는 아주 거룩하지도 않으면서도 아주 속되지도 않은 그런 화제로 대화를 나누어야 한다고 생각합니다. 나는 여러분에게 지금까지보다 더 많이 주 예수 그리스도에 대하여 서로 대화를 나누시기를 권합니다. 여러분이 그리스도에 대하여 자주 얘기하면 할수록, 여러분은 그리스도의 사랑을 잊어버릴 가능성이 줄어듭니다. 그리스도의 이름이 여러분의 귀에 하루 종일 음악처럼 울려 퍼지게 하십시오. 그 이름이 여러분의 귀에서 울려 퍼진다면, 여러분의 입에서도 그 이름이 울려나오게 될 것입니다. 기회가 있을 때마다, 여러분을 향하신 그리스도의 크신 사랑에 관한 놀라운 이야기를 사람들에게 하십시오. 그러면, 여러분의 기억은 더욱 생생해질 것이고, 여러분의 간증을 들은 사람들은 크고 영원한 복을 얻어 누리게 될 것입니다.

나의 사랑하는 여러분, 하나님께서 여러분으로 하여금 여러분이 누렸던 그리스도의 사랑에 대한 기억을 늘 간직할 수 있게 해주시기를 빕니다. 만약 여러분이 아직 그 사랑을 누린 적이 없다면, 하나님께서 지금 여러분으로 하여금 그 사랑을 누릴 수 있게 해주시기를 빕니다. 여러분이 아직 그리스도께로 나오지 않았다면, 지금 그에게로 나아오십시오. 예수께서 죄인들을 사랑하신다는 것을 기억하십시오. 여러분 중에서 지금 그리스도로부터 멀리 떨어져 있는 사람들이라고 할지라도, 일단 그에게로 돌아오기만 한다면, 여러분은 그가 여러분을 사랑하신다는 것을 알게 될 것입니다. 여러분이 "말씀을 붙잡고서" 신음하고 탄식하며 그리스도께로 나온다면, 그는 여러분을 결코 내치지 않으실 것입니다. 그리스도께서는 지금 두 팔을 활짝 벌리시고서, 여러분을 초대하고 계십니다. 그에게로 나오시기를 간곡히 부탁드립니다. 그의 대사인 내가 여러분에게 오시라고 간청합니다. 여러분이 그렇게만 하신다면, 그는 여러분을 자신의 품에 품어주실 것이고, 천국의 상속자들이 가질 수 있는 모든 것이 여러분의 것이 될 것입니다. 영화롭게 된 성도들이 지금 누리고 있는 모든 것이 여러분이 장차 누리게 될 몫이 될 것입니다. 여러분은 언젠가는 낙원에서 그리스도와 함께 있어, 흰 옷을 입고서 그와 함께 걸으며, 그의 얼굴을 보며, 영원무궁토록 복된 삶을 살게 될 것입니다. 하나님께서 우리에게 지금 은혜를 허락하셔서, 오늘의 본문이 우리의 즐거운 노래가 될 수 있게 해주시기를 빕니다: "우리는 당신의 사랑을 포도주보다 더 기억하리이다."

제
2
장
—

선한 여자 목자

—

"내 마음으로 사랑하는 자야 네가 양 치는 곳과 정오에 쉬게
하는 곳을 내게 말하라 내가 네 친구의 양 떼 곁에서 어찌 얼
굴을 가린 자 같이 되랴 여인 중에 어여쁜 자야 네가 알지 못
하겠거든 양 떼의 발자취를 따라 목자들의 장막 곁에서 너
의 염소 새끼를 먹일지니라." — 아 1:7-8

　　신부는 태양의 열기에 의해서 자신의 아름다움이 심하게 손상이 되었기 때
문에 아주 기분이 우울했고 부끄러웠습니다. "여인 중에 가장 어여쁜 자"가 햇볕
에 검게 그으른 거무스름한 노예처럼 되어 버렸습니다. 영적으로, 택함 받은 영
혼에게도 이런 일이 자주 일어납니다. 하나님의 은혜로 말미암아 백합화처럼 아
름답게 된 영혼이 세상일들에 너무 몰두하여서, 세속의 햇볕에 의해 그 아름다
움에 손상을 입습니다. 신부는 부끄러움을 아는 거룩한 마음으로 "내가 햇볕에
쬐어서 거무스름할지라도 흘겨보지"(6절) 말라고 소리칩니다. 그녀는 사람들이
자기를 호기심 어린 눈길로 보거나 칭송하는 것도 두렵고, 자기를 연민의 눈길
로 보거나 경멸하는 것도 두렵습니다. 그래서 그녀는 자신의 "사랑하는 자"만을
찾습니다. 왜냐하면, 그의 눈빛은 사랑으로 가득 차 있어서, 그의 눈 앞에서는 자
신의 거무스름한 모습이 창피하거나 괴롭지 않을 것임을 그녀는 알고 있기 때문
입니다. 이것은 은혜 받은 영혼임을 보여주는 하나의 지표입니다. 즉, 불경건한
자들은 이리저리 헤매고 다녀도, 어디에서 위로를 받을지를 알지 못하는 반면

에, 믿는 심령은 오직 주님 안에만 참된 안식이 있다는 것을 알기 때문에, 자신의 "사랑하는 자" 구주께로 자연스럽게 피하게 됩니다.

우리가 앞 절로부터 알 수 있는 것은 신부는 자신에게 맡겨진 힘든 일을 하느라 고생을 했고, 그 일을 해야 했기 때문에 자기 자신을 제대로 돌볼 수가 없었다는 것입니다. 그녀는 "내 어머니의 아들들이 나에게 노하여 포도원지기로 삼았음이라"(6절)고 말합니다. 그녀는 포도원을 잘 지키고자 했지만, 자기가 그렇게 하지 못했다고 느꼈습니다. 게다가, 그녀는 좀 더 직접적인 의무를 행하는 데에도 실패하였습니다: "나의 포도원을 내가 지키지 못하였구나." 자기 스스로 해야 할 일도 제대로 하지 못하고, 남이 시킨 일도 제대로 해내지 못함으로써, 이중으로 자기가 쓸모없는 자임을 느끼고서 심하게 눌린 가운데, 그녀는 자신의 "사랑하는 자"를 찾아 가르침을 구했습니다. 이것은 그녀가 잘한 것이었습니다. 만일 그녀가 자신의 주님을 사랑하지 않았다면, 그녀는 자신의 아름다움이 손상된 것을 알았을 때에 주님을 피하고자 했을 것이지만, 주님을 사랑하는 그녀의 마음은 자기가 못생기고 못났다고 해도 주님이 자기를 버리지 않을 것임을 본능적으로 확신합니다. 게다가, 그녀는 자기를 낮추고 주님께 호소하는 지혜도 지녔습니다. 사랑하는 자들이여, 여러분이 죄를 지었다고 해도, 여러분은 예수를 피하지 마시기를 바랍니다. 죄책감 때문에 예수로부터 멀리 떠나가려고 하지 마십시오. 만일 여러분이 그렇게 떠나고자 한다면, 그것은 정말 어리석은 짓이 될 것입니다. 죄는 여러분을 시내 산으로부터 몰아내서 골고다로 나아가게 합니다. 우리 자신이 더럽다는 것을 느꼈을 때, 우리는 더욱더 신속하게 우리를 깨끗하게 해줄 샘으로 달려가야 합니다. 우리의 영혼이 병들어 죽게 되었다고 느꼈다면, 우리는 우리에게 생명과 치유를 줄 수 있는 샘인 예수의 상처들을 향하여 온 힘을 다해 달려가야 합니다. 오늘의 아가서 본문에서 신부는 자기 자신과 자신의 일에 대한 온갖 고민과 괴로움들을 예수께로 가지고 나아갑니다. 그녀는 자기 자신의 포도원도 지키지 못했고, 다른 사람들의 포도원도 지키지 못한 이 두 가지 죄책을 예수 앞에 가져갑니다. 오늘 아침 이 자리에서 내가 전하는 말씀을 듣고 계시는 분들 중에는 여러 가지 일로 주님을 섬기는 데 바쁜 분들이 많이 계실 것이고, 그분들은 자신의 마음속에서 예수를 늘 가까이 하는 것이 잘 안 되고, 뜨거운 열심으로 하나님을 섬기고 있지도 못하다고 느끼기 때문에, 많이 근심도 되고 괴롭기도 할 것입니다. 그들은 계속해서 무거운 발걸음으로 터벅터벅 걷고 있기 때문에, 성경에서 "비록 피곤하나 추격하는"(삿 8:4) 자들로 묘사된 상태와 아주 흡사합니다. 예수께서 함께 하실 때에는 그를 위해 수고하는 것은 기쁨이지만, 예수께서 함께 하지 않으실 때에는 그의 종들은 자신들이 햇빛이 차단된 지하에서 일하는 노동자들 같다고 느끼게 됩니다. 그들은 예수를 위해 일하는 것을 포기할 수 없습니다. 그들이 그러기에는 예수를 너무 사랑합니다. 그러나 그들은 예수를 위해 일하는 동안에, 예수께서 그들과 함께 해주시기를 고대합니다. 자신의 새로운 집을 짓기 위해 각자 대들보로 쓸 나무를 베러 숲으로 갔던 젊은 "선지자들"과 마찬가지로, 그들은 "주님이 우리와 함께 가시기만 하면 됩니다"라고 말합니다. 우리가 예수를 위하여 열심히 일하는 동안에 우리의 가장 간절한 소원은 예수와의 달콤한 교제를 누리는 것입니다. 사랑하는 자들이여, 이것은 우리 모두에게 아주 중요합니다. 그리스도인 사역자들이 늘 생각해야 할 주제는 그들 자신과 자신들의 일을 주님께 맡기고 함께 하고 있느냐 하는 것입니다.

나는 우리가 그 주제를 생각하는 데 도움이 될 수 있도록 오늘의 본문을 세개의 대지로 나누어서 살펴보고자 합니다. 첫째, 본문은 어떤 질문을 해야 하는지를 보여줍니다: "내 마음으로 사랑하는 자야 네가 양 치는 곳과 정오에 쉬게 하는 곳을 내게 말하라." 둘째, 본문은 어떤 근거를 제시해야 하는지를 보여줍니다: "내가 네 친구의 양 떼 곁에서 어찌 얼굴을 가린 자 같이 되랴." 셋째, 본문은어떤 응답을 얻었는지를 보여줍니다: "여인 중에 어여쁜 자야 네가 알지 못하겠거든 양떼의 발자취를 따라 목자들의 장막 곁에서 너의 염소 새끼를 먹일지니라."

1. 첫째로, 우리는 어떤 질문을 해야 합니까?

오늘의 본문에서 연인이 하는 질문에 사용된 단어는 우리가 하나하나 꼼꼼히 묵상해 볼 가치가 있습니다. 여러분이 가장 먼저 볼 수 있는 것은 그 질문은 사랑에서 나온 질문이라는 것입니다. 그녀는 자기가 질문하는 대상을 "내 마음으로 사랑하는 자야"라고 부릅니다. 그녀는 자기 자신이 어떤 처지에 있다고 느끼든, 자기가 그를 사랑한다는 것을 압니다. 그녀는 "햇볕에 쬐어서 거무스름하게" 되어, 남들이 자신의 얼굴을 쳐다보는 것을 창피해하지만, 그래도 여전히 자신의 신랑을 사랑합니다. 그녀는 자신의 포도원을 제대로 돌보지 못하고 간수하지 못했지만, 그래도 여전히 그를 사랑합니다. 그녀는 자기가 그를 사랑한다는 것을 확신하기 때문에, 담대하게 그 사실을 분명히 밝힙니다. 그녀는 세상의 그 어떤 것보다도 그를 사랑하기 때문에, 오직 그만이 "내 마음으로 사랑하는 자"라 불릴 수 있습니다. 그녀는 그와 비견되거나 경쟁될 만한 그 어떤 것도 알지 못합니다. 그는 그녀의 온 마음을 차지하고 있는 유일한 주이자 왕입니다. 또한, 그녀는 자기가 그를 열렬히 사랑한다는 것을 느낍니다. 그녀는 자신의 영혼 깊은 곳에서부터 그를 사랑합니다. 그녀의 존재 전체는 그와 결부되어 있습니다. 그녀에게 있는 모든 힘과 생명력은 오직 그를 향해 불타오르는 그녀의 사랑의 큰 불길을 위한 연료일 뿐입니다.

본문은 "내 마음이 믿는 자"라고 말하고 있지 않다는 것을 주목하십시오. 물론, 이 말도 그녀에게 그대로 적용되는 말이기는 하지만, 그녀는 그것을 뛰어넘어 있습니다. 또한, 본문은 "내 마음이 존경하는 자"라고 말하고 있지도 않습니다. 물론, 이 말도 사실이기는 하지만, 그녀는 그 단계도 뛰어넘어 있습니다. 본문은 "내 마음이 의지하고 순종하는 자"라고 말하고 있지도 않습니다. 물론, 그녀는 그렇게 하고 있지만, 불같이 활활 타오르고 있는 그녀의 열렬한 마음을 표현하는 데에는 그런 말은 역부족입니다. 따라서 본문은 "내 마음으로 사랑하는 자"라고 말합니다. 사랑하는 자들이여, 나는 우리 중에서 많은 이들이 예수에 대하여 그렇게 말할 수 있을 것이라고 믿습니다. 예수는 우리에게 "무수히 많은 이들 중에서" 가장 사랑하는 자입니다. "그의 입은 달콤함 그 자체이고, 그의 모든 것은 사랑스러움 그 자체입니다." 우리의 영혼은 예수 안에 파묻혀 있고, 우리의 마음은 온통 예수에 대한 생각뿐입니다. 우리가 이렇게 되지 않는다면, 우리는 결코 그를 섬기지 못할 것입니다. 우리 주님은 베드로에게 "내 양을 치라"(요 21:16)고 말씀하시고 "내 양을 먹이라"(17절)고 말씀하시기 전에, 먼저 이렇게 물으셨습니다: "요한의 아들 시몬아 네가 나를 사랑하느냐"(15절). 주님은 이 말씀을 세 번이나 반복하셨습니다. 왜냐하면, 그 질문이 해결되기 전에는, 우리는 그를 섬기기에 합당하지 않기 때문입니다. 마찬가지로, 신부도 여기에서 자신이 돌볼 양 떼를 갖기 전에, 마치 자기가 신랑을 사랑하지 않는다면, 자기가 그의 양 떼의 일부를 돌보는 일은 있을 수 없다고 느끼고, 그녀가 목자가 될 수 있는 자격은 신랑을 사랑하느냐의 여부에 달려 있다는 것을 알고 있다는 듯이, 자신은 신랑을 사랑한다고 맹세합니다. 그녀는 자신 속에 신랑에 대한 참된 사랑이 먼저 있지 않다면, 그와의 교제는 물론이고, 그녀가 일을 할 때에 그의 도움을 기대할

수도 없었습니다. 그러므로 본문에 나오는 질문에서 그리스도를 부르는 호칭 속
에 지극한 사랑의 마음이 담겨 있다는 것은 우리에게 시사해 주는 바가 큽니다.
나는 이 자리에 계신 모든 일꾼들에게, 자신이 언제나 사랑에서 우러나와서 자
신의 일을 하고 있고, 주 예수를 우리에게 하고 싶지 않은 일들을 주시고 잘하나
못 하나를 감독하시는 분이 아니라, 그분을 섬기는 것이 지극한 복이고 그분을
위해 죽는 것도 유익인 우리의 사랑하는 주님으로 여기고 있는지를 늘 점검해
보시기를 부탁드립니다. "내 마음으로 사랑하는 자"라는 호칭은 예수를 위하여
일하는 자들이 자신의 주님을 부를 때에 사용하기에 아주 적절한 호칭입니다.

또한, 본문에 나오는 질문은 사랑에서 우러나온 간구임과 동시에 자신의 사
랑하는 자에게 하는 질문이기도 합니다: "내 마음으로 사랑하는 자야 네가 양 치는
곳을 내게 말하라." 그녀는 마치 오직 자신의 사랑하는 자만이 올바르게 대답할
수 있고, 다른 사람들은 잘못 대답해 줄 수도 있다고 생각한다는 듯이, 오직 그가
자기에게 대답해 주기를 간절히 원하는 마음으로 그에게 질문합니다. 그녀는 그
가 자신에게 가장 다정하고 친절하게 대답해 줄 것이라고 확신하였기 때문에,
그에게 질문한 것입니다. 다른 사람들은 그녀의 질문에 무관심할 수도 있고 대
답하기를 귀찮아 할 수도 있지만, 예수께서 그의 입술로 친히 그녀에게 말해준
다면, 그의 모든 말 속에는 사랑이 녹아 있어서, 그녀는 자신의 질문에 대한 대답
을 알 수 있게 될 뿐만 아니라, 위로도 받게 될 것이었습니다. 아마도 그녀는 예
수처럼 자기에게 말해줄 사람은 아무도 없을 것이라고 느낀 것 같습니다. 왜냐
하면, 다른 사람들은 그녀의 귀에 말해 주지만, 예수는 그녀의 마음에 대고 말해
주기 때문입니다. 다른 사람들이 해주는 말에는 별 힘이 없어서, 우리는 그 말을
들어도 감동을 받지 못합니다. 그러나 예수께서 말씀하시면, 그가 하시는 한 마
디 한 마디 말씀 속에서 성령이 역사하시기 때문에, 우리는 그와 대화할 때에 유
익을 얻게 됩니다. 나의 형제들이여, 나는 여러분의 경우에는 어떠한지를 알지
못하지만, 오늘 아침 내가 그리스도로부터 말씀 한 마디만 얻을 수 있다면, 내 영
혼이 여러 날 동안 만족하게 될 것임을 느낍니다. 나는 복음을 듣고 읽고 전하는
것을 좋아하지만, 성령의 역사로 말미암아 그리스도로부터 새롭게 복음을 듣는
것이 가장 좋습니다. 그랬을 때에 나는 새 힘을 얻습니다. 그렇게 듣는 말씀은 에
너지이고 능력입니다. 그러므로 구주여, 당신의 일꾼들이 당신이 어디에서 양을
치시는지를 알고자 할 때, 그들에게 친히 말씀해 주십시오. 당신의 성령을 통해

서 그들의 마음에 말씀하셔서, 그들로 하여금 그들의 영혼 깊은 곳에서 새로운 계시를 받는 것처럼 느끼게 해주십시오. "내 마음으로 사랑하는 자여 내게 말하라." 이 질문은 사랑에서 우러나온 질문임과 동시에, 자신의 사랑하는 자에게 묻는 질문입니다.

이제 질문의 내용이 무엇인지를 살펴보기로 하겠습니다. 그녀는 예수께서 그의 일을 어떻게 하고 어디에서 하는지를 알고 싶어 합니다. 8절을 보면, 그녀 자신도 양 떼를 키우고 있는 것으로 보입니다. 그녀는 여자 목자이고, 자신의 양 떼를 먹이고자 하기 때문에, "네가 양 치는 곳을 내게 말하라"고 얘기합니다. 또한, 그녀는 자신의 양 떼를 먹임과 동시에 쉬게 하고 싶어 하기 때문에, "네가 네 양 떼를 정오에 쉬게 하는 곳을 내게 말하라"고 합니다. 왜냐하면, 그녀가 예수께서 그의 일을 어떻게 하고 어디에서 하는지를 알고서, 거기에 가서 그와 교제하며 그를 그대로 본받아 행하면, 그녀는 자신의 양 떼도 제대로 먹이고 쉬게 할 수 있을 것이기 때문입니다. 따라서 그녀의 질문은 이런 의미인 것으로 보입니다: "주여, 주께서 주의 백성의 영혼들에게 어떤 진리들을 먹이시는지를 내게 말해 주십시오. 강한 자들을 고분고분하게 만들고 슬픈 자들을 기쁘게 만드는 가르침들이 무엇인지를 내게 말해 주십시오. 주께서 주리고 지친 영혼들에게 주셔서 다시 살아나서 새 힘을 얻게 하는 저 귀한 양식이 무엇인지를 내게 말해 주십시오. 주께서 내게 말해 주신다면, 나는 내 양 떼에게 그 동일한 양식을 먹일 것입니다. 주께서 주의 양 떼를 먹이시는 초장이 어디에 있는지를 내게 말해 주십시오. 내가 내 양 떼를 바로 그 복된 초장으로 즉시 데리고 갈 것입니다. 주께서 주의 백성을 어떻게 쉬게 하는지도 내게 말해 주십시오. 주께서 어떤 약속들로 그들의 영혼을 위로하셔서, 그들의 온갖 염려와 의심과 두려움과 초조함을 다 몰아내 주시는 것입니까? 주께서는 주의 사랑하는 양 떼를 조용히 누이시고 잠들게 하시는 더할 나위 없이 복된 초장을 갖고 계십니다. 그 초장이 어디에 있는지를 내게 말해 주셔서, 나로 하여금 내게 맡겨진 양 떼를 거기로 데려갈 수 있게 해주소서. 나는 내 양 떼 중에서 슬퍼하는 자들을 위로해야 하고, 괴로워하는 자들의 고통을 덜어 주어야 하며, 낙심한 자들에게 용기를 불어넣어 주어야 합니다. 주여, 주께서 주의 양 떼를 누이시는 곳이 어디인지를 내게 말해 주십시오. 그렇게 해서, 내가 주의 도우심으로 내 양 떼를 거기로 데리고 가서 평안히 누일 수 있게 해주십시오. 내가 이렇게 묻는 것은 내 자신을 위한 것이기도 하지만, 특히 다른 사람들을 위한 것입니다. 그러니, '네가 양 치는 곳과 정오에 쉬게 하는 곳을 내게 말하라.'" 나는 신부가 자기 자신과 자신의 유익을 위해서 정보를 얻고자 하였다는 것을 의심하지 않습니다. 와츠(Watts) 박사의 다음과 같은 찬송은 이 구절의 의미를 부분적으로는 잘 파악한 것으로 보입니다:

> "즐거이 내가 주의 양 떼 가운데서 먹으며,
> 주의 양 떼 가운데서 쉬고,
> 주의 양 떼 가운데서 잠이 들리라."

　그러나 나는 그것이 이 구절이 궁극적으로 말하고자 하는 의미의 전부는 아니라고 생각합니다. 신부가 "네가 양 치는 곳을 내게 말하라"고 한 것 속에는 자기도 그의 양 떼와 함께 먹기를 원한다는 의미가 있고, "네가 네 양 떼를 정오에 쉬게 하는 곳을 내게 말하고" 했을 때에는, 자기도 거기에서 쉬기를 원한다는 뜻이 거기에 담겨 있다는 것은 사실입니다. 그러나 신부가 그렇게 말한 요지는 그리스도의 양 떼가 먹는 곳으로 자신의 양 떼를 데려가 먹이고 싶고, 그리스도의 어린 양들이 누워 쉬는 곳으로 자신의 작은 양들을 데려가 쉬게 하고 싶다는 것입니다. 사실, 그녀는 그와 함께 있으면서 자신에게 맡겨진 일을 하고 싶은 것입니다. 그녀는 자신의 양 떼가 주님의 양 떼와 함께 섞이고, 자신의 일이 그의 일과 함께 섞이게 해서, 자기가 하고 있는 일이 그를 위한 것임을 느끼고 싶어 합니다. 즉, 그녀는 모든 일을 그와 함께 하고 싶고, 그로 말미암아 하고 싶은 것입니다. 그녀는 앞서 자신에게 맡겨졌던 일들을 하면서 큰 어려움들을 많이 겪었습니다. 그녀는 자신의 새끼 양들을 먹이고자 하였지만, 그들을 먹일 만한 초장을 발견할 수 없었습니다. 아마도 그녀는 목자의 일을 시작했을 때에는 자기가 그 일을 잘해낼 수 있을 것이라고 생각했었지만, 뜨거운 햇볕은 자신의 얼굴을 검게 태웠을 뿐만 아니라 초장의 풀들도 말라 죽게 하였기 때문에, 이제는 "나는 내 양 떼를 먹일 풀을 찾을 수 없으니, 초장에 대해서 잘 아시는 주여, 주께서 주의 양 떼를 먹이시는 곳을 내게 말해 주소서"라고 말하고 있는 것입니다. 그녀는 뜨거운 햇볕 아래에서 자기도 고생을 하고 있지만, 자기가 기르는 양 떼도 마찬가지로 고생을 하고 있는 것을 발견합니다. 그래서 그녀는 애타게 자신의 사랑하는 자에게 묻습니다: "당신이 당신의 양 떼를 정오에 쉬게 하는 곳이 어디입니까? 한낮의 햇볕이 뜨거운 열기를 폭포처럼 쏟아 부을 때, 그 타는 듯이 뜨거운 열기를 막아줄 큰 바위의 서늘한 그림자들은 어디에 있습니까? 나의 가엾은 양 떼가 이렇게 수없이 고통을 당하고 괴로움을 겪는데도, 나는 그들에게 그늘을 줄 수도 없고 위로도 줄 수 없습니다. 하지만 나는 그들에게 그늘과 위로를 주고 싶습니다. 주여, 양 떼로 하여금 새 힘을 얻을 수 있게 하는 비결을 내게 말해 주십시오. 그러면, 내가 주께서 하신 방법을 그대로 사용해서, 내 양 떼로 새 힘을 얻게 하고자 합니다." 우리가 하나님의 약속들의 숲과 평안의 시원한 물줄기가 어디에 있는지를 알아야만, 우리는 다른 사람들을 거기로 데려가서 쉬게 할 수 있습니다. 우리가 예수를 따라가야만, 우리는 다른 사람들을 인도해서, 그들도 우리와 마찬가지로 위로와 평안을 발견하게 할 수 있습니다. 이것이 우리 앞에 놓여 있는 본문에 나오는 질문의 의미입니다.

본문에서 그녀는 아주 구체적으로 "내게 말하라"고 표현하고 있다는 것에 주목하십시오. "주여, 주의 양 떼들도 주께서 어디에서 양들을 치고 계시는지를 알고 싶어 하겠지만, 그렇더라도 그들에게가 아니라 내게 말해 주십시오. 그러면, 내가 기쁜 마음으로 그들에게도 그것을 알려 주겠습니다." 그녀는 알고 싶은 것들이 많았을 것이지만, 무엇보다도 먼저 "네가 양 치는 곳을 내게 말하라"고 합니다. 왜냐하면, 그녀는 다른 사람들을 먹이고 싶었기 때문입니다. 우리는 다른 사람들을 도와서 안식에 이르게 하고자 하고, 주님께서 우리의 양심에 평안을 주셨듯이, 우리도 다른 사람들의 양심이 평안을 얻을 수 있게 하고자 하기 때문에, 실제적인 지식을 원하여서, "내게 말하라"고 기도하는 것입니다. "목자장이시여, 주는 나의 모델이시고, 나의 지혜이십니다. 나는 주의 양 떼를 치는 목자이긴 하지만, 내 자신도 주의 양입니다. 그러므로 내가 다른 사람들을 가르칠 수 있도록, 나를 가르치소서."

나는 어떻게 해야 나의 심정을 여러분에게 분명히 표현할 수 있을지를 알지 못합니다. 하지만 아주 간단히 말해서, 나는 지금 많은 부분 여러분이 아니라 내 자신에게 설교를 하고 있는 것입니다. 나는 내 자신의 마음을 향해 설교하고 있습니다. 나는 매 주일마다, 그리고 평일에도 이 자리에 와서, 그리스도에 관한 수많은 귀한 말씀들을 여러분에게 전하지 않을 수 없다는 것을 느낍니다. 그리고 종종 내 자신도 그 말씀들을 먹고 마시며 누립니다. 아무도 그 말씀들에 의해서 복을 얻지 못한다고 해도, 적어도 나만은 복을 얻고, 집에 가서, 그 얻은 복으로 인하여 하나님을 찬송합니다. 나의 매일의 염려는 내가 여러분을 위해 말씀들을 전하고, 다른 사람들을 위해서 선한 것들을 전하면서도, 정작 내 심령 속에서는 아무런 유익도 얻지 못하게 되면 어쩌나 하는 것입니다. 나의 기도는 주 예수께서 그가 자기 백성을 어디에서 먹이시는지를 내게 보여주셔서, 나로 하여금 그들과 함께 먹게 하시고, 아울러 내가 여러분을 주님이 계시는 초장으로 인도하여, 나와 여러분이 주님과 함께 거하게 해주시라는 것입니다. 이 자리에 계신 주일학교 교사들과 복음 전도자들을 비롯한 여러 일꾼들은 내가 사랑하는 참된 동역자들이고, 나는 그들을 생각할 때마다 하나님께 감사를 드리는데, 여러분이 꼭 명심해야 할 것은 다른 사람들을 신령한 자들로 만들기 위해 애쓰면서 정작 여러분 자신의 영성을 잃어버리는 일이 일어나지 않도록 조심해야 한다는 것입니다. 그렇게 하기 위해서 중요한 것은 하나님을 늘 가까이 하고 살아가는 것입니다. 만약 여러분이 다른 사람들의 영혼을 돌보는 일에는 아주 큰 열심을 내면서도 정작 자기 자신의 영혼을 돌보는 일을 소홀히 한다면, 그것은 끔찍한 일이 될 것입니다. 여러분의 사랑하는 자이신 그리스도께 그가 자신의 백성을 먹이시는 곳에서 여러분에게 맡겨진 양 떼를 먹일 수 있게 해주시라고 간구하십시오. 여러분이 마르다 같이 집에서 일을 하는 동안에도 마리아처럼 주의 발 앞에 앉아 말씀을 들을 수 있게 해주시라고 기도하십시오. 여러분은 반드시 그렇게 되도록 해야 합니다. 여러분이 주님과 교제함으로 말미암아, 여러분이 하는 일이 주의 일 속으로 녹아들어서, 여러분이 행하는 일이 주께서 여러분 속에서 친히 하시는 일이 되고, 여러분의 일은 주님이 여러분의 영혼에 부어 주시는 것들을 기쁜 마음으로 다른 사람들에게 부어 주는 일이 되게 하여야 합니다. 나의 형제들이여, 하나님께서 여러분 모두로 하여금 그렇게 되게 해주시기를 빕니다.

2. 둘째로, 우리가 그렇게 질문해야 하는 이유는 무엇입니까?

신부는 "내가 네 친구의 양 떼 곁에서 어찌 얼굴을 가린 자 같이 되랴"고 말합니다. 만일 그녀가 자신의 양 떼를 먼 곳에 있는 초장으로, 예수께서 자신의 양 떼를 치는 곳으로부터 아주 멀리 떨어진 곳에 있는 초장으로 데려간다면, 그것은 좋지 않은 일이 될 것입니다. 목자들은 위험을 대비해서 서로를 의지하고 함께 움직이는 것이 좋은데, 그녀가 자신의 신랑을 떠나서 다른 목자들과 어울린다면, 그것이 합당한 일이겠습니까? 그녀는 그런 일은 생각만 해도 너무나 끔찍한 일이라고 말합니다. 먼저, 신부가 신랑 외의 다른 사람들과 어울리는 것은 아주 보기 좋지 않은 일이 되지 않겠습니까? 목자들마다 양 떼가 있고, 신랑에게도 큰 무리의 양 떼가 있으며, 그녀에게는 적은 무리의 양 떼가 있습니다. 그런데 신랑과 신부가 서로 제각기 멀리 떨어져서 초장을 찾는다는 것이 말이 되겠습니까? 그런 모습을 본 사람들은 이렇게 말할 것입니다: "모양새가 정말 좋지 않군. 두 사람 사이에 사랑이 식었나봐. 그렇지 않다면, 이렇게 서로 갈라져서 양 떼를 칠 리가 없지." 여러분은 신부가 하는 말 속에서 "내가"에 강조점을 두고 읽을 수 있습니다. "땅이 있기 전부터 당신의 피로 산 신부인 '내가,' 당신이 그토록 사랑해 왔던 '내가' 어떻게 당신을 잊고 다른 사람들을 따라나서겠습니까?' 사랑하는 자들이여, 본문에 나오는 "내가"가 바로 여러분 자신이라고 생각해 보십시오. "주님으로부터 죄 사함 받은 '내가,' 주께서 지금까지 수많은 은총을 베푸시며 사랑해 오신 '내가,' 오랜 세월 동안 주님과의 교제를 누려온 '내가,' 주의 사랑이 포도주보다 더 낫다는 것을 아는 '내가,' 이전에 주의 달콤함에 취해 살던 '내가' 어떻게 주님을 떠나 있을 수 있겠습니까? 다른 사람들은 그렇게 할지 몰라도, 내가 그렇게 한다면, 그것은 정말 볼썽사나운 일이 될 것입니다." 형제들이여, 여러분이 그리스도를 떠나서 일을 한다면, 그 모습은 정말 볼썽사나운 모습이 될 것임을 실감하도록 애써 보십시오. 여러분이 예수와의 교제를 떠나서 일하는 모습은 너무나 추한 모습이어서, 선한 평판을 듣지 못하게 될 것입니다. 신부가 다른 목자들 속에 섞여서 자신의 양 떼를 먹인다면, 그것은 자신의 남편에 대한 부정한 짓을 저지르는 것과 마찬가지로 보일 것입니다. 설마 그리스도의 신부가 자신의 사랑하는 자를 버리겠습니까? 설마 그녀가 자신의 주에 대하여 부정한 짓을 저지르겠습니까? 하지만 그녀가 자신의 사랑하는 자를 잊고서, 다른 목자들과 어울린다면, 그것은 그렇게 보일 것입니다. 심지어 우리의 마음은 그리스도의 일에 열심인 동안에도, 그리스도에 대하여 점점 더 부정한 짓을 저지를 수 있습니다. 내가 냉랭하고 기계적인 영혼으로 그리스도의 일을 하게 된다면, 그것은 너무나 끔찍한 일일 것입니다. 그러나 그것보다 더 끔찍한 것은 내가 그리스도의 일에 대해서는 열심을 보이면서도, 정작 주님 자신을 향해서는 냉랭하게 되는 것입니다. 그러한 마음 상태가 가능합니다. 우리는 길거리에서 많은 사람들 앞에서 예수를 위해 횃불을 들고 행진하면서도, 우리의 심령 속에는 예수의 손을 녹여드릴 만한 화롯불조차 없는 경우가 있을 수 있습니다. 우리는 큰 무리와 함께 어울려서 주님을 위해 일할 때에는, 마음이 뜨거워지고 다른 사람들로부터 자극을 받아서 온 힘을 다해 일하게 됩니다. 그런 후에, 우리는 "분명히 내 마음은 하나님을 향해서 건강한 상태에 있는 거야"라고 생각합니다. 그러나 사랑하는 자들이여, 많은 사람들과 한데 어울려서 한 바탕 큰 일을 치르면서 한껏 고양된 우리의 심령은 우리의 실제의 마음 상태를 보여주는 지표가 될 수 없습니다. 나는 내가 혼자 골방에 있을 때에 고요하고 거룩하게 타오르는 불을 좋아합니다. 내가 내 자신과 여러분에 대해서 다른 어떤 것보다도 더 염려하는 것은 우리가 그리스도 없이 그리스도의 일을 하고 있는 것은 아닌가 하는 것입니다. 그리스도의 일은 많이 하면서도, 정작 그리스도에 대해서는 별로 생각하지 않는 일이 우리에게 일어나서는 안 됩니다. 우리는 그리스도를 섬기는 일에 많이 참여하면서도, 정작 그리스도를 잊어버리는 자들이 되어서는 안 됩니다. 만일 그런 일이 일어난다면, 우리는 처음에는 그리스도를 섬기다가, 나중에는 적그리스도를 위해 수고하는 쪽으로 변질되고 말 것입니다. 이것을 조심하십시오! 여러분에게 맡겨진 하나님의 일을 사랑하십시오. 그러나 여러분의 주님을 더 사랑하십시오. 여러분에게 맡겨진 양 떼를 사랑하십시오. 그러나 목자장을 더 사랑하시고, 늘 그에게 붙어 있으십시오. 만일 여러분이 그렇게 하지 않는다면, 그것은 여러분이 충성되지 못하다는 것을 보여주는 증표가 될 것입니다.

다시 한 번 본문을 보겠습니다: "내가 네 친구의 양 떼 곁에서 어찌 얼굴을 가린 자 같이 되랴." 우리는 이 본문을 다음과 같은 의미로 읽을 수 있습니다: "왜 내가 당신을 위하여 일하는 것인데도, 당신과의 교제로부터 떠나 있는 그런 비참함을 맛보아야 합니까? 예수와의 교제를 잃어버렸는데도, 계속해서 신앙 활동들을 해야 하는 것은 정말 비참한 일입니다. 여러분의 병거에서 바퀴들이 빠져버렸더라도, 아무도 그 병거를 타고자 하지 않는다면, 그것은 큰 문제가 되지 않습니다. 그러나 누가 여러분의 병거에 타겠다고 한다면, 여러분은 낭패를 당하게 됩니다. 어떤 사람이 발을 절어도, 혼자 앉아 있기만 할 때에는 별 문제가 없지만, 달리기를 해야 한다면, 그는 자신의 처지가 비참함을 느끼게 될 것입니다. 신부는 신랑이 없는 것을 아쉬워하며, 다른 목자들의 틈바구니에서 자기도 먹고 자신의 양 떼도 먹일 수밖에 없다는 생각을 하게 되자, 자신의 처지가 두 배나 더 비참하게 느껴졌습니다. 사실, 신부의 항변 속에는 다음과 같은 의미가 담겨 있는 것으로 보입니다: "내가 내 주를 떠나 있어야 할 이유가 도대체 무엇입니까?

내가 어떤 평계를 대고서 다른 목자들 가운데로 끼어 들어갈 수 있을까요? 내가 내 주와 늘 교제 가운데 있지 않을 어떤 이유가 있는 것입니까? 나는 왜 다른 목자들 틈에 끼어서 눈칫밥을 먹어야 하는 것입니까? 설령 다른 사람들이 그렇게 한다고 하더라도, 왜 내가 그들 중의 한 사람이 되어야 합니까? 다른 사람들에게는 그렇게 할 만한 사정이 있고 이유가 있겠지만, 내게는 그럴 이유가 전혀 없습니다. 나를 향한 당신의 차고 넘치는 사랑, 당신의 너그러운 사랑, 당신의 과분한 사랑, 당신의 특별한 사랑이 나의 손과 발을 묶어 버렸는데, 어떻게 내가 다른 곳으로 갈 수 있겠습니까? 어떤 신앙인들은 당신에게 별로 빚진 것이 없다고 말할지 모르지만, 죄인들 중의 괴수여서 당신에게 너무나 많은 빚을 진 내가 어떻게 당신을 떠나 살 수 있단 말입니까? 당신이 가혹하게 대한 자들은 당신을 떠날 수도 있을 것입니다. 그러나 당신은 내게 너무나 큰 인애를 베풀어 주셨는데, 어떻게 내가 당신을 잊을 수 있겠습니까? 당신을 잘 알지 못하고 당신에 대한 체험이 별로 없는 사람들이 당신을 떠나간다면, 그것은 이상한 일이 아닐 것입니다. 그러나 당신은 내게 당신의 사랑을 보여주셨고 당신의 마음을 열어 보여주셨는데, 어떻게 내가 당신을 떠나 살 수 있겠습니까? 나는 연회 자리에서 당신과 함께 연회 음식을 먹었고, 헐몬 산과 미살 산에서 당신은 내게 당신의 사랑을 보여주셨습니다. 깊음이 깊음을 부르는 곳에서는 은혜가 은혜를 불렀습니다. 거센 폭풍우가 몰아치고 태풍들이 모든 것을 휩쓸어가던 곳에서 당신은 나의 피난처가 되어 주셨습니다. 당신이 과거에 베풀어 주셨던 수많은 은혜들은 나의 복된 분깃이었습니다. 그런 내가 왜 당신의 친구들의 양 떼 옆에서 기웃거리는 자가 되어야 한다는 말입니까?"

나는 이 교회의 지체들인 여러분에게 말씀드립니다. 만일 모든 기독교회가 다 복음을 떠난다고 해도, 여러분이 복음을 떠나야 할 이유가 어디 있습니까? 모든 곳에서 복음이 홀대를 받고, 불분명한 소리만이 난무한다고 해도, 그리고 예전주의가 교회들의 절반을 삼켜 버리고, 합리주의가 나머지 절반을 삼켜 버린다고 해도, 여러분이 복음을 떠날 이유가 어디 있습니까? 여러분은 특히 기도의 사람들이었습니다. 또한, 여러분은 하나님의 가르침들과 규례들을 온전히 따라왔고, 그 결과 하나님의 임재를 누려 왔으며, 넘치는 형통함도 누려 왔습니다. 우리는 인간적으로 말 잘하는 것이나 음악이나 아름다운 색채들이나 건축물 같은 것을 의지하지 않고, 오로지 하나님 앞에 엎드려 성령의 능력을 구했습니다. 우리

의 유일한 병기는 단순하면서도 명료하고 온전한 복음이었습니다. 그런데 우리
가 복음을 떠날 이유가 어디 있겠습니까? 우리는 지난 오랜 세월 동안 유례없는
성공을 거두는 은총을 입어 오지 않았습니까? 하나님께서 우리 교회에 사람들을
차고 넘치게 더하심으로써, 우리는 그들을 다 받아들일 충분한 공간도 없게 되
지 않았습니까? 하나님께서는 우리 교회에 사람들을 넘치게 하셔서, 우리에게
큰 기쁨을 주지 않으셨습니까? 여러분의 첫 사랑을 굳게 붙잡으셔서, 아무도 여
러분의 면류관을 빼앗지 못하게 하십시오. 나는 여전히 복음의 가르침들을 굳게
붙잡고 결코 놓지 않는 교회들이 영국에 조금, 그리고 스코틀랜드에는 더 많이
있게 하신 것에 대하여 하나님께 감사를 드립니다. 나는 그 교회들을 향하여 말
하고자 합니다: 여러분이 복음을 떠날 이유가 어디 있겠습니까? 고난과 기쁨이
한데 어우러진 여러분의 역사가 여러분에게 복음의 건전한 말씀들을 굳게 붙잡
으라고 가르치고 있지 않습니까?

    무엇보다도, 우리는 교회로서, 그리고 개인으로서 예수와 늘 교제하는 가운
데 살아가려고 애써야 하지 않겠습니까? 왜냐하면, 우리가 예수를 떠나 있게 되
면, 우리가 전하는 하나님의 진리는 그 본래의 향기를 잃어버리게 될 것이기 때
문입니다. 우리가 예수와의 교제를 잃어버린다고 해도, 우리에게는 군기(깃발)
가 남아 있겠지만, 그 군기의 주인은 어디에 계십니까? 우리에게는 촛대가 남아
있겠지만, 불은 어디에 있습니까? 우리가 예수와의 교제로부터 떠난다면, 우리
의 힘, 우리의 기쁨, 우리의 위로, 우리의 모든 것이 다 무너지게 될 것입니다. 그
러므로 하나님께서 우리로 하여금 결코 예수를 떠나 사는 자들이 되지 않게 해
주시기를 빕니다.

3. 셋째로, 본문에는 신랑이 자신의 사랑하는 자에게 주는 대답이 나옵니다.
    그녀는 그에게 그의 양 떼를 어디에서 먹이고 어디에서 쉬게 하는지를 물었
는데, 이제 그는 그녀에게 대답합니다. 이 대답은 그녀의 연약함을 자애롭게 감싸
안는 대답이라는 것을 주목하십시오. 그는 그녀의 무지를 무시하지 않고, 도리어
아주 온유하게 그 무지를 감싸 안습니다. "네가 알지 못하겠거든"이라는 그의 말
은 그녀가 마땅히 알았어야 했다는 의미를 담고 있습니다. 따라서 이 말은 그녀
의 무지가 책망을 들어야 할 일이지만, 그가 그녀를 너무나 사랑하기 때문에 그
잘못을 감싸 안아 주고 있음을 보여주는 말입니다. 우리의 주님은 우리의 무지

에 대하여 매우 너그러우시고 온유하게 대하십니다. 우리가 알아야 하는데도 알지 못하고 있는 것들이 많습니다. 우리는 성인들이 되었어야 하는데도 아직 어린아이들이어서, 하나님께서는 우리에게도 육신에 속한 자들에게 말씀하실 때처럼 말씀하실 수밖에 없습니다. 우리는 이미 그리스도 안에서 "아비"가 되었어야 했는데도, 아직 "아이"입니다. 우리 가운데 "하나님을 아는 나의 지식에는 결함도 없고 부족함도 없습니다"라고 말할 수 있는 사람이 한 명이라도 있습니까? 우리 중 대다수는 만일 우리가 주의 뜻을 더 잘 행하였더라면 그의 가르침을 더 잘 알게 되었을 것이라고 고백하지 않을 수 없을 것이라고 나는 생각합니다. 만일 우리가 주님과 더 가까이 살았더라면, 틀림없이 그를 더 잘 알게 되었을 것입니다. 그런데도 주님께서는 우리를 얼마나 온유하게 책망하고 계시는 것입니까! 주님은 우리의 무지를 용서하시고, 자신을 낮추시고 우리의 눈높이로 내려오셔서 우리의 무지를 깨우쳐 주십니다.

다음으로 우리가 주목할 것은 그의 대답은 큰 사랑에서 우러나온 대답이라는 것입니다. 그는 "여인 중에 어여쁜 자야"라고 말합니다. 이것은 그녀의 괴로움을 달래주는 시원한 강장제 같은 말입니다. 그녀는 "내가 거무스름하다"고 말했지만, 그는 "여인 중에 어여쁜 자야"라고 말합니다. 나는 내 눈보다 그리스도의 눈을 더 믿습니다. 내 눈이 내게 내가 검다고 말한다면, 나는 울 것입니다. 그러나 주님이 내게 내가 예쁘다고 하시면, 나는 그의 말을 믿고 기뻐할 것입니다. 어떤 성도들은 그리스도 안에서 자신들이 의롭게 되고 그 의로 승리했다는 것을 믿기보다는 자신들의 죄악된 모습을 기억하고서 슬퍼하고 근심하는 경향이 있습니다. 사랑하는 자들이여, 오늘 여러분이 햇볕에 그을러서 검다는 것도 사실이고, 여러분이 한 점의 흠도 없이 정말 예쁘다는 것도 사실이라는 것을 기억하십시오. 예수께서 그렇게 말씀하시기 때문에, 그것은 참될 수밖에 없습니다. 나는 신랑이 자신의 신부에게 한 말씀들 중 하나를 여러분에게 소개하고자 합니다: "나의 사랑 너는 어여쁘고 아무 흠이 없구나"(아 4:7). 여러분은 "아, 그것은 비유잖아요"라고 말할지도 모릅니다. 그렇다면, 나는 여러분에게 비유가 아닌 말씀을 다시 소개합니다. 주 예수께서는 제자들의 발을 씻기신 후에, "이미 목욕한 자는 발밖에 씻을 필요가 없느니라 온 몸이 깨끗하니라"(요 13:10). 여러분이 동일한 취지의 사도의 말씀을 원한다면, 나는 여러분에게 이 말씀을 들려드리고 싶습니다: "누가 능히 하나님께서 택하신 자들을 고발하리요"(롬 8:33, KJV에는 "누가 능히 하나님께서 택하신 자들을 그 어떤 일로 고발하리요"로 되어 있음). 즉, 그 일이 작은 일이든 큰 일이든, 그 어떤 일로도 하나님의 택하신 자들에 대하여 흠 잡을 것이 없다는 것입니다. 예수께서는 자기 백성을 아주 깨끗하게 씻어 주셨기 때문에, 하나님 앞에서의 의로움이라는 문제와 관련해서 그들에게는 흠이나 주름진 것이나 그런 종류의 것들이 전혀 없습니다.

> "당신의 담보로 인해서 당신은 자유하다네.
> 그의 손은 당신을 위해 못 박히셨다네.
> 그의 흠 없는 옷을 입기만 한다면,
> 당신도 그 거룩하신 이처럼 거룩하다네."

이것은 얼마나 영광스러운 일입니까! 예수께서 자신의 교회를 칭찬하시는 것은 결코 과장이 아닙니다. 그는 있는 그대로의 참된 것을 말씀하십니다. "여인 중에 어여쁜 자야"라는 그의 말씀은 참됩니다. 내 영혼아, 그리스도께서 너를 아름답다고 생각한다는 것을 기억할 때, 그를 사랑하는 마음이 솟아나는 것을 느끼지 않는가? 나는 내 자신에게서 사랑할 만한 것을 전혀 볼 수 없지만, 주님은 그것을 보시고, 나를 "정말 예쁘다"고 말씀하십니다. 나는 주님이 우리의 눈 속에서 자기 자신을 보시는 것이거나, 우리가 장차 될 모습을 미리 보시고 말씀하시는 것임에 틀림없다고 생각합니다. 조각가가 대리석 덩어리를 볼 때에 그 돌 속에서 장차 자신의 뛰어난 솜씨로 만들어 내게 될 조각품을 보는 것과 마찬가지로, 주 예수께서는 우리 속에서 우리가 그의 모든 영광 가운데 서게 될 때에 온전히 자기 자신을 닮게 될 그 모습을 보시고서, 우리의 모든 죄악들과 불완전한 것들을 다 그냥 지나쳐 버리십니다. 하지만 주님이 햇볕에 그을은 자신의 모습을 보고서 부끄러워하는 자에게 "너는 여자들 중에서 지극히 아름답다"고 말씀하신 것은 은혜로써 자기 자신을 지극히 낮추신 결과라는 것은 여전히 사실입니다.

신랑의 대답 속에는 많은 거룩한 지혜가 담겨 있습니다. 신랑은 신부가 자신의 사랑하는 자를 만나서 자신의 양 떼를 그에게로 이끌고 가려면, 어디로 가야 하는지를 가르쳐 주는데, 그것은 "양 떼의 발자취를 따라" 계속해서 가라는 것입니다. 여러분이 예수를 발견하고자 한다면, 여러분은 거룩한 선지자들이 갔던 길, 족장들이 갔던 길, 사도들이 갔던 길에서 예수를 만나게 될 것입니다. 여러분이 자신의 양 떼를 찾아서 편히 눕게 하고자 한다면, 다른 목자들, 즉 그리스도께서 지난날에 자신의 택함 받은 자들을 먹이기 위해 보내셨던 목자들이 했던 대로 해야 합니다. 나는 주님께서 오늘의 본문을 통해서 자신의 신부에게 주신 대답이 아주 어렵고 특이한 것도 아니고, 눈에 확 띌 정도로 새롭고 신기한 처방도 아니라는 것이 정말 기쁩니다. 복음 자체가 단순하고 친근한 것과 마찬가지로, 주님과의 교제를 새롭게 하기 위한 이 권면과 지시도 쉽고 단순명료합니다. 여러분은 예수께 가까이 가기를 원하시고, 여러분에게 맡겨진 사람들을 그에게로 인도하고 싶습니까? 그렇다면, 새로운 길을 찾지 마시고, 단지 다른 모든 성도들이 갔던 길로 가십시오. 여러분이 예수와 동행하고 싶다면, 다른 성도들이 걸었던 곳을 걸어가십시오. 여러분이 다른 사람들을 주님과 교제하도록 이끌고 싶다면, 여러분이 친히 앞장서서 다른 사람들이 갔던 곳으로 그들을 이끄십시오. 이것이 무슨 의미입니까? 여러분이 예수와 함께 하고자 한다면, 아브라함이 그랬던 것처럼, 세상과 구별된 길로 가십시오. 아브라함은 자신의 하나님과 동행하며, 이 세상에서 순례자와 나그네로 살았습니다. 여러분이 예수를 만나고 싶다면, "너희는 그들 중에서 나와서 따로 있고 부정한 것을 만지지 말라"(고후 6:17)는 말씀대로 하여야 하십시오. 여러분이 세상을 버렸을 때에 예수를 발견하게 될 것입니다. 여러분이 예수와 동행하고자 한다면, 순종의 길을 따르십시오. 예수께 불순종한 성도들은 결코 그와 교제하지 못하였습니다. 주의 규례들을 지키고, 주의 증언들을 지키십시오. 여러분의 행실과 성품에 세심한 주의를 기울이십시오. 왜냐하면, 순종의 길은 주님과 교제하는 길이기 때문입니다. 여러분은 그리스도인의 규례들과 관련해서는 반드시 아주 오래된 옛 길들을 따르십시오. 그것들을 변경하지 마시고, 그 선하고 오래된 길들을 고수하십시오. 사도들이 무엇을 했는지를 잘 살펴서, 그대로 똑같이 행하십시오. 여러분이 사람의 생각으로 고안해 낸 허황한 예식들을 사용한다면, 예수께서는 여러분에게 복을 주시지 않으실 것입니다. 주께서 명하시고, 성령이 재가하시고, 사도들이 행한 예식들을 고수하십시오. 무엇보다도, 여러분이 예수와 함께 동행하고자 한다면, 거룩함의 길을 계속해서 걸어가고, 은혜의 길을 계속해서 따르십시오. 주 예수를 여러분의 본과 모범으로 삼고서, "양 떼의 발자취"가 있는 곳을 따라 걸어간다면, 여러분은 자기 자신과 여러분으로부터 말씀을 전해들은 사람들을 구원하게 될 것입니다. 여러분도 예수를 발견하게 될 것이고, 그들도 예수를 발견하게 될 것입니다.

여러분은 주님이 다음과 같이 말씀하셨을 것이라고 생각했을 수 있습니다: "너희가 자신의 양 떼를 올바르게 인도하고자 한다면, 네 자신이 먼저 호화로운 옷으로 치장하여야 한다. 그리고 멋진 성가대를 조직해서, 아름다운 찬양을 드려라. 이렇게 너희가 아름다운 것들로 너희의 성소를 치장했을 때, 구주는 너희의 성소에 반하여 오실 것이다." 그러나 그런 생각은 전혀 사실이 아닙니다. 주 예수를 기쁘시게 해드릴 수 있는 분향은 거룩한 기도와 찬송의 분향이고, 그가 받으시는 제사들은 고아와 과부를 심방하고 여러분 자신을 세상으로부터 늘 지켜서 흠이 없게 하는 것입니다. 이것이 주님이 원하시는 모든 것입니다. 이것을 따르십시오. 그러면, 여러분은 스스로 올바르게 행할 수 있게 되고, 다른 사람들을 올바르게 인도할 수 있게 될 것입니다.

그런 후에, 신랑은 "목자들의 장막 곁에서 너의 염소 새끼를 먹일지니라"는 말을 덧붙입니다. 그런데 여기에 언급된 목자들은 도대체 누구입니까? 오늘날에는 자신의 양들에게 독초를 먹이는 목자들이 많이 있습니다. 그런 목자들을 멀리하십시오. 그러나 양들이 따라가도 안전한 그런 목자들도 있습니다. 나는 여러분에게 목자장을 따랐던 12명의 주된 목자들을 소개합니다. 여러분이 자신의 자녀들을 복되게 하고, 그들의 영혼을 구원하며, 그리스도와 교제하게 하고자 한다면, 그들에게 사도들이 가르쳤던 진리들을 가르치십시오. 그 진리들은 무엇이었습니까? 바울을 예로 들어 보겠습니다: "내가 너희 중에서 예수 그리스도와 그가 십자가에 못 박히신 것 외에는 아무 것도 알지 아니하기로 작정하였음이라"(고전 2:2). "목자들의 장막 곁에서 염소 새끼를 먹인다"는 것은 여러분의 자녀들에게 그리스도의 모든 것을 가르치고 그리스도 외에는 아무것도 가르치지 않는 것입니다. 여러분은 이 복된 주제를 단단히 붙잡아야 한다는 것을 명심하십시오. 여러분이 자녀들에게 그리스도를 가르칠 때에는, 그의 삶과 죽음과 부활 등 모든 것을 가르치십시오. 그가 사람인 동시에 하나님이라는 것도 가르치십시오. 여러분이 그의 신성을 의심한다면, 여러분은 결코 그리스도와의 교제를 누리지 못하게 될 것입니다. 여러분의 양 떼를 속죄에 관한 가르침으로 먹이는 일에도 신경을 써야 합니다. 사역자가 그리스도를 제대로 가르치지 않는다면, 그리스도는 그런 사역자와 교제하실 수 없을 것입니다. 여러분이 백합화처럼 순결한 그의 삶과 아울러 그의 속죄의 붉은 피를 보지 않는다면, 여러분은 그리스도를 제대로 가르칠 수 없습니다. "목자들의 장막 곁에서 너의 염소 새끼를 먹일지니라." 그런 후에, 여러분이 자녀들에게 가르쳐야 할 것들은 속죄제사, 이신칭의, 전가된 의, 부활하신 머리와의 연합, 크신 이가 장차 재림하리라는 것과 그때에 우리의 몸이 속량함을 받아 무덤에서 나오게 되리라는 것입니다. 우리가 회중을 가르쳐서, 그들로 하여금 복을 받게 함과 동시에 그리스도와 교제하게 하고자 한다면, 우리는 오직 하나님의 진리만을 부분적으로가 아니라 전체로 가르치는 데에 심혈을 기울여야 한다는 나의 말은 결코 거짓이 아니고 참 말입니다. 하나님의 택정하심에 관한 저 복된 가르침을 전하십시오. 그 복된 하나님의 진리 속에 담겨 있는 하나님의 사랑의 깊이도 전하십시오. 그 가르침을 꺼려하거나 한쪽 구석에 치워 두지 마십시오. 만일 여러분이 그렇게 한다면, 그리스도의 임재는 아예 기대하지도 마십시오. 인간의 타락에 관한 가르침도 전하십시오. 죄인들을 낮추십시오. 하나님께서는 사람들을 높이는 사역자에게 복을 주시지 않을 것입니다. 성령의 유효적 부르심에 관한 가르침도 전하십시오. 우리가 하나님의 성령을 높이지 않는다면, 우리는 성령께서 우리의 사역을 서게 하시고 형통하게 하실 것을 기대할 수 없습니다. 중생에 대해서 전하십시오. 우리가 어떤 식으로 철저하게 변화되는지를 보여주어서, 하나님의 역사에 영광을 돌리십시오. 하나님께서 성도들의 구원을 끝까지 지켜 주신다는 견인의 교리도 전하십시오. 하나님은 변하실 수 없으신 분이기 때문에, 자기 백성을 버리시거나, 오늘 사랑하셨다가 내일은 미워하시는 그런 일은 있을 수 없다는 것을 가르치십시오. 성경에 나오는 그대로 은혜의 교리를 전하십시오. 목자들의 장막 곁에서 그들을 먹이십시오. 거기에서 "새끼들," 즉 여러분의 자녀들을 먹이십시오. 나는 어린아이들을 회중으로부터 배제시키는 것이 잘못된 일이라는 것을 날이 갈수록 더 느끼기 시작합니다. 나는 어린아이들을 위한 예배가 따로 있어야 한다고 믿지만, 아울러 어린아이들이 우리와 함께 예배하는 시간도 가져야 한다고 믿습니다. 어린아이들이 우리의 설교에서 무엇인가를 배우지 못한다면, 그 설교에는 반드시 있어야 할 어떤 요소가 빠져 있는 것입니다. 어린아이들도 듣고서 기뻐할 수 있는 설교가 성인들을 위한 최고의 설교입니다. 나는 청소년들만으로 이루어진 회중이나, 나이 드신 분들로 이루어진 회중이나, 성인들로 이루어진 회중이나, 초신자들로 이루어진 회중이 아니라, 온갖 부류의 사람들이 한데 모여 있는 회중을 좋아합니다. 우리가 어린아이들에게는 행위로 말미암는 구원을 가르치고, 성인들에게는 은혜로 말미암는 구원을 가르친다면, 그것은 우리가 교회에서 세운 것을 교실에서는 허무는 것이 됩니다. 비록 표현방식은 다르겠지만, 어린아이들에게도 어른들과 똑같은 복음을 먹이십시오. 어린아이들에게 맞는 표현들을 사용하되, 동일한 하나님의 진리를 그들에게 전하십시오. 우리의 교회들은 칼빈주의(Calvinism)의 동산들인데, 우리의 주일학교들은 아르미니우스주의(Arminianism)의 온상이 되게 해서는 안 됩니다. 만일 우리가 그런 식으로 한다면, 기독교계는 머지않아 분열하게 될 것입니다. 모든 사람에게 동일한 진리를 가르쳐야 합니다. 그리스도께서 우리를 먹이시는 곳에서 여러분이 자신의 어린 양 떼를 먹이지 않는다면, 여러분이 그들을 먹일 때에 그리스도께서 여러분과 함께 하실 것을 기대할 수 없습니다. 그리고 그리스도께서는 진리가 자라는 곳이 아니면 그 어디에서 우리를 먹이시겠습니까?

　나는 어떤 설교들을 읽으면, 굶주린 양 떼를 길가에 풀어 놓아서 거기에 있는 푸른 것들을 닥치는 대로 먹게 한다는 느낌을 받습니다. 그러나 청교도들의 확실한 복음 설교를 읽으면, 농부가 양 떼에게 먹이기 위하여 일부러 좋은 풀을 정성껏 기른 초장으로 양들을 인도하는 느낌을 받습니다. 거기에는 푸른 풀이 아주 무성하게 자라서, 양들은 거기에서 배불리 먹기도 하고 누워서 쉬기도 합니다. 누가 내게 은혜의 교리들을 전해 준다면, 나는 토끼풀 속에 있는 것입니다. 여러분이 다른 사람들을 먹여야 한다면, 그들을 거기로 인도하십시오. 현대적인 사상과 문화가 가득한 메마른 초장으로 그들을 인도하지 마십시오. 오늘날 설교자들은 하나님의 백성을 굶겨 죽이고 있습니다. 그들은 아주 아름다운 중국의 접시들, 기가 막히게 훌륭한 나이프와 포크들, 놀랍도록 아름다운 꽃병들, 다마스쿠스제의 식탁보들을 마련해 놓습니다. 그러나 정작 그 접시들에는 먹을 만한 음식이 거의 담겨 있지 않습니다. 진짜 복음적인 가르침은 너무나 미미합니다. 그들은 우리에게 배울 만한 것이나, 소화시킬 만한 것이나, 먹을 만한 것을 하나도 주지 않습니다. 그들이 우리에게 먹으라고 내놓은 것은 온통 구정물이고, 먹을 만한 건더기는 전혀 없습니다. 오래 전에 성도들에게 주어졌던 하나님 나라의 저 좋은 곡식 ― 우리에게는 그런 곡식이 필요합니다. 교회들이 옛 음식으로 다시 돌아가서, 목자들의 장막 곁에서 자신의 양 떼를 먹이기 시작하고, 그리스도인들의 실제적인 삶 속에서 성도들이 옛적의 청교도와 같은 생활방식으로 돌아가서, 다시 한 번 "양 떼의 발자취"를 따르고, 양들이 그리스도의 발자취를 따를 때, 교회는 예수와의 교제를 회복하게 될 것이고, 예수께서는 우리 가운데서 기이한 역사들을 행하실 것이라고 나는 확신합니다. 그러나 교회가 그렇게 되려면, 각각의 신자들이 스스로 그렇게 하려고 애써야 합니다. 하나님께서 우리 각자로 하여금 그렇게 할 수 있게 해주신다면, 교회 전체가 그렇게 될 것이고, 우리가 바라던 좋은 시절이 분명히 오게 될 것입니다. 나의 사랑하는 자들이여, 여러분은 그리스도와 함께 일하고자 하십니까? 여러분은 예수께서 여러분의 오른편에 계시는 것을 느끼기를 원하십니까? 그렇다면, 주께서 가신 길로 가서 일하십시오. 여러분이 가르치고 싶은 것을 가르치는 것이 아니라, 주님이 여러분으로 하여금 가르치기를 원하시는 것을 가르치십시오. 여러분의 편견이 여러분에게 시키는 대로가 아니라, 주님이 여러분으로 하여금 일하기를 원하시는 대로 가서 일하십시오. 순종하십시오. "양 떼의 발자취"를 따르십시오. 또한, "목자들의 장막 곁에" 꼭 붙어 있으십시오. 그러면, 하나님께서는 스스로 영광을 받으실 것이고, 여러분과 여러분의 자녀들을 점점 더 많이 복 주실 것입니다.

지금까지 나는 오직 하나님의 백성을 향해서만 말씀을 전하였습니다. 나는 아직 회심하지 않은 분들을 위해 말씀을 전할 시간도 있었으면 좋겠지만, 사실 내가 그런 분들에게 말씀드리고 싶은 것이 하나님께서 여러분에게 은혜를 주셔서, 예수의 아름다운 모습들을 알게 하시기를 빈다는 것입니다. 왜냐하면, 그때에야 여러분도 예수를 사랑하게 될 것이니까요. 또한, 하나님께서 여러분에게 여러분 자신의 흉측한 모습도 보여주시기를 빕니다. 왜냐하면, 그때에야 여러분은 그리스도 안에서 깨끗함을 받아서 사랑스럽게 되고 싶어 할 것이기 때문입니다.

여러분 중에서 그리스도를 원하는 사람이 있다면, 그리스도께서도 당신을 원하신다는 것을 기억하십시오. 여러분이 그리스도를 사모한다면, 그리스도께서도 여러분을 사모하십니다. 여러분이 그리스도를 찾는다면, 그리스도께서도 여러분을 찾고 계십니다. 여러분이 지금 그리스도께 부르짖고자 한다면, 그리스도께서는 이미 여러분을 큰 소리로 부르고 계십니다. "원하는 자는 값없이 생명수를 받으라"(계 22:17). 하나님께서 그리스도의 이름을 인하여 여러분을 구원하시기를 빕니다. 아멘.

제
3
장
—

몰약 다발

—

"나의 사랑하는 자는 내 품 가운데 몰약 향주머니요"
— 아 1:13

일부 신학자들은 과연 아가서가 하나님의 감동으로 씌어진 것인지에 대하여 의구심을 품어 왔습니다. 그들 중 어떤 이들은 아가서는 고대의 연애시의 한 표본일 뿐이라고 생각하였고, 또 어떤 이들은 아가서가 고도로 상징적인 시로 되어 있다는 이유로 아가서를 본문으로 설교하는 것을 꺼려 왔습니다. 사람들이 하나님의 말씀 가운데서 하늘에 속한 최고의 신령한 것들 중의 하나인 아가서를 이렇게 기피한 진짜 이유는 아가서의 본질에 접근하는 것이 쉽지 않다는 사실에 있습니다. 아가서는 지극히 신령한 삶을 노래하고 있기 때문에, 그 노래는 신령하지 않은 귀에는 매력이 없습니다. 아가서는 준비 되어 있지 않은 자들은 들어갈 수 없는 신성한 구역입니다. 아가서의 은밀한 성소들로부터는 "네가 선 곳은 거룩한 땅이니 네 발에서 신을 벗으라"(출 3:5)는 경고의 음성이 들려옵니다. 성경에 나오는 역사서들은 성전의 바깥뜰이라고 할 수 있고, 복음서들과 서신서들, 그리고 시편은 우리를 성소 또는 제사장들의 뜰로 데려다줍니다. 그러나 아가서는 지성소입니다. 신자이기는 하지만 제대로 가르침을 받지 못한 많은 사람들에게는 그 지성소 앞에 여전히 휘장이 쳐져 있습니다. 모든 성도들이 거기에 들어갈 수 있는 것은 아닙니다. 왜냐하면, 성도들이라고 할지라도, 믿음의 거룩한 확신과 사랑의 지극한 친밀함에 이르지 않은 사람들은 신랑 되신 주님과 부부로서의 사랑을 속삭일 수 없기 때문입니다. 유대인들은 다 자라서 성인이 된 후에야 비로소 이 신비스러운 사랑의 노래로부터 올바르게 유익을 얻을 수 있다고 여겨서, 어린 문도들에게는 아가서를 읽는 것을 허용하지 않았다고 합니다. 그것은 지혜로운 처사였던 것 같습니다. 어쨌든 유대인들의 그러한 조치는 아가서에 하나님의 위대한 진리가 담겨 있다는 것을 암시해 줍니다. 실제로, 아가서는 온전히 성장한 그리스도인들을 위한 책입니다. 은혜에 있어서 아직 어린아이인 사람들이 아가서를 읽으면, 그들의 육신적이고 정욕적인 감성이 자극되어서, 예수를 영으로 아니라 "육신을 따라" 이해하게 됩니다. 연인이 사랑의 높은 산에 올라 자신의 사랑하는 자와 함께 서려면, 먼저 주님의 품에 자신의 머리를 기대고 주님이 받으신 세례로 세례를 받은 성숙한 사람이 되어 있어야 합니다. "거룩하신 자에게서 기름 부음을 받고 모든 것을 아는"(요일 2:20) 사람들은 아가서가 첫 절부터 마지막 절까지 무엇을 말하고자 하는지를 분명하게 알게 됩니다. 사랑하는 친구들이여, 여러분이 알다시피, 요한의 서신들에 대한 주석들은 극히 적습니다. 사도 바울의 각 서신들에 대해서는 수십 권의 주석이 나와 있지만, 요한의 서신들에 대한 주석은 한 권도 있을까 말까 합니다. 그 이유가 무엇일까요? 요한의 서신들이 너무 어려워서일까요? 요한의 서신들에 나오는 단어들은 아주 간단해서, 4음절이 넘는 단어는 거의 찾아볼 수 없습니다. 그러나 요한의 서신들은 아가서와 마찬가지로 사랑의 영으로 완전히 절어 있어서, 주님과의 사귐을 통해 가르침을 받지 않은 사람들은 "이 책은 봉인이 되어 있어서, 우리가 읽을 수가 없어"라고 비명을 지르게 됩니다. 아가서는 황금으로 된 함이고, 그 함을 여는 열쇠는 사랑입니다. 주님을 지극히 사랑하는 경지에 도달해서, 주님과의 친밀한 사귐을 통해서 배우지 않은 사람들은 "모든 생물의 눈에 숨겨졌고 공중의 새에게 가려진"(욥 28:21) 이 보물 곳간에 접근할 수 없습니다. 요한의 높이 날아오르는 독수리 날개들과 솔로몬의 저 먼 곳까지 보는 비둘기의 눈이여! 그러나 우리 중 대다수는 눈이 멀어서 멀리 볼 수 없습니다. 하나님께서 우리로 하여금 은혜 안에서 성장하게 하시고, 성령을 충만히 부어 주셔서, 우리가 노루 같은 발로 성경의 높은 곳에 서서, 이 아침에 그리스도 예수와 친밀한 교제를 나눌 수 있게 해주시기를 빕니다.

　이제부터 오늘의 본문에 대해서 아주 간단하게 말씀을 드리고자 합니다. 우리가 먼저 살펴볼 것은 그리스도는 믿는 자들에게 지극히 소중하신 분이라는 것입니다. 두 번째는 그리스도가 믿는 자들에게 지극히 소중하신 분인 데에는 그럴 만한 이유가 있다는 것입니다. 세 번째는 믿는 자들은 그리스도를 소중하신 분으로 느낄 뿐만 아니라, 그리스도와 함께 할 때에 기쁨을 느낀다는 것입니다. 그렇기 때문에, 믿는 자들은 그리스도와 영원히 함께 하며 교제하기를 간절히 원한다는 것이 그 네 번째입니다. 오늘의 본문을 다시 한 번 보시면, 여러분은 본문 속에 이 모든 것들이 다 들어 있는 것을 알게 될 것입니다.

1. 첫째로, 그리스도는 믿는 자들에게 이루 말할 수 없이 소중합니다.

본문의 표현은 이것을 분명하게 함축하고 있습니다: "나의 마음을 다해 사랑하는 자는 내게 몰약 다발이요"(KJV, 한글개역개정에는 "나의 사랑하는 자는 내 품 가운데 몰약 향주머니요"). 그녀는 그를 자신의 "마음을 다해 사랑하는 자"라고 부름으로써, 자신의 사랑이 얼마나 큰지를 강조해서 표현합니다. 그는 그녀에게 단지 "사랑하는 자"가 아니라 "마음을 다해 사랑하는 자"입니다. 그래서 그는 자신의 그런 사랑을 나타내 줄 수 있는 물건, 즉 그 자체로 소중할 뿐만 아니라 유익한 속성들을 지니고 있는 그런 물건을 자기 주변에서 두루 찾다가, 우연히 "몰약"에 눈이 갔고, 드디어 "나의 마음을 다해 사랑하는 자는 내게 몰약 다발입니다"라고 말하게 된 것입니다. 우리는 이 비유를 깊이 들여다보지 않고도, 이 비유가 믿는 자에게 그리스도가 소중한 존재임을 말하고자 한다는 것을 금방 알 수 있습니다.

먼저 우리가 주목할 것은 믿는 자들에게 그리스도와의 교제만큼 기쁨을 주는 것은 없다는 것입니다. 지금까지 주의 식탁에서 먹고 주의 잔으로부터 마신 여러분, 여러분이 예수와의 교제 가운데서 맛보았던 그런 달콤함이 다른 어디에 또 있었는지를 스스로에게 물어 보십시오. 그리스도인들도 다른 사람들과 마찬가지로 삶 속에서 주어지는 일반적인 은혜들 속에서 기쁨을 맛봅니다. 그리스도인들도 음악에서 매력을 느끼고, 그림을 보고 감탄하며, 조각품 속에서 아름다움을 느낍니다. 그리스도인들도 높은 산들로부터 장엄한 설교를 듣고, 반석들로부터 울려 퍼지는 고귀한 찬송을 들으며, 골짜기들에서 사랑의 교훈들을 듣습니다. 이렇게 그리스도인들은 다른 사람들처럼 만물을 보며 기뻐할 수 있습니다. 그들은 하나님이 선물로 주신 것들과 하나님이 지으신 것들 속에서 기쁨을 느낍니다. 그들은 가정의 행복에 대해서도 무감각하지 않습니다. 벽난로 앞에 둘러

앉아 가족끼리 얘기를 나누면서, 그들은 행복감을 느낍니다. 그런 행복이 없다면, 삶은 정말 무미건조할 것입니다. 자녀들은 가정에 웃음꽃을 피우게 해주고, 아내는 가정의 위안이자 기쁨이며, 친구들과 어울리는 것으로부터는 힘을 얻습니다. 그리스도인들은 하나님의 허락하심을 따라 영혼과 육신이 그들에게 줄 수 있는 위로와 낙들을 누립니다. 그러나 그런 위로와 낙과 기쁨들 중 그 어떤 것도, 그리고 그 모든 것을 다 합친다고 하여도, 그들이 주 예수와 교제하는 것에 비견될 수 있는 기쁨을 줄 수 있는 것은 없습니다. 형제들이여, 이 땅의 포도원이 결코 생산해 낼 수 없는 포도주가 있습니다. 애굽의 비옥한 곡창지대에서도 수확한 밀로도 결코 만들어 낼 수 없는 떡이 있습니다. 다른 사람들이 이 땅에 속한 위로와 낙들을 자신의 신으로 섬기는 것을 볼 때, 여러분과 나는 "당신들은 금과 은과 의복을 자랑할지라도, 나는 나의 구원의 하나님으로 말미암아 기뻐하리로다"(합 3:18)라고 말해 왔습니다. 우리가 보기에는, 땅에 속한 기쁨들은 돼지나 먹는 쥐엄나무 열매와 다름없는 반면에, 예수는 하늘의 만나입니다. 나는 온 세상에 있는 육신적인 기쁨들을 다 누리는 것보다 차라리 그리스도의 사랑을 한 입 맛보고 그리스도와의 사귐을 잠깐 갖는 쪽을 택하겠습니다. 전자가 겨라면, 후자는 알곡이고, 전자가 인조 보석이라면 후자는 진짜 다이아몬드이고, 전자가 꿈이라면 후자는 영광스러운 현실입니다. 최고로 멋지게 치장된 땅에 속한 쾌락이라고 할지라도, 지극히 멸시할 만한 모습을 한 우리 주 예수와 어떻게 비할 수 있겠습니까? 여러분이 자신 속에 있는 생명에 대해서 조금이라도 안다면, 우리의 지극히 고귀하고 순전하며 영원한 기쁨들은 하나님의 낙원 한가운데에 있는 생명 나무의 열매라는 것을 시인하게 될 것입니다. 이 땅에 있는 그 어떤 샘도 그리스도의 군사의 창으로 판 하나님의 샘에서 나오는 생수만큼 달콤한 물을 낼 수 없습니다. 잔칫집의 즐거움, 수확의 기쁨, 혼인의 달콤함, 젊을 때의 스포츠들, 장년 때의 유흥들 — 이 모든 것들은 우리가 가장 사랑하는 분인 임마누엘과의 사귐에서 오는 기쁨에 비하면 저울에 붙어 있는 작은 먼지 같은 것들입니다. 우리는 전도자와 마찬가지로 이렇게 말할 수 있습니다: "내가 웃음에 관하여 말하여 이르기를 그것은 미친 것이라 하였고 희락에 대하여 이르기를 이것이 무슨 소용이 있는가 하였노라 … 헛되고 헛되며 헛되고 헛되니 모든 것이 헛되도다"(전 2:2; 1:2). 땅에 속한 모든 복락들은 티끌과 같은 것들인 반면에, 그리스도의 임재로 인한 복락들은 그리스도 자신과 마찬가지로 하늘에 속한 것들입니다. 우리가 예수와 함께 교제한 때들을 되돌아보면서, 단 한 번이라도 공허감을 느끼고 후회했던 적이 있었는지를 살펴보십시오. 이 포도주에는 찌꺼기가 없고, 이 향유 속에는 죽은 파리가 빠져 있지 않습니다. 주님이 주시는 기쁨은 확실하고 영원합니다. 우리는 그 기쁨 속에서 허망함을 느낄 수 없습니다. 우리의 사려 깊은 분별력은 그 기쁨이 세월의 시험을 통과해서, 이 세상뿐만 아니라 오는 세상에서, 그리고 영원까지 이어지는 기쁨이기 때문에, "유일하게 참된 기쁨"이라 불릴 자격이 있다는 것을 증언합니다. 세상과 세상에 있는 모든 것이 무엇입니까?

> "그것은 단지 달콤한 듯하지만 결국에는 쓰디쓴 것들이라서,
> 내가 장미를 꺾고자 하면,
> 나를 찌르는 가시를 만날 수밖에 없다네.
> 이 땅에서는 온전한 복을 발견할 수 없고,
> 꿀 속에는 반드시 담즙이 섞여 있다네.
> 모든 것이 변하고, 친구들은 죽어가니,
> 오직 주님만이 나의 모든 것이시네."

믿는 자들에게는 그리스도 없이는 그 어떤 선한 것이나 좋은 것이 없기 때문에, 그리스도는 그들에게 정말 소중할 수밖에 없습니다. 신자들이여, 주님이 여러분께 계시지 않았을 때, 여러분은 자신이 너무나 극심한 기근 속에 있다고 느끼지 않았습니까? 그리스도께서 모습을 감추어 버리셨을 때, 비록 해가 밝게 빛나고 있더라도, 온 세상은 여러분에게 캄캄한 암흑이었거나, 수많은 별들이 하늘에 떠있는데도, 폭풍우가 몰아치는 밤이었습니다. 밝은 새벽별이 모습을 감추어서, 의심들과 두려움들이 여러분을 엄습해 왔기 때문에, 하늘에 수많은 별들이 있어서 빛을 발하여도, 그 빛들은 여러분에게는 전혀 빛이 될 수 없었고, 여러분은 폭풍우가 치는 처량한 밤에 홀로 있는 느낌이었습니다. 이 세상에 내 주님이 없다면, 내게 이곳은 정말 황량한 사막으로 변해 버립니다. 주님이 화가 나셔서, 비록 잠시나마 그 얼굴을 내게서 감추시면, 내 정원의 꽃들은 시들어 버리고, 나의 즐거운 열매들은 떨어지며, 새들은 노래를 그치고, 나의 모든 소망에는 캄캄한 밤이 드리워집니다. 구주와의 사귐을 대체할 수 있는 것은 아무것도 없습니다. "공의로운 해"(말 4:2)가 모습을 감추면, 세상의 모든 등불을 다 동원해

도 낮의 빛을 만들어낼 수 없습니다.

반면에, 땅의 모든 위로들이 여러분을 실망시켰을 때, 여러분은 주님 안에서 충분한 위로를 발견하지 않았습니까? 여러분이 가장 좋지 않았던 때들이 여러분의 최고의 때들이 되었습니다. 여러분은 다시 병으로 누워 있던 그때로 돌아가고 싶지 않습니까? 왜냐하면, 그때에 예수께서는 여러분이 누워 있던 병상을 보좌가 되게 하셔서, 여러분은 예수와 함께 다스렸기 때문입니다. 저 캄캄한 밤들이 사실은 전혀 캄캄한 밤들이 아니었습니다. 도리어, 그 이후에 찾아온 여러분의 가장 밝은 날들이 앞서의 그 밤들보다도 훨씬 더 어둡고 캄캄했으니까요. 여러분이 가난했던 때가 기억이 나십니까? 그때에 그리스도께서는 여러분 아주 가까이에 계셔서, 여러분을 아주 부요하게 만들어 주셨습니다. 여러분은 사람들로부터 멸시를 당하였고 거부를 당하였으며, 여러분에게 좋은 말을 해주는 사람은 아무도 없었습니다. 그때에 주님과의 교제는 얼마나 달콤했고, 주님으로부터 "두려워하지 말라 내가 너와 함께 함이라 놀라지 말라 나는 네 하나님이 됨이라"(사 41:10)는 말씀을 듣고서 얼마나 기뻤습니까! 환난들이 차고 넘쳤지만, 그럴수록 그리스도 예수께서 주시는 위로도 차고 넘쳤습니다. 마귀는 느부갓네살처럼 풀무불을 평소보다 일곱 배는 더 뜨겁게 하였지만, 마귀가 누군데, 풀무불을 덜 뜨겁게 하겠습니까? 그런 것을 기대하는 신자가 있다면, 그는 지혜롭지 못한 자일 것입니다. 하지만 풀무불이 뜨거울수록, 우리 주님은 더 큰 영광을 받으셨습니다. 왜냐하면, 하나님의 아들이 우리와 함께 저 뜨거운 풀무불 속을 거니셨던 까닭에, 우리가 뜨거운 숯을 밟고 풀무불을 다녀도, 우리의 머리카락 하나 타지 않고, 우리 몸의 그 어느 작은 부분도 불에 그을리지 않았기 때문입니다. 우리는 지독한 가난이나 질병이나 심지어 죽음조차도 초연하게 바라볼 수 있습니다. 왜냐하면, 우리가 모든 위로와 낙들을 다 빼앗긴다고 할지라도, 우리 구주의 임재를 누릴 수만 있다면, 우리는 여전히 최고로 행복할 수 있기 때문입니다.

그리스도인들은 다른 모든 것들을 버릴지언정 자신의 주님을 버리려 하지 않을 것이라고 내가 말한다면, 그것은 결코 억지가 아닙니다. 나는 "아들이나 딸을 나보다 더 사랑하는 자도 내게 합당하지 아니하며"(마 10:37)라는 본문이나 "무릇 내게 오는 자가 자기 부모와 처자와 형제와 자매와 더욱이 자기 목숨까지 미워하지 아니하면 능히 내 제자가 되지 못하고"(눅 14:26)라는 본문을 똑바로 쳐다보기를 두려워하는 어떤 사람들을 알고 있습니다. 하지만 나는 주님이 자신의 마음속에서 최고의 자리에 계시는 것이 아닐까봐 몹시 걱정하는 사람들이야말로 예수를 가장 진심으로 사랑하는 자들이라는 것을 자주 발견해 왔습니다. 주님이 우리의 마음속에서 최고의 자리에 계시는지를 확인해 볼 수 있는 가장 좋은 방법은 조용히 앉아서 주님에 대한 우리의 사랑을 재보는 것이 아닙니다. 왜냐하면, 그것은 냉정한 판단으로 헤아릴 수 있는 것이 아니기 때문입니다. 가장 좋은 방법은 여러분의 사랑을 실제적으로 시험해 보는 것입니다. 여러분이 가장 좋아하는 것을 포기하든지, 아니면 그리스도를 포기하든지, 둘 중의 하나를 선택해야 하는 상황이 온다면, 여러분은 어떻게 하시겠습니까? 하나님께서는 내가 내 자신의 심령 속에서 느끼는 것을 있는 그대로 거짓 없이 얘기하고 있다는 것을 아십니다. 그런 상황이 왔을 때, 나는 하나님의 은혜로 말미암아 단 일 초도 주저하지 않을 것입니다. 물론, 내 앞에 나를 묶어둘 기둥이 있고, 내 눈 앞에서 장작들이 불타고 있다면, 나는 그 불을 보는 순간 움찔할 것이지만, 하나님의 사랑은 아주 강력하기 때문에, 나로 하여금 예수를 부인하느니 차라리 그 불길 속으로 뛰어드는 쪽을 택하도록 해주실 것이 틀림없습니다. 누가 내게 "눈을 잃는 것과 그리스도를 잃는 것 중에서 어느 한 쪽을 택하라"고 말하고, 내가 정말 어느 한 쪽을 택할 수밖에 없는 상황이라면, 나는 기쁜 마음으로 나의 두 눈을 잃는 쪽을 택할 것입니다. 또한, 누가 "너의 오른팔을 잘라낼까, 아니면 네가 그리스도를 버릴래?"라고 묻는다면, 나는 기꺼이 나의 두 팔을 내줄 것이고, 나의 두 팔이 나의 어깨에서 잘려나가는 것을 볼 것입니다. 누가 내게 "네가 그리스도를 부인하지 않으면, 너는 오늘부터 벙어리가 되어 많은 사람들 앞에서 다시는 말을 하지 못하게 될 것이다"라고 위협한다면, 나는 그리스도를 잃느니 차라리 말 못 하는 벙어리가 되어 남은 평생을 살아갈 것입니다. 사실, 내가 나의 손이나 눈이나 혀 같은 것들을 나의 주님과 비교해서 말한다는 것 자체가 이미 나의 주님에 대한 모독입니다.

> "내 눈이 빛을 볼 수 있는 것이나
>   내 친구들의 우정 따위는
>   내 주님과의 사귐에 비하면
>   절반도 달콤하지 않은 하찮은 것이라네."

누가 여러분에게 여러분의 목숨 자체와 예수 중에서 어느 한 쪽을 내놓으라고 한다면, 여러분은 바로 그 날에 이 세상 사람이 아닌 쪽을 택할 것입니다. 누가 여러분에게 "그리스도 없이 살 것인가, 아니면 그리스도와 함께 죽을 것인가?"라고 협박한다면, 여러분은 생각할 필요조차 없을 것입니다. 왜냐하면, 그리스도와 함께 죽는 것은 그리스도와 함께 영원히 사는 것이지만, 그리스도 없이 사는 것은 "둘째 사망"(계 2:11), 즉 영혼이 영원한 멸망에 처해지는 끔찍한 죽음을 죽는 것이기 때문입니다. 따라서 거기에는 선택의 여지가 있을 수 없습니다. 사랑하는 친구들이여, 나는 우리가 그리스도를 얻기 위하여 모든 것을 포기할 수 있을 뿐만 아니라, 거기에서 한 걸음 더 나아가서, 우리 속에서 사랑이 활활 타오르고 육신의 소욕이 억제될 때에는 그리스도와 함께 그 어떤 것도 참고 견뎌낼 수 있다고 생각합니다. 나는 새뮤얼 러더퍼드(Samuel Rutherford)의 한 서신에서 기가 막히게 훌륭한 표현을 만났는데, 거기에서 그는 하나님의 진노의 핀 숯들이 모두 다 그리스도의 머리 위로 떨어져서, 그리스도의 백성에게는 단 하나의 핀 숯도 떨어지지 않게 되었다는 말을 한 후에, 이런 말을 덧붙입니다: "하지만 그 핀 숯들 중 하나가 그리스도의 머리에서 내 머리로 떨어졌을 경우에는 나를 완전히 소멸시켜 버리게 될 것이고, 그 핀 숯은 그리스도에게 떨어졌던 것들 중의 일부인데, 내가 그리스도와의 교제 가운데서 그리스도를 위하여 그 한 개의 핀 숯을 감당할 수 있는 것이라면, 나는 나의 천국을 위하여 그렇게 할 것이다." 자신이 고난 받는 것이 그리스도와의 교제 가운데서 그리스도를 위한 것임을 자기가 확실히 알고 있는 경우에는, 그리스도와 함께 고난 받는 것은 자신의 천국이 될 것이라고 말하는 것은 결코 쉬운 일이 아닙니다. 하지만 예수를 위하여 고난 받는 것이 천국이라는 것은 엄연한 사실입니다. 그리스도의 십자가 속에는 장엄하고도 신비한 즐거움이 있어서, 그 십자가가 무거울수록, 그 십자가를 진 신자의 어깨는 더 가벼워집니다.

사랑하는 자들이여, 여러분이 그리스도를 지극히 소중한 존재로 여긴다는 것을 증명해 주는 한 가지 증거가 있는데, 그것은 다른 사람들도 그리스도를 알게 되기를 여러분이 원한다는 것입니다. 다른 사람들의 마음이 그리스도에 대한 사랑으로 가득할 때까지, 여러분은 노심초사하지 않습니까? 여러분 중에서 내 주님의 사랑을 모르는 사람들을 보면, 내 눈에서는 눈물이 납니다. 가련한 영혼들이여! 잔칫집의 문이 활짝 열려 있고, 만왕의 왕께서 친히 그 안에 계시는데도, 여러분은 문밖에 앉아 있습니다. 살진 황소를 잡아 진수성찬을 차려놓고, 혼인 잔치를 치를 모든 준비가 다 끝나 있는데, 여러분은 그 잔치 자리에 오지를 않고, 여전히 바깥 큰길과 산울타리에 있습니다. 여러분이 그리스도를 알게 되기만 한다면, 여러분은 그리스도 없이는 결코 살아갈 수 없게 될 것입니다. 여러분의 눈이 그리스도를 단 한 번만이라도 보았거나, 여러분의 마음이 그리스도의 임재의 아름다움을 알았더라면, 여러분은 잠시라도 그리스도 없이 지내는 것이 지옥이라고 생각하게 되었을 것입니다. 그리스도를 볼 수 없을 정도로 가련하게 멀어 버린 눈들, 그리스도의 음성을 들을 수 없을 정도로 꽉 막혀 버린 귀들, 그리스도 앞에서 녹아질 줄 모르는 돌처럼 딱딱하게 굳어버린 마음들, 그리스도의 장엄한 사랑을 깨달을 수 없을 정도로 지옥에 홀린 영혼들을 지닌 분들을 하나님께서 도와주시기를 바라나이다. 하나님, 그들을 도우셔서, 그들로 그리스도를 알게 하시고 그리스도 안에서 즐거워하게 하소서. 사랑하는 자들이여, 여러분의 사랑이 자라갈수록, 다른 사람들로 하여금 그리스도를 사랑하게 하고자 하는 열망이 더 크게 타올라서, 그 열망이 만족할 줄 모르는 것이 되어서, 여러분은 그리스도의 택함 받은 몸의 나머지 사람들을 그들의 영광스러운 머리와 연합할 수 있게 하기 위하여, 바울처럼 "수고를 넘치도록"(고후 11:23) 하게 될 것입니다.

2. 둘째로, 우리의 영혼이 그리스도를 꼭 붙잡는 데에는 그럴 만한 이유가 있습니다.

아가서에 나오는 연인은 "나의 마음을 다해 사랑하는 자는 내게 몰약 다발이요"라고 말합니다. 우리는 먼저 "몰약"을 살펴본 후에, 다음으로 "다발"에 대해서 살펴보겠습니다.

1) 예수 그리스도는 "몰약"과 같습니다. 여기서 몰약은 그 소중하고 귀함으로 인해서 그리스도를 나타내는 모형이 되었습니다. 몰약은 아주 비싼 약입니다. 우리는 야곱이 애굽에 보낸 가나안 땅의 특산품들 중의 하나가 "몰약"이었다는 것을 압니다. 성경에서는 늘 "몰약"을 희귀하고 비싼 물건으로 묘사합니다. 그러나 그 어떤 "몰약"도 그리스도에 비하면 아무것도 아닙니다. 왜냐하면, 예수 그리스도는 너무나 소중하고 귀하신 존재여서, 하늘과 땅의 모든 것을 다 주고도 살 수 없는 그런 분이기 때문입니다. 하나님께서는 자기 아들을 세상에 내주셨을 때, 천국에서 가장 좋고 귀한 것을 주신 것이었습니다. 천국에서 그리스도를

빼고 나면, 하나님이 주실 것이 없습니다. 그리스도는 하나님의 모든 것이었습니다. 왜냐하면, 성경은 "그 안에는 신성의 모든 충만이 육체로 거하시고"(골 2:9)라고 말씀하고 있기 때문입니다. 그리스도를 주신 것은 "신성의 모든 충만"을 주신 것이기 때문에, 그것은 너무나 귀하고 귀한 선물이었습니다. 동정녀의 몸에서 만들어진 그리스도의 "육체"는 더할 나위 없이 귀한 육체입니다. 천사들이 이 순결하신 구주의 오심을 알린 것은 너무나 당연한 일이었습니다. 천사들이 구주의 거룩한 삶을 지켜본 것은 너무나 당연한 일이었습니다. 왜냐하면, 그리스도의 탄생도 귀하고, 그리스도의 행위들도 귀하였기 때문입니다. 사랑하는 친구들이여, 그리스도는 얼마나 귀하신 분입니까? 그의 속죄제사는 "몰약"으로 드려진 제사입니다. 그것은 얼마나 값비싼 제사였습니까! 여러분은 얼마나 비싼 값에 속량함을 얻은 것입니까! 여러분은 금이나 은이 아니라, 그리스도의 보혈로 속량함을 얻었습니다. 그리스도의 부활도 얼마나 귀하니까! 광명한 "해"가 한 번 떠오름으로써 자신의 모든 백성에게 임하였던 모든 밤을 다 흩어 버리듯이, 그는 죽은 자 가운데서 부활하심으로써 단번에 자신의 모든 백성이 다 의롭다 하심을 받게 하였습니다. 그리스도의 승천도 얼마나 귀하니까! 그는 포로된 자들을 사로잡아 이끄시고, 사람들 가운데 선물들을 흩어 주셨습니다. 오늘날 그리스도께서 하나님의 오른편에서 끊임없이 우리를 위해 간구하는 것도 얼마나 귀하니까! 그 중보기도로 말미암아 야곱의 사닥다리를 오르락내리락 하던 그 천사들이 하나님의 은혜들을 우리의 곤궁한 영혼들에게로 날라다 줍니다. 믿는 자들에게 그리스도는 모든 면에서 희귀하고 탁월한 "몰약"과 같습니다.

또한, 몰약은 사람들을 즐겁게 해줍니다. 방 안에 몰약의 향기가 가득할 때, 그 향기는 사람들을 즐겁게 해주었습니다. 몰약은 코를 통해서 사람의 마음에 즐거움을 날라다 줍니다. 그러나 그리스도께서는 오직 하나의 통로를 통해서가 아니라 모든 통로를 통해서 자기 백성에게 즐거움을 주십니다. "왕의 모든 옷은 몰약과 침향과 육계의 향기가 있다"(시 45:8)는 것은 사실이지만, 그리스도에게는 오직 영적인 향기만 있는 것이 아닙니다. 우리는 그의 살을 먹고 그의 피를 마시기 때문에, 우리의 입맛도 만족함을 얻게 될 것입니다. 그리스도께서 두 팔로 우리를 안아 주실 때, 우리의 촉감도 만족을 얻습니다. 그리스도의 음성은 지극히 감미롭기 때문에, 우리 영혼의 귀는 그 감미로운 선율에 빠져듭니다. 하나님께서 그리스도를 우리에게 보여주신다면, 우리의 눈이 무엇을 더 보기를 원하겠습니까? 이렇게 그리스도는 온통 사랑스러운 것들뿐입니다. 따라서 우리의 영혼은 모든 통로를 통해서 지극히 귀한 것들을 그리스도 예수로부터 받습니다. 사람의 영혼이 예수와 교제를 가질 때마다, 그 영혼은 늘 새롭고 다양한 즐거움들을 누리지 않을 때는 없습니다. 사랑하는 자들이여, 우리는 그리스도를 단지 "몰약"에만 비할 수 없습니다. 그리스도는 보기에 좋고, 맛이 좋고, 촉감이 좋고, 향기가 좋은 모든 것들을 다 모아 놓은 모든 즐거움들의 정수입니다. 모든 강들이 바다로 흘러들어가듯이, 모든 즐거움들은 그리스도 속으로 흘러갑니다. 바다는 충만하지 않지만, 예수는 아구까지 충만합니다.

또한, 몰약은 향기를 발산해서 다른 것들에게 감미로운 향기를 전해 줍니다. 희생제사를 드릴 때에는 제물에 몰약을 섞었기 때문에, 숫양의 기름진 장기들과 살진 짐승들의 살이 탈 때에 나는 연기만이 아니라, 몰약의 감미로운 향기도 함께 하늘로 올라갔습니다. 사랑하는 자들이여, 예수 그리스도는 자기 백성에게 지극히 감미로운 향기를 뿌리십니다. 그리스도께서 자기 백성들의 기도에 향기를 더하시기 때문에, 하나님께서는 그들의 기도 속에서 감미로운 향기를 흠향하시고 그 기도를 받으시는 것이 아닙니까? 그리스도께서 그들의 찬송을 향기롭게 하시기 때문에, 그 찬송들이 "향이 가득한 금 대접"(계 5:8) 같이 되는 것이 아닙니까? 그리스도께서는 우리의 사역도 향기롭게 하시지 않습니까? 성경은 "항상 우리를 그리스도 안에서 이기게 하시고 우리로 말미암아 각처에서 그리스도를 아는 냄새를 나타내시는 하나님께 감사하노라 우리는 구원 받는 자들에게나 망하는 자들에게나 하나님 앞에서 그리스도의 향기니"(고후 2:14-15)라고 말씀합니다. 또한, 그리스도께서는 우리의 인격도 향기롭게 하십니다. 우리가 풍기는 "나드" 향은 그리스도에게서 온 것이 아니면 어디에서 온 것이겠습니까? 우리가 하나님 앞에서 우리의 인격과 존재를 열납되게 해줄 "고벨화"를 그리스도에게서가 아니면 어디에서 모을 수 있겠습니까? 성경은 "그가 사랑하시는 자 안에서 우리를 받으셨고"(엡 1:6 KJV, 한글개역개정에는 "그가 사랑하시는 자 안에서 우리에게 거저 주시는 바"), "너희도 그 안에서 충만하여졌으며"(골 2:10), "그리스도 안에서 완전한 자로 세우려"(골 1:28) 하시고, "그들로 우리 하나님 앞에서 나라와 제사장들을 삼으셨으니 그들이 땅에서 왕 노릇 하리로다"(계 5:10)라고 말씀합니다.

몰약은 어떤 것을 그대로 보존하는 효능을 지니고 있습니다. 애굽 사람들은 죽은 자를 방부처리하는 데에 몰약을 사용하였습니다. 복음서는 니고데모와 거룩한 부녀들이 구주의 죽은 몸을 세마포로 쌀 때에 넣을 몰약과 유향을 가지고 무덤으로 향하였다고 말합니다. 이렇게 몰약은 부패를 방지하는 데에 사용되었습니다. 우리의 영혼이 부패하지 않도록 보존할 수 있는 것이 그리스도 예수 외에 무엇이 있겠습니까? 원래 우리의 행위들은 그 자체가 다 죽고 부패하고 썩어 문드러진 것들인데, 그것들을 향기롭게 해줄 수 있는 몰약은 과연 무엇이겠습니까? 우리의 행위들이 하나님의 코 앞에서 고약한 악취를 내지 않도록 해줄 것이 그것들 안에 있는 그리스도 외에 무엇이겠냐는 말씀입니다. 우리가 그리스도에 대한 사랑에서 행한 일들, 그리스도의 중보를 통해서 드려진 것들, 그리스도를 믿는 믿음으로 말미암아 향기롭게 된 것들만이 하나님께 열납됩니다. 하나님께서는 우리가 말하거나 행한 모든 것들 중에서 그 속에 그리스도가 있는 것들만을 받으십니다. 그 속에 그리스도가 없다면, 하나님은 그것을 더러운 것으로 여기시고 받지 않으십니다. 그러므로 사랑하는 자들이여, 그리스도로 말미암아 향기롭게 되지 않은 기도를 결코 드리지 않도록 조심하십시오. 나는 내 주님으로 가득 차서 흘러넘치지 않는 그런 설교는 결코 하고 싶지 않습니다. 만약 내가 그런 설교를 한다면, 하나님이여, 나를 용서하소서. 어떤 사람이 내 설교를 듣고서는, 내가 늘 진부한 것만을 설교한다고 말하고는, 다시는 내 설교를 들으러 오고자 하지 않는다는 것을 나는 압니다. 그는 내가 그리스도를 빼고 설교한다면, 자기가 들으러 오겠다고 말했답니다. 그렇다면, 나의 이 혀가 움직이는 한, 그는 여기에 결코 오지 않게 될 것입니다. 그리스도를 뺀 설교, 그리스도가 없는 설교는 물 없는 시내와 같고, 비 없는 구름과 같으며, 여행자를 조롱하는 마른 샘과 같고, 두 번 죽어서 뿌리째 뽑힌 나무와 같으며, 해 없는 하늘과 같고, 별 없는 밤과 같습니다. 그것은 죽음의 땅입니다. 그것은 천사들이 통곡하고 마귀들이 기뻐할 땅입니다. 그리스도인들이여, 우리에게는 그리스도가 있어야 합니다. 여러분은 매일 잠에서 깰 때마다 그리스도를 묵상함으로써 그리스도의 새로운 향기를 얻는 데 힘쓰십시오. 여러분이 할 수 있는 한, 여러분의 마음을 그리스도로 채우고서 온 종일을 살아가시고, 밤에는 여러분의 혀에 그리스도께서 계시게 하고 나서 잠자리에 누우십시오. 새뮤얼 러더퍼드(Samuel Rutherford)는 자주 그리스도에 대하여 말하다가 갑자기 잠이 들기도 하고, 꿈 속에서 자신의 구주를 높이는 말들을 하곤 하였다고 합니다. 우리를 죄로부터 지켜 주고, 우리의 행위들을 거룩하고 순전하게 만들어 줄 것은 이 "몰약 다발"밖에 없습니다.

또한, 몰약은 **살균제**로 사용되었습니다. 열병이 유행이었을 때, 우리는 장뇌(樟腦)를 담은 작은 주머니를 자신의 목에 걸었다는 것을 압니다. 그것이 얼마나 효험이 있었는지를 우리는 알지 못합니다. 그러나 동방 사람들은 혹사병 같은 역병이 돌 때에 몰약 주머니를 가슴 사이에 두면 효험이 있다고 믿었습니다. 몰약에는 전염병에 감염되는 것을 막아 주는 힘이 있다는 것은 확실합니다. 형제들이여, 그리스도에게도 그런 능력이 있습니다. 여러분은 나병환자들을 수용한 거대한 병원 같은 세상 속으로 들어가야 합니다. 그러나 여러분이 그리스도와 함께 간다면, 세상의 질병들에 결코 걸리지 않을 것입니다. 아무리 돈이 많은 갑부라도, 자신의 마음에 그리스도를 모신다면, 결코 세상적이 되지 않을 것입니다. 매일매일 고되게 땀 흘려 일해야만 겨우 입에 풀칠이나 할 수 있을 정도로 아주 가난한 사람일지라도, 그리스도를 가까이 모시고 살아간다면, 결코 불만을 품거나 불평하지 않을 것입니다. 세상 속에서 살아가야 하는 여러분, 여러분은 세상에서 어떻게 살아가야 할지를 고민하기보다는 먼저 자신이 주님을 가까이 하고 살아가고 있는지를 점검해 보아야 합니다. 여러분 중에는 술 취한 사람들이나 욕하는 사람들을 상대로 일해야 하는 분들도 계실 것입니다. 또 어떤 분들은 경박하기 짝이 없는 사람들 속으로 던져지기도 합니다. 주님을 가까이 하십시오. 그러면, 죄의 역병들은 여러분의 도덕적 성품에 그 어떤 영향도 미칠 수 없습니다.

고대의 의사들은 몰약을 단순한 살균제로 보지 않고, 치료약으로 보았습니다. 그들은 몰약은 단지 예방만 해주는 것이 아니라, 병을 고치는 효능도 지니고 있다고 믿었습니다. 나는 그들이 몰약을 사용해서 얼마나 많은 질병들을 고칠 수 있다고 말했는지를 알지 못하고, 이 동방의 의사들이 과연 사실들에 근거해서 그렇게 말한 것인지를 알지 못합니다. 왜냐하면, 그들은 어떤 약들에 있지도 않은 수많은 약효들이 그 약들에 들어 있다고 말해 왔기 때문입니다. 하지만 현대의 의사들조차도 몰약이 병들을 치료하는 데에 유용한 많은 귀중한 약효들을 지니고 있다고 믿습니다. 확실한 것은 여러분의 그리스도는 영혼을 치유하는 데에 최고의 치료약이라는 것입니다. 그리스도의 이름은 '여호와 라파'("치료하는 여호와")입니다: "나는 너희를 치료하는 여호와임이라"(출 15:26). 성경이 "누가"를 "사랑을 받는 의사 누가"(골 4:14)라고 부르는 것을 보면, 나는 "사랑을 받는 의사"라는 표현을 누가에게 붙인 것이 마음에 들지 않습니다. 나는 그 표현을 누가에게서 가져와서 내 주님께 붙여드리고 싶습니다. 왜냐하면, 주님이야말로 누가보다 그 표현에 훨씬 더 어울리시는 분이기 때문입니다. "사랑을 받는 의사!" 그리스도께서 나병환자를 만지셨을 때, 그 나병환자는 온전하게 되었습니다. 그리스도께서 다리를 저는 사람들을 쳐다보시기만 하셨는데도, 그들은 노루처럼 펄쩍펄쩍 뛸 수 있었습니다. 그리스도의 음성이 음부의 침묵을 깨고 울려 퍼졌을 때, 음부는 영혼을 다시 내놓았고, 죽었던 자는 다시 살아났습니다. 그리스도께서 하실 수 없으신 것이 도대체 무엇이겠습니까? 그리스도는 그 어떤 병도 고치실 수 있으십니다. 이 아침에 의심과 두려움이라는 질병에 걸려 있는 여러분! 유혹과 시험이라는 질병에 걸려 있는 여러분! 화를 참지 못하거나 나태함이라는 죽음 같은 잠을 자고 있는 여러분! 그리스도를 영접하십시오. 그러면, 여러분은 고침을 받게 됩니다. 모든 병들을 다 고치는 만병통치약이 여기에 있습니다. 우리는 어떤 병에 걸려 있든, 그리스도를 영접하기만 하면, "나의 마음을 다해 사랑하는 자는 내게 몰약 다발이요"라고 말하게 될 것입니다.

나는 몰약에 대해 아직 할 말을 다하지 못했습니다. 몰약은 동방에서 **화장품**으로 사용되었습니다. 에스더와 시녀들이 아하수에로 왕 앞에 나아가기 전에 몸을 단장하라는 명을 받았을 때, 그들은 다른 것들보다도 몰약을 사용하였습니다. 동방의 여인들은 몰약이 얼굴의 주름이나 티 같은 것들을 제거해 준다고 믿었기 때문에, 화장할 때에 꼭 몰약을 사용하였습니다. 나는 몰약이 어떻게 해서 그런 효능을 지니게 된 것인지를 알지 못하지만, 믿는 자들이 그리스도와 함께 할 때에 가장 아름다워진다는 것은 알고 있습니다. 그리스도와 함께 한 신자들은 하나님과 거룩한 천사들과 다른 사람들의 눈에 아름답습니다. 그들의 말을 듣거나 함께 얘기를 나눌 때마다 다른 사람들에게 큰 은혜를 주는 그런 그리스도인들을 나는 알고 있습니다. 그들이 여러분의 집에 들어와서 얘기를 나누고 가고 나면, 그들이 한 은혜로운 말들이 여러분의 집에 그대로 머물고 있는 것을 여러분은 느끼게 됩니다. 교회에서 그런 그리스도인들과 함께 하는 것은 이루 말할 수 없는 은혜이고, 그들이 주일학교를 섬긴다면, 주일학교는 큰 복을 받은 것입니다. 어떤 그리스도인이 다른 사람들에게 얼마나 유익을 끼칠 수 있느냐 하는 것은 그가 어느 정도로 예수와 깊이 교제하는 가운데 예수로부터 배웠느냐 하는 것에 달려 있습니다. 다른 사람들에게 가장 많은 유익을 끼치는 사람은 학자라고 말하지도 마시고, 말 잘하는 사람이라고 말하지도 마시고, 재물이 많은 사람이라고 말하지도 마십시오. 물론, 그들도 자기에게 있는 것을 그리스도께 성별해 드려서 다른 사람들에게 유익을 끼칠 수 있겠지만, 정말 능력 있고 강한 사람은 하나님의 사람입니다. 교회의 기둥이자 세상의 빛이 될 수 있는 사람은 예수와 함께 하는 사람입니다. 형제들이여, 여러분이 그리스도와 늘 함께 하심으로써, 하나님의 능력이 우리에게 임할 수 있게 하십시오.

　나는 한 가지만 더 말씀드리고, 이 대지를 끝마치겠습니다. 몰약은 희생제사와의 연관성으로 인해서 우리 주님에 대한 표상으로 사용되는 것이 합당합니다. 거룩한 기름은 제사장들을 기름 부을 때에 사용하기도 하고, 하나님 앞에 끊임없이 태워드리기도 하였는데, 그 거룩한 기름을 만들 때에 사용된 귀한 약재들 중의 하나가 몰약이었습니다. 몰약은 그러한 성격으로 인해서, 그리스도를 그의 백성에게 지극히 귀하고 소중한 존재로 만든 모든 것의 뿌리이자 토대가 된 희생제물로서의 그리스도를 표상합니다. 그리스도는 우리의 희생제물이신 하나님의 어린 양이시기 때문에, 우리는 당신을 기억할 수밖에 없습니다.

　2) 우리는 지금까지 "몰약"에 대해서 충분히 얘기했고, 이제부터는 그리스도가 "몰약 다발," 또는 어떤 번역에 의하면 "몰약 주머니"라고 불리는 이유를 살펴보고자 하는데, 여러분은 인내심을 가지고 귀를 기울여 주시기 바랍니다.

　몰약은 세 가지로 사용되었습니다. 첫 번째로는 태워서 향을 내는 데 사용된 가느다란 막대 형태로 만들어진 몰약이 있었고, 다음으로는 몰약을 말려서 향품으로 사용하는 경우가 있었으며, 세 번째로는 몰약을 기름 형태로 만든 향유가 있었습니다. 오늘의 본문이 이 세 가지 중에서 어느 것을 가리키는지는 우리는 알지 못합니다. 그러나 본문이 "몰약 다발"이라고 말한 이유는 무엇일까요? 첫째로, 그러한 표현은 몰약이 많다는 것을 나타냅니다. 그리스도는 몰약으로 만든 향유의 한 방울이 아니라, 한 옥합에 가득 든 향유입니다. 그리스도는 몰약의 가느다란 막대 하나가 아니라, 한 다발의 몰약 막대입니다. 그리스도 안에는 내게 꼭 필요한 것들이 가득 차고 넘치게 있습니다. 그리스도 안에는 내가 천국에 가서도 도무지 이해하거나 헤아릴 수 없을 정도로 많은 것들이 들어 있습니다.

　또한, "다발"이라는 표현은 다양성을 보여줍니다. 왜냐하면, 그리스도 안에는 우리에게 필요한 한 가지만 있는 것이 아니라, "너희도 그 안에서 충만하여졌으니"(골 2:10)라는 말씀처럼, 우리에게 필요한 모든 것이 있기 때문입니다. 그리스도의 서로 다른 갖가지 모습들을 한 번 생각해 보십시오. 여러분은 그리스도의 놀랍도록 다양한 모습을 보게 될 것입니다. 그리스도에게는 선지자, 제사장, 왕, 남편, 친구, 목자 등과 같은 다양한 호칭들이 붙을 수 있습니다. 또한, 그리스도의 삶과 죽으심, 부활, 승천, 재림 등등을 생각해 보시고, 그리스도의 온유하심, 담대하심, 자기부인, 사랑, 신실하심, 진실하심, 의로우심 등과 같은 다양한 덕목들을 생각해 보십시오. 그 모든 것들이 다 "다발"로 되어 있습니다. 하나님의 심판들도 어느 정도 다양하긴 하지만, 하나님의 은혜는 정말 다양한데, 그리스도는 하나님의 은혜들의 총체이시기 때문에, 그의 선하심은 헤아릴 수 없이 무수히 많은 겹들로 되어 있습니다. 그리스도는 다양성이라는 측면에서도 "몰약 다발"입니다.

또한, 그리스도는 하나님께서 모든 효험들과 탁월한 것들을 자기 아들 안에 다발로 묶어 놓으셔서 잘 보존되어 있다는 의미에서도, 바닥에 떨어져서 발에 밟힐 수 있는 헐렁하게 빠져나온 낱개의 몰약이 아니라, 한데 단단하게 묶여 있는 몰약 다발입니다. 그리스도는 땅바닥에 엎질러진 몰약이 아니라 옥합에 담긴 몰약입니다. 그리스도는 그런 존재입니다. 그리스도로부터 나가는 효험과 탁월함은 혈루증을 앓던 여인이 그의 옷자락을 만지고서 나음을 입었던 날이나 오늘날이나 똑같이 강력합니다. 그리스도는 여전히 이 시간에도 "자기를 힘입어 하나님께 나아가는 자들을 온전히 구원하실 수"(히 7:25) 있으십니다.

또한, "몰약 다발"이라는 표현은 우리가 얼마나 부지런히 그것을 돌보고 살펴야 하는지도 보여줍니다. 우리는 마귀가 우리에게서 무엇인가를 훔쳐가지 못하도록, 그리스도를 단단히 우리에게 동여매고, 그리스도를 아는 우리의 지식에 자물쇠를 채워 두어야 합니다. 우리는 그리스도의 말씀들을 잘 보관해 두고, 그의 규례들을 소중히 여기며, 그의 명령들에 순종함으로써, 그리스도를 소중한 몰약 다발처럼 우리에게 꼭 매어 두어야 합니다.

또한, "몰약 다발"이라는 표현은 특별함을 나타내는 것이기도 합니다. 그리스도는 몰약처럼 모든 사람이 향유할 수 있는 평범한 대상이 결코 아닙니다. 하나님께서 창세 전부터 자기 백성들을 위하여 각기 다르게 특별한 은혜들을 다발로 묶어서 거기에 각 사람의 이름을 적어 두셨습니다. "몰약 다발"이라는 표현 속에는 모든 나라에서 사용된 향수를 담은 병에 대한 암시가 내포되어 있음이 틀림없습니다. 예수 그리스도는 몰약으로 만들어진 향유를 담은 병과 같아서, 그의 향기는 모든 사람에게 주어지는 것이 아니라, 그 병뚜껑을 어떻게 여는지를 아는 사람들, 즉 어떻게 해야 그와 친밀하게 교제할 수 있는지를 아는 사람들에게만 주어집니다. 그리스도는 집 안에 있는 모든 사람을 위한 향유가 아니라, 그 병에 자신들의 코를 대고 향기를 맡는 법을 아는 사람들을 위한 향유입니다. 주님께서 자신의 비밀들을 허락하신 사람들은 참으로 복된 사람들입니다. 그러므로 "나의 마음을 다해 사랑하는 자는 내게 몰약 다발이요"라고 고백할 수 있게 된 사람들은 최고로 행복한 사람들입니다.

나는 내가 여러분을 피곤하게 한 것은 아닌지 걱정이 됩니다. 이 주제에 대해서 아무것도 알지 못하는 분들은 특히 그럴 것입니다. 이 자리에는 내가 무슨 말을 하고 있는지를 이슬람교도들만큼이나 도무지 알아듣지 못하겠다고 생각하는 분들도 있을 것입니다. 그런 분들은 지금 새로운 종류의 신앙에 대해서 듣고 계시는 것입니다. 그리스도를 아는 신앙은 마치 독수리의 길이 물고기의 길보다 높은 것처럼 그런 분들의 이해력을 벗어나 높이 있고, 마치 바위 위로 나 있는 뱀의 길이 사람들의 눈에 감춰져 있는 것처럼 그런 분들로부터 감춰져 있습니다. 이것은 독수리의 눈으로도 본 적이 없고, 사자 새끼도 밟아본 적이 없는 길입니다. 그러나 나는 이 자리에 계신 분들 중에는 그 길을 아는 분들이 있을 것이라고 믿습니다.

3. 셋째로, 그리스도가 소중한 것은 나의 그리스도이시기 때문입니다.

우리가 세 번째로 다루고자 하는 것은 그리스도가 소중하고 귀하다는 인식은 그리스도에 대한 소유 의식과 결합되어 있다는 것입니다. 그리스도는 "나의 사랑하는 자"입니다. 나의 사랑하는 여러분, 그리스도는 당신의 사랑하는 자입니까? 그리스도가 구주라는 사실도 중요합니다. 그러나 더 중요한 것은 그리스도가 나의 구주라는 사실입니다. 떡이 있다고 해도, 그것이 내 떡이 아니라면, 무슨 소용이 있겠습니까? 떡이 있는데도, 내 떡이 아니기 때문에, 나는 굶주려 죽을 수밖에 없습니다. 황금이 있다고 해도, 그것이 내 것이 아니라면, 그 황금이 내게 무슨 가치가 있겠습니까? 황금이 있어도, 그것이 내 것이 아니면, 나는 빈민수용소에 있는 극빈자일 뿐입니다. 나는 그리스도의 소중함이 나의 것이 되기를 원합니다: "나의 사랑하는 자." 여러분은 믿음의 손으로 그리스도를 붙잡은 적이 있습니까?

형제들이여, 이 아침에 여러분은 다시 한 번 그리스도를 받아들이시겠습니까? 나는 여러분이 그럴 것임을 압니다. 그리스도를 한 번도 받아들인 적이 없는 분들은 지금 그를 받아들이고서, "나의 구주여"라고 고백하십시오. 여러분에게 거저 주어질 그리스도의 대속이 저기에 있습니다. 이 아침에 하나님께서 여러분에게 은혜를 주셔서, 여러분이 그 대속의 은혜를 받아들이고서, "나의 구주요, 나의 구주여"라고 고백하게 되시기를 빕니다. 여러분의 마음이 그리스도를 받아들였습니까? 우리는 그리스도를 받아들이는 데에 믿음의 손만이 아니라 사랑의 손까지, 그렇게 두 손을 다 사용하는 것이 좋습니다. 왜냐하면, 두 팔로 우리의 사랑하는 자를 껴안아야, 그것이 진짜 포옹이 될 것이기 때문입니다. 여러분은 그리스도를 사랑하십니까? 영혼들이여, 여러분은 그리스도를 "사랑"합니까? 여기에서는 "사랑"이라는 단어에 강조점이 있습니다. 마음속으로는 받아들이지 않고 오직 머릿속에만 있는 그런 신앙에 대해서는 내게 말하지 마십시오. 그런 신앙이라면, 할 수 있는 한 빨리 지워 버리십시오. 그런 신앙으로는 절대로 천국에 갈 수 없습니다. 우리의 신앙은 단지 "내가 이러저러한 것을 믿습니다"에서 그치는 것이 아니라, "내가 사랑합니다"라고 고백할 수 있는 신앙입니다. 교리에는 정말 어리석은 자들이 사랑에 있어서는 대단히 지혜로운 자들인 경우가 꽤 있습니다. 우리는 자녀들에게 어떤 것들을 "마음으로" 배우라고 말합니다. 나는 여러분도 그렇게 하실 수 있다고 생각합니다. 여러분은 예수를 사랑합니다. 만약 여러분이 예수를 사랑할 수 없다면, 나처럼 이렇게 고백하여야 합니다.

> "주여, 만일 내가 당신에 대하여 아무런 사랑도 지니고 있지 못하다면,
> 나는 정말 비참한 자라는 것을 스스로 증명하는 것입니다.
> 내 구주를 사랑하지 않는 가운데 살아가느니,
> 차라리 죽는 것이 낫습니다."

그러나 오늘의 본문은 그것만을 말하고 있는 것이 아닙니다. "나의 마음을 다하여 사랑하는 자는 내게 몰약 다발이요." 여기에서 "내게"라는 어구는 결코 쓸데없이 사용된 군더더기 표현이 아닙니다. 그리스도는 누구에게나 "몰약 다발"이신 것이 아닙니다. 그렇지 않은 사람들이 많습니다. 수많은 사람들에게 내 주님은 "마른 땅에서 나온 뿌리"(사 53:2)가 아닙니다. 그들에게는 성경보다는 세 권짜리 소설이 더 어울립니다. 그들은 그리스도와 교제하느니, 차라리 연극 구

경을 가거나 춤추러 가고자 할 것입니다. 그들은 이세벨 같은 이 세상의 뺨에 있는 아름다움들을 볼 수 있지만, 내 주님의 완전하심들을 볼 수는 없습니다. 우리가 그들을 어떻게 할 수 있겠습니까? 그들이 하고 싶은 대로 말하게 하고, 하고 싶은 대로 생각하게 내버려 두십시오. 피조물마다 자기가 기뻐하는 것이 있는 법이니까요. 그러나 "나의 마음을 다해 사랑하는 자는 내게 몰약 다발"입니다. 내게는 말이지요! 다른 사람들에게는 어떤지 몰라도, "나의 마음을 다하여 사랑하는 자는 내게 몰약 다발"입니다. 나는 다른 사람들도 그리스도를 그렇게 생각하기를 바라지만, 실제로 다른 사람들에게는 그리스도가 "몰약 다발"이 아닐 수 있습니다. 그들이 내가 "나의 마음을 다하여 사랑하는 자는 내게 몰약 다발이요"라고 말하는 것을 막지만 않는다면, 나는 그들이 무엇이라고 말하든 상관하지 않습니다. 불신자들은 "하나님은 없다"고 말합니다. 무신론자들은 하나 같이 나를 비웃고 조롱할 것입니다. 그들로 하여금 자신들이 말하고 싶은 대로 말하게 하십시오. 그러나 "나의 마음을 다하여 사랑하는 자는 내게 몰약 다발"입니다. 심지어 주교나 감독들 중에서도 성경의 일부를 부인하고, 그리스도의 옷을 찢어 나누며, 그리스도를 도둑질하는 자들이 있어 왔습니다. 그리스도를 믿는 신앙은 시대에 뒤떨어진 진부한 신앙이라고 말하고, 은혜는 그 힘을 상실하였다고 말하는 자들도 있습니다. 그들은 "철학과 헛된 속임수"(골 2:8)를 좇아가지만, 나는 그런 것은 모르겠고, 오직 "나의 마음을 다하여 사랑하는 자는 내게 몰약 다발"입니다. 그들에게는 그리스도의 향기를 맡을 코가 없고, 그리스도를 좇고자 하는 마음도 없는 것 같습니다. 그들은 그럴지라도, "나의 마음을 다하여 사랑하는 자는 내게 몰약 다발"입니다. 자신들이 그리스도를 맛보았는데 전혀 달콤하지 않았다고 말하는 자들이 있다는 것을 나는 압니다. 자기들이 원하는 것을 그리스도에게서 발견할 수 없었다는 이유로, 그리스도를 떠나서 "세상의 천박한 초등학문"(갈 4:3, 9)으로 돌아간 자들이 있습니다. 그러나 "나의 마음을 다하여 사랑하는 자는 내게 몰약 다발"입니다. 그리스도인들이여, 여러분이 원하는 것이 개인적인 체험입니까? 여러분은 자신이 직접 체험해서 알기를 원합니다. 여러분의 개인적인 체험을 통해서 여러분 속에 불이 붙지 않는 신앙이라면, 그런 신앙은 아무런 가치가 없습니다. 여러분의 심령 깊은 곳으로부터 솟아나오는 것도 아니고, 여러분의 영혼 깊은 곳을 사로잡지도 않는 그런 신앙은 지푸라기만큼의 가치도 없습니다. 나는 여러분이 이 아침에 이곳을 떠나서, 내일 또다시 현기증이 날 정도로 바쁘게 돌아가는 세상 속으로 들어갈 때, "온 세상이 다 어그러진 길로 갈지라도, '나의 마음으로 사랑하는 자는 내게 몰약 다발'입니다"라고 고백할 수 있기를 바랍니다.

4. 넷째로, 그리스도인들은 주님과 늘 교제하기를 원합니다.

이제 나는 실천적인 교훈을 제시하고 말씀을 끝맺고자 합니다. 그리스도와 함께 할 때에 기쁘다는 의식과 그리스도는 나의 그리스도라는 의식으로 인해서 그리스도인들은 늘 그와 끊임없이 교제하고자 합니다. 그리스도, 또는 "몰약 다발"은 온 밤 내내 "내 품 가운데" 있을 것입니다. 교회는 "내가 이 몰약 다발을 내 어깨에 둘 것이다"라고 말하지 않습니다. 그리스도는 그리스도인들에게 무거운 짐이 아니기 때문입니다. 교회는 "내가 이 몰약 다발을 내 등에 둘 것이다"라고 말하지도 않습니다. 교회는 그리스도를 자신의 눈으로 보지 못하게 되는 것을 원하지 않기 때문입니다. 교회는 그리스도를 자기가 볼 수 있는 곳에, 즉 자신의 가슴 가까이에 두고자 합니다. 그래서 "몰약 다발은 온 밤 내내 내 가슴에 있을 것입니다." "온 밤 내내"라는 어구는 원문에는 없는데, 어떻게 해서 역본에 들어가게 되었는지는 나도 모릅니다. 그리스도는 온 밤 동안만이 아니라 온 종일 거기에 늘 계셔야 합니다. 만일 그가 거기에 계시지 않는다면, 늘 밤일 것이고, 만일 그가 거기에 계신다면, 밤도 결코 밤일 수 없습니다.

> "아주 깜깜한 그늘 속에서도 주께서 나타나시면,
> 내게는 이미 동이 트기 시작한 것이라네."

그리스도는 늘 우리의 가슴에 계실 것입니다. 나는 이 표현이 다음과 같은 세 가지를 의미한다고 생각합니다. 첫째, 그것은 자신에 대한 그리스도의 사랑을 늘 느끼며 살아가고자 하는 그녀의 소원을 표현한 것입니다. 여러분도 그런 동일한 소원을 느끼고 계시지 않습니까? 그리스도인들이여, 여러분이 일단 암미나답의 병거들처럼 되었는데, 여러분은 결코 다른 것이 되는 것으로 만족할 수 없게 될 것입니다. 마찬가지로, 여러분이 일단 그리스도를 맛보았다면, 여러분은 이 땅에 살아 있는 한 밤이고 낮이고 그리스도를 애타게 기다리게 될 것입니다. 나의 소원은 예수께서 아침부터 저녁까지 세상에서든 교회에서든 나와 함께 계시는 것입니다. 내가 깰 때나, 잠잘 때나, 외출할 때나, 내 가족의 품 속으로 돌아왔을 때나, 늘 예수께서 나와 함께 해주신다면, 나는 더 바랄 것이 없습니다. 이렇게 예수께서 여러분과 늘 함께 하시는 것이야말로 여러분의 소원이기도 하지 않습니까?

다음으로, 이 표현은 그녀의 소원일 뿐만 아니라, 그녀의 확신이기도 합니다. 그녀는 "그가 이렇게 나와 함께 할 것이다"라고 말하는 것으로 보입니다. 여러분과 그리스도의 가시적인 교제가 중단될 수는 있지만, 그리스도께서는 실제로는 자기 백성으로부터 결코 떠나가시지 않습니다. 그는 온 밤을 여러분의 가슴 사이에 계실 것입니다. 그는 내내 여러분에게 꼭 붙어 계실 것입니다. 그는 자신의 눈을 감으시고 여러분에게서 자신의 얼굴을 숨기실 수는 있지만, 그의 마음은 여러분을 결코 떠날 수 없습니다. 여러분은 그의 가슴에 인쳐져 있고, 그는 여러분으로 하여금 점점 더 그것을 깨닫게 하실 것입니다. 그리스도와 자기 백성 간의 연합은 결코 중단되는 법이 없을 것이고, 그리스도 안에서 자기 백성을 온전히 서게 만드는 저 구원의 역사도 결코 중단되는 법이 없을 것임을 기억하십시오.

마지막으로, 이 표현은 그녀의 결단입니다. 그녀는 그것을 원하고, 믿으며, 결단합니다. "주여, 주께서는 나와 함께 하시게 되실 것입니다. 주께서는 늘 나와 함께 하시게 되실 것입니다." 형제들이여, 이 아침에 여러분은 하나님이 주시는 능력으로 그리스도께 꼭 붙어 있겠다고 결단하지 않으시겠습니까? 집에 돌아가서서 온갖 쓸데없는 이야기들을 하는 것을 중단하십시오. 이 오후 시간을 어리석고 헛된 것과 교제하는 데에 허비하지 마십시오. 그런 것들을 하는 대신에, 오늘은 하루 종일 여러분의 심령이 오직 그리스도만을 꼭 붙잡게 하십시오. 이 저녁에 우리는 그리스도의 식탁으로 가서, 그리스도를 기억하며 떡을 먹고 포도주를 마시게 될 것입니다. 하루 종일 어떤 일이 있어도 그리스도를 우리의 마음 속에서 내려놓지 않으려고 해봅시다. 여러분은 그리스도를 붙잡으셨습니까? 여러분이 그를 여러분을 낳아 주신 어머니의 방으로 모셔갈 때까지, 그를 붙잡고 놓아주지 마십시오. 그 방으로 가서, 밤에 가족 기도회를 하십시오. 여러분이 잠자리에 들 때까지 그를 계속해서 붙잡고 있으십시오. 그런 후에, 월요일 아침이 되면, 여러분은 일하러 가야 하고, 일터에 들어서자마자, "이제 나는 내 주님을 내려놓아야 해"라고 말합니다. 그렇게 말하지 마십시오! 주님을 내려놓지 마십시오. 그를 단단히 붙잡으십시오. 여러분의 손이 망치질을 하고, 여러분의 손가락이 재봉틀 바늘을 붙잡고 있을 때에도, 여전히 그를 단단히 붙잡으십시오. 저잣거리에서나, 증권시장에서나, 배 안에서나, 들에서나, 그를 놓아주지 마십시오. 그러면, 여러분은 온 종일 그리스도와 함께 할 수 있습니다. 이슬람교도들은 코란의 일부를 자신의 목에 늘 걸고 다니는 습관이 있어서, 기독교로 회심한 후에도 신약성경을 작은 비단 주머니에 넣어서 항상 목에 걸고 다닙니다. 우리는 일부러 그런 외적인 증표를 몸에 지니고 다닐 필요는 없지만, 우리의 가슴속에 구주를 늘 모시고 다녀야 합니다. 모든 악을 막아주는 부적으로서 주님을 우리의 목에 걸고 다닙시다. 그가 우리와 함께 하시는 복을 우리에게 주시라고 구하십시오. 여러분의 영광이자 기쁨이신 주님을 여러분의 가슴에 별이 되게 하십시오.

이제 나는 전해야 할 말씀들을 다 전했습니다. 그러나 마지막으로 아직 회심하지 않은 분들에게 한 말씀 드리고자 합니다. "나는 내 혀에 늘 그리스도가 계시게 하고 싶습니다"라고 말하는 사람들이 있습니다. 그리스도를 혀에 계시게 하는 신앙은 집어치우십시오. 여러분은 그리스도를 여러분의 마음에 모셔야 합니다. "나는 그리스도를 내세에 내 가슴에 모시고자 합니다"라고 말하는 사람들이 있습니다. 여러분이 그리스도를 이 땅에서 모시지 않는다면, 내세에서 그리스도를 모실 수 없습니다. 여러분이 오늘 현세에서 그리스도를 멸시한다면, 그는 내일 내세에서 너희를 거절하실 것입니다. 그리스도께서 오늘 여러분을 부르시는데, 여러분이 거절하면, 언젠가는 여러분이 그를 부를 때에 그가 거절하실 것입니다. 사랑하는 친구들이여, 단지 원하는 것만으로 만족하지 마십시오. 여러분 가운데는 원하기만 하고 그 이상으로는 행동하고자 하지 않는 사람들이 있습니다. 그리스도를 원하지만 말고, 그리스도를 받아들이십시오. "나는 그리스도를 내 마음속에 모시고자 합니다"라고 말하는 데서 그치지 말고, 여러분 자신을 낮추고서 믿음으로 그리스도를 여러분의 모든 것으로 받아들일 때까지는, 눈을 감고 자지도 말고 눈꺼풀을 깜빡이며 졸지도 마십시오. 하나님께서 예수를 인하여 내가 전한 이 보잘것없는 말씀들에 복 주시기를 빕니다. 아멘.

제
4
장
—

장미와 백합화

—

"나는 사론의 수선화요 골짜기의 백합화로다." — 아 2:1

　　오늘의 본문 속에는 겨울철에도 차분하게 꽃을 피우는 아름다운 꽃들이 나옵니다. 영혼의 정원에는 일년 내내 사시사철 향기로운 꽃들이 핍니다. 영혼의 정원에도 여느 정원과 마찬가지로 겨울이 있지만, 본문 속에 언급된 장미와 백합화가 피기 시작하자마자, 겨울은 지나가고 여름이 미소짓습니다. 지상의 정원에서는 여름이 와야 장미꽃이 피지만, 우리 마음의 정원에서는 장미와 백합화가 여름을 만들어 냅니다. 나는 이 아침에 우리가 하나님의 은혜로 말미암아 천상의 정원을 거닐며, 그리스도의 비할 바 없는 매력들을 보며 감탄하는 시간을 가질 수 있을 것이라고 믿습니다. 그리스도의 뺨은 온갖 향기로운 꽃들이 피어 있는 화단이고, 그의 입술은 향기로운 몰약을 떨어뜨리는 백합화 같습니다. 우리의 마음이 오늘의 본문의 언어를 해석하고 노래할 수 있기를 바랍니다:

　　"주님은 장미이신가?
　　사론일지라도 그 모든 들녘에서 주님 같은 향기를 발할 수 없네.
　　주님이 백합화이시라면, 골짜기들은 그 진한 향기를 송축하리라."

　　"나는 사론의 장미요"(KJV, 한글개역개정에는 "나는 사론의 수선화요")라고 말씀하시는 이는 우리의 주님입니다. 주님께서 자화자찬하시는 것은 어떻게 된 일입니까? 왜냐하면, 옛 속담에도 "자화자찬은 꼴불견"이라는 말이 있고, 주책없는 피조물들이나 자화자찬을 하는 법이기 때문입니다. 하지만 예수께서는 종종 자화자찬을 하십니다: "나는 선한 목자라"(요 10:11, 14). "나는 생명의 떡이니"(요 6:35). "나는 마음이 온유하고 겸손하니"(마 11:29). 예수께서는 많은 말씀들 속에서 자신이 얼마나 탁월하신 분인지를 자주 선언하시지만, 그는 결코 주책없는 분이 아니시기 때문에, 우리는 그의 자화자찬들을 멸시해서는 안 됩니다. 나는 앞에서 어떤 피조물이 자화자찬한다면, 그 자화자찬은 헛된 것이라고 말했는데, 그 말도 사실입니다. 그렇다면, 우리는 이 난제를 어떻게 풀어야 할까요? 예수는 피조물이 아니시기 때문에, 이 법칙이 그에게는 적용되지 않는다고 말한다면, 그것이 대답이 되지 않겠습니까? 왜냐하면, 피조물이 자화자찬하는 말은 헛된 말이지만, 창조주께서 자화자찬하시는 것, 즉 주 하나님께서 자신의 영광을 분명하게 나타내시는 것은 지극히 합당한 일이기 때문입니다. 하나님께서 욥기의 끝부분에서 자신의 지혜와 능력을 어떻게 높이고 계시는지를 보시고, 하나님께서 친히 선포하시는 내용들이 지극히 합당한 것인지 아닌지를 한 번 판단해 보십시오. 하나님께서는 섭리와 은혜를 끊임없이 조율하셔서, 자신의 영광을 나타내고 계시고, 이것에 못 미치는 그 어떤 동기도 하나님의 뜻이라고 할 수 없다는 것을 우리도 모두 기꺼이 동의하지 않습니까? 따라서 오늘의 본문에서 그리스도께서 자기 자신에 대하여 그렇게 말씀하고 계시지만, 아무도 감히 그리스도를 교만하다고 할 수 없다는 점에서, 나는 그의 신성에 대한 간접적인 증거를 보고, 그분 앞에 꿇어 엎드리게 됩니다. 또한, 나는 그리스도께서 자신이 피조물이 아니라 피조 되지 않으신 존재라는 이러한 부수적인 증거를 내게 주신 것에 대하여 그를 찬송합니다. 한 나이든 스코틀랜드 여인이 한 번은 이런 말을 했습니다: "우리 주님은 자기 자신을 칭찬하실 때가 가장 보기 좋으시다." 우리 모두도 그렇게 느낍니다. "나는 사론의 장미요 골짜기의 백합화로다"라는 말씀만큼 주님의 입술에서 나오기에 적합한 말씀은 없어 보입니다.

우리 주님이 이런 식으로 자화자찬하실 때에는 그럴 만한 지극히 합당한 이유가 있을 것은 너무나 당연한 일인데, 그 이유는 주님 자신 외에는 주님을 사람들에게 계시할 수 있는 자가 아무도 없기 때문입니다. 예수께서 친히 우리의 마음속에 말씀하실 때까지는, 그 어떤 입술도 우리의 마음에 그리스도의 사랑을 말해 줄 수 없습니다. 성령께서 그 사랑을 말해 주는 묘사들에 생명과 권능을 가득 불어넣으시지 않는다면, 그 어떤 묘사들도 밋밋하고 진부할 수밖에 없습니다. 우리의 임마누엘이신 그리스도께서 우리의 심령의 가장 깊은 곳에 자기 자신을 계시하실 때까지는, 우리의 영혼은 그를 볼 수 없습니다. 여러분이 촛불을 밝힌다고 해서, 해를 볼 수 있겠습니까? 여러분이 세상의 모든 조명을 다 끌어 모은다고 해서, 그런 식으로 낮의 광명을 볼 수 있겠습니까? 지혜로운 사람은 해가 스스로 자신의 모습을 드러낼 때에만 우리가 해를 볼 수 있다는 것을 압니다. 저 거대한 등불이 스스로 타오를 때에만, 우리는 그 등불을 보게 됩니다. 그리스도의 경우도 마찬가지입니다. 그리스도께서 세상에 대하여 자신을 드러내시지 않는 방식으로 우리에게 자신을 드러내실 때에만, 우리는 그를 볼 수 있습니다. 그가 친히 우리에게 "나는 사론의 장미요"라고 말씀해야 합니다. 그렇지 않으면, 사람들이 아무리 그가 사론의 장미라고 말한다고 해도, 그 말들은 다 함량이 부족한 말들이 되고 맙니다. 주님은 베드로에게 "바요나 시몬아 네가 복이 있도다 이를 네게 알게 한 이는 혈육이 아니요 하늘에 계신 내 아버지시니라"(마 16:17) 고 말씀하셨습니다. 여러분이 선택한 어떤 교육과정을 통해서 여러분의 혈과 육을 정결하게 하고, 여러분의 지적인 능력을 최고도로 높여 보십시오. 그럴지라도, 그리스도를 계시해 줄 수 있는 것은 아무것도 없습니다. 하나님의 성령이 능력으로 임하여서, 그 날개로 어떤 사람을 덮을 때, 그 사람은 그리스도를 알게 됩니다. 주 예수께서 사람들의 저 신비한 지성소에서 눈먼 자들의 눈을 성별하여 뜨게 하시고서, 그들에게 자기 자신을 계시하실 때, 사람들은 주님을 보게 됩니다. 그리스도는 오직 그리스도 자신만이 보여주실 수 있습니다. 오직 다이아몬드만이 다이아몬드를 자를 수 있듯이, 오직 그리스도만이 그리스도를 나타내 보여주실 수 있습니다.

이제는 하나님이신 예수께서 자화자찬하시는 것이 지극히 합당하다는 사실이 우리 모두에게 충분히 명확하지 않습니까? 우리는 연약한 피조물들이기 때문에, 그리스도께서 자화자찬하시지 않을 수 없습니다. 만일 그가 자화자찬하지 않으신다면, 우리는 그의 아름다움을 전혀 인식할 수 없게 될 것이기 때문입니다. 각각의 이유만으로도 충분하지만, 두 이유를 한데 합치면 압도적이 됩니다. 예수께서 예수를 전하시고, 사랑이 우리에게 사랑을 가르치는 것은 지극히 합당합니다. 사랑하는 자들이여, 우리 주님이 자신의 아름다운 것들을 친밀하게 드러내 보여주시는 그런 사람들은 행복한 사람들입니다. 우리 주님은 장미이시지만, 모든 사람에게 그의 향기를 알게 하시지는 않습니다. 우리 주님은 가장 아름다우신 백합화이시지만, 극소수의 사람들에게만 자신의 비할 바 없으신 순결하심을 보여주십니다. 우리 주님은 세상 앞에는 "마른 땅에서 나온 뿌리 같아서 고운 모양도 없고 풍채도 없는"(사 53:2) 그런 모습으로 나타나시기 때문에, 헛된 것을 좇는 자들은 그를 배척하고, 교만한 자들은 그를 멸시합니다. 영적인 시력이 좋지 않은 세상의 무수한 사람들은 말로 표현할 수 없는 임마누엘의 영광스러운 모습들을 전혀 볼 수가 없습니다. 오직 성령께서 그 눈에 안약을 발라 주시고, 그 마음을 하나님의 생명으로 깨어나게 하시며, 그 영혼을 가르쳐서 하늘의 것들을 맛보게 하실 때에만, 사람들은 오늘의 본문에 나오는 사랑의 언어를 듣고서 깨닫게 됩니다: "나는 사론의 장미요 골짜기의 백합화로다." 여러분이 믿을 때, 그는 여러분에게 귀하고 소중한 존재가 됩니다. 믿는 여러분에게 그는 "모퉁잇돌"이고, 여러분의 "구원의 반석"이며, 여러분의 모든 것입니다. 그러나 다른 사람들에게는 그는 "부딪치는 돌과 걸려 넘어지게 하는 바위"가 되어서, 그들은 "말씀을 순종하지 아니하므로 넘어지게" 됩니다(벧후 2:8).

우리가 본문을 자세하게 살펴보기 전에, 나는 우리의 구속주께서 지금 자신의 택하신 백성들에게 자신을 계시하셔서, 우리 각자로 하여금 그의 더할 나위 없는 매력들을 조금이나마 볼 수 있게 해주시기를 기도합니다. 이 아침에 만왕의 왕께서 이곳에 오셔서, 옛적의 겨울에 솔로몬 성전을 거니셨던 것처럼, 그를 기다리는 이 회중 속을 거니시기를 빕니다.

1. 첫째로, 우리 주님이 이렇게 자화자찬하시는 동기들에 대하여 살펴보겠습니다.

이 아침에 나는 먼저 성령의 도우심을 힘입어서 여러분에게 우리 주님이 이런 식으로 말씀하시는 동기들을 잠시 말씀드리고자 합니다. 나는 주님이 이렇게 말씀하시는 동기는 사랑이라고 봅니다. 즉, 주님은 자신의 모든 백성이 그의 찬송 받으실 인격에 대한 고귀하고 복된 묵상을 통해서 부요해지기를 바라신 것입니다. 예수께서는 자신의 형제들이 그에 대하여 변변치 않은 생각을 갖고 있는 것으로는 만족하지 못하십니다. 그와 정혼한 자들이 그의 아름다움으로 인하여 기뻐하게 되고, 그가 그들의 영혼의 왕이자 주가 되시는 것이 그의 즐거움이기 때문입니다. 그는 우리가 그에 대한 지극히 기쁘고 복된 생각들을 통해서 그를 경배하고 찬양하는 마음을 지니게 되기를 원하셨습니다. 우리가 그를 떡과 물처럼 꼭 필요한 존재로만 여기는 것이 아니라, 장미와 백합화처럼 귀하고 풍요로운 기쁨을 가져다주는 지극히 고귀하고 아름다운 존재로 여기기를 바라시는 것입니다. 여러분이 보시다시피, 우리 주님은 여기에서 자기 자신을 "나는 사론의 장미요"라고 시적으로 표현하십니다. 와츠(Watts) 박사가 그의 기쁜 찬송들을 썼을 때, 그는 존슨(Johnson) 박사의 비판의 대상이 되었습니다. 존슨 박사는 온갖 문학적인 문제들에 대하여 대단히 권위 있는 글을 쓴 뛰어난 사전편집자였지만, 그가 종교의 주제들은 그렇게 많지 않고 산문적이기 때문에, 시에 필요한 상상의 날개를 펼칠 수 없는 까닭에, 시인에게는 적합하지 않다고 말한 것은 완전히 잘못된 것이었습니다. 존슨 박사는 애석하게도 신앙의 깊은 곳으로 거의 들어가 보지 못한 사람이었습니다. 왜냐하면, 시적인 상상력이 최고도로 발휘될 수 있는 곳은 다름 아닌 무한하신 이의 세계이기 때문입니다. 요단 강의 물줄기는 헬리콘(Helicon) 산의 물만큼 맑고, 실로아 시내는 카스티야 샘만큼 깊은 영감을 주는 곳입니다. 이방의 파르나소스 산(Parnassus, 뮤즈 신이 살던 산으로서 음악과 시의 본산지)의 높이는 기독교의 다볼 산의 절반밖에 되지 않습니다. 아가서는 신령한 자들에게 최고의 시이고, 독수리들이 높은 바위에 둥지를 틀고 있듯이, 고귀하고 아름다운 시들이 성경 전체에 걸쳐서 둥지를 틀고 있습니다. 우리 주님이 아가서에서 시라는 언어 양식을 사용하신 것은 최고의 시적인 재능도 그를 위해 사용되어야 하고, 그에 대한 고귀하고 심오한 생각이나 사상들도 독자적으로 행동하는 것이 아니라 그의 십자가와 결합되지 않으면 안 된다는 것을 우리에게 보여주시기 위한 것임에 틀림없습니다. 마찬가지로, 예수께서는 우리가 최고의 산문이 우리에게 전달해 줄 수 있는 그에 대한 최고의 생각과 사상들을 향유하기를 원하십니다. 이제 나는 주님이 자화자찬하신 동기들을 여러분 앞에 설명하고자 합니다.

그리스도께서 자화자찬하시는 이유는 우리로 하여금 그리스도가 얼마나 고귀하신 분인지를 생각해서 그에 대한 우리의 관계에 합당하게 행할 수 있게 하시기 위한 것임은 의심할 여지가 없습니다. 구원 받은 영혼은 그리스도와 혼인한 자입니다. 그리고 혼인 상태에서는 남편이 얼마나 고귀한 존재인지를 아내가 안다면, 그것은 아내의 행복에 큰 도움이 됩니다. 우리의 영혼과 그리스도는 혼인으로 인하여 하나가 되어 있기 때문에, 이것은 지극히 필요한 일입니다. 시편의 말씀에 귀

를 기울여 보십시오: "그는 네 주인이시니 너는 그를 경배할지어다"(시 45:11). 예수는 우리의 남편이고, 더 이상 우리의 '바알,' 즉 "주인"으로 불리지 않습니다. 그는 우리의 '이쉬,' 즉 "남편"으로 불립니다. 물론, 그는 아울러 우리의 "주인"이시기도 합니다. "이는 남편이 아내의 머리 됨이 그리스도께서 교회의 머리 됨과 같음이니 그가 바로 몸의 구주시니라"(엡 5:23). 아내가 남편을 멸시하고 업신여길 때, 자연의 질서는 무너지고, 가정은 파탄이 납니다. 마찬가지로, 우리의 영혼이 그리스도를 멸시하게 되면, 그 영혼은 더 이상 그리스도와의 올바른 관계 속에 있을 수 없게 됩니다. 그러나 우리가 그리스도께서 보좌에 앉아 계시는 것을 보고서 더 깊이 공경하고, 그 보좌 앞에 더 겸손히 엎드릴 때, 우리는 은혜의 경륜 속에서 우리 주 예수에 대한 우리의 도리를 제대로 행하게 됩니다. 형제들이여, 여러분의 주이신 그리스도께서 여러분에게 그를 고귀하게 바라보기를 원하시는 것은 여러분으로 하여금 그의 권위에 기쁜 마음으로 순복하여, 최고의 남편인 그에게 더 좋은 신부가 되게 하시기 위한 것입니다.

또한, 우리 주님은 우리가 그를 고귀한 존재로 바라볼 때에 그에 대한 우리의 사랑이 커질 것임을 알고 계십니다. 사람은 존경하지 않는 대상을 사랑하기가 쉽지 않습니다. 사랑과 존경은 함께 갑니다. 연민에 의한 사랑도 존재하기는 하지만, 그런 사랑은 우리의 지극히 높으신 머리 되시는 분과는 아무 상관이 없습니다. 우리가 그를 사랑한다면, 그것은 존경과 경배로 인한 사랑이어야 합니다. 따라서 그에 대한 존경과 경배가 크면 클수록, 그에 대한 우리의 사랑도 더욱 격렬하게 타오르게 될 것입니다. 그리스도 안에서 형제 된 나의 사랑하는 자들이여, 나는 여러분에게 여러분의 주님의 탁월하신 모습들을 많이 생각해 보기를 부탁드립니다. 그리스도께서 여러분의 본성을 친히 입으시기 전에 누리셨던 영광을 생각해 보십시오. 그리스도로 하여금 빛나는 보좌를 버리고 저 욕된 십자가 위에서 죽으시게 만든 우리를 향한 그의 강력한 사랑을 생각해 보십시오. 그로 하여금 자신의 손과 발을 못 박히게 하고 그의 마음을 창에 찔리게 만든 저 전능자의 사랑을 곰곰이 생각해 보십시오. 연약함을 입으신 가운데서 음부의 모든 권세를 이기시고, 자신의 고난을 통해서 여러분의 무수한 죄악들을 다 멸하시는 그의 모습을 그려보며 그를 경배함으로써, 그 죄악들이 다시는 여러분을 대적하여 일어설 수 없게 하십시오. 그가 이제 부활하셨고 다시는 죽지 않으신다는 것을 생각하십시오. 그가 이제 면류관을 쓰셨고, 다시는 욕을 당하지 않으시리라는 것을 생각하십시오. 그가 이제 영광을 입으셨고, 다시는 고난을 당하지 않으시리라는 것을 생각하십시오. 그 앞에 엎드려 경배하고, 여러분의 마음 중심 속에서 그를 "기묘자라, 모사라, 전능하신 하나님"(사 9:6)으로 환호하십시오. 그렇게 할 때에만, 여러분은 그에게 여러분이 드려야 할 사랑을 합당하게 드리는 것이 될 것입니다.

또한, 그리스도께서는 우리 속에서 그의 존귀한 모습을 보고 경배하고자 하는 마음이 생기는 것이 우리가 위로를 받는 데에 필수적이라는 것을 알고 계셨습니다. 사랑하는 자들이여, 여러분이 그리스도를 지극히 경배하게 될 때, 이 세상의 것들은 여러분에게 하찮은 것들이 되어서, 그것들을 잃는 것이 그렇게 큰 손해로 느껴지지 않게 됩니다. 여러분이 이 세상에서의 손해들과 십자가들을 아주 크게 여김으로써, 그리스도의 사랑의 날개가 여러분을 티끌로부터 들어올릴 수 없다면, 여러분은 이 세상을 크게 생각하고 그리스도를 하찮게 여기고 있는 것입니다. 나는 저울의 양쪽에 달려 있는 두 접시를 봅니다. 한 접시에는 자녀의 죽음, 또는 어느 사랑하는 혈육을 잃은 일이 담겨 있고, 다른 접시에는 그리스도의 크신 사랑이 담겨 있습니다. 이제 우리는 저울이 어느 쪽으로 기우는지를 볼 것입니다. 예수의 사랑이 담긴 쪽이 더 무거워서 내려간다면, 좋은 일이지만, 가벼운 환난이 담긴 쪽이 예수의 사랑이 담긴 쪽보다 더 무겁게 느껴지는 경우에는, 그것은 좋은 일이 아닙니다. 여러분이 환난으로 인해 눌려 있어서, 여러분의 이름이 하늘에 기록되어 있는 것을 알면서도 기뻐할 수 없다면, 나는 여러분이 예수를 제대로 사랑하고 있지 않은 것이라고 생각합니다. 그리스도가 얼마나 고귀한 분이신지를 생각하십시오. 그러면, 여러분은 조약돌은 잃어버렸지만 다이아몬드는 그대로 간직하고 있는 사람이나, 낡고 곰팡이 난 헌 옷들은 불에 타버렸지만 자신의 자녀들은 화염으로부터 무사히 건짐을 받은 사람처럼 느끼고 기뻐하게 될 것입니다. 주님이 얼마나 귀하신 분인지를 여러분이 생생하게 느끼기만 한다면, 여러분은 아무리 혹독한 환난 속에서도, 그리스도가 여러분의 것이라는 생각 때문에 기뻐하게 될 것입니다. 상처로부터 모든 고통을 빼내 줄 고약을 찾지 마십시오. 병을 뿌리뽑아 줄 약들을 찾지 마십시오. 우리 영혼이 상처가 아무리 깊다고 할지라도, 그리스도의 감미로운 사랑을 그 상처에 붙이면, 그 상처는 금방 나아 버리게 될 것입니다. 우리의 영혼이 예수의 사랑이라는 보약을 한 방울만 맛보아도, 심령의 모든 고통은 영원히 사라지게 될 것입니다. 예수, 예수, 예수께서 우리 안에 계시기만 하신다면, 우리에게는 그것보다 더 좋은 환경은 있을 수 없습니다. 우리를 느부갓네살의 풀무불 속에 던져 넣으십시오. 저 불타는 풀무불 속에서 주께서 우리와 함께 거니신다면, 우리는 해악을 입지는 않을까 하고 두려워할 이유가 없습니다.

또한, 우리 주님께서 우리로 하여금 그가 고귀한 존재라는 것을 알게 하고자 하시는 것은 그것을 알고서 우리 영혼의 모든 힘들이 깨어나게 하시기 위한 것입니다. 나는 방금 전에 여러분에게 예수를 경배하는 마음이 생길 때에 그에 대한 우리의 사랑이 커진다는 말을 했습니다. 나는 믿음이나 인내나 겸손에 대해서도 똑같은 말을 할 수 있습니다. 그리스도를 지극히 경배하는 마음이 생길 때마다, 신령한 사람의 모든 힘들이 깨어나서 활발하게 발휘됩니다. 내가 여러분의 경건을 측정하는 기준은 여러분이 그리스도를 얼마나 높이고 있느냐 하는 것입니다. 여러분이 그리스도를 하찮게 생각해 왔고, 그의 임재 없이도 얼마든지 잘 살아왔으며, 그가 영광 받으신 것에 대해서는 별 관심을 갖지 않아 왔고, 그의 법들을 무시해 왔다면, 여러분의 영혼은 병들어 있는 것입니다. 여러분의 영혼이 그렇게 병들어서 결국에 죽음에 이르게 되는 일이 없게 해주시기를 하나님께 빕니다. 그러나 여러분의 영혼이 가장 먼저 생각하는 것이 "어떻게 하면 내가 예수를 높여 드릴 수 있을까?"라는 것이었고, 여러분의 영혼이 매일같이 소원하는 것이 "내가 그를 어디에서 찾을 수 있을지를 알 수 있다면 얼마나 좋을까!"라는 것이었다면, 여러분이 무수히 많은 연약한 것들을 지니고 있고, 심지어 자기가 하나님의 자녀인지도 잘 알지 못한다고 할지라도, 여러분은 예수를 지극히 경배하고 있기 때문에, 나는 여러분이 안전하다는 것을 한 점의 의심도 없이 확신합니다. 나는 여러분이 누더기를 입고 있더라도 그런 것에는 상관하지 않습니다. 내가 관심 있는 것은 여러분이 그리스도가 입으신 왕의 옷에 대해서 어떻게 생각하느냐 하는 것입니다. 여러분의 상처에서 피가 콸콸 쏟아진다고 해도 그런 것에는 상관하지 않습니다. 내가 관심 있는 것은 그리스도가 입으신 상처들에 대하여 여러분이 어떻게 생각하느냐 하는 것입니다. 그 상처들이 여러분의 눈에 빛나는 루비처럼 보입니까? 여러분이 나사로처럼 거름더미에 누워 있고 개들이 여러분의 상처를 핥고 있다고 할지라도, 그런 것은 중요한 것이 아닙니다. 여러분이 찢어지게 가난하든 부자이든, 나는 그런 것은 상관하지 않습니다. 내가 관심 있는 것은 여러분이 만왕의 왕의 아름다우심에 대하여 무슨 생각을 하고 있느냐 하는 것입니다. 그분이 여러분의 심령 속에서 영광스럽고 높은 보좌에 앉아 계십니까? 여러분은 할 수만 있다면, 그분을 더 높은 곳에 앉으시게 해드리고 싶으십니까? 여러분은 그분에 대한 찬송에 한 줄기 나팔 소리를 더할 수만 있다면 기꺼이 죽고자 하십니까? 그렇다면, 여러분은 좋은 상태에 있는 것입니다. 여러분이 여러분 자신에 대해서 어떻게 생각하든, 그리스도가 여러분의 심령 속에서 크신 분으로 경배 받고 계신다면, 여러분은 머지않아 그와 함께 하게 될 것입니다.

우리가 예수를 고귀하신 분으로 생각할 때, 우리는 그의 영광과 존귀를 위하여 온 힘을 다해 수고하고자 하게 됩니다. 사랑에 빠진 사람이 무엇인들 못하겠습니까? 어떤 생각이 일단 어떤 사람의 마음을 사로잡게 되면, 그 생각을 하지 않는 다른 사람들은 그 사람을 미쳤다고 생각하게 됩니다. 사람들은 그를 비웃고 조롱합니다. 하나님에 대한 지극한 사랑이 어떤 영혼을 완전히 사로잡았을 때, 그 사람은 다른 사람들이 행할 엄두조차 내지 못했던 일들을 실제로 해낼 수 있었습니다. 사랑에 사로잡힌 사람들은 불가능이라고 생각된 것들을 비웃고 이루어냄으로써, 사랑은 많은 물로도 끌 수 없고 큰 물로도 잠기게 할 수 없다는 것을 증명해 왔습니다. 기독교 선교사들은 사람이 갈 수 없는 밀림에 길을 내 왔습니다. 선교사들은 말라리아가 창궐한 밀림을 뚫고 가서, 하나님의 진리의 메시지를 사람들에게 전해 왔습니다. 심지어 두려움 많은 연약한 여자들도 적대적이고 야만적인 부족들 속으로 들어가서 예수를 전해 왔습니다. 폭풍우가 거세게 몰아치는 바다나 아무리 높게 솟아오른 산들도 사랑에 붙잡힌 영혼을 가로막을 수 없었습니다. 래브라도 반도(Labrador)나 아이슬란드의 기나긴 겨울도 모라비아 교도의 가슴속에 있던 그리스도의 사랑을 얼릴 수 없었습니다. 자연의 모든 세력들과 잔혹한 악인들과 악의적인 음부 세력 자체가 한꺼번에 공격해 왔어도, 천국의 상속자가 지닌 열심을 이길 수 없었습니다. 그리스도의 사랑이 성령으로 말미암아 그들의 심령 속에 부어지고, 그들의 마음이 고양되어 그리스도가 어떤 분이신지를 알게 되었을 때, 그들은 자신들을 사랑하신 그리스도로 말미암아 넉넉히 이기는 자들이 되었습니다.

형제들이여, 이 문제를 좀 더 힘 있게 표현할 수 있는 능력이 내게 있었으면 좋겠지만, 어쨌든 나는 우리 주님이 이 아침에 본문 속에서 스스로를 천거하시는 동기는 우리가 성령의 능력을 힘입어서 우리의 심령 깊은 곳에서 그를 지극히 존귀하게 여기고 경배할 수 있게 하시기 위한 것이라고 믿습니다. 그가 우리에게 헛되이 말씀하시겠습니까? 그는 이 아침에 이 강단에서 "나는 사론의 장미요"라고 성령으로 말씀하시는데, 우리가 "하지만 우리는 주의 아름다우심을 볼수 없습니다"라고 대답하시겠습니까? 그가 "나는 사론의 장미요"라고 하실 뿐만 아니라, "나는 골짜기의 백합화로다"라고 연거푸 말씀하시는데, 우리는 냉랭한 마음으로 "하지만 우리는 주의 흠 없는 순결하심을 경배하지 않습니다"라고 대답하시겠습니까? 나는 우리가 그렇게 완전히 영적으로 눈먼 자가 되고, 배은망덕한 자가 되어 있다고 믿지 않습니다. 우리는 그 앞에서 우리가 합당하게 그를 경배하고 있지 않다는 것을 고백하면서도, 회개의 눈물을 흘리며 겸손하게 이런 말을 덧붙일 것이라고 믿습니다:

> "예, 우리는 주를 사랑하고 경배합니다.
> 우리가 주를 더 사랑할 수 있도록 은혜를 주옵소서."

2. 둘째로, 우리 주님은 자기가 자신을 칭찬한다고 하여도, 그것이 옳다고 말씀하십니다.

선한 동기로 어떤 말을 했다고 할지라도, 그 말이 옳지 않다면, 그런 말은 하지 않아야 합니다. 그러므로 우리가 두 번째로 살펴볼 것은 우리 주님은 자기가 스스로를 천거하신 것이 옳은 이유를 보여주고 계시고, 그 이유는 그를 아는 모든 사람들에게 지극히 만족스러운 이유일 수밖에 없다는 것입니다. 우리 주님이 자기 자신에 대하여 말씀하신 내용들은 참됩니다. 그 내용들은 실제의 주님을 묘사하기에는 역부족인 묘사들이지만, 결코 과장해서 표현한 것은 될 수 없습니다. 본문에 사용된 단어들을 하나하나 살펴보십시오. 주님은 "나는 … 이다"(I am)라는 단어들로 말씀을 시작하십니다. 나는 이 두 작은 단어들에 대해서 길게 설명하려고 하지 않지만, 단지 한 가지, 즉 이 두 작은 단어 속에도 아주 깊은 의미가 담겨 있다고 말해도, 그것은 결코 억지가 아니라는 말만을 해두고자 합니다. 어떤 피조물이 "나는 … 이다"라고 말할 때, 그것은 결코 정확히 참일 수 없습니다. 그 숨이 코에 있는 연약한 인간에게는 "나는 … 이다"라는 표현이 아니라, "나는 … 아니다"라는 표현이 더 어울립니다. 우리는 이 땅에 잠시 왔다가 신속하게 가는 존재이기 때문에, 하루 동안만 살다가 죽는 하루살이가 우리의 형제입니다. 짧게 살다가 죽는 가련한 존재인 우리는 매일매일 변해가고, 파도처럼

일정하지 않으며, 티끌처럼 부서지기 쉽고, 벌레처럼 연약하며, 바람처럼 변덕
스럽습니다. 예수께서는 "나는 … 이다"라고 말씀하심으로써, 자신이 스스로 존
재하는 분이시고 영원히 변하지 않는 분이시라는 것을 선언해도, 그것은 지극히
참됩니다. 그는 육체로 계시던 날들에도 "나는 … 이다"라고 말씀하셨습니다. 그
는 지금 이 시간에도 "나는 … 이다"라고 말씀하십니다. 왜냐하면, 그가 과거에
어떤 존재이셨다면, 그는 지금도 여전히 그런 존재이시기 때문입니다. 그가 과
거에 어떤 성도에게 행하셨던 일들은 지금도 우리에게 그대로 행하십니다. 내
영혼아, 너의 언제나 변함없으신 그리스도를 기뻐하라. 여러분이 본문의 이 두
작은 단어만을 취하고서 그 이상으로 나아가지 않더라도, 마치 엘리야가 떡 한
조각을 먹고서 그 힘으로 사십 주야를 갔듯이(왕상 19:5-8), 이 두 단어는 여러분
의 허기를 채워줄 충분한 양식이 되고도 남을 것입니다. 주님이 "나는 … 이다"
라고 말씀하심으로써 여러분에게 자신을 계시하신 것은 하나님이 불타는 가시
덤불에서 모세에게 자신을 계시하신 것보다 더 큰 영광을 보여주신 것입니다.
"나는 … 이다"라고 말씀하시는 크신 이가 사람의 육체를 입으시고서 여러분의
구주와 주님이 되셨습니다.

　　"나는 장미요." 이 말씀으로부터 우리는 그리스도가 사랑스러우신 분이라는
것을 알게 됩니다. 그는 자기 자신을 표현하시기 위하여, 가장 매력적인 꽃들 중
의 하나를 선택하십니다. 모든 피조물들이 지닌 모든 아름다움들은 그리스도 안
에서 온전한 형태로 발견됩니다.

> 　　"나의 사랑하는 자는 희고 불그레하며,
> 　　　하늘에 속한 그의 모든 아름다움들이 빛난다네.
> 　　　그렇게 영화롭고 신성한 모습은
> 　　　자연이 만들어 낼 수 있는 것이 아니라네.
> 　　　그런 그가 내 영혼을 온전히 취하셔서
> 　　　윗세상에 있게 하신다네."

　　"무엇이든지 참되고 무엇이든지 정직하며 무엇이든지 옳으며 무엇이든지
정결하며 무엇이든지 사랑 받을 만하며 무엇이든지 칭찬 받을 만한" 것들이 있
다면, 그것들은 모두 우리가 마음을 다하여 "사랑하는 자" 안에서 발견됩니다.

물질세계에 있는 모든 아름다운 것들은 예수 그리스도께서 영적인 세계에서 지니고 계시되, 열 배나 더한 아름다움으로 지니고 계십니다. 영혼의 동산과 하나님의 낙원에 계시는 그리스도는 이 땅의 동산에 있는 장미, 꽃 중의 꽃이라고 모든 사람이 인정하는 장미보다 무한히 더 아름다우십니다.

그러나 신랑은 자기가 단지 장미인 것이 아니라, "사론의 장미"라고 말씀하십니다. "사론의 장미"는 장미 중에서도 아주 희귀한 극상품의 장미였습니다. 예수께서는 자신의 의를 "금"이라고 말씀하시는 것이 아니라 금 중에서도 최고로 치는 "오빌의 금"이라고 말씀하시듯이, 여기에서도 자기는 단지 "장미"가 아니라 "사론의 장미"라고 말씀하십니다. 그러므로 예수는 단순히 꽤 사랑스러우신 분이신 것이 아니라, 최고로 사랑스러우신 분입니다.

> "사론의 장미에 비할 수 있는 것은
> 인생들 중에서도 없고
> 천상의 존재들 중에서도 없다네.
> 그 어떤 존재도 그토록 향기로울 수 없고 아름다울 수 없다네."

다윗의 자손 예수는 현세와 내세에서 가장 아름다우신 분입니다. 그는 태양이시고, 다른 모든 존재들은 별들입니다. 그의 임재 앞에서는 다른 모든 빛들은 빛을 잃습니다. 왜냐하면, 그는 모든 것이시고, 다른 것들은 아무것도 아니기 때문입니다. 이 땅에서 아름답다고 하는 사람들은 그의 온전하신 아름다움 앞에 섰을 때에 자신의 흉한 몰골로 인해 얼굴을 붉힐 수밖에 없습니다. 미인대회에서 선발된 미녀들과 최고의 미남들이여, 물러서십시오. 만왕의 왕이 지니신 아름다움은 여러분 모두를 능가합니다. 그분에 비하면, 하늘들과 낮도 어두울 뿐입니다. 그를 얼굴을 맞대고 보는 날, 우리의 삶은 완전히 바뀌게 될 것입니다. 우리는 그의 얼굴을 보고자 하는 소망을 품고서, 그 밖의 다른 모든 기쁨들을 기꺼이 영원히 외면할 것입니다.

우리 주님은 "나는 백합화로다"라는 말씀을 더하심으로써 반복해서 자신을 천거하십니다. 사실, 예수 그리스도는 갑절로가 아니라 칠 배로 칭송을 받아 마땅합니다. 아니, 일곱 번씩 일흔 번을 칭송 받아도 부족합니다. 사랑스러움을 표현하는 온갖 비유들과 즐거움을 묘사하는 온갖 형용사들, 인간의 모든 언어와

이 땅에 있는 모든 것들을 다 동원해도, 그리스도의 아름다우심은 표현할 길이 없습니다. 붉게 핀 장미의 아름다운 모습과 백합화의 순결하고 청초한 모습을 합친다고 하여도, 그것은 우리의 영화로우신 주님을 단지 희미하게 보여줄 수 있을 뿐입니다. 오늘의 본문으로부터 나는 그리스도 예수께서는 서로 대비되는 탁월한 것들을 겸비하고 계신다는 것을 배웁니다. 그가 뜨거운 열심과 열렬한 담대함으로 에돔에서 싸우고 승리하여 돌아오시는 모습은 붉은 "장미"를 닮으셨습니다. 그러나 그는 죄악된 분노나 잔인한 복수심이 없으신 전사라는 점에서는 비둘기와 장난하는 저 수줍은 처녀처럼 티 없이 맑고 순결하시기 때문에 눈처럼 흰 "백합화"를 닮으셨습니다. 나는 그리스도께서 자기 자신을 희생제물로 드리시는 모습 속에서 "장미"처럼 붉은 그의 모습을 봅니다.

> "그의 머리와 손발에서
> 슬픔과 사랑이 뒤섞여 떨어지네."

그러나 나는 그리스도께서 사람들을 위하여 하나님으로부터 선물들을 받으시려고, 승리의 흰 옷을 입으시고서 자신의 온전하신 의 가운데서 높은 곳으로 오르시는 모습 속에서는 "백합화"처럼 하얀 그의 모습을 봅니다. 우리의 사랑하는 자 안에서는 모든 완전함들이 결합되어 하나의 완전하심을 이루고 있고, 온갖 종류의 향기로움이 다 결합되어 하나의 온전한 향기로움을 이루고 있습니다. 이 땅의 최고의 매력적인 것들을 다 합쳐도, 그의 지극히 귀하신 모습을 희미하게 그려낼 수 있을 뿐입니다.

그리스도는 "골짜기의 백합화"입니다. 그가 이렇게 말씀하신 의도는 자기가 "골짜기" 같이 지극히 낮은 곳에 계시는 "백합화"라는 것을 우리에게 암시하고자 하신 것이 아니겠습니까? 목수의 아들로서 가난한 자들이 입는 옷을 입으시고 가난 가운데서 살아가신 그는 "골짜기의 백합화"가 아니겠습니까? 그렇습니다. 그는 낮은 땅에 거하는 가난한 자들인 여러분과 나의 곁에 오신 "백합화"이십니다. 저 윗세상에서는 그는 언덕 위의 백합화이시고, 거기에서 천상의 모든 존재들이 그를 경배합니다. 그러나 이 아랫세상에서 그는 윗세상에서처럼 여전히 아름다우시기는 하지만, 두려움과 근심의 골짜기 속에 피어 계시는 백합화이십니다. 우리의 눈은 지금 바로 이 날에 우리에게 백합화이신 그의 아름다우심을 볼 수 있습니다. 우리는 지금 믿음의 눈으로 거울을 통해서 희미하게 만왕의 왕을 보고 있기 때문에, 그의 아름다우심을 제대로 본 적이 없지만, 나는 여러분에게 솔로몬이 누린 모든 영광도 우리가 지금 그렇게 희미하게 보는 예수 그리스도의 영광만도 못하다고 말할 수 있습니다.

하나씩 우리에게 열려 온 말씀들은 우리에게 그리스도는 우리의 모든 영적인 지각들에 사랑스러우신 분임을 가르쳐 줍니다. 장미와 백합화는 우리의 눈을 즐겁게 해주지만, 우리의 코를 시원하게 해주기도 하는데, 예수도 마찬가지입니다. 영혼의 모든 지각들은 그리스도를 만났을 때에 호강을 하게 되고 호사를 누리게 됩니다. 그것이 미각이든 촉각이든, 청각이든 시각이든, 영적인 후각이든, 그 모든 지각들을 다 만족시켜주는 온갖 매력들이 예수 안에 있습니다. 우리는 종종 기름 부음 받으신 자를 보지는 못하지만 그의 임재를 느낍니다. 어느 날 아침에 우리는 루가노 호수를 여행하면서, 나이팅게일이 노래하는 소리를 들었고, 푸른 호수 위에서 노 젓는 일을 멈추고 그 은빛 노랫소리에 귀를 기울였습니다. 우리는 단 한 마리의 새도 볼 수 없었지만, 청아한 새 소리를 듣고서 큰 만족을 얻었습니다. 우리 주님도 마찬가지입니다. 우리는 그리스도를 사랑하는 사람들이 사는 집에 들어가면, 거기에서 그리스도에 대하여 아무것도 듣지 않는다고 하여도, 그가 거기에 계신다는 것을 아주 분명하게 느낄 수 있습니다. 그 집안사람들의 행동들을 통해서 거룩한 감화력이 그 집안에 흐르게 되어서, 비록 예수를 눈으로 볼 수는 없지만, 그가 거기에 계신다는 것이 분명하게 느껴지게 되는 것입니다. 예수께서 계신 곳에 한 번 가 보십시오. 여러분이 거기에서 그의 이름을 듣지 못해도, 그의 사랑으로부터 흘러나오는 향기로운 감화력이 아주 분명하게 감지될 것입니다.

우리 주님은 너무나 사랑스러우시기 때문에, 그의 사랑을 회상하는 것조차도 감미롭습니다. 사론의 장미를 꺾어서 잎사귀를 한 잎 한 잎 따서 기억의 꽃병에 넣어 두십시오. 그러면, 여러분은 각각의 잎사귀가 그후로도 오랫동안 진한 향기를 풍기며 온 집안을 감미롭게 가득 채우는 것을 발견하게 될 것입니다. 오늘도 우리는 주의 식탁에서 우리가 새 힘을 얻었던 때들을 기억하면 여전히 기쁘고 즐겁습니다.

예수는 만발하였을 때나 이제 막 싹을 틔웠을 때나 사랑스럽습니다. 여러분은 장미가 만발했을 때에나 이제 막 싹이 났을 때에나 똑같이 그 아름다운 모습에 감탄합니다. 나는 여러분이 처음으로 신앙생활을 하게 되었을 때나 지금이나 그리스도는 여러분에게 똑같이 아름다우신 분으로 느껴질 것이라고 생각합니다. 우리의 신앙이 성장해서 만개하신 예수를 볼 때, 그 뛰어나게 아름다우신 모습은 우리가 신앙을 처음으로 가졌던 때에 보았던 예수의 아름다우신 모습과 똑같습니다. 우리가 낙원의 동산에서 만개하신 그를 보게 될 때, 우리는 그를 영원히 바라보는 것이야말로 우리의 최고의 천국이라고 여기게 되지 않겠습니까?

그리스도는 너무나 사랑스러우시기 때문에, 꾸미실 필요가 없습니다. 나는 설교자들이 자신의 원고를 고치고 또 고쳐서 아름다운 문장들을 만들어서 그리스도를 전하는 것을 들을 때, "사론의 장미"를 색칠할 필요가 어디 있고, "골짜기의 백합화"에 유약을 발라 광을 낼 필요가 어디 있느냐고 그들에게 묻습니다. 십자가에 못 박히신 그리스도를 그대로 전하십시오. 그리스도는 우리가 색칠하고 광낼 필요가 없을 정도로 충분히 아름다우신 분입니다. 아주 투박한 말로 더듬더듬 진솔하게 그리스도를 전하십시오. 예수는 너무나 찬란한 빛을 발하는 보석이시기 때문에, 가공할 필요 없이 그대로 내어놓기만 하면 됩니다. 그는 너무나 영화로우신 분이시기 때문에, "가장 치장을 하지 않는 것이 최고로 치장하는" 것입니다. 우리 모두가 그리스도에 대하여 이렇게 느낌으로써, 그를 전할 때에 우리의 웅변술을 사용하고자 하는 유혹을 느낄 때마다, "교만이여, 물러가고, 그리스도께서 다스리시고, 스스로 자신을 드러내시게 하라"고 말하십시오. 그리스도는 여러분의 도움을 필요로 하지 않습니다.

또한, 그리스도는 너무나 사랑스러우신 분이시기 때문에, 아무리 박식한 영혼의 입맛도 최고의 맛으로 온전히 만족시켜 주십니다. 향기에 대하여 아무리 문외한인 사람일지라도 장미의 향기에는 만족할 수밖에 없고, 심미안을 지닌 사람도 백합화의 향기와 그 아름다운 자태에 감탄할 수밖에 없습니다. 마찬가지로, 아무리 높은 경지에 이른 영혼도 여전히 그리스도를 보았을 때에 만족하게 됩니다. 아니, 그런 영혼은 그리스도의 아름다우심을 더 잘 인식할 수 있게 될 것입니다. 세계사 속에서 우리는 색과 형태를 중시하는 시대에 살고 있다고 하지만, 나는 이 시대가 진정한 아름다움을 알지 못하고 겉만 번지르르하고 요란한 것들을 좋아하는 시대이고, 이 시대의 패션은 야하고 속되며 유치하고 타락했다고 생각한다는 것을 고백하지 않을 수 없습니다. 사람들은 밝고 빛나는 색깔들과 고풍스럽고 기괴한 형태들을 많이 찾습니다. 사람들은 레이스와 리본, 반짝이는 금속 실들을 비롯해서 내가 알지 못하는 갖가지 액세서리들로 치장된 비싼 옷을 입고 하나님을 예배하는 것이 마땅하다는 듯이, 화려한 옷을 차려입고 멋을 부린 채로 예배당에 들어옵니다. 바벨론의 "음녀"가 진주와 세마포와 자주색 옷과 비단옷과 주홍빛 옷으로 잘 차려 입었듯이, 그녀를 따르는 자들도 자기 자신을 그런 식으로 치장합니다. 나의 형제들이여, 그리스도는 지극히 아름다우시기 때문에, 우리가 곳간에서 예배를 드려도, 마치 대형 아치들과 모자이크가 잘 된 화려한 창들이 있는 대성당에서 예배를 드리는 것처럼, 우리의 영혼은 만족합니다. 그리스도는 우리의 눈에 지극히 아름다우시기 때문에, 파이프 오르간의 웅장한 소리와 그레고리우스의 찬송이 울려 퍼지지 않아도, 그의 음성을 듣는 것만으로 우리의 영혼은 만족합니다. 아름다운 것이나 감각적인 것이나 장엄한 것, 또는 우리의 눈이나 귀를 즐겁게 해줄 것들이 없어도, 그리스도만 있으면, 우리는 만족합니다. 웅장하고 아름다운 건축물들과 음악과 시들이 우리의 심령에 줄 수 있는 모든 즐거움들은 오직 예수만 계시면 우리에게 다 주실 수 있으십니다. 그리스도께 가까이 나아간 우리의 영혼은 모든 외적인 장식들은 이 가련한 백치 같은 세상의 허풍쟁이들을 즐겁게 해주는 데나 적당한 아이들 장난감으로 여기고, 그리스도 예수 안에 있는 사람들에게는 쓸데없는 장신구들로 여기게 됩니다. 왜냐하면, 그리스도인들은 지각의 연단을 받아서, 이 땅에 속한 돼지 떼가 기뻐하는 것들보다 더 고상한 것들을 기뻐하는 지각을 지니게 된 사람들이기 때문입니다. 하나님께서는 여러분이 아름다움을 원할 때, 예수가 "사론의 장미"라는 것을 여러분에게 알게 해주시고, 여러분이 여러분의 참된 심미안을 만족시켜 줄 흠 없이 고결한 청초함을 원할 때, 예수가 "골짜기의 백합화"라는 것을 여러분에게 알게 해주십니다.

내가 이번 대지에서 마지막으로 말하고자 하는 것은 우리 주 예수 그리스도는 그가 자기 자신에 대하여 하신 모든 찬사를 받으시기에 합당하신 분이라는 것입니다. 첫째, 그것은 **그리스도께서 지니신 하나님으로서의 영광** 때문입니다. 하나님으로서의 그리스도의 영광에 대해서 제대로 말할 수 있는 자가 누가 있겠습니까? 가장 먼저 태어난 빛의 아들들은 이 영광을 보고자 하지만, 그들의 눈이 그 밝은 빛을 감당할 수 없다는 것을 느낍니다. 그리스도는 만유 위에 계시는 하나님, 영원히 찬송 받으실 하나님이십니다. 그리스도에 대하여 나는 그가 보시기에는 하늘들도 깨끗하지 못하고, 천사들도 어리석은 자들이라고 말할 수 있습니다. 하나님 외에는 큰 것이 없고 탁월한 것이 없는데, 그리스도는 하나님이십니다. 장미들과 백합화들이여, 너희는 지금 어디에 있느냐? 또한, 우리 주님은 온전한 사람이셨다는 점에서 그러한 찬사를 들으시기에 합당하신 분입니다. 그는 우리와 똑같이 되셨지만, 그에게는 죄가 없으셨습니다. "이 세상의 임금이 오겠음이라 그러나 그는 내게 관계할 것이 없으니"(요 14:30). 그가 이 땅에 사시는 동안에 저지른 잘못이나 흠은 없었습니다. 우리가 어떤 것을 베껴 쓸 때에 아무리 조심해서 써도, 잉크가 번지거나 흠이 있게 마련이지만, 그에게는 그런 잘못이나 실수가 없었습니다. 그의 삶은 경이로울 정도로 너무나 완벽해서, 그의 신성을 부인한 사람들조차도 거기에 경악을 금치 못했고, 그의 거룩하심의 위엄 앞에 무릎을 꿇었습니다. 너희 열렬한 사랑의 장미들과 너희 지극히 고결하고 거룩한 백합화들아, 우리가 너희를 이 완전하신 사람과 비교할 때, 지금 너희는 어디에 있느냐? 또한, 그리스도는 중보자의 일을 하셨다는 점에서 이러한 찬사들을 들으시기에 합당합니다. 그의 피는 우리의 모든 죄를 다 씻어 주셨기 때문에, 우리는 더 이상 붉은 장미들에 대하여 말하지 않습니다. 왜냐하면, 장미들은 우리의 영혼을 정결하게 해줄 수는 없기 때문입니다. 그의 의는 우리를 하나님 앞에서 열납되게 하셨기 때문에, 우리는 더 이상 흠 없는 백합화들에 대하여 말하지 않습니다. 왜냐하면, 백합화들이 우리를 하나님 앞에 열납되게 해줄 수는 없기 때문입니다. 또한, 그리스도는 지금 영광 중에 다스리고 계시기 때문에 이 모든 찬사를 들으시기에 합당합니다. 아버지 하나님께서는 그리스도에게 상으로 영광을 주셨기 때문에, 그리스도는 그 영광을 지니고서 하나님의 오른편에 영원토록 앉아 계시고, 장차 이 세상과 사람들을 의와 공평함으로 심판하시기 위하여 곧 오실 것입니다. 사랑하는 자들이여, 그가 영광 중에 장엄한 모습으로 이 땅에 다시 오실 때, 장미들의 찬란한 아름다움들은 완전히 빛을 잃게 될 것이고, 백합화의 눈처럼 흰 순결함도 잊혀져서, 우리는 그것들을 다시는 기억하지 않게 될 것입니다. 땅의 아름다운 꽃들은 백보좌의 광채와 만유의 재판장 앞에서 그의 길을 예비하기 위하여 나오게 될 화염 앞에서 사라지게 될 것입니다. 여러분이 주 예수를 어떻게 보든지, 그는 자기가 자신에 대하여 하신 모든 찬사들을 들으시기에 합당하신 분이십니다. 그러므로 그의 이름이 영원토록 영광을 받으시고, 온 땅으로 하여금 아멘으로 화답하게 하소서.

3. 셋째로, 그리스도께서 스스로 천거하시는 말씀이
우리에게 주는 영향력은 무엇입니까?

나는 이제 여러분을 세 번째 대지로 이끌고자 합니다. 그리스도께서는 우리가 그를 지극히 귀하신 존재로 생각하기를 바라시는데, 그 동기는 우리의 유익을 위한 것입니다. 나의 사랑하는 자들이여, 나는 그리스도께서 여러분으로 하여금 그에 대하여 거룩하고 고상한 생각들을 하도록 애쓰시는 것이 여러분을 위한 것임을 생각해서, 여러분도 온 마음을 다해 그리스도의 수고를 도우시기를 간곡히 부탁드리는 시간을 잠시 갖고 싶습니다. 여러분이 내게 어떻게 하면 그런 생각들을 할 수 있느냐고 물으신다면, 나는 여러분을 기꺼이 돕겠습니다.

그리스도께서 이 세상에 오시기 전에는, 이 세상이 멸망 중에 있었다는 것을 생각하십시오. 나의 환상 속에서 이 세상이 황량하기 짝이 없는 황무지, 사하라 사막 같은 거대하고 끔찍한 사막으로 보입니다. 거기에는 내 눈을 시원하게 해줄 것이 아무것도 없습니다. 내 주변에는 온통 뜨겁고 건조한 모래밖에 보이지 않고, 창백한 해골 같은 모습을 한 비참한 사람들이 그 가혹한 불모지 속에서 길을 잃고 방황하다가 기진맥진하여 죽어가는 모습이 보입니다. 하나님이여, 이 무슨 끔찍한 광경이란 말입니까! 오아시스도 없이 끝없이 펼쳐져 있는 사막의 바다, 버림받은 인류의 황량한 묘지 — 이것이 세상입니다. 그러나 갑자기 뜨거운 모래 속에서 한 "뿌리"(사 53:2) 또는 "가지"(사 11:1), "유명한 한 식물"(cf. 겔 34:29)이 올라오는 것이 보입니다. 싹이 나고, 꽃이 피는데, 그것은 장미입니다. 그 옆에는 백합화가 다소곳이 고개를 숙이고 있습니다. 이것은 기적 중의 기적입니다. 이 꽃들의 향기가 사막에 두루 퍼지고, 나는 황무지가 옥토로 바뀌는 것을 느낍니다. 그 장미 주변에는 온통 꽃들이 만발합니다. 레바논의 영광도 이것만은 못할 것입니다. 갈멜과 사론의 아름다움도 이것만은 못할 것입니다. 이제 이곳을 사하라 사막이라고 부르지 말고, 낙원이라 부르십시오. 더 이상 이곳을 사망의 골짜기라고 말하지 마십시오. 왜냐하면, 내가 해 아래에서 창백한 해골 같은 모습을 하고 있던 사람들이 부활하는 것을 보고, 죽은 자들이 영원한 생명으로 충만한 강력한 군대로 일어서는 것을 보기 때문입니다. 여러분은 이 환상을 이해하실 수 있습니다. 그리스도는 이 세상의 풍경을 바꾸어 놓은 "장미"이십니다.

여러분이 그리스도가 얼마나 대단한 분이신지를 알고자 한다면, 여러분이 멸망 가운데 처해 있었다는 것을 생각하십시오. 내게는 태어나자마자 씻김도 받지 못한 채 피범벅이 되어서 내던져진 여러분의 모습이 보입니다. 그 모습은 짐승들이 자신의 먹이로 바라보는 것 외에는 아무도 쳐다보려고 하지 않을 정도로 더럽고 추합니다. 그런 여러분의 품 속에 들어와서, 갑자기 여러분을 아름답고 사랑스러운 존재로 만든 것은 무엇이었습니까? 그것은 하나님의 손에 의해서 여러분의 품 속에 있게 된 한 송이 장미였습니다. 그 장미 때문에, 하나님께서는 여러분을 불쌍히 여기시고 섭리를 통해 돌보아 주십니다. 여러분은 깨끗하게 씻음을 받고 더러운 것으로부터 정결하게 되어, 양자로 받아들여져서 천국의 권속이 되었습니다. 하나님의 사랑을 보여주는 아름다운 인이 여러분의 이마에 있고, 하나님의 신실하심을 보여주는 반지가 여러분의 손가락에 있습니다. 여러분은 얼마 전까지만 해도 버려진 고아였지만, 이제는 하나님의 왕자입니다. 그 장미를 소중히 여기십시오. 그 장미가 여러분의 품 속에 들어왔기 때문에, 여러분은 고아에서 왕자가 된 것이니까요.

여러분에게는 이 장미가 매일매일 필요하다는 것을 알아야 합니다. 여러분은 전염병에 감염된 이 땅의 환경 속에서 살아가고 있기 때문에, 그리스도를 떠나는 순간, 여러분을 기다리고 있는 것은 오직 죽음뿐입니다. 그리스도는 여러분의 영혼의 일용할 양식입니다. 신자들이여, 여러분은 주님 없이는 아무런 힘도 없다는 것을 잘 알고 있습니다. 여러분에게는 주님이 꼭 계셔야 한다는 것을 명심하고서, 주님을 소중히 여기십시오. 여러분은 주님의 임재를 떠나서는 하나님께 열납될 만한 기도나 생각조차 할 수 없기 때문에, 나는 여러분의 영혼이 사랑하는 자를 여러분이 자신의 품 속에 꼭 껴안으시기를 간곡히 부탁드립니다. 주님을 떠난 여러분은 줄기에서 잘려 나가서 말라 버린 가지와 같고, 동산 문 밖에 던져져 불태워지는 잡초와 같게 됩니다. 그러나 여러분이 주님 곁에 있을 때에는 열매를 맺어서 하나님께 영광을 돌릴 수 있습니다. 그러므로 여러분이 필요한 모든 것을 채워 주시는 그리스도를 찬송하십시오. 사랑하는 자들이여, 하늘에서의 그리스도에 대한 평가를 생각하십시오. 거기에서는 모든 것이 진리를 따라 평가되기 때문에, 사람들은 더 이상 이 땅에서처럼 속임수들에 현혹되어 속지 않아도 됩니다. 하나님께서 우리에게 주신 이루 말할 수 없이 귀한 선물이신 독생자를 어떻게 평가하시는지를 생각하십시오. 천사들이 주님을 어떻게 평가하는지를 생각하십시오. 그들은 주님의 발 앞에서 자신들의 얼굴을 가린 채 뵈옵는 것조차 최고의 영광으로 여깁니다. 주님의 보혈로 씻음을 받은 자들이 주님을 어떻게 평가하는지를 생각하십시오. 그들은 주님을 마땅히 자신들의 찬송을 받으시기에 합당하신 분으로 여기고서, 밤이 없는 그곳에서 종일토록 기쁜 목소리로 주님을 찬송합니다. 여러분 자신이 종종 주님을 어떻게 평가해 왔는지를 기억해 보십시오. 여러분이 주님을 가까이서 뵈옵고 살았던 행복한 시절에는, 여러분의 영혼의 눈으로 영원히 그런 식으로 그리스도를 분명하게 보는 가운데 살수만 있다면, 이 땅에서 가장 밝은 날들을 더 이상 바라지 않고도 얼마든지 살 수 있겠다고 생각했습니다. 예수께서 여러분을 품어 주셔서 여러분의 심령이 날아갈 듯 했을 때에는, 암미나답의 병거들은 그저 천한 수레쯤으로 여겨진 때들이 여러분에게 있지 않았습니까? 그때에 여러분이 주님을 평가했던 그대로 오늘도 그렇게 주님을 평가하십시오. 왜냐하면, 여러분은 변하지만, 주님은 변함없이 동일하시기 때문입니다.

여러분이 죽을 때나 심판의 때에 여러분의 영혼을 살리실 수 있는 유일한 분이 바로 예수시라는 것을 생각해서, 마치 오늘이 그때인 것처럼 주님을 생각하십시오. 큰 왕께서는 잔치를 베푸시고, 가장 아름다운 꽃을 가슴에 품은 자들 외에는 아무도 들어올 수 없다고 온 세상에 선포하십니다. 사람들이 떼를 지어 잔치가 열리는 곳의 문으로 몰려오고, 그들은 각각 자신이 가장 아름답다고 생각하는 꽃을 들고 옵니다. 그러나 많은 사람들이 문전에서 쫓겨나고, 잔치에 들어가지 못합니다. 어떤 사람들은 꽃 모양을 한 미신을 손에 들고 오고, 어떤 이들은 화려한 양귀비 모양을 한 로마 가톨릭 신앙을 들고 옵니다. 그러나 그러한 것들은 왕이 좋아하는 꽃들이 아니기 때문에, 그들은 진주 문 앞에서 쫓겨나고 맙니다. 내 영혼아, 너는 "사론의 장미"를 들고 있느냐? 너는 "골짜기의 백합화"를 너의 품 속에 꼭 간직하고 있느냐? 그렇다면, 네가 천국 문 앞에 이르렀을 때, 너는 그 장미와 백합화의 가치를 알게 될 것이다. 왜냐하면, 네가 그 꽃을 보여주기만 하면, 문지기는 네게 천국 문을 열어 줄 것이기 때문이다. 천국의 문지기는 그 꽃을 품은 자들에게 절대로 문을 열어 주지 않을 수 없습니다. 문지기는 바로 그 "장미"를 위해 문을 열어 주는 것이기 때문입니다. 이 장미를 손에 든 여러분은 곧장 하나님의 보좌 앞으로 나아가게 될 것입니다. 왜냐하면, 천국에는 "사론의 장미"를 능가하는 것은 아무것도 없기 때문입니다. 낙원에서 피는 모든 꽃들 중에서 "골짜기의 백합화"에 견줄 수 있는 것은 아무것도 없습니다. 그러므로 골고다의 피로 말미암아 붉은 빛을 띤 장미를 믿음으로 붙잡으셔서 여러분의 마음속에 품으시고, 끊임없는 교제를 통해서 그 장미가 늘 여러분의 심령 속에 있게 하십시오. 그 장미가 여러분의 모든 것인지를 날마다 확인하십시오. 그러면, 여러분은 그 어떤 지극한 복보다도 더 큰 복을 얻게 될 것이고, 그 어떤 지극한 행복보다도 더 큰 행복을 얻게 될 것입니다. 그 장미가 영원히 여러분의 것이 되게 하십시오.

4. 넷째로, 본문에 나와 있는 고백이 여러분의 것이 되게 하십시오.

내가 마지막으로 여러분에게 이것을 권하면서 말씀을 마치고자 합니다. 내가 여러분을 대신해서 그런 고백을 하느라고, 여러분을 집에 못 가게 잡아둘 필요는 없을 것입니다. 나는 내가 느낀 것을 고백할 뿐이고, 여러분은 각자 자신이 느낀 것을 하면 될 것입니다. 나는 아침에 오늘의 본문을 앞에 놓고서, 내가 얼마나 배은망덕하게 행하였는지를 인정하고서 얼굴을 붉히며 울었습니다.

"나의 주님, 내가 그동안 주님을 더 많이 바라보지 않은 것이 정말 부끄럽습니다. 주님이 모든 아름다움의 총체라는 것을 나는 알고, 내 마음으로 믿습니다. 그런데도 내 눈이 다른 아름다운 것들을 찾아 돌아다닌 것을 나는 정말 슬퍼하고 애통해 하지 않을 수 없습니다. 나는 피조물들 속에 어떤 탁월한 것들이 있다는 망상에 속아 넘어가서, 주님을 묵상하기를 게을리해 왔습니다. 나의 주님, 또한 나는 주님을 제대로 합당하게 누리고 향유해 오지 않았음을 고백합니다. 나는 온 종일 주님과 함께 해야 하는데도 불구하고, 나의 안식처를 망각한 채로 여기저기를 떠돌아다녔습니다. 나는 나의 사랑하는 자를 영접해서 함께 시간을 갖는 것을 소홀히해 왔습니다. 나는 나의 죄들로 인하여 주님을 분노하게 하였고, 나의 미지근한 태도로 주님을 떠나가시게 하였습니다. 나는 내 마음의 거처에서 주님을 박대하고 차가운 곳에 계시게 하였습니다. 나는 주님을 꼭 붙잡지도 않았고, 내 곁에 꼭 계셔 달라고 사정하지도 않았습니다. 나는 이 모든 것을 고백하지 않을 수 없고, 그런 사실을 고백하면서도 이 정도밖에 부끄러워하지 않는 내 모습을 보면서 슬퍼할 수밖에 없습니다. 또한, 나의 선하신 주님, 나는 나를 위한 주님의 큰 희생을 생각할 때에 내 마음을 주의 제단에 쇠사슬로 묶어 두는 것이 마땅한데도(주께서 그렇게 해주시기를 비웁니다!), 내 자신은 제대로 산 제물로 살아오지 못하였음을 인정하지 않을 수 없습니다. 나는 주님의 아름다우심에서 나오는 광채에 사로잡혀 살아야 하는데도, 제대로 그렇게 하지 못해

왔습니다. 나의 마음의 모든 방들을 오직 주님만이 차지하셨더라면, 얼마나 좋
았겠습니까! 하나님께서 내 영혼의 풀무불의 모든 숯들을 다 태우셔서 밝은 빛
을 내게 해주시고, 내 속에 있는 것들 중에서 단 한 부분도 주의 사랑의 불꽃으로
타오르지 않는 것이 없게 해주소서. 또한, 나의 주님, 나는 주님을 있는 힘을 다
해 전해야 하는데도, 제대로 그렇게 하지 못해 왔음을 고백하지 않을 수 없습니
다. 주님을 찬양할 기회들이 내게 많이 주어졌는데도 불구하고, 나는 제대로 그
렇게 하지 못했습니다. 나는 스랍 천사들의 불타는 열심으로 말씀을 전해야 했
는데도, 단지 냉담한 혀로 더듬거리며 형편없이 전해 왔습니다."

이것이 나의 고백입니다. 형제들이여, 여러분의 고백은 무엇입니까? 여러분
은 여러분의 사랑하는 자에게 해야 할 도리를 다해 왔기 때문에, 딱히 그런 식으
로 고백할 것이 없는 것이 사실이라면, 나는 여러분이 부러울 것입니다. 그러나
나는 이 자리에 계신 분들 중에서 감히 그렇게 말할 사람은 아무도 없을 것이라
고 생각합니다. 나는 여러분은 누구나 주님과 관련해서 잘못이나 실수를 저질렀
을 것이라고 확신합니다. 그러므로 바로 지금 예수 앞에 겸손히 나아오십시오.
주님은 여러분을 기꺼이 용서해 주실 것입니다. 왜냐하면, 주님은 자신의 신부
에 대하여 화를 품고 계시는 분이 아니시기 때문입니다. 주님이 종종 자신의 신
부에게 날카로운 말씀을 하시는 것은 순전히 그녀를 사랑하시기 때문입니다. 주
님의 마음은 늘 참되시고 신실하시며 자애로우십니다. 주님은 과거를 기꺼이 용
서해 주실 것입니다. 주님은 지금 당장 여러분을 받아 주실 것입니다. 바로 이 순
간에 주님은 자기 자신을 여러분에게 나타내 보여주실 것입니다. 여러분이 마음
문을 열기만 한다면, 주님은 즉시 여러분과 교제하실 것입니다. 왜냐하면, 주님
은 "볼지어다 내가 문 밖에 서서 두드리노니 누구든지 내 음성을 듣고 문을 열면
내가 그에게로 들어가 그와 더불어 먹고 그는 나와 더불어 먹으리라"(계 3:20)고
말씀하시기 때문입니다. 그리스도, 우리의 주여, 우리의 마음을 엽니다! 들어오
셔서, 나가지 마시고 영원히 계시옵소서. "아들을 믿는 자에게는 영생이 있습니
다"(요 3:36). 죄인들이여, 믿고서 영생을 얻으십시오.

제
5
장
—

봄을 위한 설교

—

"나의 사랑하는 자가 내게 말하여 이르기를 나의 사랑, 내
어여쁜 자야 일어나서 함께 가자 겨울도 지나고 비도 그쳤
고 지면에는 꽃이 피고 새가 노래할 때가 이르렀는데 비둘
기의 소리가 우리 땅에 들리는구나 무화과나무에는 푸른 열
매가 익었고 포도나무는 꽃을 피워 향기를 토하는구나 나의
사랑, 나의 어여쁜 자야 일어나서 함께 가자."

— 아 2:10-13

눈에 보이는 것들은 눈에 보이지 않는 것들의 모형들입니다. 하나님의 자녀
들에게 피조세계의 것들은 하나님의 은혜의 비밀스러운 신비들을 보여주는 그
림들입니다. 하나님의 진리들은 황금 사과들이고, 눈에 보이는 피조물들은 은
바구니들입니다. 인간의 작은 내면세계 속에도 자연의 사시사철과 유사한 것들
이 있습니다. 율법의 북풍이 우리에게 거세게 불어와서, 우리의 모든 소망이 꺾
이고, 기쁨의 모든 씨앗들이 절망의 먹구름 아래 매장되며, 우리의 영혼이 꽁꽁
언 강처럼 족쇄로 단단히 채워져서 기쁨의 물결도 없고 감사의 물줄기도 없게
될 때가 우리의 내면의 황량한 겨울입니다. 하나님께 감사하게도, 우리의 영혼
에 부드러운 남풍이 불어오면, 그 즉시 소원의 물들이 흐르고, 사랑의 봄이 찾아
오며, 소망의 꽃들이 우리의 마음속에 피고, 믿음의 나무들이 어린 가지를 내밀
며, 새들의 노래하는 소리가 우리의 심령 속에서 들리기 시작해서, 우리는 주 예

수 그리스도로 말미암아 믿음 안에서 기쁨과 평안을 누리게 됩니다. 믿는 자에게 이러한 행복한 봄 다음에 풍성한 여름이 찾아오면, 은혜들이 향기로운 꽃들처럼 만개하여 그의 영혼을 향기로 가득 채웁니다. "의의 해"의 따뜻한 햇살 아래에서 성령의 열매들이 귤과 석류처럼 탱글탱글 익어갑니다. 그 후에 믿는 자의 가을이 시작되면, 그의 밭에서는 열매들은 다 익어 수확을 기다립니다. 주님께서 자신의 "아름다운 열매들"(아 4:16)을 거두어서 천국에 들일 때가 왔습니다. 천국에서 지존자의 오른손의 해[年]들 같이 영원한 해[年]가 새롭게 시작될 수장절이 다가온 것입니다.

사랑하는 자들이여, 철마다 사람들이 해야 할 일들이 있습니다. 농부에게는 밭을 갈 때가 있고, 씨를 뿌릴 때가 있으며, 거둘 때가 있습니다. 포도를 수확할 철이 있고, 포도나무의 가지들을 쳐줄 시기가 있습니다. 채소들을 심을 달이 있고, 씨앗들을 거둘 달이 있습니다. "범사에 기한이 있고"(전 3:1), 때마다 특별히 할 일이 있습니다. 오늘의 본문은 우리의 심령에 봄이 찾아올 때마다, 우리가 "나의 사랑, 내 어여쁜 자야 일어나서 함께 가자"는 그리스도의 음성을 들어야 한다고 말하는 것으로 보입니다. 우리가 시험이나 환난이나 시련의 황량한 겨울로부터 벗어나서, 소망의 아름다운 봄이 우리에게 찾아와, 우리의 기쁨이 배가 되기 시작할 때마다, 우리는 주님께서 우리에게 더 높고 나은 것을 구하라고 명하시는 음성을 들어야 합니다. 그럴 때, 우리는 주님의 힘을 덧입고서 앞으로 나아가, 이전보다 주님을 더욱 사랑하고, 더 부지런히 주님을 섬겨야 합니다. 나는 이것이 본문에서 가르치는 하나님의 진리라고 보기 때문에, 이것이 이 아침에 전하는 말씀의 주제가 될 것입니다. 나는 새들이 노래하고 꽃들이 피는 때가 온 모든 심령에게 우리 주님께서 말씀하셔서, 그들의 영혼이 "나의 사랑하는 자가 내게 말하여 이르기를 나의 사랑, 내 어여쁜 자야 일어나서 함께 가자"고 하였다고 말하게 하시기를 소망합니다. 이제 나는 이 일반적인 원리를 너댓 가지 서로 다른 경우들에 적용해서 말씀을 드리고자 합니다.

1. 첫째로, 그리스도의 보편 교회의 경우입니다.

눈을 절반만 뜨고서 보편 교회의 역사를 볼지라도, 여러분은 교회가 성할 때가 있었고 쇠할 때가 있었다는 것을 분명하게 알아차릴 수 있습니다. 흔히 교회에는 불경건과 이단과 오류가 횡행하는 퇴조기만이 있는 것처럼 보이지만, 영광의 물결이 다시 밀려와서 무지와 악의 모래들을 의로 덮어 버리는 만조기도 있어 왔습니다. 그리스도의 교회의 역사는 사시사철만이 아니라 다양한 많은 절기들이 있는 한 해와 같습니다. 교회는 고귀한 승리의 행진을 벌일 때도 있었고, 패배와 재난의 때를 맞아서 슬퍼하며 고통하는 때도 있었습니다. 그리스도께서 이 땅에 오시고 나서, 성령이 오순절에 부어졌을 때가 교회의 화창한 봄날이었습니다. 그때에 성도들은 다음과 같이 한 목소리로 즐거운 노래를 불렀을 것입니다:

> "유대인들을 엄습했던 겨울은 가고,
> 안개가 걷히고 봄이 왔다네.
> 거룩한 비둘기가 기쁜 새해를
> 알리는 소리를 우리가 듣네.
> 하늘에 뿌리를 둔 영원하신 포도나무가
> 꽃을 피운 후에 열매를 맺었다네.
> 우리가 그 포도주를 맛보러 왔다네.
> 우리의 영혼이 그 포도나무를 기뻐하고 송축하네."

바리새주의라는 서리가 모든 영적인 생명에 엄습해서 유대인들이 모두 죽어 있던 저 기나긴 겨울은 이제 지나갔습니다. "비도 그쳤고," 진노의 먹구름이 구주의 머리에 부어졌습니다. 우렛소리와 폭풍과 거센 비바람 같은 온갖 어둡고 끔찍한 것들은 영원히 지나갔습니다. 이 땅에서 주 예수 그리스도의 이름으로 세례를 받고서, 꽃들이 하루에 한꺼번에 3,000개나 활짝 피었습니다. 하나님의 선하신 약속들의 복된 성취로 말미암아 이 땅에 아름다운 것들과 즐거운 것들이 생겨나서, 화려하고 찬란한 왕의 옷으로 땅을 옷 입혔습니다. 새들이 노래하는 때가 왔습니다. 왜냐하면, 그들은 밤낮으로 하나님을 찬송하고, 한 마음으로 즐겁게 떡을 먹었기 때문입니다. 멧비둘기의 소리가 들렸습니다. 왜냐하면, 하늘로부터 보내심을 받은 거룩한 비둘기이신 성령께서 불의 혀 같은 모습으로 사도들에게 임하였고, 복음이 모든 곳에 전파되었기 때문입니다. 그때에 땅은 자신의 기쁜 안식일들 중의 하나를 맞이하였습니다. "무화과나무에는 푸른 열매가 익었습니다." 모든 곳에서 회심하는 사람들이 생겨났습니다. "바대인과 메대인과 엘람인과 또 메소보다미아에 사는 사람들"(행 2:9)이 하나님께로 돌아왔고, 갓 태어난 경건과 열심의 연한 포도송이들은 하나님 앞에서 향기를 발산하였습니다. 바로 그때가 그리스도께서 자신의 교회의 마음을 로뎀나무로 만들어진 숯들 같이 타오르게 하는 말씀을 하신 때였습니다: "나의 사랑, 내 어여쁜 자야 일어나서 함께 가자." 신부는 하늘로부터 들려오는 신랑의 음성을 듣고서 일어났습니다. 그녀는 아름다운 옷을 입고서, 몇백 년 동안 신랑과 "함께" 길을 걸어갔습니다. 그녀는 자신의 편협한 마음을 버리고서, 이방인들에게 그리스도의 이루 헤아릴 수 없는 부요하심을 전하였습니다. 그녀는 세상의 나라에 붙어 있던 마음을 버리고서, 그리스도의 나라는 이 세상에 속한 것이 아니라고 담대하게 고백하였습니다. 그녀는 땅에 속한 소망들과 위로들을 버렸습니다. 왜냐하면, 그들은 그리스도를 얻고 그리스도 안에서 발견되기 위해서, 이 땅에 속한 삶을 하찮은 것으로 여겼기 때문이었습니다. 그녀는 육신의 온갖 편안함과 안일함을 다 버렸습니다. 왜냐하면, 그녀는 자신을 그리스도를 위한 희생제물로 드리기 위하여 점점 더 차고 넘치게•수고하였기 때문입니다. 그녀의 사도들은 모든 해안에 상륙하였습니다. 신앙을 고백하는 자들이 온갖 언어를 사용하는 사람들 가운데서 생겨났습니다. 그녀의 순교자들은 이교의 캄캄하고 어두운 밤 속에서 고통을 받던 땅들에 빛을 밝혔습니다. 사람의 발길이 닿은 곳들 중에서 하나님의 전령들, 교회의 영웅적인 아들들이 찾지 않은 곳은 없었습니다. "너희는 온 천하에 다니며 만민에게 복음을 전파하라"(막 16:15)는 말씀이 마치 전사들을 모으는 소집나팔처럼 그들의 귀에 쟁쟁하였습니다. 그들은 어릴 적부터 전쟁터에서 뼈가 굵은 역전의 용사들처럼 그 부르심에 순종하였습니다. 그때는 은혜로우신 하나님의 신실한 약속의 말씀 한 마디에 성도들이 수천의 원수들을 이겼던 옛적의 용감했던 시절이었습니다. 하지만 슬프게도 그런 시절은 이제 지나갔습니다. 교회는 둔해져서 졸았습니다. 그녀는 자신의 주님을 떠났습니다. 그녀는 딴 길로 갔습니다. 그녀는 육신의 팔을 의지하였고, 세상 나라들의 힘을 구애하였습니다. 그때에 길고 황량한 겨울, 세상의 암흑기, 교회의 암흑기가 찾아 왔습니다. 하지만 하나님께서 자기 백성을 다시 찾으셔서, 그들을 위해 새로운 사도들과 순교자들과 고백자들을 일으키셨을 때, 마침내 사랑의 때가 다시 돌아왔습니다. 그때에 스위스, 프랑스, 독일, 보헤미아, 네덜란드, 벨기에, 영국, 스코틀랜드에 성령의 말하게 하심을 따라 말하는 하나님의 사람들이 있었습니다. 서리가 물러

가고 다시 한 번 여름이 오자, 루터와 칼빈과 멜란히톤과 존 녹스의 때, 햇빛 반짝이는 천국의 날들이 찾아왔습니다. 이때가 사람들이 또다시 다음과 같이 말할 수 있는 때였습니다: "겨울이 지나갔고, 사제들의 권력이 힘을 잃었으며, 비가 그쳤다. 거짓된 가르침들이 태풍이 되어서 더 이상 교회를 엉망진창으로 만들지 못할 것이다. '지면에는 꽃들이 피고,' 모든 곳에서 하나님이 오른손으로 심으신 작은 교회들이 생겨나고 있다."

　새들이 노래하는 때가 찾아왔습니다. 모든 들녘에서는 농부들이 루터가 지은 찬송들을 불렀습니다. 번역된 시편들이 천사들의 날개에 실려서 모든 사람들에게 배포되었고, 교회는 자신의 힘이 되시는 하나님을 큰 소리로 찬송하며, 감사하는 목소리로 그의 궁정에 들어갔습니다. 이런 일은 교회가 기나긴 황량한 겨울밤을 지나오는 동안에는 꿈도 꾸지 못했던 일이었습니다. 농부의 초가집부터 왕궁에 이르기까지 모든 집안에서와 모든 지붕 아래에서 새들이 노래하는 소리가 들려왔습니다. 그때에 하나님 안에서의 평안과 기쁨이 사람들에게 임했습니다. 복음의 은혜의 사랑 노래를 부르는 비둘기의 소리가 들려서, 산과 골짜기, 숲속과 들판을 즐겁게 하였습니다. 그때에 의의 열매들이 맺혔고, 교회는 "석류나무와 각종 아름다운 과수와 고벨화와 나도풀과 나도와 번홍화와 창포와 계수와 각종 유향목과 몰약과 침향과 모든 귀한 향품"(아 4:13-14)이 나는 과수원이었습니다. 믿음과 사랑의 감미로운 향기가 하늘로 올라갔고, 하나님께서는 그 향기를 기쁘게 흠향하셨습니다. 그때에 주님은 감미로운 음성으로 이렇게 외치셨습니다:

　"나의 사랑, 내 어여쁜 자야 일어나서 함께 가자.
　　너의 승리의 믿음 날개로
　　어둠과 죄의 땅 위로 높이 솟아올라라."

　그러나 그녀는 그 음성을 듣지 못하였거나, 부분적으로만 들었고, 사탄과 그의 술책이 이겼습니다. 작은 여우들이 포도원을 망치고, 연한 포도송이들을 삼켜 버렸습니다. 무장한 강한 자 같은 부패함이 신부를 장악해 버려서, 그녀는 자신의 사랑하는 자가 부르는 음성을 듣고도 나가지 못하였습니다. 영국에서 그녀는 신랑을 따라 나서고자 하지 않았고, 도리어 육신의 팔을 꼭 붙들었습니다.

그녀는 국가의 보호를 의지하였고, 하나님의 약속만을 믿고 담대히 나아가고자 하지 않았습니다. 그녀가 세상이 주는 존귀와 힘과 법을 버리고서, 자신의 남편의 사랑만을 의지했더라면, 얼마나 좋았겠습니까! 그녀가 세상에 부역해서 세상을 의지하였기 때문에, 오늘날과 같은 이러한 교회의 분열이 생겨나고 말았습니다. 그것은 우리의 조상들이 오직 예수의 사랑만을 일편단심으로 의지하는 순결함을 버린 쓰디쓴 결과가 아니고 무엇이겠습니까? 다른 나라들에서 교회는 지나치게 자신의 테두리 안에만 갇혀서, 선교사들을 거의 보내지도 않았고, 이스라엘의 쫓겨난 자들의 회심을 위해 애쓰지도 않았습니다. 교회는 주님을 따라 나서려고 하지 않았기 때문에, 종교개혁은 일어날 수 없었습니다. 시작은 되었지만, 중단되고 말았습니다. 그래서 많은 교회들이 지금까지 절반쯤만 개혁되어서, 진리도 아니고 오류도 아닌 어중간한 상태로 있습니다. 오늘날의 루터교회와 영국 성공회는 버리기에는 아깝고 전적으로 받아들이기에는 망설여지는 그런 상태에 있습니다. 그들은 그리스도의 향기를 로마 가톨릭과 뒤섞은 그런 경건의 향기를 지니고 있기 때문에, 그들의 옷은 깨끗하지 않습니다. 그때에 교회가 "나의 사랑, 내 어여쁜 자야 일어나서 함께 가자"라고 말씀하시는 주님의 음성을 듣고 따라나섰더라면, 얼마나 좋았겠습니까!

형제들이여, 오늘날 우리는 또 한 번 하나님께서 교회를 새롭게 하시는 때를 맞이하였습니다. 하나님은 다시 한 번 사람들에게 자신의 성령을 부어 주시기를 기뻐하셨습니다. 아마도 최근의 부흥의 역사들은 거의 오순절의 역사와 필적하는 것 같습니다. 교회가 거두어들이고 있는 영혼들의 숫자를 보면, 분명히 최근의 부흥들은 첫 열매를 거두어들였던 저 오순절에 견줄 수 있습니다. 내가 보기에는, 북아일랜드, 웨일스, 미국, 우리나라의 많은 지역들에서 성령 강림 때보다 더 많은 회심의 역사들이 일어나고 있습니다. 주의 백성들은 살아 움직이고 있고, 그 신앙이 뜨겁고 진지하며, 우리의 모든 기관들은 새로운 에너지로 충만합니다. 불길하게 울어대는 까마귀들이 아직도 일부 남아 있기는 하지만, 새들이 노래하는 때가 찾아왔습니다. 아직 녹지 않은 많은 눈이 여전히 초장을 덮고 있기는 하지만, "지면에는 꽃이 피고" 있습니다. 일부 강단들과 교회들은 이전처럼 여전히 얼어붙어 있기는 하지만, 겨울이 거의 지나가게 하신 것에 대하여 하나님께 감사합니다. 하나님의 백성을 비웃고 모든 참된 가르침을 파괴하고자 하는 자들이 여전히 존재하기는 하지만, 비가 거의 그치게 하신 것에 대하여 하나님께 감사합니다. 우리는 지나간 시대에 살던 사람들보다 더 행복한 나날들 속에서 살고 있습니다. 우리는 이 시기를 옛적의 좋은 때들에 비할 수 있는 좋은 때, 지난 오랜 날들보다 더 좋은 때라고 말할 수 있습니다. 그렇다면, 이제 우리 는 무엇을 해야 합니까? 예수께서 "나의 사랑, 내 어여쁜 자야 일어나서 함께 가 자"라고 말씀하십니다. 주님은 자신의 교회에 속한 각각의 교단에 "함께 가자"는 메시지를 보내고 계십니다. 주님은 주교와 감독들을 향하여 "내 마음에 합하지 않는 예전들과 나라를 떠나서 자유롭게 되어 나와 함께 가자"고 말씀하고 계시 는 것으로 보입니다. 주님은 칼빈주의자들을 향하여 "지금까지처럼 냉랭하고 죽 은 신앙을 더 이상 붙잡지 말고, 너희의 아들들로 하여금 불의함 속에서 하나님 의 진리를 붙잡지 말게 하고, 나와 함께 가자"고 말씀하십니다. 주님은 각각의 교단을 향하여 그 형편과 처지를 따라 말씀하지만, 모든 교단을 향한 주님의 동 일한 명령은 "일어나서 함께 가자"는 것입니다. 죽은 심령, 냉랭한 심령, 잘못 행 하는 심령, 완악한 심령, 가혹한 심령을 버리십시오. 나태함과 게으름과 미지근 함을 버리십시오. 그리고 일어나서 주님과 함께 가십시오. "복음을 전하러 이방 가운데로 주님과 함께 가십시오. 이 악한 도시의 수많은 사람들을 개혁하러 주 님과 함께 가십시오. 여러분의 좁은 마음과 냉랭한 심령을 버리고 주님과 함께 가십시오. 여러분이 가야 할 땅이 여러분 앞에 있으니, 어서 일어나 주님과 함께 가서 그 땅을 정복하십시오." 주님과 함께 가십시오. 주님이 여러분을 돕기 위하 여 기다리고 계십니다. 그가 여러분과 동행하실 것입니다. 그와 함께 건축하십 시오. 그는 위대한 건축자이십니다. 밭을 기경하십시오. 그가 친히 흙덩어리들 을 부숴 주실 것입니다. 일어나서 산들을 타작하십시오. 그가 여러분을 날카로 운 타작 기계로 만들어 주실 것이기 때문에, 산들이 산산조각이 나게 부서져서, 바람에 의해 겨처럼 날라가 버리고, 여러분은 주님을 기뻐하게 될 것입니다. 하 나님의 백성들이여, 지금 이 부흥의 때에 일어나서 주님과 함께 가십시오. 잠을 자고 있을 이유가 어디 있겠습니까? 시험에 들지 않도록, 일어나서 기도하십시 오.

2. 둘째로, 본문은 교회로서의 우리에게 아주 특별히 들려주시는 음성입니다.

우리는 성경을 보편적으로 사용하여야 하지만, 동시에 구체적으로 우리 자신에게 적용하여야 합니다. 우리는 성경이 보편교회를 향하여 말씀하고 있다는 것을 안다면, 구체적으로 우리 자신에게 적용된다는 것도 잊어서는 안 됩니다. 우리도 하나님의 임재로 인하여 새 힘을 얻는 때를 가져 왔습니다. 하지만 이 교회와 함께 우리도 억압과 환난과 슬픔으로 인해 힘들고 어려웠던 날들이 있었습니다. 우리는 발각되면 벌금을 물고 박해를 당해야 했기 때문에, 한 곳에서 스무 번 이상을 만날 수 없었고, 어떤 때는 다섯 번밖에 만날 수 없었던 때도 있었습니다. 그때에 교회에 장로들이 계셨고, 그분들은 자신의 집에서 소수의 신자들과 만나서, 그들의 마음을 기쁘게 해주며, 더 좋은 때가 올 때까지 참고 인내하라고 권면하였습니다. 그때에 하나님께서 그들에게 자신의 마음에 합한 목회자를 보내셨는데, 그분이 벤자민 라이더(Benjamin Rider) 목사님이셨습니다. 그는 그들을 바른 지식과 명철로 먹이셨고, 평안의 때에 흩어진 양들을 모았습니다.

그런 후에, 그의 뒤를 이어 이 교회의 목회자가 될 만한 사람이 나타났는데, 그 사람은 에일즈베리(Aylesbury)의 증권시장 앞에서 자기 책들이 교수형 집행인에 의해 눈앞에서 불태워지는 것을 보았습니다. 그는 그리스도를 얻기 위해서라면 자신의 목숨조차도 소중한 것으로 여기지 않는 사람이었습니다. 그 사람은 비유와 상징들을 풀어내는 은사를 가진 벤자민 키치(Benjamin Keach) 목사님이었습니다. 옛 호슬리다운(Horselydown)에 아주 큰 성전이 지어졌고, 그는 거기에서 말씀을 전하였는데, 아주 많은 사람들이 모여서 그의 설교를 들었습니다. 그때에 "지면에 꽃들이 피었고," 새들이 노래하는 때가 이 교회에 찾아왔습니다.

그가 자신의 조상들에게로 돌아가 함께 잠든 후에, 성실한 주석자였던 존 길(John Gill) 박사님이 그 뒤를 이었습니다. 그의 훌륭한 목회사역 아래에서 얼마 동안 유익하고 좋은 시절이 지속되었고, 교회가 성장하고 세워졌습니다. 그러나 그의 목회사역 아래에서조차도 신자들은 줄어들었습니다. 온전한 가르침은 있었지만, 위로부터 임하는 더 큰 능력이 필요하였습니다.

길(Gill) 목사님이 50여년을 사역하신 후에, 리폰(Rippon) 목사님이 그 뒤를 이었을 때, 다시 한 번 "지면에 꽃들이 피었고," 교회는 급속히 성장하여, 하나님께 많은 열매를 맺어 드렸습니다. 이 교회에서 예수 안에 있는 하나님의 진리를 증언하는 많은 설교자들이 나와서, 지금도 여전히 잘 되어 가고 있는 교회들을 세웠습니다. 이 훌륭한 목사님이 선한 일들을 많이 하고서 연수가 다하여 본향으로 돌아가신 후에는, 여러 목회자들이 세워져서, 교회를 가르쳤고, 많은 영혼들을 모았습니다. 그러나 그분들은 사역 기간이 짧았기 때문에, 전임자들을 충분히 계승하는 자들이 되지는 못하였습니다. 그들은 교회에 많은 유익을 끼치기는 하였지만, 전임자들과 같은 그런 건축자들은 아니었습니다. 교회가 완전히 죽어 버린 때가 찾아 왔습니다. 임직자들은 애통해하였습니다. 분쟁과 분열이 있었습니다. 한때는 회중으로 가득 채워졌던 성전에 빈자리가 늘어갔습니다. 임직자들은 흩어진 양 무리를 한데 모아 교회를 세울 수 있는 목회자를 찾아보았지만, 허사였기 때문에, 이 교회를 염려하는 심령들은 낙심하고 절망하였습니다.

그러나 하나님께서 그들에게 은혜를 베푸셔서, 하나님의 섭리와 은혜로 말미암아 겨울은 금방 지나갔고, 비도 그쳤습니다. 새들이 노래하는 때가 다시 찾아온 것입니다. 성전에는 수많은 사람들이 모여서 하나님을 찬송하게 되었습니다. 우리의 땅에 비둘기의 소리가 들리기 시작하였습니다. 모든 것이 평화와 연합과 사랑이었습니다. 그때에 처음으로 잘 익은 열매들이 생겨났습니다. 많은 사람들이 교회에 더해졌습니다. 그때에 포도나무들이 감미로운 향기를 발산하였습니다. 회심하는 자들이 늘어갔고, 우리는 "저 구름 같이, 비둘기들이 그 보금자리로 날아가는 것 같이 날아오는 자들이 누구냐"(사 60:8)고 자주 말하게 되었고, 이 교회는 "누가 나를 위하여 이들을 낳았는고"(사 49:25)라고 자주 묻게 되었습니다. 이제 이 8년 동안 하나님의 은혜로 말미암아 우리는 간헐적인 부흥의 때가 아니라 꾸준히 성장해 가는 시기를 지나 왔습니다. 이 교회는 우리가 놀랄 정도로 수많은 사람들이 와서 회심하는 역사가 일어나서, 성도들의 수가 엄청나게 늘어나는 기쁜 시기를 맞고 있습니다. 교회의 모든 임직자들은 새 신자들을 돌보느라 눈코 뜰 새 없이 바빠서, 잠시 숨을 돌리는 시간을 갖게 되면, "하나님께서 무슨 역사를 이루고 계시는 것인가?"라고 말하지 않을 수 없게 되었습니다. 늘어난 성도들을 다 수용할 수 있는 곳을 찾을 수가 없어서, 이 성전을 세웠는데도, 하나님께서는 우리 교회에 계속해서 사람들을 더하셔서, 이 교회의 공간조차도 회심하는 자들을 받기에 충분하지 않게 되었습니다. 새롭게 회심한 사람들의 간증을 들을 시간이 없어서, 우리는 이 회중 가운데서 얼마나 많은 사람들이 그리스도를 믿는 신자들인지를 알지 못하지만, 이제 우리가 무엇을 해야 합니까? 주님이 "나의 사랑, 내 어여쁜 자야 일어나서 함께 가자"고 말씀하시는 것이 내게 들립니다. 나는 예수께서 이 교회를 향하여 "무릇 많이 받은 자에게는 많이 요구할 것이요"(눅 12:48)라고 말씀하시는 것을 듣습니다. 우리는 다른 교회들에 속한 신자들이 하는 정도만큼 주님을 섬겨서는 안 되고, 더 차고 넘치게 열심으로 주님을 섬겨야 합니다. 하나님께서 우리에게 사랑의 빗줄기를 풍성히 내려 주셨기 때문에, 우리는 하나님께 옥토를 드리지 않으면 안 됩니다. 우리는 감사함으로 기뻐하여야 합니다. 이 교회는 다른 교회들보다 그리스도께 더 헌신되는 것이 마땅하고, 이 교회의 지체들은 하나님을 더 가까이 모시고서, 다른 교회의 신자들보다 더 거룩하고 사랑이 풍성한 삶을 살아가야 합니다. 더 큰 열심과 열렬함으로 충만해서 더 헌신하여 그리스도를 위하여 더 많은 일을 하고, 죄인들을 위하여 더 많이 기도하며, 세상 사람들의 회심을 위하여 더 많이 수고하는 것이 마땅합니다. 하나님께서 하늘의 떡으로 우리를 먹이시고, 믿는 자들을 무수히 더하시며, 우리로 온전히 하나가 되게 하시고, 우리를 복된 백성으로 만들고 계시기 때문에, 우리는 이 교회가 지금까지 해왔던 일들 외에 또 무엇을 할 수 있는지를 우리 스스로에게 물어야 합니다. 우리는 선한 일들에 열심을 내고, 사람들 가운데서 하나님의 영광을 드러내는 특별한 백성이 되어야 합니다. 거의 2,000명이나 되는 사람들이 하나님을 예배하고 있는 이와 같은 교회의 목회자가 된다는 것은 그 일이 누구에게 맡겨지든 엄중한 책임일 수밖에 없습니다. 나는 이 정도로 큰 침례교회가 인류 역사상 지금까지 존재한 적이 없었을 것이라고 생각합니다. 우리가 이 싸움의 날에 겁쟁이들로 발견된다면, 우리에게 화가 있으리로다! 우리가 우리에게 맡겨진 소임들에 충성하지 않는다면, 우리에게 화가 있으리로다! 우리에게 맡겨진 수많은 일들을 내버려두고 우리가 잠을 잔다면, 분명히 주님께서는 이렇게 말씀하실 것입니다: "'내가 네게 가서 네 촛대를 그 자리에서 옮기리라'(계 2:5). 그 빛을 꺼서 어둡게 하리라. '네가 이같이 미지근하여 뜨겁지도 아니하고 차지도 아니하니 내 입에서 너를 토하여 버리리라'(계 3:16)." 우리의 기도의 집 앞에는 "이가봇"(삼상 4:21, "영광이 이스라엘에서 떠났다")이라는 명패가 걸리고, 우리에게는 흑암의 때가 찾아오게 될 것입니다. 우리가 그리스도를 섬길 수 있을 때에 그리스도를 섬기지 않으면, 우리의 영혼은 흑암 가운데 있게 될 것이고, 우리의 심령은 쓰디쓴 회한을 맛보게 될 것입니다.

　나의 형제들과 동료들이여, 나는 여러분이 진리를 위하여 싸우도록 큰 소리로 독려하고 권하고 격려하는 일에 나의 온 힘을 다할 것입니다. 형제들과 아비들이여, 젊은이들이여, 이스라엘의 처자들과 어머니들이여, 우리 중 누가 뒤로 물러나고자 하는 사람이 있습니까? 하나님이여, 주께서는 우리에게 차고 넘치는 복을 주셨는데, 우리가 어떻게 주의 선한 사업에 무관심하는 배은망덕한 짓을 할 수가 있겠습니까? 하나님이여, 이와 같은 때에 우리를 하나님의 나라로 이끄신 분이 바로 하나님이 아니십니까? 하나님이여, 우리 각 사람의 심령에 하늘의 불을 내려 주시고, 우리 각 사람의 머리 위에 불의 혀 같은 것을 내려 주셔서, 우리 모두가 그리스도를 전하는 전도자들이 되게 하시고, 예수 안에 있는 진리를 열심으로 가르치는 자들이 되게 하여 주시기를 간절히 바라나이다! 이제 이런 생각들을 여러분에게 맡깁니다. 내가 이런 생각들을 설명하는 것보다도, 여러분이 스스로 그것들을 느끼고자 할 때에 더 잘 느낄 수 있습니다. 나는 여러분으로 하여금 이런 생각들의 힘을 느끼게 하는 데에는 서툴지라도, 나 스스로는 이런 생각들의 힘을 더 잘 느낄 수 있습니다. 하나님이여, 우리의 책임이 무엇인지를 우리에게 가르쳐 주시고, 우리에게 하나님의 은혜를 내려 주셔서, 우리로 하여금 하나님이 우리에게 맡기신 일들을 제대로 행할 수 있게 해주십시오.

3. 셋째로, 죄를 깨달은 죄인의 영혼에 혼인의 때가 찾아오면, 그에게 고유한 의무들이 주어집니다.

사랑하는 자들이여, 여러분은 처음으로 주님을 만나고서, 자신의 짐이 벗겨지고, 약속의 두루마리가 주어져서, 온전한 구원을 즐거워하며 평안히 여러분의 길을 갔던 저 최고의 날과 가장 밝았던 시간을 기억할 수 있지 않습니까? 내 영혼은 그 날을 절대로 잊을 수가 없습니다. 내가 병들고 고통 속에서 쇠사슬에 묶여 채찍을 맞고 쇠로 된 족쇄에 채워진 채로 어둠과 사망의 그늘에 앉아 거의 죽게 되었던 때, 예수께서 내게 나타나셨고, 내 눈이 그를 바라보았습니다. 나의 병은 나음을 입었고, 나의 고통은 제거되었으며, 나를 묶고 있던 쇠사슬이 끊어졌고, 감옥 문이 열렸으며, 어둠이 빛으로 바뀌었습니다. 이루 말할 수 없는 기쁨이 내 영혼을 가득 채웠습니다. 극도의 환희와 희열, 너무나 찬란했던 음악과 춤, 천국으로 날아오를 것 같았던 내 영혼, 말로 표현할 수 없을 정도로 높고 깊었던 기쁨! 그때 이후로 우리는 저 첫 사랑의 날의 지극한 기쁨과 환희를 능가하는 기쁨들을 느낀 적이 거의 없습니다. 사랑하는 형제들이여, 여러분도 그 날을 기억하고 계시지 않습니까? 그 날은 여러분에게 봄날이 아니었습니까? 겨울은 지나갔습니다. 아무리 기도를 해도 응답을 받지 못하고, 수많은 밤들을 울며 지새우며,

밤잠을 자지 못하고 뜬 눈으로 지낸 나날들 — 겨울은 너무나 길고 황량했습니다. 하지만 이제 비가 그쳤습니다. 시내 산의 우렛소리도 잦아들었습니다. 번쩍이던 번개도 이제 더 이상 보이지 않게 되었습니다. 하나님과 여러분의 화목이 이루어지게 된 것입니다. 율법이 여러분에게 보복하겠다고 위협하는 일도 사라졌습니다. 공의도 여러분에게 그 어떤 벌도 요구하지 않게 되었습니다. 그때에 우리의 심령 속에 꽃들이 피었습니다. 소망, 사랑, 평안, 인내가 고개를 내밀었습니다. 순전한 거룩함의 아네모네 꽃, 금보다 더 귀한 믿음의 크로커스(crocus, 영국에서 봄에 가장 먼저 피는 꽃), 사랑의 수선화가 우리 영혼의 동산을 가득 메웠습니다. 새들이 노래하는 때가 찾아왔고, 우리 안에 있는 모든 것이 우리의 죄를 사하신 하나님의 거룩하신 이름을 찬양하였습니다. 우리의 영혼은 이렇게 소리 높여 외쳤습니다:

> "이제 주의 진노가 가라앉았으니,
> 내가 주를 매일같이 찬송하리이다.
> 저 피 흘린 제사로부터
> 위로가 되는 생각들이 일어나나이다.
> 예수께서 마침내 나의 구원과 힘이 되셨사오니,
> 내가 살아 있는 동안에
> 주를 찬송하는 노래가 그치지 아니하리니,
> 그 노래가 나의 기뻐하는 노래가 되리이다."

그때에 우리의 모든 식사가 성찬(성례)이었고, 우리가 입는 옷들이 다 제사장의 옷들이었습니다. 우리가 일상적으로 사용하는 모든 것들이 다 하나님 앞에 거룩하게 성별된 것들이 되었습니다. 우리는 세상 속으로 나아갔을 때, 어디에서나 합력하여 우리에게 선을 이루는 것을 보았습니다. 우리는 기쁨으로 나아갔고, 찬송으로 나아갔습니다. 큰 산들과 작은 산들이 우리 앞에서 찬송을 발하였고, 들의 모든 나무들은 박수를 쳤습니다. 그때는 정말 복되고 밝고 영화로운 시절이었습니다! 지금 이 자리에 그러한 봄날을 보내고 있는 분들이 계십니까? 이제 예수를 믿으려고 하는 젊은이들이여, 여러분이 신앙을 갖고자 할 즈음에 예수께서는 "나의 사랑, 내 어여쁜 자야 일어나서 함께 가자"고 말씀하십니다. 주

님은 여러분에게 세상으로부터 나와서, 지금 주님에 대한 여러분의 믿음을 고백
하라고 권하십시오. 이 일을 미루지 마십시오. 여러분이 아직 젊을 때, "나는 아
무 낙이 없다"(전 12:1)고 말하게 될 날이 오기 전이야말로 여러분의 믿음을 고백
하기에 가장 좋은 때입니다. 하나님의 명령들을 지키는 일을 서두르고 미루지
마십시오. 지금 일어나서 세례를 받으십시오. 세상으로부터 나와서 따로 있고,
부정한 것을 만지지 마십시오. 이 패역한 세대 속에서 그리스도를 따르십시오.
그러면, 여러분은 마침내 그리스도께서 "내가 멸시를 받아 사람들에게 버림 받
았던(사 53:3) 날에 네가 나를 부끄러워하지 않았으니, 나도 너를 부끄러워하지
아니하리라"고 말씀하시는 것을 듣게 될 것입니다. 그러니, 여러분이 젊을 때에
여러분 자신을 하나님께 드리십시오. 여러분이 비록 서약서를 가져다가 여러분
의 손으로 쓰지 않을지라도, 여러분의 마음속에서 그런 서약서를 작성해서 여러
분의 영혼을 걸고 거기에 서명하십시오: "주님, 나는 전적으로 주의 것입니다.
나의 존재 전체와 내가 가진 모든 것을 주께 바칩니다. 주께서는 주의 피로 나를
사셨습니다. 주여, 주께서는 나에 대한 모든 진노를 거두시고, 내 영혼을 쉬게 하
셨사오니, 이제 나로 하여금 주를 섬길 수 있게 하옵소서. 내 자신과 나의 시간을
주를 위해 사용하게 하소서. 사나 죽으나 내가 주의 것이 되게 하소서." 그 어떤
단서도 달지 마시고, 그 어떤 것도 유보해 두지 마십시오. 이기적인 생각을 완전
히 버리시고, 여러분의 영혼의 남편 되시는 그리스도에 대한 일편단심의 순전한
사랑에 방해되는 것은 무엇이든지 다 버리십시오. "일어나서" 주님과 "함께 가십
시오." 여러분이 신령한 삶을 시작한 바로 이때에, 기이한 빛이 여러분에게 비치
기 시작한 이때에, 여러분의 옛 습관들을 다 멀리하십시오. "악은 어떤 모양이라
도 버리십시오"(살전 5:22). 여러분을 유혹해서 애굽의 고기 가마로 되돌아가게
할 수 있는 이전의 친구 관계를 멀리하십시오. 그런 것들을 다 버리십시오. 여러
분의 조상들이 알았던 것보다 더 높은 신령한 삶으로 올라가십시오. 주님과의
친밀한 교제로 나아가십시오. 혼자 기도하는 시간을 많이 가지십시오. 홀로 부
지런히 하나님의 말씀을 연구하십시오. 여러분의 골방의 문을 닫고서, 여러분의
주 예수와 대화하고, 친밀한 교제를 하십시오. 나는 지금 하나님의 은혜에 있어
서 어린아이인 사람들, 영적인 이스라엘 백성이 된 지 얼마 되지 않은 사람들에
게 말씀을 드리고 있습니다. 여러분은 세상으로부터 즉시 나와서, 하나님의 모
든 명령을 엄격하게 순종하고, 여러분의 헌신이 온전하고 완전하며 무조건적이

며 진실하고 흠 없이 되게 하여야만, 제대로 신앙생활을 시작할 수 있다는 것을 명심하십시오.

> "너희가 이제 막 포도나무에서 움튼 가지들이고,
> 그 가지들에 맺힌 포도들이
> 아직 싱싱하여 풍부한 맛을 지니고 있어서,
> 진한 향기가 발산되어 나오는 동안에,
> 사랑하는 자여, 일어나라!
> 너희는 이 눈에 보이는 세상에 마음을 빼앗기지 말고,
> 너희의 보화이신 그리스도께서 계시는
> 저 윗세상을 사모하는 마음으로
> 떨쳐 일어나서 높이 솟아올라라."

4. 넷째로, 구원의 화창한 봄날이 오기 전에 어둡고 괴로운 겨울이 찾아올 수 있습니다.

이제 우리는 오늘의 본문을 또 다른 시각에서, 즉 여러분과 나에게 구원의 봄이 찾아오기 전에, 우리가 겪어야 했던 어둡고 고통스러운 겨울에 대해서 살펴보고자 합니다. 우리는 우리가 겪은 괴로움들에 대해서는 많은 얘기를 하고 싶지 않지만, 우리 중에는 그때에 죽음의 문턱, 곧 지옥의 입구까지 갔다 온 분들도 있습니다. 우리에게도 우리만의 겟세마네가 있었고, 그때에 우리의 영혼은 몹시 고민하여, 그 어떤 것도 우리에게 위로가 될 수 없었습니다. 우리는 먹는 것조차 거부하는 미련한 자들이 되었습니다. 우리의 아픈 마음을 어루만져 줄 수 있는 것은 아무것도 없었습니다. 그런데 마침내 "위로자"(요 14:26, 한글개역개정에서는 "보혜사")가 우리에게 오셨고, 우리의 모든 고민과 고통은 사라졌습니다. 새로운 시절이 도래했고, 새들이 노래하는 때가 다시 한 번 우리의 심령 속에 찾아온 것입니다. 우리는 우리의 가슴속에 가시가 있는데도, 더 이상 제비나 두루미처럼 말하지 않고, 나이팅게일처럼 노래하기 시작하였습니다. 우리는 종달새처럼 노래하며 하늘로 날아오르는 법을 배웠습니다. 우리를 부숴 버릴 것 같았던 이 세상에서의 큰 환난은 갑자기 물러갔고, 사탄의 강력한 시험도 우리에게서 떠나갔습니다. 우리의 영혼을 짓눌러서 우리를 미쳐 버리기 직전까지 몰고

갔던 무거운 짐은 갑자기 위로 들려져서, 우리는 가벼워진 마음으로, 또다시 다 윗처럼 법궤 앞에서 구원의 노래를 부르며 춤추게 되었습니다. 지금 나는 그러 한 시절들을 이 아침에 회고하는 분들에게 이 말씀을 드리고 있습니다. 여러분 은 지금 햇빛이 비치는 양지에 있기 때문에, 여러분이 걸어 왔던 그늘과 구름이 끝없이 이어져 있던 저 기나긴 터널을 되돌아볼 수 있습니다. 여러분은 사망의 그늘이 드리워져 있던 골짜기를 통과해 왔기 때문에, 저 무시무시한 구덩이와 진창길을 회고할 수 있습니다. 우리는 여전히 수많은 비참한 사람들이 아우성치 며 서둘러 발걸음을 재촉하는 소리를 들을 수 있습니다. 저 끔찍한 혼돈의 그늘 에 대한 기억이 여전히 우리에게 생생합니다. 그러나 우리는 하나님의 은혜로 말미암아 그 길을 통과했습니다. 겨울은 지났고, 비도 그쳤습니다. 우리는 이제 언약을 지키시는 신실하신 하나님과 인애하심이 넘치시는 하나님을 즐거워할 수 있습니다. 이제 우리는 확신을 되찾았습니다. 그리스도께서는 우리 가까이에 계시고, 우리는 아버지 하나님과 그의 아들 예수 그리스도와 교제를 나누고 있 습니다. 그렇다면, 우리는 이제 무엇을 해야 합니까? 주님은 우리에게 "일어나서 함께 가자"고 말씀하십니다. 지금은 우리가 하늘을 향해 더 올라가서 그리스도 께 더 가까이 나아가야 할 때입니다. 지금은 날이 밝았고, 그림자들은 다 물러갔 기 때문에, 우리는 "자기 동산으로 내려가 향기로운 꽃밭에 이르러서 동산 가운 데에서 양 떼를 먹이며 백합화를 꺾는 … 내 사랑하는 자"(아 6:2)를 찾아야 합니 다. 나는 많이 죄 사함을 받은 저 여인처럼 하나님을 사랑했던 프랑스의 귀용 부 인(Madame Guyon)이나, 영국의 귀용 부인이라고 할 수 있었던 로우 부인(Mrs. Rowe), 그리스도와 더 가까이 교제하기를 목마른 사슴처럼 갈망하고 사모하였 던 호커(Hawker) 목사님이나 새뮤얼 러더퍼드(Samuel Rutherford) 목사님 같은 분들이 교회에 더 많았으면 좋겠습니다. 우리가 주님을 부지런히 좇아서 만나 포옹할 때까지 만족하지 않아야 하는 때가 있다면, 그것은 우리의 사랑하는 자 를 힘입어서 광야로부터 나온 때입니다. 그때에 정결한 처녀들은 자신과 혼인한 주님을 기쁜 마음으로 노래하게 될 것입니다.

> "이 눈에 보이는 곧 소멸될 것들이 내게 무엇이란 말인가?
> 그것들은 다 헛된 것일 뿐이라.
> 내 마음이 열망하는 것은

이 땅의 좁은 테두리 저 너머에 있는 것이라네.
세상은 내게 대하여 못 박히고 죽었으며,
나는 세상의 온갖 허망한 것들에 대하여 죽었다네.
하지만 주를 향한 내 영혼의 사모함은 끝이 없어서,
온 힘을 다해 주를 열망한다네.
내 영혼이 누리고 싶어 하는 모든 즐거움과
내 영혼을 만족시켜 줄 수 있는 충만한 기쁨은
오직 주 안에 있다네.
주는 지극한 기쁨과 생명을 담은 무한하신 심연이라네."

믿는 자는 누구나 살아 계신 하나님을 갈망하여야 하고, 영생의 샘에서 자신의 입술을 축일 수 있게 되기를 사모하여야 하며, 구주를 따르며 이렇게 말하여야 합니다: "네가 내 어머니의 젖을 먹은 오라비 같았더라면 내가 밖에서 너를 만날 때에 입을 맞추어도 나를 업신여길 자가 없었을 것이라 내가 너를 이끌어 내 어머니 집에 들이고 네게서 교훈을 받았으리라 나는 향기로운 술 곧 석류즙으로 네게 마시게 하겠고 너는 왼팔로는 내 머리를 고이고 오른손으로는 나를 안았으리라 예루살렘 딸들아 내가 너희에게 부탁한다 내 사랑하는 자가 원하기 전에는 흔들지 말며 깨우지 말지니라 그의 사랑하는 자를 의지하고 거친 들에서 올라오는 여자가 누구인가 너로 말미암아 네 어머니가 고생한 곳 너를 낳은 자가 애쓴 그 곳 사과나무 아래에서 내가 너를 깨웠노라"(아 8:1-5).

믿는 자는 주의 사랑을 한두 방울 맛보거나 잠깐 목을 축이는 것으로 결코 만족할 수 없고, 그 사랑을 배불리 마시며 풍성한 잔치를 할 수 있기를 원합니다. 내 영혼은 결코 마를 수 없는 저 잔을 깊이 들이마시고, 무한하신 사랑이 차려 놓은 저 진수성찬들을 다 먹을 수 있기를 갈망합니다. 나는 여러분과 내가 많은 돈으로 살 수 있는데도 적은 돈으로 사는 것에 만족하고, 천사들의 맛있는 양식을 맛볼 수 있는데도 마른 떡 조각을 먹는 것으로 만족하며, 왕의 옷을 입을 수 있는데도 누더기를 걸치는 것으로 만족하고, 우리의 얼굴에 향기로운 기름을 부을 수 있는데도 눈물을 흘리며 살아가는 것으로 만족하고 있다고 믿습니다. 나는 많은 신자들이 믿음의 저택에서 살 수 있는데도 의심의 초가집에 살고 있다고 믿습니다. 우리는 배불리 먹을 수 있는데도 굶주리며 가난하게 살고 있습니다.

우리는 얼마든지 힘 있게 살 수 있는데도 연약하게 살아가고, 하나님 앞에서 거인으로 살아갈 수 있는데도 허약한 자들로 살아갑니다. 이 모든 것은 우리가 "나의 사랑, 내 어여쁜 자야 일어나서 함께 가자"는 주님의 말씀을 들으려 하지 않기 때문입니다.

형제들이여, 이제는 여러분이 고난의 때를 벗어나 하나님에 대한 여러분의 헌신의 서약을 새롭게 할 때입니다. 사랑하는 자들이여, 이제 여러분은 세상을 좇는 마음에서 벗어나 일어나야 하고, 나태함과 이 세상을 사랑하는 마음과 불신앙을 버려야 합니다. 여러분은 무엇에 홀려서, 지금 여러분이 있는 곳에 그대로 여전히 앉아 있는 것입니까? 여러분은 어떤 즐거움들에 빠져 있기에, 지금 여러분이 있는 곳에서 빠져나오지 못하는 것입니까? 거기에서 나오십시오. 더 고귀한 삶이 기다리고 있습니다. 우리는 더 나은 것들을 위하여 살아야 하고, 그러한 것들을 추구하는 더 나은 길들이 있습니다. 열망하십시오. 여러분의 고귀한 열망은 여러분이 이미 배워서 안 것들로는 충족될 수 없습니다. 여러분이 이미 얻은 것도 아니고, 이미 온전해진 것도 아닙니다. 여러분이 해야 할 것은 오직 하나, 즉 앞에 있는 것을 향하여 달려가는 것입니다. 큰 사랑을 받은 자들이여, 일어나서 주님의 안식으로 들어가십시오.

나는 이 아침에 내가 하고 싶은 말들을 제대로 표현할 수가 없습니다. 그러나 나의 이 입술이 제대로 말할 수만 있다면, 나는 여러분이 누리고 있는 은혜들 하나하나가 다 하나님께 감사해야 할 이유라는 것을 밝히고, 여러분의 심령이 경험한 온갖 하나님의 은혜가 다 감사의 제목이라는 것을 밝혀서, 지금 여러분으로 하여금 "예수여, 오늘 내가 내 자신을 당신께 드리오니, 당신의 사랑으로 충만하게 하셔서, 내가 바라던 모든 것들을 다 버리고, 오직 당신을 섬기는 일에 쓰임을 받아 당신을 영화롭게 할 수 있기만을 바라게 하옵소서"라고 기도하게 하고 싶습니다. 그렇게만 된다면, 이 아침에 많은 젊은이들과 나이 드신 분들이 이곳을 나가면서, 그리스도를 위하여 무엇인가를 하여야 하겠다고 결심하게 될 것이라고 나는 생각합니다. 내가 어느 날 주일 아침에 한 설교를 듣고서, 몇몇 형제들이 감동을 받아서, 자정에 모여 기도하는 모임을 갖게 되었고, 하나님의 은혜로 말미암아 많은 열매를 거두었던 일을 나는 잘 기억하고 있습니다. 새롭게 깨어난 심령들이 어떤 새로운 생각을 하게 된다면, 이 얼마나 좋은 일입니까! 여러분도 이 좋은 시간에 그리스도를 영화롭게 해드릴 어떤 새로운 일을 생각해 보시기를 바랍니다. 지금 이 자리에 자신의 집에 아직까지 향유 옥합을 그대로 둔 분들이 있다면, 그들이 마리아처럼 오늘 그 옥합을 깨뜨려서 주님의 머리에 붓지 않겠습니까? 지금 이 자리에 삭개오처럼 하나님의 사랑에 떠밀려서 오늘 그리스도를 자신의 집으로 모시고자 하는 분들이 있지 않겠습니까? 이제 어둠이 지나고 밝음이 왔으니, 그리스도를 향한 사랑으로 살아가십시오. 이제 두려움들이 잦아들고, 고통들이 제거되어, 주님이 약속하신 기쁨을 지금 맛보게 되었으니, 주님을 꼭 붙들고 오직 그만을 섬기기로 결단하시기를 간곡히 부탁드립니다. 세상으로 나가서, 주의 잃어버린 양들을 데려오고, 숨겨진 주의 자녀들을 돌보며, 저 잃어버린 동전을 찾아 주께 드리십시오. 주께서는 바로 그 잃어버린 동전을 찾으시기 위하여 등불을 켜시고, 여러분으로 하여금 온 집안을 샅샅이 살펴보기를 원하십니다.

그리스도 안에서 형제 된 자들이여, 나는 지금 천사의 일을 시도한 것이고, 죽을 수밖에 없는 존재인 사람이 할 수 없는 일입니다. 그러나 나는 여러분에게 그리스도 예수 안에서 긍휼이나 위로가 있다면, "너희가 그리스도와 함께 다시 살리심을 받았으면 위의 것을 찾으라 거기는 그리스도께서 하나님 우편에 앉아 계시느니라"(골 3:1). 여러분의 보물을 이 땅에 쌓아두면, 도둑들이 뚫고 들어와서 훔쳐가 버릴 것이기 때문에, 그렇게 하지 마시고, 하늘에 쌓아 두십시오. 왜냐하면, 성경은 "네 보물 있는 그 곳에는 네 마음도 있느니라"(마 6:21)고 말씀하기 때문입니다. 여러분이 나의 주님을 사랑한다면, 그를 섬기십시오. 여러분이 그를 사랑하지 않거나, 그에게 아무런 신세도 진 것이 없거나, 그에게서 그 어떤 은혜도 입은 적이 없다면, 나는 여러분에게 그의 은혜를 구하시기를 부탁드립니다. 그러나 여러분이 그 은혜를 발견하였고 알고 있다면, 그의 사랑을 인하여 그를 사랑하십시오.

나의 주님이여, 이 죽음의 세상은 주의 도우심을 필요로 합니다. 이 악하고 죄악된 세상은 주의 도우심을 필요로 합니다. 일어나 행하십시오. 싸움이 치열합니다. 결전의 골짜기에 수많은 사람들이 위험에 처해 있습니다. 일어나 그들을 지켜 주십시오. 여러분은 잠을 자고 있습니까? 총알들이 우박처럼 쏟아지고, 세상의 강력한 아마겟돈에서 원수들이 최후의 결전을 위하여 모여들고 있는 지금, 여러분은 잠을 자고 있는 것입니까? 일어나십시오. 하나님께 도전하는 지옥의 군기가 산들바람에 교만하게 펄럭이고 있습니다. 여러분은 자기는 연약한 자일 뿐이라고 말하고자 하시는 것입니까? 주님이 여러분의 힘이 되어 주십니다. 여러분은 수가 적다고 말하고자 하십니까? 하나님께서는 우리의 숫자를 보고 역사하시는 것이 아닙니다. 여러분은 "나는 하찮은 사람입니다"라고 말하고자 하십니까? 하나님께서는 유명한 사람들을 사용해서 역사하시는 것이 아닙니다. 그리스도 안에 있는 사람들은 남녀노소를 불문하고 일어나십시오. 시온에서 더 이상 안일하게 빈둥거리지 말고, "오늘이라 일컫는 동안에"(히 3:13) 하나님을 섬기십시오. 왜냐하면, 이 싸움은 우리 모두의 손과 마음을 필요로 하기 때문입니다. 아무도 싸울 수 없고 일할 수 없는 밤이 곧 올 것입니다.

5. 다섯째로, 우리 모두에게는 죽는 날이 찾아옵니다.

　이제 내가 마지막으로 말씀드리고자 하는 것은 우리 모두에게는 우리의 침상에서 죽음을 맞이할 날이 반드시 오게 되어 있다는 것입니다. 그 날은 우리가 오랫동안 기다렸던 날입니다. 그 날이여, 속히 오라! 그리스도인에게 가장 좋은 일은 죽어서 그리스도와 함께 있게 되는 것입니다. 우리가 임종의 침상에 누워서, 마지막 생명의 숨을 헐떡일 때, 이제 겨울이 영원히 지나가겠다는 생각을 하게 될 것입니다. 이제는 이 세상의 시련들과 환난들도 더 이상 없게 될 것입니다. "비가 그쳤습니다." 우리에게는 이제 의심의 폭풍우, 환난의 어두운 날들도 없을 것입니다. "지면에는 꽃이 피었습니다." 그리스도께서는 죽어가는 성도들에게 천국을 어느 정도 미리 맛보게 해주십니다. 천사들이 낙원의 꽃들 중에서 몇몇 송이를 담 너머로 던져줄 것입니다. 우리는 "쁄라"(사 62:4) 땅에 당도해서, 꽃밭에 앉아 있는데, 죽음의 좁은 강 건너편에 있는 언덕 위로 하늘의 도성이 보일락말락 합니다. "새가 노래할 때가 이르렀습니다." 천사들의 노랫소리가 병상에 누워 있는 우리에게 들립니다. 우리의 마음도 노래하고, 자정에 울려 퍼지는 선율들이 무덤으로 조용히 들어가는 우리를 기쁘게 해줍니다. "내가 사망의 음침한 골짜기로 다닐지라도 해를 두려워하지 않을 것은 주께서 나와 함께 하심이라"(시 23:4). 요단 강가의 숲속에서 노래하는 새들은 청아하고 감미롭게 노래하는 새들입니다. "비둘기의 소리가 우리 땅에 들리는구나"라는 말씀이 바로 그것입니다. 우리의 영혼은 그리스도 예수 안에 있는 자에게는 정죄함이 없다는 것을 알기 때문에, 잔잔하고 고요하며 평안한 상태에서 쉼을 갖습니다. 이제 "무화과나무에는 푸른 열매가 익었습니다." 우리는 이 땅에 있으면서도, 천국의 첫 열매들을 따서 먹습니다. 이제 천국의 포도나무들이 사랑의 향기를 토합니다. 그리스도를 믿는 자들인 여러분이여, 여러분의 죽음을 큰 기쁨으로 기대하십시오. 여러분이 죽는 날은 여러분의 인생의 봄날이고, 여러분의 진정한 전성기가 될 여름이 오고, 여러분의 겨울이 영원히 지나가게 될 그 날일 것이기 때문에, 기대하며 기다리십시오.

> "예수여, 멀리서 얼핏 보았어도,
> 내 속에서 간절한 열망이 불처럼 타오릅니다.
> 내 영혼이 당신을 사모하며 갈망합니다.
> '나의 사랑, 내 어여쁜 자야 일어나서 함께 가자'는
> 주의 천상의 음성을 언제나 내가 들을까요?
> 죄와 사망과 지옥을 이기시고
> 밝고 영화로우신 나의 구주를 언제 만나게 될까요?"

하나님께서, 그의 이름을 경외하는 사람들이 이 아침에 나의 말이 아니라 본문의 말씀과 하나님의 성령의 감화를 통해서 떨쳐 일어나게 하시기를 빕니다. 또한, 하나님의 임재를 통해서 달콤한 시절들을 보낸 적이 없는 분들은 그리스도를 찾으시기를 바랍니다. 그가 반드시 여러분을 만나 주실 것입니다. 우리 모두가 하나님의 은혜로 말미암아 죄와 슬픔의 겨울이 결코 없는 땅에서 만날 수 있게 되기를 빕니다. 아멘.

제
6
장
—

사랑이 깔려 있는 가마

—

"그 안에는 예루살렘 딸들의 사랑이 엮어져 있구나."
— 아 3:10

아가서의 이 대목은 왕이신 신랑이 동방의 가마를 타고, 횃불을 들고 향을 태우는 자들과 호위들의 수행 아래에서 광야를 건너오는 모습을 묘사하고 있습니다. 우리는 여기에서 이 큰 왕이 탄 호화로운 가마에 관한 묘사를 봅니다. 이 가마는 "레바논 나무"로 만들어졌고, "그 기둥은 은이요 바닥은 금이요," 휘장들은 "자색" 천으로 되어 있으며, 바닥에는 보석들이 아니라 값으로 따질 수 없는 사랑이 깔려 있다는 것입니다. 이 마지막 항목에서 비유는 갑자기 길어져서, 그 결과 아주 의미심장하고 복합적인 표현이 등장합니다. 어떤 이들은 이 표현이 이 가마의 바닥에 상형문자로 표시된 사랑의 상징들이 새겨진 돌이 깔려 있었음을 나타내고 있는 것이라고 봅니다. 그러나 그런 식의 해석은 분명히 매우 부자연스러웠기 때문에, 사람들은 이 구절이 가마의 내부가 정교하게 수놓아진 값비싼 카펫으로 장식되어 있었다는 것을 나타내는 것이라는 설명을 내놓았습니다. 그 카펫에는 사랑의 시가 정교하게 수놓아져 있었다는 것입니다. 이 카펫은 수공예품이었을 것이기 때문에, 그것을 만든 사람들은 능숙한 손놀림으로 사랑의 상징들을 거기에 수놓았을 것입니다. 아가서 2장에서 신부가 "그 사랑은 내 위에 깃발이로구나"(4절)라고 말한 것이 깃발에 새겨지거나 수놓아진 어떤 사랑의 글귀를 가리킬 가능성이 많은 것과 마찬가지로, 아마도 가마의 내부에도 그렇게 했을 것이고, 아가서는 이것을 "그 안에는 예루살렘의 딸들의 사랑이 엮어져 있구나"라고 표현했을 가능성이 큽니다. 하지만 우리는 이 비유를 가지고 길게 시간을 끌 필요는 없고, 이 비유가 주는 가르침을 통해서 유익을 얻고자 해야 합니다.

왕이 타는 이 가마는 은혜의 언약, 구원의 계획을 상징합니다. 즉, 주 예수께서 은혜 가운데서 사람들 가운데 오셔서, 자기 백성을 인도하여 이 광야 같은 세상을 통과하게 하시고, 그가 그들을 위해 준비해 놓으신 안식을 향하여 나아가게 하시는 과정 전체를 상징합니다. 한 마디로 말해서, 그것은 예수의 중보 사역입니다. 성경은 광야에서 이스라엘 백성이 구름기둥과 불기둥의 호위 아래에서 하나님의 은혜의 임재를 상징하는 법궤를 운반한 것으로 묘사하였는데, 은혜의 큰 왕이신 그리스도께서 그와 그가 택하신 신부를 태우고 왕의 위엄으로 이 세상을 통과하시는 모습을 묘사한 오늘의 본문도 그것과 상당히 유사한 묘사입니다. 우리가 옛적부터, 아니 영원 전부터 왕래하신 이와의 복된 교제 속에서 여수룬 같이 하늘을 타고 땅의 높은 곳들로 다닐 수 있게 되기를 빕니다.

1. 첫째로, 은혜의 언약은 살펴볼수록 더욱 그 귀함이 드러납니다.

내가 이 아침에 가장 먼저 여러분에게 말씀드리고자 하는 것은 오늘의 본문에 나오는 가마를 더 세밀하게 살펴볼수록 점점 더 귀한 것들로 만들어져 있음이 드러나는 것과 마찬가지로, 하나님의 은혜의 언약도 마찬가지라는 것입니다. 본문의 묘사가 진행될수록, 점점 더 귀한 재료에 대하여 말하는 문장들이 계속해서 나타납니다. 마찬가지로, 하나님의 구원 사역을 연구하는 사람들도 그 사역을 더 깊이 파헤쳐 들어갈수록 그 구원이 점점 더 귀한 재료들로 이루어져 있음을 발견하게 됩니다. 아가서에 나오는 내용을 노래한 시인은 이 가마가 값비싼 나무인 "레바논의 나무," 즉 백향목으로 만들어졌다는 것을 첫 눈에 알아보았습니다. 조금 더 찬찬히 살펴보니, "은 기둥들"이 눈에 들어왔습니다. 거기에서 좀 더 유심히 보았을 때, "바닥"이 온통 금으로 번쩍거리는 것이 보였습니다. 이렇게 우리는 백향목에서 은으로, 은에서 금으로, 점점 더 귀한 재료들이 사용되었음을 분명하게 알아차리게 됩니다. 다시 한 번 보았을 때, "자색" 휘장이 눈에 띕니다. "자색" 천은 왕의 위엄을 상징하는 것이자 골고다에서 흘리신 주님의 피로 이룬 저 대속을 상징하는 것이어서, 백향목이나 은이나 금보다 한층 더 귀한 것입니다. 자색의 덮개를 물들인 그 피는 불로 연단하면 녹는 금보다 훨씬 더 귀합니다. 사람들은 가마를 더 세밀하게 살펴보아도 이 보혈보다 더 귀한 재료가 사용된 것은 발견할 수 없을 것이라고 생각하겠지만, 시인은 거기에서 한 걸음 더 나아가서, "그 안에는 예루살렘 딸들의 사랑이 엮어져 있구나"라고 노래합니다.

사랑하는 자들이여, 구원의 과정 전체는 주 예수 그리스도께서 계획하신 것입니다. 그리스도께서 그 모든 것을 친히 계획하시고 친히 실행에 옮기셨습니다. 그래서 아가는 "솔로몬 왕이 레바논 나무로 자기의 가마를 만들었다"고 말합니다. 예수는 우리의 믿음을 시작하시고 완성시키시는 유일하신 분입니다. 구원은 처음부터 마지막까지 예수로부터 오고, 언약의 모든 부분은 예수의 놀라운 손길을 보여줍니다. 이것은 구원 계획 전체의 영광이고, 믿음의 눈은 이것을 단번에 알아차리고, 그것으로 인하여 기뻐하게 됩니다. 그러나 알아 가면 알아 갈수록, 그 밖의 다른 빛나고 영화로운 사실들이 드러납니다. 이 문제를 깊이 생각할수록, 경이로움과 감사함은 더욱 깊어갑니다. 그러므로 우리는 이 영광스러운 복음의 가마, 저 경이로운 여호와의 은혜 언약을 간단하게 전체적으로 살펴보고자 합니다. 첫 번째 항목은 이 가마가 "레바논의 나무"로 만들어졌다는 것입니다. 세상에서 가장 좋은 나무는 백향목이었고, 그 중에서도 최고의 백향목은 레바논 지역에서 자란 백향목이었습니다. 실제로, 레바논의 백향목들은 우리가 알고 있는 평범한 백향목에서 발견되지 않는 특질들을 지니고 있었던 것으로 보입니다. 세상에서 가장 좋은 나무로 여겨진 것이 은혜의 언약이 지닌 지극한 탁월함을 나타내는 상징으로 사용되고 있습니다. 게다가, 백향목은 가장 값비싸고 가장 이름난 나무였을 뿐만 아니라, 가장 내구력이 좋은 나무들 중의 하나입니다. 루던(Loudon)은 백향목은 그 내구성으로 인하여 더욱 귀한 나무라고 말합니다. 따라서 백향목은 "만사에 구비하고 견고한 언약"(삼하 23:5), 일점일획도 결코 이루어지지 않는 것이 없을 영원한 언약에 대한 좋은 모형입니다. 천지는 없어지겠지만, 우리가 믿는 하나님의 말씀은 영원토록 없어지지 않을 것입니다. 백향목은 그 밖의 다른 탁월한 특질들 외에도 감미로운 향기를 발산하기 때문에, 백향목으로 만들어진 가마는 아주 튼튼하고 오래 갈 뿐만 아니라, 그런 가마에 타면 기분이 아주 좋아집니다. 마찬가지로, 오늘날의 우리도 믿음으로 말미암아 저 옛적에 하나님이 이루신 구원 속에서 기쁨을 얻고, 우리의 심령은 평강으로 충만해질 수 있습니다. 우리는 구원의 언약을 보자마자, 첫 눈에 금세 그 언약만한 다른 것이 결코 존재하지 않는다는 것을 알게 됩니다. 사람이 구원 받을 수 있는 길들로 수많은 방법들이 제시되어 왔지만, 피로 말미암은 속죄와 대속의 희생제사에 의한 화해, 성육신 하신 하나님에 의한 구속, 처음부터 끝까지 은혜로만 이루어진 구원을 말하는 것은 단 하나도 없었습니다. 이것을 가마에 비유하자면, 이스라엘의 왕의 숲에서 잘라낸 백향목보다 못한 나무로는 왕의 가마를 만들 수 없다는 것입니다. 사람들이 제시한 다른 구원의 길들은 모두 거짓말들과 헛된 말들로 이루어져 있지만, 은혜의 언약은 왕의 진리입니다. 다른 구원의 길들을 시험해 보았을 때에는 곧 거짓이라는 것이 밝혀져 왔습니다. 인간의 공로라는 숲에서 벌채된 최고의 나무들은 모두 다 인간의 부패라는 벌레가 갉아먹은 나무들이었습니다. 인간의 순수한 노력이라는 모든 좋은 상수리나무들은 시간이 가자 썩어 버렸고, 부패가 육신적인 온갖 자랑들을 삼켜 버렸지만, 예수 안에서의 우리의 소망이라는 백향목은 썩는 기미를 조금도 보이지 않았고, 앞으로도 결코 썩지 않을 것입니다. 그리스도께서 이루신 속죄는 영원히 유효합니다. 그 속죄 제사는 이전의 모든 죄를 속하였을 뿐만 아니라, 세상 끝날까지 사람이 짓게 될 모든 죄를 다 속한 제사였기 때문에, 그리스도의 속죄를 의지하는 자는 누구든지 결코 속임이 있을 수 없는 소망을 갖게 됩니다. 오랜 세월 환난의 삶과 갑작스럽고 고통스러운 죽음도 이 소망을 무너뜨릴 수 없습니다. 왜냐하면, 내가 지닌 소망의 근거는 외적인 상황들에 의해서 무너질 수 없는 것이기 때문입니다. 우리의 구원은 백향목처럼 그 어떤 기후에도 썩거나 손상되지 않습니다. 주님의 육신이 썩음을 보지 않았던 것과 마찬가지로, 내 구원의 소망도 결코 절망으로 변하지 않을 것입니다. 그 소망이 매장되는 일이 일어나더라도, 그 소망은 다시 살아날 것입니다. 그러한 소망이 우리에게 주는 위로는 얼마나 크겠습니까! 이런 이유로, 백향목으로부터 향기가 발산되듯이, 예수 그리스도께서 우리를 위하여 이루신 구원으로부터도 우리에게 새 힘을 주는 향기가 발산됩니다. 그리스도께서 행하신 것을 의지하는 것은 안전한 일일 뿐만 아니라 즐거운 일입니다. 그리스도를 믿는 우리의 믿음이 지극히 단순할 때, 우리의 기쁨은 지극히 커집니다. 이것은 마치 백향목에 아무것도 가미하지 않을 때에 가장 향기가 진하게 발산되는 것과 마찬가지입니다. 우리는 그리스도의 구원 사역의 모든 부분에서 기쁨을 느끼고, 그 모든 부분은 지극히 감미로운 향기를 발산합니다.

우리에게 그리스도는 온통 행복이고, 온통 위로이며, 온통 지극한 복입니다. 우리의 영혼이 아주 단순하게 자기 자신을 그리스도께 맡길 때, 그 영혼은 우리에게 새 힘을 주는 지극히 감미로운 향기를 숨 쉬며 살아가게 됩니다. 이것이 가마를 보았을 때에 맨처음 보이는 외관에 대한 묘사라면, 이 가마의 더 깊은 곳들은 어떠하겠습니까?

이제 우리는 왕의 가마를 좀 더 자세하게 들여다보고자 합니다. 가마를 떠받치고 있는 네 기둥을 주목하십시오. 우리는 그 기둥들이 백향목보다 더 귀한 "은"으로 만들어진 것을 발견하게 됩니다. 왜냐하면, 예수의 구원이 믿는 우리에게 더 가까울수록, 예수는 우리에게 점점 더 귀한 분이 드러나게 되기 때문입니다. 너무나 잘 그린 그림들인 경우에는 현미경으로 그 그림들을 살펴보게 되는데, 그럴 때에 그 그림들 속에서는 결점들이 발견되는 것이 아니라, 도리어 한층 더 큰 아름다움들이 발견됩니다. 마찬가지로, 여러분이 우리의 찬송 받으실 주님의 구원 사역을 좀 더 세밀하게 살펴본다면, 여러분은 들여다보면 볼수록 더욱더 놀라서 입을 다물지 못하게 될 것입니다. 주님은 너무나 영화로우시고, 너무나 귀하셔서, 무한히 경배 받으셔야 마땅한 분입니다. 여러분은 이 가마를 떠받치고 있는 동시에 그러한 아름다움을 이 가마에 더해 주고 있는 이 은 기둥들은 무엇이라고 생각하십니까? 그것들은 주님이 지니신 신적인 거룩하심과 무한한 순결하심이 아니고 무엇이겠습니까? 성경에서 "은"은 늘 귀하고 순결한 것에 대한 상징으로 사용됩니다. "여호와의 말씀은 순결함이여 흙 도가니에 일곱 번 단련한 은 같도다"(시 12:6). 사랑하는 자들이여, 복음은 얼마나 거룩합니까! 주의 말씀은 그 자체로 지극히 순결하고, 그 말씀을 받는 사람들을 지극히 순결하게 만들어 줍니다. 참된 복음이 선포될 때, 복음은 거룩함을 만들어 내는데, 이것은 그 본성을 따라 자신과 똑같은 것을 만들어 내는 것입니다. 복음의 가르침들 중에는 경건에 합당하지 않은 것이 하나도 없고, 복음이 가져다주는 복들 중에는 육신을 위한 것이 하나도 없으며, 복음의 교훈들 중에는 죄를 부추기거나 조장하는 것이 하나도 없고, 복음의 약속들 중에는 죄악을 묵과하는 것은 하나도 없습니다. 복음의 영은 언제나 거룩함의 영입니다. 복음은 육신의 정욕들과 단호하게 싸우기 때문에, 더러운 자들은 복음을 혐오합니다. 복음은 죄의 뿌리에 도끼를 갖다놓고, 불처럼 모든 악을 집어삼켜 버립니다. 주 예수 그리스도 자신이 티 하나 없이 거룩하신 분이 아닙니까? 여러분이 거룩함의 화신을 보고자 한다면, 우리의 마음을 다하여 사랑하는 주님 외에 누구를 바라볼 수 있겠습니까? 주님에게는 불완전한 것이 전혀 없습니다. 여러분은 그의 언행 속에서나, 그 자신 속에서나, 그를 움직인 성령 속에서 그 어떤 결점도 발견할 수 없습니다. 주님은 철저하게 온전하신 분입니다. 그러므로 구원의 길이자 은혜의 언약인 복음을 바라보십시오. 여러분은 복음에 속한 그 어떤 것 속에서도 두드러진 거룩함을 보게 될 것이고, 특히 복음의 중심인 저 대속의 제사 속에서는 거룩함의 극치를 보게 될 것입니다. 네 개의 은 기둥들은 이 자색 가마를 떠받치고 있습니다. 피로 물든 붉은 화목제물은 우리를 덮어서 하나님의 진노로부터 지켜 주고, 하나님의 거룩하심은 그 화목제물을 떠받치고 있습니다. 하나님은 불의하지 않으시기 때문에, 그 대속의 피를 잊지 않으십니다. 하나님은 자신의 약속을 지키시는 의로우신 하나님이시기 때문에, 지금 골고다에서 드려진 화목제물의 피 아래로 피하는 자들의 구주가 되어 주십니다. 하나님은 먼저 자신의 율법이 충족될 때까지는 죄를 사하실 수 없으셨습니다. 하지만 율법이 충족되자, 하나님은 대속제사를 받으시고, 화목제물을 믿는 죄인들을 구원하시기를 기뻐하셨습니다. 마치 순결한 은으로 된 굽어지지 않은 기둥들이 성도들을 안전하게 보호해 주는 대속의 죽음의 주홍빛 덮개를 높이 떠받치고 있듯이, 우리는 십자가에 달리신 그리스도를 볼 때, 하나님의 공의가 준엄함을 배웁니다. 여호와께서는 자신의 택하신 자들을 구원하고자 하시는데도, 자신의 흠 없으신 고결하심을 손상시킬 수 없으셨고, 자신의 백보좌를 불의로 더럽힐 수 없으셨습니다. 하나님은 사사로운 사정을 봐주시는 분이 아니시기 때문에, 심판의 보좌에 앉으셨을 때에 영원한 사랑으로 사랑하신 자신의 택하신 자들에 대해서조차도 자신의 원수들을 다룰 때와 마찬가지로 공평하게 다루시지 않으면 안 됩니다. 그래서 하나님께서는 그들 대신에 자신의 아들을 세우셔서, 그들이 받아야 마땅했던 벌들을 그들의 머리인 그 아들에게 받게 하심으로써, 이 공평을 지켜내셨습니다. 그러므로 그 아들을 믿는 자들에게 구원을 주시는 것은 전혀 불의한 것이 아닙니다. 공의에 의한 응보의 수위를 낮추어 준 것도 전혀 없기 때문에, 치밀하게 샅샅이 살펴볼수록, 믿는 자들을 구원하는 일에서 공의가 온전히 충족되어 있다는 것이 더욱 분명하게 드러납니다. 이것은 마치 순결한 은 기둥들이 저 거룩한 속죄를 떠받치고 있다는 것이 모든 사람들의 눈 앞에 아주 분명하게 보이는 것과 같습니다. 이것은 우리가 지극히 기뻐해야 할 일이 아니겠습니까?

그러나 우리는 이 가마를 좀 더 가까이에서 세밀하게 살펴봄으로써, 멀리에서는 잘 알 수 없었던 것들이 어떤 것들이었는지를 알아보고자 하는데, 가마의 "바닥"이 모든 금속 중에서 가장 귀한 "금"으로 되어 있는 것이 보입니다. 이것은 구원의 토대가 결코 변할 수도 없고 없어질 수도 없는 귀한 것으로 되어 있음을 보여줍니다. 구원의 은혜는 하나님의 결코 변할 수 없는 뜻과 작정하심, 자신의 사랑하는 아들과 그 아들 안에 있는 자들을 향하신 하나님의 결코 변할 수도 없고 약해질 수도 없는 영원하신 사랑에 토대를 두고 있습니다. 그 어떤 상황에서도 변하지 않고, 우리가 위험에 처해 있을 때에 결코 우리를 실망시키지 않을 구원을 우리에게 주시는 하나님을 송축합니다. 이 구원은 하찮은 금속이 아니라, 불 속에서 연단된 금입니다. 하나님이 자기 백성을 오늘은 사랑하시다가 내일은 미워하신다고 생각하는 사람들이 있는데, 나는 그런 사람들을 이해할 수 없습니다. 그런 사람들은 하나님께서 사람들이 어떤 존재인지를 아시기 때문에, 사람들이 죄에 빠질 것을 아셨지만, 그들을 한동안 자신의 자녀로 받아주셨다가 나중에 그들을 버리기로 작정하신 것이라고 생각합니다. 나는 영원히 변하지 않으시는 하나님을 이렇게 욕보이는 가르침을 사람들이 입에 올리는 것을 정말 이해할 수 없습니다. 나 같이 보잘것없는 사람도 내 자녀들을 사랑하기 때문에, 내 자녀들이 살아 있고 내가 살아 있는 한, 나는 그들을 내 자녀로 여길 것입니다. 하물며, 하나님께서 하나님이 살아 계시고 그의 백성이 존재하는 한, 그들을 자신의 자녀로 여기지 않으실 리가 있겠습니까! 사랑하는 자들이여, 우리가 구원 받은 죄인들로서 의지하고 서 있는 "바닥"은 우리 자신의 기분과 행위와 기도와 결심에 따라 변하는 그런 토대가 아닙니다. 만일 우리가 우리의 선한 행위를 토대로 구원을 얻고자 한다면, 그것은 구름 위에 집을 짓고, 거품을 모퉁잇돌로 사용하고자 하는 것과 같습니다. 만일 우리가 우리의 믿음을 살아 있게 해주는 하나님의 은혜의 도우심 없이 전적으로 우리 자신의 믿음에 의지하여 구원을 얻고자 한다면, 그러한 말도 안 되는 너무나 어처구니없고 실없고 어리석은 짓을 해서 결국에는 치명적인 절망 속으로 떨어지는 것보다는 아예 처음부터 구원을 바라지 않는 편이 더 나을 것입니다. 여러분과 나는 그리스도를 그런 식으로 배우지 않았습니다. 우리는 하나님이 예비해 놓으신 견고한 반석 위에 서기 위해서, 진창 같은 우리를 떠났습니다. 하나님께서 자기 백성에 대하여 작정하신 영원하신 뜻은 결코 변하지 않을 것입니다. 무한하신 사랑이 그들의 구원을 작정하셨기 때문에, 낮과 밤이 그친다고 하여도, 그 작정하심은 결코 뒤집어지지 않을 것입니다. 무한하신 능력이 하나님의 그러한 작정하심의 성취를 보증합니다. 그 무엇이 감히 전능자를 대적할 수 있겠습니까? 이미 이루어진 온전한 속죄는 결코 그 효능을 상실하지 않을 것이고, 그리스도께서 우리를 위하여 그 속죄를 이루셨기 때문에, 우리에게 주어진 구원은 안전할 수밖에 없습니다. 게다가, "내가 그들 가운데 거하며 두루 행하여 나는 그들의 하나님이 되고 그들은 나의 백성이 되리라"(고후 6:16)고 하신 언약의 말씀을 따라, 성령께서 하나님의 백성에게 오셔서, 영원히 그들 속에 내주하고 계십니다. 우리의 영적인 삶은 만일 우리 자신의 힘으로 그것을 지켜내고자 한다면 실 한 오라기에 걸려 있는 것처럼 위태롭겠지만, 그 삶을 지켜 주시는 분은 예수이시기 때문에 영원히 안전합니다. 예수께서는 "내가 살아 있고 너희도 살아 있겠음이라"(요 14:19)고 말씀하지 않으셨습니까? 예수를 믿는 영혼의 구원은 오직 하나님만을 토대로 하고 있기 때문에, 그 구원보다 안전한 것은 있을 수 없습니다. 우리는 구원의 가마에 대하여 저 별난 랠프 어스킨(Ralph Erskine)처럼 이렇게 말할 수 있습니다:

"구원의 토대는 정금으로 되어 있어서,
　파산해서 알거지가 될 염려도 없고,
　무너져도 얼마든지 다시 재기할 수 있다네."

　이제 우리는 이 왕의 가마의 덮개를 보아야 하는데, 그 덮개는 "자색"으로 되어 있습니다. 왕과 그의 신부가 가마를 타고 길을 갈 때에는 해로운 햇살들을 차단할 필요가 있었습니다. 보십시오. 신랑과 신부의 머리 위로 "자색"으로 된 왕의 덮개가 걸려 있습니다. 영혼들이여, 여러분의 하나님과 여러분 사이에 무엇이 놓여 있는지를 자세히 보십시오. 하나님은 여러분을 치실 수밖에 없습니다. 왜냐하면, 여러분은 죄인이기 때문입니다. 그러나 "자색" 덮개가 여러분을 덮어서 보호하고 있어서, 여러분은 행복하게 살아가고 있습니다. 여러분을 덮어서 보호하고 있는 그 덮개는 과연 무엇입니까? 그것은 속죄의 피가 아니고 무엇이겠습니까?

　"저 자주색 덮개를 보고도, 아무런 감동이나 느낌 없이

> 발길을 돌릴 수 있는 사람이 있을 수 있을까?
> 그 덮개를 보고도, 그 날이 기억나지 않는 사람이 있을까?
> 무리들이 주님을 멸시하고 욕하며 소리 지르는 가운데,
> 질고를 많이 겪으신 주님이 가시면류관을 쓰시고 홍포를 입으신 채로,
> 무리들의 잔인한 조롱을 받아내시던 그 날을.
> 그 날에 무리들로부터 멸시당하시고 배척당하셨던 왕이
> 자신의 보좌에 앉아 계시는 모습을
> 결국 그들이 보게 되리라."

속죄가 우리의 피난처가 되어 줍니다. 이 "자색" 덮개 아래로 피한 영혼들은 단 한 영혼도 하나님의 공의의 햇살에 의해 해를 당한 적이 없었고, 앞으로도 없을 것입니다. 다른 그 어디에도 양심이 쉴 곳은 없지만, 여기 이 "자색" 덮개 아래에서는 양심이 온전히 쉼을 얻습니다. 나는 그리스도께서 행하신 일과 관련해서, 던컨(Duncan) 박사가 로버트슨(Robertson)과 브라이턴(Brighton)에 대하여 말한 것을 생각나게 하는 말들을 자주 듣습니다: "로버트슨은 구원과 관계되었다고도 하고 그렇지 않다고도 하는 그런 일을 했을 수도 있고 그렇지 않을 수도 있다고 믿었습니다." 다른 사람들은 이런 말을 그럴 듯하게 여길지 모르지만, 그런 말은 내게는 아무 짝에도 소용없는 쓰레기 같은 말일 뿐입니다. 나는 만일 그리스도께서 문자 그대로 나 대신에, 의로우신 이가 불의한 나를 위해서 실제로 죽지 않으셨다면, 나의 구원은 헛될 수밖에 없고, 내 심령은 절대로 쉼을 얻을 수 없었을 것이라고 느낍니다. 만일 대속이 나의 설교들에서 가장 중요한 주제가 아니라면, 나는 나의 모든 설교들을 다 폐기처분할 것입니다. 왜냐하면, 대속이 빠진 설교는 설교로서의 가치가 전혀 없기 때문입니다. 나는 대속의 가르침을 복음의 토대가 되는 진리로 여깁니다. 그렇기 때문에, 여러분이 대속을 부인하면, 그것은 복음을 죽이는 것입니다. 여러분이 대속에 관한 가르침을 뒷전으로 밀어놓는다면, 그것은 복음을 구름으로 가려 버리는 것입니다. "하나님이 죄를 알지도 못하신 이를 우리를 대신하여 죄로 삼으신 것은 우리로 하여금 그 안에서 하나님의 의가 되게 하려"(고후 5:21) 하셨다는 것, 그리스도는 의로우신 분이었지만, 죄인으로 취급받고서, 우리가 받아 마땅한 하나님의 진노를 대신 받으셨다는 것 — 이것이 복음의 핵심이고 정수입니다. 양심은 모든 사람에게 하나

님이 죄를 벌하실 수밖에 없으시다는 것을 말해 줍니다. 양심은 큰 소리로든 작은 소리로든 늘 죄는 벌을 받아야 한다고 선포합니다. 이것은 자의적으로 처리될 수 있는 일이 아니라, 반드시 그렇게 할 수밖에 없는 일입니다. 죄와 고난은 떼려야 뗄 수 없이 서로 붙어 있습니다. 하나님이 의로우시다면, 죄를 지은 자는 해악을 받을 수밖에 없습니다. 따라서 그리스도께서 그 해악을 짊어지셨다는 것, 죄인들이 당해야 마땅한 것들을 그가 대신 당하셨다는 것, 그는 둘째 아담으로서 우리의 머리이셨기 때문에 우리를 대신하실 수 있으셨다는 것을 알 때까지, 양심은 쉼을 얻을 수 없습니다. 피로 붉게 물든 덮개 아래로 들어갔을 때, 여러분은 평안을 얻게 되지만, 그 이전에는 절대로 평안을 얻을 수 없습니다. 그러므로 여러분은 하나님께서 자기 백성에게 자기 자신을 나타내셨을 때마다 가장 두드러졌던 것은 언제나 그리스도의 피였다는 것을 알게 됩니다. 아벨은 피 흘리는 어린 양을 하나님 앞에 가져와야 했고, 노아도 짐승을 죽여서 하나님께 바쳐야 했습니다. 왕이신 하나님께서 자신의 택하신 자들과 함께 애굽에서 잔치를 벌이셨을 때에도, 이스라엘 백성들로 하여금 그들의 집 "문 인방과 좌우 설주"(출 12:22)에 피를 바르게 하시고, 거기에 자신의 구원의 능력을 나타내셨습니다. 하나님께서 이스라엘 백성과 함께 광야를 통과하실 때에도, 성막의 덮개들 중의 하나는 "붉은 물 들인 숫양의 가죽"(출 25:5)으로 만들게 하셨고, 성소의 안팎에는 늘 피를 뿌리게 하셨습니다. 왜냐하면, "율법을 따라 거의 모든 물건이 피로써 정결하게"(히 9:22) 되었기 때문입니다. 율법의 목소리는 복음이 선포하는 것, 즉 "피 흘림이 없이는 사함이 없다"(히 9:22)는 것을 늘 선포하였습니다. 이 땅에서 우리 구주의 삶은 나무 위에서 피 흘리시는 것으로 끝나야 했습니다. 그 최후의 장면 직전에 주님이 마지막으로 자신의 제자들과 교제하시며 사랑의 만찬을 베푸셨을 때에도, 거기에서 가장 두드러진 것은 그의 피를 상징하는 붉은 포도주를 담은 잔이었습니다. 하나님께서 이 아랫세상에서 자기 백성과 교제하실 때마다, 포도주가 부어져야 합니다. 하나님은 그리스도께서 죄인들을 대신하여 자신의 피를 쏟으심으로써 온전한 대속을 이루신 저 중보사역을 의지하심이 없이는 인간에게 자기 자신을 계시하실 수 없으시고, 계시하고자 하지도 않으십니다.

가마의 덮개는 "자색"으로 되어 있습니다. 그 "자색"이 얼마나 귀하고 소중한지를 나의 이 입술로는 도저히 표현할 길이 없습니다. 또한, 하나님의 아들이 홀리신 피, 주님이 우리를 향하신 사랑으로 말미암아 우리를 속량하시기 위하여 다 쏟으신 그 피가 얼마나 귀하고 소중한지는 나의 이 마음으로도 알 수가 없습니다. 나의 형제들이여, 그 구원의 피 속에 마음 놓고 앉아서, 위를 올려다보며 기뻐하십시오. 그 어떤 의심이나 두려움이나 불신이나 의구심도 여러분을 괴롭게 하도록 허용하지 마십시오. 왜냐하면, 피로 물든 붉은 덮개 아래에서 여러분은 안전하기 때문입니다. 이제 우리는 한 걸음 더 가마 속으로 나아가야 합니다. 주님의 피를 상징하는 덮개를 지나면, 주님으로 하여금 그 피를 흘리게 만들었던 "사랑"이 보입니다. 아가서의 시인은 왕의 가마에 대하여 노래하면서, "그 안에는 예루살렘 딸들을 위한 사랑이 엮어져 있구나"(KJV)라고 말합니다. 가마의 바닥만이 아니라, 가마 전체가 앉거나 기대기에 부드러운 것, 즉 "사랑"으로 깔려 있습니다. 그러므로 은혜의 언약 전체에는 믿는 자들의 영혼이 기뻐하는 것, 즉 그리스도 안에서의 하나님의 달콤한 사랑이 장식되어 있습니다. 하나님의 은혜의 언약은 온통 눈에 보이지 않는 순수한 사랑으로 도배되어 있다는 것입니다. 거기에는 오직 사랑만이 있을 뿐입니다. 우리는 이 은혜의 언약에 대해서 상당 부분 알게 되면, 하나님이 행하신 모든 것 속에 깃들어 있는 지혜와 권능과 순결함과 영원함을 찬양하게 되지만, 신앙 안에서 진보한 성숙한 그리스도인들에게 있어서 이 언약의 가장 두드러진 특징은 하나님의 강력한 사랑입니다. 그들은 이 사랑으로 인해서 예수 그리스도로 말미암아 영원한 구원을 얻게 된 것입니다. 주께서는 변함없으신 사랑으로 내게 관 씌우셨고, 내 영혼을 사랑하셔서 멸망의 구덩이에서 건지셨으며, 나를 사랑하셔서 나를 위하여 자기 자신을 주셨습니다. 주의 사랑은 주님으로 하여금 헤아릴 수 없이 귀한 대가를 치르시고 나를 속량하게 하셨습니다. 주의 사랑이 지금의 나를 만들었습니다. 주의 사랑이 이 구원의 역사를 계속해 나가고 마침내 온전히 이루어서, 나로 하여금 온전히 주를 닮은 모습으로 주 앞에 서게 할 것입니다. 왜냐하면, "그 안에는 예루살렘 딸들을 위한 사랑이 엮어져 있기" 때문입니다.

지금까지 우리가 증명해 온 이것은 여러분이 복음의 모든 것을 연구하면 할수록 더욱더 여러분에게 생생하게 다가오게 될 것입니다. 그러므로 나는 여러분에게 성경을 더 많이 묵상하시고, 주님의 인격과 성품을 더 많이 숙고하시며, 주님의 아름다우신 것들과 그가 여러분을 위하여 행하신 모든 일들을 더 자주 묵상하시기를 간곡하게 권합니다. 많은 그리스도인들처럼, 피상적으로 겉핥기식으로 성경을 보는 것으로 만족하지 마십시오. 지금은 옛적의 청교도 시절처럼 성경을 깊이 묵상하는 그런 시대가 아니기 때문에, 우리는 피상적으로 성경을 읽기가 너무나 쉽습니다. 그러나 성경의 표면에도 제련되지 않은 천연의 금광석들이 있기는 하지만, 가장 귀한 금들은 아주 깊은 곳에 있기 때문에, 여러분이 성경 속으로 깊이 파고들어가지 않으면 그런 정금들을 만날 수 없다는 것을 기억하십시오. 하나님께서 여러분으로 하여금 그리스도에 속한 일들을 잘 가르침 받을 수 있게 해주시기를 기도합니다. 어떤 학문들은 여러분이 단기간에 그 학문에서 배울 가치가 있는 모든 것들을 습득할 수 있지만, 더 깊이 파고들어가서 연구하면 할수록, 확실한 것이 아무것도 없고, 점점 더 뭐가 뭔지 모르겠어서, 이내 그 학문에 염증을 느끼는 경우가 있습니다. 그러나 십자가에 못 박히신 그리스도를 배우는 학문은 그렇지 않습니다. 여러분이 그리스도에 관한 사실들을 배우면 배울수록, 그 사실들은 더욱더 확실해지고, 여러분은 점점 더 큰 기쁨을 누리게 됩니다. 그러므로 나는 여러분에게 마리아처럼 늘 주님의 발 앞에 앉아 계시기를 권하고, 여러분 각자가 점점 더 주님을 알아감으로써, "지식에 넘치는 그리스도의 사랑을 알고 그 너비와 길이와 높이와 깊이가 어떠함을 깨닫게"(엡 3:18-19) 되시기를 기도합니다.

2. 둘째로, 어디에서 보아야, 본문에 언급된 사랑을 가장 잘 볼 수 있습니까?

본문에서는 "그 안에는 사랑이 엮어져 있구나'라고 말합니다. 따라서 밖에서는 그 사랑을 볼 수 없습니다. 바깥에 있는 외인들은 은혜의 언약에 계시된 자기 백성을 향한 하나님의 사랑을 전혀 알 수 없습니다. 나는 이 자리에 계신 분들 중에도 여러 해 동안 복음을 들어왔지만, 내가 서 있는 이 강단에 대해서만큼이나 복음의 달콤함에 대해서도 전혀 알지 못하는 분들이 많을 것이라고 생각합니다. 사람이 런던의 술집이나 저택 문 앞을 여러 해 동안 지나다녀도, 그 속에서 잔치가 벌어져도 거기에 대해서 알지 못합니다. 그 속에서 벌어지는 일을 알기 위해서는, 그 속으로 들어가 보아야 합니다. 그 속에서 풍겨 나오는 냄새를 통해서 약간의 짐작을 할 수는 있겠지만, 그 이상으로는 알 수 없습니다. 어떤 우화를 보면, 닭이 거름더미를 헤집다가 다이아몬드를 발견했지만, 그 옆에서 곧 보리한 톨을 찾았기 때문에, 다이아몬드에는 신경도 쓰지 않았다는 이야기가 나옵니다. 아주 많은 사람들이 참된 신앙이 얼마나 좋은 것인지에 대해서 듣지만, 그 달콤함을 맛볼 수도 없고 알 수도 없습니다. 아직 중생하지 않은 분들이여, 여러분은 복음이 얼마나 감미로운 것인지를 결코 알지 못할 것입니다. 여러분이 지금 있는 그 상태에 머물러 있는 동안에는, 그것을 아는 것은 불가능합니다. 나는 여러분이 가장 형편없는 그리스도인조차도 누리고 있는 그 기쁨을 얼핏 엿보려면, 그 기쁨을 누리게 될 때까지 결코 만족하지 않아야 한다는 말을 해드리고 싶습니다. 여러분은 "나폴리를 보고 나면 죽어도 여한이 없게 된다"고 말할 정도로 나폴리가 아름답다는 말을 들었을 것입니다. 나는 여러분에게 그리스도를 얼핏이라도 볼 수 있다면 천 번 죽어도 여한이 없을 것이라고 말씀드릴 수 있습니다. 여러분이 믿음으로 그리스도의 아름다우심을 한 번 본 후에는, 자기가 그토록 오랜 세월 동안 눈이 멀어 살면서도 그런 삶에 만족할 수 있었는지 의아해하게 될 것입니다. 여러분의 모든 죄가 사함을 받았고, 여러분이 그것을 알게 되었다면, 여러분은 어떠실 것 같습니까? 여러분이 이제는 죽음을 결코 두려워하지 않아도 되고, 이 세상을 떠나는 것을 두려워하는 것이 아니라 도리어 간절히 기다리고 사모할 수 있게 되었다면, 여러분은 어떠실 것 같습니까? 여러분이 하늘을 우러러보며, "하나님은 나의 아버지이시고, 나는 그분의 자녀라는 것을 내가 느낍니다"라고 말할 수 있다면, 여러분은 어떠실 것 같습니까? 여러분이 하나님과 친밀하게 교제하는 기쁨과 지극한 복을 누림으로써, 옛적의 아브라함의 경우처럼, 하나님이 여러분을 자신의 벗이라 부르신다면, 여러분은 어떠실 것 같습니까? 나는 여러분이 이러한 일들을 간절히 원할 수 있게 되기를 바랍니다. 여러분이 이러한 것들을 조금만 맛보게 된다면, 여러분은 더 많이 맛보게 되기를 사모하게 될 것입니다. 그러나 하나님께서 여러분으로 하여금 그런 것들을 맛보게 하실 때까지는, 우리가 그리스도의 사랑에 대하여 말하는 모든 것은 여러분에게 아무런 매력도 없을 것입니다. 밖에 있는 사람들은 구원의 가마 내부에 깔려 있는 사랑을 알 수 없습니다. "여호와의 친밀하심이 그를 경외하는 자들에게 있음이여 그의 언약을 그들에게 보이시리로다"(시 25:14).

다음으로 내가 말씀드리고자 하는 것은 그리스도인들이 자신의 주님으로부터 멀리 떨어져 서서, 외적인 모습들만을 보고서 판단한다면, 그렇게 하지 않았던 이전과는 달리, 주님의 사랑하심을 알 수 없게 된다는 것입니다. 하나님의 섭리는 겨울날처럼 어두워집니다. 연단 중에 있는 신자들은 이렇게 부르짖습니다: "하나님께서는 내 아내를 내게서 빼앗아 가셨고, 내 재산을 다 흩어 버리셨으며,

나의 사업은 망했습니다. 내 육신은 병들고, 내 영혼은 지쳐 있습니다. 나는 이 모든 일 속에서 나를 향하신 하나님의 사랑의 흔적을 볼 수 없습니다." 형제들이여, 아가서에 나오는 묘사는 왕이 탄 가마의 외부가 사랑으로 덮여 있다고 말하지 않고, "그 안에 사랑이 엮어져" 있다고 말하고 있다는 것을 기억하십시오. 하나님의 모든 섭리의 핵심은 온통 사랑뿐임을 믿는 믿음이 여러분에게 있었으면 좋겠습니다! 섭리의 외부는 가시 울타리처럼 보일 수 있지만, 그 안에서는 달콤한 열매가 익어가고 있습니다. 여러분은 이렇게 말합니다: "그러나 내가 최근에 성경을 보았고, 거기에 나오는 너무나 기쁜 약속들을 보았지만, 그 약속들은 더 이상 내게 대하여 미소를 짓지 않는 것처럼 보입니다. 성경에 나오는 몇몇 말씀들은 심지어 내 귀에 아주 가혹하게 말하고, 거의 나를 정죄하는 듯합니다." 나는 여러분이 그렇게 느끼는 것을 이상하게 여기지 않습니다. 왜냐하면, 나의 경우에도 지금 이 순간에는 성경의 표면에서 사랑을 볼 수 있지만, 어떤 때는 그 사랑을 볼 수 없고, 모든 말씀들이 다 우렛소리처럼 나를 질책하고, 하나님의 입으로부터는 나를 치시는 무거운 말씀들만이 나오는 것처럼 느끼기 때문입니다. 사랑하는 자들이여, 다시 한 번 반복해서 말씀드리지만, 아가서의 본문은 이 가마의 외부가 사랑으로 장식되어 있다고 말하는 것이 아니라, 그 안에 사랑이 있다고 말한다는 것을 명심하십시오. 여러분이 하나님의 섭리의 외면만을 살펴보고, 말씀의 표면만을 보고서, 하나님을 판단하고 평가하기 시작한다면, 여러분에게 하나님의 사랑이 거의 느껴지지 않는다고 해도, 그것은 전혀 이상한 일이 아닙니다. 하나님의 마음을 들여다보시고, 거기에 무엇이 씌어 있는지를 읽어 보십시오. 여러분이 믿음으로 한 단계 더 올라가서, 은혜의 가마 속에 무엇이 있는지를 살펴본다면, 여러분은 그 가마의 안이 온통 "예루살렘의 딸들을 위한 사랑으로 엮어져" 있는 것을 발견하게 됩니다.

이제 은혜의 가마 안에 계시는 예수 옆으로 오서서, 그가 쉬고 계시는 침상 옆에 앉으십시오. 거룩한 교제 가운데서 예수께 기대어 앉으십시오. 여러분을 위한 공간은 충분하고, 여러분의 무게를 지탱하기에 충분한 힘도 있습니다. 이제 가까이 오서서, 여러분의 십자가를 짊어지신 그의 가마에 함께 타십시오. 여러분을 죽기까지 사랑하셨음을 상기시켜 주는 손과 옆구리의 상처들을 지닌 그분 옆에 앉으십시오. 왕의 가마에 타서 왕과 함께 갈 수 있는 길이 여러분을 위해 준비되어 있습니다. 나는 지금 그 가마 안에서 나의 사랑하는 자와 함께 앉아 있다고 생각해 봅니다. 나는 주위를 둘러보기 시작합니다. 나는 내 머리 위에 있는 "자색" 덮개를 보면서, 죄인들을 위하여 피 흘리시고 죽으신 이루 말할 수 없이 크신 사랑을 기억합니다. 나는 덮개를 떠받치고 있는 은 기둥들을 보면서, 저 견고한 무한하신 거룩하심이 나를 사랑하시는 가운데 나를 온전하게 하실 것임을 확신합니다. 나는 내 발 아래에 놓인 금으로 된 "깔개"를 보고서, 하나님이 나를 사랑하셔서 자신의 권능으로 나를 끝까지 보호해 주시리라는 것을 알게 됩니다. 내가 위를 보고, 주위를 둘러보고, 아래를 보고, 그 어디를 보아도, 거기에는 온통 하나님의 무한하시고 차고 넘치는 사랑만이 보입니다. 사랑하는 자들이여, 이제 여러분 자신을 잠시 보십시오. 그리고 영원 전을 한 번 돌아보십시오. 시대들이 시작되기 전의 저 옛적을 감추고 있는 안개를 여러분의 눈으로 뚫어 보십시오. 거기에서 무엇이 여러분의 눈에 보입니까? "땅이 생기기 전부터 … 영원부터 우리 주 그리스도 예수 안에서 예정하신"(잠 8:23; 엡 3:11) 사랑 외에는 아무것도 보이지 않을 것입니다. 조금 더 자세하게 보십시오. 에덴 동산과 인류의 타락이 보이는데, 거기에서 여러분에게 보이는 것은 무엇입니까? 온통 사랑뿐입니다. 여자의 자손이 뱀의 머리를 상하게 할 것입니다. 십자가와 이 아랫세상에 성육신하신 하나님을 보십시오. 고난 중에 사시다가 치욕 중에 죽으신 예수를 보십시오. 여기에서 사랑은 절정에 다다르고, 사랑의 비할 바 없는 모든 매력들이 속속들이 드러납니다. 여러분이 살아 왔던 날들을 한 번 돌아보십시오. 여러분이 태어날 때에도 그 사랑이 거기에 있어서, 여러분의 첫 번째 호흡을 향기롭게 해주지 않았습니까? 여러분은 사랑 속에서 요람에 누워 있었고, 사랑의 포대기에 싸여 있었으며, 사랑 가운데서 양육되지 않았습니까? 그 후에도 여러분의 죄악된 삶 속에서도 여러분은 지극히 크고 기이한 사랑으로 사랑을 받아오지 않았습니까? 그 사랑이 여러분의 돌 같은 마음을 부드러운 살 같은 마음으로 바꾸어 놓은 것이 아닙니까? 그때 이후로 여러분 속에 그 사랑이 오늘까지 내주해 오지 않았습니까? 여러분이 겪었던 시련들조차도 사랑으로 말미암은 것이 아니었습니까? 눈먼 불신앙은 그것을 사랑이 아니라 가혹함이라고 말했습니다. 보십시오. 이제 예수께서 여러분 곁에 앉아 계시는데, 여러분은 그가 여러분을 치셔서 슬피 울며 부르짖게 하신 것이 지극히 지혜로우신 사랑이 아니었다고 말하겠습니까? 나는 오늘 이 시간까지 하나님께서 내게 행하신 모든 일들 속에서 사랑 외에는 그 어떤 것도 발견할 수 없습니다. 나는 지난 밤에 내 영혼이 오늘의 본문에 사로잡혀서, 지금까지의 나의 삶을 되돌아보며, 과연 내 하나님께서 내게 인자하시지 않은 일이 있었는지를 곰곰이 생각해 보게 되었습니다. 그러나 나의 엄숙한 간증은 나의 생명이 박동하기 시작하던 바로 그 첫 날로부터, 즉 내가 하나님에 대하여 조금이라도 뭔가를 알게 되었던 바로 그 시간부터, 하나님이 내게 하신 모든 일은 온통 사랑, 사랑, 사랑, 오직 사랑뿐이고, 사랑 외에는 아무것도 없었다는 것입니다. 나는 나의 인생에 대하여 "그 안에는 사랑이 엮어져 있구나"라고 말할 수 있고, 그렇게 말할 수밖에 없습니다.

여러분의 발 아래에 깔려 있는 그 "사랑"을 잠시 보십시오. 아버지 하나님의 사랑, 저 피조 되지 않은 사랑의 황금 덩어리가 보이십니까? 그것은 아버지 하나님께서 여러분을 사랑하시기 때문입니다. 여러분의 발 아래에 깔려 있는 또 다른 사랑, 즉 예수의 사랑을 보십시오. 예수께서는 많은 물로도 끌 수 없고 큰물로도 잠기게 할 수 없는 사랑으로 여러분을 죽기까지 사랑하셨습니다. 또한, 성령의 사랑을 보십시오. 사랑의 보혜사께서 여러분에게 보여주신 저 자상한 사랑도 마찬가지로 귀하고 소중합니다. 성령께서 광야에서 여러분이 행한 온갖 못된 짓들을 얼마나 참아 주시고, 그럼에도 불구하고 여러분에게 계속해서 복을 부어 주셨는지를 생각해 보십시오. 하늘의 바늘로 수놓아진 저 귀한 약속들을 보십시오. 거기에는 무수한 약속들이 있지만, 그 약속들은 온통 사랑입니다. 여러분을 위해서 하나님의 온갖 속성들과 성품들이 다 동원되었음을 보십시오. 그것들은 모두 다 사랑과 연결되어 있습니다. 여러분을 향하신 하나님의 온갖 섭리들, 여러분의 심령 속에 베푸신 하나님의 온갖 은혜의 역사들을 보십시오. 여러분은 수많은 다양한 아름다운 빛깔의 실들이 서로 짜여서 하나의 헤아릴 수 없이 깊은 사랑의 문양을 이루고 있음을 보게 될 것입니다. 이 아침에 나는 그 사랑을 나의 이 짧은 혀로 다 표현할 수 없지만, 내 영혼 속에서 예수의 그 사랑을 느낍니다. 나는 여러분도 자신의 심령 속에서 그 사랑을 느끼게 되시기를 기도합니다. 한 가지 확실한 것은 처음부터 여러분을 향하신 하나님의 마음은 오직 사랑뿐이었기 때문에, 앞으로도 영원토록 여러분에 대한 하나님의 마음은 온통 사랑뿐일 것이 분명하다는 것입니다. 여러분을 사랑하기 시작하신 하나님이 그 사랑을 멈추시는 일은 절대로 없을 것입니다. 은혜의 언약은 그 안이 온통 "예루살렘의 딸들을 위한 사랑으로 엮어져" 있습니다.

3. 셋째로, 본문에 나오는 사랑은 가마의 특별한 위치에 엮어져 있습니다.

그 사랑은 가마 "안에" 있기 때문에, 우리는 오직 가마 안에서만 그 사랑을 볼 수 있습니다. 그 사랑은 가마 안에 있고, 예수께서는 가마에 타고 계시고, 그의 신부도 가마에 타고 있습니다. 이것은 아주 단순한 것이기는 하지만, 조금 더 깊이 생각해 볼 필요가 있습니다. 예수는 여기에서 가마 안에 계시는 왕으로 묘사됩니다. 본문은 이 가마가 사랑으로 엮어져 있다고 말하기 때문에, 우리는 예수께서 사랑 가운데 거하신다는 것을 알게 됩니다. 예수는 지금 어디에 계십니까? 그는 지금 하늘의 보좌들과 정사들 가운데 계시지만, 여전히 사랑 가운데 거하십니다. 사랑은 그를 하늘에서 땅으로 끌어내렸습니다. 사랑은 그를 이끌어서, 팔레스타인의 방방곡곡을 지친 몸을 이끌고 여기저기 두루 다니시게 만들었습니다. 사랑은 그를 겟세마네 동산으로 이끌어서, 땀방울이 핏방울이 되도록 기도하시게 하였고, 기꺼이 골고다 언덕으로 가서 십자가를 지시게 하였습니다. 그리고 지금 이 시간에도 사랑은 그에게 꼭 붙어 다닙니다. 그는 이 아랫세상에서 사랑하셨듯이, 천국에서도 사랑하고 계십니다. 그가 무엇을 행하시고, 무엇을 느끼며, 무엇을 말씀하시든, 우리가 그에 대해서 확실하게 아는 한 가지는 그가 우리를 향하신 사랑 가운데 거하신다는 사실입니다. 그는 자신의 가마 안에 계시고, 그 가마 안에서 그를 둘러싸고 있는 모든 것은 사랑입니다.

이 가마는 왕이 타는 가마였고, 왕은 가마를 타고 여기저기를 다니며 다스렸는데, 사랑 가운데서 다스렸습니다. 이것은 예수의 경우에도 마찬가지였습니다. 만물이 그의 손에 있고, 그는 자기 백성을 향한 사랑 가운데서 만물을 다스리십니다. 하늘의 정사들은 그를 섬기고, 천사들은 그가 부리는 사자들입니다. 그러나 예수께서 가지신 권능들 중에서 우리를 향한 사랑 가운데서 사용하시지 않는 그런 권능은 없습니다. 여러분이 볼 때, 그가 행사하시는 권능이 종종 가혹해 보인 적이 있습니까? 사실은 그렇지 않고, 절대로 그럴 수 없습니다. 그는 사랑 가운데 다스리시는 분이시기 때문입니다. 우리의 요셉은 온 애굽을 다스리시는 주이시고, 요셉은 자신의 형제들을 사랑하시기 때문에, 애굽 온 땅의 좋은 것들은 다 그들의 것입니다. 예수께서는 자기 백성의 유익을 위하여 온 세상을 다스리십니다. 현재의 것들이나 장래의 것들이나, 모든 것이 그들의 것입니다. 예수는 사랑 가운데서 다스리십니다.

그리고 예수는 사랑 가운데 쉬십니다. 가마는 여행자가 쉬는 곳이었습니다.

가마가 움직이는 동안에, 그는 가마 안에서 기대어 휴식을 취했습니다. 그 어떤 것도 예수께 자기 백성을 위한 그의 사랑만큼 쉼을 주지 못합니다. 그 사랑은 그의 위로이자 기쁨입니다. 예수께서 우리를 사랑하신다는 사실로부터 얼마나 큰 기쁨을 느끼시는지는 우리가 거의 알 수 없는 것이기는 하지만, 그것은 사실입니다. 월요일 저녁에 우리가 읽은 스바냐서의 본문이 떠오릅니다: "너의 하나님 여호와가 너의 가운데에 계시니 그는 구원을 베푸실 전능자이시라 그가 너로 말미암아 기쁨을 이기지 못하시며 너를 잠잠히 사랑하시며 너로 말미암아 즐거이 부르며 기뻐하시리라"(3:17). 자기 백성을 사랑하시는 것은 그리스도에게 기쁨이 됩니다. 그의 마음은 그들의 기쁨 속에서 기쁨을 발견하고, 그들의 천국 속에서 천국을 발견합니다. 그들이 구원 받는 것을 보시는 것은 그에게 지극한 복이 됩니다. 우리는 이런 사실을 정말 기뻐하는 것이 마땅합니다! 예수께서는 사랑 가운데서 쉼을 얻으십니다.

여행자는 쉬면서도 자신의 길을 계속해서 갔습니다. 사람들이 가마를 메고 이곳저곳으로 나아감에 따라, 여행자도 앞으로 나아갔습니다. 그러나 휘장이 쳐진 가마 내부에 있는 그의 침상을 둘러싸고 있는 것은 언제나 똑같았습니다. 마찬가지로, 예수께서도 끊임없이 앞으로 나아가시며 온갖 일들을 하시지만, 여전히 사랑 가운데서 나아가십니다. 요한계시록을 읽으면서, 거기에 나오는 나팔들과 떨어지는 별들, 심판들로 가득 찬 대접들이 부어지는 장면들을 생각해 보십시오. 그러면, 여러분은 두려워 떨 것이 분명합니다. 그러나 성경의 가르침에 의지해서 이렇게 말하십시오: "이것들은 나의 주이자 왕이신 분이 행하시는 일들이고, 그분은 늘 예루살렘의 딸들을 위한 사랑으로 엮어져 있는 가마를 타고 다니신다. 그가 원하셔서, 지진과 화염으로 행차하시고, 멸망의 사자들을 보내어 이 땅을 치시며, 온 세상이 자기 앞에서 종잇장처럼 말리게 하시고, 모든 사람들의 소망이 밤의 환상처럼 떠나가게 하실지라도, 나는 두려워하지 않는다. 왜냐하면, 나는 그가 나를 향하신 사랑 가운데서가 아니면 결단코 어떤 일을 행하실 수 없으시다는 것을 확신하기 때문이다." 그 어떤 심판도 그의 백성에 대한 진노를 담고 있을 수 없습니다. 하나님이 그 어떤 것을 무너뜨리신다고 하여도, 자기 백성의 소망들을 무너뜨리시는 일은 절대로 일어날 수 없습니다. 그 어떤 쇠막대기도 그들의 지극한 복을 깨뜨릴 수 없습니다. 이 생각을 했을 때, 여러분의 영혼은 기뻐할 수밖에 없습니다.

또한, 우리가 주목할 것은 예수께서 이 가마를 타고 다니시는 것과 마찬가지로, 믿는 자들도 그 가마를 타고 다닌다는 것입니다. 이 순간에 여러분은 "사랑" 위에 서 있습니다. 여러분은 이 가마 안에서 사랑 위에 서 있습니다. 여러분은 여러분이 사랑하는 이 안에서 하나님께 받아들여졌습니다. 여러분은 율법을 따라 심판을 받지 않고, 은혜를 따라 판단을 받습니다. 여러분은 하나님의 심판대 앞에서 여러분이 행해 온 일들이 아니라 그리스도의 차고 넘치시는 은혜를 따라 판단을 받습니다. 이 아침에 하나님의 사랑을 의지하십시오! 그 사랑 안에서 쉼을 얻으십시오. 부자가 자신의 재물 속에서 위로를 얻고자 하고, 용사가 자신의 힘 속에서 위로를 얻고자 하며, 대인이 자신의 명성 속에서 위로를 얻고자 하는 것과 마찬가지로, 여러분은 전능자의 사랑이라는 이 영화로운 침상 위에 온 몸을 쭉 뻗고 편안히 누우십시오.

사랑하는 자들이여, 여러분은 앞으로 나아가고자 할 때에 그리스도의 사랑의 능력과 힘 안에서 그렇게 하고자 애써야 한다는 것을 명심하십시오. 율법을 통해서 덕과 은혜를 얻으려고 애쓰지 마십시오. 그렇게 해서는 여러분이 결코 그런 것들을 얻을 수 없을 테니까요. 왕이 탄 가마를 여러분이 의지한다면, 그 가마는 여러분을 온전함으로 실어다줄 것입니다. 은혜 안에서 자라되, 십자가를 굳게 붙잡으십시오. 그리스도 예수 안에 있는 하나님의 사랑을 꼭 붙드십시오. 그 사랑은 여러분을 늘 안전하게 지켜 줄 것입니다. 여러분은 그 사랑 안에서 잠을 자고, 그 사랑 안에서 깨어나며, 그 사랑 안에서 먹고 마셔야 합니다. 그러면, 여러분이 어디에 있든지, 사랑이 여러분을 두르게 하십시오. 여러분은 사랑 안에서 숨을 쉬고, 여러분이 어디를 가든지 거기에 사랑이 있게 하십시오. 여러분은 가마 안에 있는 사랑을 결코 벗어나서는 안 됩니다.

이러한 것들은 많은 말을 해야 할 것들이 아니라, 많이 숙고하고 생각해야 할 것들입니다. "그 안에는 예루살렘 딸들을 위한 사랑이 엮어져 있구나"라는 이 귀한 진리를 집으로 가져가서서, 이 오후에 시간이 날 때, 내면으로 깊이 묵상하고 소화해서, 여러분 자신의 것으로 만드십시오.

4. 넷째로, 이 사랑 자체에 대해서 잠깐 생각해 보겠습니다.

이 사랑은 특별한 사랑이라는 것을 기억하십시오. 그것은 모든 사람을 위한 사랑이 아닙니다. 하나님께서 모든 사람들을 위해 베푸시는 은혜 속에서 사람들은 어느 정도의 위로를 얻지만, 우리는 여기에서 좀 더 깊이 들어가서, "예루살렘 딸들을 위한 사랑"을 기뻐합니다. 하나님이 택하신 자들에게 주어지는 특별한 사랑, 오직 그들 외에는 아무에게도 주어지지 않는 사랑이 있습니다. 성도들의 진정한 안식처는 바로 이 사랑입니다.

이 사랑은 그런 사랑을 받을 자격이 없는 자들에게 주어지는 분에 넘치는 사랑입니다. 예루살렘의 딸들은 우리의 영화로우신 왕이 사랑할 만한 자들이 아닙니다. 그러므로 이 사랑은 영원히 경이롭게 여길 주제가 될 수 있는 사랑입니다. 구속주여, 당신이 나를 사랑하신 이유가 도대체 무엇입니까? 왜 당신은 나와 은혜의 언약을 맺으시고, 그 언약을 영원히 변치 않을 사랑으로 도배하셨습니까?

이 사랑은 언제까지나 지속되는 영원한 사랑입니다. 이 사랑은 시작도 없었고, 앞으로 끝도 없을 것입니다. 내가 진실을 말하자면, 이 사랑은 껍데기이고, 그 알맹이는 천국입니다. 믿는 자들이여, 여러분은 언제나 사랑 받아 왔고, 앞으로 어떤 일이 있어도 늘 사랑 받을 것입니다.

이 사랑은 유례가 없는 사랑입니다. 그리스도께서 자신의 택하신 자들을 향하여 지니신 것과 같은 사랑은 결코 없었습니다. 이 사랑은 우리 중 그 누구도 영원히 다다르지 못할 유례없는 사랑입니다. 하나님이 우리를 사랑하셨기 때문에, 우리는 사랑을 해야 하지만, 우리는 결코 그 무한하신 사랑에 도달하지 못할 것입니다. 그리스도 안에서 보여주신 하나님의 사랑 같은 그런 사랑은 존재하지 않습니다. 그 사랑은 이 날까지 우리에게 우리의 가장 밝은 생각, 우리의 가장 참된 위로, 우리의 가장 강력한 유인제가 된 사랑입니다. 율법은 이 세상의 노예들을 지배하지만, 사랑은 내세의 자유인들을 지배합니다. 불경건한 자들이 겉보기에 옳은 일을 행한다면, 그것은 처벌이 두렵거나 상을 바라고 하는 것입니다. 그러나 하나님의 참된 자녀들에게는 그리스도의 사랑이 그들의 유일한 동기가 됩니다. 그들이 순종하는 것은 자신이 멸망할까봐 두려워서가 아닙니다. 그들은 자신이 결코 멸망 받지 않으리라는 것을 압니다. 그들이 순종하는 것은 자신의 선행으로 말미암아 천국에 가고자 하기 때문이 아닙니다. 그들에게는 하나님의 약속을 따라 그리스도의 대속으로 말미암아 이미 천국이 보장되어 있습니다. 그들은 순전히 자신들이 받은 은혜에 대한 감사함 때문에 하나님을 섬기고, 자신들이 너무나 사랑하는 이를 섬기는 것을 기뻐합니다.

　　사랑하는 자들이여, 이 아침에 성령으로 말미암아 하나님의 사랑이 여러분의 심령 속에 차고 넘치게 부어져서, 여러분이 사는 모든 날 동안에 그 사랑으로 살아가게 되시기를 빕니다. 그리고 그 사랑을 한 번도 맛보지 못한 많은 사람들에게는 그 사랑을 사모하여, 그 사랑으로 인하여 살아나는 역사가 있게 하셔서, 하나님께서 영광을 받으시기를 빕니다. 아멘, 아멘.

제
7
장

자기 백성에 대한
그리스도의 평가

—

"내 누이, 내 신부야 네 사랑이 어찌 그리 아름다운지 네 사
랑은 포도주보다 진하고 네 기름의 향기는 각양 향품보다
향기롭구나 내 신부야 네 입술에서는 꿀 방울이 떨어지고
네 혀 밑에는 꿀과 젖이 있고 네 의복의 향기는 레바논의 향
기 같구나." — 아 4:10-11

이 아침에 나는 아가서가 영적인 의미를 지니고 있다는 것을 증명하고자 하
는 것이 아닙니다. 물론, 나는 아가서가 영적인 의미를 지니고 있다고 믿습니다.
아가서는 원래 솔로몬이 애굽 왕 바로의 공주와 혼인할 때에 썼던 것이라고 자
주 얘기되어 왔고, 나는 그것이 학자들의 일반적인 생각이라고 알고 있습니다.
그런데 나는 그런 생각이야말로 인간이 지금까지 범한 가장 중대한 잘못들 중의
하나라는 것을 나의 존재를 걸고 확신합니다. 아가서에는 바로의 공주에 대한
것은 전혀 나오지 않습니다. 무엇보다도 먼저, 아가서가 바로의 공주에 대하여
쓴 글일 가능성 자체가 없고, 다음으로 한 걸음 더 나아가서, 솔로몬이 애굽의 공
주를 위하여 이런 글을 썼을 가능성은 더더욱 없습니다. 여러분이 아가서 전체
를 잘 읽어 보면, 내가 한 말이 사실이라는 것을 발견하게 될 것입니다. 첫째로,
이 신부는 여자 목자에 비유됩니다. 그런데 애굽인들은 목자라고 하면 아주 질

색을 했습니다. 그런데도 솔로몬이 애굽의 공주를 그녀가 혐오하고 멸시하던 바로 그런 대상, 곧 목자에 비유했을 것이라고 여러분은 생각합니까? 다음으로, 아가서의 배경이 되고 있는 모든 풍경은 가나안 땅의 모습이고, 애굽에서는 찾아볼 수 없는 풍경들입니다. 게다가, 엔게디, 레바논, 아마나, 다메섹 등과 같이 솔로몬이 언급하고 있는 모든 장소들 중에서 애굽에서 나와서 예루살렘으로 가는 길에 자리하고 있는 곳은 단 한 곳도 없습니다. 아마도 애굽의 공주는 그런 장소들이 존재하는지조차 알지 못하였을 것입니다. 만일 솔로몬이 애굽의 공주를 칭송하고자 했더라면, 그는 공주의 눈을 "헤스본 바드랍빔 문 곁에 있는 연못"(아 7:4)에 비유하는 것이 아니라, 나일 강의 저 도도한 물결에 비유하였을 것입니다. 또한, 그녀는 바로의 딸일 수 없습니다. 바로의 딸이 언제 양을 친 적이 있었습니까? 하지만 여기에서 신부는 양을 치는 여인으로 묘사됩니다. 파수꾼들이 길거리를 헤매고 돌아다니는 애굽의 공주를 따라가서, 그녀의 베일을 벗기고자 했습니까? 만일 파수꾼들이 그런 짓을 했다면, 솔로몬이 그들을 가만두지 않았을 것입니다. 그러므로 이런 묘사는 애굽의 공주에게는 합당하지 않은 묘사입니다. 한 대목에서 솔로몬은 자신의 신부를 애굽 왕 바로의 병거를 끄는 한 무리의 말들에 비유합니다. 그런데 말들은 이스라엘에서도 흔하게 볼 수 있는 것이었습니다. 만일 솔로몬이 그녀를 한 무리의 말들에 비유하였다면, 바로의 공주는 무슨 말을 했을 것 같습니까? 그녀는 솔로몬의 얼굴을 똑바로 쳐다보며, "당신은 나를 비유할 데가 없어서, 고작 내 아버지의 말들에 나를 비유한 것인가?"라고 쏘아붙였을 것입니다. 솔로몬이 그런 어리석은 짓을 했을 가능성은 없어 보입니다. 그러므로 우리는 아가서에 나오는 신부가 애굽 왕 바로의 딸일 가능성은 희박하다고, 아니 불가능하다고 말할 수 있습니다. 바로의 공주는 결코 "레바논"과 "아마나의 꼭대기"로부터 오지도 않았고(아 4:8), 아마도 그러한 곳들에 대해서 들어본 적도 없었을 것입니다. 설령 그런 곳들에 대하여 들어 본 적이 있었다고 하더라도, 그녀가 거기로부터 왔을 수는 없습니다. 왜냐하면, 그녀는 애굽으로부터 왔으니까요.

사실, 아가서가 많은 사람들을 당혹시켜 왔던 것은 바로 이 책이 그들을 위해 씌어진 책이 전혀 아니었기 때문이었습니다. 학식 있는 사람들과 지혜로운 사람들은 이 책을 만나면, 마치 돌에 부딪친 듯이 가루가 되고 마는데, 그 이유는 이 책이 그들을 위해 씌어진 책이 아니기 때문입니다. 성경을 비웃고 조롱하고

자 하는 마음을 지닌 사람들은 아가서를 만나면 그러한 조롱과 비웃음을 퍼부을 기회가 왔다고 생각하게 되는데, 그 이유는 단 한 가지, 아가서는 그들을 위해 씌어진 책이 아니기 때문입니다. 유대인들은 아가서를 "지성소"라고 불렀습니다. 그들은 아가서를 그 정도로 신성한 책이라고 생각하였기 때문에, 30살이 될 때까지는 이 책을 읽는 것을 결코 허용하지 않았습니다. 많은 그리스도인들이 아가서를 읽지만 이해하지 못합니다. 조셉 아이언스(Joseph Irons)는 이렇게 말했습니다: "이 적은 나이로는 아가서를 제대로 공경하며 읽을 수 없습니다. 오직 예수 옆에서 살아오면서, 그의 잔에서 마시고, 그의 살을 먹고 그의 피를 마셔 온 사람들, 주님과의 교제가 무엇을 의미하는지를 잘 알고 있는 사람들만이 자리에 앉아서 이 책을 펼쳐 놓고 큰 기쁨 가운데 읽을 수 있습니다. 그리고 그런 사람들에게 아가서에 나오는 말씀들은 꿀이 발라진 전병이요 천사들의 양식인 만나가 됩니다. 거기에 나오는 문장들은 하나하나가 다 금이요, 한 단어 한 단어가 정금과 같이 느껴집니다."

자신의 주님 옆에서 살아 온 참된 신자들은 하나님의 다른 모든 말씀들과 마찬가지로 이 책이 금덩어리일 뿐만 아니라, 찬란한 빛을 발하는 다이아몬드 덩어리라는 것을 발견하게 됩니다. 여러분은 자신이 알고 있는 모든 것 속에서 이 비할 바 없이 귀한 책에 비유할 수 있는 것을 결코 찾아낼 수 없을 것입니다. 누가 내게 성경의 여러 책들 중에서 신앙의 교리를 위해 좋은 책, 신앙의 체험을 위해 좋은 책, 모범을 삼을 만한 책, 가르침을 위해 좋은 책을 각각 한 권씩만 고르라고 한다면, 나는 성경 중에서 이런저런 책들을 선택할 것이지만, 하나님과 교제하기 위해 가장 좋은 책을 고르라고 한다면, 주저 없이 아가서를 선택할 것입니다. 천국에 아주 가까이 가 있는 그리스도인들이 있다면, 그들이 꼭 몸에 지니고 있어야 할 책은 바로 아가서입니다. 그리스도인들이 시편조차도 뒤로 하고 싶은 때가 있는데, 그들이 가나안 땅의 경계, 곧 "뻘라"의 땅에 서서 이제 곧 강을 건너고자 하면서 먹장구름의 틈새로 자신들의 사랑하는 자를 언뜻언뜻 볼 수 있을 때가 바로 그런 때입니다. 그때가 되면, 그들은 이제 아가서에 나오는 노래를 부르기 시작할 수 있습니다. 아가서는 그들이 천국에서 부를 수 있는 노래가 담긴 유일한 책입니다. 거기에서 그들은 이 노래를 통해서 자신들의 영원한 연인이자 벗이신 분을 끊임없이 찬송할 수 있습니다.

서론적인 얘기는 이 정도로 하고, 우리는 이제 본문으로 들어가고자 합니다. 나는 오늘의 본문이 예수께서 자신의 교회를 향하여 하신 말씀이라는 것을 앞에서 이미 언급한 바 있습니다. 교회가 예수를 찬송할 때, 여러분은 그것을 기이하게 여기지 않습니다. 왜냐하면, 그는 교회가 그를 찬송할 수 있는 것보다 만배는 더 찬송 받아 마땅하신 분이기 때문입니다. 교회가 그의 사랑스러우심을 표현하려고 아주 거창한 표현들을 사용할 때, 여러분은 교회가 그 엄청난 주제를 제대로 표현하기에는 너무나 역부족이고, 도리어 여러 가지 비유들을 사용함으로써 그의 사랑스러우심을 훼손시킬 뿐이라는 것을 느낍니다. 왜냐하면, 교회는 지극히 크신 분을 보잘것없는 것들에 비유할 수밖에 없고, 지극히 아름다우시고 영원하신 분을 시간이 가면 변하는 덧없는 것들에 비유할 수밖에 없기 때문입니다. 그런데도 그리스도께서 자신의 교회를 향하여 어떻게 말씀하시는지를 한 번 들어보십시오: "네가 나를 찬송하였으니, 나도 너를 칭찬하리라. 네가 나를 소중히 생각하니, 나도 너를 소중히 생각하노라. 네가 그렇게 좋은 표현들을 사용해서 나에 대해 얘기하니, 나도 너를 위해 그런 표현들을 사용하리라. 네가 내 사랑이 포도주보다 더 낫다고 말하니, 너의 사랑도 내게 그러하도다. 너는 나의 모든 의복에서 몰약의 향기가 난다고 말하니, 너의 모든 의복도 마찬가지구나. 너는 내 말이 네 입술에 꿀보다 더 달다고 말하니, 너의 말도 내게 그러하도다. 네가 나에 대하여 말하는 모든 것이 너에게도 그대로 해당된다는 말을 나는 하고 싶구나. 나는 네 눈 속에서 내 자신을 보고, 네 속에서 내 자신의 아름다움을 볼 수 있도다. 내게 속한 모든 것은 네게도 속해 있노라. 네가 너의 남편인 나에 대하여 그렇게 노래하였으니, 나도 나의 헵시바인 너에 대하여 그렇게 노래하리라. 내가 '내 누이, 내 신부'에 대하여 그렇게 노래하리라."

이제 주 예수께서 자신의 "신부"를 위하여 얼마나 감미롭게 노래하시는지를 주목해 보십시오. 첫째로, 주님은 그녀의 사랑을 칭찬합니다: "내 누이, 내 신부야 네 사랑이 어찌 그리 아름다운지 네 사랑은 포도주보다 진하고." 다음으로, 주님은 그녀의 미덕들을 칭찬합니다: "네 기름의 향기는 각양 향품보다 향기롭구나." 그런 후에, 주님은 그녀의 말을 칭찬합니다: "내 신부야 네 입술에서는 꿀 방울이 떨어지고." 다음으로, 주님은 그녀의 생각, 곧 그녀의 입으로부터 나오는 것들이 아니라 그녀의 혀 아래에 감추어져 있는 것들을 칭찬합니다: "네 혀 밑에는 꿀과 젖이 있고." 마지막으로, 주님은 그녀의 행위를 칭찬합니다: "네 의복의 향기는 레바논의 향기 같구나."

1. 첫째로, 그리스도는 자기 백성의 사랑을 칭찬합니다.

이 자리에 계신 여러분은 하나님을 사랑하십니까? 여러분은 예수를 사랑하십니까? 그렇지 않다면, 물러나 계십시오. 지금부터 내가 전하는 말씀들은 여러분과 아무 상관이 없으니까요. 여러분이 그리스도를 사랑하지 않는다면, 이 일에서 여러분의 몫이나 분깃은 없고, 여러분은 죄악에 묶여서 쓰디쓴 맛을 보고 살아가고 있는 것입니다. 여러분은 주님이 베드로에게 "요한의 아들 시몬아 네가 이 사람들보다 나를 더 사랑하느냐"(요 21:15-17)라고 물으셨을 때에 베드로가 말했던 것처럼 다음과 같이 말할 수 있습니까? "주님 모든 것을 아시오매 내가 주님을 사랑하는 줄을 주님께서 아시나이다. 내 주님이여, 내가 주님을 더 사랑하지 않는다는 것이 나의 근심임을 주님은 아시나이다. 나는 나의 작은 사랑이 점점 더 커져서, 내 마음이 사랑에 사로잡히고, 주님을 향한 열렬한 사랑이 나를 완전히 삼켜 버리게 되기를 간절히 바라나이다." 그렇다면, 오늘 밤 주 예수께서 이 아가서 본문을 통해서 성령으로 여러분에게 말씀하시는 것에 귀 기울이십시오. 여러분의 사랑이 비록 보잘것없고 약하며 냉랭한 것이라고 할지라도, 그 사랑은 주 예수께 아주 소중합니다. 사실, 그 사랑은 너무나 소중해서, 주님께서는 그 사랑이 얼마나 소중한지를 말씀해 주실 수 없을 정도입니다. 주님은 자기가 그 사랑을 얼마나 소중하게 여기시는지를 우리에게 보여주시기 위해서, "네 사랑이 어찌 그리 아름다운지"라고 표현하십니다. 이것은 사람들이 무엇이라고 표현해야 좋을지를 모를 때에 사용하는 표현입니다. 그럴 때에 사람들은 손을 들어 환호하며 이렇게 말합니다: "네 사랑이 어찌 그리 아름다운가! 너무나 귀하구나! 네 사랑은 포도주보다 훨씬 더 낫도다!" 사실, 성령께서 이 아가서를 기록할 때에 우리의 사랑에 대한 그리스도의 평가를 제대로 표현해 줄 수 있는 단어를 인간의 언어 중에서 찾을 수 없을 정도로, 예수께서는 그를 향한 우리의 사랑을 너무나 귀하게 여기셨습니다. 여러분은 여러분을 향하신 그리스도의 사랑을 생각하다가, 여러분의 마음이 녹아내린 적이 있습니까? 여러분이 사랑하는 자가 여러분에게 말씀하시는 동안에, 여러분의 눈에서 눈물이 흘러내리고, 여러분도 막달라 마리아가 했던 대로 그리스도의 발에 입 맞추고 여러분의 눈물로 그 발을 씻으며 여러분의 머리카락으로 그 발을 닦아드릴 수 있을 것 같다는 확신이 든 적이 있습니까? 지금 여러분에게 그런 확신이 있습니까? 여러분이 여러분을 향한 그리스도의 사랑을 생각할 때, 그리스도께서는 그를 향한 여러분의 사랑을 생각하십니다. 여러분은 그의 사랑을 소중히 여기고 있고, 여러분이 그렇게 하는 것은 합당합니다. 그러나 나는 여러분이 아직도 여전히 그의 사랑을 과소평가하고 있지는 않는지 우려합니다. 여러분이 그리스도의 사랑을 소중히 여기는 것보다, 그가 여러분의 사랑을 훨씬 더 소중히 여기십니다. 그는 여러분의 아주 작은 사랑도 지극히 소중히 생각하십니다. 그는 여러분의 사랑이 얼마나 열렬한지가 아니라 얼마나 진실한지를 보십니다. 그는 이렇게 말씀하십니다: "그가 나를 사랑하고, 나는 그가 나를 사랑하는 것을 안다. 그가 범죄하고 내게 불순종하지만, 나는 그가 여전히 나를 사랑하는 것을 안다. 그의 마음은 진실하다. 그는 내가 합당히 받아야 할 정도로 나를 사랑하고 있지는 않지만, 그래도 여전히 나를 사랑하고 있다." 예수 그리스도께서는 자기 백성이 그를 사랑하고 있다는 것을 생각하실 때에 기뻐하십니다. 그러한 사실은 그를 기쁘게 해주고 즐겁게 해줍니다. 그리스도의 사랑을 생각할 때에 우리의 마음이 기쁜 것과 마찬가지로, 그리스도께서도 우리의 사랑을 생각하실 때에 기뻐하십니다. 그가 우리의 사랑을 어느 정도나 기뻐하시는지는 본문이 잘 표현하고 있습니다: "네 사랑은 포도주보다 진하고." 성경에서는 흔히 "포도주"를 두 가지 의미로 사용합니다. 하나는 아주 귀한 물건을 나타낼 때에 사용하고, 하나는 새롭게 큰 힘을 얻게 해주는 것을 나타낼 때에 사용합니다. 포도주는 아주 귀한 물건이었는데, 이스라엘에서는 특히 그랬습니다. 하지만 포도주가 많이 나는 동방에서도 좋은 포도주는 여전히 진귀한 물건이었습니다. 그러므로 예수 그리스도께서는 자기 백성의 사랑을 그에게 아주 귀한 것으로 여기고 계시는 것입니다. 나는 이것이 사실이라는 것을 여러분에게 보여드리겠습니다. 그리스도께서 바리새인 시몬이 베푼 잔치에 가서서 거기에 앉아 계셨을 때, 식탁 위에는 아름다운 빛깔의 포도주가 들어 있는 잔들과 수많은 진수성찬이 차려져 있었을 것이 틀림없습니다. 그러나 예수 그리스도께서는 귀한 포도주나 잔치에는 관심이 없으셨습니다. 그렇다면, 그는 무엇에 관심이 있으셨을까요? 그에게는 그를 향한 저 가난한 여인의 사랑이 포도주보다 훨씬 더 나은 것이었습니다. 아마도 그는 바리새인 시몬에게 이렇게 말씀하고 싶으셨을 것입니다: "시몬아, 네가 귀한 포도주와 진수성찬을 준비해서 잘 차려놓았지만, 그런 것들은 다 쓸데없고, 내 백성의 사랑이 있는 바로 그곳이 나의 잔치 자리이니라." 또한, 나는 여러분에게 포도주는 새 힘을 나타내는 데에 사용되었다고 앞에서 말한 바 있습니다. 우리 구주께서는 흔히 자기 백성의 사랑을 통해서 새 힘을 얻으시곤 하셨습니다. "아니요, 그럴 리가 없습니다"라고 말하는 분들도 있을 것이지만, 내가 한 말은 사실입니다. 그리스도께서 지치고 목마르신 상태에서 사마리아의 우물가에 앉아 계셨던 때를 한 번 떠올려 보십시오. 그때는 그에게 새 힘을 줄 포도주가 진정으로 필요한 때였지만, 포도주는커녕 물 한 방울도 얻을 수 없으셨습니다. 그는 자기가 창세 전부터 사랑해 오셨던 한 사마리아 여인에게 말을 거셨고, 그녀에게 새 생명을 주셨습니다. 그러자 그녀는 그가 그녀에게 물을 청하셨다는 것조차 잊어버린 채, 물동이를 버려두고 달려가서, 그 동네에 사는 사마리아인들에게 자기가 그에게서 들었던 것을 전했습니다. 구주께서는 그녀가 즉시 달려가서 선한 일을 하는 것을 보시며 아주 기뻐하셨습니다. 나중에 온 제자들은 주님이 그 날 아주 많이 걸으셔서 기진맥진해 계실 줄로 생각했습니다. 하지만 그들은 주님이 쌩쌩하신 것을 보고서, "누가 잡수실 것을 갖다 드렸는가"(요 4:33)라고 서로 소곤거렸습니다. 예수께서는 "내게는 너희가 알지 못하는 먹을 양식이 있느니라"(요 4:32)고 말씀하셨습니다. 그는 그 사마리아 여인의 사랑을 먹고 배부르신 것이었습니다. 그는 그녀의 마음을 깨뜨리셨고, 그녀를 얻으셨습니다. 그녀의 눈에서 눈물이 흘러내리는 것을 보시고서, 그녀의 마음이 그에게 드려졌다는 것을 아셨을 때, 그의 심령은 완전히 소생되었고, 거의 다 소진되었던 그의 기력도 다시 회복되었습니다. 이렇게 해서 그는 새 힘을 얻으셨습니다. 한 가지 더 예를 들어 보겠습니다. 그리스도께서 십자가에 달리시러 가실 때, 그 죽음의 고뇌 속에서도 그의 마음에 힘을 준 것이 한 가지 있었습니다. 그는 자기 백성의 사랑을 생각하시고서 새 힘을 얻으신 것이었습니다. 사도 바울은 히브리서에서 우리의 남편 되시는 저 찬송 받으실 주 예수에 대하여, "그는 그 앞에 있는 기쁨을 위하여 십자가를 참으사 부끄러움을 개의치 아니하시더니"(히 12:2)라고 말하지 않았습니까? 그 "기쁨"은 무엇이었습니까? 그것은 자기 자손을 보게 될 것이라는 기쁨, 그 자손이 그를 사랑하게 될 것이라는 기쁨, 그들이 그의 죽음의 고통과 고뇌를 기억하고 그의 사랑을 그들의 마음속에 새기게 될 것이라는 기쁨이었습니다. 예수께서는 죽음의 고통 속에서조차도 자기 백성의 사랑을 생각하고서 기뻐하시고 새 힘을 얻으셨습니다. 바산의 황소들이 그를 향하여 포효하고, 개들이 시끄럽게 짖으며, 해가 어두워지고, 아버지 하나님의 손이 그를 무겁게 짓누르시고 계시며, 지옥의 군대들이 그를 둘러싸고, 육신의 극심한 고통과 영혼의 쥐어짜는 듯한 고통이 그를 엄습해 왔어도, 그에게 기쁨과 새 힘을 준 것은 바로 이것이었습니다: "내 백성아, 그들은 내게 소중한 자들이다. 그들은 이 땅에 있을 때에도 나를 지극히 사랑하게 될 것이고, 낙원에서도 영적으로 나를 지극히 사랑하게 되리니, 그들을 위하여 내가 기꺼이 내 손을 벌려 피 흘리고, 그들을 위하여 내 심장이 기꺼이 창에 찔림을 당하겠노라." 이것이 구주께서 마셔야 했던 포도주였습니다. 이것이 그로 하여금 불평 한 마디 없이 이 모든 것들을 다 감당하시게 만든 저 기쁨의 잔이었습니다. "네 사랑은 포도주보다 진하고" 훨씬 더 낫도다.

내 영혼아, 여기서 너의 기쁨을 잠시 내려놓고 묵상해 보라. 천국에는 우리가 결코 맛본 적이 없는 잔치들이 차려져 있지만, 예수 그리스도께서는 거기에서 그 잔치 음식들을 드시지 않습니다. 천국에는 에스골 골짜기에서 나는 극상품 포도들로 만든 포도주보다 훨씬 더 진하고 향기로운 포도주들이 있지만, 그리스도께서는 그런 포도주가 아니라, 다른 곳에서 포도주를 찾으십니다. 그는 어디에서 그 포도주를 찾으실까요? 나의 친구들이여, 그는 바로 우리의 마음, 우리의 심령 속에서 그 포도주를 찾으십니다. 그에게는 천사들의 모든 사랑이나 낙원의 모든 기쁨조차도 죄와 연약함으로 둘러싸인 그의 가엾은 백성의 사랑만큼 소중하지는 않습니다. 이것은 정말 굉장하지 않습니까? 나는 이러한 사실에 대해서 단지 전하기만 할 뿐입니다. 그 사실을 읽고, 배우고, 마음에 새기고, 내면에서 소화하는 것은 여러분의 몫입니다. 여러분이 그리스도께서 오늘 밤에 이 자리에 서서, 여러분의 눈을 보시며, "너는 나를 사랑하고, 나는 네가 나를 사랑한다는 것을 아니, 네 사랑은 내게 포도주보다 훨씬 더 낫구나"라고 말씀하시는 것을 본다면, 여러분은 그의 발 앞에 엎드려서, "주여, 내 사랑이 주께 그토록 향기롭다고 하시나, 내가 주께 너무나 적은 사랑밖에 드리지 못하는 것이 부끄럽습니다"라고 고백하지 않으시겠습니까? 그러면, 여러분의 입에서는 이 아침에 우리가 불렀던 저 찬송이 터져 나오게 될 것입니다:

> "내 영혼아, 이제부터는 잊지 말라,
> 너의 모든 죄 짐을 다 짊어지신 주님을.
> 너를 살리시기 위하여 천국 보좌를 떠나와,
> 자기 목숨을 버리신 이를 결코 잊지 말라."

이렇게 오늘의 본문이 첫 번째로 우리에게 말하고자 하는 것은 믿는 자의 사랑은 그리스도께 향기롭다는 것입니다.

2. 둘째로, 그리스도에게는 자기 백성에게서 드러나는 온갖 미덕들이 귀합니다.

우리는 그리스도께서 그에게 대한 우리의 사랑만을 소중히 여기시고, 우리의 믿음이나 소망이나 인내나 겸손을 하찮게 여기신다고 생각해서는 안 됩니다. 이 모든 미덕들도 그에게 소중하기 때문에, 오늘의 본문은 먼저 "사랑"을 얘기한 후에, 다음으로 이 모든 미덕들을 "기름의 향기"로 표현하고 있습니다. "포도주"와 "기름"은 유대인들의 희생제사에서 사용되었습니다. 그들은 하나님 앞에 화목제나 전제를 드릴 때에 향기로운 몰약과 유향을 사용하였습니다. 그러나 예수 그리스도께서는 그의 교회를 향하여 이렇게 말씀하십니다: "너희가 포도주로 드리는 모든 제사들과 온갖 분향은 너희의 미덕들에 비하면 내게 아무것도 아니다. 내게는 너희의 사랑이 포도주이고, 너희의 미덕들이 향기로운 기름들이다." 지금 여러분은 적은 믿음을 가지고 있습니다. 그 믿음은 얼마나 적습니까! 여러분에게 믿음이 있기는 하지만, 여러분은 자신이 얼마나 잘 믿지 못하는지를 알 수 있을 정도의 믿음만을 가지고 있을 뿐입니다. 여러분에게 사랑이 있기는 하지만, 여러분은 자기가 그리스도를 얼마나 적게 사랑하는지를 알 수 있을 정도의 사랑만을 지니고 있을 뿐입니다. 여러분에게는 겸손이 있기는 하지만, 여러분은 단지 자신이 너무나 교만하다는 것을 알 정도의 겸손만을 지니고 있을 뿐입니다. 여러분에게는 그리스도를 위한 열심이 있기는 하지만, 여러분은 단지 자신이 너무 냉랭하다고 스스로를 책망할 정도의 열심만을 가지고 있을 뿐입니다. 여러분에게 소망이 있기는 하지만, 여러분은 단지 자신이 종종 얼마나 낙심하고 절망하는지를 알 정도의 소망만을 가지고 있습니다. 여러분에게 인내가 있기는 하지만, 여러분은 단지 자신이 얼마나 자주 합당하지 않은 불평을 하는지를 알 정도의 인내만을 지니고 있습니다. 여러분은 이렇게 말합니다: "나의 모든 미덕들은 내 코에 악취인데도, 나는 내게 있다고 하는 온갖 선한 것들을 볼 때마다 교만해지거나 우쭐해질 수밖에 없다는 것을 고백합니다. 나는 티끌과 재를 뒤집어써야 마땅한 자입니다. 나의 미덕이라고 하는 것들을 볼 때에도 나는 울 수밖에 없습니다. 왜냐하면, 그것들은 내 자신의 악한 본성에 의해서 더럽혀지고 훼손되어 있기 때문입니다." 이렇게 여러분과 나는 우리의 미덕들을 보고서 우는 것이 마땅한데도, 그리스도께서는 우리의 그러한 형편없는 미덕들을 보시면서도 기뻐해 주십니다. 그는 그 모든 것들을 사랑하십니다. 그 미덕들에서 나오는 향기는 아주 미미하고 약할 것이지만, 예수께서는 그런 향기를 흠향해 주십니다. 예수께서는 그 향기를 흠향하시고 사랑하시며 인정해 주십니다. 믿는 자들이여, 여러분이 병상에서 고통을 참고 인내하고 있을 때나, 겸손하게 남몰래 선행을 하고 다닐 때나, 여러분의 재산을 흩어서 가난한 사람들에게 나누어 줄 때나, 여러분의 눈을 들어 하늘을 우러러 하나님께 감사할 때나, 하나님 앞에 나아가서 겸손하게 기도할 때나, 여러분의 죄를 하나님께 고백할 때, 이 모든 행위들은 하나님께 "기름의 향기"와 같아서, 하나님은 그 향기를 흠향하시고 기뻐하십니다. 예수 그리스도께서는 자신을 지극히 낮추셔서, 우리의 그런 보잘것없는 것들을 기뻐해 주십니다. 그리스도께서 이렇게 우리의 그런 보잘것없는 것들을 크게 생각해 주시고 높이 평가해 주신다는 것은 그가 우리를 사랑하신다는 것을 보여주는 증거입니다. 여러분의 어린 자녀가 자신의 마음속에서 여러분에게 사랑을 느껴서, 동산이나 들에 나가서 작은 꽃 한 송이를 꺾어다가 여러분에게 주는 것을 여러분은 받아본 적이 있습니까? 그 꽃은 단지 작은 미나리아재비 꽃이거나 데이지 꽃이겠지만, 그 아이는 정성을 다해서 그 꽃을 꺾어다가 여러분에게 준 것입니다. 물론, 여러분에게 그 꽃 자체는 사실 하찮은 것이겠지만, 여러분은 그 꽃을 받아들고서, 여러분에 대한 자녀의 사랑을 느끼고서 행복해 하며 웃었을 것입니다. 예수께서 여러분의 미덕들을 받으실 때에도 마찬가지입니다. 그 미덕들은 여러분이 그에게 드리는 작은 선물들입니다. 그것들 자체는 하찮은 것들이지만, 그는 그것들을 여러분의 사랑의 증표로 여기셔서 기뻐하시고, 그것들이 아라비아의 모든 향품과 동방의 상인들이 가져온 온갖 향품만큼이나 그에게 향기롭다고 분명하게 말씀하십니다. 이것이 오늘의 본문이 말하고 있는 두 번째의 것입니다.

3. 셋째로, 그리스도는 자기 백성이 하는 말을 칭찬합니다.

이제 우리는 오늘의 본문이 세 번째로 말하고 있는 것에 이르렀습니다: "내 신부야 네 입술에서는 꿀 방울이 떨어지고." 그리스도의 백성은 말 못하는 백성이 아닙니다. 전에는 그랬지만, 지금은 말을 합니다. 나는 그리스도인들이 하나님께서 자기에게 주신 비밀을 마음속에만 간직해 두고 있을 수 있다고 믿지 않습니다. 아무리 말을 안 하고 감추어 두려고 해도, 그 비밀은 그들의 입술을 통해서 터져 나올 수밖에 없습니다. 하나님께서 여러분의 마음에 은혜를 주시면, 여러분이 그 은혜를 아무리 감추어 두려고 해도, 감추어 둘 수가 없습니다. 그 은혜는 골수에 있는 불과 같아서, 반드시 밖으로 나오게 되어 있습니다. 교회는 말하는 교회, 말씀을 전하는 교회, 찬송하는 교회입니다. 교회는 입술들을 가지고 있고, 모든 믿는 자들은 자신의 입술들을 그리스도를 섬기는 일에 사용해야 한다는 것을 발견하게 됩니다. 하지만 우리가 말할 수 있다는 것은 정말 보잘것없는 일입니다. 우리가 온갖 웅변을 동원해서 아주 청산유수처럼 우리 주님을 찬양한다고 할지라도, 우리의 찬양은 주님이 받으시기에 합당한 찬양에는 훨씬 못 미칩니다. 우리가 아무리 간절하고 열렬하게 기도한다고 할지라도, 기도를 통한 우리의 고군분투는 우리가 얻고자 하는 저 큰 복에 비하면 정말 아무것도 아닙니다. 우리의 노래가 아무리 크고, 천사들의 합창을 닮은 면이 있다고 할지라도, 우리의 찬송 속에는 우리의 불신앙이나 속된 속성이라는 불협화음이 많이 끼어들어가 있습니다. 그러나 예수 그리스도께서는 교회가 말하는 것들 속에서 그 어떤 흠도 찾아내지 않으시고, "내 신부야 네 입술에서는 꿀 방울이 떨어지고"라고 말씀하십니다. 여러분이 아시다시피, 벌집에서 떨어지는 "꿀 방울"이야말로 최고의 꿀로서 생꿀이라 불립니다. 그리스도인들의 입술에서 나오는 말들은 그 속에 있는 생명에서 나오는 말들이기 때문에 모든 사람에게 달콤할 수밖에 없고, 주 예수께도 벌집에서 떨어지는 "꿀 방울"처럼 감미롭습니다.

여러분 중에서 말을 너무 많이 하는 사람들은 주의를 해야 합니다. 그런 사람들은 벌집에서 꿀 방울들이 떨어지듯이 말하는 것이 아니라, 앞에 있는 모든 것을 다 휩쓸어가 버리는 거센 물살처럼 말들을 쏟아내기 때문에, 아무도 그 말들 속에 끼어들 수가 없습니다. 많은 것이 압축되어서 한꺼번에 끊임없이 쏟아져 나올 때, 아무도 거기에 끼어들 수 없습니다. 그런 사람들의 혀는 어떤 축을 중심으로 영원히 왔다 갔다 하는 추처럼 끝날 줄을 모르고 움직입니다. 그리스도께서는 그렇게 하는 것을 칭찬하지 않습니다. 그는 자신의 교회의 입술에서 "꿀 방울이 떨어진다"고 말씀하며 칭찬하십니다. 벌집에서 꿀이 떨어질 때에는 지붕의 처마에서 물방울이 떨어질 때처럼 조금씩 방울방울 떨어집니다. 왜냐하면, 꿀은 진하게 농축되는 데 시간이 좀 걸리기 때문입니다. 꿀 한 방울이 농축되어서 떨어진 후에, 조금 시간을 두고서 또 한 방울이 떨어지고, 이런 과정이 반복됩니다. 꿀 방울들은 한꺼번에 연속적으로 떨어지지 않습니다. 우리는 말을 많이 하는 사람들을 종종 보게 되는데, 그들이 하는 말들은 보잘것없고 경박해서 별 쓸모가 없습니다. 그러나 사람들이 꼭 해야 할 말을 하는 경우에는, 마치 벌집에서 꿀이 떨어지듯이, 그들의 입에서는 천천히 말들이 나옵니다. 나는 여러분이 선한 말들이라도 많이 하지 말라고 하는 것이 절대로 아닙니다. 단지 선하지 않은 말들, 쓸데없는 말들을 하지 말아야 한다는 것입니다. 나 자신도 다른 많은 사람들과 마찬가지로 이 점에서 자유로울 수 없습니다. 만일 우리가 하는 말들을 지금의 절반 정도로 줄일 수 있다면, 아마도 우리의 말들은 지금보다 두 배로 선한 말들이 될 것입니다. 만일 우리가 하는 말들을 지금의 십분의 일로 줄일 수 있다면, 아마도 우리의 말들은 지금보다 열 배로 선한 말들이 될 것입니다. 어떻게 해야 말을 잘 할 수 있는지를 아는 사람은 지혜로운 사람입니다. 그러나 어떻게 해야 자신의 혀를 제어할 수 있는지를 아는 사람은 훨씬 더 지혜로운 사람입니다. 참된 교회의 입술, 참된 신자의 혀에서는 진하고 깊은 생각들, 진하고 깊은 기도들, 진하고 깊은 찬송들을 통해서 우려낸 진하고 깊은 말들이 마치 벌집에서 떨어지는 꿀 방울처럼 떨어집니다. 어떤 사람들은 이렇게 말합니다: "내가 기도할 때, 내 입술에서는 그런 꿀 방울이 떨어지지 않습니다. 종종 나는 어떻게 기도를 해야 할지도 모릅니다. 내가 찬송할 때에는 그 찬송에 나의 마음을 담을 수가 없습니다. 다른 사람들을 가르치려고 할 때에는, 내 자신이 너무나 무지해서 아무것도 모르고 있다고 느낍니다." 이것은 자기 자신에 대한 여러분의 평가입니다. 나는 여러분이 자기 자신에 대하여 그렇게 생각할 정도로 겸손한 것이 기쁩니다. 하지만 여러분에 대한 그리스도의 평가는 다릅니다. 그는 이렇게 말씀하십니다: "이 사람은 자기가 할 수 있는 한 최선을 다해서 말씀을 전하고자 하는구나. 이 사람은 자기가 할 수 있는 한 최선을 다해서 나를 존귀하게 하고자 하는구나." 그리스도께서는 우리가 무엇을 하느냐를 보시는 것이 아니라, 우리가 무엇을 하고자 하는지를 보십니다. 그렇기 때문에, 그는 우리의 입술에서 꿀 방울이 떨어진다고 말씀하시는 것입니다. 이 세상에서 벌집에서 떨어지는 꿀 방울보다 더 달콤한 것이 어디 있겠습니까? 세상은 어떤 것을 가장 달콤한 것이라고 생각하든지, 그리스도에게는 그리스도인들의 입술에서 나오는 말들이 가장 달콤한 것들입니다. 종종 믿는 자들은 함께 앉아서, 예수께서 말씀하신 것들과 그가 이 아랫세상에서 그들을 위해 고난당하신 일들에 대해서 말을 나누는 특권을 지닙니다. 그들은 그의 뛰어난 영광들과 비할 바도 없고 끝도 없는 그의 사랑에 대해서 말합니다. 그들은 저 생명의 선한 말씀이신 그로부터 무엇을 맛보았는지에 대하여 말하고, 그런 말들을 나눌 때에 그들의 마음은 속에서 뜨거워지기 시작합니다. 여러분은 그들이 말을 나누고 있는 그 방에 예수께서 웃음 지으며 계신다는 것을 아십니까? 예수께서는 거기에 계셔서, 속으로 이렇게 말씀하십니다: "이 자리에 있는 것이 좋구나. 내 형제들의 입술에서 꿀 방울들이 떨어지니, 그들이 하는 말들이 내게 달콤하도다." 어떤 때에는 그리스도인들이 자신의 방에서 홀로 몇 마디 더듬거리는 말들과 많은 탄식과 눈물과 신음소리로 하나님과 대화를 나눕니다. 하지만 그들은 예수 그리스도께서 거기에 계셔서, 그들에게 "내 신부야 네 입술에서는 꿀 방울이 떨어지는구나"라고 말씀하신다는 것을 잘 생각하지 못합니다.

그리스도인들이여, 그런데도 여러분은 예수에 대하여 많이 말하고자 하지 않으시겠습니까? 여러분은 예수에 대하여 자주 말하고자 하지 않으시겠습니까? 예수께서 하늘에서 몸을 굽혀 여러분의 말들을 귀 기울여 들으시고, 여러분이 그에게 하는 모든 말들을 너무나 소중히 생각하시는데도, 여러분은 성도들의 덕을 세우는 데에 소용되는 기도와 찬송과 말들에 더욱 끊임없이 여러분의 혀를 드리고자 하지 않으시겠습니까? 우리가 말씀을 전할 때, 사람들이 그 말씀 한 마디 한 마디에 귀를 기울인다면, 말씀을 전하는 일은 정말 달콤한 일입니다. 만일 내가 전하는 말씀에 귀를 기울이지 않는 사람들 앞에서 말씀을 전하여야 한다면, 나는 그런 자리에서는 차라리 말씀을 전하지 않을 것입니다. 하지만 나는 사람들이 하나님의 말씀에 전혀 귀를 기울이지 않는 일은 일어나지 않을 것이라고 생각합니다. 한 번은 플라톤이 한 웅변가의 웅변을 듣고 있었는데, 모든 사람들이 다 떠나고 오직 플라톤만이 남게 되었는데도, 그 웅변가는 혼신의 힘을 다해서 웅변을 계속하더랍니다. 그래서 플라톤이 그 웅변가에게 사람들이 다 떠났는데도 왜 웅변을 계속 하는 것이냐고 묻자, 그는 그 어떤 웅변가에게든 플라톤 한 사람만으로도 충분한 청중이기 때문이라고 대답했다고 합니다. 마찬가지로, 우리가 말씀을 전하거나 기도를 할 때, 온 세상이 다 비난하고 흠을 잡으며 떠나갈지라도, 우리에게는 예수께서 듣고 계시다는 사실만으로 충분합니다. 그가 만족하시고, 우리의 말들이 꿀 방울보다 더 달콤하다고 말씀하신다면, 우리는 우리

의 말들을 중단할 이유가 없고, 지옥의 모든 귀신들이 다 힘을 합쳐 달려든다고
해도 우리의 말들을 중단시키지 못할 것입니다. 그리스도께서 우리의 말들을 소
중히 여기신다면, 온 세상 사람들이 다 우리의 말들을 대적하고 공격한다고 해
도, 우리에게는 온 세상 사람들의 평가보다 그리스도의 평가가 더 소중합니다.
그는 세상 그 누구보다도 더 잘 아시는 분이십니다. 그는 최고의 판단자이십니
다. 왜냐하면, 그는 최종적인 판단을 내리실 분이기 때문입니다. 그렇기 때문에,
그가 우리의 입술에서 꿀 방울들이 떨어진다고 말씀하시는 한, 우리는 계속해서
그에 대하여 말하는 것을 멈추지 않을 것입니다. 어떤 사람들은 이렇게 말합니
다: "그러나 내가 예수 그리스도에 대하여 말하고자 하여도, 무슨 말을 해야 할
지를 알지 못하겠습니다." 여러분이 꿀을 원하는데, 아무도 여러분에게 꿀을 가
져다주지 않는다면, 가장 좋은 방법은 여러분이 시골에 가서 직접 벌을 키우는
것이라고 나는 생각합니다. 그렇지 않습니까? 그리스도인들이 직접 벌을 키운다
면, 그것은 아주 좋은 일이 될 것입니다. 어떤 사람들은 이렇게 말합니다: "나는
우리의 생각들이 벌들이라고 생각합니다. 우리는 늘 선한 생각들을 구해서, 그
런 생각들이 있을 법한 꽃들로 날아가니까요. 우리는 글을 읽거나 묵상이나 기
도를 통해서 벌집으로부터 벌들을 보냅니다." 여러분이 성경을 읽지 않는다면,
여러분에게 벌들이 없을 것이기 때문에, 꿀을 얻지 못할 것은 당연한 일입니다.
그러나 여러분이 성경을 읽고 거기에 나오는 귀한 본문들을 연구한다면, 그것은
벌들이 꽃들 위에 앉아서 달콤한 것들을 빨아먹는 것과 같습니다. 성경이 여러
분이 읽어야 할 가장 주된 책이고, 거기로부터 많은 유익을 얻을 수 있기는 하지
만, 성경 외에도 여러분이 읽어야 할 책들이 많이 있습니다. 이러한 책들을 읽으
면서, 여러분의 생각들은 꽃 위에 앉은 벌들처럼 거기로부터 달콤한 것들을 흡
수할 수 있습니다. 또한, 여러분은 하나님이 우리에게 마련해 주신 은혜의 방편
들에 참석하여야 합니다. 여러분은 설교자들이 전하는 하나님의 말씀을 자주 들
어야 합니다. 하나님의 오른손이 심으신 나무인 목회자가 전하는 말씀을 여러분
이 귀 기울여 듣는다면, 여러분은 자신이 듣는 말씀들 속에서 꽃 위에 앉은 벌들
처럼 달콤한 것들을 흡수하게 될 것이고, 여러분의 입술에서 나오는 말들은 꿀
방울과 같이 될 것입니다. 그러나 그들의 머릿속에 꿀이 한 방울도 없고, 앞으로
도 없을 그런 사람들이 있습니다. 그런 사람들은 자기 자신이 지혜롭다고 여기
기 때문에 결코 배우려고 하지 않는 사람들입니다. 사실, 그런 사람들은 너무나

어리석어서, 결코 다른 사람들을 가르칠 수 없습니다. 어떤 사람들은 자신에게 주어진 시간을 낭비합니다. 나는 우리 교회 교인들이 하나님의 말씀을 많이 읽고 연구한 후에, 성경 말씀을 실제적으로 잘 보여주는 책들을 읽기를 바랍니다. 내가 최근에 조금씩 자주 달콤한 것들을 많이 섭취한 책이 바로 이 아가서입니다. 아가서는 요즈음 내가 사랑하는 책입니다. 조셉 아이언스(Joseph Irons, 1785-1852)가 쓴 "눔바"라는 작지만 감명을 주는 책인데, 이 책은 골로새서 4:5에 나오는 "눔바"라는 인물에 대해서 설명한 책입니다. 여러분이 이 작은 책을 갖고 있다면, 여러분의 벌들을 이 책 위에서 일하게 하십시오. 그렇게 했는데도 여러분이 그 책으로부터 꿀을 얻을 수 없었다면, 내가 뭔가를 단단히 착각한 것이 될 것입니다! 그렇게 해서 얻은 꿀들을 벌들로 하여금 여러분의 심령에 있는 벌집으로 가져오게 하여, 여러분의 벌집에 차곡차곡 꿀을 저장해 두십시오. 이런 식으로 하면, 여러분의 심령은 귀한 것들로 풍요롭게 되어서, 여러분이 말할 때, 성도들은 덕 세움을 받게 될 것이고, 여러분의 기도는 골수와 기름진 것들로 가득하게 될 것이며, 여러분의 찬송은 진하고 깊은 찬송이 될 것입니다. 왜냐하면, 여러분은 여러분의 벌들을 밖으로 내보내서 많은 꿀들을 가져오게 한 까닭에, 여러분의 입술에서는 꿀 방울들이 떨어지게 될 것이기 때문입니다.

4. 넷째로, 그리스도는 자기 백성의 생각을 칭찬합니다.

우리가 다음으로 살펴볼 것은 "네 혀 밑에는 꿀과 젖이 있고"라는 구절입니다. 나는 말씀을 전할 때에, 내 혀 위에만이 아니라 내 혀 아래에도 얼마간의 말들을 계속해서 두는 것이 필수적이라는 것을 압니다. 계속해서 말씀을 전하는 사람의 마음이 작동하는 방식은 흥미롭습니다. 내가 여러분에게 말하고 있는 동안에도, 나는 나의 설교의 끝부분에서 내가 무슨 말을 해야 할지를 생각하는 일이 종종 일어납니다. 내가 아래층이나 복도에 있는 사람들이나 어떤 사람에 대해서 생각하고 있는 동안에도, 나는 여전히 계속해서 내가 여러분에게 전하고 있는 주제에 대하여 온 마음을 다해 말하고 있습니다. 이것은 우리가 계속해서 말씀을 전할 때에 말들을 우리의 혀 위에만이 아니라 우리의 혀 아래에도 두는 것이 습관화되어 있기 때문입니다. 우리는 종종 우리의 혀 아래에 있는 말들을 다 밖으로 내보내지 않아야 한다는 것을 압니다. 나는 나의 혀 아래에 있는 어떤 비유를 입 밖으로 말하려고 하다가도, '이것은 사람들이 듣기에 우스꽝스러운 비유 같으니, 그만두자'고 생각하여, 그 비유를 거두어들이고서, 다른 것으로 바꾸어야 할 때가 비일비재하게 있습니다. 그런 일이 좀 더 드물게 일어난다면, 더 좋겠지만, 나는 그렇게 할 수 없습니다. 어떤 때에는 내 혀 아래에 있는 말들을 통째로 다 밖으로 내보내지 않고 폐기처분하기도 합니다. "네 혀 밑에는 꿀과 젖이 있고."

이것이 이 구절의 유일한 의미는 아닙니다. 그리스도인들은 잠시 후에 해야 할 말들을 미리 준비해 두어야 합니다. 여러분이 아시다시피, 외식하는 자들, 즉 위선자들은 그들의 혀 위에 말들이 있습니다. 그들은 엄중한 말들을 하는 것인데도, 아무 생각 없이 혀를 놀려 말합니다. 그러나 그리스도인들은 하나님의 말씀들이 먼저 자신들의 혀 밑에 있습니다. 그 말씀들은 그들의 마음으로부터 와서 거기에 잠시 머물러 있습니다. 그 말씀들은 그들의 혀끝에서 온 것들이 아닙니다. 그 말씀들은 혀끝에서 생겨난 공허한 빈말들이 아니라, 그들이 알고 있는 것들로서 그들의 심령 깊은 곳에 있다가 혀 밑으로 와 있는 것들입니다. 하지만 이것이 이 구절의 유일한 의미는 아닙니다. "혀 밑에" 있는 것들은 아직 밖으로 표현되지 않은 생각들입니다. 그것들은 아직 혀끝에 이르지 않고, 혀 밑에서 반쯤 형성되어서 밖으로 표출될 준비를 하고 있습니다. 그러나 그것들이 밖으로 나올 수 없기 때문이든지, 아니면 그것들을 표출할 시간이 우리에게 없기 때문이든지, 그것들은 혀 밑에 머물러 있고, 실제로 말로 표현된 것은 아닙니다. 그런데 예수 그리스도께서는 바로 그것들까지도 아주 소중히 여기십니다. 그는 "네 혀 밑에는 꿀과 젖이 있고"라고 말씀하십니다. 그리스도인들의 묵상과 깊은 생각들은 그리스도에게는 달콤하기가 "꿀"과 같고, 자양분이 풍부하기가 "젖"과 같습니다. "꿀"과 "젖"은 하나님께서 가나안 땅에 흘러넘친다고 말씀하신 바로 그 두 가지입니다. 그런데 그리스도인들의 심령에는 하나님께서 자신의 옛 백성에게 주신 가나안 땅처럼 젖과 꿀이 흐릅니다. 어떤 사람들은 이렇게 말합니다: "하지만 나는 내 심령이 그런 곳임을 발견할 수 없습니다. 내가 앉아서 예수를 생각할 때, 나는 예수의 영광들과 그의 탁월한 직임을 생각합니다. 그러나 내 생각들은 너무나 무디고 냉랭하고 쓸데없는 것들이어서, 내게 양식이 되지도 못하고 나를 기쁘게 해주지도 못합니다." 하지만 자기 자신에 대한 여러분의 평가와 여러분에 대한 그리스도의 평가는 다릅니다. 여러분의 생각들은 그리스도께 꿀과 같아서, 그는 그것들을 양식으로 삼으십니다. 여러분은 자신의 생각들을 하찮게 여기고, 또한 그렇게 여기는 것이 합당한 일이지만, 여러분에 대한 예수의 사랑은 너무나 크고, 그의 겸비하심과 긍휼히 여기시는 마음은 너무나 커서, 그는 여러분이 지닌 아주 하찮은 것들을 아주 소중히 여기신다는 것을 기억하십시오. 여러분이 말을 할 수 없고, 여러분의 입에서 말이 나오지 않고, 신음소리조차도 낼 수 없을지라도, 성령께서는 여러분을 위해 대신해서 말을 하고 탄식하시는 까닭에, 예수께서는 그러한 것들을 최고로 귀하고 소중한 것들로 여기서서, "네 혀 밑에는 꿀과 젖이 있고"라고 말씀하십니다.

5. 다섯째로, 그리스도는 자기 백성의 행위들을 칭찬합니다.

오늘의 본문에서는 마지막으로 "네 의복의 향기는 레바논의 향기 같구나"라고 말씀합니다. 레바논의 산자락에서 자라는 향기로운 풀들은 여행자들을 즐겁게 해주었는데, 아마도 오늘의 본문은 백향목의 특별한 향기를 염두에 두고 이렇게 말씀하고 있는 것으로 보입니다. 그리스도인들의 의복은 "전가된 의"라는 옷과 "거룩한 행위"라는 옷, 이렇게 두 가지 옷으로 이루어져 있는데, 본문에서 말하는 것은 두 번째의 옷일 것이라고 나는 생각합니다. 그리스도인들의 의복들은 그들의 일상적인 행위들입니다. 이 의복들은 그들이 어디를 가든 입고 있는 옷들입니다. 그리고 이 의복들은 주 예수에게 아주 감미로운 향기를 풍깁니다. 이 자리에 계신 분들 중에서 하나님의 자녀가 아닌 분들에게서는 레바논의 백향목의 향기가 아니라 애굽의 마늘 냄새가 납니다. 어떤 신앙인들은 레바논의 향기가 아닌 다른 냄새를 풍기는데, 그런 분들이 아마도 이 자리에도 있을 것입니다. 자신의 신앙 고백에 합당한 삶을 살지 않는 사람들은 주의하십시오. 그런 사람들은 자기가 신앙인이 아니라는 서글픈 증거들을 자신 속에 갖고 있습니다. 여러분이 죄 가운데 살아감으로써 그리스도의 거룩한 복음을 욕되게 하고 있다면, 두려워 떠십시오. 왜냐하면, 그가 다시 오셔서 두려운 심판을 행하실 때, 그는 여러분에게 "저주를 받은 자들아 나를 떠나 마귀와 그 사자들을 위하여 예비된 영원한 불에 들어가라"(마 25:41)고 호통을 치실 것이기 때문입니다. 그러나 여러분이 겸손히 그리스도를 사랑하는 자들이고, 일편단심으로 그만을 진정으로 사모하는 자들이라면, 그리스도께서는 여러분의 매일매일의 행위들을 지켜보실 때, 그 행위들의 향기가 그에게 "레바논의 향기"처럼 달콤할 것입니다. 예수께서 마지막 날에 여러분을 만나서, 여러분에게 "내가 너의 행위들을 기뻐하노라"고 말씀하신다면, 여러분은 어떠시겠습니까? 그때에 여러분이 "주여, 내가 주를 위해 한 것이 아무것도 없습니다"라고 대답할 것임을 나는 압니다. 아마도 여러분은 마지막 날에 저 의인들처럼 "주여 우리가 어느 때에 주께서 주리신 것을 보고 음식을 대접하였으며 목마르신 것을 보고 마시게 하였나이까 어느 때에 나그네 되신 것을 보고 영접하였으며 헐벗으신 것을 보고 옷 입혔나이까 어느 때에 병드신 것이나 옥에 갇히신 것을 보고 가서 뵈었나이까"(마 25:37-39)라고 말하며, 여러분이 그 어떤 선한 일을 했다는 사실 자체를 부인할 것입니다. 그러나 그리스도께서는 이렇게 말씀하실 것입니다: "네가 무화과나무 아래에 있을 때, 내가 너를 보았노라. 네가 침상머리에서 기도할 때, 내가 너의 기도 소리를 들었노라. 시험하는 자가 네게 왔을 때, 네가 '사탄아, 썩 물러가라'고 말한 것을 내가 보았노라. 나는 네가 나의 가련한 병든 자녀 중 한 사람을 구제하는 것을 보았노라. 나는 네가 어린아이에게 선한 말을 해주고 예수의 이름을 가르치는 것을 들었노라. 나는 네가 하나님을 욕하는 소리들로 너의 귀를 더럽혔을 때에 탄식하며 신음하는 소리를 들었노라. 나는 네가 이 큰 도시의 죄악을 보고서 탄식하는 소리를 들었노라. 나는 너의 손이 바쁘게 움직이던 곳에 있어서, 네가 사람을 기쁘게 하고 눈 가리고 아웅 하는 그런 종이 아니라, 너의 일상의 일들 속에서 한 마음으로 나를 섬기는 것을 보았노라. 나는 한 날이 끝났을 때, 네가 네 자신을 또다시 하나님께 드리는 것을 보았노라. 나는 네가 지은 죄들에 대하여 애통해하는 것을 보아 왔노라. 내가 네게 말하노니, 나는 너를 기뻐하노라. '네 의복의 향기는 레바논의 향기 같구나.'"

여러분은 "그러나 주님, 나는 화를 내기도 했고, 교만했습니다"라고 말하고, 그리스도께서는 이렇게 말씀하십니다: "내가 나의 피로 그런 것들을 다 덮어 주고 지워 주었고, 그런 것들을 깊은 바다 속으로 던져 버렸노라. 그래서 나는 네 속에서 그 어떤 죄악도 볼 수 없노라. 내 사랑아, 너는 지극히 아름답고, 네게는 그 어떤 흠도 없노라." 그랬을 때, 여러분은 어떻게 하시겠습니까? 여러분은 그 자리에서 즉시 그리스도 앞에 엎드려 이렇게 말하지 않겠습니까? "주여, 나는 그런 사랑이 있다는 것을 지금까지 알지 못하였습니다. 나는 사랑이 허다한 죄들을 덮는다는 말을 들어왔지만, 나의 모든 죄를 덮어 줄 만큼 그렇게 큰 사랑에 대해서는 알지 못하는데, 주께서 내게서 아무런 죄도 볼 수 없다고 하시니, 그것이 바로 그런 사랑이군요!" 그런 사랑은 우리의 마음을 녹여서, 그리스도께서 근심하지 않으시도록 거룩한 삶을 추구하게 만들 것이고, 그리스도를 욕되게 하지 않기 위해서 그를 섬기는 일에서 부지런하고 애써 수고하게 만들 것입니다.

여러분은 목회자들이 말씀을 전하거나 목회사역을 하러 돌아다니는 것을 보면, 그리스도께서 그런 목회자들을 아주 기뻐하실 것이라고 생각할 것입니다. 마리아는 이렇게 말합니다: "아, 나는 정말 보잘것없는 하녀에 불과해. 나는 아침에 일찍 일어나 불을 지펴서 아침 식사를 준비하고, 거실 청소를 하고, 또다시 저녁 식사를 준비하고, 설거지 하고 빨래하고, 이렇게 하루 종일 집안일을 하는 것이 내가 해야 하는 일의 전부이니, 그리스도께서 이런 나를 기뻐하실 리가 없지." 마리아여, 내가 설교들을 준비하고 행하는 일로 그리스도를 섬길 수 있듯이, 당신도 집안일들을 행함으로써 그리스도를 섬길 수 있습니다. 교회에서 목회를 하는 내가 그리스도의 참된 종이듯이, 집안일을 하는 당신도 똑같이 그리스도의 참된 종일 수 있습니다. 당신이 그리스도를 섬길 수 없다는 생각은 한순간이라도 하지 마십시오. 우리의 신앙은 일상생활에서 드러나는 신앙이어야 합니다. 우리의 신앙은 강단과 성경을 위한 신앙일 뿐만 아니라, 거실과 부엌, 회전식 타월과 밀대를 위한 신앙이기도 합니다. 즉, 우리의 신앙은 우리가 어디를 가든지 우리에게 붙어 다니는 그런 신앙이어야 합니다. 삶 속에서의 일상적이고 평범한 행위들 속에서 그리스도를 영화롭게 해드릴 수 있는 일들이 있습니다. "사환들아 범사에 두려워함으로 주인들에게 순종하되 선하고 관용하는 자들에게만 아니라 또한 까다로운 자들에게도 그리하라"(벧전 2:18). 장사하는 사람들이여, 여러분은 옷감을 재단하거나 설탕의 무게를 달거나, 어떤 물건들을 팔거나 사는 일들 속에서 그리스도를 섬길 수는 없을 것이라고 생각하지 마십시오. 건축자들은 벽돌들을 쌓는 일을 통해서 그리스도를 섬길 수 있습니다. 여러분이 어떤 일로 부르심을 받았든, 그 일을 사람에게 하듯 하지 않고 주께 하듯 하기만 한다면, 여러분은 그 일을 통해서 그리스도를 섬길 수 있습니다.

제이(Jay) 목사님이 한 번은 구두 닦는 사람이 그리스도인이 된다면, 그는 구두를 닦는 일을 통해서 그리스도를 섬길 수 있다고 말씀하신 것이 기억납니다. 그가 그리스도를 섬기려면, 그는 그 지역에 있는 그 어떤 구두닦이보다도 더 잘 구두를 닦아야 합니다. 그러면, 사람들은 이렇게 말하게 될 것입니다: "이 구두닦이는 그리스도인이라더니, 참 양심적이네. 그는 절대로 구두를 대충 닦는 법이 없고, 늘 철저하고 완벽하게 구두를 닦아 주거든." 여러분도 그래야 합니다. 여러분은 자신이 파는 모든 물건이나 자신이 행하는 모든 일에 대해서 이렇게 말할 수 있어야 합니다: "내가 파는 이 물건은 그 누구도 따라올 수 없을 정도로 최고의 것이야. 그러니 이 물건을 산 사람은 자기가 지불한 돈을 전혀 아까워할 수 없어. 그 사람은 내게 속여먹었다거나 바가지를 씌웠다고 결코 말할 수 없어. 장사하는 사람들은 고객들을 속여먹는 경우가 많지만, 나는 그런 속임수와는 거리가 멀지. 많은 사람들이 적당히 속여서 물건을 팔고 장사를 해서 빨리 돈을 벌지만, 나는 그렇게 하지 않을 거야. 내가 그렇게 해서 부자가 되느니, 차라리 가난하면서 정직하게 사는 쪽을 택할 거야." 여러분이 그렇게 했을 때, 세상 사람들은 이렇게 말할 것입니다: "저 가게가 바로 설교야. 저 가게 주인은 자신의 물건을 팔기 위해서 거짓말 하는 것을 우리가 절대로 볼 수 없거든. 저기에 설교가 있어." 지나가는 사람들은 서로 이렇게 말할 것입니다: "저 가게 주인은 경건한 사람이야. 그는 다른 상인들과는 달리 양심을 속이는 법이 없어. 자네가 저 가게에 가면, 잘 대접을 받게 될 것이고, 저 가게에서 나올 때에는, 거기에서 돈을 쓴 것이 전혀 아깝지 않다고 느끼면서, 그리스도인 주인을 만나서 행운이라고 말하게 될 거야." 이렇게 내가 이 강단에서 설교하는 것처럼, 여러분은 각자의 가게에서 좋은 설교자들이 될 수 있다는 것을 믿으십시오. 이런 식으로 그리스도를 섬기는 길이 있다는 것을 믿으십시오. 주 예수께서는 여러분의 일상생활의 모든 행위들을 하늘에서 굽어보시고, "네 의복의 향기는 레바논의 향기 같구나"라고 말씀하신다는 사실은 여러분에게 위로가 되고 여러분을 기쁘게 해줍니다. 나는 여러분이 예수 그리스도께서 그런 하찮은 일들까지 다 눈여겨보신다는 사실을 잘 믿을 수 없으리라는 것을 알지만, 실제로 그리스도께서는 그렇게 하십니다. 여러분은 "그런 일들은 너무나 하찮은 일들이잖아요"라고 말할 것이지만, 천사의 날개를 타고 다니시는 하나님께서 참새 한 마리의 일까지도 다 아시고, "너희에게는 심지어 머리털까지도 다 세신 바 되었다"(눅 12:7)는 것을 여러분도 아시지 않습니까? 하나님께서는 회오리바람을 타고 다니시고 번개를 일으키시는 분이시지만, 키를 까불 때에 날리는 겨들과 저녁의 산들바람에 날리는 먼지 한 톨까지도 다 주관하시는 분이십니다. 여러분의 눈에 하찮아 보인다고 해서 어떤 일을 하찮다고 생각하지 마십시오. 하나님께서는 저 강력한 천체들이 우주를 운행하는 것을 주관하시지만, 여러분이 매일매일 행하는 하찮아 보이는 작은 일들도 다 지켜보고 계십니다. 여러분이 하나님의 백성에게 준 저 작은 냉수 한 그릇, 여러분이 교회를 위하여 행한 저 작은 섬김의 일, 여러분이 하나님을 영화롭게 해드리기 위하여 행한 저 작은 자기부인, 여러분이 양심에 거리낌을 느껴서 자신이 세상 사람들처럼 행하는 것을 용납하지 않은 것 ― 이 모든 것들을 하나님께서는 지켜보고 계시다가, "네 의복의 향기는 레바논의 향기 같구나"라고 말씀하십니다.

이제 말씀을 맺고자 합니다. 우리는 이것에 대해서 무엇이라고 말할 것입니까? 나는 얼마 전에 신문에서 나를 대단히 칭찬하는 기사를 읽은 적이 있습니다. 여러분도 아시다시피, 그런 기사는 나를 너무나 슬프게 만들어서, 나는 제발 나를 칭찬하는 것을 보지 않았으면 좋겠다고 탄식합니다. 그런 칭찬은 내 마음을 아프게 합니다. 나는 내가 칭찬 받을 자격이 없다고 느낍니다. 그래서 나는 속으로 이렇게 말합니다: '내가 칭찬을 받을 자격이 있도록 하기 위해서 더욱더 애쓰고 나아져야 하겠구나.' 세상이 나를 욕한다면, 나는 욕을 먹어 마땅한 자이기 때문에, 도리어 그것이 내게는 더 좋습니다. 세상이 모든 기관총들을 다 동원해서 나를 향하여 쏜다고 할지라도, 나는 단 한 발도 응사하지 않을 것입니다. 도리어, 그것들을 다 내 안에서 소화해서, 나를 더 풍요롭게 하는 데 사용할 것입니다. 그래서 누가 나를 아무리 욕을 해도, 그런 것들은 내가 다 참아낼 수 있습니다. 그러나 어떤 사람이 나를 칭찬한다면, 그것은 내가 엉터리로 형편없는 짓을 했다는 것을 보여주는 것입니다. 나는 그런 칭찬을 받을 자격이 없는데, 그 사람이 나를 칭찬한다면, 나는 서글플 수밖에 없고, 내 마음은 무너져 내립니다. 그러므로 나는 속으로 이렇게 다짐합니다: '내가 칭찬을 받을 자격이 있도록 더욱 열심히 일하자. 말씀을 더 잘 전하자. 주님을 섬기는 일에서 더 큰 열심으로 더 부지런히 행하자.' 오늘의 본문은 여러분에게 그런 동일한 효과를 만들어 내고 있지 않습니까? 주께서 여러분에게 오셔서, "너는 겸손하지도 않고 기도도 제대로 하지 않고 믿음도 별로구나"라고 말씀하신다면, 여러분은 "나는 그런 채찍 같은 책망 따위에는 신경 쓰지 않습니다"라고 말할 것입니다. 그러나 주께서 오셔서 여러분을 칭찬하시면서, "네 입술에서는 꿀 방울이 떨어지고," 여러분의 모든 행위들에서는 "기름의 향기"가 나고, 여러분의 사랑은 "포도주보다 진하고" 더 나으며, 여러분의 혀 밑에 있는 생각들은 "꿀과 젖"보다 더 낫다고 말씀하신다면, 여러분은 무엇이라고 말하겠습니까? "주여, 주께는 틀림이라는 것이 없사오니, 나는 주께서 착각하고 계시는 것이라고 감히 말할 수는 없습니다. 그러나 내가 감히 주께서 착각하고 계시는 것이라고 말씀드릴 수 있다면, 나에 대해서 주께서 그렇게 말씀하시는 것이야말로 착각하시는 것이라고 감히 말하겠습니다. 그러나 주여, 나는 주께서 착각하시는 것이라고 생각할 수 없습니다. 주의 말씀은 참일 수밖에 없으니까요. 하지만 주님, 나는 그런 칭찬을 들을 자격이 없습니다. 나는 내가 주께서 말씀하시는 그런 자가 아니라는 것을 너무나 잘 알고 있기 때문에, 그런 칭찬을 받을 자격이 없습니다. 하지만 주께서 나를 도와 주신다면, 나는 주께서 칭찬하시는 그런 모습에 조금이라도 더 가까이 다가가기 위해서 혼신의 힘을 다하겠습니다. 나는 주께서 내게 해주신 그 과분한 칭찬에 걸맞은 삶을 살기 위해 애를 쓰겠습니다. 주께서 '네 사랑은 포도주보다 더 진하고'라고 말씀하시니, 주여, 나는 내 사랑이 포도주보다 더 진하게 될 수 있도록 주를 더욱더 사랑하려고 애쓰겠습니다. 주께서 나의 미덕들이 "기름의 향기"와 같다고 말씀하시니, 나는 나의 미덕들을 더욱 많아지게 하여서, 많은 큰 단지들을 그 미덕들로 채우고자 애쓰겠습니다. 주여, 나의 말들이 꿀 방울들과 같다고 하시니, 나는 나의 말들이 더욱더 꿀과 같게 하여서, 주께서 나의 말들을 더 달콤한 꿀로 생각하시도록 애쓰겠습니다. 주께서 내 혀 밑에 있는 생각들이 꿀과 젖 같다고 하시니, 주여, 나의 생각들이 더욱 경건하고 거룩한 것들이 되도록 애쓰겠습니다. 주여, 나의 매일매일의 행위들이 주께 '레바논의 향기' 같다고 하시니, 나는 내 삶을 더욱 거룩하게 하여서, 주께 더 가까이 나아가는 삶을 살도록 애쓰겠습니다. 나는 나의 행위들이 주께서 말씀하신 그런 행위들이 될 수 있도록 더욱 은혜를 구하겠습니다."

이 자리에 계신 분들 중에서 하나님을 사랑하지 않는 분들을 위해서는 내가 울 수밖에 없습니다. 왜냐하면, 그런 분들은 오늘의 본문과는 아무 상관이 없는 분들이기 때문입니다. 여러분이 하나님의 이와 같은 칭찬에서 배제되어 있다는 것은 정말 끔찍한 일입니다. 그리스도께서 여러분도 이러한 칭찬을 받을 수 있는 자들이 되게 해주시기를 빕니다. 그러기 위해서는, 여러분은 먼저 자기 자신이 아무것도 아니라는 것을 알아야 합니다. 그래야만, 여러분은 그리스도가 모든 것이라는 것을 알게 되고, 그런 후에야 오늘의 본문을 깨닫게 될 것이고, 본문의 말씀들이 비로소 여러분에게 말을 걸게 될 것입니다.

제
8
장
—

주님은 자기 교회와 백성을 어떻게 보시는가

—

"내 누이, 내 신부는 잠근 동산이요 덮은 우물이요
봉한 샘이로구나." — 아 4:12

우리는 이 거룩한 사랑 노래를 주 예수 그리스도와 그의 교회가 나눈 친밀한 교제를 노래한 것이라고 이해합니다. 그리스도는 신랑이고, 교회는 신부입니다. 어떤 이들은 이 노래가 예루살렘에 대한 솔로몬의 사랑을 비유적으로 노래한 것이라고 생각하지만, 신령한 마음을 지닌 사람들의 눈에는 그러한 모형은 희미하게 보일 뿐이고, 그 원형인 그리스도와 교회의 사랑이 이 노래 속에서 해처럼 밝게 빛납니다.

오늘의 설교를 시작하기 전에, 교회가 어떤 존재인지를 모르는 분들을 위해서 먼저 거기에 대해서 말씀을 드릴 필요가 있을 것 같습니다. 교회는 믿는 자들의 무리, 즉 주 예수를 믿는 자들의 회중, 성령께서 그리스도를 믿는 믿음을 그 안에 주신 사람들의 회중이고, 교회를 구성하는 회중에 속했는지를 보여주는 확실한 증표는 믿음입니다. 예수 그리스도의 하나의 교회는 모든 시대의 모든 믿는 자들로 구성되어 있습니다. 개교회가 믿는 자들로 구성되어 있는 것과 마찬가지로, 그리스도의 하나의 교회도 모든 땅에 있는 모든 믿음의 교회들, 모든 시대에 있어서의 모든 믿는 자들로 구성되어 있습니다.

창세 전에 하나님의 계획 속에서 교회는 하나였습니다. 영원하신 아버지 하나님께서는 자신을 위하여 한 백성을 택하셨고, 그들을 자기 아들에게 넘기셔서, 영원무궁토록 그 아들의 분깃이 되게 하셨습니다. 이것이 성경에서 말하는 교회입니다: "그리스도께서 교회를 사랑하시고 그 교회를 위하여 자신을 주심 같이 하라"(엡 5:25). 이것이 "하나님이 자기 피로 사신 교회"(행 20:28)입니다. 이것이 "사랑하시는 자"가 자기 백성들을 자기에게로 이끄셔서 영원히 자기와 함께 있게 하시기 위하여 이 땅에 오실 때에 벌어지게 될 혼인 잔치에 참여하게 될 교회입니다. 오늘 우리가 교회에 대하여 말하게 될 모든 것들, 즉 우리가 교회의 유업으로 다루게 될 모든 것들은, 그것이 교리적인 것이든, 경험적인 것이든, 실천적인 것이든, 각각의 믿는 자에게도 그대로 적용됩니다. 따라서 각각의 성도들은 누구나 "이 말씀은 내게 하는 말씀이로구나"라고 말할 수 있습니다. 속량받은 권속에 속한 말씀들은 그 권속의 각각의 지체에게도 그대로 해당되는 말씀들입니다. 빛에 대하여 하는 말씀들은 각각의 빛줄기에도 그대로 해당됩니다. 물에 대하여 하는 말씀들은 각각의 물방울에도 그대로 해당됩니다. 마찬가지로, 교회 전체에 대하여 하는 말씀들은 저 신비의 몸에 속한 각각의 지체들에게도 그대로 해당됩니다.

주 예수의 사랑은 그의 몸인 교회에 대한 것인 동시에, 그 몸의 지체인 각각의 믿는 자에 대한 것입니다. 교회 전체에 대하여 해당되는 것은 교회를 구성하는 지체들에게도 그대로 해당됩니다. 주님이 한 무리를 잔치에 초대하셨다면, 그것은 실질적으로는 그 무리에 속한 각각의 구성원을 잔치에 초대하신 것입니다. 예수께서는 자기 백성 전체를 사랑하시는 바로 그 동일한 사랑으로 자기 백성 한 사람 한 사람을 사랑하십니다. 그렇기 때문에, 나의 형제들이여, 만일 여러분이 그리스도의 사랑하시는 자들이고, 이 세상에 태어난 유일한 사람들이어서, 그의 모든 사랑을 여러분이 독차지하고 있다고 할지라도, 그런 경우에 여러분이 그로부터 받는 사랑은 지금 여러분이 받고 있는 사랑보다 결코 더하지 않을 것입니다. 예수께서는 자신의 사랑을 많은 사람들에게 흩뿌려 주시지만, 사람들은 결코 동일한 분량의 사랑을 조금씩 나누어 갖는 것이 아닙니다. 예수께서는 모든 사람들에게 자신의 온전한 사랑을 주십니다. 그는 마치 한 사람을 속량하시기 위하여 자기 목숨을 내어주시는 것처럼, 그렇게 각 사람을 자신의 목숨을 드려 사랑하십니다. 우리가 예수께서 우리에게 하신 사랑의 말씀들을 마치 전적으

로 우리만을 위한 것인 것처럼 여겨서, 예수의 모든 사랑을 누린다고 해도, 그것
은 결코 주제넘고 뻔뻔스러운 것이 아닙니다. 아가서에 나오는 신랑은 우리에게
지극히 큰 믿음으로 담대하게 누리라고 초대합니다. "나의 친구들아 먹으라 나
의 사랑하는 사람들아 많이 마시라"(아 5:1).

나는 여러분에게 오늘의 본문이 주는 네 가지 가르침을 가능한 한 짧게 온
힘을 다해 전하고자 합니다. 은혜의 성령이시여, 이 자리에 오셔서, 오늘의 본문
이 우리에게 주는 저 달콤함으로 우리를 이끌어 주소서.

1. 첫째로, 그리스도와 교회는 지극히 가깝고 친밀한 사이입니다.

오늘의 본문에서 그리스도께서는 교회를 "내 누이, 내 신부"라고 부릅니다.
마치 한 단어로는 둘 사이의 가깝고 친밀한 관계를 표현할 수 없다는 듯이, 그는
두 단어를 겹쳐서 사용하십니다. "내 누이"라는 단어는 한 근본에서 나서 동일한
본성을 지닌 사이를 의미하고, "내 신부"는 사랑의 거룩한 끈으로 서로 하나가
되어서 결코 끊어질 수 없는 사이를 의미합니다. 태생적으로 하나이기 때문에
"내 누이"이고, 선택했다는 의미에서 "내 신부"이며, 친밀한 교제 가운데 있기 때
문에 "내 누이"이고, 서로 절대적으로 하나가 되었기 때문에 "내 신부"입니다. 나
는 구주를 사랑하시는 여러분이 이 두 단어 속에 함축되어 있는 그리스도와 교
회의 친밀하고 가까운 관계를 온전히 깨닫게 되시기를 바랍니다. 그리스도는 자
신의 모든 백성들에게 지극히 친밀하고 가까운 분이십니다.

그러나 우리는 먼저 그리스도가 어떤 분이신지를 깨닫고자 하여야 합니다. 나는
지금 여기에서 어떤 교리나, 희미한 과거 속으로 사라져 버린 단순한 역사적 사
실을 여러분에게 말하고자 하는 것이 아니라, 그리스도가 정말 어떤 분이신지를
생생하게 말씀드리고자 하는 것입니다. 예수 그리스도는 지금도 여전히 존재하
십니다. 그는 사람이자 하나님이라는 온전한 본성을 지니신 가운데 지금도 여전
히 존재하십니다. 그는 지금 이 순간 하나님의 오른편에 계시고, 비록 유형적으
로는 이 곳에 계실 수 없지만, 유형적인 것보다 더욱더 현실적인 영적인 임재를
통해서 모든 곳에 계십니다. 예수께서는 더 이상 계시지 않는다고 생각하지 마
십시오. 그가 예루살렘에 계셨을 때에 12제자와 함께 식탁에 둘러앉아 최후의
만찬을 하셨던 것과 똑같이, 지금도 여전히 진정으로 존재하시고, 진정으로 여
기에 계신다는 것을 믿으십시오. 예수는 진정한 사람이시고 진정한 그리스도이

십니다. 이것을 기억하십시오.

또한, 더 나아가 우리가 반드시 깨달아야 할 하나님의 진리는 예수는 우리와 같은 인간의 본성을 입으셨기 때문에 자신의 교회를 "내 누이"라고 부르시는 것은 합당하다는 것입니다. 그는 성육신을 통해서 진정으로 사람이 되셨기 때문에, 우리를 자신의 형제들이라고 부르는 것을 부끄러워하지 않으십니다. 우리가 실제로 그의 형제들이기 때문에, 그는 우리를 그렇게 부르시는 것입니다. 그는 하나님이었다가 인간이 된 것도 아니고, 인간이었다가 신이 된 것도 아닙니다. 그는 온전히 하나님이심과 동시에 온전히 사람이십니다. 그는 우리와 같은 인간이시기 때문에 우리의 장점들만이 아니라 우리의 연약함들까지도 지니고 계셨고, 모든 점에서 우리와 똑같으시기 때문에 모든 점에서 우리와 똑같이 시험을 받으셨지만, 죄가 없으십니다. 그는 이 땅에 계셨을 때에 분명히 사람이셨고 의심할 여지 없이 사람이셨습니다. 지금 그는 이 땅에 계신 동안에 자신이 겪은 모든 일을 다 기억하고 계시기 때문에, 바로 지금 이 순간에도 우리에게 공감하셔서 함께 아파하시고 고통하십니다. 그가 계시는 곳은 달라졌지만, 그의 마음은 달라지지 않았습니다. 지금 영광 중에 계시는 그는 이전에 낮아지셔서 이 땅에 계셨던 그와 동일한 분입니다.

지금까지 존재한 사람들 중에서 예수 그리스도만큼 온전히 인간인 사람은 아무도 없었습니다. 여러분이 어떤 사람에 대해서 말할 때, 여러분은 그 사람의 인간됨을 어느 정도 한정할 수밖에 없습니다. 여러분은 밀턴(Milton)을 한 인간이 아니라 시인이자 영국인으로 생각합니다. 여러분은 크롬웰(Cromwell)을 한 인간이 아니라 군인으로 생각합니다. 여러분은 어떤 사람을 생각할 때에 그의 인간됨보다는 그의 직책, 그가 한 일들, 그의 국적, 그의 성품 등을 생각합니다. 그러나 예수는 자신의 모든 행위와 말들 속에서 전형적인 인간이 무엇인지를 보여준 "사람"이었고, 지금도 여전히 사람입니다. 그는 가장 순수하고 진정한 모습의 온전한 사람입니다. 둘째 아담은 다른 무엇보다도 사람입니다!

모든 사람은 혈통에 의해서 서로 닮아 있기 때문에, 우리는 예수도 우리와 희미하게 닮은 무수한 사람들 중 하나라고 생각해서는 안 됩니다. 예수는 우리 각 사람과 아주 가깝습니다. 그는 자신의 믿는 백성들 한 사람 한 사람을 그의 손으로 잡으시고는, "내 형제, 내 누이"라고 말씀하십니다. 오늘의 본문에서 그는 교회 전체를 "내 누이"라고 부릅니다. 이것은 한 근원에서 나온 형제라는 의미입니다.

형제들이 진정으로 형제다울 때, 형제들 간의 사랑은 지극히 강하고 사심이 없으며 대단합니다. 어려울 때를 위해 있는 것이 형제입니다. 진정한 형제는 여러분이 어려울 때에 의지할 수 있는 사람입니다. 몸은 둘이지만 마음은 하나일 때, 그것은 참된 형제애의 실현입니다. 우리를 속량하신 주님과 믿는 자들인 우리 각 사람의 관계가 그런 것입니다. 그는 여러분의 형제입니다. "그 사람은 우리와" 가장 "가까운" 혈육이고, "우리 기업을 무를 자"입니다(룻 2:20). 그러므로 여러분은 "내가 알기에는 나의 대속자," 곧 내 기업을 무를 자가 "살아 계시니 마침내 그가 땅 위에 서실 것이라" 벌레들이 이 육신을 다 먹어치우고 "내 가죽이 벗김을 당한 뒤에도 내가 육체 밖에서 하나님을 보리라"(욥 19:25-26)고 말하는 기쁨을 누릴 수 있습니다. 인자와의 이러한 혈연관계를 알기 때문에, 저 성소의 시인처럼 다음과 같이 당당하게 노래할 수 있는 사람은 복 있는 사람입니다:

> "우리 기업을 무르실 자시요 우리의 하나님이신 예수께서
> 엄위하심과 피로 옷 입으셨네.
> 주는 우리의 생명이시라.
> 우리 영혼이 주 안에서 온전한 복을 누리네."

우리가 이미 보았듯이, 오늘의 본문에 나오는 첫 번째 단어인 "내 누이"는 본성적인 관계를 함축하고 있는 반면에, 두 번째 단어인 "내 신부"는 "내 누이"보다 어떤 점들에서 더 가깝고 친밀한 관계를 보여줍니다. 이 관계는 선택에 의해서 이루어진 관계이지만, 일단 선택한 후에는 결코 취소할 수 없는 영원한 관계가 됩니다. 이 관계는 신부가 자신의 이름과 정체성을 버리고, 좀 더 높은 수준에서 자기가 연합되는 이의 더 큰 인격으로 녹아들어서 하나가 되는 관계입니다. 우리가 진정으로 그리스도의 백성이라면, 우리와 그리스도의 하나됨은 그런 것이고, 이 관계는 혼인에 의한 하나됨으로 가장 잘 표현될 수 있습니다. 그리스도께서는 우리를 너무나 사랑하셔서, 그 사랑으로 우리를 녹이셔서 자기와 하나가 되게 하십니다. 이렇게 해서, 우리는 "여호와는 우리의 의라는 이름을 얻게"(렘 33:16) 되고, 우리의 이름을 기꺼이 버리게 됩니다. 우리 주 예수께 속한 저 놀라운 이름, 그의 지극히 엄위하신 이름들 중의 하나가 그의 교회의 이름으로 사용됩니다. 이제 주 예수 그리스도의 이름은 교회에 두어져 있기 때문에, 교회는 기도 가

운데서 하늘의 은혜의 보좌로 가까이 나아갈 때마다 주 예수 그리스도의 이름을 사용할 수 있습니다. 교회가 하늘의 하나님께 기도할 때마다 "주 예수 그리스도의 이름으로 기도한다"고 했을 때, 그것은 큰 힘을 발휘합니다. 교회는 "모든 이름 위에 뛰어난 이름"(빌 2:9), 그 이름 앞에서 천사들도 무릎을 꿇는 바로 그 이름으로 기도하는 것입니다.

신랑은 자신의 교회를 "내 누이, 내 신부"라고 부릅니다. 자, 이제 구주를 의지하는 법을 배우고서 자신의 마음을 새롭게 함을 받은 여러분이여, 여러분은 구주께 얼마나 가깝고 사랑스러운 존재인지를 보십시오. 그가 여러분에게 "내 누이, 내 신부"라고 말씀하시면, 여러분은 그에게 "내 형제, 내 남편"이라고 대답하십시오. 그는 여러분에게 결코 낯선 이가 아니기 때문에, 그를 차갑게 대하지 마십시오. 그를 여러분이 감히 다가갈 수 없는 어떤 큰 자라고 생각하지 마십시오. "그 날에 네가 나를 내 남편이라 일컫고 다시는 내 바알이라 일컫지 아니하리라 내가 바알들의 이름을 그의 입에서 제거하여 다시는 그의 이름을 기억하여 부르는 일이 없게 하리라"(호 2:16-17)고 하신 저 놀라운 본문을 기억해 두십시오. 우리는 이제 그를 우리의 무서운 상전으로 느끼지 않습니다. 그는 주인이시고 상전이시지만, 우리를 향하신 사랑이 너무나 놀라운 사랑이기 때문에, 우리는 그를 즐거워하고 기뻐합니다. "그가 너희의 주이시니 그를 섬기라"는 말씀이 우리에게 달콤한 음악처럼 들리고, 그의 명령들도 무겁게 느껴지지 않습니다. 그의 멍에는 쉽고, 그가 지워 주는 짐은 가볍습니다. 우리가 그 앞에 경배하는 이유는 종처럼 두려워서가 아니라, 우리가 그를 사랑하고 기뻐하기 때문입니다. 우리는 그의 통치와 다스리심을 기뻐합니다. 온전한 사랑이 두려움을 내쫓습니다. 우리는 오누이나 부부처럼 그와의 기쁜 교제 속에서 살아갑니다. 여러분과 혼인한 이 앞에서 서먹서먹해하지도 마시고, 경직되지도 마시고, 냉랭하게 대하지도 마십시오. 그 산을 둘러 경계를 치지 마십시오. 왜냐하면, 그 산은 시내산이 아니기 때문입니다. 시온 산에는 경계가 없습니다. 그 앞에서 휘장도 치지 마십시오. 왜냐하면, 그가 이미 휘장을 찢으셨기 때문입니다. 마치 그가 여러분에게서 너무나 멀리 떨어져 계신 분인 것처럼 생각하지 마십시오. 왜냐하면, 그는 여러분과 아주 가까우셔서, 여러분을 자기에게로 받아들이셔서 영원히 하나가 되셨기 때문입니다.

"내가 예수를 뵈올 때, 너무나 놀라서 혼이 나갈 수밖에 없습니다.
나를 향하신 주의 끝없는 사랑 때문입니다!
나는 천사들과 함께 주의 은혜를 찬양하고
주를 더욱 사랑하고 찬송하기를 사모합니다.
주께서 나를 주의 신부로 취하실 것이오니,
구주여, 나를 늘 주의 곁에 두소서.
내가 기꺼이 나의 온 마음을 주께 드리고,
내 주를 결코 떠나지 않겠습니다."

　나는 이 주제에 대하여 어떻게 말씀을 전해야 할지를 모르겠습니다. 누구인들 그렇게 할 수 있겠습니까? 이것이 믿는 자들과 믿지 않는 자들이 함께 앉아 있는 자리에서 전해야 할 주제입니까? 설령 그렇다고 하더라도, 누가 이 주제를 놓고서 그런 청중들을 다 아우르는 말씀을 전할 수 있겠습니까? 믿는 자들이여, 나는 여러분이 그 자리에 조용히 앉아서 묵상하는 가운데, 거룩한 생각이 여러분을 사로잡고, 이 놀랍고 경이로운 주제가 여러분의 심령 속에서 촉촉이 스며들 수 있게 하시기를 바랍니다. 여러분이 진정으로 믿는 자들이고, 거듭난 자들이며, 자신의 구원을 위하여 진정으로 오직 그리스도만을 바라보고 있다면, 그는 이미 여러분을 자신과의 지극히 친밀한 관계 속으로 이끌어 오신 것입니다. 그는 이미 여러분의 본성에 참여하셨고, 여러분으로 하여금 자신의 본성에 참여하는 자가 되게 하신 것입니다. 그리스도께서는 무수히 이렇게 말씀하십니다: "내가 네게 장가 들어 영원히 살되 공의와 정의와 은총과 긍휼히 여김으로 네게 장가 들며 진실함으로 네게 장가 들리니 네가 여호와를 알리라"(호 2:19-20). 여러분이 이 말씀의 의미를 제대로 깨달을 수 있다면, 여러분의 심령은 너무나 기뻐서 춤추지 않을 수 없게 될 것입니다. 사람의 심령에 이 말씀보다 더 큰 기쁨을 가져다줄 수 있는 것은 없습니다. 사람의 마음에 예수와 하나가 되어 영원한 연합을 이루게 되었다는 생각보다 더 큰 기쁨을 가져다줄 수 있는 생각은 없습니다. 예수와 하나가 되고 연합되는 것은 하늘로 말미암은 것이 아닙니까? 그리스도와 그의 교회 사이에서는 이혼이라는 것이 있을 수 없습니다. 왜냐하면, 성경에 "이스라엘의 하나님 여호와가 이르노니 나는 이혼하는 것을 미워하노라"(말 2:16)고 기록되어 있기 때문입니다. 하나님은 이혼과는 거리가 먼 분입니다. 하나님께서 우리와 혼인하셨기 때문에, 하나님이 우리의 남편이라는 사실은 결코 변할 수 없습니다: "나는 너희 남편임이라"(렘 3:14). 하나님은 우리의 본성을 취하셨고, 우리로 하여금 "하나님의 본성에 참여하는 자들"이 되게 하셨습니다(벧후 1:4). 하나님께서 친히 그렇게 하셨는데, 누가 감히 "우리를 우리 주 그리스도 예수 안에 있는 하나님의 사랑에서 끊을"(롬 8:39) 수 있겠습니까? "사망이나 생명이나 천사들이나 권세자들이나 현재 일이나 장래 일이나 능력이나 높음이나 깊음이나 다른 어떤 피조물이라도"(롬 8:38) 그리스도와 그의 백성 간의 이 지극히 완전하고 온전하며 신비한 연합을 끊어놓을 수 없습니다. 나는 모든 믿는 자들이 이것을 깨닫고서, 기쁜 심령으로 이 전을 나가서 집으로 돌아갈 수 있게 해 주시라고 다시 한 번 성령님께 기도합니다. 그렇게 되었을 때, 우리의 마음은 혼인잔치 때처럼 될 것이고, 우리의 영혼은 기쁨의 종을 울리며 이렇게 말하게 될 것입니다:

"내 사랑하는 자는 희고도 붉어,
　하늘의 온갖 아름다움들이 그에게서 비쳐 나오네.
　그의 모습은 너무나 영화롭고 신성해서,
　자연은 그런 것을 결코 만들어 낼 수 없다네.
　그가 내 영혼을 온전히 얻어
　저 윗세상에 두셨으니,
　우리가 거기에서 만나 하나가 될 때,
　나는 깊고 신비로우며 이제까지 알 수 없었던 달콤함,
　이 세상의 모든 즐거움과는 비할 수조차 없는 달콤함을
　주 안에서 발견하게 되리.
　나의 사랑하는 자여, 산들을 넘어 어서 오소서."

2. 둘째로, 하나님의 백성은 그리스도와의 관계 때문에 지극히 안전합니다.

본문은 "내 누이, 내 신부는 잠근 동산이요 덮은 우물이요 봉한 샘이로구나"라고 말합니다. 우리는 "동산"일 뿐만 아니라, "잠근 동산," 즉 울타리가 쳐진 동산입니다. 만일 동산에 울타리가 쳐져 있지 않다면, 숲에서 들짐승들이 나와서 동산에 심겨진 포도나무들을 망쳐놓고 꽃들을 짓밟아 버릴 것입니다. 그러나 하나님께서는 그 무한하신 긍휼하심으로 자신의 교회에 울타리를 쳐놓으셨기 때문에, 그 누구도 거기에 침입해 들어올 수 없습니다. "내가 불로 둘러싼 성곽이 되며 그 가운데에서 영광이 되리라"(슥 2:5). 교회는 "샘"입니까? 교회의 은밀한 생각들과 사랑들과 소원들은 시원한 물줄기 같습니까? 그러므로 신랑은 교회를 "덮은 우물"이라고 부릅니다. 만일 우물이 덮여 있지 않다면, 지나가던 짐승들이 그 물을 더럽힐 것이고, 온갖 낯선 사람들이 거기에서 물을 퍼서 마실 것입니다. 교회는 레바논의 숲의 집을 둘러싼 솔로몬의 동산에 있는 아주 맑고 시원한 우물이자 샘과 같아서, "덮은 우물"이자 "봉한 샘"이라 불립니다. 솔로몬은 그 우물과 샘에 왕의 이름으로 봉인을 해두고 자신만이 아는 비밀한 방법으로 잠가 두고서 오직 자기만이 그 우물과 샘에서 물을 마셨습니다. 전설에 의하면, 오직 솔로몬 외에는 아무도 모르는 샘들이 있었는데, 그는 평소에 그 샘들을 잠가 두었다가, 그 샘들에 자신의 반지을 갖다 대면, 봉해져 있던 샘이 열리고, 거기에서 생수가 솟아 나와서, 보석으로 만든 그의 잔을 가득 채웠다고 합니다. 이렇게 해서, 그는 오직 자신만이 아는 비밀한 주문으로 봉해져 있던 샘들을 열 수 있었고, 거기에서 솟구쳐 나오는 생수를 오직 자기만이 마실 수 있었습니다. 솔로몬의 동산에 있던 샘들을 오직 솔로몬 자신만이 열 수 있었던 것과 마찬가지로, 하나님의 백성도 봉해져 있고 잠겨 있어서 온갖 위험으로부터 벗어나 있고, 오직 그리스도에게만 열려 있습니다.

사랑하는 자들이여, 하나님께서 경건한 자들을 오직 자신을 위하여 구별하셨다는 것을 생각하는 것은 모든 믿는 자들에게 즐겁고 기쁜 일입니다. 하나님은 자신의 모든 택함 받은 자들을 지키시고 그들을 더럽히거나 멸하고자 하는 모든 자들로부터 보호하시기 위하여 여러 가지 조치들을 취하셨습니다. 하나님께서는 옛적에 "내가 이 백성을 내 자신을 위하여 택하였노라"고 영을 내리심으로써 그들을 둘러치셨고, 그런 후에는, "나의 기름 부은 자를 손대지 말며 나의 선지자들을 해하지 말라"(시 105:15)고 명령하셨습니다. 또한, 하나님께서는 섭리를 통해서 그들 주위에 울타리를 둘러치셔서, 그 어떤 것도 그들을 결코 해칠 수 없게 하셨습니다. 하나님은 그들을 덮으셔서 원수로부터 보호하셨고, 그들을 봉하셔서 영원히 보존되게 하셨습니다. 동방의 유목민인 베두인족들은 열려 있는 곳들을 약탈하였지만, 울타리가 쳐진 왕의 동산은 그들의 약탈로부터 안전하였습니다. 마찬가지로, 성도들은 그 주위에 울타리가 쳐져 있어서 모든 약탈하는 세력들로부터 안전합니다. 특히, 하나님께서는 그들을 은혜로 두르셨습니다. 천사들이 이 거룩한 동산을 둘러싸고서, 흑암의 세력이 침입하지 못하도록 하고 있지만, 그 어떤 것도 당해낼 수 없는 막강한 하나님의 은혜는 하나님의 오른손으로 심으신 나무들을 두르고 있는 담이기 때문에, 죄나 세상이 침투해서 그 나무들을 훼손시킬 수 없습니다. 여러분은 동산입니다. 동산은 이내 허물어질 수 있는 약한 것이지만, 여러분을 심으신 하나님이 여러분을 지켜 주십니다. 동방에서 동산은 아주 허약한 곳이어서, 한나절만 해가 쨍쨍 내리쬐어도, 동산에 있는 모든 식물들이 다 시들어 버립니다. 그러나 하나님께서는 자신의 교회를 "동산"이라고 하시면서, "낮의 해가 너를 상하게 하지 아니하며 밤의 달도 너를 해치지 아니하리로다"(시 121:6)라고 말씀하셨고, "나 여호와는 포도원지기가 됨이여 때때로 물을 주며 밤낮으로 간수하여 아무든지 이를 해치지 못하게 하리로다"(사 27:3)라고 선언하셨습니다. 동산은 스스로 자신을 지킬 수 없기 때문에, 동산지기가 끊임없이 보살피고 돌보아야 하는 것과 마찬가지로, 하나님의 교회도 마찬가지입니다. 그래서 성경은 하나님께서 자기 교회를 돌보신다고 말씀하고, 예수께서도 "내 아버지는 동산지기라"(KJV, 한글개역개정에는 "내 아버지는 농부라")고 말씀하십니다. 그리고 그것으로 충분합니다!

동산에는 잡초들이 자라나듯이, 교회와 우리의 심령 속에서도 죄의 잡초들이 무성합니다. 그러나 죄악의 싹들을 자르시고 뽑아내셔서, 다른 귀한 식물들이 하나라도 기운이 막혀 자라지 못하거나 죽는 일이 없도록 돌보시는 분이 계십니다. 그분은 아무리 연약한 것들이라고 해도 모든 귀한 식물들을 모든 방법을 다해 돌보실 수 있으신 분입니다.

하나님께서 자신의 사랑하는 자들을 지키시기 위하여 수고를 아끼지 않으시는 모습을 보는 것은 정말 귀한 일입니다. 우리는 하나님께 너무나 사랑스러운 존재여서, 하나님께서는 결코 우리가 죽도록 내버려 두지 못하십니다. 그런데도 여러분은 연약한 식물이어서, 자주 두려워하고 염려합니다. 여러분은 하나님이 나를 버리셨다고 말한 적이 있습니까? 어떻게 그런 일이 있을 수 있겠습니까? 그가 어떤 대가를 치르시고서 여러분을 사셨는지를 여러분은 아십니까? 그런 하나님이 여러분을 버리시다니요? 자신의 사랑하는 신부를 잊는 남편도 있습니까? 하물며, 여러분의 영혼의 남편이신 하나님이 여러분을 잊으시겠습니까? 한순간이라도 그런 생각은 하지 마십시오. 그런 생각을 하는 것 자체가 여러분에 대한 하나님의 사랑을 욕되게 하는 것입니다. "여인이 어찌 그 젖 먹는 자식을 잊겠으며 자기 태에서 난 아들을 긍휼히 여기지 않겠느냐 그들은 혹시 잊을지라도 나는 너를 잊지 아니할 것이라"(사 49:15). 예수님이 안전하신 것만큼이나, 여러분도 안전합니다. 왜냐하면, 여러분의 이름은 예수의 가슴에 새겨져 있기 때문입니다. 예수님이 안전하신 것만큼이나, 여러분도 안전합니다. 왜냐하면, 대제사장의 흉패와 어깨에 지파들의 이름이 새겨져 있듯이, 예수의 강하신 팔에 여러분의 이름이 새겨져 있기 때문입니다. 예수께서는 "내가 그들에게 영생을 주노니 영원히 멸망하지 아니할 것이요 또 그들을 내 손에서 빼앗을 자가 없느니라"(요 10:28)고 말씀하십니다. 나는 여러분이 이렇게 자신이 안전하다는 것을 아시고 주님이 주시는 평안을 누리시기를 바랍니다. 나는 이것에 대해서 많이 말씀을 전하지는 않을 것이지만, 여러분이 그것을 믿고 기뻐하고 즐거워하시기를 부탁드립니다. 여러분은 정말 그리스도 안에 있습니까? 그렇다면, 누가 여러분을 그리스도의 손에서 빼앗아갈 수 있겠습니까? 여러분은 정말 그리스도를 믿고 의지하고 있습니까? 그렇다면, 그리스도께서 여러분을 실망시키시는 일이 어떻게 일어날 수 있겠습니까? 여러분은 거듭나서 하나님의 권속이 되셨습니까? 그렇다면, 그 어떤 것이 여러분에게 주어진 새 생명을 꺼버릴 수 있겠습니까? 그 어떤 것도 여러분의 마음에서 여러분이 그리스도 안에서 안전하다는 믿음을 빼앗아가지 못하도록 하십시오. 나는 사람들이 이런 말씀을 들으면 육신적인 안일함에 빠지고 말 것이라고 우려하는 사람들이 있다는 것을 압니다. 하지만 절대로 그렇지 않습니다. 도리어, 성령이 주시는 안전함에 대한 믿음은 육신적인 안일함에 치명타를 가합니다. 내가 여러분에게 말하고자 하는 것은 어떤 사람들이 하나님께서 자신의 과거의 죄를 사하셨다는 것은 믿지만, 장래에 지을 죄까지도 사하셨다는 것은 믿을 수 없다고 말하는 것처럼, 예수 그리스도를 절반만 믿는 일이 여러분에게 있어서는 안 된다는 것입니다. 나는 예수께서 내가 지금까지 지은 모든 죄들만이 아니라, 앞으로 내가 짓게 될 모든 죄들도 다 사하셨다는 것을 믿습니다. 단지 지난날의 죄들만을 사함 받기 위해서 예수를 믿는 것은 절반만 믿는 절름발이 믿음입니다. 여러분이 앞으로 이 땅에 사는 동안 짓게 될 모든 죄들도 주께서 다 사하셨음을 믿으십시오. 주께서 무엇이라고 말씀하십니까? "내가 주는 물을 마시는 자는 영원히 목마르지 아니하리니 내가 주는 물은 그 속에서 영생하도록 솟아나는 샘물이 되리라"(요 4:14). 여러분은 주께서

여러분에게 잠시 동안만 생명을 주셨고, 여러분은 불완전한 회원권을 얻을 것일
뿐이라고 믿고 있는 것입니까? 물론, 나는 여러분이 그런 믿음일지라도 믿음을
갖고 있는 것이 기쁩니다. 하지만 왜 여러분은 하나님의 능력을 제한하려고 하
시는 것입니까? 주 예수의 능력이 여러분의 일생 동안, 아니 영원까지 미친다는
것을 믿으십시오. 예수께서는 "너희 믿음대로 되라"(마 9:29)고 말씀하십니다.
여러분은 주께서 여러분에게 생명수를 한 입만 주심으로써, 여러분으로 하여금
계속해서 목마르게 하실 것이라고 믿는 것입니까? 주께서 여러분의 목마름을 영
원히 해소시켜 주실 것임을 믿으십시오. 왜냐하면, "여러분도 그리스도 안에서
완전해졌고"(골 2:10 KJV, 한글개역개정에는 "너희도 그 안에서 충만하여졌으니"), "그를
믿는 자에게는 영생이 있기" 때문입니다.

　　나는 이렇게 그리스도인에게 있는 안전하다는 믿음이야말로 그리스도인이
이기적이지 않고 미덕을 행할 수 있는 원천이라고 봅니다. 무엇이 여러분을 염
려와 걱정으로부터 영원히 벗어나게 해줄 수 있을까요? 또한, 무엇이 여러분을
매일같이 주리고 목마른 것에서 벗어날 수 있게 해줄 수 있을까요? 그렇게 해줄
수 있는 것은 오직 여러분의 영혼이 영적으로 만족했을 때입니다. 사람이 진정
으로 구원 받았을 때에만, 사람은 자기 자신을 잊게 됩니다. 내가 구원 받았다는
것을 알았을 때, 나는 하나님을 영화롭게 해드릴 수 있습니다. 내가 구원 받았다
는 생각이 나로 하여금 그 어떤 역경과도 당당하게 맞서게 만듭니다. 왜냐하면,
나는 이미 그리스도를 믿음으로써 구원을 받은 자이기 때문입니다. 따라서 이제
내게는 미덕을 행할 수 있는 여지가 마련된 것입니다. 이제 이기적이지 않은 순
수한 동기로 하나님을 사랑하고 이웃을 사랑할 수 있는 기회가 주어진 것입니
다. 타고 있는 배가 가라앉아 가고 있어서, 어떤 사람이 익사할 위험에 처해 있을
때에는, 그가 주위 사람들을 돌보는 사람이 될 가능성은 없습니다. 하지만 그가
일단 구명선에 타서 노를 잡게 되었다면, 그는 다른 사람들을 구하는 사람이 될
수 있습니다.

　　나는 여러분이 난파선에서 빠져나와 구명선에 탐으로써, 죽어가는 사람들
을 구원하는 진정한 일꾼이 될 수 있기를 바랍니다. 나는 여러분이 "만약," "아마
도"라고 말하는 불확실한 상태에서 벗어나서 분명하고 온전한 확신을 갖게 되기
를 바랍니다. 왜냐하면, 그랬을 때에야, 여러분은 일편단심으로 하나님의 영광
을 위하여 일할 수 있게 될 것이기 때문입니다. 요한 사도는 당시에 성도들의 이

름으로 "우리는 … 사망에서 옮겨 생명으로 들어간 줄을 알거니와"(요일 3:14)라고 말하였습니다. 여러분도 일단 이러한 사실을 알게 되면, 주위 사람들에게 이 "생명"을 전하는 것을 기뻐하게 될 것입니다. 여러분이 단지 "동산"일 뿐만 아니라, "잠근 동산"이고, 단지 "우물"이 아니라 "덮은 우물"이며, 단지 "샘"이 아니라 "봉한 샘"이어서 온갖 해악들로부터 안전하다는 것을 확신하게 되면, 여러분은 이렇게 여러분을 안전하게 해주신 이를 여러분의 모든 힘을 다해 섬기게 될 것입니다. 여러분이 그리스도 안에서 행복하고 거룩한 평안과 안도감을 느끼게 될 때, 여러분은 생기를 얻고, 온갖 미덕들을 행할 수 있는 힘을 얻게 될 것입니다. 여러분은 그리스도의 이름을 사랑하게 되고, 여러분의 주가 되시고 여러분이 섬기는 주 예수를 영화롭게 해드리고 높여 드리는 이 한 가지 목적을 위하여 기꺼이 살고자 하게 될 것입니다.

이상으로 나는 이 두 번째 대지를 마치면서, 성령께서 자기 백성 위에 운행하셔서 그리스도 예수 안에서 온전한 평안과 달콤한 안도감을 느끼게 해주시기를 기도합니다.

3. 셋째로, 본문에서 가장 두드러지는 것은 구별이라는 개념입니다.

본문은 "내 누이, 내 신부는 잠근 동산이요 덮은 우물이요 봉한 샘이로구나"라고 말씀합니다. "동산"은 드넓은 황무지로부터 구별된 한 구역의 땅인데, 교회가 바로 그런 땅입니다. 교회는 세상으로부터 구별되어 따로 있는 존재입니다. 나는 "기독교 세계" 같은 것이 존재한다고 생각하지만, 그것이 무엇인지, 또는 어디에서 그것을 발견할 수 있는지는 알지 못합니다. 그것은 독특한 혼합체임에 틀림없습니다. 나는 세상적인 그리스도인이 무엇을 의미하는지를 알고, 기독교 세계는 세상적인 그리스도인들의 총체임에 틀림없다고 생각합니다. 그러나 그리스도의 교회는 이 세상에 속해 있지 않습니다. 그리스도께서는 "내가 세상에 속하지 아니함 같이 그들도 세상에 속하지 아니하였사옵나이다"(요 17:16)고 말씀하십니다. 최근에 교회가 세상을 받아들이도록 만들고자 하는 대대적인 시도들이 있어 왔고, 그런 시도들이 성공한 곳마다, 세상이 교회를 삼켜 버리는 결과가 초래되어 왔습니다. 그렇게 될 수밖에 없습니다. 왜냐하면, 더 큰 것이 작은 것을 압도하여 삼켜 버리는 것은 너무나 당연한 일이기 때문입니다. 그런 시도를 하는 사람들은 이렇게 말합니다: "우리는 너무 단정적으로 선을 그어서는 안

된다. 예배에 참석하면서도, 신앙에 대해서 확고한 결단을 하지 않은 사람들이
아주 많은데, 우리는 목회자를 선택할 때에 그들의 의견도 구해야 하고 그들도
투표에 참여시켜야 한다. 또한, 그들의 흥미를 끌고 그들을 즐겁게 해줄 수 있는
프로그램들이 교회에 있어야 하는 것은 물론이다." 그들의 주장을 요약하자면,
교회로부터 세상으로 통하는 넓은 통로를 열어 놓아야 한다는 것으로 보입니다.
그들의 주장을 받아들여서 그런 통로를 뚫어 놓으면, 그 결과는 세상이 그 통로
를 통해서 교회로 들어와서 참된 신자들이 많이 늘어나는 것이 아니라, 교회가
그 통로를 통해서 세상으로 넘어가서 이름뿐인 교회가 되어 버린다는 것입니다.
어떤 사람들은 교회라는 이름 자체를 없애 버리는 편이 더 나을 수도 있다고 주
장합니다. 세상이 교회로 올라오고자 하지 않는다면, 교회가 세상으로 내려가면
된다는 것이 그들의 주장의 요지인 것 같습니다. 이스라엘 백성들로 하여금 가
나안 사람들과 뒤섞여 함께 살면서 하나의 행복한 가족이 되게 해보십시오! 그
러한 혼합은 우리가 방금 읽은 요한복음 15장에서 우리 주님이 바라신 것이 아
닌 것으로 보입니다. 18절과 19절을 읽어 보겠습니다: "세상이 너희를 미워하면
너희보다 먼저 나를 미워한 줄을 알라 너희가 세상에 속하였으면 세상이 자기의
것을 사랑할 것이나 너희는 세상에 속한 자가 아니요 도리어 내가 너희를 세상
에서 택하였기 때문에 세상이 너희를 미워하느니라." 예수께서 "세상과 연합하
고, 모든 일에서 그들의 방식에 맞추도록 애쓰라"고 말씀하신 적이 있습니까? 그
런 말보다 더 우리 주님의 마음과 생각으로부터 거리가 먼 것은 없을 것입니다.
우리는 세상으로부터의 거룩한 구별, 불경건으로부터 더 거리를 두는 것, 세상
과 절대로 영합하지 않는 것을 지금보다 훨씬 더 소중히 여길 수 있었으면 좋겠
습니다. 내가 말하는 것은 파당을 이루어서 정치적인 투쟁을 하자는 것이 아니
라, 세상과 교회는 본질적으로 그 기반이 다르기 때문에 그 차이를 유지해야 한
다는 것입니다.

　우리는 세상으로부터 교회의 구별이 우리 주님이 친히 행하신 그런 구별이
되도록 유의하여야 합니다. 우리는 특이한 옷이나 화법을 사용해서도 안 되고,
우리 자신을 사회로부터 고립시켜서도 안 됩니다. 그리스도께서는 그렇게 하지
않으셨습니다! 그는 늘 사람들과 함께 하셨고, 그들의 유익을 위하여 그들과 어
울리셨습니다. 그는 혼인잔치에 참석하셔서 축하해 주셨고, 한 바리새인의 초대
를 받고 그 집에 가셔서, 자기를 노리는 원수들 틈에서 떡을 드시기까지 하셨습

니다. 그는 "경문 띠를 넓게 하며 옷술을 길게"(마 23:5) 하지도 않으셨고, 토굴 속에 들어가 수도하지도 않으셨으며, 기이한 행동을 보이지도 않으셨습니다. 그가 죄인들로부터 자신을 구별하신 것은 오직 그는 거룩하셨고 그들은 거룩하지 않았기 때문이었습니다. 그는 우리와 같이 되셨기 때문에 우리 가운데 거하셨습니다. 그보다 더 사람다운 사람은 없었지만, 그는 세상에 속하지 않았고, 여러분은 그를 여느 사람들 중의 하나로 여길 수도 없습니다. 그는 바리새인도 아니었고 사두개인도 아니었으며 서기관도 아니었습니다. 또한, 그를 세리나 죄인과 동일시하는 것도 잘못입니다. 그가 세리들 및 죄인들과 어울리며 한통속이 되어 있다고 욕한 자들은 바로 그렇게 욕함으로써, 그가 그들이 지금까지 보아 왔던 사람들과 아주 다른 사람이라는 것을 인정한 것입니다. 우리는 그리스도의 교회의 모든 지체들이 주변에 있는 사람들과 뒤섞여서 살아가고 있는 모습을 보일지라도, 세상 사람들과는 전혀 다른 별개의 종족인 것처럼 분명하게 구별되고 분리되어 살아가기를 원합니다. 물론, 우리는 우리가 특별한 사람들인 양 위세를 부리고 이웃 사람들을 멸시하며 그들과 단절된 삶을 살아서는 절대로 안 됩니다. 도리어, 우리는 가식을 피하고 자연스럽고 소박하며 진실하고 사랑스러운 성품을 지니며 살아간다는 점에서 세상 사람들과 구별되어야 합니다. 그리스도인들이 그런 성품으로 살아가는 모습을 보임으로써, 세상 사람들이 가식으로 가득 한 삶을 살아가고 있다는 것이 뚜렷하게 드러나게 하여야 합니다. 그리스도인들은 특이한 옷을 입거나 어떤 외적으로 특별한 징표들을 통해서 세상 사람들과 구별되는 것이 아니라, 다른 사람들로 하여금 잘 되게 하기 위하여 수고하고, 선을 행하기 위하여 애쓰며, 다른 사람들이 그들에게 준 상처들을 용서하고, 온유한 행동거지를 보이는 것을 통해서 구별되어야 합니다. 나는 그리스도인들이 세상으로부터 이전보다 더 구별된 모습을 보기를 갈망합니다. 왜냐하면, 그리스도인들이 그렇게 될 때에만, 교회는 주님께서 원하신 대로 사람들에게 복을 가져다주는 진정한 통로가 될 것임을 나는 확신하기 때문입니다. 교회가 세상과 조금이라도 야합하는 일이 없을 때, 세상은 교회로부터 복을 얻을 수 있게 됩니다. 노아 시대에 교회와 세상이 하나가 되어서, "하나님의 아들들이 사람의 딸들의 아름다움을 보고 자기들이 좋아하는 모든 여자를 아내로 삼았을"(창 6:2) 때, 무슨 일이 벌어지게 되었는지를 보십시오. 그때에 대홍수가 왔습니다. 교회가 자신의 고귀한 소명을 잊어버린 채, 또다시 세상과 야합하게 된다면, 노아의 홍수보다 더 파괴적인 대홍수가 찾아오게 될 것입니다.

　　교회는 하나님께서 이 땅으로부터 구별하여 별개의 구역으로 정하셔서 울타리로 둘러쳐 만드신 "동산"입니다. 교회는 "덮은 우물"이고, "봉한 샘"이어서, 공중의 새들과 들의 짐승들이 범접할 수 없습니다. 성도들은 "나는 당신들 중에 나그네요 거류하는 자이니"(창 23:4)라고 헷 족속에게 말한 아브라함처럼 세상 사람들과 구별되어 있어야 합니다.

　　나의 사랑하는 친구들이여, 여러분은 어떻습니까? 여러분도 이 땅에서 "거류하는 자"입니까? 만일 그렇지 않다면, 여러분은 그리스도인이 아니라는 것을 명심하십시오. "이와 같이 하나님께서 이르시되 내가 그들 가운데 거하며 두루 행하여 나는 그들의 하나님이 되고 그들은 나의 백성이 되리라 그러므로 너희는 그들 중에서 나와서 따로 있고 부정한 것을 만지지 말라 내가 너희를 영접하여 너희에게 아버지가 되고 너희는 내게 자녀가 되리라 전능하신 주의 말씀이니라 하셨느니라"(고후 6:16-18). 이것은 하나님께서 친히 여러분에게 하신 말씀입니다. 그리스도께서는 여러분으로 하여금 "영문 밖으로 그에게 나아가게"(히 13:13) 하시기 위하여, 친히 영문 밖에서 고난을 당하신 것이 아닙니까? 여러분은 세상 사람들과 하나가 되어 잘 지내고 있습니까? 여러분과 함께 사는 사람들이 여러분 속에서 그 어떤 변화가 일어난 것을 전혀 볼 수 없습니까? 그들은 여러분을 여느 사람들과 똑같은 사람이라고 생각합니까? 그렇다면, 여러분이 어떤 존재인지는 여러분의 열매가 보여줄 것입니다. 여러분이나 세상 사람이나 아무런 차이가 없다면, 여러분은 본문에 나오는 그리스도의 "누이"이자 "신부"가 아닙니다. 그리스도의 "누이"이자 "신부"인 사람들은 세상으로부터 구별되고 봉해져서, 오직 그리스도를 위해서만 열려 있습니다. 어떤 사람들은 "나도 그렇게 되고 싶습니다"라고 소리칠 것입니다. 나의 친구들이여, 나도 마찬가지입니다. 그렇다면, 여러분과 나는 세상으로부터 점점 더 구별된 삶을 살아감으로써, 우리의 소원이 진심이라는 것을 실제적으로 증명해 보일 수 있습니다.

4. 넷째로, 본문 속에서 한층 더 강력하게 드러나는 개념은 봉헌입니다.

　　하나님의 교회는 "잠근 동산"입니다. 그렇다면, 하나님께서는 왜 교회를 세상으로부터 구별하셔서 울타리로 둘러치신 것일까요? 그것은 아무도 그 동산에 들어와서 열매를 먹지 못하게 하고, 오직 하나님만이 그 동산과 거기에서 나는 열매를 소유하시기 위한 것입니다. 교회가 "덮은 우물"인 것은 오직 주 예수 외에는 아무도 그 우물에서 물을 마실 수 없게 하시기 위한 것입니다. 나는 여러분이 이러한 사실을 몇 분 정도 깊이 묵상하시고서, 일생 동안 이러한 사실을 기억하시기를 부탁드립니다. 교회는 오직 사람들 가운데서 주 예수를 위하여 그의 목적과 계획을 이루어드리기 위하여 존재합니다. 여러분은 이 사실을 절대로 잊어서는 안 됩니다. 하나님의 성령께서 매일매일 우리를 거룩하게 하셔서 하나님의 소유인 백성이 되게 하시기를 빕니다. 오늘날 어떤 교회가 하나님으로부터 더욱 크게 존귀함을 받아서 안으로는 복되고 밖으로는 유익한 그런 교회가 되고자 한다면, 그 소원을 이루기 위한 가장 좋은 방법은 하나님께 전적으로 성별되고 드려지는 것임을 나는 확신합니다. 교회는 사교 모임이 되어서도 안 되고, 정치적인 힘을 행사하기 위한 정치적 결사체가 되어서도 안 됩니다. 또한, 교회는 기독교의 발언권을 강화하기 위한 종교 단체가 되려고 해서도 안 됩니다. 교회는 하나님께서 자신의 목적과 계획을 이루시기 위하여 창조해 내신 존재이기 때문에, 그밖의 다른 어떤 목적을 위해서 존재하는 것이 아닙니다. 하늘의 신랑께서는 자신의 교회를 향하여 이렇게 말씀하십니다: "네 백성과 네 아버지의 집을 잊어버릴지어다 그리하면 왕이 네 아름다움을 사모하실지라 그는 네 주인이시니 너는 그를 경배할지어다"(시 45:10-11). 자신의 고귀한 소명에 실패하는 교회들은 맛을 잃은 소금처럼 버려질 것입니다. 우리가 하나님을 위하여 살아가지 않는다면, 우리는 살아 있다고 할지라도 죽은 것입니다. 우리가 하나님의 이름을 영화롭게 해드리지 않는다면, 우리의 존재는 정당화될 수 없습니다. 우리가 오직 예수만을 위한 "잠근 동산"으로 존재하지 않는다면, 우리는 단지 쓸모없는 황무지의 일부가 될 뿐입니다. 우리가 오직 예수만을 위한 "봉한 샘"이 아니라면, 우리는 단지 계곡에서 흐르는 물줄기일 뿐이기 때문에 곧 마르게 될 것입니다.

어떤 사람들은 "그러나 우리는 우리 이웃들의 유익을 구하여야 하지 않습니까?"라고 목소리를 높일 것입니다. 물론입니다. 하지만 우리는 그리스도를 위하여 그렇게 해야 합니다. "우리는 사람들의 위생이나 교육이나 정화시키는 일 등에도 힘을 보태려고 해야 하지 않습니까?" 물론입니다. 하지만 우리는 그런 일들이 그리스도를 위한 것이 되는 한에서 그런 일들을 해야 합니다. 우리는 하나님께서 세상을 복되게 하시기 위하여 보내신 종들이기 때문에, 하나님이 원하시는 일이라면 무엇이든지 해야 합니다. 본문이 말하는 "동산"에서는 모든 식물들이 꽃을 피우고 모든 나무들이 열매를 맺는 것은 그 소유주를 위한 것입니다. 나는 이 교회가 고아원이나 대학을 운영하든, 신앙서적을 파는 서점을 경영하든, 그 밖의 다른 무슨 일을 하든, 모든 일을 그리스도를 위하여 행할 수 있게 해주시기를 하나님께 기도합니다. 교회와 신자들은 이러한 생각을 늘 명심하고 있어야 합니다. 여러분은 시장에 내다팔기 위해서가 아니라, 주님의 식탁에 올려드리기 위해서 열매를 맺어야 합니다. 여러분은 성실하고 활기찬 공동체라는 칭찬을 듣기 위해서가 아니라, 모든 영광이 여러분의 주이신 예수께 돌아가도록 하기 위하여, 선을 행하여야 합니다. "모든 것을 예수를 위해"가 우리의 모토가 되어야 합니다. 우리 중에서는 자기 자신을 위하여 사는 사람이 없어야 합니다. 많은 사람들이 아주 우아하고 세련된 방식으로 자기 자신을 위하여 살아갑니다. 즉, 심지어 전도를 해서 영혼들을 얻는 일조차도 사람들로부터 열심 있고 신앙이 좋다는 칭찬을 받기 위해서 하고, 그리스도께 영광을 돌리는 일에 열심을 내는 것도 사람들로부터 그리스도께 영광 돌리는 삶을 살아가고 있다는 칭찬을 얻기 위해서 그렇게 할 정도로 타락해 있는 사람들이 많습니다. 하지만 그래서는 안 됩니다. 우리는 진심으로 철저하게 예수를 위하여 살아가야 합니다. 우리는 오직 예수만을 위한 "잠근 동산이요 덮은 우물이요 봉한 샘"이 되어야 합니다. 형제들이여, 여러분의 삶은 여러분을 위하여 자기 목숨을 버리신 이를 시원하게 해드리기 위하여 흐르는 물줄기가 되어야 합니다. 여러분은 예수께서 여러분의 심령의 깊은 샘으로부터 마실 수 있게 해드리고, 그 샘의 물을 다른 사람으로 하여금 마시게 해서는 안 됩니다. 여러분은 언제나 오직 예수만을 위한 "덮은 우물이요 봉한 샘"이어야 합니다. 자아나 개인적인 이익 같은 것들이 접근해 오면, 여러분은 그것들에게 떠나가라고 명하여야 합니다. 그런 것들이 이 동산에 들어와서는 안 됩니다. 이 동산은 오직 예수만을 위한 것입니다. 침입자들을 조심하십시오. 세상이나 육신이나 마귀가 담을 넘어 들어와서, 여러분의 심령에 있는 수정 같이 맑은 샘물을 마시려고 한다면, 여러분은 그것들의 추악하고 더러운 입술로 인해서 그 샘이 더럽혀져서, 만왕의 왕께서 거기에서 다시는 물을 마실 수 없게 되지 않도록 하기 위하여, 그것들을 내쫓아야 합니다. 우리의 존재 전체는 오직 예수 그리스도를 위해 봉해진 "샘"이 되어야 합니다. 우리의 모든 것이 예수를 위해 존재하여야 합니다. 우리의 몸도 예수를 위해, 우리의 마음도 예수를 위해, 우리의 영혼도 예수를 위해, 우리의 눈도 예수를 위해, 우리의 입도 예수를 위해, 우리의 손도 예수를 위해, 우리의 발도 예수를 위해, 우리의 모든 것이 예수를 위해 존재하여야 합니다. 이 동산은 담으로 온전히 둘러싸여 있어야 합니다. 왜냐하면, 조금이라도 틈새가 있으면, 거기로 침입자들이 들어오게 될 것이기 때문입니다. 우리 존재의 어느 한 부분이라도 죄의 지배 아래 들어가게 된다면, 우리의 존재 전체가 죄의 지배를 받게 될 것입니다.

이 샘은 그 근원부터 철저히 봉해서, 이 샘이 흐르는 동안에 한 방울도 예수가 아닌 다른 존재가 마시게 해서는 안 됩니다. 먼저 우리의 처음 생각들과 소원들과 바람들이 예수의 것이어야 하고, 그런 후에 우리의 모든 말과 행위들이 예수의 것이어야 합니다. 우리의 존재 전체가 "십자가에 못 박히신 그리스도께 순복하여 전적으로 오직 그만을 위한 것이 되어야" 합니다. 형제들이여, 우리는 예수께 속해 있습니까? 예수께서는 우리의 동산의 길들을 아시고, 우리의 본성의 은밀한 샘들과 우물들을 아십니까? 예수께서 여러분을 온전히 소유하고 계시는지 그렇지 않은지를 알아볼 수 있는 방법이 여기에 있습니다. 나의 형제들이여, 예수의 이름만큼 여러분의 마음을 감격하게 하는 다른 것이 있습니까? 몇 년 전에 나는 몹시 지치고 기진맥진하며 슬픔에 잠겨 있던 때가 있었습니다. 그때에 나는 내 주님과 내 심령 사이에 아무 문제가 없는 것인지, 아니면 문제가 있는 것인지를 놓고서 고민하고 있던 때였습니다. 나는 한적한 시골에 있는 예배당에 갔고, 거기에서 한 형제의 설교를 듣고 큰 힘을 얻게 되었습니다. 그 설교에는 특별한 것이 없었지만, 온통 예수 그리스도를 증거하는 설교였고, 나는 불과 몇 분 안에 통곡하고 있는 내 자신을 발견하였습니다. 복음이 내 존재 속에 있는 비밀한 샘들을 열어서, 샘물들이 흐르게 하였던 것입니다. 예수라는 이름은 내게 주문과 같이 작용하였습니다. 그때에 나는 "다른 그 누구도 어떻게 해야 내 마음에 가까이 올 수 있는지를 알지 못하였지만, 내 주님은 그것을 아시는구나"라고 생각하게 되었습니다. 주님은 전에도 내 마음속에 오시곤 하셨음이 분명합니다. 내 주님께서는 나라는 존재의 "봉한 샘"을 열 수 있는 열쇠를 가지고 계신다는 것을 나는 확신하였습니다. 왜냐하면, 그때에 내 영혼의 가장 깊은 곳이 움직였기 때문입니다. 나는 내 주님이 내게 낯선 존재가 아니라는 것을 알았습니다. 내 영혼 속에는 오직 예수 외에는 그 누구도 퍼올릴 수 없는 비밀한 우물이 있습니다. 그 서랍은 주님이 만드신 것이기 때문에, 주님은 그 비밀한 우물을 닫거나 열

줄을 아십니다. 나의 주님, 오직 내 주님만이 마치 수금을 타는 가인(歌人)처럼 내 마음의 현들을 타실 수 있습니다. 그러므로 나는 내가 내 주님께 속해 있다는 것을 압니다.

　　사랑하는 자들이여, 나는 여러분 중에서도 자신이 그리스도의 것임을 이런 식으로 확신할 수 있는 분들이 많을 것이라고 믿습니다. 그리스도께서는 여러분의 심령의 미로를 헤치고 나아가서서, 여러분의 영혼의 비밀한 방에 들어가실 수 있습니다. 그리스도께서는 그렇게 하실 수 있으신 분입니다. 여러분은 그가 여러분의 심령 깊은 곳에 들어오셨을 때처럼 지극한 행복을 다른 경우에 느낀 적이 있습니까? 여러분은 그가 거하시는 바로 그 곳을 사랑합니다. 종종 여러분은 병이 들고 슬픔 가운데 있을 때에, 과연 자기가 그리스도의 것인지를 의심하기 시작합니다. 그러나 어떤 사람이 구주를 찬양하기 시작하면, 여러분은 언제 그랬느냐는 듯이 그 사람을 따라서 기쁨에 넘쳐 큰 소리로 구주를 찬양합니다. 내 마음은 사람들이 구주를 찬양하는 것을 들을 때에 얼마나 좋은지 모릅니다. 그 순간 나의 마음은 춤추기 시작합니다. 나는 신앙 시인 조지 허버트(George Herbert)처럼 "내가 수금을 잘 탈 수 있다면 얼마나 좋을까!"라고 외치게 됩니다. 왜냐하면, 나도 구주를 찬양하는 노래를 만들어서 직접 부르고 싶기 때문입니다. 누군가가 예수의 모든 영광들과 아름다움들을 얘기할 때, 여러분은 자신을 거의 주체할 수 없어서, 어느샌가 큰 소리로 예수를 소리 높여 찬송하고 싶어집니다. 감리교인들이 "주여 찬송을 받으소서"라고 외치는 것도 전혀 이상한 일이 아닙니다. 여러분 중에서 평소에 아주 점잖고 조용한 사람들까지도 "할렐루야"라고 큰 소리로 외치고 싶어집니다. 여러분에게 그런 마음이 든다면, 마음껏 그렇게 하십시오. 주 예수 그리스도께서 여러분의 심령을 그런 식으로 붙잡고 계신다면, 여러분은 그의 것임을 나는 확신합니다. 여러분의 존재 전체가 다른 것들로는 깨어나지 않는데, 오직 예수의 이름에 의해서 깨어난다면, 그것은 여러분과 예수 사이에 아무도 알지 못하는 어떤 비밀들이 존재하기 때문임이 틀림없습니다. 나의 심령은 종종 포로로 잡혀간 어떤 왕과 같습니다. 이 포로가 된 왕은 옥탑 감옥에 홀로 갇혀서, 자신의 고국 땅과 빈 궁전, 자기를 포로로 끌고 온 적군의 악의를 생각하면서, 가눌 길 없는 슬픔에 젖어 파리하게 수척해 가고 있습니다. 이 왕을 그 깊은 슬픔에서 건져 줄 수 있는 것은 아무것도 없습니다. 성의 안팎으로 많은 소리들이 들리지만, 그것들은 그에게 다 허망한 것들일 뿐입니다. 음유시인들이 부르는 세레나데는 오직 그의 비참한 처지를 조롱하는 소리로 만 들릴 뿐입니다. 그런데 어느 날 한 부드러운 목소리가 그를 전율시킵니다. 그는 그 노래의 가사에 귀를 기울입니다. 그것은 죽은 자를 살아나게 하는 가사였습니다. 그 가사의 다음 절은 오직 그 왕만이 알 뿐입니다. 그 노래가 이 왕에게 어떤 효과를 가져왔는지를 보십시오. 그의 눈은 빛나기 시작하였고, 그의 존재 전체는 다시 생기를 찾았습니다. 그는 이제 그 노래에 화답합니다. 그가 얼마나 큰 기쁨에 사로잡혀서 노래하는지를 보십시오. 정말 그는 훌륭한 가수가 되어 있습니다. 원래 그 왕은 그렇게 좋은 목소리를 가지고 있지 않았습니다. 옥탑 감옥 아래에서 음유시인이 이 노래의 3절을 부를 때, 이 왕은 너무나 기뻐합니다. 도대체 그 이유가 무엇일까요? 그것은 그의 친구 블론델(Blondel)이 마침내 그를 찾아내서 그에게 인사하고 있는 것이었기 때문이었습니다. 그 노래는 이 세상에서 아무도 알지 못하였고, 오직 이 두 사람만이 알고 있는 노래였습니다. 주를 경외하는 자들이 알고 있는 주의 비밀이 바로 그런 것입니다. 내 주님은 어떻게 해야 나의 심령을 움직일 수 있는지를 아시기 때문에, 그가 말씀하시면, 내 마음은 녹아내립니다. 내 심령 속에는 내가 사랑하는 자를 위한 노래가 있고, 내가 사랑하는 자에게는 나를 위한 노래가 있습니다. 오직 그만이 내 마음을 움직이는 것을 보고서, 나는 내가 그의 것임을 압니다.

사랑하는 친구들이여, 이런 식으로 해서 자신이 주의 것임을 여러분이 아셨다면, 그의 사랑 안에서 행복해하십시오. 그리고 전적으로 오직 그를 위해서 살아가십시오. 그가 전적으로 여러분의 것이듯이, 여러분도 전적으로 그의 것이 되십시오. 가정에서도 그를 높여드리고, 바깥 세상에서도 그를 높여드리십시오. 여러분이 부엌에 있는지, 거실에 있든지, 공장에 있든지, 길거리에 있든지, 밭에 있든지, 여러분이 있는 바로 그 곳에서 주님을 섬기십시오. 여러분이 주님의 것이라는 사실을 기뻐하십시오. 하나님의 약속들이 여러분에게 주어져 있다는 것을 받아들이십시오. 여러분은 주님의 "누이"이자 "신부"이고, 주님은 여러분의 "형제"이자 "신랑"이십니다. 그런 관계에 합당한 사랑을 그에게 드리십시오. 여러분은 그의 "잠근 동산이요 덮은 우물이요 봉한 샘"입니다. 그러므로 여러분의 모든 것, 즉 여러분의 샘에서 흘러나오는 모든 물줄기, 여러분의 손으로 행한 모든 일, 여러분의 따뜻한 마음 등등을 모두 그에게 드리십시오. 여러분이 전적으로 주님의 것이 되는 이 지극한 복과 존귀함이 여러분의 것이 되게 하십시오.

제
9
장
—

자신의 동산에서
잔치를 베푸시는 왕

—

"내 누이, 내 신부야 내가 내 동산에 들어와서 나의 몰약과
향 재료를 거두고 나의 꿀송이와 꿀을 먹고 내 포도주와 내
우유를 마셨으니 나의 친구들아 먹으라 나의 사랑하는 사람
들아 많이 마시라." — 아 5:1

나는 오늘의 본문이 우리 교회의 영적 상태에 적절한 본문이라고 믿습니다.
내가 크게 착각하고 있는 것이 아니라면, 만군의 하나님께서는 매우 두드러진
방식으로 우리와 함께 하십니다. 우리 교회의 기도회들은 열렬하고 뜨겁고 간절
한 기도로 유명합니다. 우리 교회의 성경 공부들은 상당히 능력 있는 모임으로
유명합니다. 그런 모임들에서 야단법석을 떨지 않아도 아주 조용한 가운데 많은
영혼들이 자신의 죄를 깨닫고서 믿음으로 그리스도를 받아들임으로써 위로를
받아 왔습니다. 그리스도의 은혜로 말미암아 우리는 버림 받은 교회가 되지 않
았고, 울타리가 다 무너져서 숲의 들짐승들이 들어와서 우리 교회를 훼파하는
일도 일어나지 않았습니다. 하나님께서는 은혜의 단비를 내려주셔서, 우리 교회
가운데서 말씀의 씨앗들이 잘 자라나게 하셨습니다. 하나님은 자기 동산의 식물
들에 물을 주셨고, 우리의 심령들로 하여금 그의 임재를 기뻐하게 하셨습니다.
내가 믿는 대로, 오늘의 본문이 우리 교회에 적절한 본문이라고 한다면, 간절한

마음으로 이 본문에 집중하는 것이 우리의 의무입니다. 그리스도의 일꾼들은 동산을 돌보는 것이 그들에게 맡겨진 일이라고 할지라도, 그들의 주된 일은 그 동산의 주인이신 그리스도와 교제하는 것이 되어야 합니다. 왜냐하면, 그가 이 아침에 일꾼들에게 그렇게 하라고 부르시기 때문입니다. "나의 친구들아 먹으라 나의 사랑하는 사람들아 많이 마시라." 하나님의 성령이 역사하시는 행복하고 좋은 때에, "이제 우리가 이전보다 더 열심히 일해야 한다"고 말하는 것은 아주 자연스러운 일입니다. 그리고 하나님께서도 우리가 그러한 열심을 방해하는 것을 금하십니다. 그러나 우리는 영적으로 더 큰 특권을 부차적인 것으로 돌려서는 안 됩니다. 우리는 일도 해야 하지만, 하나님과 교제도 해야 합니다. 왜냐하면, 우리는 하나님과의 교제를 통해서 일을 할 수 있는 힘을 얻게 되고, 그렇게 힘을 얻어서 일을 하게 되면, 그 일을 더 잘하게 되고, 그 일은 하나님께 더 열납될 만한 일이 되어서, 우리가 더 큰 복을 얻게 될 것이기 때문입니다. 우리가 마르다처럼 일하면서, 아울러 마리아처럼 교제한다면, 일을 많이 하느라 거기에 얽매이고 사로잡히게 되는 것을 막을 수 있게 될 것입니다. 그럴 때, 우리는 자유로운 마음으로 일을 하게 될 것이기 때문에, 주님의 발 앞에 앉아서 말씀을 듣고 있는 다른 사람들에 대하여 불평하는 마음을 갖지 않게 될 것입니다.

본문은 자연스럽게 세 부분으로 나뉩니다. 첫 번째는 하늘의 신랑의 임재에 관한 부분입니다: "내 누이, 내 신부야 내가 내 동산에 들어와서." 두 번째는 신랑이 자신의 교회에 대하여 만족해하는 부분입니다: "나의 몰약과 향 재료를 거두고 나의 꿀송이와 꿀을 먹고 내 포도주와 우유를 마셨으니." 세 번째는 신랑이 자신의 사랑하는 사람들을 초대하는 부분입니다: "나의 친구들아 먹으라 나의 사랑하는 사람들아 많이 마시라."

1. 첫째로, 하늘의 신랑은 자신의 임재를 알립니다.

본문은 "내가 내 동산에 들어와서"라고 말씀합니다. 그리스도께서는 우리에게 "내가 왔다"고 말씀하십니다. 그는 우리가 모르는 사이에 오실 수 있습니까? 그런 일이 가능합니까? 우리는 그를 보아도 알아보지 못한 자들처럼 될 수 있습니까? 막달라 마리아처럼 그리스도께서 바로 옆에 서 계시는데도 그리스도를 찾는 일이 우리에게도 일어날 수 있을까요? 물론입니다. 심지어 우리는 예수께서 물 위로 걸어오시는 것을 보고서도 두려워하였던 제자들과 같이 될 수도 있습니다. 그들은 자신들이 보고 있는 것이 유령이라고 생각해서 비명을 질렀지만, 예수께서는 "내니 두려워하지 말라"(요 6:20)고 말씀하셨고, 그때서야 자신들이 본 것이 주님이신 것을 알았습니다. 우리는 여기에서 우리의 무지를 보고, 우리 주님의 자애로우심을 봅니다. 그가 오셔도, 우리는 그를 알아보지 못할 수 있습니다. 그렇기 때문에, 여기에서 그는 우리를 배려하셔서, 자기가 왔다는 복된 사실을 우리에게 알리시고, 우리에게 그 사실을 잘 생각해 보고 기뻐하라고 말씀하십니다. 그는 우리로 하여금 "자기 땅에 오매 자기 백성이 영접하지 아니하였으나"(요 1:11)라는 말씀을 듣지 않게 하시기 위하여, 자기가 왔다는 사실을 우리에게 먼저 말씀해 주신 것입니다.

먼저, 우리가 주목해야 할 것은 이 오심은 우리의 기도에 대한 응답이라는 것입니다. 우리의 성경 번역자들은 성경의 장절을 구분할 때에 그 연결 관계나 문맥을 철저히 무시해 버리고, 한 절이 되어야 할 부분을 싹둑 잘라서 두 절로 나누어 버린 것으로 보입니다. 앞에서, 교회는 "북풍아 일어나라 남풍아 오라 나의 동산에 불어서 향기를 날리라"(아 4:16a)고 말하였고, 또한 "나의 사랑하는 자가 그 동산에 들어가서 그 아름다운 열매 먹기를 원하노라"(아 4:16b)고 말하였습니다. 바로 그 기도에 대한 "사랑하는 자"의 응답이 "내가 내 동산에 들어와서"입니다. 기도는 언제나 응답되고, 믿는 심령들의 기도는 예수의 마음에 울려 퍼집니다. 신부의 기도가 얼마나 빨리 응답되었는지를 보십시오. 신부는 "나의 사랑하는 자가 그 동산에 들어가서 그 아름다운 열매 먹기를 원하노라"고 기도한 것의 여운이 채 사라지기도 전에, 신랑이 "내가 내 동산에 들어와서"라고 응답하시는 말씀을 듣게 됩니다. "그들이 부르기 전에 내가 응답하겠고 그들이 말을 마치기 전에 내가 들을 것이며"(사 65:24). 그는 자기 백성의 아주 가까이에 계시기 때문에, 그들의 기도에 아주 신속하게 응답하십니다. 또한, 그가 그들의 기도에 얼마나 온전히 응답하시는지를 보십시오. 아마도 여러분은 "그녀가 '북풍아 일어나라 남풍아 오라'고 말한 것으로 보아서, 그녀는 성령을 구한 것이 틀림없지만, 하늘의 바람이 동산 전체에 불었다는 언급은 본문에 나오지 않습니다"라고 말하며, 기도가 응답되지 않은 것이라고 말할지도 모르겠습니다. 하지만 "사랑하는 자"가 오신 것이 바로 응답이었습니다. 왜냐하면, 그는 북풍과 남풍을 부리시는 이시기 때문입니다. 그가 오시면, 온갖 좋은 것들이 뒤따라오게 되어 있습니다. 그리스도의 감미로운 사랑이 심령 속으로 흘러들어오면, 그 심령으로부터는 늘 향기들이 흘러나옵니다. 그리스도께서 오시면, 그리스도인들은 그 안에서 모든 것을 갖게 됩니다. 그러므로 그가 오신 것은 그녀의 기도에 대한 응답이었을 뿐만 아니라, 온전하고 차고 넘치는 응답이었습니다. 왜냐하면, 그녀는 "나의 사랑하는 자가 그 동산에 들어가서 그 아름다운 열매 먹기를 원하노라"고 말했을 뿐이지만, 그는 "몰약과 향 재료를 거두고," "포도주와 우유를 마셨기" 때문입니다. 그는 하나님의 아들이라는 왕적인 품격에 맞춰서, 그녀가 구하거나 생각했던 것을 훨씬 뛰어넘어서 응답하셨습니다. 그는 우리의 빈약한 표현력과 보잘것없는 소원을 따라 응답하시는 것이 아니라, 그의 풍성하신 영광을 따라 그의 다함없는 충만하심으로부터 우리에게 은혜에 은혜를 더하시는 방식으로 응답하십니다. 형제들이여, 하나님께서는 우리 교회가 드린 모든 기도에 대하여 차고 넘치게 응답해 주셨습니다. 우리는 늘 하나님을 바라보았고, 이 전에서는 온종일 기도가 이어졌습니다. 지난달에도 이 전에서 기도가 드려지지 않은 때는 거의 단 한 시간도 없었습니다. 응답은 이미 주어졌는데도, 우리는 그 응답을 알아차리지 못하고 간과하기가 너무나 쉽습니다. 하지만 그래서는 안 됩니다. 우리의 기도를 결코 헛되게 하지 않으신 하나님을 찬송합시다. 하나님께서는 우리의 기도에 응답하셔서, 모든 복들 중에서 최고의 복인 하나님의 임재라는 복을 우리에게 주셨습니다. 우리는 바로 그것을 위해서 그의 보좌 앞에서 늘 간절하게 기도드렸습니다. 하나님을 높이고 찬양합시다! 우리는 하나님께서 지금 이렇게 말씀하시는 음성을 들을 수 있습니다: "내가 너희의 모임에 와서 너희에게 복을 주고 있노라. 나는 영혼들을 구원하고 있고, 너희 중 어떤 이들을 나와의 친밀한 교제 속으로 이끌고 있노라. 또한, 나는 너희 중 어떤 이들을 책망하여, 그들이 지금까지 비굴하고 천하게 살아온 삶을 뉘우치라고 권하고 있노라. 나는 너희와 함께 있어, 너희의 기도를 들었고, 이곳에 와서, 내 백성인 너희와 함께 거하고 있노라."

사실이 이렇기 때문에, 이제 우리가 다음으로 살펴보아야 할 것은 이것이 얼마나 이루 말할 수 없는 복인가 하는 것입니다. 만일 하나님께서 "내가 나의 천사를 보냈노라"고 말씀하셨다고 하더라도, 그것은 우리에게 너무나 귀한 복이 되었을 것입니다. 그러나 하나님께서는 그렇게 말씀하지 않으시고, "내가 왔다"고 말씀하십니다. 아니, 이것이 무슨 말씀입니까? 천사들이 하나님 앞에서 머리를 조아리며 경배하고, 온전하게 된 영들이 자신의 면류관을 하나님 앞에 던지는 그런 하나님께서 자신을 지극히 낮추셔서 교회에 오신다는 것이 말이 되는 것입니까? 그런데, 그것이 사실입니다. 그리스도께서는 자기 백성 가운데 친히 임재해 계십니다. 두세 사람이 그리스도의 이름으로 모이는 곳에는, 그들 가운데 그가 계십니다. 그가 육체로 임재해 계신 곳은 하늘이지만, 그는 교회에 영적으로 임재해 계십니다. 우리는 원하는 것이 바로 그런 임재이고, 그가 우리 가운데 허락하시는 것이 바로 그런 임재입니다. 우리가 거룩한 모임 속에서 함께 만날 때, 그는 진정으로 우리와 함께 하십니다. 우리가 서로 흩어져서, 우리가 가야 할 곳들로 가서 영적인 싸움을 싸울 때에도, 그는 진정으로 우리와 함께 하십니다.

형제들이여, 우리가 교회로서 그의 임재를 누리는 것은 우리에게 주어진 너무나 귀한 특권입니다. 그가 우리 가운데 계시지 않을 때에 우리가 겪게 되는 비참한 결과들을 생각해 보면, 우리는 그의 임재가 얼마나 귀한 것인지를 알게 됩니다. 예수 그리스도께서 동산에 계시지 않을 때, 식물들은 시들고, 무화과나무들에서는 열매들이 채 익지도 못한 채로 떨어져 버리고 맙니다. 예수께서 꽃들을 잘 엮으셔서 피게 하지 않으시면, 꽃들이 필 수도 없고, 설령 핀다고 하여도, 실망스러운 모습으로 피게 됩니다. 그러나 그가 오시면, 동산에 있는 가장 메마른 가지들에서조차도 아론의 지팡이처럼 싹이 납니다. 이 교회에 오래 다니신 분들은 우리 교회가 어려웠던 때들을 기억할 것입니다. 그때에는 목회사역에 능력도 없었고, 주일에 사람들이 별로 모이지도 않아서, 기뻐하는 음성은 없었고, 단지 탄식하는 소리만이 시온의 궁정을 서글프게 하였습니다. 그러나 이제 우리는 즐거워하고 기뻐하고, 앞으로도 즐거워하고 기뻐할 것입니다. 우리는 참담했던 과거와 즐겁고 기쁜 현재의 너무나 대조적인 모습을 보면서, 크게 즐거워하고 기뻐하며 큰 소리 나는 제금으로 하나님을 찬양하고 감사하는 것이 마땅합니다.

또한, 만일 하나님께서 우리가 저지른 죄악들을 따라 우리를 대하시고 보응하셨다면, 우리는 이 동산에 들어오시는 "사랑하는 자"의 발자국 소리를 결코 듣지 못하게 되었을 것이라는 사실도 우리는 기억하여야 합니다. 우리 중에서 얼마나 많은 사람들이 부주의하게 살고 타락한 삶을 살아감으로써 성령을 근심하게 하였습니까? 우리 중에서 대부분의 사람들이 늘 주님과 교제하며 주님을 섬기며 살기보다는 주님을 아주 멀찍이서 따라가는 삶을 살아오지 않았습니까? 나의 주님, 만일 주께서 교회의 목회자의 죄악들만을 생각하셨다면, 주께서는 이미 오래 전에 이 무리를 떠나셨을 것입니다. 그러나 주께서는 우리를 가혹하게 다루시지 않으셨고, 그 사랑과 긍휼하심을 따라 구름 같이 많은 우리의 죄악들을 다 지워 주셨습니다. 우리의 죄악들은 짙은 구름처럼 허다하게 많았는데도, 주께서는 자신을 낮추시고 이 동산에 와 주셨습니다.

여러분이 이 놀라운 말씀을 한 단어 한 단어 음미한다면, 이 말씀이 무엇을 의미하는지를 깨닫게 될 것입니다: "내가 들어와서." 이것은 그리스도께서 친히 임재해 계신다는 것입니다. "내가 왔노라." 이것은 그리스도께서 동산에 들어와 임재해 계신다는 것이 확실하다는 것입니다. 이것은 속임수도 아니고, 꿈도 아니고, 가상현실도 아닙니다. "내가 진짜로 들어왔노라." 지금 바로 이 시간에 주께서 여기에 임재해 계시는 것으로 인하여, 주의 이름이 찬송을 받으시기를 원하나이다. 많은 성도들이 자기가 그의 얼굴을 보았고, 그의 입술의 입맞춤을 느꼈다고 증언할 수 있고, 지금 이 시간까지 그의 사랑이 포도주보다 더 낫다는 것을 증명해 왔습니다. 그가 어디에 오셨는지를 보십시오: "내가 내 동산에 들어와서." 그리스도께서 자신의 교회에 얼마나 가까이 계시는지를 보십시오. 그는 동산 입구에 오신 것도 아니고, 동산 근처에 오셨다가 거기에 쳐진 울타리를 한 번 훑어보신 것도 아니며, 문 앞에 오셨다가 다시 가신 것도 아닙니다. 그는 "내 동산에 들어왔다"고 말씀하십니다. 그는 자기 동산에 들어오셔서, 지금 그 푸른 동산에 나 있는 모든 길들을 거닐고 계십니다. 그는 향기로운 방초들 사이를 거닐시며, 온갖 꽃들을 감상하시며, 온갖 열매 맺는 나무들에 나 있는 쓸모없는 잎들과 가지들을 쳐주시고, 천부께서 심지 않으신 것들을 뿌리째 뽑고 계십니다. 이 동산에 있는 사람들이 그의 기쁨입니다. 그와 그가 택하신 자들 간의 교제는 지극히 친밀해서, 신부는 "나의 사랑하는 자가 그의 동산으로 내려가서 향기로운 방초들 사이를 거닐며 그 아름다운 열매들을 먹으며 백합화들을 거두는구나"라고 노래할 수 있습니다. 주 예수 그리스도께서는 자신의 교회를 결코 잊지 않으시고, "나 여호와는 포도원지기가 됨이여 때때로 물을 주며 밤낮으로 간수하여 아무든지 이를 해치지 못하게 하리로다"(사 27:3)라는 약속을 지키십니다. 형제들이여, 이것은 즐겁고 기쁜 사실일 뿐만 아니라 엄연한 사실이기도 합니다. 이 교회의 지체들인 여러분, 예수께서 이 교회에 오셔서, 지금 여러분 사이를 거닐고 계시며, 여러분이 자기를 어떻게 대하는지를 보고 계신다는 것을 기억하십시오. 그는 오늘 누가 자기와 교제하고 있고, 누가 그렇지 않은지를 아십니다. 그는 알곡과 겨를 분별하십니다. 그가 타작마당에 오실 때에는 결코 알곡과 겨를 갈라내는 키를 가지지 않고 그냥 오시지 않습니다. 여러분이 겨와 같은 자가 되지 않도록 조심하십시오. 그는 자기 동산에 오셨습니다. 여러분 중에서 그와의 은혜로운 교제를 별로 누리지 못해 온 분들은 그가 여러분에게 눈길을 주셔서, 여러분이 해바라기처럼 그 햇살을 통해서 새 힘을 얻기 위하여 자신의 얼굴을 늘 그에게로 돌릴 수 있게 해주시기를 기도하십시오. 그의 임재를 간절히 사모하십시오. 여러분의 심령이 한밤중처럼 어둡다면, 그에게 부르짖으십시오. 그는 자신의 택하신 자들의 아주 희미한 신음소리조차 들으시는 분이십니다.

　　그리스도께서는 "내가 내 동산에 들어왔다"고 말씀하십니다. 여기에서 우리가 주목할 것은 그리스도께서 교회를 자신의 소유라고 하신다는 것입니다. 만일 교회가 그의 동산이 아니라면, 그는 그 동산에 들어오지 않으실 것입니다. 그리스도의 교회가 아닌 교회에는 그의 임재가 있을 수 없고, 그리스도의 소유가 아닌 영혼은 그와 교제할 수 없습니다. 그는 자기 백성, 자기 피로 사신 백성, 자신의 피로 사서 능력으로 자신의 소유가 되게 하심으로써 스스로 그에게 순복하게 된 자기 백성에게 자신을 계시하십니다. 하나님께서 이 교회를 내게 돌보라고 맡기신 것을 생각할 때, 나를 비롯해서 이 교회의 직분자들은 무거운 책임감 아래에서 눌리는 것이 당연합니다. 그러나 결국, 우리는 이렇게 말할 수 있습니다: "주여, 이 동산은 우리의 것이 아니라, 주의 것입니다. 우리는 이 모든 사람들을 낳지도 않았고, 그들을 우리의 품에 품을 수도 없습니다. 그러나 목자장이신 주여, 주는 이 양 무리를 넉넉히 지키실 수 있으십니다." 이 동산은 그리스도의 것이기 때문에, 그는 이 동산에 있는 나무 한 그루, 풀 한 포기라도 결코 죽게 내버려 두지 않으실 것입니다. 그리스도를 위하여 일하는 나의 형제들이여, 여러분이 하는 어떤 일들이 성공한 것 같이 보이지 않더라도, 낙심하지 마십시오. 그가 그 일들을 돌보실 것입니다. "그의 손으로 여호와께서 기뻐하시는 뜻을 성취하리로다"(사 53:10). 교회를 돌보는 일은 우리의 일이라기보다는 그의 일이고, 영혼들을 돌보는 것도 우리의 책임이라기보다는 그의 책임입니다. 그러므로 우리는 소망과 확신을 가져야 합니다. 왜냐하면, 주님께서 반드시 자신의 "아름다운 포도원"(사 27:2)을 보시며 미소지으실 것이기 때문입니다.

　　다음으로, "내가 내 동산에 들어와서"라는 말씀은 이 동산이 경작되었음을 의미합니다. 교회는 경작된 곳입니다. 교회는 저절로 우연히 생겨난 것이 아니라,

그리스도께서 친히 경작하신 곳입니다. 교회는 그리스도께서 친히 경작하시고 돌보시는 곳이기 때문에, 그 열매들은 당연히 그의 것입니다. 교회로서의 우리가 이 사실을 진정으로 알 수 있다면, 그것은 참으로 감사한 일입니다.

> "우리는 주께서 자신의 것으로 택하셔서
> 울타리를 둘러 만드신 동산이라네."

최고의 경작자이신 그리스도께서는 아주 세심하게 자기 백성을 훈련시키시고, 자신의 손으로 빚어 만든 작품인 그들을 보시며 기뻐하십니다.

다음으로, 그리스도께서 자신의 교회가 하는 일이 아니라 교회 자체에 대하여 말씀하시는 아주 기가 막힌 두 단어가 나옵니다. 우리는 이 단어들이 그가 자기 백성의 관심을 그들의 일이 아니라 그들 자신과 그에게로 돌리시기 위한 것이라는 느낌을 받습니다. 그는 이렇게 말씀하십니다: "내 누이, 내 신부야." 동산을 지칭하는 이름은 하나뿐이지만, 교회를 지칭하는 이름은 둘입니다. 동산에서의 일도 그의 일이고, 동산 자체도 그의 동산이지만, 그는 일이 아니라 일꾼과의 교제를 원하시기 때문에, 교회 자체를 향하여 말씀하십니다. 그는 교회를 "내 누이, 내 신부"라고 부르십니다. "신부"라는 단어 속에는 첫 번째 단어인 "누이"에는 없는 사랑스럽다는 뉘앙스가 내포되어 있습니다. 신랑에게 신부보다 더 사랑스러운 것이 무엇이 있을 수 있겠습니까? 하지만 신부가 신랑에게 사랑스럽지 않은 때가 있었고, 신랑이 신부를 알지 못했던 때, 둘 사이에 아무런 관계도 없었던 때가 있었습니다. 지금 이 둘은 혼인에 의해서 한 몸이 되었지만, 그때에는 서로 다른 권속에 속해 있었습니다. 그런 까닭에, 그는 둘이 혼인에 의해서만이 아니라, 혈통적으로도 아주 오래 전부터 친밀하고 가까웠음을 보여주시기 위하여 "누이"라는 사랑스러운 이름을 덧붙이십니다. 이 두 단어가 합쳐져서 이루 말할 수 없이 달콤한 관계를 보여줍니다. 나는 이 관계를 많은 말로 여러분에게 설명하고자 하지 않고, 여러분이 스스로 묵상하시도록 맡겨두고자 합니다. 교회를 "내 누이, 내 신부야"라고 부르시는 이께서 이 두 단어의 풍성한 의미를 여러분의 영혼에 계시해 주시기를 빕니다.

그러므로 모든 것의 핵심은 이것입니다. 주님이 이 교회에 매우 두드러진 방식으로 임재해 계신다는 것입니다. 사랑하는 자들이여, 나는 여러분 중에서 하나님께서 동산에서 거니실 때에 아담처럼 하나님의 얼굴을 피하여 나무 뒤로 숨는 사람이 단 한 명도 없기를 기도합니다. 여러분이 자신의 일을 핑계로 하나님과의 교제를 회피하는 일이 없기를 빕니다. 다시 죄 가운데로 빠져든 자들이여, 그리스도께서는 옛적에 아담을 부르셨듯이 지금 여러분을 부르고 계십니다: "네가 어디 있느냐"(창 3:9). 사랑하는 자들이여, 어서 와서, 여러분의 주님과 교제를 나누십시오. 울창한 디르사 나무 숲과 같은 온갖 걱정과 염려에 파묻혀서 여러분의 주님의 얼굴을 피하고 있는 상태에서 지금 걸어 나오십시오. 주님이 여러분을 부르시는 음성이 들리지 않습니까? "바위 틈 낭떠러지 은밀한 곳에 있는 나의 비둘기야 내가 네 얼굴을 보게 하라 네 소리를 듣게 하라 네 소리는 부드럽고 네 얼굴은 아름답구나"(아 2:14). 우리 중 그 누구도 주님께서 동산에서 큰 고통 가운데서 기도하고 계시는 동안에 잠을 자고 있었던 제자들 같이 되어서는 안 됩니다.

　　잠자는 자들이여, 일어나십시오! 그리스도께서 오셨습니다. 한밤중에 "보라 신랑이로다"(마 25:6)라는 소리가 들렸을 때에 처녀들이 잠에서 깨어 일어났듯이, "내가 왔노라"는 음성에 여러분도 잠에서 깨어 일어나는 것이 마땅하지 않겠습니까? 그것은 바로 주님의 음성입니다. 여러분은 "그가 오셨다"는 소리가 아니라, "내가 왔노라"는 음성을 듣고 있습니다. 잠자는 자들이여, 어서 일어나십시오. 이제 여러분의 온 마음과 영혼을 다해서 그와 교제하고자 하십시오. 그리스도께서 우리와 함께 계시는데, 우리 중에 한 사람이라도 쿨쿨 잠을 자고 있다가, 나중에야 일어나서, "분명히 하나님께서 이곳에 계셨는데, 내가 그것을 몰랐구나"라고 말한다면, 그것은 얼마나 서글픈 일이겠습니까! 도리어, 여러분은 그리스도로 하여금 여러분의 심령 속에 오셔서, 날이 밝아 그림자가 물러갈 때까지 여러분과 함께 거하다가, 여러분이 그를 얼굴을 맞대고 볼 수 있게 해주시라고 초대하는 것이 마땅합니다.

2. 둘째로, 그리스도께서는 자기 백성의 제사들을 기뻐하십니다.

　　우리는 첫 번째 대지를 아주 자세하게 살펴보았는데, 하나님의 성령께서 우리를 도우셔서 자신의 교회에 임재해 계시는 우리 주님을 뵈올 수 있게 해주시기를 빕니다. 오늘의 본문에 나오는 아름다운 표현들은 많은 거룩한 의미들을 담고 있지만, 내가 아무리 그 의미들을 설명한다고 해도, 이 본문에 숨겨져 있는 보화들을 다 캐내는 것은 불가능합니다. 하지만 우리가 먼저 살펴볼 것은 그리스도께서는 자기 백성이 드리는 제사들을 기뻐하신다는 것입니다. 그는 "나의 몰약과 향 재료를 거두었다"고 말씀하십니다. "몰약과 향 재료"는 우리가 하나님께 분향하여 올려드린 향기, 즉 하나님의 백성이 하나님께 드린 제사를 가리킨다고 할 수 있습니다. 나는 기도는 향기로운 "몰약"과 같다고 말하고자 합니다. 우리의 "사랑하는 자"께서는 거룩한 기도의 "몰약," 곧 이 교회에서 오랜 세월 동안 눈물과 탄식과 부르짖음으로 드린 저 회개의 기도라는 "몰약"을 "거두어" 오셨습니다. 아마도 여러분은 말없이 흐느끼며 드렸던 보잘것없는 여러분의 기도를 하나님이 결코 받지 않으셨을 것이라고 생각했을 것입니다. 그러나 예수께서는 그 기도를 "향 재료"라고 하시며 "거두셨습니다." 어떤 형제가 큰 소리로 기도하고 있었을 때, 여러분은 멸망해 가는 죄인들이 죽게 되는 것을 차마 그냥 보고 있을 수 없고, 그리스도의 이름이 모독을 당하는 것이 견딜 수가 없어서, 금식하며 말없이 눈물만 뚝뚝 흘렸었는데, 우리의 "사랑하는 자"께서는 여러분의 그 눈물방울들을 지극히 향기로운 향유로 여기시고 정말 소중히 "거두셨습니다." 시편 72:15에서는 "그들이 생존하여 스바의 금을 그에게 드리며 사람들이 그를 위하여 항상 기도하고 종일 찬송하리로다"(시 72:15)라고 말하고 있지 않습니까? 그리고 여러분은 "그의 이름이 쏟은 향기름"(아 1:3) 같이 되고, 그가 자신의 허리에 칼을 차고 승승장구하게 되시기를 기도하였습니다. 예수께서는 여러분이 자신의 마음을 올려드리는 것을 보시고 기뻐하셨습니다. 다른 사람들은 여러분이 기도하였다는 사실을 알지 못하였고, 아마 여러분도 자기가 제대로 기도하였다고 생각하지 않았을 것입니다. 그러나 주님은 여러분으로부터 자신의 "몰약과 향 재료를 거두셨습니다." 진심에서 드려진 기도는 결코 땅에 떨어지는 법이 없습니다. 주님은 자기 백성이 탄식하고 신음하는 소리를 결코 잊지 않으십니다. 사람들이 많은 비용과 수고를 들여서 경작한 동산으로부터 귀한 소산들을 거두듯이, 주님은 자기 백성의 기도들을 거두십니다.

또한, 우리가 드리는 찬송들도 하나님 앞에 "몰약과 향 재료"가 아니겠습니까? 왜냐하면, 우리의 기도들만이 아니라 우리의 찬송들도 하나님의 보좌 앞으로 올라가는 향기이기 때문입니다. 지난 목요일 밤에 나의 형제가 한 설교를 여러분이 들으시고서 내가 느낀 것처럼 느끼셨다면, 여러분의 심령은 틀림없이 향로의 뜨거운 숯불로부터 올라가는 향연처럼 하나님께 찬송을 올려드렸을 것입니다. 그 밤에 그 형제는 우리가 왜 하나님께 감사하고 찬송하여야 하는지를 여러 모양으로 얘기함으로써 향로에 한 웅큼의 유향을 넣어 거기로부터 향기가 위로 올라가게 하였기 때문입니다. 그 밤에 우리가 함께 하나님을 찬송한 것도 좋았고, 우리가 함께 주의 식탁에 나아가서, 성찬예식 자체가 하나님께 찬송이 되게 한 것도 기쁜 일이었습니다. 찬송이 즐겁고 아름다운 주된 이유는 예수께서 "감사로 제사를 드리는 자가 나를 영화롭게 하나니"(시 50:23)라고 말씀하시고, 그 찬송의 제사를 받으시기 때문입니다.

하나님께서 제사를 "돈으로 산 향품"(사 43:24)이라고 말씀하셨을 때, 그 제사는 하나님의 백성이 자신들의 소산의 모든 첫 열매들을 가져와서 기도와 찬송으로 하나님의 이름에 감사의 제사를 드리는 것을 가리키는 것이 아니었습니까? 하나님께서는 "빈 손으로 내 앞에 나오지 말지니라"(출 23:15)고 말씀하셨기 때문에, 나는 여러분 중에서 그 누구도 하나님 앞에 "빈 손으로" 나오고서도 아무렇지도 않은 사람이 단 한 사람도 없기를 바랍니다. 하나님의 복음을 전파하고, 하나님의 가난한 백성들을 먹이며, 헐벗은 자들을 입히기 위하여 여러분이 진실한 마음으로 드리는 헌물들은 하나님께 드리는 것입니다. 여러분이 드린 것이 비록 한 푼에 불과하다고 할지라도, 하나님의 이름으로 그것을 드렸다면, 하나님께서는 "내가 나의 몰약과 향 재료를 거두었노라"고 말씀하실 것입니다.

다음으로, 구주께서는 자기 백성의 **사랑**을 보시고 만족해하십니다: "나의 꿀송이와 꿀을 먹고." 이 달콤함이 그리스도인들의 사랑을 가리키는 것이라고 내가 믿는 것이 착각일까요? 사랑은 모든 은혜들 중에서 가장 풍부하고 진해서, 다른 모든 은혜들을 달콤하게 만들기 때문입니다. 예수 그리스도는 자기 백성의 사랑 속에서 즐겁고 기쁜 위안을 얻으십니다. 자기 백성의 내면에 있는 사랑은 "꿀"과 같고, 그 사랑이 밖으로 표출된 것들은 "꿀송이"와 같습니다. 그는 자기 백성들의 마음으로부터 "꿀"처럼 뚝뚝 떨어지는 너무나 귀한 사랑을 기뻐하시고, 그 사랑들이 모이고 축적되어서 그의 손에 놓여진 "꿀송이"를 기뻐하십니다. 또는, "꿀송이"를 기뻐하신다는 것은 그리스도께서 자기 백성의 연약하고 불완전한 것들을 좋게 보아 주신다는 것을 의미하는 것일 수도 있습니다. 왜냐하면, "꿀송이"는 먹기에 불편하지만, 그는 그것을 "꿀"과 똑같이 여겨 주시기 때문입니다. "나의 꿀송이와 꿀을 먹고." 그가 자기 백성을 보시고, 자기가 그들을 위하여 행하신 일들을 보실 때, 사랑으로 충만하신 그의 마음은 자신의 은혜가 이룬 일들을 기뻐하십니다. 어떤 자비로운 사람이 길거리에 버려져 있던 아이를 집으로 데려와서 키우고 교육시키면서, 그 아이가 행복하고 건강하게 똑똑한 재능 있는 아이로 커가는 것을 바라볼 때에 기뻐하는 것과 마찬가지로, 예수 그리스도께서도 자기 백성이 과거에 어떠하였는지를 기억하시면서, 그들 속에서 하나님의 은혜가 나타나서, 그들이 거룩함과 자기부인과 하나님과의 교제를 사모하는 모습을 보실 때, 그것은 그에게 "꿀"과 같습니다. 그는 자신의 돌보심과 훈육으로 말미암아 우리가 달콤하고 향기로운 열매들을 맺는 것을 보실 때에 지극히 큰 만족감을 느끼십니다. 우리의 모든 연약하고 불완전한 점들에도 불구하고, 그는 우리의 사랑을 받으시고서, "나의 꿀송이와 꿀을 먹었노라"고 말씀하십니다.

우리의 보배로운 본문으로 다시 돌아가 보면, 우리는 이 본문 속에서 우리 주님이 만족하시는 것이 먹고 마시는 것에 비유되고 있음을 보게 됩니다. 우리 주님은 두 가지, 즉 "포도주"와 "우유"를 마셨다고 말씀하십니다. 먼저, 우리 주님이 "내 포도주를 마셨다"고 하신 것은 우리의 기쁨이 충만한 것을 보셨을 때에 그가 느끼신 충만한 기쁨을 나타내는 것이 아니겠습니까? 이것은 사람들이 잔칫집에 가서 "포도주"로 자신의 마음을 기쁘게 하는 것과 마찬가지로, 그리스도께서는 자기 백성에게로 가셔서 그들이 기뻐하는 모습을 보실 때에 그 자신도 기쁨으로 충만해지신다는 것을 의미하는 것이 아니겠습니까? 이것이 이 말씀을 하신 주님의 의도임이 분명합니다. 그리고 "우유"는 그리스도인들의 통상적인 삶을 의미하는 것이 아니겠습니까? 주님은 그리스도인들의 일반적인 삶을 온갖 자양분이 다 담겨 있는 "우유"에 비유하신 것이 아니겠습니까? 우리 주님은 우리의 삶이 만들어 내는 미덕들을 기뻐하십니다. 어떤 이는 "포도주"는 제대로 된 헌신과 깊은 영적 사고로부터 나온 행위들을 나타낸다고 말하면서, 포도에서 포도주를 추출하는 데에는 힘이 들고 기술도 있어야 하며, 보관하는 데에도 많은 신경을 써야 하지만, 우유는 저절로 풍성하게 생겨나는 것이기 때문에, 자연에서 거저 얻을 수 있고, 포도주보다 더 혼하고 평범하면서도 귀한 물건이라는 사실을 그 근거로 제시합니다. 따라서 하나님께서는 자기 백성이 사랑을 가지고서 정성을 들이고 애를 써서 공들여 만들어 낸 것들을 자기에게 드리는 것을 기뻐하시는데, 그런 것들이 바로 "포도주"로 비유되고 있습니다. 그러나 하나님께서는 자기 백성의 심령들로부터 저절로 콸콸 쏟아져 나오는 것들, 깊은 생각을 하지 않고 별 힘 들이지 않고도 매일같이 그들의 내면의 생명으로부터 흘러나오는 작은 사랑의 행위들도 마찬가지로 기뻐하시는데, 그런 것들이 바로 "우유"로 비유되고 있는 것들이고, 그것들도 하나님께서 아주 기뻐하시는 것들입니다. 이것이 그러하다면, 그리스도께서 자기 백성 가운데서 큰 기쁨과 즐거움을 발견하신다는 것은 확실합니다. 그들의 여러 가지 다양한 경건의 모습 속에서 그는 자신의 "포도주"와 "우유"를 마십니다.

이제 나는 오늘의 본문에서 아주 많이 등장하는 한 단어를 여러분에게 소개하고자 하는데, 그 단어는 "나의" 또는 "내"라는 단어입니다. 이 단어는 본문에서 여덟 번 내지 아홉 번이나 반복되어 나옵니다. 이것이 신랑이 자신의 교회에서 위안을 얻으시는 이유입니다. 사람들이 즐거움을 얻기 위해 동산을 거닐듯이, 그는 즐거움을 얻으시기 위하여 교회 안을 거니시는 것이 아닙니까? 그래서 그는 "내가 내 동산에 들어왔다"고 말씀합니다. 그는 자기가 사랑하시는 자들과 함께 대화를 나누고 계시는 것이 아닙니까? 그는 교회를 "내 누이, 내 신부야"라고 부르십니다. 그가 교회의 기도와 찬송을 사랑하십니까? 그것은 만일 그가 그들 속에서 입술의 그러한 열매들을 만들어내지 않으셨다면, 그들은 결코 기도하거나 찬송할 수 없었을 것이기 때문입니다. 그는 "내가 너희의 몰약과 너희의 향 재료를 거두고"라고 말씀하지 않습니다. 아무리 몰약과 향 재료라고 하더라도, 그것들이 우리의 것이라면, 그것들은 형편없는 것들일 수밖에 없습니다. 그러나 그것들이 그의 것일 때에는, 그것들은 하나님께서 받으실 만한 것들이 됩니다. "나의 몰약과 나의 향 재료를 거두고." 그러므로 그가 자기 백성 가운데서 "꿀"이라는 것을 발견하시고, 그들 속에서 참된 사랑이라는 것을 발견하신다면, 그것들은 모두 다 그가 먼저 거기에 두신 것들입니다. "나의 꿀송이와 꿀을 먹고." 그렇습니다. 그들 속에 그의 마음을 기쁘시게 해드릴 수 있는 어떤 기쁨과 생명이 있다면, 그는 그것을 "내 포도주"이고 "내 우유"라고 하십니다. 나는 이 단어들을 읽으면서, 우리 주님이 우리로 인하여 먹고 마시며 배불러 하신다는 것을 생각하게 되었을 때에 이렇게 소리를 지를 뻔하였습니다: "주여, 우리가 언제 주께서 주리신 것을 보고 주께 먹을 것을 드렸습니까? 주여, 우리가 언제 주께서 목말라 하시는 것을 보고 주께 마실 것을 드렸습니까? 주께서 우리로 인하여 배부르시다니요? 분명히 우리에게는 주께 드릴 만한 선한 것이 없는데, 어떻게 우리가 주께 먹을 것을 드릴 수 있었겠습니까?" 그런데도 주님은 분명히 그렇게 말씀하십니다. 우리는 얼굴을 붉히며 그가 하시는 말씀을 믿고서 그의 이름을 찬송할 수밖에 없습니다. 왜냐하면, 실제로 그가 그렇게 하셨다면, 그것은 전적으로 그로 말미암아 된 것이기 때문입니다. 그가 우리로부터 어떤 것을 취하셨다면, 그것은 그가 먼저 그것을 우리 속에 두셨기 때문입니다. 그가 자신의 영혼이 수고한 결과물을 보시게 되었다면, 그것은 그가 먼저 수고하셨기 때문입니다.

예수를 사랑하는 여러분, 이 천상의 본문은 우리 주님이 먼저 먹고 마셨다고 말하고 있다는 것을 주목하십시오. 그는 먼저 "내가 먹고 마셨으니"라고 말씀하신 후에, 우리를 돌아보시며, "나의 친구들아 먹으라 나의 사랑하는 사람들아 많이 마시라"고 말씀하십니다. 여러분이 여러분의 "사랑하는 자"와 교제하고자 한다면, 먼저 그를 위해 연회를 준비하는 것으로부터 시작하여야 합니다. 우리 주님이 친히 말씀하신 비유를 기억하십시오: "너희 중 누구에게 밭을 갈거나 양을 치거나 하는 종이 있어 밭에서 돌아오면 그더러 곧 와 앉아서 먹으라 말할 자가 있느냐 도리어 그더러 내 먹을 것을 준비하고 띠를 띠고 내가 먹고 마시는 동안에 수종들고 너는 그 후에 먹고 마시라 하지 않겠느냐"(눅 17:7-8). 여러분이 너무나 가난해서, "당신의 하나님 여호와께서 살아 계심을 두고 맹세하노니 나는 떡이 없고 다만 통에 가루 한 움큼과 병에 기름 조금 뿐이라"(왕상 17:12)고 말할 수밖에 없다고 할지라도, "두려워하지 말고 가서 네 말대로 하려니와 먼저 그것으로 나를 위하여 작은 떡 한 개를 만들어 내게로 가져오고 그 후에 너와 네 아들을 위하여 만들라"(왕상 17:13)는 말씀에 귀를 기울이십시오. 여러분이 그 말씀에 순종하여 행한 후에, 여러분의 "통의 가루가 떨어지지 아니하고 병의 기름이 없어지지"(왕상 17:16) 않을 것임을 믿으십시오. 믿는 자들이 그리스도로 말미암아 먹고 살 수 있는 비결은 먼저 그를 대접하여 먹고 마시게 해드리는 것입니다. 정성을 다해서 그를 대접하고 배불리 먹게 해드리십시오. 그러면, 반드시 그가 여러분을 배불리 먹게 해주실 것입니다. "너희는 너희 하나님께 예물을 가져오는 그 날까지 떡이든지 볶은 곡식이든지 생 이삭이든지 먹지 말지니 이는 너희가 거주하는 각처에서 대대로 지킬 영원한 규례니라"(레 23:14). "만군의 여호와가 이르노라 너희의 온전한 십일조를 창고에 들여 나의 집에 양식이 있게 하고 그것으로 나를 시험하여 내가 하늘 문을 열고 너희에게 복을 쌓을 곳이 없도록 붓지 아니하나 보라"(말 3:10). 나의 형제들이여, 여러분은 주님을 위한 양식을 준비하여야 합니다. 여러분이 그렇게 할 때까지는, 여러분을 위한 양식이 있지 않을 것입니다.

우리가 본문에서 주목해야 할 것은 주님을 위한 연회가 얼마나 완벽한가 하는 것입니다. 거기에는 가장 달콤한 먹을 것이 있고, 가장 자양분이 많고 새 힘을 얻게 해주는 마실 것이 있습니다. 그리고 그러한 먹을 것과 마실 것 외에 통상적인 연회에서는 필요하지 않지만, 왕을 위한 연회에는 있어야 하는 아주 희귀한 향품도 준비되어 있습니다. 우리의 "사랑하는 자"가 자기 영혼이 원하시는 모든 것을 자신의 교회 안에서 발견하신다는 것은 얼마나 기이하고 놀라운 사실입니까! 교회를 위하여 자기 자신을 주신 그가 교회를 기뻐하시고, 교회의 사랑 안에서 안식하시며, 교회의 찬송을 기뻐하십니다. 그는 "그 앞에 있는 기쁨을 위하여 십자가를 참으사 부끄러움을 개의치 아니하셨고"(히 12:2), 지금도 계속해서 그 동일한 기쁨으로 충만하십니다.

3. 셋째로, 그리스도께서는 우리를 초대하십니다.

나는 좀 더 자세하게 말씀을 전하고 싶지만, 시간이 허락하지 않기 때문에, 세 번째 대지로 넘어가겠습니다. 우리가 세 번째로 기억해야 할 것은 본문은 초대를 담고 있다는 것입니다. 우리의 "사랑하는 자"는 "나의 친구들아 먹으라 나의 사랑하는 사람들아 많이 마시라"고 말씀합니다. 이 초대의 말씀 속에서 우리는 초대 받고 있는 자들이 어떤 사람들인지를 알게 됩니다. 주님은 그들을 "친구들"이라고 부르십니다. 우리는 전에는 낯선 외인들이었지만, 지금은 가까워졌습니다. 우리는 전에 원수들이었습니다. 우리는 종이었고, 지금도 여전히 종이기는 하지만, 종이 아니라 친구로 대접받게 되었습니다. 이제부터 그는 우리를 종이 아니라 친구라 부르십니다. 왜냐하면, 종은 주인이 무엇을 하는지를 알지 못하지만, 그는 자기가 아버지 하나님에 대하여 본 모든 것을 우리에게 알게 해주셨기 때문입니다. 그리스도와 그의 백성 간의 친구관계는 단지 명목상의 것이 아니라, 실질적이고 참된 것입니다. 친구들을 위하여 자신의 목숨을 내주시고, 그들로 하여금 어렵고 힘든 환난의 때에 자기가 그들의 친구라는 것을 알게 하시는 그는 늘 그들에게 자신의 비밀한 것들을 말씀해 주시고, 그들의 모든 은밀한 고난 속에서 그들과 아픔을 함께 하신다는 것을 보여주심으로써, 자기가 그들의 친구라는 것을 증명하십니다. 신자가 자신의 주와 가까이 살아가기만 한다면, 그리스도의 신자는 다윗과 요나단보다 더 가까운 친구로 살아가게 됩니다.

절대로 세상에서 친구를 찾지 마시고, 그리스도와의 친구관계가 소홀해질 정도
로 피조물을 사랑하지 마십시오.

다음으로, 그리스도께서는 자기 백성을 "친구"라고 부를 뿐만 아니라 "사랑
하는 사람들"이라고 부릅니다. 그가 자기 백성을 여러 가지 호칭으로 부른다고 하
여도, 그의 마음속에 있는 자기 백성에 대한 그의 사랑을 온전히 다 표현할 수는
없습니다. 그리스도께서 우리를 "사랑하는 사람들아"라고 부르신다니, 이 얼마
나 놀라운 일입니까! 그렇게 부르시는 그의 음성은 음악과 같습니다. 구속주의
입술에서 향기로운 몰약처럼 떨어져 나오는 "사랑하는 사람들아"(Beloved)라는
이 세 음절로 된 이 음악만큼 극히 희귀한 음들로 이루어진 음악은 없습니다. 만
일 그가 우리 중의 누구에겐가 이 한 단어를 말씀하셨다면, 그 단어는 질병이나
죽음이 결코 방해할 수 없는 천국을 그 영혼 속에 만들어 내었을 것입니다. 나로
하여금 다시 한 번 "나의 사랑하는 사람들아"라는 음악소리를 듣게 해주십시오!
이것은 예수께서 나를 사랑하신다는 말씀이 아닙니까? 예수의 사랑이 바로 나라
는 것이 아닙니까? 그가 친히 자신의 입술로 이렇게 선언하심으로써 이 사실을
인치고 계시는 것이 아닙니까? 그렇다면, 나는 그에게 약속을 해주시라고 매달
리거나 어떤 요구를 하지 않을 것입니다. 왜냐하면, 그가 나를 사랑하신다면, 그
는 나를 인애로 대하실 것이 틀림없기 때문이고, 사랑의 매가 아니라면 자기가
사랑하는 사람들을 결코 때리지 않으실 것이 틀림없기 때문입니다. 그는 변함이
없으신 분이기 때문에, 자신이 택하신 자들을 결코 버리시지 않을 것입니다. 그
리스도께서 자기를 "사랑하는 사람"이라고 부르시고 계시는 것을 자신의 심령 속
에서 느끼는 사람은 정말 이루 말할 수 없는 온갖 복을 받고 있는 사람입니다.

또한, 본문에는 그리스도께서 어떤 사람들에게 자기와 교제하도록 초청하
시는지가 나와 있습니다. 그는 그들을 "나의 친구들"이자 "나의 사랑하는 사람
들"이라고 부르십니다. 그가 그들을 위해 준비하신 것들은 두 가지입니다. 즉, 그
는 그들에게 먹고 마시라고 명하십니다. 여러분이 영적인 사람들이라면, 그가 말
씀하시는 먹을 것과 마실 것이 무엇을 의미하는지를 알 것입니다. 왜냐하면, 여
러분은 그의 살을 먹고 그의 피를 마시기 때문입니다. 하나님의 아들의 성육신
과 구주 예수의 죽으심 ― 이 둘은 두 가지 신성한 양식이고, 우리의 믿음은 그
양식을 먹고 마심으로써 유지됩니다. 우리에게 필요한 것은 하나님의 그리스도
를 먹고 마시는 것입니다. 이것 외에는 그 어떤 것도 우리 영혼의 허기를 채워줄

수 없습니다. 하지만 그를 먹고 마시는 사람들은 결코 주리거나 목마름을 알지 못합니다. 그는 "먹으라"고 말씀하시고, "마시라"고 말씀하십니다. 여러분은 "그것들은 어디에 있습니까?"라고 묻습니다. 나의 대답은 그것들이 오늘의 본문에서 가장 앞에 나오는 "내가 왔다"는 말씀 속에 암시되어 있다는 것입니다. 그가 오셨다면, 먹으십시오. 그가 오셨다면, 마시십시오. 그에게는 여러분을 위한 먹을 것이 있고, 마실 것이 있습니다.

본문에 나오는 "많이"라는 저 기쁜 단어를 주목하십시오. 어떤 산해진미들은 처음에는 맛있지만, 너무 많이 먹으면 질리게 되고, 심지어 메스꺼워지기까지 합니다. 그러나 우리의 영혼은 그리스도의 사랑을 아무리 많이 먹고 마셔도, 질리거나 메스꺼워지는 법이 없고, 그 어떤 심령도 그리스도의 사랑을 너무 많이 받아서 지겹다고 불평하는 법이 없습니다. 그런 일은 결코 일어날 수 없습니다. 어떤 것들은 너무 많이 가지고 있으면 여러분에게 해로울 수 있습니다. 그런 것들은 어느 정도까지는 좋은 것이지만, 그 한계를 넘어서면 해로운 것이 됩니다. 그러나 아주 조금밖에 은혜를 받지 않은 사람이라도 예수의 사랑에 흠뻑 빠졌다고 해서 해로운 것은 전혀 없습니다. 도리어, 여러분이 예수의 사랑을 더 많이 받을수록, 여러분은 더 많이 즐거워하게 될 것이고, 더 많은 복 가운데 있게 될 것이며, 그 사랑의 원천이신 주님을 더 많이 닮게 될 것입니다. 생명수 강가의 차갑고 얕은 물에서 오들오들 떨고 서 있는 여러분, 여러분은 왜 거기에 머물러 있는 것입니까? 좀 더 깊은 곳으로 내려오십시오. 그렇게 해서, 따뜻하고 강력한 물결이 여러분의 온 몸을 감쌀 수 있게 하십시오. 좀 더 깊은 곳으로 들어가서, 그 끝을 알 수 없는 곳에 여러분을 내던지십시오. 왜냐하면, 그리스도의 영원하신 사랑의 물결 속에 잠기는 것은 복되고 안전하기 때문입니다. 그는 지금 여러분을 그 깊은 물결로 초대하고 계십니다. 여러분이 연회석의 큰 식탁 앞에 앉았을 때, 여기저기에서 부스러기들을 집어먹거나, 조금씩 찔끔찔끔 마시지 마십시오. 그리스도께서는 "먹으라"고 말씀하신 후에, "많이 마시라"는 말씀을 덧붙이고 계십니다. 이 "많이"라는 단어는 먹을 것과 마실 것, 두 가지 모두에 적용됩니다. 여러분은 마음껏 제한 없이 먹고 마실 수 있습니다. 지극히 높으신 하나님은 천지의 소유자이시기 때문에, 여러분은 먹고 마시는 것을 아낄 필요가 없습니다. 여러분이 그의 사랑을 한껏 먹고 마셨다고 해도, 그의 식탁은 여전히 산해진미로 가득 차 있을 것입니다. 여러분이 잔이 넘치도록 부어서 마신다고 하여도, 그의 통은 여전히 차고 넘칠 것입니다. 여러분의 마음과 행위가 좁아지고 옹색해 있다면, 그것은 여러분 자신이 스스로 좁아지고 옹색해진 것이고, 그리스도께서 좁아지시고 옹색해져 계시는 것은 결코 아닙니다.

이제 나는 나의 형제들, 특히 그리스도의 나라에서 나와 동역하는 일꾼들에게 한 말씀 드리고자 하는데, 그것은 우리 주께서 자신의 동산을 거니시면서 자신의 사역의 열매들과 자기 백성을 보시며 만족하신다고 하여도, 우리 자신이 그 사역의 열매들 속에서 만족을 누리지 않도록 조심해야 한다는 것입니다. 또한, 아울러 우리는 우리의 영혼이 주님이 은혜로 공급해 주시는 것들로 배불리 먹고 마시는 것이 합당한 일이라는 사실도 결코 잊지 않도록 조심해야 합니다. 여러분이 다른 사람들을 돌보는 것은 좋은 일입니다. 여러분이 그들을 보면서 기뻐하고 즐거워하는 것도 좋은 일입니다.

하지만 여러분의 심령이 과연 주님만을 기뻐하고 즐거워하는지를 잘 살펴십시오. 열두 제자가 전도를 나갔다가 돌아와서는, 귀신들조차도 그들에게 항복한 사실을 자랑했을 때, 주님께서는 그들에게 무엇이라고 말씀하셨습니까? 그는 "그러나 귀신들이 너희에게 항복하는 것으로 기뻐하지 말고 너희 이름이 하늘에 기록된 것으로 기뻐하라"(눅 10:20)고 말씀하지 않으셨습니까? 여러분이 그리스도께 속해 있다는 사실, 여러분 자신이 구원을 받았다는 것, 그리스도께서 여러분과 함께 하신다는 것 — 이것이 여러분의 주된 기쁨이 되어야 합니다. 주님께서 여러분을 위해 차려 주신 잔치를 즐기시고 누리십시오. 그렇지 않으면, 여러분은 다른 사람들에게 생명의 떡을 나눠주기에 합당한 능력을 얻지 못하게 될 것입니다. 여러분은 주께서 거두신 열매에 가장 먼저 참여하는 자들이 되도록 주의하십시오. 그렇지 않으면, 여러분은 하나님의 농부들로서 제대로 일하거나 수고할 수 없게 될 것입니다. 여러분이 주님과의 친밀한 교제를 더 많이 누리면 누릴수록, 여러분은 그를 섬겨서 일할 수 있는 더 큰 힘을 얻게 될 것이고, 그의 소중함을 경험적으로 더욱더 뼈저리게 느끼게 될 것이기 때문에, "너희는 여호와의 선하심을 맛보아 알지어다"(시 34:8)라고 참된 확신 가운데서 전할 수 있게 될 것입니다. 여러분은 자신이 맛보고 경험한 것들을 다른 사람들에게 말할 수 있게 될 것입니다. 여러분은 "이 곤고한 자가 부르짖으매 여호와께서 들으시고 그의 모든 환난에서 구원하셨도다"(시 34:6)라고 말하게 될 것입니다. 나는 여러분이 이것을 명심하시기를 바랍니다. 나는 여러분 중에서 너무나 하나님의 일을 하는 것에 몰두하느라고 주님과 교제하는 것을 잊어버린다고 해도 아무 문제가 없다고 생각하거나, 구속주와의 인격적인 교제를 못한다고 하더라도 다른 사람들에게 선을 행하는 데에 열심을 내는 것이 지혜로운 일이라고 생각하는 사람이 단 한 사람도 없기를 기도합니다.

이제 나는 말씀을 마치고자 하지만, 여러분 중에는 자기가 그리스도의 교회라는 동산 밖에 있다고 생각해서, 이 설교를 듣는 내내, 속으로 이렇게 말하는 분들이 있을 것입니다. "슬프게도, 이 설교는 나를 위한 것이 아니야. 그리스도께서는 자신의 동산에 오셨지만, 나는 그 동산에 속하지 않은 한 뼘의 황무지일 뿐이잖아. 그는 자신의 교회에서 먹고 배부르시지만, 내 속에서는 그 어떤 먹을 것도 발견하지 못하시기 때문에, 그가 조금만 진노를 발하셔도, 나는 틀림없이 길에서 죽고 말거야." 하나님께서는 그들을 치시는 말씀을 단 한 마디도 하지 않으셨는데도, 가련한 심령들은 자기 자신에 대하여 불길하고 좋지 않은 말들을 쏟아놓기가 얼마나 쉬운지를 나는 압니다. 그래서 나는 이제 그렇게 두려워 떠는 심령들을 위한 위로의 말씀들을 오늘의 본문 속에서 정말 발견할 수 없는 것인지를 한 번 살펴보고자 합니다. 우리가 정말 그런 위로의 말씀들을 발견할 수 있을지, 누가 압니까? 오늘의 본문 속에는 꺼져가는 심지의 불씨를 다시 살릴 수 있는 부드러운 바람이나, 상한 갈대를 싸매 줄 수 있는 부드러운 손길이 있을지도 모릅니다. 나는 본문 속에 나오는 그런 위로의 말씀들을 두세 가지 정도 간단하게 지적하고자 합니다.

주님을 찾는 영혼들이여, 예수께서 가까이 계신다는 것을 생각하면, 그것은 여러분에게 위로가 되지 않겠습니까? 그는 자신의 동산에 와 계시기 때문에, 하나님의 나라는 여러분 곁에 가까이 와 있습니다. 우리의 지난 모임 가운데도 주님은 자기를 찾는 영혼들을 위해 거기에 계셨습니다. 왜냐하면, 많은 영혼들이 그 모임 가운데서 주님을 만났기 때문입니다. 그러므로 여러분은 그리스도께서 계시지 않은 곳에서 살아가고 있는 것입니다. 아마도 주님은 여러분의 곁을 지나가시면서 여러분을 주목하여 보실 것입니다. 나사렛 예수께서 여러분 곁을 지나가시기 때문에, 여러분은 얼마든지 여러분의 손을 내밀어서 그의 옷자락을 만질 수 있지 않겠습니까? 비록 여러분이 그를 만지지 못했다고 할지라도, 그가 여러분의 손이 닿는 곳에 계시고, 여러분이 부르는 소리를 들으실 수 있는 곳에 계신다는 사실을 아는 것만으로도, 여러분의 마음은 훈훈해지지 않습니까? 여러분이 동산에서 시들어 버린 가엾은 백합화 같거나, 심지어 해로운 잡초 같다고 할지라도, 주님이 동산 안에 계신다면, 그가 여러분을 보시고서 불쌍히 여기실 수 있는 기회가 여러분에게 주어져 있는 것입니다.

또한, 우리가 주목할 것은 본문은 동산에 대하여 말씀하고 있기는 하지만, 주님이 그곳을 동산으로 만드시기 전에는, 그곳은 결코 동산이 아니었다는 것입니다. 사람들은 황무지에서는 동산을 발견할 수 없습니다. 호주의 황야나 미국의 오지에서는 사람들의 발길이 닿은 동산을 찾아볼 수 없습니다. 그런 곳들은 온통 삼림이나 초원이나 산뿐입니다. 그러므로 영혼들이여, 교회가 동산이라면, 그리스도께서 교회를 동산으로 만드신 것임을 명심하십시오. 그런 그가 여러분을 동산으로 만들지 못하실 이유가 어디 있겠습니까? "잣나무는 가시나무를 대신하여 나며 화석류는 찔레를 대신하여 날 것이라 이것이 여호와의 기념이 되며 영영한 표징이 되어 끊어지지 아니하리라"(사 55:13)고 그가 말씀하지 않으셨습니까? 하나님께서 이렇게 동산을 만드실 때, 하나님의 이름이 높임을 받으시게 됩니다. 예수께서는 황무지들을 개간하셔서, 가시나무와 찔레를 뽑아 버리시고, 거기에 잣나무와 화석류를 심으심으로써 존귀함을 얻으십니다. 그러므로 황무지 같은 심령을 지닌 여러분에게도 소망이 있습니다. 얼마든지 그가 오셔서 여러분의 황무지를 에덴 동산 같이 만드시고, 사막 같은 여러분의 심령을 여호와의 동산 같이 만드실 수 있습니다.

또한, 우리는 신랑이 몰약을 거두셨고, 우유와 포도주와 꿀을 드셨다는 것을 주목하여야 합니다. 물론, 나는 여러분이 '그가 내게서는 꿀을 발견하지도 못하실 것이고, 우유나 포도주도 발견하지 못하실 거야'라고 생각하고 있다는 것을 압니다. 그러나 오늘의 본문은 그가 교회 속에서 그런 것들을 발견하셨다고 말씀하지 않고, "내가 … 나의 꿀송이와 꿀을 먹고 내 포도주와 내 우유를 마셨으니"라고 말씀합니다. 그가 친히 그런 것들을 자신의 교회 속에 두시고서 그들로부터 위로를 받으신 것이라면, 그런 것들을 여러분 속에 두시고서 여러분으로부터도 위로를 받지 않으실 이유가 어디 있겠습니까? 담대하십시오. 그가 바로 이 아침에 여러분을 부르시고 계시니, 지금 일어나십시오.

또한, 본문 속에 나오는 또 다른 한 단어가 여러분에게 위로가 될 수 있습니다. 주리고 목마른 가련한 영혼들이여, 여러분은 예수께서 왜 "많이 마시라"고 말씀하셨는지를 아십니까? 여러분은 "주님은 내게 그렇게 말씀하지 않으셨습니다"

라고 말할 것임을 나는 압니다. 주께서는 자신의 "친구들"과 "사랑하는 사람들"에게 그렇게 말씀하셨지만, 여러분은 자신이 그런 사람들 가운데 속해 있다고 감히 생각하지 못합니다. 그러나 여러분은 그가 자신의 친구들에게 얼마나 너그러우시고, 그 어떤 것도 아까워하지 않으시는지를 보고 있지 않습니까? 그는 그 어떤 것도 곳간에 넣어두고 자물쇠를 채워 두고자 하지 않으시는 분이라는 것을 여러분은 분명히 보고 있지 않습니까? 왜냐하면, 그는 그들에게 "많이" 먹고 마시라고 권하고 계시기 때문입니다. 여러분은 황송해서 그런 잔치가 열리고 있는 곳에 가서, 다른 손님들과 함께 식탁에 앉아 있지는 못하겠다고 할지라도, 수로보니게 여자처럼 "상 아래 개들도 아이들이 먹던 부스러기를 먹나이다"(막 7:28)라고 말할 수 있다는 것은 분명합니다.

　　주님께서 잔칫집의 문을 활짝 열어 두시고, 누구든지 잔치에 와서 마음껏 먹고 마시라고 초대하실 때, 그때가 문을 두드리기에 가장 좋은 때입니다. 지금 문을 두드리십시오. 만일 그 집이 가난한 사람이 마른 떡 부스러기와 청어 한 마리를 놓고 식사하는 집이거나, 구두쇠가 아주 인색하게 식단을 차려놓고 먹고 있는 집이라면, 나는 여러분에게 그 집의 문을 두드리라고 권하지 않을 것입니다. 그러나 본문에 나오는 집은 포도주와 우유가 강 같이 넘쳐나고, 마음씨 좋은 집주인이 손님들에게 마음껏 "많이" 먹고 마시라고 자꾸 권하는 그런 집이기 때문에, 나는 여러분에게 문을 두드리라고 말하는 것입니다. 하나님께서는 두드리는 자들에게 문을 활짝 열어 주실 것입니다.

　　한 가지만 더 말씀을 드리겠습니다. 예수께서는 자신의 교회 속에서 먹을 것과 마실 것을 발견하시지만, 여러분은 그가 여러분 속에서는 그런 것들을 발견하지 못하실 것이라고 걱정합니다. 나는 여러분이 아마도 잊고 있을 것이라고 생각되는 하나님의 진리를 여러분에게 말씀드리고자 합니다. 죄인이었던 한 여자가 있었습니다. 그녀에게는 다섯 남편이 있었고, 그녀가 현재 함께 살고 있는 남자는 그녀의 남편이 아니었습니다. 그녀는 간음한 여자였고, 사마리아 여자였습니다. 그러나 그리스도께서는 그녀와 대화하신 후에, 자기 제자들이 알지 못한 양식을 자기가 그녀에게서 발견하였다고 말씀하셨습니다. 그렇다면, 그는 그 양식을 어디에서 얻으셨습니까? 그리스도께서는 그 날에 야곱의 우물에서 마실 것을 얻으신 것이 아니었습니다. 그에게는 물을 길을 수 있는 도구가 전혀 없으셨고, 우물은 깊었습니다. 그의 갈증을 해소시켜서 새 힘을 얻게 해준 것은 바로 그가 "물을 좀 달라"(요 4:7)고 하셨던 바로 그 가련한 여자였습니다. 사마리아의 창기가 예수를 믿고 그리스도로 고백하였을 때, 그의 심령에 새 힘을 얻을 수 있었습니다. 여러분은 예수께서 "나의 양식은 나를 보내신 이의 뜻을 행하며 그의 일을 온전히 이루는 이것이니라"(요 4:34)고 하신 말씀을 읽어 본 적이 있습니까? 그리고 무엇이 그를 보내신 이의 뜻입니까? 나는 무엇이 예수를 보내신 이의 뜻이 아닌지를 여러분에게 말씀드리겠습니다: "이 작은 자 중의 하나라도 잃는 것은 하늘에 계신 너희 아버지의 뜻이 아니니라"(마 18:14). 하나님의 뜻이자 그리스도의 뜻은 죄인들을 구원하시는 것입니다. 이 목적을 위해서 예수께서 태어나셨고, 이 세상에 보내심을 받으셨습니다. 그는 "잃어버린 자를 찾아 구원하려"(눅 19:10) 이 세상에 오셨습니다. 하나님께서 "잃어버린" 가련한 자들이여, 그리스도의 양식은 여러분을 구원하시는 것임을 알아야 합니다. 그러므로 여러분이 그를 바라보고 그 앞에 엎드려 부르짖는다면, 여러분은 살아 있는 동안에 자신이 그렇게 한 것에 대하여 결코 후회하지 않을 것임을 나는 믿습니다.

마지막으로, 본문은 주께서 "내가 내 동산에 들어와서"라고 말씀하신 것으로 묘사합니다. 이것은 주님이 늘 자신의 동산에 계시는 것은 아니라는 의미일 수 있습니다. 그의 교회는 종종 그를 근심하시게 하고, 그럴 때에 그의 임재는 교회를 떠나갑니다. 그러나 죄인들이여, 여러분에게 위로가 되는 사실이 있습니다. 그것은 그가 자신의 동산에는 늘 계시는 것이 아니지만, 은혜의 보좌에는 늘 계신다는 것입니다. 그는 "내가 내 동산에 들어왔노라"고 늘 말씀하시는 것은 아니지만, "수고하고 무거운 짐 진 자들아 다 내게로 오라 내가 너희를 쉬게 하리라"(마 11:28)는 말씀은 늘 하신다는 것입니다. 그는 은혜의 자리인 시은좌(the Mercy Seat)를 결코 떠나지 않으십니다. 그는 죄인들을 위한 중보기도를 결코 쉬지 않으십니다. 그러므로 어서 오십시오. 여러분이 사랑하는 이의 얼굴을 본 적이 없다면, 와서 그의 발 앞에 무릎을 꿇으십시오. 그가 "너희 죄가 사함을 받았느니라"고 말씀하시는 것을 여러분이 들어 본 적이 없다고 할지라도, 상하고 통회하는 마음으로 와서, 그에게 죄 사함을 구하십시오. 어서 오십시오! 빨리 오십시오! 아름다우신 신랑께서 사랑의 줄로 여러분을 매어 이끄셔서, 이 아침이 그리스도와 여러분이 사랑을 나누는 시간이 되기를 빕니다. 그가 지나가시다가, 여러분이 "피투성이가 되어" 있는 모습을 보실 때, 여러분에게 "살아 있으라"고 말씀하시기를 빕니다(겔 16:6).

주께서 그 일을 허락하셔서, 그의 머리 위에 많은 면류관이 있게 되기를 기원합니다. 아멘.

제
10
장
—

잘지라도 깨어 있음

—

"내가 잘지라도 마음은 깨었는데
나의 사랑하는 자의 소리가 들리는구나." ― 아 5:2

우리가 아가서에서 신부의 다양한 경험을 듣는 것은 즐거운 일입니다. 그녀는 천상의 신랑이 진심으로 사랑하는 여자였지만, 그녀에게는 잘못들이 없지 않았습니다. 그녀는 "여자들 가운데에 어여쁜 자"(아 5:9)였지만, 사람이었기 때문에, 천사의 완전함을 지니고 있지는 못했습니다. 무엇보다도 그녀는 완전하지 않았기 때문에, 처음부터 "내가 햇볕에 쬐어서 거무스름하고" "내 어머니의 아들들이 나에게 노하여 포도원지기로 삼는" 바람에 "나의 포도원을 내가 지키지 못하였구나"(아 1:6)라고 고백하였습니다. 그녀는 자신을 선택한 신랑에게 자신의 사랑을 나타내는 데에도 완전하지 못하였습니다. 왜냐하면, 그녀는 자기가 신랑을 합당하지 않은 방식으로 대하였다는 것을 인정할 수밖에 없기 때문입니다. 그녀는 신랑으로 하여금 추운 밤에 그녀의 집 문 밖에서 계속해서 기다리게 하였고, 그는 몹시 슬퍼하며 떠나갈 수밖에 없었습니다. 그녀는 이 장(章)의 끝까지 완전하지 못했습니다. 왜냐하면, 그녀는 자신의 친구들이 부르는 소리와는 달리 주님의 음성은 똑똑히 들을 수 없었던 까닭에, 아가서의 마지막 장에서 "내가 듣게 하려무나"(아 8:13)라고 부르짖기 때문입니다.

형제들이여, 우리가 이 세상에서 살아가는 동안에는, 우리 자신이 완전하다고 말하게 될 수는 없을 것입니다. 동이 트고 그림자들이 달아날 때까지는, 우리

주님께서 "자기 앞에 영광스러운 교회로 세우사 티나 주름 잡힌 것이나 이런 것
들이 없이 거룩하고 흠이 없게 하려"(엡 5:27) 자신의 신부를 "물로 씻어 말씀으
로 깨끗하게 하사 거룩하게 하시는"(엡 5:26) 일을 계속하실 것입니다. 신부의 경
험, 즉 교회 전체의 경험이 우리에게 주어진 것을 우리는 기뻐합니다. 왜냐하면,
우리는 교회에 주어진 것이 곧 그 지체들에게 주어진 것임을 알고, 어떤 것의 전
체에 이루어진 일들이 그것을 구성하는 모든 부분들에도 각각의 분량을 따라 그
대로 이루어지는 법임을 알기 때문입니다. 또한, 우리도 신부처럼 "내가 햇볕에
쬐어서 거무스름하다"고 고백하지 않을 수 없습니다. 아울러, 우리도 종종 "내가
네 친구의 양 떼 곁에서 어찌 얼굴을 가린 자 같이 되랴"(아 1:7)고 반문하여야
합니다. 우리는 "내가 그를 찾아도 못 만났고 불러도 응답이 없었노라"(아 5:6)고
슬퍼하며 부르짖지 않을 수 없었고, 우리가 우리 주님을 소홀히 하였다는 이유
로 "성안을 순찰하는 자들"이 우리를 때리고 상하게 한 것은 합당한 일이었습니
다. 하나님께서 자신의 진리를 계시하신 책 속에서 우리에게 우리가 구하여야
할 이상적인 기준만을 주신 것에서 그치지 않으시고, 사람들 중에서 최고인 사
람들이 지극히 높은 곳에 도달하고자 애를 써서 거기에 상당한 정도로 근접하였
지만, 결국 그들도 기껏해야 사람일 수밖에 없다는 것을 증명한 그런 예들도 우
리를 위해 기록해 놓으신 것에 대해서, 우리는 하나님을 송축하는 것이 마땅합
니다. 이렇게 하나님께서는 우리가 진실하고 참되며 하나님 앞에 받아들여진 자
라고 할지라도, 우리가 그토록 사모하는 거룩함에 도달하고자 온 마음을 다해
애를 쓰고도 도달하지 못할 수 있다는 것을 우리에게 알게 해주심으로써, 우리
를 절망으로부터 구원하셨습니다.

　　또한, 하나님께서는 아가서에 나오는 신부의 이 시적인 이야기만을 우리에
게 주신 것이 아니라, 하나님의 말씀 속에는 성도들의 전기들, 경건한 자들의 회
고록들이 있고, 이것들도 우리에게 극히 유익합니다. 형제들이여, 만일 우리가
우리 자신과 하나님의 권속에 속한 다른 사람들을 비교해 볼 수 없다면, 과연 우
리가 우리 자신이 하나님의 백성인지를 알 수 있을까라는 생각을 나는 종종 합
니다. 가엾은 양들이 흔히 길을 잃는 것과 마찬가지로, 우리도 종종 길을 잃을 때
가 있습니다. 그럴 때에 목자의 발자취를 발견하게 되면, 우리는 지극히 큰 위안
을 얻게 되지만, 양 떼의 발자취만이라도 발견한다면, 거기에서 상당한 위로를
얻을 수 있습니다. 사막이나 광야에 나 있는 사람들의 발자취를 보았을 때, 우리

는 또다시 용기를 얻어서, 이렇게 소리치게 됩니다: "하나님의 자녀임이 분명한 사람이 이곳을 지나갔고, 나도 이곳에 있으니, 나도 하나님의 자녀일 것임에 틀림없어. 나는 이 사람과 똑같이 실패했고, 이 사람과 똑같이 연약한 것들을 지니고 있어서, 그것들로 인해 내 자신을 자책했지만, 하나님의 다른 자녀들도 이곳을 지나간 것을 알았으니, 내 자신을 완전히 정죄하거나, 나는 신자가 될 수 없다고 말하지 않을 것이다." 우리가 미로에 빠져서, 우리 자신이 하나님과 올바른 관계 속에 있는지를 알 수 있을 것 같은 소망이 전혀 없을 때, 이전에 참된 성도이었던 사람들도 우리처럼 그런 경험을 했다는 것을 알게 되는 것은 흔히 우리에게 소망의 불꽃을 공급해 줍니다.

우리가 가는 길이 꼬불꼬불하게 미로처럼 이어져서 한 치 앞도 제대로 내다볼 수 없을 때, 다른 성도들의 경험은 흔히 우리에게 큰 도움이 됩니다. 젊은이들은 스스로 알 수 있다고 생각하지만, 나이 든 사람들은 그렇게 생각하지 않습니다. 자기 자신에 대해서 아주 잘 알고 있는 사람에게 물어 보십시오. 그는 자기 자신에게 점점 더 수수께끼이고, 그가 겪는 일들은 날이 갈수록 더 불가해한 일들이 되어 간다고 여러분에게 말해 줄 것입니다. 믿는 자들은 자신의 영적인 삶의 뒤엉킨 실타래를 풀기 위해서는 하늘의 교사의 가르침과 도우심이 필요하다고 느낍니다. 사람이 자기 자신을 알고, 자기가 어떤 존재이고 어디에 있으며 자신의 삶의 온갖 모순된 것들의 진실이 무엇인지를 깨닫기 위해서는 은혜의 가르침을 받아야 합니다. 종종 나는 내 자신에게 "나는 온통 죄 덩어리일 뿐인가, 아니면 내게 은혜가 한 줄기라도 존재하는 것인가?"라고 묻습니다. 그러면, 이내 은혜가 해처럼 빛나고, 나는 내 죄가 다 사라졌다는 것을 알고 거의 꿈꾸는 것 같이 느낍니다. 우리는 다른 사람들을 보면서 우리 자신이 어떠한지를 읽어내야 합니다. 우리는 성경에 나오는 성도들의 삶을 볼 때에 이렇게 말합니다: "나는 내 자신을 이해하는 것보다 이 사람을 더 잘 이해할 수 있어. 왜냐하면, 옆에서 보는 사람들이 직접 행하는 사람들보다 더 잘 보는 법이기 때문이지. 그리고 그를 이해함으로써, 나는 내가 어느 위치에 있는지를 알 수 있어. 마치 별을 보고서 나의 위도와 경도를 계산할 수 있는 것처럼 말이지. 나는 다른 사람들 속에서 격렬한 혈기들이 어떻게 생겨나서 용솟음치는지를 봄으로써, 내 속에서 격동하는 혈기들이 어느 정도인지를 가늠할 수 있어. 나는 다른 사람들 속에서 꼬인 심령이 어떤 식으로 폭발하는지를 봄으로써, 내 자신은 어떠한지를 알 수 있어."

그러나 나의 형제들이여, 우리는 성경에 기록된 성도들의 회고록들을 잘못 사용하지 않도록 조심하여야 합니다. 그 회고록들은 모두 다 우리로 하여금 본받게 하기 위한 것이 아니고, 그것들 중 다수는 우리에게 경고하기 위한 것입니다. 여러분은 믿음이 좋은 사람이 행한 모든 것을 다 본받고자 해서는 안 됩니다. 여러분이 지극히 큰 은혜 가운데 살아간 사람들의 행위들을 그대로 행한다면, 여러분은 곧 그들보다 더 결함이 많은 자들로 발견될 것입니다. 왜냐하면, 여러분은 그들이 받은 은혜들은 놓치고, 그들이 잘못한 것들은 그대로 본받을 가능성이 높기 때문입니다. 그렇게 해서, 여러분은 그들의 잘못들을 그대로 본받아서 더 강화시키고 말 것입니다. 아무리 믿음이 좋은 사람이라도 할지라도, 그가 그리스도를 따르지 않은 부분들에 있어서는, 여러분은 그를 본받아서는 안 됩니다. 무엇보다도, 우리는 옛적의 성도들의 삶을 우리 자신의 잘못들을 덮기 위한 핑곗거리로 사용해서는 절대로 안 됩니다. 베드로가 멀찍이서 주님을 따랐다고 해서, 우리가 그렇게 하는 것이 정당화되지 않고, 야고보와 요한이 하늘로부터 불이 내려서 그들의 원수들에게 떨어지게 하고 싶다고 말했다고 해서, 우리가 그렇게 하는 것이 정당화되지 않으며, 바울과 바나바가 심하게 불화하였다고 해서, 우리가 그렇게 하는 것이 정당화되지 않습니다. 우리가 다윗을 참회를 통해서 하나님으로부터 자신의 죄를 사함 받은 모범으로 여겨서 그런 그를 본받고자 하는 것은 지혜로운 일이지만, 우리 자신이 죄를 범하고자 하는 유혹을 받는 것에 대한 변명이나 핑곗거리로 다윗을 그 예로 드는 것은 지혜롭지 못한 일입니다. 우리는 흔히 하나님의 성도들을 등대가 아니라 항로 표지등으로 사용하여야 합니다. 즉, 하나님의 성도들의 삶은 흔히 우리에게 암초가 많은 해안임을 알려 주고서 거기로 들어가지 말도록 경고해 주는 항로표지등과 같다는 것입니다. 성경을 거룩한 목적을 위해 사용해야 한다는 것과, 거룩한 사람들을 불완전함에 대한 핑곗거리들이 아니라 거룩함에 이르기 위한 도우미들로 보아야 한다는 것을 주의하십시오. 우리는 그들이 행한 미덕들은 본받고, 그들이 저지른 잘못들로부터는 경고를 얻어야 합니다. 즉, 우리는 그들의 미덕이든 잘못이든 거기로부터 교훈을 배워야 한다는 것입니다. 분별력을 가지고 임하는 것이 유익합니다. 어린 양이 어디로 가시든 따라야 하지만, 주의 양 무리에 속한 양이 어디로 간다고 해서 그 양을 따라가서는 안 됩니다. 예수께서 행하신 것들은 무엇이든 다 할 수만 있다면 행하시고 본받으십시오. 그리스도의 모범은 그 어떤 것이라도 다 따라하십시오. 그러나 주님의 양 무리에 속한 양이 그의 품에 머리를 기대고 누웠던 저 요한 사도나, 사도들 중에서 으뜸인 베드로와 견주어서 단 한 치도 뒤지지 않는 바울 사도라고 할지라도, 모든 면에서 그들을 본받거나 따라서는 안 됩니다. 그러므로 사랑하는 친구들이여, 우리는 오늘의 본문에 나오는 모범도 우리가 앞에서 제시한 그러한 한계들 내에서 사용하여야 합니다.

첫째로, 본문은 신부가 잤다는 것을 고백했다는 내용이 나옵니다: "내가 잘지라도." 둘째로, 신부는 자기가 잤기는 했지만, 자신의 마음은 깨어 있었다고 주장합니다: "마음은 깨었는데." 셋째로, 우리는 곧 어떻게 해서 신부의 마음이 깨어 있었는지, 그 신비가 풀리는 것을 보게 됩니다: "나의 사랑하는 자의 소리가 들리는구나." 마지막으로, 우리는 설교를 마치기 전에, 오늘의 본문으로부터 얻게 된 교훈에 대해서 알아볼 것입니다. 성령께서 이 주제 전체가 우리에게 유익이 되게 하시고, 우리의 삶에 실제적인 감화를 미치게 해주시기를 빕니다.

1. 첫째로, 신부는 자기가 자고 있다는 사실을 고백합니다.

신부는 자신의 상태를 탄식하고서 한숨을 쉬며, "내가 잤다"고 시인합니다. 우리는 이러한 고백을 통해서, 그녀가 자신이 잤다는 사실을 인식하고 있었다는 것을 금세 알게 됩니다. 우리는 그녀가 "내가 잤다"고 말하는 것을 듣고서 깜짝 놀람과 동시에, 그녀가 깊은 잠을 잔 것이 아니라는 결론을 얻습니다. 왜냐하면, 사람이 "내가 잤다"고 말할 수 있다는 것은 그가 깊은 잠에 빠지지 않았음을 말해 주는 것이기 때문입니다. 하나님의 자녀들이 자신의 불완전한 것들을 알고서 애통해할 때, 그것은 그들 속에 미덕의 뿌리가 있음을 보여주는 분명한 증거가 됩니다. 그들이 자신 속에서 은혜가 떨어진 것을 깨달을 때, 그것은 은혜가 떨어진 것을 알고서 애통해할 수 있는 정도의 은혜가 아직 남아 있다는 증거가 됩니다. 사랑하는 형제들이여, 여러분이 아예 잠을 자고 있다면, 나는 여러분에게 할 말이 없습니다. 그러나 여러분이 자신의 나태함에 대하여 애통해한다면, 여러분은 완전히 게으른 자가 되어 버린 것은 아니라고 나는 여러분에게 말해 줄 수 있습니다. 여러분이 자기가 영적으로 무뎌져 있다고 불안해한다면, 여러분은 영적으로 완전히 무감각해져 버린 것은 아닙니다. 여러분이 자기가 잠에서 깨어나려고 애쓰고 있다면, 여러분은 완전히 잠에 빠져서 영적으로 죽어 있는 것이 아님이 분명합니다. 여러분이 아무런 염려 없이 태평하게 즐거운 꿈을 즐길 수 없게 하신 것에 대해서 여러분은 하나님께 감사하는 것이 마땅합니다. 여러분은 다른 사람들과는 달리 완전히 잠에 빠져 있을 수 없습니다. 영적으로 죽어 있는 세상 사람들은 완전히 잠에 빠져서 살아가지만, 여러분은 저 치명적인 영적인 죽음의 잠에 빠져들 수 없습니다. 왜냐하면, 한량없는 긍휼을 지니신 하나님께서 여러분과 교제하실 때, 여러분은 일정 정도 영적으로 깨어 있을 수밖에 없는 까닭에, 자신이 잠자고 있음을 느끼고서, 그런 자신에 대하여 애통해할 수 있기 때문입니다.

어떤 사람이 자신 속에 교만이 있는 것을 감지하지만, 낮아지고자 열망할 정도의 은혜를 지니고 있거나, 자신의 마음이 굳어져 있다는 것을 느끼지만, 거기에 대해서 근심하고 탄식하며 그 마음이 부드러워지기를 바라거나, 자신의 완고함을 괴로워하며 하나님께 온전히 순복할 수 있게 해 달라고 부르짖거나, 자신의 마음이 무감각해져 있음을 깨닫고서 깨어나기 위해서 애쓰고 있다면, 그런 것들은 하나님의 은혜를 의지해서 그의 영적인 병을 치유하고 건강하게 해줄 수 있는 영적인 생명과 내적인 에너지가 그에게 있음을 보여주는 증거들이자 표지들입니다. 고통이 있는 곳에, 생명이 있습니다. 열망이 있는 곳에, 성장이 있습니다. 거룩한 불꽃이 잿더미에 파묻혀서 연기만 조금씩 내고 있는 것이기는 하지만, 그의 가슴속에는 여전히 그 거룩한 불꽃이 존재하고, 언젠가는 다시 되살아나서, 밝게 타오르게 될 것입니다. 왜냐하면, 그 불꽃은 하나님이 만들어 놓으신 것이기 때문입니다. "내가 자고 있다"고 말하며 애통해할 수 있는 사람은 언젠가는 완전히 깨어나게 될 것입니다. 그러므로 여러분에게 예민한 양심이 있다는 것은 정말 감사해야 할 일입니다. 여러분이 조금이라도 은혜가 떨어지거나 잘못되었다는 것을 느낀다면, 그 즉시 하나님 앞에 나아가서, 자기가 잠들기 시작하고 있다고 고백하십시오.

또한, 신부는 자기가 잠자고 있다는 것을 깨닫고 있을 뿐만 아니라, 그런 자신의 모습에 대하여 탄식합니다. 신부는 자기가 잠자는 것을 기뻐하지 않습니다. 그녀는 "내가 자고 있다"고 말하지만, 그것이 축하할 만한 일이라거나 기쁜 일이라는 듯이 말하고 있지 않습니다. 그녀는 자신의 상태를 기뻐하지 않습니다. 여기서 내가 다시 한 번 말해 두고자 하는 것은, 성도들은 자기가 조금이라도 은혜가 떨어진 것을 느낀다면, 그 즉시 하나님 앞에 나아가서 자신의 죄를 고백하고 회개하는 것이 마땅하다는 것입니다. 사도 바울은 "우리가 우리를 살폈으면 판단을 받지 아니하려니와"(고전 11:31)라고 말합니다. 다른 사람이 여러분에게 여러분이 은혜가 떨어져서 무신경하게 되었다고 넌지시 말하기 전에, 여러분은 스스로 자신의 그런 모습을 찾아내서 애통해하여야 합니다. 마치 선원들이 요나에게 "자는 자여 어찌함이냐"(욘 1:6)라고 말했던 것처럼, 여러분이 다른 사람으로부터 영적으로 무디어졌다는 말을 듣기 전에, 스스로 여러분 자신에 대하여 탄식하십시오. 다른 사람들에게는 온유하게 행하되, 자기 자신에게는 엄격하십시오. 하나님께서 지혜롭게 하신 자들은 누구나 다 그렇게 할 것입니다.

　본문에 나오는 잠은 우리가 즐겨야 할 것이 아니라, 혐오해야 할 것입니다. 적어도, 잠은 크게 즐거워해야 할 것은 아닙니다. 왜냐하면, 잠은 평화롭고 고요하지만, 지각들이 누릴 수 있는 달콤한 것들과 마음이 누릴 수 있는 즐거움들을 누릴 수 없게 만들기 때문입니다. 잠은 사망의 사촌이고, 잠자는 사람은 무덤 입구에 누워 있는 것입니다. 죽음의 그림자가 잠자는 사람의 얼굴 위에 이미 드리워져 있고, 깊은 잠에 빠졌다가 다시 깨어난 사람은 기적이고, 부활을 일정 정도 미리 맛본 것입니다. 그러므로 잠자는 것은 영적으로 결코 좋은 것이 아닙니다. 왜냐하면, 우리가 잠잘 때에는 하나님의 말씀이라는 "꿀"을 맛볼 수도 없고, 하나님의 성례전들의 "향"을 누릴 수도 없으며, 그리스도의 아름다우신 것들을 볼 수도 없고, 우리의 그 어떤 영적인 정서를 만족시킬 수도 없으며, 우리의 영혼이 거룩한 기쁨을 누리게 될 수도 없기 때문입니다. 따라서 우리가 하나님의 전에 가서, 저 아주 오래되고 친숙한 십자가에 관한 이야기를 듣는데도, 우리에게 아무런 감화가 없을 때, 우리는 "내가 잠자고 있다"는 것을 깨닫고서 애통해하는 것이 마땅합니다. 다른 사람들은 시편을 노래하며 찬양하는 동안에 너무나 기뻐서 하나님 앞에서 춤추고 싶은 마음이 저절로 드는데, 우리는 하나님께 감사하여 찬양하고 싶은 마음이 들지 않는다면, 우리는 가슴을 치며, 하나님께 "내가 잠자고 있습니다"라고 고백하며 애통해하여야 합니다. 우리가 성찬식에서 떡과 포도주로 상징되는 주님의 살과 피를 먹으면서도 주님의 임재를 전혀 느끼지 못하고서, 그 식탁에 왔던 때와 마찬가지로 갈 때에도 주린 채로 가고 있는 우리 자신의 모습을 보았을 때에도, 우리는 "슬프도다, 내가 잠자고 있구나, 내가 잠자고 있어. 만일 내가 영적으로 깨어 있어서 나의 영적인 지각이 제대로 작동하고 있다면, 이 떡과 포도주가 내게 너무나 달콤하고 내 영혼을 살찌우는 자양분이 되었을 텐데."라고 고백하며, 애통해하여야 합니다. 우리가 우리의 신랑이 베풀어 주는 사랑의 연회를 누리지 못한다면, 그것은 전적으로 사망이 우리도 모르는 사이에 우리를 엄습해서, 우리가 날이 갈수록 사망의 잠에 빠져들었기 때문입니다. 우리가 우리의 이러한 모습을 알게 되었을 때, 그런 모습은 탄식하고 애통해야 할 일입니다.

우리가 잠자고 있을 때에 우리의 그러한 모습을 애통해하고 탄식해야 하는 이유는 잠자는 것은 위험한 상태이기 때문입니다. "사람들이 잘 때에 그 원수가 와서 곡식 가운데 가라지를 덧뿌리고"(마 13:25) 갑니다. 그러므로 잠자거나 졸고 있는 목회자들과 사역자들이 있는 교회는 불행합니다. 왜냐하면, 그런 일꾼들은 하나님의 밭을 잘 돌볼 수 없기 때문입니다. 잠자는 사람은 강도나 살인자를 만날 위험에 있습니다. 사울이 평지에 진영을 세워 놓고서 거기에서 자고 있을 때, 아비새는 창을 잡은 채, "내가 창으로 그를 찔러서 단번에 땅에 꽂게 하소서 내가 그를 두 번 찌를 것이 없나이다"(삼상 26:8)라고 말했습니다. 잠자는 사람은 자신의 모든 것, 그러니까 자신의 목숨을 잃을 수 있습니다. 그러므로 우리는 이 위험천만한 상태를 두려워하는 것이 마땅합니다. 잠이 우리를 엄습해 오는 것을 느낄 때, 우리는 잠을 떨치고 일어나서, 이렇게 말해야 합니다: "내가 잠자고 있지만, 잠에 지지 않으리이다. 주여, 주의 은혜로 나를 깨우소서."

잠은 아무것도 할 수 없는 상태입니다. 눈을 감고 자고 있는 사람이 일상의 일들을 할 수 없는 것은 당연합니다. 물론, 잠든 상태에서도 걸어다니며 여러 가지 것들을 할 수 있다고 하지만, 나는 영적으로도 과연 그렇게 할 수 있는지에 대해서는 알지 못합니다. 여러분은 영적으로 잠든 상태로는 천국을 향하여 걸어갈 수도 없고, 복음을 제대로 전할 수도 없으며, 하나님과 여러분의 세대를 제대로 섬길 수도 없습니다. 나는 아주 많은 사람들이 그런 상태에 있다는 것을 압니다. 나는 그들이 깨어 있기를 바라지만, 사실 그들은 거의 잠든 상태에 있습니다. 그들은 거의 아무것도 하지 못합니다. 영적으로 너무나 게으르고 나태해서 일을 할 수가 없습니다. "게으른 자는 길에 사자가 있다 거리에 사자가 있다 하느니라"(잠 26:13). 이것이 게으른 자들이 자신이 침상을 떠나지 못하는 이유로 제시하는 것입니다. 그들에게 이 사자는 최근에 이 서리(Surrey) 주에서 밴스테드 구릉지대(Banstead Downs)에서 클래펌 공유지(Clapham Common)에 이르는 모든 길에서 여자들과 아이들을 잡아먹었다고 하는 괴물만큼이나 진짜입니다. 솔로몬은 "게으른 자의 사자"에 관한 이 우화를 아주 잘 알고 있었던 것으로 보입니다. 그래서 그는 또 다른 잠언에서 "게으른 자는 말하기를 사자가 밖에 있은즉 내가 나가면 거리에서 찢기겠다 하느니라"(잠 22:13)고 말하기도 합니다. 이 가련한 자들은 영적으로 완전히 잠들어 있기 때문에, 꿈속에서 어디에나 사자가 있어서, 그들이 어떤 형태로든 선한 일을 하고자 하기만 하면, 그 사자가 그들을 죽일 듯이 위협하는 모습을 봅니다. 그렇기 때문에, 그들은 침대를 떠나지 않은 채 거기에 가만히 누워서, 잠이 그들에게 주는 편안함만을 누리고자 할 뿐입니다. 왜냐하면, 밖에는 사자가 있어서, 그들은 감히 밖에 나가서 일할 생각을 할 수 없기 때문입니다. 그들의 눈에는 주일학교에도 사자가 있는 것이 보이기 때문에, 그들은 주일학교에 가서 아이들을 가르칠 수도 없습니다. 그들은 밖에 나가서 마을 사람들에게 복음을 전할 수도 없습니다. 거기에도 사나운 사자가 있으니까요. 실제로, 그들은 자신의 편안한 침상을 떠나서 문을 열고 나가는 순간, 사자에게 잡아먹힐 것이라고 느낍니다. 하나님께서 우리를 도우셔서, 영적으로 이러한 게으르고 나태한 상태에 빠지지 않게 해주시기를 빕니다. 우리가 이 땅에 있는 동안에 진정으로 깨어서 살아가게 해주시기를 빕니다. 우리의 영혼은 단지 우리의 시체가 썩지 않게 해주는 소금 역할을 하는 것이 아니라, 하나님께 영광을 돌려드림과 동시에 다른 사람들에게는 복을 가져다주는 거룩한 행위들의 모판이 되어야 합니다. 여러분이 영적으로 펄펄 살아 움직이고 있지 못하다고 느낀다면, 자신의 그러한 모습을 애통해하면서 부끄러워하며, "내가 잠자고 있나이다"라고 고백하는 것이 마땅합니다.

또한, 우리는 이러한 잠을 단지 두려워해야 할 해악으로서 탄식하고 애통해해야 할 뿐만 아니라, **부끄러워해야 할 잘못**으로 여겨야 합니다. 그리스도인들은 마치 자기가 잠을 자는 것 속에는 자신의 잘못은 없고, 단지 자기는 재난에 처해 있기 때문에 불쌍히 여김을 받아야 한다는 듯이, 아무런 부끄러움도 없이 뻔뻔스럽게, "나는 영적으로 둔감하고 무기력함을 느낍니다"라고 말해서는 안 됩니다. 나의 형제들이여, 여러분은 불쌍히 여김을 받아야 하겠지만, 아울러 책망도 받아야 합니다. 아니, 어쩌면 여러분은 불쌍히 여김을 받는 것보다 훨씬 더 책망을 받는 것이 마땅합니다. 여러분의 육신이 너무나 연약하고 병들어 있기 때문에, 영적인 잠이 여러분을 엄습했을 수 있습니다. 그럴 때, 여러분은 불쌍히 여김을 받을 수 있고, 불쌍히 여김을 받는 것이 마땅합니다. 사도들 중에서도 최고의 사도들이 겟세마네 동산에서 잠들었을 때처럼, 육신의 어떤 상태들로 인해서 영혼이 거기에 지는 경우가 있을 수 있다는 것은 분명합니다. 그때에 주님께서는 먼저 "너희가 나와 함께 한 시간도 이렇게 깨어 있을 수 없더냐"(마 26:40)고 말씀하셨습니다. 하지만 그런 후에는 "마음에는 원이로되 육신이 약하도다"(마 26:41)라고 말씀하시며, 그들이 깨어 있을 수 없었던 것을 너그럽게 어느 정도 용납하셨습니다. 여러분은 다른 사람들이 그랬을 때에는 그들을 용납해야 합니다. 그리고 주님께서는 여러분을 용납해 주신다고 할지라도, 여러분은 자기 자신을 그런 식으로 용납해서는 안 됩니다. 다윗은 자기가 쓴 시편에 "내가 말하기를 이는 나의 잘못이라"(시 77:10)고 기록하고 있습니다. 다윗의 그러한 고백은 지당합니다. 나는 감히 그것은 정말 다윗의 잘못이었다고 말할 수 있습니다. 그리고 일전에 나는 내 자신에 대해서도 그렇게 말하였습니다. 나의 양심이 "그것은 너의 연약함인 동시에 너의 죄가 아니냐?"라고 묻기에, 나는 조금 있다가 어쩔 수 없이 내 양심에게 그 말이 맞다고 대답하였습니다. 처음에 나는 양심이 한 말 중에서 나의 "연약함"이라는 것만을 받아들이고, 나의 "죄"라는 지적은 배제한 채로, "하나님, 나를 긍휼히 여겨 주십시오"라고 부르짖었습니다. 이렇게 우리는 모든 책임이 우리 자신에게 있는데도, 우리가 인내하지 못한 것이나 우리의 불신앙이나 우리가 조급했던 것 같은 잘못의 책임을 너무나 쉽게 육신의 연약함으로 돌려 버립니다. 모든 잘못을 우리 자신에게 돌리는 것이 언제나 가장 안전하고, 변명하거나 책임을 전가시키는 것은 흔히 위험합니다. 물론, 종종 영적으로 무딘 것이 육신의 연약함 때문일 수 있습니다. 어떤 사람이 하루 종일 고된 일을 하거나 신경을 많이 써서 어떤 일을 하고 난 후에 기진맥진해서 아주 늦은 시간에 침상 머리에서 무릎을 꿇었을 때에 어느샌가 자기가 잠이 들어 있을 때, 나는 그의 잘못은 그다지 중대한 것이 아니라고 생각합니다. 그런 잘못은 이 세상에서나 내세에서나 결코 용서받지 못할 무서운 죄는 분명히 아닙니다. 어떤 사람이 몸이 허약함으로 인해 은혜가 형편없이 떨어져서, 자신이 주일에 모든 일에서 은혜롭게 행하지 못하고 있다고 느낄 때, 나는 교회의 모든 모임에서 그 사람을 배제해야 한다고 생각하지 않습니다. 또한, 나는 그 사람 자신이 교회의 모임에 스스로 나오지 않아야 한다고 생각하지도 않습니다. 남편을 사별하거나, 자녀 또는 형제가 죽거나, 부모를 잃어서, 마음이 너무나 무거워서 하나님을 기뻐할 수 없을 때, 그것은 불쌍히 여겨야 할 일입니다. 그럴 때에 심령이 무거운 것은 육신의 연약함으로 인한 부분이 많지만, 어쨌든 거기에는 그들의 잘못도 있습니다. 그런 경우에 믿음이 좋은 사람들은 다윗처럼 조심스럽게 "이는 나의 잘못이라"고 말할 것입니다. 하나님께서 우리가 그러한 연약함들을 느낄 때에 우리를 도우셔서, 우리로 하여금 신속하게 그 연약함들을 털고 일어나서, 우리가 연약할 때에 하나님의 능력이 우리 가운데서 온전해진다는 것을 경험함으로써, 우리의 연약함 중에서 강해져서 하나님께 영광을 돌리는 법을 배울 수 있게 해주시기를 빕니다.

내가 다시 한 번 반복해서 말씀드리고자 하는 것은 우리 주님이 제자들에게 "마음에는 원이로되 육신이 약하도다"(마 26:41)라고 말씀하셨듯이, 우리는 다른 사람들에 대해서는 너그럽게 그들의 연약함을 생각해서 용납해 주는 마음을 지녀야 하지만, 우리 자신에 대해서는 철저하게 살펴서 우리 자신을 단죄함으로써, 잠을 자는 것이 우리의 게으른 육신에게 바늘방석이 되게 하여야 한다는 것입니다. 형제들이여, 그리스도인들은 자신의 심령이 영적인 잠으로 말미암아 무거울 때에 부끄러워하는 것이 마땅합니다. 우리를 사랑하신 이가 누구신지를 다시 한 번 생각해 보십시오. 그는 영원하신 하나님의 아들 예수가 아니십니까? 그가 우리를 어떠한 사랑으로 사랑하셨는데, 어떻게 우리가 그에게 냉정할 수 있습니까? 그러므로 우리가 영적으로 자고 있다면, 우리는 얼굴을 붉히고 고개를 들 수 없어야 합니다. 예수께서 우리를 위해 하신 일들이 무엇인지, 그가 우리를 향하여 어떠한 사랑을 보여 주셨는지를 생각해 보십시오. 겟세마네 동산과 골고다 언덕을 생각해 보십시오. 그렇게 속량함을 받은 우리가 어떻게 영적인 잠에 빠져들 수 있습니까? 우리가 영적인 잠을 자고 있는 우리 자신의 모습을 본다면, 우리는 우리 자신에 대하여 너무나 화가 나서 가슴이 터져 버릴 것 같아야 하지 않겠습니까? 우리가 지금 살고 있는 이 세상이 어떤 곳입니까? 이 세상은 온갖 어둠의 세력들이 눈에 불을 켜고서, 어떻게 해서든지 우리를 해치려고 광분하고 있는 곳이 아닙니까? 그런 원수들이 매일같이 우리를 멸망시키려고 공격을 해대고 있는데, 우리가 어떻게 잠을 자고 있을 수 있습니까? 수많은 사람들이 원수 마귀에 의해서 죽어가고 있는데, 어떻게 우리가 잠을 잘 수 있단 말입니까? 우리가 깨어 있더라도, 그들을 살려내는 일에서 우리의 힘은 부족하기 짝이 없는데, 어떻게 우리가 잠을 잘 수 있습니까? 우리가 게으르고 무기력하다면, 우리는 당연히 재를 뒤집어쓰고서 하나님 앞에 엎드려서, 우리에게 긍휼을 베풀어 주시라고 울며 간구하는 것이 마땅하지 않습니까?

또한, 잠은 우리가 맞서 싸워야 할 악입니다. 사람은 "내가 잔다"고 말해야 하지만, 그렇게 말하는 것으로 만족하고서, 계속해서 잠을 자서는 안 됩니다. 그렇게 말했다면, 그때는 많은 기도를 해야 할 때입니다. 온전히 깨어날 때까지 이 치명적인 원수와 맞붙어서 씨름하여야 합니다. 천국으로 가는 길에서 부주의함과 무관심에 빠지는 것은 드넓은 설원에서 잠에 빠지는 것과 같습니다. 사람은 강추위로 인해서 본능적으로 잠에 빠져들기 쉽지만, 한 번 잠이 들어서 설원에 눕게 되면, 다시는 일어날 수 없습니다. 천국과 영생을 사모하는 여러분, 잠에 져서 잠에 빠져들지 않도록 조심하십시오. 왜냐하면, 주님께서 오셔서, 여러분이 잠든 지 채 한 시간도 되지 않아서, 한밤중에 신랑이 오셨다는 소리를 듣게 될 수도 있기 때문입니다.

우리는 잠을 자지 않겠다고 단단히 각오하고서 우리 자신을 채찍질하여야 합니다. 우리는 우리의 심령에게 이렇게 말해야 합니다: "자, 깨어라! 내 영혼아, 너는 잠을 자서는 안 돼. 그런 일은 있을 수 없어. 내가 그렇게 해서는 안 돼, 나는 잠자지 않을 거야. 나는 잠들 수 없어. 내가 너를 괴롭히고, 너를 십자가에 못박을 거야. 왜냐하면, 너는 죽음의 잠에 빠져들어서 스스로 죽어가서는 안 되기 때문이야." 우리는 이렇게 각오를 다지면서, 어떻게든 깨어 있도록 하여야 합니다. 때로는 우리가 지금까지 다녔던 교회보다 더 나은 교회를 찾는 것이 좋을 경우도 있습니다. 슬프게도, 교회들 중에는 아기들이 잠자기 딱 좋은 요람 같은 그런 교회도 있기 때문입니다. 그런 교회의 설교자들은 만유를 온통 잠들게 하는 데에 기가 막힌 솜씨를 발휘합니다. 여러분으로 하여금 영적 게으름 속에서 편안히 있게 하고 여러분의 영적 무감각을 더욱 강화시키는 설교를 조심하십시오. 어떤 설교자들은 복음은 아예 제쳐두고서, 너무나 부드러운 목소리로 인간적인 이야기들을 늘어놓아서 사람들의 귀를 즐겁게 해줌으로써, 천국이 온통 폭풍우로 뒤흔들린다고 하여도, 편안하게 잠잘 수 있게 해줍니다. 우리는 "다른 복음"을 듣거나, 우리를 영적으로 더 무디게 만드는 달콤한 얘기들을 듣느라, 우리에게 주어진 귀한 주일들을 낭비할 여유가 없습니다. 여러분을 영적으로 깨워 줄 수 있는 설교를 들을 수 없다면, 청교도들이 우리에게 남긴 확실하게 복음적인 좋은 책들을 읽으십시오. 성경을 열심히 읽고, 온통 성령의 불로 활활 타올랐던 경건한 사람들이 남긴 작품들을 찾아 읽으십시오. 그 불들이 여러분의 심령에 던져질 때, 여러분의 심령은 불붙기 시작할 수 있습니다. 그리스도인들 간의 대화도 우리로 하여금 깨어 있게 해주는 또 하나의 유익한 수단입니다. 존 번연 (John Bunyan)은 "마법에 걸린 땅"(Enchanted Ground)을 지나갈 때에 순례자들이 졸음을 쫓기 위해서 서로 선한 대화를 나누었다고 말합니다. 이것과 관련해서 그는 다음과 같이 독특하게 노래합니다:

> "성도들이 졸릴 때,
> 여기에 와서
> 이 두 순례자가 나누는 대화를 들어보라.
> 어떻게든 이 대화를 듣고자 하고 있노라면,
> 어느샌가 그들의 졸린 눈에서 잠이 달아나리라.
> 성도들 간의 교제가 제대로만 이루어진다면,
> 그들은 지옥 가운데서 깨어 있을 수 있으리라."

이 모범을 본받으십시오. 그러나 성도들 간의 선한 대화가 별 효과가 없다면, 그리스도를 위한 일을 하러 가십시오. 성령 하나님께서 그 일 가운데서 여러분에게 복 주시기만 한다면, 이것은 여러분이 깨어 있을 수 있는 아주 효과적인 방법입니다. 다른 영혼들을 돌보다보면, 여러분 자신의 영혼이 다시 깨어나고 살아나게 될 것입니다. 나는 주를 섬겨 적극적으로 일하는 사람들에게는 그렇지 않은 사람들보다 영적인 잠이 찾아오는 경우가 적다고 생각합니다. 적극적으로 주를 섬겨서 일하는 것으로 충분하지 않다면, 하나님 앞에 나아가서, "내 구주여, 내가 잠자고 있사오니, 제발 나를 깨어나게 해주소서"라고 온 힘을 다해 부르짖으십시오. 여러분이 그런 식으로 부르짖을 수 있다면, 여러분은 이미 절반은 깨어난 것입니다. 그럴 때에 다시 한 번 "내 주여, 내가 잠자고 있사오니, 나를 회초리로 때려서라도 나를 깨어나게 해주소서"라고 부르짖으십시오. 형제들이여, 여러분이 자신의 영혼이 잠자는 것을 두려워하여 이렇게 괴로워하고 안간힘을 쓰고 있다면, 그것 자체가 여러분이 하나님의 복을 받아서 깨어났음을 보여주는 것입니다.

어쨌든, 이 잠은 극복하고 이겨야 할 해악입니다. 이 교회의 지체들인 여러분, 졸음과 잠에 지지 않겠다고 오늘 이 시간에 단단히 결심하십시오. 나는 여러분 중에서 다음과 같이 말하는 사람이 단 한 사람도 없기를 바랍니다: "내가 이렇게 잠자는 상태에서 천국에 갈 수 있다면, 잠자는 것이 뭐가 그리 대수겠는가? 나의 동료 지체들이 마치 부상병처럼 나를 구급차에 실어서 천국으로 데려간다면, 그것이 매일매일 힘들게 걸어서 천국에 가는 것보다 더 낫지 않겠는가?' 나의 형제들이여, 그렇지 않아도, 우리에게는 이미 상처투성이이고 부적합한 자들이 너무도 많고, 영적인 싸움을 할 능력이 없는 사람들이 너무도 많습니다. 그러므로 여러분까지 그런 사람이 되고자 하지 마십시오. 찬송 받으실 의사이신 주께 여러분을 튼튼하게 해주셔서, 나팔소리가 울려 퍼질 때, 여러분이 다른 성도들과 마찬가지로 총검을 들고서 원수들과 맞서 싸울 수 있게 해주시라고 기도하십시오. 몇 년 전에 나는 미지근한 신앙을 지닌 수백 명의 신자들보다는 정말 간절하고 살아 있는 신앙을 지닌 신자들과 함께 영적 싸움을 하고 싶다는 말을 한 적이 있는데, 그러한 마음은 내 속에서 점점 더 강해집니다. 이 세상을 대놓고 즐기지 못할 정도의 신앙은 지니고 있지만, 영적인 싸움을 해나갈 수 있을 정도의 신앙은 지니고 있지 못한 그런 그리스도인들이 있는데, 나는 그런 그리스도인이 되고 싶지 않습니다. 그런 사람들은 얕은 물가에서 놀고, 책임은 많은데, 힘은 없습니다. 깊은 은혜가 우리를 하나님의 모든 충만으로 채워서, 우리로 하여금 그리스도 안에서 강건하여져서, 우리에게 맡겨진 모든 거룩한 일들을 다 감당할 수 있게 해주시기를 빕니다. 찬 음식은 먹기 좋을지 모르지만, 냉랭한 신앙은 그리스도나 우리 자신에게 아무런 도움도 되지 않는 나쁜 음식입니다. 하나님께서 우리를 불타는 신앙 속에서 살아간 성도들처럼 되게 해주시기를 빕니다. 하나님께서 우리를 성령으로 충만하게 하셔서, 하나님의 전에 대한 열심이 자기를 삼켰다고 말씀하신 이를 향한 꺼지지 않는 사랑의 불길로 타오르게 만들어 주시기를 빕니다. 그는 우리를 속량하셔서 그의 백성이 되게 하시려고, 자신의 목숨을 내어주신 분입니다. 우리가 온전히 그의 백성인지를 우리는 늘 확인하여야 합니다. 이상으로 나는 잠이라는 주제에 대하여 말씀드리는 것을 마치고, 이제 다른 주제로 넘어가고자 합니다.

2. 둘째로, 신부는 자기가 자고 있기는 하지만 깨어 있다고 말합니다.

우리는 여기에서 신부가 모순되는 것 같은 말을 하는 것을 봅니다. 즉, 신부는 "내가 잘지라도 마음은 깨었는데"라고 말합니다. 자고 있는 가운데 깨어 있다고 말하는 것은 이상해 보일 수 있지만, 나는 앞에서 그리스도인은 수수께끼 같은 존재라고 말한 바 있습니다. 랄프 어스킨(Ralph Erskine, 1685-1752, 영국의 칼빈주의자)이 쓴 「신자의 수수께끼」라는 책은 주목할 만한 책인데, 거기에 나오는 모든 말들은 경험과 성경에 의해서 그 옳음이 입증될 수 있습니다. 인간이라는 존재는 원래 모순덩어리이기는 하지만, 그리스도 안에 있는 인간은 더욱더 그러합니다. 어스킨은 이렇게 말합니다:

> "나라는 존재는 나의 눈에도, 남들의 눈에도
> 신비들로 가득한 미로라네."

우리는 잠자고 있으면서도, 동시에 깨어 있습니다. 어스킨은 이러한 상태를 이렇게 노래합니다:

> "내 육신은 부끄럽게도
> 게으름에 빠져서 잠들어 있지만,
> 동시에 내 속에서는 은혜가 깨어 있어서
> 이 게으른 육신을 질책한다네."

모든 그리스도인 속에는 결코 죽을 수 없는 내적인 생명이 있음과 동시에, 결코 살아날 수 없는 내적인 사망이 있습니다. 예수께서는 "내가 주는 물을 마시는 자는 영원히 목마르지 아니하리니 내가 주는 물은 그 속에서 영생하도록 솟아나는 샘물이 되리라"(요 4:14)고 말씀하셨습니다. 따라서 하나님으로부터 온 이 생명은 비록 약해지고 잠을 잘 수는 있지만, 완전히 죽어 버리거나 무감각해지는 일은 결코 일어나지 않습니다. 하나님의 사람이 세상에 의해서 단단하게 옭아매져 있다고 할지라도, 그 사람 속에는 천국에 속한 생명이 여전히 존재합니다. "죄가 너희를 주장하지 못하리니"(롬 6:14). 사탄이 그리스도인의 심령 속에서 광분할 때조차도, 하나님은 그리스도인의 심령에 있는 보좌를 여전히 차지하고 계십니다. 이 내적인 생명은 보통 심령이 낙심하고 불안해하는 모습으로 나타납니다. 신자는 자신의 모습이 제대로 된 것이 아니거나, 자기가 원하는 모습이 아닐 때에는 행복할 수 없습니다. 그는 안식할 수 없고, 만족할 수 없습니다. 신자가 아니었던 때에는 그런 모습으로 살면서도 만족해하였지만, 지금은 자신의 그런 모습을 볼 때에 많이 괴롭고, 노아의 비둘기처럼 안식할 곳을 찾지 못합니다. 그런 신자가 서글픈 곡조로 노래하는 것을 들어 보십시오:

> "내가 처음으로 주를 뵙고서 알게 되었던
> 나의 복된 모습은 지금은 어디로 사라져 버린 것인가?
> 예수와 그의 말씀을 보고서 내 영혼이
> 새 힘을 얻었던 일은 이제 옛날일이 되었는가?
> 그때에 나는 얼마나 평화로운 시간들을 누렸던가!
> 그 시절에 대한 기억은 떠올리기만 해도 얼마나 감미로운지!
> 하지만 그 시간들은 이제 세상이 결코 채워 줄 수 없는
> 가슴 아픈 공백으로 남아 있다네."

그는 잠자고 있기는 하지만, 그의 마음은 극심한 불안에 떨며 한숨짓고 탄식합니다.

또한 내적인 생명은 **갈망**이라는 모습으로도 나타납니다. 왜냐하면, 마음은 갈망이 자리 잡고 있는 곳이어서, 비록 잠을 자고 있지만 그 마음이 깨어 있는 그리스도인은 이렇게 말하게 되기 때문입니다: "이것은 내가 원하는 모습이 아니야. 나는 지금 살아 있지만, 거의 죽은 것이나 다름없어. 나를 향하신 그리스도의 사랑은 너무나 큰데, 그에 대한 나의 사랑은 이렇게 냉랭하다니. 주여, 나를 이 얼어붙은 상태에서 건져 주소서. 나는 영적으로 무기력한 이 죽음의 상태를 견딜 수 없나이다. 주여, 내 영혼을 감옥에서 꺼내 주소서. 내게 더 큰 은혜를 주소서. 내게 은혜를 주셔서, 나로 하여금 예수를 더 사랑하게 하시고, 더욱 그를 닮게 하소서. 영적으로 나는 가난한 자이지만, 주의 사랑과 은혜로 말미암아 부요하게 되기를 갈망하나이다. 주의 구원을 내게 베푸소서." 이렇게 하나님께 호소하는 심령은 비록 무디어져 있기는 하지만 여전히 깨어 있는 것입니다. 하나님께서는 우리가 한 일들이 아니라 우리의 간절한 갈망을 보시고서 우리를 판단하십니다. 옛 작가가 한 말 중에 이런 말이 있습니다. 당신이 어떤 사람에게 말을 타고 가서 의사를 불러오라고 했는데, 그 말이 빨리 달릴 수 없는 노쇠한 말이어서, 그 사람이 말을 빨리 달리게 하려고, 채찍질하며 박차를 가하는 등 최선을 다하는 모습을 보았다면, 당신은 그 사람을 칭찬할 것이라고 말이죠. 당신은 그 사

람이 자신의 능력을 벗어난 일을 하지 못했다고 그를 책망하지는 않을 것입니다. 그래서 그 작가는 이렇게 말합니다. 우리의 갈망이 우리의 기운 없는 심령을 채찍질하고 박차를 가할 때, 하나님께서는 우리가 얼마나 하나님이 원하시는 일을 해내고자 하는지를 보시고서, 우리의 간절한 갈망 자체를 우리가 이미 그 일을 한 것으로 여기신다고 말입니다. 우리의 갈망이 그렇게 간절하다면, 우리는 할 수만 있다면 번개나 폭풍이라도 붙들어 매 두거나, 거기에 박차를 가하여 더 빨리 달리게 하고자 할 것입니다. 갈망이 있다는 것은 깨어 있다는 증거입니다. "내가 잘지라도 마음은 깨었는데."

신부에게 **분별력**이 있다는 것은 그녀가 깨어 있다는 또 하나의 증거입니다. 그녀는 "나의 사랑하는 자의 소리가 들리는구나"라고 말합니다. 그녀는 반쯤은 자고 있을 때조차도 주의 음성을 알아들었습니다. 참된 신자는 최악의 상태에서도 여전히 모든 것 속에서 복음을 알아차리고, "다른 복음"을 금방 알아낼 수 있습니다. 여러분이 찬송 받으실 하나님의 복음이 아닌 어떤 것을 가지고서 미사여구들을 섞어 청산유수처럼 달변을 쏟아내어, 뛰어난 말솜씨로 그리스도인들의 귀를 일시적으로 즐겁게 해주었다고 합시다. 참된 신자는 곧 여러분이 무슨 짓을 하고 있는지를 감지해 냅니다. "타인의 음성은 알지 못하는 고로 타인을 따르지 아니하고 도리어 도망하느니라"(요 10:5)는 말씀은 그리스도께 속한 모든 양에게 해당됩니다. 깨어 있는 신자는 "타인의 음성"이 아무리 음악같이 매혹적이라고 할지라도 그 속에는 주님의 음성 속에 있는 그런 아름다움이 없다는 것을 금방 알아차립니다. 그래서 그는 속아 넘어가지 않기 위해서, 그런 음성을 역겨워하며, 두렵고 떨리는 마음으로 귀를 막습니다. 그의 결심은 "나는 주 하나님께서 말씀하시는 것을 들을 것입니다"라는 것입니다. 그는 다른 음성들에 대해서는 귀를 막기로 결심하지만, 구속주께는 이렇게 말합니다: "주여, 말씀하소서 주의 종이 듣겠나이다." 영적으로 아주 무디어진 상태 속에서도 여전히 주의 음성을 알아차리고서 "나의 사랑하는 자의 소리가 들리는구나"라고 외칠 수 있는 사람은 복 있는 사람입니다.

이렇게 마음이 깨어 있는 것은 종종 심령이 스스로 자기 자신을 **책망**하는 모습으로 나타납니다. 그녀는 "내가 자고 있다"고 말합니다. 만일 그녀가 어느 정도 깨어 있지 않았다면, 그녀는 "내가 자고 있다"고 고백하며 스스로를 자책하지 않았을 것입니다. 이렇게 마음이 깨어 있는 복된 모습은 서서히 행동으로 나타나게 될 것입니다. 그러한 마음은 우리 속에 있는 모든 것을 깨워서, 우리는 우리의 "사랑하는 자"에게 달려가게 됩니다. 여호와의 영이 참된 그리스도인들을 그물에서 꺼내어 자유롭게 하자마자, 그들이 자신의 하나님께 다시 날아가는 것은 기이한 일입니다. "하늘에서는 주 외에 누가 내게 있으리요 땅에서는 주 밖에 내가 사모할 이 없나이다"(시 73:25). 형제들이여, 여러분과 나는 그리스도의 품 속이 아니면 그 어디에서도 쉴 수 없습니다. 우리가 까마귀였을 때에는 우리 자신의 날개를 의지해서 이 세상의 썩은 고기 위에 날아들어 쉴 수 있었지만, 우리가 비둘기가 된 지금에 있어서는 우리의 노아와 그의 방주에서만 쉴 수 있습니다. 이 교회의 뒤쪽에 사는 한 친구가 얼마 전에 내게 몇 마리 비둘기를 주어서, 우리는 그 비둘기들을 노우드(Norwood)로 데려가서 거기에 며칠 동안 가둬 두고서, 우리 곁에 머물게 되기를 바라면서 잘 먹였습니다. 그러나 우리가 그 비둘기를 풀어주자마자, 그 비둘기들은 하늘 높이 솟아올라서 창공을 세 바퀴 돌더니 곧바로 전에 있던 곳으로 되돌아가 버리고 말았습니다. 마찬가지로, 나도 병상에 누워 있을 때에, 내게 날개가 있어서 이곳으로 빨리 돌아올 수 있다면 얼마나 좋을까 하고 얼마나 바랐는지 모릅니다. 신자들의 경우도 마찬가지입니다. 마귀가 우리를 포로로 잡아서 잠시 가두어 놓을 수 있지만, 우리에게 기회가 주어지자마자, 우리의 마음은 예수께로 되돌아가는 길을 압니다. 신부는 비둘기의 눈을 가지고 있기 때문에, 높은 곳에서도 잘 보고서, 암미나답의 병거처럼 전속력으로 다시 돌아옵니다.

"내가 잘지라도 마음은 깨었다"는 이 수수께끼 같은 상태는 지금까지 많은 신자들이 경험해 왔습니다. 나는 아주 독특한 경험을 얘기하고 있는 것이 아닙니다. 지금도 많은 신자들이 그런 경험을 합니다. 나는 최근에 토머스 본(Thomas Vaughan)이 쓴 한 짧은 시를 읽었는데, 그 시는 나의 상태를 아주 정확하게 묘사하고 있었기 때문에 내 마음을 감동시켰습니다. 신자의 삶 속에서 "자고 있으면서 동시에 깨어 있다"는 이 모순 같은 상태가 내가 만들어 낸 허구가 아니라, 하나님의 백성들이 자주 경험하는 것임을 여러분에게 보여주기 위해서, 나는 그 시를 여러분에게 읽어드리려고 합니다. 아마도 여러분 중에서 아무도 지금까지 본 적이 없을 이 특이한 짧은 시에서 토머스 본은 이렇게 독특하게 노래합니다:

"나의 가장 사모하는 예수여!

주께서는 이렇게 말씀하셨습니다.

'내가 들리면 모든 이를 하늘로 이끌겠노라.'

하지만 나는 여기에 있습니다.

나는 주가 베푸시는 새로운 연회에서 배제된 채로

진흙 속에서 질식당하고 있습니다.

나는 주의 손이 짧지 않다는 것을 알지만,

그 손을 붙잡기에는 내 손은 더럽고 부정해서,

나는 주의 손을 잡을 수 없습니다.

나는 온통 더럽습니다.

또한, 주께서 은혜로 나의 병든 모습을 사랑해 주시지 않는다면,

나는 소망을 가질 수 없습니다.

나의 병든 모습은 치유될 수 있겠지만,

내가 죽는다면, 누가 나를 건져 주겠습니까?

나의 하나님이여, 내가 살아 있다고 내게 말해 주십시오.

내가 살아 있다는 것은 사실입니다.

그러나 나는 잠들어서 움직일 수 없고,

주께서 부르시는 음성도 거의 들을 수 없습니다.

죄가 불러주는 자장가에 내 마음이 흔들리지만,

주께서 나를 이끄시면, 내가 달려가겠습니다.

주께서는 내가 병들어 있다는 것을 압니다.

나는 주께서 명하신 대로 먹는 것을 즐거워하지 않지만,

주께서 정해 주신 식단을 따라 먹게 해주십시오.

주께서 내가 먹고 싶은 대로 먹게 나를 그냥 내버려 두신다면,

나는 곧 닥치는 대로 먹고서 피 흘리며 죽어가게 될 것입니다.

나는 돌과 전갈을 달라고 하지만,

주께서는 나를 사랑하셔서 그런 것들을 주시지 않습니다.

만일 주께서 그런 것들을 막아 주시지 않는다면,

나는 죽고 말 것입니다.

사랑하는 주여, 계속해서 나를 부정해 주십시오.

내 뜻이 주의 뜻과 일치할 때 외에는,

절대로 내 뜻을 들어주지 마십시오.

내 뜻과 주의 뜻이 충돌했던 지난날을 되돌아보면,

내가 얼마나 중병에 걸린 환자였는지가 잘 드러납니다.

주께서 안 된다고 하시며 나를 간곡하게 설득하셨을 때,

나는 얼마나 떼를 쓰고 울었고,

주께서 내게 가장 좋은 것들을 주셨을 때,

나는 투덜거리며 불평하였고,

주께서 내게 지고한 사랑을 베푸실 때,

나는 어린아이처럼 우는 소리를 하며 거절하였었습니다.

나는 막무가내로 내 뜻대로 해 달라고 억지를 부렸습니다.

내가 나의 죄를 부끄러워하며 얼굴을 붉히며 주의 십자가를 바라볼 때,

주의 피가 내 속에 흘러들어오게 해주십시오.

그러면, 내가 살겠고, 넘어짐에서 건짐을 받게 될 것입니다.

그리고 그것은 주의 모든 피조물들에게

주의 은혜를 분명하게 보여주는 교과서가 될 것이고,

내 안에서 최악의 죄를 보아 온 모든 자들은

주의 지극한 사랑을 시인하지 않을 수 없게 될 것입니다.”

이 작가는 여러분의 영혼의 고뇌를 그대로 종이 위에 옮겨놓고 있지 않습니까?

3. 셋째로, 신부의 수수께끼 같은 말을 푸는 열쇠는 무엇입니까?

나는 이제 신부가 “내가 잘지라도 마음은 깨었다”고 말한 것의 신비를 푸는 열쇠가 어디에 있는지를 살펴보는 데 잠깐 시간을 할애하려고 합니다. 어떻게 해서 그녀의 마음은 깨어 있는 것일까요? 그것은 그녀가 자신의 “사랑하는 자의 소리”와 문 두드리는 소리를 들었기 때문입니다. 하나님의 모든 자녀들은 그리스도와의 기이한 연합 가운데 있습니다. 그리스도께서는 “내가 살아 있고 너희도 살아 있겠음이라”(요 14:19)고 말씀하십니다. 여러분은 죄와 사망의 몸인 형편없는 본성을 지니고 있는데도, 어떻게 해서 살아 있는 것일까요? 여러분이 살

아 있는 것은 그리스도께서 살아 계시기 때문입니다. 그가 살아 계시는 한, 여러분은 죽을 수 없습니다. 여러분이 세상 사람들처럼 죽음의 잠을 잘 수 없는 이유도 그리스도께서 주무시지 않으시기 때문입니다. "이스라엘을 지키시는 이는 졸지도 아니하시고 주무시지도 아니하시리로다"(시 121:4). 그리스도의 영적인 생명이 완전히 잠들어서 망각되고 아무런 움직임도 없게 될 때까지는, 여러분의 생명은 결코 완전히 잠들 수 없습니다. 여러분과 예수 간의 신비한 연합이 여러분을 멸망으로부터 지켜 줍니다. 하지만 여러분이 예수를 떠난다면, 그 순간에 멸망은 마치 격류처럼 여러분을 순식간에 휩쓸어가 버리고 말 것입니다. 사랑하는 친구들이여, 여러분이 가지 않아야 할 곳으로 가 있을 때에 행복할 수 없는 이유는 여러분이 거기에 있을 때에 예수께서 행복하지 않으시기 때문입니다. 그는 여러분이 행하는 어리석은 짓들을 보시면서 탄식하시며 마음 아파하십니다. 여러분의 그 어리석은 짓들 때문에 그리스도께서는 상처를 입으시고 피 같은 땀을 흘리시며 죽음을 통과하셔야 했고, 여러분도 그 어리석은 짓들에 계속해서 빠져 있을 때에는 상당한 대가를 치를 수밖에 없게 됩니다. 여러분이 있는 그곳은 온통 가시나무로 뒤덮여 있는 곳이어서, 여러분의 목자이신 예수께서 여러분을 찾아 나섰을 때에 그 가시들에 찢기시고 상처를 입으셔야 하였고, 여러분도 거기에서 헤매는 동안 그 가시들에 찔리고 찢길 수밖에 없습니다. 여러분이 조금이라도 깨어 있을 수 있는 이유는 예수께서 여러분을 부르고 계시기 때문입니다. 여러분이 듣거나 읽은 그의 말씀들을 통해서 그의 음성이 여러분의 귓전을 울립니다. 그는 단지 여러분을 부르고 계시는 것이 아니라, 여러분에게 환난이나 긍휼이나 경고나 위로를 통해서 여러분의 마음을 두드리십니다. 여러분이 그의 백성이라면, 그는 거기에서 한 걸음 더 나아가서, 여러분이 있는 방의 문구멍에 자신의 손을 들이미셔서, 여러분으로 하여금 그에게 문을 열어드릴 수밖에 없게 만드신 후에, 들어오셔서 여러분과 함께 먹고 마시고자 하십니다. 이제 신비는 다 풀렸습니다. 성도는 죄인의 구주와 함께 하지 않으면 단지 죄인일 뿐입니다. 신자는 "나를 믿는 자는 영원히 죽지 아니하리니"(요 11:26)라고 말씀하시고, "나를 믿는 자는 죽어도 살겠고"(요 11:25)라고 말씀하신 부활이요 생명이신 이와 함께 하지 않는다면, 단지 사망과 부패의 덩어리일 뿐입니다. 이렇게 우리가 영원히 찬송 받으실 우리의 머리 되시는, 영원히 죽지 않으시고 영원히 주무시지 않으시는 분과 연합되어 있다는 것은 얼마나 큰 복입니까!

4. 넷째로, 본문이 주는 교훈입니다.

그 교훈은 여러분에게 큰 기쁨들이 있을 때에 극히 조심하여야 한다는 것입니다. 왜냐하면, 오늘의 본문에서 신부는 자기가 사랑하는 자와의 너무나 황홀한 교제 속에 있었지만, 이내 잠들어 버리고 말았기 때문입니다. 신랑은 그녀에게 잔치를 베풀어 많이 먹고 마시게 하였지만, 그녀는 해가 지기도 전에 잠들어 버렸습니다. 우리는 놀라운 피조물들입니다. 우리 중에서 아무리 완벽하고 완전해 보이는 형제들이고, 그들 자신은 자기가 완전하다고 생각할지라도, 여러분이 그들에게 5분만 얘기를 시켜 보면, 그들의 불완전한 모습은 그대로 드러나게 됩니다. "교만"이 그들의 심령 속에 자리를 잡고 있는지 없는지를 알아보기 위해서 여러분이 문을 두드려 보고자 한다면, 그를 1분만 칭찬해 보십시오. 그러면, 그는 자신의 진면목을 그대로 드러낼 것입니다. 우리는 그들이 성도들이고 우리의 형제들인 것에 대하여 감사합니다. 왜냐하면, 믿음을 지닌 사람들은 드물기 때문입니다. 그러나 나는 그들이 자신이 성도답게 거룩한 마음과 행실을 지니고 있다고 자랑하고자 하지 않기를 바랍니다. 원래 빈 수레가 요란하고, 속이 비어 있는 것이 더 큰 소리를 내는 법입니다. 자기가 완전한 신앙을 가지고 있다고 요란한 소리를 내는 사람은 실제로는 신앙이 별로 없는 사람입니다. 우리는 언덕 꼭대기에 올랐을 때마다 조심하여야 합니다. 여러분이 언덕 꼭대기에 올랐을 때에는, 거기에 그대로 머물러 있고, 곤두박질치며 내려오지 않으려면, 조심하고 근신하십시오. 주께서 여러분을 찾아오실 때마다, 그를 진심으로 반겨서 맞아들이십시오. 그리고 그가 떠나가시지 않도록, 그를 근심시키는 그 어떤 일도 하지 않도록 조심하십시오. 큰 기쁨들은 잠을 불러올 수 있습니다. 주님과 함께 다볼 산에 올랐던 최고의 세 제자도 이내 눈꺼풀이 무거워져서 졸음을 이기지 못하고 잠에 빠져들었습니다. 그들이 변화되신 구주의 너무나 황홀한 모습을 보았을 때, 어둠이 그들을 덮었습니다. 그 산에 있을 때에 여러분이 무슨 짓을 하고 있는지를 유심히 살피고 조심하십시오. 물이 가득 차 있는 잔을 엎지르지 않고 여러분의 손으로 옮길 때의 그런 마음을 가지고서 조심하십시오.

다음으로, 여러분이 자신이 한 일에 대해서 **자책할 때**, 그 자책이 여러분 안에서의 성령의 역사라는 사실을 잊지 마십시오. "내가 잠자고 있다"고 가슴을 치며 자책하는 가운데서도, "내 마음은 깨어 있는" 것이 사실이라면, 그 말을 덧붙이는 것을 잊지 마십시오. 여러분이 하나님으로부터 받은 은혜가 아무리 적은 것이라고 할지라도, 그 은혜를 인하여 하나님을 찬송하십시오. 내가 원하는 대로 내 자신이 거룩해지지 않았다고 할지라도, 나는 온전히 의롭다 하심을 받은 자인데, 뭐 어떻습니까! 내가 바라는 대로 내 아버지 하나님을 닮은 모습을 아주 완벽하게 나타내지 못한다고 하여도, 나는 하나님의 자녀인데, 뭐 어떻습니까! 내가 성령의 모든 열매들을 다 맺지 못한다고 할지라도, 내게는 성령의 씨앗들과 싹들과 꽃들이 있어서, 머지않아 좋은 열매를 내게 될 것인데, 뭐 어떻습니까! 우리는 아론의 지팡이에서 그 동일한 능력을 봅니다. 그것은 마른 지팡이에 불과하였지만, 하나님께서는 거기에서 "움이 돋고 순이 나고 꽃이 피어서 살구 열매가 열리게"(민 17:8) 하셨습니다.

마지막으로, 무엇보다도 여러분은 예수의 음성을 들을 수 있는 참된 믿음이 과연 자신에게 있는지를 확인하여야 합니다. 만일 신부에게 그녀의 잠자는 신체 기관들조차도 깨운 예수의 매력적인 음성을 들을 수 있는 귀가 없었다면, 그녀는 결코 깨어나지 못했을 것입니다. 일반적으로 사람들은 다른 그 어떤 수단을 통해서보다도 자기가 사랑하는 사람의 음성을 들었을 때에 가장 쉽게 깨어날 수 있습니다. 자기가 사랑하는 사람에 대한 아름다운 기억, 간절한 사랑, 달콤한 기쁨으로 인해서 그의 음성은 그들에게 음악과 같습니다. 여러분의 귀가 예수의 음성 속에서 그런 지극히 아름다운 음악을 들을 수 있게 하십시오. 여러분은 그의 음성을 알아들어야 합니다. 그리스도께서는 이렇게 말씀하십니다: "내 양은 내 음성을 들으며 나는 그들을 알며 그들은 나를 따르느니라 내가 그들에게 영생을 주노니"(요 10:27-28). 사랑하는 친구들이여, 하나님께서 여러분에게 복 주셔서, 예수를 믿는 믿음을 주시고, 예수의 음성을 알아듣고 예수를 따르게 해주시기를 빕니다. 지금 우리가 잠들어 있다면, 우리로 하여금 모든 잠에서 깨어나 우리가 살아 있는 동안에 거룩한 경성함 가운데서 주 우리 하나님을 우리의 온 마음과 영혼과 힘을 다해서 섬길 수 있게 해주시기를 빕니다. 성령이시여, 예수님을 인하여, 우리에게 오셔서 그러한 특권을 주옵소서. 아멘.

제
11
장
—

더 가까이, 더 큰 사랑으로

—

"내가 잘지라도 마음은 깨었는데 나의 사랑하는 자의 소리
가 들리는구나 문을 두드려 이르기를 나의 누이, 나의 사랑,
나의 비둘기, 나의 완전한 자야 문을 열어 다오 내 머리에는
이슬이, 내 머리털에는 밤이슬이 가득하였다 하는구나 내가
옷을 벗었으니 어찌 다시 입겠으며 내가 발을 씻었으니 어
찌 다시 더럽히랴마는 내 사랑하는 자가 문틈으로 손을 들
이밀매 내 마음이 움직여서 일어나 내 사랑하는 자를 위하
여 문을 열 때 몰약이 내 손에서, 몰약의 즙이 내 손가락에서
문빗장에 떨어지는구나 내가 내 사랑하는 자를 위하여 문을
열었으나 그는 벌써 물러갔네 그가 말할 때에 내 혼이 나갔
구나 내가 그를 찾아도 못 만났고 불러도 응답이 없었노라
성 안을 순찰하는 자들이 나를 만나매 나를 쳐서 상하게 하
였고 성벽을 파수하는 자들이 나의 겉옷을 벗겨 가졌도다
예루살렘 딸아 너희에게 내가 부탁한다 너희가 내 사랑하
는 자를 만나거든 내가 사랑하므로 병이 났다고 하려무나."

— 아 5:2-8

그리스도인의 가장 건강한 상태는 주 예수 그리스도와 끊임없이 친밀하게
교제하는 상태입니다. 그리스도인들은 그러한 심령의 상태를 결코 잃어서는 안

됩니다. "내 안에 거하라 나도 너희 안에 거하리라"(요 15:4)는 것이 우리가 사랑하는 주님의 사랑의 명령입니다. 그러나 나의 형제들이여, 슬프게도 이 세상에서 우리의 육신이 많은 병에 걸리는 것과 마찬가지로, 우리의 영혼도 우리가 둘러싸여 있는 이 사망의 몸으로 인해서 흔히 죄와 질병을 심하게 앓게 되고, 우리의 심령은 주를 떠나는 불신앙의 악을 저지르게 됩니다. 그래서 우리는 우리가 될 수 있는 그런 상태에 있지 못하게 되고, 우리가 마땅히 되어야 할 모습으로 있지 못하게 되며, 우리가 장차 지니게 될 그런 모습을 여기에서 지니고 있지 못하게 되고, 우리가 원하는 모습으로 살아가지 못하게 됩니다. 나는 우리 중에서 많은 사람들이 하나님의 얼굴 빛 가운데서 행하고 있지 못하고, 우리의 머리를 구주의 품에 누이고 쉬지 못하고 있으며, 마리아처럼 주님의 발치에 앉아 있지 못하고 있는 것은 아닌지 걱정입니다. 우리는 시온이 아니라 "게달의 장막" 중에 머물고 있고, 예루살렘이 아니라 "메섹"에 머물고 있습니다(시 120:5). 하나님의 교회에서 영적인 질병은 너무나 흔하고, 재난의 뿌리는 신자들이 예수에게서 멀리 떨어져서 멀찍이서 그리스도를 따르기 때문에 쉽게 잠에 빠져든다는 데에 있습니다. 예수에게서 멀어지면, 기쁨도 멀어집니다. 해가 없다면, 꽃들이 시들게 되는 것과 마찬가지로, 우리에게 예수께서 계시지 않는다면, 우리의 마음은 기진하게 됩니다. 이 아침에 나의 목적은, 여러분 중에서 오늘 아가서의 본문에 나오는 신부와 같은 마음을 지닌 사람들이 있다면, 내 자신을 성령의 손에 맡겨서, 영혼의 의사이신 성령께서 지금 여러분에게 오셔서, 여러분을 위하여 처방해 주심으로써, 여러분이 그녀의 책망 받아야 할 모습만이 아니라 칭찬 받아야 할 모습까지도 온전히 닮을 수 있게 하는 것입니다. 여러분이 "사랑하는 자"를 곧 만나서 여러분의 영혼이 기뻐하게 되지 못한다고 할지라도, 나는 여러분이 적어도 본문에 나오는 신부처럼 "내가 사랑하므로 병이 났다"고 말하며, 신랑을 만나게 될 때까지 계속해서 그의 자취를 찾게 되기를 빕니다.

1. 첫째로, 신부는 아주 흔한 죄를 고백합니다.

우리는 오늘의 본문의 서두에서 그리스도인들이 너무나 흔하게 범하는 죄를 신부가 고백하는 것을 봅니다. 그녀는 "내가 잠자고 있다"고 부르짖습니다. 그녀의 사랑하는 자가 그녀를 찾고 있었기 때문에, 그녀는 잠을 자서는 안 되었습니다. 그는 그의 머리가 이슬로 젖고, 그의 머리털이 밤이슬로 가득한 채로, 밖의 추운 거리에 서 계셨습니다. 그런데 어떻게 그녀가 안에서 태평하게 잠자고 있을 수 있단 말입니까? 그가 그녀를 간절히 찾고 계시는데도, 그녀가 잠을 자고 있었다면, 그것은 너무나 잔인한 일이 아니었겠습니까? 나의 형제들이여, 우리 중에서 태평하게 자고 있는 사람들이 있다면, 나는 그분들에게 지금은 그렇게 태평하게 자고 있을 때가 전혀 아니라는 말씀을 드리고 싶습니다. 왜냐하면, 지금은 우리가 신랑을 맞으러 나와 있고, 신랑이 오시는 것이 조금 지체된다고 해서, 우리가 잠들어 버린다면, 그것은 정말 부끄러운 일이기 때문입니다. 세상은 멸망해 가고 있습니다. 우리는 이 세상을 구하기 위한 도구로 쓰임 받기 위해서 이 세상에 보내심을 받은 자들입니다. 그런데 그런 고귀한 목적을 위해 열심히 일해야 하는 우리가 두 손을 다 놓고서 태평하게 잠을 즐기고 있다면, 그것은 얼마나 수치스럽고 욕된 일이겠습니까! 우리는 밤이나 어둠에 속해 있는 자들이 아니라는 것을 생각하면, 우리가 잠잔다는 것은 결코 용서 받을 수 있는 일이 아닙니다. 만일 우리가 밤의 자녀들이었다면, 우리가 잠을 자고 게으른 자들이 되어 살아가는 것은 우리의 본성을 따른 것이라고 할 수 있습니다. 그러나 우리는 예수 그리스도의 얼굴에서 빛나는 하나님의 영광을 우리의 눈으로 똑똑히 본 사람들입니다. 그러므로 우리는 세상 사람들처럼 잠을 자는 것이 아니라, 깨어서 온전한 정신을 살아가는 것이 마땅합니다. 왜냐하면, 잠자는 자들은 밤에 자는 것이기 때문입니다. 우리에게 밤은 이미 지나갔기 때문에, 우리가 여전히 침상에서 뒹굴거리며 게으르게 지내는 것은 너무나 꼴사납고 합당하지 않은 일입니다. 나는 오늘날은 그리스도인들이 그 어느 때보다도 잠을 자서는 안 되는 때라고 생각합니다. 왜냐하면, 세상은 온통 죄악으로 인하여 악취를 풍기고 있고, 애굽의 개구리들 같은 미신들이 온 땅을 뒤덮고 있기 때문입니다. 신자들은 단지 절반 정도 깨어 있기만 해도, 원수가 곡식 가운데 가라지들을 열심히 뿌리고 있는 모습을 볼 수 있습니다. 그런데 원수가 예루살렘 성을 근본부터 훼손하고 있는 때, 시온의 파수꾼들이 망루에서 계속해서 잠만 자고 있는 것이 말이 되겠습니까? 이리가 양 우리 가운데로 침입해 와 있는데도, 목자들이 잠만 자고 있는 것이 말이 되겠습니까? 거센 풍랑으로 인해서 배가 암초를 향해 내몰리고 있는데, 선원들이 잠만 자고 있는 것이 말이 되겠습니까? 우리의 사정이 어떠하든지, 우리의 심령이 잠들어 있다면, 우리는 변명할 여지가 없습니다. 왜냐하면, 우리가 매일같이 돌보아야 할 일들은 우리 자신이 깨어 있지 않으면 해낼 수 없기 때문입니다. 시간 시간마다 우리를 엄습해 오는 시험들은 우리가 허리를 동이고 서 있을 것을 요구합니다. 수많은 원수들이 우리를 둘러싸고 있기 때문에, 우리 자신이 늘 하늘의 것들로 완전무장을 하고 있지 않으면, 우리는 극히 위험합니다. 우리가 꼭 잠을 자야 한다면, 오늘 우리가 통과하고 있는 이 적대적인 땅을 벗어나고 나서 잠을 자야 합니다. 요단 저편에서는 우리가 칼을 빼드는 대신에 잘 조율된 수금을 들고 노래하며 충분히 쉴 수 있습니다. 그러나 지금 이곳에서 방심하는 것은 피 흘리며 싸우는 전장 한가운데서 잠을 자는 것이고, 낭떠러지 끝에서 잠을 자는 것이며, 사망이 입을 벌린 가운데 날카로운 이빨들이 번쩍이는 속에서 장난을 치는 것입니다. 우리는 주님의 음성을 듣고서 침상에서 일어나야 합니다. 왜냐하면, 주님은 "깨어 있으라 내가 너희에게 하는 이 말은 모든 사람에게 하는 말이니라"(막 13:37)고 큰 소리로 외치고 계시기 때문입니다.

나의 형제들이여, 여러분은 태평하고 무관심한 영이 거의 자신도 모르는 사이에 여러분을 엄습하고 있다는 것이 보이지 않습니까? 여러분은 개인 기도를 드리고 있기는 하지만, 어느샌가 그 기도는 형식적이고 기계적인 것이 되어 있습니다. 여러분은 교회의 여러 모임들에 빠짐없이 참석하고 있기는 하지만, 어느샌가 단지 여러분의 몸만이 거기에 가 있는 것이고, 그 모임들로부터 새 힘을 얻지 못합니다. 또한, 여러분은 성찬의 식탁 앞에 앉아 있기는 하지만, 거기에서 영적으로 졸며 잠자고 있지는 않습니까? 여러분은 거룩한 떡을 먹고 포도주를 마시면서도, 여러분의 영혼이 졸고 있는 것을, 하늘의 파수꾼이 보고 있지는 않습니까? 여러분은 그저 겉껍데기에 불과한 떡과 포도주를 마실 뿐이고, 정작 자신의 영혼에 골수가 되고 살진 것이 되는 영적인 생명은 전혀 맛을 못 보고 있지는 않습니까? 나는 내가 늘 새벽부터 밤늦게까지 주님을 섬기고 있다는 바로 그 사실로부터 내가 영적으로 무디어져 가고 육신적이 되어 가고 있다는 것을 발견합니다. 주님을 섬기는 일이 내게 일상화되어 있기 때문에, 나는 내 신앙의 새로움과 활기가 떨어질 때마다 내 신앙이 위험한 상태에 있지는 않은지를 묻고 점검하지 않으면 안 됩니다. 주님을 섬기는 일이 여러분에게 기쁨이 되기 때문이 아니라, 단지 여러분이 그 일을 해야 하기 때문에, 태엽을 감아놓은 시계의 추처럼 기계적으로 그 일을 한다면, 그것은 정말 심각합니다. 틀에 박힌 신앙, 형식적인 예배, 죽어 버린 헌신, 기계적인 경건 같은 것들을 생각만 해도, 내 심령은 두렵고 떨립니다. 신선한 생명 샘에 나아가서, 날마다 새롭게 힘을 얻고, 새 기름으로 기름 부음을 받는 것은 정말 큰 은혜이고, 나는 그런 은혜를 간절히 사모하고 갈망합니다. 마부들이 종종 말의 고삐를 잡고서 잠이 든 채로 마차를 모는 것과 마찬가지로, 우리의 영혼이 잠이 든 채로 어둠을 향하여 돌진해 가는 것은 정말 위험천만한 일입니다. 나는 내가 그리스도 안에서 안전하다는 것을 알지만, 타성에 젖어서 내 심령이 잠자게 되는 것을 피할 수만 있다면 기꺼이 고난을 당하고 싶습니다. 육신의 안락함에 빠져 있다가 블레셋 사람들에 의해서 머리채를 깎이기보다는 환난의 채찍이나 양심의 가책이나 마귀의 불화살들 아래에서 고통당하는 편이 더 낫습니다. 하지만 내가 바로 삼손과 같이 살아 왔을 수도 있습니다. 나는 오늘 나의 형제들이 내가 하는 고백에 얼마나 공감할지를 알지 못하지만, 여러분이 깨어 있을수록, 여러분 자신이 얼마나 잠들기 쉬운지를 더 진심으로 인정하게 될 것임을 의심하지 않습니다. 내가 다시 한 번 여러분에게 상기시켜드리고 싶은 것은 여러분이 지금 잠자는 것은 여러분 자신에게 위험하고, 다른 사람들에게 잔인하며, 그리스도를 향하여 배은망덕하고, 복음을 욕되게 하는 악한 일이라는 것입니다. 우리의 왕이신 그리스도를 섬기도록 군사로 부르심을 받은 우리가 늘 침상에서 빈둥거리는 자들이 되어서야 되겠습니까? 우리를 위하여 밤을 지새우시며 하나님께 간청하신 그에게 우리가 한낮에도 잠이나 자는 식으로 되갚아드려서야 되겠습니까? 겟세마네 동산에서 땀방울이 핏방울이 되도록 우리를 위하여 고통스럽게 기도하신 그에게 우리가 무거운 눈꺼풀과 하품하는 입으로 되갚아드려서야 되겠습니까? 우리의 "사랑하는 자"에 의해서 속량함을 받은 여러분이여, 여러분이 사실은 그런 죄들을 자행해 왔다는 것을 솔직하게 고백하고서, 저 혐오스러운 잠을 영원히 내쫓아 버리십시오.

2. 둘째로, 신부는 소망스러운 징후를 보여줍니다.

오늘의 아가서 본문은 "마음은 깨어 있다"고 말함으로써, 신부에게 여전히 소망이 있음을 우리에게 보여줍니다. 믿는 자들은 얼마나 수수께끼 같은 존재입니까! 그들은 잠자고 있는 와중에서도, 깨어 있습니다. 그들의 참된 자아는 잠자고 있지만, 자아의 핵심이자 감정의 자리인 "마음"은 깨어 있습니다. 신자라는 존재는 모순덩어리입니다. 신자들은 스스로도 자기 자신을 이해할 수 없습니다. "내가 자고 있을지라도 내 마음은 깨어 있다"는 것은 "내가 잠자고 있기는 하지만, 나는 내가 잠자고 있다는 것이 불만이다"라는 뜻이 아니겠습니까? 참된 신자는 자기가 잠들어 있는 것에 대하여 불만을 갖게 됩니다. 잠자게 해주는 약이 아무리 치명적인 것이라고 해도, 자신의 양심을 편안하게 해줄 수 있는 것이기만 하다면, 그런 약에 대해서 너무나 감사했을 그런 때가 그에게 있었습니다. 그러나 이제 그는 자기가 잠자고 있는 것이 너무나 끔찍하고 싫어서 거기에서 깨어나기 위하여 몸부림치고 있습니다. 구원 받은 사람은 거짓되고 부패한 평안 속에서 행복할 수 없습니다. 참된 신자 안에 있는 하나님의 생명은 그 생명 주위에 잠이라는 울타리를 견고하게 치고자 하는 죄라는 저 괴물 같든 뱀을 물리치려고 고군분투합니다. 새로워진 심령은 자기가 포도원에서 게으름을 부리고 있거나 달리기 경주를 하는 와중에서 빈둥거리고 있다는 것을 알았을 때에 결코 온전한 평안을 누릴 수 없습니다. 다시 타락하여 죄에 빠진 신자들이여, 여러분의 마음은 깨어 있습니까? 여러분의 마음이 깨어 있다면, 그 마음은 여러분을 쳐서 책망하며, 여러분이 마땅히 되어야 할 모습으로 되돌아가라고 여러분에게 요구할 것입니다. 예수께서 욕을 당하고 계시는데, 하나님의 택함 받은 자들이 잠을 자고 있다는 것이 말이 됩니까? 예수의 피로 구속함을 받은 여러분이 자신의 구속주께 속한 시간들을 잘못 사용하고 허비하고 있다는 것이 말이 됩니까? 그리스도와 혼인한 여러분이 자신의 남편을 떠나서, 그의 사랑하는 얼굴에 있는 미소를 보지도 못하는데, 만족하며 살아간다는 것이 말이 됩니까? 어떻게 그런 일이 있을 수 있겠습니까? 여러분이 정녕 그런 식으로 살아가고 있다면, 부끄러워하고 당혹해하며 결코 얼굴을 들지 못하는 것이 마땅합니다. 왜냐하면, 그것은 정말 지독한 배은망덕이기 때문입니다.

어떤 사람이 오늘의 아가서 본문에 나오는 신부처럼 양심적으로 말할 수 있을 때, 그것은 소망스러운 징후이기는 하지만, 자랑할 일은 아니라는 것을 명심하십시오. 여러분이 그렇게 양심적으로 말하였다고 해서, 그것을 자랑해서는 안 됩니다. 여러분이 잠자고 있다는 것 자체를 부끄러워하십시오. 여러분의 마음이 깨어 있다는 것을 대견해하지 마십시오. 하나님께서 그 무한하신 사랑으로 여러분에게 은혜를 주셔서 여러분의 마음이 깨어 있게 하신 것에 대해 감사하고, 여러분이 얼마든지 하나님의 더 큰 은혜를 받아 잠자지 않을 수 있었는데도 그렇게 하지 못한 것을 부끄러워하십시오. 단지 탄식하고 신음하며 갈망하는 것은 여러분이 하나님의 은혜를 제대로 받아들이지 않고 아주 조금 받아들인 결과이기 때문에, 여러분은 자신의 그런 모습을 보면서 위로를 받기보다는 경고를 받는 것이 마땅합니다. 만일 여러분이 "내 마음은 깨어 있기 때문에, 내가 잠자고 있다는 사실은 별것이 아니야"라고 말하며 만족해한다면, 그것은 여러분이 사탄의 더러운 시험에 넘어간 것입니다. 자신의 잘못을 고치고자 하는 확고한 결심이 있어야 하고, 그 결심은 실제 행동으로 옮겨져야 합니다. 우리의 결심들 중 대부분은 허공 속으로 사라지는 것이 현실이기 때문에, 나는 이 점에 대해서 몇 마디 덧붙이지 않을 수 없습니다. 우리는 흔히 "내 마음이 이렇게 미지근한 것이 그리 만족스럽지 못하기 때문에, 나는 이 편안한 게으름의 침상을 박차고 벌떡 일어나기 위해서 점차적으로 애쓸 것이다"라고 말합니다. 하지만 이것은 칭찬할 만한 것이 되지 못합니다. 왜냐하면, 이것은 우리가 해야 할 것에 대하여 말하고 있는 것일 뿐이고, 실제로 행한 것은 아니기 때문입니다. 게다가, 우리는 자신이 한 맹세나 결심을 지키는 경우가 거의 없어서, 누가 우리를 깨우고자 하면, 잠언에 나오는 저 게으른 자처럼, 몸을 뒤척이며 돌아누우면서 퉁명스럽게 "손을 모으고 좀더 누워 있자"(잠 6:10)고 말하며 다시 잠을 청합니다. 자기가 잠자고 있다는 것을 알 정도로 충분히 깨어 있고, 자신이 잘못하고 있다는 것을 알 정도로 자신의 잘못에 대해서 충분히 깨닫고 있어서, 언젠가는 반드시 자신의 잘못을 고치겠다고 결심하지만, 슬프고 안타깝게도 그 추하고 더러운 상태에서 결코 벗어나지 못하는 하나님의 자녀들이 아주 많습니다. 나는 모든 신자들에게 자신의 영적인 상태를 철저하게 살펴보시기를 권합니다. 나의 형제들이여, 여러분은 세상에서 크게 형통했기 때문에 영적으로 잠들어 있을 수 있습니다. 왜냐하면, 사치라는 요람 속에 몸을 내맡기고 안락하게 누워 있을 때보다 더 잠이 솔솔 잘 오는 경우는 없기 때문입니다. 반면에, 여러분은 주님이 겟세마네 동산에서 기도하실 때에 제자들이 잠들었던 경우처럼, 너무 큰 슬픔으로 인해서 잠들어 있을 수도 있습니다. 재물이라는 포근한 베개를 베고 잠이 든 사람들도 있고, 가난 속에서 야곱처럼 돌베개를 베고 잠이 든 사람들도 있습니다. 우리는 끊임없이 세상적인 일들에 둘러싸이고, 많은 염려들에 눌린 채로 이 마법에 걸린 땅을 통과해야 합니다. 하나님의 은혜를 충분히 받아서 그러한 세상적인 일들과 염려들을 이기고 살아가는 사람들은 행복한 사람들입니다. 여러분의 마음이 오늘 충분히 깨어 있어서, 여러분이 몇 년 전만큼 하나님을 가까이 하며 살아가고 있지 않고, 이전만큼 하나님을 사랑하지 않으며, 그리스도를 향한 여러분의 뜨거움과 열심이 사라졌다고 말해 준다면, 나는 여러분이 예수 그리스도의 다음과 같은 음성에 귀를 기울이시기를 간곡하게 부탁드립니다: "무릇 내가 사랑하는 자를 책망하여 징계하노니 그러므로 네가 열심을 내라 회개하라"(계 3:19). 여러분은 돌이켜 회개하고, 여러분이 처음 믿을 때에 행하였던 대로 행하여야 합니다. 지금 구주께로 돌이키셔서, 바로 오늘 해가 지기 전에, "내가 내 마음이 사랑하는 이를 찾았으니, 그를 붙들고 놓아주지 아니하리라"고 기뻐하며 소리칠 수 있게 되시기를 바랍니다.

3. 셋째로, 신부는 사랑으로 그녀를 부르는 음성을 듣습니다.

오늘의 본문에 나오는 세 번째의 것은 사랑으로 부르는 음성입니다. 신부는 잠들어 있었지만, 신랑의 음성을 알아차렸습니다. 이것은 하나님의 백성임을 보여주는 표지입니다. "내 양은 내 음성을 들으며"(요 10:27). 반쯤 잠들어 있는 성도는 여전히 어느 정도 영적인 분별력이 있어서, 예수께서 말씀하실 때에 그 음성을 알아차립니다. "사랑하는 자"는 처음에는 그저 문을 두드리셨습니다. 그의 목적은 자기 교회와 교제하며, 자기 자신을 그녀에게 계시하고, 자신의 아름다운 것들을 드러내며, 자신의 임재로 그녀를 위로하는 것이었습니다. 그리고 우리의 찬송 받으실 주님께서 이 아침에 우리를 이 전으로 부르신 목적도 바로 그런 것입니다. 나는 이 설교가 주께서 여러분의 마음 문을 두드리는 것이 되기를 소망합니다. 나는 내가 전하는 말씀이 이 자리에 있는 죄에 빠진 모든 신자들의 마음 문을 무수히 두드리는 것이 되리라고 믿습니다. 예수께서는 "내게 문을 열어 다오! 내게 문을 열어 다오!"라고 소리치시는데, 여러분은 구주를 받아들이지 않고자 하시는 것입니까? 여러분은 그를 사랑합니다. 그는 여러분을 위해 자신을 내어주셨고, 지금도 여러분을 위해서 간구하고 계십니다. 이 아침에 그를 여러분의 심령 속으로 받아들이셔서, 그와 교제를 나누십시오. 여러분이 하나님의 말씀을 읽을 때, 거기에 나와 있는 약속들은 하나하나가 다 주께서 여러분의 마음 문을 두드리시는 소리입니다. 그는 이렇게 말씀하십니다: "어서 와서 나의 이 약속을 너의 것이 되게 하라. 왜냐하면, 나의 약속은 내 안에서 예와 아멘이 되기 때문이다." 또한, 경고의 말씀이나 명령의 말씀도 하나하나가 다 여러분의 마음 문을 두드리는 소리입니다. 외적인 섭리들 속에서, 우리의 중보자의 기도로 말미암아 우리가 받는 은혜들도 그 하나하나가 주께서 "이 은혜는 나로 말미암아 너에게 주어지는 것이니, 이 은혜를 받기 위해서 내게 마음 문을 열어라"고 말씀하시며, 창에 찔리신 그의 손으로 온유하게 여러분의 마음 문을 두드리시는 소리입니다. 모든 환난도 우리의 마음 문을 두드리시는 소리입니다. 시름시름 앓거나, 뼈가 부러지거나, 딸이 폐결핵에 걸리거나, 자녀들이 반항하며 말을 듣지 않거나, 집에 불이 나거나, 배가 침몰하거나, 어음이 부도가 나는 것은 모두 다 그리스도께서 다음과 같이 말씀하시며 여러분의 마음 문을 두드리시는 것입니다: "그러한 것들은 네가 기뻐해야 할 것들이 아니다. 그러한 세상적인 것들은 네가 아무리 애쓰고 수고하여도 네게 안식을 줄 수 없다. 제발 내게 너의 마음 문을 열어라. 내가 그러한 우상들을 부수고 있고, 그러한 헛된 기쁨들을 너에게서 제거하고 있는 중이니, 내게 마음 문을 열고서, 네가 겪는 모든 재난에 대한 위로를 내 속에서 발견하여라." 하지만 안타깝게도 주께서 그런 식으로 문을 두드리시는 것들은 우리에게 별 소용이 없는 것으로 보입니다. 우리는 하늘에 속한 우리의 신랑에게 너무나 완악하고 인색해서, 우리 영혼이 영원토록 사랑하는 이인 십자가에 못 박히신 이가 문 밖에 서서 계속해서 문을 두드리고, 우리의 견고한 문을 부수기 위하여 말씀과 고난이라는 이중의 망치를 동원하셔도, 우리의 마음 문은 꿈쩍도 하지 않습니다.

　하늘의 신랑은 문을 두드려도 열리지 않자, 이번에는 친히 또박또박 분명한 음성으로 "나의 누이, 나의 사랑, 나의 비둘기, 나의 완전한 자야 문을 열어 다오"라고 신부에게 말합니다. 주 예수 그리스도께서는 자신의 말씀이 우리의 양심에 호소하게 만드는 법을 알고 계십니다. 하지만 이것은 나중에 우리가 말하게 될 저 효력 있고 저항할 수 없는 말씀의 능력을 의미하는 것은 아니고, 우리의 마음이 저항할 수는 있지만, 그렇게 저항하면서 큰 죄책감을 느끼게 만드는 정도의 말씀의 능력을 의미합니다. 하나님의 백성인 여러분 중에는 여러분의 마음에 이렇게 속삭이는 주님의 부드럽고 감미로운 음성을 들은 분들이 있을 것입니다: "너는 구원 받은 자이다. 나의 사랑하는 자여, 이제 구원의 빛 가운데서 살아가거라. 너는 나의 신비로운 몸의 한 지체이고, 지체는 머리와 붙어 있어야 하듯이, 내게 가까이 와서 나와의 교제를 누리라." 여러분은 주 예수께서 여러분에게 부드럽게 손짓하시며, 다음과 같이 말씀하시는 것이 보이지 않습니까? "골방에서 더 자주 은밀하게 기도하는 가운데 내게로 나아 오거라. 지금보다 더 자주 하나님께 속한 신령한 일들을 홀로 묵상하거라. 일을 하는 가운데도 나와 동행하는 습관을 들여라. 내 안에 거하라. 그리하면, 나도 네 안에 거하리라." 그동안 이러한 권면들이 천사의 속삭임처럼 여러분에게 들려왔는데도, 여러분은 그 권면들을 너무나 자주 거부해 오지는 않으셨습니까? 여러분은 그 권면들을 잠시 심각하게 받아들이고서 여러분의 수첩에 적어 놓았고, 의로우신 해가 떠올라 여러분을 고치기 위하여 주의 날개 아래에서 기다리고 있는데도, 그 권면들을 어느샌가 까마득하게 잊어버리고서 이전처럼 차갑게 얼어붙은 삶을 살아오지는 않았습니까?

사랑하는 자들이여, 여러분이 "사랑하는 자"가 오늘의 본문 속에서 여러분에게 하시는 권면을 주목하십시오. 그는 "내게 문을 열어 다오"라고 말씀하십니다. 그가 이렇게 말씀하시는 이유는 신부가 자기를 사랑하고 있다고 고백했기 때문이고, 그녀에 대한 그의 사랑 때문이며, 둘 사이에 존재하는 관계 때문입니다. "나의 누이야, 문을 열어 다오." 그는 신부를 "한 어머니에게서 난 나와 가장 가까운 자요 내 뼈 중의 뼈이자 내 살 중의 살"이라고 부릅니다. 왜냐하면, 예수는 우리와 마찬가지로 "여자의 후손"(창 3:15)이시기 때문입니다. 그는 우리와 같이 인성을 입으신 분이기 때문에, 각각의 믿는 심령을 자신의 어머니이자 누이이자 형제로 여기십니다. "나의 누이야 문을 열어 다오." 여러분은 예수와 이렇게 가까운 혈육인데, 어째서 그에게 이토록 냉정한 것입니까? 그가 여러분의 가장 가까운 혈육인데, 어째서 여러분은 그와 아주 멀리 떨어져 살아가고, 그를 찾아가 보려고 하지도 않으며, 그가 왔는데도, 여러분의 마음 문을 열어 그를 맞아들이고자 하지 않는 것입니까? 그는 여러분을 "나의 비둘기," 즉 나의 온유한 자, 내가 사랑하는 자, 나의 순결한 자라고 부르십니다. 여러분이 정말 그의 비둘기라면, 어떻게 여러분은 비둘기장으로부터 멀리 떨어져 있는데도 편안하게 살아갈 수 있고, 짝이 없는데도 만족하며 살아갈 수 있는 것입니까? 짝 잃은 비둘기는 시름시름 죽어가는 법인데, 어째서 여러분은 자신의 영혼이 사랑하는 남편이 없는데도 잘 살아가고 있는 것입니까? 또한, 예수께서는 우리를 "나의 사랑"이라고 부르십니다. 우리는 우리가 그를 사랑한다고 말합니다. 그렇습니다. 우리가 큰 착각 속에 있는 것이 아니라면, 우리가 그를 사랑하는 것은 사실일 것입니다. 내가 그토록 자주 그에게 무관심하다는 것을 생각하면, 내 눈에서 눈물이 흐르지만, 그럼에도 불구하고 나는 이전처럼 지금도 그 앞에서 "주께서는 모든 것을 아시오니, 내가 주를 사랑한다는 것도 아십니다"라고 말할 수 있습니다. 형제들이여, 우리가 그를 사랑한다면, 우리의 영혼 속에 그가 임재해 계시기를 간절히 원하는 것이 마땅합니다. 어떤 사람들처럼 진정으로 영혼을 뒤흔들어놓고 하늘을 움직이는 기도 없이 매일매일을 살아가는 것은 얼마나 비참한 일입니까! 여러분은 하나님을 기뻐하지도 않고, 말씀을 묵상하지도 않은 채로 한 주 한 주 세월을 보내고 있지는 않습니까? 그것은 천국에서 추방되어서 지극한 복과 단절 되어 살아가는 비참한 삶입니다. 사랑하는 여러분, 여러분은 천국에 대한 갈망 도 없이, 세상으로 나아가서 거기에 빠져서 살아가는 것으로 만족할 수 있습니 까? 그렇다면, 그렇게 죄악에 빠져 살아가도 괜찮은 여러분의 모습에 대하여 애 통해하십시오. 왜냐하면, 그런 삶은 여러분이 가장 "사랑하는 자"의 품을 떠나 객이 되어 살아가는 삶이기 때문입니다. 신랑은 신부에게 "나의 완전한 자"라는 또 다른 호칭 하나를 덧붙이고 있습니다. 신자라면 누구나 영적인 순결함을 유 지해야 합니다. 우리의 마음은 오직 그리스도를 향한 일편단심이어야 합니다. 우리에게 그리스도 외에 다른 사랑하는 자가 있어서는 안 됩니다. 그리스도께서 우리 마음의 보좌를 차지하셔야 합니다. 그가 우리를 사셨고, 우리를 사는 데에 다른 이들은 단 한 푼도 보탠 것이 없기 때문에, 우리는 온전히 그의 것입니다. 그리스도와 우리는 인격적으로 연합되어 있고, 우리는 그의 신비의 몸의 일부입 니다. 그러므로 우리는 육신의 더러운 것들과, 우리의 사랑을 얻고자 하는 세상 에 속한 것들로 우리 자신을 더럽히지 말고, 오직 그리스도에 대하여 정결한 처 녀로 있어야 합니다. 이러한 "완전한 자들"을 향하여 예수께서는 "내게 문을 열 어 다오"라고 말씀하십니다. 이 아침에 나는 이러한 본문을 가지고 말씀을 전한 다는 것이 부끄럽습니다. 이 본문을 내 영혼에 적용해야 한다는 것이 무엇보다 도 부끄럽습니다. 사랑하는 자들이여, 황송하게도 그리스도께서 이렇게 비천하 고 누추한 초가 같은 우리의 심령에 들어오시고자 하신다면, 우리는 우리에게 있는 가장 좋은 것들로 왕을 영접하고, 우리의 식탁의 상석조차도 그에게 너무 나 초라한 자리라고 여겨서 몸 둘 바를 몰라 하는 것이 마땅하지 않겠습니까? 우 리가 그를 사랑하노라고 고백하면서, 우리의 "사랑하는 자"가 이 야밤에 우리에 게 달려오셔서, 온갖 감미롭고 아름다운 호칭으로 우리를 부르시며 문을 두드리 시고 문을 열어 달라고 간청하시는데도, 우리가 일어나서 문을 열고, 그가 갈망 하시는 교제를 그와 나누기를 거절한다는 것이 말이 되는 것입니까? 여러분은 여러분이 사랑하는 저 하늘에 속하신 분이 여러분에게 간청하시는 말씀이 어떤 내용으로 끝나고 있는지를 아십니까? 그는 "내 머리에는 이슬이, 내 머리털에는 밤이슬이 가득하였다”는 것으로 말씀을 끝맺습니다. 그가 하신 그런 말씀을 들을 때에 내 마음은 아리고 저며 옵니다. 왜냐하면, 그의 머리와 머리털에 가득 내려앉은 이슬방울들은 나그네가 노숙하였을 때에 그 머리에 내려 앉은 평범한 이슬이 아니었기 때문입니다. 그것들은 그리스도께서 자기가 우리 죄를 위하여 하나님께 버림받게 될 것을 아시고서, 겟세마네 동산에서 “땀이 땅에 떨어지는 핏방울 같이”(눅 22:44) 될 때까지 기도하셨을 때, 그의 머리를 주홍빛 이슬처럼 젖게 만들었고, 그의 머리털을 진홍빛 이슬처럼 홍건하게 적신 핏방울들이었습니다. 나의 심령아, 네가 너를 위하여 십자가에 못 박히신 이를 밖에 세워 두고 못 들어오게 하다니, 너는 정말 지독히도 악하구나! 가시 면류관을 쓰시고 채찍을 맞으시며 군인들로부터 침 뱉음을 당하신 이가 네 눈에 뻔히 보일 텐데도, 어떻게 네가 그를 문 밖에 세워 두고 문을 열어드리지 않을 수 있느냐? 사람들로부터 “멸시를 받아 버림 받은”(사 53:3) 그를 너까지 멸시하고자 하는 것이냐? “간고를 많이 겪었으며 질고를 아는 자”(사 53:3)인 그를 너까지 근심하시게 하는 것이냐? 네가 잘난 것이 없고 잘한 것이 없는데도, 그가 순전히 너를 위해서 이 모든 고난들을 당하신 것임을 너는 잊은 것이냐? 너는 그가 너에게 들어와서 너와 사랑의 교제를 나누고자 하시는 이 별것 아닌 청까지도 결국 거절하고자 하는 것이냐? 나는 여러분 중에 기도 가운데서 하나님과 교제함이 없이 하루나 이틀을 살아가는 것을 별것 아닌 일로 생각하는 사람들이 있을까봐 두렵습니다. 여러분이 그렇게 생각하고 있다면, 여러분의 영혼은 십중팔구 잠에 빠져 있어서, 성경을 읽는데도 아무런 기쁨이 없는 자신의 모습이 정말 큰 일인 줄을 알지 못하는 것입니다. 여러분은 성전에 와서 복음을 듣지만, 이전과는 달리 아무런 은혜도 받지 못합니다. 그런데도 여러분은 자신의 그런 모습이 심각한 일이라고 느끼지도 않습니다. 하지만 주님께서는 여러분과 달리 여러분의 그러한 심령 상태를 보시면서 가슴 아파하십니다. 그가 우리를 대속하시기 위하여 중보자로서 겪으신 고통과 괴로움들은 이제 끝났지만, 그는 여러분의 냉랭하고 무심한 마음을 보실 때에 여전히 슬퍼하시고 아파하십니다. 그가 느끼시는 이러한 슬픔들과 아픔들이 바로 그의 머리에 가득한 “이슬들”이고, 그의 머리털에 가득한 “밤이슬들”입니다. 그런데도 여러분은 그를 슬프게 하시겠습니까? 그런데도 여러분은 그의 모든 상처들을 덧나게 하고, 그를 다시 십자가에 못 박고자 하시는 것입니까? 그런데도 여러분은 그를 공개적으로 욕보이고자 하십니까? 여러분의 마음

문을 활짝 여십시오. 여러분의 마음 문의 경첩들이 녹슬어 있다고 할지라도, 하나님께 맞으시고 고초를 당하신 여러분의 사랑하는 자가 오실 때에 그 마음 문을 열어드리십시오. 정직한 마음을 지닌 자라면 누구든지 그가 누구 때문에 슬픔과 고초를 당하고 계시는지를 안다면 그 즉시 자신의 마음 문을 열게 될 것이 분명합니다. 그 머리와 머리털이 밤이슬에 흥건히 젖으신 그를 거리에 세워 두어서는 안 됩니다. 우리의 지극히 열렬한 사랑으로 그를 맞아들이는 것이 합당합니다. 우리의 마음 문을 열고서, 그를 즉시 우리의 마음속으로 모셔들이는 것이 마땅합니다.

4. 넷째로, 신부의 너무나 옹색한 변명을 보십시오.

신부는 자신의 사랑하는 자에게 서둘러서 문을 열어드리려고 하지 않았습니다. 나는 우리 중에도 이 신부처럼 자신의 마음 문을 여는 것을 망설이고 지체하는 사람들이 있지 않나 생각합니다. 우리가 오늘의 주제를 더 깊이 추적할수록, 우리의 부끄러움도 더 깊어갑니다. 왜냐하면, 아가서를 쓴 지혜자는 여기에서 우리가 어떤 자들인지를 마치 사진처럼 너무나 생생하게 묘사해 놓고 있기 때문입니다. 우리가 네 번째로 살펴볼 것은 신랑이 문을 두드리며 열어 달라고 간청을 해도, 신부는 너무나 옹색하고 옹졸한 변명만 하고 있다는 것입니다.

그녀는 여왕처럼 앉아 있었고, "질고"를 알지 못했습니다. 동방에서 여행자들이 쉬기 전에 그러하듯이, 그녀는 옷을 벗고 발을 다 씻은 상태였습니다. 그녀는 이렇게 다 씻은 후에 아주 편안하게 쉬고 있었기 때문에, 자신의 "사랑하는 자"에게 이렇게 말하였습니다: "내가 옷을 벗었기 때문에, 다시 입을 수 없습니다. 그리고 내가 발을 씻었는데, 문을 열어 주기 위해서 마루로 나가면 발이 또 더러워질 것입니다. 그러니 당신이 나를 이해해 주시기 바랍니다." 이 경우에 이러한 악한 변명은 차라리 안 하는 것보다 훨씬 못한 것이었습니다. 왜냐하면, 이러한 변명은 한 가지 죄를 더할 뿐이기 때문입니다. 신랑이 아직 오지 않았는데, 그녀가 옷을 벗은 것이 옳은 일입니까? 그녀는 허리를 동이고 등불을 켜들고서 신랑을 기다리며 서 있는 것이 마땅한 일이었습니다. 또한, 그녀가 발을 씻은 것이 옳은 일입니까? 만일 그녀의 이러한 행위가 그녀가 자기 자신을 정결하게 하였다는 것을 의미하는 것이었다면, 그것은 옳은 일이었을 것이지만, 여기에서 "발을 씻었다"는 것은 육신적인 안일함과 편안함을 구한 것을 의미합니다. 그러니까 그녀는 거룩한 수고(holy labor) 대신에 육신적인 안식(carnal rest)을 택하였던 것입니다. 그녀는 왜 그렇게 하였습니까? 이런 식으로 그녀는 악하게도 남편에게 자기가 안락하게 잠자고자 하니 방해하지 말라고 하고 있는 것입니다. 나의 사랑하는 형제들이여, 사탄의 시험은 매우 교활합니다. 그리고 아마 이 아침에도 사탄은 여러분 중에 누군가를 그런 식으로 시험할 것입니다. 내가 말씀을 전하는 동안에, 여러분이 '오늘 말씀이 딱 나를 두고 하시는 말씀이고, 본문은 내 경험을 그대로 옮겨놓은 것이로구나'라고 속으로 생각하였다면, 사탄은 "네가 본문에 나오는 신부와 똑같은 상태라는 것을 알았고, 그것으로 된 것이니, 거기에 만족하라"고 여러분에게 속삭일 것입니다. 저주받을 시험이여! 다른 사람이 자신의 사랑하는 자를 거슬러 범죄하였기 때문에, 내가 동일한 범죄를 저지른다고 해도, 아무렇지도 않게 만족해야 된다고 말하는 것보다 더 악한 말이 어디 있겠습니까? 그것은 여러분에게 옛적의 신부가 범하였던 저 서글프고 잘못된 행위를 여러분 자신이 저지른 잘못을 정당화하는 데에 사용하라고 부추기는 것입니다. 내가 본문에 나오는 신부가 한 변명을 현대식으로 한 번 옮겨 볼까요? 그렇게 한다면, 그녀의 변명은 이런 식이 됩니다: "오, 주여, 내가 주와 깊은 교제 속으로 들어가고자 한다면, 내가 지금까지 해 왔던 것과는 판이하게 다르게 기도해야 한다는 것을 나는 압니다. 그러나 그렇게 하려면, 나는 너무나 힘들고 괴로워질 것입니다. 나는 나의 생업에 많은 시간을 들여야 하기 때문에, 그렇게 기도하는 데에 그토록 많은 힘을 쏟을 수 없습니다. 내가 기도하는 일에 늘 그렇게 매달려야 한다면, 내게는 단 십 분도 쉴 시간이 없게 될 것입니다. 그러니 나는 기도하는 시간을 줄일 수밖에 없습니다." 이것은 옹색한 변명이 아닙니까? 내가 이 옹색한 변명을 계속해 볼까요? "나는 내 자신을 살피는 일을 시작하고 싶지 않습니다. 그렇게 했다가는, 나의 좋지 않은 진면목들이 너무나 많이 드러나게 될 테니까요. 나는 잠자고 있고, 잠자는 것은 정말 편안합니다. 나는 나의 편안함들을 빼앗기고 싶지 않습니다. 내가 그리스도를 더 가까이에서 모시고 살아가려면, 나는 내가 지금 즐기고 있는 달콤한 것들을 상당 부분 포기해야 할 것입니다. 나는 지금까지 세상에 영합하며 살아 왔습니다. 나는 저녁에 한 시간 정도 모 씨와 대화를 나누는 것이 너무나 즐거운데, 그와의 대화는 주님이 기뻐하시지 않는 것이지만, 나는 그를 포기할 수 없습니다. 또한, 종교 소설들을 읽는 것이 나의 낙이 되어 왔습니다. 내가 그런 쓰레기 같은 서적들을 열심히 탐독할 때, 주 예수 그리스도께서는 나와 함께 하실 수 없으시다는 것을 내가 알지만, 나는 성경책보다 그런 책들이 더 좋습니다. 나는 예수의 사랑을 얘기하는 성경책보다 그런 달콤한 책들에 먼저 손이 갑니다."

이 아침에 나는 여러분 중에서 어떤 분들이 범하고 있는 이와 같은 죄들을 이런 식으로 표현하는 것이 너무나 부끄럽습니다. 그러나 내가 한 말들은 그대로 다 사실입니다. 여러분 중에는 "살았다 하는 이름은 가졌으나 죽은 자"(계 3:1)로 살아가는 사람들이 많지 않습니까? 이 아침에 예수 그리스도께서 오셔서 문을 두드리시며, 가장 행복한 삶은 그를 가까이 하며 살아가는 삶이라는 것을 여러분에게 일깨워 주시고 계십니다. 여러분이 지금까지 가졌던 가장 거룩하고 순전하며 달콤했던 시간들은 다른 모든 것들을 다 제쳐두고서 여러분 자신을 그리스도께 의탁하였던 시간들이었습니다. 그는 여러분에게 여러분이 정말 좋았던 나날들을 일깨워 주시고 계십니다. 제발 그를 화나게 하는 옹색하고 치졸한 변명들을 그만두십시오. 여러분을 위해 죽으신 주님을 멸시하지 마십시오. 여러분은 그의 이름 덕분에 살고, 그로 말미암아 장차 천국 보좌에 앉아 영원히 다스리게 될 소망을 지니고 있으며, 그가 나타나시는 날에 여러분은 영광으로 옷 입게 될 것입니다. 그리스도를 한쪽 구석으로 밀쳐 버리고, 그의 사랑을 멸시하고서, 그럴 듯하게 꾸민 악한 세상을 사랑하는 일이 여러분에게 있어서는 안 됩니다. 결코 그렇게 되어서는 안 됩니다. 그렇게 하는 것은 우리 자신을 비천하고 비루하게 만드는 것입니다.

5. 다섯째로, 신부의 마음이 움직였습니다.

정말 놀라운 일은 신랑은 이토록 수치스럽고 잔인한 대우를 받았는데도 그냥 가버리지 않았다는 것입니다. 본문은 신랑이 "문틈으로 손을 들이밀매" 신부의 "마음이 움직였다"고 말합니다. 동방에서는 일반적으로 문의 자물쇠 옆에 사람이 손을 넣을 수 있는 공간이 있고, 그렇게 손을 넣어서 걸쇠를 제거하면 문이 열리게 되어 있습니다. 그리고 이 자물쇠들은 각각 서로 다 달라서, 보통 주인 외에는 아무도 그 문을 여는 방법을 알지 못합니다. 따라서 이 경우에도 주님은 실제로 문을 여신 것이 아닙니다. 여러분이 아시듯이, 결국 나중에 신부가 문을 연 것입니다. 그러나 주님은 걸쇠를 잡아당겨 문을 열려고 하셨기 때문에, 그녀는 그의 손을 볼 수 있었고, 그가 걸쇠를 제거하였기 때문에 문이 헐거워진 것을 알았습니다. "내 사랑하는 자가 문틈으로 손을 들이밀매." 이것은 하나님의 진리가 단지 귀가 아니라 마음에 와 닿았을 때, 즉 우리가 하나님의 말씀에 대하여 생각하고 얘기한 후에 잊어버리는 것이 아니라, 그 말씀이 우리의 심장에 꿰뚫고 들어와 꽂혔을 때, 은혜가 효과적으로 역사하여 우리를 영적으로 치유하게 된 것을 묘사하는 것이 아니겠습니까? 그리스도의 손 같은 그런 손은 없습니다. 그가 손을 내밀어 어떤 일을 하실 때, 그 일은 그대로 이루어집니다. 그는 나를 치시기 위해서가 아니라, 나를 위로하시고 거룩하게 하시기 위하여 자신의 손을 내밀어 내게 손을 대십니다. 그가 손을 내미시자, 그 즉시 그의 사랑하는 자는 그에 대한 연민이 일어나서 자신의 냉정함을 한탄하기 시작하였습니다. 그녀는 못이 관통한 자국이 나 있는 그의 손을 보자, 이런 생각이 들었습니다: '예수여, 내게 당신에 대한 사랑이 있나요? 나를 위해 이 모든 것을 다 감당하신 당신을 나는 마땅히 문을 열고 맞아들였어야 하는데도, 문을 열어드리지 않은 채로 당신을 밖에 세워 두었습니다. 나는 철저한 위선자입니다. 나의 다른 친구들을 이렇게까지 박대한 적은 지금까지 내게 없었습니다. 내가 내 원수에게 그런 짓을 했더라도, 나는 부끄러워하는 것이 마땅한 일이었습니다. 그런데 하물며 나의 어머니나 형제나 남편이나 친구보다 훨씬 더 내게 잘해 주신 당신께 내가 그런 짓을 하다니요? 나는 당신을 너무나 배은망덕하고 잔인하고 악하게 대했습니다.' 그녀의 마음은 움직였고, 회개가 일어나서, 그녀의 눈에서는 눈물이 흘러나왔습니다. 그녀는 그를 맞아들이기 위해서 자리에서 일어났습니다.

그녀는 일어나서 옷을 차려입었고, 그런 후에는 그의 지친 발과 이슬에 젖은 머리채에 부을 향유 옥합을 찾았습니다. 그녀는 문에 가까이 다가가자마자, 하나님의 사랑을 알아차렸습니다. 그녀의 "손에서" "몰약"이 떨어졌고, 그녀의 "손가락"에서는 "몰약의 즙"이 떨어졌습니다. 우리의 연약한 것들을 도우시기 위하여 성령께서 오신 것입니다. 그녀는 기도하기 시작하고, 성령께서는 그녀를 도우십니다. 그녀는 주님과의 달콤한 교제를 누리기 시작한 것은 아니지만, 그러한 교제를 원하는 간절한 갈망을 갖기 시작한 것입니다. 사랑하는 자들이여, 우리가 그리스도에게서 멀리 있음을 알고서 눈물을 흘리기 시작할 때, 그 거룩한 눈물방울들은 "몰약"의 방울들이 됩니다. 우리가 하나님의 은혜를 구하여 기도하기 시작할 때, 우리의 탄식과 갈망과 한숨과 사모함과 열망 속에는 복이 들어 있습니다. 그럴 때, 우리의 손가락들에서 "몰약의 즙"이 "문빗장"에 떨어집니다. 우리의 영혼이 사랑하는 자를 간절히 찾을 때, 성령으로부터 주어지는 열쇠가 우리 영혼에 내려옵니다. 그러나 우리는 그것으로 만족해서는 결코 안 됩니다. 마귀의 또 다른 시험을 보십시오. 마귀는 여러분에게 이렇게 말할 것입니다: "바로 이 아침에 너는 그리스도에 대하여 들을 때에 어느 정도 달콤함을 맛보았고, 네 손에서 몰약이 문빗장에 떨어지는 것을 똑똑히 보았으니, 그것으로 된 것이다." 그러나 그리스도를 사랑하는 심령은 "몰약" 자체로 만족할 수 없습니다. 그녀가 원하는 것은 그리스도 자신입니다. 그녀의 손만이 아니라, 그녀의 입술과 발을 비롯해서 그녀의 온 몸에서 몰약이 떨어진다고 해도, 그런 것은 그녀를 결코 만족시켜 줄 수 없습니다. 주님 자신을 만나게 될 때까지, 그녀에게 만족이란 있을 수 없습니다. 사랑하는 자들이여, 예수의 생명이 진정으로 여러분 속에 있다면, 하나님의 성령의 온갖 은혜들과 약속들과 가르침들과 은사들에 만족하지 말고, 여러분은 이 가장 좋은 선물, 즉 그리스도를 알고 그리스도 안에서 발견되는 은혜를 구하여야 합니다. 여러분은 "그가 나를 사랑하여 나를 위해서 자기 자신을 주셨습니다"라고 고백할 뿐만 아니라, "그의 왼손이 나의 머리 아래에 있고, 그의 오른손이 나를 껴안고 있습니다"라고 고백하게 되어야 합니다. 바로 주님의 그러한 손이 그녀를 움직였습니다. 주여, 그런 은혜를 우리에게도 허락하소서!

6. 여섯째로, 신부는 자신의 잘못에 합당한 징계를 받았습니다.

신랑이 교제하기를 원하셨을 때, 그녀가 그것을 거절하였기 때문에, 그녀는 자신의 잘못에 합당한 징계를 신랑으로부터 받는 것이 마땅하였습니다. 그래서 이제 신랑을 간절히 원하게 된 그녀에게 어떤 일이 일어났습니까? 여러분 중에는 자신의 모습이 신부와 똑같다는 것을 느끼는 분들도 계실 것이고, 지금까지 그리스도와의 친밀한 교제를 계속해서 유지해 왔기 때문에 신부에게 주어진 징계를 받지 않은 분들도 계실 것입니다. 지금부터 내가 설명하는 것을 들으시면, 첫 번째 부류에 속한 분들은 그대로 공감하게 되실 것이고, 두 번째 부류에 속한 분들은 이 말씀을 들으시고 경계로 삼으시면 될 것입니다. 새롭게 깨어난 신부는 문 쪽으로 가서 자신의 사랑하는 자를 위하여 문을 열었습니다. 왜냐하면, 비록 자신의 사랑하는 자가 이미 가고 없기는 하지만, 그녀는 그에 대한 자신의 사랑과 그녀에 대한 그의 사랑을 의심하지 않았기 때문입니다. 우리가 사용하는 역본에서 "내가 내 사랑하는 자를 위하여 문을 열었으나 그는 벌써 물러갔네"(6절)로 번역된 부분은 히브리어로는 "내가 내 사랑하는 자에게 문을 열었으나 그는 가버리고 없었네 그는 가버리고 없었네"로 되어 있습니다. 이것은 자신의 사랑하는 자가 가고 없는 것을 보고서 크게 상심한 이가 "그이가 가버리고 없구나, 그이가 가버리고 없구나"라고 똑같은 말을 반복하며 탄식하고 슬퍼하는 모습입니다. 물론, 죄를 지은 그녀의 심령은 일종의 안도하는 마음도 들었을 것임에 틀림없습니다. 왜냐하면, 그녀는 자신의 사랑하는 자에게 냉정하고 잔인하게 행한 후에, 그의 얼굴을 보는 것이 두렵고 걱정되는 일이기도 하였을 것이기 때문입니다. 그러나 실제로 그의 얼굴을 보게 되어서 그녀가 느끼게 되었을 때의 두려움보다도, "그가 가버리고 없구나 그가 가버리고 없구나"라고 말하게 되었을 때의 슬픔이 훨씬 더 큰 것이었습니다. 이제 그녀는 그를 만나기 위해서 은혜의 방편들을 사용하기 시작합니다. 그녀는 이렇게 말합니다: "'내가 그를 찾아도 못 만났노라.' 나는 하나님의 전에 올라갔고, 설교 말씀은 달콤한 것이었지만, 그가 거기에 계시지 않았기 때문에, 내게는 달콤하지 않았노라. 내가 성찬의 식탁에 갔을 때에도, 성찬은 다른 사람들에게는 기름진 것들이 차려진 연회의 자리였지만, 그가 거기에 계시지 않았기 때문에, 내게는 그렇지 못하였노라. '내가 그를 찾아도 못 만났노라.'" 그래서 그녀는 기도할 수밖에 없습니다. 그녀는 전에는 그런 것들을 소홀히 하였지만, 지금은 이렇게 간절하게 간구합니다: "내가 주님을 부릅니다. '나의 사랑하는 자여, 내 마음이 당신을 맞기 위해 깨어 있으니 어서 오십시오'라고 간청합니다. 예수여, 세상에는 계시지 않으시는 당신 자신을 내게는 계시해 주십시오."

> "그리스도여, 나를 향하신 당신의 사랑,
> 그 달콤한 구속의 사랑을
> 내가 너무나 사모하고 갈망하여
> 내 영혼이 기진하였나이다."

그녀는 쉬지 않고 기도합니다. 밤낮으로 기도하기를 쉬지 않습니다. "내가 그를 불러도 응답이 없었노라." 그녀는 결코 잃어버린 영혼이 아니었습니다. 그렇게 생각하지 마십시오. 그리스도께서는 그녀를 전과 다름없이 사랑하시고, 아니 전보다 훨씬 더 사랑하십니다. 그리스도의 사랑에 있어서 어떤 변화가 있다면, 그것은 그녀가 편안하게 침상에 기대어서 그를 소홀히 하고 있던 때보다는 슬픔과 고통 속에서 그를 찾고 있을 때가 그에게 훨씬 더 아름답게 보였을 것임에 틀림없다는 것입니다. 그러나 그는 이미 가버리고 없기 때문에, 그녀가 아무리 소리 높여 불러도, 그를 다시 돌아오게 할 수는 없었습니다. 그래서 그녀는 어떻게 했습니까? 그녀는 그의 일꾼들, "성 안을 순찰하는 자들"을 찾아갔습니다. 그들은 그녀에게 무엇이라고 말했습니까? 그들은 그녀를 반겨 주었습니까? 아마도 그들은 그녀의 심정을 결코 헤아릴 수 없는 자들이었던 것 같고, 단지 삯꾼에 불과한 자들이었던 것 같습니다. 어쨌든, 그들은 그녀를 "쳤습니다." 복음을 진실하게 그대로 전할 때, 그 복음은 하나님과 동행하지 않고 곁길로 행하는 하나님의 자녀들을 종종 "칩니다." 그것은 당연한 일입니다. 그런데 그들은 그녀를 치고 때리기만 한 것이 아니라, "상하게" 하였습니다. 그녀는 자기를 위로해 줄 것이라고 기대했던 바로 그 사람들로부터 맞고 상처를 입어서 피를 흘리기 시작한 것입니다. 아마도 그녀는 그들에게 "당신들은 이 성을 지키는 사람들이기 때문에, 이 성의 왕이 어디에 계시는지를 알 것임에 틀림없습니다"라고 말했을 것입니다. 하지만 그녀는 그들에게서 아무런 위로도 받을 수 없었습니다.

이런 처지에 있는 가련한 영혼이 무자비한 사역자를 찾아가면, 그는 "당신이 그리스도의 임재를 잃어버렸다면, 어떻게 해서든지 그 임재를 다시 되찾기 위해서 스스로 몸부림을 치는 것이 마땅합니다"라고 책망하듯이 말할 것입니다. 그녀는 말합니다. "예, 나는 일어나서 그를 위하여 문을 열어드렸습니다." "당신이 그 임재를 되찾기 위해서는 은혜의 방편들을 사용하여야 합니다." "예, 나는 그런 방편들을 사용해서 그를 찾았지만, 만날 수 없었습니다." "당신은 기도해야 합니다." "나는 기도했습니다. 내가 그를 불렀지만, 그는 응답이 없었습니다. 나는 지금 그를 만나야 합니다. 내가 그를 사모하여 병이 났습니다." 그러면, 아마도 그 사역자는 "그렇다면, 당신은 하나님의 자녀가 아닐 수 있습니다"라고 냉정하게 말할 것입니다. 이것이 무슨 짓입니까? 그런 식으로 말하는 것은 슬피 울며 주를 찾는 사람의 뺨을 때리는 것이고, 뭐가 뭔지 몰라서 헤매며 주를 찾는 사람으로부터 주를 만나고자 하는 최후의 진심까지 짓밟아 버리는 것입니다. 여자들은 창기를 제외하고는 얼굴을 가리지 않은 채로 예루살렘의 길거리를 나다니지 않았기 때문에, 파수꾼들은 그녀에게 이렇게 말했던 것으로 보입니다: "너는 창기로구나. 그렇지 않다면, 네가 이렇게 밤늦은 시간에 남자를 찾아서 울며 거리를 헤매고 다닐 리가 없지 않은가." 이것은 그렇지 않아도 이미 몸과 마음이 다 만신창이가 되어 있는 그녀에게 수치와 모욕을 퍼붓는 잔인한 행동이었습니다. 참된 사역자들의 책망하는 말씀도 위로를 받아야 할 가련한 심령을 더욱 곤혹스럽게 하고 궁지로 몰아넣는 경우가 종종 있을 수 있습니다. 나는 사역자들이 그리스도를 사랑하여 울며 찾는 가련한 심령들에게 수치와 모욕을 주는 것이 아니라, 도리어 그들을 대신해서 그들이 주를 사모하여 병이 났노라고 그들의 입술로 주께 말씀드리는 그런 사역자들이 되기를 소망합니다.

그러나 사역자들이 늘 그렇게 할 수는 없습니다. 우리가 외식하는 자들을 다룰 때에는 호되게 책망하여야 할 때도 있는데, 그럴 때에 연약한 마음을 지닌 하나님의 자녀들은 우리가 그 외식하는 자들을 가혹하게 대한다고 생각할 수 있습니다. 우리가 형식적으로 신앙생활을 하는 사람들을 책망할 때에도, 참된 신자들은 우리의 그런 모습을 보고서 좋지 않게 생각하고 스스로 괴로워합니다. 하나님의 사역자들인 우리의 손에는 키가 들려 있어서, 우리가 타작마당을 철저히 깨끗하게 하고자 하여 키를 까불 때, 일부 가벼운 알곡들이 겨와 함께 휩쓸려 날아가 버리는 일이 종종 일어나는데, 그럴 때에 하나님의 참된 자녀들이기는 하지만 연약한 심령을 지닌 사람들은 괴로움을 겪게 됩니다. 하지만 그것은 우리의 잘못이 아니라 그들의 잘못입니다. 왜냐하면, 우리는 그들을 근심하게 하고 괴롭게 하고자 하는 것이 아닌데도, 그들이 자신의 사랑하는 자를 잃어버린 까닭에 벌어진 일이기 때문입니다. 만일 그들이 그를 잃어버리지 않았더라면, 그들은 결코 "내가 어디에 가야 그를 만날 수 있는지를 내게 말해 다오"라고 말하지 않아도 되었을 것입니다. 만일 그들이 그를 기뻐하였더라면, 파수꾼들이 그들을 때리지도 않았을 것이고, 성을 지키는 자들이 그들의 겉옷을 벗겨 가져가지도 않았을 것입니다. 왜냐하면, 예수께서 그들을 지키시는 자와 그들의 친구가 되어 주셨을 것이기 때문입니다.

7. 일곱째로, 신부가 자신의 사랑하는 자를 찾기 위해서 택한 최후의 방법은 무엇이었을까요?

이제 한 가지만 말씀드리고, 말씀을 맺겠습니다. 가련한 신부는 온갖 방법을 다 시도했지만 퇴짜를 맞고 그리스도를 찾지 못했을 때에 최후의 방법을 생각해 냈습니다. 그녀는 자기가 찾는 왕과 날마다 교제하며 그를 자주 뵈옵는 사람들이 있다는 것을 생각해 내었는데, 그들은 "예루살렘의 딸들"이었습니다. 그래서 그녀는 그들을 통해서 다음과 같은 자신의 메시지를 그에게 보냈습니다: "너희가 내 사랑하는 자를 만나거든 내가 사랑하므로 병이 났다고 하려무나."

여러분의 형제들인 성도들에게 여러분을 위해 기도해 달라고 부탁하십시오. 그들과 함께 기도회에 가서 합심하여 기도하십시오. 그들과 함께 한다고 해도, 예수께서 거기에 계시지 않는다면, 여러분에게 만족이란 있을 수 없지만, 그들과 함께 하는 것은 여러분이 예수를 찾아 만나는 데에 도움을 줄 것입니다. "양 떼의 발자취를 따라"(아 1:8) 가십시오. 그러면 언젠가는 목자를 만나게 될 것입니다. 여러분이 그리스도께 보낼 메시지는 무엇입니까? "내가 사랑하므로 병이 났다"는 메시지를 단지 다른 사람들의 입술을 통해서만 보내지 마시고, 스스로 여러분의 입술로도 보내십시오. 그리스도를 사랑하여 병이 나는 것은 온 세상에서 가장 고통스러우면서도 가장 행복한 것입니다. 그런 병이 나서 죽게 되었다면, 그것도 좋은 일이기는 하지만, 나는 이 병을 좀 더 다른 형태로 경험하고 싶습니다.

아가서에는 신랑에 대한 신부의 사랑이 너무나 간절해서 병이 나 죽게 될 지경에 이르게 되는 경우가 두 종류가 있습니다. 하나는 신부가 자신의 사랑하는 자를 만나 함께 하게 되기를 간절히 사모할 때에 겪는 것이고, 하나는 실제로 만나게 되었을 때에 겪는 것입니다. 그와의 만남은 신부에게 너무나 황홀한 일인 까닭에, 그녀는 극도의 기쁨에 겨워서 거의 죽게 될 지경에 이르게 되어서, "너희는 건포도로 내 힘을 돕고 사과로 나를 시원하게 하라 내가 사랑하므로 병이 생겼음이라"(아 2:5)고 외치게 됩니다. 여러분이 두 번째를 경험할 수 없다면, 첫 번째의 상사병을 앓는 것이 두 번째로 가는 가장 분명한 길이라는 것을 기억하십시오.

나의 형제들이여, 여러분이 그리스도의 얼굴을 뵈올 때까지는 결코 기뻐하지 않을 것이라고 결심하십시오. 여러분의 마음속에서 "내 사랑하는 자가 내 곁에 오셔서, 내가 그에게 말할 수 있고, 나는 그의 사랑을 누리고 있노라"고 말할 수 있게 될 때까지는 끊임없이 부르짖고 눈물을 흘리겠다고 결심하십시오. 여러분이 그의 임재 없이도 만족하며 살아갈 수 있다면, 여러분은 그렇게 살아가게 될 것입니다. 그러나 여러분에게 그의 임재가 없어서는 안 된다면, 여러분은 그의 임재를 반드시 얻게 될 것입니다. 주님을 만나야 하겠다는 여러분의 갈망이 너무나 간절하다면, 철벽도 여러분을 결코 막지 못할 것입니다. 여러분이 그리스도에 대하여 주려 있다면, 그는 자기 자신으로 여러분을 먹이실 것입니다. 여러분이 세상의 온갖 진수성찬과 달콤하고 맛있는 것들에 작별을 고하고, 오직 그리스도만을 갈망한다면, 그는 그렇게 주린 영혼을 오랫동안 방치해 두지 않으실 것입니다. 그는 반드시 여러분을 찾아오실 것입니다. 지금 이 시간에 그를 여러분에게로 이끄는 끈들이 있습니다. 그의 사랑이 여러분을 그에게로 이끌고, 그를 향한 여러분의 사랑이 그를 여러분에게로 이끕니다. 염려하지 마시고, 두려워하지 마십시오. 여러분의 심령은 바로 이 아침에 아름다운 수레들이 되어서, 즐거워하고 기뻐하며 이 전을 나설 수 있습니다. 하나님께서 그 사랑으로 인하여 이런 일이 여러분에게 일어나게 해주시기를 빕니다. 아멘.

제
12
장
—

그 전체가 사랑스러운 분

—

"그 전체가 사랑스럽구나" — 아 5:16

    옛적의 청교도 목사님들은 설교를 할 때에 "첫 번째는 무엇이고, 두 번째는 무엇이며, 세 번째는 무엇이고, 스물다섯 번째는 무엇이며"라는 식으로 쭉 설교한 후에, 자리에 앉기 전에, 자기가 지금까지 설교한 모든 내용들을 전체적으로 요약해 주곤 하였다고 합니다. 그래서 그 요약을 주의깊게 받아 적은 신자들은 누구나 그 날의 설교의 핵심을 한 눈에 알아볼 수 있었습니다. 청교도들은 설교 중에서도 요약 부분을 그 날의 설교를 기억하는 데에 아주 귀중한 도움을 주는 것들 중의 하나로 여겼고, 따라서 설교 중에서도 가장 중요한 부분으로 여겼습니다. 아가서의 신부는 자기가 지금까지 말한 것들을 오늘의 본문을 이루고 있는 다섯 단어로 요약하고 있습니다. 지금까지 그녀는 자신의 주님에 관한 열 편의 설교를 했습니다. 그녀는 그의 온갖 다양한 아름다움들을 머리부터 발끝까지 하나하나 자세하게 묘사한 후에, 그에 대한 자신의 모든 찬사들을 이 한 문장으로 요약합니다: "참으로 그는 모든 것이 사랑스럽도다"(KJV). 여러분이 이 단어들을 기억하고, 그 단어들의 의미를 안다면, 여러분은 아가서에서 신부가 한 말들의 핵심을 아는 것입니다. 이 알레고리적인 노래에서 신부는 자신의 증언을 이 단어들로 요약하고 있는 것과 마찬가지로, 나는 모든 거룩한 족장들, 모든 선지자들, 모든 사도들, 모든 신앙인들, 즉 교회를 이루고 있는 모든 지체들이 증언한 것도 바로 이 신부의 증언과 동일하였다고 말할 수 있습니다. 그들은 모두 그리스도에 대하여 말하였고, 그들은 모두 그리스도를 칭송하였습니다. 그들이 증언할 때에 사용한 모형이나 상징이나 비유적인 말이나 직설적인 말이 어떤 것들이었든, 그 모든 증언들은 이런 것이었습니다: "그 전체가 사랑스럽구나." 그리고 나는 하나님의 감동으로 된 정경이 다 확정된 후에, 이 땅과 하늘에서 모든 성도들의 증언은 옛적의 그 증언을 끊임없이 확증하는 것이었다는 말을 거기에 덧붙이고 싶습니다. 오늘날 각각의 성도들과 택함 받은 자들 전체의 증언도 여전히 이것입니다: "그 전체가 사랑스럽구나." 나는 임종의 침상 위에서 성도들의 입에서 흘러나오는 탄식과 노래로부터 다른 어떤 노래보다도 더 아름다운 이 노래를 듣습니다: "그 전체가 사랑스럽구나." 그리고 영원한 혀들이 지존자의 임재 앞에서 영원토록 부르는 저 탄식 섞이지 않은 노래들로부터도 나는 "그 전체가 사랑스럽구나"라는 똑같은 노래를 듣습니다. 사도가 그랬던 것처럼, 교회 전체도 "지금 우리가 하는 말의 요점"에 대하여 말하고자 한다면, 우리는 어떤 것을 요점으로 삼을지를 고민할 필요가 없습니다. 왜냐하면, 지금 우리 앞에 놓여 있는 "그 전체가 사랑스럽구나"라는 이 황금 문장이 바로 그 요점이기 때문입니다.

이런 시각에서 오늘의 본문을 보았을 때, 나는 내 영혼의 비천함을 느껴서, 이 본문을 가지고 말씀을 전하는 것이 망설여졌습니다. 왜냐하면, 나의 마음은 "이렇게 심오한 것을 과연 내가 전할 수 있을까"라고 말하고 있었기 때문입니다. 이 심오한 본문은 우리에게 우리의 다림줄이 얼마나 짧은지를 보여줍니다. 이 바다 같은 구절은 이루 말할 수 없이 넓어서, 우리의 조각배를 띄우고 육지가 보이지 않는 먼 바다로 나가고자 할 때, 우리의 영혼은 돛을 올리면서 겁을 집어먹고서 두려워 떨게 됩니다. 그때에 내게 위로가 되고 힘이 되었던 생각은 나는 이 본문을 제대로 이해하고 깨달을 수 없으며, 그 산들의 무게를 나의 천칭이나 저울로 달 수 없지만, 하나님의 전적인 은혜로 내게 주어진 것이기 때문에, 나는 이 본문을 묵상하는 것을 두려워할 필요가 없다는 것이었습니다. "내가 바다 같은 이 본문을 나의 뼘으로 잴 수 없다면, 그 속으로 풍덩 뛰어들어서 평안하게 유유히 헤엄치면 될 것이 아니겠는가. 내가 이 왕의 아름다우심을 제대로 설명할 수 없다면, 그 아름다우심을 감상하면 될 일이 아닌가. '거지라도 왕을 볼 수는 있다'는 옛 속담도 있지 않은가." 나는 이 천상의 말씀을 다 안다는 듯이 그 골수와 기름진 것들을 모두 여러분 앞에 펼쳐 보이는 식으로 말씀을 전할 수는 없지만, 그 상에서 떨어지는 몇몇 부스러기들을 모아서 여러분에게 전할 수는 있을 것입니다. 가난한 사람들은 그러한 부스러기들로도 기뻐합니다. 그 잔칫상에서 떨어진 부스러기들은 세상의 식탁에 올려진 그럴 듯한 떡들보다도 더 낫습니다. 예수를 얼핏 보는 것이 평생토록 세상의 모든 영광을 보는 것보다 더 낫습니다. 우리가 다른 주제를 성공적으로 잘 전하는 것보다 이 주제를 엉성하게라도 전하는 편이 더 낫습니다. 따라서 우리는 모세가 가시덤불이 하나님의 임재로 불타는 것처럼 보였을 때에 그랬던 것처럼 우리의 발에서 신을 벗고서, 하나님의 도우심을 구하는 가운데 용기를 내서 이 놀랍고 경이로운 본문에 가까이 다가가고자 합니다.

이 절은 "그는 모든 소원들이로다"라고 번역되기도 합니다. 사실, 예수는 그런 분입니다. 그는 옛 사람들의 소원이었습니다. 그는 지금도 여전히 모든 민족의 소원입니다. 자기 백성에게 그는 그들의 모든 것입니다. 그들은 그 안에서 온전합니다. 그들은 그의 충만한 데서 받아 충만해집니다.

> "우리에게 필요한 모든 능력들은
> 주 안에서 풍성하게 발견될 수 있다네."

그는 자기 종들의 기쁨이고, 그들의 기대를 차고 넘치게 만족시켜 주십니다. 그러나 우리는 번역을 가지고 왈가왈부하고 싶지는 않습니다. 왜냐하면, 영적으로 이루 말할 수 없이 심오한 의미를 담고 있는 오늘의 본문 같은 경우에는 결국 각 사람이 번역자가 되어야 하고, 각 사람의 심령이 각자 성령의 능력의 역사를 통해서 본문의 메시지를 받아야 하기 때문입니다. 오늘의 본문 같은 이러한 본문들은 광야에 내렸던 만나와 아주 흡사합니다. 랍비들은 만나를 먹는 사람들의 상태에 따라 만나의 맛이 달라졌다고 말합니다. 예를 들면, 어떤 사람의 입맛이 아주 달았다면, 이스라엘 백성의 진 주위에 내린 이 천사의 양식은 그 사람이 먹어 보았던 그 어떤 진수성찬보다 더 꿀맛으로 느껴졌습니다. 이렇게 만나는 먹는 사람들에 따라 맛이 달라졌습니다. 오늘의 본문도 마찬가지일 것입니다. 여러분이 그리스도를 대수롭지 않게 생각한다면, 본문의 말씀은 여러분에게 별 의미가 없어서 한 쪽 귀로 듣고 한 쪽 귀로 흘리게 될 것입니다. 그러나 여러분의 영혼이 예수의 보배로운 사랑에 매료되어 있다면, "그 전체가 사랑스럽구나"라는 이 짧은 문장 속에서 들려오는 하나님의 성령의 음성은 여러분의 심령에 천사의 노래가 될 뿐만 아니라, 그 이상이 될 것입니다.

이 아침에 나는 글귀를 새기는 자가 되어서, 하늘로부터 주어진 이 글귀를 새기기에 합당한 곳들을 찾습니다. 내가 이 글귀를 상아나 은에 새길까요? 아니면, 수정이나 금에 새길까요? 그런 것들은 이 글귀를 새기기에는 너무나 평범해서, 나는 그런 것들 위에 이 글귀를 새기고 싶은 마음이 없습니다. 내가 이 글귀에 나오는 한 글자 한 글자를 에메랄드나 사파이어, 루비나 다이아몬드, 진주 같은 보석에 새길까요? 아닙니다. 이러한 것들은 결국에는 썩어 없어질 보잘것없는 것들이기 때문에, 나는 그런 것들에 이 글귀를 새기고 싶지 않습니다. 나는 영원히 살고 죽지 않을 영혼에 이 글귀를 새기고 싶습니다. 나는 이 글귀를 새길 때에 사용할 조각 도구를 내가 선택하지 않고, 하나님의 성령께서 친히 조각 도구가 되어 주시기를 구합니다. 나는 성령에 의해서 준비된 심령들을 원합니다. 이 아침에 그런 심령들의 부드러운 마음판에는 "그 전체가 사랑스럽구나"라는 글귀가 새겨질 것입니다. 이 문장은 왕의 보좌를 장식할 글귀로 합당하고 충분합니다. 하나님의 성령이시여, 준비된 심령을 찾아내셔서, 당신의 거룩하신 손으로 영원한 글자들로 그리스도의 사랑과 그의 모든 모방할 수 없는 완전한 것들을 거기에 써주십시오.

이 아침에 우리는 오늘의 본문에서 세 가지 중요한 점을 찾아낸 후에, 여러분이 오늘의 본문을 유익하게 사용할 수 있는 세 가지 용도를 제시하고자 합니다.

1. 첫째로, 본문에서 아주 두드러지게 나타나는 세 가지 중요한 점입니다.

1) 세 가지 중에서 가장 뚜렷하게 드러나는 첫 번째의 것은 본문의 말씀은 격렬한 감정에 휩싸인 사람에 의해서 말해진 것이 틀림없다는 것입니다. 사람의 말은 그 사람의 마음의 감정들을 투명하게 드러내 주는 유리라기보다는 도리어 감추어 주는 베일입니다. 문장은 말로 표현할 수 없는 것들을 표현하고자 애쓰고 안간힘을 씁니다. 오늘의 본문을 쓴 사람은 여기에 쓰인 단어들이 우리에게 전달해 줄 수 있는 것보다 훨씬 더 많은 것을 느꼈을 것임에 틀림없습니다. 신부는 "내 사랑하는 자는 희고도 붉어"라고 말하며, 처음에는 다소 차분하게 써 내려 가기 시작합니다. 그녀는 자기가 사랑하는 자의 머리로부터 시작해서 신체의 여러 부분들을 순서대로 묘사해 나갑니다. 그러나 이렇게 묘사를 해나가면, 그

녀의 마음은 점점 뜨거워지고 타올라서, 잠시 억눌러 놓았던 불길이 그녀의 뼛속에서 솟아올라서, 그녀는 활활 타는 말들을 토해내기 시작합니다. 여기 그녀의 심령의 제단에서 나온 활활 타는 핀 숯이 있습니다: "그 전체가 사랑스럽구나." 이것은 온통 자신의 사랑하는 자에 대한 경탄에 사로잡혀서, 그를 묘사하는 것이 자신의 능력을 뛰어넘는 일이라는 것을 알면서도, 그 일을 시도하고 있는 심령에서 나온 말입니다. 은혜 속에 잠긴 심령은 자신의 사랑하는 자에 대하여 경이로움을 느끼며 거기에 사로잡혀서 경배하고 찬양하면서, 어떻게든 무엇이라고 표현하고 싶은 마음을 억누를 수 없어서, 황홀함 가운데서 "그 전체가 사랑스럽구나"라고 외칩니다. 이런 일은 참된 성도들에게 흔히 있어 왔던 일입니다. 그들은 예수의 사랑에 압도되고 사로잡혀 황홀함을 느낍니다. 신자들은 늘 자신의 주를 냉정하고 차분하게 생각하는 것이 아닙니다. 주님을 생각할 때에 황홀경의 상태에 빠지는 경우가 종종 있습니다. 그들의 마음은 속에서 불타오릅니다. 그들은 무아지경에 빠져서, 독수리처럼 날개를 치며 높이 날아오릅니다. 그들의 영혼은 왕의 병거 같이 됩니다. 그들은 자신들이 인간과 천사의 말로 표현할 수 없는 것들을 느끼고 경험합니다. 은혜 속에 들어간 신자들은 지극히 아름다우신 주님을 보고서 황홀경에 사로잡힙니다. 이러한 황홀경 체험은 모든 그리스도인들에게 종종 주어집니다. 나는 조금이라도 이 거룩한 황홀경을 경험한 적이 없는 사람이라고 해서, 그가 성도가 아니라고 말하지는 않겠지만, 그러한 황홀경 속으로 들어가서 주님을 경배하는 일이 그리 드물지 않게 일어나는 그런 성도들이 꽤 있습니다. 예수와의 교제는 종종 그들을 황홀경으로 이끌어갈 뿐만 아니라, 그들의 모든 삶에서 거룩한 향기가 뿜어져 나오게 해줍니다. 그것은 그들의 얼굴을 문자 그대로 모세의 얼굴처럼 빛나게 해주지는 않지만, 그들의 얼굴에서 신령한 빛이 비쳐 나오게 해주고, 그들을 높여서 그리스도인들 중에서 존경받는 하나님의 군대의 지도자들이 되게 해줍니다. 아마도 이 자리에는 하나님의 자녀들임에도 불구하고, 신자들이 주님을 보았을 때에 황홀경에 빠지고 격한 감정에 사로잡히게 된다는 말이 무슨 의미인지를 잘 모르는 분들도 있을 것입니다. 그들은 자신이 사랑하는 자가 자신에게 말씀해 오시는 것을 보고서, 그들의 영혼이 녹는 것 같은 경험을 해 본 적이 없는 사람들입니다. 나는 연민의 감정으로 그러한 분들과 마음을 같이하여, 그들을 위하여 기도할 것이고, 나의 기도는 하나님께 상달될 것입니다: "주여, 우리에게 자신을 계시하셔서, 우리도

'그 전체가 사랑스럽구나'라고 고백하지 않을 수 없게 해주십시오. 우리에게 주의 손과 옆구리를 보여주셔서, 우리로 하여금 도마처럼 '나의 주님이시요 나의 하나님이시니이다'(요 20:28)라고 외칠 수 있게 해주십시오."

나의 형제들이여, 여러분 중에서 많은 이들이 왜 예수의 임재로 인한 지극한 복을 거의 누리지 못하는지 그 이유를 내가 여러분에게 얘기해 드릴까요? 슬프게도, 그 이유는 부분적으로 그리스도인들에게 너무나 비일비재한 것, 즉 주예수가 어떤 분이신지에 대하여 너무나 무지하기 때문입니다. 믿음으로 예수를 본 심령은 누구든지 그 봄으로 인하여 구원을 받습니다. 내가 아주 시력이 약하고 눈물로 뒤덮여서 흐릿한 눈으로 그리스도를 바라보았거나, 구름과 안개 사이로 그리스도를 얼핏 엿보았다고 할지라도, 나는 그리스도를 보았기 때문에 구원을 받습니다. 그러나 그런 식으로 그리스도의 영광을 얼핏 본 것만으로 만족할 사람이 누가 있겠습니까? 단지 "거울로 보는 것 같이 희미하게"(고전 13:12) 보는 것을 바라는 사람이 누가 있겠습니까? 나의 눈을 물가의 비둘기처럼 맑은 눈이 되게 하십시오. 그러면 나는 내 주님을 그 품에 안겼던 친구들이 그를 보았던 그대로 볼 수 있고, 천국의 빛이자 면류관인 그의 아름다운 것들을 노래할 수 있습니다. 여러분이 예수의 옷자락을 만지기만 해도, 여러분은 온전해질 것입니다. 그러나 여러분은 그런 것만으로 늘 만족할 수 있겠습니까? 여러분은 옷이나 옷자락이 아니라, 주님 자신과 그의 마음을 접하고 싶고, 주님과 함께 영원히 거하고 싶지 않겠습니까? 영원토록 은혜에서 어린아이가 되어서, 반쯤 깬 상태에서 꿈속에서처럼 구속주를 희미하게 보는 것으로 만족할 사람이 누가 있겠습니까? 형제들이여, 영원한 지혜가 있는 십자가의 학교에 부지런히 출석하십시오. 여러분의 구주에 대해서 많이 공부하십시오. 십자가에 못 박히신 그리스도를 공부하는 것은 최고의 공부입니다. 그리스도와 그의 부활의 능력을 아는 것은 인간으로서 가장 알아야 할 것을 아는 것입니다. 많은 성도들이 예수를 잘 모르기 때문에, 하나님께서 그들을 그들 자신으로부터 벗어나서 하늘의 놀라운 기쁨과 황홀함을 누리게 하시는 것을 경험하지 못합니다. 그러므로 우리는 하나님으로부터 가르침을 받는 시온의 자녀들이 되어야 합니다.

다음으로, 여러분은 마음이 새로워져서 그 부요함을 맛보아야 하는데도, 여러분으로 하여금 그렇게 되지 못하는 가장 큰 장애는 묵상을 소홀히 하기 때문입니다. 어떤 것을 믿는다는 것은 잔에 들어 있는 수정 같이 맑고 시원한 물을 보는 것입니다. 그러나 어떤 것을 묵상한다는 것은 그것을 마시는 것입니다. 우리는 성경을 읽을 때에 포도송이들을 거두어들이고, 묵상할 때에 거기에 들어 있는 풍부한 즙을 짜내서 먹게 됩니다. 기도하는 가운데 묵상하는 것은 다른 그 어떤 것보다도 더 영혼을 가장 살찌게 해줍니다. 오늘의 본문을 보면, 신부는 많이 묵상했을 것임에 틀림없습니다. 만일 많은 시간의 묵상이 없었다면, 그녀는 자신의 주를 이렇게 상세하게 묘사할 수 없었을 것입니다. 거룩한 심령들이여, 그녀를 본받으십시오. 나의 형제들이여, 우리 주 예수를 생각해 보십시오. 그분은 영원하시고 무한하시며 영원히 찬송 받으실 하나님이십니다. 그런데도 그는 우리를 위하여 사람이 되셨습니다. 우리와 같이 자신의 어머니의 것을 받아 태어난 사람이 되셨습니다. 흠 한 점 없는 그의 성품을 묵상하십시오. 그가 골고다에서 겪으셨던 고난들을 되돌아보십시오. 그를 따라서 무덤에도 가 보시고, 무덤에서 부활하여 별들의 길을 따라 저 하늘에 놓여 있는 승리의 보좌까지 따라가 보십시오. 그의 직임들이었던 선지자, 제사장, 왕으로서의 그의 모습을 묵상하십시오. 그의 성품들 하나하나와 성경에 나오는 그의 칭호들을 하나하나를 깊이 묵상하십시오. 그가 걸어가셨던 각각의 여정마다 그 자리에 잠시 멈추어 묵상하십시오. 여러분이 이 모든 것을 다 하셨다면, 그렇게 하기를 계속해서 반복하십시오. 묵상을 통해서 끊임없이 되돌아보는 것이 좋습니다. 그럴 때, 하나님의 진리가 지니고 있는 달콤함과 살진 것들이 여러분의 심령에 와 닿게 되어서, 마침내 여러분은 황홀한 기쁨에 사로잡혀서, 오늘의 본문에 나오는 것처럼 "그 전체가 사랑스럽구나"라고 탄성을 발하게 될 것입니다. 여러분 중 대부분은 아주 바쁘고, 세상에서 할 일이 너무나 많습니다. 그러나 여러분은 자신이 지금 하고 있는 일들이 어떤 일인지를 알고 계십니까? 그 일들은 티끌을 긁어모아서 두껍게 진흙을 만들어 지고 가는 일입니다. 여러분이 참된 부요함을 얻기 위하여 바쁘다면 얼마나 좋겠습니까! 고독 속에서 여러분 자신을 부요하게 하기 위하여, 세상일들을 잠시 옆으로 밀어 놓고, 영원히 찬송 받으실 주님의 인격과 행하신 일들을 묵상함으로써, 여러분의 심령이 자양분을 얻어 생기를 얻게 하십시오. 여러분은 땅에 속한 것들을 너무나 열심히 추구하느라고, 하늘에 속한 것들을 놓치고 있습니다. 묵상을 한 쪽 구석으로 제쳐 놓으면, 하늘의 놀라운 기쁨을 알 수 없게 됩니다.

　여러분이 주님의 아름다우심을 잘 느끼지 못하는 또 다른 이유는 많은 그리스도인들이 신령한 삶을 살지 않기 때문입니다. 많은 신자들이 단지 신앙을 연명하는 데 급급하고, 그 이상으로 나아가지를 못합니다. 여러분은 그 정도로 굶주린 심령들을 알고 계십니까? 여러분 자신이 그런 심령인 것은 아닙니까? 이런 심령들은 그리스도의 아름다우신 것들을 잘 보지 못하기 때문에 그것들을 보는 것으로부터 오는 기쁨도 알지 못합니다. 그들은 부분적으로 눈이 멀어 있어서 멀리까지 볼 수 없습니다. 그들은 예수와 함께 "호도 동산"(아 6:11)을 거닐고 있지 않습니다. 그들은 너무나 허약해서 병상에서 일어나 그리스도를 먹고 마실 수도 없고, 입맛도 전혀 없는데, 이것은 그들의 신앙이 끔찍할 정도로 떨어져 있음을 보여주는 확실한 증표입니다. 그들은 "아마나 꼭대기"(아 4:8)에 오를 수도 없고, 성전에서 기뻐 뛸 수도 없으며, 다윗처럼 법궤 앞에서 춤을 출 수도 없습니다. 그들은 네 사람이 떠메고 온 어떤 병자처럼 응급차에 실려서 예수의 발 앞에 오게 되면 모를까, 스스로는 예수 앞에 나아올 수가 없습니다. 주 안에서 "그의 힘의 위력으로" 강해지는 것, 독수리의 날개들을 얻어서 구름 위로 치솟아 오르는 것 — 이런 것에 대하여 낯설고 무지한 신자들이 너무나 많습니다. 그러나 사랑하는 자들이여, 주님으로부터 가르침을 잘 받아서, 비록 이 아랫세상에 있으면서도, 하늘의 생명에 대해서 어느 정도 알고 있는 고귀한 영혼들이 있습니다. 주님은 우리의 속사람을 은혜로 강건하게 하십니다. 그랬을 때, 우리는 잘 숙성된 극상품의 포도주를 더 깊이 들이마실 수 있게 됩니다. 그럴 때, 우리의 눈도 열려서, 우리는 예수를 더 분명하게 볼 수 있게 되고, 그가 "사람들보다 아름답다"(시 45:2)고 더 확실하게 증언할 수 있게 됩니다.

나는 우리의 심령이 우리에게 찾아오신 그리스도를 그때마다 무시해 왔고, 그런 식으로 그리스도를 박대해 놓고도 슬퍼하지도, 근심하지도 않았던 것은 아닌지 걱정이 됩니다. 하늘의 신랑이 우리에게 오셨을 때, 우리는 그의 아름다우심을 충분히 기뻐하지 않았습니다. 우리의 심령은 그의 사랑으로 말미암아 잠시 고양되었다가 금세 냉랭해지고 나태해졌습니다. 그러자 그의 임재가 우리에게서 떠나갔습니다. 그런데도 우리는 슬퍼하거나 근심하지 않았습니다. 우리는 악하게도 그 없이 살아가려고 애를 썼습니다. 신자가 자신의 구주 없이 살아가려고 하는 것은 끔찍하고 비참한 일입니다. 사랑하는 형제들이여, 아마도 여러분 중에는 그런 시도를 끊임없이 해 왔고, 결국에는 거의 성공할 뻔한 사람들도 있을 것입니다. 전에는 아침에 주님의 음성을 듣지 못하면 비둘기처럼 구슬프게 울었고, 잠자리에 들기 전에 주님의 사랑을 확인하지 않고서는 안식을 취하지 못하여 밤새 몸을 뒤척이며 제대로 잠을 이루지 못하던 여러분이었습니다. 그러나 지금의 여러분은 육신적이고 세상적인 사람이 되어 있고, 주님의 임재 여부에는 신경도 쓰지 않은 채로 아무렇지도 않게 만족하며 살아가고 있습니다. 예수께서 자신의 얼굴을 숨기시고, 해가 졌는데도, 여러분은 그것을 밤으로 느끼지도 못합니다. 하나님께서 여러분을 이러한 영적인 무감각함과 무기력함으로부터 일으키셔서, 여러분의 비참한 영적 상태를 깨닫고 애통하게 하시기를 빕니다. 여러분이 다시 죄악에 빠진 상태로부터 건짐을 받기 위해서는 환난과 고난을 겪을 필요가 있다고 할지라도, 거기에서 빠져나올 수만 있다면, 그것은 값싼 대가일 뿐입니다. 북풍아, 살을 에는 듯한 바람으로 거세게 불어와서, 이 무감각하고 무기력한 심령들을 깨어나게 하라. 하나님께서 우리에게 은혜를 주셔서 그리스도를 사랑하게 하심으로써, 우리가 그리스도로 배부르지 못한다면, 차라리 그를 갈망하다가 그에 대한 굶주림과 목마름으로 기꺼이 죽을 각오를 할 수 있게 해주시기를 빕니다. 우리 가운데서 생명나무를 떠나 정처 없이 방황하게 된 사람들이 있다면, 하나님께서 그들로 하여금 자신의 둥지를 틀 다른 곳을 결코 발견할 수 없게 해주시기를 빕니다. 하나님께서 우리로 하여금 노아의 비둘기처럼 우리의 방주 되시는 구주 예수 그리스도 위에 날아 앉아 안식할 수 없다면, 차라리 물 속에 빠져서 익사하게 해주시기를 빕니다.

　　사랑하는 자들이여, 내가 지금까지 말씀드린 이유들이 여러분이 그리스도에 대한 사랑으로 인하여 황홀한 기쁨을 누리는 것에 대하여 알지 못하는 이유를 밝혀 주지 못한다면, 나는 또 한 가지 이유를 여러분에게 말씀드리고자 하는데, 그것은 신앙인들의 심령이 허망한 것들에 사로잡혀 있다는 것입니다. 신앙인들은 한 주일 내내 생업을 위해 세상일에 몰두하고, 그들의 심령은 거기에 사로잡혀 있습니다. 어떻게 보면, 이것은 변명의 여지가 있는 것처럼 보일 수도 있습니다. 그러나 그렇지 않아도 좁은 그들의 심령에 온갖 허망한 것들이 가득 차 있는 것은 심각한 일입니다. 어떤 심령이 이 세상의 허망한 것들을 지극히 중요한 것으로 여기게 되었다면, 그 심령이 그리스도 예수께서 지극히 보배로우시다는 사실을 깨달을 수 없다는 것은 전혀 이상한 일이 아닙니다. 어떤 사람이 겨에 몰두해 있다면, 그 사람은 알곡은 거들떠보지도 않으려고 하는 것은 당연한 일이 아니겠습니까? 그런 사람의 심령은 단지 허망해지는 데서 그치는 것이 아니라, 흔히 교만해집니다. 그는 자기가 원래 가난하고 미천하다는 것을 잊어버리고서, 그리스도의 부요하심을 귀하게 여기지 않습니다. 그는 자기가 성숙하고 독실한 그리스도인이라고 생각하게 됩니다. 그는 자기는 신앙이 약해서 걸핏하면 길을 잃고 잘못된 길로 가기 쉬운 어리석은 초신자들과는 다르다는 망상을 갖게 됩니다. 그는 자기가 오랜 세월의 신앙생활로 인한 지혜와 갖가지 신앙 체험으로 단련된 견고한 믿음을 지니고 있다고 생각합니다. 그런 사람은 자신의 심령이 높아져 있기 때문에, 그리스도를 하찮은 존재로 보게 됩니다. 여러분은 스스로 거름더미에 앉아 있게 되기 전에는, 보좌 위에 앉아 계신 그리스도를 결코 볼 수 없습니다. 여러분이 상당히 괜찮은 존재가 되어 있다면, 여러분 속에서 그리스도는 하찮은 존재가 되실 수밖에 없습니다. 왜냐하면, 그리스도는 만물 안에서 만물을 충만하게 하시는 분이신 까닭에, 그 어떤 다른 것이 들어올 여지가 없는데, 여러분이 자신의 심령에서 많은 것들을 차지하여 높은 위치에 있게 되었다면, 그것들은 모두 다 여러분이 자신의 주이신 예수로부터 그의 영광을 훔쳐서 자신의 것으로 만든 것들이기 때문입니다. 철저히 낮아져서 티끌 속에 엎드려 있는 것이 여러분이 있어야 할 자리입니다:

"내 눈이 주의 영화로우신 것들을 뵈올수록,
　나는 더 낮아져 엎드리게 된다네."

내가 내 자신 속에서 낮아지면 낮아질수록, 나는 그리스도의 황홀하게 아름다운 것들을 더 많이, 그리고 더 잘 볼 수 있게 됩니다.

나는 이 첫 번째 점에 대해서 두세 마디만 더 하고 마치고자 하는데, 그것은 그리스도의 위대하심과 선하심과 보배로우심을 깨닫고서, 거기에 온전히 사로잡히고 휩싸여 살아가는 성도들이 가장 행복한 성도들이라는 것입니다. 또한, 나는 그러한 성도들이 가장 유익한 성도들이고, 기독교회에서 능력의 망대로 우뚝 솟아 있는 성도들이라고 믿습니다. 하나님께서 여러분과 내가 믿음으로 하나님과 동행하는 가운데, 그의 사랑의 입맞춤들로 우리를 특히 복 주셔서, 우리로 하여금 "포도주보다 나은" 그의 사랑을 듬뿍 마시게 하시는 특별한 잔치의 날들이 종종 있게 하시기를 빕니다. 하나님께서 우리로 하여금 사람들 가운데서 가장 뛰어나신 분의 아름다운 것들을 보게 하셔서, 우리의 심령들이 황홀한 기쁨에 사로잡혀, "그 전체가 사랑스럽구나"라고 외치게 해주셨으면 좋겠습니다. 이상이 오늘의 본문에 분명하게 드러나 있는 것들 중의 하나입니다. 이것이 우리에게 제대로 전달되었기를 빕니다.

2) 오늘의 본문에 아주 분명하게 드러나 있는 두 번째의 것은 일편단심으로 사랑하는 마음입니다: "그 전체가 사랑스럽구나." 이 본문은 그 자체 속에 하나의 풍부한 의미 세계를 지니고 있다는 것은 사실이지만, 그 가장 중요한 메시지 중의 하나는 예수는 참된 성도들에게 이 세상에서 "사랑스러운" 유일하신 분이라는 것입니다. "그 전체가 사랑스럽구나." 예수 외에는 이 세상에 "사랑스러운" 것은 존재하지 않습니다. 이것은 만유 속에 있는 모든 아름다움과 모든 사랑할 만한 것들이 다 그리스도 안에 있다고 신부가 느꼈다는 것과 같습니다. 우리 중에서 그녀의 말이 틀렸다고 말할 자가 누가 있겠습니까? 예수는 지성이 있는 모든 존재들의 모든 찬탄과 사랑을 독점하시는 것이 합당하신 분이 아닙니까? 여러분은 "우리가 친구들이나 혈육들도 사랑해야 하지 않습니까?"라고 반문하실 것입니다. 맞습니다. 그러나 우리는 예수 안에서, 그리고 예수를 향한 사랑 안에서 그들을 사랑해야 합니다. 우리가 그런 식으로 그들을 사랑할 때에만, 그들에 대한 우리의 사랑은 합당합니다. 우리 주님께서 친히 "아버지나 어머니를 나보다 더 사랑하는 자는 내게 합당하지 아니하고"(마 10:37)라고 말씀하지 않으셨습니까? 그리고 다른 곳에서는 다음과 같이 한층 더 강력하게 말씀하기도 하셨습니다: "무릇 내게 오는 자가 자기 부모와 처자와 형제와 자매와 더욱이 자기 목숨까지 미워하지 아니하면," 즉 예수와 비교해서 그들을 미워하지 아니하면, "능히 내 제자가 되지 못하리라"(눅 14:26). 예수를 "자기 부모와 처자와 형제와 자매와 더욱이 자기 목숨"보다 더 소중히 여기지 않는 자들은 그의 제자가 될 수 없다는 것입니다. 그리스도께서는 우리의 가슴속에서 왕이셔야 합니다. 우리가 사랑하는 사람들은 그리스도의 발등상 아래에 앉아 있을 수 있고, 우리는 그리스도를 인하여 그들을 사랑할 수 있겠지만, 오직 그리스도만이 우리 심령의 보좌를 차지하셔야 합니다. 나는 그리스도인 형제들 속에서 뛰어난 것들을 보지만, 그것들 중에서 그리스도로부터 나오지 않은 것은 하나도 없다는 사실을 잊어서는 안 됩니다. 나는 예수가 만유 가운데 있는 사랑스럽고 경탄할 만한 모든 것들을 독점하셔야 할 분이라는 것을 인정하지 않으면 안 됩니다. 그러므로 나는 나의 모든 사랑을 오직 그에게만 드릴 수밖에 없습니다. 왜냐하면, 그는 "그 전체가 사

랑스러운" 분이시기 때문입니다.

또한, 오늘의 본문은 예수 안에서 온갖 종류의 "사랑스러움"이 발견될 수 있다는 것을 의미합니다. 영원히 죽지 않을 영혼이 사랑할 만한 가치가 있는 것들이 존재한다면, 그런 것들은 주 예수 안에서 풍성히 발견될 수 있습니다. 참된 것들이나 정직한 것들이나 의로운 것들이나 순전한 것들이나 사랑스러운 것들이나 어떤 칭찬 받아야 할 미덕이 있다면, 그 모든 것들은 그리스도 예수 안에서 한량없이 발견될 수 있습니다. 모든 강들이 바다에서 만나듯이, 모든 아름다운 것들은 구속주 안에서 만납니다. 어떤 우아하고 고상한 사람의 인품을 보십시오. 여러분은 거기에서 어느 정도의 사랑스러움을 발견하겠지만, 그 사랑스러움에는 한계가 있을 뿐만 아니라, 거기에는 그렇지 못한 것이 섞여 있습니다. 베드로에게는 많은 미덕들이 있었지만, 아울러 단점들도 있었습니다. 요한도 뛰어나고 아름답지만, 몇 가지 점에서는 결핍이 드러납니다. 그러나 이 점에서 우리 주님은 그의 모든 성도들과 다릅니다. 왜냐하면, 주님 안에는 하나님과 사람의 모든 미덕들이 절묘하게 어우러져 있기 때문입니다. 그는 이런저런 꽃이신 것이 아니라, 완전한 낙원이십니다. 그는 이런저런 별이나 성단이신 것이 아니라, 모든 별들이 한데 어우러져 있는 하늘 자체이시고, 아니 하늘들의 하늘이십니다. 주님 안에는 아름답고 사랑스러운 모든 것들이 하나로 응축되어 있습니다.

또한, 오늘의 본문은 예수께서 "그 전체가 사랑스럽구나"라고 말함으로써, 어느 면에서 보더라도 예수는 사랑스러우시다고 선언합니다. 일반적으로, 아무리 고급스럽고 아름다운 건물이라도, 어느 방향에서 보면, 그리 아름다워 보이지 않는 것이 보통입니다. 장인이 만든 아무리 훌륭한 작품이라도, 모든 면에서 한결같이 완벽할 수는 없습니다. 아무리 인품이 훌륭한 사람이라도, 적어도 한 가지 점에서는 결점을 지니고 있어서, 흉한 모습을 드러냅니다. 그러나 우리의 주님의 경우에는, 여러분이 어느 시각에서 보든 모든 것이 사랑스럽습니다. 그를 매일매일 다른 각도에서 묵상해 보십시오. 그것은 "그 전체가 사랑스럽구나"라는 말씀이 옳다는 것을 매일처럼 새롭게 확증해 줄 뿐입니다. 그는 창세 전에는 영원하신 하나님으로서 천사들의 사랑과 경배를 받으셨습니다. 그가 베들레헴에서 아기로 태어나셨을 때나, 베다니에서 혼인잔치에 가셨을 때나, 바다 위를 걸으셨을 때나, 십자가에 못 박히셨을 때나, 죽어 매장되어 무덤에 계실 때나, 첫 열매로 부활하여 승리하시고 승천하셔서 하늘 보좌에 앉으셨을 때나, 이 세상을 의로 심판하시기 위하여 다시 오실 때나, 스스로 낮아지셔서 사람들로부터 멸시를 받고 침 뱉음을 당하시며 수치를 겪으셨을 때나, 영광을 얻으시고 영광 중에 사람들로부터 사랑과 경배를 받으셨을 때나, 가시면류관을 쓰시고 그 손이 못 박히셨을 때나, 자신의 허리에 사망과 음부의 열쇠를 차게 되셨을 때나, 여러분이 그의 모습을 언제 어디에서 보더라도, 그는 "그 전체가 사랑스럽습니다." 그의 모든 직임과 관계들 속에서, 그리고 모든 점에서, 모든 상황과 여건 속에서 언제 어디에서든지, 그는 "그 전체가 사랑스러운" 분입니다.

그리스도께는 사랑스럽지 않은 것은 결코 존재하지 않습니다. 본문에 나오는 "그 전체가 사랑스럽구나"라는 찬사는 그런 생각 자체를 허락하지 않습니다. "그 전체가 사랑스러운데," 여러분이 어디에서 그의 흉한 모습을 찾을 수 있겠습니까? 화가가 알렉산더 대왕을 그렸을 때, 그는 왕의 손가락에서 평소에는 숨기고 있던 흉터를 보았을 것입니다. 그러나 여러분이 "임마누엘"이신 그리스도의 모습을 묘사할 때에는 그런 흉터 자체가 없습니다. 우리는 우리나라에 대하여 이렇게 말합니다. "우리의 조국이 결점투성이일지라도, 우리는 우리의 조국을 여전히 사랑합니다." 우리 중에 그렇게 말하지 않을 사람이 누가 있겠습니까? 그러나 우리가 예수를 사랑하는 데에는 우리의 마음속에 그런 부담이 전혀 없습니다. 왜냐하면, 그에게서는 결점이라고는 찾아볼 수 없기 때문입니다. 예수를 위해서는 변명할 필요가 전혀 없고, 그를 비호하거나 옹호하기 위해 애쓸 필요도 전혀 없습니다. 그러나 내가 그의 어깨 위에서 보는 것은 무엇입니까? 그것은 무겁고 험한 십자가입니다. 내가 그를 따른다면, 그를 위하여 그 십자가를 져야 합니다. 그 십자가는 보기 흉한 것입니까? 결코 그렇지 않습니다. 십자가를 지신 그리스도는 지극히 사랑스러우십니다. 그리스도인들에게 합당한 것이 무엇이든지, 그것들은 다 사랑스러운 것들이기 때문에, 우리는 그리스도의 능욕조차도 애굽의 보화보다 더 큰 보화로 여깁니다. 세상은 그리스도의 모습 중에서 절반쯤은 공경할 수 있겠지만, 그리스도의 모습 전체를 인정하고 공경할 수는 없습니다. 소경이나 다름없는 소키누스주의자들(the Socinian)은 "나는 사람인 그리스도를 공경하지만, 하나님인 예수를 공경하지는 않는다"고 말합니다. 그들의 눈에는 영원하신 말씀이신 예수의 "전체가 사랑스러운" 것이 아니라, 절반만 아름답게 보이는 것입니다. 어떤 사람들은 그리스도를 사람들이 본받아야 할 "모범"이라고 인정하지만, 죄인인 인간의 죄를 대속하시기 위하여 그 죄를 대신 짊어지시고 죽으신 분으로 인정하고자 하지는 않습니다. 많은 사람들이 그리스도를 대주교의 신앙의 대상으로는 여기지만, 은혜 가운데 살아가는 가난한 감리교도가 전하는 복음에 귀를 기울이려고 하지는 않고, 농촌의 허름한 교회에 글자도 모르는 촌사람들이 모여 은혜 가운데 찬송을 부르는 데에 시간을 내어 함께하고 싶다고는 생각하지 않습니다. 안타깝게도, 우리는 황금과 상아로 된 십자가들은 많이 보지만, 예수의 험한 십자가를 사랑하는 사람은 별로 없습니다. 형제들이여, 우리는 예수께서 궁핍하셨을 때나, 옷을 벗기우시고 십자가에 매달리셨을 때나, 사람들로부터 버림을 받고 단죄를 받으셨을 때나 "그 전체가 사랑스럽다"고 생각합니다. 우리는 예수께서 무덤 속에 계셨을 때나, 죽음으로 인하여 창백한 모습을 하고 계셨을 때에도, 그에게서 이루 말할 수 없는 아름다우심을 봅니다. 예수께서는 옛 뱀에 의해서 발꿈치를 상하셨지만, 그 모습도 사랑스럽습니다. 우리를 향하신 그의 사랑은 그를 우리의 눈에 더욱더 "희고도 붉게" 만듭니다. 우리는 그가 어디에 계시든지 그를 경배하고 찬양합니다. 왜냐하면, 우리는 뱀에게 발꿈치를 상하신 이 동일한 그리스도가 그 뱀의 머리를 부수셨고, 우리를 위하여 옷을 벗기우시고 십자가에 달리신 그가 지금은 영광으로 옷 입고 계신다는 것을 알기 때문입니다. 우리는 멸시받고 거부당하셨던 그가 만왕의 왕이시고 만주의 주이시며, "그의 이름이 기묘자라, 모사라, 전능하신 하나님이라, 영존하시는 아버지라, 평강의 왕이라는"(사 9:6) 것을 압니다. "그 전체가 사랑스럽구나." 그에게는 결점이나 결함이 전혀 없습니다.

오늘의 본문은 우리에게 예수는 최고로 사랑스러우시다는 것, 즉 아주 사랑스럽기는 하지만 결점도 조금 있는 그런 것이 아니라, 그 어떤 결점도 없이 지극히 최상으로 사랑스러우시다는 것을 알게 해주고자 합니다. 그러나 나는 이 점에 대해서 길게 설명하지 않고, 여러분이 스스로 깊이 묵상해 보시도록 여러분에게 맡겨 두고자 합니다. 나는 하나님의 모든 자녀들은 그리스도 예수는 그 전체가 지극히 사랑스럽다는 것을 인정한다는 말로 두 번째 소대지를 끝맺고자 합니다. 나의 판단력이나 분별력에 의하면, 그는 사랑스럽습니다. 그러나 나의 판단력이나 분별력을 따라 사랑스러운 것은 그리스도 외에도 많습니다. 그러나 그런 것들은 나의 감정에는 사랑스럽지 않습니다. 나는 어떤 것들이 옳다는 것을 알기는 하지만, 그것들이 즐겁지는 않습니다. 그러나 예수는 나의 머리만이 아니라 나의 가슴에도 사랑스러우십니다. 또한, 그는 사랑스러우실 뿐만 아니라 선하십니다. 그는 나의 소망들에 대해서 사랑스러우십니다. 그것들은 그 안에서 모두 이루어질 것이기 때문입니다. 그의 진정한 모습을 있는 그대로 보게 되리라는 것은 단지 나의 소망일 뿐입니까? 또한, 그는 나의 기억에 대해서도 사랑스러우십니다. 그는 나를 덫에서 꺼내 주신 분이 아닙니까? 또한, 그는 나의 모든 힘들과 열정들, 나의 기관들과 감정들에 대해서도 사랑스러우십니다. 다윗은 이 것을 "내 마음과 육체가 살아 계시는 하나님께 부르짖나이다"(시 84:2)라고 표현합니다. 그의 온 몸과 마음이 구주 전체를 구한다는 것입니다. 구주 전체는 인간의 존재 전체에 대하여 이루 말할 수 없이 향기롭고 귀합니다. 여러분과 나에게도 그렇기를 바랍니다. 그러나 실제로 우리는 어떻습니까? 여러분은 자신의 마음속에 우상들을 세워 놓고 있지는 않습니까? 하나님의 사람들이여, 이 아침에 여러분은 채찍을 들고서 자신의 심령 성전을 청결하게 할 필요가 있지 않습니까? 오직 그리스도만이 계셔야 할 곳에 물건을 사고파는 자들이 있지는 않습니까? 우리는 전적으로 그를 사랑하고 오로지 그를 사랑함으로써, 그로 하여금 우리의 심령을 다 차지하시게 하여서, 우리에게 다른 아름다운 것에 눈을 돌리거나 다른 사랑스러운 것을 생각할 틈이 없고, 우리의 입에서 "그 전체가 사랑스럽구나"라는 고백만이 나올 수 있게 되어야 합니다.

3) 오늘의 본문에서 두드러지는 세 번째 특징은 내가 여러분에게 가장 강조해서 주의를 환기시키고 싶은 것인데, 그것은 간절한 기도입니다. 나는 오늘의 본문을 제단에서 가져온 활활 타는 핀 숯이라고 말했고, 사실이 그렇습니다. 이 핀 숯이 우리의 심령에 떨어져서, 우리의 심령이 불타오르게 된다면, 그것은 이루 말할 수 없는 은혜일 것입니다. 본문 속에서는 간절한 기도가 불타오르고 있습니다. 본문은 예수께서 마음을 움직이신 때에는 우리의 감정이 아무리 격렬해져도 그것을 충분하다고 할 수 없음을 느끼는 사람의 언어입니다. 누가 여러분에게 신앙에 지나치게 빠져 있다고 말하며 여러분을 책망합니까? 그런 일은 있을 수 없습니다. 왜냐하면, 신앙이라는 것은 사람이 거기에 아무리 빠져도 지나침이 없기 때문입니다. 하나님의 전에 대한 열심이 우리를 삼켜서, 우리가 하나님의 영광 외에는 아무것도 생각하지 않고 행하였다면, 결코 우리의 행동은 지나친 것이 될 수 없습니다. 우리에게 하나님을 위한 열심에 걸맞은 바른 지식이 있기만 하다면, 그 열심은 결코 지나친 것이 될 수 없습니다. "그 전체가 사랑스럽구나"라는 말은 하나님에 대한 사랑의 불길로 인하여 그 마음이 용광로 같이 된

사람의 말이고, 그 어떤 최고의 찬사로도 하나님을 찬양하기에는 부족하다는 것을 느끼는 사람의 찬탄입니다. 신부는 자신의 터질 것 같은 강렬한 감정을 표현할 적절한 문장을 찾기 위해서 히브리어 표현을 샅샅이 뒤졌고, 우리의 번역자들은 그 강력한 문장을 표현해낼 수 있는 영어 문장을 샅샅이 뒤져서, "그 전체가 사랑스럽구나"(He is altogether lovely)라고 아주 무게 있게 번역하였습니다. 여러분은 그리스도에 대하여 말할 때에 과장이 되면 어쩌나 하고 걱정할 필요가 없습니다. 왜냐하면, 여러분이 그리스도의 탁월하심을 묘사할 때에 과장이라고 생각하는 표현들은 단지 진실을 아주 수수하게 표현한 것들에 불과하기 때문입니다. 사람들의 모습을 있는 그대로 그리는 것이 아니라, 언제나 한두 군데를 아름답게 수정해서 그림으로써 인기를 끌게 된 한 초상화가가 있었다고 합니다. 하지만 그의 과장이나 아부가 통하지 않는 분이 한 분 계십니다. 왜냐하면, 예수를 과장해서 아름답게 그린다는 것은 불가능하기 때문입니다. 여러분 중에서 말솜씨가 아주 뛰어난 분들이 있다면, 한 번 여러분이 생각하기에 최고의 과장이라고 할 수 있는 말들로 예수를 화려하게 묘사해 보십시오. 그렇게 한다고 해도, 결국 여러분의 생각해 낸 말들은 그의 위엄을 전달하기에 턱없이 부족하고 형편없는 말들이 되고 말 것입니다. 스랍 천사들이 수금을 가져와 연주하고, 주의 피로 씻음을 받은 자들이 소리 높여 찬송하여도, 그 모든 찬송들은 그가 받으셔야 할 영광에 비하면 정말 미미한 찬송들일 뿐입니다.

오늘의 본문은 하나님을 아무리 헌신적으로 섬기고 예배할지라도 하나님이 받으셔야 할 섬김과 예배에 턱없이 미치지 못할 것이라고 느끼는 사람의 언어입니다. 나는 우리가 옛적의 사도들과 순교자들과 거룩한 사람들처럼 우리의 전 존재를 드리고 온 힘을 다하여 예수 그리스도를 섬기는 것이 마땅하다고 느끼게 되기를 원합니다. 하지만 우리의 실상은 그렇지 못합니다. 오늘날 우리가 우리의 사랑하는 주님을 위해서 하는 것은 거의 아무것도 없다고 말해도 지나친 말은 아닐 것입니다. 그리스도의 사랑이 우리를 강권하여서, 우리로 하여금 그렇게 헌신하게 하여야 하는데, 현실은 그렇지 못합니다. 그러나 옛 사람들은 예수를 알지 못하는 땅에 십자가를 전하기 위해서, 극한 가난과 모욕을 기꺼이 감내하고서, 힘겨운 싸움들을 통해 거친 바다를 헤치고 앞으로 나아갔고, 강도와 잔인한 자들의 위험을 감수하였습니다. 오늘날의 신자들에게는 그러한 담대한 신앙을 기대하기 어렵습니다. 하지만 옛적의 그리스도인들에게는 그런 식으로 신앙의 용맹스러운 싸움들을 해나가는 것이 일상적이고 평범한 일이었습니다. 그리스도께서 덜 사랑스러워지신 것입니까, 아니면 그의 교회가 덜 충성스러워진 것입니까? 하나님께서 교회로 하여금 그리스도의 사랑스러우심을 제대로 올바르게 볼 수 있게 해주시기를 빕니다. 왜냐하면, 그랬을 때에야 교회는 예전의 저 용맹스러운 모습을 회복하고서, 그리스도를 제대로 섬길 수 있게 될 것이기 때문입니다. 형제들이여, 나는 오늘의 본문이 우리의 마음에 깊이 새겨진다면, 우리가 가진 모든 것을 그에게 드리고, 우리의 모든 시간과 능력을 그에게 돌려드리며, 우리의 목숨까지 그에게 바치더라도, 그리스도를 위하여 그리 많이 드린 것이 아니라는 것을 느끼게 되기를 바랍니다. 십자가에 못 박히신 그를 위하여 우리가 어떤 고난을 당한다고 할지라도, 그 고난은 하찮은 것이 되고, 그리스도를 위하여 욕을 당하는 것은 도리어 큰 기쁨이 됩니다. "그 전체가 사랑스럽구나." 그러므로 나의 영혼아, 너는 그가 네게 하라고 하시는 그 어떤 일도 힘들다고 생각하지 말고, 그가 네게 어떤 것을 명하시더라도 가혹하다고 생각하지 말기를 당부한다.

옛적의 기사들이 자기 자신을 십자군 전쟁에 헌신하여, 자신의 팔에 붉은 십자가를 지닌 채로, 그리스도의 군사로서 불신자들의 손에 죽는 것을 두려워하지 않고 싸움에 임하였던 것과 마찬가지로, 우리도 예수를 위하여 모든 원수들과 담대히 맞서는 것이 마땅합니다. 오늘날 하나님의 교회에는 십자군의 정신이 다시 한 번 필요합니다. 나는 새로운 십자군 전쟁을 기꺼이 선포하고자 합니다. 만일 내게 옛적에 기독교계 전체를 움직였던 저 수도자 같은 언변이 있다면, 나는 기꺼이 이렇게 말할 것입니다: "오늘날 '그 전체가 사랑스러우신' 분이신 그리스도께서 모욕을 당하고 계시는데, 여러분은 그것을 보고만 계실 것입니까? 오늘날 그리스도께서 계셔야 할 곳에 우상들이 서 있고, 사람들은 그 우상들을 섬기고 경배하고 있는데, 예수를 사랑하는 여러분은 그것을 용납할 수 있습니까? 옛적에 그리스도께서 다니셨던 길거리들을 오늘날에는 힌두교의 신인 크리슈나가 활보하고 다닙니다! 오늘날 하나님의 그리스도를 모르는 사람들과 그의 보혈로 씻음을 받지 않은 민족들이 아직도 무수히 많은데, 여러분은 언제까지 그들을 그런 식으로 그냥 방치해 두고자 하십니까? 영국에는 많은 그리스도인들이 있고, 언변의 은사가 있는 많은 사람들이 있으며, 우리의 지갑에는 황금이 있는데, 우리는 언제까지 우리의 은사들을 썩히고, 전도하지 않음으로써, 그리스도께서 계속해서 모욕을 당하게 할 것입니까?"

교회는 자신의 크신 주님을 위하여 하는 일이 거의 없습니다. 교회는 자신의 의무도 제대로 행하지 않고, 멸망해 가는 세상의 절실한 요구에도 부응하고 있지 못합니다. 하늘의 불을 우리에게 주십시오. 우리가 언제 또다시 성령의 능력을 덧입게 될까요? 사람들이 언제 이기심을 버리고서 오직 그리스도만을 구하게 될까요? 사람들이 언제 헛되고 하찮은 일을 놓고서 분쟁하고 싸우는 것을 그치고서, 그리스도의 십자가 아래 모여들어 전열을 가다듬게 될까요? 우리는 언제 우리 자신의 영광을 구하는 일을 그만두고서, 세상 끝까지라도 가서 그리스도를 영화롭게 해드리는 일을 시작하게 될까요? 하나님께서 이 일에서 우리를 도우시고, 우리의 심령 속에 저 옛적에 열렬히 타올랐던 그 불을 다시 붙여 주셔서, 사람들로 하여금 예수가 우리에게 모든 것이라는 것을 알게 되는 날이 오게 해주시기를 빕니다.

2. 둘째로, 본문이 주는 세 가지 실제적인 교훈을 살펴보겠습니다.

앞에서 우리는 오늘의 본문에 나타난 두드러진 메시지들을 살펴보았는데, 이제 여기서는 본문이 주는 실제적인 교훈을 세 가지로 나누어 살펴보고자 합니다. 시간이 빠르게 날아가고 있기 때문에, 우리는 이것을 간략하게 살펴볼 수밖에 없습니다.

본문이 주는 첫 번째 교훈은, 그리스도인들을 향한 매우 감미로운 가르침입니다. 주 예수는 "그 전체가 사랑스러우십니다." 그러므로 내가 사랑스럽게 되고자 한다면, 나는 그리스도를 닮지 않으면 안 됩니다. 그리스도인인 나의 모델은 그리스도이십니다. 여러분은 초등학교 저학년 학생들의 글씨쓰기 연습장을 보신 적이 있으십니까? 책의 맨 위에는 학생들이 따라 써야 할 모범적인 글씨가 나옵니다. 학생들은 그 아래에 있는 첫 번째 줄에 글씨를 쓸 때에는 그 모범적인 글씨를 보고 씁니다. 하지만 두 번째 줄에 글을 쓸 때에는 그 모범적인 글씨를 보고 쓰는 것이 아니라, 바로 앞에서 자기가 썼던 것을 보고 베껴 씁니다. 이런 식으로 계속 써 내려 가기 때문에, 한 페이지에서 아래로 내려갈수록 글씨는 점점 엉망이 되어 가고, 가장 밑에 쓴 글씨가 가장 엉망입니다. 마찬가지로, 사도들은 그리스도를 따랐습니다. 교회의 첫 세대들은 사도들을 본받았습니다. 그리고 그 다음 세대들은 첫 세대들을 본받았기 때문에, 성결의 기준은 현저하게 낮아졌습니다. 오늘날 우리는 사도들이 전한 기독교의 찌꺼기를 따르고 있을 가능성이 아주 높습니다. 오늘날의 평신도들은 자신들이 교회의 불완전하고 보잘것없는 목회자들 또는 지도자들이 지닌 정도의 신앙을 가진다면, 그것은 아주 잘하는 것이고 칭찬을 받을 만하다고 생각합니다. 그러나 나의 형제들이여, 베낀 것들이나 사본들은 집어치우고, 원본을 따라 사십시오. 예수를 본받으십시오. "그 전체가 사랑스럽구나." 여러분이 원본을 따라 쓸 수 있다면, 여러분은 세상에서 최고의 모델을 따라 쓰는 것입니다. 우리는 그리스도께서 지니셨던 그 열심을 지니게 되기를 바라야 하지만, 아울러 그리스도께서 지니셨던 지혜로우심과 분별력도 지녀야 합니다. 우리는 그리스도께서 하나님을 사랑하셨던 것을 본받고자 하여야 하지만, 사람들에 대한 그의 사랑, 자신에게 해악을 가한 사람들에 대한 그의 용서하심, 그의 온유하신 말씀들, 그의 부패하지 않은 진실성, 그의 겸손하심, 그의 철저한 이타심, 아버지 하나님의 일에 대한 그의 온전한 헌신도 본받아야 합니다. 우리에게 이 모든 것들이 있어야 합니다. 우리가 이런 것들을 본받지 않는다면, 그 어떤 모델을 따르기로 선택할지라도, 그것은 잘못 선택한 것이 되고 맙니다. 우리는 기독교의 유명한 사람들이 만들어 놓은 고전적인 모델을 따라서는 안 됩니다. "그 전체가 사랑스러운" 그리스도가 우리의 모델이 되어야 합니다. 우리 주님이 우리의 모범이자 우리의 구주시라는 이중적인 측면을 지니고 계시다는 것은 참으로 기쁜 일입니다. 성전에 세워져 있던 물두멍은 놋으로 만들어졌고, 제사장들은 희생제사를 드릴 때마다 거기에 자신의 발을 씻었습니다. 마찬가지로, 이런 식으로 그리스도께서는 우리를 죄에서 깨끗하게 하십니다. 그러나 전승에 의하면, 이 물두멍은 아주 밝은 놋으로 만들어져 있어서 거울 역할을 했기 때문에, 제사장들은 거기에 비치는 자신의 흠들을 볼 수 있었다고 합니다. 나는 내 주 예수께로 갔을 때, 나의 죄들을 씻음 받을 뿐만 아니라, 그의 완전하신 성품에 비추어서 나의 흠들을 보고서, 그의 거룩하심을 겸손히 따르라는 가르침을 받습니다.

오늘의 본문이 주는 두 번째 실제적인 교훈은 **온유한 책망**입니다. 이것은 매우 온유한 것이기는 하지만, 나는 여러분에게 이 책망을 여러분의 마음에 깊이 새기시기를 부탁드립니다. 여러분은 그리스도의 겸손을 보지 못하지만, 그는 "그 전체가 사랑스럽습니다." 여기서 나는 한 마디 따끔한 말을 하고자 하는 것이 아니라, 슬프게도 여러분이 얼마나 비참한 존재들인지를 말하고자 합니다.

나는 이 땅의 것이 아니라 천상의 것으로 보이는 황홀한 음악을 듣는데, 그 음악은 절반쯤은 영감으로 작곡된 헨델(Handel)의 오라토리오들 중의 하나입니다. 저기에 앉아 계시는 어떤 사람은 "그 음악이 좋다는 것을 잘 모르겠는데요"라고 말합니다. 그 사람이 이렇게 말하는 것은 그에게는 음들이 서로 조화를 이루며 만들어 내는 감미로움을 인지할 수 있는 능력이 없기 때문입니다. 여러분은 그 사람을 책망합니까? 그렇지 않습니다. 그러나 음악을 들을 귀를 가지고 있는 분들은 "그 사람은 인생의 기쁨 중에서 절반을 놓치고 있는 것이기 때문에, 정말 불쌍한 사람입니다"라고 말합니다. 한 가지 예를 더 들어 보겠습니다. 여기에 정말 아름다운 풍경이 있습니다. 산들과 계곡이 있고, 강들이 흐르고 있으며, 드넓은 호수들과 끝없이 펼쳐진 목장들이 있습니다. 나는 친구를 즐겁게 해주려고 거기로 데려가서, "정말 아름다운 풍경이지?"라고 말합니다. 그 친구는 내게 고개를 돌려서, "내게는 아무것도 보이지 않는데"라고 말합니다. 나는 그 친구가 나를 너무나 기쁘게 해주는 것을 누릴 수 없다는 것을 깨닫습니다. 그는 시력이 약해서, 단지 아주 가까이 있는 것만을 볼 수 있을 뿐, 멀리 있는 것은 전혀 볼 수가 없습니다. 내가 그를 책망해야 합니까? 그 친구가 "네가 말하는 풍경은 존재하지도 않는데, 정말 어처구니없게도 네가 거기에 열광하는 것을 보니, 너는 무엇인가에 씌어서 홀려 있는 거야"라고 시비를 걸어온다면, 나는 그에게 화를 내며 그와 논쟁을 벌여야 할까요? 그렇지 않습니다. 나는 눈물을 흘리며, 속으로 "이 친구가 아름다운 풍경을 전혀 볼 수 없을 정도로 장애가 너무 심하니, 정말 불쌍하구나"라고 말할 것입니다. 마찬가지로, 여러분이 예수의 이름으로 된 음악을 전혀 들을 수 없다면, 여러분은 정말 불쌍한 사람입니다. 왜냐하면, 여러분은 들을 수 있는 귀가 전혀 없을 정도로 장애가 심하기 때문입니다. 여러분이 예수 안에서 아름다우심을 결코 보지 못하였고, 앞으로도 영원히 보지 못하게 된다면, 우리는 여러분을 위해 눈물을 흘리지 않을 수 없습니다. 그리스도를 사랑하지 않는 것은 곧 지옥입니다. 하나님의 그리스도의 사랑을 알지 못하는 것은 지옥 중에서도 가장 뜨겁게 불이 타오르는 맨 밑층의 지옥입니다. 그리스도를 사랑하고 닮는 것보다 더 좋은 천국은 없습니다. 그리스도를 사랑하지 않고 닮고자 하지 않는 것, "그 전체가 사랑스러우신" 그리스도가 지니신 무한히 완전하신 것들을 몹시 싫어하는 것보다 더 고통스러운 지옥은 없습니다. 주께서는 여러분의 소경된 눈을 열어 주시고, 들리지 않는 귀를 뚫어 주셔서, 여러분에게 새로운 영적인 생명을 주십니다. 그럴 때, 여러분은 다른 성도들과 마찬가지로 주님은 "그 전체가 사랑스럽구나"라고 고백하게 될 것입니다.

　　본문의 세 번째 실천적인 용도는, 본문은 죄인들에게 매력이 있어서 죄인들을 부드럽게 끌어당긴다는 것입니다. "그 전체가 사랑스럽구나." 이 아침에 여러분 중에서 자신의 죄를 깨닫고서 자기에게는 구주가 필요하다는 것을 안 분들이 계십니까? 여러분은 어디에 계십니까? 여러분은 내 눈이 닿지 않는 곳에 숨어 계십니까? 어쨌든 이 감미로운 본문이 여러분의 마음에 와 닿게 되기를 빕니다. 여러분은 예수께로 나아오기를 두려워할 필요가 없습니다. 왜냐하면, 그는 "그 전체가 사랑스러운" 분이시기 때문입니다. 본문은 예수 그리스도를 그 전체가 두렵고 무시무시한 분이라고 말하지 않습니다. 여러분이 그를 그렇게 생각하고 있다면, 그것은 크게 오해하고 있는 것입니다. 본문은 그가 부분적으로 사랑스러운 분이고, 가끔 죄인들 중에서 어떤 부류를 기꺼이 받아들이고자 하신다고 말하지 않습니다. 그는 "그 전체가 사랑스러운" 분입니다. 그러므로 그는 흉악한 자들 중에서도 가장 흉악한 자들을 언제든지 기꺼이 영접할 준비가 되어 계십니다. 그의 이름을 생각해 보십시오. 그의 이름은 "예수," 즉 구원자입니다. 이것은 사랑스럽지 않습니까? 그의 사역을 생각해 보십시오. 그는 길 잃은 자들을 찾아서 구원하시기 위하여 오셨습니다. 이것이 그의 일입니다. 이것도 사랑스럽지 않습니까? 그가 무엇을 이루셨는지를 생각해 보십시오. 그는 자신의 피로 우리의 영혼을 속량하셨습니다. 이것도 사랑스럽지 않습니까? 그가 지금 무엇을 하고 계시는지를 생각해 보십시오. 그는 하나님의 보좌 앞에서 죄인들을 위하여 변호하고 계십니다. 그가 지금 이 순간에 무엇을 주고 계시는지를 생각해 보십시오. 그는 우리에게 회개와 죄 사하심을 주시기 위하여 높은 곳에 오르셨습니다. 이것도 사랑스럽지 않습니까? 그리스도 예수는 그를 필요로 하는 죄인들에게 모든 면에서 매력적이어서 죄인들을 끌어당기십니다. 그러므로 그리스도 앞에 나아오십시오. 여러분이 나아오시기만 하면, 그리스도께서는 여러분을 영접하실 것입니다. 그리스도 안에는 여러분을 오지 못하게 가로막는 것은 아무것도 없고, 여러분을 나아오게 끌어당기는 것만이 있습니다. 내가 그리스도를 높이고 전한 바로 이 주일이 여러분이 그리스도께로 이끌려서 다시는 그를 떠나지 아니하고 영원토록 그의 백성이 되는 날이 되기를 빕니다. 아멘.

제
13
장
—

"돌아오고 돌아오라 술람미 여자야 돌아오고 돌아오라"

—

"돌아오고 돌아오라 술람미 여자야 돌아오고 돌아오라 우리
가 너를 보게 하라 너희가 어찌하여 마하나임에서 춤추는
것을 보는 것처럼 술람미 여자를 보려느냐." — 아 6:13

본문에 나오는 "술람미 여자"라는 번역은 원문의 의미를 살리지 못한 아쉽
고 생뚱맞은 번역입니다. "술람미 여자"로 번역된 히브리어 단어는 "솔로몬"의
여성형입니다. "솔로몬"은 신랑의 이름을 나타내는 것일 것이기 때문에, 그 여성
형인 '술람미트'는 신랑이 사랑한 신부가 남편의 이름을 따라서 자신의 이름으
로 삼은 것입니다. 왕들은 자신의 왕후에게 자신의 이름을 붙여 주곤 하였습니
다. 그래서 '가이우스' 왕의 왕후는 '가이아'라는 이름을 가지고 있었듯이, '솔로
몬'(히브리어로는 '셸로모') 왕의 왕후는 '솔리마'(히브리어로는 '술람미트')라 불
립니다. '솔로몬'은 평화의 왕을 의미하고, '솔리마'는 평화의 딸을 의미합니다.
아가서에 나오는 그녀는 전에는 "여자들 중에서 가장 어여쁜 자"(아 1:8; 5:9; 6:1
KJV, 한글개역개정에는 "여인 중에 어여쁜 자," "여자들 가운데에서 어여쁜 자")로 불렸지만,
이제는 주님의 신부가 되어, 온전한 평화를 지니게 되었기 때문에, "평화를 지니
게 된 자" 또는 "평화로 관 씌워진 자"로 불리게 된 것입니다. 여러분은 그리스도
예수 안에서 의롭다 하심을 얻게 된 자들에게 그것이 그대로 사실이라는 것을

압니다. 따라서 "술람미 여자"가 아니라 "솔리마"로 읽는 것이 더 운율에도 맞고 의미도 분명하기 때문에, 나는 본문을 이렇게 읽고자 합니다: "돌아오고 돌아오라 솔리마여 돌아오고 돌아오라 우리로 너를 보게 하라 너희는 솔리마에게서 무엇을 보고자 하느냐 그녀는 두 군대를 합친 것 같지 아니하냐"(KJV). 우리가 이 아가의 곡조들 사이로 거니는 동안에, 성령께서 비둘기같이 우리 위에 임하시기를 빕니다.

　　예수의 피로 속량함을 받아서 성령에 의해 "사랑하는 자"와 사랑으로 영원히 연합된 사람은 사람들의 눈에 띄지 않은 채로 있을 수 없게 됩니다. 솔로몬은 온 세상에 알려졌고, 사람들은 그의 지혜를 구하기 위해 솔로몬을 찾았습니다. 그의 후광 덕분에 '솔리마'도 함께 빛이 났고, 사람들은 그녀도 찾게 되었습니다. 하나님의 교회에서는 자기 자신을 위하여 사는 사람이 없고, 신자들은 세상 사람들의 눈에 금방 띄게 됩니다. 여러분이 그리스도에 대하여 관심을 갖게 되면, 하늘과 땅과 음부가 여러분에게 관심을 갖게 될 것입니다. 어떤 사람들은 죽 속에 들어 있는 알갱이 같아서, 그들 자신 속에 향기가 없기 때문에, 그들로부터는 그 어떤 향기도 나지 않습니다. 그러나 믿는 사람들, 그리스도와 교제하는 사람들은 감화력들로 가득 차 있어서, 세상 사람들은 그들에 대하여 반발하기도 하고 끌리기도 합니다. 그들은 어디를 가든지, 사람들은 그들을 알아봅니다. 옛적에 이스라엘 집이 마른 장작들 같은 열방들 가운데서 활활 타는 횃불이었던 것과 마찬가지로, 오늘날 영적인 이스라엘도 마찬가지입니다. 그리스도의 신부 뒤에서는 "돌아오고 돌아오라 돌아오고 돌아오라"고 부르짖는 음성이 늘 들립니다. 하늘의 도성을 향하여 나아가는 순례자들이 세상을 지나갈 때, 심지어 "허영의 시장" 같은 가장 추악한 곳을 지나갈 때조차도, 사람들은 그들을 알아보고 의문을 제기하거나 묻기도 하고, 올무에 걸리게 하고자 하기도 합니다. 성령의 살리시는 역사로 말미암아 산 자들이 된 여러분은 영적으로 죽어 있는 자들이 그러하듯이 이 세상을 미끄러지듯이 순탄하게 지나갈 수 있을 것이라고 생각해서는 안 됩니다. 여러분 속에서 활동하는 생명은 세상 사람들에게는 너무나 기이해서, 이 부패한 세상은 여러분을 가만둘 수 없습니다. 여러분은 많은 사람들에게 기묘한 존재로 느껴지는데, 이것은 당연한 일입니다. 왜냐하면, 하나님께서 여러분 속에서, 그리고 여러분을 위하여 크고 놀라운 일들을 행하셨기 때문입니다. 사랑하는 자들이여, 여러분은 주의 증인들이고, 증인들은 부루퉁해서 뒤로 물러나 있거나, 입을 꼭 다물고 있어서는 안 됩니다. 여러분이 정직하게 증언할 때, 찬성이든 반대이든 이 송사에 관심이 있는 모든 사람들은 공개 법정에서 여러분의 증언을 주목하여 듣게 됩니다. 하나님의 성도들이여, 여러분은 반드시 세상 사람들의 이목을 끌게 되어 있습니다. 여러분은 구름 같이 많은 증인들에 의해서 둘러싸여 있고, 이 수많은 증인들 중에서 여러분에게 무관심한 사람은 아무도 없습니다. 그들은 모두 여러분이 경주를 얼마나 잘하는지를 주목하여 지켜봅니다. 그들 중에는 여러분이 이 경주를 잘 해서 목적지에 도착하게 되기를 바라는 사람들도 있지만, 여러분이 실패하기를 간절하게 바라는 악한 자들도 있습니다. '솔리마'(본문에는 "술람미 여자")는 그들에게로 돌아오라고 호소하는 간절한 음성들을 듣습니다. 선한 의도이든 악한 의도이든, 수많은 혀들이 그녀에게 "돌아오고 돌아오라 솔리마여 돌아오고 돌아오라"고 외칩니다.

여러분은 이러한 음성들이 '솔리마'에게 들려왔을 때에 그녀가 어떤 상태에 있었는지를 오늘의 본문의 전후맥락을 통해서 알고 계십니까? 그녀는 영광스럽고 아름다운 모습 속에 있었습니다. 오늘의 본문 앞쪽을 보면, "아침 빛 같이 뚜렷하고 달 같이 아름답고 해 같이 맑고 깃발을 세운 군대 같이 당당한 여자가 누구인가"(10절)라는 감탄이 울려 퍼집니다. 별로 은혜 가운데 있지 않은 교회나 그리스도인은 사람들의 눈에 띄지 않을 수 있습니다. 누가 죽은 교회에 관심을 갖겠습니까? 누가 미지근한 신앙을 지닌 사람들에게 싸움을 걸겠습니까? 그러나 예수 그리스도께서 교회에 계시거나, 어떤 그리스도인의 심령 속에 계신다면, 사람들은 거기에 계시는 그리스도를 금방 알아볼 것입니다. 복음서 기자는 우리에게 예수께서 "숨길 수 없더라"(막 7:24)고 말합니다. 여러분은 밤중에 등불 없이 길거리로 슬그머니 나가서, 도둑처럼 아무도 눈치 채지 못하게 길거리를 지날 수 있을 것입니다. 그러나 주께서 여러분의 등불을 켜시고, 여러분이 그 등불을 들고 길거리로 나간다면, 파수꾼들은 여러분을 알아챌 것이고, 개들은 여러분을 향하여 짖을 것이며, 사람들은 여러분이 무엇을 하러 돌아다니는지를 유심히 살필 것입니다. 불이 저절로 드러나듯이, 은혜도 마찬가지입니다. 한 다발의 라벤더가 자신의 향기를 통해서 자신의 존재를 알리는 것과 마찬가지로, 우리의 영혼 속에 있는 하나님의 생명도 마찬가지입니다. 만군의 여호와께서 여러분과 함께 하시고 여러분 속에 계신다면, 여러분은 분명히 어떤 사람들로부터는 증오심을 깨우고 어떤 사람들로부터는 찬탄을 깨우게 될 것입니다. 나는 여러분과 내가 아가서의 이 부분에 나오는 신부처럼 밝고 깨끗하고 강력한 상태에 있어서, 사람들이 우리를 찾고 우리에게 묻게 되기를 기도합니다.

　본문에서 아름다운 모습 속에 있는 교회는 일을 하기 위해 내려갔던 것으로 보입니다: "골짜기의 푸른 초목을 보려고 포도나무가 순이 났는가 석류나무가 꽃이 피었는가 알려고 내가 호도 동산으로 내려갔을 때에." 그녀는 집에 앉아서 자신의 모습에 감탄하며 흐뭇해하고 있었거나, 길거리에 나가서 자신의 아름다운 모습을 과시하려고 하지 않고, 자기에게 맡겨진 일을 하기 위해서 주의 동산으로 내려갔습니다. 그들이 그녀에게 "돌아오고 돌아오라"고 외친 것은 바로 이때였습니다. 우리가 우리 자신의 탁월한 것들을 과시하고자 한다면, 세상이나 그리스도는 우리를 부르지 않을 것입니다. "자, 모두 와서, 만군의 여호와를 위한 나의 열심을 보라"고 말하고자 하는 것은 추한 자의식의 한 조각이기 때문에, 세상이나 그리스도를 끌기는커녕 도리어 역겨움을 불러일으키기만 할 뿐입니다. 부지런하고 성실한 삶은 매력적인 삶입니다. 여러분은 개미처럼 자신에게 맡겨진 합당한 일들을 제대로 해내고 계십니까? 여러분이 예수를 향한 사랑으로 인하여 그렇게 하고 있다면, 그것은 정말 잘하고 있는 것입니다. 인정을 받고자 하는 마음 없이 그저 묵묵히 뚜벅뚜벅 걸어가시고, 모두가 잘되게 하고자 하는 마음으로 여러분의 최선을 다하는 것에 만족하십시오. 주님과 교제하는 가운데 여러분이 그 날에 해야 할 일들을 그 날에 겸손히 행하십시오. 크고 굉장한 일들을 해내려고 하지 마십시오. 왕궁에서 다스리는 일을 하게 해 달라고 구하지 마시고, 기꺼이 들판에서 일하십시오. 소파에 기대앉아서 편안히 쉬기를 구하지 마시고, 가지치기용 가위를 들고서 포도원으로 가서 여러분이 해야 할 일들을 하십시오. 그렇게 자기 자신을 잊고 드러내지 않는 섬김 속에서 여러분의 아름다움은 저절로 드러나게 될 것이고, "돌아오고 돌아오라"고 외치는 음성들이 여러분을 반겨줄 것입니다.

　또한, 그녀가 이렇게 일하고 있는 동안에, 그녀의 심령은 큰 감화를 입게 된 것으로 보입니다. 아마도 그녀는 일을 시작하기 전에는 지루하고 따분하게 지냈지만, 석류나무와 호도나무를 살피느라 바삐 움직이는 동안에, "부지중에 내 마음이 나를 내 귀한 백성의 수레 가운데에 이르게 하였구나"라고 외치게 됩니다. 그녀는 자기가 왕을 사랑하여서 자원하여 전쟁터로 달려가는 백성들을 실은 "수레" 같이 되었음을 느낀 것입니다. 그녀는 자기가 "사랑하는 자"를 좇아 달려갈 수 있고, 뛰어갈 수 있으며, 날아갈 수 있다고 느꼈습니다. 애굽 왕 바로의 가장 빠른 말들이 끄는 병거처럼, 그녀의 영혼은 모든 것을 제치고서 자신의 "사랑하는 자"를 향하여 달려갈 수 있다고 느꼈습니다. 이렇게 활기를 되찾게 된 그녀는 많은 눈들의 주목을 받게 되었고, 이내 만유의 사방에서 들려오는 "돌아오고 돌아오라 술람미 여자야 돌아오고 돌아오라"고 외치는 음성들을 들었습니다. 사랑하는 친구들이여, 나는 모든 그리스도인들이 그들이 마땅히 되어야 할 모습이 되기를 바랍니다. 나는 판단하고 싶지는 않지만, 신앙을 고백한 사람들 중에서 많은 수가 단지 절반 정도만 살아 있고, 그것도 완전히 잠들어 있다는 말을 듣습니다. 이것이 사실이라면, 그들의 감화력은 아주 미미할 수밖에 없습니다. 그들이 주님의 일에 열심을 내지도 않고, 주님을 향하여 열렬한 마음도 없다면, 그들이 세상 사람들에 의해서 멸시를 당하는 것은 당연합니다. 나의 형제들이여, 여러분이 그런 상태에 있다면, 여러분은 기쁨으로 충만하여 살아갈 수 있는데도, 그리스도인으로서 살아가는 기쁨을 상실한 채로 살아가고 있는 것입니다. 여러분은 부요하게 살 수 있는데도, 가난에 찌들어서 살고 있는 것입니다. 여러분은 남들이 부러워하는 저택에 살 자격이 있는데도, 이 런던 거리에서 거지로 살아가고 있는 것입니다. 하나님께서 여러분을 다시 되살려 주시기를 빕니다. 하나님께서 여러분의 냉랭한 신앙을 용서하시고, 예수를 향한 사랑으로 여러분의 심령이 불붙게 해주시기를 빕니다. 여러분에게 하나님의 생명이 있기만 하다면, 지금 그 생명은 더욱 풍성해질 수 있습니다. 여러분의 주님께서는 여러분 중에서 가장 연약한 자들은 다윗처럼 만들어 주고, 다윗 같은 자들은 여호와의 천사처럼 만들어 주고 싶지 않으시겠습니까?

지금부터 나는 하나님이 사랑하시는 자들인 여러분, 거룩한 섬김 속에서 수고하는 여러분, 생생하게 깨어나서 신령한 삶을 영위해 나가고 있는 여러분, 여러분 속에 있는 심령이 거룩한 열심으로 불타오르고 있음을 느끼는 여러분에게 말씀을 드리고자 합니다. 여러분은 이제부터 내가 드리고자 하는 말씀을 들을 충분한 자격이 있습니다. 성령께서 여러분으로 하여금 내가 지금부터 드리는 말씀에 귀 기울일 수 있게 해주시기를 빕니다. 우리는 오늘의 본문을 두 가지 방식으로 사용할 것인데, 이 두 가지가 다 여러분에게 유익이 되시기를 빕니다.

첫째로, 그녀는 "돌아오고 돌아오라 솔리마여 돌아오고 돌아오라"고 외치는 아래로부터 들려오는 음성들을 듣습니다. 그리고 그녀는 매우 단호하게 부정하는 말들로 거기에 대답합니다. 둘째로, 우리가 오늘의 본문을 또 다른 식으로 읽는다면, 그녀는 "돌아오고 돌아오라 솔리마여 돌아오고 돌아오라"고 외치는 위로부터의 음성들을 듣는다고 말할 수 있습니다. 그리고 그녀는 자신의 말과 아울러서 자신의 행위들로 거기에 대답합니다.

1. 첫째로, 아래로부터 들려오는 음성들이 있습니다.

우리의 마음이 아니라 단지 귀로만 잠시 아래로부터 들려오는 음성들을 들어봅시다. 이 음성들은 어디에서 들려오는 것입니까? 그것들은 아주 넓고 깊은 죄와 음부로부터 들려오는 음성들, 우리가 떠나온 무덤들로부터 들려오는 음성들, 우리가 도망쳐 왔던 애굽 땅에서 들려오는 음성들입니다. 그 음성들은 시끄럽게 아우성치는 유령들처럼 끊임없이 "돌아오고 돌아오라"고 소리치고 있습니다. 특히 그 음성들은 새롭게 예수와 혼인하게 된 심령들이 아직 그들의 친척들과 그들의 아버지의 집을 잊지 않았을 것이라고 생각해서, 그들을 향하여 그렇게 소리칩니다. 우리가 오랫동안 거룩한 삶을 살게 되면, 세상은 우리가 다시 세상으로 돌아올 가망성이 희박하다고 느끼고서는 우리를 거의 포기하고, 우리에게 돌아오라고 하기보다는 욕하고 고소하는 쪽을 택합니다. 우리가 세상에 대하여 영합하는 삶을 단호하게 거절하고 하나님을 신실하게 섬기는 삶을 오랜 세월을 살면서 성숙한 신앙에 이르게 되면, 신앙의 초기에 우리를 공격해 왔던 많은 시험들이 우리에게서 사라지게 됩니다. 마귀도 그 방면에서는 그렇게 어리숙하지 않기 때문에, 새들을 잡기 위해서 여러 번 그물을 던졌다가 실패하게 되면, 실패할 것이 뻔한 일을 영원히 반복하지는 않습니다. 마귀는 달콤한 말로 유혹해도 우리가 덫에 걸리지 않는다는 것을 알면, 자신이 오랫동안 써 왔던 술수를 버리고, 다른 방법들을 시도합니다. "돌아오고 돌아오라"고 애절하게 불러도, 우리가 거기에 반응하지 않을 때, 마귀는 사자로 변하여, 산이 진동할 정도로 큰 소리로 포효합니다. 신앙이 어린 사람들에게는 다시 돌아오라는 아주 강력한 유인책들을 사용하는 것이 보통입니다. "유순" 씨를 다룰 때에는 경건하게 되기는 정말 어렵고 죄는 너무나 즐거운 것임을 보여주면서, 지금까지 왔던 길을 다시 되돌아가는 편이 훨씬 나을 것이라고 설득합니다. 마귀는 그런 사람들에게는 자신의 잔혹하고 포악한 음성을 최대로 부드럽고 감미롭게 해서, "돌아오고 돌아오라 술람미 여자야 돌아오고 돌아오라"고 부릅니다.

마귀는 옛 친구들을 통해서 그렇게 합니다. 그들은 이렇게 말합니다: "우리는 네가 왜 우리를 떠났는지 그 이유를 모르겠다. 네가 광신자가 되어, 저 칙칙한 기독교인들과 어울리면서, 예전에 네가 보여 주었던 멋진 모습은 네게서 많이 사라져 버렸어. 이제 지금쯤은 너도 저 칙칙하고 어두운 길을 따라 기독교인으로 살아가는 데 좀 지치지 않았니? 그리스도의 규범은 너무 엄격하고 청교도적이지 않니? 하나님이 가라고 하는 길은 너무 자기부정을 요구하고 있지 않니? 경건한 신앙이라는 것은 우리 같이 불완전한 사람들에게는 너무나 거룩한 것이어서 이 땅에서는 어울리지 않는 것이 아닌가? 자, 문이 열려 있으니, 돌아오라. 우리는 쌍수를 들고서 너를 환영한다. 전에 우리가 너를 그렇게 말렸어도, 너는 하늘의 도성을 향한 순례길을 계속해 나갈 것이라고 막무가내로 말한 것은 사실이지만, 네가 지금이라도 그런 말도 안 되는 일을 포기하기만 한다면, 우리는 지금까지 네가 한 짓을 전혀 문제삼지 않을 거야. 그러나 우리에게 돌아와서, 다시 한 번 너의 멋진 모습을 보여줘. 우리에게는 아직 마실 포도주가 많고, 흥을 돋굴 악기들도 다 그대로 있어. 우리는 여전히 아무 걱정 없는 삶을 살고 있고, 우리가 기꺼이 너를 우리처럼 인생을 즐길 수 있게 해줄 게. 이 우울한 길로 들어서서 결벽증 있는 사람처럼 굴기 전에는 너는 유쾌한 녀석이었어. 자, 이제 그것을 훌훌 털어 버리고, 다시 네 자신의 원래의 모습으로 돌아오라." 그들이 하는 말들이 정말 달콤하고 그럴 듯하지 않습니까! 그들은 아주 영악하게도 우리의 참된 친구가 하는 말들을 그대로 흉내 내고 있지 않습니까! 그들이 하는 말들을 듣고 있노라면, 사람들은 그들이 정말 우리의 수호천사가 되어서 우리를 보호해 주기 위해서 그런 말들을 하는 것이라고 생각할 것입니다.

본성의 욕구들이 그들에게 도움이 되어 주고, 부드럽고 포근한 감정이 악의 도구로 사용되는 경우가 종종 있습니다. 잘 믿고 있는 신자들을 세상으로 돌아오게 하기 위하여, 밝은 눈과 온유한 입술로 사람들의 본성에 호소하는 방법이 사용됩니다. 그래서 여자들의 부드러운 사랑이 시험하는 자의 도구로 사용되고, 거기에 남자들이 빠져듭니다. 여자들은 예의바르고 사랑스러운 모습으로 이렇게 말합니다: "너는 왜 우리를 그렇게 피하는 거야? 우리가 예전에 함께 행복한 시간들을 보냈다는 것을 너도 알잖아. 너는 지금까지 기독교인들과 그들의 신앙을 충분히 알아보았고, 그들과 그들의 신앙이 얼마나 어둡고 칙칙한지를 충분히 알게 되었잖아. 그러니 이제 우리에게 돌아와서, 다시 한 번 재미있고 즐겁게 살

자. 그런 기독교인들과 우리를 한 번 비교해 봐. 그들과는 달리 우리가 정말 자유롭게 살고 있는 것이 네 눈에 보이지 않니? 규범과 질서에 얽매어 살지 말고, 죄가 주는 자유를 만끽하는 삶으로 다시 돌아와." 이렇게 그녀의 이전의 친구들은 "돌아오고 돌아오라 솔리마여"라고 아우성을 칩니다.

　　우리가 약해질 때는 예전의 기쁨들이 종종 생각나서 우리를 잘못된 길로 이끌어가고자 합니다. 나는 어떤 젊은 그리스도인이 자기가 예전에 기쁨들이라고 생각하였던 것들을 깨끗이 떠났고 그런 것들을 미워하고 있는데도, 그 기쁨들이 다시 생각나서, 거기에 사로잡히게 되자, 그것들이 얼마나 보잘것없고 추하고 더러우며 덧없다는 것을 느끼지 못하는 것을 보았습니다. 그는 속으로 이렇게 생각합니다: '그때에는 내게서 웃음이 떠날 날이 없었고, 너무나 즐겁게 살았었지. 삶은 깃털처럼 가벼웠고, 삶의 거품들 속에서 나는 기쁨의 무지개들을 보았어. 다시 그때로 돌아가 버릴까? 그런 삶을 포기한 것이 나의 너무 성급한 결정은 아니었을까?' "돌아오고 돌아오라 솔리마여 돌아오고 돌아오라"는 음성들이, 선원들을 유혹하던 저 바다 요정의 노래처럼 그의 귀에 계속해서 매력적으로 들려옵니다. 그들은 인생 중에서 가장 감미로운 선율들만을 노래하고, 온갖 불협화음들과 괴로운 곡조들은 생략해 버립니다. 그들은 어떻게 해서든지 우리를 우리가 예전에 기쁨이라고 생각했던 것들로 다시 돌아오게 하고자 애를 씁니다. 형제들이여, 이것은 끔찍한 시험인데도, 거기에 걸려 넘어지는 사람들이 있습니다.

　　세상은 우리를 우리의 예전의 염려들로 돌아오게 하고자 한다는 사실을 여러분은 아십니까? 우리는 예전에 염려와 걱정과 두려움을 지니고 살아가곤 하였습니다. 그러다가 하나님의 은혜로 말미암아 우리는 믿음으로 행하고자 하게 되었고, 그랬을 때에 하나님께서는 우리를 도우셔서 그의 사랑 안에서 안식하며 인내로써 그를 바라보며 기다리게 하셨습니다. 그래서 여러 해 동안 우리에게는 무거운 짐들이 없었습니다. 왜냐하면, 우리의 모든 무거운 짐들을 다 하나님께 맡겨 버렸으니까요. 아침이 되면, 우리는 하나님 앞에 나아가, 그 날의 염려들을 아뢰었고, 밤에는 그 날의 모든 염려들을 다 해결해 주시는 은혜를 베푸신 하나님을 송축하는 일 외에는 달리 할 일이 없었습니다. 우리는 달콤한 만족감과 가슴 벅찬 기대감과 현재적인 행복감 속에서 살아 왔습니다. 그런데 지금 세상은 우리에게 이렇게 말합니다: "너는 신앙생활에 너무 많은 돈을 쏟아 부었어. 그

돈을 저축했더라면, 큰 돈이 되었을 것이 아닌가? 너는 존재하지도 않는 하나님
의 나라를 위해서 너의 금쪽같은 시간을 허비해 왔어. 만일 네가 그 시간과 힘을
세상에 쏟아서 너의 사업에 몰두했더라면, 지금쯤 너는 갑부가 되고도 남았을
거야. 자, 이제는 그런 망상들에서 벗어날 때가 되었어. 기도회도 나가지 말고,
주일학교에서 힘들게 일하는 것도 그만두고, 모든 사람들을 사랑하겠다는 망상
도 버리고, 너의 개인적인 이익들을 위해서 일해. 너는 이제라도 정신을 차려야
해. 네가 정신을 차리기만 한다면, 너는 얼마든지 성공할 수 있어." 세상에서 악
을 행하며 즐겁게 살고자 하는 시험들이 전혀 통하지 않았던 착실하고 건전한
사람들이 이러한 아주 확실하지만 악한 제안들에 넘어가는 경우가 종종 있습니
다. 여러분이 알다시피, "거품" 부인은 순례자에게 자기 자신을 주겠다고 제안했
습니다. 많은 신자들은 그러한 악한 제안을 역겨워하며 돌아섭니다. 그러자 그
녀는 이번에는 자신의 지갑을 주겠다고 제안했습니다. 올빼미 새끼처럼 가난한
"착실" 씨 같은 사람들에게 이러한 제안은 위험한 힘으로 다가옵니다. 그녀는 금
속성의 날카로운 음성으로, "'돌아오고 돌아오라 솔리마여 돌아오고 돌아오라.'
너그러운 삶을 버리고 이기적인 삶으로 돌아오고, 거룩한 열심을 버리고 세상적
인 영악함으로 돌아오라. 세상의 모든 족속이 추구하는 것들을 추구하라. 너의
눈으로 볼 수 있는 것들과 너의 입으로 즐길 수 있는 것들을 구하라." 이런 음성
들은 너무나 많아서, 내가 여기서 일일이 다 열거할 필요가 없습니다. 여러분은
그런 음성들을 곧 듣게 될 테니까요. 이 세상에는 우리를 덫에 걸리게 하고자 하
는 바다의 요정들이 아주 많습니다.

이 음성들은 언제 들려옵니까? 우리는 "돌아오라"는 소리를 아주 많이 듣게 됩
니다. 오늘의 본문에도 "돌아오라"는 단어가 네 번이나 반복되어서 나옵니다:
"돌아오고 돌아오라 돌아오고 돌아오라." 이 소리는 너무나 자주 들려오기 때문
에, 히브리서 기자가 "그들이 나온 바 본향을 생각하였더라면 돌아갈 기회가 있
었으려니와"(히 11:15)라고 말한 것은 지극히 합당합니다. 우리의 순례길에서 그
러한 기회들은 도처에 있고 언제든지 있습니다. 여러분이 그리스도인이기를 그
만두고자 하거나, 세상의 기쁨이나 수고를 따르고자 한다면, 그 문은 늘 열려 있
습니다. 여러분이 세상에 맞서 싸우는 것을 그만두기만 한다면, 세상은 아주 너
그럽게 여러분을 용서해 줄 것입니다. 우리가 우리의 옛 주인에게서 도망쳐 나
온 후에, 또다시 돌아가서 그 주인을 섬기고자 한다면, 그 주인은 언제든지 우리

의 목에 그의 멍에를 얹을 준비가 되어 있습니다. 그 주인은 우리를 받아주지 않는 법이 없습니다. 물론, 그는 우리를 돼지처럼 취급하겠지만 말입니다. 마귀는 도망친 노비들인 우리가 돌아가기만 하면 아주 기뻐하며 우리의 잘못을 기꺼이 용서해 줄 뿐만 아니라, 그가 전에 떠났던 집, 즉 우리의 심령 속으로 다른 일곱 귀신을 데리고 서슴지 않고 돌아올 것입니다. 그들은 너무나 교묘하게 "돌아오고 돌아오라 솔로몬의 신부야 돌아오고 돌아오라"고 애절하게 간청하기 때문에, 신앙의 연조가 얼마 되지 않은 하나님의 자녀들은 자신의 영혼을 멸망시킬 자들의 그 간청을 들어주는 경우가 비일비재합니다.

이 음성들은 종종 우리가 마음을 열고 있는 대상들로부터 옵니다. 삼손에게는 들릴라가 있었습니다. 또한, 신앙을 고백한 그리스도인 여자들이 그녀의 가장 고귀한 열망들을 이룰 수 있도록 그녀를 도와주어야 할 사람들에 의해서 그녀의 주를 버리도록 유혹을 받는 경우도 많습니다. 자녀들은 부모들에 의해서 잘못된 길로 가고, 친구들은 자신의 친한 친구들 때문에 잘못된 길로 갑니다. 왜냐하면, 사탄이 부리는 종들도 많고, 자기도 모르는 사이에 사탄의 명령을 실행하는 자들도 많기 때문입니다. 천국에 다다르는 것은 전쟁이고, 그 길에서 우리를 돕는 자는 별로 없습니다. 그러나 지옥으로 가는 길은 내리막길이고, 자신들의 손으로 우리를 떠밀어서 지옥의 깊은 구렁텅이로 처넣는 사람들은 아주 많습니다. "돌아오고 돌아오라"는 크고 부드러운 음성은 우리 귀에 쏙쏙 박힙니다.

사랑하는 형제들이여, 그 음성들은 우리가 가장 좋을 때에 우리를 유혹합니다. 나는 그 이유를 명쾌하게 설명할 수는 없지만, 어쨌든 사실이 그렇기 때문에, 나는 하나님과의 놀라운 교제 속에서 황홀한 기쁨을 맛본 직후에, 나의 입으로 경솔하고 무분별한 말을 늘어놓은 위험성이 가장 높습니다. 저기 변화산은 더할 나위 없이 찬란한 영광으로 빛을 발하고 있지만, 보십시오, 그 산 아래에서는 마귀가 간질병을 앓는 아이 속에서 광분하고 있는 광경이 펼쳐집니다. 우리는 우리 자신이 지극히 큰 은혜들을 받았을 때를 조심해야 합니다. 왜냐하면, 가장 아름다운 꽃들 사이에 가장 맹렬한 독을 품고 있는 독사들이 숨어 있는 것과 같이, 우리가 가장 신령한 천상의 기쁨들을 누리고 있을 때에 시험들이 극성을 부리기 때문입니다. 하나님의 자녀들이여, 여러분이 사람으로서 볼 수 없는 것들을 보았을 때에 자만하지 마시고 조심하십시오. 여러분이 하나님께서 지극히 사랑하시는 자들이 되어서 불 가운데 서서 하나님과 대화하고 난 후에 자만하지 마시고 조심하십시오. 여러분이 하나님과 교제한 후에 여러분의 이마에서 천상의 광채가 난다고 할지라도, 산 아래로 내려와서 세상일을 하게 될 때, 여러분이 안전할 것이라고 결코 자만하거나 안심하지 마십시오. 해적들이 값진 물건들을 가장 많이 실은 큰 배들을 노리는 것과 마찬가지로, 사탄은 묵상과 기도의 황금 해안을 막 출항한 여러분을 노릴 것입니다. 그러므로 늘 깨어 기도하십시오. 감히 주님 자신에게까지 사탄을 경배하라고 요구했던 저 역겨운 음성은 여러분이 하나님과의 거룩한 교제로 인해 지극히 밝은 영광으로 빛나고 있을 때에 여러분에게 다가와서 이렇게 속삭일 것입니다: "돌아오고 돌아오라. 산에서 내려와서, 하나님의 계명들을 산산이 깨뜨려 버려라." 그 원수는 여러분을 여러분의 천상의 이름이자 평화와 사랑을 뜻하는 이름인 "솔리마"라고 부르면서, "돌아오고 돌아오라"고 말할 것입니다. 그는 우리의 미덕들을 들먹이며 우리를 기분 좋게 하면서, 우리에게 가장 극악무도한 악덕들을 행하도록 유혹할 것입니다. 사탄아, 내 뒤로 물러나라. 더러운 원수 마귀야, 내게서 떠나가라. 우리가 그런 식으로 물리쳐도, 그는 또다시 다가와서, 우리 발 앞에 웅크리고 앉아서, 우는 소리로 애처롭게 "돌아오고 돌아오라"고 말할 것입니다. 애굽의 보화들과 죄의 쾌락들이 그가 우리를 회유해서 낚을 때에 사용하는 뇌물이자 미끼입니다. 우리는 마귀가 유혹하는 대로 세상으로 다시 돌아갈 수도 없고 돌아가지도 않을 것입니다. 도리어, 그의 끊임없는 유혹들은 우리로 하여금 멈춰 서서 하나님의 도우심을 구하여 부르짖게 만듭니다.

오늘의 본문은 그들이 왜 우리가 돌아오기를 바라는지 그 이유를 계속해서 말하고 있습니다: "돌아오고 돌아오라 우리가 너를 보게 하라." 정말 이것이 전부일까요? 사탄아, 너는 내가 내 주님을 배신하고 주의 거룩한 길을 떠나서 천국을 뒤로 한 채로 너에게로 가서 네 얼굴을 보는 것을 원하는 것이 아니냐? 그리고 세상아, 너의 의도도 마찬가지가 아니냐? 내가 고작 사탄과 세상의 얼굴을 보려고, 주님을 배신해야 한다는 말이냐? 너희의 얼굴은 표독스럽기 짝이 없는 얼굴이 아니더냐? 불경건한 세상의 눈들은 용들의 눈들과 같고, 영혼을 죽이는 불길한 별들과 같습니다. 여러분이 불경건한 자들에게 자신의 경건을 보여주고자 할 때마다, 여러분의 경건은 그들의 눈빛 아래에서 시들어가게 될 것입니다. "시온을 바라본다"는 표현이 성경에서 종종 사용되고 있다는 것을 기억하십시오. 미가서 4:11에는 이런 말씀이 나옵니다: "이제 많은 이방 사람들이 모여서 너를 치며 이르기를 시온이 더럽게 되며 그것을 우리 눈으로 바라보기를 원하노라 하거니와." 그들은 시온을 비웃고 조롱하며 괴롭히기 위해서, 시온이 슬퍼하고 괴로워하며 허약한 모습을 드러내는 것을 호시탐탐 노리고 있습니다. 그리고 여러분이 이 원수들에게 기회를 주기만 한다면, 그들은 여러분에게 그렇게 할 것입니다. 신앙의 일들에서 세상적인 사람들을 의지하는 것은 여러분의 목을 늑대에게 내맡기는 것과 같습니다. 그들에게는 여러분에게 유익을 주고자 하는 의도가 없고, 설령 그들이 그렇게 하고자 하여도, 여러분은 그들에게서 유익을 얻을 수 없습니다. 그들은 여러분을 어떻게 해서든지 죄를 짓도록 유인한 후에, 여러분의 잘못들을 떠벌리며 여러분을 여지없이 짓밟아 버리고자 할 것입니다. 세상이 거룩한 사람을 사랑하는 것은 독수리가 병든 어린 양을 사랑하는 격입니다. 세상적인 사람들을 두려워하십시오. 그들이 여러분에게 잘해 주고 너그럽게 베풀 때라도, 그들을 두려워하십시오.

이제 우리는 시험하는 자들을 향한 '솔리마'의 지혜로운 대답을 듣습니다. 그녀는 "너희가 솔리마에게서 무엇을 보고자 하는 것이냐"(KJV, 한글개역개정에는 "너희가 어찌하여 술람미 여자를 보려느냐"). 세상이여, 너는 내가 네게로 돌아가서 너의 친구임을 보이라고 하는 것이냐? 너는 나를 환영하고 받아들이겠다고 약속하는 것이냐? 너는 나를 예쁘게 보아주고, 높여주며, 모범으로 내세우겠다고 맹세하는 것이냐? 내게 있는 것들 중에서 네가 인정하고 칭찬할 수 있는 것이 도대체 무엇이냐? 너는 '솔리마'에게서 무엇을 보고자 하느냐? 세상이 믿는 자에게서 무엇을 볼 수 있겠습니까? 세상은 그리스도를 알지 못하기 때문에 당연히 우리를 알지 못합니다. 맹인이 나를 보고자 한다고 해도, 나는 굳이 그를 보러 갈 필요가 없습니다. 왜냐하면, 내가 그의 요구대로 그를 보러 간다고 해도, 그는 나를 볼 수 없을 것이기 때문입니다. 그러므로 "우리가 너를 보게 하라"고 그들이 말하는 것은 어처구니없는 일입니다. 그들은 눈이 멀어 있어서 그들 자신의 모습조차 볼 수 없고, 자신들이 눈멀어 있다는 사실조차도 알지 못합니다. 여러분과 내가 그런 자들과 상관할 이유가 어디 있겠습니까? 우리는 하나님의 빛 가운데서 행하여야 하고, 하나님과의 교제 속에서 살아가야 합니다. 우리의 생명은 그리스도와 더불어서 하나님 안에 감춰져 있고, 우리 주님이 나타나실 때에야 비로소 드러날 것인데, 그때에 우리는 온전히 만족하게 될 것입니다. 오, 눈먼 세상이여, 잘 들어라. 우리가 네게 간다면, 너는 우리에게서 무엇을 보고자 하는 것이냐? "너희는 솔리마에게서 무엇을 보고자 하는 것이냐." 우리가 이렇게 말하는 것이 서글프기는 하지만, 너희는 우리 안에서의 갈등을 보고자 하는 것이 아니냐?"그녀는 두 군대를 합친 것 같지 아니하냐"(KJV, 한글개역개정에는 "마하나임에서 춤추는 것을 보는 것처럼"). 너는 우리 속에서 두 가지를 보겠지만, 그 어느 것도 너를 만족시켜 주지는 않을 것이다. 우리 안에는 죄가 있고, 우리의 그런 모습은 우리를 근심스럽게 하지만, 우리는 그것을 네게 보여주고 싶지는 않다. 우리는 우리의 그런 모습을 보여서, 바벨론의 딸로 기뻐하게 하고 싶지 않다. 세상의 자녀들인 너희가 우리에게 시온의 노래를 불러 보라고 말할 때, 우리는 "우리가 이방 땅에서 어찌 여호와의 노래를 부를까"(시 137:4)라고 대답할 것이다. 너희가 우리에게서 보고자 하는 것들을 우리가 너희에게 말해야 한다면, 우리는 우리의 잘못된 것들을 고백하고 시인하기는 하겠지만, 우리의 그런 모습으로부터 너희가 기쁨을 얻게 하지는 않을 것임을 경고한다. 너희는 우리 속에서 두 군대를 보겠지만, 두 군대 중 어느 쪽도 너희에게 기쁨을 주지는 않을 것이다. 너희는 우리 안에서 너희 자신이 지닌 것과 동일한 본성을 보겠지만, 그 본성은 정죄 아래에서 죽어 있기 때문에, 너희는 그것을 보아도 큰 기쁨을 얻지 못할 것이다. 왜냐하면, 우리는 그것을 죽은 것으로 여기기 때문이다. 죽은 군대는 힘없고 하찮은 군대일 뿐이다. 물론, 우리 속에는 너희가 즐기는 세상적인 기쁨들을 누리고자 하는 성향이 존재하지만, 세상은 우리에 대하여 못 박혔고, 우리는 세상에 대하여 못 박혔다. 우리 속에는 너희가 즐거워하는 것들을 즐거워하고자 하는 성향이 존재하지만, 우리가 어쩔 수 없이 실제로 너희와 함께 있게 된다면, 우리는 너희의 즐거움들에 찬물을 끼얹는 존재들이 될 것이다. 너희는 죄악된 것들을 보고서 기뻐서 웃는데, 왜 우리는 웃지 않는지, 그리고 우리가 너희와 함께 "그런 극한 방탕에 달음질하지 아니하는 것을 그들이 이상히 여기게"(벧전 4:4) 될 것이다. 그래서 너희는 곧 우리에게 염증을 느끼게 될 것이다. 왜냐하면, 하나님께서 "내가 예루살렘을 모든 민족에게 무거운 돌이 되게"(슥 12:3) 하실 것이라고 말씀하셨기 때문이다. 결국 너희는 "이 둔한 자들은 우리의 흥만 깨는 자들이니, 그들을 내버려 두고 우리끼리 놀자"고 말하게 될 것이다. 우리가 너희의 요구대로 너희에게 간다면, 옛적에 이스라엘 백성이 "떠날 때에 애굽이 기뻐한"(시 105:38) 것처럼, 너희도 머지않아 우리가 떠나 주는 것을 기뻐하게 될 것이다. 우리 속에 있는 너희와 똑같은 본성은 우리 안에서 날마다 죽어가고 있고, 그렇게 죽어가면서 내는 신음소리는 너희의 귀에 듣기 싫은 소리가 될 것이다.

또한, 우리 속에 또 하나의 군대가 있다는 것을 너희는 아느냐? 즉, 우리 속에는 새 생명이 있다는 것을 너희가 아느냐? 그 생명은 우리 안에 내주하시는 하나님의 성령이시다. 왜냐하면, 하나님께서는 "내가 그들 가운데 거하며 두루 행할"(고후 6:16) 것이라고 말씀하셨기 때문이다. 성령께서 우리 안에 내주하셔서 우리의 몸을 그의 성전으로 삼으신 가운데, 우리가 그리스도의 복음의 충만한 복 가운데서, 너희의 요구대로 너희에게 돌아간다면, 너희는 우리를 어떻게 해야 할지를 알지 못해서 당혹해하며, 결국에는 이스마엘이 이삭에게 그랬듯이 우리를 비웃고 업신여기게 되거나, 형제들이 요셉을 시기하였듯이 우리를 시기하게 될 것이다. 너희는 우리를 이해할 수 없기 때문에, 우리를 거룩한 체하는 위선자로 취급해서 비웃고 조롱할 것이 틀림없다. 악인들이 경건한 자들과 교제하고자 하는 것은 소가 사람과 교제하고자 하는 것과 같다. 우리에게는 너희가 알지 못하는 생명이 있고, 너희는 그 생명 속으로 결코 들어올 수 없다. 너희가 그리스도 예수 안에 있는 하늘의 생명을 받지 못한 것은 애석한 일이지만, 우리는 그 생명을 가지고 있지 않은 너희를 우리의 친구나 형제로 삼을 수 없다. 우리가 함께 있으면, 너희는 우리를 근심하게 하며 괴롭게 할 것이고, 우리는 너희를 화나게 할 것이다. 그러므로 너희와 우리는 서로 떨어져 있는 것이 상책이다. 너희는 "돌아오고 돌아오라 솔리마여 돌아오고 돌아오라 우리가 너희를 보게 하라"고 말하지만, 우리는 "너희가 솔리마에게서 무엇을 보고자 하는 것이냐"는 대답밖에 할 수 없다. 너희는 우리에게서 오직 너희를 책망하고 화나게 하는 것들만을 볼 수 있을 뿐이다. 너희는 우리에게서 두 군대를 보겠지만, 그 두 군대는 모두 너희와 맞서 싸울 것이다.

신앙생활을 한 지 얼마 되지 않아서 다시 돌아가고자 하는 유혹을 받고 있는 형제들이여, 여러분은 자기가 그런 생각을 하는 것조차 용납할 수 없을 것입니다. 여러분은 타고 온 배를 불태웠기 때문에, 여러분에게는 승리가 아니면 죽음뿐입니다. 옛적에 사사였던 입다처럼, 여러분은 "내가 여호와를 향하여 입을 열었으니 능히 돌이키지 못하리로다"(삿 11:35)라고 말합니다. 다시 세상으로 돌아가는 것은 하나님의 말씀이 다 거짓말이라고 선언하는 것이 됩니다. 그것은 하나님을 거짓말쟁이라고 말하는 것과 같습니다. 그것은 세상 사람들에게 그리스도 안에는 세상의 즐거움들과 같은 그런 즐거움이 없다고 말하는 것과 같습니

다. 그것은 가룟 유다처럼 구주의 얼굴에 침을 뱉고, 몇 푼 안 되는 돈을 받거나
이 악한 세상의 추악한 정욕을 즐기기 위하여 그리스도를 팔아넘기는 것과 같습
니다. 그런데도 돌아가시겠습니까? 다시 세상으로 돌아가는 것은 천국과 그 모
든 영광들을 다 부정하는 것입니다. 그것은 여러분의 영혼에 조종을 울리고서
죄악된 양심을 가지고 죽을 자리를 찾아가는 끔찍한 일입니다. 그것은 하나님의
임재와 그 능력의 영광으로부터 영원히 추방되는 것을 선택하는 것입니다. 여러
분은 세상으로 다시 돌아가서는 안 됩니다! 아니, 세상을 되돌아보려고 해서조
차 안 됩니다. 여러분이 정말 술람미 여자라면, 단 한순간도 세상을 되돌아볼 생
각을 하고자 하지 않고, 도리어 사랑하는 자의 품 속으로 뛰어들어 그 팔에 안겨
서, 이렇게 외칠 것입니다: "주여 영생의 말씀이 주께 있사오니 우리가 누구에게
로 가오리이까"(요 6:68). 하나님께서 예수를 인하여 여러분을 도우서서 여러분
이 그렇게 하게 해주시기를 빕니다. 이상으로 우리는 오늘 우리가 다루고자 하
는 주제의 첫 번째 부분을 살펴보았습니다.

2. 둘째로, 위로부터 들려오는 음성들이 있습니다.

이제 우리는 위에서 들려오는 음성, 즉 "돌아오고 돌아오라"는 외침을 우리
의 귀가 아니라 마음으로 들어보고자 합니다. 형제들이여, 천국을 바라보는 것,
그리스도께로 가는 것, 거룩함을 향하여 나아가는 것은 하나님의 백성에게는
"돌아오는" 것입니다. 왜냐하면, 하나님의 백성은 원래 하나님의 자녀들이기 때
문입니다. 그들은 탕자가 되어서 먼 나라로 가버리긴 했지만, 그래도 언제나 하
나님의 자녀들이었습니다. 그들이 허랑방탕한 삶으로 아버지 하나님께서 그들
에게 주신 전 재산을 다 탕진해 버렸을 때조차도, 그들은 여전히 하나님의 아들
들이었기 때문에 "내 아버지"의 집이라고 말할 수 있었습니다. 그리스도와 거룩
함과 천국을 향하여 나아가는 것은 "돌아오는" 것입니다. 게다가, 하나님의 모든
백성들 속에는 새 생명이 있는데, 그 새 생명은 하늘과 하나님으로부터가 아니
면 어디로부터 온 것이겠습니까? 그러므로 하나님을 향하여 나아가는 것은 제정
신을 차린 하나님의 백성들이 "돌아오는" 것입니다. 하나님의 모든 백성은 천국
을 향해 가게 되어 있습니다. 그들이 천국을 향하여 항해해야 하는 것은 하나님
과 계약된 사항입니다. 그러므로 그들은 천국을 향하여 가지 않으면 안 됩니다.
이스라엘 백성들이 가나안 땅으로 가기 위하여 애굽에서 나왔을 때, 그들은 전

혀 생소하고 낯선 땅으로 가는 것이 아니었고, 오래 전에 하나님의 언약에 의해서 그들의 기업으로 주어진 땅에 돌아가는 것이었습니다. 그들은 종살이 하던 땅에서 나와서, 옛적에 그들의 조상들이 머물렀던 저 젖과 꿀이 흐르는 땅으로 돌아가는 것이었습니다. 마찬가지로, 오늘날 나는 하나님의 자녀로서 저 위에서 영광 중에서 내게 "돌아오고 돌아오라"고 외치는 음성들을 들을 수 있습니다. 나의 아버지는 하늘에 계시고, 나의 구주는 하나님의 보좌에 앉아 계십니다. 나보다 앞서 수많은 형제들이 거기로 갔습니다. 내 마음은 나의 보화가 있는 곳에 가 있을 수밖에 없기 때문에, 나는 영광으로 빛나는 자들이 매일같이 내게 "돌아오고 돌아오라 솔리마여 돌아오고 돌아오라"고 외치는 음성들을 듣습니다. 하늘의 천군천사들이 수금을 연주하는 소리들은 주의 모든 사랑하는 자들에게 초대장과 같습니다. 종려나무 가지를 든 모든 손들은 우리에게 어서 돌아오라고 손짓을 합니다. 모든 영화롭게 된 입술들은 우리에게 어서 높은 곳으로 올라오라고 부르고 있습니다.

　"돌아오라"는 것은 그리스도께로 더 가까이 나아오고, 하나님께 더 가까이 나아오며, 거룩함을 향하여 더 가까이 나아오라는 것을 의미한다고 나는 생각합니다. 여러분은 구원받은 사람들이기 때문에, 여러분의 구주를 닮고자 하십시오. 여러분은 신랑 되시는 주님을 만나 혼인한 직후인 그 첫 사랑의 시기에 황홀한 날들을 보냈습니다. 이제 그 날들로 돌아가십시오. 하나님이 빛 가운데 계시는 것처럼, 여러분도 늘 빛 가운데서 행하십시오. 여러분은 전에 잔칫집에 있었고, 여러분의 머리 위에는 사랑이라고 씌어진 플래카드가 걸려 있었습니다. 그 교제의 집으로 돌아오십시오. 매일매일 그리스도 안에서 여러분 자신을 좀 더 내려놓고, 더 온전히 그로 말미암아, 그를 위해서, 그와 함께 살기 위해서 애쓰십시오. 더 높은 거룩함, 더 깊은 자기부인, 더 담대한 섬김, 더 강렬한 사랑, 더욱 불타는 열심, 하나님과 그리스도를 더 닮고자 하는 것으로 돌아오십시오. 제발 돌아오십시오. 가장 거룩하고 선한 자들이 우리를 그 길로 부르고 있습니다. 천국에 있는 모든 성도들이 "돌아오라"고 외치고 있습니다. 영생으로 충만한 이 땅의 모든 하나님의 자녀들이 우리에게 돌아오라고 간청하고 있습니다. 무엇보다도, 전에 우리를 위해서 "나의 하나님, 나의 하나님, 어찌하여 나를 버리셨나이까"(마 27:46)라고 부르짖으셨던 바로 그 음성이 늘 "돌아오고 돌아오라"고 우리를 부르고 계십니다. 그렇게 부르실 때, 그가 우리와 정혼하실 때에 우리에게 주셨던 바로 그 이름으로 우리를 부르시는 것은 얼마나 감격스러운 일입니까! 그가 우리에게 "내가 가장 사랑하는 자여, 솔리마여, 돌아오고 돌아오라, 내게 오라"고 간절히 부르시는 음성을 들어 보십시오. 이것들은 모두 위로부터 들려오는 음성들입니다.

본문은 "돌아오라"는 단어를 네 번이나 반복해서 사용하고 있다는 것을 주목하십시오. 그것은 하나님의 모든 자녀가 아버지의 집으로 돌아올 결심을 하고서 더 가까이 나아오는 것이 너무나 중요하기 때문이 아니겠습니까? 그것은 언제나 "산 돌이신 예수"(벧전 2:4)께로 나아와서 더 깊은 교제를 갖는 것이야말로 우리의 가장 큰 기쁨이고 우리가 가장 안전할 수 있는 길이며 우리가 가장 부요해지고 풍요로워질 수 있는 길이기 때문이 아니겠습니까? 그가 "돌아오라"고 네 번이나 반복해서 부르고 계신다는 것은 우리가 그에게 돌아가기를 너무나 주저하고 더디 하고 있다는 것을 보여주는 것이 아니겠습니까? 우리는 그가 우리를 부르시는 첫 번째 음성을 듣자마자 그에게로 돌아가야 한다는 것은 말할 것도 없고, 우리의 사랑을 간절히 원하시는 그의 눈빛을 보자마자 당장 그에게로 달려가는 것이 마땅합니다. 오직 그만을 생각하고 오직 그를 위하여 살아가는 것이 우리의 가장 큰 기쁨이 되어야 합니다. 그러나 실제로 우리는 그렇지 않기 때문에, 그는 네 번이나 반복해서 우리에게 돌아오라고 외치시는 것입니다: "돌아오고 돌아오라 솔리마여 돌아오고 돌아오라. 네가 사랑하는 주이자 네 남편인 내게로 오라." 그는 우리가 돌아올 때까지 그렇게 간절히 부르시는 것을 그치지 않으십니다. 여러분은 그가 이렇게 네 번이나 반복해서 우리에게 돌아오라고 하시는 것 속에서 우리가 돌아오기를 바라시는 그의 간절한 소원과 우리를 향하신 일편단심의 그의 사랑을 느끼지 않으십니까? 그리스도께서 우리와 교제하기를 원하신다는 것은 내게는 너무나 놀라운 일로 보이지만, 그것은 사실입니다. 그는 우리 없이는 행복하실 수 없으십니다. 그는 여전히 목이 마르셔서 우물가에 앉아, 사마리아의 타락한 딸을 보시고, "물을 좀 달라"(요 4:7)고 하십니다. 그의 백성은 그의 충만입니다. 그들이 떠나가 버리면, 그는 충만해지실 수 없으십니다. 만일 성령께서 이렇게 분명하게 말씀하지 않으셨다면, 나는 감히 이렇게 말하지 못할 것입니다. 그러나 이것은 사실입니다. 예수께서는 "몸"인 자기 백성 없이는 "머리"가 되실 수 없으십니다. 그러니 "몸"이 없다는 것은 그에게 정말 생각하기도 싫은 끔찍한 일입니다. 왕에게 신민이 없다고 생각해 보십시오. 그것은 끔찍한 일이 아니겠습니까! 목자에게 양들이 없다고 생각해 보십시오. 양들이 없는 곳에서 목자가 아무리 많은 수고를 한다고 해도, 그것은 다 헛수고가 되고 말 것이니, 목자라는 직함은 얼마나 서글픈 것이 되겠습니까! 예수께는 우리가 있어야 합니다. 우리가 없다면, 그는 신부 없는 신랑이 되고 맙니다. 그러므로 그가 얼마나 우리를 사랑하고, 우리와 함께 교제하기를 얼마나 갈망하시겠습니까! 그런 그가 서서 "돌아오고 돌아오라"고 외치시는데, 우리는 즉시 그에게 돌아가야 하지 않겠습니까? 그가 부르시는 음성을 다시 한 번 들어 보시되, 이번에는 다른 식으로 들어 보십시오. 그는 우리의 마음 문을 두드리시며, 이렇게 애원하십니다: "나의 누이, 나의 사랑, 나의 비둘기, 나의 완전한 자야 문을 열어 다오 내 머리에는 이슬이, 내 머리털에는 밤이슬이 가득하였다"(아 5:2). 그런데도 우리는 그를 받아들이지 않으려 하는 것입니까? 그가 우리와 교제하기를 원하셔서 우리에게 돌아오라고 부르시면, 우리 영혼은 자신을 묶고 있던 족쇄를 부숩니다. 우리의 영혼은 자신의 손발을 묶고 있는 족쇄를 부끄러워하며, 이렇게 부르짖습니다: "나를 가게 하라. 나는 내 주님과 있어야 한다. 그의 음성이 나를 강권하신다. 내 영혼은 '돌아오고 돌아오라 돌아오고 돌아오라'고 부르시는 그에게 가지 못한다면, 차라리 내 몸에서 뛰쳐나가고 말 것이다."

지금까지 나는 주께서 왜 "돌아오라"는 말씀을 이렇게 반복하고 계시는지 그 이유를 여러분에게 설명드렸습니다. 여러분은 이것이 매우 의미심장한 부르심이라고 생각하지 않습니까? 나는 이 부르심을 여러분이 처음 믿을 때의 그 순수한 믿음으로 "돌아오라"고 하시는 부르심이라고 말하고 싶습니다. 여러 해 동안의 신앙생활로 인해서 자신이 상당한 정도의 지식을 갖게 되었다는 자부심이 여러분에게 생겼다면, 스스로 낮아져서 겸손하게 엎드리는 모습으로 돌아오십시오. 하나님의 임재 가운데서 그 어떤 일에도 움츠러들지 마십시오. 여러분이 처음에 그랬듯이 십자가 앞으로 나아와서 이렇게 고백하십시오:

"나는 죄인 중의 괴수이지만,
　예수께서 나를 위해 죽으셨습니다."

여러분이 처음으로 그리스도와 사랑의 밀어를 나누던 때로 돌아오십시오. 왜냐하면, 그때에 여러분의 나날들은 그의 임재로 말미암아 빛이 났고, 그와 교제하는 동안에는 밤을 지새워도 피곤한 줄 몰랐기 때문입니다. 여러분이 신랑과의 사랑에 빠져서 그를 좇아 광야로 나갔던 저 행복하고 평안했던 날들로 돌아오십시오. 여러분이 열심을 내어 그를 섬겼던 저 첫 사랑의 나날들로 돌아오십시오. 그때에는 여러분에게 피곤하거나 힘든 일은 아무것도 없었습니다. 여러분은 그가 속량하신 사람들을 찾아내는 데에 온 힘을 다 쏟았습니다. 하지만 지금 여러분은 게을러져서, 하나님을 섬기는 것이 여러분에게 너무나 큰 짐으로 느껴집니다. 여러분이 기쁨 가운데서 부지런히 하나님을 섬겼던 그때로 돌아오십시오. 또한, 여러분이 거룩한 성장을 위해 열심을 내던 그때로 돌아오십시오. 그때에 여러분은 하나님이 여러분에게 주실 수 있으신 것들 중에서 최고의 것들을 얻기를 원하였습니다. 그때에 여러분은 정말 그리스도인다운 그리스도인이 되어서, 그저 살아가는 것이 아니라, 온 힘을 다해서 하나님을 위하여 살아가기로 단단히 결심하였었습니다. 그때로 돌아와서, 더 거룩한 삶을 열망하십시오. 여러분이 최고로 성별된 삶을 포기했다면, 다시 그런 열망으로 돌아오십시오. 여러분의 열정이 썰물처럼 빠져나가 버렸다면, 이제 다시 한 번 그 열정으로 하여금 밀물이 되어 최고의 수위로 차오르게 하십시오. 여러분의 영혼으로 하여금 이전에 도달한 적이 있거나 갈망했던 가장 높은 수준으로 돌아오게 하십시오. 독수리가 "더 높이"라고 외치고, 강이 "더 차고 넘치게"라고 외치며, 날이 "더 밝게"라고 외치듯이, 여러분도 그렇게 외치십시오. 그리스도께서는 여러분을 자신의 핏값으로 사시고서 여러분과 혼인하셨기 때문에, 천국에서 여러분 없이 사실 수 없으십니다. 그러므로 그가 "돌아오고 돌아오라"고 부르시는 동안에, 여러분은 서둘러서 그 부르심에 순종하십시오.

　　나는 무엇이 신랑으로 하여금 신부에게 이렇게 돌아오라고 간곡하게 청하게 하였는지를 여러분이 잘 살펴보시기를 부탁드립니다. 주께서는 그녀에게 "돌아오고 돌아오라 우리가 너를 보게 하라"고 말씀합니다. 주께서 그녀에게 돌아오라고 하시는 이유가 무엇입니까? 그것은 그가 그녀를 보기 위한 것입니다. 그는 여러분과 교제하기를 원하는 마음을 표현하시면서, 여러분이 그에게서 멀리 떠나 있다는 사실을 넌지시 암시하시는 것으로 보입니다. 그는 이렇게 말씀하시는 것 같습니다: "너는 최근에 나와 단둘이 있는 시간이 많지 않았다. 너는 하나님의 말씀을 읽는 일과 듣는 일을 게을리하였다. 나는 너의 얼굴을 거의 볼 수 없었다. 그러니 내가 너를 볼 수 있도록 내게 돌아오라." 여러분은 손으로 자신의 얼굴을 가리고서, "주여, 나는 온통 죄뿐인데, 왜 주께서는 나를 보고자 하시나이까?'라고 말씀드리는 것이 마땅합니다. 그러나 그렇게 말씀드린 후에는 그에게 가까이 나아가서, 사랑으로 충만하신 그의 얼굴을 뵈옵고서 회개하여, 여러분의 죄가 깨끗하게 씻겨나가게 하십시오. 그의 눈빛에는 여러분을 깨끗하게 하시고 아름답게 할 수 있는 능력이 있다는 것을 기억하십시오. 그 앞에 나아와서, "하나님이여 나를 살피사 내 마음을 아시며 나를 시험하사 내 뜻을 아옵소서"(시 139:23)라고 말씀드리십시오. 그리스도 앞에 나아와서, 여러분의 사랑하시는 자가 한량없으신 긍휼하심으로 여러분이 무슨 병들을 앓고 있는지를 아시고서, 그의 못 박힌 손들로 여러분을 수술하셔서 다시 한 번 건강하게 해주실 수 있으시게 하십시오.

"돌아오라 우리가 너를 보게 하라." 나는 이 구절은 예수께서 각각의 신자에 대하여 가지고 계시는 강력한 만족감을 나타내는 것으로 볼 수도 있다고 생각합니다. 어머니는 자기 자녀를 얼마나 큰 기쁨으로 바라봅니까! 아기를 낳은 산모는 사람이 이 세상에 태어났다는 기쁨으로 인해서 산고를 잊습니다. 그러나 그리스도께서는 각각의 신자 속에서 자신의 산고로 인한 결과물을 보시면서, 산모보다 무한히 더 큰 만족감을 느끼십니다. 그리스도께서는 여러분을 태어나게 하시기 위하여 이루 말할 수 없는 희생을 치르셨기 때문에, 여러분은 예수 앞으로 나아가서 여러분 자신을 보여드려야 합니다. 그는 여러분을 죽기까지 사랑하셨고, 지금도 여전히 사랑하십니다. 그러므로 여러분은 그와 함께 하는 것이 마땅합니다. 그가 여러분을 보실 수 있도록 그에게로 돌아오십시오.

또한, 나는 우리가 예수의 곁에서 그와 교제하며 살아갈 때, 그는 우리에 대하여 흡족함을 느끼신다고 생각합니다. 사랑하는 부모들이여, 여러분은 자신의 사랑하는 자녀들에 대하여 느끼는 기쁨이 어떤 것인지를 압니다. 여러 해 동안 여러분에게서 멀리 떠나 있던 자녀들을 다시 집에서 볼 수 있게 되었을 때, 그때에 여러분이 느끼는 만족감은 이루 말할 수 없습니다. 주님도 여러분을 그렇게 사랑하시기 때문에, 여러분을 보는 것은 그에게 이루 말할 수 없는 기쁨을 가져다줍니다. 여러분이 그의 사랑 안에서 살아가는 모습을 보실 때, 그는 천국이 꽉 차 있는 느낌을 받으십니다. 여러분이 세상일에 빠져서 그와 대화할 시간조차 없다면, 그의 슬픔은 어떠하겠습니까! 여러분이 밖에 나가서 그의 원수들과 어울려서 시간 가는 줄 모르고 재미있게 놀면서, 정작 그와 대화할 시간은 내지 않을 때, 그의 슬픔은 어떠하겠습니까! 여러분이 자주 그에게로 나아가거나, 늘 그와 함께 있다면, 여러분은 "임마누엘" 되시는 이, 즉 우리와 함께 하시는 하나님께 기쁨을 드리는 것입니다. 여러분은 골방에서 드리는 기도나, 하나님을 향한 진심 어린 사랑이나, 여러분의 거룩한 담대함, 여러분의 모든 것을 쏟아 부어서 하나님께 열심을 내는 것을 통해서 그를 기쁘시게 해드릴 수 있습니다. 주님께 나아와서, 그가 여러분을 볼 수 있게 하십시오.

여러분은 계면쩍게 이렇게 말할지도 모릅니다: "주께서 솔리마에게에서 무엇을 보고자 하십니까? 예수께서 나 같은 죽은 개를 보신다면, 그가 내게서 무엇을 보실 수 있으시겠습니까? 나는 죄악으로 꽉 차 있는 그런 인간입니다." 그는 여러분에게서 그가 기뻐하시는 것들을 보시게 될 것입니다. 그는 여러분에게서 자기가 만드신 작품을 보시게 될 것입니다. 아니, 그는 여러분에게서 자기 자신을 보시게 될 것입니다. 여러분은 해가 작은 유리 조각에 반영되어 있는 것을 보신 적이 있습니까? 직경이 채 1인치도 되지 않는 거울이라도, 여러분은 그 거울 속에서 해를 볼 수 있었습니다. 여러분은 초등학생이 비눗방울 놀이를 하면서 생긴 비눗방울 속에 무수한 무지개가 생기는 것을 본 적이 있습니까? 주께서는 자기 백성을 보실 때에 거기에 반영되어 있는 자기 자신의 모습을 보십니다. 그는 우리의 눈 속에서 자기 자신을 보시기 때문에, 우리의 눈에 매료되셔서, 이렇게 소리치십니다: "내 누이, 내 신부야 네가 내 마음을 빼앗았구나 네 눈으로 한 번 보는 것과 네 목의 구슬 한 꿰미로 내 마음을 빼앗았구나"(아 4:9). 그리스도와 우리 사이에 있는 무한한 사랑이 그로 하여금 야곱에게서 죄를, 이스라엘에게서 악을 보지 않게 합니다. 도리어, 그는 우리를 보시고서는, "나의 사랑 너는 어여쁘고 아무 흠이 없구나"(아 4:7)라고 감탄하십니다. 주께서 여러분을 지극히 사랑하셔서 돌아오라고 강권하시는 것이기 때문에, 여러분은 주께 돌아오는 것을 부끄러워하지 않아야 합니다. 여러분의 마음과 여러분의 육신으로 하여금 두 군대처럼 그를 영접하게 하십시오. 여러분의 모든 내적인 싸움은 그에게 더 가까이 나아가기 위한 것이 되게 하십시오. 야곱처럼 언약의 사자로부터 축복을 받을 때까지는 쉬지 마십시오.

조금 후에 나는 오늘의 본문을 주님을 환영하는 심령에게 적합한 말씀으로 번역해 볼 것입니다. 우리가 "마하나임," 즉 군대들이 서로 만나는 것을 전쟁을 위한 것이 아니라, 하나님이 우리에게 야곱처럼 젖과 꿀이 흐르는 땅으로 돌아오라고 초청하셔서 우리가 그 땅으로 돌아가기 위한 것으로 해석한다면, 오늘의 본문은 그런 말씀이 될 것입니다. 왜냐하면, 군대들은 전쟁을 위해서만이 아니라 합창하기 위해서도 서로 만날 수 있기 때문입니다. 우리의 경험 속에는 군대들이 서로 만나서 노래하고 합창하는 경우들이 있습니다. 오늘의 본문은 전쟁을 벌였다가 주 안에서 승리하고서 주를 만나 소고를 치고 수금을 연주하고 있는 모습을 보여줍니다.

> "그리스도의 신부여, 너희는 군대로 모여 전쟁을 수행해야 했지만,
> 하늘의 도우심을 위한 기도로 말미암아 승리하였으니,
> 소리 높여 주를 찬송하라."

　나의 주님이 오셔서 나를 만나신다면, 그는 내 안의 모든 군대들이 다 힘을 합쳐서 우렁차게 그를 찬송하는 모습을 보시게 될 것입니다. 나의 심령은 미리암처럼 소고를 잡고, 나의 모든 기관들은 이스라엘의 딸들처럼 미리암의 뒤를 따르며 춤추고 즐거운 합창을 하게 될 것입니다. 나의 심령은 높은 소리 나는 제금으로 이렇게 찬양할 것입니다: "주께서 자신의 오른손과 거룩한 팔로 승리하셨다네. 영광! 영광! 주가 어디로 가시든지, 거기에는 영광이 있다네."

　나는 언제쯤이나 나의 최고의 기쁨이신 내 하나님께로 가서 그 얼굴을 뵈옵게 될까요? 그때에 나는 나의 몸과 영혼으로, 그리고 나의 마음과 음성으로 그를 찬송할 것입니다. 그가 자신의 모든 완전하신 것들을 거느리고 오시고, 내가 나의 모든 소원들을 가지고 나올 때, 그곳이 "마하나임"이 될 것입니다. 이렇게 두 군대가 만나서 함께 진을 치고서, 한가운데서 빛을 발하는 왕의 수레를 호위하게 될 것입니다. 그때에 전사들은 음유시인들이 되고, 군인들은 노래하는 자들이 될 것입니다. 옛적에 이스라엘의 모든 백성들이 "브라가 골짜기"에서 승리한 후에, "비파와 수금과 나팔을 합주하고 예루살렘에" 돌아왔듯이(대하 20장) 말입니다.

　이쯤 해서 나는 여러분 곁을 떠나고, 여러분을 만왕의 왕이신 이의 임재에 맡겨드리고자 합니다. 우리는 좀 더 높은 차원에서 말하는 것을 그쳐서는 안 됩니다. 하나님께서 그의 사랑으로 인하여 우리를 계속해서 그의 임재 가운데 두시기를 기원합니다. 아멘.

제
14
장

—

선한 만남 속에서의 선한 일들

—

"내 사랑하는 자야 우리가 함께 들로 가서 동네에서 유숙하
자 우리가 일찍이 일어나서 포도원으로 가서 포도 움이 돋
았는지, 꽃술이 퍼졌는지, 석류 꽃이 피었는지 보자 거기에
서 내가 내 사랑을 네게 주리라 합환채가 향기를 뿜어내고
우리의 문 앞에는 여러 가지 귀한 열매가 새 것, 묵은 것으로
마련되었구나 내가 내 사랑하는 자 너를 위하여 쌓아 둔 것
이로다." — 아 7:11-13

앞에서 예루살렘의 딸들은 교회를 여자들 중에서 가장 어여쁜 자라고 칭송
하였었습니다. 그들은 그녀의 머리부터 발끝까지 그녀 전체를 감탄하며 상찬하
였습니다. 하지만 지혜롭게도 그녀는 스스로 자기가 정말 아름다운 것으로 착각
하여 우쭐해지지 않고, 도리어 자신의 사랑하는 자와의 혼인으로 말미암아 자기
가 그런 칭송을 받는 것임을 알았기 때문에, 그 처녀들로부터 물러나서 자신의
주께로 향하였습니다: "나는 내 사랑하는 자에게 속하였도다 그가 나를 사모하
는구나"(10절). 솔로몬은 칭찬은 혹독한 시련이라는 것을 우리에게 가르치기 위
하여, 자기가 쓴 잠언서에서 "도가니로 은을, 풀무로 금을, 칭찬으로 사람을 단
련하느니라"(잠 27:21)고 말한 바 있습니다. 비난이나 욕을 잘 견디고 감당해 낼
수 있는 사람은 아주 많습니다. 왜냐하면, 사람의 영혼이 잘 훈련되어 있으면, 비
난을 당하거나 욕을 먹어도, 도리어 거기로부터 유익을 얻을 수 있기 때문입니

다. 그러나 아부하는 말들을 들었을 때나 정중한 대우를 받았을 때, 거기에 흔들리지 않고 잘 감당해 내는 것은 결코 쉽지 않습니다. 사람들이 세찬 바람이 불 때에는 자신의 옷을 더 꼭 여미지만, 따뜻한 햇볕이 내리쬘 때에는 겉옷을 벗는 것과 동일한 이치로, 우리가 정말 조심하지 않는다면, 칭찬이라는 따뜻한 햇볕이 내리쬘 때에 우리의 신앙은 느슨해지기 쉽습니다. 높은 정상에 섰을 때에 아래를 내려다보면서, 자기가 대단한 사람이어서 거기까지 온 것이라고 여기고 흐뭇해하다가, 정신이 느슨해지고 비틀거리다가, 정상에서 추락하여 그 말로가 비참하게 끝난 사람들이 헤아릴 수 없이 많았습니다. 우리가 하나님을 아주 잘 섬겨 왔기 때문에, 교회로부터 존경과 찬사를 받게 된 경우처럼, 언제라도 우리를 칭송하는 말들을 듣지 않을 수 없게 되었을 때, 우리는 딱 들어야 할 말만 듣고서, 그 이상은 듣지 않고, 대신에 우리 영혼에 더 유익이 되고 건강한 것들에 즉시 우리의 관심을 돌리는 것이 좋습니다.

마찬가지로, 여기에서 신부는 처녀들이 그녀를 칭송하는 노래를 듣는 것을 중도에서 갑자기 그만두고서, 그녀의 남편이자 주 되시는 이에게로 향한 것으로 보입니다. 왜냐하면, 그와의 교제는 그녀의 영혼에 늘 복되고 유익하기 때문입니다. 그녀는 그에게 "내 사랑하는 자야 우리가 함께 들로 가자"고 말합니다. 그리스도와 함께 유숙하며 교제하는 것은 영혼의 모든 질병을 확실하게 치유해 주는 특효약입니다. 재앙으로 인하여 쓰디쓴 맛을 보았을 때에나, 세상 재미에 지나치게 탐닉하여 염증을 느끼게 되었을 때에나, 주 예수와의 친밀한 교제는 거기에서 생겨난 쓴 맛과 염증을 다 제거해 줄 것입니다. 그리스도인들이여, 예수를 가까이 하며 살아가십시오. 여러분이 세상 영광을 누리는 정상의 삶을 살아가느냐, 아니면 비천한 밑바닥 삶을 살아가느냐 하는 것은 그리 중요하지 않습니다. 예수를 가까이 하며 살아가십시오. 그러면 용광로에서 활활 타는 핀 숯들도 여러분을 태울 수 없고, 혹독한 환난의 매서운 한파도 여러분을 죽일 수 없습니다. 예수를 가까이 하며 살아갈 때, 하나님의 날개가 여러분을 덮어 주고, 영원하신 팔이 여러분을 떠받쳐 줍니다. 여러분이 우리 앞에 있는 세 절을 주의 깊게 읽는다면, 여러분은 교회가 오직 자신의 주와의 교제만을 간절히 원한다는 것을 알게 될 것입니다. 거기에 나오는 것들은 "우리가 함께 가자"라거나 "우리가 … 하자"라는 말들뿐입니다. 교회는 자신의 사랑하는 자와 함께 하는 것이 아니면 아무것도 하려고 하지 않습니다.

그녀가 한 말들을 보면, 나는 그녀가 세 가지를 원하고 있다고 생각합니다. 첫째로, 그녀는 자기 자신을 살피고 싶어 합니다. 이것은 포도나무가 잘 자라고 있는지, 그리고 새롭게 포도나무 꽃들이 피었는지를 그녀가 가서 살펴보고자 하는 것으로 표현되어 있습니다. 그러나 그녀는 단독으로 자신을 살피고자 하는 것이 아니라, 자신의 사랑하는 자와 함께 그렇게 하고자 합니다. 둘째로, 그녀는 적극적으로 일하고 싶어 합니다. 그녀가 "동네에서 유숙"하였다가 "포도원으로 가고자" 하는 것은 거기에서 일하기 위한 것입니다. 물론, 자신의 사랑하는 자와 함께 말입니다: "우리가 함께 가서." 셋째로, 그녀에게는 그를 위해 쌓아 둔 열매들이 있습니다. 어떤 열매들은 이미 쌓아져 있고, 어떤 열매들은 쌓고 있는 중입니다: "새 것, 묵은 것으로 마련되었구나." 하지만 어떤 것들이든 그것들은 모두 다 그를 위한 것입니다. 그를 위한 것이 아니라 다른 사람들에게 줄 것이었다면, 그녀는 그 열매들에 대해서 말하지도 않았을 것입니다: "내가 내 사랑하는 자 너를 위하여 쌓아 둔 것이로다." 이 아침에 이 본문을 여러분 각자에게 적용해서, 하나님으로 하여금 여러분의 마음의 소원을 들어 주셔서, 여러분이 그의 사랑하는 아들과 참된 교제를 할 수 있게 해주시기를 빕니다.

1. 첫째로, 자기 자신을 살펴야 합니다.

이것은 대단히 바람직하고 중요한 일이지만, 믿는 자들은 자기 자신을 살피는 동안에 그리스도와의 교제를 갖고자 하여야 합니다. 자기 자신을 살피는 것은 극히 중요합니다. 돈을 많이 벌고자 하는 상인치고 장부를 기록하는 것을 게을리 하는 사람이 없고, 농사를 잘 짓고자 하는 농부치고 자신의 밭의 상태가 어떠한지를 살피는 일을 소홀히 하는 사람이 없습니다. 자신의 가축 떼가 많이 늘어나는 것을 보고자 하는 주인이라면, 가축 떼를 돌보는 일은 하인들에게만 맡겨 두지 않고, 직접 자신의 눈으로 가축 떼를 살피는 법입니다. 여러분이 하는 일들이 잘되기를 바란다면, 직접 주의 깊게 그 일들을 살피십시오. 우리의 심령 속에는 우리로 하여금 스스로 속아 넘어가게 만드는 수많은 유혹들이 있고, 우리 주위에는 너무나 많은 사람들이 스스로 속아서 살아가고 있을 뿐만 아니라, 우리가 속아서 살아가도록 기꺼이 돕고자 하기 때문에, 우리의 심령과 관련된 일에서는 그 어떤 것도 당연한 것으로 받아들여서는 안 됩니다. 사탄이 음흉하고 교활하게 우리를 향하여 "여기에 평화가 있다"고 끈질기게 외친다고 하여도, 거기에는 평화가 없습니다. 따라서 무엇보다도 가장 중요한 것은 우리 자신을 살펴서, 과연 우리가 믿음 안에 있는지, 우리가 믿음 안에 있다면 은혜 안에서 자라가고 있고 우리의 사랑이 깊어져 가고 있는지를 알아보는 것입니다. 신부가 "포도 움이 돋았는지, 꽃술이 퍼졌는지, 석류 꽃이 피었는지"를 살펴보자고 한 것은 잘한 일이었습니다. 우리의 영적인 포도원은 늘 세심하게 돌볼 필요가 있기 때문입니다. 하지만 여러분이 이 중요한 일을 하고 있는 동안에, 여러분 자신이 그리스도와의 교제를 유지하고 있는지를 아울러 살피는 것에 주의를 기울이십시오. 왜냐하면, 그리스도께서 거기에 계시지 않으면, 여러분은 자기 자신을 살피는 것이 얼마나 중요한지를 제대로 알지도 못하고, 제대로 자기 자신을 살필 수도 없게 될 것이기 때문입니다. 가시면류관을 쓰시고서, 루비 같은 피를 뚝뚝 흘리시며, 저주 받은 나무에 달리신 그리스도께서 거기에 계시는지를 반드시 확인하십시오. 여러분의 눈에서 회개의 눈물이 하염없이 흘러내려서 앞을 볼 수 없을 정도가 되지 않는다면, 그가 거기에서 괴로워하시는 모습을 바라보십시오. 그가 겪으신 끔찍한 고통들을 보십시오. 그 어떤 사람보다도 더 형편없이 손상된 그의 모습을 응시하시고서 얼마 동안 바라보시면서, "엘리 엘리 라마 사박다니"(마 27:46, "나의 하나님, 나의 하나님, 어찌하여 나를 버리셨나이까")라고 부르짖으시는 저 가슴 찢는 외침에 귀 기울여 보십시오. 그리스도께서는 우리를 구원하시기 위하여 이 모든 일들을 당하신 것이 아닙니까? 그렇다면, 여러분이 가장 먼저 해야 할 일은 그리스도께 관심을 갖는 것이 아니겠습니까? 왜냐고요? 그렇게 엄청난 대가를 치르시고서 우리를 사신 분을 내가 어떻게 못 본 체할 수 있단 말입니까? 나의 죄를 다 씻어 깨끗하게 하기 위하여, 그리스도의 심장에서 강같이 저 붉은 피들이 흘러나온 것인데, 과연 내가 깨끗하게 함을 받은 것인지 그렇지 않은지를 하찮은 일로 여겨서 무관심할 수 있단 말입니까? 그리스도께서 전에 천사들의 경배를 받으셨던 그 머리에 가시면류관을 쓰시고서 조롱과 학대를 받으셨는데, 어떻게 내가 내 머리와 두뇌의 모든 생각들을 다 총동원해서, 과연 내가 그리스도와 함께 있고 그의 고난에 동참하고 있는지를 알아보는 데 사용하지 않는다는 것이 말이 되겠습니까? 그리스도께서 그토록 극심한 고통과 괴로움 속에서 자신의 피로 사신 것이 내 영혼의 구원이라면, 그 구원은 결코 하찮은 것이 아닐 것임에 틀림없는데, 내가 그것을 놓치면 어쩌나 하고 두려워하며, 그것을 얻기 위해 최선을 다하는 것은 당연한 일이 아니겠습니까? 내 죄가 나의 구주로 하여금 그런 고난과 죽음을 감수하실 수밖에 없게 만든 것이라면, 내 죄는 정말 무시무시한 악일 수밖에 없는데, 과연 내가 그 죄로부터 벗어나 있는지를 살펴보는 것은 당연한 일이 아니겠습니까? 사랑하는 자들이여, 나는 여러분이 자신의 심령의 깊고 은밀한 곳을 들여다보고 살펴보는 데에는 예수의 사랑의 불이 점화된 등불보다 더 좋은 것은 없다는 것을 확신합니다. 여러분을 향한 그의 사랑과 여러분을 위해서 그가 겪으신 온갖 괴로움과 고통들을 알기 위해 애쓰십시오. 그런 것들을 알게 되면, 여러분은 여러분 자신의 심령에게 다음과 같이 간곡하게 당부를 하게 될 것입니다: "네가 예수께 속해 있는지, 정말 네가 예수와 하나가 되어 있는지를 확인하는 일에 주의를 기울여라. 그에 대한 너의 믿음이 참된 것이어서, 그가 나타나시는 날에 기쁨으로 그를 영접할 수 있게 될지를 확인하여라."

하지만 자기 자신을 살피는 일은 아주 힘든 일입니다. 이것은 본문에 암시되어 있습니다. 오늘의 본문은 "우리가 가자"라고 말하지 않고, "우리가 일찍이 일어나서"라고 말합니다. 자기 자신을 살피는 일은 언덕을 계속해서 올라가는 것같이 힘든 일이고, 결코 즐거운 일이 아닙니다. 그 일은 우리의 육신이 싫어하여 피하고자 하는 일이기 때문에, 육신은 이렇게 소리칩니다: "너는 지금 충분히 잘하고 있어. 마음도 편하고 평안하잖아. 너에게는 소망이 있어서, 많은 위로도 받고 있고. 너무 깊이 파고들려고 하지 마. 지금 상태로 너라는 집은 충분히 튼튼해. 토대가 부실한 것은 아닌지 지나치게 걱정하지 않는 게 좋아. 분명히 아무 문제가 없으니까. 만일 너라는 집이 모래 위에 지어진 집이었다면, 어떻게 네가 지금 이 모든 기쁨들과 위로들을 누리고 있겠어." 우리는 우리의 육신이 정말 하기 싫어하는 일들을 묵묵히 행할 수 있도록 훈련되어 있어야 합니다. 하지만 사랑하는 자들이여, 우리가 그리스도와 함께 있어서 교제를 나누고 있는 것인지를 알아보기 위해서, 우리 자신을 살피는 일을 실제로 시작하기만 하면, 우리는 그 일을 하기 위해 들인 모든 수고를 잊게 될 것입니다. 왜냐하면, 우리는 동산에서 땀방울이 핏방울이 되도록 기도하고 계시는 그의 모습을 보게 될 것이기 때문입니다. 그가 저 추운 겨울밤에 꽁꽁 얼어붙은 땅바닥에 무릎을 꿇으시고, 자신의 영혼의 산고를 겪으시며, 핏빛이 된 땀방울들을 뚝뚝 언 땅 위에 떨어뜨리시는 가운데 우리를 위해 기도하시는 모습을 우리가 보았을 때, 과연 우리 자신이 그에게 속해 있는 것인지를 확인하기 위하여 들인 우리의 수고와 땀을 우리가 힘들다고 생각할 수 있겠습니까? 그는 자기에게 잔이 전달되었을 때, "나의 원대로 마시옵고 아버지의 원대로 하옵소서"(막 14:36)라고 말씀하시며, 자신을 내려놓고서 그 잔을 다 마셨는데, 우리 자신의 유익을 위하여 우리 자신을 살피는 이 별로 쓰지 않은 잔을 우리가 거절할 수 있겠습니까? 결코 그럴 수 없습니다. 세상의 구주여, 우리는 "죄와 싸우되 아직 피 흘리기까지는 대항하지"(히 12:4) 아니하였습니다. 그러나 우리가 실제로 죄와 피 흘리기까지 싸우지 않으면 안 되게 되어서, 우리의 모든 힘이 다 소진되고 우리의 모든 기관들이 피를 흘리게 되며, 우리의 가련한 심장이 산산이 부서져야 한다고 할지라도, 우리는 그렇게 해서라도, 그의 피로 씻음을 받고, 그의 의를 덧입고서, 그와 하나가 되는 것이 마땅합니다. 구주를 계속해서 가까이 하십시오. 그러면, 자기 자신을 살피는 일을 가로막는 난관들이 제거되고, 일도 훨씬 수월하게 될 것입니다.

    자기 자신을 살피는 일은 언제나 아주 간절한 일이 되어야 합니다. 본문은 "우리가 일찍이 일어나서"라고 말씀합니다. 우리는 성경에서 간절한 마음으로 일한 사람들은 모두 일찍 일어났다는 것을 알 수 있습니다. 세상사의 매연과 먼지가 공기를 더럽히기 전 아침 이슬이 맺혀 있는 때는 모든 거룩한 일을 하기에 아주 좋은 특별한 때입니다. 본문에서 "일찍이 일어난다"는 것은 교회가 자기가 꼭 해야 할 일에 자신의 가장 좋은 시간을 드려야 한다고 느꼈다는 것을 보여줍니다. 그녀는 그 일이 오래 걸릴 수도 있기 때문에, 일할 수 있는 시간을 오래 가지고서, 해가 지기 전에 동산에 있는 모든 "포도나무들"과 "석류나무들"과 "합환채들"을 살피기 위해서, 새벽같이 일찍 일어납니다. 마찬가지로, 우리도 자기 자신을 살피는 일을 이렇게 간절하게 행하여야 합니다. 이 일은 어린아이들이 장난하고 놀이하는 것이 아닙니다. 여러분이 자신의 속이는 마음의 온갖 속임수들을 찾아내고자 한다면, 정신을 바짝 차리고서 아주 주의 깊게 살피지 않으면 안 됩니다. 여러분의 소망이 어떤 토대 위에 세워져 있는지를 알고자 한다면, 쓰레기들을 파낸 후에 그 토대가 어디에 놓여 있는지를 확인하는 일은 힘들고 고된 일입니다. 어떤 사람이 특정한 땅의 주인이라는 것을 증명하는 일은 언제나 결코 쉬운 일이 아닙니다. 그렇게 하기 위해서, 그는 산더미 같은 서류더미들을 헤치고서 많은 권리 증서들을 서로 대조해서 읽어 보고 철저히 검증해 보아야 합니다. 여러분이 자기 자신을 살필 때에도 마찬가지입니다. "내가 과연 예수를 믿고 있는가"라는 중요한 문제는 깊이 숙고할 시간을 필요로 하지 않습니다. 왜냐하면, 내가 믿고 있지 않다면, 지금 다시 믿기 시작하면 되기 때문입니다. 그러나 한 사람이 은혜 안에서 잘 자라고 있는지를 확인하는 일은 그리 쉽지 않습니다. 여러분이 속고 있을 수도 있기 때문입니다. 그러므로 활활 타오르는 열심을 가지고서, "하나님이여 나를 살피사 내 마음을 아시며 나를 시험하사 내 뜻을 아옵소서 내게 무슨 악한 행위가 있나 보시고 나를 영원한 길로 인도하소서"(시 139:23-24)라고 간절히 기도하면서, 자기 자신을 살피십시오. 그리고 나는 여러분이 주님께 "주여, 나와 동행하소서"라고 간절히 청할 때에 이 일을 가장 잘 할 수 있다고 생각합니다. "우리가 우리 자신을 살피는 동안에, 우리와 함께 하셔서 우리가 이 일을 하는 것을 도와주소서." 그리스도께서 "나의 양식은 나를 보내신 이의 뜻을 행하며 그의 일을 온전히 이루는 이것이니라"(요 4:34)고 말씀하시는 것이 뻔히 들리는데도, 내가 이 일을 소홀히 한다는 것은 있을 수 없습니다. 그리스도께서 나를 위해서 자신에게 주어진 경주를 끝까지 완주하셔서 면류관을 얻으시고자 온 힘을 다하시는 모습이 내게 보이는데도, 내가 그리스도인으로서 소홀히 살아간다는 것은 있을 수 없습니다. 그가 모든 정사와 권세 위에 높이 앉으셔서, 내 영혼을 위해 끊임없이 간구하시는 것이 내게 보이는데도, 내가 무감각하고 나태한 채로 살아갈 수는 없습니다. 여러분의 잠자고 있는 영적 감각들을 깨우십시오. 여러분의 잠자고 있는 열정들을 흔들어 깨워서, 여러분 자신을 아주 세심하고 꼼꼼하게 살피십시오. 왜냐하면, 그리스도께서는 "시온을 위하여 잠잠하지 아니하며 예루살렘을 위하여 쉬지 아니할"(사 62:1) 것이기 때문입니다.

하지만 내게는 자기 자신을 살피는 것은 어떤 사람들이 생각하듯이 그렇게 단순하고 쉬운 일이 아니라, 난관들로 포위되어 있는 일로 보입니다(물론, 나의 이런 생각이 틀릴 수도 있겠지만). 나는 자기 자신을 살피는 일이 대체로 잘못된 원리 위에서 진행된다고 믿습니다. 여러분은 모세와 동행해서, 자기 자신을 살피기 때문에, 그 결과 절망에 빠지고 맙니다. 자신의 성품과 상태를 율법적인 관점에서 살피는 사람은 이 일을 끝마쳤을 때에 절망에 빠지게 되는 것은 당연한 일일 뿐만 아니라, 처음부터 절망에 빠지지 않는 것이 오히려 이상한 일입니다. 사람이 율법에 근거해서 자신을 판단한다면, 자기 자신을 의롭다고 할 육체는 아무도 없습니다. 그리스도의 권속 중에서 가장 뛰어난 지체들, 즉 구주의 형상을 가장 많이 닮고 있고 사람들 가운데서 구주를 가장 영화롭게 해드리는 그런 사람들일지라도 모세가 "내가 심히 두렵고 떨린다"(히 12:21)고 말할 수밖에 없었던 바로 그 자리를 어떻게든 피하고자 하는 것이 당연합니다. 형제들이여, 여러분이 자기 자신을 살피고자 할 때, 하나님의 은혜를 욕되게 하고 하나님의 신실하심에 대하여 의심을 품게 되지 않고자 한다면, 모세가 아니라 예수와 동행하여야 한다는 것을 명심하십시오. 내가 예수와 동행하면, 내 자신을 살피는 일은 전혀 다른 원리들 위에서 진행됩니다. 나는 "내가 온전한가?"라고 묻지 않습니다. "내 자신이 과연 온전한가?"라는 질문은 모세가 던지는 질문입니다. 그 대신에, 나는 "나는 그리스도 예수 안에서 온전한가?"라고 묻습니다. 이 둘은 완전히 다릅니다. 왜냐하면, 전자의 질문은 "나는 본성적으로 죄가 없는가?"라는 의미이고, 후자의 질문은 "나는 나의 죄와 더러움을 씻어 주기 위해 열린 샘에 씻음 받았는가?"라는 의미이기 때문입니다. 전자는 "나는 단독적으로 하나님을 기쁘시게 해드리고 있는가?"라는 질문이고, 후자는 "내가 사랑하는 자 예수 안에서 하나님께 받아들여지고 있는가?"라는 질문입니다. 그리스도인들은 종종 자신이 실제로 행하고 있는 죄악 되고 더러운 행위들을 보고서, 점점 그것들을 부끄러워하게 되고, 마침내 자기가 과연 구원받았는지에 대하여 의심을 품고 두려움에 사로잡히게 됩니다. 그런 사람들은 "내 믿음 안에는 불신앙이 있으니, 그 믿음이 나를 구원할 수 없을 거야!"라고 말합니다. 하지만 그들이 자신의 믿음이 아니라 그 믿음의 대상을 바라보았다면, 그들의 입에서 어떤 말이 나왔겠습니까? 틀림없이 그들은 "주께서는 실패하시는 일이 없으시니, 나는 안전하다"고 말했을 것입니다. 그들은 자신의 소망이 어떠한지를 살핀 후에, 그들은 "나는 세상일들을 염려하고 거기에 힘을 쏟느라고, 천국에 대한 나의 소망은 희미할 뿐이니, 내가 어떻게 하나님께 열납될 수 있겠어?"라고 말합니다. 하지만 그들이 자신의 소망의 토대를 바라보았다면, 그들은 하나님의 약속들은 확실해서, 우리의 소망이 어떠하든지 간에 그 약속들은 결국 다 이루어지게 될 것이라는 것을 알고 확신하게 되었을 것입니다. 또한, 그들은 과연 자기 속에 사랑이 있는지를 살핀 후에, "내게 있는 사랑은 너무나 냉랭하고 차가우니, 나는 정죄 받을 것이 틀림없어"라고 말합니다. 그러나 그들이 그리스도의 사랑을 바라보았다면, 그들은 이렇게 말했을 것입니다: "내가 정죄 받을 일은 절대로 있을 수 없어. 왜냐하면, 많은 물로도 주의 사랑을 끌 수 없고, 큰물이 주의 사랑을 뒤덮어 버릴 수도 없어서, 주께서는 지금처럼 영원토록 나를 사랑하실 것인 까닭에, 나를 정죄하시거나 내치시는 일은 있을 수 없기 때문이지." 나는 여러분으로 하여금 자신의 죄를 보지 않게 하기 위해서가 아니라 도리어 더 많이 보게 하기 위해서, 여러분에게 그리스도를 바라보라고 하는 것입니다. 왜냐하면, 여러분이 그리스도께서 여러분의 죄를 대신해서 고난을 겪으셨음을 볼 때에야 자신의 죄가 얼마나 검은지를 가장 잘 볼 수 있게 되기 때문입니다. 사랑하는 친구들이여, 나는 여러분이 구주를 떠나서 죄를 보는 일이 결코 없기를 바랍니다. 여러분이 자신의 질병을 보게 되었는데도, 거기에 대한 치료책이 있다는 것을 잊어버린다면, 절망으로 내몰리게 될 수밖에 없습니다. 여러분이 영적으로 곪아 터진 자신의 모습을 보면서도, 그 종기들을 제거하실 수 있으신 지극히 은혜로우신 의사이신 주를 잊어버린다면, 여러분은 기절해서 죽을 수밖에 없게 됩니다. 여러분이 자신에게는 아무것도 없고 빈곤하기 짝이 없다는 것을 보게 되었는데도, 주의 충만하심을 잊어버린다면, 여러분은 결코 그의 이름을 영화롭게 해드릴 수 없게 됩니다. 여러분이 자신의 타락하고 부패한 모습들을 보고서 기절할 지경인데도, 그리스도 안에서 여러분에게 주어진 영원한 영광을 잊어버리거나, 여러분이 심지어 지금도 그리스도와 함께 들어올려져서 그리스도 안에서 함께 하늘에 앉아 있다는 사실을 잊어버린다면, 즉 여러분이 자신에게 은혜로 주어진 이러한 밝은 영광을 잊어버리고서, 오로지 자신의 본성적인 검고 추악한 모습만을 떠올린다면, 여러분의 영혼은 믿음의 길을 벗어나서, 수금을 버드나무에 걸어 놓고, 하나님을 영화롭게 하지 못하게 될 것입니다. 여러분 자신을 살피되, 골고다의 빛 안에서 그렇게 하십시오. 시내 산의 우렛소리와 번쩍이는 불길 안에서가 아니라, 구주께서 당하신 고난들로부터 비쳐 나오는 따뜻한 광채 안에서 자기 자신을 살피십시오. 하나님의 아들이여, 내가 당신을 의지하고 있는 것입니까? 주의 상처들이 나의 피난처가 되고 있는 것입니까? 주의 못 박히신 손과 발이 나로 하여금 세상에 대하여 못 박히고 주의 십자가를 의지하게 하고 있는 것입니까? 창에 찔리신 주의 옆구리가 내 마음을 찔러서, 나로 하여금 내 죄로 인하여 통회하게 하고 있는 것입니까? 지금 나는 주와 함께 세상에 대하여 못 박히고, 주와 함께 죄의 권세에 대하여 죽어서, 주와 함께 새 생명으로 부활하여, 주께서 장차 다시 나타나셔서 죄와 사망과 음부를 자신의 발 밑에 짓밟으시고서 만물 속에서 모든 것이 되실 그 날에 내가 주와 같이 될 것을 기다리고 있는 것입니까? 자, 여러분과 내가 포도나무와 석류나무를 살피러 동산에 갑시다. 그러나 십자가에 못 박히신 주님이 우리와 동행하시는지를 반드시 확인하고서 동산에 갑시다. 주님이 우리와 동행하시지 않는다면, 우리는 그 일을 제대로 해내지 못하게 될 것입니다.

본문에 나오는 신부의 말을 통해서, 우리는 자기 자신을 살피는 일이 정말 유익한 일이 되려면, 세세하게 행해져야 한다는 것을 알게 됩니다. 본문에서 신부는 이렇게 말합니다: "우리가 포도원으로 가서 포도 움이 돋았는지, 꽃술이 퍼졌는지, 석류 꽃이 피었는지 보자." 우리는 동산을 한 번 휘 둘러보아서는 안 되고, 세세하게 구석구석을 돌아보고 하나하나 다 세심하게 살펴보아야 합니다. 촛불을 꺼뜨리지 않으려면, 바람이 들어올 틈새를 단 한 군데도 남겨 놓지 말고, 모든 곳을 다 틀어막아야 합니다. 그렇지 않고 한 군데만 열어 놓아도, 바람은 그 틈새로 들어와서 촛불을 꺼뜨리고 말 것입니다. 자기 자신을 살피는 일도 마찬가지입니다. 우리가 많은 점들에서 우리 자신이 제대로 되어 있음을 확인했다고 해도, 그것만으로는 충분하지 않습니다. 우리는 모든 점에서 제대로 되어 있는지를 확인하여야 합니다. 가장 주된 것은 여러분 자신의 **믿음**입니다. 여러분의 믿음은 순전합니까? 오직 예수만을 의지하고 있습니까? 그 믿음은 실체가 있는 진짜 믿음입니까? 그 믿음은 살아 움직이는 믿음입니까? 그 믿음은 "사랑으로써 역사하는 믿음"(갈 5:6)입니까? 그 믿음은 여러분의 심령을 정결하게 하고 있습니까? 여러분이 자신의 믿음이 어떠한지를 살필 때, 여러분은 아마도 착각하거나 실수할 수 있습니다. 그러므로 여러분은 계속해서 여러분 속에 **사랑**이 있는지를 점검해 보아야 합니다. 여러분은 구주를 사랑합니까? 여러분은 "구주를 생각만 해도 내 가슴은 황홀한 감격으로 벅차오릅니다"라고 말할 수 있습니까? 여러분에게는 구주의 이름이 음악같이 들리고, 그 이름만 들어도, 여러분의 혈관 속에서 피가 약동하는 것을 느낄 수 있습니까? 사랑하는 친구들이여, 여러분이 그렇지 않다면, 자신이 심각한 상태에 있는 것은 아닌지 스스로에게 물어보아야 합니다. 여러분이 실제로 은혜 안에 행하고 있는지를 하나하나 꼼꼼하게 전부 살피고 점검해 보십시오. 여러분이 미처 기경하지 않은 땅 밑 깊은 곳에서 벌레가 있을지도 모르니까요. 작은 구멍 하나 때문에 배 전체가 가라앉는 법입니다. 그러므로 폭풍우가 휘몰아치는 깊은 바다로 나아가기 전에 먼저 여러분의 배를 잘 점검해 보십시오. 다시 죄악에 빠지는 사람들은 아주 조금씩 빠져 들어 갑니다. 심지어 유다조차도 어느 날 갑자기 주님께 배신의 입맞춤을 한 것이 아닙니다. 사람들은 내리막길을 따라서 내려가는 연습을 조금씩 해나가다가 결국 죄악에 익숙해지는 것입니다. 그러므로 우리는 우리 자신이 특히 아주 조금씩 타락해 가지 않도록 세심한 주의를 기울여야 합니다. 작은 불씨가 큰 불로 번지는 법이 기 때문에, 우리는 작은 죄들이 힘을 얻어 고개를 드는 일이 없도록 깨어서 유심히 살펴야 합니다.

　여러분이 자기 자신을 구석구석 샅샅이 살피고자 한다면, 가장 좋은 방법은 예수와 동행하는 것입니다. 예수께서는 모든 점에서 우리와 똑같이 시험을 받으셨기 때문에, 우리가 어떤 점에서 시험을 받게 되는지를 속속들이 다 아십니다. 우리가 우리 자신을 진지하게 살피는 동안에, 그는 자신의 은혜로우신 손가락으로 우리가 약한 곳들이 어디인지를 지적해 주심으로써, 우리가 늘 해 왔던 기도, 즉 "하나님이여 나를 살피사 내 마음을 아시며 나를 시험하사 내 뜻을 아옵소서 내게 무슨 악한 행위가 있나 보시고 나를 영원한 길로 인도하소서"(시 139:23-24)라는 기도를 이루어 주십니다. 어린 학생들이 학교에서 글쓰기 연습장을 가지고 글씨 쓰는 법을 배울 때, 학교 선생님이라면 누구나 다 그들이 첫 번째 줄을 쓸 때에는 맨 위에 있는 모범적인 글씨를 보고서 쓰지만, 두 번째 줄부터는 자기가 쓴 바로 앞줄을 보고서 쓰기 때문에, 그들의 글씨가 제대로 늘지 않는다는 것을 압니다. 그들이 그런 식으로 자기가 쓴 글을 보고 또 베껴 쓰기를 계속하기 때문에, 연습장에서 밑으로 내려갈수록 그들의 글씨체는 점점 더 나빠집니다. 그리스도인들은 이런 잘못에 빠져들지 않는 것이 좋습니다. 그렇게 하려면, 그들은 계속해서 자기 자신이 아니라, 그들의 위대한 모범이신 그리스도를 바라보아야 합니다. 이렇게 그리스도를 바라보고 그가 이루신 일들을 바라볼 때, 그들이 자신의 잘못들을 볼 수 있는 가능성은 훨씬 높아집니다. 그리스도는 하늘에서 내린 눈이시고, 이 눈은 눈부실 정도로 흽니다. 눈이 땅에 내린 직후에, 여러분이 보았던 천 중에서 가장 흰 천을 가져다가 그 눈 위에 놓아 보십시오. 그러면 새하얀 눈 위에서 그 천은 조금 노랗게 보일 것입니다. 여러분이 보았던 종이 중에서 가장 흰 종이를 그 눈 위에 놓아 보십시오. 그 종이는 결코 희게 보이지 않을 것입니다. 내가 아는 한, 하늘에서 내려오신 분 같이 흰 것은 이 세상에 없습니다. 마찬가지로, 내가 나의 성품을 다른 사람의 성품과 비교해 볼 때에는 "그럭저럭 괜찮네"라고 말할 수 있습니다. 그러나 나의 성품을 그리스도의 온전하신 성품과 비교해 보았을 때에는, 그 즉시 나의 흠들과 점들이 드러나게 됩니다. 왜냐하면, 그리스도의 삶 전체는 흠 하나 없이 깨끗한 눈과 같기 때문입니다. 우리의 위대하신 본(Pattern)을 늘 우리 눈 앞에 두는 것은 얼마나 복된 일입니까! 예수는 우리가 가끔씩 찾는 친구가 아니라, 우리와 늘 동행하는 친구여야 합니다. 천국을 향해 가는 여러분 앞에 놓여 있는 길은 어렵고 험한 길이기 때문에, 여러분은 인도자 없이 그 길을 갈 수 없습니다. 여러분은 "맹렬히 타는 풀무불"을 통과해야 하는데, 사드락과 메삭과 아벳느고처럼 "인자"라는 네 번째 사람이 여러분과 동행하지 않는다면, 결코 그 풀무불을 통과할 수 없습니다(단 3장). 또한, 여러분은 여러분 자신 속에 일어나는 온갖 속임수들이라는 여리고 성을 공격하여 무너뜨려야 하는데, 여호수아처럼 여호와의 군대의 대장이신 그리스도께서 칼을 빼드신 모습을 볼 때까지는, 결코 그 성을 공격해서 함락시킬 수 없습니다. 또한, 여러분은 여러분 자신에게 찾아오는 수많은 시험들이라는 에서를 만나야 하는데, 얍복 강 나루에서 천사를 붙들고 씨름해서 이기기 전에는, 그를 만날 수 없습니다. 여러분이 어떠한 처지와 상태에 처해 있든, 여러분에게는 예수가 필요하긴 하지만, 무엇보다도 특히 여러 자신의 심령을 살펴야 할 때에는 반드시 그와 동행하십시오. 여러분의 머리를 그의 품에 기대십시오. 석류들로 빚은 그의 향기로운 과실주로 여러분의 심령에 새 힘을 주시라고 구하십시오. 그러면, 여러분은 두려움 없이 나아가서, 결국에는 흠이나 주름진 것 같은 것들이 하나도 없이 그 앞에 서게 될 것입니다. 여러분이 이 땅에서 그와 함께 살아 왔고 그 안에서 살아 왔다면, 여러분은 반드시 그와 함께 영원히 살게 될 것입니다.

2. 둘째로, 교회는 주를 위하여 부지런히 일하고자 주와 동행하기를 원합니다.

하나님의 포도원을 돌보며 포도나무들의 가지를 쳐주는 것은 하나님의 백성이 해야 할 일입니다. 우리의 첫 조상들처럼, 우리에게는 여호와의 동산을 돌보는 일이 맡겨져 있습니다. 올바른 정신을 지닌 교회는 자신에게 맡겨진 수많은 일들 속에서 그리스도와의 교제를 유지하며 누리기를 원한다는 것을 주목하십시오. 어떤 사람들은 그리스도를 적극적으로 섬겨 일하는 동시에 그와 교제하는 것은 불가능하다고 생각하지만, 나는 그들이 단단히 잘못 생각하고 있고 착각하고 있다고 생각합니다. 물론, 나는 신자들이 마르다처럼 많은 일들로 주를 섬기느라 주와 교제하는 것에 방해를 받게 되기가 얼마나 쉬운지를 잘 압니다. 여러분이 이곳저곳을 다니면서 일주일에 수없이 말씀을 전하고, 여러 가지 회의

들에 참석하고, 병든 사람들을 심방하는 등 아주 많은 일들을 한다면, 정말 세심한 주의를 기울이지 않는 한, 실제로 그런 외적인 활동들로 인해서 여러분이 내적으로 주와 교제하는 것이 약화되어서, 여러분은 아가서의 신부처럼 그들이 "그들이 나를 포도원지기로 삼았기 때문에 내가 나의 포도원을 지키지 못하였다"(cf. 1:6)고 탄식해야 할지도 모릅니다. 하지만 나는 그런 일이 벌어지는 것은 순전히 우리 자신의 어리석음 때문이라고 생각합니다. 분명한 것은 아무 일도 하지 않는 사람들도 아주 바쁘게 일하는 사람들과 마찬가지로 얼마든지 신령한 일들에서 시들해질 수 있다는 것입니다. 마리아가 칭찬을 들은 이유는 가만히 앉아 있었기 때문이 아니라, 예수의 발 앞에 가만히 앉아 있었기 때문입니다. 마찬가지로, 그리스도인들도 자신의 본분들을 소홀히 한다면, 그저 조용히 물러나서 집에서 한가하게 많은 시간을 보낸다고 해서 칭찬을 받을 수는 없습니다. 중요한 것은 가만히 앉아 있는 것이 아니라, 예수의 발 앞에 앉아 있는 것입니다. 만일 마르다가 가만히 앉아 있었거나, 마리아가 분주하게 일하였다면, 주께서는 두 사람 모두를 책망하셨을 것임을 나는 의심하지 않습니다. 주님은 마르다가 가만히 앉아 있었다고 해서 그녀에게 좋은 쪽을 택하였다고 말씀하지 않으셨을 것입니다. 물론, 나는 여러분 중에는 많은 일을 하면 할수록 더 유익이 되지 않기 때문에, 차라리 아무 일도 하지 않는 편이 더 나은 분들이 있다는 것을 압니다. 그리고 아무 일도 하지 않는 사람들은 점점 더 심술이 늘어서, 다른 사람들이 그리스도를 섬겨서 일하는 것을 보면서 늘 사사건건 트집을 잡습니다. 그러므로 일하는 것 자체가 나쁜 것이라고 생각하지 마십시오. 나는 일하는 것이 복이라고 생각합니다. 그리스도의 교회를 둘러보면, 여러분은 그리스도와의 친밀한 교제를 많이 갖는 사람들은 아무 일도 하지 않고 홀로 은둔해서 많은 시간을 보내는 사람들이 아니라, 예수와 동행하는 가운데 예수를 위하여 지침이 없이 땀 흘리며 신자들에게 유익을 끼치는 일들을 하는 사람들이라는 것을 발견할 것입니다. 그들은 하나님과 함께 한 일꾼들입니다. 그러므로 내가 여러분에게 신신당부드리고자 하는 교훈은 우리가 교회로서, 또는 개별 신자로서 그리스도를 위하여 해야 할 일이 있을 때에는 그리스도와의 교제 가운데서 그 일을 하여야 한다는 것입니다. 우리는 하나님의 전에 나아오는 이유가 무엇입니까? 사람들은 국교도들에게는 기도가 가장 중요하고, 신교도들에게는 설교가 가장 중요하다고 말합니다. 나는 그렇게 말하는 것은 잘못이라고 믿습니다. 기도가 중요하다고 해서, 설교가 경시되어서는 안 됩니다. 말씀을 전하는 것이나, 설교를 통해서 전해지는 말씀을 듣는 것은 기도하는 것과 마찬가지로 참된 예배 행위입니다. 우리가 하나님의 말씀을 듣고서, 경외함으로 그 말씀을 받아서, 거기에 감화를 받아 사랑과 감사함으로 나아가는 것은 최고의 예배입니다. 설교 말씀을 듣는 것은 어떤 의미에서 기도하는 것입니다. 왜냐하면, 설교를 통해서 참된 하나님의 말씀을 들었을 때, 기도의 영이 우리에게 주어져서, 우리는 기도를 비롯해서 온갖 형태의 예배를 드리기 위한 준비가 갖추어지기 때문입니다. 그러나 우리는 왜 여기에 옵니까? 어떤 사람들은 단지 교회에 올 시간이 되었기 때문에, 즉 예배 시간이 되었기 때문에 여기에 옵니다. 그리고 어떤 사람들은 단지 자기가 좋아하는 설교자가 강단 위에 서기 때문에 여기에 오기도 합니다. 이것들은 하나님이 사랑하시는 자들이 하나님의 전에 오는 이유가 되어서는 안 됩니다. 그들은 하나님을 만나고 싶어 와야 합니다. 그런 사람들이 하나님의 전의 거룩한 뜰에 발을 디뎠을 때, 그들의 입에서는 "내 영혼이 여호와의 궁정을 사모하여 쇠약함이여 내 마음과 육체가 살아 계시는 하나님께 부르짖나이다"(시 84:2)라는 기도가 절로 나올 것입니다. 우리가 진심으로 예수를 찬송하고자 할 때에 부르는 찬송이 최고의 찬송입니다. 진심으로 은혜의 자리로 나아가서, 모든 것을 아시는 하나님 앞에 자신의 진심을 털어놓는 기도가 가장 참된 기도입니다. 그리스도로 충만해서 그의 좋은 향유의 향기가 발산되는 설교가 가장 좋은 설교입니다. 그레고리우스의 장엄한 성가가 울려 퍼진다거나, 많은 회중이 감미로운 소리를 내는 악기들에 맞춰서 부르는 장엄한 찬송이 울려 퍼진다고 해서, 좋은 예배가 될 수 없습니다. 설교자의 말솜씨가 기가 막히게 좋거나, 박학다식함을 유감없이 발휘하여 강론을 펼친다고 해서, 좋은 예배가 될 수 없습니다. 그리스도인들에게 좋은 예배의 기준은 "주께서 거기에 계셨는가?"라는 것입니다. 주일 아침에 우리가 해야 할 질문은 "당신은 주께서 이 잔치에 오실 것이라고 생각하는가?"라는 질문입니다. 하나님의 자녀들이 성찬식에 참여할 때, 그들의 관심은 떡과 포도주가 아니라 주의 피와 살에 있어야 합니다: "내가 그를 먹고, 그를 뵈올 수 있을까?" 그렇게 해서, 내가 그를 만나게 되었다면, 그것은 내게 좋은 일입니다. 내가 하나님의 전에서 공적인 일들을 통해 하나님을 섬겨야 한다면, 나는 "나의 사랑하는 자여, 우리가 일어나서 포도원으로 갑시다"라고 말해야 합니다.

　사랑하는 친구들이여, 여러분이 해야 할 또 다른 섬김이 있습니다. 여러분 중에는 많은 분들이 오늘 오후에 주일학교에서 학생들을 섬기게 될 것입니다. 여러분에게는 많은 어린 학생들이 있을 것이고, 아마도 수백 명의 어린 학생들로 이루어진 반들을 이끌어야 할 분들도 있을 것입니다. 또한, 오늘 오후에 많은 사람들은 말씀을 전하는 일을 하게 되거나, 집에 가서 자녀들을 돌볼 것입니다. 그럴 때에 주께서 여러분과 동행하시기만 하면, 주일학교의 교사가 되어 섬기는 일이나, 강단에서 말씀을 전하는 것은 얼마나 복된 일인지 모릅니다. 설교자들은 종종 저 모퉁이에 있는 정육점 주인과 같을 때가 있습니다. 설교자들은 손에 큰 식칼을 들고서, 거기에 참석한 사람들을 먹일 음식을 위해 고기를 자르지만, 정작 자기 자신은 아무것도 먹지 못합니다. 하지만 주께서 그들과 함께 할 때에는 사정은 완전히 달라져서, 그들이 차려준 음식을 회중들이 먹든지 안 먹든지, 그들 자신은 골수와 살진 것들을 한껏 먹고서 배부르게 됩니다. 교사들은 자신의 심령 속에 하나님의 사랑이 차고 넘치게 부어졌을 때에 가장 복된 방식으로 가르치는 일을 할 수 있습니다. 예수께서 교사인 여러분의 곁에 서 계실 때, 여러분은 남자 아이들이 버릇없이 굴어도 용납할 수 있게 되고, 여자 아이들이 주목하지 않아도 참아낼 수 있게 되며, 학생들이 어리석은 짓들을 해도 화를 내지 않을 수 있게 되고, 천방지축인 아이들을 진심으로 대할 수 있게 됩니다. 나의 형제들이여, 십자가에 못 박히신 분을 뵈옵는 것이 우리가 원하는 것입니다. 우리는 주님의 소유인 밭에서 추수하느라 땀을 흘리다가 잠시 앉아서 이마에 흐르는 땀을 닦을 때면 몹시 지쳐 있는 우리 자신의 모습을 봅니다. 추수할 것은 많은데, 일꾼은 적습니다. 우리는 추수용으로 사용하는 낫의 칼날이 너무나 무디어져 가고 있는 것을 느끼고, 땡볕을 피하여 큰 나무 밑에 누워서 쉬고 싶고, 더 이상 땀 흘리고 싶어 하지 않다고 생각하게 됩니다. 그러나 그때에 우리는 십자가에 못 박히신 이가 큰 낫을 들고 나아오시는데, 그의 이마에서는 핏방울들이 강물처럼 흘러내리고, 낫을 잡은 손에는 못 자국들이 선명하게 나 있는 것을 보고서는, 그가 얼마나 땀 흘리고 계시고, 얼마나 수고하며 애쓰고 계시는지를 알게 됩니다. 그는 도대체 우리를 얼마나 사랑하셨기에 자신의 목숨까지 내어놓으신 것입니까! 사람들이 그의 옷을 벗겨가서 제비 뽑아 나누는 수치를 감당하실 정도까지, 그가 철저하게 자기 자신을 부인하시고 자기 자신을 내어주시고, 스스로를 구원하지 않으신 것은 우리를 구원하시기 위한 것이 아니고 무엇입니까! 그때에 우리는 다시 한 번 우리의 마음을 추슬러서, 잠시 팽개쳐 놓았던 낫을 손에 쥐고,

이렇게 말합니다: "예수여, 주께서 지쳐서 나가떨어지지 않으셨으니, 나도 결코 지쳐서 나가떨어지지 않겠습니다. 내가 기진맥진해질 때면, 나는 아버지 하나님의 뜻을 행하는 것이 자신의 양식이라고 말씀하신 주를 바라보면서, 주를 섬기는 것을 나의 양식으로 삼을 것입니다." 여러분이 예수 그리스도와 함께할 때에 하나님의 일을 가장 잘 할 수 있다는 것은 너무나 분명합니다.

사랑하는 친구들이여, 여러분 중에 어떤 분들은 하나님을 위하여 어떤 한 영혼을 얻는 일을 할 수 있습니다. 나는 어떤 한 영혼에게 전도하려고 자신의 마음에 두고서 계속해서 기도하고 애쓰는 분들을 압니다. 한 영혼을 위하여 기도하는 것은 하늘 아래에서 가장 엄중한 일일 것입니다. 내가 돌볼 영혼들이 아주 많기 때문에, 어느 한 영혼을 정성껏 공들여서 돌보지 못한다고 하여도, 그것은 어쩔 수 없습니다. 그러나 여러분 중에는 자신이 돌볼 영혼이 단 한 명, 즉 한 자녀나 친구, 또는 어느 한 영혼만이 있는 분들이 계십니다. 그런 분들은 어느 날 자기가 마음에 두었던 그 사람과 대화하고자 시도했지만, 돌아온 대답을 듣고서는 눈물을 흘려야 했고, 그 후 몇 달 동안 그 사람을 위해서 기도했습니다. 그러나 여러분의 기도가 응답되기는커녕, 여러분이 기도해 왔던 그 사람은 점점 더 악화되어 가고 있습니다. 여러분이 간절하게 기도할수록, 그 사람은 거꾸로 더 악해져 가는 것 같습니다. 친구들이여, 이때에 사탄이 여러분에게 "포기해 버려!"라고 속삭인다고 해도, 그것은 전혀 이상한 일이 아닙니다. 그러나 여러분에게 간곡히 부탁하건대, 절대로 포기하지 마십시오. 여러분이 그 영혼을 위해 기도하는 것을 포기하게 되고 싶지 않다면, 저 위에 계시는 영원하신 하나님의 아들을 바라보십시오. 그는 여러분 같은 죄인들을 구원하시기 위하여 이 세상에 오셨습니다. 그를 바라볼 때, 여러분은 그 한 영혼을 멸망으로부터 건져내고자 하는 일이 너무 힘들고 버겁다는 생각을 할 수 없게 됩니다. 사람들이 뱉은 침들로 범벅이 되어 있는 구주의 얼굴을 보십시오. 로마의 거친 군인들에 의해서 상하고 초췌해지신 그의 모습을 보십시오. 잔인한 채찍에 맞아 피로 물든 그의 등을 보십시오. 빌라도가 그를 불러내서 "보라 이 사람을"(요 19:4)이라고 외치는 모습을 보십시오. "고난의 길"(Via Dolorosa)을 걸어가시는 그를 보십시오. 군인들이 그를 높이 들어올려 못을 박고, 죽으신 후에는 그의 뼈들을 꺾는 모습을 보십시오. 여러분이 지금 한 영혼을 건지기 위하여 하고 있는 수고를 그의 고난과 비교해 보니 어떻습니까? 여러분이 한 영혼을 건지기 위하여 감내하고 있는 슬픔과 괴로움은 그가 겪으신 것에 비하면 아무것도 아닙니다! 여러분은 단지 고난의 잔을 한 입 마신 것에 불과하지만, 구주께서는 그 잔을 찌꺼기까지 다 비우셨습니다. 여러분은 못들에 긁힌 정도에 불과하지만, 그 못들은 그의 손들을 관통하였습니다. 여러분은 잠시 창에 스쳐 살갗이 벗겨진 것이지만, 그 창은 그의 심장을 관통하였습니다. 한 영혼을 구원하기 위하여 홀로 수고하는 여러분, 그리스도께서 겪으신 슬픔과 괴로움들을 위로 삼아서 용기를 내십시오. "나의 사랑하는 자들아, 나와 함께 가자." "나의 주여, 나와 동행하소서." 그럴 때에 나의 수고는 가벼워질 것입니다.

그리스도를 위하여 아주 담대하게 영웅적인 일들을 하고자 하는 그리스도인들이 종종 있습니다. 여러분이 지금부터 내가 하는 말을 오해하지 않으셨으면 하는데, 그것은 나는 가톨릭교회가 지배하던 암흑기 동안에 일부 그리스도인들은 그리스도인의 삶에 대한 올바른 개념을 우리 대다수보다 훨씬 더 잘 파악하고 있었다고 진정으로 생각한다는 것입니다. 이것이 무슨 말이냐 하면, 그 시기에는 세상의 온갖 편안하고 안락한 삶을 버리고서, 예수를 향한 사랑과 이웃들을 유익하게 하고자 하는 진실한 소원을 품고, 고난과 가난을 기꺼이 감수하며 산 그리스도인들이 있었다는 것입니다. 그랬기 때문에, 그 어떤 고난이나 박해로도 꺼버릴 수 없었던 그러한 열렬한 사랑을 품은 사람들이 교회에서 배출되었습니다. 그들은 가난한 자들을 먹였고, 병든 자들을 보살폈습니다. 여자들은 아주 전염성이 강한 질병들에 걸린 병자들이 수용된 병원으로 가서, 목숨을 걸고 병자들을 돌보다가 실제로 목숨을 잃었습니다. 오늘날에도 성 버나드(St. Bernard) 고개나 심플론(Simplon) 고개 같은 사시사철 얼어붙은 고산의 동토지대에서 살아가며 인생의 한창때를 보내는 그리스도인들이 있습니다. 그런 곳들은 누군가는 가서 살아야 하는 곳들이지만, 신앙이 아니라면 아무도 살고자 하지 않는 곳들입니다. 그들이 거기에서 사는 이유는 아주 간단합니다. 그들은 거기에서 눈길을 헤치고 오느라 지쳤거나, 눈 폭풍 속에서 길을 잃을 염려가 있는 여행자들을 섬깁니다. 로마의 음녀가 가르치는 저 저주받을 교리들을 혐오하는 데에는 아무도 나를 능가할 사람이 없을 것입니다. 그러나 비록 원수라고 할지라도, 배워야 할 것은 배우는 것이 도리일 것입니다. 내가 그들로부터 배워서 여러분에게 가르치고자 하는 교훈은 자기부인(self-denial)과 헌신(consecration)은 그리스도인의 최고의 덕목들에 속한다는 것입니다. 나는 하나님께서 우리 교회의 신자들로 하여금 자신들이 누리고 있는 빛에 걸맞은 자기부인과 헌신의 영을 갖게 해주시기를 빕니다. 나는 하나님께서 우리 교회에 집집마다 돌아다니며 병자들을 돌보는 일에 헌신하는 참된 "자비의 자매들"이 있게 해주시기를 빕니다. 우리에게는 간호사들이 있기는 하지만, 다른 사람들의 유익을 위하여 자기 자신을 버리는 것을 단지 작은 희생이라고 여기는 그런 간호사들이 더욱더 많아졌으면 좋겠습니다. 또한, 우리에게는 말라리아 같은 치명적인 열병을 두려움 없이 맞닥뜨리고자 하는 선교사들이 필요하고, 우리의 사회들도 그런 선교사들을 보내 달라고 아우성입니다. 그러나 실제로 담대하게 그런 일을 하고자 하는 사람들은 극소수입니다. 우리에게는 자신의 재산을 바쳐서, 외국 땅으로 나가 복음을 전할 자산가들이 필요합니다. 우리에게는 사업에 재능이 있어서, 자선이나 경건과 관련된 새롭고 특별한 일에 자신의 여생을 바치는 것을 영광으로 여기는 사람들이 필요합니다. 나는 구주께서 우리를 위해서 얼마나 고뇌하시고 괴로움을 겪으셨는지를 생각하면, 그리스도인들인 우리가 그를 위해서 어떻게 헌신하고 어떤 일들을 해도, 그것은 정말 하찮은 것일 뿐이라고 생각하지 않을 수 없습니다. 감사하게도 지금은 스미스필드(Smithfield)의 화형장도 없고, 롤라드 탑(Lollard's Tower)의 지하 감옥도 없습니다. 따라서 그런 곳에서 고난 받아 순교해서 얻을 수 있는 면류관도 없습니다. 그러나 그리스도의 이름을 빛낼 수 있는 특별한 고난의 장소들은 여전히 있습니다. 나는 여러분이 본받도록 하기 위해서, 현대에 믿음의 행위들과 사랑의 수고들을 통해서 우리로 하여금 예전의 기독교 정신이 죽지 않고 살아 있다고 느끼게 해주는 몇몇 분들을 소개하고자 합니다. 예를 들어, 우리의 사랑하는 친구인 브리스틀의 조지 뮐러(George Muller) 목사님이 바로 그런 분입니다. 그분에게서는 우리 모두가 지녔으면 하는 거룩한 헌신과 견고한 믿음, 그리고 지칠 줄 모르는 열정이 불타오릅니다. 나는 우리가 그러한 덕목들을 지니고서, 예수를 늘 가까이 모시고, 포도원에 있는 평범한 포도나무들에서 수확되는 것보다 더 탐스럽고 풍성하며 꿀같이 단 포도송이들을 거두게 되었으면 좋겠습니다.

3. 셋째로, 교회는 자신이 수확하는 것 전부를 그리스도께 드리고자 합니다.

이것이 본문이 마지막으로 말하고 있는 것입니다. 그녀에게는 "여러 가지 귀한 열매가 새 것, 묵은 것으로 마련되어" 있고, 그것들은 그녀가 "사랑하는 자를 위하여 쌓아 둔 것"입니다. 우리에게는 "새 것들"이 있습니다. 이 아침에 나는 우리가 새로운 생명, 새로운 기쁨, 새로운 감사를 느끼게 되고, 새로운 결심들을 해서 새로운 수고들을 통해서 실천해 나가기를 원하게 되기를 소망합니다. 우리는 새로운 기도들을 통해서 우리의 마음을 하나님께 올려드리고, 새롭게 애쓰고 노력하겠다고 각오합니다.

그러나 우리에게는 "묵은 것들"도 있습니다. 우리의 첫 사랑은 그리스도께서 기뻐하시는 극상품의 열매 중의 하나입니다. 우리에게는 첫 믿음이 있고, 우리는 아무것도 가지고 있지 않았지만, 그 순전한 믿음 하나로 모든 것을 소유하는 자가 되었습니다. 우리에게는 주님을 처음 알게 되었을 때의 기쁨이 있고, 우리는 그 기쁨을 다시 되찾아야 합니다. 주님의 촛불이 우리 주위를 환하게 비추고 있었던 그때에 우리는 얼마나 행복했습니까! "묵은 것"이라고요? 우리는 왜 하나님의 약속들에 대한 "묵은" 기억을 간직하고 있습니까? 그것은 하나님이 신실하셨기 때문입니다. 우리가 병들었을 때, 하나님께서는 우리의 병상을 얼마나 포근하게 만들어 주셨습니까! 우리가 깊은 물에 빠졌을 때, 하나님께서는 우리를 떠받치셔서 물 위로 뜨게 하심으로써 우리를 얼마나 평안하게 해주셨습니까! 우리가 저 활활 타는 풀무물 속에 있었을 때, 하나님께서는 크신 은혜로 거기에서 우리를 건져 주셔서 불에 그슬리는 일조차 없게 해주지 않으셨습니까! 이런 것들은 정말 "묵은" 열매들입니다. 우리에게는 그런 열매들이 많습니다. 왜냐하면, 하나님이 우리에게 베풀어 주신 은혜들은 우리의 머리카락보다 더 많았기 때문입니다. 우리는 우리의 묵은 죄들을 가슴 아파해야 했지만, 그때에 하나님께서는 우리에게 회개의 영을 주셔서 회개하게 하셨습니다. 그래서 우리는 울며 십자가로 나아가서, 그리스도의 피의 공로를 배웠습니다. 이 아침에 우리에게는 "열매가 새 것, 묵은 것으로 마련되어" 있습니다. 그러나 여기에서 중요한 것은 그 열매들은 모두 그리스도를 위하여 쌓아 둔 것이라는 사실입니다. 여러분은 선한 섬김을 한 후에, "내가 이 일을 잘 해냈어"라고 속삭이는 여러분 자신을 발견하지 않습니까? 여러분은 자신이 하는 일을 아무도 알지 못하게 하고자 하였습니다. 여러분은 그 일을 은밀한 헌신의 행위로서 행하고자 하였습니다. 여러분은 자기가 이 일을 해냈다고 다른 사람에게 말하고 싶은 마음이 들긴 했지만, 그 말이 여러분의 입에서 나오게 된 것은 무심결에 그렇게 된 것일 뿐이었습니다. 그러나 그런 말이 무심결에 나오게 된 것은 사실 여러분 속에 그렇게 하고 싶은 마음이 있었기 때문이었는데도, 여러분은 이 일을 통해서 자기가 어느 정도 영광을 받은 것에 대하여 전혀 괴로워하지 않았습니다.

　　여러분은 자신이 주님을 진심으로 섬기고 있는데도, 누군가가 여러분의 등을 두드려 주지 않으면, 그 마음이 식어 버리는 것을 느끼지 않습니까? 내가 아는 어떤 주일학교 교사들은 사람들의 관심과 격려를 받으면 일을 잘 하지만, 그렇지 않으면 시들해지고 맙니다. 많은 영혼들이 우리가 전하는 말씀을 통해 자양분을 얻고, 주님이 우리를 사람들의 눈에 존귀하게 해주시는 경우에는, 우리가 말씀을 전하고 전도하는 것은 아주 쉽습니다. 하지만 존귀함을 얻지도 못하는데, 계속해서 주님을 섬기는 것도 마찬가지로 아주 쉬울 수 있을까요? 내가 아는 어떤 형제들은 자신들에게 맡겨진 신자들에 대하여 약간 안 좋은 감정을 가지고서 목회를 했습니다. 그리고 그들은 늘 그 감정을 억누르고 내색하지 않을 수는 없었을 것입니다. 마침내, 그들은 양들을 광야에 버려두고, 자신의 직분을 내팽개치고 달아나 버렸습니다. 왜냐하면, 그들은 자신의 내면 깊은 곳에서 적어도 어느 정도는 주님이 아니라 그들 자신을 섬기고 있었기 때문입니다. 따라서 사랑하는 자들이여, 우리의 모든 수고의 목적이 무엇이든지 간에, 그리스도와 그의 영광이 심령의 유일한 목적이고, 거기에 단 한 점의 다른 불순한 동기가 섞여 있지 않는 섬김이 하나님께서 기쁘게 받으실 만한 최고의 섬김입니다. 여러분이 거둔 많은 열매들은 오직 여러분의 "사랑하는 자를 위하여" 쌓아 두었다가, 그가 여러분과 함께 계실 때에 그에게 드리고, 그 열매들을 인하여 그의 이름을 송축하여야 합니다. 그의 면류관에 보석들을 꽂아 드리되, "내게 영광이 있고, 내 이름이 칭송을 받게 하라"고 말하지 말고, "하늘이 있는 한, 예수께 찬송하고, 오직 예수만이 영광을 받으소서"라고 말하십시오.

　　지금까지 예수에 대하여 낯설었던 외인들이 그에 관한 우리의 증언을 믿게 되기를 빕니다. 우리는 종종 사람들로부터 우리의 신앙에 대한 증거들을 보여 달라는 요구를 받습니다. 우리가 그 누구에게도 자신 있게 한 번 반박해 보라고 말하며 제시하는 한 가지 증거가 있는데, 그것은 우리가 그리스도를 사랑할 때에 우리에게 강렬한 기쁨이 주어진다는 것입니다. 우리는 바보들이 아닙니다. 그리고 나는 거기에 우리는 정직하지 않은 사람들이 아니라는 말도 덧붙이고 싶습니다. 우리의 증언은 그리스도를 사랑하고 그의 임재를 누릴 때에 거기에는 기쁨이 있다는 것입니다. 그리고 그 기쁨은 오직 하나님으로부터만 올 수 있고,

다른 그 어디에도 없는 기쁨입니다. 우리가 다른 기쁨들을 시도해 보지 않았기 때문에 이런 말을 하는 것이 아닙니다. 우리 중에도 다른 기쁨들을 충만히 누리고 있는 사람들이 있습니다. 그러나 우리는 그들의 달콤한 기쁨들은 얼마 가지 않아서 쓰디쓴 맛으로 변하고 말 것이라고 말할 수 있습니다. 그러한 기쁨들은 점점 시들해져서 우리의 입맛에 소태 같게 됩니다. 그러나 그리스도와의 교제는 그런 씁쓸한 뒷맛도 없고, 결코 물리지도 않습니다. 이 기쁨은 흠 없이 밝은 해 같고, 결코 기울지 않는 달 같으며, 썰물이 없는 바다와 같고, 영원히 차고 넘치는 강 같습니다. 이 기쁨은 온통 천국이고 지극한 복입니다. 만일 여러분이 이 기쁨을 안다면, 여러분은 결코 다시는 의심하지 않고, 하나님께서 여러분의 죄를 위한 대속 제물로 보내 주신 그리스도를 무조건 의지하게 될 것입니다. 그리고 여러분이 그를 의지하고 믿게 되면, 여러분은 구원을 받고, 장차 그가 계신 곳에 여러분도 있어서, 그의 영광을 영원토록 뵙게 될 것입니다. 하나님께서 예수님을 인하여 내가 전한 말씀들을 복 주시기를 빕니다. 아멘.

제
15
장
—

우리의 사랑하는 자에게 기대어

—

"그의 사랑하는 자를 의지하고 거친 들에서
올라오는 여자가 누구인가." — 아 8:5

주의 깊은 독자들은 오늘의 본문 앞에 나오는 여러 절들에서 신부가 자신의 주와의 교제가 방해받지 않게 하려고 특별히 노심초사했었다는 것을 눈치 채셨을 것입니다. 그녀가 하는 말들은 구구절절이 아주 간절합니다: "예루살렘 딸들아 내가 너희에게 부탁한다 내 사랑하는 자가 원하기 전에는 흔들지 말며 깨우지 말지니라"(4절). 그녀는 자신의 사랑하는 자가 자기와 교제하시며 위로하시는 것을 아주 소중히 여겼습니다. 그래서 그녀는 그 교제가 끊어지거나, 자기나 자신의 동료들의 죄로 인해서 그녀의 사랑하는 자가 노하여 물러가시면 어쩌나 하고 노심초사하였습니다. 이렇게 주님과의 교제가 유지되기를 바라며 노심초사 하는 그녀의 심정이 담긴 절 바로 다음에, 자신의 사랑하는 자에게 기대어 거친 들에서 올라오는 급진전된 그녀의 모습을 찬탄하는 절이 나온다는 것은 정말 놀라운 일입니다. 자신의 사랑하는 자가 방해를 받지 않게 하려고 노심초사하는 그녀는 그에게 기대어 거친 들에서 올라오는 바로 그 신부입니다. 이것으로부터 분명한 것은 그리스도와의 교제와 하나님의 은혜 속으로 더 깊이 들어가는 것 간에는 아주 긴밀한 연관성이 있다는 것입니다. 그러므로 우리가 우리 주님과의 교제를 유지하는 데에 세심하게 주의하면 할수록, 우리는 저 온갖 거룩한 은혜들 속에서 더욱더 큰 힘을 얻게 됩니다. 그리고 이렇게 은혜 안에서 힘을 얻는 것들은 우리가 영광으로 가는 길에 서 있음을 보여주는 이정표들입니다. 그리스도와 친밀한 교제를 나누고, 그리스도와 하나가 되는 것이야말로 우리로 하여금 은혜 안에서 자라게 해주는 원천입니다. 만약 우리가 도덕적인 미덕을 추구한다면, 우리는 꽃들을 뽑아다가 자신의 작은 정원에 심지 않고 그냥 던져 놓은 어리석은 아이들과 같게 될 것입니다. 그러나 우리가 예수를 믿는 믿음을 키우기 위하여 애쓴다면, 우리는 가장 좋은 뿌리들이나 살아 있는 씨앗들을 심어서, 때가 되었을 때에 사람들로부터 사랑받는 아름다운 황금색 또는 하늘색 꽃이 피어나게 하는 지혜로운 자들과 같게 될 것입니다. 그리스도를 모시고서 가까이 살아가는 것이야말로 우리에게 꼭 필요한 단 한 가지 일입니다! 그리스도와의 그러한 친밀함을 늘 유지하고, 이 교제가 결코 중단되지 않게 하는 것이야말로 우리가 이 아랫세상에서 해야 할 가장 큰 일입니다. 그렇기 때문에, 우리는 이 큰 일을 최우선순위에 두고서 가장 힘쓰는 가운데, 다른 모든 일들을 부차적으로 해나가는 것이 마땅합니다. 우리가 우리의 사랑하는 자와의 교제가 방해를 받지 않도록 노심초사할 때, 우리는 "거친 들에서 올라오게" 될 것입니다. 지금까지의 서론은 이 아침에 내가 전할 말씀의 기조가 무엇인지를 보여줍니다. 우리의 묵상이 어떤 형태를 취하든, 우리의 진정한 주제는 영적인 진보의 원천인 그리스도와의 교제일 것입니다.

1. 첫째로, 천국의 순례자들에게는 그들의 사랑하는 동반자가 있습니다.

서론적인 얘기는 이 정도에서 그치고, 곧바로 본문에 대한 고찰로 들어가겠습니다. "그의 사랑하는 자를 의지하고 거친 들에서 올라오는 여자가 누구인가."

천국을 향해 여행하는 모든 영혼들에게는 그리스도께서 그들의 동반자로서 동행하십니다. 예수께서는 새 예루살렘을 향하여 가는 순례자들을 결코 홀로 여행하도록 내버려 두시지 않으시고, 우리와 함께 하셔서 고락을 같이 하십니다. 그는 우리보다 앞서 그 길의 모든 여정을 이미 다 밟아 보셨습니다. 우리에게 닥친 시험들이 무엇이든지, 그는 그 시험들을 친히 다 겪으셨습니다. 우리에게 닥친 환난들이 무엇이든지, 그는 그 환난들을 다 겪으셨습니다. 그는 "모든 일에 우리와 똑같이 시험을 받으신 이"(히 4:15)이시기 때문에, "우리의 연약함을 동정하지 못하실 이"가 아닙니다. 또한, 예수께서는 단지 우리를 동정하시고 우리 옆에 계실 뿐만 아니라, 실제적으로 우리를 도우십니다. 우리는 그를 잘 의식하지 못할 때에도, 그는 우리에게 아주 가까이 계시는 경우가 허다합니다. 모든 것을 삼킬 듯이 불어닥치는 광풍이 그의 음성을 삼켜 버리고, 칠흑 같이 어두운 밤이 그의 존재를 감추어 버린다고 하여도, 여전히 그는 거기에 계시기 때문에, 우리는 두려워할 필요가 없습니다. 그리스도께서 실제로 자기 백성과 함께 하신다는 것은 결코 허구도 아니고, 꿈도 아니며, 상상의 일부도 아닙니다. "볼지어다 내가 세상 끝날까지 너희와 항상 함께 있으리라"(마 28:20)는 약속의 말씀은 그의 모든 성도들에게 해당됩니다. 또한, 우리는 "두려워하지 말라 내가 너와 함께 함이라 놀라지 말라 나는 네 하나님이 됨이라"(사 41:10)는 약속의 말씀도 무의미한 단언이 아니라, 하나님의 확실한 진리이자 실제적인 진리로 받아들여야 합니다. 회개라는 좁은 문으로부터, 온전하게 된 자들을 낙원으로 받아들이는 진주문에 이르기까지 이 순례길의 모든 걸음걸음마다, 예수께서는 자기 백성의 아주 가까이에 계셔서, 마음으로 동정하시고 실제적인 임재를 통해서 도우십니다. 이 아침에 이러한 사실이 우리가 이 순례길을 가는 동안에 힘이 되게 하십시오. 사랑하는 친구들이여, 이렇게 그리스도께서 자기 백성과 동행하시며 위로하시고 도우시는데, 우리 중에서 이 순례길을 마다할 사람이 누가 있겠습니까? 만일 그가 오늘 여기에 계셔서, "내게 네게 명하노니 이 순례를 계속하라"고 말씀하신다면, 아마도 여러분은 이 순례길에 불길한 전조가 어른거리는 것을 느끼고서 뒤로 물러나기 시작할 것입니다. 그러나 그가 "하지만 네가 어디로 가든지 내가 너와 함께 하리라"는 말씀을 덧붙이신다면, 우리는 이렇게 대답하게 될 것입니다: "주께서 이끄신다면, 그 곳이 물길이든 불길이든, 우리는 주가 가시는 곳으로 따라가겠습니다. 십자가에 못 박히신 이여, 우리를 이끄십시오. 우리가 주를 따르겠습니다. 우리로 하여금 오직 길 위에 나 있는 주의 발자국들만을 보게 하십시오. 그 길이 '난관의 언덕'으로 올라가는 길이든, '비천의 골짜기'로 내려가는 길이든, 그 길 위에 주의 지극히 복되신 임재의 흔적이 있기만 한다면, 그 길은 죽을 인생들이 밟은 길들 중에서 최고의 길이 될 것입니다." 그러므로 눈물 골짜기를 횡단하고 있는 여행자들이여, 담대함을 가지고 힘을 내십시오. 왜냐하면, 여러분은 주님과 동행하여 "거친 들에서 올라오고" 있는 것이기 때문입니다. "인자 같은 이"(단 7:13)가 여러분 옆에 계십니다.

　　신부의 동반자에게 주어진 호칭을 주목해 보십시오: "그의 **사랑하는 자**." 아가서의 본문에 나오는 그는 다른 어느 누구보다도 가장 사랑 받으시는 분입니다.

창세 전에 그는 아버지 하나님의 "사랑하는 자"이셨습니다. 하나님께서는 요단 강의 물 속을 비롯해서 여러 차례에 걸쳐 그를 자신의 "사랑하는 자"라고 선언하셨습니다: 그가 물에서 올라오실 때, 하늘로부터 소리가 있어, "이는 내 사랑하는 아들이요 내 기뻐하는 자라"(마 3:17)는 말씀이 들렸습니다. 아버지 하나님의 "사랑하는 자"이신 예수께서는 지금은 영원하신 영광 가운데서 하나님의 오른편에 앉아 계십니다. 예수는 모든 천사들과 빛나는 스랍들의 "사랑하는 자"이십니다. 이 수많은 천사들은 그의 엄위하신 보좌 주위에 서서, 그의 발 앞에 자신들의 면류관을 던지며, 끊임없이 찬송을 올려드리고 있습니다. 이 천사들은 단지 종들로서 그를 섬겨야 하기 때문에 섬기고 순종하는 것이 아니라, 그를 사랑하기 때문에 그를 공경하여 찬송하고 섬기는 것입니다. 그는 순전한 마음과 거룩한 마음을 지닌 모든 존재들의 "사랑하는 자"이십니다. 어린 양의 피로 자신들의 옷을 씻어서 희게 하고 승리한 무수한 사람들은 자신들의 찬송 속에서 그가 그들의 "사랑하는 자"이시라는 것을 강조합니다. 우리의 냉랭한 심령은 아직 그런 찬송을 제대로 드릴 수 없지만, 그래도 여전히 그는 요단 이 편에서 원수와 싸우고 있는 무리들의 "사랑하는 자"입니다. 그렇습니다, 주여, 우리의 심령은 완악하고 냉담하다는 것을 고백하지 않을 수 없다고 할지라도, 우리는 주를 사랑하고, 주께서는 그것을 아십니다:

> "주의 이름을 높이기 위해서라면,
> 어찌 우리의 심령이 피를 토하지 않겠으며,
> 사망의 찬 손에게 어디 한 번 우리의 심령 속에서
> 영원토록 활활 타오르는 주를 향한 불길을
> 꺼볼 테면 꺼보라고 하지 않겠습니까?"

우리의 심령은 본성적으로 다이아몬드보다 더 단단하지만, 우리의 구속주께서 우리에게 보여주신 그 사랑으로 인해서 주의 임재 앞에서 우리의 심령이 녹아내려, 우리가 주를 사랑하게 된 것입니다:

> "우리가 주를 사랑하고 경배하오니,
> 우리에게 은혜를 주셔서 주를 더욱 사랑하게 하소서."

"그의 사랑하는 자를 의지하고"라는 너무나 감미로운 말을 주목하십시오. 예수께서 사랑 받으시는 분이시라는 것은 지극히 옳은 말씀인데, 그는 "나의 사랑하는 자"이기도 합니까? "나의 사랑하는 자"라는 말 속에는 천국이 들어 있습니다. 이 아침에 하나님의 말씀을 듣고 계시는 여러분, 예수는 여러분의 "사랑하는 자"이십니까? 여러분은 그를 사랑하십니까? 여러분은 자신의 소심한 믿음의 손을 내밀어서, 그의 옷자락을 만져서, 그에게서 나오는 능력을 받으실 수 있습니까? 여러분은 "그는 나의 모든 구원과 나의 모든 소원이시니, 내게 다른 피난처가 없다고 할지라도, 그 어디에서도 도움을 얻을 수 없는 내 심령은 전적으로 그만을 의지합니다"라고 고백할 수 있습니까? 그렇다면, 그는 여러분의 "사랑하는 자"이십니다. 여러분이 예수께서 자신의 것이라는 믿음을 더욱 견고하게 할수록, 여러분은 하나님의 그 진리를 자신의 혀 밑에서 달콤한 사탕처럼 굴릴 수 있고, 여러분 자신은 더 행복하고 거룩해지게 될 것입니다. 예수께서는 여러분의 남편이나 아내, 자녀, 어머니, 또는 여러분 자신만큼이나 진정으로 여러분의 것이라는 사실을 깨달으십시오. 그때에 평안과 사랑이 여러분의 영혼을 지배하게 될 것입니다. 신부는 예수를 일반적으로 "사랑하는 자"가 아니라, "그녀의 사랑하는 자"로서 인식하고 있었기 때문에, 그를 의지하고 기댈 수 있었고, 그 안에서 안식을 발견할 수 있었습니다. 그가 여러분의 것이라는 인식을 얻게 될 때까지, 여러분은 그를 의지하고 기댈 수 없습니다. 그러나 여러분이 그리스도를 자신의 주로 받아들이는 믿음의 행위로 말미암아 그리스도가 여러분의 것이 되었음을 알게 되었을 때, 그러한 믿음의 결과는 여러분의 영혼이 자신이 의지하는 그의 능력과 사랑 속에서 거룩한 안식을 느끼게 되는 것입니다.

하늘을 향하여 나아가는 순례자들이여, 나는 여러분에게 여러분이 "나의 사랑하는 자"라고 부르는 분이 여러분과 동행하고 계시다는 사실을 상기시켜드립니다. 잠시 모든 것을 멈추시고서, 여러분의 주위를 살펴보십시오. 여러분에게 그리스도가 보이십니까? 그의 임재의 표지들이 감지되십니까? 그렇다면, 여러분은 그와 동행하고 계시는 것이니 기뻐하십시오. 그리고 그러한 동행이 여러분에게 가져다주는 존귀함과 특권들을 누리십시오.

2. 둘째로, 본문에서 중요한 것은
그녀가 그에 대하여 취하고 있는 자세입니다.

이제 좀 더 깊은 내용으로 넘어가 보겠습니다. 우리는 앞에서 순례자들에게는 사랑하는 동반자가 있다고 말했지만, 본문에서 가장 복된 부분은 그에 대한 그녀의 자세입니다: "그의 사랑하는 자를 의지하고 거친 들에서 올라오는 여자가 누구인가." 그러므로 그녀의 자세는 그에게 기대어 그를 "의지하고" 있는 것입니다. 그녀에 대한 그의 관계는 거룩한 지지의 관계입니다. 이렇게 기대고 의지한다는 것은 무엇을 의미하는 것입니까?

무엇보다도 먼저 말할 수 있는 것은 주께서 가까이 임재해 계신다는 것을 믿지 않는다면, 우리가 주를 기대고 의지한다는 것은 있을 수 없다는 것입니다. 자기 손에 있지도 않은 지팡이나 어디 있는지도 모르는 친구에게 의지하고 기대는 것은 불가능합니다. 우리가 어떤 것에 의지해서 똑바른 자세를 유지하고 싶다고 해도, 그림자나 우리 옆에 있지도 않은 것을 의지할 수는 없습니다. 그러므로 그리스도인인 여러분이 본문에 나오는 이 경이로운 여자처럼 되고 싶다면, 먼저 그리스도의 임재하심을 깨닫게 해주시라고 구하여야 합니다. 물론, 여러분의 감각들로는 그를 인식할 수 없기 때문에, 여러분은 감각이 아니라 믿음을 사용하여야 합니다. 감각에는 속임이 있을 수 있지만, 하나님의 택하신 자들이 지닌 믿음은 틀림이 없습니다. 감각이 인식할 수 있는 것보다 믿음으로 의지하는 것이 더 참된 현실입니다. 그리스도 예수께서는 여러분과 함께 계십니다. 여러분이 그의 음성을 듣지 못하고 그의 얼굴을 뵙지 못한다고 할지라도, 그는 여러분과 함께 계십니다. 하나님의 이러한 진리를 굳게 붙잡고 분명하게 깨닫고자 하십시오. 왜냐하면, 그렇게 될 때까지는 여러분은 결코 주께 기대고 주를 의지할 수 없을 것이기 때문입니다.

또한, 기대고 의지한다는 것은 가까이 계신다는 것을 의미합니다. 멀리 있는 것이나 가까이 접근할 수 없는 것을 의지할 수는 없습니다. 우리가 그리스도께서는 우리와 함께 계실 뿐만 아니라, 우리에게 아주 가까이 계신다는 것을 알 수 있다면, 우리가 믿고 안식하는 데에 큰 도움이 될 것입니다. 나는 우리가 방금 부른 찬송을 좋아하는데, 이 찬송의 내용은 우리 주께서 우리에게 가까이 오셨기 때문에, 우리가 그의 이름을 일상적으로 부르게 되었다는 것입니다. 아주 많은 그리스도인들은 그리스도를 교회의 벽감에 모셔놓고서, 이미 죽으셔서 아무런 활동도 하지 못하시지만 존경 받아 마땅한 분으로 여길 뿐입니다. 많은 신자들에게 예수는 살아 계시는 그리스도도 아니고, 그들이 괴롭고 힘들 때에 실제로 친구가 되어 주실 수 있으신 그리스도도 아닙니다. 그들에게 그는 "위급한 때를 위하여 난"(잠 17:17) 형제도 아니고, 자신을 낮추서서 그들의 동반자가 되어 주시는 분도 아닙니다. 그러나 가르침을 제대로 받은 그리스도인들에게 그리스도는 이 땅에 오서서 사시다가 죽으셨지만 부활하서서 지금도 영원히 살아 계시는 분이고, 실제로 우리 곁에 계서서, 우리의 아픔들과 십자가들을 함께 지시고, 우리 인생의 모든 싸움 속에서 늘 우리를 도우시는 실제적인 친구이십니다. 하나님의 자녀들이여, 여러분의 경우에도 과연 그러한지를 확인해 보십시오. 먼저, 그리스도를 깨달으십시오. 그런 후에, 여러분에게 그가 여러분의 친구나 혈육보다도 더 가까이 계신다는 것을 믿으십시오. 왜냐하면, 여러분이 자신의 은밀한 고민을 그 누구와도 나눌 수 없을 때, 그는 여러분에게 아주 가까이 계시는 까닭에, 그 고민을 함께 나누시고, 자신의 모략들을 여러분의 마음에 즉시 주시기 때문입니다. 다른 사람들은 그 누구도 여러분의 가슴 깊은 곳에 접근할 수 없지만, 그는 아주 가까이에 계시기 때문에, 큰 자애로우심으로 여러분의 그 깊은 곳에 다가가십니다. 그는 여러분의 아주 가까이에 계서서, 여러분은 그 안에 거하고, 그는 여러분 안에 거하십니다. 여러분과 그 사이에는 거룩한 연합이 존재하기 때문에, 여러분은 그의 잔에서 마시고, 그가 받으셨던 세례를 받으며, 그는 여러분의 모든 슬픔과 환난들에 동참하십니다.

　이 두 가지가 있을 때, 여러분이 주를 기대고 의지하는 것은 쉬운 일이 됩니다. 기대고 의지한다는 것은 자기 자신의 존재 전체를 다른 이에게 완전히 내맡기는 것을 의미하는데, 이것이 그리스도인의 삶입니다. 어떤 사람이 처음으로 자신의 무거운 죄 전부를 그리스도께 내맡겼을 때, 그 사람은 그리스도인이 된 것입니다. 죄인이 믿음으로, 자신의 죄의 짐을 스스로 짊어지고 가는 것을 그치고, 대속자의 어깨 위에 얹어 놓았을 때, 바로 그러한 기대고 의지하는 행위가 그를 그리스도인으로 만듭니다. 자신의 모든 짐을 주님께 맡기는 법을 배운 정도만큼, 그는 점점 더 제대로 된 그리스도인이 되어 갑니다. 그리고 그가 자신의 하나님께 자기 자신과 자신의 모든 문제를 온전히 다 맡기고서, 자신의 힘이 아니라 하나님의 능력과 힘으로 살아가게 될 때, 그는 "그리스도의 장성한 분량이 충만한 데까지 이르게"(엡 4:13) 됩니다. 따라서 기대고 의지한다는 것은 여러분의 존재 전체를 다른 이에게 내맡기는 것이고, 무거운 짐을 지고 힘들었던 여러분이 그 짐을 다른 이에게 맡겨서 그 사람을 힘들게 하고, 그 사람 덕분에 여러분은 쉽게 되는 것입니다. 여러분의 피곤함을 기꺼이 대신 짊어지고자 하시는 다른 이에게 내맡기는 것입니다. 다시 한 번 반복해서 말씀드리지만, 나를 괴롭히는 모든 것을, 내 자신보다 나를 더 사랑하시는 이에게 맡기는 것이 참된 그리스도인의 삶입니다. 나를 짓누르는 모든 것을 무한하신 지혜와 능력을 지니고 계셔서 불가능한 일이 없으신 이에게 내맡기는 것이 참된 그리스도인의 삶입니다. 지혜는 여기에 있는데, 절대로 내 자신의 힘으로 홀로 서려고 하지 않으며, 피조물을 의지해 보아야 결국 실망으로 끝날 것을 알고서 절대로 피조물들을 의지하지 않고, 오직 나의 영원히 찬송 받으실 주 예수, 인간이자 하나님이신 주 예수를 내 영혼과 내 존재 전체가 유일하게 기대고 의지할 곳으로 삼고서, 나의 모든 짐을 넉넉히 지실 수 있으신 그에게 맡기는 것이 지혜입니다. 이것이 본문에서 말하는 "의지하고"의 의미라고 나는 생각합니다.

오늘날의 상황을 보면, 나는 성경 본문들을 수정해서 개선하기 위한 협회가 오랫동안 활동해 온 것이 아닌가 생각이 들 정도입니다. 만약 그런 협회가 있다면, 나는 그러한 모임이 성공적으로 잘 되어 가고 있는 것을 축하할 수 없습니다. 그리고 오늘의 본문은 그 협회가 다루기 좋아하는 본문이었을 것입니다. 왜냐하면, 나는 지금까지 이 본문이 성경에 있는 그대로 인용되는 것을 한 번도 듣거나 본 적이 없기 때문입니다. 사람들은 이 본문을 일반적으로 이렇게 인용합니다: "그의 사랑하는 자의 팔을 의지하고 거친 들에서 올라오는 여자가 누구인가." 하지만 성경 본문에는 결코 그렇게 되어 있지 않습니다. 본문에는 팔에 대한 분명한 언급이 전혀 나오지 않습니다. 물론, 그녀가 그의 팔을 의지하고 있다는 것은 사실이지만, 그녀가 의지하고 있는 것은 단지 팔만이 아니라 그의 존재 전체이기 때문에, 본문은 그녀가 "그의 사랑하는 자"의 존재 전체를 의지하고 있다고 말하는 것입니다. 그리스도인들은 그리스도라는 존재 전체를 의지하는 것이기 때문에, 수정된 본문이 말하고 있는 것과 같이 단지 그의 힘을 나타내는 팔만을 의지하는 것이 아니라, 그리스도 전체를 의지한다는 것을 유념하십시오. 그리스도인들이 의지하는 것은 무엇보다도 그리스도 자신입니다. 우리는 하나님이자 사람이신 주 예수를 의지합니다. 그는 하나님이시기 때문에, 모든 언약과 약속을 이행하시고 성취하실 수 있습니다. 우리는 만유의 기둥들을 떠받치고 있는 그 하나님을 의지합니다. 우리가 의지하는 것은 만물을 창조하시고 지금도 여전히 붙들고 계시는 전능하신 하나님, 사람의 모습으로 성육신 하신 하나님입니다. 또한, 우리는 사람이신 그리스도를 의지합니다. 우리는 사람이 되어서 사람들이 겪는 고통과 아픔들을 다 몸으로 겪으셨기 때문에 사람들의 사정을 너무나 잘 헤아려 주시는 그리스도를 의지합니다. 그는 여자에게서 태어나서 우리와 같은 육신을 입으셨습니다. 그는 인자(人子)가 되셨기 때문에, 그렇지 않았다면 결코 느낄 수 없으셨을 우리의 병들고 연약한 모습들을 동정하시고 불쌍히 여길 수 있으셨습니다. 이렇게 우리는 그의 신성으로 인한 능력과 그의 인성으로 인한 사랑을 의지합니다. 우리는 하나님이자 사람이신 우리의 "사랑하는 자"를 의지합니다. 내게는 하나님 외에는 아무도 나를 붙들어 줄 수 없다고 느꼈던 때들도 있었고, 죄의식으로 인해서 하나님을 두려워하여 도망치고 싶었을 때에는 사람이신 그리스도 예수 외에는 아무도 고통 중에 있는 나의 마음에 평안을 가져다줄 수 없다고 느꼈습니다. 그러므로 하나님과 사람이라는 두 본성을 지니신 그리스도는 우리의 심령 상태가 어떠하든지 간에 우리의 영혼이 기대고 의지하기에 더할 나위 없이 좋은 곳입니다. 또한, 사랑하는 자들이여, 우리는 그리스도께서 맡으신 여러 직임들을 바라보고서 그리스도를 의지합니다. 우리는 제사장이신 그리스도를 의지합니다. 우리가 하나님께 드리는 모든 제사들과 찬송들과 기도들은 그리스도를 거쳐서 하나님께로 드려지기 때문에, 우리는 그러한 것들이 하나님께 열납될 것이라고 기대할 수 있습니다. 우리가 이러한 기대를 할 수 있는 것은 그리스도를 의지하기 때문입니다. 우리는 선지자이신 그리스도를 의지합니다. 우리는 스스로의 힘으로 하나님의 진리들을 알 수도 없고 발견할 수도 없지만, 그리스도께서 그 진리들을 우리에게 가르쳐 주시기 때문에, 우리가 할 일은 그저 그의 발 앞에 앉아서 그 가르침들을 믿음으로 받는 것뿐입니다. 우리는 왕이신 그리스도를 의지합니다. 그는 우리를 위해 우리의 싸움들을 대신 싸워 주시고, 천국 시민인 우리에게 속한 모든 일들을 대신 처리해 주십니다. 우리는 다윗의 자손이자 만왕의 왕이신 이의 능력을 의지하지 않고서는 승리할 소망을 가질 수 없습니다. 우리는 그리스도의 모든 속성들을 의지합니다. 우리가 진퇴양난에 빠져 있을 때, 그의 지혜를 의지하면, 그는 우리를 인도해 주십니다. 우리가 강력한 시험에 직면했을 때, 그의 신실하심을 의지하면, 우리는 여전히 그의 신실하심으로 말미암아 시험을 이길 수 있습니다. 어떤 때에는 그의 능력이 황금 기둥처럼 비쳐 나와서, 우리는 그 능력을 의지하고, 어떤 때에는 그의 자애로우심이 두드러지게 드러나서, 우리는 그 자애로우심을 의지합니다. 그리스도의 신적이거나 인간적인 존재나 성품의 어떤 특성이 특별히 느껴지지 않는 경우에도, 우리는 그를 의지하는 것이 안전하다고 느낍니다. 왜냐하면, 그는 이루 말할 수 없이 사랑스럽고 탁월하시며 온전하신 그리스도이시기 때문입니다. 우리는 우리의 전 존재를 그의 팔이나 그의 어떤 일부가 아니라 그에게 맡기고 그를 의지합니다.

사랑하는 자들이여, 성도들의 순례길에는 그리스도를 의지하지 않고 갈 수 있는 곳이 단 한 군데도 없습니다. 그들은 처음에나 마지막에나 언제 어디서나 늘 그리스도 예수를 의지하고서 올라옵니다. 그리스도를 더 많이 의지하면 할수록, 그들은 더욱 강해집니다. 신자들이 강해지면 강해질수록, 그들은 자신의 연약함을 더 뼈저리게 알게 됩니다. 그러므로 그들은 더욱더 자기 자신을 주께 내맡기고 주를 의지하게 됩니다. 사랑하는 자들이여, 우리가 무슨 일을 하든지 이러한 자세를 견지하는 것은 복된 일입니다. 여러분이 "사랑하는 자"를 의지하는 가운데, 다음과 같이 느끼면서 말씀을 전한다면, 그것은 좋은 설교가 될 것입니다: "주께서 나를 도우시리라. 그가 내게 생각나게 하시고 말씀들을 주시리라. 그가 나의 전하는 말씀들에 복 주시리라. 그가 주린 자들을 좋은 것들로 채우시고, 주일을 자기 백성에게 기쁨이 되게 하시리라." 또한, "사랑하는 자"를 의지하여 드리는 기도는 복된 기도입니다. 그럴 때, 여러분은 자신의 기도가 응답될 것이라고 느낍니다. 여러분이 자신이 간구할 것들을 가지고서 왕의 궁정으로 들어가서 그의 보좌 앞에 내려놓으면, 왕께서는 친히 여러분의 간구들을 받으셔서 거기에 사랑의 인을 쳐 주십니다. 이것은 우리가 만족해하며 넉넉히 감당해 낼 수 있는 달콤한 길입니다. 예수께서 우리의 병상에 오셔서, 우리를 붙잡아 주시고, 우리에게 그의 사랑의 징표들을 주시는데, 누가 고난을 감당하고자 하지 않겠습니까? 이것이 하나님의 일을 하는 방법입니다. 내가 하는 말을 믿으십시오. 우리가 이러한 심령 가운데 있지 않다면, 거룩한 일들을 능력 있게 지속적으로 해내는 것은 불가능합니다. 왜냐하면, "사랑하는 자"를 끊임없이 의지하는 것이 없을 때, 우리의 육신만이 아니라 우리의 영혼도 힘을 잃고 시들해지며 꺾일 수밖에 없기 때문입니다. 장사나 사업을 하시는 분들은 여러분의 가족과 가게와 사업 등 모든 일에서 늘 "사랑하는 자"를 의지하지 않는다면, 여러분의 삶이 보잘것없는 삶이 되는 것을 발견하게 될 것입니다. 여러분이 매일매일의 염려들, 가정 문제, 가족의 질병, 여러분 자신의 연약한 점들, 여러분의 손실들과 십자가

들 같은 모든 일을 예수께로 가져올 수 있다면, 여러분의 삶은 편안하고 행복한 삶이 될 것입니다. 여러분의 심령이 하나님의 사랑의 품에 기대어 있을 때에는, 핀 숯들이 활활 타오르는 풀무불조차도 여러분에게는 왕과 함께 하는 연회 자리가 배설된 궁정처럼 시원하고 편안할 것입니다. 성도들이여, 주를 의지하는 일에 지금보다 더 매진하십시오. 우리는 우리 자신을 너무나 사랑해서 우리 자신을 위하고 보살피며 우리 자신을 챙기는 데에 온 힘을 쏟는 그런 자들입니다. 따라서 우리는 모든 일을 우리가 주체가 되어 행하고자 합니다. 우리의 다리는 너무나 허약한데도, 우리는 혼자 달리려고 기를 씁니다. 우리는 결국 넘어질 수밖에 없는데도, 홀로 서려고 애를 씁니다. 우리는 우리 자신에게 힘이 있는 것이 아니라, 우리를 안아 주시는 저 사랑하는 품에 힘이 있다는 것을 깨닫고서, 우리의 연약한 부분인 이러한 고집스러움을 버리고, 어린 아기처럼 우리 자신을 어머니의 품에 맡겨야 합니다.

    나는 환난 가운데 있는 천국의 상속자들에게 기꺼이 주를 의지하라고 권하고자 합니다. 이러한 권면은 나의 경험에 토대를 둔 것입니다. 주께서는 그의 교회를 섬기는 것과 관련해서 내게 많은 무거운 짐들을 지워 주셨고, 나는 종종 탈진되었습니다. 그러나 내가, 아니 정확히 말하면 성령께서 나를 그 지경까지 몰고 가실 때마다, 나는 그 어떤 것도 스스로 할 수 없기 때문에, 내가 무엇을 하고자 하지 말고, 모든 염려를 하나님께 맡긴 채로, 나 자신은 단지 하나님의 순종하는 종과 도구가 되어야 한다는 것이 분명해졌습니다. 그러자, 내 마음에 평안이 돌아왔고, 나의 생각은 자유롭고 생기를 되찾게 되었으며, 내 영혼은 모든 짐을 내려놓고서, 노심초사하는 것이나 탈진함이 없이 모든 일을 할 수 있게 되었습니다. 나의 사랑하는 동료 종들이여, 여러분이 예수를 의지하는 법을 몸에 익히지 않는다면, 여러분의 삶, 특히 이 런던에서의 삶으로 인해서 여러분은 결국 무너지게 될 것임을 나는 확신합니다. 주님을 지나치게 의지하는 것은 아닌가 하고 걱정하지 마시고, 온 힘을 다해 주님만을 의지하십시오. 너무 많은 믿음을 지녔다고 해서 꾸중을 들은 성도는 지금까지 단 한 명도 없었습니다. 하나님의 자녀가 하나님의 약속을 무조건적이고 절대적으로 의지했다고 해서 아버지 하나님으로부터 꾸중을 들었다는 얘기도 지금까지 전혀 없었습니다. 주께서는 "네가 사는 날을 따라서 능력이 있으리로다"(신 33:25)고 말씀하셨고, "내가 결코 너희를 버리지 아니하고 너희를 떠나지 아니하리라"(히 13:5)고 약속하셨습니다. 주께서는 "공중의 새를 보라 심지도 않고 거두지도 않고 창고에 모아들이지도 아니하되 너희 하늘 아버지께서 기르시나니"(마 6:26)라고 말씀하셨고, "들의 백합화가 어떻게 자라는가 생각하여 보라 수고도 아니하고 길쌈도 아니하느니라 그러나 내가 너희에게 말하노니 솔로몬의 모든 영광으로도 입은 것이 이 꽃 하나만 같지 못하였느니라"(마 6:28-29)고 말씀하셨습니다. 여러분이 까마귀들과 들풀들까지 돌보시는 이께 여러분의 염려를 맡기지 못하는 이유가 도대체 무엇입니까? 여러분은 왜 주께서 여러분도 돌보아 주실 것임을 믿지 못하는 것입니까?

이상으로 우리는 주께 기대고 주를 의지하는 것에 대하여 살펴보았습니다. "그의 사랑하는 자를 의지하고 거친 들에서 올라오는 여자가 누구인가."

3. 셋째로, 그녀가 이렇게 그를 의지하는 이유는 무엇입니까?

이것이 우리가 세 번째로 살펴볼 내용입니다. 그녀는 순례자였고, 그녀의 "사랑하는 자"를 의지하였습니다. 그렇다면, 그녀가 이렇게 그를 의지하는 것이 옳은 일이었을까요? 사실, 어쨌든 기대고 의지한다는 것이 언제나 지혜로운 일은 아니니까요. 거짓 피난처들이 있고, 아무 소용도 없는 조력자들이 있습니다. 아히도벨은 여기저기 무수히 많습니다. 우리와 함께 떡을 먹는 자들이 우리에 대하여 자신의 발꿈치를 듭니다. 우리가 믿음직하고 든든한 친구라고 여겼던 사람들은 나중에 보면 상한 갈대이거나, 우리의 심장을 찌르는 날카로운 창임이 드러납니다. 그런데도, 그녀가 자신의 "사랑하는 자"를 의지한 것은 과연 잘 한 일이었을까요? 그녀가 그렇게 한 이유는 무엇이었을까요? 결론부터 말하자면, 그녀는 잘 한 것이었고, 그녀가 그렇게 한 데에는 몇 가지 이유가 있었습니다. 그녀는 자신이 약하였기 때문에 자신의 "사랑하는 자"를 의지하였습니다. 힘 있는 사람은 남을 의지하고자 하지 않습니다. 자기가 힘이 있다고 생각하면, 남에게 의지하고 기대는 것을 경멸하기 때문입니다. 내 영혼아, 너는 네가 약하다는 것을 알기는 아는 것이냐? 자신이 약하다는 것을 아는 것은 서글픈 일이기는 하지만, 복되고 유익한 일이기 때문에, 우리는 그것을 알아야 할 뿐만 아니라, 더욱더 잘 알게 해주시라고 기도해야 합니다. 왜냐하면, 여러분이 약해서 그리스도를 의지해야 한다고 느끼지 못한다면, 여러분은 결코 그리스도를 의지하려고 하지 않을 것이기 때문입니다. 우리에게 자기 자신을 믿는 구석이 겨자씨 한 알이라도 있는 한, 우리는 결코 모든 것이 충족하신 이를 의지하고자 하지 않는다고 나

는 믿습니다. 우리에게 자기 자신을 믿는 구석이 조금이라도 남아 있는 동안에
는, 우리는 우리 자신을 기대고 의지하는 쪽을 택하게 되기 때문에, 마침내 곰팡
이 나는 떡을 먹기에 진절머리가 나고, 돼지나 먹는 쥐엄나무 열매로도 배를 채
울 수 없게 되었을 때에만, 우리는 하늘의 떡을 내려주셔서 우리를 배부르게 해
주시라고 구하게 됩니다. 내 영혼아, 자기 자신을 믿을 수 있다는 그런 생각을 미
워하는 법을 배우라. 형제들이여, 여러분은 자기 자신이 종종, 특히 여러분이 환
난이나 시련으로부터 벗어나서 행복한 한 주간을 보냈을 때에 시험에 들어서,
다음과 같이 생각하는 것을 발견하지 않습니까? "이제 나는 정말 수많은 신자들
을 뛰어넘는 신앙 수준에 도달했고, 오랜 신앙생활을 통해서 믿음이 깊어진 성
도들과 동일한 반열에 올라섰어. 이렇게 나는 하나님의 깊은 은혜 속으로 들어
갔기 때문에, 웬만한 시험들에는 끄떡없게 되었고, 초신자들이 연약해서 범하는
그런 죄들을 내 경우에는 이제 범할 가능성이 없게 되었어." 여러분에게 이런 생
각이 든다면, 여러분은 이미 시험에 빠진 것입니다. 여러분의 신앙이 아주 강하
다는 생각이 든다면, 여러분의 영혼에 세우는 보초를 두 배로 늘리십시오. 여러
분이 자신의 연약함을 몹시 두려워하여, 속으로 "이것이 내가 빠지기 쉬운 죄라
는 것을 알기 때문에, 나는 그 죄로 빠져들지는 않을까 걱정하오니, 나를 그 죄에
서 늘 지켜 주소서"라고 기도하는 그때가 다른 어느 때보다도 여러분이 죄 지을
가능성이 가장 적은 때입니다. 여러분이 약할 그때가 강할 때이고, 여러분이 강
할 그때가 약할 때입니다. 아무것도 아닌 자가 되십시오. 그랬을 때에 여러분은
무엇인가가 있는 자가 될 수 있습니다. 심령이 가난한 자가 되십시오. 그랬을 때
에 여러분은 하나님에 대하여 부요한 자가 될 수 있습니다. 아가서의 신부는 자
기가 연약하다는 것을 알았기 때문에 자신의 "사랑하는 자"를 의지했습니다. 형
제들이여, 이것은 여러분과 나에게도 그대로 해당되는 합당한 이유가 아닙니까?
우리도 연약한 자들이 아닙니까? 그러므로 연약하지 않으실 뿐만 아니라 자기
백성 전체를 안전하게 지켜 주기에 충분한 모든 능력을 지니신 이를 우리가 전
적으로 의지하는 것이 마땅합니다.

또한, 그녀가 자신의 "사랑하는 자"를 의지한 것은 그 길이 멀었기 때문이었
습니다. 그녀는 "거친 들"을 헤쳐 나가야 했습니다. 그 길은 그녀를 지치고 약하
게 만들기에 충분할 정도로 먼 길이었기 때문에, 그녀는 자신의 "사랑하는 자"를
의지했습니다. 마찬가지로, 우리가 헤쳐 나가야 할 길도 멉니다. 우리 중에는 하

나님께 회심한 지가 20년이 된 분들도 있고, 어떤 분들은 40년이 되었습니다. 이 성전 안에는 하나님을 안 지 60년도 더 된 분들도 앉아 계십니다. 이것은 수많은 시험들을 헤쳐 나올 수밖에 없는 오랜 세월입니다. 죄는 강력하고, 육신은 연약합니다. 만일 한 번의 분발로 경주를 이길 수 있다면, 우리 중 대부분은 거기에 모든 신경을 집중할 것입니다. 그러나 전에는 알지 못했던 새로운 시험들과 유혹들이 매년 새롭게 닥쳐오고, 거기에 맞서서 힘겨운 싸움을 해야 하는 일이 반복될 때, 우리의 영혼이 주님의 칭찬을 듣게 될 때까지 계속해서 고군분투하여 승리의 면류관을 얻는 것은 결코 보통 일이 아닙니다! 우리가 기대고 의지할 수 있다면, 그렇게 해야 합니다. 다른 방법이 없습니다. 아가서의 신부가 자기 자신을 믿음으로 주의 능력에 내맡길 때, 그의 힘은 결코 소진되거나 떨어지지 않게 됩니다. 도리어, 그녀는 독수리 같이 새 힘을 얻게 됩니다. 그녀는 원기를 돋아 주는 샘에서 마시고, 자신의 잃어버린 활기를 되찾습니다. 그런 영혼은 므두셀라처럼 오래 살아야 한다고 해도, 늘 힘 있게 살아가게 될 것입니다. 아무리 오랜 세월이 지나도 그 영혼은 지침이 없게 될 것입니다. 왜냐하면, 그녀는 지칠 수 있고 소진될 수 있는 모든 것을 지침이 없으신 이에게 내맡기는 법을 배운 까닭에, 늘 한결같이 힘 있게 나아갈 수 있게 되었기 때문입니다. 그녀가 자신의 "사랑하는 자"를 의지한 것은 그 길이 멀었기 때문이었습니다. 나이 드신 친구들이여, 여기에 여러분을 위한 합당한 이유가 있습니다. 최근에 이 순례길을 시작한 분들에게는 이 길이 여러분에게 멀다는 것은 여러분이 처음부터 마지막까지 그를 의지할 합당한 이유가 됩니다.

또한, 그녀는 이 길이 위험했기 때문에 자신의 "사랑하는 자"를 의지했습니다. 여러분도 아시다시피, 그녀는 "거친 들"에서 올라왔습니다. "거친 들"은 순례자에게 결코 안전한 곳이 아닙니다. 그곳은 사자가 먹잇감을 찾아 배회하고, 늑대의 울음소리가 들리는 곳입니다. 그러나 그녀는 자신의 "사랑하는 자"를 의지하였기 때문에 안전할 수 있었습니다. 양들은 늑대가 무서우면 목자 곁에 바짝 붙어 있는 것이 좋습니다. 그럴 때에 목자의 막대기와 지팡이가 늑대를 쫓아줄 것이기 때문입니다. 우리가 그리스도와의 친밀한 교제 가운데 있지 않으면, 우리에게는 안전이라는 것이 없습니다. 여러분의 발걸음이 예수로부터 멀어질수록, 여러분의 위험은 점점 커지고, 마침내 여러분이 그의 거룩하신 임재에 대한 의식을 상실했을 때, 여러분의 위험은 최고조에 달하게 됩니다. 길을 벗어나 헤매며 방황하는 이들이여, 돌아오십시오. 속히 돌아와서, 여러분을 도우시는 주님 곁에 꼭 붙어 있으십시오. 그렇게만 한다면, 여러분은 여러분의 원수들인 지옥의 세력과 삶 속에서의 시험들, 심지어 사망의 고통까지도 멸시하며 웃어넘길 수 있습니다. 왜냐하면, 다행히도 그리스도를 온전히 의지하는 사람들은 안전하기 때문입니다. 세심하게 주의를 기울이는 자들도 안전하지 않고, 초조하여 안달하는 자들도 안전하지 않으며, 많이 염려하고 걱정하는 자들도 안전하지 않습니다. 그런 사람들은 거센 파도 위에 떠 있는 작은 배처럼 심하게 이리저리 요동할 수밖에 없습니다. 그러나 그들을 결코 잊지 않고 돌보아 주시는 주님께 그들의 모든 염려를 다 맡겨 버린 사람들은 언제나 안전합니다. "여호와를 의뢰하고 선을 행하라 땅에 머무는 동안 너를 먹이시리라"(시 37:3 KJV). "젊은 사자는 궁핍하여 주릴지라도 여호와를 찾는 자는 모든 좋은 것에 부족함이 없으리로다"(시 34:10). 여러분이 아무리 성실하고 부지런하게 일해도, 먹고 살기 힘들 수 있습니다. 여러분이 새벽부터 일어나서 밤늦게까지 일하며 아무리 꼼꼼하게 계획하고 주도면밀하게 일해도, 성공하지 못할 수 있습니다. 여러분이 성을 잘 지키고, 파수꾼이 한 시간마다 성벽을 돌아도, 성이 불시에 함락될 수 있습니다. 그러나 여호와를 의뢰하고 의지하는 사람은 복이 있습니다. 왜냐하면, 그의 성은 파괴되지 않을 것이고, 그의 땅에는 기근이 찾아오지 않을 것이기 때문입니다. 도리어, 기근 중에서도 그는 먹을 것이고, 위험한 날들에는 천사들이 그를 호위하여 지켜 줄 것입니다. 그러므로 여러분이 가는 길이 위험하기 때문에, 여러분의 "사랑하는 자"를 의지하십시오. 이것은 우리 모두에게 적절한 이유가 됩니다. 왜냐하면, 우리는 사방으로 위험과 시험에 둘러싸여 있어서, 무수한 이유들로 인해서 범죄하기 쉽기 때문입니다. 나의 형제들이여, 이 시험의 시대에 "사랑하는 자"를 의지하십시오. 그는 여러분을 안전하게 지켜 주실 유일한 분이십니다.

또한, 그녀는 자신이 가야 할 길이 오르막길이었기 때문에 "사랑하는 자"를 의지하였습니다. 본문이 "올라오는"이라고 말하고 있는 대목에서, 여러분은 이 사실을 눈치 채셨습니까? 그리스도인들의 길은 이미 이룬 것들로 결코 만족하지 않고 늘 올라가는 길입니다. 그들은 이미 도달한 은혜들에 만족하지 않고, 계속해서 위를 향하여 올라갑니다. 끊임없이 더 나아지고자 하지 않는 그리스도인들은 정상이 아닙니다. 더 큰 은혜를 받고자 하지 않는 그리스도인들은 은혜 가운데 있는 것이 아닙니다. 여러분이 더 큰 빛을 원하지 않는다면, 여러분은 빛을 아는 것이 아닙니다. 천국을 향하여 나아가는 길은 위로, 위로, 위로, 위로 올라가는 길입니다. 이것이 천국으로 가는 길입니다. 사람의 본성이 지닌 성향은 아래로 내려가는 것입니다. 우리가 얼마나 순식간에 내려가는지, 우리의 심령이 가장 높은 곳에 있다가 자신의 본성적인 상태인 죽은 것과 방불한 모습으로 얼마나 빨리 가라앉아 버리는지를 보십시오. 우리가 올라가고자 한다면, "의지하지" 않으면 안 됩니다. 그리스도는 우리보다 더 높이 계시기 때문에, 우리가 그를 의지하기만 한다면, 우리는 그가 계신 높은 곳으로 좀 더 수월하게 올라가게 될 것입니다. 그가 우리에게 내려오시는 것은 우리로 하여금 그를 "의지하여" 그에게로 올라오게 하시기 위한 것입니다. 우리가 더 많이 의지할수록, 우리는 우리의 영적인 씨름과 영적인 싸움과 영적인 성장을 해나갈 때의 무거운 짐을 그에게 더 진심으로 맡기게 되고, 그럴수록 그런 일들에서 더 확실한 승리를 거두게 될 것입니다. 죄 사함을 받기 위해서만이 아니라 은혜 안에서 성장하기 위해서도 그리스도를 의지하십시오. 하나님께서 그리스도를 세우신 것은 우리의 구속을 위한 것만이 아니라 우리의 성화를 위한 것이기도 합니다. 그의 피로 말미암은 성화를 구하십시오. 왜냐하면, 그의 피는 죄 사함을 위한 것만이 아니라 죄로부터 깨끗하게 하기 위한 것이기도 하기 때문입니다. 성령께서는 그 피를 사용하셔서 우리의 죄로 인한 죄책(guilt)을 제거하실 뿐만 아니라, 그 피를 우리에게 뿌리셔서 우리를 지배하고 주관하는 죄의 권세(power)를 제거합니다. 나는 우리가 이 "올라가는" 것에 대하여 더 많이 알게 되었으면 좋겠습니다. 그러나 현실적으로는 우리가 "의지하지" 않기 때문에 올라가지 못하는 것은 아닌가 하는 생각이 듭니다. "나는 죄인 중에 괴수이고, 나의 유일한 소망은 나의 찬송 받으실 주님께 있습니다. 나는 조금이라도 은혜 안에서 성장하고 있다고 느끼지 못합니다. 도리어, 내가 점점 더 나빠지고 있다는 생각이 종종 듭니다. 하지만 내가 한 가지는 아는데, 그것은 내가 이전보다 더 주님을 의지하고 있고, 주님이 내게 필요하다는 것을 더 절실하게 느끼고 있다는 것입니다." 오늘 아침 이 자리에 이렇게 부르짖는 하나님의 가련한 자녀가 있다면, 바로 당신이 지금 "올라가고" 있는 사람입니다. 나는 당신이 "올라가고" 있는 사람이라는 것을 압니다. 왜냐하면, 당신은 주님을 "의지하고" 있기 때문입니다. 그러나 반대로 "나는 내가 신령한 삶에서 상당한 진보를 이루었다고 믿고, 내가 힘 있고 생명력이 왕성하게 되어가고 있다고 느끼며, 내가 조만간에 완전한 상태에 도달하게 될 것이라고 믿습니다”라고 자랑하는 사람이 있다면, 이 형제는 지금 내려가고 있는 것일 가능성이 아주 높다고 나는 생각합니다. 어쨌든, 나는 이 형제에게 “주여, 나를 붙드소서 내가 안전하리이다”라고 기도하고, “선 줄로 생각하는 자는 넘어질까 조심하라”(고전 10:12)는 경고의 말씀을 명심하라고 권면하고 싶습니다.

　　나는 이 두 번째 대지와 관련해서 여러분을 잠시만 더 붙들어 두고서, 조금만 더 살펴보고자 합니다. 아가서의 신부가 그녀의 “사랑하는 자”를 의지한 또한 가지 이유는 그녀는 매일매일 그녀의 동료들 전체로부터 점점 더 분리되어 가고 있었기 때문입니다. 교회는 “거친 들”에 있지만, 그녀는 여행을 할수록 계속해서 “거친 들에서 올라오고” 있습니다. 그녀는 광야를 걷고 있는 무리들로부터 점점 멀어져 가고 있고, 점점 더 혼자가 되어 가고 있습니다. 이것은 사실이고, 여러분도 이것이 사실이라는 것을 발견하게 될 것입니다. 여러분이 그리스도께로 더 가까이 다가갈수록, 여러분은 어떤 점들에서 점점 더 혼자가 될 수밖에 없습니다. 죄인들은 “넓은 길”로 가기 때문에, 거기에는 사람들이 아주 많습니다. 그리스도인들은 “좁은 길”로 가기 때문에, 그 길에는 사람들이 적습니다. 어떤 신자가 계속해서 그 좁은 길의 정중앙을 따라 걸어가고, 활기차게 앞으로 나아간다면, 그는 자기와 함께 걸어가는 사람들이 점점 더 줄어드는 것을 발견하게 될 것입니다. 즉, 그는 은혜와 믿음에 있어서 자기와 같은 수준에 올라와 있는 사람들을 거의 찾아볼 수 없게 된다는 것입니다. 그가 계속해서 급속한 진보를 이루어 간다면, 그는 마침내 오직 예수 외에는 아무도 보이지 않는 곳에 이르게 될 것입니다. 그때에 그는 이전보다 더 간절하게 주님을 의지하게 됩니다. 왜냐하면, 그는 모든 사람이 다 헛되고, 육신의 팔을 의지하는 것이 다 거짓이요 속임수라는 것을 발견하게 될 것이기 때문입니다.

　　신부가 자신의 “사랑하는 자”를 의지한 것은 그가 자신의 무거운 짐을 다 져주기에 충분할 정도로 힘 있는 분이라고 확신하였기 때문입니다. 그녀가 의지한 분은 다름 아닌 만유 위에 계시는 하나님이셨기 때문에, 그에게는 실패나 낙심이라는 것이 있을 수 없습니다. 또한, 신부가 그를 의지한 것은 그가 그녀의 “사랑하는 자”였기 때문입니다. 만일 그가 힘 있는 분이 아니었다면, 그녀는 그를 의지하는 것은 지혜롭지 못한 일이라고 느꼈을 것입니다. 만일 그가 그녀의 사랑하는 자가 아니었다면, 그녀는 그를 의지하는 것을 두려워하였을 것입니다. 사랑할수록 더 의지하고, 더 의지할수록 더 사랑하게 된다는 것은 사실입니다. 믿음과 소망이라는 이 쌍둥이 은혜들은 함께 살고 함께 번성합니다. 저 십자가에 못 박히신 사랑하는 구주께서 여러분의 심령 속에서 다스리시고, 그의 아름다움들이 여러분의 마음을 매료시킨 정도만큼, 여러분은 모든 것이 그의 손에 있기 때문에 안전하다고 느끼게 됩니다. 반대로, 여러분이 모든 것을 그에게 맡기고 의심하지 않는 정도만큼, 여러분의 심령은 사랑 가운데서 그와 긴밀하게 엮이게 될 것입니다.

나는 이 자리에 계신 분들 중에서 그리스도의 종들이면서도 그를 의지하는 것으로부터 떨어져 나간 분들에게 호소합니다. 여러분은 그를 의지하는 것으로 다시 돌아가는 것이 좋을지 그렇지 않을지에 대하여 잘 모르시겠지만, 지금보다는 주를 의지했던 그때가 여러분에게 더 좋지 않았습니까? 여러분이 홀로 서 있는 지금보다 주를 의지했던 그때가 더 행복하지 않았습니까? 여러분의 악한 교만이 여러분을 지배하게 되기 전에는, 여러분은 매일매일 여러분에게 닥쳐오는 힘든 일들과 무거운 짐들을 다 주께 맡기곤 하였습니다. 그러다가, 여러분은 결국 자기 스스로 모든 일을 해나가는 편이 더 지혜롭겠다고 생각했습니다. 여러분에게 묻겠습니다. 여러분은 바로 그 날부터 온갖 슬픔과 좌절과 낙심을 경험해 오지 않았습니까? 주를 의지하지 않는 모든 삶에는 이런 고통이 존재합니다. 어떤 사람이 자기가 어떻게 해보려다가 곤경에 처하게 되었다면, 그것에 대해서는 그 사람이 책임을 져야 합니다. 그러나 어떤 시련이 직접 하나님으로부터 우리에게 온 경우에는, 우리는 거기에 대해서 책임이 없다고 느낍니다. 그것은 우리 하나님께 속한 일이고, 하나님의 뜻대로 하신 일이기 때문입니다. 하나님은 잘못을 하실 수 없으신 분이기 때문에, 우리는 하나님께서 자신이 행하시는 일들을 올바르게 처리하실 것이라고 기대하게 됩니다. 사람을 의지하는 것보다 주를 의지하는 것이 더 낫습니다. 왕들을 의지하는 것보다 주를 의지하는 것이 더 낫습니다. 오직 하나님만을 의지하고, 여러분이 기대하는 것들을 하나님이 이루어 주시기를 바라십시오. 그러면, 하나님께서 여러분의 판단을 빛처럼, 여러분의 의를 정오처럼 빛내 주실 것입니다. 악인들이 낭패를 당하게 되고, 그들 자신을 의지했던 자들이 숫양의 기름처럼 녹아 없어지는 날에, 여러분은 아버지의 나라에서 해처럼 빛나게 될 것입니다.

4. 넷째로, 그녀의 인격과 혈통을 살펴보겠습니다.

이제 한 가지만 더 살펴보고 말씀을 맺고자 하는데, 마지막 대지에서 우리가 살펴볼 것은 자신의 "사랑하는 자"를 의지한 그녀는 누구이고, 그녀의 혈통은 어떠한가 하는 것입니다. 본문은 "누구인가"라고 말합니다. 무엇이 그들로 하여금 "누구인가"라고 묻게 만들었을까요? 그것은 그들이 그녀가 더할 나위 없이 행복해 보이고 지친 기색이 거의 없는 모습을 보고서 너무나 놀랐기 때문이었습니다. 그리스도인들이 진정으로 기뻐하는 모습을 볼 때, 세상 사람들은 도저히 믿을 수 없다는 표정으로 놀라워하게 됩니다. 혼란스럽고 엉망진창인 시대 속에서 그리스도인들이 보여주는 거룩한 평안은 불경건한 자들에게 수수께끼입니다. 의인들이 "하나님은 우리의 피난처시요 힘이시니 환난 중에 만날 큰 도움이시라 그러므로 땅이 변하든지 산이 흔들려 바다 가운데에 빠지든지 바닷물이 솟아나고 뛰놀든지 그것이 넘침으로 산이 흔들릴지라도 우리는 두려워하지 아니하리로다"(시 46:1-3)라고 노래할 때, 불경건한 자들은 그 노래를 듣고, 서로 이렇게 수근거립니다: "이 사람들이 이 노래를 어디에서 배웠지? 그들도 우리와 똑같은 성정을 지닌 사람들이 아니던가? 그런데 그들은 어떻게 해서 이 혹독한 시련들을 견디는 법을 배우게 된 것이지?" 그러므로 그들은 그들이 도대체 누구냐고 묻게 됩니다. 우리 모두가 모든 일에서 그리스도를 의지함으로써 늘 평안을 누리게 되어서, 우리의 혈육들과 이웃들이 "누구인가"라고 묻게 된다면, 그것은 얼마나 좋은 일이겠습니까! 그럴 때, 우리는 우리의 평안의 지주이자 우리의 힘의 원천이신 우리의 "사랑하는 자"를 그들에게 전할 기회를 얻게 될 수 있을 것입니다.

그렇다면, 자신의 "사랑하는 자"를 의지하고 있는 그녀는 누구입니까? 지금부터 나는 그것을 여러분에게 말씀드리고자 합니다. 그녀의 이름은 한때 아무도 찾지 않는 "버림받은 자"라 불렸지만, 이 옛 책에 의하면, 지금 그녀의 이름은 "헵시바"입니다(사 62:4). 왜냐하면, 주께서 그녀를 기뻐하시기 때문입니다. 하나님을 의지하고, 그렇게 하는 것 속에서 평안을 발견하는 이 심령의 이름은 원래 수치스럽고 죄악된 이름이었습니다. 우리는 다른 사람들과 마찬가지로 하나님으로부터 멀리 떨어져 있었습니다. 따라서 어떤 심령이 그리스도를 의지하게 되었다면, 그것은 그 심령 속에 어떤 본성적인 선으로 말미암은 것도 아니고, 그리스도를 의지하고자 하는 내재적인 성향으로 말미암은 것도 아니며, 단지 하나님의 은혜가 역사하여 그런 놀라운 변화를 이끌어 내었고, 성령께서 하나님의 백성이 아니었던 자들을 하나님의 백성이라 불리게 하셨기 때문입니다. 이와 같은 사실은 이 아침에 여러분 중에서 자신의 죄악됨을 느끼는 분들에게는 좋은 소식이고 복음입니다. 여러분은 지금까지 사탄을 섬겨 왔지만, 하나님의 긍휼하심은 여러분으로 하여금 "사랑하는 자"를 의지하게 하실 수 있습니다. 하나님의 은혜는 여러분이 음부의 구덩이 속으로 내려가도록 내버려 두지 않으시고, 여러분을 "거친 들에서 올라오게" 하실 수 있습니다.

오늘 기쁜 마음으로 자신의 하나님을 의지하는 그녀는 전에는 슬픔과 괴로움으로 인하여 눈물로 밤을 지새우던 "한나"였습니다. 그러나 지금 그녀의 심령은 주를 기뻐합니다. 왜냐하면, 주께서 그녀의 비천한 처지를 돌아보아 주셨기 때문입니다. 그녀는 전에는 멸망받기로 되어 있던 성에서 살고 있던 죄악된 "라합"이었습니다. 그러나 그녀는 자신의 집 창문에 주의 보혈을 믿는 믿음의 주홍빛 줄을 걸어 놓았기 때문에, 장차 멸망의 날에 다른 모든 사람들은 멸망할지라도, 그녀는 안전할 것입니다. 오늘의 본문에 나오는 그녀는 "룻"입니다. 그녀는 저 먼 우상의 땅에서 우상을 섬기던 여인이었지만, 자신의 고국 땅을 떠나서, 하나님 및 하나님의 백성과 하나가 되었습니다. 그녀는 "어머니께서 가시는 곳에 나도 가고 어머니께서 머무시는 곳에서 나도 머물겠나이다 어머니의 백성이 나의 백성이 되고 어머니의 하나님이 나의 하나님이 되시리니"(룻 1:16)라고 울며 말하였습니다. 그녀는 전에는 외인이었지만, 지금은 진정한 이스라엘 사람입니다. 그녀는 전에는 저주받은 자였지만, 지금은 복 있는 자입니다. 그녀는 전에는 더럽고 추한 자였지만, 지금은 깨끗이 씻음을 받은 자이고, 전에는 길 잃은 자였지만, 지금은 다시 발견된 자입니다. 한 마디로 말해서, 날마다 그리스도를 의지하는 것이 몸에 배어 있어서, 자신의 모든 염려를 그에게 내맡기는 심령은 왕족 중의 한 명입니다. 그녀는 하나님의 권속으로 다시 태어났습니다. 왕족의 피가 그녀의 혈관 속에서 흐르고, 세상 왕들의 면류관들이 원래 그것들이 속해 있던 티끌로 돌아가는 그 날에, 이 믿는 심령들의 면류관과 거기에 박혀 있는 보석들은 하나님의 나라에서 불멸의 광채를 발하며 빛나게 될 것입니다.

이 말씀을 듣고 계시는 사랑하는 이들이여, 여러분은 예수를 의지하고 계십니까? 성령께서 여러분을 감동시키셔서, 오늘 예수를 의지하기 시작하게 하셨습니까? 그렇기만 하다면, 여러분이 가야 할 길이 환난의 "거친 들"이라고 할지라도, 여러분은 거기로부터 "올라와서" 지극한 복으로 충만한 낙원으로 나아가게 될 것이고, 여러분이 "사랑하는 자"를 의지하는 것으로부터 여러분의 평안과 위로가 나올 것입니다.

하나님께서 그리스도를 인하여 우리에게 복 주셔서, "사랑하는 자"를 의지하는 저 거룩한 기술을 우리에게 가르쳐 주시기를 빕니다. 아멘.

제
16
장
—

내 사랑하는 자야, 오라

—

"내 사랑하는 자야 너는 빨리 달리라
향기로운 산 위에 있는 노루와도 같고
어린 사슴과도 같아라." — 아 8:14

아가서는 자기 백성에 대한 예수 그리스도의 사랑을 묘사하는데, 교회가 주 예수께서 자기에게 돌아오시기를 바라는 간절한 소원을 말하는 것으로 끝이 납니다. 신부가 "사랑하는 자"를 향해 하는 마지막 말은 "속히 돌아오시고, 서둘러 돌아오세요"라는 말입니다. 사랑의 노래인 아가서의 마지막 절이 이런 내용으로 되어 있는 것과 마찬가지로, 사랑의 책이라고 부를 수 있는 하나님의 말씀 전체의 마지막 절도 그런 내용으로 되어 있다는 것은 기묘하지 않습니까? 성경의 마지막 책인 요한계시록의 마지막 장 20절은 "이것들을 증언하신 이가 이르시되 내가 진실로 속히 오리라 하시거늘 아멘 주 예수여 오시옵소서"(계 22:20)로 되어 있습니다. 사랑의 노래와 사랑의 책은 거의 동일한 방식으로, 즉 그리스도께서 속히 돌아오시기를 바라는 강렬한 소원으로 끝납니다.

사랑하는 친구들이여, 여러분의 마음도 그런 마음입니까? 당연히 그래야 하지만, 여러분 중에는 예수께서 다시 오실 것이라는 사실을 거의 잊어버린 분들도 계실 것입니다. 여러분의 기억을 다시 새롭게 해보십시오. 그리고 예수께서 다시 오실 것임을 알고 있는 분들도 그것을 책 속에나 있는 하나의 교리로 생각하고서, 그의 영광스러운 나타나심에 대한 소망 없이 살아오지 않았습니까? 내가 한 말이 맞습니까? 아가서는 성경의 중심이 되는 책입니다. 아가서는 하나님의 계시가 이루어지는 가장 내밀한 성소이고, 성경의 지성소입니다. 여러분이 하나님과의 교제 속에서 살아가고 있다면, 여러분은 그 책을 사랑하게 될 것이고, 그 책의 영을 포착하게 될 것이며, 아가서의 신부처럼 "내 사랑하는 자야 너는 빨리 달리라"고 외치고 싶은 심정이 될 것입니다. 여러분에게 그리스도의 나타나심을 갈망하는 마음이나, 그가 속히 돌아오시기를 바라는 마음이 없다면, 분명히 여러분의 마음은 병들어 있고, 여러분의 사랑은 희미해져 있는 것입니다. 여러분은 "미지근하여 뜨겁지도 아니하고 차지도 아니한"(계 3:16) 상태로 빠져들고 있는 것은 아닌지 걱정됩니다. 그리스도의 재림에 대한 우리의 태도는 우리의 영적 상태가 얼마나 뜨거운지를 나타내 보여주는 온도계로 사용될 수 있다고 나는 믿습니다.

1. 첫째로, 본문에서 교회가 자신의 주를 무엇이라고 부르고 있습니까?

이제 나는 여러분이 오늘의 본문으로 돌아가서, 가장 먼저 이 점을 주목해 보기를 바랍니다: "내 사랑하는 자야 너는 빨리 달리라." 나는 이것에 대해서는 짧게 설명을 드리겠습니다. 오늘 밤에 나는 말씀을 전한다고 하기보다는, 여러분에게 허물없이 친근하게 얘기해 보고자 합니다. 여러분은 자신의 마음이 말하는 것을 들어보십시오. 여러분이 주목할 것은 신부는 처음에는 자신의 주를 "사랑하는 자"라고 부르지만, 두 번째에는 "내 사랑하는 자"라고 부른다는 것입니다. 그리스도는 우리의 "사랑하는 자"입니다. 이것은 사랑이 담긴 단어입니다. 우리 주 예수 그리스도는 우리에게 사랑의 대상입니다. 여러분이 성경, 특히 신약을 읽고, 그리스도의 삶을 공부하고 나서, 단지 그 삶에 대하여 감탄하며, 속으로 "예수 그리스도는 경이로운 인물이었구나"라고 말한다면, 여러분은 아직 그를 모르는 것입니다. 여러분은 그저 그리스도에 대하여 지극히 불분명한 개념만을 지니고 있는 것입니다. 여러분이 그의 삶을 다 읽은 후에, 책상에 앉아서 그 삶을 분석하며, 냉정하게 숙고하고서, 속으로 "내가 할 수 있는 한에서, 나는 그리스도를 본받으려고 노력할 것이다"라고 말한다면, 여러분은 아직 그리스도를 알지 못한 것이고, 실제의 그리스도께 가까이 다가가지 못한 것입니다. 어떤 사람이 "나는 불 가까이에 있습니다"라고 말하면서도, 그의 몸이 따뜻하지 않다면, 나는 그의 말의 진실성을 의심할 것입니다. 그 사람이 "내 눈에 불이 보이고, 나는 빨

갖게 달아오른 숯들의 모습이 어떠한지를 당신에게 말해 줄 수 있고, 난로 주위에서 타오르는 밝은 불길들을 묘사할 수 있습니다"라고 말한다고 해도, 그의 몸이 전혀 따뜻하지 않다면, 나는 그가 착각하고 있거나, 그와 그가 보고 있다고 하는 불 사이에 어떤 물체가 있어서 서로 차단되어 있는 것이라고 생각할 수밖에 없습니다.

그러나 여러분이 진정으로 예수를 뵈러 와서, "나는 그를 사랑하고, 내 마음은 그를 사모하며, 내 기쁨은 그에게 있기 때문에, 그는 나의 사랑을 얻으셨고, 자신의 마음속에 그 사랑을 간직하고 계십니다"라고 말한다면, 여러분은 그를 알기 시작한 것입니다. 참된 신앙은 많은 면면들을 지니고 있습니다. 참된 신앙은 실제적입니다. 물론, 참된 신앙은 깊은 사고도 포함하고 있기는 하지만, 사랑과 애정으로 충만해 있지 않다면, 그것은 참된 신앙이 아닙니다. 예수께서는 여러분의 마음속에서 다스리셔야 합니다. 그렇지 않다면, 여러분이 자신의 머리에서 가장 좋은 자리를 그에게 드린다고 할지라도, 여러분은 그를 진정으로 받아들인 것이 아닙니다. "사랑하는 자"라는 호칭은 그 누구보다도 예수께 딱 어울리는 호칭입니다. 왜냐하면, 예수를 아는 사람들은 그를 사랑하기 때문입니다. 그렇습니다. 이 호칭에서 강조되고 있는 사랑은 참된 신자들이 그리스도께 드리는 사랑입니다. 우리는 다음과 같이 노래하는 것이 당연합니다:

> "내가 주를 사랑하는 것은
> 주께서 먼저 나를 사랑하셔서,
> 골고다 십자가 위에서 내 죄를 사셨기 때문이라네.
> 내가 주를 사랑하는 것은
> 주께서 그 머리에 가시면류관을 쓰셨기 때문이라네.
> 내가 주를 사랑하였고,
> 나의 예수는 지금도 나의 사랑이라네.
> 내 삶이 끝나는 날까지 내가 주를 사랑할 것이고,
> 죽는 그 순간에도 주를 사랑할 것이라네.
> 주께서 내게 호흡을 주시는 한,
> 나는 주를 찬송하리라.
> 죽음의 이슬이 내 이마에 차갑게 내려앉을 때에 나는 말하리.

　　　　나는 주를 사랑하였고, 나의 예수는 지금도 나의 사랑이라고."

　우리는 다음과 같은 찬송이 보여주듯이, 거기에서 한 걸음 더 나아가서 이렇게 말할 것입니다:

　　"영광과 무한한 기쁨이 가득한 저 하늘의 저택들에서,
　　날빛보다 더 밝은 저 천국에서 영원토록 주를 찬송하리라.
　　내 머리에 빛나는 면류관을 쓰고서, 이렇게 노래하리라.
　　나는 주를 사랑하였고, 나의 예수는 지금도 나의 사랑이라고."

　예수에 대한 우리의 사랑은 "의지하는" 것으로부터 시작됩니다. 우리는 그의 선하심을 경험한 후에, 그를 사랑하게 됩니다. "우리가 사랑함은 그가 먼저 우리를 사랑하셨음이라"(요일 4:19). 사람들은 사랑은 맹목적이라고 말합니다. 내가 아는 사람들이 하는 사랑을 보면, 나는 그 말이 맞는다고 생각합니다. 그러나 그리스도에 대한 사랑은 무수한 눈들이 꼼꼼히 살펴보아도 다 지극히 마땅하고 옳다고 시인할 수밖에 없습니다. 여러분은 그를 보면 볼수록, 그를 더 잘 알게 됩니다. 여러분은 그와 함께 더 많이 살아볼수록, 그를 사랑할 수밖에 없는 이유들을 더 많이 발견하게 됩니다. 여러분이 그에게 자신의 마음을 드린 것이 과연 옳은 일이었는지에 대하여 의문을 제기할 수밖에 없는 때는 결코 오지 않을 것입니다. 도리어 여러분은 영원무궁토록 그와의 복된 연합이 주는 지극한 행복 속에서 그를 여러분의 "사랑하는 자"라고 부르는 것이 지극히 합당한 일이었다고 느끼게 될 것입니다.

　신부가 자신의 주를 부르는 호칭의 첫 번째 부분은 "내"라는 단어입니다. 그녀는 그를 "내 사랑하는 자"라고 부르고 있으니까요.

　형제들이여, "내"라는 단어는 자기 것이 되었다는 것, 즉 전유(專有)를 나타냅니다. 따라서 "내 사랑하는 자"라는 호칭은 사랑과 전유, 이 두 가지를 결합시킨 것입니다: "내 사랑하는 자." 다른 사람들이 아무도 그를 사랑하지 않을지라도, 나는 그를 사랑합니다. 이것은 특별한 사랑입니다. 그가 내게 속하여 있기 때문에, 나는 그를 사랑합니다. 그는 나의 것입니다. 그는 자기 자신을 내게 주었고, 그가 먼저 나를 택하였기 때문에, 나는 그를 택하였습니다. 그는 "내 사랑하는 자"입니다. 나는 그를 다른 모든 사람들보다 앞세우는 것을 부끄러워하지 않습니다. 사람들이 "당신의 사랑하는 자는 다른 사랑하는 자들과 비교해서 어떻습니까?"라고 말하면, 나는 그들에게 "내 사랑하는 자"를 이 세상의 모든 사랑하는 자들을 다 합친 것보다 더 사랑한다고 말할 수 있습니다. 도마처럼 두 손으로 그리스도를 붙잡고서, "나의 주님이시요 나의 하나님이시니이다"(요 20:28)라고 고백하는 것은 즐겁고 기쁜 일입니다. 도마는 두 손으로 주님을 꼭 붙들고서, 주님이 가시도록 놓아 주고자 하지 않았습니다. 열두 해를 혈루증으로 앓던 여인처럼 주님의 옷자락을 만지는 것만으로도 구원을 얻었는데(눅 8장), 주님을 우리의 팔로 껴안는다면, 얼마나 좋겠습니까! 두 손으로 주님을 붙들고서, 이렇게 말하십시오: "이 그리스도께서 나의 신랑입니다. 내가 하나님의 말씀에 의지해서 담대한 믿음으로 이 그리스도를 나의 신랑으로 받아들여서, 좋을 때나 나쁠 때나 결코 놓지 않겠습니다. 삶도 죽음도 '내 사랑하는 자'이신 그에게서 나를 절대로 떼어놓지 못할 것입니다."

주 예수 그리스도께는 향기로운 이름이 있습니다. 이 말씀을 듣고 계시는 사랑하는 이들이여, 여러분은 아가서의 신부처럼 예수를 "내 사랑하는 자"라고 부를 수 있습니까? 하나님의 성령을 힘입어서 그렇게 말할 수 있는 사람들은 비록 두 단어를 말한 것이지만, 실제로는 데모스테네스(Demosthenes)의 모든 웅변들보다 더 대단한 웅변을 한 것입니다. 반면에, 진정한 마음으로 그렇게 말할 수 없는 사람들은 비록 사람과 천사의 방언들로 말한다고 할지라도, 그들의 마음속에는 이 거룩한 사랑이 없기 때문에, 아무런 유익을 얻을 수 없습니다. 나는 여러분 모두가 "내 사랑하는 자야! 내 사랑하는 자야!"라고 말할 수 있었으면 좋겠습니다.

여러분은 구원하는 믿음이 무엇인지를 정말 알고 계십니까? 그것은 하나님께서 계시하신 그리스도를 자신의 인격 속으로 그대로 받아들여서, 그리스도의 성품이 자신의 것이 되게 하는 것입니다. 여러분에게는 이렇게 그리스도와 그의 성품이 자신의 것이 되어 있습니까? 어떤 이들은 "만일 내가 그렇게 한다면, 구원을 훔치고 있는 것은 아닌지 우려됩니다"라고 말합니다. 잘 들으십시오! 여러분이 어떻게든 그리스도를 얻을 수 있다면, 여러분은 그를 자신의 것으로 소유할 수 있습니다. 구원은 하나님이 거저 주시는 선물이기 때문에, 훔친다는 것은 있을 수 없습니다. 구원에 있어서의 난관은 여러분에게 어떤 권리가 있느냐 하는 문제가 아닙니다. 왜냐하면, 구원의 문제에 있어서는 여러분에게는 그 어떤 권리도 없는 까닭에, 구원을 주시라고 주장할 수 없고, 여러분은 단지 하나님이 주시는 것을 받을 수만 있을 뿐이기 때문입니다. 여러분, 이 밤에 그리스도를 받아들이십시오. 그렇게만 한다면, 여러분은 절대로 그를 잃지 않게 될 것입니다. 여러분이 그를 훔칠 수만 있다면, 그렇게 해서라도 그를 자신의 것으로 받아들이기만 하십시오. 그러면, 그는 결코 여러분에게서 물러가지 않으실 것입니다. 주께서는 "내게 오는 자는 내가 결코 내쫓지 아니하리라"(요 6:37)고 말씀하셨습니다. 그리스도께서는 그에게 적절하게 나아오는 자들도 "내쫓지 아니하시고," 적절하지 못하게, 즉 의족을 하고서 절뚝거리며 나아오거나, 엉금엉금 기어서 나아오는 자들도 "내쫓지 아니하십니다." 여러분이 진심으로 그리스도께 나아오기만 한다면, 어떻게 나아왔느냐 하는 것은 문제가 되지 않고, 그는 여러분을 "결코 내쫓지 아니하실" 것입니다. 그러니 어떤 식으로든 그에게 나아오십시오. 여러분이 일단 그에게 나아온다면, "내게 오는 자는 내가 결코 내쫓지 아니하리라"는 그의 저 복된 약속을 제시하며 그에게 호소할 수 있습니다.

나는 얼마 전에 여러분에게 내 심령이 몇 년 전에 몹시 눌렸던 때가 있었다고 말씀드린 적이 있었습니다. 나는 내가 누구를 믿어 왔는지를 알고 있었지만, 어찌된 일인지 내가 전하는 하나님의 진리의 말씀들로부터 위로를 얻을 수 없었습니다. 심지어 내가 과연 구원받은 것인지에 대해서조차 의심이 들기 시작했습니다. 나는 쉬는 날에 집을 떠나서 웨슬리파에 속한 한 교회에 갔고, 그 아침에 그 교회의 목사님이 강단에서 말씀을 전하셨습니다. 그 목사님이 복음으로 충만한 설교를 하시는 동안에, 내 눈에서는 하염없이 눈물이 흘러나왔습니다. 나는 너무나 오랜만에 복음을 듣는 황홀한 기쁨에 사로잡혀서, '복음이 이렇게 내 마음을 건드리고 내 영혼을 흔들어 놓는 것을 보니, 내 속에 영적인 생명이 있는 것이 틀림없구나'라고 생각하였습니다. 내가 그 날 설교하신 목사님께 감사를 드리려고 갔을 때, 목사님은 나를 보면서, 자신의 눈을 믿지 못하겠다는 표정을 지었습니다. 그 목사님은 "당신은 스펄전 목사님이 아니십니까?"라고 말했고, 나는 "예"라고 대답했습니다. 그러자 그 목사님은 "아니, 어떻게 이런 일이, 제가 오늘 아침에 전한 것은 바로 당신이 하신 설교였습니다"라고 말하였습니다. 물론, 나도 그것을 알고 있었을 뿐만 아니라, 바로 그것이 내가 그 날 그 설교를 듣고서 큰 위로를 받은 이유 중 하나이기도 했습니다. 왜냐하면, 나는 "내 설교를 듣고 다른 사람들이 은혜를 받는 것을 많이 보아 왔는데, 나도 동일한 은혜를 받았구나"라고 속으로 말하며, 내가 전하는 말씀들이 나를 비롯한 사람들의 영혼을 치유하는 데 쓰임 받을 수 있다고 느꼈기 때문입니다. 나는 그 목사님을 내가 묵고 있는 숙소로 초대해서 함께 식사하였고, 우리는 하나님께서 그로 하여금 내가 한 설교들 중의 하나를 그 날 신자들에게 전하게 하셔서, 나로 하여금 내 잔으로부터 마실 수 있도록 인도하신 것을 생각하고서 함께 기뻐할 수 있었습니다. 내가 아는 것은 내가 어떤 존재이든지 간에, 그리스도의 복음만큼 나를 움직이고 감동시킬 수 있는 것은 아무것도 없다는 것입니다. 여러분 중에서도 나처럼 느끼고 계시는 분들이 많지 않습니까?

2. 둘째로, 교회는 어디에 계시는 자신의 주를 부르고 있는 것입니까?

이제 나는 여러분을 오늘의 주제의 두 번째 대지로 모시고자 합니다. 앞에서 나는 여러분에게 교회가 자신의 주를 무엇이라고 부르는지를 보여드렸습니다. 이제 내가 두 번째로 여러분에게 말씀드리고자 하는 것은 교회가 자신의 주를 어디로부터 부르고 있느냐 하는 것입니다: "내 사랑하는 자야 너는 빨리 달리라 향기로운 산 위에 있는 노루와도 같고 어린 사슴과도 같아라." 이것은 무엇을 의미합니까? 이것은 그녀가 그에게 그가 지금 있는 곳, 즉 그녀가 "향기로운 산"이라고 말한 곳으로부터 오라고 말하고 있다는 것을 보여줍니다.

아가서의 독자들은 아가서에는 네 개의 산이 언급되고 있다는 것을 압니다. 첫 번째 산은 아가서 2장 17절에 나오는 "베데르 산"입니다: "내 사랑하는 자야 날이 저물고 그림자가 사라지기 전에 돌아와서 베데르 산의 노루와 어린 사슴 같을지라." "베데르 산"은 도저히 넘을 수 없는 험한 바위산, 분리의 산을 의미합니다. 사랑하는 자들이여, 이것이 그리스도께서 처음 오실 때의 상황이었습니다. 우리의 죄와 하나님의 공의가 높고 험한 산이 되어 우리와 하나님을 갈라놓았습니다. 이렇게 우리와 하나님을 갈라놓는 산이 있었습니다. 이런 상황인데, 어떻게 하나님의 사랑이 우리에게 다가올 수 있었겠으며, 우리가 그 사랑으로 나아갈 수 있었겠습니까? 높고 험한 분리의 바위산이 가로 놓여 있었기 때문에, 우리는 그 산을 보면서, 이렇게 말하였습니다: "이 산은 도저히 넘을 수 없겠구나. 이렇게 높고 험한 바위들을 오르거나, 저 깎아지른 듯한 절벽을 타거나, 저 무시무시한 심연을 건널 수 있는 사람은 아무도 없어!" 이 산은 죄악된 영혼과 거룩한 하나님을 완전히 분리시켜 놓았습니다. 나의 형제들이여, 예수께서 "노루"나 "어린 사슴" 같이 오시기 전까지는, 그 산을 넘을 수 있는 방법이 없었습니다. 사람들은 높은 바위에 서면 현기증이 나서 밑으로 추락하고 말지만, "노루"나 "사슴"은 높은 바위 위에 설 수 있습니다. 마찬가지로, 우리 주님께서는 우리가 설 수 없는 곳에 서 계실 수 있으셨습니다. 그런 그가 우리의 죄악들의 산과 하나님의 공의라는 산을 넘어서서, 우리에게로 오심으로써, "베데르 산," 곧 도저히 넘을 수 없는 높고 험한 분리의 바위산에 길을 여셨기 때문에, 바로 그 길을 통해서 하나님께서는 우리에게 오시고, 우리는 하나님께로 나아갈 수 있게 되었습니다. 그래서 하나님과 우리 사이에는 분리가 아니라, 거룩한 연합이 존재합니다.

그리스도께서는 처음에 이렇게 하나님과 우리 사이를 갈라놓고 있었던 저 분리의 산을 넘어 오셨습니다.

그러나 그 산 외에도 다른 산들이 있었습니다. 아가서를 읽어내려 가다보면, "사자 굴과 표범 산"에 대한 언급이 나옵니다. 4장 8절을 보십시오: "내 신부야 너는 레바논에서부터 나와 함께 하고 레바논에서부터 나와 함께 가자 아마나와 스닐과 헤르몬 꼭대기에서 사자 굴과 표범 산에서 내려오너라." 그리스도께서 이 세상에 처음으로 오셨을 때에 죄와 사망과 음부로부터의 격렬한 저항에 직면하셨습니다. 그들은 "사자들"이었고 "표범들"이었습니다. 우리의 크신 대장께서는 그들을 사냥하셔야 했고, 그들도 그를 사냥하였습니다. 이 소름끼치는 사자들이 그를 어떻게 대하였고 어떻게 찢어놓았는지는 여러분이 잘 압니다. 그들은 그의 손과 발, 그의 옆구리를 찢어놓았습니다. 저 멸망의 구덩이에 사는 큰 자가 어떻게 뛰어올라서 그를 덮쳤는지, 어떻게 그가 삼손처럼 그 사자와 사투를 벌여서, 비록 자신을 죽음에 내어주셨지만, 그 사자를 마치 어린아이를 다루듯이 다루셔서 갈기갈기 찢으신 후에 땅바닥에 내동댕이치셨는지를 여러분은 기억하고 있지 않습니까? 그리스도께서는 자신의 다른 원수들에 대해서는 "사망아 너의 승리가 어디 있느냐 사망아 네가 쏘는 것이 어디 있느냐"(고전 15:55)고 말씀하실 수 있으셨습니다. 우리의 "사랑하는 자"는 "표범 산"과 "사자 굴"을 통과하시며 그의 그 큰 사랑으로 인하여 이기고 또 이겨서 우리에게 오셨습니다. 여러분은 그가 "붉은 옷을 입고 보스라에서 오는 이," "에돔에서 오는 이," "큰 능력으로 걷는 이," "공의를 말하는 이," "구원하는 능력을 가진 이"(사 63:1)시라는 것을 알고 있지 않습니까? 그는 온갖 반대와 저항에도 불구하고, 우리를 속량하시는 일을 이루어 내셨습니다.

이렇게 예수께서는 분리의 산과 "표범 산"을 넘어 우리에게 오신 것입니다.

그러나 이 경이로운 시집 속에는 세 번째 산도 언급되고 있는데, 그것은 "몰약 산"입니다. 아가서 6장 2절은 "내 사랑하는 자가 자기 동산으로 내려가 향기로운 꽃밭에 이르러서 동산 가운데에서 양 떼를 먹이며 백합화를 꺾는구나"라고 말함으로써, 그곳을 "동산"이라고 부르지만, 4장 6절에서는 "산"이라고 부릅니다: "날이 저물고 그림자가 사라지기 전에 내가 몰약 산과 유향의 작은 산으로 가리라." 이것은 여러분이 잘 알고 있는 이야기입니다. 예수께서 우리의 죄들의 산을 넘으시고, 우리의 길을 가로막고 있던 사자들과 표범들을 죽이신 후에, 자신의 영혼을 아버지 하나님의 손에 맡기셨고, 그를 사랑하는 친구들은 그의 시신을 수습하여 세마포로 쌌고, 아리마대의 부자 요셉과 니고데모는 몰약과 유향을 가져와서, 그의 온전한 영혼을 담았던 저 복된 시신에 바르고서는, 새 무덤에 안치시켰는데, 이렇게 해서 새 무덤이 있던 그 동산은 "몰약"의 동산 또는 "몰약 산"이 되었습니다. 그리스도께서는 바로 이 무덤에 우리의 모든 죄를 묻으셨고, 바로 이 무덤으로부터 사망에 대하여 승리를 거두셨으며, 자기 백성을 의롭다고 하시기 위하여 바로 이 무덤으로부터 다시 살아나셨습니다. 이곳이 예수께서 아주 짧은 기간 동안 가셨던 "몰약 산"이었습니다. 그는 거기에 겨우 삼일 동안 계셨지만, 그의 교회가 그 무덤 앞에 서서, "내 사랑하는 자야 너는 빨리 달리라 향기로운 산 위에 있는 노루와도 같고 어린 사슴과도 같아라"고 말하는 소리를 나는 들을 수 있다고 생각합니다. 그리스도께서 자기 제자들에게 "조금 있으면 너희가 나를 보지 못하겠고 또 조금 있으면 나를 보리라"(요 16:16)고 말씀하셨을 정도로, 그가 "몰약 산"에 있었던 시간은 짧았습니다. 그가 잠자는 시간은 금방 지나갔고, 그는 일어나셨습니다. 그는 일어나신 후에, 삼손이 가사의 성문에 대하여 한 것처럼(삿 16:3), 음부의 문들의 문짝들과 문설주와 문빗장 같은 것들을 다 빼어 가지고 아주 멀리 치워 버리셔서, 사망이나 음부가 다시는 그것들을 되가져올 수 없게 하셨습니다. 그리스도의 부활로 말미암아 무덤은 열렸고, 다시는 절대로 닫히지 않을 것입니다.

아가서에 언급된 세 번째 산은 "몰약 산"이지만, 오늘의 본문은 "향기로운 산," 또는 "방초들의 산"을 언급합니다. 나는 이 구절을 견강부회하는 식으로 왜곡해서 해석하고 있는 것도 아니고, 거기에 없는 교훈을 만들어서 이끌어 내고 있는 것도 아닙니다. "향기로운 산"은 예수께서 바로 이 순간에 하나님의 오른편에서 계시는 바로 그곳입니다. 우리는 지금 본문의 신부처럼 바로 그곳에 계시는 주님을 부르며, "내 사랑하는 자야 너는 빨리 달리라 향기로운 산 위에 있는 노루와도 같고 어린 사슴과도 같아라"고 말하고 있는 것입니다. "방초(芳草)들"(한글개역개정에서는 "향기로운"이라는 형용사로 번역됨 — 역주)은 천지를 향기로움으로 진동시키시는 그리스도의 한량없으신 공로들을 가리키는 것이 아니겠습니까? "방초들의 산" 덕분에 우리의 죄에서 올라오는 고약한 썩는 냄새는 가려집니다. 우리의 단 하나의 죄만으로도 만유 전체를 오염시키기에 충분할 정도로 고약한데, 우리의 모든 죄들을 다 합쳐놓는다면, 거기에서 풍겨 나오는 악취는 어떠하겠습니까? 하나님의 은혜가 지닌 이 경이로운 세정력을 보십시오. 이 "방초들의 산"은 우리의 죄들이 풍기는 고약한 악취를 제거하고도 남습니다. 그리스도의 공로는 영원토록 아버지 하나님의 눈 앞에 있기 때문에, 하나님께서는 더 이상 우리의 죄들을 보시지 않습니다.

다음으로, 나는 이 "방초들의 산"에 대해서 무슨 말을 해야 할까요? 이 방초들은 우리 주님이 끊임없이 드리는 능력 있는 기도들이 아니겠습니까? 그는 하나님의 보좌 앞에서 자기 백성을 위하여 중보기도를 드리십니다. 그는 중보기도의 향이 끊임없이 올라가는 향로를 흔들고 계시는 저 큰 천사이십니다. 그는 성도들의 기도를 받으셔서, 거기에 자신의 공로를 더하여, 아버지 하나님께 바쳐 드립니다. 그리스도의 한량없으신 공로들, 그의 끊임없는 기도들, 그가 자기 백성을 대신하여 크신 아버지께 늘 올려 드리는 간구들이 바로 "방초들의 산"입니다.

그리스도의 공로들과 중보기도들 덕분에, 영화롭게 된 그의 백성들의 찬송들, 속량 받은 자들이 타는 수금에서 울려나오는 감미로운 음악들, 그의 속죄 피로 말미암아 정결하게 되고 온전하게 된 의인들의 영들의 영원한 합창들이 하나님 앞에서 향기로운 "방초들"이 되는 것이 아니겠습니까? 그렇습니다. 하나님께는 감미로운 향기가 되고 하나님의 모든 백성에게는 기쁨의 향기가 되는 온갖 귀하고 열납될 만한 것들로 인해서 천국 전체가 향기로 진동합니다. 지금 예수께서 계시는 곳은 바로 그런 곳입니다. 그는 이 더럽고 추악한 세상에 계시는 것이 아니라, 저 위에 있는 "방초들의 산"에서 안식하고 계십니다. 그의 교회는 끊임없이 이렇게 기도합니다: "내 사랑하는 자야 너는 빨리 달리라 향기로운 산 위에 있는 노루와도 같고 어린 사슴과도 같아라."

3. 셋째로, 교회는 자신의 주에게 무엇이라고 청합니까?

우리는 이제 오늘의 본문의 정수이자 핵심에 도달하게 되었습니다. 지금까지는 우리가 교회가 자신의 주를 무엇이라고 부르는지, 어디에 계시는 주를 부르고 있는 것인지를 살펴보았습니다. 이제 세 번째로 살펴볼 것은 교회가 자신의 주를 왜 부르는지, 어떻게 해 달라고 청하고 있는가 하는 것입니다. 그녀는 "내 사랑하는 자야 너는 빨리 달리라"고 말합니다.

하나님의 교회 전체와 각각의 그리스도인들이 이렇게 우리 주 예수 그리스도께서 속히 다시 오실 것을 간절히 바라는 이유는 무엇일까요? 그것은 분명히 참된 사랑의 결과일 것이라고 생각합니다. 사랑을 하게 되면, 자신의 마음이 고정되어 있는 대상을 늘 보고 싶어 하게 되지 않습니까? 여러분이 가장 사랑하는 사람이 잠시 멀리 떠나 있으면, 여러분은 그 사람이 속히 돌아오기를 늘 손꼽아 기다리지 않습니까? 헤어짐은 고통스러운 것이고, 다시 만날 기약이 없는 경우에는 더욱더 고통스럽습니다. 여러분은 "꼭 해야 할 일이 끝나면, 거기에 더 있지 마시고, 그 즉시 속히 집으로 오세요"라고 말합니다. 사랑이 클수록, 보고 싶은 마음도 커지게 되고, 어떤 때에는 그 열망이 너무나 강렬해서 거의 참을 수 없을 정도가 됩니다. 그러므로 교회가 자신의 주님이 계시지 않는 것을 몹시 슬퍼하며, 그가 돌아오실 때까지 탄식하고 부르짖는 것은 당연한 일이 아니겠습니까? 너무나 사랑한다면, "내 사랑하는 자야 속히 서둘러서 내게 돌아오라"고 말하지 않겠습니까? 우리가 우리의 주님을 사랑한다면, 그가 다시 오시기를 갈망하게 될 것입니다. 따라서 우리가 확실히 알 수 있는 것은 주님이 속히 오시기를 간절히 열망하는 것은 불타는 사랑의 자연스러운 결과라는 것입니다.

사랑하는 자들이여, 그런데도 불구하고, 우리에게는 종종 우리의 심령으로 하여금 우리 주님이 속히 돌아오시도록 부르짖게 할 어떤 자극들이 필요합니다. 신자들이 그리스도의 다시 오심을 열망해야 하는 한 가지 이유는 그가 다시 오셔야 우리의 모든 힘든 싸움이 끝날 것이기 때문입니다. 우리는 지금 하나님의 성령과 그 성령을 따라 살아가는 모든 사람들을 근심하게 하고 괴롭게 하며 화나게 하는 수많은 말과 행위들이 판을 치는 비참한 시대를 살아가고 있습니다. 때로는 거짓된 가르침들이 베풀어지기도 합니다. 여러분이 하나님의 진리를 전하면, 그들은 여러분의 입을 주먹으로 치며, "닥치라"고 합니다. 그럴 때, 여러분은 "주여, 오시옵소서"라고 속으로 말하게 됩니다. 어떤 때에는 사람들이 하나님을 모독하는 말들을 서슴없이 내뱉어서, "주는 일부러 늦게 오시는 거야"라고 말하거나, 마치 그는 주가 아니며, 그의 복음은 복음이 아니고, 그의 구원은 사기인 듯이 말하기도 합니다. 그럴 때, 우리는 "나의 하나님이여 지체하지 마소서"(시 40:17)라고 말하게 됩니다. 그럴 때, 우리는 그가 속히 오시지 않으시는 것에 대하여 거의 참기 힘들어지게 됩니다.

사랑하는 친구들이여, 여러분이 가난한 자들이 압제받는 것을 보거나, 궁핍한 자들의 울부짖음을 듣거나, 많은 사람들이 극도의 빈곤함 속에서 어떻게든 약간의 먹을 것이라도 얻으려고 필사적으로 애쓰고 있다는 것을 알았을 때, 여러분은 이렇게 기도합니다: "주여, 이런 상태가 언제까지 지속되어야 합니까? 이런 잘못된 것들이 바로잡아져야 하지 않겠습니까? 의롭게 심판하셔서, 가난한 자들과 억눌린 자들의 억울함을 풀어 주실 주여, 속히 오시옵소서!"

그럴 때, 우리는 신앙을 고백한 교회를 바라보지만, 교회는 너무나 미지근하고, 이단과 세상적이고 속된 것들이 판을 치고 있으며, 그리스도를 존귀하게 해드려야 할 교회가 도리어 그를 욕보여서, 그가 자신의 친구들의 집에서 마음의 상처를 입는 일이 비일비재하게 벌어지는 것을 봅니다. 이때 우리는 "이러한 악이 곧 끝나야 하고, 이러한 갈등이 속히 끝나야 하지 않겠습니까?"라고 기도하게 됩니다. 내가 싸움의 한복판에 서서, 치명적인 화살들이 나의 오른편과 왼편으로 쏟아져서 중상을 입었을 때, "만왕의 왕께서 친히 속히 오셔서, 그 발자국마다 승리가 있고 그 임재가 곧 영생인 저 복된 발걸음 소리를 나로 하여금 머지 않아 듣게 하소서"라고 부르짖은 적이 얼마나 많은지 모릅니다. "주여, 오시옵소서. 내 사랑하는 자야, 속히 서두르십시오. 주의 연약하기 짝이 없는 종들을 구하러 오시옵소서. 제발 속히 와 주시기를 우리가 간청하나이다." 여러분 자신을 이 믿음의 큰 싸움 속에 던지십시오. 그렇게 해서, 여러분이 이 혹독하고 힘겨운 싸움을 감당할 수밖에 없는 상황이 되면, 여러분은 이내 나처럼 예수께서 속히 오셔서 여러분을 구해 주시라고 간절하게 기도하게 될 것입니다. 또한, 여러분은 그가 다시 오셔서 어떤 경이로운 일들을 행하실지를 생각하게 되었을 때, "내 사랑하는 자야 서두르소서"라고 부르짖게 될 것입니다.

그렇다면, 그리스도께서는 다시 오실 때에 무엇을 행하실까요? 그는 죽은 자들을 다시 살리실 것입니다. 그 날에 나의 눈은 그를 보게 될 것입니다: "내가 알기에는 나의 대속자가 살아 계시니 마침내 그가 땅 위에 서실 것이라 내 가죽이 벗김을 당한 뒤에도 내가 육체 밖에서 하나님을 보리라"(욥 19:25-26). 그리스도께서 재림하시고, 우리가 방금 불렀던 찬송처럼 최후의 나팔 소리가 "우렁차게" 천지에 울려 퍼질 때, 죽은 자들이 다시 살아나게 될 것입니다. 최근에 새롭게 만들어진 무덤들이 있고, 애곡하는 자들의 눈물은 아직 채 마르지도 않았습니다. 오래 전에 본향으로 떠나간 많은 이들의 무덤도 있습니다. 우리는 그분들을 기억하고, 이렇게 기도합니다: "하나님이여, 그리스도께서 속히 오셔서, 저 보배로운 유골들을 사망의 손에서 탈취하여, 마른 뼈들을 서로 맞춘 후에, 그 뼈들에게 살아나라고 명하여, 그 시신들로 하여금 다시 살아나게 하시옵소서." 주여, 오소서. 주여, 속히 오소서. 제발 지체하지 마소서.

사랑하는 자들이여, 그리스도께서 오실 때가 바로 그의 백성이 영광을 입게 될 때라는 사실을 기억하십시오: "그 때에 의인들은 자기 아버지 나라에서 해와 같이 빛나리라"(마 13:43). 그가 오시는 날에 모든 비방들은 사라지게 될 것입니다. 악인들은 깨어나서 영원한 멸시를 받게 될 것이지만, 의인들은 깨어나서 영원히 의롭다 하심을 받게 될 것입니다. 그날에 의인들은 모든 누명을 벗고서, 그들의 주와 함께 하나님의 보좌에 앉게 될 것입니다. 그들은 그가 낮아지셨을 때에 그와 함께 하였기 때문에, 영광 중에 계시는 그와도 함께 하게 될 것입니다. 또한, 그들은 자신들의 주와 마찬가지로 사람들로부터 멸시받고 배척당하였지만, 그날에는 아무도 감히 그들을 멸시하지 못하게 될 것입니다. 왜냐하면, 그날에는 모든 성도들이 왕이 되어 있고 왕의 아들이 되어 있을 것이기 때문입니다. 그가 오시는 날에 그의 백성을 기다리고 있는 영광이여! "우리가 지금은 하나님의 자녀라 장래에 어떻게 될지는 아직 나타나지 아니하였으나 그가 나타나시면 우리가 그와 같을 줄을 아는 것은 그의 참모습 그대로 볼 것이기 때문이니"(요일 3:2). 그러므로 하나님의 자녀들이 "내 사랑하는 자야 너는 빨리 달려서 속히 오라"고 기도하는 것은 당연합니다. 우리가 칼을 칼집에 넣고 종려나무를 흔들기 위해서, 우리가 눈물을 그치고 황금으로 된 수금을 타며 노래할 수 있도록 하기 위해서, 우리의 모든 의심과 환난이 그치고, 영원히 찬송 받으실 분의 오른편에서 영원한 기쁨과 평안을 누릴 수 있도록 하기 위해서, "내 사랑하는 자야 속히 오라."

　　또한, 우리가 "내 사랑하는 자야 너는 빨리 달리라"고 말하는 이유가 한 가지 더 있는데, 그것은 우리는 그리스도의 영광에 동참하고 싶지만, 우리의 가장 큰 소원은 우리 주님이 영광을 받으시는 것이기 때문입니다. 우리는 우리 자신이 영광을 받는 것보다 그리스도께서 영광을 받으시게 되기를 수천 배는 더 원한다고 내가 말한다면, 나는 모든 그리스도인들이 나의 말에 동의하고 공감하실 것이라고 믿습니다. 오래 전에 서리 음악당(Surrey Music Hall) 사건이 있은 후에, 나는 마음이 몹시 눌려서 거의 제정신이 아니었습니다. 나의 심령은 무너져 내려서, 나는 내가 아마도 다시는 말씀을 전하지 못할 것이라고 생각했습니다. 그때 나는 젊은 나이였고, 그 끔찍한 사건은 내가 감당하기 힘든 무거운 짐이었고, 나의 심령은 산산이 부서지고 무너지고 말았기 때문이었습니다. 그런데 내가 혼자 있으면서 읽게 된 성경의 한 구절이 나를 회복시켜 주었는데, 그때 내 마음에 들어온 것은 "그를 오른손으로 높이사 임금과 구주로 삼으셨느니라"(행 5:31)는 말씀이었습니다. 나는 그 말씀을 읽으면서, 속으로 이렇게 말했습니다: "예수 그리스도께서 높임을 받으시면 되는 것이 아닌가? 그렇게만 된다면, 내가 시궁창에 빠져 죽는다고 해도, 그것이 뭐가 중요하겠는가. 그리스도께서 높임을 받으셔서 '임금과 구주'가 되셨다면, 내게는 그것으로 충분하지 않은가."

　　나는 나폴레옹 휘하의 병사들에 대해서 기록해 놓은 글을 지금도 아주 뚜렷하게 기억하고 있습니다. 그 병사들은 전쟁터에서 부상을 당해 사지가 거의 찢겨진 채로 피 흘리며 무시무시한 고통 중에 죽어가고 있었습니다. 그때 나폴레옹 황제가 말을 타고서 그들 곁을 지나갔고, 부상당한 모든 병사들은 다시 한 번 황제를 보고서 "황제 만세"를 외치고자 하는 일념으로 최대한 몸을 일으켰습니다. 그 중에는 한 팔을 잃고서 남은 한 팔을 의지해서 일어나 황제를 향하여 "황제 만세"를 외친 병사도 있었습니다. 황제는 그 길을 따라 지나갔고, 그것이 전부였지만, 그의 충성스러운 병사들에게는 그것으로 충분했습니다. 나의 심정도 그 병사들과 같다고 느꼈습니다. 내게 무슨 일이 일어났든지, 하나님께서 그리스도를 높이셨다면, 그것으로 된 것입니다. 사람이 어떻게 되든 그런 것에는 신경 쓰지 마십시오. 만왕의 왕께서 영원히 살아 계셔서 다스리시고 계십니다. 예수 그리스도께서 영광을 받고 계시다면, 우리가 어떻게 되든 그런 것이 무엇이 중요합니까? 나는 내 자신과 관련해서만이 아니라 여러분과 관련해서도, 이 세상에 그리스도를 영화롭게 해드릴 어떤 일이 있다면, 여러분과 나는 망설임 없이 그 일을 할 것이라고 말할 수 있습니다. 그 일이 그리스도를 영화롭게 해드리는 일이라면, 우리는 그 일을 반드시 해야 합니다. 우리를 사랑하셔서 우리를 위해 자신을 주신 이가 인간 세상에서 이기고 또 이기시기만 하신다면, 우리의 이름이 욕을 먹고, 우리의 시신이 매장되지 못한 채로 개의 밥이 된다고 할지라도, 그것이 무엇이 중요하겠습니까?

만왕의 왕이신 예수의 모든 충성스러운 병사들이 그의 재림을 생각할 때에 가장 기쁘고 즐거운 일은, 그가 모든 성도들 가운데서 경배를 받으시게 되고, 모든 믿는 자들 가운데서 영광을 받으시게 되리라는 사실입니다. 그때에 모든 피조물들이 그에게 환호하며 박수갈채를 보낼 것이고, 오직 그의 원수들만이 수치와 낙심 가운데서 머리를 감싸게 될 것입니다. 그렇다면, 그 원수들은 그날에 어떻게 될까요? 그가 나타나시는 날에 그들은 어떻게 될까요? 그날에 그들도 다시 살아나게 될 터인데, 그렇게 살아나서 어떻게 되는 것일까요? 가룟 유다야, 너는 어디에 있느냐? 냉큼 여기로 나오라! 자, 다시 한 번 은 30세겔을 받고 너의 주를 팔아 보아라. 유다는 무엇이라고 말할까요? 그는 그 자리를 도망쳐 나와서, 또다시 자살하고 싶어 할 것이지만, 이제 그것은 불가능합니다. 자신의 손을 씻으며, "이 사람의 피에 대하여 나는 무죄하니 너희가 당하라"(마 27:24)고 말함으로써, 다른 사람들에게 책임을 떠넘기고 자기는 슬쩍 빠져나간 빌라도여, 그날에는 네 손을 씻을 물도 없고, 너는 그 악한 어릿광대짓을 감히 또다시 할 수 없을 것이다. "그를 십자가에 못 박게 하소서 십자가에 못 박게 하소서"(눅 23:21)라고 목소리 높여서 소리 질렀던 너희여, 어디 할 수 있거든, 다시 한 번 소리 질러 보아라. 그날에는 개들도 짖지 못하고 잠잠할 것인데, 그들에게 입이 있어도, 그들이 무슨 말을 할 수 있겠습니까? 그들은 산들이 자신들 위에 무너져 내리기를 바라게 될 것이고, 바위들에게 자신들을 숨겨 달라고 간청하게 될 것입니다. 만왕의 왕께서는 너희를 흩으시기 위하여 자신의 칼에 손을 대거나, 번개를 보내지 않으셨는데, 왜 너희는 도망치는 것이냐, 이 겁쟁이들아? 그들이 울며불며 통곡하는 소리가 들리지 않습니까? 그들은 "산들과 바위에게 말하되 우리 위에 떨어져 보좌에 앉으신 이의 얼굴에서와 그 어린 양의 진노에서 우리를 가리라"(계 6:16)고 부르짖게 될 것입니다. 지금 그들은 살기 위해서는 예수의 얼굴을 보아야 한다는 것을 알면서도, 사랑으로 충만하신 그 얼굴을 바라보지 않았지만, 그날에는 복수하기 위해 일그러진 사람의 표정보다도 더 엄하시고 무시무시한 그의 얼굴을 보게 될 것입니다. 그래서 그들은 그 얼굴을 보지 않기 위해서 도망치고자 하는 마음밖에 없게 됩니다. 그러나 그리스도를 믿고 의지해서, 그로 말미암아 구원을 얻게 된 여러분은 그에게 가까이 다가가서 그를 향한 찬송을 큰 소리로 부르게 될 것이고, 그를 기뻐하게 될 것입니다. 그를 영원무궁토록 송축하는 것이 바로 여러분의 천국이 될 것입니다. "내 사랑하는 자야 너는 빨리 달리라 향기로운 산 위에 있는 노루와도 같고 어린 사슴과도 같아라"는 신부의 말에, 모든 성도들은 한 목소리와 한 마음으로 "아멘"으로 화답할 것입니다.

지금까지 그를 의지한 적이 없는 분들은 바로 지금 그를 의지하시기를 바랍니다. 여러분이 그를 의지한다면, 여러분은 영원무궁토록 그와 함께 살게 될 것입니다. 하나님께서 여러분에게 그렇게 해주시기를 빕니다. 아멘.

스펄전설교전집
잠언
전도서◆아가

초판 인쇄 2014년 4월 15일
초판 발행 2014년 4월 25일

발행처   **크리스챤다이제스트**
발행인   박명곤
주소   경기도 고양시 일산동구 일산로 413번길 46
전화   031-911-9864, 070-7538-9864
팩스   031-911-9824
등록   제 396-1999-000038호
판권   ⓒ 크리스챤다이제스트 2014
총판   (주) 기독교출판유통
          전화 031-906-9191~4
          팩스 0505-365-9191